AVR ATmega128
마이크로컨트롤러 활용

이응혁 한영환 장문석 엄수홍 지음

| 머리말 |

최근 마이크로컨트롤러 기술은 각종 제품의 융합화, 고기능화에 따라 점차로 다양한 기능을 내장한 임베디드 마이크로컨트롤러가 요구되고 있으며 USB, CAN, ZigBee 등과 같은 시스템의 분산화 추세에 따라 마이크로컨트롤러의 활용 범위가 매우 다양해지고 있는 실정이다.

현재 출시되고 있는 8비트의 마이크로컨트롤러는 μ-Chips Technology사의 PIC 계열과 AVR 계열의 MCU 등이 대표적이며, 다양한 기능을 내장한 다양한 소자가 출시되고 있기 때문에 가전제품이나 완구, 유무선 통신 제품과 기타 소형 시스템에 적합하다는 인식이 고조되면서 현재 가장 보편적으로 사용되고 있는 상황이다.

또한 4차 산업혁명시대를 준비하기 위해 초중고 학생들의 창의교육을 위해 마이크로컨트롤러 조기 교육의 필요성이 대두되면서 AVR을 내장하고 있는 아두이노의 활용이 확대되어가고 있다. 아두이노를 활용한 교육은 비전공자를 위해 필요한 부분이라 생각되지만, IT 및 전자공학을 전공하여 개발자로 살기 위해서는 아두이노의 환경을 개발할 수 있는 능력을 개발해야 한다고 생각한다. 따라서 AVR 계열에 대한 이론적 지식, 프로그램 작성 기법과 이를 활용한 각종 시스템 구현 기술은 전자, 컴퓨터, 정보 통신 및 멀티미디어 분야에 종사하는 개발자에게는 필수적이라 할 수 있다.

AVR 마이크로컨트롤러의 동작 원리와 제어 방법을 쉽게 터득할 수 있는 방법은 현재까지의 실무와 강의 경험을 토대로 생각해볼 때 사용자가 직접 보드를 설계/제작하고, 제작된 보드에 간단한 제어 프로그램을 작성하여 구동해보는 것이다.

따라서 이 책에서는 AVR 마이크로컨트롤러 중에서 현재 광범위하게 사용되고 있으며 쉽게 평가 보드를 구할 수 있는 ATmega128을 중심으로 내부 하드웨어 구성과 이를 활용하여 보드 설계 과정을 설명하고, AVR에 내장된 모든 기능을 프로그램 작성 과정을 통해 직접 확인하며, 다양한 시스템의 개발에 필요한 기초 지식을 독자들에게 전달하여 개발 현장에서 실무 활용에 도움이 될 수 있는 내용을 다루고 있다.

이러한 AVR 마이크로컨트롤러에 대한 기초지식과 실무지식을 배양하기 위해 이 책의 1장과 2장에서는 마이크로컨트롤러와 AVR의 개요에 대해 설명했으며, 3장에서는 AVR을 사용한 하드웨어 설계 및 개발 환경의 구축에 관한 내용을 다루었으며, 4장에서는 AVR 환경에서의 C 언어 활용 기법을 설명했다. 5장에서 13장까지는 AVR ATmega128에 내장되어 있는 기능을 확인하고 활용하기 위한 과정을 다루었다.

이 책에서는 AVR의 실제 활용을 위해 AVR의 기본 기능을 자세히 설명하고, 이를 제어하는 프로그램의 작성법을 설명함과 동시에 해당 예제를 제시하여 AVR의 기능을 좀 더 쉽게 이해하고 제어할 수 있는 방법을 터득할 수 있도록 프로그램 작성 방법을 자세히 설명했다.

이 책의 주요 특징과 내용을 살펴보면 다음과 같다.

◈ 이 책의 주요 특징

- AVR에 내장된 기능을 초보자가 이해할 수 있도록 자세히 설명함
- AVR에 내장된 기능을 확인할 수 있도록 예제 작성 과정을 자세히 설명함
- 프로그램의 다양한 작성 방법을 습득할 수 있도록 '참고사항'을 두어 설명함
- 각 장마다 다양한 예제를 수록하고 이를 활용하여 프로그램을 활용할 수 있도록 연습문제를 제시함

◈ 이 책에서 다루는 내용

- 1장에서는 AVR 마이크로컨트롤러를 학습하기 전에 독자가 알아야 하는 기초적인 용어를 설명한다.
- 2장에서는 AVR 마이크로컨트롤러의 종류와 내부 구조 및 기능에 대한 기본적인 사항에 대해 설명한다.
- 3장에서는 AVR 마이크로컨트롤러의 회로를 제작하기 위한 기본적인 하드웨어 설계 방법과 제작된 보드의 운영을 위해 C 언어 개발 환경 및 디버깅 환경에 대해 설명하고, 이 환경에서의 실험용 보드의 실제 동작 방법에 대해 설명한다. 여기에는 실험용 보드의 플래시 메모리로 다운로드되는 인텔 16진 파일의 분석에 대해 추가적으로 설명되어 있다.
- 4장에서는 설계된 교육용 보드의 운영을 위해 C 언어 컴파일러인 CodeVisionAVR에서 구현된 C 언어 확장 기법 및 C 언어 기초에 대해 자세히 설명한다.
- 5장에서는 ATmega128에 내장된 I/O 포트의 활용 방법을 설명하고, I/O의 심층적 이해를 돕기 위해 I/O 확장 모듈을 설계하고 키 매트릭스, 4자리의 7-세그먼트와 부저를 구동하는 방법에 대해 예제와 더불어 상세히 설명한다.
- 6장에서는 ATmega128의 외부 인터럽트 활용 방법과 이의 고급 활용을 위해 모터의 회전수 검출을 위해 홀센서를 이용한 엔코더 활용에 대해 기초적인 과정을 예제와 더불어 상세히 설명한다.
- 7장에서는 8비트 타이머/카운터의 기능과 활용 방법에 대해 설명하고, 5장에서 설명한 I/O 확장 모듈을 타이머 인터럽트를 이용한 인터럽트 구동(interrupt-driven) 방식에 의해 활용하는 방법을 예제와 더불어 상세히 설명한다. 또한 AVR에 내장된 PWM 펄스 발생 과정을 그림을 통해 쉽게 설명한다.
- 8장에서는 16비트 타이머/카운터의 기능에 대해 8비트 타이머/카운터 기능과의 차이점 측면에서 간단히 설명하고, 8비트 타이머/카운터에는 없는 기능을 위주로 16비트 타이머/카운터를 활용하는 방법에 대해 설명한다.

- 9장에서는 I/O 포트의 제어를 통해 문자 표시용 LCD를 제어하는 방법을 자세히 설명한다.
- 10장에서는 ATmega128에 내장된 직렬 포트인 USART를 C 언어로 제어하는 방법을 예제와 더불어 상세히 설명하고, 심도 있는 응용을 위해 USB 및 블루투스 인터페이스 방법을 설명한다.
- 11장과 12장에서는 AVR 마이크로컨트롤러에 내장된 SPI 통신 포트, TWI 통신 포트를 C 언어로 제어하는 방법을 예제와 더불어 상세히 설명한다. 여기에서 각각의 통신 방식을 이용하여 출시되고 있는 I/O 확장기, 각종 센서(IMU 및 초음파)와 EEPROM 등의 인터페이스 방법과 프로그램 작성 방법에 대해 자세히 설명한다. 이러한 과정을 통해 SPI와 TWI의 인터페이스 방식을 적용한 모든 센서 모듈을 구동할 수 있는 능력이 배양될 수 있을 것이다.
- 13장에서는 A/D 변환기, EEPROM, 아날로그 비교기, 워치독 타이머 및 슬립 모드 등의 제어 방법에 대해 C 언어로 제어하는 방법을 예제와 더불어 상세히 설명한다. 특히, A/D 변환기에서는 단일 입력과 차동 입력 처리를 위한 과정을 온도 센서와 FSR 센서 인터페이스를 통해 설명한다.

위와 같은 내용으로 작성된 이 책은 크게 AVR 기능의 내장 기능을 소개하는 부분과 AVR을 확장하는 부분으로 구분할 수 있다. 따라서 대학 교재로 활용하기 위해서는 각 대학의 실정에 맞추어 한 학기 또는 두 학기로 강의를 진행할 수 있다.

이 책을 스스로 학습하기 위해서는 책에서 설명하고 있는 교육용 보드가 필요하다. 이 보드는 IHLAB 연구실에서 설계 · 제작했지만, 독자들의 편의성을 고려해 ㈜HT&C에 보드의 판매를 의뢰했다. 따라서 보드와 센서 모듈의 구입을 원하는 독자는 회사로 직접 연락을 취하면 구입하는 방법과 제작 방법에 대해 자세히 조언을 들을 수가 있을 것이다.

AVR 마이크로컨트롤러 교재(ATmega162와 ATmega128)를 출간한 지 벌써 10년이 되어가는 시점에 그동안의 강의 경험을 바탕으로 학생들의 AVR 학습 과정에서 의문시됐던 부분을 보완하고, 응용 능력의 향상을 위해 또 다시 교재를 집필했다. 아무쪼록 이 책이 AVR 마이크로컨트롤러 및 이를 활용한 시스템 설계와 제작에 관심이 있는 독자들에게 작게나마 도움이 되길 진심으로 바란다.

끝으로 이 책을 완성하기까지 프로그램의 작성 및 검증을 위해 불철주야 열심히 도와준 IHLAB(지능형 헬스케어 시스템 연구소) 연구원들에게 심심한 감사의 뜻을 표하고, 또한 이 책의 출판을 위해 도움을 주신 ITC 출판사의 사장님을 비롯한 직원 여러분께 깊은 감사를 드린다.

2019년 1월
대표저자 이응혁

| 저자 소개 |

이응혁(ehlee@kpu.ac.kr), 공학박사

〈주요 경력〉

- 1987.10~1992.5
  대우중공업(주) 중앙연구소 로봇제어팀
- 1992.5~1993.3
  생산기술연구원 HDTV 개발연구실
- 1995.3~2000.2
  건양대학교 컴퓨터공학과, 조교수
- 2000.3~현재
  한국산업기술대학교 전자공학부 교수
- 2011.7~2016.12
  ICT 융합 재활의료기기 연구센터장(미래창조과학부 지정)
- 2018.7~현재
  ICT 융합 스마트엔지니어링 연구센터장(과학기술정보통신부 지정)

〈관심 분야〉

- 장애인 및 노약자를 위한 재활보조 시스템 및 재활의료기기
- 지능형 서비스 로봇의 제어 및 센서 신호처리
- 스마트 u-헬스케어 시스템 및 요소기술
- IoT 기반의 스마트 공장 제어 및 공정제어
- 임베디드 마이크로컨트롤러 응용 시스템

〈저서〉

- 『디지털공학: 이론 및 PLD 실습』(사이텍미디어, 2001.7)
- 『8051 마이크로컨트롤러: 인터페이싱과 프로그래밍』(사이텍미디어, 2002.2)
- 『디지털공학』(ITC 출판사, 2003.2)
- 『멀티미디어 신호처리』(ITC 출판사, 2005.1)
- 『8051 마이크로컨트롤러: 인터페이싱과 프로그래밍』(개정판)(ITC, 2005.10)
- 『회로이론』(ITC 출판사, 2007.2)
- 『멀티미디어 신호처리』(개정판)(ITC 출판사 2007.8)
- 『AVR ATmega162 마이크로컨트롤러: 인터페이싱과 프로그래밍』(ITC, 2008.8)〈2009년 대한민국학술원 우수학술도서 선정〉
- 『디지털 공학』(사이텍미디어, 2009.2)
- 『최신 디지털 공학』(ITC, 2009.2)
- 『AVR ATmega128 마이크로컨트롤러: 인터페이싱과 프로그래밍』(ITC, 2009.6)

한영환(yhhan@sangji.ac.kr), 공학박사

〈주요 경력〉

- 2005.8~2006.7 텍사스 A&M 대학교 방문교수
- 2014.4~2015.10 상지대학교 학술정보원장
- 1996.3~현재 상지대학교 정보통신공학과 교수

〈관심 분야〉

- 영상 신호처리 및 생체인식
- 임베디드 마이크로컨트롤러 및 마이크로프로세서 응용 시스템
- IoT 기반 재활보조 시스템 및 재활의료기기

장문석(msjang@dit.ac.kr), 공학박사

〈주요 경력〉

- 2014.3~2016.2 한국산업기술대학교 전자공학과 조교수
- 2016.3~현재 동의과학대학교 전자과 교수

〈관심 분야〉

- 지능형 서비스 로봇의 제어 시스템
- 무선 센서 네트워크 및 위치 인식 시스템
- 임베디드 시스템

엄수홍(sheom@kpu.ac.kr), 공학박사

〈주요 경력〉

- 2014.3~2017.6 한국산업기술대학교 전자제어공학과 시간강사
- 2017.9~현재 한국산업기술대학교 전자공학부 연구교수

〈관심 분야〉

- 재활보조 시스템 및 재활의료기기
- IoT 기반의 임베디드 시스템

| 차례 |

CHAPTER

1

마이크로컨트롤러

최근 마이크로컨트롤러 관련 산업은 IT 기술의 발전과 더불어 가장 빠르게 진보하는 기술 분야 중 하나이다. 가정용 일반 가전기기와 휴대폰, PDA, 전자사전을 비롯한 휴대형 기기뿐만 아니라 오토모바일 엔진 컨트롤 시스템, 체내 주입식 혹은 휴대용 의료기기, 리모콘, 프린터 등의 사무기기, 가정용 서비스 로봇의 제어장치에 이르기까지 폭넓게 적용되고 있다. 마이크로컨트롤러는 개발의 편의성 및 기술의 모듈화 등이 빠르게 진행되고 있어 그 활용이 더욱 확대되어 가고 있다.

이 장에서는 마이크로컨트롤러를 활용하기 위한 전 단계로서 마이크로컨트롤러의 내부 구성을 살펴보고, 마이크로컨트롤러를 공부하기 위한 기본적인 지식을 소개하기로 한다.

1.1 마이크로프로세서와 마이크로컨트롤러

마이크로프로세서는 중앙처리장치(Central Processing Unit)로 CPU라고도 불리며, 마이크로컨트롤러는 CPU의 기능에 더하여 컴퓨터를 구성하기 위한 요소를 하나의 IC 칩에 집적해 만든 것을 의미한다. 즉, 마이크로프로세서에 ROM과 RAM 등의 메모리와 부가장치인 병렬 인터페이스, 직렬 인터페이스(serial interface), 타이머와 카운터, 인터럽트(interrupt), 입력/출력 포트(port) 등의 기능을 부가하여 하나의 칩으로 만든 것이다.

일반적으로 '마이크로프로세서'와 '마이크로컨트롤러'가 혼용되어 사용되기도 한다. 그러나 마이크로프로세서와 마이크로컨트롤러의 정의를 구분하여 사용하는 것이 바람직하므로, 이번 절에서는 이에 대해 자세히 살펴보기로 한다.

1.1.1 마이크로프로세서

마이크로프로세서(microprocessor)는 컴퓨터의 중앙처리장치(CPU)를 하나의 IC에 집적한 반도체 소자로서 1971년 인텔에 의해 세계 최초로 4004가 개발됐으며, 이를 MPU(Micro Processor Unit)라고 지칭했다. 그 뒤를 이어 모토로라(Motorola), RCA, 모스 테크놀로지(MOS Technology), 자일로그(Zilog) 등에서 이와 유사한 6800, 6801, 6502, Z80 마이크로프로세서들을 개발했다. 인텔의 마이크로프로세서는 8086, 80286, 80386, 80486, 펜티엄 프로세서로 발전했다. 마이크로프로세서는 레지스터라고 불리는 기억소자를 이용하여 산술 및 논리 연산을 수행하도록 설계됐다. 마이크로프로세서의 대표적인 연산에는 덧셈, 뺄셈, 두 수의 비교 그리고 시프트 등이 포함된다. 컴퓨터가 기동되면, 마이크로프로세서는 기본 입출력 시스템, 즉 바이오스의 제일 첫 번째 명령어를 자동으로 수행한다.

1.1.2 마이크로컨트롤러

마이크로컨트롤러(microcontroller)는 MCU(Micro Controller Unit)로 불리며, 앞서 언급한 CPU 기능과 일정한 크기의 기억장치(RAM, ROM) 및 입출력(I/O) 장치 등을 하나의 칩에 모두 내장하여 정해진 기능을 수행하는 일종의 컴퓨터이다. 그 구성을 그림 1.1에 나타내었다. 하나의 IC만으로 완전한 컴퓨터로서의 기능을 갖추고 있어 단일칩(single-chip) 또는 원칩 마이크로컴퓨터(one-chip microcomputer)라고도 불린다. 최근에는 A/D 변환기, D/A 변환기, PWM 출력회로 기능을 내장한 마이크로컨트롤러가 출시되고 있어 많은 제어 시스템에서 사용되고 있다. 마이크로컨트롤러는 범용 마이크로프로세서로 지칭되는 MPU와 구별하기 위해 MCU(Micro Controller Unit)라 부르기도 한다. 예를 들어 Z80과 68000은 마이크로프로세서이지만 8051, 80C196과 AVR, PIC, ARM 등

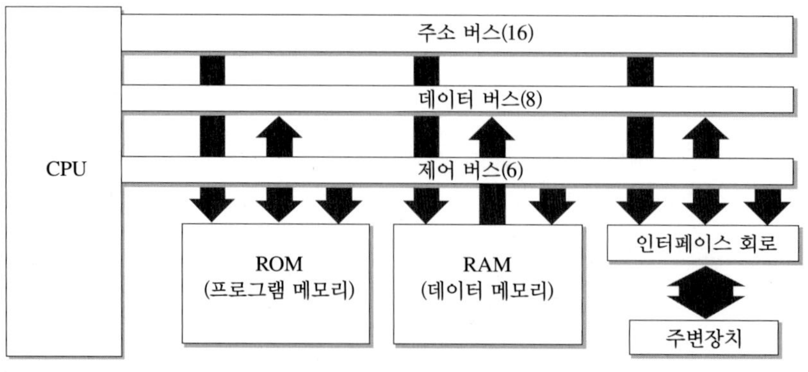

그림 1.1 마이크로컨트롤러의 구성도

은 마이크로컨트롤러이다. 마이크로컨트롤러에서 주목할 점은 인터페이스를 위해 단일 비트를 사용할 수 있다는 것이고, 이를 위해 비트 단위의 조작이 가능한 명령어 집합을 갖고 있다. 예를 들어 논리적인 AND, OR, XOR 등의 비트 단위 연산을 수행할 수 있다.

1.1.3 임베디드 시스템

마이크로컨트롤러는 임베디드 응용을 위해 설계됐으며 임베디드 시스템에 널리 사용된다. 임베디드 시스템(embedded system)은 내장형 시스템이라고도 하며, 기계나 기타 제어가 필요한 시스템을 제어할 수 있도록 특정 기능을 수행하는 컴퓨터 시스템을 일컫는다. 즉, 임베디드 시스템은 전체 장치의 일부분으로 구성되며 제어가 필요한 시스템을 위한 두뇌 역할을 하는 특정 목적의 컴퓨터 시스템이다. 결국, '임베디드'란 전자 하드웨어와 기계 부분을 포함하는 전체 장치의 일부로 내장됐음을 의미하며, 오늘날 전자 분야에서의 임베디드 시스템은 일상생활에 쓰이는 많은 편의 장치를 제어하는 데 활용되고 있다.

마이크로컨트롤러는 규모가 작은 시스템에 사용하므로 보통 운영체제를 포함하지 않는 경향이 있으며, 임베디드 시스템은 좀 더 규모가 크기 때문에 운영체제(윈도우 CE 또는 리눅스 커널)가 시스템에 포함되어 동작하는 것이 일반적이다. 이 운영체제 위에 특수한 기능만을 수행하도록 응용 프로그램이 장착되어 동작한다. 예를 들어 마이크로컨트롤러에 내장된 메모리는 용량이 그다지 크지 않기 때문에 운영체제를 포함하기에 한계가 있고, 임베디드 시스템에서의 하드웨어는 운영체제가 포함되어 동작해야 하므로 마이크로컨트롤러 외부에 메모리 용량을 확장하여 구성해야 한다.

이 책을 통해 공부하는 ATmega128은 8비트 AVR 마이크로컨트롤러로 플래시 메모리를 내장하고 있다. 마이크로컨트롤러는 프로그램에 의해 동작되는데, 프로그램은 AVR에 내장되어 있는 플래시 메모리에 탑재된다. 이는 비휘발성이기 때문에 전원을 껐다 켜도 프로그램의 내용이 유지되어 항상 정해진 정상 동작을 유지할 수 있다.

1.2 중앙처리장치

중앙처리장치(CPU)는 마이크로컨트롤러의 두뇌에 해당하는 핵심 부분으로 명령어의 인식, 해석과 실행을 제어하며 연산 처리를 수행하는 장치이다. 그 내부는 산술논리연산장치, 제어장치, 레지스터 등으로 구성되어 있다. 산술논리연산장치는 산술 연산 또는 논리 연산을 담당하는데, 그 기능을 간략하게 정리하면 다음과 같다. 그림 1.2는 중앙처리장치의 내부 구성요소를 나타낸다.

- 레지스터(register): 정보를 임시로 저장하는 임시 저장장치이다.
- 산술논리연산장치(ALU: Arithmetic Logic Unit): 정보에 대한 연산을 수행한다.
- 명령어 디코더(instruction decoder)와 제어장치(control unit): 명령어 레지스터에 있는 명령어

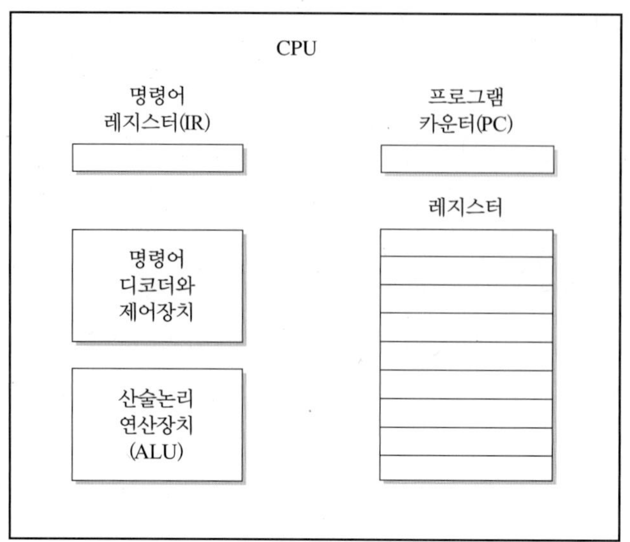

그림 1.2 중앙처리장치의 내부 구성요소

를 해석하고, 수행할 동작을 결정하는 제어 모듈이다.

- 명령어 레지스터(IR: Instruction Register): 수행될 명령어의 이진 코드를 갖고 있는 레지스터로서, 외부의 프로그램 메모리에서 명령어를 가져와서 임시 보관한다.
- 프로그램 카운터(PC: Program Counter): 다음에 수행될 명령어 주소를 저장하고 있는 임시 레지스터로서, 프로그램의 흐름을 제어하는 기능을 갖고 있다.

CPU의 기능 동작은 프로그램 카운터에 의해 지정된 메모리의 위치로부터 명령어를 읽어서 명령어 레지스터에 임시 저장하고, 명령어 디코더와 제어장치에서는 명령어를 해석하고 명령어에 따라 ALU에서 연산을 하거나 프로그램의 흐름을 제어한다. 특히 외부 프로그램 메모리로부터 명령어를 읽어오는 과정을 명령어 인출(instruction fetch)이라 하는데, 이 명령어 인출 과정을 시작으로 CPU는 명령어를 실행하게 된다. CPU에서 명령어를 인출하는 과정을 그림 1.3에 나타냈으며, 다음과 같은 순서로 동작이 진행된다.

1. 프로그램 카운터의 내용이 주소 버스에 놓인다.
2. 메모리 읽기 제어 신호가 활성화된다.
3. 데이터(명령어 Opcode)가 ROM에서 읽혀 데이터 버스에 놓인다.
4. 명령어(Opcode)가 CPU 내의 명령어 레지스터에 놓인다.
5. 프로그램 카운터가 증가한다.

이상의 과정을 통해 해석된 명령어는 CPU의 ALU와 제어장치에 의해 수행되는데, CPU에 의해 처리되는 명령은 산술(ADD, SUB, MUL, DIV)과 논리(AND, OR, NOT 등), 데이터 이동과 프로그램의 분기 동작 등으로 구분된다. AVR의 CPU 구조는 그림 1.4와 같다.

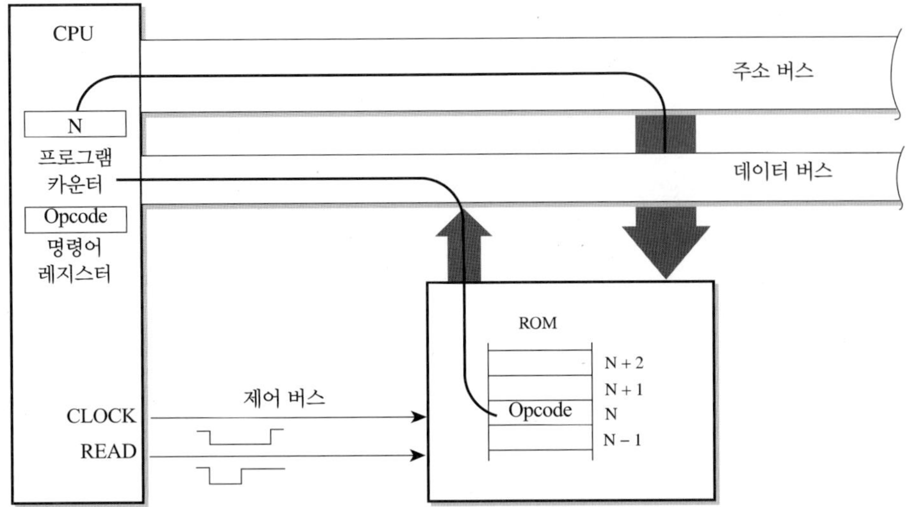

그림 1.3 CPU에서 명령어를 인출하는 과정

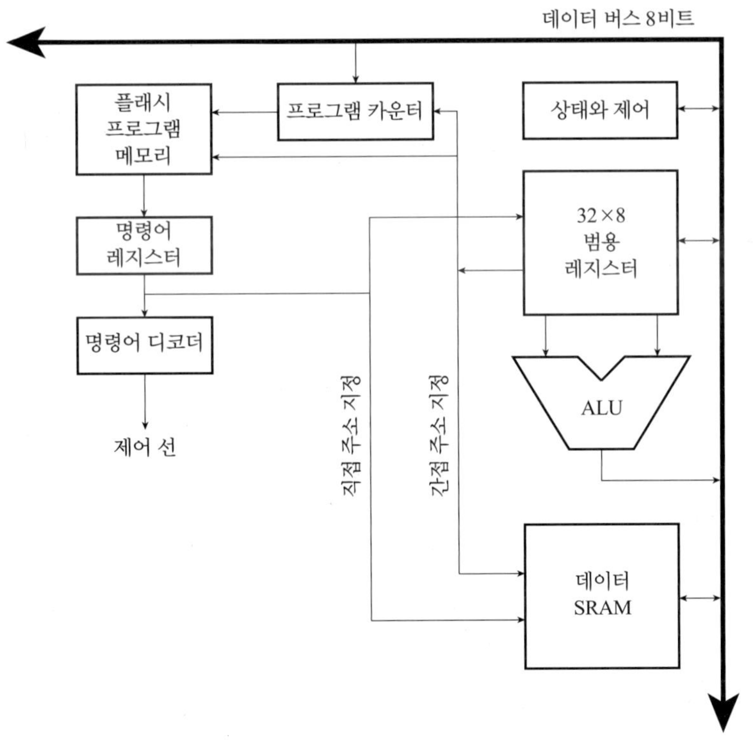

그림 1.4 AVR의 CPU 구조도

AVR 내부는 CPU의 동작을 위해 ALU, 제어부, 플래시 메모리, 데이터 메모리(SRAM)와 범용 레지스터로 구성되어 있다.

- 연산부는 ALU(산술논리연산장치)와 상태 제어 레지스터로 구성되어 있다.
- 제어부는 프로그램 카운터에서 지정된 주소의 명령어를 플래시 메모리로부터 인출하여 해석하고 이를 실행하기 위한 제어 신호를 발생시키는 부분으로 프로그램 카운터, 명령어 레지스터, 명령어 디코더와 타이밍, 제어 신호 발생회로 등으로 구성되어 있다.
- 플래시 메모리는 CPU의 동작을 제어하기 위해 프로그래머가 작성한 프로그램을 저장하고 있는 장소이다. 이 메모리 공간은 응용 프로그램 부분과 부트 로더 부분으로 나누어 사용된다.
- 데이터 메모리는 CPU의 동작을 위해 사용되는 임시 저장장치로, 데이터 메모리의 일부분은 프로그램 동작에 필요한 스택(stack)으로 사용된다.
- 범용 레지스터는 일반 CPU 구조와는 다르게 연산의 대상이나 임시 메모리 기능을 담당한다. AVR에는 32개의 범용 레지스터가 있으므로, 이를 사용하여 직접 연산을 할 수 있어 연산 속도를 빠르게 하고 코드를 효율적으로 작성할 수 있다.

1.3 마이크로컨트롤러의 구성

마이크로컨트롤러는 그림 1.2에서 설명한 바와 같이 CPU를 비롯한 메모리와 I/O 장치들을 모두 포함하여 하나의 칩에 내장한 것을 말한다. 마이크로컨트롤러에는 프로그램 메모리와 데이터 메모리가 별도로 내장되어 있다. 프로그램 메모리에는 CPU에서 수행해야 하는 프로그램(CPU 명령어의 집합)이 저장되며, 이는 일반적으로 ROM(Read Only Memory)으로 구현되어 있다. 데이터 메모리는 CPU의 처리 과정에서 임시로 발생하는 데이터를 저장하기 위해 사용되며, 이는 일반적으로 RAM(Random Access Memory)으로 구현되어 있다.

마이크로컨트롤러에 내장된 입출력 장치는 하나의 마이크로컴퓨터 시스템을 구성하는 데 필요한 주변장치들을 포함하고 있다. 시간 제어를 위한 타이머/카운터, 외부 장치와 데이터를 주고받기 위한 직/병렬 입출력 장치, 프로그램의 흐름 제어와 외부 사건에 대해 비동기적으로 처리하는 인터럽트 장치, 아날로그 신호를 처리하는 데 필요한 ADC(Analog to Digital Converter) 및 DAC(Digital to Analog Converter) 등이 있다.

마이크로컨트롤러는 내장된 장치들과 데이터를 교환하기 위해 그림 1.1에 나타난 바와 같이 다음의 세 가지 버스를 사용한다.

- 주소 버스
- 데이터 버스
- 제어 버스

마이크로컨트롤러가 메모리 및 각종 I/O와 데이터를 교환하기 위해서는 장치의 위치를 알아야 한다. 장치의 위치를 식별하기 위한 방법으로 마이크로컨트롤러에서는 주소의 개념을 사용한다. 즉, 장치들의 위치는 주소에 의해 구별된다. 장치들의 기본 단위는 바이트이므로 바이트별로 주소가 지정된다. 이 주소는 숫자로 표시되고 2진수로 표시된 수가 그림 1.1의 주소 버스를 통해 메모리 및 I/O 장치에 전달된다. 버스는 다수의 선을 말하며, 주소를 지정하기 위해 다수의 선이 사용되므로 주소 버스라 부른다.

주소 버스(address bus)는 CPU가 주변장치의 위치를 지정하기 위해 사용하므로 단방향 버스라고 한다. 주소 버스의 크기는 주소 선의 수로 결정되는데, 이 주소 선의 수가 CPU에서 최대로 지정할 수 있는 주소의 최대 크기를 결정한다. 일반적으로 주소 선의 수가 n개이면, 2^n개의 위치에 대해 액세스가 가능하다.

예를 들어 주소 버스가 16비트일 때 지정 가능한 주소는 0x0000부터 0xFFFF까지로, 메모리의 크기는 $2^{16}=2^6\times2^{10}$B=64KB가 된다. 만약 32비트의 주소 버스를 사용하는 경우에는 $2^{32}=2^2\times2^{10}\times2^{10}\times2^{10}$B=4GB의 주소 공간을 액세스할 수 있다.

데이터 버스(data bus)는 CPU와 기억장치 또는 CPU와 입출력 장치 사이에서 정보를 전달하는 역할을 수행하므로 양방향 버스라 한다. 마이크로프로세서를 말할 때 흔히 8비트 또는 16비트 마이크로프로세서라는 용어를 사용한다. 이때 8비트 마이크로프로세서라 함은 CPU에서 데이터를 연산할 때 기본적인 단위가 1바이트임을 나타낸다. 8비트 마이크로프로세서의 기본 연산 단위는 1바이트이므로 2바이트 연산을 위해서는 두 번의 데이터 액세스가 필요하다. 그러나 16비트 마이크로프로세서의 기본 연산 단위는 16비트, 즉 2바이트이므로 한 번의 데이터 액세스를 통해 연산을 수행할 수 있으므로 8비트 마이크로프로세서에 비해 빠른 수행 속도를 갖게 된다. 대부분의 마이크로프로세서는 4비트, 8비트, 16비트, 32비트 크기의 데이터 버스를 가지며, 데이터 버스의 폭이 증가함에 따라 시스템의 처리 능력 또한 증가한다.

제어 버스(control bus)는 주소 버스, 데이터 버스와 함께 마이크로프로세서 버스의 3 요소 중 하나로서, 마이크로프로세서가 메모리나 I/O 장치와 데이터를 액세스할 때 필요한 신호들이다. 제어 신호는 CPU에 의해 제공되는 타이밍 신호들로서 주소 버스와 데이터 버스에서의 정보 이동을 동기화하는 데 사용되며, 마이크로프로세서에서 사용되는 제어 신호에는 CLOCK, READ, WRITE의 세 가지가 있다.

이상의 세 가지 버스를 이용하여 마이크로프로세서와 주변장치 간의 데이터 교환을 수행한다. 각 주변장치와의 읽기/쓰기 동작을 수행할 때, CPU는 데이터(명령)의 주소를 주소 버스에 실어 보내고 현재 읽기 동작인지 쓰기 동작인지를 알리는 제어 신호를 제어 버스를 통해 주변장치로 출력한다. 읽기 동작인 경우에는 명시된 주소가 가리키는 기억장치에서의 데이터를 데이터 버스에 적재한다. 쓰기 동작인 경우, CPU는 데이터 버스상에 저장될 데이터를 실어주고 제어 신호에 의해 쓰기 동작임을 기억장치에 전달하여 지정된 위치에 데이터를 기록한다.

1.4 메모리 액세스에 따른 마이크로컨트롤러의 분류

마이크로컨트롤러의 종류는 어떻게 구분하느냐에 따라 다양하게 구분될 수 있다. 이 책에서는 AVR 마이크로컨트롤러에 대해 논하기 때문에 이의 구조적 특징이 되는 부분에 대해서만 논하기로 한다.

마이크로컨트롤러는 메모리를 액세스하는 방법에 따라 폰 노이만(Von Neumann) 구조와 하버드(Harvard) 구조로 구분할 수 있다. 폰 노이만 구조는 미국의 수학자 존 폰 노이만(John Von Neumann)이 제안한 구조로, 그림 1.5와 같이 프로그램과 데이터를 하나의 메모리에 저장하여 데이터는 메모리에서 읽거나 메모리에 쓰기도 하는 반면 명령어는 메모리에서 읽기만 하는 구조를 말한다. 폰 노이만 구조는 명령어 구조로 구분하면 CISC(Complex Instruction Set Computer) 구조로 되어 있다고 할 수 있다. 현재 출시되고 있는 마이크로컨트롤러 중에서 인텔 x86 계열의 CPU와 AMD의 인텔 호환 CPU 등이 이 방식으로 구현되어 있다. CISC의 특징으로 마이크로컨트롤러에게 메모리 특정 지점부터 실행하도록 지시할 수 있으며, 데이터와 명령어는 메모리를 공유하므로 특정 프로그램에서 명령어인 내용은 다른 프로그램에서 데이터일 수 있다. 그 밖의 특징은 다음과 같다.

- 많은 수의 명령어(일반적으로 100~250개의 명령어)
- 몇몇 명령어는 특별한 동작을 수행하며 자주 사용되지 않음
- 다양한 주소 지정 모드(addressing mode, 일반적으로 5~20가지의 모드)
- 가변 길이 명령어 형식
- 메모리의 피연산자를 처리하는 명령어

반면에 하버드 구조는 프로그램과 데이터를 물리적으로 구분하여 각기 다른 메모리에 저장하는 구조로서, 그림 1.6에 그 구조를 나타내었다. 하버드 구조는 명령어 구조로 구분하면 RISC(Reduced Instruction Set Computer) 구조로 되어 있다. 이 구조는 명령어와 데이터가 각기 다른 데이터 버스와 주소 버스를 사용하므로 프로그램과 데이터에 대해 서로 다른 길이의 비트 수를 사용할 수 있으며, 프로그램과 데이터를 동시에 읽어들일 수 있다. 또한 현재 명령어를 마치는 것

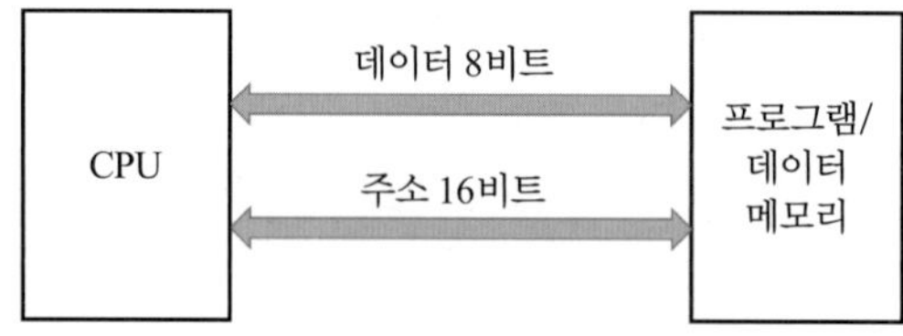

그림 1.5 폰 노이만 구조

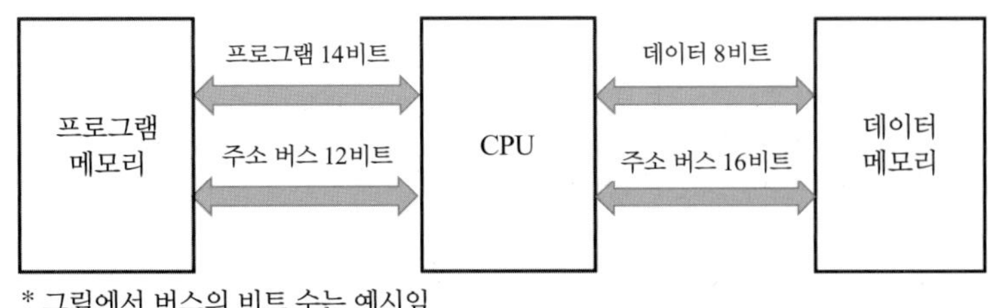

그림 1.6 하버드 구조

과 동시에 다음 명령어를 가져올 수 있기 때문에 처리 속도를 향상할 수 있다. 그 밖의 특징은 다음과 같다.

- 상대적으로 적은 수의 명령어
- 상대적으로 적은 수의 주소 지정 모드
- 메모리 참조는 load와 store 명령어로만 제한됨
- 모든 동작은 CPU의 레지스터 안에서 수행됨
- 고정된 길이의 명령어 형식으로 디코딩이 간단함
- 단일 사이클의 명령어 실행
- 마이크로프로그램된 제어보다는 하드와이어된 제어를 선택함

현재 출시되고 있는 마이크로컨트롤러 중에서 트랜스메타의 크루소와 애플의 PowerPC 등은 이 방식으로 구현되어 있다. PowerPC의 경우 CISC 방식인 인텔의 x86 CPU와 비교하면 같은 클록에서 수 배 이상의 처리 속도를 보여주고 있으며, 빠른 속도 때문에 워크스테이션이나 대형 서버급의 컴퓨터에서는 대부분 RISC 방식의 CPU를 채택하고 있다.

RISC가 처음 출시됐을 때는 CISC에서 단순히 명령어를 간소화한 정도라고 생각됐지만, RISC 방식은 명령어 수를 줄이는 대신 CPU 내부 캐시, 파이프라이닝, 비순차 명령 실행, 레지스터 개수 증가 등과 같은 마이크로컨트롤러의 근본적인 기능을 향상하여 CISC에 비해 월등히 높은 처리 속도를 가질 수 있게 됐다.

CISC와 RISC를 간략하게 비교해보면 표 1.1과 같이 정리할 수 있다.

표 1.1 CISC와 RISC의 비교

	RISC	CISC
속도	빠르다	느리다
명령어	간단하고, 최소화	복잡
가격	저렴	고가
용도	임베디드용	PC급

1.5 마이크로컨트롤러의 프로그래밍 언어

1.5.1 마이크로컨트롤러 명령어와 어셈블리 언어

마이크로컨트롤러를 제어하기 위한 명령어들은 마이크로컨트롤러의 종류에 따라 다르다. AVR 마이크로컨트롤러의 명령어 집합은 다음과 같은 5개의 그룹으로 분류된다.

- 산술 및 논리(arithmetic and logic)
- 루프와 점프(loop and jump)
- 데이터 전송(data transfer)
- 비트 조작(bit manipulation)
- CPU 제어(control)

AVR에서 사용되고 있는 각 명령어는 1과 0으로 이루어지는 비트열로 구성되어 있으며, 명령이 수행되기 전에 마이크로컨트롤러에 의해 해석된다. 2진 코드로 표현된 명령어들은 기계어(machine language)라 부르며, 마이크로컨트롤러는 2진 코드로 된 기계어만을 인식한다. 초기 컴퓨터들은 2진 코드로 된 명령어를 직접 입력하여 프로그래밍했다. 마이크로컨트롤러에 명령어를 '쓰는(write)' 작업을 간단하게 만들기 위해 개발된 언어가 어셈블리(assembly) 언어이다.

어셈블리 언어는 기계어의 단점을 극복하고 작성 과정을 편리하도록 개발한 기호 언어로, 영어로 표현된 유사 명령어들은 2진 명령어로 바로 변환될 수 있기 때문에 어셈블리 언어는 하위 계층 언어로 분류된다. 어셈블리 명령어들은 니모닉(mnemonics)이라 불리는 영어와 유사한 형태이며, 어셈블러(assembler)라는 프로그램을 이용하여 마이크로컨트롤러에서 사용되는 기계어로 번역된다.

어셈블리 언어에는 데이터 구조와 어셈블러가 필요로 하는 정보를 나타내기 위한 명령어도 있다. 이 명령어를 의사동작(pseudo-operation)이라 한다. 어셈블러는 이 명령어를 실제 명령어로 번역하지 않는다. 어셈블리 언어와 이에 대응하는 기계어는 마이크로컨트롤러 종류에 따라 서로 달라 호환되지 않는다. 예를 들어, 8051로 작성된 어셈블리 프로그램은 AVR에서 작동되지 않는다. 어셈블리 언어는 프로그래머가 프로세스를 직접 제어할 수 있다는 장점이 있으며, 어셈블리 언어로 작성된 프로그램은 수행 시간이 빠르다. 그뿐 아니라 프로그래머는 인터럽트나 I/O 장치 같은 기계 프로세스를 좀 더 쉽게 다룰 수 있다. 반면에 C와 고급 프로그래밍 언어들은 컴퓨터 시스템에 사용되고 있는 마이크로프로세서의 종류와 무관하게 사용할 수 있다.

1.5.2 프로그래밍 언어

마이크로컨트롤러를 활용하기 위해서는 프로그램을 작성하여 2진 기계어로 변환해야 한다. 이를 위해 근래에는 그림 1.7에 나타낸 것과 같이 상위 레벨 언어를 이용하여 프로그램을 작성하고, 컴파일러(compiler)라 불리는 프로그램을 이용하여 기계어로 번역한다.

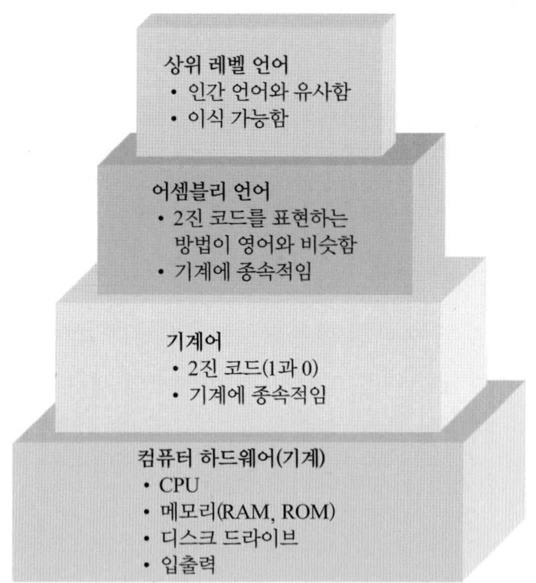

그림 1.7 마이크로컨트롤러 프로그래밍 언어의 계층 구조

상위 레벨 언어(high-level language)는 사람이 사용하는 언어와 비슷하고, 컴파일 과정을 거쳐 기계어로 변환된다. 어셈블리 언어에 비해 상위 레벨 언어의 장점은 이식성에 있다. 이식성이란 프로그램이 여러 다양한 종류의 컴퓨터에서 실행될 수 있다는 의미이다. 또한 상위 레벨 언어는 어셈블리 언어보다 읽기, 쓰기와 유지가 편리하다. 대부분의 시스템 소프트웨어와 응용 소프트웨어는 상위 레벨 언어로 작성된다. 근래에는 마이크로컨트롤러의 프로그램 작성을 위해 상위 레벨 언어로 C 언어, 파이썬(Python)을 사용하고 있다.

◈ 프로그램을 기계어로 변환

어셈블리 언어나 상위 레벨 언어로 작성된 모든 프로그램은 마이크로컨트롤러가 프로그램 명령어를 인식할 수 있도록 기계어로 변환되어야 한다.

어셈블러는 그림 1.8에 나타낸 것과 같이 어셈블리 언어로 작성된 프로그램을 해석하여 기계어로 변환한다. 원시 프로그램(source program)이라는 용어는 어셈블리 또는 상위 레벨 언어로 작성된 프로그램을 의미하고, 목적 프로그램(object program)이라는 용어는 원시 프로그램을 변환하여 최종적으로 생성되는 기계어를 의미한다.

컴파일러는 그림 1.9에 나타낸 것과 같이 상위 레벨 언어로 작성된 프로그램을 마이크로컨트롤러가 사용할 수 있는 기계어로 번역하는 프로그램이고, 일반적으로 컴파일러가 수행되는 마이크

그림 1.8 어셈블러를 사용하여 어셈블리 언어를 기계어로 변환하는 과정

그림 1.9 컴파일러를 사용하여 상위 레벨 언어를 기계어로 변환하는 과정

로컨트롤러의 기계어로 번역한다. 반면에 교차 컴파일러는 컴파일러가 수행되고 있는 컴퓨터의 마이크로프로세서가 아닌 다른 종류의 마이크로프로세서 기계어로 번역하는 프로그램을 말한다. 즉, 컴파일러는 전체 원시 프로그램을 검사하고 여러 개의 서브루틴을 모아서 재구성하여 기계어로 변환하는 프로그램이다. 몇몇 상위 레벨 언어는 프로그램을 각 라인마다 해석하여 기계어로 변환하는 인터프리터 또는 번역기를 사용하기도 한다.

1.6 AVR의 개요

1.6.1 AVR의 주요 특징

AVR 시리즈 마이크로컨트롤러는 1997년에 처음 발표된 8비트 마이크로컨트롤러로서, 기본적인 구조는 NTH(Norwegian Institute of Technology)의 알프-에길 보겐(Alf-Egil Bogen)과 베가드 울런(Vegard Wollan) 두 사람이 고안했다. 내부 구조는 다시 Atmel에서 알프와 베가드에 의해 점차 개선되어 Atmel의 대표적인 컨트롤러로서 자리매김을 하고 있다.

AVR은 'Advanced Virtual RISC(Reduced Instruction Set Computer)'의 약자로서, 초기의 칩 설계자인 'Alf and Vegard [RISC]'의 약자로 알려져 있는 것과는 다르다. 이 책에서 설명하는 AVR은 Atmel사에서 제작된 RISC 구조의 저전력 CMOS 8비트 마이크로컨트롤러이다.

AVR은 프로그램 메모리와 저장되는 데이터를 각각 갖는 하버드 구조이다. 일반적인 하버드 구조에서는 프로그램을 영구적 또는 반영구적인 메모리에 저장하고, 일시적인 데이터를 휘발성 메모리에 저장하므로, 프로그램과 데이터를 동시에 읽어들일 수 있다. 또한 전압 스파이크나 기타 악조건의 환경 요소에 의해 프로그램 메모리에 있는 프로그램이 지워지는 상황으로부터 보호될 수 있기 때문에 임베디드 시스템 같은 환경에서는 매우 이상적이라 할 수 있어 제어용 마이크로컨트롤러에 많이 사용된다.

AVR의 주요 특징은 다음과 같다.

- 하버드 구조를 사용하여 프로그램 메모리와 데이터 메모리를 동시에 액세스할 수 있고, 대부분의 명령어는 단일 클록으로 실행하여 동작 속도를 혁신적으로 개선한 제어기이며, 임베디드 환경에 적합한 저전력 소모 구조를 갖고 있다.
- 명령어는 16비트 버스 폭의 하드웨어로 처리되지만, 데이터는 8비트 길이 기반으로 처리되는 특이한 8비트 마이크로컨트롤러이다.

- 내부에는 32개의 범용 작업 레지스터를 가지며 모든 레지스터는 산술논리연산장치(ALU)와 직접적으로 연결되는 구조이기 때문에 한 클록 사이클 내에 단일 명령어 사이에 2개의 독립된 레지스터를 한꺼번에 처리한다. 결과적으로 AVR RISC 구조는 CISC 마이크로컨트롤러보다 10배 이상 빠른 속도로 실행이 이루어지며, 좀 더 편리한 코드 체계를 갖는 마이크로컨트롤러이다.
- C 언어로 제어하기에 적합한 주소 지정 모드를 제공하여 높은 코드 집적도를 갖고 있다.
- 단일 칩에 자체 프로그램이 가능한 플래시 메모리와 파라미터 저장용의 EEPROM, 일반 데이터 변수 저장을 위한 SRAM 등이 집적되어 있어 메모리 사용의 효율성을 제고하고 있다.
- 시스템 개발 과정에 편리성을 제공하기 위해 시스템 자체 내에 프로그래밍, 디버깅, 검증 등의 기능을 포함하고 있다. 즉, ISP(In-System Programming)라는 기법을 통해 롬 라이터 같은 별도의 장비 없이도 PC에서 프로그램을 작성하여 곧바로 AVR 내부의 플래시 메모리로 프로그램 코드를 저장할 수 있고, 부트 로더(boot loader)를 통해 직렬 인터페이스로 추후 마이크로컨트롤러에 내장된 펌웨어를 업그레이드할 수 있는 자가 프로그래밍(self-programming) 기법을 제공하고 있다.
- 1.8~5.5V의 동작이 가능하며, 특히 저전력 소모에 적합한 다양한 동작 모드를 제공한다.

AVR은 이와 같은 구조적인 특징 외에 내장된 기능 또한 다양하여 현재 제어용뿐만 아니라 LAN과 USB 같은 유선 통신, ZigBee와 RF 링크 같은 무선 통신, 자동차용 모터 제어와 같은 용도로 많이 활용되고 있다. 현재 AVR의 기능은 모델에 따라 약간씩 차이가 있지만 다음과 같은 특징이 있다.

- 다기능, 양방향의 범용 I/O 포트를 갖고 있으며, 이는 구조 변경이 가능하고 내부에는 풀업 저항이 내장되어 있다.
- 다양한 기능의 내부 오실레이터가 내장되어 있다.
- 재프로그램이 가능한 플래시 메모리가 256KB까지 내장되어 있다. 이 메모리는 ISP, JTAG 또는 고전압 방법을 이용하여 시스템 내에서 프로그램이 가능하다.
- 대부분의 소자에서 JTAG 또는 debugWIRE를 통해 칩 내에서 직접적인 디버깅이 가능하다.
- 내부 데이터 EEPROM이 4KB까지 제공된다.
- 내부 SRAM이 8KB까지 제공된다.
- 8비트와 16비트 타이머가 내장되어 있으며, 이를 이용하여 PWM 출력 기능으로 활용할 수 있다.
- 아날로그 비교기가 내장되어 있다.
- 16개까지 가능한 채널 입력을 갖는 10비트 A/D 변환기가 내장되어 있다.
- I^2C 호환성을 갖는 TWI 기능, RS-232, RS-485 등의 지원을 위한 UART/USART, SPI(Serial Peripheral Interface) 버스와 2선 또는 3선식의 동기 데이터 전송을 위한 USI(Universal Serial

Interface) 등의 다양한 기능으로 직렬 인터페이스를 제공한다.

- 브라운 아웃 검출(BOD: Brown-Out Detection) 기능을 제공한다.
- 워치독 타이머(WDT: watchdog timer)를 내장하고 있다.
- 전원 절약을 위한 여러 가지 슬립 모드를 제공한다.
- CAN 컨트롤러, USB 컨트롤러, 이더넷 컨트롤러, LCD 컨트롤러의 지원이 가능하다.

1.6.2 AVR 마이크로컨트롤러의 종류

AVR 시리즈 마이크로컨트롤러는 다양한 응용 분야에 사용될 수 있도록 내장된 메모리와 외부 접속 장치의 규모에 따라 TinyAVR, MegaAVR, XMEGA, Application-specific AVR, FPSL(Field Programmable System Level) IC로 출시되고 있다. 전체 AVR 계열의 구성은 표 1.2와 같이 요약할 수 있다.

표 1.2 AVR 계열

AVR 계열	주요 기능
Tiny	• 0.5~8KB의 프로그램 메모리 • 6~32 핀 패키지 • 주변 소자의 기능이 제한적으로 내장됨
Mega	• 8~256KB의 프로그램 메모리 • 28~100 핀 패키지 • 확장 명령어 세트를 갖고 있음(곱셈과 확장 메모리를 다루기 위한 명령어 내장) • 주변 소자의 기능이 확장됨
XMEGA	• 16~384KB의 프로그램 메모리 • 28~64~100 핀 패키지 • 확장된 성능(DMA, 'Event System', 암호와 지원) • 주변 소자의 기능이 확장됨(ADC)
Application-specific	• megaAVR을 기반으로 다른 AVR 계열에서 찾을 수 없는 LCD 제어, USB 제어, 진보된 PWM, CAN 등의 모듈이 추가됨 • LCD, Automotive, Lighting, Smart Battery, CAN, USB, Z-Link 등에 적용 가능한 AVR이 출시되고 있음
FPSLIC	• AVR에 FPGA를 추가한 모델로 FPGA의 게이트 수는 5~50K임 • 다른 AVR과는 달리 AVR 프로그램 코드를 SRAM에 저장 • AVR 코어는 50MHz 이상에서도 실행 가능

◈ Tiny 계열

Tiny 계열의 AVR은 소형 시스템에 적합한 소자로 장난감, 게임용 장치, 배터리 충전기 등 간단히 조립하여 센서 응용회로에 적용될 수 있는 모델이다. 대량으로 생산되는 간단한 응용 분야에 사용할 목적으로 출시되어 가격이 낮고 기능이나 성능도 낮다. Tiny 계열의 내부에는 0.5~8KB의 플래시 메모리를 갖고 있으며, 외부 핀은 대개 6~32 핀 정도로 외형이 아주 작으므로, 작은 프로그램에 적합한 소자이다.

◈ Mega 계열

Mega 계열의 AVR은 프로그램 크기가 대형이고 입출력의 수가 많은 시스템에 적합한 소자로 무선 전화기 및 프린터용 제어기, FAX 및 CD-ROM 제어기에 응용될 수 있는 모델이다. 규모가 크고 성능이 높은 응용 분야에 활용할 목적으로 출시되어 가격이 고가이고 기능이나 성능 또한 높다.

Mega 계열의 내부에는 8~256KB의 플래시 메모리가 있으며, 외부 핀은 28~100 핀 정도로 핀 수가 상당히 많다. 이 중에서 성능이 우수한 모델의 경우에는 명령어 처리 속도가 20MHz 클록에서 20MIPS이다.

Mega 계열은 플래시 메모리의 용량에 따라 기본 모델이 ATmega8, ATmega16, ATmega32, ATmega64, ATmega128, ATmega256 등으로 출시되고 있다.

◈ 특수 용도의 AVR

이상에서 설명한 것 외에도 AVR은 응용 분야에 따라 자동차용, 통신용, LCD 제어용 등 다양한 응용에 적합하도록 최적화하여 출시되고 있다. 자동차용 AVR의 경우에는 자동차의 센서와 액추에이터를 제어할 수 있는 기능과 차량용 통신 기법인 CAN(Controller Area Network) 및 LIN(Local Interconnect Network)을 지원하도록 최적화되어 있다. 자동차의 동작 성능을 고려하여 악조건하에서도 동작이 가능하도록 동작 온도가 다양하게 출시되고 있다. 즉, T 성능의 경우에는 −40℃~+85℃에서, T1의 경우에는 −40℃~+105℃에서, Z의 경우에는 −40℃~+125℃에서 동작이 가능하다. PC와의 데이터 통신을 위해 USB 2.0의 호스트 컨트롤러 기능을 갖는 USB 제어기가 내장된 AVR과 홈 네트워크에서의 무선 통신을 지원하기 위해 ZigBee 기능을 지원하는 Z-Link의 AVR 등이 새롭게 출시됐다. AVR은 첨단 산업의 전 분야에 걸쳐 활용되고 있다.

◈ XMEGA 계열

XMEGA는 기존 AVR의 주요 특징을 유지하면서 1.6V의 동작 전압으로 최대 32MIPS의 동작이 가능하도록 고속/저전력 기술을 구현했으며, 특징은 다음과 같다.

- 2세대 피코파워(picoPower) 기술 적용
- MCU와 상관없이 주변기기 간의 빠른 통신을 제공하기 위한 혁신적인 이벤트 시스템
- MCU의 성능을 최대화하기 위한 4채널 DMA 컨트롤러
- 실시간 처리에 있어 100% 예상 가능한 타이밍 제공(최대 8개까지 이벤트 또는 인터럽트 동시 처리 가능)
- 최대 4MSPS(Mega Samples Per Second) 샘플링 가능한 고속 12비트 ADC와 1MSPS 샘플링의 DAC 내장
- 고속 AES/DES 암호화

1.7 AVR과 아두이노

아두이노는 2005년 이탈리아의 마시모 반지(Massimo Banzi)와 데이비드 쿠아르티엘(David Cuartielles)이 개발한 오픈소스 기반 마이크로컨트롤러가 장착된 보드이다. 아두이노의 초기 개발 목적은 예술가들이 쉽게 사용할 수 있는 작은 컴퓨터를 만드는 것이었기에 비전문가도 손쉽게 익히고 사용할 수 있도록 만들어졌다. 이러한 목적을 위해 아두이노는 마이크로컨트롤러의 제어에 필요한 많은 제어 레지스터를 직접 다루지 않고 표준화된 함수를 이용하여 좀 더 쉽게 제어할 수 있도록 개발됐으며, 다양한 외부 장치들을 연결할 수 있도록 플랫폼 또한 표준화하여 개발됐다.

이러한 아두이노의 핵심적인 두뇌 역할을 담당하고 있는 것이 마이크로컨트롤러이다. 아두이노에 적용된 대표적인 마이크로컨트롤러는 ATMEGA128/328/ATiny8 등이 있으며, 그 외에도 32비트 ARM 계열의 마이크로컨트롤러 및 DSP 계열의 마이크로컨트롤러가 사용된다. 이와 같이 다양한 종류의 마이크로컨트롤러가 사용된 이유는 구현하고자 하는 프로그램의 크기에 따라 선택을 할 수 있도록 하기 위해서이며, 적용된 마이크로컨트롤러의 입출력 핀의 개수, 메모리의 크기 등에 따라 우노, 레오나르도, 메가, 나노 등 다양한 사양을 갖는 형태가 있다.

아두이노의 기본 형태는 INPUT, OUTPUT, PWM, INTERRUPT 등을 포트 번호 입력 방식으로 처리하여, MCU를 다루기 위한 하드웨어의 이해가 없어도 간단하게 프로그램을 작성하여 동작을 확인할 수 있다는 편리한 점이 있다. 그러나 하드웨어의 확장 또는 복잡한 시스템의 구현에는 한계가 있어 아두이노에 하드웨어를 추가로 확장하는 방법이 고안됐다. 이 방법은 실드(Shield)라 불리는 별도의 확장장치를 추가하는 것으로, 이 방법을 통해 다양한 형태의 모듈을 연결하여 아두이노 보드를 기본 기능 외에 원하는 기능들을 확장하여 사용할 수 있다.

아두이노에 관련된 소프트웨어 개발을 위해 스케치(sketch)라는 통합 개발 환경(IDE: Integrated Development Environment)이 제공되며, 이것 또한 오픈소스로 공개되어 있다. 아두이노는 예제와 라이브러리 응용만으로도 원하는 동작의 구현이 가능한 직관적인 코딩 방식을 사용한다. 또한 아두이노의 동작은 C++ 언어를 기반으로 C 언어의 표준 라이브러리 함수를 사용해 프로그래밍한다.

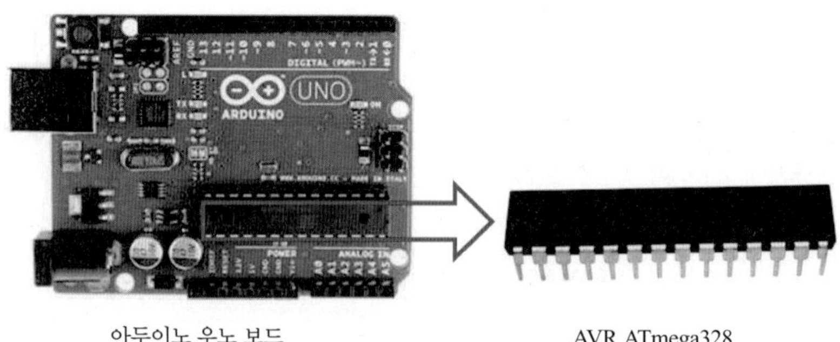

아두이노 우노 보드 AVR ATmega328

그림 1.10 아두이노와 AVR

앞서 살펴봤듯이, 아두이노의 장점은 전기/전자에 대한 깊은 지식 없이도 마이크로컨트롤러를 쉽게 동작시킬 수 있다는 점이다. 그러나 이렇게 다양한 마이크로컨트롤러의 표준화된 아두이노 함수를 지원하기 위해 프로세서마다 중간 단계의 함수가 추가되어 처리 속도가 낮아진다는 문제가 있다. 또한 컴파일 시 메모리 사용 및 프로그램의 최적화 면에서 효율적이지 못하고, JTAG, SWD, ICE 등을 이용한 디버깅이 불가하므로 직접적인 문제 요인의 분석이 불가능하며 직렬 통신을 활용한 간접적 디버깅만 가능하기에 프로그램의 버그 발생 시 대처 및 수습까지 시간 소요가 크다는 단점이 있다. 이러한 문제 등으로 인해 아두이노는 일정 규모 이상의 프로그램을 구현하는 데는 적합하지 않으며, 센서 단위 시험과 고유 기능 확인을 위한 프로토타이핑 같은 단순한 시스템에 적합하다.

자체 표준화된 함수와 개발 환경을 지원하여 공통된 환경에서 공통된 언어로 프로그래밍할 수 있는 아두이노에 비해 AVR의 레지스터 등을 직접 제어하는 프로그램은 다양한 레지스터에 대한 이해가 필요하다. 이러한 이유로 비전공자나 일반인에게는 접근이 어려우나, 표준화를 위한 중간 단계의 함수가 필요하지 않기에 동작에 필요한 프로그램의 크기가 작고, 레지스터 직접 제어를 통한 세부 프로그램이 가능하기에 좀 더 세밀한 기능 구현이 가능하다. 또한 AVR의 경우 전용 컴파일러를 제공하므로 타 마이크로컨트롤러에 비해 좀 더 쉽게 접근이 가능하고, ISP와 ICE 같은 통합 개발 환경을 지원하므로 좀 더 세밀하고 전문적인 프로그램 작성이 가능하다. 즉, AVR 같은 마이크로컨트롤러는 전용 컴파일러를 사용하여 불필요한 함수와 변수의 최소화가 가능하고, 메모리 사용에 있어 효율적이며, 컴파일 최적화의 수준이 높아 아두이노와 동일한 과정의 프로그램을 구현할 경우에 좀 더 효율적이라 할 수 있다. 따라서 AVR 같은 마이크로컨트롤러를 직접 전용 컴파일러 환경에서 개발하면 프로그램의 크기 및 메모리 사용량 측면에서 아두이노에 비해 빠른 실행 속도 및 높은 성능을 가질 수 있다.

이러한 측면에서 AVR 같은 마이크로컨트롤러를 학습하는 과정은 아두이노에 비해 복잡하고 어렵지만, 아두이노의 환경을 개발하는 개발자로 성장하려면 마이크로컨트롤로의 하드웨어와 이를 활용하는 과정을 반드시 학습해야 하며, 이를 통해 개발 능력을 갖춘 고급 엔지니어로 성장할 수 있으리라 판단된다.

따라서 이 책을 통해 이러한 개발 과정을 체계적으로 배울 수 있는 기회를 제공하고자 한다.

연습문제

1. 처음에 광범위하게 사용된 마이크로프로세서는 무엇이며, 언제 어떤 회사가 소개했는가?

2. CPU에 있는 어떤 레지스터가 주소를 포함하고 있는가? 이 레지스터에는 어떤 주소를 포함하고 있는가?

3. 16비트 주소 버스와 8비트 데이터 버스를 가진 컴퓨터 시스템에 의해 주소화될 수 있는 데이터의 바이트 수는 얼마인가?

4. 마이크로프로세서, 마이크로컨트롤로와 임베디드 시스템의 차이점을 간단히 설명하라.

5. '16비트 컴퓨터'라는 문구에서 '16비트'의 일반적인 의미는 무엇인가?

6. 마이크로컴퓨터 시스템에서 사용되는 버스의 종류를 나열하고, 간단하게 설명하라.

7. CISC와 RISC의 차이점은 무엇인가?

8. 하버드 구조와 폰 노이만 구조를 설명하고, 그 차이점을 간단히 설명하라.

9. AVR 마이크로컨트롤러에서 사용하고 있는 명령어를 다섯 가지로 구분하여 설명하라.

10. 마이크로컨트롤러에서 컴파일러의 용도를 설명하라.

11. 펌웨어(firmware)란 무엇인가? 마이크로컨트롤러에 근거한 시스템과 마이크로프로세서에 근거한 시스템을 비교했을 때 펌웨어에 더 의존하는 것은 무엇이며, 그 이유는 무엇인가?

12. PIC와 AVR 컨트롤러의 특징을 조사하라.

13. 다른 마이크로프로세서나 마이크로컨트롤러에 비해 AVR의 우수한 소프트웨어적 특징은 무엇인가?

14. AVR의 Tiny, Mega 계열의 차이점을 간략하게 비교하고, 요즘 출시되는 AVR의 특정 활용 분야를 세 가지 정도만 나열하라.

15. Mega 계열의 대표적인 ATmega에는 ATmega128과 ATmega162가 있다. 이를 조사하여 내장된 기능을 간단히 비교 설명하라.

16. AVR 마이크로컨트롤러의 주요 특징 일곱 가지를 설명하라.

17. AVR 마이크로컨트롤러를 체계적으로 배워야 하는 이유를 간단히 설명하라.

CHAPTER

2

AVR(ATmega128)의 구조

AVR은 1.7절에서 살펴본 바와 같이 AVR을 코어 기능으로 하여 하나의 소자에 내장되는 플래시 메모리, SRAM, EEPROM 등의 메모리, 부가된 I/O의 내용과 특수 사용 목적에 따라 다양한 종류의 소자가 출시되고 있다. 이렇게 다양하게 출시되는 AVR 계열 중에서 어떤 마이크로컨트롤러를 사용하느냐는 시스템의 규모에 따라 시스템 설계자가 선정해야 한다.

예를 들어 Tiny 계열의 마이크로컨트롤러는 I/O의 수가 적고 메모리 용량이 작은 장난감을 제어하는 데 사용될 수 있으며, Mega 계열의 마이크로컨트롤러는 I/O의 수가 많고 제어 프로그램의 구조가 복잡한 소형 로봇 제어기 같은 시스템에서 사용될 수 있다. 특히, Mega 계열을 자세히 살펴보면 부가 I/O의 종류와 메모리 용량에 따라 많은 종류의 마이크로컨트롤러가 출시되는데, 이 모든 소자는 기본적으로 동일한 AVR 코어를 갖고 있어 핵심적인 기능과 제어 프로그램의 작성에 대해서는 모두 동일하게 적용이 가능하고 일부 부가되는 I/O 기능에 따라 달리 구성되므로, 하나의 소자만 잘 이해하고 확장된 기능을 중심으로 공부하면 모든 AVR을 잘 활용할 수 있게 된다.

이 책에서는 I/O, 타이머/카운터, 인터럽트, 직렬 통신, 아날로그-디지털 변환기, 아날로그 비교기 등을 내장하고 있는 ATmega128을 채택하여 소개하기로 한다.

이를 위해 먼저 ATmega128의 내부 구조와 메모리 구조를 살펴보고, 메모리 확장을 위한 기본 개념과 내부에 내장된 메모리 보호 및 기타 하드웨어 기능에 대해 기초적인 사항을 설명한다.

2.1 ATmega128의 기본 구조와 기능

2.1.1 ATmega128의 주요 특징

그림 2.1은 Atmel에서 제공하는 ATmega128의 데이터 매뉴얼 첫 페이지로서 ATmega128의 특징을 기술하고 있다. 이 중에서 마이크로컨트롤러를 선택할 때 가장 중요시되는 부분은 마이크로컨트롤러의 비트 수, 프로세서의 속도, 내장된 메모리의 용량, I/O 포트를 포함한 내장된 기능 등이다.

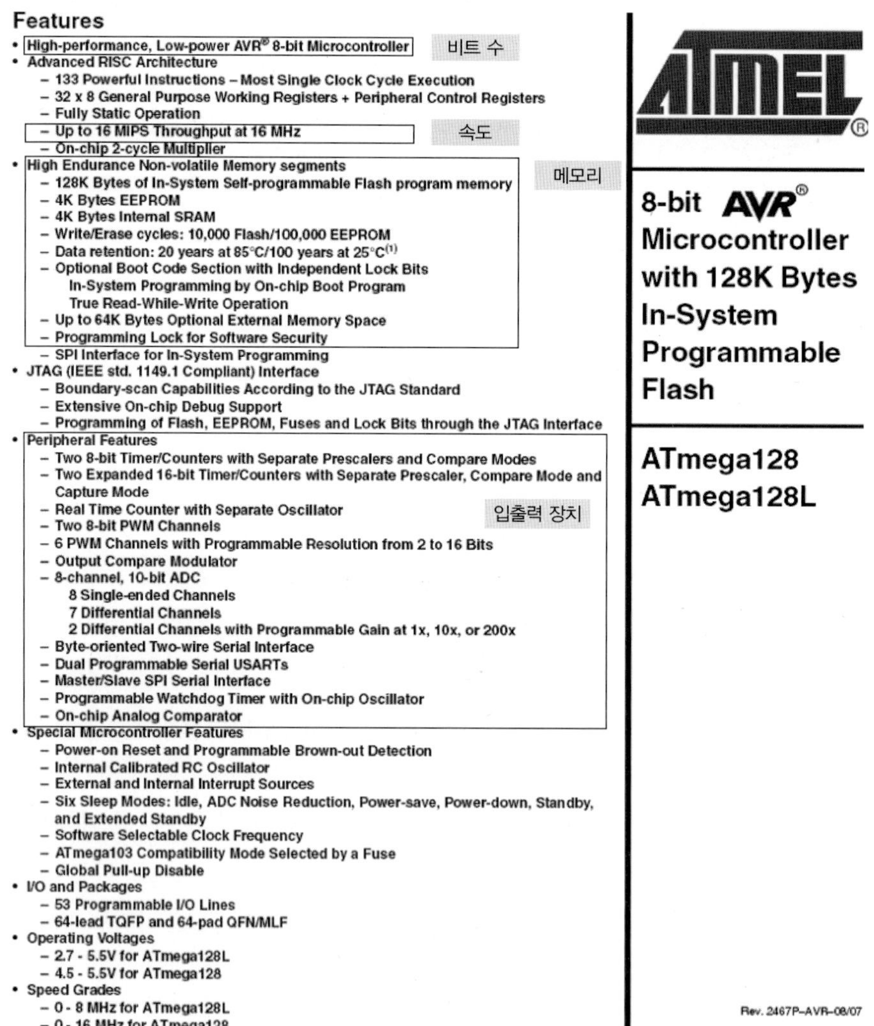

Features

- High-performance, Low-power AVR® 8-bit Microcontroller
- Advanced RISC Architecture
  - 133 Powerful Instructions – Most Single Clock Cycle Execution
  - 32 x 8 General Purpose Working Registers + Peripheral Control Registers
  - Fully Static Operation
  - Up to 16 MIPS Throughput at 16 MHz
  - On-chip 2-cycle Multiplier
- High Endurance Non-volatile Memory segments
  - 128K Bytes of In-System Self-programmable Flash program memory
  - 4K Bytes EEPROM
  - 4K Bytes Internal SRAM
  - Write/Erase cycles: 10,000 Flash/100,000 EEPROM
  - Data retention: 20 years at 85°C/100 years at 25°C(1)
  - Optional Boot Code Section with Independent Lock Bits
    In-System Programming by On-chip Boot Program
    True Read-While-Write Operation
  - Up to 64K Bytes Optional External Memory Space
  - Programming Lock for Software Security
  - SPI Interface for In-System Programming
- JTAG (IEEE std. 1149.1 Compliant) Interface
  - Boundary-scan Capabilities According to the JTAG Standard
  - Extensive On-chip Debug Support
  - Programming of Flash, EEPROM, Fuses and Lock Bits through the JTAG Interface
- Peripheral Features
  - Two 8-bit Timer/Counters with Separate Prescalers and Compare Modes
  - Two Expanded 16-bit Timer/Counters with Separate Prescaler, Compare Mode and Capture Mode
  - Real Time Counter with Separate Oscillator
  - Two 8-bit PWM Channels
  - 6 PWM Channels with Programmable Resolution from 2 to 16 Bits
  - Output Compare Modulator
  - 8-channel, 10-bit ADC
    8 Single-ended Channels
    7 Differential Channels
    2 Differential Channels with Programmable Gain at 1x, 10x, or 200x
  - Byte-oriented Two-wire Serial Interface
  - Dual Programmable Serial USARTs
  - Master/Slave SPI Serial Interface
  - Programmable Watchdog Timer with On-chip Oscillator
  - On-chip Analog Comparator
- Special Microcontroller Features
  - Power-on Reset and Programmable Brown-out Detection
  - Internal Calibrated RC Oscillator
  - External and Internal Interrupt Sources
  - Six Sleep Modes: Idle, ADC Noise Reduction, Power-save, Power-down, Standby, and Extended Standby
  - Software Selectable Clock Frequency
  - ATmega103 Compatibility Mode Selected by a Fuse
  - Global Pull-up Disable
- I/O and Packages
  - 53 Programmable I/O Lines
  - 64-lead TQFP and 64-pad QFN/MLF
- Operating Voltages
  - 2.7 - 5.5V for ATmega128L
  - 4.5 - 5.5V for ATmega128
- Speed Grades
  - 0 - 8 MHz for ATmega128L
  - 0 - 16 MHz for ATmega128

ATMEL®

8-bit AVR® Microcontroller with 128K Bytes In-System Programmable Flash

ATmega128
ATmega128L

Rev. 2467P–AVR–08/07

그림 2.1 ATmega128의 특징

ATmega128은 개선된 RISC 구조를 갖는 AVR을 기반으로 하여 제작된, 고성능 · 저전력 구조의 8비트 마이크로컨트롤러이다. 그 특징을 자세히 설명하면 다음과 같다.

◈ 마이크로컨트롤러의 속도

16MHz의 클록을 사용할 때 연산 속도가 16MIPS(Million Instruction Per Second)이다.

◈ 메모리

ATmega128에는 비휘발성 프로그램 메모리와 데이터 저장용 SRAM이 별도로 구성되어 있어 하버드 구조를 채택하고 있으며, 별도로 EEPROM이 내장되어 있다. 각 메모리는 다음과 같이 구성되어 있다.

- 128KB의 ISP 방식 프로그램용 플래시 메모리를 갖고 있으며 10,000번까지 지우고 다시 쓸 수 있다. 즉, 내장된 부트 프로그램에 의해 시스템 내에서 프로그래밍이 가능하며, 독립적인 잠금(lock) 비트를 갖는 부가적인 부트 코드 섹션을 갖고 있다.
- 4KB의 EEPROM을 갖고 있으며 100,000번까지 지우고 다시 쓸 수 있다.
- 4KB의 데이터 저장용 SRAM을 갖고 있다.
- 64KB까지 외부 메모리 확장이 가능하다.
- 시스템 내 프로그래밍(ISP)을 위한 SPI 인터페이스를 제공한다.

◈ 부가 I/O 장치

ATmega128에는 기본적으로 53개의 프로그램 가능한 입출력 I/O가 있으며, 다음과 같은 부가적인 I/O도 내장하고 있다.

- 프리스케일러와 비교 모드를 갖는 2개의 8비트 타이머/카운터
- 프리스케일러, 비교 모드와 캡처 모드를 갖는 2개의 확장 16비트 타이머/카운터
- 외부 오실레이터를 사용하는 실시간 카운터
- 2개의 8비트 PWM 채널
- 2~16비트까지 분해능을 조절할 수 있는 6개의 PWM 채널
- 출력 비교 모듈레이터
- 8채널의 10비트 A/D 변환기
  - ○ 8개의 단일 입력 채널
  - ○ 7개의 차동 입력 채널
  - ○ 1x, 10x, 100x의 이득 조정 가능한 2개의 차동 입력 채널
- 바이트 기반의 2선식 직렬 인터페이스(TWI 또는 I²C 통신)
- 2개의 프로그램 가능한 직렬 USARTs
- 마스터-슬레이브 모드를 갖는 SPI 직렬 인터페이스
- 오실레이터 내장형 프로그램 가능한 워치독 타이머

- 아날로그 비교기 내장

◈ 기타

ATmega128에는 위에서 설명한 특징 외에 다음과 같은 부가적인 기능과 특징이 있다.

- 전원 투입 리셋과 프로그램 가능한 브라운 아웃 검출(BOD: Brown-Out Detection) 기능을 제공
- 조정 가능한 RC 오실레이터의 내장
- 8개의 외부 인터럽트 소스와 27개의 내부 인터럽트 소스를 갖고 있음(총 35개의 인터럽트 벡터를 갖고 있음)
- 슬립 모드로서 6개의 전원 절약 모드를 갖고 있음(휴면, ADC 잡음 저감, 전원 절약, 전원 차단, 대기, 확장 대기)
- 내장 메모리의 프로그래밍과 온칩 디버깅(on-chip debugging)이 가능한 JTAG(IEEE std. 1149.1) 인터페이스 제공
- 64 핀의 TQFP(Thin Quad Flat Package) 또는 MLP(Micro Leadframe Package)로 구성되어 있음
- ATmega128L은 2.7~5.5V의 전원 전압에서 동작하며, 시스템 클록의 입력 범위는 0~8MHz이다. ATmega128은 4.5~5.5V의 전원 전압에서 동작하며, 시스템 클록의 입력 범위는 0~16MHz이다.

2.1.2 ATmega128의 핀 기능

앞에서 설명한 바와 같이 ATmega128의 외부 구조는 그림 2.2에 나타낸 것처럼 64 핀의 TQFP 패키지로 되어 있다. 이 핀들의 기능은 다음과 같다.

▶ 포트 A(PA0~PA7)

포트 A는 ATmega128 IC의 핀 51번에서 44번까지 역으로 진행되고, 중복된 기능을 갖는 포트이다. 즉, 외부 데이터 메모리와 데이터 전송 시 하위 주소와 데이터 버스로 사용되고, 외부에 메모리를 인터페이스하지 않을 때는 내부 풀업 저항(20~50kΩ)을 갖는 8비트의 양방향 I/O 포트로 사용이 가능하다. 이를 표 2.1에 요약해놓았다.

▶ 포트 B(PB0~PB7)

포트 B는 ATmega128 IC의 핀 10번에서 17번까지로 중복된 기능을 갖는 포트이다. 이 포트는 타이머/카운터와 SPI 등의 중복된 기능을 가지며, 이와 같은 기능을 사용하지 않을 경우에는 내부 풀업 저항(20~50kΩ)을 갖는 8비트의 양방향 I/O 포트로 사용이 가능하다. 이를 표 2.2에 요약해놓았다.

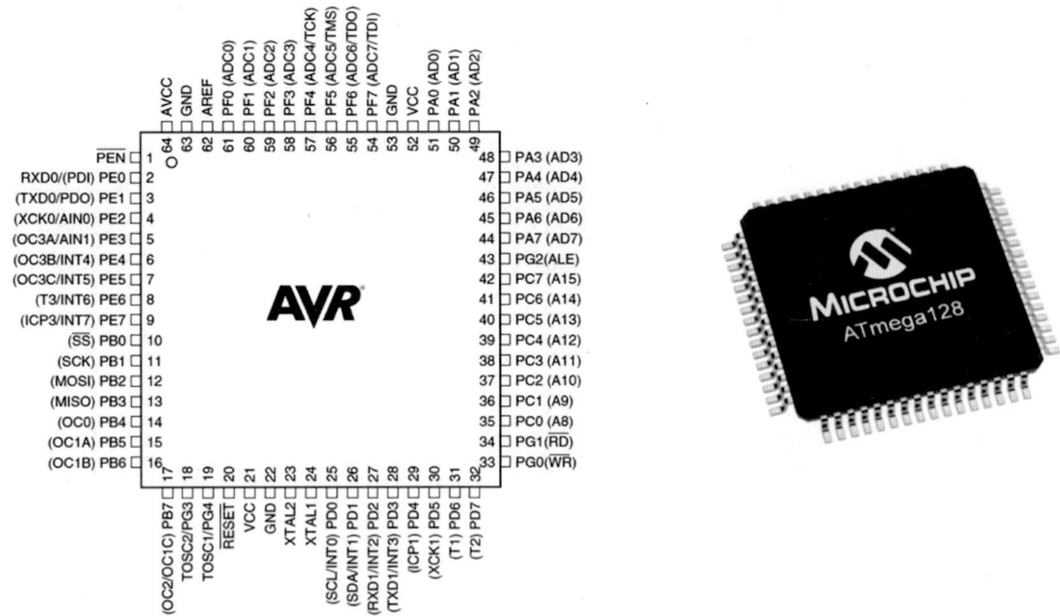

그림 2.2 ATmega128의 핀 배치도 및 TQFP 패키지

표 2.1 포트 A의 중복 기능

포트 핀	중복 기능	설명
PA0	AD0	주소/데이터 비트 0
PA1	AD1	주소/데이터 비트 1
PA2	AD2	주소/데이터 비트 2
PA3	AD3	주소/데이터 비트 3
PA4	AD4	주소/데이터 비트 4
PA5	AD5	주소/데이터 비트 5
PA6	AD6	주소/데이터 비트 6
PA7	AD7	주소/데이터 비트 7

표 2.2 포트 B의 중복 기능

포트 핀	중복 기능	설명
PB0	$\overline{SS}$	SPI 슬레이브 선택 입력
PB1	SCK	SPI 버스 직렬 클록
PB2	MOSI	SPI 버스 마스터 출력/슬레이브 입력
PB3	MISO	SPI 버스 마스터 입력/슬레이브 출력
PB4	OC0	타이머/카운터 0의 비교 일치와 PWM 출력
PB5	OC1A	타이머/카운터 1의 비교 일치와 PWM 출력 A
PB6	OC1B	타이머/카운터 1의 비교 일치와 PWM 출력 B
PB7	OC2/OC1C	타이머/카운터 2의 비교 일치와 PWM 출력 타이머/카운터 1의 비교 일치와 PWM 출력 C

▶ 포트 C(PC0~PC7)

포트 C는 ATmega128 IC의 핀 35번에서 42번까지로 중복된 기능을 갖는 포트이다. 즉, 외부 데이터 메모리와 데이터 전송 시 상위 주소 A8~A15로 사용되고, 외부에 메모리를 인터페이스하지 않았을 때는 내부 풀업 저항(20~50kΩ)을 갖는 8비트의 양방향 I/O 포트로 사용이 가능하다. 이를 표 2.3에 요약해놓았다.

표 2.3 포트 C의 중복 기능

포트 핀	중복 기능	설명
PC0	A8	주소 비트 8
PC1	A9	주소 비트 9
PC2	A10	주소 비트 10
PC3	A11	주소 비트 11
PC4	A12	주소 비트 12
PC5	A13	주소 비트 13
PC6	A14	주소 비트 14
PC7	A15	주소 비트 15

▶ 포트 D(PD0~PD7)

포트 D는 ATmega128 IC의 핀 25번에서 32번까지로 중복된 기능을 갖는 포트이다. 이 포트는 외부 인터럽트(INT0~INT3), TWI 직렬 통신, USART1, 타이머/카운터 등의 중복된 기능을 갖고 있으며, 이상의 기능을 사용하지 않을 경우에는 내부 풀업 저항(20~50kΩ)을 갖는 8비트의 양방향 I/O 포트로 사용이 가능하다. 이를 표 2.4에 요약해놓았다.

표 2.4 포트 D의 중복 기능

포트 핀	중복 기능	설명
PD0	INT0/SCL	외부 인터럽트 0 입력 TWI 직렬 클록
PD1	INT1/SDA	외부 인터럽트 1 입력 TWI 직렬 데이터
PD2	INT2/RXD1	외부 인터럽트 2 입력 UART1 수신 핀
PD3	INT3/TXD1	외부 인터럽트 2 입력 UART1 송신 핀
PD4	ICP1	타이머/카운터 1의 입력 캡처 핀
PD5	XCK1	USART1의 외부 클록 입력/출력
PD6	T1	타이머/카운터 1 클록 입력
PD7	T2	타이머/카운터 2 클록 입력

▶ 포트 E(PE0~PE7)

포트 E는 ATmega128 IC의 핀 2번에서 9번까지로 중복된 기능을 갖는 포트이다. 이 포트는 외부 인터럽트(INT4~INT7), 아날로그 비교기, ISP, USART0, 타이머/카운터 3의 출력 등의 중복된 기능을 갖고 있으며, 이상의 기능을 사용하지 않을 경우에는 내부 풀업 저항(20~50kΩ)을 갖는 8비트의 양방향 I/O 포트로 사용이 가능하다. 이를 표 2.5에 요약해놓았다.

표 2.5 포트 E의 중복 기능

포트 핀	중복 기능	설명
PE0	PDI/RXD0	ISP의 프로그램 데이터 입력 UART0 수신 핀
PE1	PDO/TXD0	ISP의 프로그램 데이터 출력 UART0 송신 핀
PE2	AIN0/XCK0	아날로그 비교기 (+) 입력 USART0 외부 클록 입력/출력
PE3	AIN1/OC3A	아날로그 비교기 (–) 입력 타이머/카운터 3의 출력 비교와 PWM 출력 A
PE4	INT4/OC3B	외부 인터럽트 4 타이머/카운터 3의 출력 비교와 PWM 출력 B
PE5	INT5/OC3C	외부 인터럽트 5 타이머/카운터 3의 출력 비교와 PWM 출력 C
PE	INT6/T3	외부 인터럽트 6 타이머/카운터 3의 클록 입력
PE7	INT7/ICP3	외부 인터럽트 7 타이머/카운터 3의 입력 캡처 핀

▶ 포트 F(PF0~PF7)

포트 F는 ATmega128 IC의 핀 61번에서 54번까지 역으로 진행되고, 중복된 기능을 갖는 포트이다. 이 포트는 A/D 변환기의 입력과 JTAG 등의 중복된 기능을 갖고 있으며, 이상의 기능을 사용하지 않을 경우에는 내부 풀업 저항(20~50kΩ)을 갖는 8비트의 양방향 I/O 포트로 사용이 가능하다. 이를 표 2.6에 요약해놓았다.

표 2.6 포트 F의 중복 기능

포트 핀	중복 기능	설명
PF0	ADC0	A/D 변환기 입력 채널 0
PF1	ADC1	A/D 변환기 입력 채널 1
PF2	ADC2	A/D 변환기 입력 채널 2
PF3	ADC3	A/D 변환기 입력 채널 3
PF4	ADC4/TCK	A/D 변환기 입력 채널 4 JTAG 시험 클록
PF5	ADC5/TMS	A/D 변환기 입력 채널 5 JTAG 시험 모드 선택
PF6	ADC6/TDO	A/D 변환기 입력 채널 6 JTAG 시험 데이터 출력
PF7	ADC4/TDI	A/D 변환기 입력 채널 7 JTAG 시험 데이터 입력

▶ 포트 G(PG0~PG4)

포트 G는 5비트로 구성되어 있으며, ATmega128 IC의 33, 34번 핀, 43번 핀과 18, 19번 핀으로 연결되어 있다. 이 포트는 외부 메모리 액세스에 관련된 읽기/쓰기와 주소 래치 등의 신호와 RTC 오실레이터 입력 기능 등의 중복된 기능을 갖고 있으며, 이상의 기능을 사용하지 않을 경우에는 내부 풀업 저항(20~50kΩ)을 갖는 5비트의 양방향 I/O 포트로 사용이 가능하다. 이를 표 2.7에 요약해놓았다.

표 2.7 포트 G의 중복 기능

포트 핀	중복 기능	설명
PG0	$\overline{WR}$	외부 메모리의 쓰기 스트로브 신호
PG1	$\overline{RD}$	외부 메모리의 읽기 스트로브 신호
PG2	ALE	외부 메모리에 대한 주소 래치(ALE) 신호
PG3	TOSC2	RTC 오실레이터 타이머/카운터 0
PG4	TOSC1	RTC 오실레이터 타이머/카운터 0

ATmega128에는 기본적인 범용의 입출력 포트 기능 외에 다양한 기능, 즉 타이머/카운터, 인터럽트, 직렬 통신 기능 등을 내장하고 있어, 64 핀의 외부 핀으로는 모든 기능을 핀에 할당할 수 없다. 이에 모든 핀은 다중의 기능으로 구현되어 있으나, 하나의 핀에는 하나의 기능만 설정하여 사용해야 한다. 즉, 예를 들어 포트 A가 범용의 입출력 포트로 활용되고 있으면 중복 기능인 AD0～AD7의 기능은 사용할 수 없다는 점을 유의해야 한다.

- $\overline{\text{RESET}}$: ATmega128에 대한 마스터 리셋 입력으로, 액티브 LOW 신호이다. 정확한 리셋 동작을 위해서는 최소 50ns 이상의 신호 폭이 요구된다.
- $\overline{\text{PEN}}$: 이 신호는 전원 투입에 의한 리셋 시에 LOW 상태를 유지하면 ATmega128이 SPI 직렬 통신에 의한 프로그래밍 모드로 들어가도록 허용하는 기능을 수행하며, 전원 투입 시에만 해당하여 평상시에는 리셋 신호가 입력되더라도 아무런 기능을 수행하지 않는다. 이 핀은 내부적으로 풀업되어 있다.
- XTAL1: 이 단자는 반전 발진 증폭기에 대한 입력이며, 내부 클록 동작 회로에 대한 입력이다.
- XTAL2: 이 단자는 반전 발진 증폭기의 출력이다.
- AVCC: 이 단자는 A/D 변환기의 전원으로서, A/D 변환기를 사용하지 않을 때도 VCC에 연결해놓아야 하고, A/D 변환기를 사용할 경우에는 저주파 통과 필터를 거쳐 VCC에 연결해야 한다.
- AREF: A/D 변환기의 기준 전압을 입력하는 단자로서, A/D 변환기의 정확한 동작을 위해 정밀한 전압을 인가해야 한다.
- VCC: 전원 입력 단자로, +2.7～+5V가 인가된다.
- GND: 전원 접지 단자이다.

2.1.3 ATmega128의 내부 구조

ATmega128의 내부 구조는 그림 2.3에 나타낸 것처럼 하버드 구조라는 특징을 가지므로 내부 버스가 두 가지로 구성되어 있다. ATmega128의 프로그램 메모리는 소자의 내부에만 존재하므로 이를 위한 버스도 내부에만 있게 되는데, 이 그림에서 프로그램 카운터, 프로그램 플래시 메모리, 명령어 레지스터, 명령어 디코더 등을 연결하는 버스가 바로 프로그램 메모리를 액세스하기 위한 명령어 인출 버스에 해당한다. 또한 이 그림에서 굵은 화살표로 표시된 것이 데이터 액세스용 버스인데, 이것은 내부에서 범용 레지스터, SRAM이나 EEPROM 같은 데이터 메모리는 물론이고 각종 내장 I/O를 모두 연결하고 있으며, 외부에 데이터 메모리를 확장할 수 있도록 시스템 버스에 접속되어 있다. AVR 코어 및 각 부분의 기능에 대해서는 이 책을 통해 자세히 논하기로 한다.

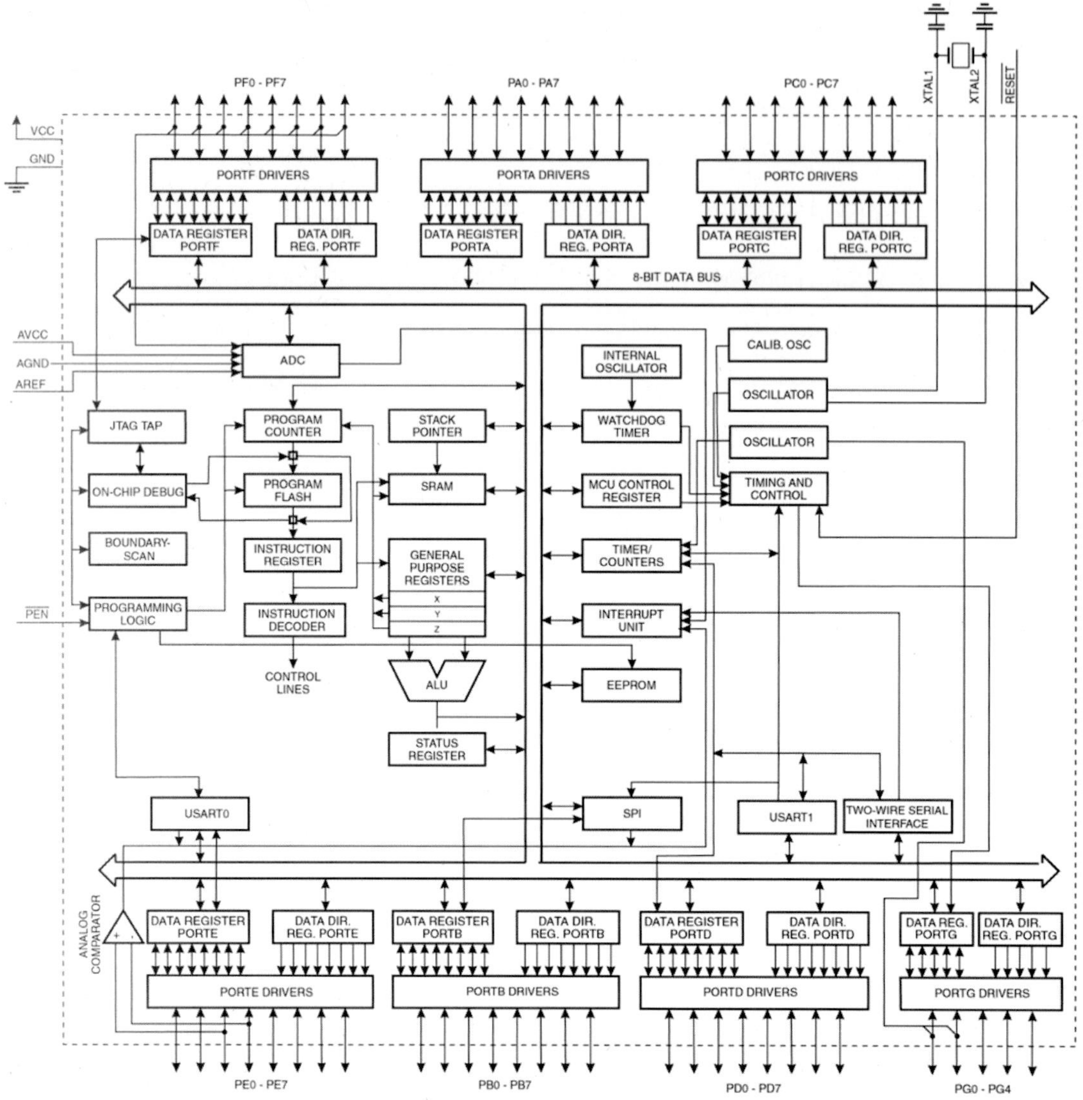

그림 2.3 ATmega128의 내부 구조

2.2 ATmega AVR CPU 코어

이 절에서는 AVR CPU 코어의 일반적인 내부 구조를 설명한다. CPU 코어는 프로그램 메모리에 저장되어 있는 명령어를 인출하고, 이를 해석하여 ALU와 범용 레지스터를 통해 연산을 수행하는 기능을 수행하고, 주변장치와 인터럽트를 제어하는 기능을 수행할 수 있어야 한다.

이를 위해 AVR CPU 코어는 그림 2.4와 같이 프로그램 카운터가 지시하는 플래시 메모리 주소에서 명령어를 인출하고 해석하는 부분과 ALU(Arithmetic and Logical Unit), 32개의 범용 레지스터, 상태 레지스터, 스택 포인터 등의 명령어 처리 부분, 그리고 데이터 메모리(SRAM) 및 인터럽트 처리 등을 포함한 I/O 모듈 등으로 구성된다.

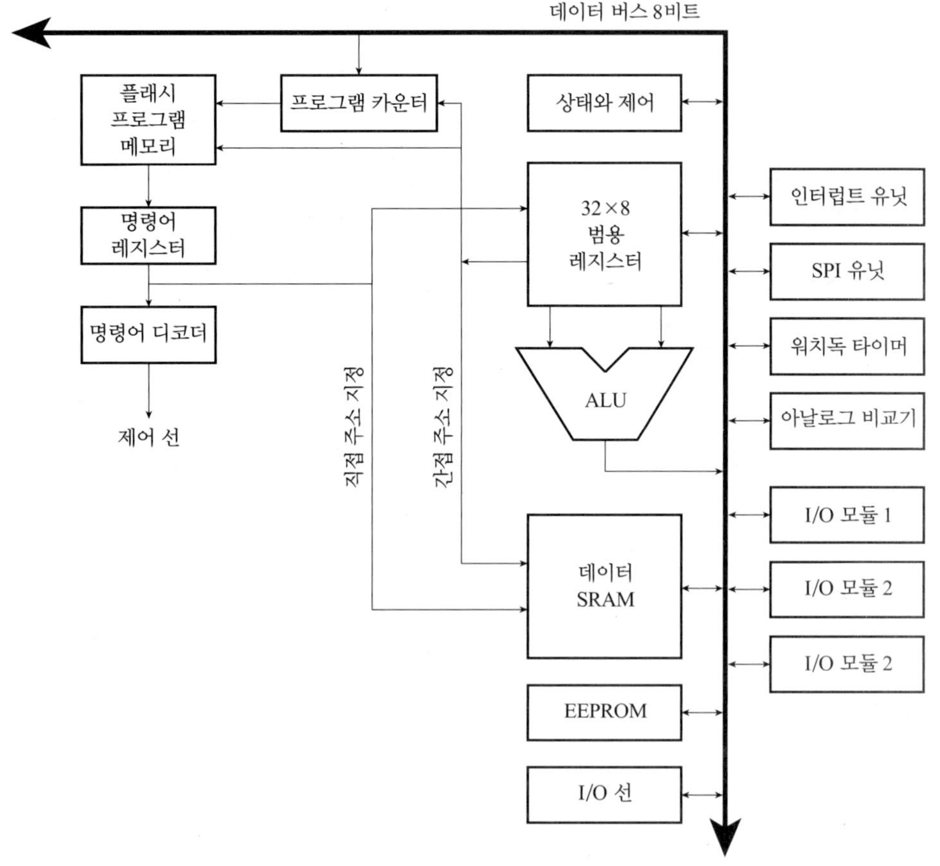

그림 2.4 AVR CPU 코어의 구조도

2.2.1 플래시 프로그램 메모리

AVR의 프로그램 메모리는 8비트의 플래시 메모리로 구성되어 있으며, 기본적으로 1개의 주소가 16비트 단위로 구성되어 16비트 마이크로프로세서인 것처럼 동작한다. 따라서 모든 AVR의 명령어는 16비트를 기반으로 구성되고, 확장된 명령어는 32비트 길이로 구성되어 있다.

2.2.2 산술논리연산장치(ALU)

AVR의 ALU는 32개의 범용 동작 레지스터(general purpose working register)와 직접적으로 연계되어 동작하므로, 누산기가 1개인 일반 마이크로프로세서와는 달리 레지스터에 대한 유연성이 높아 고성능의 동작을 할 수 있다. ALU는 레지스터 간 또는 레지스터와 상수 간의 산술 또는 논리 연산을 단일 클록 사이클에 수행하고, 연산된 결과에 대한 ALU의 상태를 상태 레지스터로 갱신한다. ALU의 연산은 산술 연산, 논리 연산, 비트 연산의 세 가지로 나뉘며, 일부 AVR은 강력한 하드웨어 곱셈기를 갖고 있어서 부호 있는 정수 및 부호 없는 정수의 곱셈 연산과 소수점 형식의 곱셈 연산을 빠르게 수행할 수 있다.

2.2.3 상태 레지스터

상태 레지스터(status register)는 가장 최근에 실행된 산술 연산의 명령어 처리 결과에 대한 상태를 나타내주며, 이러한 상태 정보는 조건부 처리 명령어에 의해 프로그램의 흐름을 제어하는 데 사용될 수 있다. 상태 레지스터는 인터럽트를 처리하는 과정에서 자동으로 저장되거나 복구되지 않으므로, 반드시 소프트웨어에서 이러한 동작을 처리해주어야 한다.

AVR의 상태 레지스터는 8비트의 크기를 갖고 있고, 읽기/쓰기가 가능하며, SREG라고 표기된다. SREG의 각 비트들은 그림 2.5와 같이 정의된다.

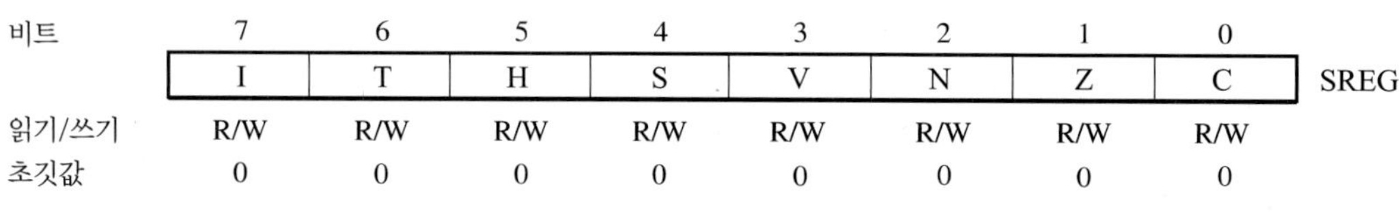

그림 2.5 상태 레지스터의 비트 정의

▶ **비트 7(I): 전체 인터럽트 허가(global interrupt enable)**

이 비트는 전체적으로 인터럽트를 허가하는 용도로 사용되며, AVR 내에 있는 각 인터럽트에 대한 사용 여부는 각각의 인터럽트 관련 제어 레지스터에서 수행된다. 만약 이 비트가 0으로 클리어되어 있으면, 어떠한 인터럽트도 개별적으로 허용될 수 없게 된다. I 비트는 인터럽트가 발생하면 하드웨어에 의해 자동적으로 클리어되고, 인터럽트 서비스 루틴을 실행하여 인터럽트가 해제되면 다음 인터럽트를 허가하기 위해 1로 세트된다. 또한 I 비트는 SEI 또는 CLI 명령어로 세트되거나 클리어될 수 있다.

- I=1: AVR의 모든 인터럽트를 허가함
- I=0: AVR의 모든 인터럽트를 금지함

▶ **비트 6(T): 비트 복사 저장(bit copy storage)**

이 비트는 비트 단위의 누산기로서 비트 복사 명령어 BLD(Bit LoaD)와 비트 저장 명령어 BST(Bit STore)를 사용하여 임의의 레지스터로 데이터를 전송하는 용도로 사용된다. 즉, 임의의 레지스터 파일의 한 비트는 BST 명령어를 사용하여 T 비트로 복사되고, T에 있는 비트는 반대로 BLD 명령어를 사용하여 임의의 레지스터 파일의 특정 비트로 복사될 수 있다.

▶ **비트 5(H): 보조 캐리 플래그(half carry flag)**

이 비트는 일부 산술 연산 과정에서 보조 캐리가 발생했을 때 1로 설정되고, BCD 연산에서 유용하게 쓰인다.

▶ **비트 4(S): 부호 비트(sign bit)**

이 비트는 플래그 N과 플래그 V를 배타적 OR 연산을 한 결과를 나타낸다(S=NV). 이는 부호 없는 정수와 부호 있는 정수들의 대소 관계를 판단할 때 유용하게 쓰인다.

▶ **비트 3(V): 2의 보수 오버플로우 비트(two's complement overflow bit)**

이 비트는 2의 보수 연산에서 오버플로우가 발생했을 때 1로 설정된다.

▶ **비트 2(N): 음의 플래그(negative flag)**

이 비트는 산술 및 논리 연산의 결과가 음수일 때 1로 설정된다.

▶ **비트 1(Z): 영 플래그(zero flag)**

이 비트는 산술 및 논리 연산의 결과가 0일 때 1로 설정된다.

▶ **비트 0(C): 캐리 플래그(carry flag)**

이 비트는 산술 및 논리 연산의 결과로 자리올림이 발생하거나, 감산에서 자리내림이 발생할 때 1로 설정된다.

2.2.4 범용 레지스터 파일

범용 레지스터 파일은 AVR의 고성능 RISC 명령어를 수행하는 데 최적화되어 있는 레지스터로서, AVR 내부에는 그림 2.6에 나타낸 바와 같이 1바이트 크기의 32개 범용 레지스터로 구성되어 있다. AVR은 다른 범용 마이크로컨트롤러와는 달리 연산의 대상이 누산기(accumulator)가 아닌 이 32개의 범용 레지스터를 사용하여 연산을 할 수 있어서 연산의 속도를 빠르게 하고, 코드를 작성하는 데 편리한 구조를 제공한다. 이러한 레지스터 간의 연산은 보통 1사이클 명령어로 이루어진다. 즉, 하나의 클록 동안에 하나의 ALU 명령어를 처리하며 레지스터 파일에서 2개의 피연산자가 출력되는 동시에 명령어가 실행되고 결과가 레지스터 파일에 저장되는 기능의 동작이 이루어진다.

32개의 범용 레지스터 중에서 마지막 6개인 R26~R31은 2개씩 쌍으로 묶여 16비트 레지스터로 사용이 가능하며, 보통 X, Y, Z 레지스터로 사용되는데 이를 그림 2.7에 자세히 나타내었다. 이러한 16비트 레지스터들은 주로 데이터 메모리의 16비트 주소를 지정하는 포인터로 사용되며, Z 레지스터는 LPM/ELPM/SPM 명령어를 사용하여 128KB 프로그램 메모리 영역의 상수를 액세스하는 데 사용된다.

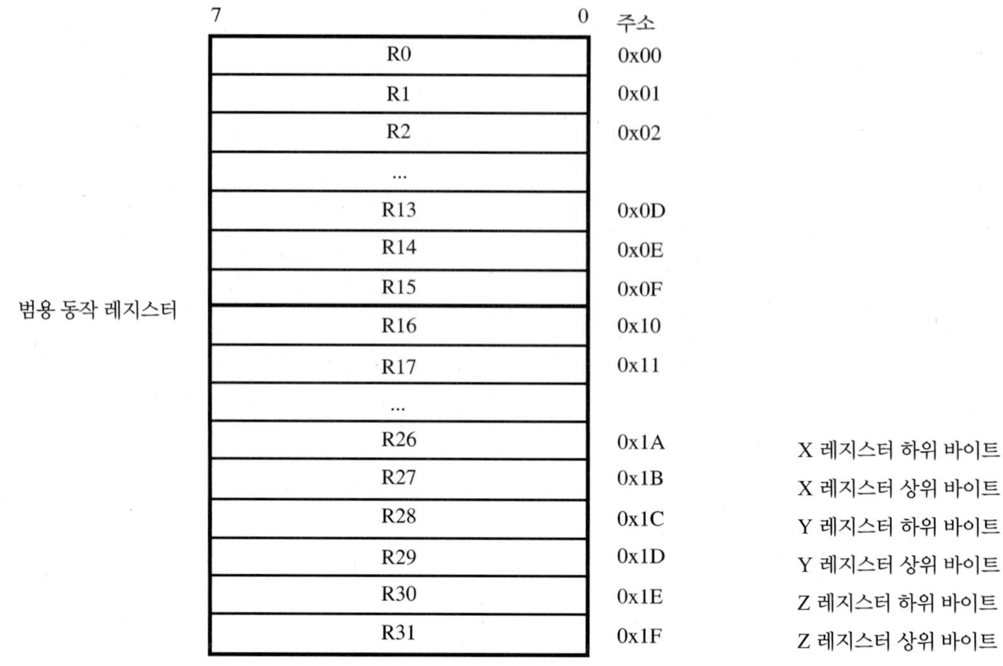

그림 2.6 범용 레지스터 파일

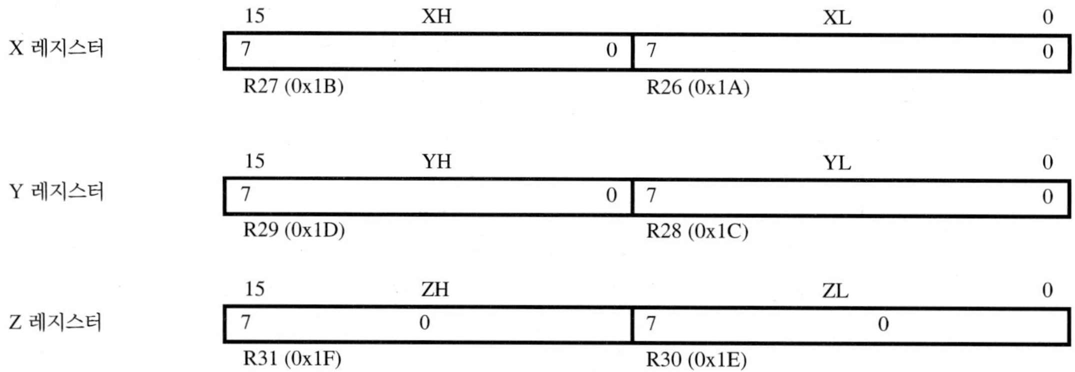

그림 2.7 X, Y, Z 레지스터

2.2.5 스택 포인터

스택은 마이크로컨트롤러 응용에서 서브루틴이나 인터럽트 발생 시에 복귀되는 주소를 임시로 기억하기 위해 사용되거나 일반 프로그램에서 지역 변수 또는 임시 데이터를 저장하는 용도로 사용되는 특별한 구조의 메모리이다. 즉, 스택은 다른 일반 메모리처럼 임의의 주소를 지정하여 액세스하는 방식이 아니라 데이터의 입출력이 하나의 포트가 되어 데이터가 LIFO(Last In First Out) 방식으로 입출력되는 구조이다. 스택 포인터(stack pointer)는 항상 데이터의 상단(top of stack)을 가리키는 16비트 레지스터로서 SP라고 표시되는데, 이는 데이터 저장이 가능한 스택의 주소를 의미한다. 스택의 동작은 스택에 데이터를 넣는 푸시(push) 동작과, 스택에서 데이터를 제거하는 팝(pop) 동작으로 구분된다. 스택에 푸시하는 동작은 데이터를 저장하고 나서 스택 포인터의 값을 감소시키고, 팝 동작은 스택 포인터의 값을 증가시킨 후에 데이터를 읽어낸다.

AVR을 사용할 경우 스택은 SRAM 영역 내에 존재해야 하며, SP 레지스터의 초깃값은 스택 영역의 비어 있는 곳 중에 가장 마지막 주소를 가리키도록 설정하는 것이 일반적이다. ATmega128 내부 SRAM의 마지막 주소는 0x10FF이므로 이를 스택의 주소로 설정하는 것이 일반적이며, 이를 사용할 스택 영역으로 할당하기 위해서는 컴파일러의 옵션으로 지정하면 된다. 스택 영역의 할당은 통상 인터럽트의 사용 개수, 실행하는 서브루틴의 깊이(depth) 등을 고려하여 64개 이상으로 할당하는 것이 좋다. 그러나 실제 사용에 있어 스택 영역은 컴파일러에 의해 자동으로 설정되기도 하므로, 스택 영역의 설정은 무시하는 경우가 일반적이다.

AVR의 스택 포인터 레지스터는 그림 2.8에 나타낸 바와 같이 SPH와 SPL 레지스터로 16비트로 구성되어 있다.

비트	15	14	13	12	11	10	9	8	
	SP15	SP14	SP13	SP12	SP11	SP10	SP9	SP8	SPH
	SP7	SP6	SP5	SP4	SP3	SP2	SP1	SP0	SPL
	7	6	5	4	3	2	1	0	
읽기/쓰기	R/W	R/W	R/W	R/W	R/W	R/W	R/W	R/W	
	R/W	R/W	R/W	R/W	R/W	R/W	R/W	R/W	
초깃값	0	0	0	0	0	0	0	0	
	0	0	0	0	0	0	0	0	

그림 2.8 AVR의 스택 포인터

2.2.6 RAM 페이지 Z 선택 레지스터

ATmega128의 프로그램 메모리는 128KB이므로 주소 지정을 위해 17비트가 필요하다. 그러나 내부 주소 버스는 16비트이므로 이를 모두 액세스하는 데 문제가 발생한다. 이를 해결하기 위해 ATmega128에서는 RAMPZ(RAM Page Z Select Register) 레지스터를 이용한다.

RAMPZ 레지스터는 그림 2.9와 같이 최하위 비트인 RAMPZ0만을 사용하고, 비트 설정에 의해 다음과 같이 동작한다.

- RAMPZ0=0: 프로그램 메모리는 0 페이지인 하위 64KB 선택(0x0000~0x7FFF 영역)
- RAMPZ0=1: 프로그램 메모리는 1 페이지인 상위 64KB 선택(0x8000~0xFFFF 영역)

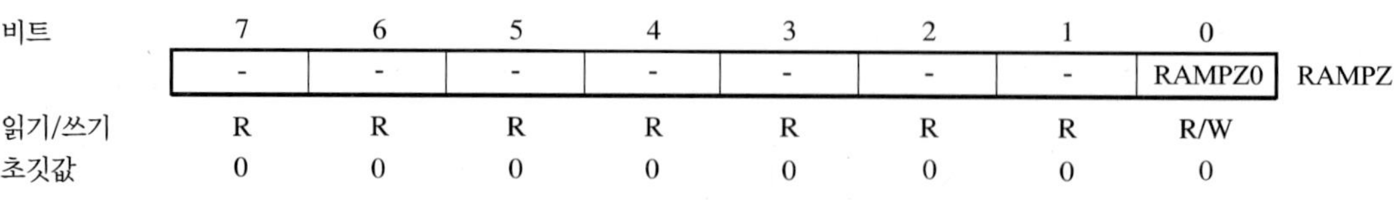

비트	7	6	5	4	3	2	1	0	
	-	-	-	-	-	-	-	RAMPZ0	RAMPZ
읽기/쓰기	R	R	R	R	R	R	R	R/W	
초깃값	0	0	0	0	0	0	0	0	

그림 2.9 RAMPZ 레지스터

참고사항

ATmega128의 프로그램 메모리는 128KB로 16비트의 주소 선으로는 전체 영역을 액세스하는 것이 불가능하다. 따라서 64KB 이상의 주소를 액세스할 때는 RAMPZ 레지스터의 페이지 선택 기능을 사용한다.

ATmega128에서는 프로그램 메모리 주소의 상수를 액세스할 경우 ELPM과 SPM 명령어에 의해 처리되는데, 이 명령어는 Z 레지스터를 사용한다. 그러나 이 레지스터는 16비트여서 64KB의 영역만 처리할 수 있으므로, RAMPZ 레지스터를 이용하여 현재의 활성화된 페이지가 0인지 1인지를 미리 지정해야 정확한 주소의 상수를 액세스할 수가 있다.

2.2.7 명령어의 실행

AVR은 하버드 구조와 고속으로 액세스할 수 있는 레지스터 파일의 구조를 이용한 파이프라이닝 기법을 사용하고 있으며, 이러한 구조로 인해 그림 2.10에 나타낸 것과 같이 명령어를 평균적으로 1클록에 1개씩 처리하는 구조가 가능하다. 그림에서 알 수 있듯이 AVR에서는 하나의 CPU 클록 사이클 동안에 현재 단계의 명령어의 실행(execution)과 다음 단계에 수행해야 하는 명령어의 인출(fetch)이 동시에 수행되고 있으며, 이를 통해 1MHz당 1MIPS의 처리 속도 구현이 가능하다.

그림 2.11은 AVR의 단일 명령어 사이클 동안의 내부 타이밍 개념을 보여준다. 즉, AVR에서는 단일 클록 사이클 동안에 2개의 레지스터에서 데이터를 인출해오고, 이에 대한 산술 연산을 실행한 다음, 그 결과를 목적 레지스터에서 다시 저장하는 모든 과정을 단일 명령어 사이클에서 수행할 수 있음을 나타낸다. 그림에서 clk_{CPU}는 AVR로 공급되는 클록을 의미한다.

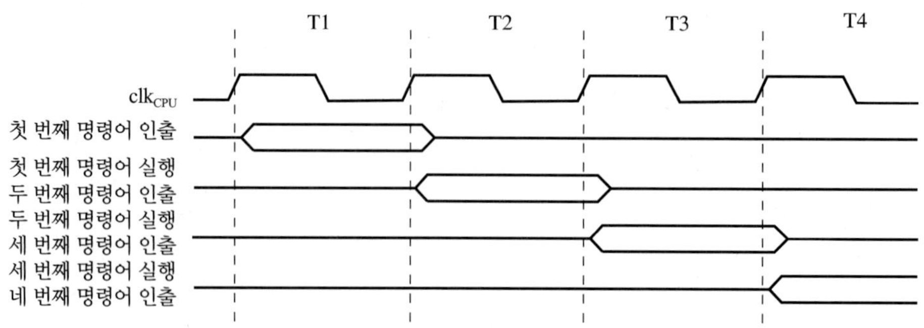

그림 2.10 AVR의 파이프라이닝 처리 방법(병렬 처리 구조의 명령어 인출과 명령어 실행 과정)

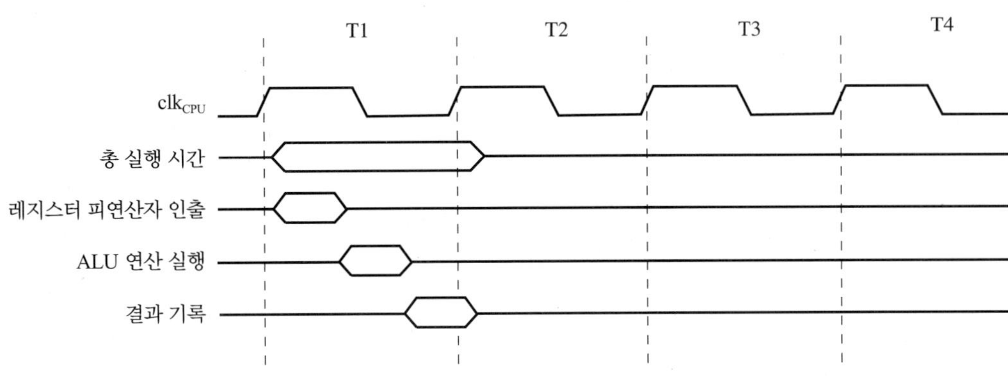

그림 2.11 단일 명령어 사이클 동안의 ALU 동작

2.3 ATmega128의 메모리

마이크로컨트롤러를 활용하는 과정에서 메모리의 구조는 매우 중요하다. 일반적으로 마이크로컨트롤러에는 프로그램 메모리와 데이터 메모리가 내장되어 있으며, AVR의 경우에는 2개의 메모리 이외에 전원 오프 시에도 주요 시스템 변수들을 저장하여 활용하기 위해 별도의 EEPROM이 내장되어 있다.

2.3.1 프로그램 메모리

ATmega128은 프로그램 메모리로 비휘발성 메모리인 재프로그램이 가능한 플래시 메모리(in-system reprogrammable flash memory)를 사용하고 있으며, 128KB로 구성되어 있다. 여기서 ATmega128이란 128KB의 프로그램 메모리를 갖고 있음을 의미한다.

ATmega128은 8비트 마이크로컨트롤러이지만, AVR의 명령어들이 모두 16비트 또는 32비트로 구성되어 있으므로 플래시 메모리는 64K×16비트 단위로 구성된다. 이러한 구조로 되어 있는 이유는 ATmega128의 모든 명령어가 2바이트의 배수로 되어 있어 효율성을 높이기 위함이다. ATmega128의 프로그램 메모리는 그림 2.12에 나타낸 바와 같이 부트 프로그램 영역과 응용 프로그램 영역으로 구분된다. 이 메모리 영역은 메모리 잠금 비트(memory lock bit)를 사용하여 쓰기와 읽기를 금지할 수 있어 프로그램의 무단 복제로부터 보호할 수 있다.

ATmega128에는 SPI 통신 방식을 이용한 ISP(In-System-Programming) 기능이 있어서 사용자가 PC에서 작성한 프로그램을 플래시 프로그램 메모리에 직접 다운로드할 수 있고, 다운로드된 후에는 내용을 변경할 수 없으며 읽을 수만 있다. 플래시 메모리에 프로그램을 다운로드하려면 JTAG 에뮬레이터를 사용하거나 병렬 프로그램 모드를 사용할 수 있으며, 이렇게 PC에서 작성된 프로그램을 플래시 프로그램 메모리에 다운로드하는 과정은 10,000번까지 가능하다.

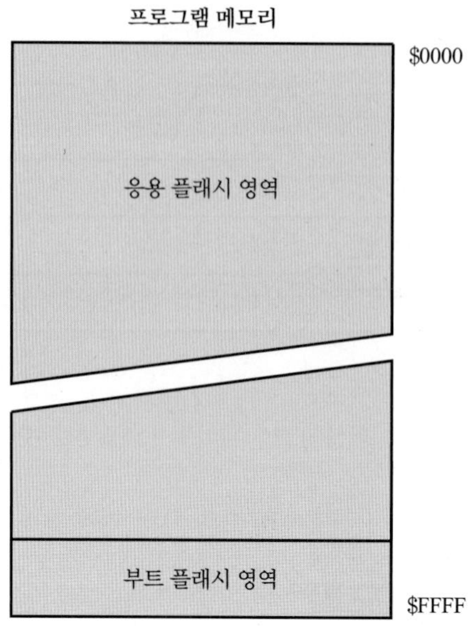

그림 2.12 프로그램 메모리 맵

2.3.2 데이터 메모리

데이터 메모리는 쓰기/읽기가 가능한 메모리이다. 그림 2.13은 ATmega128의 데이터 메모리 맵을 보여주며, 메모리는 바이트 단위로 주소가 지정된다.

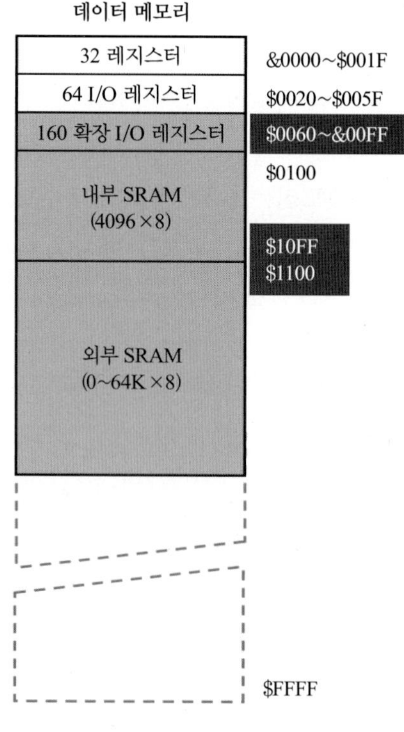

그림 2.13 데이터 메모리 맵

데이터 메모리의 최대 크기는 64KB이며(0x0000~0xFFFF), 그림 2.13에 나타낸 바와 같이 크게 내부 SRAM과 외부 데이터 메모리 순으로 배치된다. 또한 내부 SRAM의 최하위 영역(0x00~0xFF, 256바이트)은 레지스터로 사용되고, 0x0100~0x10FF(4096바이트)까지를 내부 데이터 메모리로 사용할 수 있다. 즉, SRAM 데이터 메모리는 32개의 레지스터 파일, 64개의 I/O 레지스터, 160개의 확장 I/O 레지스터, 내 · 외부 RAM으로 구성되어 있으며, 각각에 대한 설명은 다음과 같다.

◈ 레지스터 파일

0x0000~0x001F 영역으로 AVR 구조에서 설명한 것과 동일하며, 실제로 이 부분은 실제 SRAM은 아니지만 메모리의 주소 영역으로 사용된다. 이 주소 영역은 비트 단위의 액세스가 가능하다.

◈ I/O 레지스터

I/O 레지스터는 SRAM과 달리 ATmega128에 내장된 I/O 소자들을 직접 제어하는 데 사용된다. 이들의 주소는 0x0020~0x005F의 영역으로 총 64개의 레지스터로 구성되어 있으며, 표 2.8에는 이 I/O 레지스터들의 주소 및 기능을 소개했다.

◈ 확장 I/O 레지스터

확장 I/O 레지스터는 기존의 AVR 모델에 비해 ATmega128에 새로 추가된 각종 I/O 기능을 제어하기 위한 레지스터로서, 주소는 0x0060~0x00FF의 영역으로 총 160개의 레지스터로 구성되어 있다. 표 2.9에는 이 확장 I/O 레지스터들의 주소 및 기능을 소개했다.

I/O 레지스터와 확장 I/O 레지스터는 AVR 내부에 내장된 I/O 기능을 제어하기 위해 사용되지만, 이 레지스터들을 액세스하는 데는 약간의 차이가 있다.

I/O 레지스터 영역을 액세스하기 위해서는 어셈블리 명령어로 IN/OUT 명령어를 사용한다. 표 2.8을 보면 I/O 레지스터의 주소가 두 가지로 표시되어 있다. 괄호 속의 주소는 레지스터의 메모리 주소를 나타내고, 괄호 밖의 주소는 입출력 주소를 나타낸다. 메모리 동작으로 I/O 레지스터를 조작할 경우에는 메모리 주소를 사용하고, 입출력 동작을 사용하여 I/O 레지스터를 조작할 경우에는 I/O 주소를 사용한다. 즉, IN/OUT 명령어를 사용하여 I/O 레지스터를 액세스하기 위해서는 0x00~0x3F로 지정하여 사용해야 한다는 점을 유의하자.

표 2.8 I/O 레지스터 맵

I/O 주소(SRAM 주소)	레지스터 이름	기능
0x00(0x20)	PINF	포트 F 데이터 입력 레지스터
0x01(0x21)	PINF	포트 F 데이터 입력 레지스터
0x02(0x22)	DDRE	포트 E 데이터 방향 레지스터
0x03(0x23)	PORTE	포트 E 데이터 출력 레지스터
0x04(0x24)	ADCL	A/D 변환기 데이터 레지스터(하위 바이트)

표 2.8 I/O 레지스터 맵(계속)

I/O 주소(SRAM 주소)	레지스터 이름	기능
0x05(0x25)	ADCH	A/D 변환기 데이터 레지스터(상위 바이트)
0x06(0x26)	ADCSRA	A/D 변환기 제어 및 상태 레지스터
0x07(0x27)	ADMUX	A/D 변환기 멀티플렉서 레지스터
0x08(0x28)	ACSR	아날로그 비교기 제어 및 상태 레지스터
0x09(0x29)	UBRR0L	USART 0 보 레이트(baud rate) 레지스터(하위 바이트)
0x0A(0x2A)	UCSR0B	USART 0 제어 및 상태 레지스터 B
0x0B(0x2B)	UCSR0A	USART 0 제어 및 상태 레지스터 A
0x0C(0x2C)	UDR0	USART 0 I/O 데이터 레지스터
0x0D(0x2D)	SPCR	SPI 제어 레지스터
0x0E(0x2E)	SPSR	SPI 상태 레지스터
0x0F(0x2F)	SPDR	SPI I/O 데이터 레지스터
0x10(0x30)	PIND	포트 D 데이터 입력 레지스터
0x11(0x31)	DDRD	포트 D 데이터 방향 레지스터
0x12(0x32)	PORTD	포트 D 데이터 출력 레지스터
0x13(0x33)	PINC	포트 C 데이터 입력 레지스터
0x14(0x34)	DDRC	포트 C 데이터 방향 레지스터
0x15(0x35)	PORTC	포트 C 데이터 출력 레지스터
0x16(0x36)	PINB	포트 B 데이터 입력 레지스터
0x17(0x37)	DDRB	포트 B 데이터 방향 레지스터
0x18(0x38)	PORTB	포트 B 데이터 출력 레지스터
0x19(0x39)	PINA	포트 A 데이터 입력 레지스터
0x1A(0x3A)	DDRA	포트 A 데이터 방향 레지스터
0x1B(0x3B)	PORTA	포트 A 데이터 출력 레지스터
0x1C(0x3C)	EECR	EEPROM 제어 레지스터
0x1D(0x3D)	EDDR	EEPROM 데이터 레지스터
0x1E(0x3E)	EEARL	EEPROM 제어 레지스터(하위 주소)
0x1F(0x3F)	EEARH	EEPROM 제어 레지스터(상위 주소)
0x20(0x40)	SFIOR	특수 기능 I/O 레지스터
0x21(0x41)	WDTCR	워치독 타이머 제어 레지스터
0x22(0x42)	OCDR	온칩 디버그 레지스터
0x23(0x43)	OCR2	타이머/카운터 2 출력 비교 레지스터
0x24(0x44)	TCNT2	타이머/카운터 2 레지스터

표 2.8 I/O 레지스터 맵(계속)

I/O 주소(SRAM 주소)	레지스터 이름	기능
0x25(0x45)	TCCR2	타이머/카운터 2 제어 레지스터
0x26(0x46)	ICR1L	타이머/카운터 1 입력 캡처 레지스터(하위 바이트)
0x27(0x47)	ICR1H	타이머/카운터 1 입력 캡처 레지스터(상위 바이트)
0x28(0x48)	OCR1BL	타이머/카운터 1 출력 비교 B 레지스터(하위 바이트)
0x29(0x49)	OCR1BH	타이머/카운터 1 출력 비교 B 레지스터(상위 바이트)
0x2A(0x4A)	OCR1AL	타이머/카운터 1 출력 비교 A 레지스터(하위 바이트)
0x2B(0x4B)	OCR1AH	타이머/카운터 1 출력 비교 A 레지스터(상위 바이트)
0x2C(0x4C)	TCNT1L	타이머/카운터 1 카운터 레지스터(하위 바이트)
0x2D(0x4D)	TCNT1H	타이머/카운터 1 카운터 레지스터(상위 바이트)
0x2E(0x4E)	TCCR1B	타이머/카운터 1 제어 레지스터 B
0x2F(0x4F)	TCCR1A	타이머/카운터 1 제어 레지스터 A
0x30(0x50)	ASSR	비동기 상태 레지스터
0x31(0x51)	OCR0	타이머/카운터 0 출력 비교 레지스터
0x32(0x52)	TCNT0	타이머/카운터 0 레지스터
0x33(0x53)	TCCR0	타이머/카운터 0 제어 레지스터
0x34(0x54)	MCUCSR	MCU 제어 및 상태 레지스터
0x35(0x55)	MCUCR	MCU 제어 레지스터
0x36(0x56)	TIFR	타이머/카운터 인터럽트 플래그 레지스터
0x37(0x57)	TIMSK	타이머/카운터 0 제어 레지스터
0x38(0x58)	EIFR	확장 인터럽트 플래그 레지스터
0x39(0x59)	EIMSK	확장 인터럽트 인에이블 레지스터
0x3A(0x5A)	EICRB	외부 인터럽트 제어 레지스터 B
0x3B(0x5B)	RAMPZ	확장 인터럽트 플래그 레지스터
0x3C(0x5C)	XDIV	XTAL 분할 제어 레지스터
0x3D(0x5D)	SPL	스택 포인터 하위 바이트
0x3E(0x5E)	SPH	스택 포인터 상위 바이트
0x3F(0x5F)	SREG	상태 레지스터

표 2.9 확장 I/O 레지스터 맵

주소	레지스터 이름	기능
(0x60)	Reserved	
(0x61)	DDRF	포트 F 데이터 방향 레지스터
(0x62)	PORTF	포트 F 데이터 출력 레지스터
(0x63)	PING	포트 G 데이터 입력 레지스터
(0x64)	DDRG	포트 G 데이터 방향 레지스터
(0x65)	PORTG	포트 G 데이터 출력 레지스터
(0x66)	Reserved	
(0x67)	Reserved	
(0x68)	SPMCSR	저장 프로그램 제어 및 상태 레지스터
(0x69)	Reserved	
(0x6A)	EICRA	외부 인터럽트 제어 레지스터 A
(0x6B)	Reserved	
(0x6C)	XMCRB	외부 메모리 제어 레지스터 B
(0x6D)	XMCRA	외부 메모리 제어 레지스터 A
(0x6E)	Reserved	
(0x6F)	OSCCAL	오실레이터 조정 레지스터
(0x70)	TWBR	TWI 비트 레이트 레지스터
(0x71)	TWSR	TWI 상태 레지스터
(0x72)	TWAR	TWI 주소 레지스터
(0x73)	TWDR	TWI 데이터 레지스터
(0x74)	TWCR	TWI 제어 레지스터
(0x75)	Reserved	
(0x76)	Reserved	
(0x77)	Reserved	
(0x78)	OCR1CL	타이머/카운터 1 출력 비교 C 레지스터(하위 바이트)
(0x79)	OCR1CH	타이머/카운터 1 출력 비교 C 레지스터(상위 바이트)
(0x7A)	TCCR1C	타이머/카운터 1 제어 레지스터 C
(0x7B)	Reserved	
(0x7C)	STIFR	확장 타이머/카운터 인터럽트 플래그 레지스터
(0x7D)	ETIMSK	확장 타이머/카운터 인터럽트 마스크 레지스터
(0x7E)	Reserved	
(0x7F)	Reserved	

표 2.9 확장 I/O 레지스터 맵(계속)

주소	레지스터 이름	기능
(0x80)	ICR3L	타이머/카운터 3 입력 캡처 레지스터(하위 바이트)
(0x81)	ICR3H	타이머/카운터 3 입력 캡처 레지스터(상위 바이트)
(0x82)	OCR3CL	타이머/카운터 3 출력 비교 C 레지스터(하위 바이트)
(0x83)	OCR3CH	타이머/카운터 3 출력 비교 C 레지스터(상위 바이트)
(0x84)	OCR3BL	타이머/카운터 3 출력 비교 레지스터 B(하위 바이트)
(0x85)	OCR3BH	타이머/카운터 3 출력 비교 레지스터 B(상위 바이트)
(0x86)	OCR3AL	타이머/카운터 3 출력 비교 레지스터 A(하위 바이트)
(0x87)	OCR3AH	타이머/카운터 3 출력 비교 레지스터 A(상위 바이트)
(0x88)	TCNT3L	타이머/카운터 3 카운트 레지스터 B(하위 바이트)
(0x89)	TCNT3H	타이머/카운터 3 카운트 레지스터 B(상위 바이트)
(0x8A)	TCCR3B	타이머/카운터 3 제어 레지스터 B
(0x8B)	TCCR3A	타이머/카운터 3 제어 레지스터 A
(0x8C)	TCCR3C	타이머/카운터 3 제어 레지스터 C
(0x8D)	Reserved	
(0x8E)	Reserved	
(0x8F)	Reserved	
(0x90)	UBRR0H	USART 0 보 레지스터(상위 바이트)
(0x91)	Reserved	
...	Reserved	
(0x97)	Reserved	
(0x98)	UBRR1H	USART 1 보 레지스터(상위 바이트)
(0x99)	UBRR1L	USART 1 보 레지스터(하위 바이트)
(0x9A)	UCSR1B	USART 1 제어 및 상태 레지스터 B
(0x9B)	UCSR1A	USART 1 제어 및 상태 레지스터 A
(0x9C)	UDR1	USART 1 I/O 데이터 레지스터
(0x9D)	UCSR1C	USART 1 제어 및 상태 레지스터 C
(0x9E)	Reserved	
...	Reserved	
(0xFF)	Reserved	

◈ 내부 SRAM

ATmega128의 내부 데이터 메모리인 SRAM은 프로그램에서 각종 사용자 변수를 저장하거나 스택 영역으로 사용되는 영역으로서 4KB를 차지하고 있으며 0x0100~0x10FF를 통해 액세스된다. 내부 데이터 메모리를 액세스하는 과정은 그림 2.14와 같이 2 클록 사이클(T1~T2)이 소요되며, 외부 데이터 메모리와 하드웨어적으로 구분하기 위해 WR과 RD 신호는 외부로 출력되지 않는다.

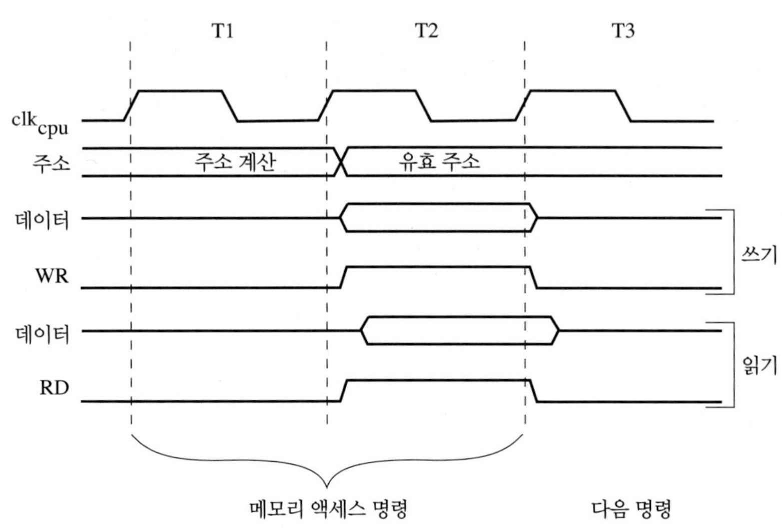

그림 2.14 내부 SRAM 액세스 사이클

◈ 외부 SRAM

ATmega128을 사용하면서 내부 SRAM의 용량이 부족할 경우에는 외부 주소 0x1100부터 0xFFFF까지 약 60KB의 SRAM을 확장할 수 있다. 외부 SRAM 영역은 사용자의 필요성에 따라 외부 데이터 메모리로서 SRAM 또는 I/O 장치를 확장하여 사용할 수 있다.

외부 SRAM을 확장하여 사용할 경우에는 내부 SRAM을 사용하는 것보다 1바이트를 액세스하는 데 1클록만큼의 처리 시간이 더 소요된다. 만약 이보다 더 긴 시간이 요구되는 외부 메모리 또는 확장 I/O 소자인 경우에는 2.4절에서 설명하는 방법에 따라 사용자가 1~3개의 웨이트 사이클을 부여할 수 있다. 자세한 방법에 대해서는 2.4절을 참조하기 바란다.

2.3.3 EEPROM

EEPROM은 전원이 제거되어도 저장된 데이터가 보존되는 비휘발성 메모리로 시스템에 반드시 필요한 상수나 변수의 현재 값을 기록하기 위해 사용되며, ATmega128은 이러한 용도를 지원하기 위해 프로그램 메모리와 데이터 메모리 외에 4KB의 EEPROM 메모리를 제공하고 있다. 이 EEPROM의 영역은 프로그램 메모리와 데이터 메모리, 별도의 주소 공간을 사용하고 있고, 이 EEPROM의 쓰기/읽기는 I/O 레지스터를 사용하여 주소를 지정하는 방법으로 가능하다.

EEPROM을 액세스하는 과정은 매우 번거롭지만, 제어 전용 시스템을 구축할 경우에 유용하게 활용되고 있다. EEPROM은 내용을 읽을 때는 횟수에 제한이 없으나 쓰기는 100,000번까지 보장하며, EEPROM의 액세스는 EEPROM 주소 레지스터(EEAR), EEPROM 데이터 레지스터(EEDR) 및 EEPROM 제어 레지스터(EECR)를 통해 1바이트 단위로 가능하다.

EEPROM 주소 레지스터(EEAR)는 그림 2.15에 나타낸 바와 같이 4KB의 EEPROM 주소를 가리키기 위해 11비트의 공간(EEARH+EEARL)을 사용한다. 또한 EEPROM 데이터 레지스터(EEDR)는 ATmega128이 마이크로컨트롤러로서 데이터 단위가 8비트이므로 그림 2.16과 같이 8비트의 레지스터로 구성되어 있으며, EEPROM에 데이터를 쓰기 위해서는 EEAR에 먼저 주소를 지정하고 이 EEDR에 데이터를 쓰면 되고, EEPROM으로부터 데이터를 읽기 위해서는 EEAR에 주소를 지정하여 이 EEDR을 읽으면 된다. 그리고 EEPROM 제어 레지스터(EECR)는 EEPROM의 쓰기/읽기를 제어하기 위한 레지스터로, 그림 2.17과 같은 비트들로 구성되어 있다.

비트	15	14	13	12	11	10	9	8	
	–	–	–	–	EEAR11	EEAR10	EEAR9	EEAR8	EEARH
	EEAR7	EEAR6	EEAR5	EEAR4	EEAR3	EEAR2	EEAR1	EEAR0	EEARL
	7	6	5	4	3	3	1	0	
읽기/쓰기	R	R	R	R	R/W	R/W	R/W	R/W	
	R/W	R/W	R/W	R/W	R/W	R/W	R/W	R/W	
초깃값	0	0	0	0	X	X	X	X	
	X	X	X	X	X	X	X	X	

그림 2.15 EEPROM의 주소 레지스터(EEAR)

비트	7	6	5	4	3	2	1	0	
	MSB							LSB	EEDR
읽기/쓰기	R/W	R/W	R/W	R/W	R/W	R/W	R/W	R/W	
초깃값	0	0	0	0	0	0	0	0	

그림 2.16 EEPROM의 데이터 레지스터(EEDR)

비트	7	6	5	4	3	2	1	0	
	–	–	–	–	EERIE	EEMWE	EEWE	EERE	EECR
읽기/쓰기	R	R	R	R	R/W	R/W	R/W	R/W	
초깃값	0	0	0	0	0	0	X	0	

그림 2.17 EEPROM의 제어 레지스터(EECR)

▶ 비트 3: EERIE(EEPROM Ready Interrupt Enable)

SREG 레지스터의 I 비트가 1로 설정되어 있는 상황에서 EERIE 비트에 1을 쓰면 EEPROM 준비 인터럽트가 허가되고, EEPROM 준비 인터럽트는 EEWE가 0일 때에 요구된다.

▶ **비트 2: EEMWE(EEPROM Master Write Enable)**

이 비트는 EEWE 비트를 1로 설정하여 EEPROM에 데이터를 쓸 것인지를 결정하는 비트이다. EEMWE가 1로 설정된 후 4사이클 내에 EEWE가 1이 되면 선택된 EEPROM 주소에 데이터를 쓰고, EEMWE가 0일 경우에는 EEWE의 설정에 상관없이 데이터의 쓰기는 이루어지지 않는다. EEMWE 비트가 소프트웨어에 의해 1로 설정된 후에 4사이클이 지나면 EEMWE 비트는 하드웨어에 의해 자동으로 0이 된다.

▶ **비트 1: EEWE(EEPROM Write Enable)**

EEWE 비트는 EEPROM에 데이터를 쓰기 위한 스트로브 신호로서, EERE=1이면 EEPROM에 데이터를 쓸 수 있다.

▶ **비트 0: EERE(EEPROM Read Enable)**

EERE 비트는 EEPROM의 데이터를 읽기 위한 스트로브 신호로서, EERE=1이면 EEPROM의 데이터를 읽을 수가 있다.

여기서는 EEPROM의 내부 레지스터 구조 및 정의에 대해 살펴보는 것으로 만족하고, 이 레지스터를 이용하여 실제 데이터를 쓰고 읽는 과정은 13장의 EEPROM 활용 부분에서 자세히 다루기로 한다.

2.4 ATmega128의 외부 메모리 확장

앞에서 설명한 바와 같이 ATmega128 마이크로컨트롤러의 외부 데이터 영역은 0x1100~0xFFFF의 약 60KB의 영역을 사용할 수 있으며, 이 영역은 외부 SRAM 또는 플래시 메모리와 LCD 표시장치, A/D 및 D/A 변환기 같은 외부 I/O 확장에 사용할 수 있다. 이 외부 데이터 메모리 영역은 다음과 같이 여러 가지 우수한 기능을 갖고 있어서 사용자가 하드웨어를 인터페이스하고 이를 프로그램으로 구동하는 데 매우 편리하게 되어 있다.

- 인터페이스할 소자의 액세스 시간에 적합하도록 소프트웨어로 0~3개의 웨이트 사이클을 설정할 수 있다.
- 외부 데이터 메모리 영역을 2개의 섹터로 분할할 수 있고, 이들 각각에 대해 독립적으로 웨이트 사이클을 설정할 수 있다.
- 16비트의 주소 중에 확장할 메모리의 용량에 따라 주소의 상위 바이트인 8비트 중 필요한 비트 수만큼 할당하여 사용할 수 있다.
- 데이터 버스의 신호들이 동작할 때 전류 소비량을 감소시키기 위해 버스 키퍼(bus keeper) 기능을 설정하여 사용할 수 있다.

2.4.1 외부 인터페이스의 기본 동작

외부 데이터 메모리의 확장은 A 포트, C 포트 및 메모리 제어용 신호 포트인 G 포트를 사용한다. 즉, 인터페이스에 필요한 신호는 다음과 같이 요약할 수 있다.

- AD7～AD0: 다중화된 데이터 버스와 하위 8비트 주소 버스 선
- A15～A8: 상위 8비트 주소 버스 선(사용되는 비트의 수는 조정이 가능함)
- ALE: 다중화된 데이터 버스와 주소 버스를 분리하기 위한 제어 신호
- $\overline{\text{RD}}$: 외부 데이터 메모리 읽기 스트로브 신호
- $\overline{\text{WR}}$: 외부 데이터 메모리 쓰기 스트로브 신호

이러한 제어 신호를 사용하여 외부 데이터 메모리를 ATmega128과 인터페이스하는 방법을 살펴보자. 외부 데이터 메모리를 확장하는 회로는 그림 2.18과 같다. 외부 데이터 메모리를 인터페이스하는 데 필요한 신호는 주소와 데이터 버스로 사용되는 PA 포트(주소 하위 바이트/데이터)와 PC 포트(주소 상위 바이트), 그리고 이를 쓰고 읽는 제어 신호로 $\overline{\text{WR}}$과 $\overline{\text{RD}}$가 사용된다. PA 포트에서는 하위 8비트의 주소 버스와 데이터 버스를 시분할하여 출력되기 때문에 그림 2.18에 나타낸 바와 같이 ALE 신호를 사용하여 이 버스의 신호를 분리해야 한다. 즉, ALE 신호로 PA 포트를 래치하면 래치 출력은 주소가 되고, 래치되기 전의 버스 신호는 데이터가 된다.

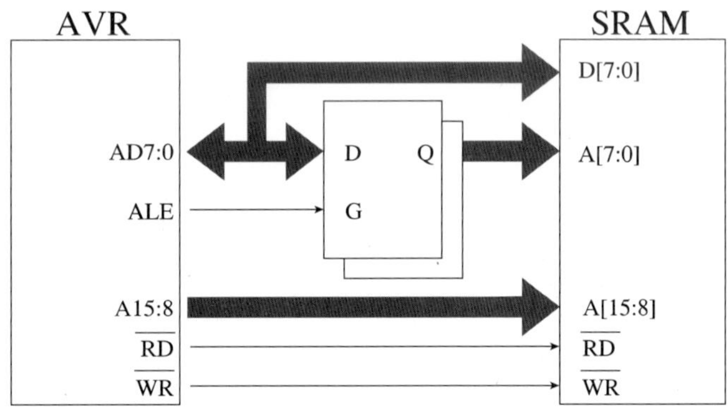

그림 2.18 ATmega128의 외부 데이터 메모리 확장을 위한 인터페이스

이상과 같이 외부 데이터 메모리가 확장되어 있으면, 이 외부 주소 공간에 해당하는 영역에 데이터를 액세스할 경우에는 외부로 주소 버스와 데이터 버스로 신호 선이 출력되고 이와 더불어 3개의 제어 신호가 출력된다. 만약 외부 데이터 메모리가 없는 경우에는 주소/데이터 버스와 ALE 신호는 출력되지만 제어 신호인 $\overline{\text{WR}}$과 $\overline{\text{RD}}$는 출력되지 않아 외부의 공간을 액세스할 수 없게 된다.

외부 메모리 소자를 MCU와 인터페이스하는 과정에는 읽기/쓰기 타이밍을 적절히 맞춰주어야 한다. 이러한 다양한 타이밍을 고려하기 위해 ATmega128의 경우 네 가지의 웨이트 사이클을 사용하여 인터페이스를 할 수 있도록 기능을 제공하고 있다. 그림 2.19에는 ATmega128이 외부 데이

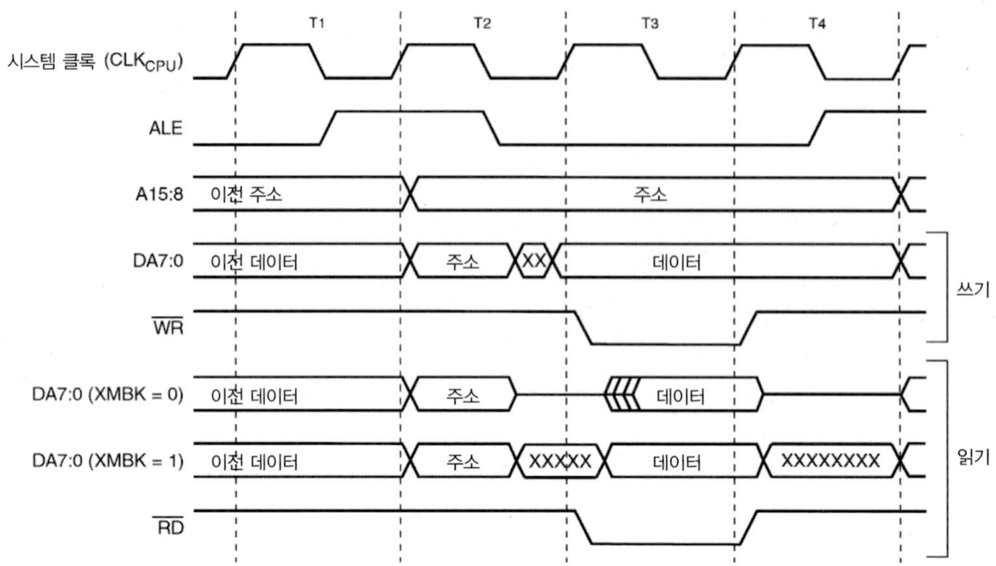

그림 2.19 웨이트 사이클이 없는 상태의 외부 데이터 메모리 액세스 사이클(SRWn1~0=00)

터 메모리를 액세스하는 동작을 개괄적으로 나타냈으며, 그림에서와 같이 기본적으로 3 클록 사이클(T2~T4) 동안에 메모리의 액세스가 이루어진다. 그러나 뒷부분에서 설명하는 MCUCR과 XMCRA 레지스터를 이용하여 소프트웨어적으로 1~3개까지의 웨이트 사이클을 줄 수 있는데, 이러한 경우의 타이밍도를 그림 2.20~그림 2.22에 나타내었다.

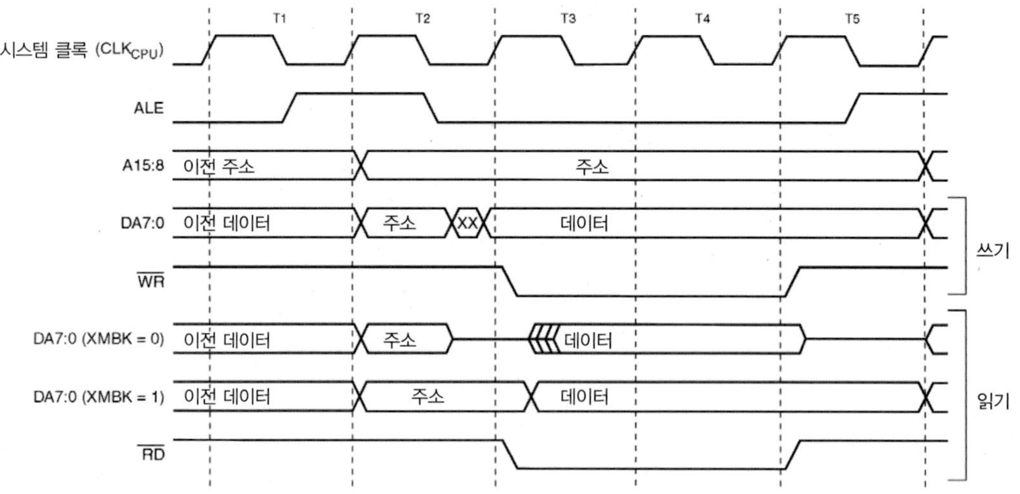

그림 2.20 1개의 웨이트 사이클이 주어진 상태의 외부 데이터 메모리 액세스 사이클(SRWn1~0=01)

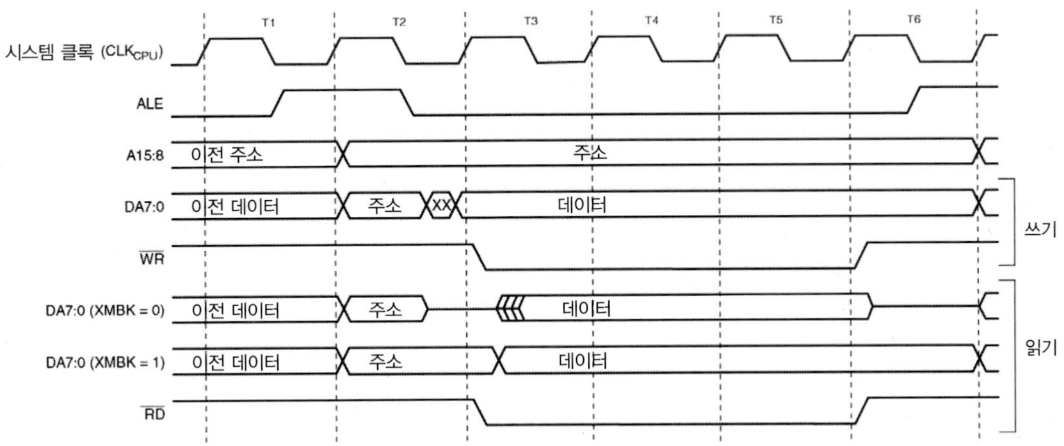

그림 2.21 2개의 웨이트 사이클이 주어진 상태의 외부 데이터 메모리 액세스 사이클(SRWn1~0=10)

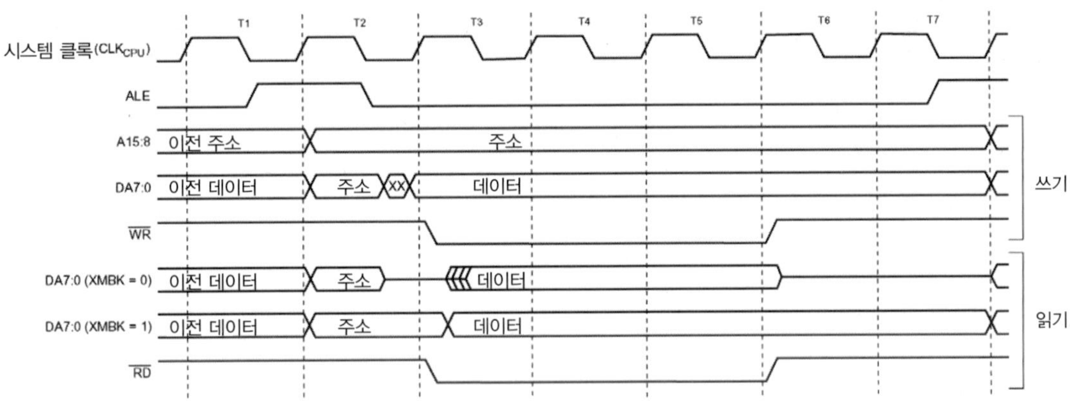

그림 2.22 3개의 웨이트 사이클이 주어진 상태의 외부 데이터 메모리 액세스 사이클(SRWn1~0=11)

2.4.2 외부 데이터 메모리 인터페이스를 위한 레지스터의 설정

외부 데이터 메모리 인터페이스를 위해 ATmega128에는 MCU 제어 레지스터, 확장 메모리 제어 레지스터 A, 확장 메모리 제어 레지스터 B라는 3개의 제어 레지스터가 제공된다. 이들의 기능을 설명하면 다음과 같다.

◈ MCU 제어 레지스터

MCU 제어 레지스터(MCUCR: MCU Control Register)는 MCU의 전체적인 시스템 기능을 설정하는 레지스터로 그림 2.23과 같이 슬립 모드 제어, 인터럽트 제어와 외부 메모리 제어 기능을 담당한다. SE, SM0~SM2는 슬립 모드의 활용에 사용되며, IVSEL과 IVCE는 인터럽트 벡터 제어에 사용되므로, 이 비트들에 대해서는 슬립 모드와 인터럽트 제어 부분에서 자세히 다루기로 하고, 이 절에서는 외부 데이터 메모리 영역과 관련된 비트에 대해 설명한다.

비트	7	6	5	4	3	2	1	0	
	SRE	SRW10	SE	SM1	SM0	SM2	IVSEL	IVCE	MCUCR
읽기/쓰기	R/W	R/W	R/W	R/W	R/W	R/W	R/W	R/W	
초깃값	0	0	0	0	0	0	0	0	

그림 2.23 MCU 제어 레지스터(MCUCR)의 내용

▶ **비트 7: SRE(External SRAM/XMEM Enable) 비트**

이 비트는 외부 데이터 메모리 영역의 액세스를 가능하기 위해 사용되고, 이 비트의 설정에 따라 다음과 같이 동작한다.

- SRE=1: A15~A8, AD7~AD0, ALE, $\overline{WR}$, $\overline{RD}$ 등의 신호가 외부 데이터 메모리 영역을 액세스하기 위해 외부로 출력된다.
- SRE=0: A15~A8, AD7~AD0, ALE, $\overline{WR}$, $\overline{RD}$ 등의 신호는 외부 데이터 메모리 영역을 액세스하기 사용되지 않고, 범용 I/O 포트로 동작한다.

▶ **비트 6: SRW10(Wait-State Select) 비트**

이 비트는 외부 데이터 메모리 영역을 액세스할 때 부여하는 웨이트 사이클의 수를 지정하는 데 사용되며, 다음에 설명하는 XMCRA 레지스터의 SRW11 비트와 조합하여 사용된다.

◈ 확장 메모리 제어 레지스터 A

확장 메모리 제어 레지스터 A(XMCRA: Extended Memory Control Register A)는 메모리 영역을 분할하거나 웨이트 사이클을 설정하는 데 사용하는 레지스터로서, 비트 구성은 그림 2.24와 같다. SRL0~SRL2 비트는 확장 메모리를 2개의 영역으로 구분하는 역할을 담당하고, SRW00, SRW01, SRW10은 구분된 영역에서의 웨이트 사이클 수를 지정하는 역할을 담당한다.

비트	7	6	5	4	3	2	1	0	
	–	SRL2	SRL1	SRL0	SRW01	SRW00	SRW11	–	XMCRA
읽기/쓰기	R	R/W	R/W	R/W	R/W	R/W	R/W	R	
초깃값	0	0	0	0	0	0	0	0	

그림 2.24 확장 메모리 제어 레지스터 A(XMCRA)의 내용

▶ **비트 6~4: SRL2~SRL0(Wait State Sector Limit) 비트**

일반적으로 MCU에 인터페이스되는 메모리를 포함한 주변 소자의 경우에 액세스 속도의 차이가 있을 수 있다. 이러한 액세스 속도의 차이가 나는 소자를 제어하기 위해 ATmega128의 경우에는 외부 데이터 메모리를 2개의 섹터로 나누어 분할 제어할 수 있는 기능을 제공하고 있다. SRL2~SRL0 비트는 메모리를 2개의 섹터로 구분하는 기능을 담당하고, 비트의 구성에 따라 표 2.10과 같이 주소 공간이 구분된다. 이 주소 공간에 대해 각각 별도로 웨이트 사이클을 부여할 수 있다.

표 2.10 SRL2~SRL0 비트에 의한 외부 데이터 메모리의 섹터 분할

SRL2	SRL1	SRL0	섹터 제한
0	0	0	하위 섹터 = 미사용 상위 섹터 = 0x1100~0xFFFF
0	0	1	하위 섹터 = 0x1100~0x1FFF 상위 섹터 = 0x2000~0xFFFF
0	1	0	하위 섹터 = 0x1100~0x3FFF 상위 섹터 = 0x4000~0xFFFF
0	1	1	하위 섹터 = 0x1100~0x5FFF 상위 섹터 = 0x6000~0xFFFF
1	0	0	하위 섹터 = 0x1100~0x7FFF 상위 섹터 = 0x8000~0xFFFF
1	0	1	하위 섹터 = 0x1100~0x9FFF 상위 섹터 = 0xA000~0xFFFF
1	1	0	하위 섹터 = 0x1100~0xBFFF 상위 섹터 = 0xC000~0xFFFF
1	1	1	하위 섹터 = 0x1100~0xDFFF 상위 섹터 = 0xE000~0xFFFF

▶ **SRW11과 SRW10 비트(Wait-state Select Bits for Upper Sector)**

MCUCR의 SRW10 비트와 EMCUCR의 SRW11 비트를 조합하여 외부 데이터 메모리의 상위 섹터에 해당하는 영역의 웨이트 사이클을 설정할 수 있다.

▶ **SRW01과 SRW00 비트(Wait-state Select Bits for Lower Sector)**

이 비트들은 외부 데이터 메모리의 하위 섹터에 해당하는 영역의 웨이트 사이클을 설정한다. 이 비트들을 사용하여 웨이트 사이클을 설정하는 방법은 표 2.11을 참조하기 바란다.

표 2.11 SRWn1 및 SRWn0 비트에 의한 웨이트 사이클의 설정

SRWn1	SRWn0	웨이트 사이클의 수
0	0	0 웨이트
0	1	읽기/쓰기 스트로브 신호에 1개의 웨이트 부가
1	0	읽기/쓰기 스트로브 신호에 2개의 웨이트 부가
1	1	읽기/쓰기 스트로브 신호에 2개의 웨이트 신호와 다음 주소 출력 전에 1개의 웨이트 부가

주: n은 섹터 번호를 나타냄. 즉, 0 = 하위 섹터이고, 1 = 상위 섹터임

◈ 확장 메모리 제어 레지스터 B

확장 메모리 제어 레지스터 B(XMCRB: Extended Memory Control Register B)는 버스 키퍼 기능을 설정하고, 외부 데이터 메모리 주소의 상위 바이트 중에서 어디까지 주소 기능을 사용할 것인지를 설정하는 데 사용되는 레지스터이다. 그 비트 구성을 그림 2.25에 나타내었다.

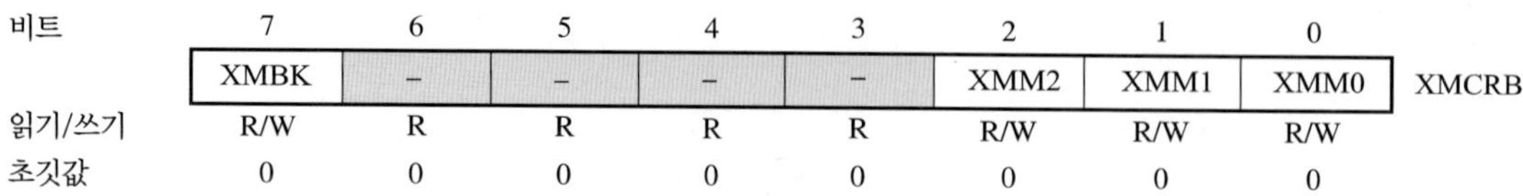

비트	7	6	5	4	3	2	1	0	
	XMBK	–	–	–	–	XMM2	XMM1	XMM0	XMCRB
읽기/쓰기	R/W	R	R	R	R	R/W	R/W	R/W	
초깃값	0	0	0	0	0	0	0	0	

그림 2.25 확장 메모리 제어 레지스터 B(XMCRB)의 내용

▶ 비트 7: XMBK(External Memory Bus Keeper Enable) 비트

이 비트는 외부 메모리 버스 키퍼 기능을 허가하는 비트로서, 이 비트를 1로 설정하면 AD7~AD0 신호 선은 버스 키퍼 기능으로 사용할 수 있다. 즉, 버스 키퍼 기능이 설정되면 외부 데이터 메모리의 AD7~AD0 버스의 신호가 3상태로 되어야 하는 동안에 이를 이전의 출력 값을 유지하도록 하여 전력 소모를 줄이는 데 기여한다. 이 기능은 원래 외부 데이터 메모리가 확장될 때, 즉 SRE 비트가 1인 경우에 동작이 되는 것이지만, SRE 비트가 0인 경우에도 이 기능은 유효하게 작용한다.

▶ 비트 2~0: XMM2~XMM0(External Memory High Mask) 비트

이 비트들은 포트 C와 기능을 겸하고 있는 주소 버스의 상위 바이트가 어느 부분까지 주소 버스 신호로 사용될지를 결정하는 비트로서, 이 비트를 다양하게 설정함으로써 A15~A8의 일부분만 주소 버스로 사용할 수 있으며, 그 나머지 비트들은 포트 C로서의 기능으로 사용된다. 이렇게 설정을 변경함으로써, 외부 데이터 메모리의 용량이 작은 경우에 주소 비트로 사용되지 않는 비트들은 일반 I/O 포트로 사용할 수 있다는 장점을 갖게 된다. 이 비트들의 설정에 따라 외부 메모리의 확장에 사용되는 주소 비트와 포트 C와의 상관관계를 표 2.12에 나타내었다.

◈ 내부 풀업 저항과 버스 키퍼

외부 데이터 메모리를 확장하면서 고려해야 하는 그 밖의 사항으로 버스 키퍼의 기능이 있다. PA 포트(AD7~AD0 신호)의 내부에는 풀업 저항이 내장되어 있어 해당 포트에 1을 쓰면 동작할 가능성이 있으므로, 슬립 모드에서 전력 소모를 줄이기 위해서는 이 모드로 들어가기 전에 해당 포트에 0을 출력하여 풀업 저항이 동작하지 않게 하는 것이 바람직하다.

또한 외부 메모리 인터페이스의 경우에도 SFIOR 레지스터의 XMBK 비트 제어를 통해 버스 키퍼 기능을 가능하게 하거나 불가능하게 할 수 있다. 즉, XMBK=1로 설정하면 버스 키퍼의 기능이 설정되고, 이 신호 선들은 3상태로 들어가야 하는 순간에 이전의 상태 값을 그대로 출력하게 된다. 따라서 전력 소모를 줄일 수 있다.

표 2.12 외부 메모리가 확장됐을 경우의 주소 비트와 포트 C와의 상관관계

XMM2	XMM1	XMM0	외부 메모리의 주소 버스로 사용되는 비트	일반 IO로 사용되는 포트 C의 핀
0	0	0	8비트(A15~A8)로 사용 60KB 전체를 사용함	없음
0	0	1	7비트(A14~A8)로 사용	PC7
0	1	0	6비트(A13~A8)로 사용	PC7~PC6
0	0	0	5비트(A12~A8)로 사용	PC7~PC5
1	0	1	4비트(A11~A8)로 사용	PC7~PC4
1	1	1	3비트(A10~A8)로 사용	PC7~PC3
1	1	0	2비트(A9~A8)로 사용	PC7~PC2
1	1	1	0비트(외부 메모리 사용하지 않음)	PC7~PC0 모두 포트 C로 사용

2.4.3 외부 메모리의 활용 및 주소 지정 방법

ATmega128의 경우 외부 데이터 메모리는 그림 2.26과 같이 최대 약 60KB로 확장할 수 있으며, 이 메모리 공간은 앞에서 설명한 바와 같이 임의의 경계선을 지정하여 2개의 섹터로 구분할 수 있다. 이렇게 나누어진 각 섹터에는 각각 독립적으로 웨이트 사이클을 부여할 수 있다. 이는 속도가 비교적 빠른 SRAM의 경우에는 웨이트를 부여하지 않고 제어할 수 있으며, 이에 비해 상대적으로 동작 속도가 느린 I/O 소자들은 적절한 웨이트 사이클을 부여하여 제어의 유연성을 확보하기 위함이다.

이제 그림 2.26을 보면서 섹터를 구분하는 과정을 알아보자. 먼저 외부 메모리를 SRL2~SRL0 비트를 사용하여 표 2.10에 제시된 내용 중 하나로 2개의 섹터로 구분하고, 2개의 섹터에 대해 하위 섹터는 SRW01~SRW00 비트를 사용하고, 상위 섹터는 SRW11~SRW10 비트를 사용하여, 표 2.11에 제시된 내용으로 각각 웨이트 사이클을 부여한다. 이렇게 함으로써 두 섹터에 각기 다른 웨이트 사이클을 부여하여 제어할 수 있게 된다.

이제 실제 외부 메모리를 장착한 경우를 살펴보자. 외부 메모리 64KB는 그림 2.26에 나타낸 바와 같이 내부 메모리 후반에 매핑되어야 하기 때문에 내부 데이터 메모리 영역에 있는 4,352바이트(0x0000~0x10FF의 영역)는 외부 메모리로 주소화할 수 없다. 즉, 외부 메모리의 앞부분에 있는 0x0000~0x10FF의 영역은 내부 메모리와 중복되므로 액세스가 불가능한 구조가 된다. 이를 극복하기 위한 방법은 64KB보다 작게 외부 메모리를 할당하는 경우와 64KB 모두를 외부 메모리로 할당하는 경우로 생각해볼 수 있다.

먼저 그림 2.27과 같이 32KB의 외부 메모리가 확장되어 있는 경우를 생각해보자. 이 영역의 액세스는 그림과 같이 0x8000~0x90FF의 주소로 액세스하면 된다. 이를 위해 외부 메모리 주소 비트인 A15는 외부 메모리에 직접 연결되지 않기 때문에 0x8000~0x90FF의 주소는 외부 메모리에

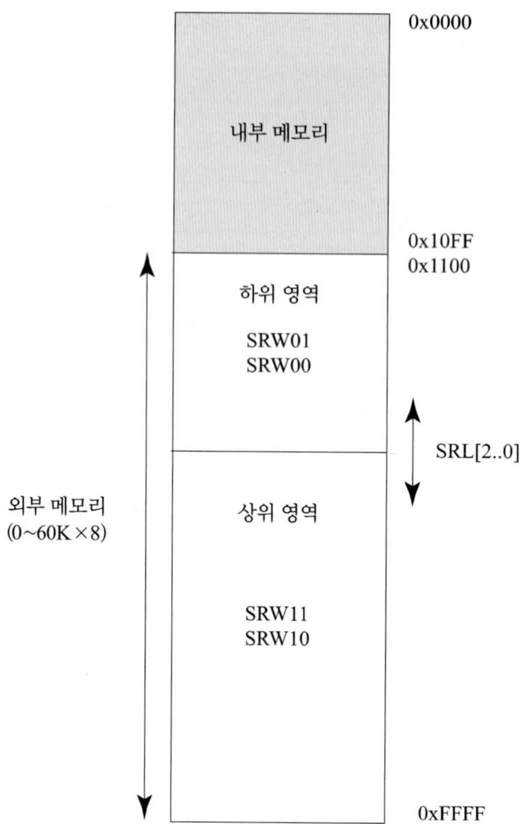

그림 2.26 외부 메모리의 섹터 영역 분할

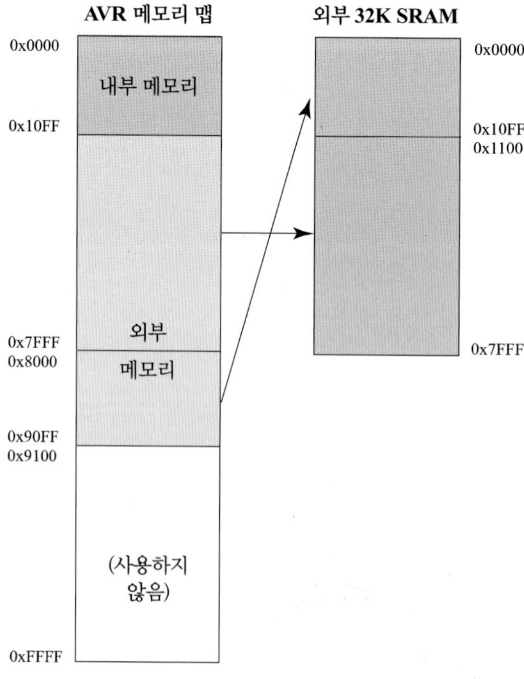

그림 2.27 32KB의 외부 메모리를 갖는 메모리 맵

대해 0x0000~0x10FF로 교체되어 액세스가 가능해진다. 즉, 32KB의 메모리를 확장할 경우에 응용 프로그램에서 0x1100~0x90FF를 액세스하면 실제 외부 메모리의 0x0000~0x10FF를 사용할 수 있게 된다.

이제 64KB의 모든 영역을 외부 메모리로 사용하는 방법에 대해 생각해보자. 그림 2.27에 나타낸 바와 같이 외부 메모리는 내부 메모리에 이어서 60KB만 사용할 수 있다. 외부에 연결되어 있는 외부 메모리의 0x0000~0x10FF를 액세스하려면 포트 C의 상위 5비트만을 사용하면 된다. 즉, PC7~PC5 비트를 마스킹하여 주소를 출력하면 내부 메모리에 해당하는 0x0000~0x10FF를 액세스할 수 있다. 외부 메모리의 0x0000~0x10FF를 액세스하는 방법은 다음과 같다.

1. 포트 C를 범용 포트로 설정하고 PC7~PC5를 000으로 출력한다.
2. XMM2~XMM0 비트를 011로 설정하여, PC7~PC5는 범용 I/O 포트로, PC4-PC0은 외부 메모리 주소 지정 포트로 각각 설정한다.
3. 외부 메모리 0x0000~0x10FF를 액세스하기 위해 0x2000을 더해 0x2000~0x30FF를 지정하여 해당 주소를 액세스한다. 이때 PC5는 1이지만, PC5는 범용 I/O 포트로 지정되어 0이 출력되고 있으므로, 실제 외부 메모리에는 0x0000~0x10FF를 지정하게 된다.
4. 외부 메모리 0x0000~0x10FF 이외의 메모리 영역을 액세스하기 위해서는 다시 XMM2~XMM0 비트를 000으로 설정해야 한다.

참고사항

외부 메모리의 0x0000~0x10FF를 액세스하기 위한 C 코드 예제는 다음과 같다.

```
#define OFFSET 0x2000
void XRAM_example(void)
{
    unsigned char *p = (unsigned char *) (OFFSET + 1);
    DDRC = 0xFF;
    PORTC = 0x00;
    XMCRB = (1<<XMM1) | (1<<XMM0);
    *p = 0xaa;
    XMCRB = 0x00;
    *p = 0x55;
}
```

이 예제 프로그램은 4장의 C 언어 활용과 5장의 I/O 포트 동작 부분을 학습하면 쉽게 이해할 수 있을 것이다.

2.5 ATmega128의 기타 하드웨어

ATmega128을 비롯한 AVR 계열 마이크로컨트롤러의 장점은 플래시 메모리 내에 부트 로더(boot loader) 프로그램을 내장하고 있다는 것이다. 부트 로더 프로그램은 MCU 자체에서 사용자 응용 프로그램을 다운로드 또는 업로드하는 기능과 AVR의 동작에 필요한 기본적인 메모리 보호 모드와 시스템 설정 기능을 수행한다. 이러한 기능들은 ATmega128의 기본적인 동작을 이해하는 데 도움이 될 뿐만 아니라 AVR 주변 회로를 설계하고 기본 설정을 하는 데 반드시 필요하므로 잘 알아두어야 한다. 따라서 이 절에서는 AVR을 사용하기에 앞서 필요한 메모리를 비롯한 시스템 설정에 필요한 기능과 ATmega128의 기본적인 하드웨어 구조 및 동작에서 대해 앞에서 다루지 않았던 시스템 클록 및 리셋 등의 필수적인 사항을 설명한다.

이 외에도 ATmega128은 MCU의 전원 관리와 이상 감지를 위해 슬립 모드와 워치독 타이머 기능을 제공하고 있다. 이 기능은 프로그램과 같이 설명해야 더 잘 이해되므로 13장의 기타 기능의 활용 부분에서 다루기로 한다.

참고사항

부트 로더

부트 로더는 프로그램 코드를 다운로드/업로드하기 위해 MCU 자체에 RWW(Read-While-Write) 자기 프로그래밍(self-programming)을 하는 기능을 의미하며, 교육용 보드(AVR)의 플래시 메모리 내에는 부트 로더 프로그램이 내장되어 있고, 이로 인해 MCU가 스스로 응용 프로그램을 갱신하는 유연한 기능을 구현할 수 있다. 즉, 부트 로더는 MCU 자체에서 사용자 응용 프로그램을 다운로드 또는 업로드하는 기능과 AVR의 동작에 필요한 기본적인 메모리 보호 모드와 시스템 설정 기능을 수행하고, 부트 로더의 프로그램 코드는 부트 로더 메모리를 포함하여 플래시 메모리 전 영역을 프로그래밍할 수 있다.

ATmega128에서 부트 로더 메모리의 크기는 네 가지(0.5KB, 1KB, 2KB, 4KB)로 설정할 수 있으며, 이는 퓨즈 비트의 설정에 의해 가능하다. 또한 부트 로더 영역과 응용 프로그램 영역의 프로그램은 메모리 잠금 비트를 이용하여 쓰기(SPM) 금지, 읽기(LPM) 금지를 따로 설정하여 보호가 가능하다.

- RWW(Read-While-Write) 자기 프로그래밍
- 부트 메모리 크기 조정
- 프로그램 보호 기능
- 리셋 벡터 선택을 위한 퓨즈 비트 등의 기능 지원

2.5.1 메모리 보호와 시스템 설정

ATmega128의 플래시 메모리는 그림 2.12에서와 같이 응용 프로그램 섹션과 부트 로더 섹션으로 구분되어 있다. ATmega128에서는 시스템의 사용 용도에 따라 각 섹션의 메모리 내용을 보호하기 위해 1바이트의 메모리 잠금 비트(memory lock bit)와 기본적인 MCU 시스템의 기능을 설정하는 3바이트의 퓨즈 비트(fuse bit)가 제공된다.

◈ 메모리 잠금 비트

메모리 잠금 비트는 메모리의 보호 모드를 설정하는 데 사용되며, 표 2.13에 나타낸 것과 같이 1바이트 중 6개의 비트를 사용하여 세 가지의 메모리 보호 모드를 지원한다. 여기서 메모리 보호 모드는 프로그램 메모리의 내용을 외부에서 읽을 수 없도록 보안을 유지하는 것뿐만 아니라 실수로 프로그램이 수행되는 것을 방지하기 위해 보호하는 기능을 의미한다.

표 2.13 메모리 잠금 비트

비트 이름	비트	기능	기본 값
–	7	–	1
–	6	–	1
BLB12	5	Boot Lock Bit	1
BLB11	4	Boot Lock Bit	1
BLB02	3	Boot Lock Bit	1
BLB01	2	Boot Lock Bit	1
LB2	1	Lock Bit	1
LB1	0	Lock Bit	1

주: 기본 값에서 1은 프로그램되지 않은 것을 의미하고, 0은 프로그램된 상태를 나타냄

이 비트들은 기본 값으로 1이 설정되어 있으며, PonyProg 2000 또는 Codevision 등의 컴파일러 환경에서 AVR 칩 쓰기 도구 프로그램을 이용하여 각 비트의 값을 변경할 수 있고, 칩 삭제 기능을 수행하면 다시 기본 값인 1로 환원된다. 이에 대해서는 3장에서 설명하기로 한다.

ATmega128은 표 2.13에 나타낸 것처럼 6개의 메모리 잠금 비트들의 설정에 따라 LB 모드, BLB0 모드, BLB1 모드라는 3개의 메모리 보호 모드(memory protection mode)를 제공한다.

LB(Lock Bit) 보호 모드는 PC 등을 이용하여 외부에서 부트 로더 섹션과 응용 프로그램 섹션 등의 플래시 메모리와 EEPROM에 프로그래밍하는 것을 금지하도록 설정하는 보호 모드이고, BLB(Bootloader Lock Bit) 보호 모드(BLB0와 BLB1)는 플래시 메모리 내의 부트 로더 프로그램과 응용 프로그램이 실행되면서 각자 자기 섹션이 아닌 다른 섹션을 액세스할 때 설정하는 보호 모드이다.

① LB 모드

이 모드는 PC 등의 외부 프로그램에서 플래시 메모리를 액세스할 경우에 제공되는 보호 모드로, LB2와 LB1 비트에 의해 설정된다. 자세한 내용은 표 2.14를 참조하기 바란다.

표 2.14 LB 모드에 의한 메모리 보호 모드

메모리 잠금 비트			보호 모드
LB 모드	LB2	LB1	
1	1	1	• 메모리 잠금 기능이 없음(기본 설정)
2	1	0	• 플래시나 EEPROM을 병렬 모드나 SPI/JTAG 직렬 모드로 프로그래밍하는 것을 금지시킴. 퓨즈 비트 또한 프로그래밍이 금지됨*
3	0	0	• 플래시나 EEPROM을 병렬 모드나 SPI/JTAG 직렬 모드로 프로그래밍하거나 검증하는 것을 모두 금지함 • 퓨즈 비트 또한 프로그래밍이 금지됨

* 잠금 비트를 프로그래밍하기 전에 퓨즈 비트를 프로그래밍한다.

부트 로더 보호 모드는 잠금 비트를 변경하여 부트 로더 영역과 응용 프로그램 영역을 각각 별도로 변경하여 보호 레벨을 설정하는 기능으로, 다음과 같이 보호 레벨을 지정할 수 있다.

- 프로그램을 갱신할 때 전 영역을 보호
- 프로그램을 갱신할 때 부트 로더 영역만 보호
- 프로그램을 갱신할 때 응용 프로그램 영역만 보호
- 프로그램 전 영역의 프로그램 갱신 허용

부트 로더 보호 모드는 각 영역에 대해 네 가지 보호 모드를 제공한다.

② BLB0 모드

이 모드는 부트 로더 프로그램이 응용 프로그램 섹션을 액세스하는 것을 보호하는 모드로, BLB02와 BLB01 비트에 의해 설정된다. 자세한 내용은 표 2.15를 참조하기 바란다.

③ BLB1 모드

이 모드는 응용 프로그램이 부트 로더 섹션을 액세스하는 것을 보호하는 모드로, 마찬가지로 BLB12와 BLB11 비트에 의해 설정된다. 자세한 내용은 표 2.16을 참조하기 바란다.

표 2.15 BLB0 모드에 의한 메모리 보호 모드(응용 프로그램 영역)

메모리 잠금 비트			보호 모드
BLB0 모드	BLB02	BLB01	
1	1	1	• SPM 또는 LPM 명령어를 사용하여 응용 섹션을 액세스하는 데 아무런 제한이 없음
2	1	0	• SPM 명령어로 응용 프로그램 섹션에 쓰기가 금지됨
3	0	0	• SPM 명령어로 응용 프로그램 섹션에 쓰기가 금지됨 • 부트 로더 섹션에서 실행되는 LPM 명령어로 응용 프로그램 섹션의 읽기가 금지됨 • 만약 부트 로더 섹션에 인터럽트 벡터가 위치한다면, 응용 프로그램 섹션이 실행되는 동안에 모든 인터럽트가 금지됨
4	0	1	• 부트 로더 섹션에서 실행되는 LPM 명령어로 응용 프로그램 섹션의 읽기가 금지됨 • 만약 부트 로더 섹션에 인터럽트 벡터가 위치한다면, 응용 프로그램 섹션이 실행되는 동안에 모든 인터럽트가 금지됨

주: 1은 프로그램되지 않은 것을 의미하고, 0은 프로그램된 상태를 나타냄

표 2.16 BLB1 모드에 의한 메모리 보호 모드(부트 로더 영역)

메모리 잠금 비트			보호 모드
BLB1 모드	BLB12	BLB11	
1	1	1	• SPM 또는 LPM 명령어를 사용하여 부트 로더 섹션을 액세스하는 데 아무런 제한이 없음
2	1	0	• SPM 명령어로 부트 로더 섹션에 쓰기가 금지됨
3	0	0	• SPM 명령어로 응용 프로그램 섹션에 쓰기가 금지됨 • 응용 프로그램 섹션에서 실행되는 LPM 명령어로 부트 로더 섹션의 읽기가 금지됨 • 만약 응용 프로그램 섹션에 인터럽트 벡터가 위치한다면, 부트 로더 섹션이 실행되는 동안에 모든 인터럽트가 금지됨
4	0	1	• 응용 프로그램 섹션에서 실행되는 LPM 명령어로 부트 로더 섹션의 읽기가 금지됨 • 만약 응용 프로그램 섹션에 인터럽트 벡터가 위치한다면, 부트 로더 섹션이 실행되는 동안에 모든 인터럽트가 금지됨

주: 1은 프로그램되지 않은 것을 의미하고, 0은 프로그램된 상태를 나타냄

◈ 퓨즈 비트

퓨즈 비트는 AVR의 기본적인 시스템 설정용으로 사용되며, 모두 3바이트로 구성되어 있다. 이 비트들은 메모리 잠금 비트를 프로그래밍하는 것과 동일한 과정으로 프로그래밍이 가능하며, AVR 칩 쓰기 도구 프로그램의 칩 삭제 기능을 수행하더라도 퓨즈 비트는 영향을 받지 않으며, 메모리 잠금 비트의 LB1을 사용하여 퓨즈 비트를 변경할 수 없도록 보호 기능을 설정할 수 있다. 따라서 퓨즈 비트를 먼저 설정하고 메모리 잠금 비트는 나중에 설정해야 한다. 각각의 퓨즈 바이트는 표 2.17～표 2.20에 나타내었으며, 이에 대해 자세히 살펴보기로 하자.

① 제1바이트: 확장 퓨즈 바이트

퓨즈 비트를 설정하는 첫 번째 바이트는 확장 퓨즈 바이트로서, 표 2.17에 나타낸 것과 같이 ATmega128의 동작 모드와 브라운 아웃 검출(BOD: Brown-Out Detection) 기능을 설정하는 데 사용된다. 이 표에서도 알 수 있듯이 ATmega128의 기본 설정 상태는 ATmega128 호환 모드로 설정되어 있다는 점을 유의해야 한다. 따라서 ATmega128의 일반 모드로 동작을 원할 경우에는 이 퓨즈 비트를 1로 해제해야 한다. 그리고 브라운 아웃 검출 기능 설정에 관한 내용은 이 절의 마지막 부분에서 설명되는 BOD 리셋 부분을 참조하기 바란다.

표 2.17 확장 퓨즈 바이트의 비트 구성

비트 이름	비트	기능	기본 값
–	7	–	1
–	6	–	1
–	5	–	1
–	4	–	1
–	3	–	1
–	2	–	1
M103C	1	ATmega103 호환 모드	0
BODLEVEL0	0	워치독 타이머 동작을 허용	1

주: 기본 값에서 1은 프로그램되지 않은 것을 의미하고, 0은 프로그램된 상태를 나타냄

② 제2바이트: 퓨즈 상위 바이트

퓨즈 비트를 설정하는 두 번째 바이트는 퓨즈 상위 바이트로 표 2.18에 나타내었으며, 각 비트들의 의미는 다음과 같다.

- OCDEN 비트: MCU와 디버거 프로그램 간의 통신을 가능하게 설정하는 비트로서, 초기 설정 값이 OCDEN=1로 되어 있어 OCD 기능을 사용할 수 없도록 되어 있다.
- JTAGEN 비트: JTAG 기능을 설정하는 비트로서, 초기 설정 값이 JTAGEN=0으로 되어

표 2.18 퓨즈 상위 바이트의 비트 구성

비트 이름	비트	기능	기본 값
OCDEN	7	OCD(On-Chip Debugging) 기능의 선택	1(disabled)
JTAGEN	6	JTAG 기능의 선택	0(JTAG enabled)
SPIEN	5	SPI를 통한 직렬 프로그래밍 기능의 선택	0(SPI prog. enabled)
CKOPT	4	수정 발진기 선택	1
EESAVE	3	칩 삭제의 경우에 EEPROM은 삭제하지 않고 데이터를 보존	1(EEPROM not preserved)
BOOTSZ1	2	부트 섹션의 크기를 선택(표 2.19 참조)	0
BOOTSZ0	1	부트 섹션의 크기를 선택(표 2.20 참조)	0
BOOTRST	0	리셋 벡터의 선택	1

주: 기본 값에서 1은 프로그램되지 않은 것을 의미하고, 0은 프로그램된 상태를 나타냄

있어 JTAG 프로그래밍이 가능한 상태로 되어 있다.

- SPIEN 비트: SPI 기능은 플래시 메모리에 프로그램을 다운로드하는 ISP(In-System Programming) 기능이나 EEPROM에 데이터를 다운로드하는 기능을 말하며, 이 비트의 설정에 따라 SPI 기능이 온/오프된다. 이 비트는 초기 설정 값이 SPIEN=0으로 되어 있어 SPI 프로그래밍이 가능한 상태로 되어 있다.
- CKOPT 비트: 수정 발진기의 진폭을 설정하는 비트로서, 초기 설정 값이 CKOPT=1로 되어 있어 수정 발진기의 진폭이 작아서 전력 소모가 적은 상태로 동작되도록 되어 있다. CKOPT=0으로 변경하면 수정 발진기의 진폭이 커져서 잡음이 심한 환경에서 사용하는 것이 바람직하다. 그러나 전력 소모가 증가한다는 단점이 있다. 자세한 내용은 시스템 클록의 수정 발진기 부분을 참조하기 바란다.
- EESAVE 비트: 칩 삭제(chip erase) 명령어를 실행할 경우에 EEPROM의 내용을 삭제할 것인지 아니면 보존할 것인지를 설정하는 비트로서, 초기 설정 값이 EESAVE=1로 되어 있어 EEPROM의 내용은 보존되지 않고 지워지도록 되어 있다.
- BOOTSZ1, BOOTSZ0 비트: 부트 섹션의 크기를 설정하는 비트로서, 비트 설정 값에 따른 부트 섹션의 크기는 표 2.19를 참조하기 바란다. 이 비트의 초기 설정 값은 00으로 설정되어 있어 부트 로더 섹션의 주소는 0xF000~0xFFFF까지의 4096워드로 지정되어 있다.
- BOOTRST 비트: 리셋 벡터를 설정하는 비트로서, BOOTRST=1인 경우에는 리셋 벡터 주소가 0x0000이 되고, BOOTRST=0이면 리셋 벡터 주소는 부트 섹션의 시작 주소로 설정된다.

표 2.19 부트 섹션의 크기 설정

BOOTSZ1	BOOTSZ0	부트 섹션 크기	응용 프로그램 섹션	부트 로더 섹션
1	1	512워드(4페이지)	0x0000~0xFDFF	0xFE00~0xFFFF
1	0	1024워드(8페이지)	0x0000~0xFBFF	0xFC00~0xFFFF
0	1	2048워드(16페이지)	0x0000~0xF7FF	0xF800~0xFFFF
0	0	4096워드(32페이지)	0x0000~0xEFFF	0xF000~0xFFFF

③ 제3바이트: 퓨즈 하위 바이트

퓨즈 비트를 설정하는 세 번째 바이트는 퓨즈 하위 바이트로 표 2.20에 나타내었으며, 각 비트들의 의미는 다음과 같다.

- BODLEVEL 비트: 브라운 아웃 검출기의 브라운 아웃 레벨을 설정하는 비트로서, BODLEVEL=1이면 브라운 아웃 검출 기준 전압이 2.7V로 되고, BODLEVEL=0이면 4.0V로 설정된다. 자세한 설명은 이 절의 BOD 부분을 참조하기 바란다.
- BODEN 비트: 브라운 아웃 검출 기능을 설정하는 비트로서, BODEN=1이면 BOD 기능을 허가한다. 자세한 설명은 BOD 리셋 부분을 참조하기 바란다.
- SUT1, SUT0 비트: 시스템의 기동 시간(start-up time), 즉 시스템의 리셋이나 슬립 모드에서 벗어나 정지되어 있는 클록이 다시 안정적으로 공급되기 시작하여 CPU가 정상적인 동작을 할 수 있을 때까지 CPU의 동작을 지연시키는 데 필요한 시간을 설정하는 비트로서, 그 설정 방법은 시스템 클록을 설명하는 부분에서 자세히 다루기로 한다. 이 비트들의 초깃값은 기본 클록 소스에 대해 최대의 기동 시간을 갖도록 설정되어 있다.

표 2.20 퓨즈 하위 바이트의 비트 구성

비트 이름	비트	기능	기본 값
BODLEVEL	7	브라운 아웃 검출 트리거 레벨	1
BODEN	6	브라운 아웃 검출 허가	1(BOD 금지)
SUT1	5	기동 시간의 설정	1
SUT0	4	기동 시간의 설정	0
CKSEL3	3	클록 소스의 설정	0
CKSEL2	2	클록 소스의 설정	0
CKSEL1	1	클록 소스의 설정	0
CKSEL0	0	클록 소스의 설정	1

주: 기본 값에서 1은 프로그램되지 않은 것을 의미하고, 0은 프로그램된 상태를 나타냄

- CKSEL3~0 비트: 시스템 내에서 사용할 클록 소스를 선택하는 기능을 하는 비트로서, SUT1과 SUT0 비트 및 클록과 관련되어 있으며, 이 비트의 초깃값은 0001로 설정되어 시스템 클록은 RC 발진기로 선택되어 있다. 자세한 설명은 시스템 클록 부분을 참조하기 바란다.

◈ 제품 표시 바이트

Atmel사에서 출시되는 모든 마이크로컨트롤러에는 소자의 종류에 따라 3바이트의 인식 코드가 내장되어 있다. 이 제품 표시 바이트(signature byte)는 직렬 및 병렬 프로그래밍 모드에서 모두 읽히며, 보호 기능이 설정되어 있는 상태에서도 읽힌다. 이 바이트들은 각각 별도의 주소에 저장되어 있으며, Atmel사에서 출시되는 AVR의 예를 표 2.21에 나타내었다.

표 2.21 제품 표시 바이트의 예

주소 0x00	주소 0x01	기능	기본 값
0x1E (Atmel사의 제품)	0x98 (256KB 플래시)	0x01	ATmega2560
		0x02	ATmega2561
	0x97 (128KB 플래시)	0x01	ATmega103
		0x02	**ATmega128**
		0x03	ATmega1280
	0x97 (64KB 플래시)	0x02	ATmega64
		0x08	ATmega640
	0x97 (16KB 플래시)	0x01	ATmega161
		0x02	ATmega163
		0x03	ATmega16
		0x04	ATmega162
		0x05	ATmega169
	0x97 (8KB 플래시)	0x06	ATmega8515
		0x08	ATmega8535
	0x97 (2KB 플래시)	0x07	ATtiny28
		0x07	ATtiny2813

2.5.2 시스템 클록

ATmega128에서는 그림 2.28에 나타낸 바와 같이 시스템 클록을 발생시킬 수 있는 방법이 여러 가지가 있고, 이 시스템 클록을 내부에서 배분하는 계통도 매우 복잡하다. ATmega128을 구동하기 위한 시스템 클록 소스는 그림 2.28의 아랫부분에 나타낸 것과 같이 외부 클록을 비롯하여 여섯 가지 소스가 공급될 수 있으며, 이 소스들이 클록 멀티플렉서를 통해 하나의 클록 소스로 선택되어 AVR 클록 제어 유닛에 공급되고 이는 다시 ATmega128 내부의 각 기능 블록으로 clk_{CPU}, $clk_{I/O}$, clk_{FLASH}, clk_{ASY}, clk_{ADC}의 다섯 가지 계통으로 구분되어 공급된다. 그러나 마이크로컨트롤러 내부에 내장된 각 부분들이 모두 항상 동작하는 것은 아니기 때문에 모든 클록이 동시에 공급될 이유는 없고, 소비 전력을 줄이기 위해서는 현재 동작하는 모듈에만 클록을 공급하는 것이 효과적이다. 따라서 ATmega128에서는 각 모듈별로 클록을 별도로 공급하며, 각 모듈의 동작을 선택하여 클록을 발생시키고 차단할 수 있는 여러 가지 슬립 모드를 지원한다.

ATmega128의 내부 클록은 다음과 같이 다섯 가지로 분류되어 각 기능 블록으로 공급되며, 그

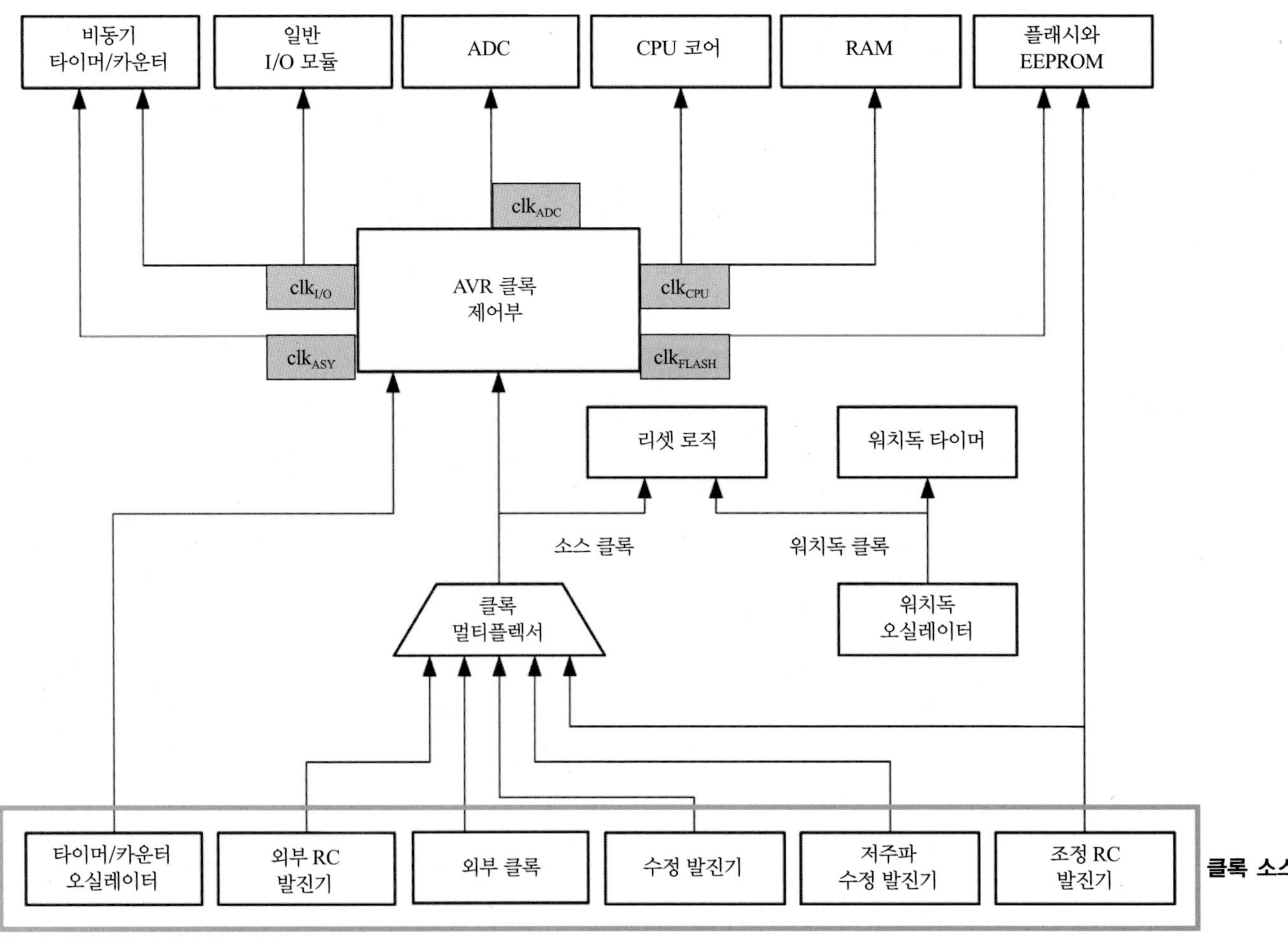

그림 2.28 ATmega128의 시스템 클록 구성도

역할은 다음과 같다.

- CPU 클록(clk_{CPU}): AVR 코어에서 사용되는 클록 소스이며, 이는 일반 목적 레지스터 파일(General Purpose Register File), 상태 레지스터와 스택 등을 구동하는 역할을 한다. CPU 클록이 멈추면 AVR 코어의 일반 동작 및 연산 등이 멈춘다.
- I/O 클록($clk_{I/O}$): 이 클록은 타이머/카운터, SPI와 USART 같은 대부분의 I/O 모듈에서 사용하는 클록 소스이다. 이 클록은 외부 인터럽트 모듈에 의해 사용될 수 있다. 즉, 어떤 종류의 외부 인터럽트는 비동기 논리에 의해 검출되므로 I/O 클록이 정지되어 있는 경우에도 인터럽트를 검출하여 슬립 모드에서 벗어나도록 하는 기능으로 사용될 수 있다.
- 플래시 클록(clk_{FLASH}): 이 클록은 플래시 메모리 인터페이스 동작에 사용되며, 일반적으로 플래시 클록은 CPU 클록과 동시에 온/오프 제어된다.
- 비동기 타이머 클록(clk_{ASY}): 이 클록은 외부의 32kHz 수정 발진기에 의해 비동기 타이머/카운터가 동작하도록 공급된다. 이는 마이크로컨트롤러가 슬립 모드에 있을 경우에도 실시간으로 타이머/카운터 기능을 동작시키기 위함이다.
- ADC 클록(clk_{ADC}): 이 클록은 A/D 변환을 할 때 사용되는 정밀한 클록으로, 디지털 회로에 의한 잡음의 영향을 최소화하기 위해 CPU 클록과 I/O 클록을 정지시키는 것을 허용한다.

◈ 클록 소스의 선택

ATmega128의 외부에서 공급할 수 있는 클록의 종류는 표 2.22에 나타낸 것과 같이 다섯 가지로, 비트 설정용 세 번째 바이트인 퓨즈 하위 바이트에 있는 CLKSEL3~0의 4개 비트를 사용하여 선택할 수 있다. 이렇게 선택된 클록 소스는 AVR 클록 발생기로 입력되어 적당한 모듈로 공급된다.

ATmega128은 제품 출하 시에 클록의 동작과 관계된 퓨즈 하위 바이트의 비트 설정이 CKSEL=0001, SUT=10으로 되어 있으므로, 전원이 투입된 후에는 내부 RC 발진기에 의해 발생하는 약 1MHz의 클록으로 동작하게 되고, 기동 시간도 가장 길게 동작한다. 이 비트들의 초깃값은 사용자가 설계한 시스템의 요구사항에 따라 ISP 기능(PonyProg 2000 또는 Codevision 등의 유틸리티 프로그램 이용)을 이용하여 변경되어야 한다.

표 2.22 클록 소스의 선택

클록 소스	CKSEL3~0
외부 수정 발진기/세라믹 공진기	1111~1010
외부 저주파 수정 발진기	1001
외부 RC 발진기	1000~0101
내부 RC 발진기	0100~0001
외부 클록	0000

ATmega128을 구동하기 위해 사용되는 클록은 표 2.22에 제시된 것과 같이 5개의 클록 소스가 사용될 수 있으나, 일반적으로 클록 소스는 외부 수정 발진기를 주로 사용한다. 따라서 이 책에서는 초기 기본 동작 모드로 설정되어 있는 내부 RC 발진기와 외부 수정 발진기를 사용하는 방법만 자세히 설명하므로, 그 외의 기능을 사용하고자 하는 경우에는 ATmega128 데이터 매뉴얼을 참조하기 바란다.

◈ 내부 RC 발진기

ATmega128의 내부 RC 발진기는 5V와 25°C 기준으로 1.0, 2.0, 4.0, 8.0MHz의 고정된 클록을 공급한다. 이 클록은 표 2.23과 같이 선택할 수 있으며, 기본적으로 1MHz로 설정되어 있다.

표 2.23 내부 RC 발진기의 동작 모드

CKSEL3~0	중심 주파수(MHz)
0000*	1.0
0010	2.0
0011	4.0
0100	8.0

* 출하 시 소자의 설정 값

여기서 클록 소스의 선택과 함께 고려해야 하는 사항은 CPU의 기동 시간이다. 내부 RC 발진기가 사용되는 경우의 기동 시간은 SUT 퓨즈 비트에 따라서 표 2.24와 같이 결정되며, 초기 설정 값은 최대의 지연 시간을 갖도록 SUT=10으로 설정되어 있다.

표 2.24 내부 RC 발진기를 사용할 때의 기동 시간

SUT1~0	전원 차단 및 전원 절약으로부터의 기동 시간	리셋의 경우 추가 지연 시간 (V_{CC}=5.0V)	사용이 권장되는 분야
00	6CK	–	BOD 허가
01	6CK	4.1m	고속으로 투입되는 전원
10	6CK	65ms	저속으로 투입되는 전원
11	사용하지 않음		

내부 RC 발진기의 발진 주파수의 정밀도는 25°C의 주변 온도에서 5V로 동작할 경우에 1MHz의 클록의 경우에 ±3%의 오차를 갖고 있다. 내부 RC 발진기에 의해 발생되는 클록은 전압이나 온도의 변화에 따라 변화될 수 있다. 따라서 이 클록의 주파수를 좀 더 정확하게 공급하기 위해서는 주파수의 미세 조정이 이루어져야 한다. 주파수의 미세 조정은 그림 2.29에 제시한 오실레이터 조정 레지스터(OSCCAL)가 사용된다.

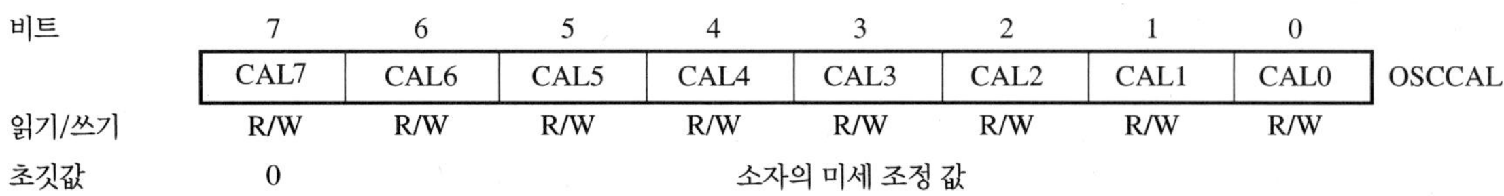

그림 2.29 오실레이터 조정 레지스터(OSCCAL)의 비트 구성

실제, ATmega128의 클록 소스로 내부 RC 발진기를 사용하고자 할 경우에는 외부의 XTAL1과 XTAL2 단자에는 아무것도 연결되어 있지 않아야 하고, 클록 소스 설정 퓨즈 비트(CKSEL)는 표 2.23에 제시된 대로 설정되어 있어야 한다. 이렇게 설정된 후에는 CPU의 리셋 과정에서 퓨즈 하위 바이트의 값이 OSCCAL 레지스터로 자동으로 적재되어 내부 RC 발진기의 주파수를 미세 조정하게 된다. 만약 내부 RC 발진기의 주파수를 미세 조정해야 한다면, OSCCAL 레지스터의 값을 변경해야 한다. OSCCAL 레지스터의 값으로 조정 가능한 주파수 범위는 표 2.25와 같으며, OSCCAL=00이면 최저 주파수가 선택되고, OSCCAL=7F이면 최대 주파수가 선택된다.

이렇게 조정된 발진기는 EEPROM과 플래시 메모리를 액세스하는 데 사용된다. 만약 EEPROM과 플래시 메모리에 데이터를 쓴 경우에는 출력 주파수를 10% 이상 변경하지 말아야 한다. 이런 경우에는 EEPROM과 플래시 메모리의 쓰기 동작에 오류가 발생할 수 있기 때문이다.

표 2.25 내부 RC 발진기의 주파수 범위

OSCCAL 값	출력 주파수에 대한 % 값에서 최저 주파수	출력 주파수에 대한 % 값에서 최고 주파수
0x00	50%	100%
0x3F	75%	150%
0x7F	100%	200%

◈ 외부 수정 발진기

ATmega128의 구동 클록으로 외부 수정 발진기 또는 세라믹 공진기를 사용하는 경우에는 그림 2.30에 나타낸 것처럼 XTAL1 입력 단자와 XTAL2 출력 단자에 연결한다. 그림 2.30에서 C_1과 C_2에 연결되는 캐패시터의 용량은 수정 발진기인지 세라믹 공진기인지에 따라 다르고, 또한 주변 회로의 부유 커패시턴스(capacitance)와 주변 상황의 전자기 잡음에 따라 달라 약간씩 다르다. 표 2.26에는 수정 발진기를 사용할 경우에 대해 C_1과 C_2의 값을 제시했으며, 세라믹 공진기를 사용할 경우에는 C_1과 C_2의 값을 공진기 제조회사의 권장사항에 따라 결정하는 것이 바람직하다.

발진기는 4개의 모드로 동작하며, 각 모드는 특정 주파수에 최적화되어 있다. 이 동작 모드들은 표 2.26에 나타낸 것처럼 퓨즈 비트 CKSEL3~CKSEL1에 의해 선택된다. CKSEL0 퓨즈 비트는 2개의 SUT 퓨즈 비트와 함께 표 2.27에 나타낸 것처럼 기동 시간을 선택하는 데 사용된다. 세라믹 공진기는 일반적으로 주파수가 낮고 주파수 안정도가 낮은 응용 분야에서 사용되므로, 실제 응

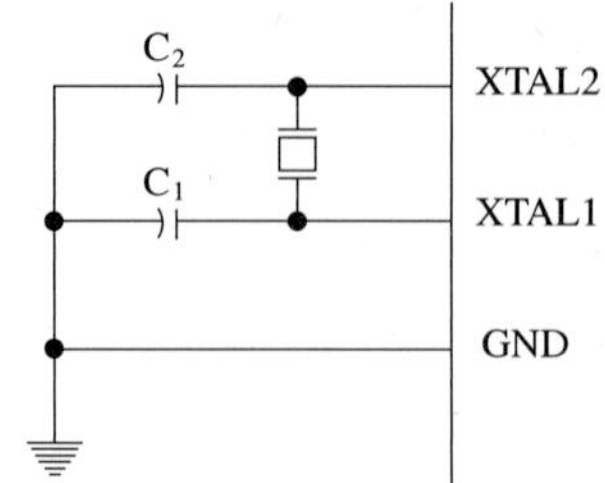

그림 2.30 수정 발진기의 연결

용에는 많이 사용되지 않는다. 따라서 표 2.26과 표 2.27에서 주로 수정 발진기를 사용하는 경우만 고려하면 될 것이다.

표 2.26 수정 발진기를 사용할 경우의 동작 모드

CKOPT	CKSEL3~1	주파수 범위(MHz)	수정 발진기를 사용할 경우의 권장 C_1과 C_2의 값
1	101*	0.4~0.9	–
1	110	0.9~3.0	12~22pF
1	111	3.0~8.0	12~22pF
0	101, 110, 111	8.0~	12~22pF

* 이 선택사항은 수정 발진기에서는 사용할 수 없고, 반드시 세라믹 공진기에서 사용해야 한다.

표 2.27 수정 발진기 동작 모드에 따른 기동 시간

CKSEL0	SUT1~0	기동 시간	리셋의 경우 추가 지연 시간	사용이 권장되는 분야
0	00	258 CK	4.1ms	세라믹 공진기 고속으로 투입되는 전원
0	01	258 CK	65ms	세라믹 공진기 저속으로 투입되는 전원
0	10	1K CK	–	세라믹 공진기 BOD 허가
0	11	1K CK	4.1ms	세라믹 공진기 고속으로 투입되는 전원
1	00	1K CK	65ms	세라믹 공진기 저속으로 투입되는 전원
1	01	16K CK	–	수정 발진기 BOD 허가
1	10	16K CK	4.1ms	수정 발진기 고속으로 투입되는 전원
1	11	16K CK	65ms	수정 발진기 저속으로 투입되는 전원

◈ 기타 클록 소스

ATmega128의 구동 클록으로 이상의 두 가지 외에도 외부 저주파 수정 발진기, 외부 RC 발진기와 외부 클록이 사용될 수 있다. 그러나 이러한 클록 공급은 자주 사용되지 않는다. 따라서 이 책에서는 이에 대해서는 설명을 생략하니, 궁금한 사항은 ATmega128 데이터 매뉴얼을 참조하기 바란다.

이와 같이 AVR을 구동하는 클록 소스는 다섯 가지 이외에 타이머/카운터 오실레이터가 있으며, TOSC1과 TOSC2 단자를 통해 입력된다. 이 단자는 32.768kHz 시계 수정 발진기를 직접 달아서 쓸 수 있도록 최적화되어 있으며, 이를 사용할 경우에는 외부에 커패시터를 연결할 필요가 없다.

◈ XTAL 분주 제어 레지스터

XTAL 분주 제어 레지스터(XDIV: XTAL Divide Control Register)는 전원 전력이 낮을 경우 전력 소모를 줄이기 위해 2~129의 범위에서 소스 클록 주파수를 분주하는 레지스터로서, 그림 2.31에 나타내었다.

비트	7	6	5	4	3	2	1	0	
	XDIVEN	XDIV6	XDIV5	XDIV4	XDIV3	XDIV2	XDIV1	XDIV0	XDIV
읽기/쓰기	R/W	R/W	R/W	R/W	R/W	R/W	R/W	R/W	
초깃값	0	0	0	0	0	0	0	0	

그림 2.31 XTAL 분주 제어 레지스터(XDIV)

▶ **비트 7: XDIVEN(XTAL Divide Enable) 비트**

이 비트는 소스 클록의 분주를 허가하는 비트로서, XDIVEN=1일 때 CPU의 클록 주파수와 모든 주변장치의 클록 주파수($clk_{I/O}$, clk_{FLASH}, clk_{ASY}, clk_{ADC})를 XDIV6~0의 설정 값 비율로 분주한다.

▶ **비트 6~0: XDIV6~XDIV0(XTAL Divide Select) 비트**

분주비를 설정하는 데 사용되는 비트로서, 이 설정 값을 d라고 하면 CPU와 주변장치에 공급되는 클록 주파수는 다음과 같이 결정된다.

$$f_{CLK} = \frac{\text{소스 클록}}{129 - d}$$

여기서 7비트의 XDIV6~XDIV0으로 설정할 수 있는 값은 0~127이므로 분주비는 2~129가 된다. 분주비는 XDIVEN=0일 때 바뀔 수 있으며, 분주기는 MCU로 들어가는 마스터 클록 입력을 분주하므로 CPU와 모든 주변장치의 클록이 분주된다. 따라서 속도로 정의된 분주비에 따라 클록의 속도는 낮아진다. 시스템 클록이 분주되어 사용될 때, 타이머/카운터 0은 비동기 클록으로만 사용될 수 있으니 주의해야 한다. 여기서 비동기 클록은 스케일 저감된 소스 클록의 1/4보다 반드시 낮아야 한다. 그렇지 않으면 인터럽트가 발생하지 않게 되고, 타이머/카운터 0 레지스터를 액세스하는 것은 불가능해진다.

2.5.3 시스템 리셋

마이크로컨트롤러에 리셋 신호가 입력되면, 일반적으로 마이크로컨트롤러가 초기 상태의 동작을 할 수 있도록 스택 포인터를 포함한 모든 I/O 레지스터를 초깃값으로 설정하고, 프로그램의 실행은 초기 리셋 벡터에 있는 주소를 참조하여 동작하게 된다. 일반적인 마이크로컨트롤러의 경우에, 리셋 신호는 외부 핀에 연결되는 리셋 신호가 전부이나 ATmega128에서 리셋 동작을 일으키는 리셋 소스는 다소 복잡하여 그림 2.32에 나타낸 것처럼 5개의 소스를 갖고 있다. 이러한 리셋 소스가 활성화되면 ATmega128의 동작은 완전히 멈추었다가, 리셋 소스가 모두 해제된 후에는 내부의 지연 카운터가 동작을 시작하여, 지연 카운터의 동작이 끝나 전원이 MCU가 동작할 수 있는 안정적인 상태로 되면 프로그램이 처음부터 다시 시작된다.

그림 2.32의 시스템 리셋에 관련된 내부 구성도를 보면, ATmega128의 리셋 소스로는 내부의 전원 투입 리셋, 외부 리셋, 워치독 리셋, 브라운 아웃 리셋과 JTAG AVR 리셋으로 구성되어 있다.

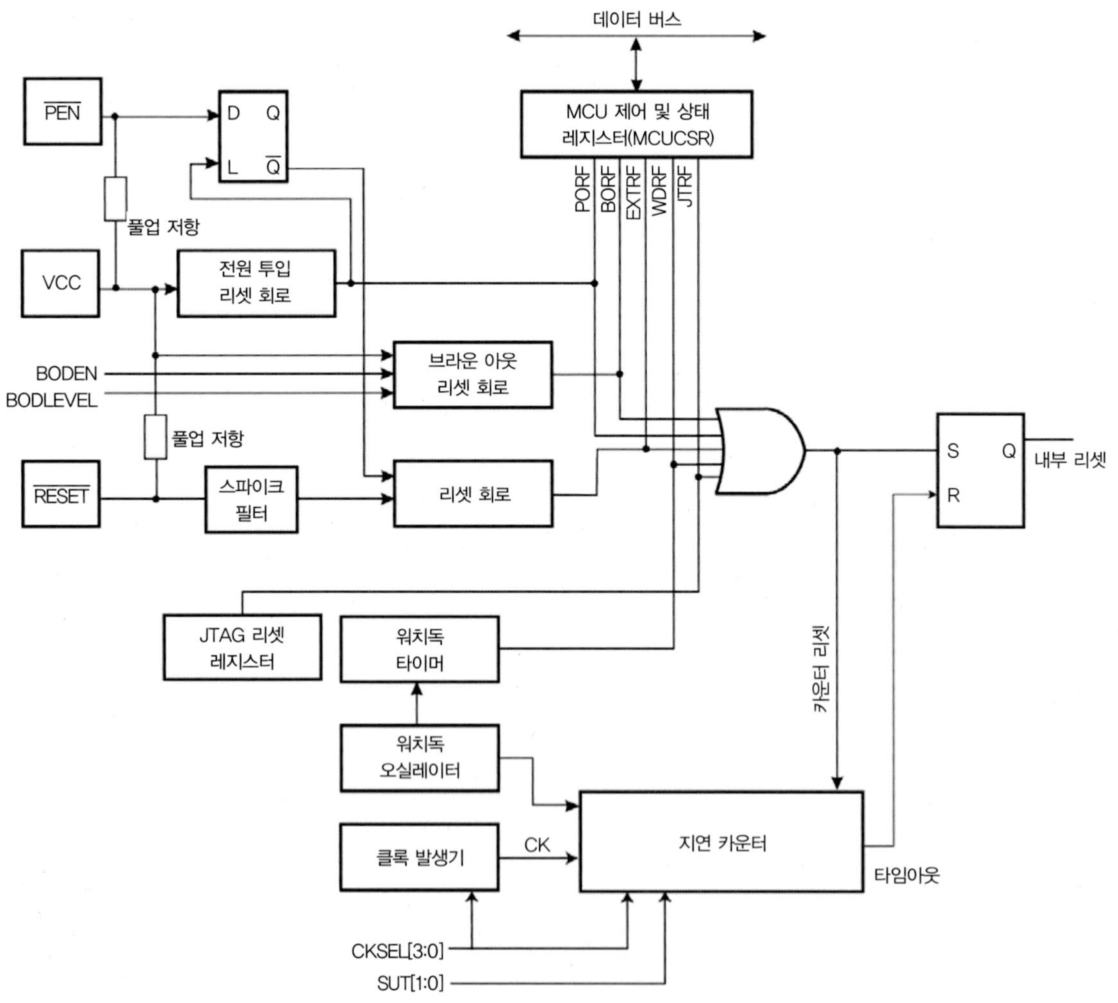

그림 2.32 시스템 리셋의 내부 구성도

표 2.28 리셋 동작의 전기적 특성

기호	파라미터	조건	Min	Typ	Max	단위
V_{POT}	전원 투입 리셋 임계 전압(상승 시)			1.4	2.3	V
	전원 투입 리셋 임계 전압(하강 시)*			1.3	2.3	V
V_{RST}	$\overline{\text{RESET}}$ 핀 임계 전압		$0.2V_{CC}$		$0.85V_{CC}$	V
t_{RST}	$\overline{\text{RESET}}$ 핀의 펄스 폭		1.5			μs
V_{BOT}	브라운 아웃 검출 리셋 임계 전압	BODLEVEL=1	2.4	2.6	2.9	V
		BODLEVEL=0	3.7	4.0	4.5	
t_{BOD}	BOD 검출을 위한 최저 전압 기간	BODLEVEL=1		2		μs
		BODLEVEL=0		2		μs
V_{HYST}	BOD 히스테리시스			100		mV

* 이 선택사항은 수정 발진기에서는 사용할 수 없고, 반드시 세라믹 공진기에서 사용해야 한다.

표 2.28에는 이와 관련된 전기적인 특성을 요약하여 나타내었으며, 이 리셋 소스를 정리하여 설명하면 다음과 같다.

- 전원 투입 리셋(Power-On Reset): 전원 전압 V_{CC}가 전원 투입 리셋의 임계 값(V_{POT}) 이하일 때 MCU가 리셋된다.
- 외부 리셋(External Reset): $\overline{\text{RESET}}$ 핀에 지정된 최소 펄스 폭(1.5μs) 이상의 Low 레벨이 지속되면 MCU가 리셋된다.
- 워치독 리셋(Watchdog Reset): 워치독 타이머에서 지정된 주기 이상이 경과되어 워치독 기능이 동작함으로써 MCU가 리셋된다.
- 브라운 아웃 리셋(Brown-Out Reset): 전원 전압 V_{CC}가 브라운 아웃 리셋 임계 전압(V_{BOT}) 이하로 떨어져서 브라운 아웃 검출기가 동작할 때 MCU가 리셋된다.
- JTAG AVR 리셋: JTAG 시스템에서 리셋 레지스터에 1을 저장하고 이에 관련된 하드웨어가 동작함으로써 MCU가 리셋된다.

그림 2.32의 시스템 리셋에 관련된 내부 구성도를 자세히 살펴보면, 5개의 리셋 소스 중 하나가 활성화되면 OR 논리 게이트에 의해 내부 리셋 처리 회로로 전달되는 회로부와 5개의 리셋 소스 중 어떤 원인에 의해 리셋이 발생했는지 확인하기 위한 MCU 제어 및 상태 레지스터(MCUCSR) 회로부로 구성되어 있다. 여기서 외부 리셋 소스의 동작에 따라 내부의 리셋 펄스는 다양하게 발생하며, 내부 리셋 펄스 동안 ATmega128은 리셋되어 MCU가 기동된다.

이상과 같은 리셋 회로의 동작 과정에서 지연 카운터에 의한 지연 시간(리셋을 설명하는 그림 2.34~그림 2.38에서의 tTOUT 시간을 의미함)은 CKSEL과 SUT0~1 퓨즈 비트를 이용하여 설정되고, 리셋의 원인에 대한 정보는 그림 2.33의 MCU 제어 및 상태 레지스터(MCUCSR: MCU Control and Status Register)에 플래그로 저장된다.

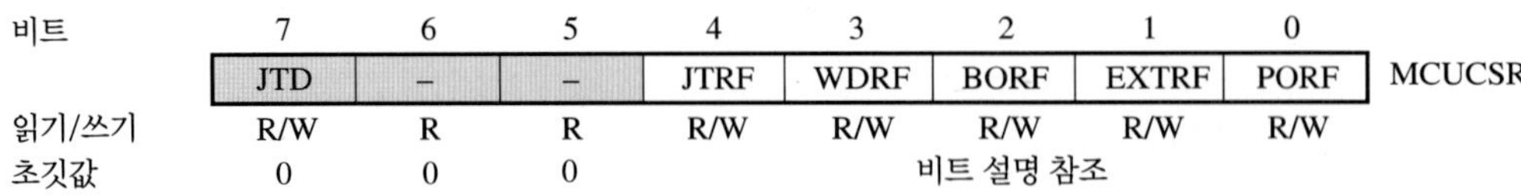

비트	7	6	5	4	3	2	1	0	
	JTD	–	–	JTRF	WDRF	BORF	EXTRF	PORF	MCUCSR
읽기/쓰기	R/W	R	R	R/W	R/W	R/W	R/W	R/W	
초깃값	0	0	0	비트 설명 참조					

그림 2.33 MCU 제어 및 상태 레지스터(MCUCSR)의 비트 구성

MCUCSR 레지스터에는 각각의 리셋이 발생하면 해당 비트가 설정되며, 전원 투입 리셋이 발생할 경우에는 나머지 4개의 비트가 모두 0으로 클리어된다. MCUCSR 레지스터의 비트에 대한 설명은 다음과 같다. 여기서 사용되지 않는 JTD 비트는 JTAG 제어에 사용되므로 JTAG 설명 부분에서 자세히 설명하기로 한다.

▶ 비트 4(JTRF): JTAG 리셋 플래그

이 비트는 JTAG 명령어인 AVR_RESET에 의해 리셋이 발생하면 1로 설정되고, 전원 투입 리셋이 발생하거나 플래그에 0을 쓰면 리셋된다.

▶ 비트 3(WDRF): 워치독 리셋 플래그

이 비트는 워치독 리셋이 발생할 경우에 1로 설정되고, 전원 투입 리셋이 발생하거나 플래그에 0을 쓰면 리셋된다.

▶ 비트 2(BORF): 브라운 아웃 리셋 플래그

이 비트는 브라운 아웃 리셋이 발생할 경우에 1로 설정되고, 전원 투입 리셋이 발생하거나 플래그에 0을 쓰면 리셋된다.

▶ 비트 1(EXTRF): 외부 리셋 플래그

이 비트는 외부 리셋이 발생할 경우에 1로 설정되고, 전원 투입 리셋이 발생하거나 플래그에 0을 쓰면 리셋된다.

▶ 비트 0(PORF): 전원 투입 리셋 플래그

이 비트는 전원 투입 리셋이 발생할 경우에 1로 설정되고, 전원 투입 리셋이 발생하거나 플래그에 0을 쓰면 리셋된다.

◈ 전원 투입 리셋

전원 투입 리셋(POR)은 ATmega128로 공급되는 동작 전원이 표 2.28에 제시된 전압 레벨(V_{POT}, 전원 투입 리셋 임계 전압) 이하일 때 발생된다. ATmega128에 전원이 인가되고 V_{CC}가 V_{POT} 이상이 되면 시간 카운터가 동작하여 일정 시간(t_{TOUT}) 동안 리셋 상태를 유지할 수 있도록 내부 리셋 펄스가 발생한다. 이러한 동작은 시스템의 기동을 위한 충분한 시간을 확보하기 위한 것이다. 한편 V_{CC}가 V_{POT} 이하로 내려가면 시간 지연 없이 즉시 리셋된다.

전원 투입 리셋의 동작은 그림 2.34와 그림 2.35에서와 같이 외부 $\overline{\text{RESET}}$ 핀에 V_{CC}를 연결하고 동작하는 경우와 외부 $\overline{\text{RESET}}$ 핀에 리셋 신호를 접속하고 동작하는 경우로 설명할 수 있다.

그림 2.34는 $\overline{\text{RESET}}$ 단자가 V_{CC}에 바로 연결된 경우이며, 전원이 인가되면 $\overline{\text{RESET}}$ 단자가 V_{CC}와 같이 동작하고 있기 때문에, 리셋 동작이 V_{CC} 투입과 동시에 일어나 바로 지연 카운터가 동작하여 타임아웃이 될 때까지 MCU는 모든 레지스터를 초깃값으로 설정하고 정지했다가 타임아웃이 되면 프로그램이 다시 처음부터 실행된다. 그림 2.35는 $\overline{\text{RESET}}$ 단자가 외부 리셋 회로를 통해 연결된 경우이며, 그림 2.34와는 달리 전원이 외부 리셋 회로에 인가되어 외부 리셋 회로의 지연 시간을 거쳐 $\overline{\text{RESET}}$ 입력에 인가되므로, V_{CC}가 $\overline{\text{RESET}}$ 단자에 직접 입력되는 것보다 외부 리셋 지연 시간만큼 지연되어 동작하게 된다. 이 $\overline{\text{RESET}}$ 입력이 인가되고 난 후에는 그림 2.34의 경우와 동일하다. 대부분의 MCU는 이 방식을 사용하며, 전원 인가 시 안정적인 리셋 동작을 얻도록 하고 있다.

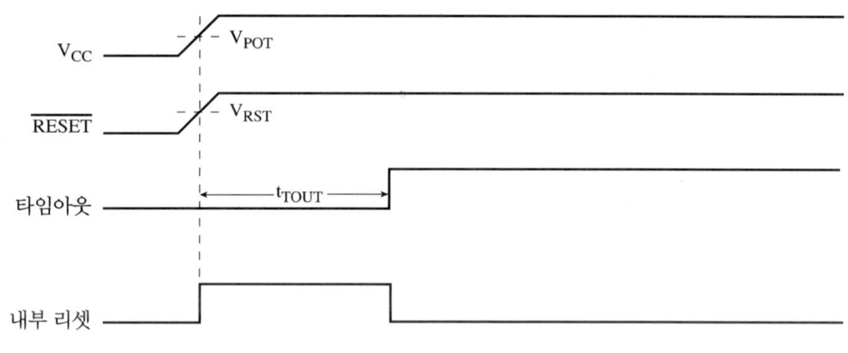

그림 2.34 $\overline{\text{RESET}}$ 단자가 V_{CC}에 연결된 경우의 리셋 동작

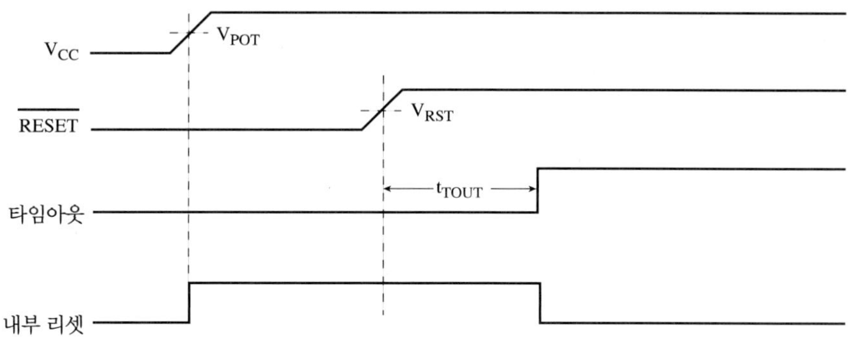

그림 2.35 $\overline{\text{RESET}}$ 단자가 외부 리셋 회로에 연결된 경우의 리셋 동작

◈ 외부 리셋

외부 리셋은 MCU의 $\overline{\text{RESET}}$ 단자에 로우 레벨의 신호가 입력되면 동작한다. 이 경우의 동작 개념도는 그림 2.36에 나타내었다. 여기서 리셋 신호는 표 2.28에 제시된 것과 같이 리셋 문턱 전압(V_{RST}) 이하의 전압이 리셋 동작을 위한 최소 펄스폭인 t_{RST}(1.5μs) 이상 로우 레벨을 유지해야 된다. $\overline{\text{RESET}}$ 단자가 로우 레벨을 유지하는 동안에는 MCU의 동작은 멈춰 있다가, 이 단자의 전압이 V_{RST} 이상이 되면 지연 카운터가 동작하여 일정 시간(t_{TOUT}) 동안 리셋 상태를 유지하고, 이 시간이 지난 후에 MCU는 동작한다.

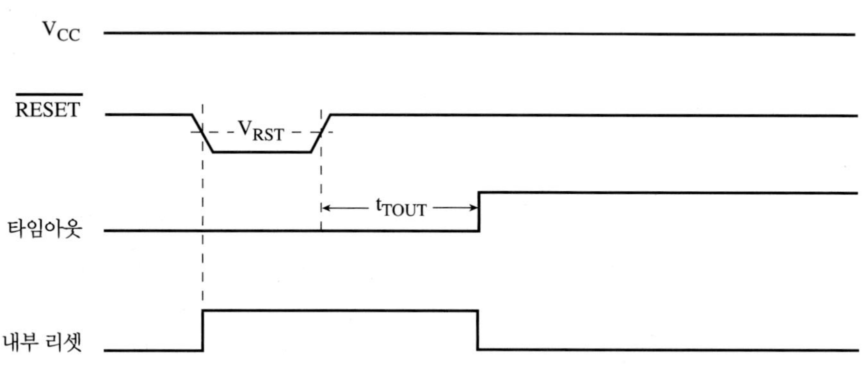

그림 2.36 $\overline{\text{RESET}}$ 단자가 외부 리셋 신호(펄스)에 연결된 경우의 리셋 동작

◈ 브라운 아웃 검출 리셋

ATmega128에는 VCC 레벨이 정해진 수준 이하로 떨어지는 것을 감시하는 브라운 아웃 검출(BOD) 회로가 내장되어 있다. BOD 회로는 전원 전압 V_{CC}가 BOD 회로에 설정된 브라운 아웃 리셋 발생 전압(V_{BOT})보다 낮은 기간이 표 2.28의 t_{BOD}(2μs) 이상 지속될 경우에만 브라운 아웃을 검출하여 리셋 동작을 수행한다. V_{CC}의 레벨 검출 전압은 BODLEVEL 퓨즈를 사용하여 선택되는데, BODLEVEL=1일 때 검출 전압이 2.7V로 설정되고 BODLEVEL=0일 때 검출 전압은 4.0V로 설정된다. V_{BOT} 전압은 MCU가 3.3V로 동작할 때는 2.7V로, 5V로 동작할 때는 4.0V로 설정한다.

V_{CC}의 전압 레벨을 검출하는 과정에서 전압 스파이크에 의한 오동작을 줄이기 위해 그림 2.37에 나타낸 것과 같이 검출되는 BOD 신호는 어느 정도의 히스테리시스 폭을 갖도록 설계되어 있다. 즉, 전압이 감소하는 경우에는 $V_{BOD-} = V_{BOD-} + V_{HYST-}/2$ 이하로 될 때 리셋이 걸리며, 전압이 증가하는 경우에는 $V_{BOD+} = V_{BOD+} + V_{HYST+}/2$ 이상으로 될 때 리셋이 해제된다. 이렇게 하여 BOD 리셋이 해제되면 지연 카운터가 동작하여 일정 시간(t_{TOUT}) 동안 리셋 상태를 유지하고, 이 시간이 지난 후에 MCU는 동작한다. BOD 기능의 설정 및 해제는 퓨즈 하위 바이트의 BODEN 비트에 의해 수행된다.

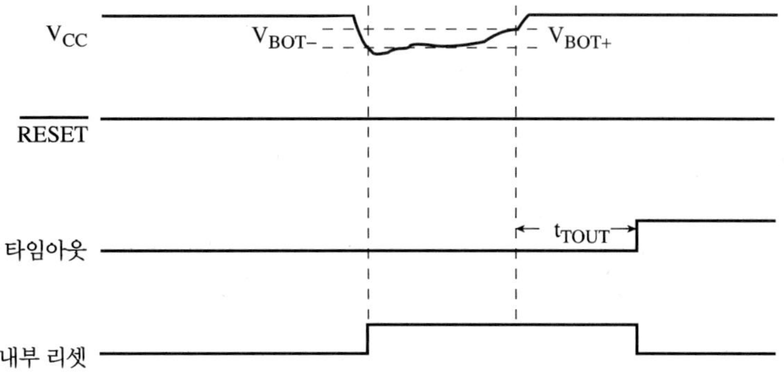

그림 2.37 브라운 아웃 검출 리셋의 동작

◈ 워치독 리셋

ATmega128에 내장된 워치독 리셋에 의한 동작 개념을 그림 2.38에 나타냈으며, 워치독 리셋은 그림 2.38에서와 같이 워치독 타임아웃이 발생하면, 자체적으로 1 클록 사이클의 짧은 WDT 타임아웃 펄스를 발생시켜 리셋 신호가 발생하고, 시간 지연 카운터에 의한 일정 시간(t_{TOUT}) 동안 리셋 상태를 유지하며, 이 시간이 지난 후에 내부 리셋 펄스는 종료되어 MCU는 재동작한다.

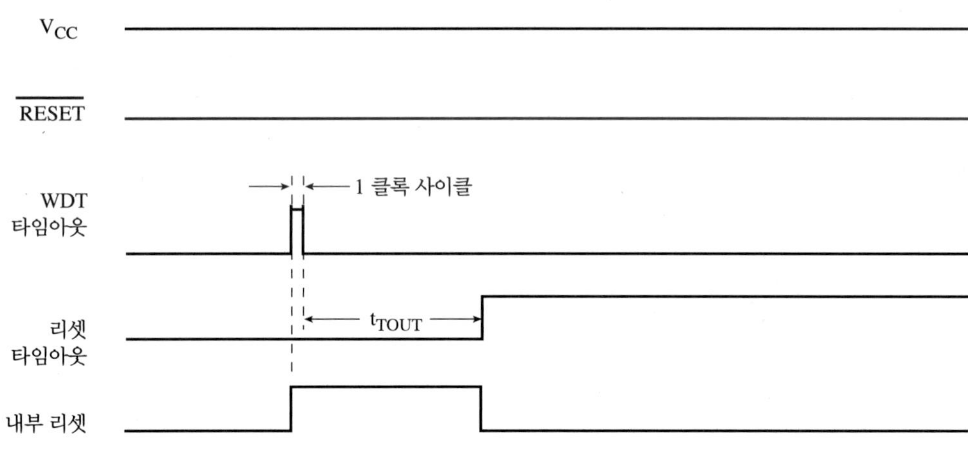

그림 2.38 워치독 리셋의 동작

연습문제

1. ATmega128 코어의 동작에 대해 간단히 정리하라.

2. ATmega128에 내장된 I/O 기능과 이를 제어하기 위한 I/O 제어 레지스터를 설명하라.

3. ATmega128에서 정의된 다음의 세 가지 메모리에 대해 내부 메모리 구조를 도식화하고 간단히 설명하라.
   - 플래시 코드 메모리
   - 데이터 메모리
   - EEPROM 메모리

4. 내부 데이터 메모리 SRAM의 구성에 대해 간략히 설명하라.

5. ATmega128의 특징에 대해 다음 질문에 답하라.

   (1) 내부 메모리 용량(FLASH, SRAM, EEPROM)은 얼마인가?
   (2) 외부 메모리를 얼마까지 확장할 수 있는가?
   (3) I/O는 몇 개인가?
   (4) 그 외에 내부에 구성되어 있는 기능은 무엇이 있는가?

6. 내부 SRAM 및 SFR에 대해 다음 질문에 답하라.

   (1) 일반 작업 레지스터의 구조 및 활용 방안을 설명하라.
   (2) 일반 작업 레지스터와 일반 내부 메모리의 차이점은 무엇인가?
   (3) AVR이 리셋되면 SP에 세팅되는 주소는 얼마인가?
   (4) I/O 제어 레지스터 중 소프트웨어 제어 연산에 사용되는 모든 레지스터를 나열하라.
   (5) USART의 기능을 담당하는 I/O 제어 레지스터는 무엇인가?
   (6) 타이머/카운터 0과 2의 기능을 담당하는 I/O 제어 레지스터는 무엇인가?
   (7) 인터럽트 기능을 담당하는 I/O 제어 레지스터는 무엇인가?
   (8) I/O 제어를 담당하는 I/O 제어 레지스터는 무엇인가?

7. 다음의 용어를 간단하게 설명하라.

(1) ISP

(2) JTAG

(3) I^2C

(4) TWI

(5) 워치독 타이머

(6) PWM

(7) 부트 로더

8. ATmega128은 다섯 종류의 리셋 소스를 제공한다. 이를 나열하고 전원 투입 리셋과 외부 리셋에 대해 간단히 설명하라.

9. ATmega128의 브라운 아웃 리셋 기능을 설명하라. 또한 브라운 아웃 리셋의 주된 목적은 무엇인가?

10. AVR에 내장된 부트 로더의 기능을 설명하고, 이를 위해 사용되는 레지스터를 간단히 설명하라.

11. AVR은 다른 마이크로컨트롤러에 비해 ISP 기능과 JTAG 기능이 있는 것이 장점이다. 이 기능에 대해 조사하라.

12. AVR 내부의 플래시 메모리에 프로그램을 기입하는 방법에는 SPI 방식, JTAG를 사용하는 방식, 병렬 프로그래밍 방식이 있다. 이 방식들을 조사하고, 차이점을 간단하게 기술하라.

CHAPTER

3

실험 보드의 설계 및 환경 구성

이 장에서는 앞에서 배웠던 ATmega128의 구조 개념을 바탕으로 ATmega128을 적용한 임베디드 시스템을 제작하고, 이를 활용하기 위해 개발 환경을 구축하고 개발 환경하에서 프로그램을 작성하여 검증하는 과정을 알아본다.

마이크로컨트롤러를 사용하여 산업용 제어장치나 통신용 장비 등의 임베디드 시스템을 개발하기 위해서는 일반적으로 그림 3.1에 제시된 과정을 거친다. 즉, 먼저 시스템 활용을 고려하여 마이크로컨트롤러를 선정하고, 하드웨어 설계를 하고 난 후에 시스템 소프트웨어를 개발한다. 소프트웨어를 개발하기 위해서는 개발 환경을 구축해야 하고, 개발 환경의 구축 과정에는 컴파일러와 컴파일된 HEX 파일을 다운로드하여 개발된 프로그램을 검증하기 위한 ISP, ICE, JTAG 등의 개발 장비가 필요하다.

따라서 이 장에서는 그림 3.1에 제시한 과정으로 교육용 보드의 설계 방법과 설계된 보드의 개발을 위한 개발 환경의 활용에 대해 설명한다. 여기서 제시하는 ATmega128 응용 회로는 실습을 위해 I/O 제어를 기본으로 하고 있다. 이 장에서 설명하는 내용을 충실히 이해한다면 AVR을 이용하는 하드웨어 시스템을 자유롭게 설계하고, 개발 환경을 이용하여 프로그램을 개발하는 과정에 도움이 되리라 생각된다.

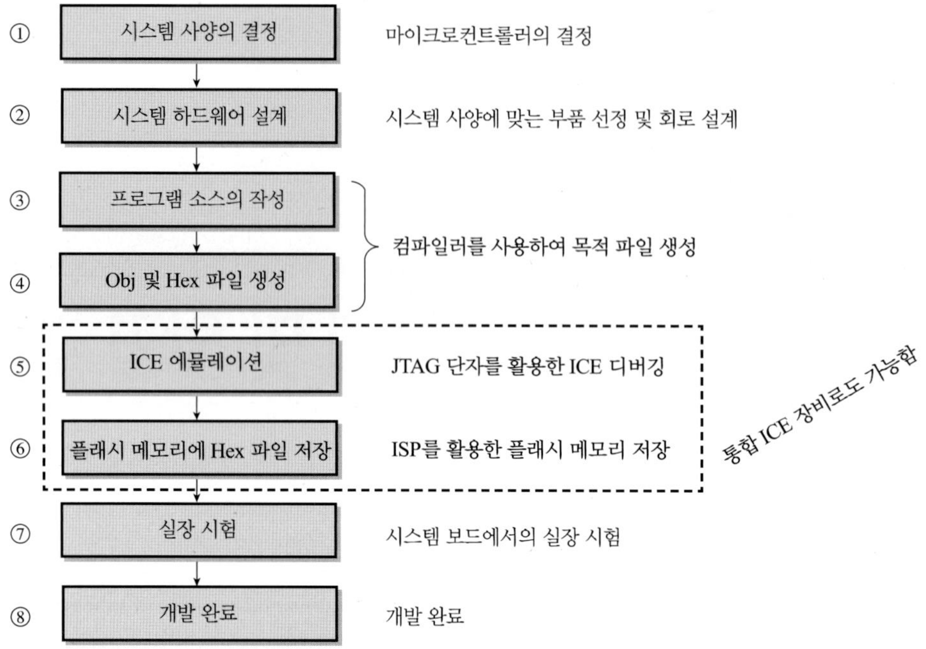

그림 3.1 마이크로컨트롤러를 이용한 시스템 개발 과정

3.1 교육용 실험 보드의 설계 전략

ATmega128에는 기본적으로 플래시 메모리, SRAM과 EEPROM 같은 메모리 소자와 병렬 I/O, 직렬 I/O, 타이머/카운터, 인터럽트, 직렬 통신(USART, SPI, TWI), 아날로그 비교기, A/D 변환기 등의 주변 소자가 내장되어 있고, I/O 및 메모리 확장을 위한 기능을 제공하고 있다. 이러한 기능을 모두 활용하고, AVR의 장점인 ISP를 통한 플래시 다운로드 기법을 활용하여 PC에서 프로그램을 작성하고, 작성된 프로그램의 검증을 위해 교육용 보드로 작성된 코드를 다운로드하여 실험할 수 있는 기능을 갖는 실험용 보드가 필요하다.

따라서 이 장에서는 ATmega128의 활용을 위해 다음과 같은 기능을 갖는 교육용 보드를 설계하고 활용하는 방법을 설명하고자 한다.

- 사용 클록: 14.7456MHz
- 외부 인터럽트: 스위치 입력(INT0, INT1, INT2, INT4)
- 카운터 관련 입력: T0, T1 입력과 OC1A, OC1B 입력
- I/O 포트: LED 출력 8개, 스위치 입력 8개(4개의 스위치는 외부 인터럽트와 겸용), 부저
- 두 채널의 직렬 통신 포트: USART0 to RS232 통신, USART1 to USB 통신
- SPI 통신 포트, TWI 통신 포트
- A/D 변환기 입력 포트
- 아날로그 비교기

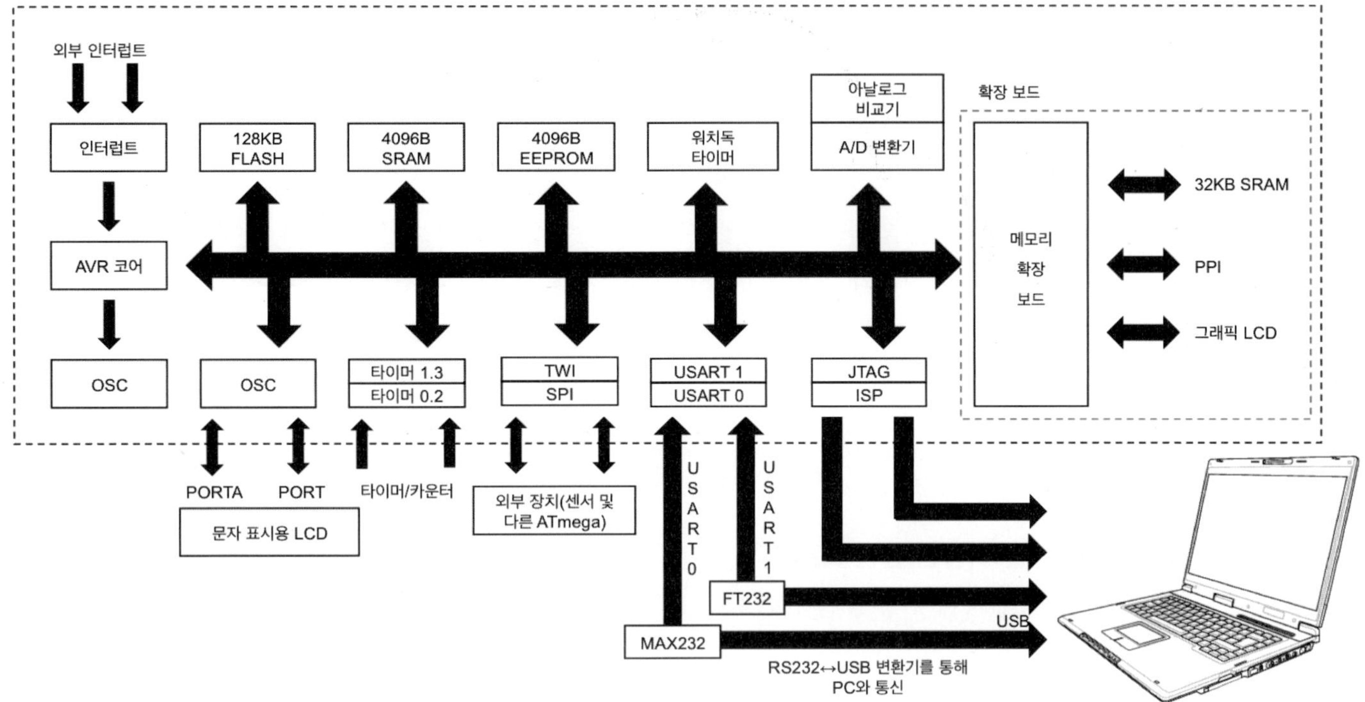

그림 3.2 교육용 보드의 전체 구성도

- Atmel ISP 포트: JTAG와 SPI 포트 지원
- 동작 전원: USB 케이블을 통한 입력 전원과 DC5V 입력
- 문자 표시용 LCD와 부저 인터페이스
- 외부 메모리 확장을 위한 메모리 확장 보드(32KB의 SRAM, 그래픽 LCD, 확장용 I/O 소자 인터페이스 가능)

이상의 기능을 갖춘 교육용 보드의 전체 구성은 그림 3.2에 나타냈으며, 특히 PC와의 인터페이스를 간편하게 하기 위해 USART ↔ USB 변환 칩과 외부 시스템과의 인터페이스를 위해 USART ↔ RS232C 변환 칩을 적용했다.

3.2 MCU 동작을 위한 기본 회로 인터페이스

이 절에서는 앞에서 설명한 대로 ATmega128 MCU를 이용하여 교육용 보드를 설계하기 위한 기본적인 회로 설계 방법을 알아보고자 한다. 이를 위해 다음과 같은 MCU 주변 회로 구성에 대해 설명하고, 실험 보드의 전체적인 구성을 설명하기로 한다.

- 발진 회로
- 리셋 회로

- I/O 제어 회로
- 전원 회로

3.2.1 발진 회로

ATmega128의 발진 회로는 입력으로 사용될 수 있는 소자로, 2장에서 설명한 바와 같이 수정 발진기와 외부 클록, 내부 발진기와 외부 저주파 RC 발진기를 사용할 수 있다. 그러나 일반적으로 수정 발진기와 외부 클록을 많이 사용하므로 이에 대한 회로 설계 방법을 설명한다.

ATmega128에는 MCU 구동을 위한 클록 단자로 XTAL1과 XTAL2 단자가 마련되어 있으며, 양단에 걸쳐서 반전 증폭기가 내장되어 있다. XTAL1은 클록 입력, XTAL2는 클록 출력 단자로 사용된다.

◈ 수정 발진기를 이용한 발진 회로

그림 3.3에는 이 단자에 수정 발진기(X-TAL=crystal)를 연결하여 발진 회로를 구성한 예를 나타내었다.

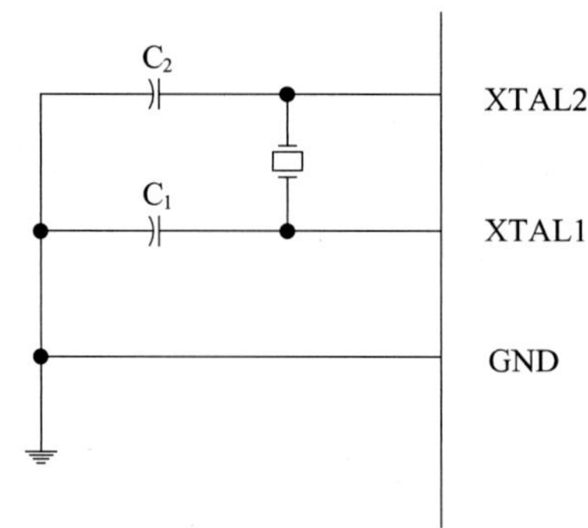

그림 3.3 외부 수정 발진기를 이용한 발진 회로

XTAL1과 XTAL2 양단에 입력하는 주파수는 표 2.26에서 설명한 바와 같이 퓨즈 비트의 CKSEL3~1 비트의 값에 의해 결정된다. 입력 주파수에 따른 C_1과 C_2의 커패시터 값은 일반적으로 항상 같은 값을 가져야 하며, 최적의 값은 사용 환경의 부유 커패시턴스와 전자기적 잡음의 양에 따라 달라지지만, 일반적으로 입력 주파수에 따른 C_1과 C_2의 값은 표 2.26을 참조하면 12~22pF으로 결정된다.

교육용 보드에서는 발진 회로로서 수정 발진기를 사용하고 있다. ATmega128은 사양상 최대 16MHz의 시스템 클록을 사용할 수 있도록 되어 있으나, 교육용 보드에서는 USART의 통신 과정에서 통신 오류를 줄이기 위해 14.7456MHz를 XTAL1 및 XTAL2 단자에 연결하여 사용했으며, C_1과 C_2의 커패시터 값은 위에서 설명한 대로 22pF을 사용했다.

◈ 외부 클록을 이용한 발진 회로

발진 회로로 외부 클록을 사용할 경우에는 그림 3.4와 같이 XTAL1 단자에 입력한다. 외부 클록을 이용하여 ATmega128을 구동하기 위해서는 CKSEL 퓨즈 비트를 '0000'으로 설정해야 한다.

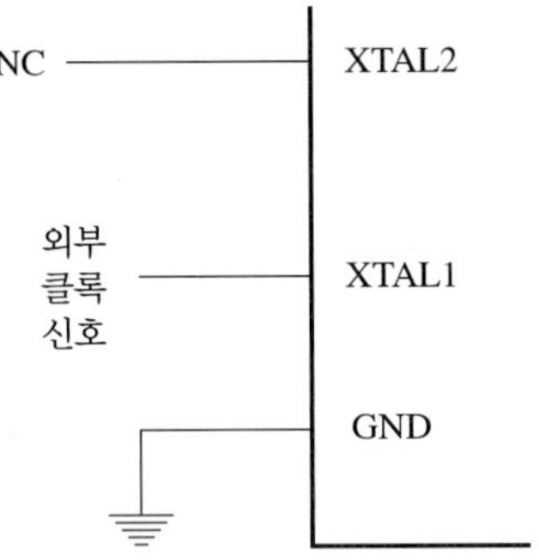

그림 3.4 외부 클록을 입력으로 사용하는 회로

이상과 같이 외부 수정 발진기나 외부 클록을 사용하는 경우에 요구되는 클록의 구동 사양은 그림 3.5에 나타냈으며, 이에 대한 타이밍 관계 특성을 표 3.1에 제시했다. 회로가 정상적으로 동작하기 위해서는 이러한 사양으로 클록이 공급되어야 하므로, 반드시 확인하기 바란다.

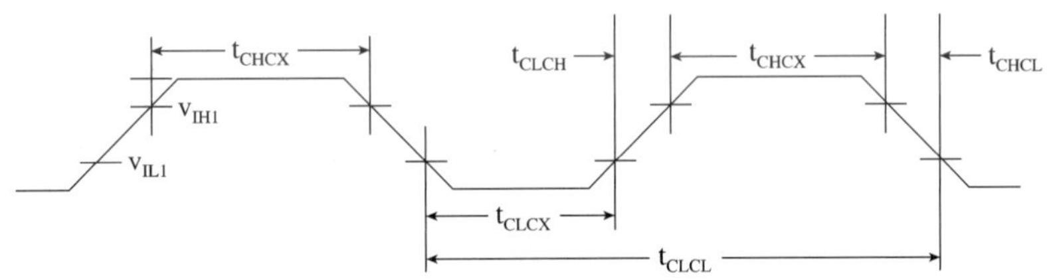

그림 3.5 외부에서 공급되는 클록 파형

표 3.1 외부 구동 클록의 타이밍 특성

기호	파라미터	V_{CC}=2.7~5.5V		V_{CC}=4.5~5.5V		단위
		최소	최대	최소	최대	
$1/t_{CLCL}$	발진 주파수	0	8	0	16	MHz
t_{CLCL}	클록 주기	125		62.5		ns
t_{CHCX}	High 시간	50		25		ns
t_{CLCX}	Low 시간	50		25		ns
t_{CLCH}	상승 시간		1.6		0.5	ms
t_{CHCL}	하강 시간		1.6		0.5	ms
Δt_{CLCL}	현재 클록에서 다음 클록으로 변화하는 주기의 비율		2		2	%

3.2.2 전원 투입 리셋 회로

ATmega128에서 리셋 동작을 일으키는 리셋 소스는 다소 복잡하여, 2장에서 설명한 바와 같이(그림 2.31 참조) 5개의 소스를 갖고 있다. 5개의 소스 중 하드웨어 설계에 반영되는 것은 전원 투입 리셋이다. 이는 전원 전압 V_{CC}가 전원 투입 리셋의 임계 값(V_{POT}) 이하일 때 MCU가 리셋되는 것으로, 마이크로컨트롤러 외부에서 리셋 신호가 입력되면, 일반적으로 마이크로컨트롤러가 초기 상태의 동작을 할 수 있도록 스택 포인터를 포함한 모든 I/O 레지스터를 초깃값으로 설정하고, 프로그램의 실행은 초기 리셋 벡터에 있는 주소를 참조하여 수행된다.

ATmega128의 경우 전원 투입 리셋의 동작은 $\overline{\text{RESET}}$ 단자에서 액티브 로우(Active Low, 로우 레벨)를 일정 시간 유지하면 된다. 리셋에 필요한 시간은 2장의 시스템 클록 프리스케일러에서 설명한 바와 같이 최소 2.5μs 이상의 Low 레벨을 유지할 필요가 있다. 이상의 설명과 같이 동작하도록 교육용 보드에서는 그림 3.6과 같은 리셋 회로를 사용했다.

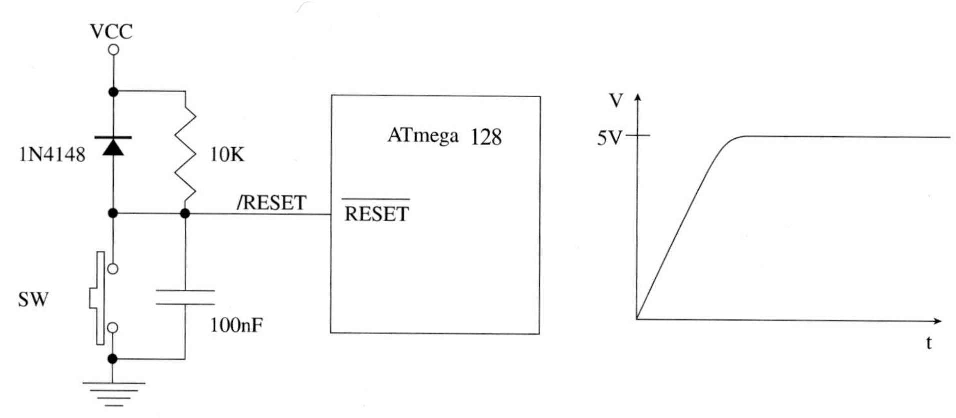

그림 3.6 리셋 회로

그림 3.6에 제시한 리셋 입력 회로는 전원 투입 리셋(power-on reset)과 매뉴얼 리셋이 가능한 회로이다. 전원이 투입되면 저항 10kΩ을 통해 커패시터 100nF으로 충전된다. 리셋 신호는 이 R과 C의 시정수만큼 지연되어 0V가 인가된다. 즉, 이 시정수에 도달하기 전까지 로우 레벨이 유지되면 ATmeaga128은 자동으로 리셋된다. 이 회로에서 스위치의 역할은 매뉴얼 리셋 기능으로, 스위치가 눌리면 커패시터에 충전된 +5V 전압은 스위치를 통해 빠르게 방전된다. 스위치가 눌려 있는 동안에 $\overline{\text{RESET}}$ 단자의 출력은 0V가 되어 ATmega128은 리셋되고, 스위치가 개방되면 전원 투입 리셋과 동일하게 동작하여 시정수 동안 지연되어 정상적으로 리셋이 입력된다. 그리고 다이오드의 역할은 전원이 차단되면 커패시터의 충전 전류를 빠르게 방출하는 것이다. 따라서 다이오드가 누락된 리셋 회로에서는 전원 차단 이후 시정수 시간만큼 전원 재투입 시기를 늦춰야 한다.

3.2.3 I/O 제어 회로

ATmega128은 A, B, C, D, E, F 포트 각 8핀과 G 포트 5핀으로 전체 53개의 I/O 핀을 갖고 있다. 이러한 I/O 핀들은 단순히 I/O 기능만을 하는 것이 아니라 여러 가지 부가 기능으로 동작할 수 있기 때문에 교육용 보드는 이것들을 최대한 활용할 수 있도록 하드웨어를 설계했다. 그림 3.7에 교육용 보드의 I/O 인터페이스 구성을 나타냈으며, 표 3.2에는 ATmega128 교육용 보드의 I/O 포트 기능을 정리 요약해놓았다.

표 3.2에 정리된 기능을 갖춘 ATmega128 교육용 보드는 MCU 보드와 I/O 확장을 위한 응용 보드 2개로 분리하여 설계했다. 그림 3.8은 MCU 보드의 회로로 ATmega128 MCU, 리셋 회로, USART to USB 회로, 클록 발생 회로로만 구성되어 있다. 그림 3.9와 그림 3.10은 응용 보드의 회로와 커넥터 배치 및 연결 신호의 구성을 나타낸 것으로 LCD, LED, 스위치, 타이머, SPI, TWI, ADC, 부저 기능 등의 활용이 가능하다. 따라서 ATmega128 MCU 보드와 응용 보드의 연결은 많은 신호 선이 연결되어야 하는데, 이는 그림 3.11과 같이 커넥터로 연결 처리를 했으며, 그림 3.11에 나타낸 것은 MCU 보드의 앞면 실크와 응용 보드의 뒷면 실크 기준으로 표시한 것으로 실험 과정에서 유용하게 활용될 수 있다.

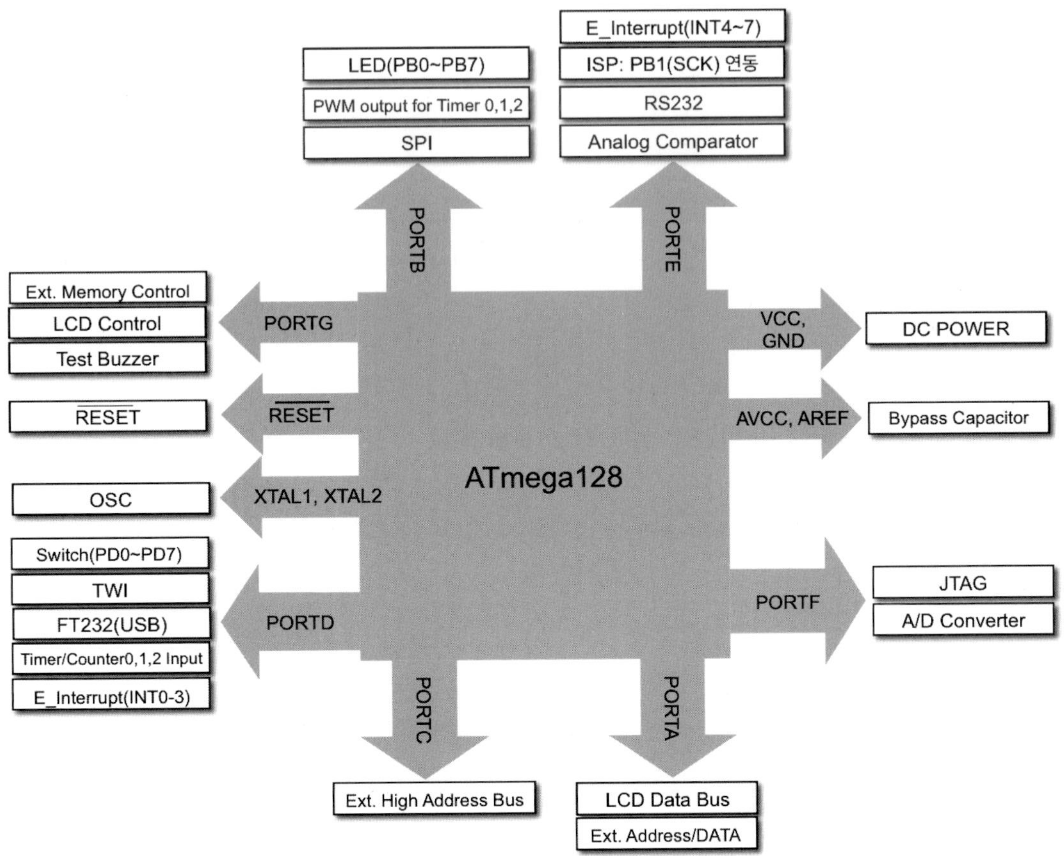

그림 3.7 교육용 보드의 I/O 인터페이스 구성도

표 3.2 교육용 보드의 I/O 포트 기능 요약

포트	기능
PORTA	문자 LCD의 데이터 버스(LCD_AD0~7) 외부 메모리 데이터 버스(EXM_D0~7)
PORTB	PB0~PB7: 8개의 LED 출력 PB0~PB3: SPI 인터페이스($\overline{SS}$, SCK, MISO, MOSI) PB4~PB7: SPI 신호(PB0~PB3)/타이머/카운터 0, 1, 2의 PWM 단자
PORTC	외부 메모리 주소 버스(EXM_A8~15)
PORTD	PD0~PD7: 8개의 푸시 버튼 스위치 입력 PD0~PD3: 외부 인터럽트 INT0~INT3 입력 PD0~PD1: TWI 직렬 통신 포트 PD2~PD3: USART1 직렬 통신 포트(USB 인터페이스) PD4~PD5: 타이머/카운터 1의 ICP1, USART1의 XCK1 클록 PD6~PD7: 타이머/카운터 0, 1(T0, T1) 입력
PORTE	PE0~PE1: USART0 직렬 통신 포트(RS232C 인터페이스) 또는 ISP 인터페이스(PDI, PDO) PE2~PE3: 아날로그 비교기 입력 또는 USART0의 XCK0 클록과 타이머/카운터 3의 PWM 출력(OC3A) PE4~PE7: 외부 인터럽트 INT4~INT7 입력 또는 타이머/카운터 3의 PWM 출력(OC3B, OC3C), 클록 입력(T3), 캡처 입력(ICP3)
PORTF	PF0~PF7: 8개 채널 A/D 변환기 입력 PF4~PF7: JTAG 인터페이스
PORTG	PG0~PG2: 외부 메모리 제어 신호($\overline{EWR}$, $\overline{ERD}$, ALE) 또는 LCD 제어 신호(LCD_RS, LCD_RW, LCD_E) PG3~PG4: TOSC2, TOSC1 PG4: 부저

교육용 보드의 I/O 포트에 연결되어 실험 과정에서 사용되는 회로는 단순 입출력을 시험하기 위한 스위치와 LED 회로에서부터 플래시 메모리에 직접적인 프로그래밍이 가능한 ISP 기능과 JTAG 기능까지 ATmega128 내부의 모든 기능을 시험할 수 있도록 고안되어 있다. 다음은 이러한 기능의 회로에 대해 기능별로 간단하게 설명하기로 한다.

◈ 입출력 회로 실험을 위한 LED 및 DIP 스위치 회로

교육용 보드에서는 입출력 회로를 실험하기 위해 그림 3.12와 같이 포트 B의 모든 비트에는 LED를 출력용으로, 포트 D의 모든 비트에는 스위치를 입력용으로 각각 구성했다. 또한 포트 D의 PD0~PD3을 활용하여 외부 인터럽트 INT0~3 실험을 할 수 있으며, T0, T1 카운터의 입력 실험, 일반 폴링 방식의 스위치 입력이 가능하다. LED 구동 회로는 MCU의 과부하 방지를 위해 싱크 전류(sink current)로 설계했다. 만약 소스 전류(source current)로 설계한다면 LED를 점등하기 위한 모든 전류를 MCU에서 공급해야 하기 때문이다. 따라서 독자들도 향후 임베디드 시스템 설계 시 상기 내용을 꼭 기억하기 바란다.

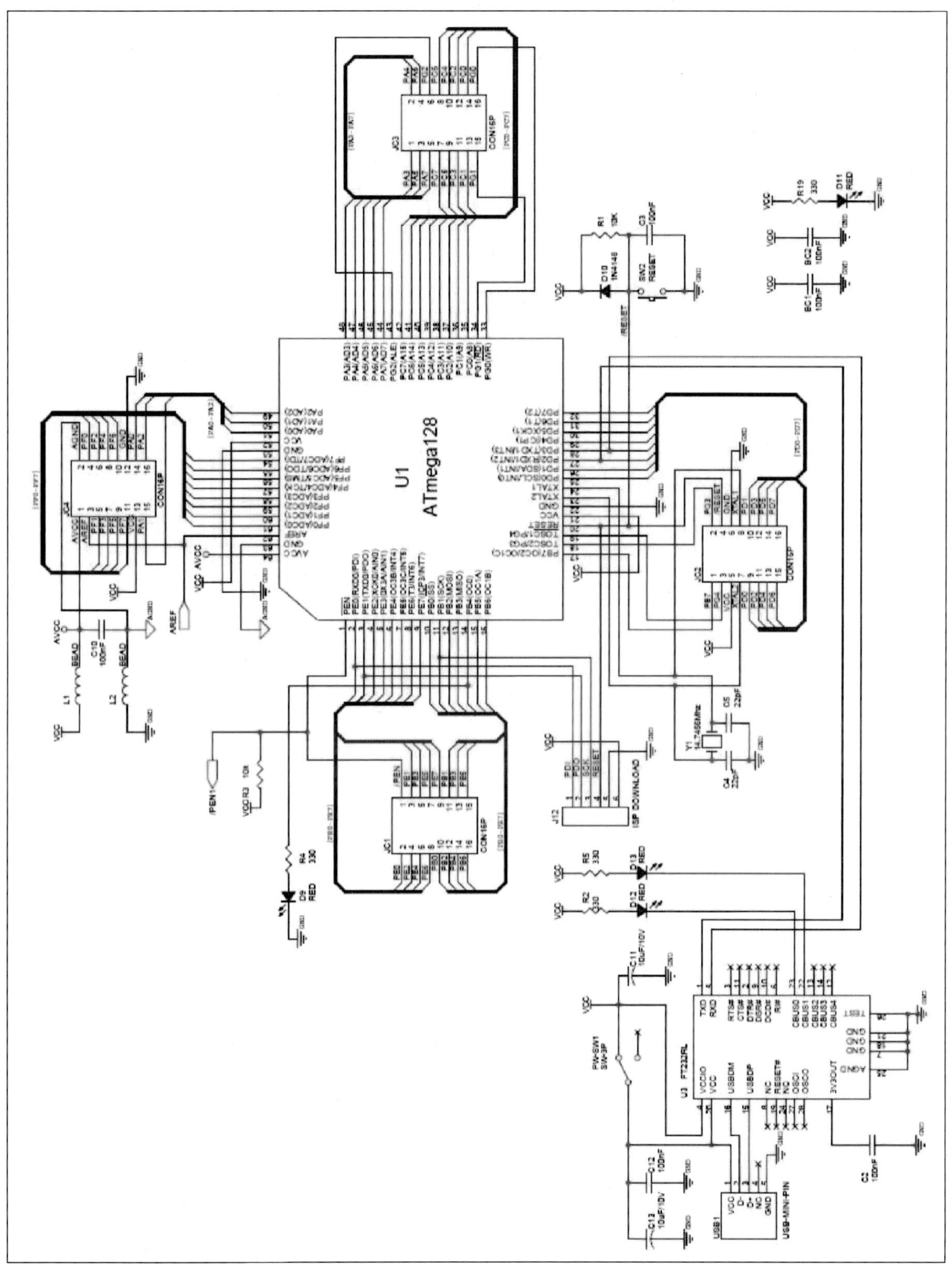

그림 3.8 ATmega128 교육용 보드의 MCU 보드 회로도

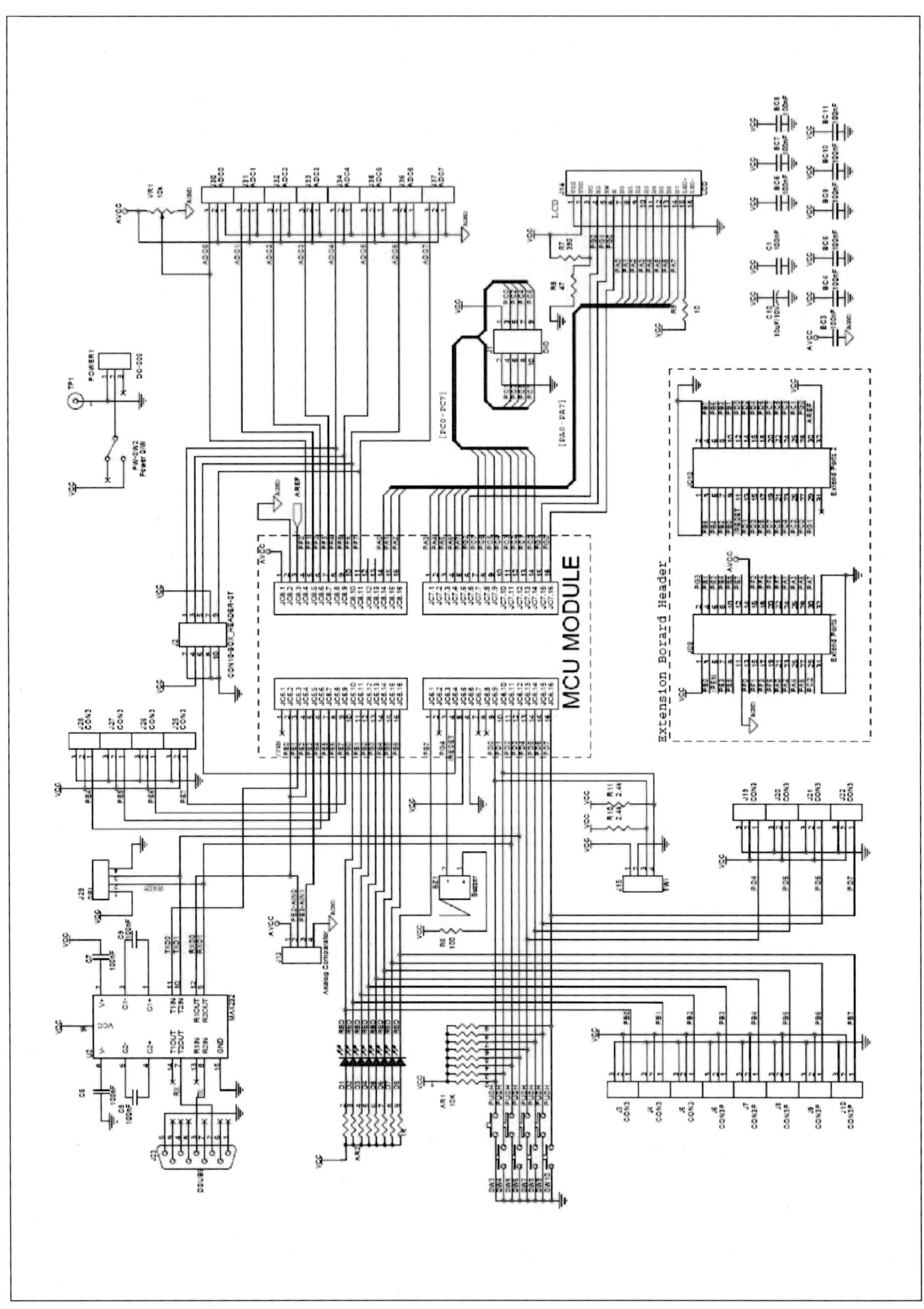

그림 3.9 ATmega128 교육용 보드의 응용 보드 회로도

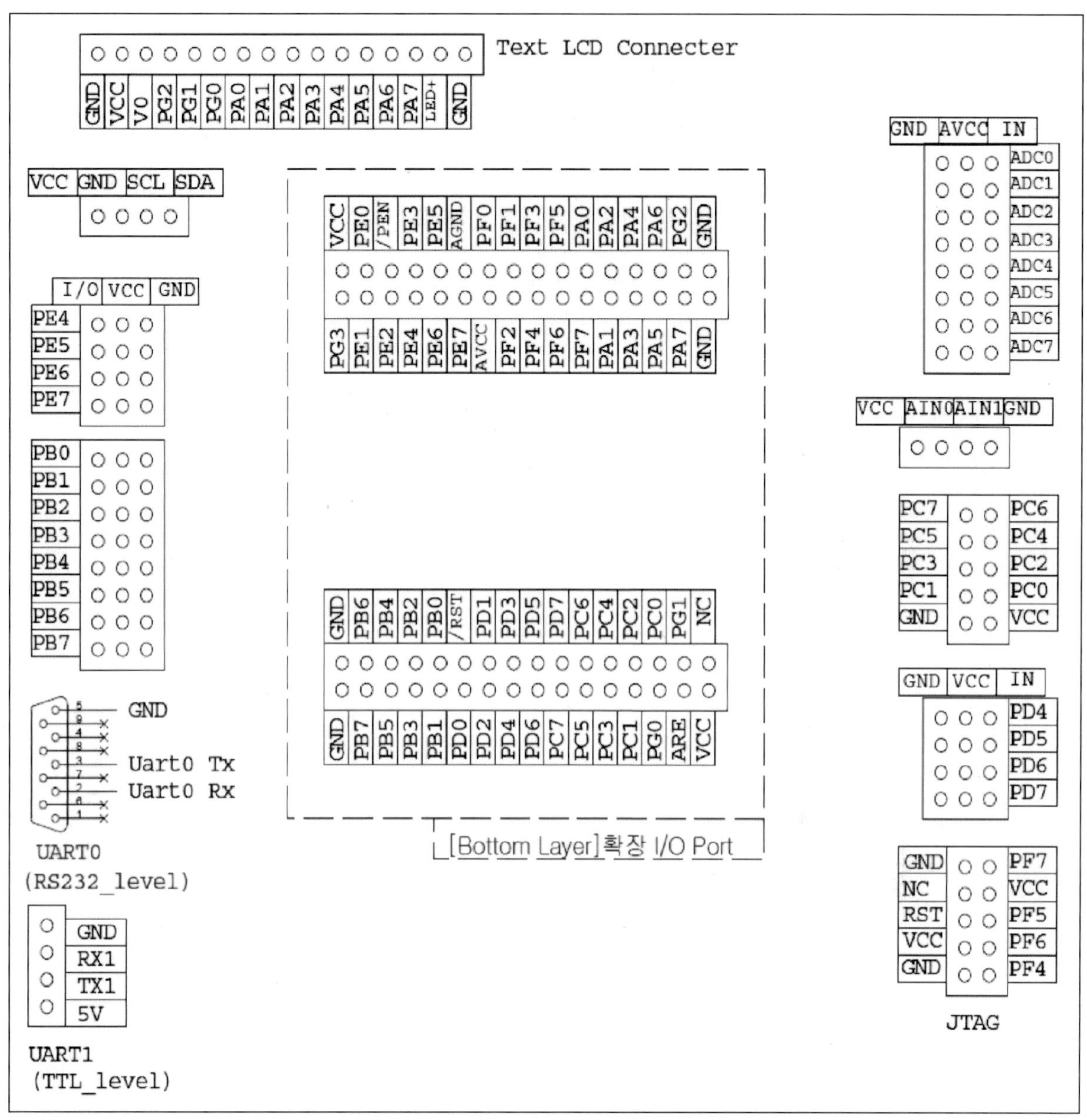

그림 3.10 ATmega128 교육용 보드(응용 보드)의 커넥터 배치 및 신호

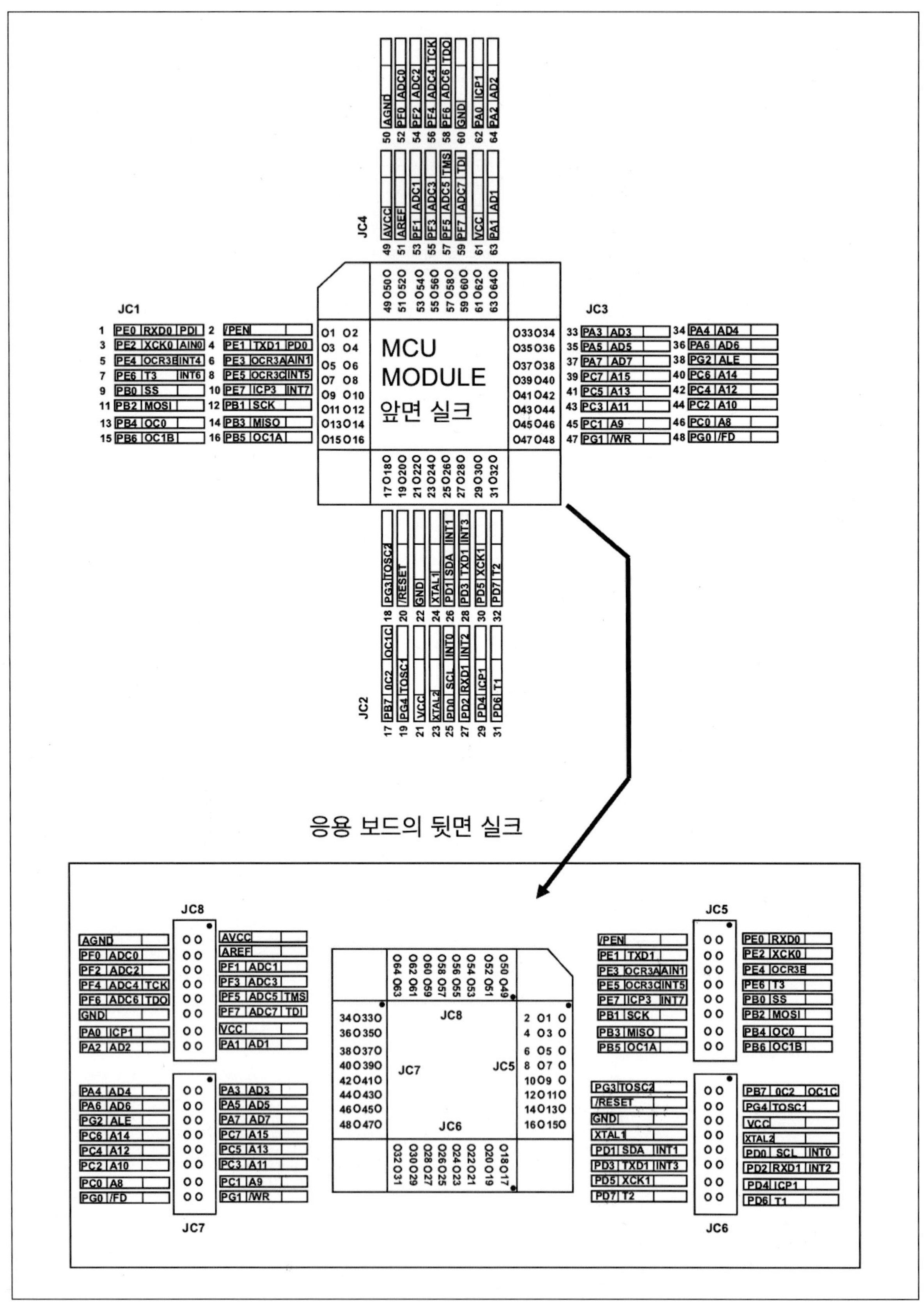

그림 3.11 ATmega128 MCU 보드와 응용 보드 간의 커넥터 연결 및 신호

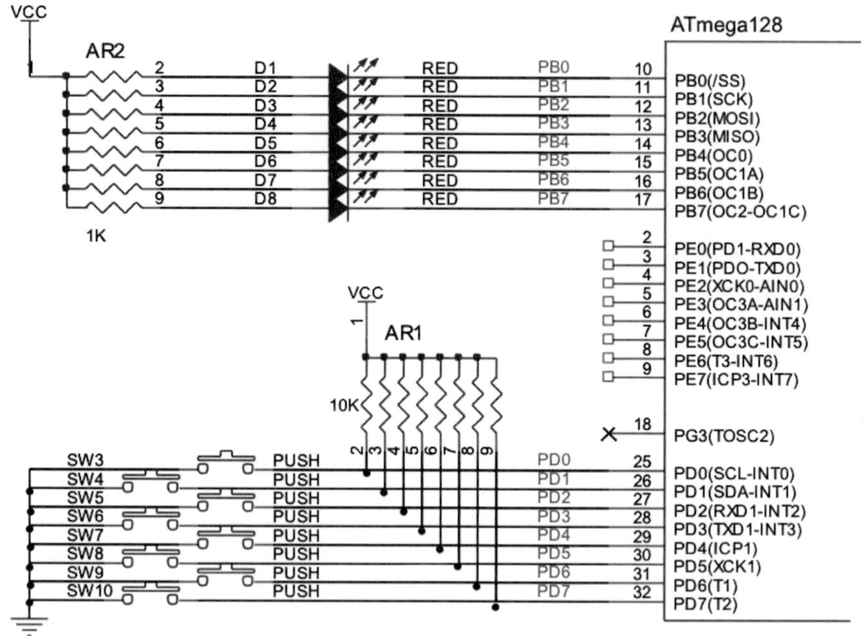

그림 3.12 입출력 실험을 위한 I/O 포트의 회로도

◈ 프로그램 다운로드 및 디버깅을 위한 인터페이스 회로

작성된 프로그램의 목적 파일인 Hex 파일(애플리케이션 코드 또는 부트 로더 코드)을 ATmega128 내의 플래시에 다운로드하여 프로그래밍하기 위해 ISP 기능을 사용한다. ISP 기능을 이용한 다운로드는 과거 PC의 패러럴(프린트 포트)을 이용했으나 ATmega128 교육용 보드에서는 PC의 USB 포트를 이용하는 USB 타입의 ISP 다운로드 모듈을 통해 플래시 메모리에 프로그램을 다운로드할 수 있게 ISP 포트를 구현했으며, 이를 위한 회로를 그림 3.13에 나타내었다.

◈ RS232 직렬 통신 회로(USART to RS232 인터페이스 회로)

RS232 통신을 하기 위해서는 ATmega128로 입출력되는 신호 TTL 레벨(+5V)의 신호를 RS232C 규격에 맞는 신호 레벨로 변환해주기 위해 라인 드라이버와 리시버를 사용해야 한다. 이 내용은 10장을 참조하기 바란다. 이 교육용 보드에서는 RS232 통신을 위해 현재 출시되는 라인 드라이버와 리시버 중에서 하나의 IC에 2개의 드라이버와 리시버가 내장되어 있고 단일 전원을 사용하는 MAX232 소자를 사용했으며, 이 IC를 이용하여 설계된 회로는 그림 3.14에 나타내었다. PC와의 통신 방식은 비동기식으로 사용되는 3선 통신 방식(TX, RX, GND)을 이용하고 있으며, MAX232의 기능은 ATmega128에서 만들어진 TTL 레벨의 TXD 신호를 RS232 레벨(±12V)인 TX로 변환하고, RS232 레벨(±12V)인 RX 신호를 TTL 레벨(+5V)의 RXD 신호로 변환해주는 소자이다. 만약 저전력 구동을 위해 3.3V를 구동 전압으로 사용한다면, MAX232가 아니라 MAX3232 소자를 활용해야 한다.

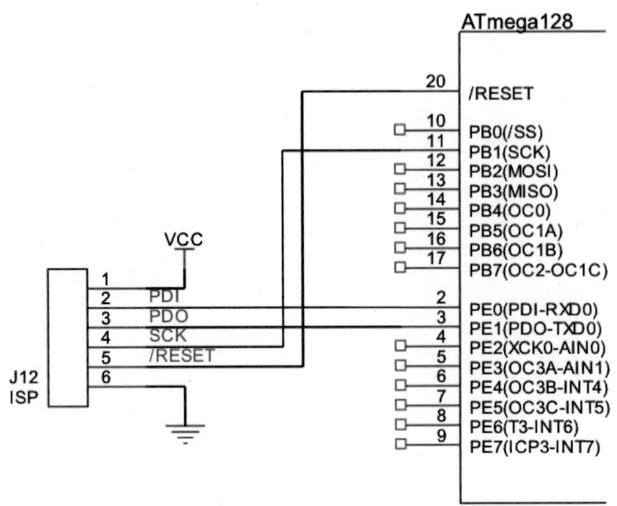

그림 3.13 ISP 인터페이스

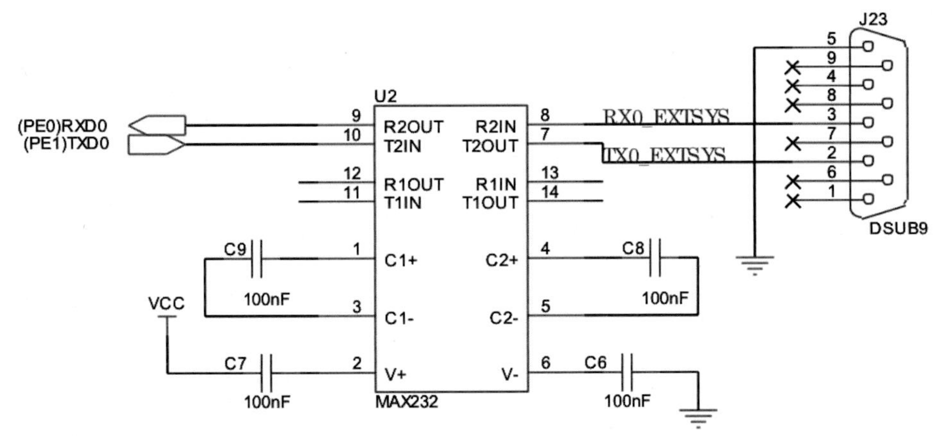

그림 3.14 RS232 인터페이스 회로

◈ FT232RL을 활용한 가상 직렬 통신 회로(USART to FT232 인터페이스 회로)

과거에는 PC에 직렬 통신 포트로 RS232C가 기본으로 탑재되어 있었다. 그러나 현재의 PC에는 기본적으로 직렬 통신 포트를 탑재하지 않고, 대신 USB 포트가 이를 대체하고 있다. 따라서 본 교육용 보드에서는 PC와의 직렬 통신을 위해 USB 통신 포트를 활용할 수 있도록 고안했으며, 이를 위해 가상의 직렬 포트를 생성해주는 변환 인터페이스인 FTDI사의 FT232RL을 적용했다.

FT232RL은 RS232 비동기 통신으로 사용할 때 최대 3메가의 전송 속도를 가지며 7~8비트의 데이터 전송이 가능하다. 이의 인터페이스를 위해 ATmega128 교육용 보드에서는 그림 3.15의 회로와 같이 USART1 채널의 TXD1, RXD1 신호 선을 이용하고 있다. 그러나 이와 같이 설계된 보드를 PC의 USB 단자에 연결하여 바로 사용할 수는 없다. 앞서 설명한 바와 같이 가상의 직렬 포

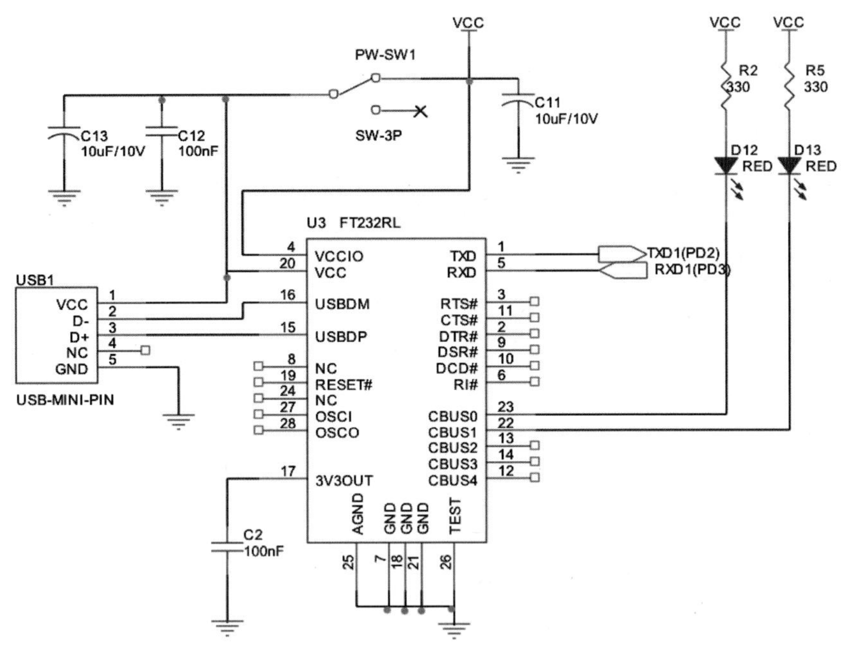

그림 3.15 FT232RL 인터페이스 회로

트를 생성해줘야 하기 때문에 FT232RL의 디바이스 드라이버가 PC에 설치되어야 한다. 설치 드라이버 파일은 FTDI사의 홈페이지 드라이버 게시판(http://www.ftdichip.com/FTDrivers.htm)에서 내려받아 사용 가능하며, 여러분의 윈도우 OS 버전이 윈도우 7 이상이라면 인터넷을 통한 자동 설치가 가능하다. 만약 저전력 구동을 위해 3.3V를 구동 전압으로 사용한다면 FT232RL의 4번 핀 VCCIO를 3.3V 전압 레벨로 맞춰줘야 한다.

◈ LCD 외부 확장용 인터페이스 신호 선

교육용 보드는 문자 표시용으로 LCD를 사용할 수 있는 회로를 내장하고 있으며, 이를 그림 3.16에 나타내었다. 교육용 보드에서 사용하는 LCD는 히타치사의 44780 LCD 제어기를 내장한 모듈이며, 자세한 설명은 9장에서 다루기로 한다. 교육용 보드에서 사용하는 문자 표시용 LCD는 총 16 핀으로 구성되어 있으며, 데이터 선(D0~D7)은 ATmega128 PG 포트에 연결하고, 제어 신호인 LCD 선택 단자(E), LCD 읽기/쓰기 신호(R/$\overline{W}$)와 LCD 레지스터 선택 신호(RS)는 ATmega128 PG 포트의 PG0, PG1, PG2에 각각 연결한다. LCD의 VDD와 VSS는 전원 입력 단자로 각각 5V와 GND에 연결하고, VO는 LCD의 화면 밝기를 조절하는 단자이므로 밝기 조절을 위해 일반적으로 가변 저항을 연결한다. 그러나 교육용 보드에서는 그림 3.16과 같이 R7과 R8 두 개의 저항을 이용하여 최대 밝기의 85% 정도로 고정했다. LCD의 15번, 16번 핀은 백라이트를 켜기 위한 전원 공급 단자로 백라이트 기능이 제공되는 LCD에 사용한다. 일반적인 LCD의 경우에는 백라이트 기능을 배제하고 출시되나, 일부 제품은 제공되는 제품도 있으니 사용 용도에 맞게 선택하면 된다.

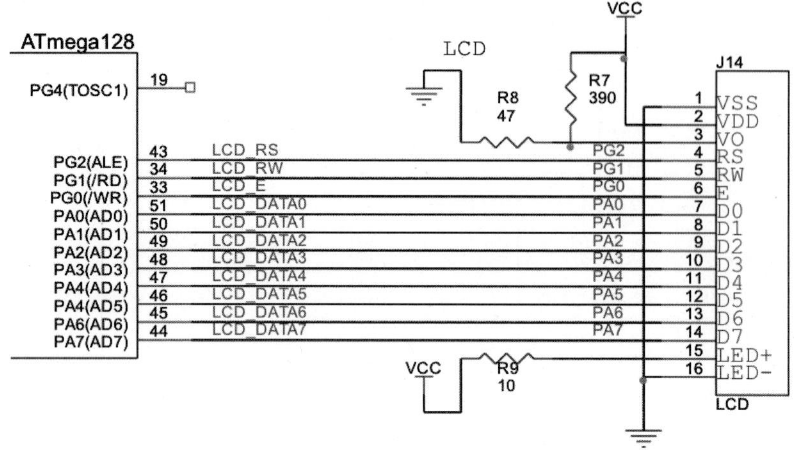

그림 3.16 LCD 인터페이스 회로

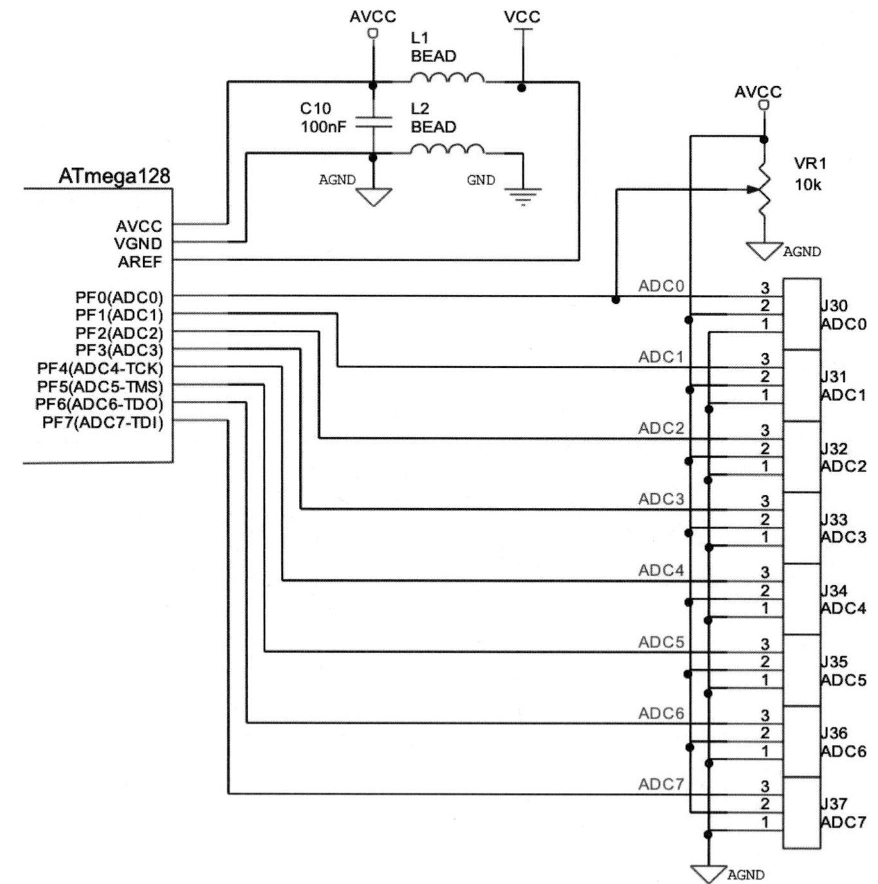

그림 3.17 아날로그-디지털 변환 인터페이스 회로

◈ **아날로그-디지털 변환을 위한 인터페이스 회로**

아날로그-디지털 변환기(ADC: Analog-Digital Converter)는 아날로그 신호를 디지털 신호로 변환하는 장치로, ATmega128에는 8개의 아날로그 입력을 받을 수 있도록 구성되어 있다. A/D 변환기를 사용하기 위해서는 아날로그 전원 및 기준 전압의 처리가 중요하다. 이 부분에 대한 설명은 13장을 참조하기 바란다. 그림 13.17에는 A/D 변환기를 사용하기 위한 전원부와 8개의 아날로그 입력을 처리할 수 있는 커넥터를 나타내었다. 본 교육용 보드에는 A/D 변환기의 기준 전압 공급 핀인 AREF 핀에 VCC에 연결되어 있어 실제 A/D 변환기를 활용할 때는 기준 전압을 VCC 또는 내부에서 공급하는 기준 전압을 적용할 수 있다.

3.3 교육용 보드의 구성

이 책에서 사용하는 교육용 보드는 그림 3.18과 같으며, 보드에 사용된 부품 목록, 즉 BOM(bill of materials)은 표 3.3 및 표 3.4와 같다. 사용된 부품은 독자들이 쉽게 구할 수 있는 부품으로, 향후 보드의 고장이 발생한다면 부품 목록을 참조하여 수리하면 된다.

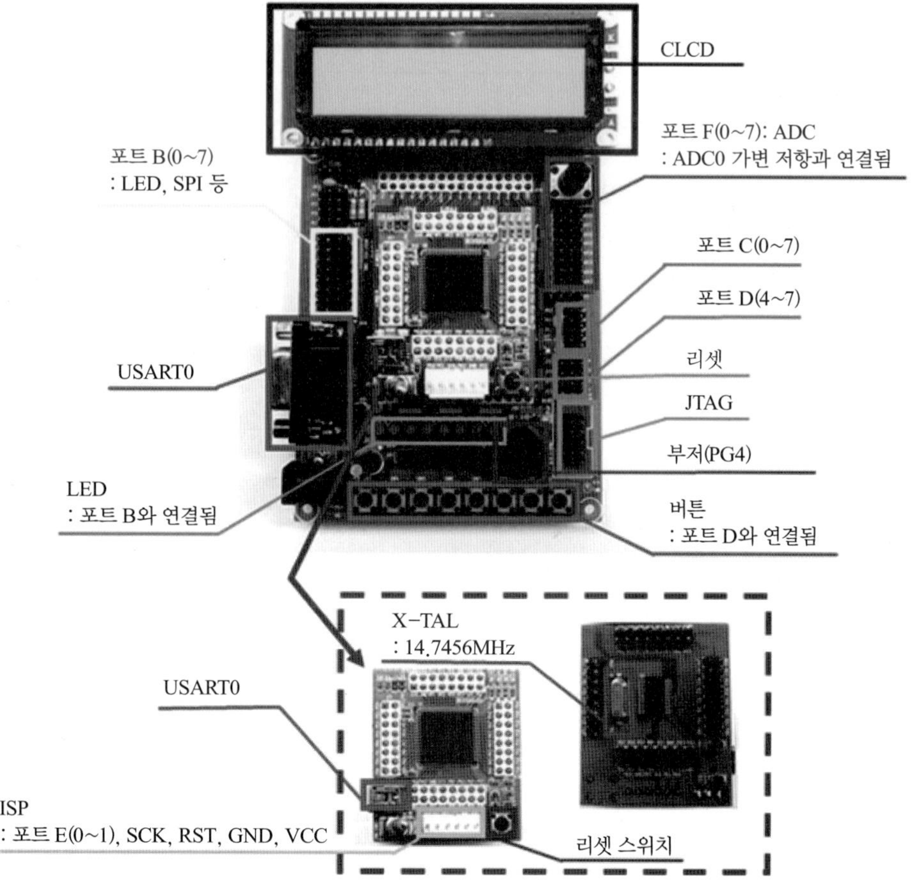

그림 3.18 ATmega128 교육용 보드

표 3.3 ATmega128 교육용 MCU 보드 자재 목록

번호	품명	규격	부품 위치	공급 회사	수량	형태	비고
1	MCU	ATMEGA128A-AU	U1	u-chip	1	TQFP	
2	FT232R USB UART IC	FT232RL	U3	FTDI	1	SMD	USB to UART 인터페이스
3	푸시 버튼 스위치	ITS-1105	SW2	Any vendor	1	DIP	6x6x5mm
4	소형 토글 스위치	AT1D-2M3	PW-SW1	Any vendor	1	DIP	3접점
5	칩 저항	330Ω	R2, R5	Any vendor	2	SMD	1608
6	칩 저항	1KΩ	R19	Any vendor	1	SMD	1608
7	칩 저항	10KΩ	R1, R3	Any vendor	2	SMD	1608
8	칩 커패시터	22pF	C4, C5	Walsin	2	SMD	1608
9	칩 커패시터	0.1μF	C2, C3, C10, C14, BC1-BC2	Any vendor	6	SMD	1608
10	탄탈 커패시터	10uF/10V	C11, C13	Any vendor	2	SMD	1608
11	다이오드	1N4148D	D10	Any vendor	1	SMD	
12	칩 LED	SML-210PT	D9, D11	Rohm	2	SMD	1608, 적색
13	다이오드	1N4148	D10	Any vendor	1	SMD	
14	EMI 칩 BEAD	WE-CBF 시리즈	L1, L2	Any vendor	2	SMD	2012, EMI 보호
15	헤더 핀	2열X8라인(2.54mm)	JC1-JC4	Molex	4	DIP	Straight
16	선과 보드 연결 헤더	AE-6410-06	J12	연우	1	DIP	6핀, 역 삽입 방지

표 3.4 ATmega128 보드의 응용 보드 자재 목록

번호	품명	규격	부품 위치	공급 회사	수량	형태	비고
1	RS232 송수신 IC	MAX232EWE	U2	Maxim	1	SOP16	
2	소형 토글 스위치	AT1D-2M3	SW1	Any vendor	1	DIP	3접점
3	푸시 버튼 스위치	ITS-1105	SW2	Ilosam	8	DIP	6x6x5mm
4	칩 저항	10Ω	R2, R9	Any vendor	2	DIP	1608
5	칩 저항	100Ω	R6	Any vendor	1	SMD	1608
6	칩 저항	680Ω	R7, R8	Any vendor	2	SMD	1608
7	칩 저항	2.4KΩ	R10-11	Any vendor	2	SMD	1608
8	칩 저항	4.7KΩ	R4	Any vendor	1	SMD	1608
9	칩 저항	10KΩ	R5	Any vendor	1	SMD	1608
10	어레이 저항	103J(1kΩ)	AR2	Any vendor	1	SIP	
11	어레이 저항	104J(10kΩ)	AR1	Any vendor	1	SIP	

번호	품명	규격	부품 위치	공급 회사	수량	형태	비고
12	칩 커패시터	0.1μF	C1, C6-C9, BC3-BC11	Any vendor	13	SMD	1608
13	탄탈 커패시터	10uF/10V	C10	Any vendor	1	SMD	1608
14	칩 LED	WE-CBF 시리즈	L1, L2	Any vendor	8	SMD	1608, 적색
15	BUZZER	HC-12G	BZ1	Ilosam	1	DIP	직경 9mm
16	테스트 포인트	테스트 포인트(노랑)	TP1	Any vendor	1	DIP	삽입홀 크기: Φ0.8mm
17	헤더 핀	1열x3라인(2.54mm)	J3-11, J19-J24, J30-J37	Molex	23	DIP	Straight
18	헤더 핀	1열x4라인(2.54mm)	J13, J15-J18, J25-J29	Molex	10	DIP	Straight
19	헤더 핀	2열x5라인(2.54mm)	J1, J2	Molex	2	DIP	Straight
20	헤더 핀	1열x16라인(2.54mm)	J14	Molex	1	DIP	Straight, LCD 연결
21	핀 헤더 소켓	2열x8라인(2.54mm)	JC5-JC8	Molex	4	DIP	MCU 모듈 연결
22	핀 헤더 소켓	2열x16라인(2.54mm)	JC9-JC10	Molex	2	DIP	확장 모듈 연결
23	DC 파워 잭	DC-002(1.3)	POWER1	Any vendor	1	DIP	내경 1.3파이
24	D-SUB 커넥터	RDEF-9S-LNA	DSUB1	Hirose	1		9핀, Male
25	문자 표시용 LCD	16문자x2라인	J14에 연결	Any vendor	1		HD44780 제어기 내장형

만약 실험 보드의 마이크로컨트롤러를 교체했거나 탑재된 부트 로더가 정상 동작을 하지 않는다면, 이 책의 뒤쪽에 소개된 HT&C 홈페이지(http://www.htnc.co.kr)를 방문하여 부트 로더를 다운받고, ISP를 이용하여 교육용 보드의 플래시 메모리에 부트 로더를 탑재한 후 부트 로더에 내장된 테스트 프로그램을 이용하여 정상 동작을 하는지 확인하기 바란다. 부트 로더 내의 테스트 프로그램은 3.8절을 확인하기 바란다.

만약 ATmega128 마이크로컨트롤러 IC를 교체했다면 정상적으로 동작하는지 검사해야 하는데, 이는 클록과 리셋 입력을 확인하면 된다. ATmega128이 이 클록에 동기를 맞추어 동작하므로 이 클록의 입력이 정확하게 공급되어야 한다. XTAL2 단자에 관측되는 파형은 그림 3.19와 같이 이 주파수의 공급 클록이 14.7456MHz로 주기는 약 67.7ns이다. 또한 전원이 투입되면 자동으로 리셋 신호(power-on reset)가 인가되거나 리셋 버튼을 누르면 리셋 신호(manual reset)가 ATmega128에 인가되는데, 이 매뉴얼 리셋의 파형을 관측하면 그림 3.20과 같다. 리셋은 액티브 Low로 약 50ms 유지되고 다시 High가 된다.

그림 3.19 및 그림 3.20과 같이 클록과 리셋의 신호가 정상적으로 동작하면, ATmega128에서는 자동으로 리셋 벡터 주소인 0x0000으로 점프하여 프로그램을 수행하게 된다. 이러한 파형이 관측되면, 교육용 보드로의 입력 신호는 정상적으로 동작한다고 볼 수 있다.

그러나 다음과 같은 과정으로 파형을 관측하여 제시된 파형이 출력되지 않는다면, 마이크로컨트롤러 교체 간 문제가 발생한 것이므로 납땜의 상태 및 핀 번호 일치 등을 확인해야 한다.

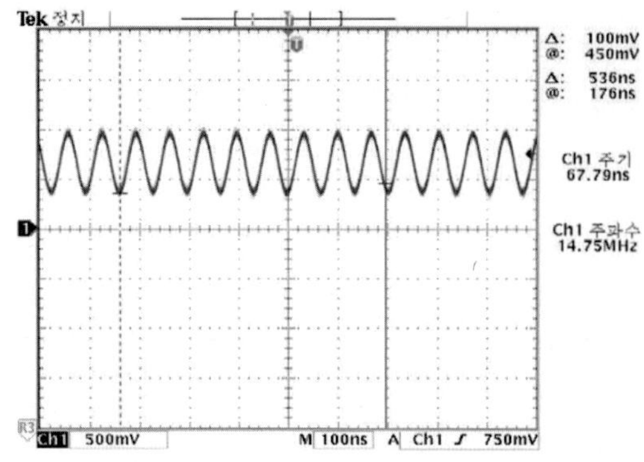

그림 3.19 XTAL2(ATmega128-23번) 파형

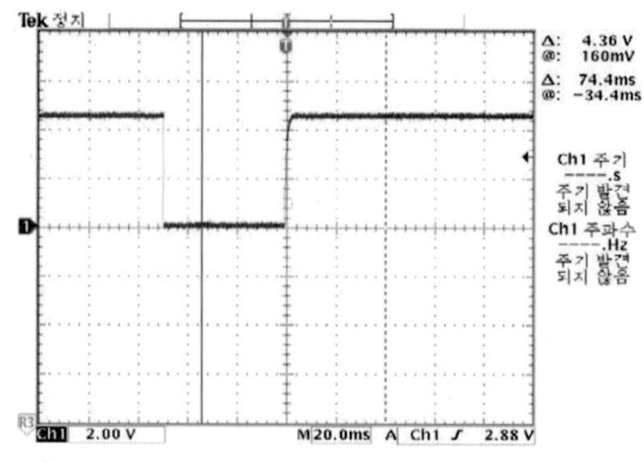

그림 3.20 RESET(ATmega128-20번) 파형

3.4 실험 환경의 구축

이제 ATmega128 교육용 보드의 설계 및 제작을 완료하고, 이 교육용 보드를 사용하기 위한 AVR용 컴파일러의 사용 과정과 Hex 파일을 다운로드하는 방법을 알아보자.

이 과정은 프로그램을 개발하는 과정으로, 그림 3.1에 제시한 마이크로컨트롤러를 이용한 시스템 개발 과정의 ③~⑦까지를 의미한다. 이 개발 과정을 자세히 살펴보면 그림 3.21과 같은 과정으로 설명할 수 있으며, 그림의 좌측 부분은 에디터와 컴파일러 환경을 이용하여 목적 파일을 생성하는 과정에 해당하고, 우측 부분은 생성된 목적 파일을 이용하여 작성된 프로그램을 디버깅하는 과정에 해당한다.

특히 AVR을 사용하여 프로그램을 디버깅하는 과정으로는 ICE(In-Circuit Emulator)를 이용하는 방법, 시뮬레이터를 이용하는 방법과 ISP를 이용하는 방법 등이 있다.

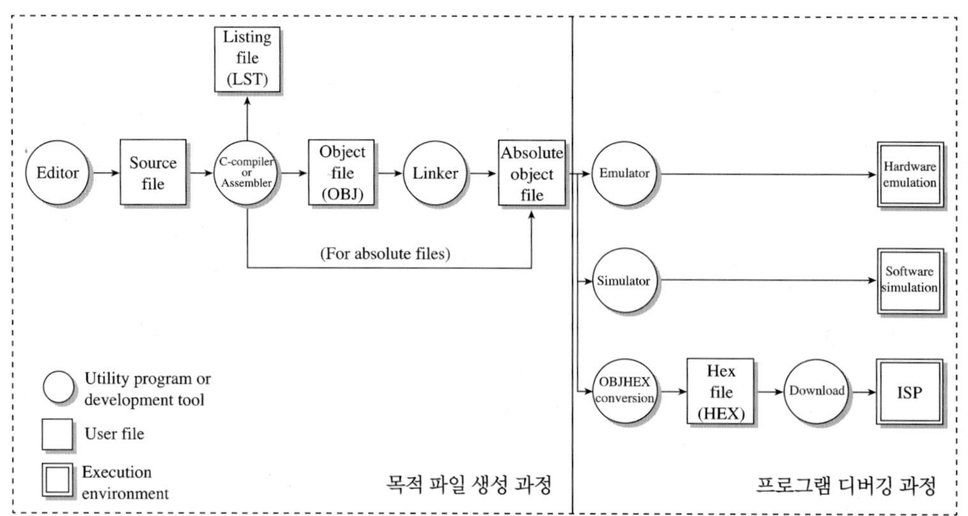

그림 3.21 AVR을 사용한 시스템 개발 과정

◈ ICE

마이크로컨트롤러의 기능을 에뮬레이션해주는 장비를 ICE(In-Circuit Emulator)라 한다. 타겟 보드(교재에서는 교육용 보드)에 마이크로컨트롤러를 빼고 그 자리에 ICE 프로브를 장착하여 ICE 내부에 있는 마이크로컨트롤러가 타겟 보드의 마이크로컨트롤러를 대신하도록 하여 작성된 프로그램을 디버깅해주는 장비로서, 실시간 입출력의 오류 정정을 위한 하드웨어 및 소프트웨어 기능을 갖고 있다. 한편, ATmega 계열의 주요 모델들은 IEEE1149.1 표준의 JTAG 인터페이스를 접속할 수 있는 외부 핀들을 제공하고 있으므로, 이를 이용하여 JTAG ICE가 출시되고 있다. JTAG ICE는 일반적인 ICE와는 달리 타겟 보드에 있는 마이크로컨트롤러는 그대로 사용하면서 표준 10핀의 JTAG 커넥터를 통해 ICE와 타겟 보드를 연결한다. 이러한 JTAG 핀을 활용하는 장비는 ICE라는 용어보다 ICD(In-Circuit Debugger)라고 불리는 경우도 있으며, 이는 ICE/ICD 제조사마다 지칭하는 이름이 다르다. ATMEL/ATM 계열 마이크로프로세서에서는 JTAG 에뮬레이터라고 지칭한다. 최신 AVR용 ICE는 그림 3.22(c)이며 ICE와 ISP 기능이 통합되어 있다.

◈ 시뮬레이터

소프트웨어만으로 AVR의 동작을 모사해주는 소프트웨어로 AVR Studio나 C-SPY 등의 소프트웨어가 여기에 해당된다. 이것은 소프트웨어를 이용하여 프로그램을 작성, 시험해보는 가장 간편한 방법이지만 하드웨어에 대한 기술 습득에 매우 취약하다는 단점이 있다.

◈ ISP

ISP(In-System Programmer)는 시스템 개발 과정에서 개발의 편리성을 제공하기 위해 AVR의 플래시 메모리에 사용자가 작성한 프로그램을 직렬 통신 방식으로 다운로드하는 기능을 말한다. 즉, 이는 마이크로컨트롤러 내부에 롬 라이터와 같은 기능을 하는 요소가 들어 있어 이를 활용하면 사용자가 작성한 프로그램을 AVR의 플래시 메모리에 기록하여 쉽게 실행해볼 수 있다는 장점이 있다. 이 기능을 활용하기 위해서는 별도의 ISP 프로그래머가 필요하다. ISP 프로그래머는 과거 PC의 병렬 포트, 직렬 포트를 이용한 장비들이 대부분이었으나 현재는 대다수의 PC 제

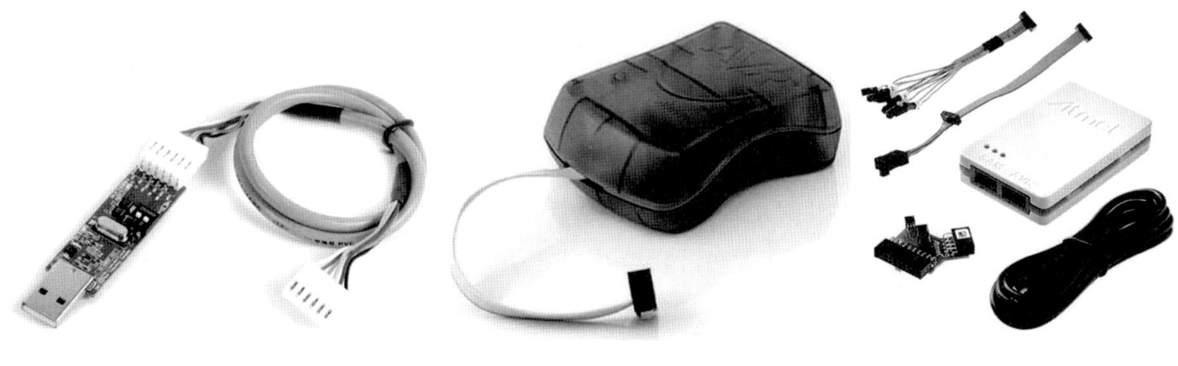

(a) STK500 계열 ISP　　(b) AVRISP MKii　　(c) ATATMEL-ICE

그림 3.22 ISP의 종류 및 외관

조사에서 병렬 포트, 직렬 포트를 제공하지 않아 USB 통신으로 가상 직렬 포트를 생성하여 사용되는 STK500/300 계열 프로그래머, USB 통신을 직접적으로 사용하는 AVRISP MKii 프로그래머를 사용한다. 그러나 이마저도 Atmel사에서 단종시키고 프로그램 다운 및 디버깅이 가능한 ATATMEL-ICE라는 제품으로 출시했다. 현재 시판 중인 SKT 계열, MKii ISP는 과거 제품 또는 호환품으로 Atmel사의 최신 정품 프로그래머는 아니지만 사용에 큰 무리는 없다. 또한 최신 제품인 ATATMEL-ICE는 ATmelStudio 7.x 버전 이상에서 사용되기 때문에, 해당 컴파일러를 사용하지 않거나 해당 컴파일러 버전이 낮은 경우 호환이 되지 않으므로 확인 후 사용하기 바란다.

◈ 컴파일러

AVR 계열의 마이크로컨트롤러를 장착한 보드를 사용하여 프로그램을 작성하기 위해서는 먼저 C 언어 또는 어셈블리 언어를 이용하여 프로그램을 작성해야 한다. 이러한 언어로 작성된 프로그램을 컴파일하기 위해서는 AVR 전용 컴파일러가 필요하다.

AVR 전용 컴파일러로는 CodeVisionAVR, IAR EWAVR C, WinAVR, ATmelStudio 등이 출시되고 있다. 이들을 간단하게 정리하면 다음과 같다.

▶ CodeVisionAVR

HP InfoTech사의 교차 C 컴파일러(cross-compiler)로서 ISP 다운로더와 CodeWizardAVR 프로그램 자동 생성기를 내장하고 있는 통합 개발 환경(IDE: Intergrated Development Environment)이다. 그러나 이 CodeVisionAVR은 프로그램의 디버깅 환경을 제공하지 않기 때문에 Atmel사에서 배포하는 AVR Studio 4 소프트웨어를 같이 사용해야 한다.

CodeVisionAVR은 유료여서 구입하는 데 약간의 비용이 들지만, 학생들의 사용을 권장하기 위해 무료 평가판을 HP InfoTech사의 홈페이지(http://www.hpinfotech.ro/cvavr_download.html)에서 제공하고 있는데 작성할 수 있는 프로그램의 크기는 4KB 내로 제한된다.

▶ IAR EWAVR C

IAR사의 교차 C 컴파일러로서 ISP 다운로더는 AVR Studio 4를 사용한다. 이 컴파일러 역시 CodeVisionAVR과 마찬가지로 유료이고, 교육용 무료 평가판을 제공하고 있다.

▶ WinAVR

WinAVR은 gcc라는 GNU 프로젝트의 일환으로 개발된 공개 C 컴파일러로서, 작성할 수 있는 프로그램의 크기에는 제한이 없으며 무료로 사용할 수 있다는 장점이 있다. 무료 소프트웨어이므로 사용 환경이 상용 소프트웨어에 비해 다소 부실한 면이 있으나, 최근 AVR Studio 4와 통합하여 사용할 수 있도록 보완되어 많이 편리해졌다.

이 소프트웨어는 http://sourceforge.net/projects/winavr 사이트에서 무료로 내려받아 사용할 수 있다.

▶ ATmelStudio

Microchip Technology사의 모든 AVR® 및 SAM 마이크로컨트롤러 애플리케이션을 개발 및 디버깅하기 위한 통합 개발 플랫폼(IDP)이다. ATmelStudio에는 Atmel Gallery가 포함되어 있어 Microchip Technology사 이외의 타사 개발 도구와 소프트웨어로 개발 환경을 확장할 수 있으며, 다양한 기능을 갖춘 1,600개 이상의 프로젝트 예제가 포함된 소스 코드 라이브러리를 제공한다.

이 소프트웨어는 http://www.microchip.com/mplab/avr-support/atmel-studio-7 사이트에서 무료로 내려받아 사용할 수 있다. Microchip사에서 ATmel이라는 상호를 쓰는 이유는 과거에는 ATmel사가 별도의 회사로 운영되었으나 현재에는 Microchip사에서 인수 합병했기 때문이다.

이 책에서는 사용의 편리성, 신뢰성 등으로 인해 회사의 상업용 제품 개발에 많이 활용되는 CodeVisionAVR을 선택하여 학습한다. 이 책에서 사용되는 CodeVisionAVR은 3.33이다.

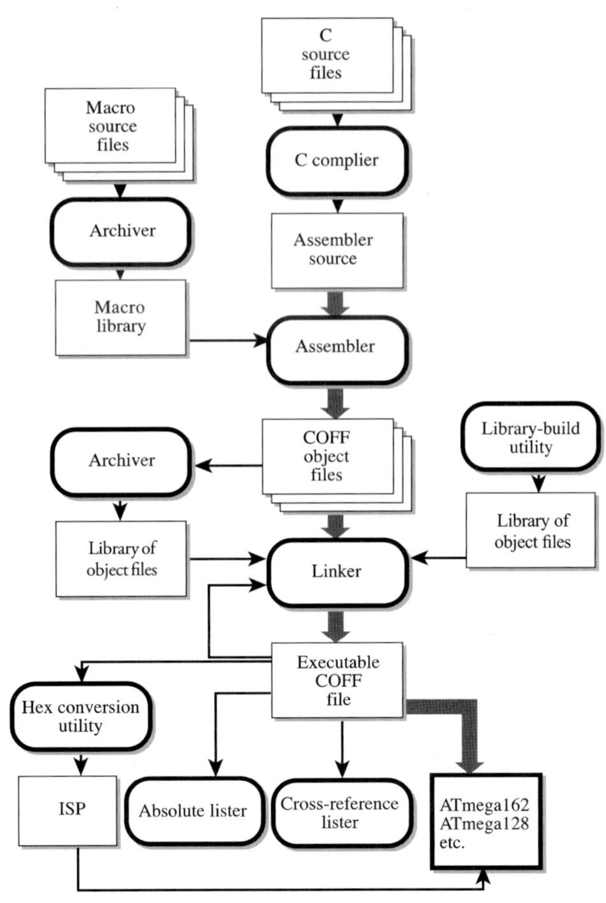

그림 3.23 C 언어를 사용하여 프로그램을 개발하는 과정

CodeVisionAVR을 비롯한 C 컴파일러 환경을 이용하여 AVR에서 직접 실행할 수 있는 최종 목적 파일인 Hex 파일을 생성하는 과정은 그림 3.23과 같으며, 주요 과정에 대한 설명은 다음과 같다.

① C 컴파일러 및 교차 C 컴파일러

C 언어로 작성된 프로그램을 마이크로컨트롤러가 사용할 수 있는 기계어(machine language)로 번역하는 소프트웨어이고, 일반적으로 컴파일러가 수행되는 컴퓨터의 기계어로 번역한다. 반면에 교차 C 컴파일러는 컴파일러가 수행되고 있는 컴퓨터의 마이크로컨트롤러가 아닌 다른 종류의 기계어로 번역하는 소프트웨어를 말하며, AVR C 컴파일러가 이에 해당한다. 즉, 우리가 학습하는 AVR의 실행 코드를 만들기 위해 사용하는 C 컴파일러는 PC 환경에서 수행되고 있지만 이 C 컴파일러의 출력 결과는 AVR에 관련된 기계어이므로, 이러한 컴파일러를 교차 C 컴파일러라 한다.

② 어셈블러

마이크로컨트롤러의 어셈블리 언어를 기계어로 번역하는 프로그램을 말한다. C 컴파일러와 어셈블러를 이용하여 소스 프로그램을 재배치 가능한 목적 파일(relocatable object file)로 만드는 과정을 컴파일링이라 한다.

③ 링커

사용자가 작성하는 파일은 여러 개로 나눌 수 있다. 각 소스 파일은 각각 컴파일되며, 링커가 각각 컴파일된 파일을 하나로 모아서 하나의 기계어로 만들어준다. 링커를 통해서는 절대 목적 파일 및 디버그 용도의 파일이 생성되며, CodeVisionAVR의 경우에는 'o'인 파일과 'cof'가 생성된다. cof 확장자를 갖는 파일은 C 소스 수준의 디버그가 가능한 파일로서 AVR Studio 디버거에서 사용된다.

④ Hex 파일 변환기

링커로 만들어진 기계어 프로그램을 플래시 메모리로 전송할 때 사용되는 인텔 16진 형식(intel-hex format)으로 변환해주는 역할을 한다. ISP에서는 이 파일 형식을 사용한다.

3.5 CodeVisionAVR 컴파일러의 사용

교재에서 사용하는 AVR용 C 언어 컴파일러는 CodeVision®AVR로서, AVR 마이크로컨트롤러에 적합한 자동 프로그램 발생기와 IDE(Intergrated Development Environment) 기능을 내장하고 있는 C 컴파일러이다. 또한 컴파일러에서 생성된 프로그램을 다운로드하기 위해 사용하는 ISP(In System Programming)는 AVR 내부 플래시 메모리에 사용자가 작성한 프로그램을 다운로드하여 시험할 수 있는 기능과 퓨즈 비트를 설정하는 용도로 사용한다. 따라서 향후 이 책에서 작성하는 프로그램은 CodeVisionAVR 환경에서 작성될 것이며, 따라서 이 절 이후에서는 교육용 보드의 환경에 맞추어 CodeVision 컴파일러 환경을 구축하고 사용하는 방법에 대해 필수적인 사항만 설명할 것이다. 이 절에서 설명하지 않는 부분은 CodeVisionAVR 사용자 매뉴얼을 참고하기 바란다.

이제 CodeVisionAVR(Ver. 3.33)을 사용하여 소스 프로그램을 작성하고 컴파일하여 교육용 보드에 다운로드하기 위한 인텔 16진 파일을 만드는 과정에 대해 살펴보자. CodeVisionAVR을 적절하게 사용하기 위해서는 여러 가지 기능을 학습해야 하지만, 이 책에서는 다음과 같이 교육용 보드를 이용하여 실험하기 위한 필수적인 사항에 대해서만 설명하고, 자세한 내용은 HP InfoTech사에서 제공하는 매뉴얼을 참조하기 바란다.

- 프로젝트의 생성
- 소스 코드의 작성
- 교육용 보드 사용을 위한 환경 설정
- 프로젝트의 컴파일

3.5.1 프로젝트의 생성

프로젝트는 파일의 집합으로 여러 파일이 하나로 합쳐져서 특정 프로그램이 만들어지기 위해 반드시 설정되어야 한다. 따라서 CodeVisionAVR을 처음 실행해서, 새로운 프로그램을 작성하기 위해서는 반드시 프로젝트를 생성해야 한다. 이 과정은 File > New를 실행하거나 메뉴 밑에 있는 아이콘 □을 클릭해서 그림 3.24와 같이 선택을 해야 한다. 새로운 프로젝트를 생성하면 그림 3.25와 같이 하드웨어 환경에 맞는 코드를 생성해주는 CodeWizardAVR을 사용할 것인지를 묻는 확인

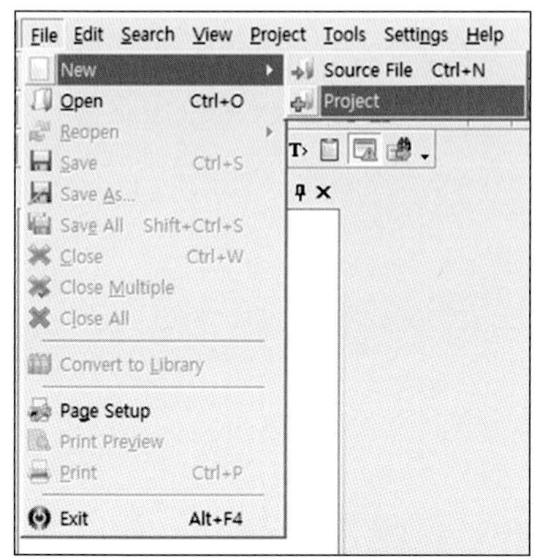

그림 3.24 프로젝트 생성

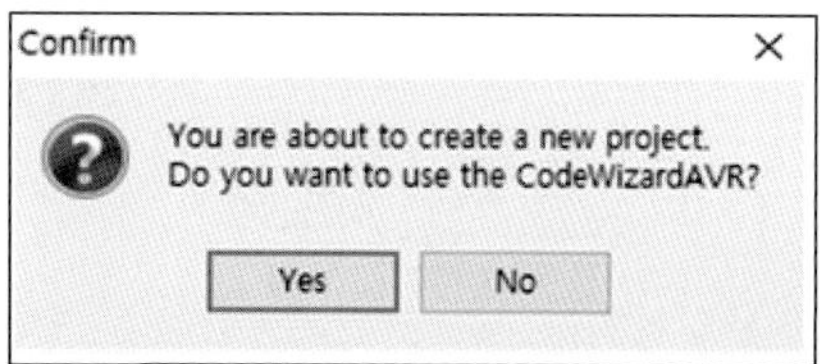

그림 3.25 CodeWizardAVR 실행 여부 확인

메시지가 나타나는데, 이 책에서는 CodeWizardAVR을 실행하지 않고 프로그램 코드를 모두 생성하는 것으로 진행하고자 한다. CodeWizardAVR을 실행해서 프로그램을 개발하는 것이 숙련된 개발자에게는 편리한 기능이지만, AVR을 처음 접하거나 배우는 독자에게는 권하고 싶지 않은 기능이다.

그림 3.25에서 No를 선택한 후에 그림 3.26과 같이 생성하고자 하는 프로젝트 이름을 입력한다. 여기서는 프로젝트명을 'test'로 입력하고 **저장**을 클릭한다.

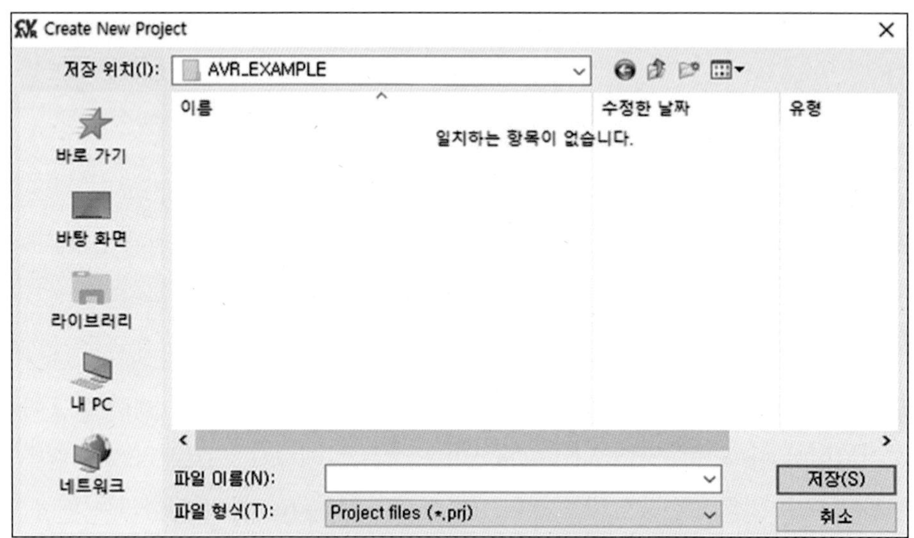

그림 3.26 프로젝트의 생성 화면

CodeVisionAVR(V3.33)은 프로젝트를 생성할 때 바로 사용할 디바이스를 선택할 수 있게 되어 있다. 이전 버전 사용자라면 해당 부분은 생략되며, 추후 프로젝트 설정에서 MCU의 Device Name을 선택할 수 있다. 교육용 보드는 ATmega128을 사용하고 있으므로 Device Name 중에서 이를 선택한다.

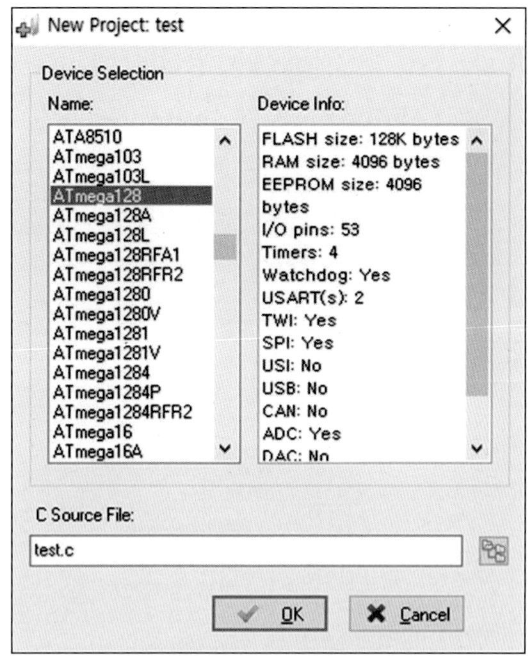

그림 3.27 디바이스 선택 화면

3.5.2 소스 코드의 작성

CodeVisionAVR을 사용하여 소스 프로그램을 작성하기 위해서는 File › New를 실행하거나, 메뉴 밑에 있는 아이콘 □을 클릭하고 프로젝트 생성 때와 마찬가지로 그림 3.24의 화면이 나타나면 소스를 선택한 후 그림 3.28과 같이 편집 창에 테스트 프로그램을 작성한다. 사용된 테스트 프로그램은 교육용 보드의 PORTB 하위 4비트에 연결된 4개의 LED를 일정 시간 간격으로 온/오프하는 프로그램이다. 이렇게 작성된 테스트 프로그램을 File › Save를 실행하거나 메뉴 밑에 있는 아이콘 을 클릭해서 test.c라는 파일 이름으로 저장한다.

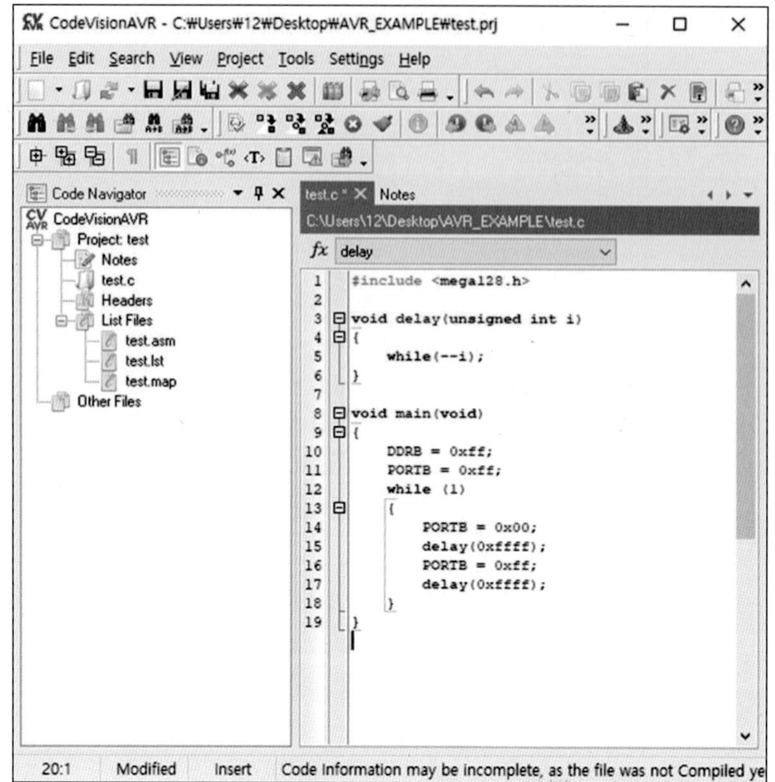

그림 3.28 소스 코드의 작성

3.5.3 교육용 보드 사용을 위한 환경 설정

프로젝트가 생성되고 소스 파일이 작성됐으면 이제 교육 보드에 맞는 환경을 설정해야 한다. 이 환경에 대한 설정은 3장에서 설계된 교육용 보드의 사양과 일치해야 한다. 이것은 메뉴 항목에서 Project > Configure를 실행하거나, 메뉴 밑에 있는 아이콘 을 클릭하면 그림 3.29와 같은 프로젝트 환경 설정 창이 나타난다.

그림 3.29 프로젝트 환경 설정 화면

그림 3.29의 프로젝트 환경 설정을 보면 Files, C Compiler, Before Build, After Build 탭이 있다. Files 탭은 C 언어로 표현된 소스 파일을 프로젝트에 추가하거나 제거하는 역할을 하고, C Compiler 탭은 개발하고자 하는 AVR의 환경을 설정하는 부분이고, Before Build 탭은 컴파일러 이전에 이루어지는 작업을 정의하는 부분이고, After Build 탭은 컴파일 후에 이루어지는 작업을 정의하는 역할을 한다.

◈ Files 탭

Files 탭은 컴파일하고자 하는 C 언어로 작성된 소스를 프로젝트에 추가(Add)하거나, 추가된 C 언어 소스를 프로젝트에서 제거(Remove)하거나, 추가된 소스 파일의 이름을 변경(Edit File Name)하거나, 소스 파일 여러 개의 컴파일 순서(Move Up, Move Down)를 정하는 역할을 한다.

프로젝트에서 미리 작성된 C 언어 소스를 추가하기 위해서는 그림 3.29의 화면에서 오른쪽에 위치한 Add 버튼을 클릭해 그림 3.30과 같이 프로젝트에 추가하고자 하는 파일을 클릭한 후에 **열기** 버튼을 클릭하면 프로젝트에 원하는 파일을 등록할 수 있다.

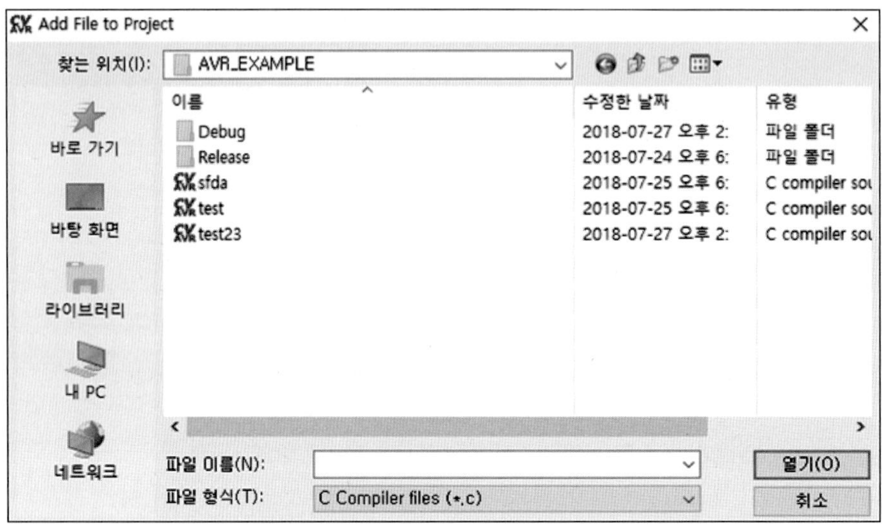

그림 3.30 프로젝트에 프로그램 파일 추가하기(Add File To Project)

◈ C Compiler 탭

컴파일러는 사용하고자 하는 타겟 보드에서 실행되기 위한 프로그램을 생성하기 위해 타겟 보드의 하드웨어 사용 현황, 즉 칩 형태, 소자의 스택 크기와 내 · 외부 RAM의 크기 등에 대한 중요한 정보를 미리 알고 있어야 한다. 또한 컴파일러는 특정 응용에 적합하도록 C 코드를 해석하고 최적화하기 위한 방법을 알고 있어야 한다. 이러한 사항들을 기본적으로 설정하는 곳이 C Compiler 탭 부분이다.

그림 3.31에 나타낸 C Compiler 탭은 C 컴파일러의 환경을 설정해주는 탭으로 Code Generation, Libraries, Messages, Globally #define, Paths 탭으로 나뉜다. Code Generation 탭은 사용하고자 하는 AVR 칩과 메모리에 대한 환경을 설정하는 곳이다. Code Generation 탭의 최상단에는 Active Build Configuration을 선택하는 부분이 있다. CodeVisionAVR에서는 코드 발생 방법, 경고 메시지와 전역적 #define 등을 처리하는 방법으로 디버그(debug)와 배포(release) 모드를 사용하는데, 일반적으로 디버그 모드를 선택한다.

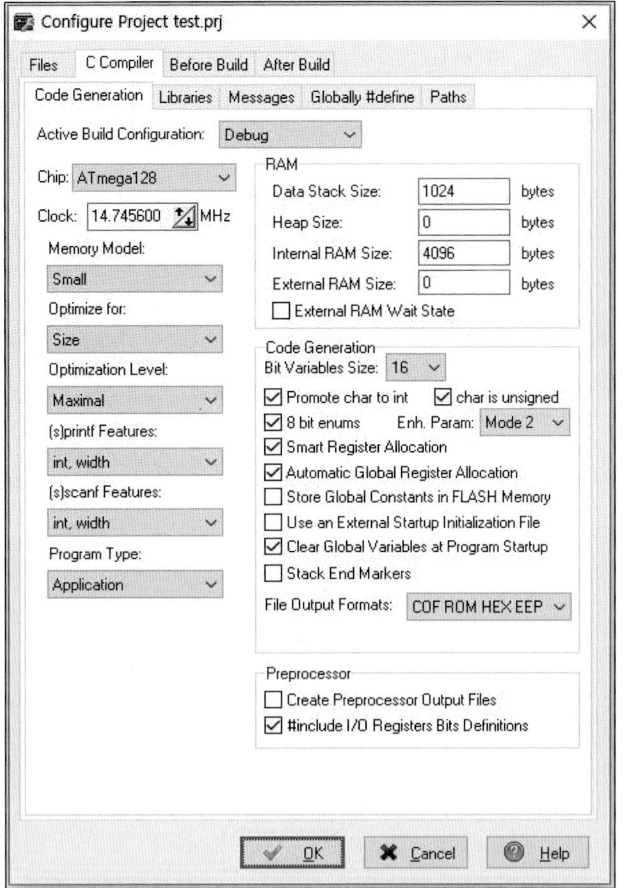

그림 3.31 C Compiler 탭에서 컴파일러 선택사항 설정하기

① 칩(Chip)의 선택

사용하고자 하는 AVR 소자를 선택하는 부분이다. 교육용 보드는 ATmega128을 사용하고 있으므로 AVR 중에서 이를 선택한다.

② 클록(Clock)의 선택

사용하는 ATmega128의 시스템 클록을 선택하는 부분이다. 교육용 보드의 시스템 클록은 14.7456MHz이므로 직접 입력한다.

③ 메모리 모델(Momory Model)

사용하는 ATmega128의 메모리 모델을 선택하는 부분이다. AVR에서 사용할 수 있는 메모리 모델은 Tiny, Small, Medium, Large 모델이 있으나, ATmega128을 선택하면 자동으로 Small 모델이 선택된다. 이 부분의 상세 설명은 4.4절에서 다룬다.

④ **최적화 방법**(Optimize for)

컴파일 과정에서의 최적화 방법을 선택하는 부분이다. CodeVisionAVR에서는 컴파일 과정의 최적화 방법으로 코드 크기의 최소화와 최대 실행 시간의 최소화 방법으로 제공한다. 일반적으로 메모리 크기에 제한이 있는 마이크로컨트롤러에서는 최적화 방법으로 코드 크기의 최소화를 선택한다.

⑤ **최적화 수준**(Optimization Level)

코드 메모리의 최적화 크기를 선택하는 부분이다. 일반적으로 컴파일된 프로그램은 최적화 방법의 설정과 최적화 수준의 설정에 따라 최적화되고, 프로그램 크기가 작고, 실행 속도가 빠른 최적화 방법을 선택한다. 따라서 Maximal 항목을 선택한다. 그러나 디버깅할 때 최적화 수준이 너무 높으면 문제가 될 수 있으므로 경험에 비추어 설정하는 것이 바람직하다.

⑥ (s)printf **특징과** (s)scanf **특징**

(s)printf Features 항목은 프로젝트에서 표준 C 출력 함수인 `sprintf`와 `printf` 함수의 서식 문자를 선택하는 옵션이고, (s)scanf Features 항목은 프로젝트에서 표준 C 입력 함수인 `sscanf`와 `scanf` 함수의 서식 문자를 선택하는 옵션이다. 자세한 정보는 컴파일러 매뉴얼을 참조하기 바란다.

⑦ **프로그램 종류**(Program Type)

자동 프로그램(self-programming)을 수행할 경우에 응용 섹션 또는 부트 로더 섹션을 선택할 것인지를 선택하는 부분이다. 교육용 보드에서의 프로그래밍 실습을 위해서는 반드시 응용(Application) 섹션을 선택해야 한다.

⑧ RAM

CodeVisionAVR에서는 특정 AVR이 선택되면, 이 마이크로컨트롤러의 데이터 스택 크기, 힙 크기, 내부 RAM 크기의 기본 값이 미리 설정되어 있어야 한다. RAM 부분에서는 이를 선택한다.

- 데이터 스택 크기(Data Stack Size)는 반드시 지정해야 한다. 표준 라이브러리로부터 동적 메모리를 할당하고자 한다면, 힙 크기(Heap Size) 역시 지정해야 한다. 힙 크기는 다음 공식으로 계산할 수 있다.

$$heap_{size} = (n + 1) \times 4 + \sum_{i=1}^{n} block\_size_i$$

  여기서 n은 힙에 할당될 메모리 블록의 수이고, $block_size_i$는 메모리 블록 i의 크기이다. 만일 메모리 동작 할당을 사용하지 않는다면 힙 크기는 반드시 0으로 지정해야 한다.

- 내부 RAM 크기(Internal RAM Size)를 입력하는 부분에서는 사용하고자 하는 내부 메모리의 크기를 바이트 단위로 입력한다. ATmega128의 경우 4KB의 내부 RAM 메모리를 갖고 있으므로 4096을 입력한다.

- 외부 RAM 크기(External RAM Size)를 입력하는 부분에서는 외부 메모리를 사용할 경우의 외부 메모리 크기를 바이트 단위로 입력한다. 교육용 보드의 경우 외부 RAM을 사용하지 않을 경우 0으로 입력하고, 외부 RAM을 사용할 경우 외부 RAM의 크기가 32KB이므로 32768로 입력한다.

⑨ 코드 발생(Code Generation)

비트 변수의 크기, 특정 선택사항을 허가하거나 금지하고, 최종 목적 파일의 형태를 결정하는 부분이다.

- Bit Variables Size는 전역 비트 변수의 최대 크기를 설정하는 부분이다. ATmega128에서는 비트 변수의 사용 영역이 16바이트이므로 16바이트로 설정한다.
- Promote char to int 체크 박스는 char 변수를 int 변수로 사용한다는 의미로, 이 항목을 선택하면 AVR 같은 8비트 마이크로컨트롤러에서 컴파일할 경우 프로그램 메모리(코드 메모리)가 커지고 동작 속도가 떨어지므로 권장하지 않는다.
- char is unsigned 체크 박스는 char 변수를 unsigned char 변수로 사용한다는 의미로, char로 선언된 변수의 크기는 0~255의 값을 갖게 된다.
- 8 bit enums 체크 박스는 일반 ANSI C에서는 enum을 선언했을 때 데이터 타입이 16비트로 선언이 되지만 이 항목을 체크하면 8비트로 선언한다는 의미이다.
- Enhanced Paramametr: NO 체크 박스는 함수의 파라미터를 데이터 스택을 사용하여 전달할 것인지 또는 LDD Rn, Y+d와 STD Y+d, Rn 명령어를 통해 전달할 것인지를 선택하는 기능으로, 일반적으로 함수의 모든 파라미터는 스택을 통해 전달되므로 모드 2로 선택해놓는다.
- Smart Register Allocation 체크 박스는 16비트 변수가 짝수 레지스터 쌍으로 위치하게 하는 방식으로 R2~R14, R16~R21 할당을 가능하게 한다.
- Automatic Global Register Allocation 체크 박스는 char와 int 전역 변수와 전역 포인터를 범용 레지스터인 R2에서 R14 레지스터에 자동으로 할당할 것인지를 체크하는 항목이다.
- Store Global Constants in FLASH Memory 체크 박스는 Const 상수를 플래시 메모리 속성과 동일하게 취급하고 플래시 메모리에 상수를 배치한다. 이 옵션을 선택하지 않으면 Const 상수를 SRAM에 저장한다.
- Use an External Startup Initialization File 체크 박스는 외부 스타트업(startup) 파일을 사용할 것인지를 체크하는 항목이다. 만약 사용자가 마이크로컨트롤러의 초기화 과정이나 다른 기본적인 설정 프로그램을 startup.asm 파일에 작성해놓고 이를 사용할 경우에는 반드시 이 체크 박스에 체크를 해놓아야 한다.
- Clear Global Variables at Program Startup Initialization File 체크 박스는 칩이 리셋되면서 프로그램이 기동될 때, SRAM과 R2~R14 레지스터에 위치한 전역 변수를 0으로 초기화하는 것을 결정하는 기능을 담당한다. 외부 startup.asm 파일이 사용되는 경우 이 선택사항은 이 파일에서 변수 초기화가 0으로 수행되는지 여부를 컴파일러에 알려야 한다.

- Stack End Markers 체크 박스는 디버깅 목적으로 사용되며, 이 체크 박스를 선택하면 컴파일러에 의해 DSTACKEND와 HSTACKEND 문자열이 데이터 스택과 하드웨어 스택의 끝부분에 배치된다. AVR Studio 같은 시뮬레이터나 에뮬레이터를 사용하여 프로그램을 디버깅할 경우에 이 문자열이 덮어 써지는지 아니면 데이터 스택을 수정하는지를 확인할 수 있다. 그러나 프로그램이 잘 실행되고 있는 상황이라면, 코드 크기를 줄이기 위해 이 문자열의 배치를 사용하지 않는 것이 바람직하다.
- File Output Formats 리스트 박스는 컴파일 후 생성되는 결과 파일을 Obj 파일로 나타낼 것인지 Hex 파일 형태로 나타낼 것인지를 선택한다. COF ROM HEX EEP 항목을 선택하면 COFF(Atmel AVR Studio 디버거에서 요구하는 파일 형식), ROM, 인텔 16진, EEP(ISP에서 요구하는 파일 형식) 확장자의 결과 파일이 생성되고, OBJ ROM HEX EEP 항목을 선택하면 OBJ, ROM, Intel Hex, EEP 확장자의 결과 파일이 생성이 된다. 즉, 디버거에서 프로그램을 검증할 경우에는 반드시 COF ROM HEX EEP 항목을 선택해야 한다.

⑩ 전처리기(Preprocessor)

- Create Preprocessor Output Files 체크 박스를 선택하면 컴파일되는 소스 파일마다 확장명이 .i인 파일이 추가로 만들어진다. 전처리기 출력 파일에는 소스 파일이 포함되어 있으며 매크로가 활성화된다. 이 옵션을 사용하면 컴파일 과정이 느려지는 단점이 있다.
- #include I/O Registers Bits Definitions 체크 박스는 장치 헤더 파일에서 I/O 레지스터 비트 정의 파일을 포함하는 기능을 담당한다.

⑪ Libraries 탭

AVR에 부가되는 장치, 즉 1선(wire), I^2C, ENC28J60 이더넷 제어기, LCD 제어 장치 등의 라이브러리로 CodeVisionAVR에서 제공하는 라이브러리를 사용할 것인지를 선택하는 기능을 담당한다. 교육용 보드에서는 이러한 기능을 사용하지 않으므로 이 탭의 기능은 무시한다.

⑫ Messages 탭

Messages 탭은 컴파일 과정에서 발생하는 경고 메시지의 발생을 사용할 것인지 아니면 사용하지 않을 것인지를 설정하는 부분이다. 그림 3.32에 CodeVision에서 제공하는 경고 메시지를 나타냈으며, Enable Warnings 체크 박스를 체크하면 경고 메시지를 개별적으로 체크할 수 있도록 구성되어 있다.

⑬ Globally #define 탭

Globally #define 탭은 그림 3.33에서와 같이 편집 창에 #define으로 정의된 매크로를 현재의 프로젝트 파일에 적용할 수 있게 해준다. 예를 들어 그림에서와 같이 설정해놓으면, 현재 사용 중인 프로젝트의 모든 소스 파일에 이를 포함하지 않았어도 자동으로 현재 사용 중인 프로젝트의 파일에 #define ABC 1234라는 매크로가 적용된다.

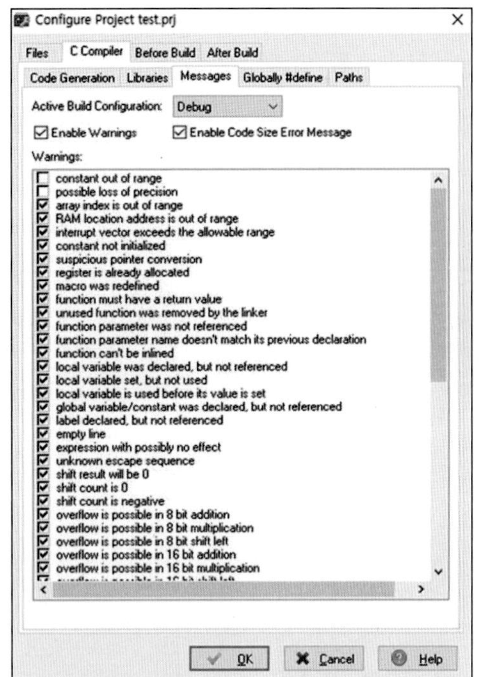

그림 3.32 경고 메시지의 선택사항 설정 화면

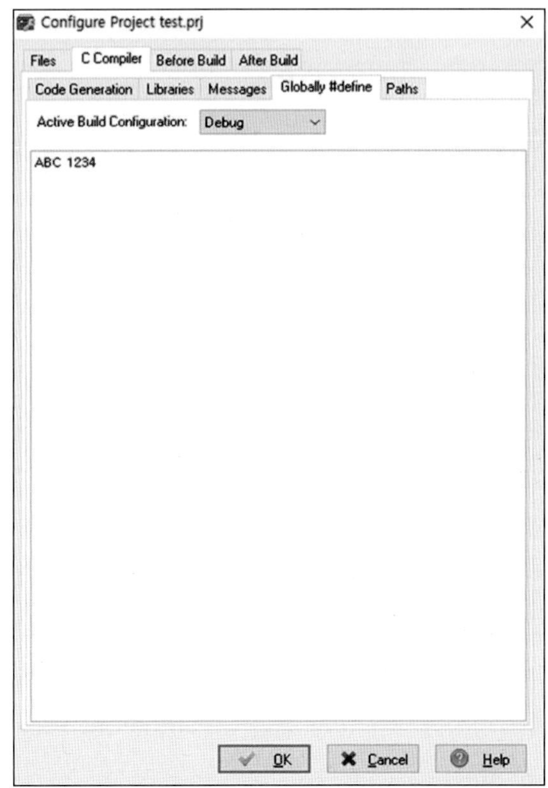

그림 3.33 Globally #define 탭에서의 선택사항 설정 화면

⑬ Paths 탭

Paths 탭은 그림 3.34와 같이 #include와 라이브러리 파일의 경로를 설정하고 추가할 수 있다. 이 그림에서 #include는 C:\cvavr\inc 경로를 나타내고, 라이브러리 경로는 c:\cvavr\lib를 나타낸다.

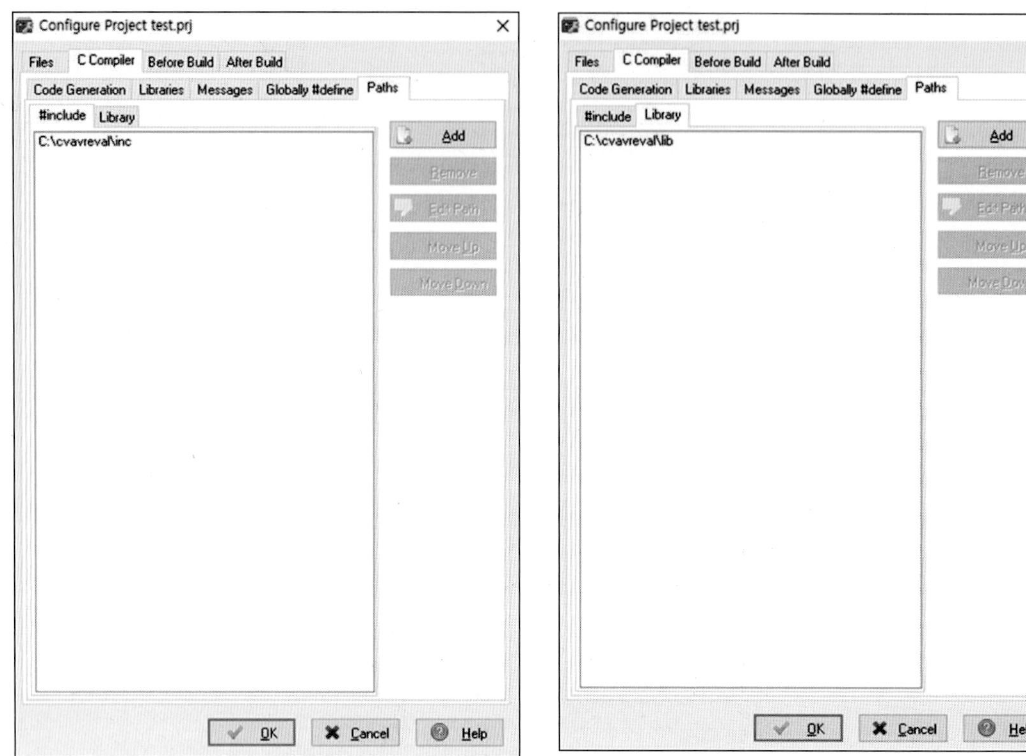

그림 3.34 Paths 탭에서의 선택사항 설정 화면

◈ Before Build 탭

Before Build 탭은 그림 3.35와 같이 사용자 프로그램 실행 옵션을 선택하는 기능이다. 여기서 Execute User's Program 옵션을 선택하고 칩을 프로그램(메인 메뉴의 Build를 클릭)하면 사용자가 미리 지정한 프로그램을 컴파일/어셈블리 처리 전에 처리할 수 있다. 예를 들어 컴파일은 CodeVisionAVR 환경에서 수행하고 디버깅을 다른 프로그램으로 수행하고자 할 경우, 그림 3.35에 제시된 세 가지 파라미터에 이를 지정해놓으면 관련 프로그램이 활성화된 상태에서 컴파일/어셈블리 수행되고 곧바로 디버깅을 할 수 있어 편리하다. 그리고 Wait for the User's Program to Finish 옵션을 선택하면 사용자 프로그램이 정상적으로 활성화될 때까지 Build 처리 과정을 지연시킬 수 있다. 사용자 프로그램을 실행하기 위한 옵션은 Command Line Parameters에 다음과 같은 파라미터를 지정하여 사용할 수 있다.

- %bc: Active Build Configuration을 대체(DEBUG 또는 RELEASE)

- %P: 프로젝트 전체 경로를 대체
- %p: 경로 없이 프로젝트 이름 대체
- %h: 컴파일러에 의해 생성된 .hex 파일 대체
- %e: 컴파일러에 의해 생성된 .eep 파일 대체
- %f〈project_file_number〉: 경로 없이 프로젝트 소스 파일 이름 대체
- %F〈project_file_number〉: 프로젝트 소스 파일 이름의 전체 경로 대체

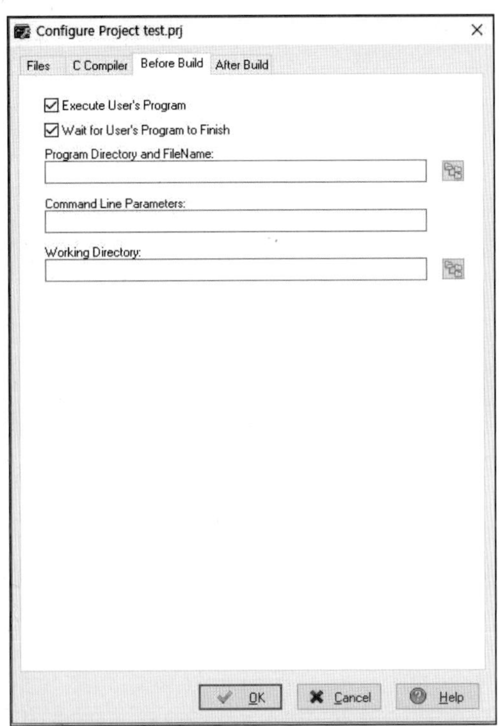

그림 3.35 Before Build 탭에서의 선택사항 설정 화면

◈ After Build 탭

After Build 탭은 컴파일과 실행 파일 만들기 과정을 모두 마친 후에 AVR 칩에 프로그래밍하는 방법과 전송하는 방법을 설정하는 역할을 하며, 이 탭에서는 그림 3.36에 나타낸 것과 같이 Program the Chip과 Execute Program 기능이 제공된다. After Build 탭을 열면 Action이라는 부분에 Do Nothing 외에 두 가지 설정 메뉴가 나타나면, Program the Chip 기능을 선택한다.

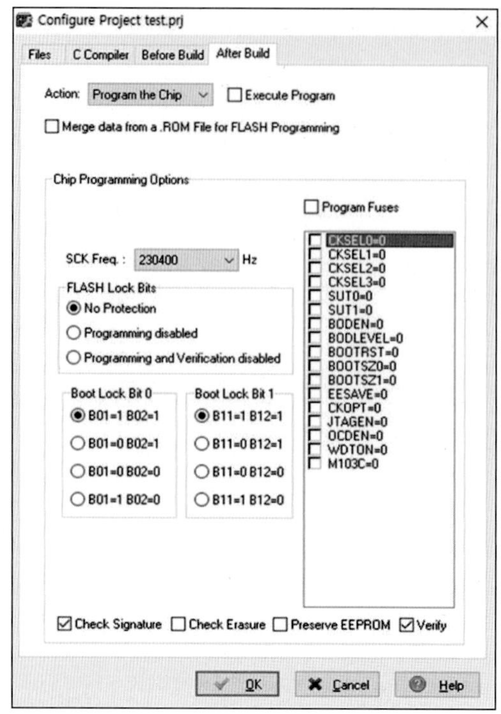

그림 3.36 After Build 탭에서의 선택사항 설정 화면

① Program the Chip

Program the Chip을 선택하면 Merge data from a ROM File for FLASH Programming 기능과 Chip Programming Options 기능을 선택할 수 있는 메뉴가 나타난다. Program the Chip에서는 실행 파일 만들기 과정을 거쳐 생성된 결과 파일(rom, hexfile 등)을 ISP를 이용해서 자동으로 마이크로컨트롤러 내부에 있는 플래시 메모리나 EEPROM에 기록하기 위한 방법과 퓨즈 비트를 설정하는 기능을 담당한다. 이 부분에서 제공되는 각 기능을 간단히 설명하면 다음과 같다.

- Merge data from a ROM File for FLASH Programming 기능을 선택하면, Hex 파일과 .ROM 파일 경로에 의해 선택된 .ROM 파일을 하나의 파일로 만들어 플래시 메모리에 기록한다.
- Chip Programming Options에서는 플래시 메모리와 부트 잠금 비트 등을 설정할 수 있다.
- FLASH Lock Bits는 마이크로컨트롤러의 보호 수준을 설정하는 역할을 한다. 각각의 의미는 다음과 같다.
  - No Protection: 모든 읽기/쓰기 동작이 허용된다.
  - Programming disabled: 플래시와 EEPROM 메모리 영역의 프로그래밍이 금지되고 읽기는 허용된다.
  - Programming and Verification disabled: 모든 프로그래밍과 검증 동작이 금지된다.
- Program Fuses는 마이크로컨트롤러 내부에 있는 어떠한 퓨즈 비트를 프로그램할 것인지

를 설정하는 부분으로, 퓨즈 비트에 대한 세부 항목 설정은 2.6절을 참고하여 필요에 따라 설정하기 바란다.

- Boot Lock Bit 0과 Boot Lock Bit 1은 마이크로컨트롤러 내부에 있는 메모리의 내용을 보호하기 위해 설정하는 부분으로, 2.6절의 메모리 잠금 비트 설명을 참고하여 설정하기 바란다.
- Atmel에서 출시되는 AVR에는 고유의 서명 코드(signature)가 있다. Check Signature 체크 박스를 선택하면 프로그래머에 연결된 칩의 형태와 실제 프로그래밍하고자 하는 칩의 형태를 비교한 후에 프로그램을 진행한다.
- Check Erasure 체크 박스에서는 프로그램을 하기 전에 플래시나 EEPROM의 내용이 블랭크 여부를 검사할 것인지를 결정한다.

이상의 과정을 거쳐 선택된 기능은 실제 실행 프로그램을 플래시나 EEPROM 메모리에 기록할 때 참조로 하여 프로그래밍되며, 프로그래밍되는 절차는 다음과 같은 순서로 진행된다.

1. 칩의 내용 삭제
2. 플래시와 EEPROM 블랭크 검사
3. 플래시 프로그래밍과 검증
4. EEPROM 프로그래밍과 검증
5. 퓨즈와 잠금 비트 프로그래밍

② Execute Program

Execute Program 기능은 소자를 프로그래밍하기 위해 CodeVision 외의 프로그램(예: PonyProg 또는 AVR Studio)을 사용할 것인지를 선택하는 것으로, 이 체크 박스를 선택하면 Program Setting 버튼이 나타나고, 이 화면에 사용하고자 하는 소프트웨어의 경로 및 작업 폴더 등을 기록하면 된다.

이 책에서는 ISP를 이용하여 퓨즈 비트 설정과 교육용 보드에 인텔 16진 파일을 다운로드하기 위해 Program the Chip의 기능을 사용하고, AVR Studio에서 프로그램을 디버깅하기 위해 Execute Program 체크 박스를 선택해서 사용한다.

3.5.4 실행 파일 만들기

실행 파일을 얻는 과정은 그림 3.29에서 설명한 바와 같이 다음의 단계로 수행된다.

(a) 프로젝트 내에 있는 C 소스 파일을 어셈블러 소스 파일로 컴파일한다.
(b) 어셈블러 소스 파일을 어셈블한다.

(a)만을 실행하는 과정은 프로젝트 컴파일이라고 하고, (a)와 (b)를 모두 실행하는 과정은 실행 파일 만들기(make project)라고 말한다.

◈ 프로젝트 컴파일

프로젝트 파일을 컴파일하기 위해 CodeVision 메뉴에서 Project › Compile을 실행하든지, 메뉴바에서 을 클릭 또는 단축키 [F9]를 입력하면 컴파일할 수 있으며, 컴파일되는 도중에 중단하기 위해서는 Project › Stop Compilation 또는 를 클릭하면 된다. 컴파일이 완전히 끝난 후에 그림 3.37과 같이 Information 창에서 결과를 확인할 수 있다. 만약 소스 프로그램에 오류가 있으면 좌측의 Code Navigtor 창에 오류의 정보와 위치가 나타난다. 이 정보를 보고 오류를 수정하여 오류가 없어질 때까지 컴파일 과정을 반복하면 된다.

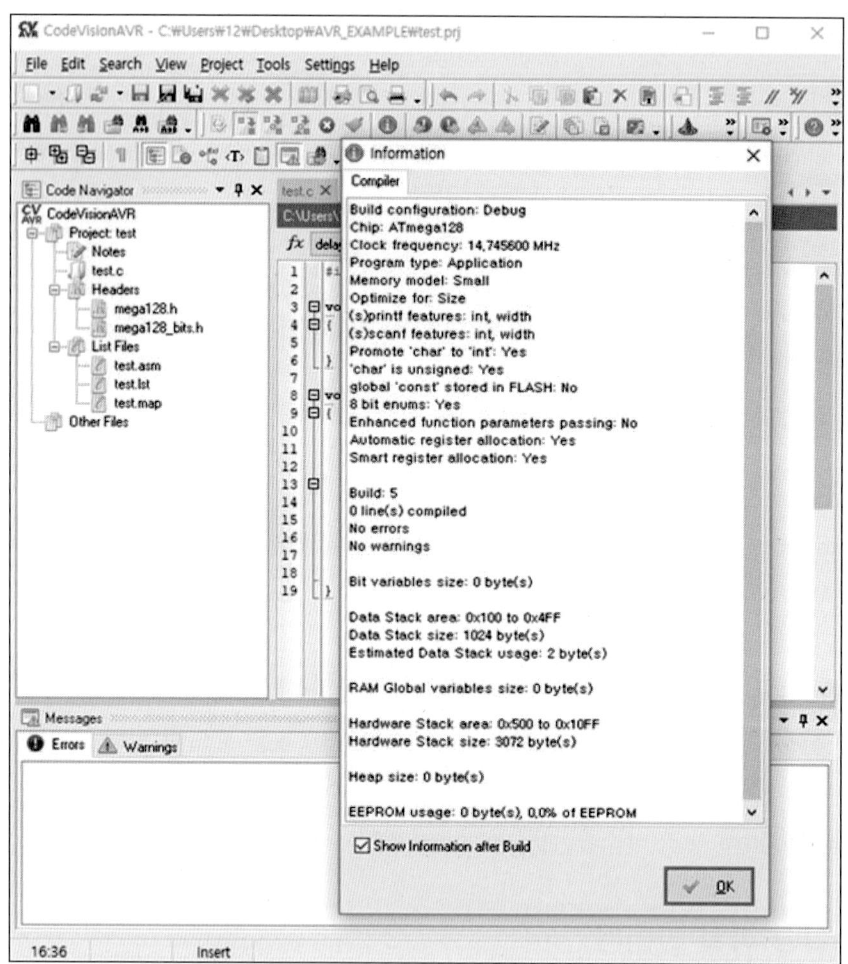

그림 3.37 Project › Compile 결과 및 Code Navigator 창의 화면

◈ 실행 파일 만들기

컴파일된 파일에서 실행 파일을 만들기 위해서는 Project › Make를 실행하거나, 메뉴바에서 버튼을 클릭 또는 단축키로 [shift] + [F9] 키를 입력하면 되고, 실행 파일을 만드는 도중에 중단하기 위해서는 Project › Stop Compilation 또는 를 클릭하면 된다. 실행 파일 만들기 과정이 완전히 끝난 후에 그림 3.38과 같이 Information 창에서 결과를 확인할 수 있다. 이 Information 창은 그림 3.37과는 달리 Compiler 탭과 Assembler 탭으로 구성되어 있으며, 그림 3.38(a) 및 그림 3.38(b)와 같이 각각 컴파일러의 결과와 어셈블러의 컴파일 결과를 확인할 수 있다.

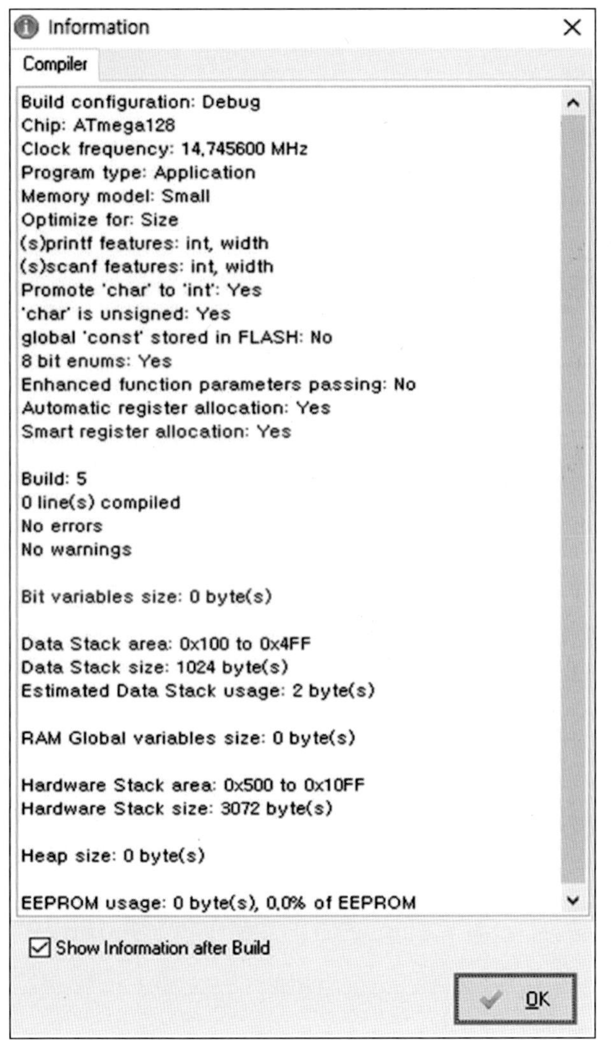

(a) 컴파일 결과

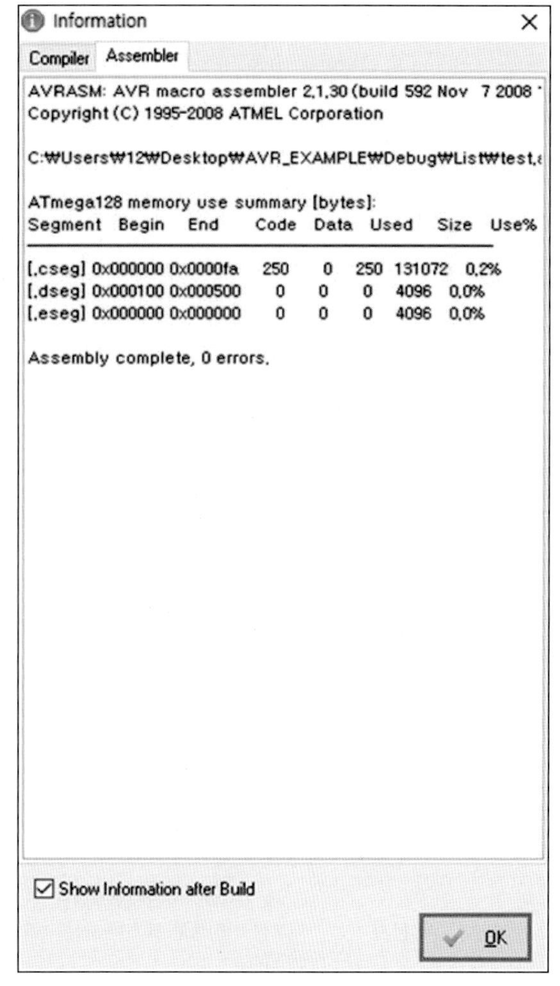

(b) 어셈블러의 결과

그림 3.38 Project › Make 결과

3.6 인텔 16진 파일의 분석

이상의 과정을 거쳐 작성한 프로그램의 실행(결과) 파일은 인텔 16진 파일이 생성되고, 이 파일이 최종적으로 AVR의 플래시 메모리에 저장된다. 인텔 16진 파일에 대한 상세한 사항은 AVR을 학습하는 과정에는 불필요한 것으로 느껴지지만, 실제 하드웨어 및 소프트웨어를 디버그하는 데는 유용하므로 이에 대한 이해는 반드시 필요하다. 따라서 이번 절에서는 결과 파일인 인텔 16진 코드를 자세히 분석하기로 한다.

CodeVision C 컴파일러의 최종 출력 파일은 절대 목적 파일(absolute object file)이다. 인텔 16진 파일 형식은 기본적인 목적 파일의 형식이다. 이 형식은 라인당 하나의 레코드를 갖는 ASCII 파일 형식으로 되어 있고, CR(carriage return)과 LF(line feed)를 제외하면 오로지 ASCII 문자만을 사용한다. 모든 라인은 다음과 같은 형식으로 되어 있다.

```
: NN AAAA RR HH CC CRLF
```

여기서 사용되는 심볼은 표 3.5에 나타내었다.

표 3.5 인텔 16진 파일에서 사용되는 심볼 정의

위치	설명
1	Record Marker: 라인의 첫 번째 문자는 인텔 16진 파일임을 나타내기 위해 항상 콜론(ASCII 0x3A)을 사용한다. 즉, 레코드의 시작을 의미한다.
2~3	Record Length: 이 필드는 레코드에 있는 데이터 바이트의 수를 두 자리의 16진수로 표현한다. 이는 라인의 체크섬과 첫 번째 9문자를 포함하지 않고, 순수한 데이터 바이트의 전체 수이다. 예를 들어, 10이라는 값이 있다면 0x10으로 인지해야 한다.
4~7	Address: 이 필드는 데이터가 칩상에 놓이는 주소를 나타낸다. 값은 0x0000~0xFFFF로 4자리의 16진수 값을 갖는다.
8~9	Record Type: 이 필드는 라인에 대한 레코드 형태를 나타낸다. 가능한 레코드 값은 다음과 같다. 00 = 데이터 레코드, 01 = 파일의 끝 레코드, 이 외에 02, 03, 04, 05의 값을 가질 수 있다. 이는 아래에서 자세히 설명한다.
10~?	Data Byte: 다음의 바이트들은 실제 ROM에 주어지는 실제 데이터이다. 이 데이터는 두 자리의 16진수 값이다.
마지막 두 문자	CheckSum: 라인의 마지막 두 문자는 라인에 대한 체크섬이다. 체크섬 값은 라인의 처음 시작인 콜론과 체크섬 바이트를 제외한 모든 데이터의 합의 2의 보수를 취해 얻은 값이다. 그 수행 과정은 아래에서 자세히 설명한다.

인텔 16진 파일에서 사용되는 레코드 형식은 다음과 같다.

- 00: 데이터 레코드
- 01: 파일의 끝 레코드
- 02: 확장 세그먼트 주소 레코드
- 03: 시작 세그먼트 주소 레코드
- 04: 확장 선형 주소 레코드
- 05: 시작 선형 주소 레코드

3.6.1 데이터 레코드

인텔 16진 파일은 CR과 LF로 끝나는 여러 자리의 데이터 레코드로 구성되어 있다. 데이터 레코드는 다음과 같이 나타난다.

```
:10246200464C5549442050524F46494C4500464C33
```

여기서 10은 레코드에 있는 데이터 바이트 수이고, 2462는 데이터가 메모리 내에 위치하는 주소를 나타내며, 00은 레코드 형식으로 데이터 레코드를 의미한다. 그리고 464C...464C는 데이터이며, 33은 레코드의 체크섬이다.

3.6.2 확장 선형 주소 레코드(HEX386)

확장 선형 주소 레코드는 32비트 주소 레코드와 HEX386 레코드로서 알려져 있다. 이 레코드는 데이터 주소의 상위 16비트(비트 16~31)를 포함하고 있다. 확장 선형 주소 레코드는 항상 2개의 데이터 바이트를 가지며, 다음과 같이 나타난다.

```
:02000004FFFFFC
```

여기서 02는 레코드에 있는 데이터 바이트 수이고, 0000은 주소 필드이다. 확장 선형 주소 레코드에서 이 필드는 항상 0000이다. 그리고 04는 레코드 형식이다. 즉, 확장 선형 주소 레코드를 의미하고, FFFF는 상위 16비트 주소를 나타낸다. 이 레코드의 마지막 바이트인 FC는 레코드의 체크섬으로 다음과 같이 계산된다.

```
01h + NOT(02h + 00h + 00h + 04h + FFh + FFh)
```

확장 선형 주소 레코드가 읽히면, 데이터 필드 내에 저장된 확장 선형 주소는 저장되고 인텔 16진 파일에서 읽히는 후속 레코드에 적용된다. 이 선형 주소는 다른 확장 주소 레코드에 의해 변경될 때까지 유효한 상태로 남아 있다.

데이터 레코드의 절대 주소는 확장 선형 주소 레코드와 데이터 레코드의 주소 필드로부터 오는 주소를 사용하여 레코드와 다음과 같은 과정에 의해 얻어진다.

데이터 레코드의 주소 필드로부터 얻어진 주소	2462
확장 선형 주소 레코드의 데이터 필드	FFFF
절대 메모리 주소	FFFF2462

3.6.3 확장 세그먼트 주소 레코드(HEX86)

HEX86으로 알려진 확장 세그먼트 주소 레코드는 데이터 세그먼트의 4~19비트를 포함한다. 확장 세그먼트 주소 레코드는 항상 2개의 바이트를 갖고, 다음과 같이 표현된다.

```
:020000021200EA
```

여기서 02는 레코드에 있는 데이터 바이트 수이고, 0000은 주소 필드로 확장 세그먼트 주소 레코드에서 이 필드는 항상 0000이다. 그리고 02는 레코드 형으로, 확장 세그먼트 주소 레코드에서 항상 02이다. 1200은 주소의 세그먼트이고, EA는 레코드의 체크섬으로 다음과 같이 계산된다.

```
01h + NOT(02h + 00h + 00h + 02h + 12h + 00h)
```

확장 세그먼트 주소 레코드가 읽히면, 데이터 필드 내에 저장된 확장 세그먼트 주소는 저장되고 인텔 16진 파일에서 읽히는 후속 레코드에 적용된다. 이 세그먼트 주소는 다른 확장 주소 레코드에 의해 변경될 때까지 유효한 상태로 남아 있다.

데이터 레코드의 절대 주소는 확장 세그먼트 주소 레코드와 후속으로 오는 데이터 레코드의 주소로부터 다음과 같은 과정으로 더해 얻어진다.

데이터 레코드의 주소 필드로부터 얻어진 주소	2462
확장된 세그먼트 주소 레코드의 데이터 필드	1200
절대 메모리 주소	00014462

3.6.4 파일의 끝 레코드

인텔 16진 파일은 반드시 EOF(end of file) 레코드로 끝난다. 이 레코드는 레코드 필드에 반드시 01의 값을 갖는다. EOF 레코드는 항상 다음과 같이 나타난다.

```
:00000001FF
```

여기서 00은 레코드에 있는 데이터 바이트 수이고, 0000은 데이터가 메모리 내에 위치하는 주소이다. EOF 레코드에서 주소는 아무 의미가 없으므로 무시된다. 0000h라는 주소는 일반적이다.

그리고 01은 레코드 형이다. 즉, 파일의 끝 레코드를 나타내고, FF는 레코드의 체크섬으로 다음과 같이 계산된다.

```
01h + NOT(00h + 00h + 00h + 01h)
```

3.6.5 체크섬의 계산 원리

체크섬은 다음과 같이 정의된다.

```
sum = byte_count + address_hi + address_lo + record_type + (모든 데이터의 합)
checksum = ((-sum)&ffh)
```

표 3.5에서 설명한 바와 같이 마지막 두 문자가 라인 데이터에 대한 체크섬을 나타낸다. 체크섬은 두 자리의 16진수 값이기 때문에 0에서 255까지의 값을 갖는다. 체크섬은 라인의 처음 시작인 콜론과 체크섬 바이트를 제외한 모든 데이터의 값을 더하고, 이에 대해 2의 보수 값을 취함으로써 계산된다. 예를 들면, 다음과 같이 계산된다.

```
:0300300002337A1E
```

이 라인 데이터를 각각의 요소로 나누어보면 다음과 같이 분리된다. 레코드 길이는 03이고, 데이터가 저장되어야 하는 주소는 0030h이다. 이 주소부터 3바이트인 0030,0031,0032h로 차례대로 저장된다. 레코드 형은 00으로 일반적인 16진 데이터를 의미하고, 이 레코드의 체크섬은 1Eh이다. 이상의 모든 데이터 바이트를 취하여 체크섬을 구하면 다음과 같은 16진수 값을 갖는다.

```
03 + 00 + 30 + 00 + 02 + 33 + 7A = E2
```

구해진 E2에 2의 보수를 취하면 1E가 되고, 이것이 최종적인 체크섬 값이 된다. 만약 구해진 값이 FFh보다 크다면, 간단하게 100h보다 작은 값을 취하면 된다. 예를 들어, 494h 값의 2의 보수 값을 얻기 원한다면 간단하게 제일 윗자리의 4를 생략하고 94h만을 취하여 이의 보수를 취하면 된다. 즉, 94h의 보수인 6Ch가 체크섬으로 얻어진다.

이상의 기본 개념을 갖고, 실제 C 언어로 작성된 프로그램이 AVR 어셈블러를 거쳐 생성된 인텔 16진 파일을 살펴보자. 다음은 이 장에서 사용한 test.c 프로그램 소스 파일을 컴파일하여 얻은 text.hex 파일 전체를 나타내고 있다.

```
:080000000C9439000C9400007F
:100008000C9400000C9400000C9400000C94000068
:100018000C9400000C9400000C9400000C94000058
:100028000C9400000C9400000C9400000C94000048
:100038000C9400000C9400000C9400000C94000038
:100048000C9400000C9400000C9400000C94000028
```

```
:100058000C9400000C9400000C9400000C94000018
:100068000C9400000C9400000000F894EE27ECBB00
:10007800F1E0FBBFEBBFF0E8F5BFE6BFF8E1F1BD8B
:10008800E1BD8DE0A2E0BB27ED938A95E9F780E01A
:100098009FE7A0E0B1E0ED930197E9F7E0E7F0E032
:1000A80085919591009761F0A591B591059015906E
:1000B800BF01F00105900D920197E1F7FB01F0CF28
:1000C800EFEFEDBFEFE7EEBFC0E0D2E00C947400B5
:1000D800E881F9813197E883F983D1F72296089569
:1000E800EFE0E7BBE8BBE0E005D0EFE003D0FBCFF3
:1000F8000000FECFE8BBEFEFFFEFFA93EA93E8CFFB
:00000001FF
```

그림 3.39는 test.hex 파일에 있는 인텔 16진 파일의 일부를 독자들의 이해를 돕기 위해 분석한 것으로, 나머지 라인에 대해서도 인텔 16진 파일이 형식에 맞게 되어 있는지 확인해보기 바란다. 그러면 인텔 16진 파일의 형식을 확실하게 이해할 수 있을 것이다.

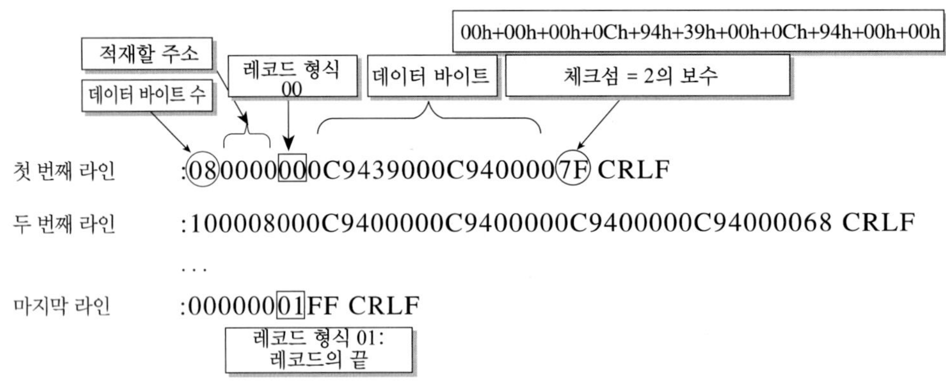

그림 3.39 인텔 16진 형식

3.7 ISP를 이용한 프로그램의 다운로드

3.5절에서는 CodeVisionAVR을 사용하여 소스 프로그램을 컴파일하여 실행 파일을 만드는 과정까지 살펴봤다. 이번 절에서는 ISP를 이용하여 이 실행 파일을 교육용 보드에 다운로드하는 방법을 살펴보자.

ISP를 이용하여 작성한 프로그램을 교육용 보드로 다운로드하여 실험하기 위해서는 다음과 같은 과정을 거쳐야 한다.

- 실험 환경의 구축
- USB-ISP의 디바이스 드라이버 설치

- CodeVision 환경에서 다운로드하기

◈ 실험 환경의 구축

먼저 프로그램의 실행 파일을 다운로드하기 위해 그림 3.40과 같이 PC와 교육용 보드 사이에 USB-ISP 보드를 연결하여 실험 환경을 구축한다.

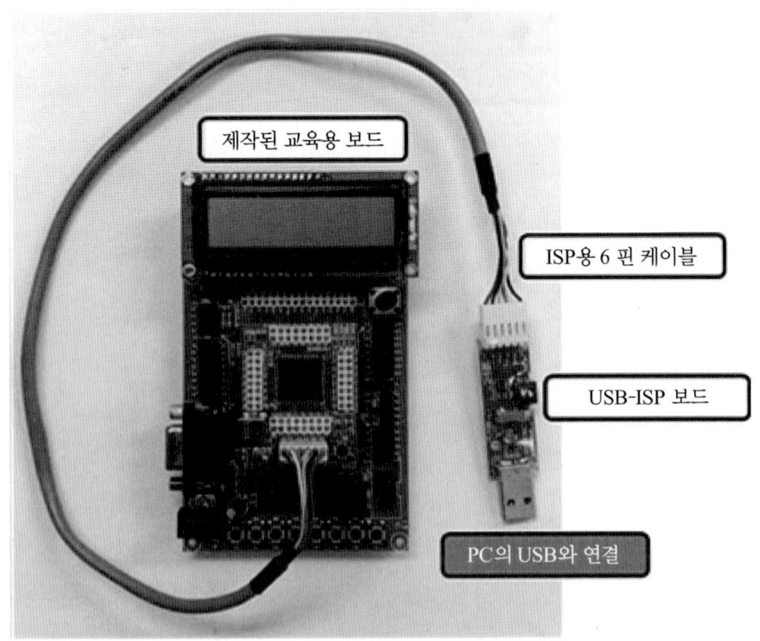

그림 3.40 실험을 위한 환경 구축

Atmel사에서 AVR의 플래시 메모리에 사용자 프로그램을 다운로드할 수 있도록 직렬 포트형 ISP 프로그래머(AVR ISP)를 판매하고 있으나, 이 외에도 프린터의 병렬 포트와 USB 포트에 접속하여 사용할 수 있는 ISP 다운로드 프로그래머가 출시되고 있다. 이들 ISP는 AVR에 내장된 SPI 직렬 통신 방식을 이용하여 ISP를 구현되어 있으므로 궁극적으로 직렬 통신에 의해 ISP가 수행된다. 이 책에서는 이들 ISP 중에서 USB 포트형의 ISP를 사용하기로 한다. 교육용 보드에서는 이 UBS-ISP 보드와의 연결을 위해 그림 3.40에 나타낸 것처럼 6 핀의 ISP 커넥터를 준비해놓았다.

◈ USB-ISP의 디바이스 드라이버 설치

CodeVisionAVR 환경이나 AVR Studio 환경에서는 RS-232C 직렬 통신 포트를 통해 동작하기 때문에 UBS-ISP를 사용하려면 이를 접속한 USB 포트를 RS-232C 직렬 통신 포트처럼 동작시켜주는 VCP(Virtual COM Port) 디바이스 드라이버를 설치하고 USB 포트를 COM 포트처럼 직렬 포트로 설정해주어야 한다. 최신의 VCP 디바이스 드라이버는 FTDI사의 홈페이지를 방문하여 설치해 사용하기 바란다(http://www.ftdichip.com/FTDrivers.htm).

설치가 된 후에는 내 컴퓨터의 장치 관리자에서 COM 포트가 설정되어 있는지 확인해야 한다. 이 과정은 그림 3.41에 나타내었다. 이 COM 포트는 사용하는 컴퓨터와 USB 포트에 따라 달라질 수 있다. 그림 3.41에서는 USB 포트가 가상 직렬 포트 COM2로 잡혀 있는데, 이를 변경할 필요가 있는 경우에는 USB Serial Port의 속성을 선택하여 변경할 수 있다.

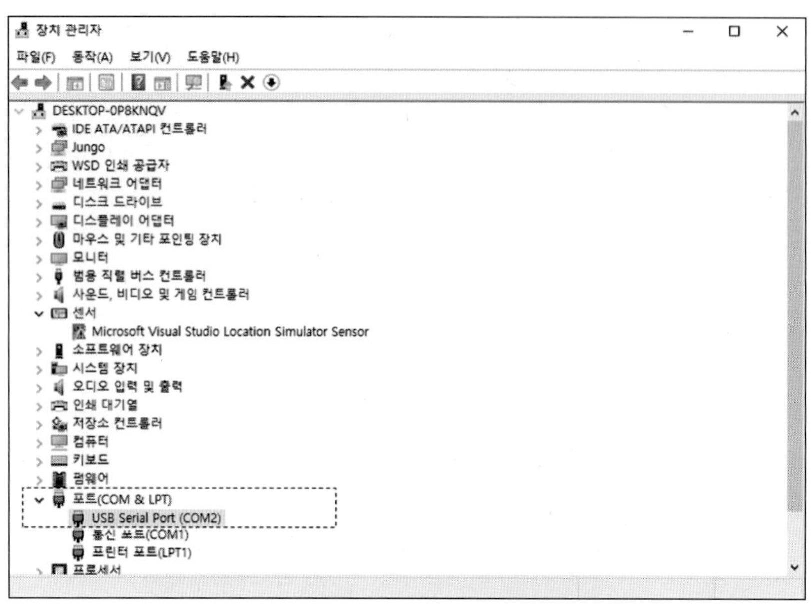

그림 3.41 USB 포트가 VCP로 설정된 화면

이제 USB Serial Port의 통신 속도를 비롯한 다운로드 프로토콜을 설정해야 하는데, 이는 USB Serial Port의 속성에서 **포트 설정**을 선택하여 수정할 수 있다. 교육용 보드의 실험 환경에서는 그림 3.42에 설정된 대로 COM2 포트를 비트/초: 115200, 데이터 비트: 8, 패리티: 없음, 정지 비트: 1, 흐름 제어: 없음의 통신 형식을 사용하기로 한다.

그러나 이와 같이 VCP 드라이버를 설치했을 때 USB가 기본적으로 COM2 포트로 설정되어 있지 않을 경우에는 그림 3.42에서 **고급(A)...**를 눌러서 그림 3.43에 나타낸 것처럼 가상의 직렬 포트를 COM2로 지정할 수 있다.

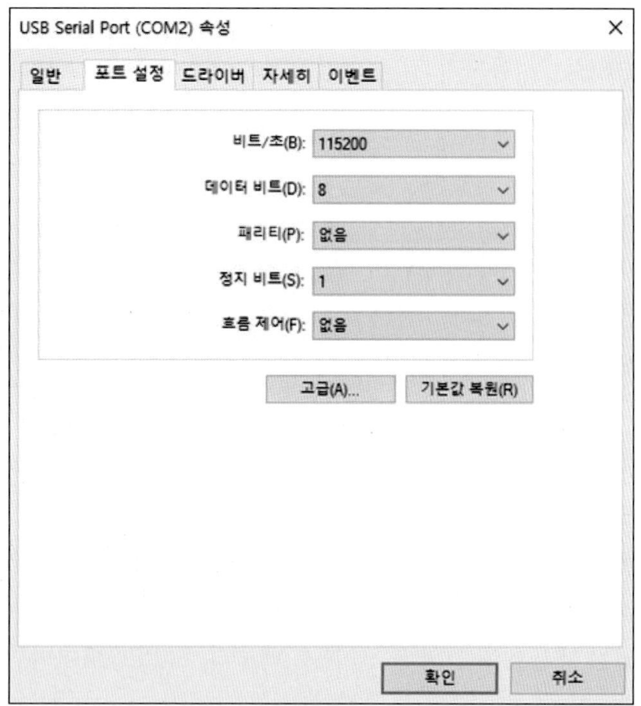

그림 3.42 COM2의 통신 형식 설정 화면

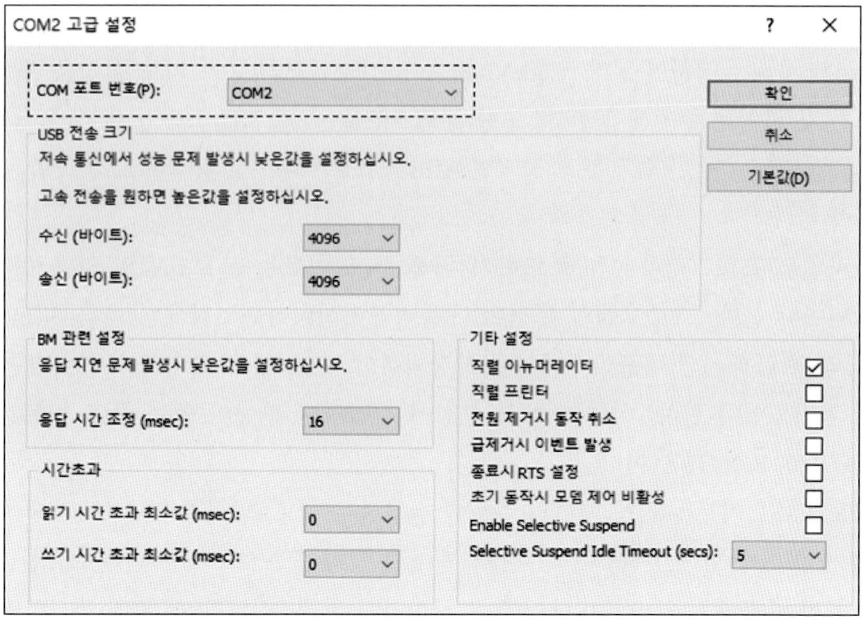

그림 3.43 가상의 직렬 포트를 COM2로 수정 설정할 수 있는 화면

◈ CodeVision 환경에서 다운로드하기

CodeVisionAVR IDE에는 사용자가 컴파일한 프로그램을 마이크로컨트롤러에 쉽게 전송하여 테스트하기 위한 AVR Chip Programmer 기능을 내장하고 있다. 이 프로그램 기능은 Atmel STK500, AVRISP, AVRISP MkII, AVR Dragon, JTAGICE MkII, AVRProg, Kanda Systems STK200+, STK300, Dontronic DT006, Vogel Elektronik VTEC-ISP, Futurlec JRAVR 또는 MicroTronics ATCPU, Mega2000 개발 보드를 사용할 수 있도록 설계됐다.

C 컴파일러를 통해 생성된 프로그램의 실행 파일은 CodeVisionAVR IDE와 AVR Studio를 통해 다운로드할 수 있으나, 이 책에서는 CodeVisionAVR IDE 환경을 사용하기로 한다.

다운로드는 작성된 프로그램의 실행 파일을 플래시 메모리에 기록하는 과정이므로, CodeVisionAVR에서는 Chip Programmer 기능에 의해 수행된다. Chip Programmer는 Tools › Chip Programmer를 실행하거나 메뉴 밑의 아이콘 를 클릭을 하면 실행되며, 실행 결과 화면은 그림 3.44(a)에 나타내었다. 이 화면에 나타나는 설정 항목들을 자세히 살펴보면 3.5절에서 설정한 내용, 즉 After Build 탭 설정 내용을 그대로 반영하고 있음을 알 수 있다.

다운로드할 수 있는 내용은 퓨즈 비트, 플래시 메모리, EEPROM이며, 이는 다음과 같은 과정으로 수행된다.

① 퓨즈 비트를 프로그래밍하기

그림 3.44(b)에서 설정된 퓨즈 비트의 내용을 ATmega128에 프로그래밍하기 위해 Program › Fuse Bit(s)를 실행하면 된다. 교육용 보드에 이미 쓰인 퓨즈 비트의 내용을 읽기 위해서는 Read › Fuse Bit(s)를 실행하면 된다. CodeVisionAVR 컴파일러의 퓨즈 비트 설정은 체크가 Set=0이고 해제가 Set=1임을 주의해야 한다. 또한 퓨즈 비트는 프로그램 목적과 클록 소스 공급원에 맞도록 설정해야 한다. 만약 잘못 설정되면 ATmega128은 비정상 동작으로 동작할 수 있으므로 주의해야 한다.

컴파일된 프로그램을 다운로드하기 위해 퓨즈 비트는 프로그램의 사용 목적에 부합되게 설정되어야 한다. 프로그램의 목적이 애플리케이션이라면 2장에서 다룬 ATmega128의 메모리 영역 중 플래시의 애플리케이션에 저장되어야 하며, 부트 로더가 목적이라면 부트 로더 영역에 저장되어야 한다. 이러한 영역 설정에 직접적인 관련이 있는 퓨즈 비트는 BOOTRST, BOOTSZ0, BOOTSZ1이다.

BOOTRST 비트는 리셋 벡터의 주소를 결정하는 비트로, 기본 값은 '1'로 되어 있어 리셋 벡터 주소가 0x0000이 된다. 만약 애플리케이션 영역에 프로그램을 다운로드한다면 리셋 벡터 주소를 응용 플래시 영역의 0x0000으로 설정하기 위해 BOOTRST=0에 체크하지 않는다.

BOOTSZ0, BOOTSZ1 비트는 응용 프로그램 영역과 부트 영역의 크기를 결정하는 비트이다. 부트 로더 섹션의 영역은 최대 0xF000~0xFFFF까지의 4096워드로 가능하다. 만약 부트 로더 영역을 최대 크기로 사용한다면 BOOTSZ0=0과 BOOTSZ1=0에 체크한다.

퓨즈 비트는 프로그램 목적 이외에 기동 시간, 클록 소스에 대해 설정을 해야 한다. 이를 설

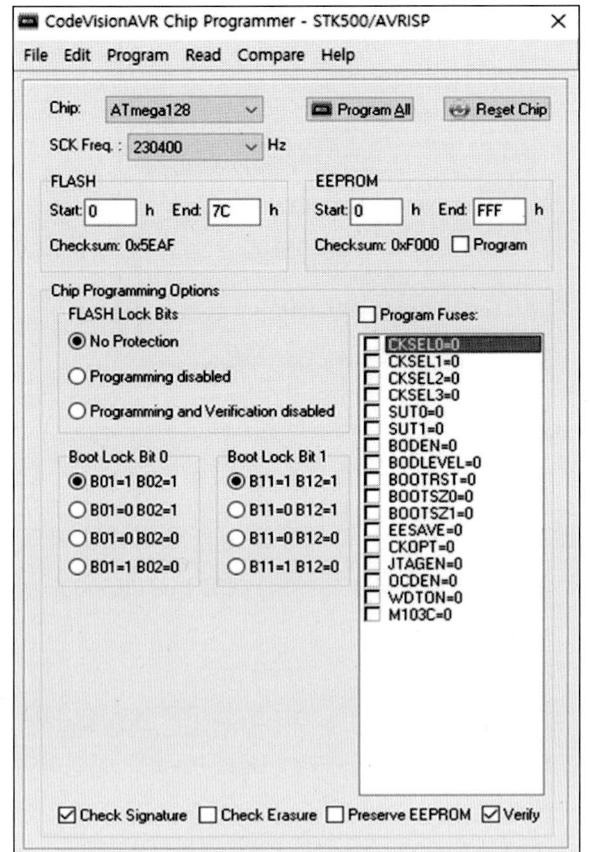

(a) 기본 화면

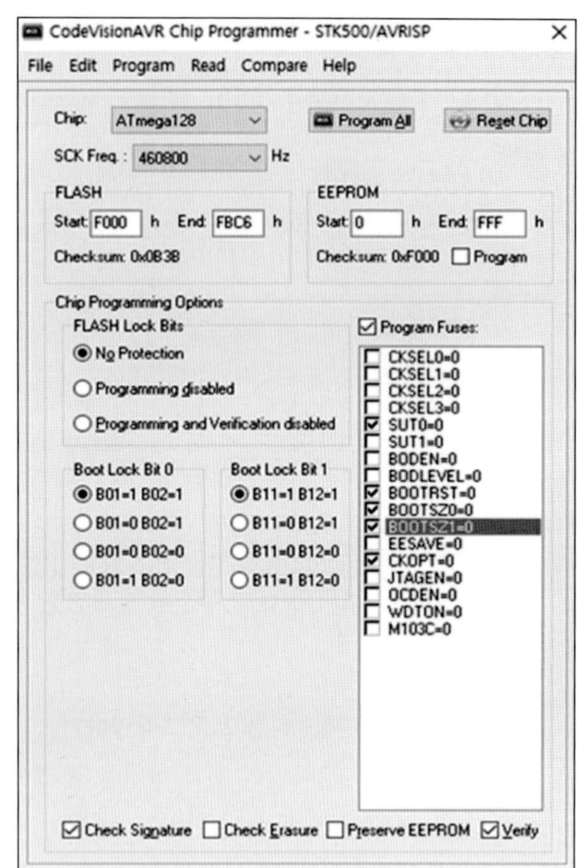

(b) 퓨즈 비트 부트 영역 설정 예시 화면

그림 3.44 칩 프로그래머 실행 화면

정하기 위한 비트는 SUT0~1, CKSEL0~3, CKOPT이다. 이 책에서 활용되는 교육용 보드는 외부 X-TAL 14.7456MHz를 사용하기 때문에 CKOPT=0, CKSEL1~3은 모두 1로 설정하며, 기동 시간은 외부 X-TAL을 사용하기 때문에 CKSEL0 비트를 1로 설정, SUT0~1은 원하는 기동 시간으로 설정한다. 상기 내용을 바탕으로 그림 3.50에 부트 영역으로 프로그램이 가능한 퓨즈 비트 설정을 예시했다. 현재 설정은 부트 영역을 최대(4096워드)로 했고, 외부 X-TAL을 적용했으며, 기동 시간은 16K CK, 리셋의 경우 추가 지연 시간은 4.1ms이다. 좀 더 자세한 퓨즈 비트에 대한 세부 항목 설정은 2.6절에 자세히 설명되어 있으니 참고하기 바란다.

② 프로그래머 설정

컴파일된 Hex 파일 또는 퓨즈 비트 설정을 ATmega128의 내부 플래시에 저장하기 위해서는 앞서 3.4절에서 소개한 ICE 또는 ISP 다운로더를 이용해야 한다. 최신 ICE(MKii)를 사용하면 USB 통신 방식으로 별도의 설정이 필요 없지만, ISP 다운로더를 이용한 방법은 USB 통신을 이용한 가상 직렬 포트로 ATmega128에 접속하기 때문에 직렬 포트를 지정해줘야 한다. 직렬 포트의 지정은 CodeVisonAVR의 **Settings > Programmer**를 실행하여 그림 3.45와 같이 설정을

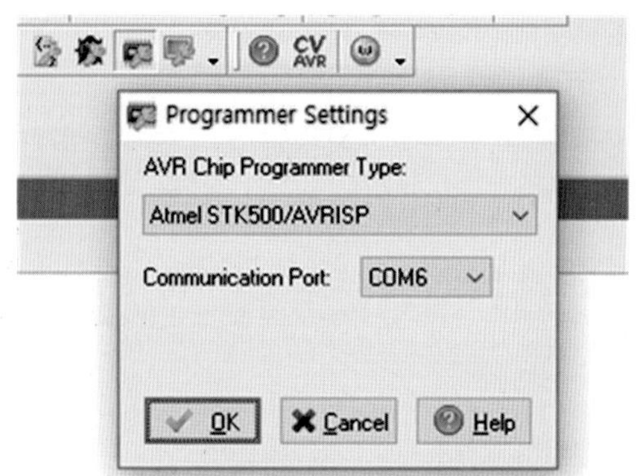

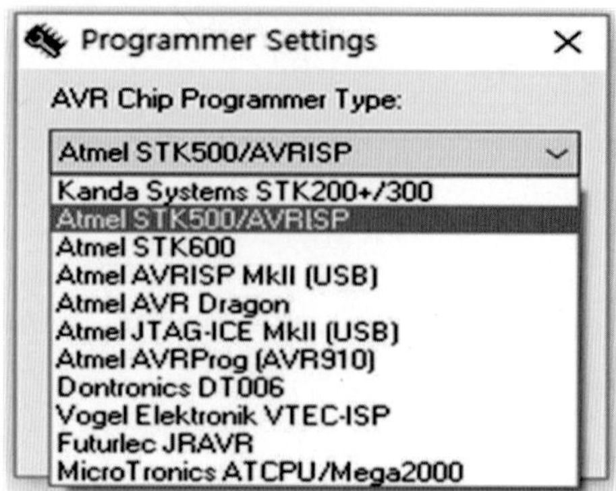

그림 3.45 프로그래머 설정

해주면 된다. AVR Chip Programmer Type은 MKii 또는 ICE의 경우 해당 명칭을 선택하면 되고, ISP 다운로더의 경우 제조사의 사양을 확인한 후 선택한다. 현재 유통되는 ISP는 STK500을 선택하면 된다.

③ 플래시 메모리를 프로그래밍하기

3.5절에서 컴파일한 결과 파일을 플래시 메모리에 쓰기 위해서는 File > Load Flash를 실행하여 플래시 메모리에 쓰일 파일(.rom 확장자)을 버퍼에 로드한 후에 Program > Flash를 실행하면 된다. 교육용 보드에 이미 쓰인 플래시 메모리의 내용을 읽기 위해서는 Read > Flash를 실행하면 FLASH 버퍼에 저장이 된다. 이렇게 저장된 플래시 메모리의 내용을 확인하기 위해 Edit > Flash를 실행하면 그림 3.46과 같이 버퍼의 내용을 확인할 수 있다.

Edit FLASH Buffer

	x0	x1	x2	x3	x4	x5	x6	x7	x8	x9	xA	xB	xC	xD	xE	xF
0000x	940C	0046	940C	0000	940C	0000	940C	0000	940C	0000	940C	0000	940C	0000	940C	0000
0001x	940C	0000	940C	0000	940C	0000	940C	0000	940C	0000	940C	0000	940C	0000	940C	0000
0002x	940C	0000	940C	0000	940C	0000	940C	0000	940C	0000	940C	0000	940C	0000	940C	0000
0003x	940C	0000	940C	0000	940C	0000	940C	0000	940C	0000	940C	0000	940C	0000	940C	0000
0004x	940C	0000	940C	0000	940C	0000	94F8	27EE	BBEC	E0F1	BFF5	BFE5	93E0	006D	93E0	006C
0005x	E08D	E0A2	27BB	93ED	958A	F7E9	E080	E190	E0A0	E0B1	93ED	9701	F7E9	BF8B	EFEF	BFED
0006x	E1E0	BFEE	E0C0	E0D5	940C	0070	931A	930A	018D	01F8	9731	018F	F7E1	9109	9119	9508
0007x	EFEF	BBE7	BBE8	E0E0	D004	EFEF	D002	CFFB	CFFF	BBE8	EFAF	EFBF	CFE9	FFFF	FFFF	FFFF

F2 - edits value; Tab - saves edited value; Arrow keys, Tab, Shift-Tab, PgUp, PgDn - moves selection; Mouse right click - fills memory block

그림 3.46 FLASH 버퍼에 저장된 플래시 메모리의 확인

④ EEPROM을 프로그래밍하기

EEPROM에 데이터를 쓰기 위해서는 File > Load EEPROM을 실행하여 EEPROM에 쓰일 파일(.eep 확장자)을 버퍼에 로드한 후에 Program > EEPROM을 실행하면 된다. 교육용 보드에 이미 쓰인 EEPROM의 내용을 읽기 위해서는 Read > EEPROM을 실행하면 EEPROM 버퍼에 저장이 된다. 이렇게 저장된 EEPROM의 내용을 확인하기 위해 Edit > EEPROM을 실행하면 그림 3.47과 같이 버퍼의 내용 확인이 가능하다.

Edit EEPROM Buffer

	x0	x1	x2	x3	x4	x5	x6	x7	x8	x9	xA	xB	xC	xD	xE	xF	x0	x1	x2	x3	x4	x5	x6	x7	x8	x9	xA	xB	xC	xD	xE	xF
000x	FF	FF	FF	FF	FF	FF	FF	FF	FF	FF	FF	FF	FF	FF	FF	FF	ÿ	ÿ	ÿ	ÿ	ÿ	ÿ	ÿ	ÿ	ÿ	ÿ	ÿ	ÿ	ÿ	ÿ	ÿ	ÿ
001x	FF	FF	FF	FF	FF	FF	FF	FF	FF	FF	FF	FF	FF	FF	FF	FF	ÿ	ÿ	ÿ	ÿ	ÿ	ÿ	ÿ	ÿ	ÿ	ÿ	ÿ	ÿ	ÿ	ÿ	ÿ	ÿ
002x	FF	FF	FF	FF	FF	FF	FF	FF	FF	FF	FF	FF	FF	FF	FF	FF	ÿ	ÿ	ÿ	ÿ	ÿ	ÿ	ÿ	ÿ	ÿ	ÿ	ÿ	ÿ	ÿ	ÿ	ÿ	ÿ
003x	FF	FF	FF	FF	FF	FF	FF	FF	FF	FF	FF	FF	FF	FF	FF	FF	ÿ	ÿ	ÿ	ÿ	ÿ	ÿ	ÿ	ÿ	ÿ	ÿ	ÿ	ÿ	ÿ	ÿ	ÿ	ÿ
004x	FF	FF	FF	FF	FF	FF	FF	FF	FF	FF	FF	FF	FF	FF	FF	FF	ÿ	ÿ	ÿ	ÿ	ÿ	ÿ	ÿ	ÿ	ÿ	ÿ	ÿ	ÿ	ÿ	ÿ	ÿ	ÿ
005x	FF	FF	FF	FF	FF	FF	FF	FF	FF	FF	FF	FF	FF	FF	FF	FF	ÿ	ÿ	ÿ	ÿ	ÿ	ÿ	ÿ	ÿ	ÿ	ÿ	ÿ	ÿ	ÿ	ÿ	ÿ	ÿ
006x	FF	FF	FF	FF	FF	FF	FF	FF	FF	FF	FF	FF	FF	FF	FF	FF	ÿ	ÿ	ÿ	ÿ	ÿ	ÿ	ÿ	ÿ	ÿ	ÿ	ÿ	ÿ	ÿ	ÿ	ÿ	ÿ
007x	FF	FF	FF	FF	FF	FF	FF	FF	FF	FF	FF	FF	FF	FF	FF	FF	ÿ	ÿ	ÿ	ÿ	ÿ	ÿ	ÿ	ÿ	ÿ	ÿ	ÿ	ÿ	ÿ	ÿ	ÿ	ÿ
008x	FF	FF	FF	FF	FF	FF	FF	FF	FF	FF	FF	FF	FF	FF	FF	FF	ÿ	ÿ	ÿ	ÿ	ÿ	ÿ	ÿ	ÿ	ÿ	ÿ	ÿ	ÿ	ÿ	ÿ	ÿ	ÿ
009x	FF	FF	FF	FF	FF	FF	FF	FF	FF	FF	FF	FF	FF	FF	FF	FF	ÿ	ÿ	ÿ	ÿ	ÿ	ÿ	ÿ	ÿ	ÿ	ÿ	ÿ	ÿ	ÿ	ÿ	ÿ	ÿ
00Ax	FF	FF	FF	FF	FF	FF	FF	FF	FF	FF	FF	FF	FF	FF	FF	FF	ÿ	ÿ	ÿ	ÿ	ÿ	ÿ	ÿ	ÿ	ÿ	ÿ	ÿ	ÿ	ÿ	ÿ	ÿ	ÿ
00Bx	FF	FF	FF	FF	FF	FF	FF	FF	FF	FF	FF	FF	FF	FF	FF	FF	ÿ	ÿ	ÿ	ÿ	ÿ	ÿ	ÿ	ÿ	ÿ	ÿ	ÿ	ÿ	ÿ	ÿ	ÿ	ÿ
00Cx	FF	FF	FF	FF	FF	FF	FF	FF	FF	FF	FF	FF	FF	FF	FF	FF	ÿ	ÿ	ÿ	ÿ	ÿ	ÿ	ÿ	ÿ	ÿ	ÿ	ÿ	ÿ	ÿ	ÿ	ÿ	ÿ
00Dx	FF	FF	FF	FF	FF	FF	FF	FF	FF	FF	FF	FF	FF	FF	FF	FF	ÿ	ÿ	ÿ	ÿ	ÿ	ÿ	ÿ	ÿ	ÿ	ÿ	ÿ	ÿ	ÿ	ÿ	ÿ	ÿ
00Ex	FF	FF	FF	FF	FF	FF	FF	FF	FF	FF	FF	FF	FF	FF	FF	FF	ÿ	ÿ	ÿ	ÿ	ÿ	ÿ	ÿ	ÿ	ÿ	ÿ	ÿ	ÿ	ÿ	ÿ	ÿ	ÿ
00Fx	FF	FF	FF	FF	FF	FF	FF	FF	FF	FF	FF	FF	FF	FF	FF	FF	ÿ	ÿ	ÿ	ÿ	ÿ	ÿ	ÿ	ÿ	ÿ	ÿ	ÿ	ÿ	ÿ	ÿ	ÿ	ÿ
010x	FF	FF	FF	FF	FF	FF	FF	FF	FF	FF	FF	FF	FF	FF	FF	FF	ÿ	ÿ	ÿ	ÿ	ÿ	ÿ	ÿ	ÿ	ÿ	ÿ	ÿ	ÿ	ÿ	ÿ	ÿ	ÿ
011x	FF	FF	FF	FF	FF	FF	FF	FF	FF	FF	FF	FF	FF	FF	FF	FF	ÿ	ÿ	ÿ	ÿ	ÿ	ÿ	ÿ	ÿ	ÿ	ÿ	ÿ	ÿ	ÿ	ÿ	ÿ	ÿ
012x	FF	FF	FF	FF	FF	FF	FF	FF	FF	FF	FF	FF	FF	FF	FF	FF	ÿ	ÿ	ÿ	ÿ	ÿ	ÿ	ÿ	ÿ	ÿ	ÿ	ÿ	ÿ	ÿ	ÿ	ÿ	ÿ
013x	FF	FF	FF	FF	FF	FF	FF	FF	FF	FF	FF	FF	FF	FF	FF	FF	ÿ	ÿ	ÿ	ÿ	ÿ	ÿ	ÿ	ÿ	ÿ	ÿ	ÿ	ÿ	ÿ	ÿ	ÿ	ÿ
014x	FF	FF	FF	FF	FF	FF	FF	FF	FF	FF	FF	FF	FF	FF	FF	FF	ÿ	ÿ	ÿ	ÿ	ÿ	ÿ	ÿ	ÿ	ÿ	ÿ	ÿ	ÿ	ÿ	ÿ	ÿ	ÿ
015x	FF	FF	FF	FF	FF	FF	FF	FF	FF	FF	FF	FF	FF	FF	FF	FF	ÿ	ÿ	ÿ	ÿ	ÿ	ÿ	ÿ	ÿ	ÿ	ÿ	ÿ	ÿ	ÿ	ÿ	ÿ	ÿ
016x	FF	FF	FF	FF	FF	FF	FF	FF	FF	FF	FF	FF	FF	FF	FF	FF	ÿ	ÿ	ÿ	ÿ	ÿ	ÿ	ÿ	ÿ	ÿ	ÿ	ÿ	ÿ	ÿ	ÿ	ÿ	ÿ
017x	FF	FF	FF	FF	FF	FF	FF	FF	FF	FF	FF	FF	FF	FF	FF	FF	ÿ	ÿ	ÿ	ÿ	ÿ	ÿ	ÿ	ÿ	ÿ	ÿ	ÿ	ÿ	ÿ	ÿ	ÿ	ÿ
018x	FF	FF	FF	FF	FF	FF	FF	FF	FF	FF	FF	FF	FF	FF	FF	FF	ÿ	ÿ	ÿ	ÿ	ÿ	ÿ	ÿ	ÿ	ÿ	ÿ	ÿ	ÿ	ÿ	ÿ	ÿ	ÿ
019x	FF	FF	FF	FF	FF	FF	FF	FF	FF	FF	FF	FF	FF	FF	FF	FF	ÿ	ÿ	ÿ	ÿ	ÿ	ÿ	ÿ	ÿ	ÿ	ÿ	ÿ	ÿ	ÿ	ÿ	ÿ	ÿ
01Ax	FF	FF	FF	FF	FF	FF	FF	FF	FF	FF	FF	FF	FF	FF	FF	FF	ÿ	ÿ	ÿ	ÿ	ÿ	ÿ	ÿ	ÿ	ÿ	ÿ	ÿ	ÿ	ÿ	ÿ	ÿ	ÿ
01Bx	FF	FF	FF	FF	FF	FF	FF	FF	FF	FF	FF	FF	FF	FF	FF	FF	ÿ	ÿ	ÿ	ÿ	ÿ	ÿ	ÿ	ÿ	ÿ	ÿ	ÿ	ÿ	ÿ	ÿ	ÿ	ÿ
01Cx	FF	FF	FF	FF	FF	FF	FF	FF	FF	FF	FF	FF	FF	FF	FF	FF	ÿ	ÿ	ÿ	ÿ	ÿ	ÿ	ÿ	ÿ	ÿ	ÿ	ÿ	ÿ	ÿ	ÿ	ÿ	ÿ
01Dx	FF	FF	FF	FF	FF	FF	FF	FF	FF	FF	FF	FF	FF	FF	FF	FF	ÿ	ÿ	ÿ	ÿ	ÿ	ÿ	ÿ	ÿ	ÿ	ÿ	ÿ	ÿ	ÿ	ÿ	ÿ	ÿ
01Ex	FF	FF	FF	FF	FF	FF	FF	FF	FF	FF	FF	FF	FF	FF	FF	FF	ÿ	ÿ	ÿ	ÿ	ÿ	ÿ	ÿ	ÿ	ÿ	ÿ	ÿ	ÿ	ÿ	ÿ	ÿ	ÿ
01Fx	FF	FF	FF	FF	FF	FF	FF	FF	FF	FF	FF	FF	FF	FF	FF	FF	ÿ	ÿ	ÿ	ÿ	ÿ	ÿ	ÿ	ÿ	ÿ	ÿ	ÿ	ÿ	ÿ	ÿ	ÿ	ÿ

F2 - edits value; Tab - saves edited value; Arrow keys, Tab, Shift-Tab, PgUp, PgDn - moves selection; Mouse right click - fills memory block

그림 3.47 EEPROM 버퍼에 저장된 데이터 확인

⑤ 모든 메모리를 프로그래밍하기

이상의 각 메모리에 대한 프로그래밍 과정은 그림 3.44의 Program All 버튼에 의해 한 번에 수행될 수 있다.

3.8 교육용 보드에 탑재된 부트 로더를 이용한 프로그램 다운로드

교육용 보드는 부트 로더 프로그램이 탑재되어 있어 ISP 기능을 활용한 플래시 메모리 다운로드와 별개로 직렬 통신 포트를 이용하여 Hex 파일의 다운로드가 가능하다. 따라서 이를 이용하여 프로그램을 다운로드하는 방법에 대해 살펴보자.

부트 로더는 일반적으로 운영체제가 탑재된 임베디드 시스템에서 운영체제가 시동되기 이전에 미리 실행되면서 시스템이 올바르게 구동되기 위한 모든 관련 작업 또는 운영체제의 업데이트를 수행한 후에 최종적으로 운영체제가 정상적으로 구동되도록 관리하는 목적을 지니고 있다. 이와 유사하게 마이크로컨트롤러에서의 부트 로더도 실제 애플리케이션 동작 전에 애플리케이션의 업데이트, 동작 준비 과정 등의 점검을 목적으로 사용된다. 일반적으로 부트 로더를 이용한 시스템 부팅은 마이크로컨트롤러의 동작 중 가장 먼저 동작하도록 메모리 시작 위치를 설정한다. 그 후 애플리케이션의 업데이트 요청이 이뤄지지 않으면 애플리케이션 영역으로 메모리를 점프하여 프

로그램을 구동한다.

이 책에서 사용하고 있는 실험용 보드에도 이와 같은 목적과 동작의 부트 로더를 적용하고 있으며, 이 부트 로더 파일은 교육용 보드를 판매하고 있는 (주)HT&C 홈페이지의 게시판을 방문하여 입수하고, 이를 3.7절에서 설명한 대로 부트 로더 영역으로 퓨즈 비트를 설정하고 플래시 메모리에 다운로드하기 바란다.

실험용 보드에 탑재된 부트 로더의 주요 동작은 그림 3.48의 흐름과 같다. 적용된 부트 로더 프로그램은 전원 투입 후에 애플리케이션의 업데이트 프로그램이 일정 시간 동안 진행되지 않으면, 이후에 자동으로 그림 3.48에 제시한 것과 같이 보드에 내장된 스위치(SW0~SW5)가 눌리면 다섯 가지 시험 동작을 수행한다. SW0번이 눌리면 전원 종료 이전에 갱신된 애플리케이션을 구동하고, SW1번이 눌리면 포트 F에 연결된 A/D 변환기의 시험 동작을 수행하고, SW2번이 눌리면 I/O의 동작을 시험하기 위한 모드로 포트 C, 포트 D, 포트 E의 디지털 입력 결과를 포트 B에 연결되어 있는 LED로 출력한다. 그리고 SW3번이 눌리면 LED의 동작을 확인하는 시험 프로그램이 수행되고, SW4번이 눌리면 PG 포트에 연결된 부저의 동작을 확인하고, SW5번이 눌리면 PC와의 직렬 통신 기능을 시험하는 동작을 수행하는데 이는 별도의 PC 프로그램이 필요하다.

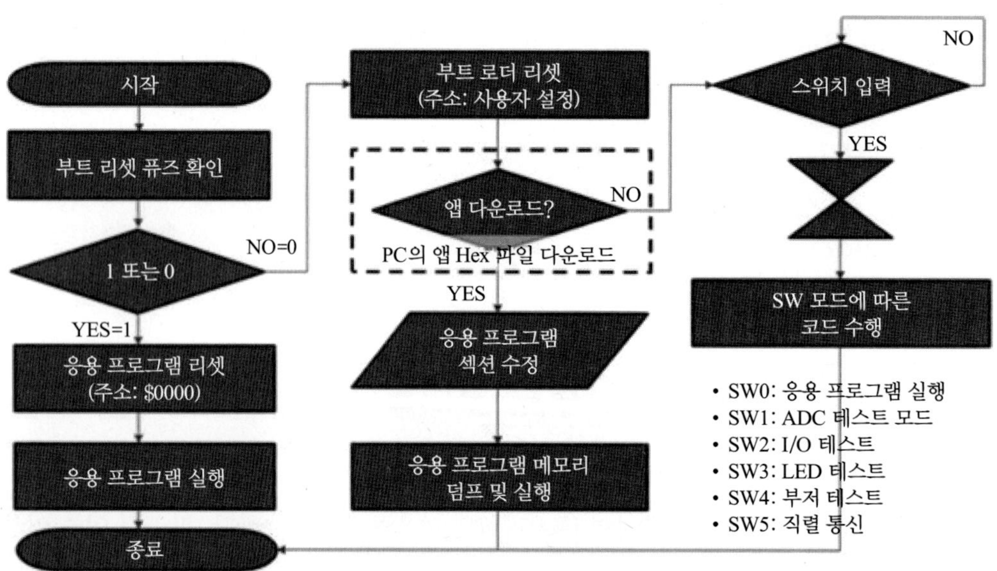

그림 3.48 교육용 보드에 탑재된 부트 로더 프로그램 동작 흐름도

이러한 동작은 2장에서 설명한 바와 같이 ATmega128 플래시 메모리의 부트 로더 영역에 미리 부트 로더 프로그램을 다운로드했을 때 수행되며, 부트 로더가 탑재된 경우에 한해 다음의 다운로드 프로그램을 이용하여 Hex 파일 전송이 가능하다. 사용자가 작성한 프로그램의 다운로드는 그림 3.49~그림 3.54의 순서대로 진행되니 제시된 대로 수행하기 바란다.

① 그림 3.49와 같이 PC의 장치 관리자에서 교육용 보드의 가상 직렬 포트를 확인한다.

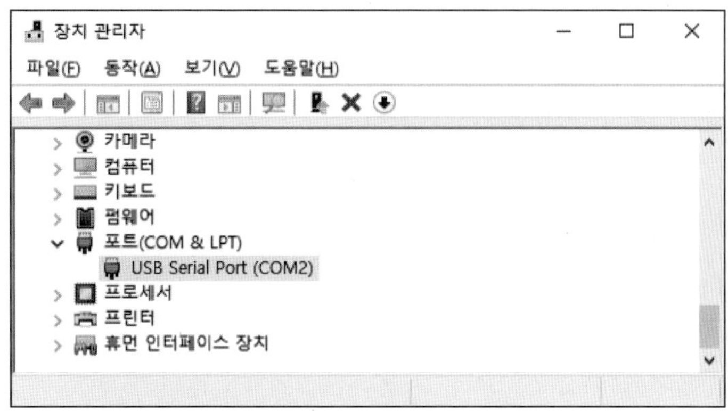

그림 3.49 PC의 장치 관리자에서 가상 직렬 포트 확인

② 그림 3.50은 CodeVisionAVR에서 작성된 Hex 파일을 다운로드하기 위해 개발한 PC의 다운로드 환경 프로그램이다. 먼저 그림 3.50 좌측 상단의 port 메뉴를 눌러 ①에서 확인한 포트 번호로 선택하고, 통신 속도는 19200으로 설정한다. 포트 번호는 COM(N)을 클릭하면 자동으로 설정된다.

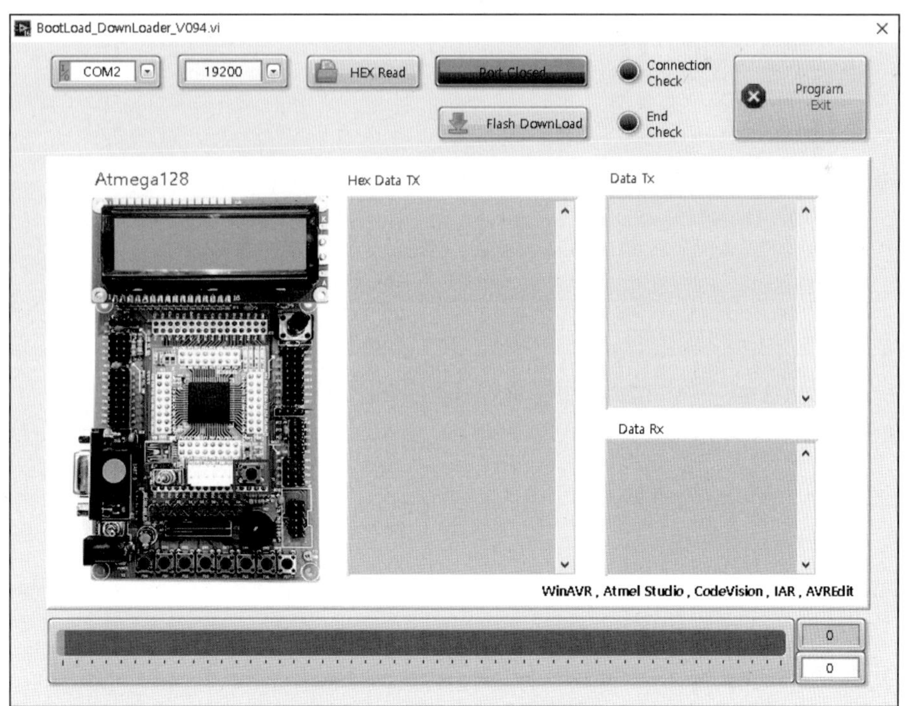

그림 3.50 PC의 다운로드용 프로그램

③ Hex 파일을 다운로드하기 위해 그림 3.50의 상단 중앙에 있는 Port Closed 접속 버튼을 눌러 그림 3.51과 같이 COM 포트를 활성화한다. 포트가 활성화되면 Port Open으로 변경된다.

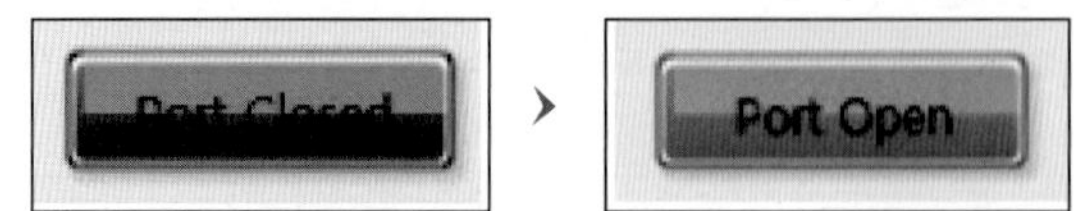

그림 3.51 포트의 활성화

④ 포트가 활성화되면 교육용 보드의 리셋 버튼을 눌러 그림 3.52와 같이 Connection Check LED의 상태가 변경되는지 확인한다.

그림 3.52 리셋 버튼을 눌렀을 때 Connection Check LED가 표시되는 화면

⑤ 다음으로 그림 3.52 상단의 **HEX Read** 버튼을 클릭한다. 버튼을 클릭하면 그림 3.53과 같이 폴더 창이 활성화되고, 교육용 보드로 다운로드하고자 하는 Hex 파일을 선택한다. Hex 파일의 경로는 CodeVisionAVR에서 설정한 프로젝트 내의 Exe 폴더 내에 위치하므로 Hex 파일의 경로를 확인하여 선택하기 바란다.

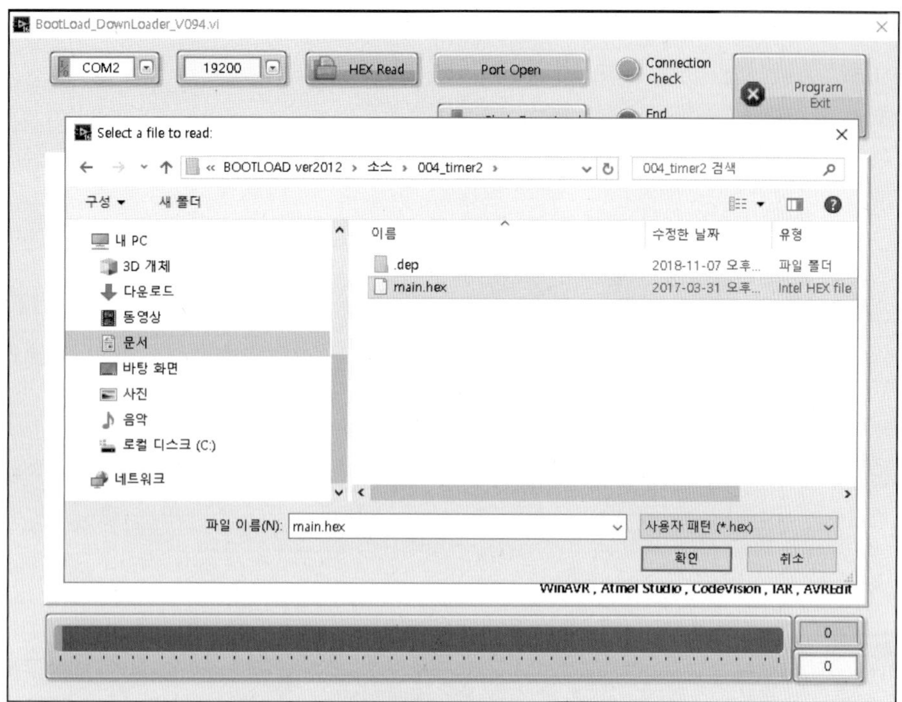

그림 3.53 다운로드하고자 하는 Hex 파일 선택

⑥ 파일이 선택되면 그림 3.54 가운데의 Hex 파일 전송 창을 확인하고, Flash Download 버튼을 눌러 교육용 보드에 파일을 전송한다.

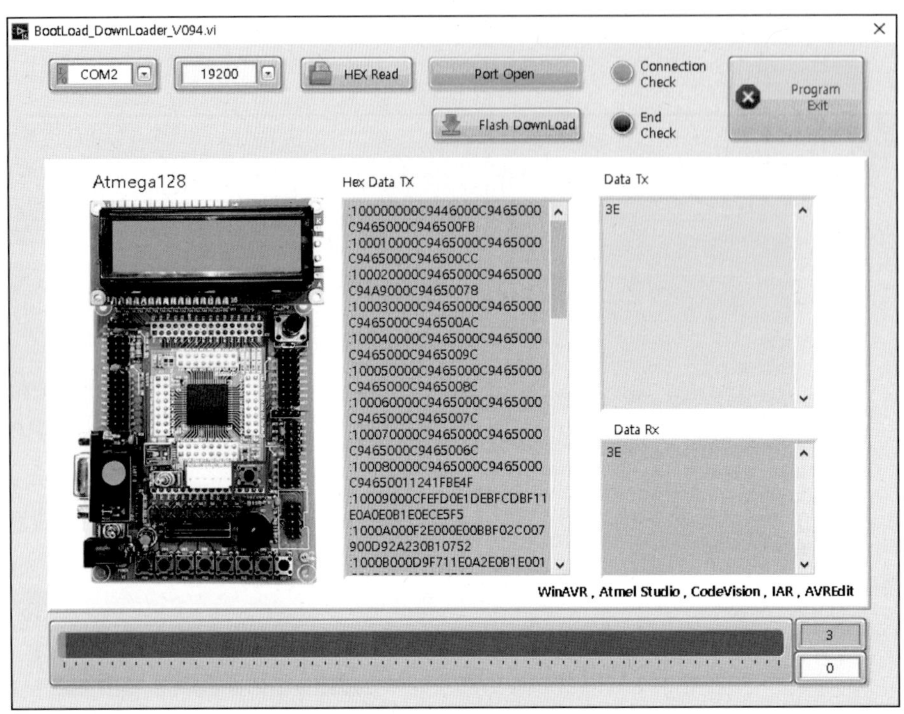

그림 3.54 PC에서 교육용 보드로의 Hex 파일 전송

이렇게 전송된 파일은 전원을 차단한 후 전원을 재인가해도 응용 영역에 프로그램이 적재되어 있는 상태이기 때문에 언제든지 재실행이 가능하다. 재실행을 하기 위해서는 전원을 투입한 후에 교육용 보드의 SW0을 누르면 된다.

연습문제

1. ATmega128의 발진 회로 설계에 사용되는 오실레이터와 수정 발진자의 차이점을 조사하라.

2. 현재 출시되고 있는 ATmega128의 최대 동작 주파수는 얼마인가? 또한 이를 사용하기 위한 회로를 설계하라.

3. 교육용 보드에서는 ATmega128를 구동하기 위해 14.7456MHz의 클록을 사용했다. 그 이유는 무엇인가?

4. 리셋 회로의 동작을 설명하고, 이 회로의 리셋 시간을 구하라.

5. ATmega128의 리셋에 대한 문제이다.
   (1) 리셋의 내부 메커니즘을 설명하라.
   (2) 리셋에 요구되는 최소 시간은 얼마인가?
   (3) 리셋 후의 PC 값은 얼마인가?
   (4) 리셋 후의 스택 포인터의 값은 얼마인가?

6. PC의 USB 포트와 직렬 통신을 하기 위한 FT232RL 칩에 대해 조사하고, 핀의 기능을 정리하라.

7. 마이크로컨트롤러를 사용하여 시스템을 개발하기 위한 과정을 설명하라.

8. CodeVsionAVR IDE 환경의 특징을 조사하라.

9. AVR ISP의 세 가지 형태는 무엇인가?

10. 병렬 포트형 AVR ISP의 구성 원리를 조사하고, 그 활용법을 설명하라.

11. AVR ISP에서 사용되는 신호 선 규격에 대해 설명하라.

12. Atmel에서 제공하는 STK500 프로토콜에 대해 조사하라.

13. 다음은 인텔 16진 코드의 예이다. 다음 질문에 답하라.

```
:100800007589117F007E0575A88AD28FD28D80FEF2
:10081000C28C758C3C758AB0DE087E050FBF09025E
:100820007F00D28C32048322FB90FC0CFC7AFCAD5E
:0A083000FD0AFD5CFDA6FDC8FDC831
:00000001FF
```

(1) 이 프로그램의 시작 주소는 무엇인가?

(2) 이 프로그램의 길이는 어떻게 되는가?

(3) 이 프로그램의 마지막 주소는 무엇인가?

14. 다음의 인텔 16진 코드에는 체크섬(checksum) 에러가 있다. 부정확한 체크섬은 마지막 두 문자 '00'이다. 정확한 체크섬은 얼마인가?

```
:100800007589117C007F0575A8FFD28FD28D80FE00
```

15. 다음의 인텔 16진 코드 내용에서 제일 마지막 줄의 의미를 파악하여 설명하라.

```
:090100007820765508B880FA2237
:00000001FF
```

16. 사용자 프로그램을 다운로드할 때 인텔 16진 형식 파일을 사용하는 이유는 무엇이며, 이 파일 형식은 어떻게 구성되어 있는지 설명하라.

CHAPTER

4

AVR 사용을 위한 C 언어 활용

AVR 마이크로컨트롤러 제어용 프로그램을 작성하기 위해서는 일반적으로 어셈블러와 C 언어를 사용한다. 이 책에서는 C 언어를 사용하여 ATmega128을 제어하는 방법을 설명하기로 했으므로 이 장에서는 AVR용의 C 언어 컴파일러인 CodeVision®AVR에서 제공되는 C 언어 확장 기법에 대해 자세히 알아본다.

CodeVision®AVR C 컴파일러는 표준 ANSI C를 바탕으로 AVR의 하드웨어를 제어하기 위해 메모리 모델, 특수 기능 레지스터의 액세스, 인터럽트와 외부 메모리 확장을 위한 포인터 부분을 보강해놓았다. 이 장에서는 그 사용 방법에 대해 기본적인 내용을 설명하고, 마이크로컨트롤러를 사용하면서 중요시되는 C 언어의 활용 방법을 간략하게 설명한다.

4.1 개요

이제 하드웨어가 제작됐으니 이를 구동할 수 있는 프로그램을 작성하는 방법을 알아보자. ATmega128을 포함한 AVR을 활용하기 위해 프로그램을 작성하는 데는 어셈블러와 C 언어를 사용할 수 있다.

어셈블러를 이용하여 프로그램을 작성하면 하드웨어의 이해와 수행 속도 및 메모리 관리 측면에서 유리하나, 언어를 이해하는 데 시간이 많이 소요된다. 또한 어셈블러는 마이크로프로세서마다 각기 다르고 또한 기계어와 비슷한 수준이라 사용하기가 다소 복잡하다. 한편, 요즘 개발자들은 C 언어의 개발 환경에 익숙해져 있고 C 언어를 이용하면 좀 더 용이하게 마이크로컨트롤러를 제어할 수 있다고 생각하기 때문에, 컴파일러의 구입이라는 부담과 어셈블러에 비해 프로그램의 크기가 커진다는 단점에도 불구하고 C 언어를 사용하는 경향이 심화되고 있다.

따라서 이 책에서는 C 언어를 중심으로 AVR 마이크로컨트롤러인 ATmega128의 프로그램을 작성하는 방법을 다루고자 한다. 현재 접하기 쉬운 AVR용 C 컴파일러로는 IAR사, HPInfoTech사의 C 컴파일러와 무상으로 배포되는 AVR-GCC 계열의 AVR Studio와 Atmel Studio가 있는데, 이 책에서는 현재 회사에서 실무에 대중적으로 많이 활용되는 HPInfoTech사의 C 컴파일러를 중심으로 프로그램을 작성하고자 한다. 그러나 독자들은 그 외의 컴파일러를 이용하여 프로그램을 작성해도 무방하다. 이 책에서 사용하는 컴파일러 외의 컴파일러를 사용할 경우에는 변수들의 사용 방법(특히 비트 변수)과 포인터 사용 방법 등 몇 가지 사항만을 고려하면 쉽게 프로그램을 작성할 수 있을 것이다. 즉, 이 책에서 소개되는 프로그램 작성 과정 및 C 언어의 활용 방법은 컴파일러와 상관없이 동일하게 적용할 수 있다.

C 언어는 코드 효용성과 구조화된 프로그래밍과 풍부한 연산자를 제공하는 다목적 프로그래밍 언어이다. 또한 C 언어는 일반적으로 제한사항 없이 결합되어서 다양한 소프트웨어 작업에 효과적인 프로그래밍을 할 수 있고 편하게 작업할 수 있으므로, 다른 응용 프로그램을 사용하는 것보다 C 언어를 사용하면 많은 응용 프로그램을 쉽고 효과적으로 만들 수 있다.

여기서 설명하는 CodeVision®AVR 컴파일러는 표준 ANSI C 언어를 동일하게 사용할 수 있도록 구현되어 있으며, AVR 마이크로컨트롤러에 대해 빠른 속도와 간결한 코드를 생성할 수 있다.

AVR을 사용하여 C 프로그램을 작성하기 위해서는 C 언어의 문법에 익숙해야 하는 것이 사실이다. 그러나 이 책은 마이크로컨트롤러를 활용하는 데 목적을 두고 있기 때문에 C 언어의 기초에 대해서는 독자들이 학습을 했다는 가정하에, CodeVision®AVR 컴파일러에서 AVR용으로 사용하기 위해 확장된 부분과 C 언어를 이용한 제어 프로그램의 작성을 효율적으로 작성하기 위해 ANSI C에서 제공되는 함수, 포인터, 구조체와 공용체에 대해 자세히 설명하기로 한다. 따라서 C 언어에 대한 기본 지식이 없는 독자들은 다른 C 언어 책을 참고하여 C 언어의 기본 문법에 대한 선행 학습을 하기 바란다.

CodeVision®AVR 컴파일러는 일반 C 언어 컴파일러와는 달리 마이크로컨트롤러 환경에 적합하도록 고안되어 있기 때문에 AVR 사용의 편리성을 증진하기 위해 일반 ANSI C에 다음과 같은 확장 기능을 제공하고 있다.

- 데이터 타입
- 메모리 타입
- 메모리 모델
- 포인터

- 인터럽트 함수
- 어셈블리 프로그램과의 결합

이러한 기능들은 일반 ANSI C 컴파일러에서 제공되지 않고 AVR 마이크로컨트롤러에 종속되어 있는 기능이므로, AVR 마이크로컨트롤러를 활용하려면 독자들은 반드시 C 언어 확장 내용을 숙지해야 한다.

4.2 변수와 상수

데이터(data)는 상수(constant)와 변수(variable)로 구분된다. 상수는 변하지 않고 항상 고정된 값을 가지며, 변수는 그 값이 변할 수 있다.

4.2.1 변수의 타입

변수를 사용하기 위해서는 선언문에서 변수 자신의 타입을 명시해야 한다. 변수는 데이터의 형태와 크기를 식별하기 위한 식별자(identifier)가 먼저 온 다음, 선택된 변수의 이름을 정의하고, 마지막으로 세미콜론으로 마무리하여 선언된다. 또한 하나 이상의 변수를 선언하기 위해서는 각각의 변수를 따로 선언하거나 식별자 뒤에 여러 변수 이름을 쉼표로 구분하여 선언한다.

```
unsigned char buf;
int flag, point;
long int my_data_ary;
```

표 4.1 변수의 타입과 크기

변수의 타입	크기(비트)	값의 범위
bit	1	0, 1
char	8	−128~+127
unsigned char	8	0~255
signed char	8	−128~+127
int 또는 short int	16	−32768~+32767
unsigned int	16	0~65535
signed short	16	−32768~+32767
long int	32	−2147483648~2147483647
unsigned long int	32	0~4294967295
signed long int	32	0~4294967295
float	32	±1.175494E−38~±3.402823E+38
double	32	±1.175494E−38~±3.402823E+38

변수와 상수는 마이크로컨트롤러에서 내장된 제한적인 메모리로 저장되므로, 컴파일러는 메모리의 효율적 관리를 위해 각 변수들이 어느 메모리에 저장되는지를 알아야 한다. 따라서 프로그래머는 변수를 정의하고, 변수의 크기와 타입을 정확히 설정해주어야 한다. 표 4.1에는 변수 타입 및 이와 관련된 변수의 크기를 나타내었다.

4.2.2 변수의 유효 범위

변수 타입에 설명한 바와 같이, 변수와 상수는 사용하기 전에 반드시 선언이 되어 있어야 한다. 변수의 유효 범위(scope)는 어떤 식별자에 의해 액세스할 수 있는 구역 또는 프로그램의 구역을 의미하며, 지역 변수(local variable)와 전역 변수(global variable)로 구분된다.

◈ 지역 변수

지역 변수는 함수에 의해 사용되는 메모리 공간에서 사용되는 변수를 의미한다. 즉, 지역 변수는 C 언어에서 함수가 호출될 때 프로그램 스택이나 컴파일러에서 생성되는 힙 공간에 저장되며, 변수가 정의된 함수 내로 변수의 사용이 제한된다. 그러므로 이 변수들은 다른 함수에 의해 액세스되지 않는다. 따라서 이러한 특성을 지닌 지역 변수들은 컴파일러상에서 각각의 함수 내에 속한 것으로만 취급되기 때문에, 지역 변수는 다른 함수와 충돌 없이 여러 함수에서 같은 이름으로 선언되어 사용될 수 있다.

◈ 전역 변수

전역 또는 외부 변수는 컴파일러에 의해 사용되는 메모리 공간에서 사용되는 변수를 의미하며, 이 변수는 프로그램 전 영역에서 액세스될 수 있다. 즉, 전역 변수는 프로그램 내의 임의의 함수에 의해 변경될 수 있고, 다른 함수에 의해 사용될 수 있도록 이 변수의 값은 지정된 메모리에 저장된다. 전역 변수는 일반적으로 `main()` 함수가 실행될 때 0으로 클리어된다. 이러한 동작을 하는 프로그램은 컴파일러의 startup 코드에 들어 있어, 실제 프로그래머는 알 수 없지만 프로그램을 초기화할 때 실행된다.

다음의 예는 변수의 유효 범위를 설명하기 위한 프로그램으로, 전역 변수와 지역 변수의 차이점을 이해해보기 바란다.

```
unsigned char temp_buf;          // 전역 변수
void function_x (void)           // function_x 함수 선언, main 함수에서 호출
{
    unsigned int tween;          // 지역 변수
    tween = 10;                  // tween은 지역 변수로 정상적인 사용
    temp_buf = 20;               // temp_buf는 전역 변수로 정상적인 사용
    main_buf = 22;               // main_buf 변수는 main 함수의 지역 변수이므로 오류임
}

void main()
```

```
{
    unsigned char main_buf;     // main( ) 함수에서의 지역 변수
    temp_buf = 12;              // temp_buf는 전역 변수로 정상적인 사용
    tween = 34;                 // tween 변수는 function_x 함수의 지역 변수이므로 오류임
}
```

만약 변수가 함수 내에서 사용될 때, 지역 변수가 전역 변수의 이름이 동일하다면 지역 변수는 함수 내에서만 사용이 가능해진다. 이 경우에 전역 변수의 값은 함수 내에서 액세스될 수 없으며, 변경되지 않은 상태로 유지되므로 유의해야 한다.

4.2.3 상수

상수는 변수의 값이 한 번 정해지면 변하지 않는 데이터로서, 프로그램이 실행되고 있는 동안에는 변경될 수 없다. 따라서 상수는 컴파일되는 프로그램의 일부로 간주되며, RAM상에 저장되기보다는 ROM상에 위치하게 되며, AVR에서는 플래시 메모리에 배치된다. 다음은 상수의 사용 예로서, 사용 방법을 살펴보기 바란다.

```
a = 3 + b;                  // 3은 상수로서 컴파일러에 의해 직접 코드화된다.
printf("hello world");      // "hello world"라는 문장은 프로그램 메모리에 위치하게 되며 변경될 수 없다.
x = 'C';                    // 문자 'C' 또한 프로그램 메모리에 변경 없이 위치하게 된다.
```

또한 상수를 const 예약어를 사용하여 데이터 타입과 크기를 선언할 수 있다.

```
const char c_text = 55;
```

상수로 데이터 변수를 정의하면, 변수가 RAM 영역에 저장되지 않고 프로그램 코드 영역에 저장된다. 이렇게 함으로써 RAM의 공간을 효율적으로 사용할 수 있다.

◈ 숫자 상수

숫자 상수(numeric constant)는 프로그램의 판독성을 높이기 위해 기수(base)를 이용하여 여러 가지로 표현할 수 있다. int와 long int 타입의 상수는 다음과 같은 예로 사용될 수 있다.

- 10진수는 접두어 없이 표현됨: 1234
- 2진수는 접두어 0b를 사용함: 0b11010010
- 16진수는 접두어 0x를 사용함: 0x00
- 8진수는 접두어 o를 사용함: o555

상수의 사용을 더욱 명확하게 정의하기 위해 다음과 같은 한정자(modifier)를 사용할 수도 있다.

- unsigned int의 상수를 표현할 경우에는 접미사(suffix) U를 사용할 수 있음: 10000U
- long int의 상수를 표현할 경우에는 접미사 L을 사용할 수 있음: 77L

- unsigned long int의 상수를 표현할 경우에는 접미사 UL을 사용할 수 있음: 77UL
- 부동소수점의 상수를 표현할 경우에는 접미사 F를 사용할 수 있음: 2.1234F
- 문자 상수는 작은따옴표(single quotation mark)를 사용하여 표현함: 'b' 또는 'B'

◈ 문자 상수

문자 상수(character constant)는 출력 가능한 문자와 LF, CR, Tab과 같이 출력되지 않는 문자로 구분되어 사용된다. 출력 가능한 문자 상수는 작은따옴표를 사용하여 표현하고, ASCII 코드로 문자를 표현하기 위해서는 먼저 백슬래시(\) 기호를 앞에 넣고 표현할 내용을 전부 작은따옴표로 묶어서 표현한다. 즉, 문자 상수 t는 다음과 같이 세 가지로 표현할 수 있다.

```
't', '\164', '\x74'
```

C 언어에서 현재 사용되고 있는 출력되지 않는 문자의 예를 표 4.2에 나타내었다. 이는 직렬 통신 등을 이용하여 터미널로 문자를 전송할 경우에 특수 제어 문자, 즉 이스케이프 시퀀스(escape sequence) 문자로 사용된다.

표 4.2 출력되지 않는 문자의 예

문자	표현 방법	Hex 값의 표현
BEL	'\a'	'\x07'
Backspace	'\b'	'\x08'
TAB	'\t'	'\x09'
LF	'\n'	'\x0a'
VT	'\v'	'\x0b'
FF	'\f'	'\x0c'
CR	'\r'	'\x0d'

4.2.4 비트 변수

CodeVision®AVR C 컴파일러에서는 비트 단위의 제어를 위해 bit라는 키워드를 제공한다. 일반 ANSI C에서 비트 단위로 데이터를 직접 처리하는 방법이 제공되지 않기 때문에, 비트 단위로 데이터를 액세스하고 처리하기 위해서는 바이트 또는 워드 단위의 값에 해당 비트를 AND 또는 OR 마스킹하여 처리한다.

그러나 AVR과 같은 마이크로컨트롤러는 I/O를 비트 단위로 처리하는 제어 응용에 적합하도록 설계되어 있기 때문에 C 언어를 사용하여 비트 단위로 데이터를 처리하는 과정은 매우 중요하며, 이를 위해 마이크로컨트롤러를 다루는 C 컴파일러에서는 bit 키워드를 제공하고 있다.

bit 키워드는 다음과 같이 비트 변수를 선언하는 데 사용된다.

```
bit <identifier>;
```

이렇게 선언된 비트 변수는 전역 비트 변수와 지역 비트 변수로 구분되고, 전역 비트 변수는 R2~R14 메모리 공간에 할당되며, 지역 비트 변수는 R15 레지스터에 할당된다.

비트 변수의 실제 사용 방법은 다음과 같다.

```
bit flag1=0, flag2=0, buf_full;     // 비트 변수의 선언
```

이렇게 하면 비트 변수 3개가 선언된 것으로, 이 중 flag1과 flag2 변수를 0으로 초기화한 것이다.

비트 변수 사용 시 주의할 사항은 다른 변수와는 달리 포인터나 배열을 사용할 수 없으며, 기능 함수의 인자 목록(argument list)과 함수의 복귀 값으로 사용될 수 없다는 것이다. 즉, 다음과 같은 사용은 잘못된 표현 방법이니 유의하기 바란다.

```
bit *ptr;                           // 잘못된 사용법
bit t_dat[5];                       // 잘못된 사용법

bit testfunc(bit flag1, bit flag2) // 잘못된 사용법
{
    .
    .
    return(0);                      // 잘못된 사용법
}
```

이 외에 비트 변수를 이용하여 I/O 레지스터를 비트 단위로 액세스하는 방법은 4.3절에서 자세히 다루기로 한다.

4.2.5 열거형 상수와 정의

C 언어를 사용하여 프로그램을 작성하는 과정에서는 프로그램 코드를 읽고 의미를 파악하는 것이 매우 중요하게 대두된다. 이를 프로그램 코드의 가독성(readability)이라 하는데, 이는 프로그램 작성 과정에서 프로그램의 의미를 파악하는 데 매우 중요하게 작용한다. 이러한 용도로 열거형 상수가 사용되며, 열거형 상수를 사용하면 정수형 상수를 표현하는 기호 이름을 선언할 수 있다.

열거형 상수(enumeration)는 enum 키워드를 사용하여 새로운 타입을 생성하고 그 타입이 갖게 될 값을 지정하게 된다(사실 enum 상수는 int 타입이기 때문에 int를 사용하는 곳이라면 어디서나 enum 상수를 사용할 수 있다).

enum은 상수로 열거되며, 나열된 식별자에 연속적인 정수의 상수 값을 지정하는 데 사용된다. 사용 예는 다음과 같다.

```
int num_val;            // 정수형 변수를 선언

// 열거형 상수를 선언
```

```
enum { zero_val, one_val, two_val, three_val };
num_val = two_val;     // num_val=2와 같음
```

zero_val은 상수 0으로 설정되어 있고, 이에 따라 나머지 one_val은 1로, two_val은 2로, three_val은 3으로 자동으로 상수 값이 설정된다.

enum 상수의 초깃값은 다음과 같이 변경할 수도 있다.

```
enum { start=10, next_val1, next_val2, next_val3 };
```

이렇게 되면 start 변수는 10으로 초기화되고, 다음에 연속되는 변수들은 next_val1=11, next_val2=12, next_val3=13으로 자동으로 설정된다.

정의(definition) 구문은 열거형 상수와 같은 의미로 사용되지만, 열거형 상수와의 차이점은 문장의 열을 대치한다는 것이다.

#define leds PORTB라는 선언문에 의해 컴파일러는 항상 leds를 PORTB로 대치한다. #define으로 정의되는 선언문은 세미콜론을 붙여서는 안 되고, 어떠한 주석문(comments)이나 설명도 이어질 수 없다는 점을 유의해야 한다.

다음 예제를 통해 열거형 상수와 #define의 장점을 살펴보자.

```
enum { red_led_on=1,  yellow_led_on, both_led_on };
#define leds PORTB
// PORTB를 leds로 정의(대체)
    .
    .
PORTB = 0x01;          // ① PORTB에 1을 기록
leds = red_led_on;     // ② leds 포트에 red LED를 온(on)시킴
```

위 프로그램의 ①번 구문은 단지 PORTB에다 1이라는 값을 출력한다는 의미만 전달할 뿐 프로그램이 어떤 동작을 하는지 의미 파악이 불가능하다. 그러나 ②번 구문의 경우에는 이 구문을 사용하기 전에 미리 열거형 상수와 #define에 의해 leds 출력 포트에 빨간색의 LED를 켠다는 뜻을 다른 프로그래머에게 쉽게 전달해준다. 따라서 열거형 상수와 선언문을 적절하게 사용하면, 프로그램의 용도를 쉽게 이해할 수 있는 코드를 작성할 수 있다.

4.2.6 기억부류

마이크로컨트롤러에서는 변수들이 저장되는 공간에 따라 자동(auto), 정적(static), 레지스터(register)라는 세 가지 기억부류(storage class)로 정의된다. 변수가 함수의 선언부 밑에서 선언되면 기본적으로 자동 기억부류로 간주되고, 이 경우 키워드는 거의 사용되지 않는다.

◈ 자동 기억부류

자동 기억부류(auto class)의 지역 변수는 변수가 정의되어 메모리에 할당될 때는 초기화되지 않는

다. 따라서 이 변수가 사용되기 전에 프로그래머는 이 변수에 어떠한 내용이 들어 있는지 확인을 해야 한다. 이 메모리 공간은 함수가 사용될 때 할당되며, 함수가 재진입을 할 경우에는 현재 사용되고 있는 의미 있는 변수 값은 사라져 유효하지 않게 된다. 자동 기억부류의 변수는 다음과 같이 선언된다.

```
auto int value_1;
```

또는

```
int value_1;            // 이것이 일반적인 표현 방법임
```

◈ 정적 기억부류

정적 기억부류(static class)의 지역 변수는 변수가 정의된 함수의 유효 범위(이 정적 변수는 다른 함수들에 의해 액세스되지 않는다)를 갖지만, 전역 메모리 공간에 배치된다. 정적 변수는 함수가 처음으로 사용될 때 0으로 초기화되고, 함수가 활성화될 때 그 값을 유지한다. 이렇게 되어 함수가 재진입할 때마다 변수의 값은 현재의 값을 유지하게 된다. 정적 기억부류의 변수는 다음과 같이 선언된다.

```
static int value_2;
```

◈ 레지스터 기억부류

레지스터 기억부류(register class)의 지역 변수는 초기화되지 않고 일시적으로 사용된다는 점에서 자동 변수와 비슷하다. 그러나 레지스터는 변수를 저장하는 공간으로 마이크로프로세서 내부의 레지스터를 사용하므로, 이 변수를 액세스하는 데 자동 변수보다 적은 머신 사이클의 수를 갖는다. 일반적으로 레지스터의 공간은 전체 메모리에 비해 상당히 작기 때문에 레지스터 지역 변수는 속도를 향상하기 위해 자주 액세스되는 변수를 대상으로 설정한다. 레지스터 기억부류의 변수는 다음과 같이 선언된다.

```
register int value_3;
```

4.2.7 typedef 예약어

`typedef`는 다른 데이터 타입 별명을 만들기 위해 사용된다. 따라서 사용자가 이미 정의된 데이터 타입을 다른 이름으로 재정의할 경우에 사용되는 것이 일반적이며, 구조체(struct)와 공용체(union) 타입으로 이루어진 복잡한 데이터 구조의 선언문을 간결하게 만들 때 유용하다. 즉, 어떤 데이터 타입 이름이든지 사용자가 원하는 이름으로 변경할 수 있다. 이런 점에서 `typedef`는 `#define`과 비슷하지만, 다음의 두 가지 면에서 약간의 차이가 발생한다.

- `#define`(지시자, 전처리기)과는 달리, `typedef`는 값 또는 함수가 아닌 데이터 타입 형태에만

상징적인(별명) 이름을 붙일 수 있다.

- typedef에 대한 해석은 전처리기가 아닌 컴파일러에서 수행된다. 따라서 define(전처리기)은 문법적 오류를 컴파일러에서 검출할 수 없지만, typedef는 가능하다.

따라서 typedef 예약어는 이미 존재하는 데이터 타입을 다른 이름으로 선언하는 것을 가능하게 한다. 예를 들어 Byte라는 용어가 1바이트의 문자를 나타내고, Word라는 용어가 2바이트의 숫자를 나타내고자 할 경우에는 typedef 연산자를 사용하여 다음과 같이 선언하면 된다.

```
typedefunsigned char Byte;
typedef unsigned int Word;
```

이 선언에 의해, Byte와 Word는 실질적인 변수를 정의하는 데 사용할 수 있게 된다. 즉,

```
Byte x, y;
Word dw, dy;
```

이렇게 하면 변수 x와 y는 unsigned char 타입으로 선언된 것이며, 변수 dw와 dy는 unsigned int 타입으로 선언된 것이 된다.

또한 typedef는 일반적인 변수 선언과 같아서 구조체 및 공용체의 선언에 활용된다면 중괄호 {} 범위 내에서 유효하다. 아래의 예시는 typedef를 활용한 구조체 선언 방법으로, 앞서 서술한 typedef의 적용 범위에 대한 이해를 돕고자 함이다. 구조체에 대한 상세한 설명은 4.6절에서 심도 있게 다뤄보도록 한다.

```
typedef struct
{
    char name[20];
    char age;
    int home_room_number;
} student;

student Bob;          // 이 선언에 의해 student 타입의 구조체 형태로 메모리에 할당됨
student Sally;
```

이러한 typedef의 적용으로 인해 student라는 별명을 갖는 새로운 데이터 타입이 생성됐으며, Bob과 Sally라는 변수는 student라는 변수 타입을 의미한다.

4.3 I/O 레지스터의 제어

AVR 마이크로컨트롤러에는 I/O를 비롯한 여러 가지 주변 소자가 내장되어 있다. 이들 주변 소자의 기능을 제어하기 위해서는 I/O 레지스터 또는 확장 I/O 레지스터가 사용되고, 이들 레지스터

는 SRAM의 영역에 주소가 할당되어 있다. 따라서 병렬 I/O 포트를 포함한 내부 주변 소자를 제어하기 위해서는 이 레지스터를 액세스하는 방법을 잘 알고 있어야 한다.

4.3.1 I/O 레지스터의 일반적인 제어 방법

AVR용 C 컴파일러에서는 I/O 포트를 제어하기 위해 병렬 포트를 비롯한 I/O 장치를 정의하고 액세스할 수 있도록 sfrb 또는 sfrw라는 키워드를 제공한다. 이를 통해 AVR의 특수 기능 레지스터(SFR)를 액세스할 수 있다. 예를 들어, 다음과 같은 구문이 사용됐다고 하자.

```
ⓐ sfrb PINA=0x19;  // SFR을 8비트로 액세스하기
ⓑ sfrw TCNT1=0x2c; // SFR을 16비트로 액세스하기
```

ⓐ는 PINA를 AVR의 입력 포트 A 레지스터의 주소인 0x19에 8비트의 데이터 길이로 할당하고, ⓑ는 TCNT1을 특수 기능 레지스터의 주소인 0x2C에 16비트의 데이터 길이로 할당한다.

이상과 같이 I/O 포트에 대해 정의를 sfrb 또는 sfrw 키워드를 통해 정의하면, 프로그램에서는 다음과 같이 I/O 포트를 직접 액세스할 수 있게 된다.

```
unsigned char a;
a = PINA;           // PORTA 입력 핀을 읽음

TCNT1 = 0x1111;     // TCNT1L & TCNT1H 레지스터에 16비트인 0x1111 값을 씀
```

I/O 레지스터의 주소는 헤더 파일에 정의되어 있으며, ATmega128의 경우에는 〈mega128.h〉에 ATmega128에 내장된 모든 I/O의 주소가 정의되어 있다. 따라서 ATmega128의 내부 레지스터를 사용하려고 할 경우 헤더 파일은 반드시 프로그램의 시작 부분에 포함되어 사용되어야 한다.

실제 ATmega128을 사용하여 프로그램을 작성할 경우, 위의 프로그램은 다음과 같이 완전한 프로그램으로 작성되어야 한다.

```
#include <mega128.h>
void main (void)
{
    unsigned char a;
    a = PINA;           // PORTA 입력 핀을 읽음

    TCNT1 = 0x1111;     // TCNT1L & TCNT1H 레지스터에 16비트인 0x1111 값을 씀
}
```

일반적으로 특수 기능의 레지스터는 sfr을 통해 8비트 레지스터로 정의되어 있고, 16비트 레지스터는 sfrw를 통해 16비트 레지스터로 정의되어 있지만, 확장 I/O에 있는 16비트 레지스터의 경우에는 반드시 바이트 단위로 액세스를 해야 할 때도 있다. 이렇게 두 바이트를 각각 액세스할 때

는 액세스하는 순서가 매우 중요하다. 레지스터에 데이터를 쓸 경우에는 반드시 상위 바이트를 먼저 쓰고 하위 바이트를 나중에 써야 하고, 레지스터의 데이터를 읽을 경우에는 반드시 하위 바이트를 먼저 읽고 상위 바이트를 나중에 읽어야 한다. 이에 대해서는 실제 내부 I/O 기능을 액세스하는 부분에서 자세히 설명하기로 한다.

4.3.2 I/O 레지스터의 비트 단위 제어 방법

ATmega128의 I/O 레지스터 영역 중 0x00~0x1F 주소 영역은 비트 단위의 제어가 가능한 영역이므로, CodeVisionAVR 컴파일러 및 몇몇 상용 컴파일러에서는 비트 필드 연산자(선택기)를 이용하여 비트 단위로 액세스하는 방법을 제공한다. 즉, 이 영역에서 I/O 주소를 비트 단위로 액세스하기 위해서는 '레지스터.비트번호'와 같은 형태의 문법으로 접근을 해야 한다. 즉, 레지스터 이름 뒤에 '.' 액세스 연산자(dot)를 붙이고 멤버 비트 번호를 적는 형태이다. 이는 비트 단위의 액세스는 실제 어셈블리 명령어 CBI, SBI, SBIC, SBIS에 의해 처리되기 때문이다. I/O 레지스터를 비트 단위로 액세스하는 방법은 다음과 같다.

```
void main(void)
{
    DDRA.0 = 1;         // 출력 포트 A의 비트 0을 1로 세트하여 출력으로 설정
    DDRA.1 = 0;         // 출력 포트 A의 비트 1을 0으로 클리어하여 입력으로 설정
    PORTA.0 = 1;        // 출력 포트 A의 비트 0을 1로 세트함
    while(1) {
        if (PINA.1)     // 포트 A의 입력 비트 1을 검사함
            PORTA.0 = 0;
    }
}
```

여기서 프로그램의 가독성을 높이기 위해 I/O 레지스터의 비트에 #define 전처리기를 이용하여 의미를 부여할 수 있다. 예를 들면, 다음과 같다.

```
#define alarm_input PINA.1
void main(void){
    if (alarm_input)  // 포트 A의 입력 비트 1을 alarm 입력으로 설정하고 검사함
        PORTA.0 = 0;
}
```

비트 연산은 마이크로컨트롤러의 응용에서 다양하게 사용될 수 있다. 즉, I/O 포트 및 내장된 기능의 제어를 담당하는 레지스터는 바이트 단위로 연산할 수 있지만, 해당 비트만 0과 1로 변경하여 제어하는 경우가 많다. 이러한 경우를 대비하여 표 4.3의 비트 연산자를 활용하는 방법에 대해 심층적으로 학습해보자.

표 4.3 비트 연산자

<table>
<tr><th>연산자</th><th>이름</th><th>예</th><th>연산의 내용</th></tr>
<tr><td>~</td><td>비트 단위 보수 연산자</td><td>~x</td><td>비트의 내용을 보수화(1 → 0으로 또는 0 → 1로)</td></tr>
<tr><td>&</td><td>비트 단위 AND</td><td>x & y</td><td>x 비트와 y 비트의 내용을 AND</td></tr>
<tr><td>|</td><td>비트 단위 OR</td><td>x | y</td><td>x 비트와 y 비트의 내용을 OR</td></tr>
<tr><td>^</td><td>비트 단위 XOR</td><td>x ^ y</td><td>x 비트와 y 비트의 내용을 XOR</td></tr>
<tr><td>«</td><td>왼쪽 시프트</td><td>x « 2</td><td>x 비트의 내용을 좌로 두 번 시프트</td></tr>
<tr><td>»</td><td>오른쪽 시프트</td><td>x » 3</td><td>x 비트의 내용을 우로 세 번 시프트</td></tr>
</table>

먼저 다음의 간단한 AND, OR, NOT 기능을 하는 비트 연산자의 활용 과정을 살펴보자.

```
unsigned char myByte = 0; // myByte를 0으로 선언
myByte = myByte | 0x08;   // ① 3번째 비트를 무조건 1로 세트한다.
myByte = myByte & 0x08;   // ② myByte의 값에서 3번째 비트 값이 0이면 0으로
// 1이면 1로 유지한다.

myByte |= 0x08;           // ①의 기능과 동일하다.
myByte &= 0x80;           // ②의 기능과 동일하다.

PORTB.1 = ~PORTB.1;       // PORTB.1 비트를 토글(0이면 1, 1이면 0으로 반전)
```

다음으로 시프트 연산자의 활용 방법을 살펴보자. 시프트 연산자로는 <<와 >>가 있으며 왼쪽 시프트 연산자(<<)는 비트를 왼쪽으로 이동시키고, 오른쪽 시프트 연산자(>>)는 비트를 오른쪽으로 이동시킨다.

시프트 연산자의 사용 예를 들어보기 위해, 위에서 선언한 myByte 변수의 데이터가 0xa3으로 되어 있는 경우를 가정하자.

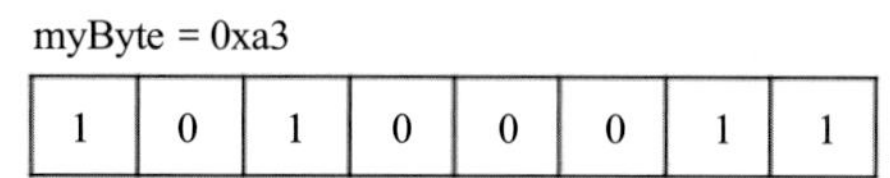

그림 4.1 변수 myByte의 데이터(0xa3)의 2진수 표현

다음과 같이 myByte 변수를 왼쪽으로 1비트 이동시키려면, C 언어로 다음과 같이 작성한다.

```
myByte = myByte << 1;   // myByte를 1비트 왼쪽으로 이동
```

이 과정을 수행하면 결과는 그림 4.2와 같이 myByte 변수의 값이 0x46으로 바뀌게 된다.

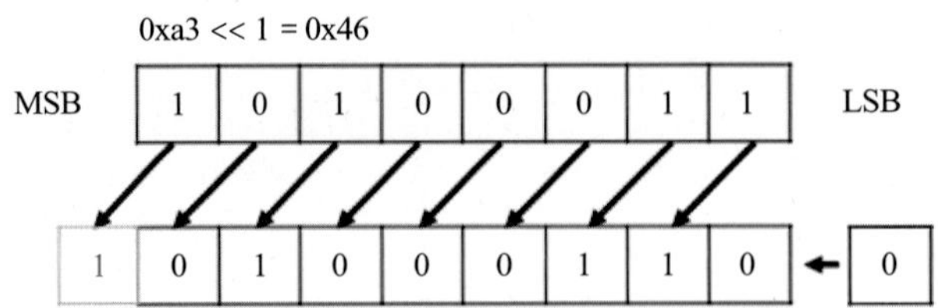

그림 4.2 myByte 변수를 왼쪽으로 1비트 시프트 연산하는 과정

연산의 결과, 한 비트씩 왼쪽으로 이동되면서 기존 myByte의 최상위 비트(MSB)는 버려지고, 최하위 비트(LSB)에는 새롭게 0이 추가된다.

비슷한 방법으로 myByte 변수를 오른쪽으로 1비트 이동시키려면, C 언어로 다음과 같이 작성한다.

```
myByte = myByte >> 1;    // myByte를 1비트 오른쪽으로 이동
```

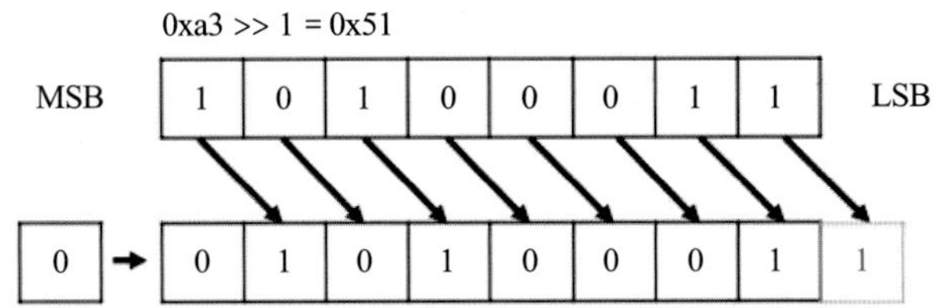

그림 4.3 A 변수를 오른쪽으로 1비트 시프트 연산하는 과정

이 과정을 수행하면 결과는 그림 4.3과 같이 myByte 변수의 값이 0x51로 바뀐다. 연산의 결과, 오른쪽으로 시프트 연산을 하면 기존의 최하위 비트(LSB)는 시프트되어 버려지고, 최하위 비트(LSB)에는 새롭게 0이 추가된다.

이상과 같이 시프트 연산자를 이용하여 비트를 좌우로 이동시키는 과정은 상위 또는 하위 비트로 이동된 만큼 비어 있는 비트를 0으로 채우는 결과를 가져온다.

그러나 상황에 따라 0으로 채워지는 비트를 1로 채워야 할 경우도 발생한다. 이러한 경우에는 OR 연산자(|)를 이용하여 다음과 같은 구문을 사용하면, myByte 변수의 최하위 비트(LSB)는 1로 채워진다.

```
myByte = (myByte << 1) | 0x01;    // myByte를 1비트 왼쪽으로 이동하여 0x01과 OR함
```

이 과정을 수행하면 결과는 그림 4.4와 같이 수행되어 myByte 변수의 최하위 비트(LSB)는 1로 채워진다.

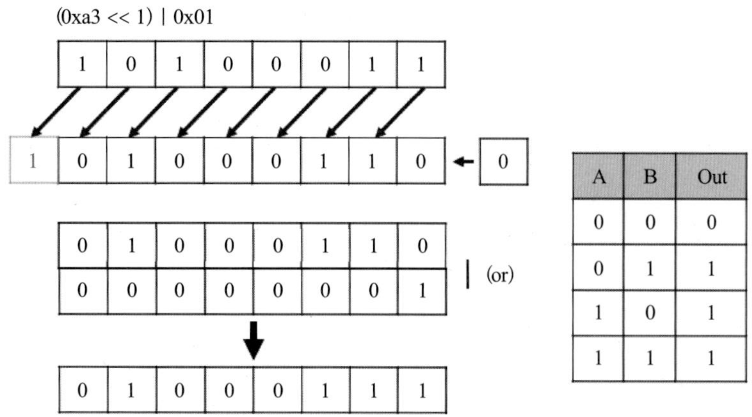

그림 4.4 왼쪽으로 시프트 연산을 한 후, LSB를 1로 채우는 과정

같은 방법으로 myByte 변수의 최상위 비트(MSB)를 1로 채우기 위해서는 다음과 같은 구문을 사용하면 된다.

```
myByte = (myByte >> 1) | 0x80;  // myByte를 1비트 오른쪽으로 이동하여 0x80과 OR함
```

이상의 시프트 연산 과정은 AVR의 I/O 포트 레지스터 내용을 해당 비트의 값만 변화시키고 나머지 비트는 이전 상태를 유지하는 상황에 자주 활용된다. 이러한 과정에 대한 이해를 돕기 위해 ATmega128 내부에 있는 타이머/카운터 2의 기능을 제어하는 데 사용되는 타이머/카운터 2의 제어 레지스터인 TCCR2를 대상으로 비트별로 0과 1을 설정하는 과정을 설명한다. TCCR2 레지스터의 비트 정의는 다음과 같다.

비트	7	6	5	4	3	2	1	0	
	FOC2	WGM20	COM21	COM20	COM21	CS22	CS21	CS20	TCCR2
읽기/쓰기	W	R/W	R/W	R/W	R/W	R/W	R/W	R/W	
초깃값	0	0	0	0	0	0	0	0	

그림 4.5 TCCR2 레지스터의 각 비트 정의

이 레지스터의 비트별 사용을 위해 mega128_bits.h 파일에는 다음과 같이 정의되어 있다.

```
#define FOC2  7     // TCCR2 레지스터의 7번째 비트 정의
#define WGM20 6     // TCCR2 레지스터의 6번째 비트 정의
#define COM21 5     // TCCR2 레지스터의 5번째 비트 정의
#define COM20 4     // TCCR2 레지스터의 4번째 비트 정의
#define WGM21 3     // TCCR2 레지스터의 3번째 비트 정의
#define CS22  2     // TCCR2 레지스터의 2번째 비트 정의
#define CS21  1     // TCCR2 레지스터의 1번째 비트 정의
#define CS20  0     // TCCR2 레지스터의 0번째 비트 정의
```

이렇게 정의된 비트명을 사용하여 다음과 같은 과정을 수행하면 해당 비트만 1 또는 0으로 설정이 가능하다.

```
TCCR2 |= 1 << CS21;        // CS21은 첫 번째 비트이므로, 1<<CS21은 1을
                           // CS21로 정의된 값(1)만큼 왼쪽으로 시프트한 후에 OR 연산을 통해
                           // 기존 TCCR2 레지스터의 값은 변경하지 않고, CS21 비트만을
                           // 1로 세트한다.

TCCR2 &= ~(1 << CS21);     // CS21로 정의된 값(1)만큼 왼쪽으로 시프트한 후에 보수를 취하고,
                           // 이 값을 AND 연산을 통해 기존 TCCR2 레지스터의 값은
                           // 변경하지 않고, CS21 비트만 0으로 클리어한다.
```

이제, 실제 TCCR2 레지스터에 다음과 같이 여러 비트를 동시에 설정하는 과정을 고려해보자.

```
TCCR2 |= (1 << WGM21) | (4 << CS20);
```

(1 << WGM21)은 WGM21=3이기 때문에 1을 WGM21로 정의된 값(3)만큼 좌로 시프트하는 것을 의미하고 (4 << CS20)은 CS20 비트를 4로 설정하는 것으로 보이지만, CS20은 0 또는 1의 값만 가질 수 있으므로 이렇게 될 수는 없다. 이는 TCCR2 레지스터의 하위 3비트는 3비트로 정의된 비트 필드로 생각될 수 있기 때문에 4라는 의미는 이 3비트의 조합의 값이 4라는 것이다. 즉, 그 결과 값은 00000100이 된다. 따라서 이 두 과정을 실행하면 TCCR2에는 00001100의 값이 설정된다.

이제 확장 I/O 레지스터 영역에 정의된 레지스터를 비트 단위 0과 1로 설정하기 위한 또 다른 방법을 알아보자. 먼저, 비트 단위로 제어하기 위해 전처리기 #define을 이용하여 해당 비트 수만큼 시프트하도록 BIT(x)를 선언한다. 여기서 x는 비트 번호를 의미하기 때문에 x가 7이라면 1의 16진수 표현인 0x01을 좌측으로 7번 이동한 것을 의미하므로 결과 값은 0x80이 된다.

```
#define BIT(x)    (1 << (x))
```

이 BIT(x) 함수를 이용하여 확장 I/O 레지스터의 특정 비트를 세트(1)하기 위해서는 다음과 같이 BIT(x) 연산 결과에 OR 연산을 수행하여 해당 포트 레지스터에 기록하면 된다.

예를 들어, PORTF 레지스터의 해당 비트를 1로 세트하는 함수는 다음과 같이 작성할 수 있다.

```
void PORTF_H(char i) { PORTF = PORTF | BIT(i);}    // 1로 세트하는 함수
```

이와 반대로 특정 비트를 클리어(0)하기 위해서는 그림 4.6과 같이 현재 값에 클리어하고자 하는 비트를 BIT(x)로 수행하고, 그 값을 반전하여 AND 연산을 수행하면 된다. AND의 논리 연산은 입력 A, B가 모두 1인 경우에만 1로 출력을 내보내기 때문에 기존의 값이 어떤 값이든 상관없이 0 값과 논리 연산을 하면 0으로 출력되는 특성을 이용한 것이다. 이를 함수로 표현하면 다음과 같다.

```
void PORTF_L(char i) { PORTF = PORTF & ~BIT(i);}    // 0으로 클리어하는 함수
```

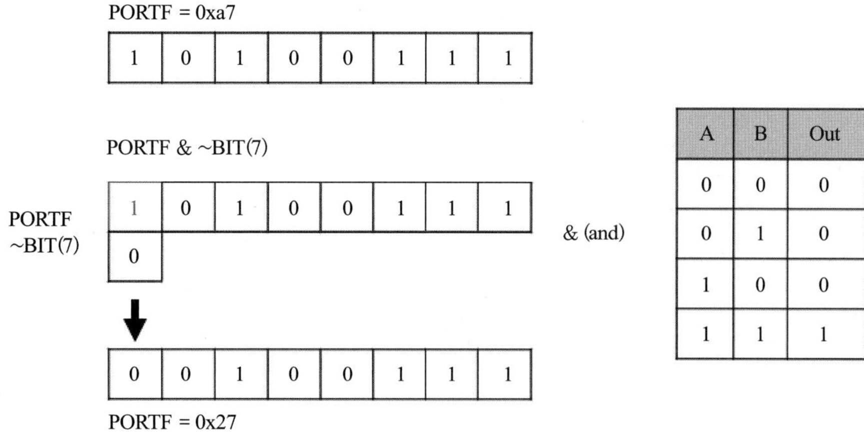

그림 4.6 PORTF의 비트 7의 값을 0으로 클리어하는 과정

추가적으로 특정 비트의 설정 상태를 반전시키는 과정을 생각해보자. 이 과정은 그림 4.7에 나타낸 것과 같이 XOR 논리 연산을 수행하면 되고, 이를 함수로 표현하면 다음과 같다.

```
void PORTF_T(char i) { PORTF = PORTF ^ BIT(i);}     // 비트를 토글하는 함수
```

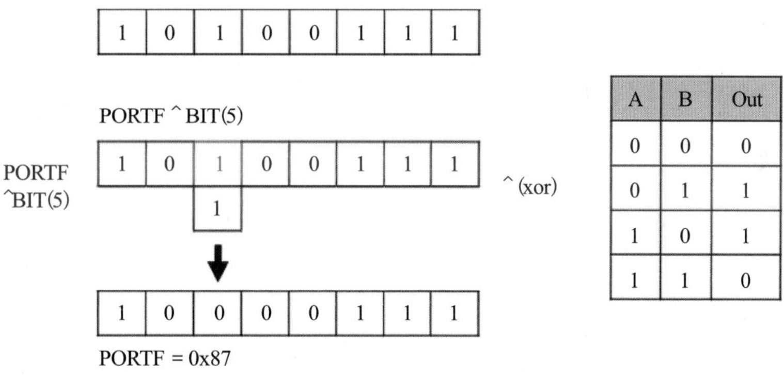

그림 4.7 PORTF의 비트 5의 값을 토글하는 과정

위와 같이 함수가 선언될 경우, 다음과 같은 과정으로 각 비트의 위치만 지정하여 함수를 호출하면 비트 단위의 조작이 가능하다.

```
PORTF_T(0);     // PORTB 레지스터의 비트 0을 토글함
PORTF_L(2);     // PORTB 레지스터의 비트 2를 리셋함
PORTF_H(5);     // PORTB 레지스터의 비트 5를 세트함
```

컴파일러상에서 위에서 설명한 과정이 적용되지 않는 경우에도 이 함수들을 이용하면 모든 변수 또는 I/O 레지스터의 비트 제어가 가능하므로 많이 활용해보기 바란다.

4.4 메모리 모델과 포인터

마이크로컨트롤러에서는 변수와 상수를 저장하기 위해 다른 형태의 메모리를 사용하는 구조를 채택하고 있다. 프로그램의 실행 도중에 변경되지 않고 그 값을 그대로 유지하는 상수 같은 데이터를 저장하는 메모리, 프로그램의 실행 도중에 데이터를 쓰고 읽는 용도로 사용되는 메모리와 시스템의 전원이 차단된 경우에 시스템의 매개변수 등의 중요한 정보를 보관하기 위해 사용되는 메모리가 마이크로컨트롤러에서는 필요하다. 그리고 포인터와 레지스터 변수 같은 특별한 메모리가 액세스될 경우에는 별도의 다른 사항이 고려되어야 한다.

4.4.1 메모리 모델

AVR과 같은 마이크로컨트롤러를 사용할 경우에 먼저 고려할 사항은 메모리 모델의 선택이다. 메모리 모델은 상수와 변수가 사용되는 메모리 공간이나 포인터가 위치하는 메모리 공간을 어떻게 효율적으로 선택할 것인가를 결정하는 것이다.

AVR 마이크로컨트롤러의 활용을 위해 CodeVisionAVR® 같은 AVR용 컴파일러에서는 네 가지 메모리 모델(Tiny, Samll, Medium, Large)을 제공한다.

Tiny 메모리 모델은 SRAM에 있는 변수를 가리키기 위해 8비트의 포인터를 사용한다. 이 모델에서는 단지 SRAM의 처음 256바이트만을 액세스할 수 있다.

Small 메모리 모델은 SRAM에 있는 변수를 가리키기 위해 16비트의 포인터를 사용한다. 이 모델에서는 SRAM의 전체 영역인 64KB를 액세스할 수 있다.

Tiny와 Small 메모리 모델에서는 플래시 메모리 영역을 지시하기 위해 16비트의 포인터를 사용한다. 이 두 메모리 모델에서는 플래시 메모리가 16비트의 주소로 되어 있기 때문에, 상수 배열과 문자열의 크기는 64KB로 제한된다. 그렇지만 최대 프로그램의 크기는 마이크로컨트롤러에 장착된 최대 플래시 메모리의 크기와 같아진다.

이상과 같은 제한사항을 없애기 위해 Medium 메모리 모델과 Large 메모리 모델을 사용할 수 있다.

Medium 메모리 모델은 플래시 메모리에 있는 상수를 가리키기 위해 32비트의 포인터를 사용하는 것을 제외하면 Small 메모리 모델과 비슷하다. 함수 포인터의 주소는 함수의 주소가 워드 크기를 갖고 있기 때문에 16비트로 되어 있으며, 이 16비트의 워드를 사용하면 128KB 내에 있는 함수를 지시하는 것은 충분히 가능하다. Medium 메모리 모델은 128KB의 플래시 메모리를 갖는 원칩 마이크로컨트롤러에서 사용할 수 있는 모델이다.

Large 메모리 모델은 플래시 메모리 영역에 있는 상수를 가리키기 위한 포인터와 함수 포인터로 32비트를 사용한다는 점을 제외하면 Small 모델과 비슷하다. Large 메모리 모델은 256KB 이상의 플래시 메모리를 사용하는 경우에 적합하다.

모든 메모리 모델에서 EEPROM 메모리 내에 있는 상수와 변수를 가리키기 위해 16비트의 포인터를 사용한다.

4.4.2 메모리에 따른 상수와 변수의 사용

AVR 마이크로컨트롤러 내부에는 데이터(SRAM), 프로그램(FLASH) 그리고 EEPROM 메모리를 별도로 갖고 있고, AVR 마이크로컨트롤러는 하버드 구조를 사용하기 때문에 이 메모리들은 별도의 주소를 갖고 있다. CodeVisionAVR® 같은 AVR용 컴파일러에서는 이상과 같이 다른 종류의 메모리를 액세스하기 위해 세 가지 형태의 메모리 기술자(memory descriptor)를 제공한다.

변수는 RAM에 저장되며, 별도의 메모리 기술자가 사용되지 않으면 이는 자동 영역 또는 기본 영역인 RAM에 저장된다. 상수는 프로그램 영역인 플래시 메모리에 놓이게 되며, 메모리 기술자로서 `const` 또는 `flash` 키워드를 사용한다. EEPROM에 저장되는 변수인 경우에는 `eeprom` 키워드가 사용된다.

상수나 변수의 선언에 `flash`와 `eeprom` 키워드를 사용하면, 이는 각별한 의미를 갖게 된다. `const`, `flash` 또는 `eeprom`이 선언 과정에서 처음에 나타난다면, 이러한 상수나 변수들은 실질적으로 메모리에 위치하게 된다는 사실을 컴파일러에게 알리는 역할을 한다. `flash`나 `eeprom` 키워드를 사용하여 타입이 선언되면, FLASH 또는 EEPROM을 참조하는 변수임을 나타내지만, 변수 자체는 물리적으로 SRAM에 위치한다. 이 방법은 FLASH 또는 EEPROM 내에 포인터를 선언했을 경우에 사용된다.

다음과 같이 변수를 선언하면, 프로그램 메모리(FLASH) 내에 상수를 배치하게 될 것이고, 이 데이터는 프로그램을 실행하는 동안에는 변경되지 않는다. 다음의 사용 예를 이 장에서 학습한 내용을 토대로 살펴보기 바란다.

```
// 플래시 메모리 내로 상수를 선언하는 방법
flash int integer_constant = 1234 + 5;
flash char char_constant = 'a';
flash long long_int_constant1 = 99L;
flash long long_int_constant2 = 0x10000000;
flash int integer_array1[] = { 1, 2, 3 };

// 플래시 메모리 내로 상수를 배열로 선언하는 방법
flash int integer_array2[10] = {1, 2}; // 처음 두요소만 1과 2로 되고 나머지는 0으로 채워짐
flash int multidim_array[2][3] = { {1, 2, 3}, { 4, 5, 6 }};
flash char string_constant1[] = "This is a string constant";
const char string_constant2[] = "This is also a string constant";

// 플래시 메모리 내로 구조체를 선언하는 방법
flash struct {
    int a;
    char b[3], c[3];
} sf = { {0x000a}, {0xb1, 0xb2, 0xb3}, {0xb1, 0xb2, 0xb3} };
```

EEPROM 공간은 비휘발성 영역이지만, 변수 영역으로 사용된다. EEPROM에 저장되는 변수는

단순히 eeprom 키워드를 사용하여 다음과 같이 선언하면 된다.

```
eeprom int cycle_count;     // EEPROM 영역에 int 타입의 변수를 할당
eeprom char ee_string[20]; // EEPROM 영역에 20바이트의 문자열을 할당

eeprom struct {
    char a;
    int b;
    char c[15];
} se;                       // EEPROM 영역에 18바이트의 구조체 se를 할당
```

이러한 영구적인 메모리 영역(FLASH)과 반영구적인 메모리 영역(EEPROM)은 임베디드 시스템에서 시스템의 특성을 고려하여 많이 사용된다. 플래시 영역에는 프로그램 코드와 변화하지 않는 데이터, 즉 상수가 배치된다. 이 메모리 영역에 문자열과 룩업 테이블 등을 선언하면 RAM 영역으로 할당되지 않아 그만큼 RAM의 사용에 여유를 갖게 된다. 이러한 경우를 다음과 같은 예를 통해 살펴보자. 다음과 같이 문자열이 선언됐다면,

```
char mystring[30] = "This string is placed in SRAM";
```

이는 SRAM에 30바이트의 공간을 할당하게 되고, 문자열 "This string is placed in SRAM"은 프로그램과 함께 물리적으로 플래시 메모리 내에 위치한다. 이렇게 된 상태에서 프로그램이 기동되면, 플래시 메모리에 저장된 문자열은 SRAM으로 복사되어, mystring이라는 변수가 액세스될 때마다 프로그램은 SRAM의 문자열을 액세스하게 된다. 이상과 같이 문자열의 데이터가 변경되지 않는 상황이라면, SRAM에 30바이트를 두고 사용하는 것은 SRAM의 낭비일 것이다. 따라서 이러한 SRAM 영역의 낭비를 막기 위해, 문자열은 플래시 메모리에 저장될 수 있도록 직접 선언하는 것이 유리하다.

```
flash char mystring[30] = "This string is placed in SRAM";
```

EEPROM 영역은 전원이 마이크로컨트롤러로부터 제거됐을 때 데이터가 손상되지 않고 남아 있기 때문에 비휘발성 영역이지만, 이 영역의 데이터는 프로그램에 의해 변경될 수 있으므로 데이터는 반영구적이다. 또한 EEPROM은 수명이 있어서 전기적으로 쓰는 횟수는 제한되어 있으며, 이 영역에서는 최대 10,000회의 쓰기 동작이 가능하다. 그러나 기술의 발달로 인해 수십만 또는 수백만 번의 쓰기 동작이 가능한 EEPROM이 개발될 것으로 예상된다. 반면에 데이터를 읽는 횟수는 제한이 없다.

EEPROM을 사용하여 소프트웨어를 설계할 때 이러한 물리적인 제한사항 때문에, 데이터가 변경되지 않고 유지되어야 하는 경우와 빈번하게 변화하지 않는 경우에는 이 영역을 사용하지 않는 것이 바람직하다. 이 영역은 저속의 데이터 로그인, 측정 테이블, 시간 측정 그리고 소프트웨어 설정과 설정에 관련된 구성 값을 보관하는 시스템 응용에서 효과적으로 사용된다.

4.4.3 포인터

이러한 특수 메모리 영역을 지시하는 포인터는 프로그램이 실행되는 동안에 각각 서로 다르게 처리된다. 포인터가 플래시와 EEPROM 메모리 영역을 지시하더라도, 포인터 자체는 항상 SRAM 내에 저장된다. 이러한 경우에 포인터는 선언된 포인터의 타입으로 정상적으로 할당되지만, 컴파일러가 원하는 영역을 액세스하기 위한 코드를 제대로 생성할 수 있도록 참조되는 메모리의 타입은 반드시 기술되어야 한다. 이러한 경우에 flash와 eeprom 키워드는 포인터가 어디를 가리키는지 상세하게 나타내기 위해 사용된다. 즉, SRAM에 있는 변수는 일반적인 포인터를 사용하여 액세스되고, 플래시 메모리에 있는 상수를 액세스하기 위해서는 flash 타입의 한정자(modifier)가 사용되며, EEPROM에 있는 변수를 액세스하기 위해서는 eeprom 타입의 한정자가 사용된다. 다음은 각 메모리에 있는 문자열을 지시하기 위해 사용되는 포인터의 사용 예를 나타낸 것이다.

```
<Type -1>
    char *ptr_to_ram = "This string is placed in SRAM";
        // SRAM 내에 있는 문자열을 지시하는 포인터
    char flash *ptr_to_flash = "This string is placed in FLASH";
        // 플래시 메모리 내에 있는 문자열을 지시하는 포인터
    char eeprom *ptr_to_eeprom = "This string is placed in EEPROM";
        // EEPROM 내에 있는 문자열을 지시하는 포인터
<Type -2>
    flash char *ptr_to_flash = "This string is placed in FLASH";
        // 플래시 메모리 내에 있는 문자열을 지시하는 포인터
    eeprom char *ptr_to_eeprom = "This string is placed in EEPROM";
        // EEPROM 내에 있는 문자열을 지시하는 포인터
```

함수 포인터는 항상 플래시 메모리를 액세스해야 하므로, 포인터의 타입으로 flash 키워드를 사용할 필요가 없다. 만약 포인터 자체도 flash, eeprom 영역에 저장되게 하려면 다음과 같은 방법으로 선언을 해야 한다.

```
/* 포인터는 FLASH에 저장됨, 문자열은 SRAM에 저장됨 */
char * flash flash_ptr_to_ram="This string is placed in SRAM";
/* 포인터는 FLASH에 저장됨, 문자열은 FLASH에 저장됨 */
flash char * flash flash_ptr_to_flash="This string is placed in FLASH";
/* 포인터는 FLASH에 저장됨, 문자열은 EEPROM에 저장됨 */
eeprom char * flash eeprom_ptr_to_eeprom="This string is placed in EEPROM";
/* 포인터는 EEPROM에 저장됨, 문자열은 SRAM에 저장됨 */
char * eeprom eeprom_ptr_to_ram="This string is placed in SRAM";
/* 포인터는 EEPROM에 저장됨, 문자열은 FLASH에 저장됨 */
flash char * eeprom eeprom_ptr_to_flash="This string is placed in FLASH";
/* 포인터는 EEPROM에 저장됨, 문자열은 EEPROM에 저장됨 */
eeprom char * eeprom eeprom_ptr_to_eeprom="This string is placed in EEPROM";
```

4.4.4 레지스터 변수

AVR 마이크로컨트롤러에 내장된 SRAM 영역에는 레지스터 파일(register file)이라 불리는 영역이 포함되어 있다. 이 영역에는 I/O 포트, 타이머 그리고 다른 주변장치의 제어를 위한 포트 레지스터뿐만 아니라 연산의 보조적인 역할을 하는 레지스터 영역(scratch pad)을 포함하고 있다. 이 레지스터 영역으로 변수를 지정하기 위해서는 반드시 register 타입의 한정자를 사용해야 한다. register 타입의 한정자를 사용하여 변수를 정의하는 방법은 다음과 같다.

```
register int abc;
```

만약 한정자가 변수를 정의하는 데 사용되지 않았더라도, 변수는 컴파일러에 의해 자동으로 레지스터로 할당되는 경우가 발생할 수 있다. 이렇게 변수가 레지스터로 자동으로 할당되는 것을 방지하기 위해 volatile 한정자를 사용한다. 이 한정자는 변수의 값이 프로그램이 아닌 다른 매개체에 의해 변경될 수 있음을 컴파일러에게 알리는 역할을 하며, 이 volatile 타입의 한정자를 사용하여 변수를 정의하는 방법은 다음과 같다.

```
volatile int abc;
```

이 volatile 한정자는 마이크로컨트롤러가 슬립 모드로 동작하고 있는 동안에 변수를 SRAM에 저장해야 하는 응용에서 자주 사용된다. 즉, 슬립 모드로 있는 동안에는 저전력을 유지해야 하고, 이를 위해 변경되어야 하는 변수의 저장은 당연히 마이크로컨트롤러 내부에 있는 레지스터를 사용해야만 한다. 따라서 슬립 모드로부터 마이크로컨트롤러가 깨어나서 일반 모드로 다시 동작할 때마다 SRAM에 저장되어 있던 변수는 다시 사용될 수 있게 될 것이다. 이상과 같이 이 volatile 한정자는 일반적으로 하드웨어 주소 또는 다른 프로그램과 공유되는 데이터에 적용된다.

레지스터로 할당되지 않은 전역 변수는 SRAM의 일반 또는 전역 변수 영역에 저장된다. 레지스터에 할당되지 않은 지역 변수는 SRAM의 데이터 스택(data stack) 또는 힙 영역(heap space)에 동적으로 할당되어 저장된다.

참고로 프로그램이 컴파일되면, AVR에 내장된 SRAM 메모리는 그림 4.8과 같은 메모리 맵을 갖게 된다.

작업(working) 레지스터 영역은 32×8비트로 구성된 일반 목적의 작업 레지스터이다. R0, R1과 R23~R31의 레지스터는 컴파일러에 의해 일반 목적으로 사용되고, R2~R15 레지스터는 전역 또는 지역 비트 변수를 할당하는 데 사용되며, 이 영역에서 사용하지 않는 레지스터 영역은 전역 char와 int 변수 그리고 전역 포인터를 위해 할당된다. R16~R21은 지역 char와 int 변수를 위해 할당된다.

I/O 레지스터 영역은 CPU 주변장치를 제어하기 위해 64개의 포트 제어 레지스터로 구성되어 있다. 스택 영역은 지역 변수를 동적으로 저장하고, 함수 매개변수를 전달하고, 인터럽트 루틴을 서비스할 때 R0, R1과 R23~R31의 레지스터와 SREG 레지스터를 저장하는 용도로 사용된다. 데

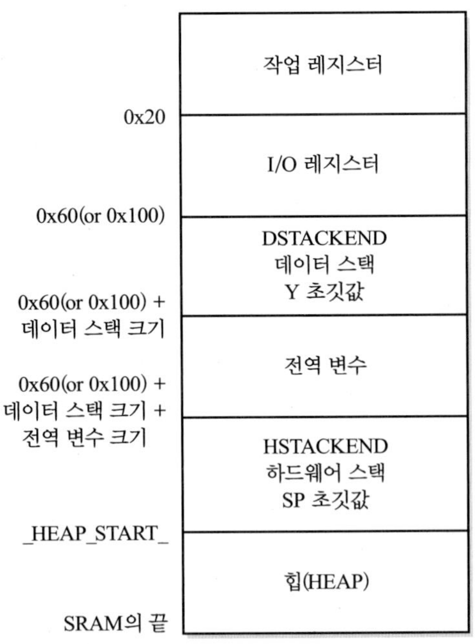

그림 4.8 SRAM 메모리 구성

이터 스택 포인터는 Y 레지스터로 구성되어 있으며, 데이터 스택 크기가 1 이상이 되면 데이터 스택의 크기 및 위치는 '0x5F + 데이터 스택 크기'의 값으로 설정된다.

전역 변수 영역은 프로그램이 수행되고 있는 동안에 전역 변수를 정적으로 저장하는 데 사용되고, 이 영역의 크기는 전역 변수로 선언되어 있는 모든 변수를 계산하여 결정된다. 하드웨어 스택 영역은 함수의 반환 주소를 저장하는 데 사용되며, 스택 레지스터는 스택 포인터로 사용되고, 이는 _HEAP_START_ − 1의 주소로 초기화된다. 스택을 초기화하는 과정은 컴파일러의 사용법을 자세히 참조하기 바란다.

4.5 어셈블리어와의 결합

C 언어를 사용하여 프로그램을 작성하다 보면, 프로그램이 수행되는 시간에 제약을 받는 경우가 종종 발생한다. 특히, 작성된 함수의 처리 속도를 높여야 하는 경우와 I/O 레지스터 영역에 있는 I/O 디바이스를 직접 처리하는 경우에 있어서는 C 언어로 프로그램을 작성하는 것보다 어셈블리 언어로 프로그램을 작성하는 편이 훨씬 효율적인 프로그램 실행 코드를 얻는 데 도움이 된다.

따라서 C 언어를 사용하여 작성된 프로그램과 어셈블리 언어로 작성된 프로그램을 서로 호출하여 사용하는 방법이 필요하다. 그러나 C 언어를 사용하여 프로그램을 작성하는 과정에서는 대부분이 어셈블리 언어로 작성된 프로그램을 간단하게 삽입하는 경우나 어셈블리 언어로 작성된 함수를 호출하는 경우가 필요한 사항이 되므로 이 부분에서는 이 두 가지 경우에 대해 알아보기로 한다.

먼저, C 언어 프로그램에 어셈블리 언어를 삽입해야 하는 경우에는 다음 프로그램과 같이 #asm과 #endasm 지시자를 사용하면 간단하게 구현할 수 있다.

```
void delay(unsigned char i)
{
    while (i--) {
        // 어셈블리 언어 코드
        #asm
            nop
            nop
        #endasm
    }
}
```

위의 delay 함수에서 nop라는 어셈블리어는 'no operation'을 의미하는 것으로, MCU의 1클록 동안 아무런 동작을 하지 않는 것이다. 따라서 1ms 지연 시간을 발생시키기 위해서는 MCU의 메인 클록을 기준으로 1ms = 1클록당 지연 시간 * N으로 계산하여 사용하면 된다.

다음과 같이 인라인 어셈블리를 사용하여 구현하는 것도 가능하다. 여기서 여러 개의 명령어를 사용할 경우에는 명령어 사이에 \를 사용해야 한다.

```
#asm("sei"); // 인터럽트 허가
#asm("nop\nop\nop");
```

어셈블리 프로그램에서 레지스터 R0, R1, R22, R23, R24, R25, R26, R27, R30, R31은 자유롭게 사용될 수 있지만, 인터럽트 서비스 루틴에서 이상의 레지스터를 사용할 경우에는 인터럽트를 진입할 때와 탈출할 때 반드시 저장 또는 복원 과정을 프로그래머가 손수 해주어야 한다.

두 번째로 어셈블리 언어로 작성된 함수를 호출하는 경우는 다음의 예를 보면 쉽게 이해할 수 있을 것이다. 이 예는 3개의 숫자를 더하는 과정을 어셈블리 언어로 작성하여 함수 처리를 했으며, 이 함수를 C 언어로 작성한 프로그램에서 호출하는 과정을 간략하게 나타내고 있다.

```
// 어셈블러로 선언된 함수, 이 함수는 a+b+c 값을 반환한다.
#pragma warn-                    // 경고 메시지를 금지시킴
int sum_abc(int a, int b, unsigned char c) {
    #asm
        ldd   r30,y+3 ;R30=LSB a
        ldd   r31,y+4 ;R31=MSB a
        ldd   r26,y+1 ;R26=LSB b
        ldd   r27,y+2 ;R27=MSB b
        add   r30,r26 ;(R31,R30)=a+b
        adc   r31,r27
```

```
        ld    r26,y   ;R26=c
        clr   r27     ;promote unsigned char c to int
        add   r30,r26 ;(R31,R30)=(R31,R30)+c
        adc   r31,r27
    #endasm
}
#pragma warn+                   // 경고 메시지를 허가함
void main(void) {
    int r;
    // 함수를 호출하여 결과를 r에 저장
    r=sum_abc(2,4,6);
}
```

4.6 구조체와 공용체

구조체(structures)와 공용체(unions)는 하나의 이름하에 그룹 변수로 사용된다. 구조체나 공용체는 하나의 객체(object)로 간주되고, 그 구성요소(필드 또는 멤버라고도 한다)들은 해당 객체의 고유한 성질(변수)을 나타낸다. 객체의 이름은 프로그램 전체에서 객체의 구성요소 집합을 인식하는 수단으로서 사용된다.

4.6.1 구조체

구조체(structures)는 성격이나 형태는 다르지만 서로 관련된 하나 이상의 변수(구성요소 또는 멤버)들을 하나의 객체로 만드는 방법으로, 이 변수들은 여러 데이터 타입을 가질 수 있다. 간단히 말하면 구조체는 여러 변수들을 하나의 객체로 만드는 것을 의미한다. 구조체에 포함된 변수들을 멤버라 부르며, 이 멤버들은 하나의 대표 변수로 참조된다. 변수의 모임이라는 관점에서 보면 구조체는 앞에서 설명한 배열과 동일 개념이지만, 배열의 경우에는 개개의 변수들이 모두 동일한 데이터 타입을 갖고 있는 반면에, 구조체의 경우 개개의 변수들이 제각기 다른 데이터 타입을 가질 수 있다는 것이 차이점이다.

이상과 같이 구조체는 데이터 구조에서 같은 용도의 변수들이 중복되어 사용되는 경우에 변수명을 통일하는 차원에서 필요하다. 따라서 이러한 상황에서 구조체를 사용하면, 변수명을 통일함으로써 프로그램 구조의 간결성을 보장할 수 있기 때문에 같은 용도의 변수들 중복으로 정의하여 사용해야 하는 활용 분야에서 좀 더 효과적으로 대응할 수 있게 된다.

예를 들어, 이동 로봇처럼 로봇의 주행을 위해 2개의 모터가 사용되는 시스템을 생각해보자. 일반적으로 이동 로봇의 주행을 위해서는 2개의 모터에 주행 경로에 따른 로봇 제어 명령, 속도와 가속도에 대한 명령을 입력해주어야 한다. 이러한 경우에 왼쪽 주행 모터와 오른쪽 주행 모터로 전달되는 변수를 왼쪽 주행 모터에 관련된 변수(char com_l, int vel_l, int acc_l)와 오른쪽 주행 모터에 관련된 변수(com_r, int vel_r, int acc_r)로 구분하여 각각 모터를 구동하는 함수로 전달하여 사용할 수 있다. 그렇지만 2개의 모터를 구동하기 위한 변수들이 중복되어 사용되고 있으므로, 그림 4.9와 같이 구조체를 사용하면 프로그램을 보는 사람의 이해 증진과 프로그램의 효율을 높일 수 있을 것이다. 이 외에 이동 로봇의 주행 환경을 분석하기 위해 다중의 초음파 센서 모듈을 사용하는 경우나 동일한 데이터 구조를 갖고 단말기 간에 데이터 통신을 하는 경우에도, 구조체를 활용하면 변수의 중복을 피하고 프로그램의 효율성을 높일 수 있다.

구조체의 메모리 할당은 통상적으로 프로세서의 메모리 액세스 형식으로 메모리 할당이 이루어진다. 즉, 프로세서에서 메모리 액세스 방식이 4바이트면 구조체의 메모리 할당은 4바이트씩으로 이뤄지며, 2바이트면 메모리 할당이 2바이트씩으로 할당이 되는 형태이다. 따라서 프로세서의 메모리 액세스가 2바이트일 경우 char 타입 변수를 선언하면 1바이트의 메모리 공간이 할당되는 것이 아니라 2바이트의 메모리 공간 중 1바이트만 char 타입의 변수가 선언되고 1바이트는 패딩(padding) 공간으로 처리된다.

그러나 이 책에서 사용되는 CodeVisionAVR 컴파일러는 일반적인 구조체 메모리 할당과 달리 각 멤버 변수의 총 메모리 공간으로 할당된다. 즉, 구조체에 멤버 변수로 int 타입(2바이트), char 타입(1바이트)을 선언하면 해당 구조체의 총 메모리 공간은 3바이트로, 기존 구조체 선언 시 발생하는 패딩 현상이 없다. 그림 4.9는 CodeVisionAVR 컴파일에서 선언되는 구조체의 메모리 할당을 예시로 표현한 것이다.

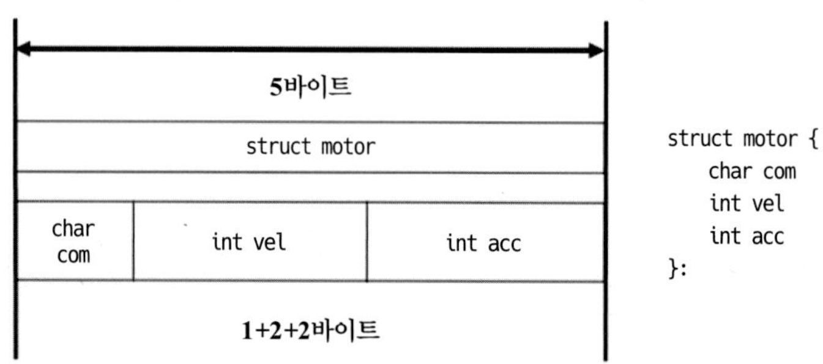

그림 4.9 구조체의 사용 예

구조체를 선언하는 방법은 다음과 같다.

```
struct structure_tag_name {
    type member_1;
    type member_2;
        ...
    type member_n;
};
```

또는

```
struct structure_tag_name {
    type member_1;
    type member_2;
        ...
    type member_n;
} struct_var_name;
```

위와 같이 구조체를 선언하면, structure_tag_name은 프로그램에서 사용할 구조체의 이름을 의미하고, structure_var_name은 structure_tag_name 구조체의 변수로 선언됨을 의미한다. 구조체 선언의 예로 다음과 같은 구조체를 생각해보자.

```
struct motor {
    char com;
    int vel;
    int acc;
};
```

이 선언에 의해 실제로 데이터 객체가 생성되지는 않지만, 이 구조체의 데이터 객체가 무엇으로 구성되어 있는지를 알 수가 있다(구조체의 선언을 템플릿(template)이라고 한다. 이는 데이터가 저장되는 형태를 마련하기 때문이다). 따라서 이 예에서 motor라는 구조체 템플릿은 하나의 char 타입 변수와 2개의 int 타입 변수로 구성되어 있음을 나타낸다.

이제 구조체 변수를 생성하여 메모리에 변수를 할당해야 한다. 이 과정은 다음과 같다.

```
struct motor left, right;
```

이 명령문에 의해 컴파일러는 변수 left와 right를 생성하게 되고, 컴파일러는 motor 템플릿을 사용하여 5바이트의 변수를 위한 공간을 마련하고, 이로 인해 left와 right라는 이름 하나로 템플릿 내의 변수를 일괄적으로 다룰 수 있게 된다.

구조체를 초기화하는 것은 배열의 초기화 과정과 유사하고, 여기서 주의해야 하는 사항은 초기화되는 변수의 타입은 구조체 멤버의 타입과 일치해야 한다는 것이다. 초기화 과정의 예는 다음과 같다.

```
struct motor left = {'L', 10, 10};
struct motor right = {'R', 20, 20};
```

구조체를 배열로 생각하면, 요소 하나에는 char 타입이 들어가고, 그다음 요소에는 int 타입이 들어가고, 또 다른 요소에는 float 타입을 넣을 수 있는 등 여러 변수를 하나의 배열로 배치할 수 있는 특별한 배열이라 생각할 수 있다. 이러한 특별한 배열인 구조체에서는 그 요소를 액세스하기 위해 배열과는 다른 방법을 사용한다. 구조체 멤버들은 멤버 연산자(.)를 사용하여 액세스되며, 이 멤버 연산자에 의해 정의된 구조체와 멤버 변수가 자동 연결된다. 구조체 멤버들을 액세스하는 형식은 다음과 같다.

```
structure_var_name.member_1
```

또는

```
structure_var_name.member_n
```

예를 들어 left.com은 left의 com 멤버이며, left.com은 다른 char 변수와 동일한 방법으로 액세스된다. 따라서 구조체 motor의 멤버 변수 액세스 및 값을 넣는 과정은 다음과 같이 표현된다.

```
left.com = 'L';
left.vel = 10;
light.acc = 10;
right.com = 'R';
right.vel = 20;
right.acc = 20;
```

이상과 같이 구조체를 선언하고 사용하는 방법은 데이터 구조를 선언한 후에 구조체 변수를 선언하는 것이고, 위의 방법과는 달리 데이터 구조 선언과 동시에 구조체 변수를 선언하는 방법이 있다. 이에 대해서는 다음의 프로그램 코드를 통해 파악해보기 바란다.

```
struct motor {
    char com;
    int vel;
    int acc;
} left = {'L', 10, 10}, right = {'R', 20, 20};
```

구조체 구조에서 사용하는 변수의 타입에는 제한이 없으므로, 구조체 내에 또 다른 구조체를 포함하도록 만들 수도 있다. 예를 들어, 다음과 같이 구조체의 집합이 선언됐다고 하면

```
struct LOCATION {
    int x;
    int y;              // 위치 좌표 x, y가 선언됨
};

struct PART {
    char part_name[20]; // part name에 대한 문자열 선언
    long int bom;       // part에 대한 bom number
    struct LOCATION bin; // 저장소에 대한 위치 좌표, LOCATION 구조체 변수를 포함하여 선언
} widget;
```

struct LOCATION bin 선언은 bin이 struct LOCATION의 타입 변수임을 나타내고 있으며, 이를 선언하기 전에 LOCATION 구조체에 대한 선언이 먼저 되어 있어야 한다. 위와 같이 선언이 된 후에, widget 위치의 액세스는 다음과 같이 점 연산자를 두 번 사용한다. 즉, x와 y 위치 값의 액세스는 다음과 같이 사용되어야 한다.

```
int x_loaction=0, y_loaction=0;

x_loaction = widget.bin.x; // widget의 bin의 x 값
y_loaction = widget.bin.y; // widget의 bin의 y 값
```

위의 코드는 왼쪽부터 오른쪽으로 해석된다. 즉, (widget.bin).x와 (widget.bin).y로 해석되고, 이는 먼저 widget를 찾은 다음 widget의 bin 멤버를 찾아서 마지막으로 bin의 x와 y 멤버를 찾는다. 이와 반대로 widget의 위치(변수)를 할당하기 위한 방법은 다음과 같다.

```
widget.bin.x = 10; // widget의 bin의 x 값
widget.bin.y = 25; // widget의 bin의 y 값
```

그러나 일반적으로 구조체의 선언은 위에서 서술한 방법보다는 typedef 예약어를 다음과 같은 방법으로 선언하여 사용하는 것이 편리하다. 이 방법의 핵심은 typedef를 활용하여 구조체로 정의된 데이터 타입에 별칭을 부여하여 일반적인 데이터 타입 형태로 사용하는 것이다. 아래의 예를 보면 구조체 struct loaction을 LOCATION으로 별칭을 붙였기 때문에 이후 구문에서는 LOCATION이라는 데이터 타입으로 변수 선언이 가능하다.

```
// typedef를 활용한 구조체 정의
typedef struct loaction {
    int x;
    int y;
} LOCATION;
```

따라서 이렇게 typedef를 이용한 구조체는 LOCATION이라는 데이터 타입을 의미하기 때문에 다음과 같이 A라는 변수 선언이 가능하다. 여기서 A라는 변수는 구조체 데이터 타입으로 멤버 변수 x, y를 갖는다. 만약 typedef를 활용하지 않았다면 다음과 같이 struct loaction B라는 형태로 구조체 변수를 선언해야 하는 번거로움이 있다.

```
int main(void) {
    LOCATION A;
    struct loaction B;
}
```

4.6.2 구조체의 배열

구조체 배열의 선언은 다른 타입의 배열을 선언하는 것과 동일하다. 구조체 배열을 선언하는 과정은 다음과 같다.

```
struct PART {
    char part_name[20];  // part name에 대한 문자열
    long int bom;        // part에 대한 bom number
    struct LOCATION bin; // 저장소에 대한 위치 좌표
} widget[100];
```

구조체의 멤버를 액세스하는 과정은 동일하며, 구조체 변수 자체를 인덱싱한다는 것이 유일한 차이점이다. 구조체 배열의 멤버를 식별하기 위해서는 앞에서 설명한 구조체에 적용되던 규칙을 그대로 적용한다. 즉, 구조체 이름에 점 연산자를 붙이고 그 뒤에 멤버 이름을 붙이는 것이다.

따라서 위의 PART 구조체에서 '특정 widget의 위치'를 액세스하기 위해서는 다음과 같이 구문을 사용한다.

```
x_loaction = widget[12].bin.x; // 12번째 widget의 bin의 x 값
y_loaction = widget[12].bin.y; // 12번째 widget의 bin의 y 값
```

위의 예에는 문자열 part_name이 있는데, 이 또한 문자열을 액세스하는 과정과 동일한 방법으로 액세스가 가능하다.

```
widget[12].part_name; // 12번째 widget의 name
```

또는

```
widget[12].part_name[0]; // 12번째 widget의 name에서 첫 번째 문자
```

구조체의 배열은 다음과 같이 구조체 이름 뒤에 중괄호로 구분하여 초기화 목록을 나열하여 초기화된다. 예를 들어, 다음과 같은 DATE 구조체가 있으면

```
struct DATE {
    int month;
    int day;
    int year;
};
```

DATE 구조체에 대한 배열의 요소는 다음과 같은 과정으로 초기화된다.

```
struct DATE birthdates[3] = {{2, 21, 1961},
                             {7, 28, 1967},
                             {3, 12, 1988}};
```

4.6.3 구조체 포인터

프로그램을 만들 때 가능한 한 여러 개의 함수로 만들어서 프로그램하는 것이 구조화된 프로그램이다. 그러므로 구조체를 매개변수로 사용하는 것은 매우 중요하다. 이 방법에는 구조체 자체를 함수의 인수로 사용하는 방법과 구조체 포인터를 함수의 매개변수로 사용하는 방법이 대표적이다. 전자의 경우는 구조체의 일반에서 다루었으며, 여기서는 후자의 경우를 알아보기로 한다.

구조체 포인터를 함수의 매개변수로 사용하는 방법은 구조체 전체를 복사하는 것이 아니라 구조체가 존재하는 주소를 건네주어 그 값으로 구조체 멤버의 값을 참조하는 방법이다. 이렇게 하면, 구조체 전체를 복사하는 것이 아니라 구조체의 주소만을 복사하게 되어 시간이 줄어든다는 장점이 있다.

구조체 포인터는 일반 구조체와 동일한 방법으로 선언되며 다음과 같다.

```
struct structure_tag_name *structure_var_name;
```

간접 또는 포인터 연산자(*)는 structure_var_name이 structure_tag_name 타입의 구조체를 가리키는 포인터임을 나타내고 있다. 변수들이 선언되면 이 변수들은 특정 메모리로 할당되며, 이들 변수와 같이 포인터 또한 정확하게 무엇인가를 지시하는 값으로 할당되어야 한다.

다음에 제시한 코드는 구조체 변수 widget과 구조체 포인터 변수 this_widget을 선언하는 과정을 나타낸다.

```
struct LOCATION {
    int x;
    int y;              // 위치 좌표 x, y가 선언됨
};

struct PART {
    char part_name[20];  // part name에 대한 문자열 선언
    long int pku;        // part에 대한 pku number
    struct LOCATION bin; // 저장소에 대한 위치 좌표
};

struct PART widget, *this_widget; // ① 구조체와 구조체 포인터를 선언
...
this_widget = &widget;            // ② 구조체의 주소를 가리킴
```

이 코드 중에서 ①번 코드는 PART 구조체를 widget 구조체 변수와 this_widget 구조체 포인터로 선언한 것이다. ②번 코드는 widget 구조체 변수의 주소 값을 this_widget 구조체 포인터에 대입한 것을 나타내는 것이다. 여기서 widget 구조체 변수 앞에 & 연산자를 사용하는 것은 this_widget이 일반 변수가 아니라 포인터 변수이기 때문에 widget 구조체 변수를 변수가 저장되어 있는 주소로 변환하기 위함이다.

포인터가 구조체의 멤버 값을 얻기 위해 구조체 포인터 연산자인 ->를 사용한다. 여기서 this_widget은 포인터이지만, this_widget -> bom은 가리킨 포인터의 멤버임을 유의해야 한다. 따라서 this_widget -> bom은 long int 변수이다.

```
this_widget->pku = 1234;
```

4.6.4 공용체

공용체(unions)는 구조체와 유사하게 사용되지만, 서로 다른 타입의 데이터를 동일한 메모리 공간에 저장할 수 있도록 하나의 객체를 만드는 방법으로, 데이터가 규칙적이지 않고, 미리 알려지지 않고, 임의의 순서로 혼합된 형태로 구성되어 있는 경우에 이 데이터를 처리하기 위해 하나의 객체로 표현하는 데 사용된다. 구조체와 공용체의 주된 차이점은 구조체는 멤버 변수의 데이터 타입 크기를 모두 메모리 공간으로 할당하지만, 공용체는 멤버 변수 중 가장 큰 데이터 타입의 크기로 할당한 후 내부에서 그 공간을 공유한다는 점이다.

구조체를 설명할 때, motor 구조체를 선언하고 그 사용법을 설명했다. 여기서는 motor라는 공용체를 새롭게 선언하고 차이점을 살펴보겠다. 멤버 변수로 char com, int vel, int acc를 갖는 motor라는 공용체를 선언하면 그림 4.10과 같이 2바이트의 크기로 선언된다.

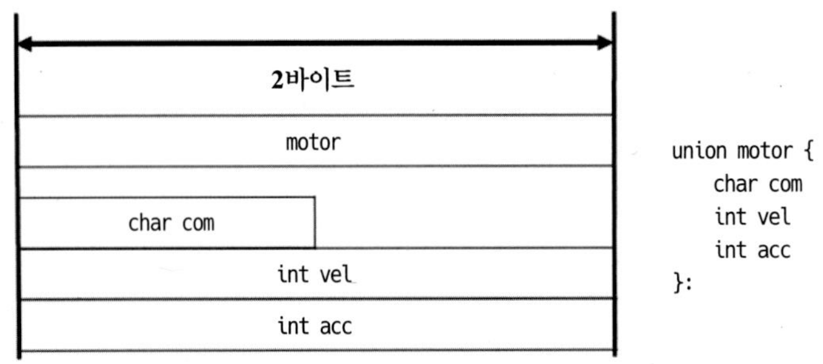

그림 4.10 공용체의 사용 예

구조체를 사용한 경우와 공용체를 사용한 경우의 차이는 그림 4.9의 메모리 구조와 그림 4.10의 메모리 구조를 보면 확실하게 알 수 있다. 즉, 구조체는 각 멤버 변수의 데이터 타입에 따라 메모리 공간에 할당되지만, 공용체는 공용체 멤버 변수 중 가장 큰 변수의 크기를 선택하여 서로의 멤버 변수가 메모리를 공유하는 것이다.

공용체를 선언하고 액세스하는 방법은 구조체와 동일하다. 공용체를 사용하는 구문은 다음과 같다.

```
union union_tag_name {
    type member_1;
    type member_2;
```

```
        ...
    type member_n;
};
```

또는

```
union union_tag_name {
    type member_1;
    type member_2;
        ...
    type member_n;
} union_var_name;
```

이제 공용체의 사용 예를 살펴보자. 다음과 같이 공용체 객체의 이름을 SOME_TYPES로, 공용체 변수를 my_type으로 선언했다고 가정하자.

```
union SOME_TYPES {
    char char_text;
    int digit;
    long int long_one;
} my_type;
```

이렇게 공용체를 선언하면, my_type에 할당되는 메모리는 long int 타입으로 선언된 long_one 변수 크기로 할당된다. 예를 들어, long_one 변수에 0x12345678을 저장했다고 생각하자. 이렇게 되면, my_type.digit와 my_type.char_text에는 다음과 같이 값이 변경되어 저장된다.

```
my_type.char_text = 0x12;
my_type.digit = 0x1234;
```

공용체는 크기가 큰 데이터 객체로부터 데이터를 세분화하여 작은 부분으로 추출하는 방법으로 활용되기도 한다. 실제 데이터의 위치(순서)는 사용되는 데이터 타입에 따라 다르고, 특정 컴파일러가 char 타입보다 큰 수를 어떻게 처리하느냐에 따라 달라진다. 위의 예는 MSB 우선(또는 빅 엔디안(big-endian))의 경우에 대해 처리되는 상황이고, 컴파일러가 데이터를 처리하는 방법에 따라 달라진다. 데이터는 바이트 단위로 서로 교환(swap)될 수 있고, 워드 순서로 교환될 수도 있다. 다음 프로그램은 메모리에서 데이터가 어떻게 구성되는지를 알아보기 위한 것이다.

여기서 공용체를 선언하여 사용하는 이유는 하나의 데이터 형식에서 여러 형태의 데이터 구성을 가질 수 있도록 하여 코딩 과정을 단순화하기 위함이다. 다음의 두 프로그램은 2개의 입력 포트를 결합하여 하나의 16비트 값으로 읽기 위한 방법을 소개한 것으로, 첫 번째 방법은 시프트 방법을 사용했고, 두 번째 방법은 공용체를 사용했다.

[방법 1: 일반형]

```
#include <mega128.h>
void main(void)
{
    unsigned int port_w;
    unsigned int result=0;
    while(1)
    {                           // PINA는 상위 바이트이고, PINB는 하위 바이트임
        port_w = PINA;          // 포트 A의 값을 읽음
        port_w <<= 8;           // 16비트로 만들기 위해 8비트 왼쪽으로 시프트
        port_w |= PINB;         // PINB를 읽어 PINA의 값과 결합
        result = port_w;        // 최종 16비트 결과 값을 출력 형태로 사용 가능함
    }
}
```

[방법 2: 공용체 사용]

```
#include <mega128.h>
void main(void)
{
    union{
        unsigned char port_b[2];
        unsigned int port_w;
    } value;

    unsigned int result=0;
    while(1)
    {                            // PINA는 상위 바이트이고, PINB는 하위 바이트임
        value.portb[0] = PINA; // PINA의 값을 읽음
        value.portb[1] = PINB; // PINB의 값을 읽음
        result = port_w;         // 공용체는 수동으로 데이터를 결합하는 과정을 줄일 수 있음
    }
}
```

4.6.5 구조체와 공용체의 비교

구조체와 공용체를 설명하는 과정에서 멤버 변수로 char com, int vel, int acc를 정의하고, 이를 motor라는 이름으로 각각의 구조체와 공용체를 선언했다. ATmega128은 데이터를 처리하는 기본 데이터의 크기가 8비트이기 때문에 char은 1바이트로, int는 2바이트로 규정된다. 참고로 최근의 PC 환경은 기본 데이터의 크기가 32비트 이상이기 때문에 char은 1바이트, int는 4바이트로 규정된다.

motor라는 객체가 구조체와 공용체로 각각 선언되면, 그림 4.11에 제시된 것과 같이 각 멤버들은 메모리 할당 시 차이를 나타낸다.

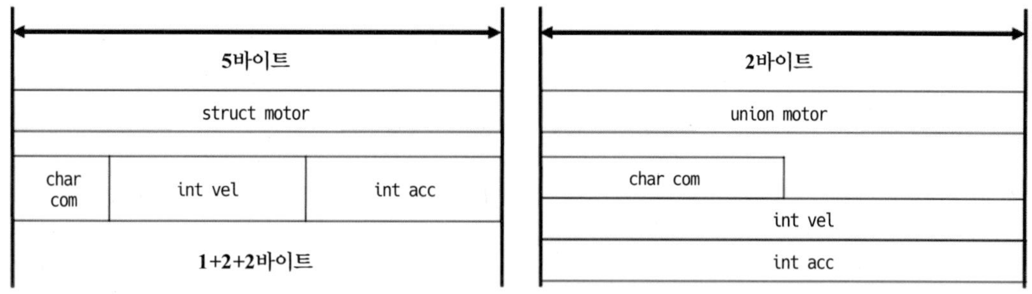

그림 4.11 구조체와 공용체의 메모리 할당 비교

구조체 motor는 구조체 멤버들이 차지하는 바이트를 모두 더한 값과 같다. 구조체 motor의 크기는 char(1)+int(2)+int(2)=5바이트가 된다.

공용체 motor는 공용체 멤버 변수 중 가장 큰 크기의 값(int)인 2바이트를 할당하고 모든 멤버가 그 메모리를 공유하게 된다. 따라서 공용체 motor의 총 크기는 2바이트가 된다.

구조체 motor는 각 멤버 변수들의 메모리 시작 주소가 다르지만, 공용체 motor는 각 멤버 변수들의 메모리 시작 주소가 동일하다. 이상의 차이점을 잘 기억해두기 바란다.

4.6.6 비트와 비트 필드

비트(bit)와 비트 필드(bit field)는 임베디드 시스템에서와 같이 메모리의 공간이 한정되어 있는 상황에서 내장된 I/O 레지스터, 확장 I/O 레지스터 또는 변수를 비트 단위로 조작하거나 통신 패킷의 관리를 위해 비트 단위로 사용하고자 할 경우에 효과적으로 사용된다.

임베디드 시스템을 다루는 일반적인 컴파일러에서는 비트 단위의 데이터를 처리하기 위해 다음의 예에서와 같이 비트 타입의 데이터 형식을 제공한다. ATmega128에서는 이러한 비트 타입으로 접근 가능한 공간을 SRAM의 0x00~0x1F 영역으로 할당하고 있다. 따라서 이 영역의 레지스터들은 비트 단위로 접근이 가능하고, 이 영역으로 할당된 변수들은 컴파일러에 의해 자동으로 할당되고 변수 그 자체로 참조된다.

```
bit running; // 비트 선언

running = 1; // 비트 변수는 0과 1의 두 가지 값만 갖는다.
running = 0;

if(running)  // 비트 변수는 직접 검사되거나 할당될 수 있다.
```

비트 필드는 임의의 변수, 즉 unsigned char나 int 안에 있는 비트들을 의미하는 것으로, 일부 임베디드 컴파일러에서는 지원되지 않는 경우도 있지만 CodeVision 같은 AVR 컴파일러의 경우에는 이를 지원한다. 비트 필드는 다음과 같이 구조체 선언에 의해 만들어진다.

```
structure structrue_tag_name {
    unsigned int bit_1:1;
    unsigned int bit_2:1;
        ...
    unsigned int bit_15:1;
};
```

또는

```
structure structrue_tag_name {
    unsigned int bit_1:1;
    unsigned int bit_2:1;
        ...
    unsigned int bit_15:1;
}struct_var_name;
```

비트 필드는 멤버 이름, 비트 수 정의와 이 둘 사이에 오는 콜론(:)에 의해 정의된다. 멤버의 폭은 unsigned int 타입의 변수인 경우에 1~16까지가 가능하고, 이렇게 정의함으로써 구조체에서 비트 필드는 unsigned int 타입으로 각각의 메모리 위치로 배치된다.

```
structure {
    unsigned int up : 1;
    unsigned int down : 1;
    unsigned int counter : 4;
}machine;
```

이렇게 정의된 비트 필드는 구조체에서 사용한 것과 동일한 방법으로 액세스된다.

```
machine.up = 1;
machine.down = 0;
machine.counter++; // 이 비트는 4비트로 할당되어 있으므로,
                   // counter의 값은 0~15로 됨
```

4.6.7 공용체에서 비트 필드의 활용

비트 필드를 공용체로 응용한다면 공용체의 멤버 변수들은 모두 같은 메모리 공간을 공유하게 되며, 이는 각 멤버 변수들의 메모리 시작 주소가 같다는 장점이 있다. 따라서 이를 ATmega128의 레지스터 설정에 활용한다면 앞서 소개한 시프트 연산을 통한 비트 설정과 더불어 편리하고 고급스러운 형태의 프로그램이 가능하다.

비트 필드와 공용체 방법을 적용한 레지스터 설정 과정을, 13장에서 다루는 ADC 레지스터의 예를 들어 설명한다. ADMUX 레지스터의 비트 구성은 그림 4.12와 같다.

비트	7	6	5	4	3	2	1	0	
	REFS1	REFS0	ADLAR	MUX4	MUX3	MUX2	MUX1	MUX0	ADMUX
읽기/쓰기	R/W	R/W	R/W	R/W	R/W	R/W	R/W	R/W	
초깃값	0	0	0	0	0	0	0	0	

그림 4.12 ADMUX 레지스터의 비트 구성

이 레지스터를 각 비트 단위로 구조체 변수처럼 설정하기 위해 공용체와 비트 필드를 이용하여 정의하고 함수를 초기화하는 과정에 적용할 수 있다.

먼저 all이라는 8비트 변수를 공용체의 멤버 변수로 선언하고, bit라는 구조체를 멤버 변수로 선언한다.

```
typedef union                    // 공용체 선언
{
    unsigned char all;           // 멤버 변수로 선언
    struct
    {
        unsigned char mux : 5;   // 5비트
        unsigned char adlar : 1; // 1비트
        unsigned char refs : 2;  // 2비트
    } bit;
} UniADMUX
```

이 과정에서 bit 구조체 변수는 비트 필드로 멤버 변수인 mux, adlar, refs 비트를 설정하는 데 사용되고, 이를 통해 공용체 UniADMUX는 메모리에 그림 4.13과 같이 할당된다.

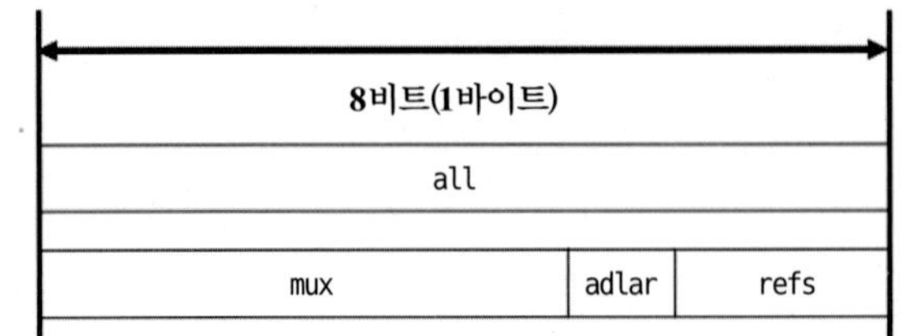

그림 4.13 공용체 UniADMUX의 비트 필드를 이용한 메모리 할당 예

위와 같이 설정하면 all 변수와 bit 구조체는 메모리를 공유하기 때문에 비트 단위로 변경된 값을 all 변수에서 한꺼번에 가져올 수가 있다. 이렇게 정의한 비트 필드를 변경하기 위해서는 다음과 같은 과정으로 (선언한 공용체 이름).bit.(멤버 변수) 형식을 사용한다.

```
UniADMUX adm;           // 공용체 변수 adm 선언

void AD_Init(void)
{
    adm.all = 0;        // 공용체 초기화
    adm.bit.mux = 4;  // mux에 4 입력
    adm.bit.refs = 1; // refs에 1 입력
    ADMUX = adm.all    // 공용체의 입력값을 ADMUX에 설정
    ...
}
```

4.7 ASCII형 문자 변환의 구현과 응용

마이크로컨트롤러를 이용한 문자 표시형 LCD와 직렬 통신(USRAT) 활용 과정에서 정수와 실수 값을 출력하기 위해 ASCII 코드형 문자로 변환하여 출력해야 한다(ASCII 코드에 대한 상세한 설명은 9장에서 다루기로 한다). ASCII 코드형 문자로 변환하기 위해서는 일반적으로 C 언어 표준 함수인 sprintf와 비표준 함수인 itoa, ftoa 함수를 사용하면 간단히 해결된다. 이러한 함수는 해당 함수의 라이브러리인 헤더 파일을 추가하여 사용 가능하며, sprintf는 입출력 라이브러리 〈stdio.h〉에 포함되어 있고, itoa와 ftoa 문자열 변환 등을 포함한 라이브러리 〈stdlib.h〉에 선언되어 있다. 이 책에서 사용하고 있는 CodeVisionAVR 컴파일러에서 sprintf를 사용하여 float 타입 변수를 문자열로 변환하기 위해서는 3.5절에서 설명한 바와 같이 그림 4.14의 (s)printf Features 기능 설정에서 float, width, precision으로 꼭 설정해야 동작하므로 주의하기 바란다.

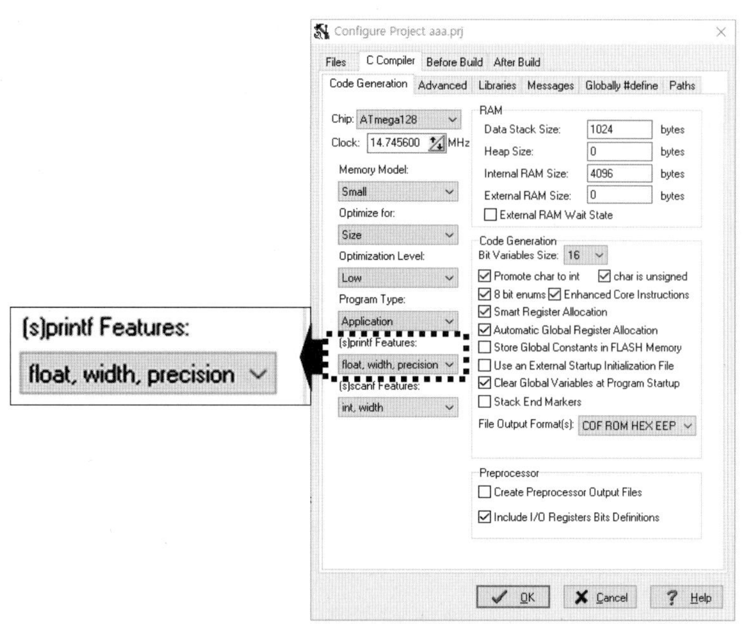

그림 4.14 CodeVisionAVR 컴파일러에서 sprint 함수의 float 타입을 사용하기 위한 설정

앞에서 설명한 바와 같이 `itoa`와 `ftoa` 함수는 비표준 함수로, 마이크로프로세서 운영체제 기반의 컴파일러에서는 동작되지만 리눅스/맥 OS 계열의 컴파일러에서는 동작되지 않는다. 그러나 반대 동작을 수행하는 문자열을 `int`, `long`, `float` 타입의 숫자 값으로 변환해주는 `atoi`, `atol`, `atof`는 표준 함수이기 때문에 상황에 따라 모든 컴파일러에서 관련 헤더 파일만 추가하면 선택적인 활용이 가능하다.

이러한 이유로, 숫자 형태를 문자열로 변환하는 방법은 표준 라이브러리인 `sprintf`를 사용하는 것이 일반적이다. 그러나 `sprintf`는 구현 형태가 다소 간결하지 못하여 O/S 기반의 소프트웨어에서는 무리가 없으나 8비트 마이크로컨트롤러에서는 일부 연산 시간이 오래 걸려 전체적으로 시스템이 느려지는 현상이 발생할 수도 있으며, 컴파일 과정에서 코드 크기도 증가한다는 문제가 있다.

따라서 이 절에서는 낮은 사양의 임베디드 시스템에서 문자 변환 및 문자열 관련 C 표준 함수를 적용했을 때 발생하는 문제점을 해결하기 위해 다음과 같이 표준 함수 대비 필수 필요 함수만을 구현, 불필요한 메모리 낭비 및 성능 저하에 대처하는 방법을 알아보도록 한다.

4.7.1 정수형을 문자열로 변환하는 방법(16ToAscii 함수)

정수 형태를 문자열로 변환하는 함수는 보편적으로 아래의 형태가 일반적이다. 함수의 원리는 `int` 타입의 정수를 각 자리 값으로 분류하여 해당 값들에 문자 '0'에 해당되는 ASCII 값 0x30을 더해주는 것이다. 이와 같은 방법이 가능한 이유는 문자 '0'~'9'까지의 ASCII 값은 0x30~0x39에 해당되기 때문에 상위 니블인 0x30은 고정으로 변하지 않고 하위 니블 값만 변화되기 때문이다. 따라서 각 자리를 분류하기 위해서는 입력된 정수 값에서 현재 자릿값을 분류하기 위해 '/' 연산자를 사용하여 몫을 검출하고 '%' 연산자를 사용하여 나머지 값을 검출하여 나머지 값에 0x30을 더해주면 해당 자릿값의 숫자를 ASCII형 문자로 표현할 수가 있다.

예를 들어, 12345라는 int형 숫자가 있다고 가정하자. 마지막 자리 숫자 5를 검출하기 위해 % 연산자를 사용하여 10으로 나눈 나머지 값을 추출한 후 여기에 0x30을 더하여 저장될 문자열 배열의 제일 마지막 자리에 저장한다. 그다음 자릿수인 숫자 4를 처리하기 위해 마지막 자릿수인 5를 배제하고자 / 연산자를 사용하여 10으로 나눈 몫인 1234를 검출한다. 이후 위의 방법을 적용하여 % 연산자를 사용하여 10으로 나눈 나머지 값인 4를 추출하고 0x30을 더한 뒤, 앞서 저장한 문자열 배열의 앞 주소에 저장한다. 이러한 동작을 최상위 숫자인 1이 분류될 때까지 순차적으로 반복하면 각 자리의 값을 ASCII형 문자로 변환할 수가 있다.

아래 제시하는 함수는 앞서 서술한 int형 숫자를 ASCII 코드 값으로 변환한 후 각 자릿수에 해당되는 배열(문자열)에 저장하는 함수이다. 주요 인자로는 저장할 문자열(pstr)과 변환할 int형의 수(intData), 나타낼 자릿수(digit) 등 세 가지 값을 입력으로 받는다. retVal은 숫자의 자릿수에 부호(+, −)를 더한 자릿수이며, 함수의 최종 return 값이다.

```
/**
  * @brief  int형 정수를 ASCII 값으로 변환하는 함수
  * @param  pstr: 문자열을 저장할 배열
  * @param  intData: 변환하고자 하는 정수
  * @param  digit: 문자열의 길이 지정 변수
  * @retval 문자열 길이
  */
int I16ToAscii(char *pstr, int intData, unsigned char digit)
{
    // 실제 정수에 부호 값을 더한 길이. 예) 12345 5자리 -> +12345 6자리
    int retVal = digit + 1;

    // 문자열의 첫 번째 주소에는 부호 값을 저장
    if(intData <  0){ pstr[0] = '-'; intData *= -1; }
    else{             pstr[0] = '+';  }

    // 부호가 저장된 주소의 다음 주소 지정(정수의 ASCII 값 저장을 위한 주소 지정)
    // 실제 배열에는 msg[0]에는 부호 저장, msg[1]부터 정수의 ASCII 값이 저장됨
    // 이 함수 내에서 msg[1](pstr+1)을 다시 pstr로 지정하여 저장
    pstr = pstr+1;

    // 문자열 길이에 맞게 ASCII 값 저장
    while(digit)
    {
        pstr[--digit] = (intData % 10) + '0';
        intData = intData / 10;
```

```
    }
    return retVal;
}
```

4.7.2 문자열을 정수형으로 변환하는 방법(AscToInt 함수)

문자열을 정수형으로 변환할 때는 앞에서 설명한 I16ToAscii와 반대로 해당 값에서 문자 '0'에 해당되는 ASCII 값(0x30)을 빼주는 것이다.

문자 배열의 첫 번째 자리는 문자열 보내는 전송 방식에 따라 숫자의 가장 상위 자리일 수도 있고, 가장 하위 자리일 수도 있다. 따라서 이 부분은 책에 제시된 방법을 바탕으로 각자가 수정하여 사용하기 바란다. 아래 제시한 함수는 첫 번째 배열이 최하위 자리로 저장되었을 경우를 가정하여 작성된 코드이다. 따라서 다음 코드에서 문자 배열의 첫 번째 자리는 정수형 최하위 자리인 1의 자리, 두 번째는 10의 자리, 세 번째 자리는 100의 자리를 의미하며, 배열 순서의 증가는 숫자의 자릿값 증가와 비례한다.

```
/*
  * @brief   ASCII 값을 정수(int) 값으로 변환하는 함수
  * @param   *Buf: 문자열 배열
  * @return  int: 정수로 변환된 값
  */
int AscToInt(char *Buf)
{
    int i, j, num=0, digit;
    for(i=0; *Buf != 0; i++, Buf++)
    {
        if(*Buf >= '0' && *Buf <= '9')
        {
            for(digit = 1, j = 1; j < i+1; j++) { // 자릿수 계산
                digit *= 10;                      // 1, 10, 100, 1000, 1000
            }
            num += (*Buf- 0x30) * digit;          // 정수 값 계산
        }
        else return 0;                            // '0'~'9'가 아니면 0을 반환
    }
    return num;
}
```

4.7.3 소수형을 문자열로 변환하는 방법

소수형을 문자열로 변환하는 방법은 4.7.1절에서 소개한 정수를 문자열로 변환하는 방법을 응용하면 가능하다. 간단하게 처리하기 위해서는 변환될 소수형의 소수 자릿수를 알고 있다면 자릿수

만큼 10의 배수로 곱하여 정수로 만들고, 4.7.2절에서 소개한 정수형 변환 함수를 통해 변환한다. 그 이후 문자열 배열에서 '.'(dot) 및 10의 배수 처리한 만큼 자릿수 이동으로 소수형을 문자열로 변환할 수 있다. 이러한 원리를 응용하여 함수를 구현하면 다음과 같다.

아래에서 제시하고 있는 함수는 float 타입 변수에 저장된 값을 ASCII 코드 값으로 변환하고 이를 문자열에 저장하는 함수이다. 표현 가능한 수는 32비트의 실수이다. 이 함수는 변환된 ASCII 코드 값을 저장할 문자열(pstr), 변환할 float 타입의 실수(floatData), 나타낼 실수의 정수부 자릿수(intDigit)와 소수부 자릿수(fractionDigit) 등 네 가지 값을 입력으로 받는다. l_intData는 입력된 실수를 정수로 변환하여 계산에 사용하기 위한 중간 변수이며, retVal은 정수부 자릿수, 소수부 자릿수, 부호와 소수점을 나타내기 위한 자릿수 값을 저장하기 위한 변수이다. floatData가 음수이면 pstr[0]에 부호 –의 ASCII 값을 저장하고 –1을 곱하여 양수로 표현 가능하게 만들어준다. floatData가 양수이면 pstr[0]에는 +의 ASCII 값을 저장한다. 이후, floatData에 소수 자릿수만큼 10을 거듭제곱한 값을 곱하여 정수로 표현한다.

```
예)  floatData = 12.12,    fractionDigit = 2
     l_intData = floatData * fPow(10, fractionDigit);
     l_intData = 12.12 * 10^2 -> 1212
```

이러한 과정을 통해 소수 부분을 정수화했기 때문에 앞에서 소개한 방법으로 자리 값을 검출하여 ASCII 값으로 변환하면 된다.

```
/**
* @brief  float 타입 실수를 ASCII 값으로 변환하는 함수
* @param  pstr: 문자열을 저장할 배열
* @param  floatData: 변환하고자 하는 실수
* @param  intDigit: 정수부 길이
* @param  fractionDigit: 소수부 길이
* @retval 문자열 길이
*/
int floattoAscii(char *pstr, float floatData, unsigned char intDigit, unsigned char
                fractionDigit)
{
    long int  l_intData;
    // 정수부의 수를 나타내기 위한 변수
    int retVal = intDigit + fractionDigit + 2;
    // 정수부 자릿수 + 소수부 자릿수 + 2(부호 + 소수점)

    if (floatData < 0.0) { pstr[0] = '-'; floatData *= -1; }
    else{                  pstr[0] = '+';     }
    // 실수 값에 따른 부호 설정

    l_intData = floatData * fPow(10, fractionDigit);
```

```
    // 실수 값에 표현하고자 하는 소수 자릿수만큼 10의 거듭제곱을 곱해줌
    // 예) floatData = 1234.123, fractionDigit = 3이라면,
    // l_intData = 1234.123 * 10^3 = 1234123.0

    pstr = pstr + 1;
    // 부호가 저장된 주소의 다음 주소 지정(실수의 ASCII 값 저장을 위한 주소 지정)

    pstr[intDigit] = '.';    // 소수점을 표현하기 위함
    // 예) intDigit = 4 pstr[0]~pstr[3]은 정수부의 수를 표현하고 pstr[4]에 소수점 표현

    while (fractionDigit){
        pstr[(--fractionDigit) + intDigit+1] = (l_intData % 10) + '0';
        l_intData = l_intData / 10;
    } // 소수부의 수를 표현하기 위한 while 문

    while (intDigit){
        pstr[(--intDigit)] = (l_intData % 10) + '0';
        l_intData = l_intData / 10;
    } // 정수부의 수를 표현하기 위한 while 문

    return retVal;
}
```

4.7.4 거듭제곱 연산 함수의 구현

위의 소수형 변환 코드에서 10의 배수만큼 곱하는 연산을 위해 fPow(10, 배수)라는 함수를 적용했다. 해당 함수는 거듭제곱을 구현한 함수이다. 일반적으로는 〈math.h〉 헤더에서 제공되는 함수를 사용해도 되지만, 이 책에서는 다음과 같은 함수를 구현하여 적용했다. 동작은 입력 값으로 밑(base)과 지수(exponentiation) 값을 받는다. 밑에 해당하는 값을 계산하기 위해 float 타입의 retbase 변수에 다시 저장한다. 이후, 지수가 0이면 모든 수의 0제곱은 1이므로 1을 반환한다. 실제 제곱 계산은 지수의 －1번만큼 계산되므로 exponentiation -= 1(exponentiation = exponentiation - 1)을 수행한 후, while 문을 지수 값이 0이 될 때까지 반복 실행하는 것이다.

```
/**
* @brief  정수(int) 형의 거듭제곱 값을 연산하는 함수
* @param  base: 거듭제곱하고자 하는 밑 값
* @param  exponentiation: 거듭제곱하고자 하는 지수 값
* @retval 거듭제곱한 정수형 값
*/
unsigned int iPow(int base, int exponentiation)
{
    float retbase = base;
```

```
    if (exponentiation == 0) // a의 0제곱은 1
        return 1;

    exponentiation -= 1;      // 실제 제곱 계산은 지수의 -1번만큼 계산됨
                              // 예) 지수 = 3, 밑 = 2 -> 2x2x2 곱하기 연산은 2(=3-1)번
    while(exponentiation--){
        retbase = retbase * base;
    }
    return   retbase;   // 계산된 값 반환
}
```

4.7.5 문자열을 복사하는 방법(StrCpy 함수)

문자열에서 다른 배열의 문자열로 복사하는 방법은 입력되는 문자의 마지막이 NULL 문자 이전까지 읽어 복사하고자 하는 배열에 대입(복사)하고, 다음 문자를 반복하여 대입하는 방법으로 처리하면 된다.

```
/*
* @brief  입력 문자열을 목적 문자열로 복사하는 함수
* @param  *src: 입력 문자열
* @param  *des: 목적 문자열
*/
void StrCpy(char *src, char *des)
{
    while(*src !=0)  // 마지막 문자가 아닐 때까지
    {
        *des = *src; // 문자 복사
        src++;       // 입력 문자 증가
        des++;       // 목적 문자 증가
    }
}
```

4.7.6 문자열을 이어붙이는 방법(StrCat 함수)

입력 문자열에 다른 배열의 문자열을 이어서 복사하려면, 입력되는 문자의 마지막인 NULL 문자까지 찾은 이후에 입력 문자에 목적 문자를 대입(복사)하고, 다음 문자를 반복하여 대입하는 방법으로 처리하면 된다. 이 방법은 목적 문자의 끝이 NULL일 때까지 반복한다.

```
/*
* @brief  목적 문자열을 입력 문자열로 이어붙이는 함수
* @param  *src: 입력 문자열
* @param  *des: 목적 문자열
```

```
*/
void StrCat(char *src, char *des)
{
    while(*src != 0) src++;
    while(*des != 0) {
        *src = *des;
        des++;
        src++;
    }
}
```

연습문제

1. AVR에 내장된 메모리 영역으로 사용되는 메모리 형 지정자 네 가지를 나열하고 이를 설명하라.

2. AVR C 컴파일러에서 제공되는 기본적인 메모리 모델 네 가지에 대해 설명하라.

3. AVR C 컴파일러에 의해 컴파일이 된 후에 SRAM 영역이 분리되는 상황을 설명하고, 각 영역에 어떠한 변수들이 저장되는지 설명하라.

4. SFR 중 비트 단위의 액세스가 가능한 레지스터가 있다. 이 레지스터의 주소가 0x12라고 가정하고, 비트 필드를 이용하여 비트 단위로 액세스하는 방법을 설명하라.

5. ATmega128의 내부 RAM의 용량 한계로 많은 변수의 설정은 메모리 낭비를 초래한다. 따라서 대량의 고정된 변수 값들을 선언하기 위한 방법을 설명하라.

6. 다음 코드는 주로 프로그램의 초기화 과정에 많이 사용되는 것으로, I/O 레지스터를 비트 단위로 설정하여 8비트의 레지스터 내용 중 해당 비트만 1로 설정하는 것을 나타낸다. 다음의 질문에 답하라.

```
// TCCR0 레지스터의 비트 선언
#define FOC0        7
#define WGM00       6
#define COM01       5
#define COM00       4
#define WGM01       3
#define CS02        2
#define CS01        1
#define CS00        0

// TCCR0 레지스터의 초기화 과정
TCCR0 |= (1<<WGM01) | (1<<WGM00) | (4<<CS00);
```

(1) 1<<WGM01의 의미와 연산 과정을 설명하라.

(2) 4<<CS00의 의미와 연산 과정을 설명하라.

7. 공용체와 비트 필드를 이용하여 비트 연산자가 지원되지 않는 I/O 레지스터인 DDRF, PORTF, DDRG, PORTG, PINDG의 레지스터 설정을 위한 비트 단위 변수 선언을 해보라.

8. 입력되는 문자열의 개수(크기)를 확인할 수 있는 sizeof 함수를 작성하라.

CHAPTER

5

I/O 포트의 동작

지금까지 ATmega128의 사용을 위해 교육용 보드의 하드웨어 설계 과정과 프로그램 작성을 위한 CodeVision C 컴파일러 환경 및 C 언어 활용에 대해 학습했다. 이번 장부터는 이를 기반으로 하여 ATmega128의 내부 기능을 C 언어 프로그램을 작성하여 제어하는 방법을 상세하게 설명하기로 한다.

원래 I/O 포트는 2장에서 설명한 바와 같이 다중 기능으로 구성되어 있으나, 이 장에서는 ATmega128에 내장되어 있는 범용 I/O 포트의 구조와 기능을 설명하고, 실험을 통해 범용 I/O 포트의 동작을 철저히 이해해본다. 다중 기능으로 구현된 기능에 대해서는 해당 장에서 설명하기로 한다.

5.1 ATmega128 범용 I/O 포트

모든 MCU는 프로세서와 외부 장치 사이에서 데이터의 입력/출력 작업을 수행하기 위한 범용 I/O 포트를 갖고 있다. ATmega128에는 PORTA~POARTG에 이르는 7개의 포트가 있으며, 각각의 포트는 8비트 또는 5비트로 구성되어 있다. PORTA~PORTF까지의 8비트 I/O 포트 6개와 PORTG의 5비트 I/O 포트 1개를 내장하고 있어 총 53개의 I/O 핀을 갖고 있다.

ATmega128의 포트가 범용의 디지털 I/O로 사용될 경우에는 리드-모디파이-라이트(Read-Modify-Write) 기능을 수행할 수 있다. 여기서 리드-모디파이-라이트 기능이란 I/O 포트의 입출력을 변경하지 않고도 동시에 입력과 출력의 기능을 수행하는 것을 말한다. 이 기능의 제어는 어셈블리 명령어인 SBI(Set Bit in I/O register)와 CBI(Clear Bit in I/O register)에 의해 수행되며, 입출력 방향의 변경 없이 포트의 동작 방향이 달라질 수 있음을 의미한다.

각 포트는 입력과 출력으로 사용할 수 있는 구조로, 그림 5.1과 같이 구성되어 있다. 포트의 입력단에는 포트의 보호를 위해 V_{CC}와 GND 사이에 보호 다이오드가 달려 있으며, 회로의 입력과 출력을 안정화하기 위한 풀업 저항(R_{pu})도 내장하고 있다. 풀업 저항과 V_{CC} 사이에는 FET 스위치가 달려 있어서, 스위치의 온/오프 동작에 의해 풀업 저항의 사용 여부를 선택할 수 있다. 일반적으로 내장형 풀업 저항은 부하가 작은 상태를 지원하기 위한 것으로, 20~50kΩ의 값을 갖고 있다. 만약 부하가 커서 포트의 전류가 부족할 경우에는 핀의 외부에 내장 풀업 저항보다 작은 저항 값을 연결하여 원하는 목적에 맞는 회로를 설계해주어야 한다.

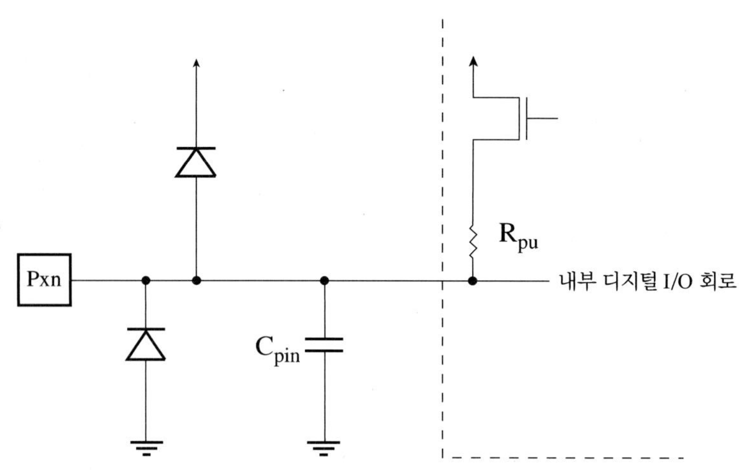

그림 5.1 I/O 핀의 등가 회로

입출력 포트가 출력 포트로 High를 출력할 경우에는 핀에서 전류가 유출되는데, 이를 소스 전류(source current)라 부르고, Low를 출력할 경우에는 반대로 외부에서 핀을 통해 IC 내부로 전류가 유입되는데, 이를 싱크 전류(sink current)라 부른다. ATmega128의 소스 전류와 싱크 전류의 최대 허용 범위는 모두 40mA로 동일하며, 포트의 구동 전류만으로 직접 LED의 구동이 가능하다.

모든 병렬 I/O 포트는 SRAM의 영역 내에 I/O 포트를 위한 별도의 메모리 공간인 특수 목적 레지스터(SFIOR)를 액세스함으로써 입출력 동작을 할 수 있다. 즉, 각각의 포트는 그림 5.2에 나타낸 것과 같이 3개의 I/O 레지스터를 사용하여 제어할 수 있도록 구성되어 있으며, 이들은 입출력의 방향을 설정하는 데이터 출력에 해당하는 PORTx 레지스터와 포트 입력 핀에 해당하는 PINx 레지스터(Port Input Pins Register), 그리고 DDRx 레지스터(Data Direction Register)이다.

PORTx Data Register – PORTx

비트	7	6	5	4	3	2	1	0	
	PORTx7	PORTx6	PORTx5	PORTx4	PORTx3	PORTx2	PORTx1	PORTx0	PORTx
읽기/쓰기	R/W	R/W	R/W	R/W	R/W	R/W	R/W	R/W	
초깃값	0	0	0	0	0	0	0	0	

PORTx Data Direction Register – DDRx

비트	7	6	5	4	3	2	1	0	
	DDx7	DDx6	DDx5	DDx4	DDx3	DDx2	DDx1	DDx0	DDRx
읽기/쓰기	R/W	R/W	R/W	R/W	R/W	R/W	R/W	R/W	
초깃값	0	0	0	0	0	0	0	0	

PORTx Input Pins Address – PINx

비트	7	6	5	4	3	2	1	0	
	PINx7	PINx6	PINx5	PINx4	PINx3	PINx2	PINx1	PINx0	PINx
읽기/쓰기	R	R	R	R	R	R	R	R	
초깃값	N/A	N/A	N/A	N/A	N/A	N/A	N/A	N/A	

그림 5.2 병렬 I/O 포트에 관련된 레지스터의 비트 구성도

일반적으로 대부분의 마이크로컨트롤러는 입력과 출력 데이터 레지스터를 구분하지 않고 사용해왔으나, AVR의 경우에는 입력 및 출력의 레지스터를 각각 다른 I/O 공간으로 지정하여 사용하고 있다는 점을 유의해야 한다. 또한 PORTx와 DDRx 레지스터는 읽기/쓰기가 모두 가능하지만 PINx는 읽기만 가능하고 쓰기는 불가능하다는 점도 유의해야 한다.

하나의 I/O 포트를 입/출력으로 활용하기 위해서는 입/출력 방향을 설정하여 사용해야 하는데, 이는 DDRx 레지스터의 각 비트를 0 또는 1로 설정함으로써 가능해진다. 즉, DDRx 레지스터의 각 비트를 0으로 설정하면 포트는 입력으로 결정되고, 각 비트를 1으로 설정하면 포트는 출력으로 결정된다.

- DDRxn=0: PORTxn=입력 → 입력된 데이터가 PINxn에 저장됨
- DDRxn=1: PORTxn=출력 → PORTxn의 데이터가 출력됨

참고사항

I/O 포트 레지스터의 명칭 설명

ATmega128에 내장된 병렬 I/O 포트는 기능이 모두 동일하기 때문에 이 절에서는 설명을 위해 PORTxn으로 정리하여 표현하기로 한다. 여기서 x는 포트 A~G를 나타내며, n은 각 포트의 비트 번호 0~7을 나타낸다. 즉, PORTx는 PORTA~PORTG를 나타내며, PORTB4는 PORTB의 5번째 비트를 가리킨다.

ATmega128은 2장에서 설명한 바와 같이 범용 I/O 포트 핀 기능에는 I/O 기능 외에 별도로 정의된 중복 기능을 처리하고 있다. 즉, 각 포트 핀은 I/O 기능 외에 타이머/카운터, 외부 인터럽트, 직렬 통신, 아날로그-디지털 변환기의 입력, 외부 메모리 확장 등의 기능을 중복 처리하고 있다. 이렇게 중복 처리할 수밖에 없는 이유는 MCU에 내장된 복잡한 기능의 결과를 제한된 핀을 사용하는 데 한계가 있기 때문이다. 이 장에서는 범용 I/O 포트를 제어하는 방법에 대해 설명하고, 중복 처리된 기능은 해당 기능을 설명하는 장에서 자세히 설명하기로 한다.

5.2 I/O 포트의 구조와 기본 동작

5.2.1 I/O 포트의 기본 동작

그림 5.3에 I/O 포트의 각 핀들이 범용 I/O 핀으로 동작할 때의 내부 구성을 나타내었다. 그림 5.3을 자세히 살펴보면 내부 데이터 버스와 직접 연결된 2개의 플립플롭이 있는데, 플립플롭(DDxn) ①은 DDR 레지스터 중 하나의 비트를 나타내고, 플립플롭(PORTxn) ②는 입/출력의 용도로 사용되는 PORT 레지스터 중 하나의 비트를 나타낸다. 또한 클록 동기 회로(SYNCHRONIZER)라는 플립플롭(PINxn) ③이 있는데, 이는 입력 핀의 신호를 직접 읽을 수 있도록 구성된 PIN 레지스터 중 하나의 비트를 나타낸다.

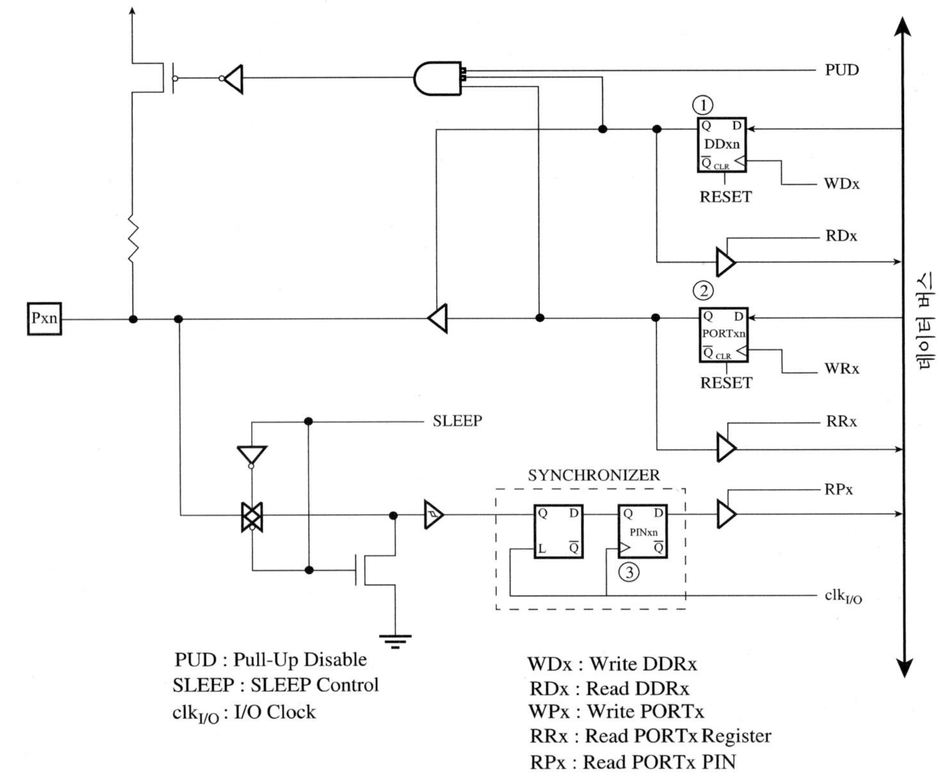

그림 5.3 입출력 핀의 기본 구조

그림 5.3의 I/O 포트는 입력과 출력을 모두 포함하고 있으므로, I/O 포트를 입력으로 사용할지 아니면 출력으로 사용할지를 먼저 결정해야 한다. I/O 포트의 입출력을 결정하는 레지스터는 방향 설정 레지스터(DDRx)로서, 그림에서는 DDxn 플립플롭에 해당한다. 만약 DDxn 비트가 1로 설정되면, DDxn 플립플롭의 출력에 연결되어 있는 3상태 버퍼가 허가되어 출력 핀으로 설정되

고, PORTxn 플립플롭에 쓰인 데이터가 출력된다. 또한 DDxn 비트가 0으로 설정되면, DDxn 플립플롭의 출력에 연결되어 있는 3상태 버퍼가 차단되어 PORTxn 플립플롭의 상태를 입력할 수 있도록 구성된다.

DDxn이 출력으로 설정되어 플립플롭 ②가 출력으로 동작하는 경우에 PORTxn에 0을 쓰면 이 핀의 출력은 0으로 되어 싱크로 동작하고, PORTxn에 1을 쓰면 출력은 1로 되어 소스로 동작한다.

DDxn이 입력으로 설정된 경우는 출력으로 설정된 경우보다 내부 구성이 좀 복잡해진다. 포트가 입력으로 동작하는 경우에는 그림의 상단에 있는 AND 게이트의 동작을 고려해야 한다. 이 AND 게이트의 입력에는 SFIOR 레지스터의 PUD(Pull-Up Disable) 비트가 하드웨어적으로 연결되어 I/O 내부의 FET를 제어한다. 즉, PUD 신호를 1로 설정하면 AND 게이트는 금지되고, 이로 인해 FET가 오프되어 풀업 저항이 연결되지 않는다. 이 상태에서는 PORTxn의 상태에 상관없이 외부 핀은 플로팅 상태가 된다. 또한 만약 I/O 포트가 입력으로 설정된 상태에서 PUD 신호를 0으로 설정하고, PORTxn을 1로 설정하면 AND 게이트는 허가되어 FET는 온 상태가 된다. 이 상태에서 외부 핀은 풀업 저항이 연결된다. 따라서 외부 핀의 상태가 0이 되면 이 핀은 전류 소스로 동작하게 된다. 마지막으로, I/O 포트가 입력으로 설정된 상태에서 PORTxn이 0으로 설정되어 있으면 AND 게이트는 PUD 신호와 상관없이 금지되고 이로 인해 FET는 오프가 되어 풀업 저항이 연결되지 않고 플로팅 상태가 된다. 이상의 I/O 포트 입출력 동작에 대한 동작 모드를 표 5.1에 간단하게 제시했으니 참고하기 바란다. 여기서 SFIOR 레지스터에 대한 자세한 설명은 2장의 그림 2.24를 참조하면 된다.

표 5.1 I/O 포트 핀의 설정에 따른 동작 모드

DDXn	PORTxn	PUD	I/O	풀업 저항	비고
0	0	x	입력	No	3상태(Hi-Z)
0	1	0	입력	Yes	외부 저항에 의해 풀다운되어 있다면 Pxn은 소스 전류가 된다.
0	1	1	입력	No	3상태(Hi-Z)
1	0	x	출력	No	L 출력(싱크)
1	1	x	출력	No	H 출력(소스)

5.2.2 외부 핀의 신호를 읽기

ATmega128의 I/O 포트를 읽는 과정은 그림 5.3에 나타난 바와 같이 두 가지 경로가 존재한다. 하나는 PORTxn 플립플롭을 통해 읽는 경로이고, 또 다른 하나는 직접 PINxn을 통해 읽는 경로이다. 일반적으로 입력 핀의 신호를 읽는 경우에는 직접 PINxn을 통해 읽는 경로를 사용하고, 위에

서 설명한 리드-모디파이-라이트(Read-Modify-Write) 처리를 수행할 경우에는 PORTxn 플립플롭의 경로를 사용한다. 이렇게 리드-모디파이-라이트 처리의 경우에 PINxn의 신호를 읽지 않고 PORTxn 신호를 읽는 이유는 PORTxn으로 출력되는 I/O 포트의 부하 임피던스에 의해 PINxn으로 입력되는 논리 값의 상태가 달라질 수 있기 때문이다. 이러한 주의사항을 상기하면서 외부 핀의 신호를 읽는 과정을 살펴보자.

I/O 포트의 신호는 DDRx 레지스터의 DDxn 비트 설정에 관계없이 PINxn 레지스터를 통해 직접 읽을 수 있다. 그러나 그림 5.3에 나타난 바와 같이 PINxn 레지스터 비트는 불안정 상태(metastability)를 피하기 위해 클록 동기 회로를 사용하는데, 그림 5.4(a)에서 볼 수 있듯이 핀 상태의 입력 동작에 최소 $t_{PD,min}$(0.5클록)에서 최대 $t_{PD,max}$(1.5클록)의 시간 지연이 발생한다. 따라서 PORTxn 비트에 출력한 값을 다시 읽을 경우에는 곧바로 읽으면 안 되고, 그림 5.4(b)에 제시한 것과 같이 NOP 명령을 삽입하여 약간의 시간 지연을 두고 읽는 것이 바람직하다. NOP 명령을 사용할 경우의 시간 지연은 t_{PD}(1클록)로 일정하게 유지할 수 있다.

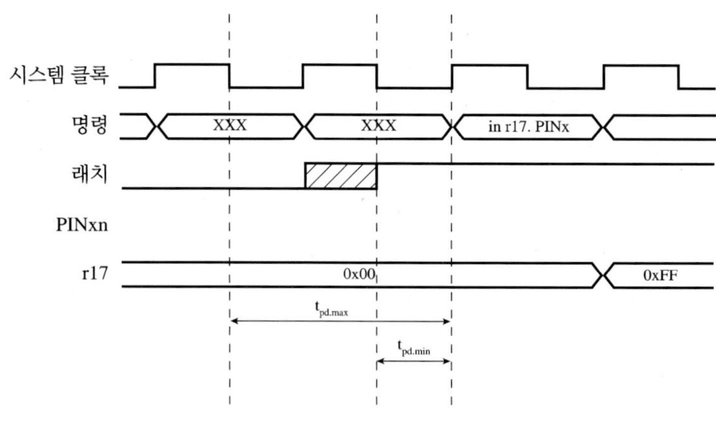

(a) 외부 핀의 신호를 읽을 경우

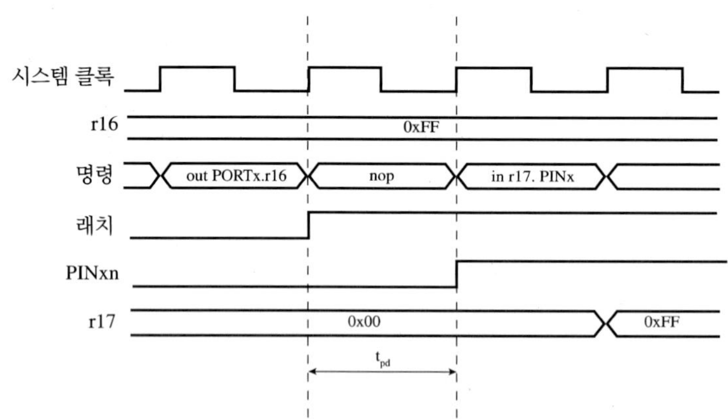

(b) 포트로 출력한 후에 다시 외부 핀의 신호를 읽을 경우

그림 5.4 외부 핀의 신호를 읽는 동작의 타이밍도

그림 5.3을 살펴보면, I/O 핀(P_{IN}) 부분의 SLEEP 신호를 볼 수 있다. 이 SLEEP 신호는 입력 신호가 플로팅되어 있거나 $V_{CC}/2$에 가까운 아날로그 신호가 입력될 경우에 전원 차단, 전원 절감 등의 슬립 모드에서 AVR의 전력 소모를 줄이기 위해 설정되는 신호이다. 즉, SLEEP 신호에 의해 각 포트의 핀 입력은 슈미트트리거의 입력에서 접지로 클램프(clamp)되어 동작이 차단된다.

SLEEP 신호는 외부 인터럽트 핀으로 허가된 모든 포트 핀의 신호를 무시하도록 직접 작용된다. 만약 외부 인터럽트 요구가 허가되어 있지 않을 경우에는 SLEEP 신호에 의해 이들 핀은 활성화된다.

또한 I/O 핀이 사용되지 않을 경우에는 이 핀의 상태를 정해진 레벨로 고정해두는 것이 바람직하다. 대부분의 디지털 입력 핀이 이상의 설명과 같은 슬립 모드에서 사용되지 않는다고 할지라도, 전류 소모를 줄이기 위해 입력이 플로팅되는 것은 방지되어야 한다. 따라서 입력이 플로팅되는 것을 방지하기 위해 가장 간단하게 사용하는 방법은 내부의 풀업 저항을 연결하는 것이다. 만약 리셋 기간 동안의 전력 소모가 중요한 요소가 된다면, 외부에서 풀업 또는 풀다운 저항을 사용하여 입력 핀의 상태를 확실한 논리 레벨로 설정해놓는 것이 바람직하다.

5.3 범용 I/O 포트 활용

교육용 보드에서는 I/O 포트 실험을 위해 그림 5.5와 같이 PORTB의 8비트를 LED에 출력용으로, PORTD의 8비트를 스위치 입력용으로 구성했다.

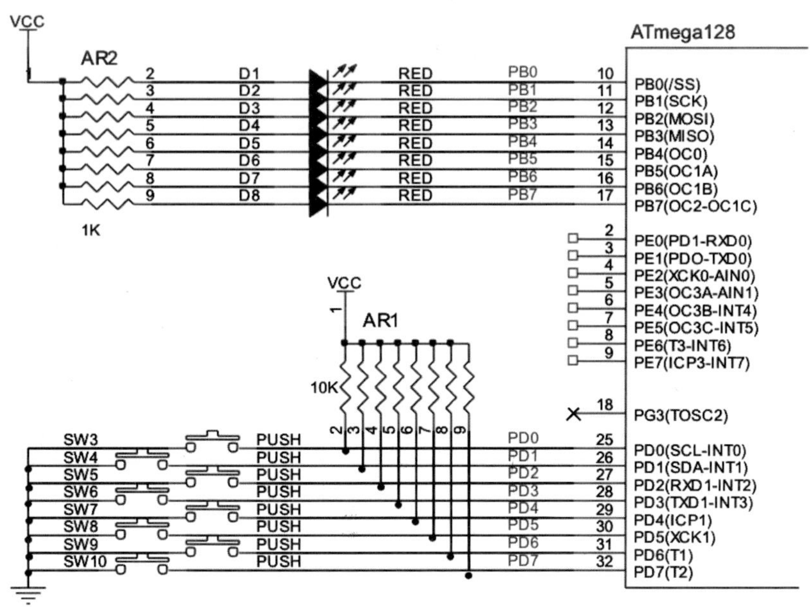

그림 5.5 실험에 사용되는 I/O 포트의 회로도

먼저, 출력 포트로 사용되는 LED 회로를 고려해보자. 이 회로의 출력은 전류 싱크로 작용하며, Low 신호를 인가하면 LED가 점등되고 High 신호를 인가하면 LED가 소등된다. 회로의 구성에서 저항은 LED로 흘러 들어가는 전류를 제한하기 위한 전류 제한(current limit) 저항이다. 이 저항 값은 LED로 흘러 들어가는 전류를 가정하여 결정되는데, LED를 구동하기 위한 전류의 값(I_F)은 보통 10mA이고, 이 전류가 흐르면 LED에서 1.5V의 전압강하(V_F)가 발생하므로, 전류 제한 저항의 값은 다음과 같이 구할 수 있다.

$$R = \frac{V_{CC} - V_F}{I_F} = \frac{5 - 1.5}{10 \times 10^{-3}} = 350\Omega$$

여기서 저항 값 350Ω은 표준 저항 값이 아니므로 이와 비슷한 값인 330Ω 또는 470Ω을 사용하면 되는데, 이 회로에서는 470Ω을 선택했다. 만약 LED의 밝기를 조절하려면, 이 저항의 값을 줄이면 전류가 많이 흐르게 되어 LED가 밝아진다.

다음으로 입력 포트로 사용되는 스위치 회로를 고려해보자. 이 스위치가 연결된 입력 포트는 내부적으로 풀업 저항이 연결되어 있다. 따라서 스위치가 열려 있으면 1의 상태가 입력되고, 스위치가 닫히면 0의 상태가 입력된다. 저항 값은 위의 수식을 이용하여 독자들이 선정해보기 바란다. 이 회로에서는 10kΩ을 선택했다.

PORTB를 제어하기 위해서는 그림 5.6에 나타낸 것과 같이 3개의 레지스터가 사용되며, 이는 I/O 포트의 방향을 설정해주는 DDRB, 포트로 데이터를 출력하기 위해 사용되는 PORTB와 포트의 입력을 읽기 위해 사용되는 PINB로 구성되어 있다.

Port B Data Register – PORTB	비트	7	6	5	4	3	2	1	0	
		PORTB7	PORTB6	PORTB5	PORTB4	PORTB3	PORTB2	PORTB1	PORTB0	PORTB
	읽기/쓰기	R/W	R/W	R/W	R/W	R/W	R/W	R/W	R/W	
	초깃값	0	0	0	0	0	0	0	0	
Port B Data Direction Register – DDRB	비트	7	6	5	4	3	2	1	0	
		DDB7	DDB6	DDB5	DDB4	DDB3	DDB2	DDB1	DDB0	DDRB
	읽기/쓰기	R/W	R/W	R/W	R/W	R/W	R/W	R/W	R/W	
	초깃값	0	0	0	0	0	0	0	0	
Port B Input Pins Address – PINB	비트	7	6	5	4	3	2	1	0	
		PINB7	PINB6	PINB5	PINB4	PINB3	PINB2	PINB1	PINB0	PINB
	읽기/쓰기	R	R	R	R	R	R	R	R	
	초깃값	N/A	N/A	N/A	N/A	N/A	N/A	N/A	N/A	

그림 5.6 PORTB 제어를 위한 레지스터

그림 5.6을 보면 DDRB와 PORTB는 R/W로 되어 있어 읽기/쓰기가 가능하고, PINB는 R로만 되어 있어 읽기만 가능하다. 레지스터의 초깃값은 마이크로컨트롤러에 전원이 투입된 직후 또는 시스템 리셋이 된 직후의 각 레지스터가 갖는 값을 나타내는데, DDRB와 PORTB는 초깃값이 0으

로 설정되어 있다. 반면에 PINB의 초깃값은 N/A로 표기되어 있다. 따라서 이 입력 포트의 값은 필요하다면 시스템 리셋 후에 0 또는 1의 값으로 초기화되어야 한다.

이제 회로의 구성대로 PORTB와 PORTD를 제어하는 방법을 알아보자. 회로에 주어진 대로 PORTB는 8비트의 출력 포트로, PORTD는 입력 포트로 설정한다.

CodeVisionAVR 컴파일러 환경에서 I/O를 제어할 때는 바이트 단위와 비트 단위로 제어가 가능하다. PORTB와 PORTD의 제어를 위해서는 4장에서 설명했듯이 다음과 같이 I/O 레지스터의 주소를 `sfrb` 키워드를 이용하여 정의한다. 이는 mega128.h에 정의되어 있다.

```
sfrb PINB = 0x16;  // PINB 레지스터의 sfr 정의
sfrb DDRB = 0x17;  // DDRB 레지스터의 sfr 정의
sfrb PORTB = 0x18; // PORTB 레지스터의 sfr 정의

sfrb PIND = 0x10;  // PIND 레지스터의 sfr 정의
sfrb DDRD = 0x11;  // DDRD 레지스터의 sfr 정의
sfrb PORTD = 0x12; // PORTD 레지스터의 sfr 정의
```

이렇게 정의가 되면 이제 바이트와 비트 단위로 액세스가 가능하다. 바이트 단위로 액세스하는 방법은 다음과 같다.

먼저 PORTB와 PORTD를 출력과 입력으로 지정하기 위해 DDRB와 DDRD 레지스터를 이용하여 방향을 설정한다.

```
DDRB = 0xff; // PORTB를 출력 포트로 설정
DDRD = 0x00; // PORTD를 입력 포트로 설정
```

이렇게 방향을 설정한 후에 PORTB에 출력하고, PORTD의 상태를 입력받는 과정은 다음과 같다.

```
PORTB = 0xfe;      // PORTB에 0xfe를 쓰기, PORTB.0의 LED만 ON, 나머지는 OFF

unsigned char ch;  // PORTD를 읽기 위한 변수 설정
ch = (PIND & 0xf0);
// 외부 포트 D의 유효한 상위 4비트 정보만 읽어서 ch 변수에 기록함
// PORTD의 상위 4비트만 스위치 정보이므로 상위 4비트만 1로 마스크하여
// 유효 정보로 처리함
```

포트 B와 포트 D를 비트 단위로 액세스하는 방법은 다음과 같이 비트 필드를 사용하면 가능하다.

```
DDRB.0=1;          // 포트 B의 0번째 비트를 1로 기록하여 출력으로 설정함
DDRD.0=0;          // 포트 D의 0번째 비트를 0으로 기록하여 입력으로 설정함

PORTB.0=1; // PORTB의 0번째 비트에 1을 출력
if (PIND.0) { /* 이 부분에 처리할 코드 작성 */ };
// PORTD의 0번째 비트 값을 읽어 판단하기 위해 사용
```

```
#define alarm_sts PIND.0
if (alarm_sts) { /* 이 부분에 처리할 코드 작성 */ };
// 프로그램의 가독성을 높이기 위해 alarm_sts를 포트 D의 0번째 비트로 정의하여 읽음

bit key_sts5;        // 비트 변수 key_sts5를 정의
key_sts5 = PIND.5; // 정의된 비트 변수에 포트 D의 6번째 비트를 기록
```

이와 같이 비트 필드(.bit num)를 이용하는 방법은 0x00에서 0x1F까지의 I/O 레지스터 주소 영역에서만 사용이 가능하고, 0x20 이후의 주소 영역에서는 사용이 불가능하다.

0x20 이후의 I/O 레지스터를 액세스하는 예를 다루기 위해 PORTF에 그림 5.5와 동일하게 LED가 연결되어 있다고 가정하자. PORTF의 8비트 데이터 중 해당 비트를 1로 설정함으로써 프로그램 소스 코드를 가독성 있고 이해하기 쉽게 만드는 방법을 알아보자.

포트 F에 연결된 LED를 비트 단위로 제어하기 위해 PORTF 레지스터를 다음과 같이 정의한다.

```
/* ***** PORTF ************************ */
/* PORTF - Port F Data Register */
#define    PORTF7 7       // 포트 F의 데이터 레지스터 비트 7
#define    PORTF6 6       // 포트 F의 데이터 레지스터 비트 6
#define    PORTF5 5       // 포트 F의 데이터 레지스터 비트 5
#define    PORTF4 4       // 포트 F의 데이터 레지스터 비트 4
#define    PORTF3 3       // 포트 F의 데이터 레지스터 비트 3
#define    PORTF2 2       // 포트 F의 데이터 레지스터 비트 2
#define    PORTF1 1       // 포트 F의 데이터 레지스터 비트 1
#define    PORTF0 0       // 포트 F의 데이터 레지스터 비트 0
```

이상의 정의는 PORTF0이 0번째 비트, PORTF1은 1번째 비트이고 PORTF2는 2번째 비트임을 나타낸다. ATmega128의 모든 레지스터의 개별 비트는 CodeVision 컴파일러에서 mega128_bits.h에 정의되어 있으므로 이것을 이용하면 된다.

이제 포트 F의 1번째 비트에 있는 LED만 ON시키는 상황을 고려해보자. 이를 위해서는 PORTF의 PORTF1 비트만 '0'의 값을 입력해야 한다. 즉, 다음과 같이 PORTF에 0xfd를 직접 쓰던지, PORTF.1에 0을 쓰면 된다.

```
PORTF = 0xfd; // 포트 F의 1번째 비트에 있는 LED만 ON(바이트 쓰기)
PORTF.1 = 0;  // 포트 F의 1번째 비트에 있는 LED만 ON(비트 쓰기)
// 오류, PORTF가 0x62이므로 비트 필드를 사용할 수 없음
```

이렇게 프로그램을 작성한 이유는 포트 F의 다른 비트에는 영향을 주지 않고 1번째 비트의 LED만 ON시키기 위함인데, PORTF에 0xfd를 쓰면 기존에 출력되고 있던 다른 비트의 LED가 강제로 OFF된다.

따라서 0x20 이후의 주소에 해당하는 포트에 해당 비트만 '0' 또는 '1'로 설정해주기 위해서는

별도의 비트별 제어 방식을 고려해야 한다. 이는 C 언어의 비트 연산자(&, |, <<)를 활용하면 가능하다.

PORTF1 비트만 1로 설정하기 위해서는 다음과 같이 왼쪽 시프트 연산자 '<<'와 '|='를 사용한다.

```
PORTF |= 1<<PORTF1; // PORTF1 비트만 1로 설정
```

우측의 연산은 PORTF1이 1이기 때문에 1 << 1의 연산이 수행되어, 0b00000001(2진수 값)을 왼쪽으로 1번 시프트하여 PORTF는 0b00000010의 결과를 나타낸다.

이 결과를 OR(|) 연산하여 PORTF에 기록하면, 즉 '|=' 연산의 결과는 이전 PORTF의 값과 0b00000010의 값으로 OR 연산을 하면 다른 비트에는 영향을 주지 않고 첫 번째 비트만 1로 설정할 수 있게 된다.

이 과정에서 만일 이전의 PORTF의 값이 0x04, 즉 0b00000100의 값을 갖고 있었다면,

```
이전 PORTF          0 0 0 0 0 1 0 0
(1<<PORTF1)    |    0 0 0 0 0 0 1 0
                    ---------------
                    0 0 0 0 0 1 1 0
```

따라서 기존 PORTF의 값 0x04에 1번째 비트만 1이 되어 PORTF의 값은 0x06이 된다.

이것과 반대로 PORTF1 비트만 0으로 설정하기 위해서는 다음과 같이 왼쪽 시프트 연산자 '<<'와 '&= ~'를 사용한다. 즉, 다음과 같이 프로그램하면 된다.

```
PORTF &= ~(1<<PORTF1);
```

이렇게 하면, 우측의 ~(1<<PORTF1) 연산에 의해 PORTF는 0b11111101의 값을 나타낸다. PORTF의 값이 위의 연산 결과, 즉 0x06(0b00000110)을 갖고 있었다고 가정하면 최종 연산의 결과는 다음과 같이 0x04(0b00000100)의 값이 되어, PORTF의 첫 번째 비트만 0으로 반전된다.

```
이전 PORTB          0 0 0 0 0 1 1 0
~(1<<PORTB1)   &    1 1 1 1 1 1 0 1
                    ---------------
                    0 0 0 0 0 1 0 0
```

이러한 과정으로 프로그램을 작성하면 기존의 PORTF 값을 유지하면서, 해당 비트만을 1 또는 0으로 변경할 수 있다. 따라서 PORTF에 LED가 연결된 상황에서 개별 LED를 ON/OFF하는 과정은 다음과 같이 요약할 수 있다.

```
PORTF &= ~(1<<PORTF1); // 1번째 LED만 ON
PORTF |= (1<<PORTF1);  // 1번째 LED만 ON
```

참고사항

0x20 이후의 I/O 레지스터를 액세스하는 또 다른 방법

0x20 이후의 I/O 레지스터를 비트 단위로 액세스하기 위해서는 다음과 같이 SetBit()와 ClrBit()라는 별도의 함수를 만들어 사용할 수 있다. 함수의 선언은 다음과 같다.

```
unsigned char SetBit(unsigned char REG, unsigned char Bit) // SetBit 함수의 정의
{
    return (REG | (0x01 << Bit));
}

unsigned char ClrBit(unsigned char REG, unsigned char Bit) // ClrBit 함수의 정의
{
    return (REG &=~(0x01 << Bit));
}
```

위와 같이 선언된 함수를 이용하여 해당 포트의 비트를 설정하고 클리어하는 과정은 다음과 같다.

```
PORTF=SetBit(PORTF, 2); // PORTF 레지스터의 2번째 비트를 1로 설정
PORTF=ClrBit(PORTF, 4); // PORTFB 레지스터의 4번째 비트를 0으로 클리어
```

만약 비트의 정의가 비트의 가중치로 다음과 같이 정의되어 있다면 SetBit()와 ClrBit()의 함수는 다음과 같이 정의된다.

```
#define PORTF0 0x01        // 포트 F의 0번째 비트 정의
#define PORTF1 0x02        // 포트 F의 1번째 비트 정의
#define PORTF2 0x04        // 포트 F의 2번째 비트 정의
#define PORTF3 0x08        // 포트 F의 3번째 비트 정의
#define PORTF4 0x10        // 포트 F의 4번째 비트 정의
#define PORTF5 0x20        // 포트 F의 5번째 비트 정의
#define PORTF6 0x40        // 포트 F의 6번째 비트 정의
#define PORTF7 0x80        // 포트 F의 7번째 비트 정의

unsigned char SetBit(unsigned char REG, unsigned char Bit) // SetBit 함수의 정의
{ return (REG | Bit); }
unsigned char ClrBit(unsigned char REG, unsigned char Bit) // ClrBit 함수의 정의
{ return (REG &= ~Bit); }
```

위와 같이 선언된 함수를 이용하여 해당 포트의 비트를 설정하고 클리어하는 과정은 다음과 같다.

```
PORTF=SetBit(PORTF, PORTF2); // PORTF 레지스터의 2번째 비트를 1로 설정
PORTF=ClrBit(PORTF, PORTF4); // PORTF 레지스터의 4번째 비트를 0으로 설정
```

비트를 정의하고 제어하기 위해 프로그램을 작성할 때마다 프로그램의 시작 부분에서 sfr의 비트 제어 필드와 비트 설정 함수를 정의하는 일은 너무 반복적이고 지루하다. CodeVision C 컴파일러

에서는 inc 폴더 내에 AVR 계열에 따라 사용할 수 있도록 sfr 정의 파일을 추가해놓았다. 이 실험에서 사용하는 프로세서는 ATmega128이므로 〈mega128.h〉 파일을 참조하면 된다. mega128.h 헤더 파일에서는 I/O 레지스터, 확장 I/O 레지스터와 인터럽트 벡터를 정의하고 있으며, 이를 간략하게 나타내면 다음과 같다.

```
// CodeVisionAVR V2.0 C Compiler
// (C) 1998-2009 Pavel Haiduc, HP InfoTech S.R.L.

// I/O registers definitions for the ATmega128
#ifndef _MEGA128_INCLUDED_
#define _MEGA128_INCLUDED_

// I/O 레지스터의 정의
#pragma used+
sfrb PINF=0;
sfrb PINE=1;
sfrb DDRE=2;
// ... 중간 생략
sfrb TCNT1L=0x2c;
sfrb TCNT1H=0x2d;
sfrw TCNT1=0x2c;  // 16비트 액세스
// ... 중간 생략
sfrb SPH=0x3e;
sfrb SREG=0x3f;
#pragma used-
// 확장 I/O 영역 레지스터의 정의
#define DDRF (*(unsigned char *) 0x61)
#define PORTF (*(unsigned char *) 0x62)
#define PING (*(unsigned char *) 0x63)
#define DDRG (*(unsigned char *) 0x64)
#define PORTG (*(unsigned char *) 0x65)
// ... 중간 생략
#define UDR1 (*(unsigned char *) 0x9c)
#define UCSR1C (*(unsigned char *) 0x9d)
// 인터럽트 벡터의 정의
#define EXT_INT0 2
#define EXT_INT1 3
#define EXT_INT2 4
// ... 중간 생략
#define USART1_RXC 31
#define USART1_DRE 32
#define USART1_TXC 33
#define TWI 34
#define SPM_RDY 35
```

```
// I/O 레지스터의 비트 정의 파일 포함
#ifdef _IO_BITS_DEFINITIONS_
    #include <mega128_bits.h>
#endif
```

각 레지스터에서 사용되는 비트의 정의는 CodeVision 컴파일러의 mega128.h 파일 마지막 부분인 #ifdef _IO_BITS_DEFINITIONS_에 정의된 바와 같이 mega128_bits.h와 연결되어 있다.

이상의 mega128.h와 mega128_bits.h 파일은 ATmega128 내부의 레지스터를 비교하면서 별도로 확인해보기 바란다.

```
/*
CodeVisionAVR V2.0 C Compiler
(C) 1998-2009 Pavel Haiduc, HP InfoTech s.r.l.
ATmega64, ATmega128 I/O REGISTERS BIT DEFINITIONS
*/

#ifndef __MEGA128_BITS_INCLUDED__
#define __MEGA128_BITS_INCLUDED__

/* ***** ANALOG_COMPARATOR ************ */
/* ADCSRB - ADC Control and Status Register B */
#define    ACME            6       // Analog Comparator Multiplexer Enable

/* ACSR - Analog Comparator Control And Status Register */
#define    ACIS0           0       // Analog Comparator Interrupt Mode Select
#define    ACIS1           1       // Analog Comparator Interrupt Mode Select
#define    ACIC            2       // Analog Comparator Input Capture Enable
#define    ACIE            3       // Analog Comparator Interrupt Enable
#define    ACI             4       // Analog Comparator Interrupt Flag
#define    ACO             5       // Analog Compare Output
#define    ACBG            6       // Analog Comparator Bandgap Select
#define    ACD             7       // Analog Comparator Disable

// ... 중간 생략

/* DPDS1 - Port Driver Strength Register 1 */
#define    PGDRV0          0       // Driver Strength Port G
#define    PGDRV1          1       // Driver Strength Port G

#endif
```

이제 실습 보드에 연결된 I/O를 초기화하는 과정을 살펴보자. 포트 D의 입력과 포트 B의 출력 동작을 위해서는 먼저 데이터 방향 DDRD와 DDRB의 입력/출력을 결정해야 한다. PORTB는 LED 출력으로 되어 있기 때문에 포트 핀을 출력으로 설정해야 한다. 이를 위해 DDRB에 0xFF를 쓰면 된다. PORTD는 스위치가 입력으로 연결되어 있기 때문에 포트 핀을 입력으로 설정해야 한다. 이를 위해 DDRD에 0x00을 쓰면 된다. 여기서 포트 핀을 입력으로 사용할 경우에는 핀의 외부에 풀업 저항을 이용하거나, 내부에 있는 풀업 저항을 사용할 수 있다. 내부 풀업 저항을 사용할 경우에는 표 5.1에 제시되어 있는 것처럼 SFIOR의 PUD 비트를 0으로 설정하고, PORTBx 비트를 1로 설정해놓아야 한다.

PORTD의 8비트는 입력 포트이고 PORTB의 8비트는 출력 포트이므로, 다음과 같이 PORTB와 PORTD를 초기화한다.

```
DDRB = 0xFF;  // 포트 B를 출력으로 설정
PORTB = 0x00; // 포트 B를 0으로 초기화
DDRD = 0x00;  // 포트 D를 입력으로 설정
SFIOR.2 = 1;  // PUD 비트를 1로 설정
```

이상의 과정을 이용하여 PORTD.4를 읽어 이를 PORTB.1에 표시하는 프로그램은 다음과 같다.

```
bit key4;          // 비트 변수의 선언
key4 = PIND.4;     // PIND.4 읽기
PORTB.1 = key4;    // PIND.4의 상태를 PORTB.1로 출력
```

이제 교육용 보드의 I/O 시험을 위해 설계된 그림 5.5의 회로를 사용하여 다양한 예제를 통해 I/O 포트를 활용하는 방법을 학습해보자.

예제 5.1 LED를 시프트하여 구동하기

PORTB에 연결된 LED를 PORTB.0 → PORTB.7의 순서대로 일정 시간 동안 ON시키고 OFF시키는 프로그램을 작성하라.

그림 5.5의 회로를 보면 포트 B에는 8개의 LED가 연결되어 있다. 이 LED를 점등하기 위해서는 포트 B의 출력 포트에 0을 쓰면 되고, LED를 끄기 위해서는 포트 B의 출력 포트에 1을 쓰면 된다. 예를 들어, 포트 B의 0번째 비트에 연결된 LED를 연속적으로 점멸하는 과정은 다음과 같이 무한 루프를 이용하여 간단하게 구현된다.

```
while(1){
    PORTB.0 = 0;
    PORTB.0 = 1;
}
```

위의 과정을 수행할 경우에는 포트 B의 0번째 비트에 연결된 LED가 점멸된다. 그러나 LED의 깜박거리는 시간이 너무 빨라 눈으로 식별하기가 어려워진다. 따라서 LED의 점등을 확인하기 위해

서는 포트 B의 0번째 비트에 0을 쓰고 1을 쓰는 중간에 시간 지연을 시켜야 한다. 이를 위해 다음과 같이 일정 시간 동안 아무 동작을 하지 않는 시간 지연 함수가 반드시 필요하다.

```
void delay(unsigned int i)
{
    while(--i);
}
```

이제 LED를 PORTB.0 → PORTB.1 → PORTB.2 → … → PORTB.7의 순으로 켜기 위한 과정을 살펴보자. 이 순서대로 LED를 켜기 위해서는 먼저 PORTB.0번째의 비트만 0을 쓰고 나머지 비트는 1을 써야 한다. 즉, PORTB의 초깃값은 11111110B가 된다. 이 값을 PORTB에 쓰는 과정은 다음과 같다.

```
PORTB = 0xfe;
```

이 값을 연속적으로 8번 왼쪽으로 시프트하면 PORTB.0에서 PORTB.7로 LED가 순차적으로 ON될 것이다. 그러나 C 언어에서 시프트를 수행하면 최하위 비트가 항상 0으로 채워지기 때문에 이를 그대로 PORTB로 출력하면 최하위 비트에 있는 LED는 무조건 ON되어 있게 된다. 따라서 LED를 순차적으로 좌로 이동할 경우에는 최하위 비트를 1로 채워주어야 하므로 1을 OR시킨다. 다음과 같은 과정으로 구현된다.

```
unsigned char led=0xfe;
for(i=0; i<8;i++)
{
    delay(0xffff);
    PORTB = led;
    led = (led<<1)|0x01;
    delay(0xffff);
}
```

이상의 내용을 종합하여 전체 프로그램을 작성하면 다음과 같다.

```
#include <mega128.h>
#include <delay.h>      // delay 헤더 파일 포함

void delay(unsigned int i)
{
    while(--i);
}

void PB_Lshift(void)
{
```

```
    unsigned char LED; // LED 변수 정의
    int i;
    LED=0xfe;           // LED 변수의 초깃값
    for(i=0; i<8; i++)
    {
      delay(0xffff);
        PORTB=LED;
        LED=(LED<<1)|0x01;
    }
}

void main(void)
{
    DDRB=0xff;     // 총 8개의 핀을 출력으로 정의
    while(1)
    {
        PB_Lshift();
        delay(0xffff);
    }
}
```

참고사항

위의 예에서 구현한 시간 지연 함수 delay()는 이름만 시간 지연 함수이지 실제 시간의 의미는 없다. 정확한 시간 지연을 위해서는 어셈블리 언어를 사용하여 프로그램을 작성하는 것이 일반적이다. 그러나 여기서는 C 언어만을 사용하므로 정확하게 시간 지연 함수를 구현할 수 없다. 다행히도 정확한 시간 지연을 위해 CodeVision C 컴파일러에는 다음과 같은 시간 지연 함수를 제공하고 있으며, delay.h에 선언되어 있다.

```
void delay_us(unsigned int n) // uS의 시간 지연 함수
void delay_ms(unsigned int n) // mS의 시간 지연 함수
```

따라서 시간 지연 함수를 사용하려면 다음과 같이 delay.h 파일을 프로그램의 시작 부분에 포함한 후에 사용해야 한다.

```
#include <delay.h>
```

이 시간 지연 함수를 이용하여 예제 5.1 프로그램을 다시 작성하면 다음과 같다.

```
#include <mega128.h>
#include <delay.h> // delay 헤더 파일 포함

void PB_Lshift(void)
{
```

참고사항

```
        unsigned char LED; // LED 변수 정의
        int i;
        LED=0xfe;           // LED 변수의 초깃값
        for(i=0; i<8; i++)
        {
          delay_ms(500);
          PORTB=LED;
          LED=(LED<<1)|0x01;
        }
    }

    void main(void)
    {
        DDRB=0xff;
        while(1)
        {
            PB_Lshift();
            delay_ms(1000);
        }
    }
```

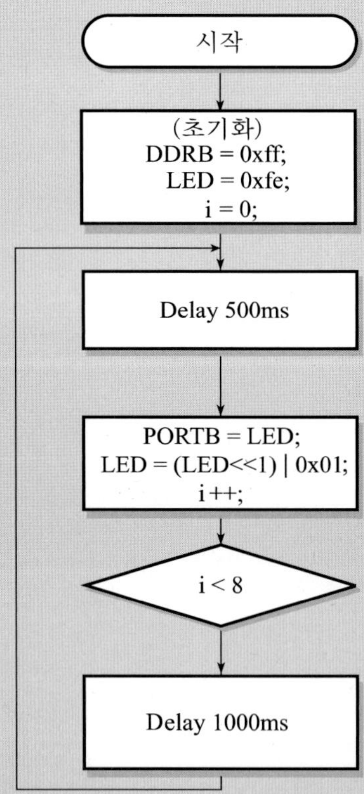

그림 5.7 예제 5.1의 프로그램 흐름도

예제 5.2 LED를 좌우로 시프트하여 구동하기

LED를 우에서 좌, 좌에서 우로 점등하는 프로그램을 작성하라.

LED를 좌에서 우로 시프트시키는 비트 패턴은 다음과 같으며,

PORTB = 11111110 → 11111101 → 11111011 → 11110111 …
0xfe 0xfd 0xfb 0xf7 …

좌로 시프트된 후에 우로 시프트해야 하므로 비트 패턴은 다음과 같이 된다.

PORTB = 01111111 → 10111111 → 11011111 → 11101111 …
0x7f 0xbf 0xdf 0xef …

따라서 이 과정을 무한 루프를 이용하여 반복하면 된다.

여기서는 LED의 점멸 주기를 사용자가 자유롭게 조절할 수 있도록 #define 문을 사용하여 공통으로 적용했다.

```
#define DELAY   500
delay_ms(DELAY);
```

그리고 PORTB의 데이터를 직접 시프트시키지 않고, led 변수를 정의하여 시프트시킨 후에 PORTB에 값에 출력하도록 했다. 이것은 PORTB의 상위 니블에 있는 DIP 스위치의 값이 LED 출력에 영향을 미칠 수 있기 때문이다.

이상의 내용을 참조하여 예제 5.1의 프로그램을 활용하면 다음과 같이 쉽게 구현된다.

```
#include <mega128.h>
#include <delay.h>

void PB_LRshift(void)
{
    unsigned char LED;
    int i;
    LED=0xfe; // 우에서 좌로 이동할 때의 초깃값
    for(i=0; i<8; i++)
    {
        delay_ms(500);
        PORTB=LED;
        LED=(LED<<1)|0x01;
    }
    LED=0x7f; // 좌에서 우로 이동할 때의 초깃값
        for(i=0; i<8; i++)
```

```
    {
        delay_ms(500);
        PORTB=LED;
        LED=(LED>>1)|0x80;
    }
}

void main(void)
{
    DDRB=0xff;
    while(1)
    {
        PB_LRshift();
        delay_ms(1000);
    }
}
```

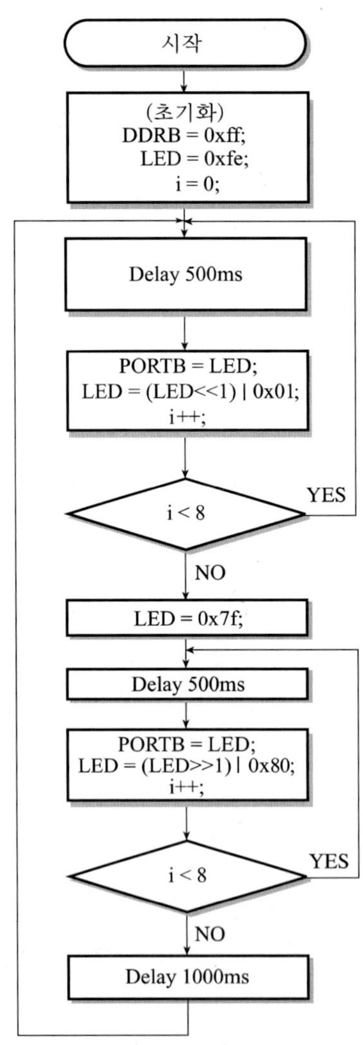

그림 5.8 예제 5.2의 프로그램 흐름도

예제 5.3 입출력 결합 시험

DIP 스위치의 입력에 다음과 같이 LED를 네 가지 형태로 동작시키는 프로그램을 작성하라.

- PORTD.4에 연결된 버튼 스위치가 ON되면, PORTB.0 → PORTB.7의 순서로 LED가 하나씩 점멸
- PORTD.5에 연결된 버튼 스위치가 ON되면, PORTB.7 → PORTB.0의 순서로 LED가 하나씩 점멸
- PORTD.6에 연결된 버튼 스위치가 ON되면, PORTB에 연결된 모든 LED를 점멸
- PORTD.7에 연결된 버튼 스위치가 ON되면, 8개의 LED 중 상위 4개, 하위 4개의 LED가 교대로 점멸

이 프로그램은 PORTD.4~PORTD.7에 연결된 버튼 스위치를 사용하여 각각의 경우에 맞는 프로그램을 구현하는 문제이다. 스위치 입력 값을 가지고 여러 가지 형태 중에서 하나를 선택하여 처리하는 것이다. 이를 구현하기 위해 C 언어의 switch 문을 사용한다.

PORTD에 연결되어 있는 버튼 스위치의 값을 읽기 위해 0xF0으로 AND한 후, 상위 4비트를 가지고 어떤 스위치가 ON되었는지를 검사한다. 버튼 스위치의 입력 상태는 다음과 같이 0xe0, 0xd0, 0xb0, 0x70의 네 가지가 되므로 각각의 경우에 따라 서브루틴을 작성하면 된다. 과정은 다음과 같다.

```
void main(void)
{
    unsigned char key; // key 변수의 정의
    DDRB = 0xff;       // 모든 포트 출력으로 설정
    DDRD = 0x0f;       // 상위 포트를 입력, 하위 포트를 출력으로 설정

    while(1)
    {
        // 버튼 스위치의 값을 읽기 위해 PINB를 0xf0으로 AND하여 검사한다.
        key = (PIND & 0xf0);
        switch(key)
        {
            case 0xe0 :
                PB_LShift();
                delay_ms(500);
                break;
            case 0xd0 :
                PB_RShift();
                delay_ms(500);
                break;
            case 0xb0 :
                PB_LEDOnOff();
```

```
                delay_ms(500);
                break;
            case 0x70 :
                PB_LEDSwitch( );
                delay_ms(500);
                break;
            default:
                break;
        }
    }
}
```

나머지 부분의 프로그램은 위의 예제를 활용하여 여러분이 직접 작성해보기 바란다. 프로그램의 흐름은 다음과 같다.

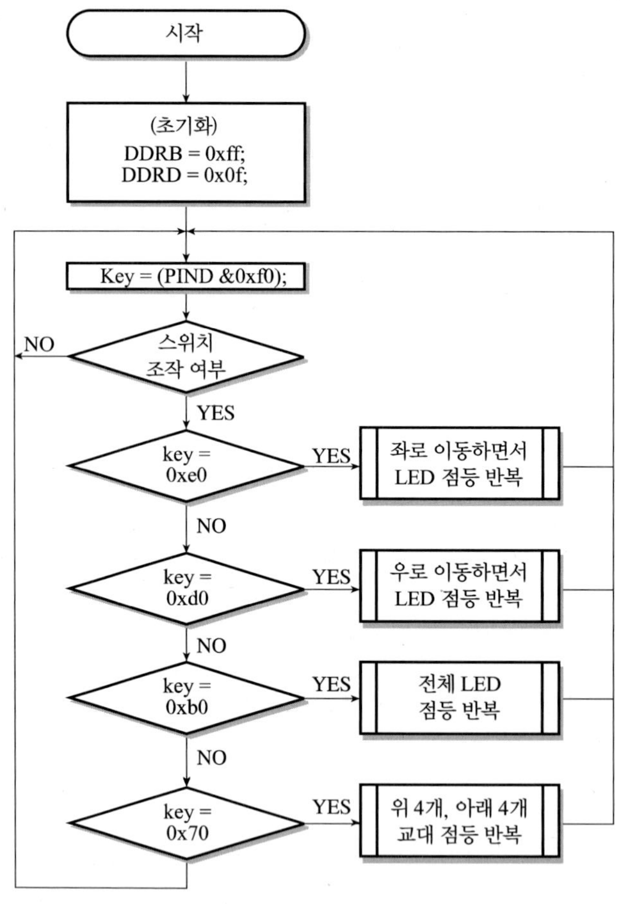

그림 5.9 예제 5.3의 프로그램 흐름도

5.4 범용 I/O 포트의 확장 응용

이 절에서는 ATmega128의 I/O를 이용하여 다양한 I/O 장치를 구동할 수 있는 방법과 교육용 보드에 장착되어 있는 부저의 구동 방법을 학습한다.

5.4.1 7-세그먼트의 구동

발광 다이오드를 응용한 부품인 7-세그먼트는 0부터 9까지의 임의의 수와 영문자를 표시하도록 만들어진 것으로, 계수기나 디지털 시계 등에 많이 이용되고 있다. 7-세그먼트 표시장치(seven-segment display)는 그림 5.10에 나타낸 바와 같이 8개의 독립된 LED로 구성된다(7개의 세그먼트와 하나의 소수점).

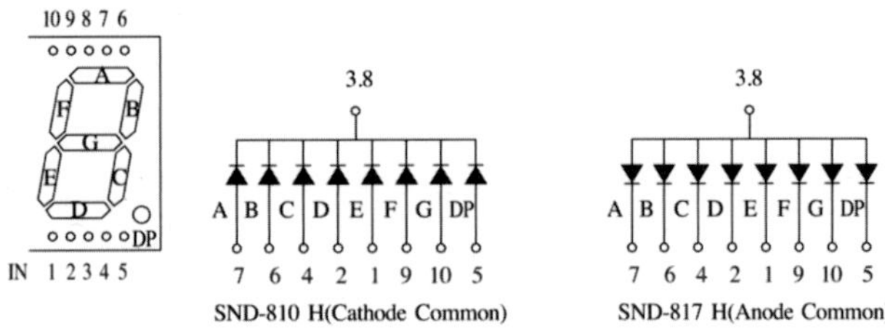

0123456789

그림 5.10 7-세그먼트의 각 세그먼트 표시, 종류 및 숫자 표시 예

7-세그먼트 LED는 그림 5.10에 보이는 바와 같이 양극(anode)이 공통으로 연결되어 있는 AC(anode common)형과 음극(cathode)이 공통으로 연결되어 있는 CC(cathode common)형의 두 가지가 있다. AC형은 공통 단자에 +5V를 연결하고 각 디지트 단자에 Low 신호를 인가하여 원하는 숫자를 표시할 수 있다. CC형은 공통 단자에 GND를 연결하고 각 디지트 단자에 High 신호를 인가하여 원하는 숫자를 표시할 수 있다. 따라서 LED 구동 부분에서도 설명했지만 전력 소모를 고려한다면 AC형의 7-세그먼트를 사용하는 것이 유리할 것이다. 그림 5.11은 시판되고 있는 7-세그먼트의 종류를 보여준다.

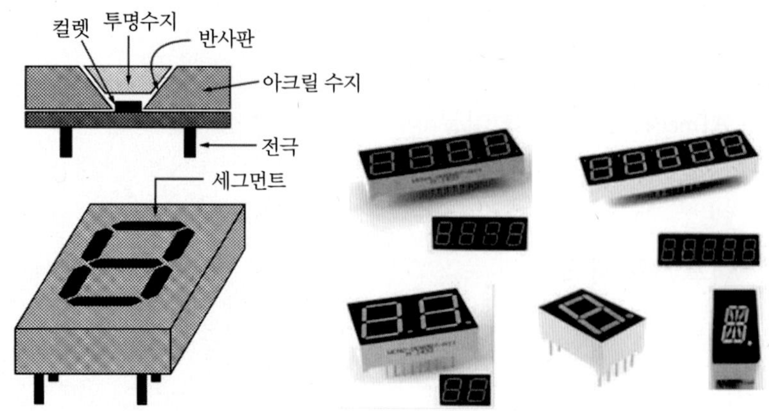

그림 5.11 7-세그먼트의 구조와 종류

7-세그먼트는 LED와 마찬가지로 정적 구동 방식과 동적 구동 방식으로 구동할 수 있다. 정적 구동 방식의 경우, 7-세그먼트 1개를 구동하기 위해 그림 5.12에 나타낸 것과 같이 8개의 I/O 포트를 사용해야 하므로 7-세그먼트 어레이를 구동하기 위해 I/O 자원을 너무 많이 소모하게 된다. 그러나 동적 구동 방식의 경우는 그림 5.13에 나타낸 바와 같이 동일한 개수의 7-세그먼트를 구동하는 데 I/O를 줄일 수 있다.

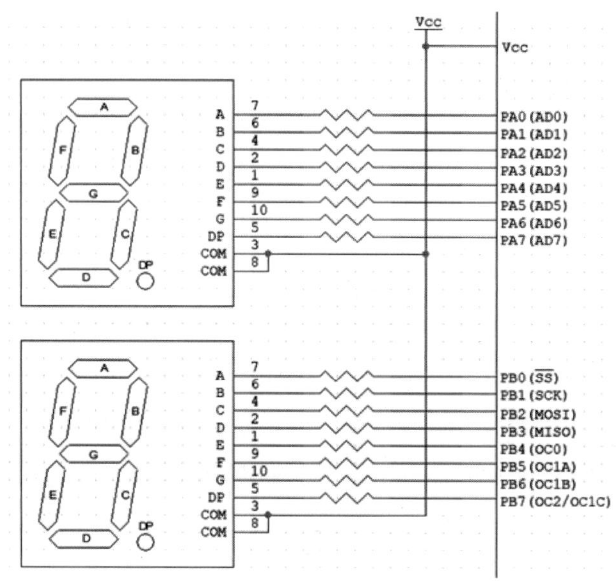

그림 5.12 정적 구동 방식의 예

동적 구동 방식은 그림 5.13에 제시한 것과 같이 7-세그먼트의 단자(a, b, c, d, e, f, g, dp)가 각각의 I/O 포트에 연결되어 있고, 7-세그먼트의 공통 단자에 각각의 자릿수를 선택하는 I/O 선택 단자가 연결되어 있다. 따라서 이를 구동하는 방법은 먼저 자릿수를 선택하고 표시할 숫자를 보내고, 다음 자릿수를 선택하고 표시 숫자를 보내는 등 표시할 자릿수를 선택한 다음 그 자리에 표시하고자 하는 숫자를 써야 한다. 이 구동 방식의 문제점은 모든 자릿수를 표시하는 데 걸리는 시간(리플래시(reflash) 속도)이 너무 늦으면 깜박거리는 현상(blinking)이 발생한다는 것이다. 일반적으로 최대 16ms를 초과하면 깜박거리는 현상이 발생한다. 이러한 문제점을 해결하기 위해 IC 제조사에서는 어레이 7-세그먼트 전용 드라이버를 출시하고 있다. 이 회로의 내부에는 각 디지트를 스캐닝하는 회로를 구현해두어 7-세그먼트가 깜박거리는 현상이 발생하지 않는다. 7-세그먼트 전용 드라이버 IC로는 MAXIM사의 ICM7212가 있으니, 그 구동 원리는 여러분이 직접 확인해보기 바란다. 동적 구동 방식을 사용하는 이유는 적은 수의 포트로 많은 수의 7-세그먼트를 제어하여 수를 표시할 수 있기 때문이다.

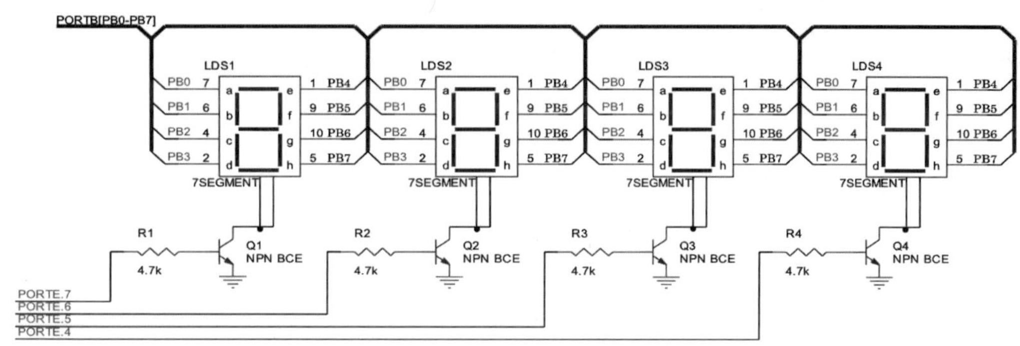

그림 5.13 동적 구동 방식의 예

이제 위에서 설명한 내용을 바탕으로 정적 구동 방식과 동적 구동 방식을 이용하여 7-세그먼트 구동 방법을 예제를 통해 알아보자.

예제 5.4 7-세그먼트의 구동(정적 구동 방식 1)

PORTB에 7-세그먼트를 연결하는 회로를 구성하고 7-세그먼트에 0부터 F까지의 16진수를 표현하는 프로그램을 작성하라. 단, 이 회로에서 사용하고 있는 7-세그먼트는 AC형의 SND817로 가정하라.

이 예제는 Atmega128의 B 포트에 연결된 7-세그먼트를 정적 구동 방식으로 구동하는 것이다. 사용하는 7-세그먼트는 AC형으로 B 포트에 0을 쓰면 7-세그먼트의 LED가 ON되는 동작을 한다. 따라서 그림 5.11에 제시한 회로를 이용하여 7-세그먼트에 표시할 16진수의 값(0에서 F까지)을 위한 비트 패턴은 표 5.2와 같이 만들어진다.

표 5.2 FND(7-세그먼트 LED)의 숫자 표현 코드(AC형)

16진수	7-세그먼트의 비트 값		데이터 값 (hex 표현)
	h g f e	d c b a	
0	1 1 0 0	0 0 0 0	0xc0
1	1 1 1 1	1 0 0 1	0xf9
2	1 0 1 0	0 1 0 0	0xa4
3	1 0 1 1	0 0 0 0	0xb0
4	1 0 0 1	1 0 0 1	0x99
5	1 0 0 1	0 0 1 0	0x92
6	1 0 0 0	0 0 1 0	0x82
7	1 1 0 1	0 0 1 0	0xd8
8	1 0 0 0	1 0 0 0	0x80
9	1 0 0 1	0 0 0 0	0x90
A	1 0 0 0	1 0 0 0	0x88
B	1 0 0 0	0 0 1 1	0x83
C	1 1 0 0	0 1 0 0	0xc4
D	1 0 1 0	0 0 0 1	0xa1
E	1 0 0 0	0 1 0 0	0x84
F	1 0 0 0	1 1 1 0	0x8e

이 비트 패턴을 이용하여 16진수를 순차적으로 표시하는 프로그램을 작성하기 위해서는, 먼저 비트 패턴을 배열로 저장해놓고 이를 불러 B 포트로 출력하면 된다.

```
#include <mega128.h>
#include <delay.h>
unsigned char num_data[] ={0xc0,0xf9,0xa4,0xb0,0x99,0x92,0x82,0xd8,0x80,0x90,
                           0x88, 0x83, 0xc4, 0xa1, 0x84, 0x8e};  // 양극 공통

void PORT_Init(void)
{
    DDRB = 0xff;    // 세그먼트의 문자 포트 출력
                    // (PB.0:a, PB.1:b, PB.2:c, PB.3:d, PB.4:e, PB.5:f, PB.6:g, PB.7:dot)
}

void main()
{
    unsigned char i;
    PORT_Init();
```

```
        while(1)
        {
            for(i=0; i<16; i++)        // 7-세그먼트에 16진수 표시
            {
                PORTB = num_data[i];   // FND0에 배열 Segment 값 출력
                delay_ms(1000);        // 시간 지연
            }
        }
    }
```

이 예제에서 그림 5.13에 사용한 7-세그먼트가 공통 음극형이라면 비트 패턴 데이터를 표 5.3과 같이 수정하면 된다.

표 5.3 FND(7-세그먼트 LED)의 숫자 표현 코드(CC형)

16진수	7-세그먼트의 비트 값		데이터 값 (hex 표현)
	h g f e	d c b a	
0	0 0 1 1	1 1 1 1	0x3f
1	0 0 0 0	0 1 1 0	0x06
2	0 1 0 1	1 0 1 1	0x5b
3	0 1 0 0	1 1 1 1	0x4f
4	0 1 1 0	0 1 1 0	0x66
5	0 1 1 0	1 1 0 1	0x6d
6	0 1 1 1	1 1 0 1	0x7d
7	0 0 1 0	0 1 1 1	0x27
8	0 1 1 1	1 1 1 1	0x7f
9	0 1 1 0	1 1 1 1	0x6f
A	0 1 1 1	0 1 1 1	0x77
B	0 1 1 1	1 1 0 0	0x7c
C	0 0 1 1	1 0 1 1	0x39
D	0 1 0 1	1 1 1 0	0x5e
E	0 1 1 1	1 0 1 1	0x79
F	0 1 1 1	0 0 0 1	0x71

예제 5.5 7-세그먼트의 구동(정적 구동 방식 2)

그림 5.12에 제시한 회로도를 참조하여 ATmega128의 A 포트와 B 포트에 연결되어 있는 2개의 7-세그먼트에 0부터 99까지 숫자를 표현하는 프로그램을 작성하라.

예: 0, 1, 2, 3, 4, 5 … … 95, 96, 97, 98, 99

이 예제는 0~99까지 숫자를 2개의 7-세그먼트에 표시하는 프로그램으로, B 포트에는 1자리 수를 표시하고 A 포트에는 10자리 수를 표시한다. 1자리와 10자리의 수를 표시하기 위해 2개의 for 루프가 필요하다.

```
for(i=0; i<10; i++)
{                               // 10의 자리 표시
    PORTA = num_data[i];        // A 포트에 값 출력
    for(j=0; j<10; j++)
    {                           // 1의 자리 표시
        PORTB = num_data[j];    // B 포트에 값 출력
        delay_ms(1000);
    }
}
```

이중 for 루프를 이용하여 숫자 00에서 99까지 표시하는 전체 프로그램을 작성하면 다음과 같다.

```
#include <mega128.h>
#include <delay.h>
unsigned char num_data[]={0xc0,0xf9,0xa4,0xb0,0x99,0x92,0x82,0xd8,0x80,0x90}; // 양극 공통

void PORT_Init(void)
{
    DDRB = 0xff; // 세그먼트의 문자 포트 출력
                 // (PB.0:a, PB.1:b, PB.2:c, PB.3:d, PB.4:e, PB.5:f, PB.6:g, PB.7:dot)
    DDRA = 0xff; // B 포트와 동일
}

void main()
{
    unsigned char i, j;
    PORT_Init();

    while(1)
    {
        for(i=0; i<10; i++)
        {                           // 10의 자리 표시
            PORTA = num_data[i]; // C 포트에 값 출력
```

```
            for(j=0; j<10; j++)
            {                       // 1의 자리 표시
                PORTB = num_data[j]; // B 포트에 값 출력
                delay_ms(1000);
            }
        }
    }
}
```

예제 5.6 7-세그먼트의 구동(동적 구동 방식)

그림 5.13에 제시한 회로도에서 ATemga128의 B 포트와 E 포트에 연결되어 있는 4개의 7-세그먼트에 동시에 0부터 F까지 출력하는 프로그램을 작성하라.

그림 15.13은 동적 구동 방식에 의해 7-세그먼트를 구동하는 예로서, 표시해야 하는 자릿수는 4자리이다. 이를 구동하기 위해서는 동적 구동(dynamic scanning) 방법으로 구동해야 한다.

동적 구동 방식이란 4자리를 모두 표시하기 위해 4자리를 순차적으로 선택하면서 데이터를 출력하는 것이다. 예를 들면, 그림 15.13 회로에서는 1234를 표시하기 위해 다음과 같은 순차로 계속 표시하는 것이다.

1 자리 → E 포트의 비트 4를 선택하고 4(0xb0)를 B 포트에 출력
10 자리 → E 포트의 비트 5를 선택하고 3(0xa4)을 B 포트에 출력
100 자리 → E 포트의 비트 6을 선택하고 2(0xf9)를 B 포트에 출력
1000 자리 → E 포트의 비트 7을 선택하고 1(0xc0)을 B 포트에 출력

이렇게 숫자를 쓰고 계속해서 다시 쓰지 않으면 포트에 쓰인 숫자는 더 이상 보이지 않는다. 따라서 동적 스캐닝 방법으로 7-세그먼트를 사용하기 위해서는 그림 5.14에 표시한 것과 같이 디지트 선택 단자와 함께 데이터를 주기적으로 계속해서 출력해야 한다.

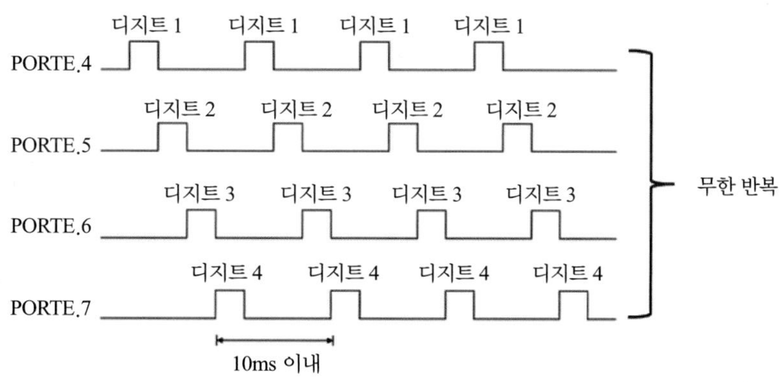

그림 5.14 4자리의 7-세그먼트 동적 구동 방법

이러한 과정의 프로그램은 다음과 같이 작성할 수 있다. 주 프로그램에서는 7-세그먼트에 숫자를 표시하기 위해 계속해서 무한 반복을 수행하고 있으며, 이것이 정적으로 구동하는 방법과의 차이이다. 프로그램에서 시간 지연은 10ms로 설정하여 동작시키고 있으나, 시간 지연을 너무 짧게 조정하면 표시되는 숫자는 깜박거릴 것이고, 너무 길게 조정하면 숫자는 흐리게 보일 것이다. 따라서 시간 간격을 잘 조정해야 한다. 따라서 주기적인 시간에 한 번씩 구동하면 이러한 문제를 간단히 해결할 수 있다. 이러한 과정은 타이머/카운터의 인터럽트를 활용하면 쉽게 구현할 수 있다. 이에 대해서는 타이머/카운터를 설명하는 7장에서 다루기로 한다.

```
#include <mega128.h>
#include <delay.h>

// Fnd 문자표 및 fnd 포트 핀 설정
unsigned char Port_char[] ={0xc0,0xf9,0xa4,0xb0,0x99,0x92,0x82,0xd8,0x80,0x90,0x88,0x83,
                            0xc4, 0xa1,0x84,0x8e}; // 양극 공통
unsigned int Port_fnd[] ={0x1f,0x2f,0x4f,0x8f};    // FND0 ON, FND1 ON, FND2 ON, FND3 ON

void PORT_Init(void)
{
    DDRE = 0xf0; //   PORTE.4~PORTE.7 FND 출력
                 //   (PE.4 : FND0, PE.5, FND1, PE.6 : FND2, PE.7 : FND3)
    DDRB = 0xff; //   세그먼트의 문자 포트 출력
                 //   (PB.0:a, PB.1:b, PB.2:c, PB.3:d, PB.4:e, PB.5:f, PB.6:g, PB.7:dot)
}

void main (void)
{
    unsigned char FND0, FND1, FND2, FND3;
    PORT_Init();

    while(1)
    {
        for(FND3 = 0; FND3<16; FND3++)
        {
            for(FND2 = 0; FND2<16; FND2++)
            {
                for(FND1 = 0; FND1<16; FND1++)
                {
                    for(FND0 = 0; FND0<16; FND0++)
                    {
                        PORTE = Port_fnd[0];
                        PORTB = Port_char[FND0];
                        delay_ms(10);
```

```
                        PORTE = Port_fnd[1];
                        PORTB = Port_char[FND1];
                        delay_ms(10);

                        PORTE = Port_fnd[2];
                        PORTB = Port_char[FND2];
                        delay_ms(10);

                        PORTE = Port_fnd[3];
                        PORTB = Port_char[FND3];
                        delay_ms(10);
                    }
                }
            }
        }
    }
}
```

5.4.2 키패드 인터페이스

키 스위치는 마이크로컨트롤러 활용에서 사용자의 입력을 받아들이기 위한 장치로 광범위하게 사용된다. 일상생활에서 흔히 접하는 전화기, 밥솥, 냉장고 등 거의 모든 가전제품의 경우 마이크로컨트롤러를 이용하여 키 인터페이스를 구현하고 있다. 이러한 키 인터페이스의 경우 크게 정적 인터페이스(static interface) 방식과 동적 인터페이스(dynamic interface) 방식으로 나뉜다. 그림 5.15에 그 구동 회로를 예시했다.

그림 5.15(a)의 정적 인터페이스는 키를 I/O 포트에 1:1로 연결하여 입력을 검사하는 방식으로, 인터페이스가 간편하고 프로그램 구현이 쉽다는 장점이 있는 반면에 많은 키 입력이 요구된다면 요구되는 키 스위치만큼의 포트를 사용하게 되므로 포트 사용 측면에서 효율이 떨어진다. 반면에, 동적 인터페이스는 키 스위치를 그림 5.15(b)와 같이 매트릭스 형태로 구성하여 출력 상태에 따른 입력 값을 비교하여 키 입력을 판별하는 방법이다. 즉, 그림 5.15(b)의 회로 구성에서 키 정보를 읽어들이기 위한 매트릭스 구성은 키 입력 열(column)인 PC0~PC3과 매트릭스 선택 출력 행(row)인 출력 PC4~PC7로 되어 있다. 동적 인터페이스의 경우는 정적 인터페이스에 비해 구현이 복잡하지만 많은 키의 입력이 요구될 때 사용된다. 그러므로 간단하게 1개나 2개의 키만으로 제어가 가능한 경우는 정적 인터페이스를 사용하고 반대로, PC 키보드처럼 여러 개의 키가 요구되는 응용에서는 정적 인터페이스를 사용하면 포트 사용에 대한 부담이 크므로 동적 인터페이스 방식을 사용하는 것이 좋다.

정적 인터페이스의 경우, 키 정보를 읽는 과정은 I/O 포트를 직접 읽으면 된다. 그러나 동적 인터페이스의 경우는 행 선택 출력과 열 선택에 의한 키 입력을 이용하여 주기적으로 키보드를 스캔

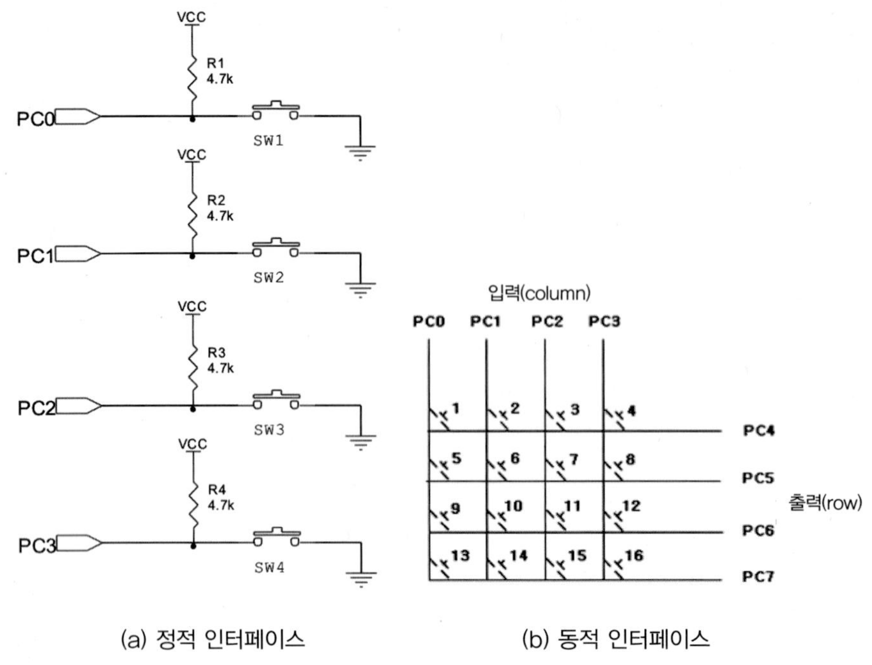

(a) 정적 인터페이스　　　　(b) 동적 인터페이스

그림 5.15 정적 인터페이스와 동적 인터페이스의 예

하여 키 데이터를 읽어들인다. 이를 간단하게 키보드 스캔 방법이라 한다. 이렇게 키보드 스캔 방법으로 키보드의 정보를 읽어들이기 위해서는 행 선택 신호를 1행씩 순차적으로 반복 출력하고, 이때 눌리는 열의 키 정보를 연속적으로 폴링(polling)으로 읽게 되는데, 이는 프로세서 측면에서 보면 항상 키보드만을 감시하는 일만 수행하게 되므로 마이크로컨트롤러가 할 수 있는 일에 제한을 주는 결과를 초래한다. 이러한 단점을 해결하기 위해 키보드 스캔 알고리즘을 6장에서 설명하는 타이머 인터럽트를 사용하여 일정 시간마다 키보드를 검사하는 방식으로 사용한다. 그러나 이런 프로그램을 작성하려면 키보드 스캔 주기 설정이 매우 중요하다. 만약 스캔 주기가 너무 짧다면 프로세서는 키보드에만 매달리는 결과를 초래하게 되어 인터럽트를 사용하는 의미를 잃어버린다. 그렇다고 스캔 주기를 너무 길게 잡으면 눌린 키 값을 잃어버릴 염려가 있다. 따라서 키보드 스캔에서 스캔 주기의 결정은 매우 중요하다. 현재까지 실험 결과를 토대로 한 결과를 따르면 30~50ms 주기가 가장 적절하다.

이제 위에서 설명한 내용을 바탕으로 동적 인터페이스 방식을 이용하여 키패드의 정보를 읽고, 이를 7-세그먼트에 표시하는 프로그램을 예제를 통해 알아보자.

예제 5.7 키 스캔을 통한 키패드 인터페이스

그림 5.16의 회로에 제시된 키패드 정보를 읽는 과정에 폴링 방식을 적용하여 프로그램을 작성하라.

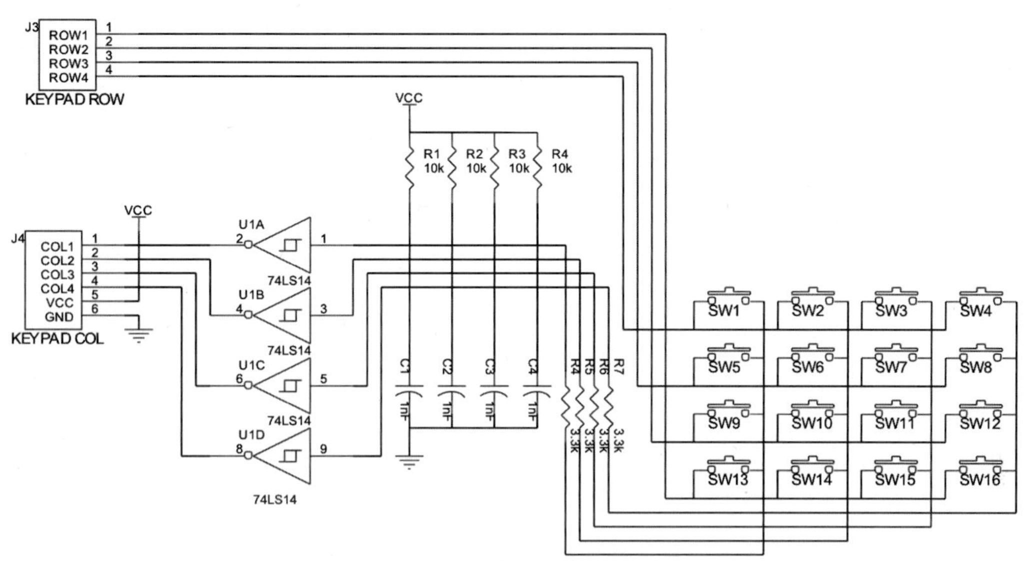

그림 5.16 키패드 인터페이스 회로

그림 5.16의 회로에서 키 정보를 읽는 과정은 행(row)을 순차적으로 선택할 수 있도록 PORTC의 상위 니블인 PC4~PC7 비트를 1비트씩 '0'으로 순차적인 출력을 하고, 열(col)에 해당하는 PORTC의 하위 니블인 PC0~PC3 비트를 한 번에 모두 읽으면 키 매트릭스의 모든 키 정보를 읽을 수 있다. 예를 들어보자. 키를 읽기 위해 먼저 행(row)의 비트 중에 하나를 선택한다. 즉, PC4 비트에 0을 출력하고 열에 해당하는 4비트인 PC0~PC3의 값을 읽으면 이 열에 해당하는 키 SW1, SW2, SW3, SW4를 읽을 수 있다. 만약 PC4 비트에 0을 출력하고 PC0~PC3까지의 열 데이터를 읽었을 때 '0' 값이 읽혔다면 이 상황은 아무런 키도 눌리지 않은 상태를 뜻한다. 여기서 이 열에 해당하는 SW1 키가 눌렸을 경우에는 PC0~PC3까지의 값은 0001로 읽힌다(PC0=1, PC1~3=0이므로 2진수 표기에서 PC0을 최하위 비트로 정하면 0001이다). 여기서 만약 동시에 2개의 키가 눌리면 다른 키가 눌린 것처럼 동작하므로 한 번에 반드시 하나의 키가 눌려야 한다.

또한 PC5 비트에 0을 출력하면 해당 열에 해당하는 SW5, SW6, SW7, SW8의 키 정보를 읽을 수 있다. 마찬가지로 현재 스캔 라인에 첫 번째 열에 해당하는 키 SW5가 눌렸을 경우에도 PORTC 하위 니블 값을 읽으면 PC0~PC3은 0001이 읽힌다. 그 이유는 입력 정보가 똑같다고 하더라도 선택 스캔 라인(출력)의 값에 따라 눌린 키 정보가 다르기 때문이다. 즉, 선택 스캔 라인(출력)에 따라 SW1, SW5, SW9, SW13의 키 정보는 동일한 값으로 읽힌다. 이를 정리하면 다음 표와 같다.

키 입력 값 / 키 스캔 라인	PC0(누름) X=1	PC1(누름) X=2	PC2(누름) X=3	PC3(누름) X=4
PC7~PC4=1110, Y=0	SW1	SW2	SW3	SW4
PC7~PC4=1101, Y=1	SW5	SW6	SW7	SW8
PC7~PC4=1011, Y=2	SW9	SW10	SW11	SW12
PC7~PC4=0111, Y=3	SW13	SW14	SW15	SW16

이렇게 매트릭스를 통해 눌린 스위치의 정보는 다음과 같은 수식으로 간단하게 표현할 수 있다.

$$\text{눌린 키} = (4 \times Y) + X$$

여기서 X는 PC0~PC3을 통해 읽은 값이고, Y는 PC4~PC7로 출력되는 스캔 출력의 값이다. X 값의 범위는 1~4이고 Y 값의 범위는 0~3인 이유는 Y가 0일 경우 4를 곱하여 0이 되기 때문에 첫 번째 라인을 선택한 것처럼 계산되며, 여기서 곱하기 4는 현재 배열이 4×4 형태이기 때문이다. 그리고 X 값의 범위의 시작이 0이 아니라 1인 이유는 PC4를 스캔 라인으로 설정하고 첫 번째 열의 값을 읽었을 때 0이라면 현재 키를 누른 상태인지를 판별하기 위한 예외 처리를 별도로 해주어야 하기 때문에 판별의 편의성을 고려하기 위함이다.

표에 제시한 키 정보를 가지고 키 스캔 함수인 Keyscan( )을 구현해보자. 키 스캔 함수는 그림 5.16의 키를 주기적으로 스캔하여 눌린 키 정보를 반환하는 함수이다. 따라서 입력 인자는 없고 출력 인자만 있으면 된다.

폴링 방식으로 키 정보를 읽기 위해서는 주기적으로 키 스캔 코드를 받아들여야 한다. 키 스캔 정보를 읽는 과정은 다음과 같다.

① PORT C의 출력은 상위 니블 값만 사용하지만 시프트 연산의 편의성을 위해 0xEF로 설정한다.

```
key_scan_line = 0xEF; // 해당 이유는 ⑤에서 상세 기술함
```

② 포트 C에 현재 값 0xEF를 출력한다.

```
PORTC = key_scan_line;
```

③ 키 매트릭스에서 스캔라인으로 출력되는 열에서 버튼 눌림 행을 인식하기 위해 포트 C의 하위 니블 값을 저장한다.

```
getPinData = PINC & 0x0F;
```

④ switch 문을 사용한다.

- 키 값이 0x01이면 1행의 키가 눌린 경우로 스캔 열에 따라 1, 5, 9, 13으로 인식
- 키 값이 0x02이면 2행의 키가 눌린 경우로 스캔 열에 따라 2, 6, 10, 14로 인식
- 키 값이 0x04이면 3행의 키가 눌린 경우로 스캔 열에 따라 3, 7, 11, 15로 인식
- 키 값이 0x08이면 4행의 키가 눌린 경우로 스캔 열에 따라 4, 8, 12, 16으로 인식

따라서 다음과 같은 코드로 작성 가능하다. key_num은 키 매트릭스에서 눌린 키 위치, key_scan_loop는 키 매트릭스의 열 위치(0~3), 덧셈 1~4는 PC0을 선택했을 경우 1 값으로 설정하며 PC3까지 순차적으로 적용하면 PC0->1, PC1->2, PC2->3, PC3->4로 한다.

```
case 0x01: key_num = key_scan_loop*4 + 1;
case 0x02: key_num = key_scan_loop*4 + 2;
case 0x04: key_num = key_scan_loop*4 + 3;
case 0x08: key_num = key_scan_loop*4 + 4;
```

⑤ 이상의 과정을 PORTC의 상위 니블을 1101->1011->0111로 반복하면서 스캔 처리하여 키 정보를 읽는다. 즉, key_scan_line을 0xDF->0xBF->0x7F로 변경하면서 계속 스캔한다.

```
key_scan_line = (key_scan_line <<1);    // Init_data(0xEF)를 시프트함
```

이 과정에 대한 흐름도는 그림 5.17과 같으며, unsigned char Keyscan(void) 함수로 구현하면 다음과 같다.

```
unsigned char KeyScan(void)     // 키패드 스캔 함수
{
    // 상위 니블(4비트)을 스위칭(연속적으로 돌아가면서)하면서 출력
    // Init_data, PORTC의 상위 니블의 출력 값
    unsigned int key_scan_line = 0xEF;

    // 키 스캔 라인 변경을 위한 반복문 인자, 키 매트릭스 열의 입력 값
    unsigned char key_scan_loop=0, getPinData=0;
    unsigned char key_num=0; // 실제 눌린 키 매트릭스 값

    // 키 스캔 반복문
    for(key_scan_loop=0; key_scan_loop<4; key_scan_loop++)
    {
        // 키 매트릭스의 스캔 라인 설정을 위한 PORTC 출력 값
        PORTC = key_scan_line;
        delay_us(1);

        // 키 매트릭스의 열 값 취득
        // C 포트의 하위 니블(4비트) 값, 74LS14 사용으로 입력 신호가 반전되어 들어옴
        getPinData = PINC & 0x0F;
```

```
        if(getPinData != 0x00)
        {

            switch(getPinData)    // C 포트의 하위 니블(4비트)의 반전된 값
            {
                case 0x01:          // 0001이 맞으면 현재 count 값에 4를 곱한 후
                                    // 1을 더하고 key_num 변수에 저장
                    key_num = key_scan_loop*4 + 1;
                    break;
                case 0x02:          // 1101이 맞으면 현재 count 값에 4를 곱한 후
                                    // 2를 더하고 key_num 변수에 저장
                    key_num = key_scan_loop*4 + 2;
                    break;
                case 0x04:          // 1011이 맞으면 현재 count 값에 4를 곱한 후
                                    // 3을 더하고 key_num 변수에 저장
                    key_num = key_scan_loop*4 + 3;
                    break;
                case 0x08:          // 0111이 맞으면 현재 count 값에 4를 곱한 후
                                    // 4를 더하고 key_num 변수에 저장
                    key_num = key_scan_loop*4 + 4;
                    break;
                default:
                    break;
            }
            return key_num;
        }
        // key_scan_line 값(0xEF)을 순차적으로 1비트씩 총 3회 시프트함
        // 0end=0xEF, 1end=0xDE, 2end=0xBC, 3end=0x78;
        // 스캔 라인의 선택적 출력 값은 상위 니블만 해당하므로 하위 니블 값은 무시함
        key_scan_line = (key_scan_line <<1);
    }
}
```

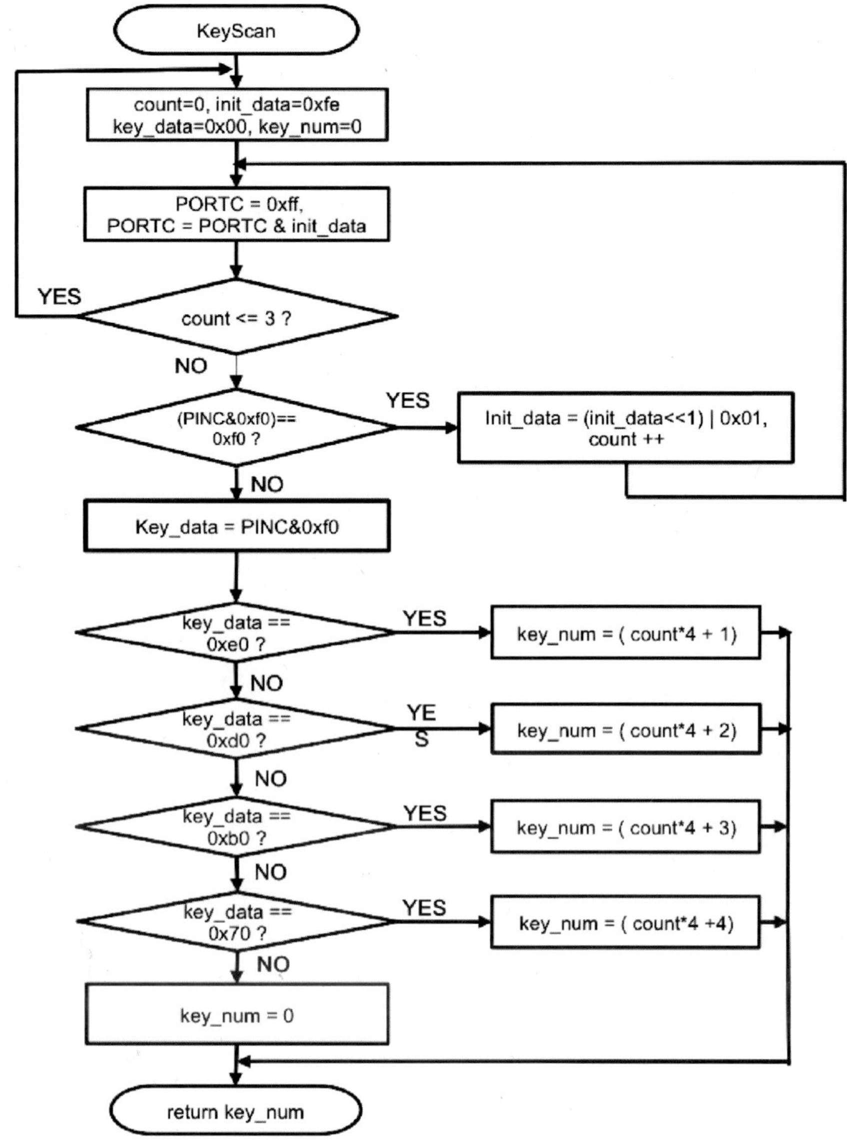

그림 5.17 예제 5.7의 프로그램 흐름도

키패드의 정보를 읽는 과정에서는 필수적으로 채터링이 발생한다. 그림 5.16에 채터링을 제거하기 위해 슈미트트리거 IC를 사용하여 채터링을 제거하는 회로를 적용했으나, 이렇게 해도 완전히 제거되지 않는 경우가 발생한다. 따라서 다음 예제에서 다루는 디바운싱 프로그램을 통해 채터링 현상을 제거하는 것이 바람직하다.

참고사항

키 인터페이스에 발생하는 채터링의 이해

키 스위치를 디지털 회로에 인터페이스하여 사용할 경우에는 스위치에 있는 기계적 접점 때문에 열리고 닫힐 때 그림 5.18에 나타낸 것처럼 스위치 바운스(switch bounce) 또는 채터링(chattering) 현상이 일어난다. 이러한 현상을 바운싱 동작이라 하고, 그림 5.19의 실측한 파형을 보면 50ms 동안 연속적으로 발생한다. 스위치의 바운싱 동작은 특히 빠르게 동작하는 마이크로컨트롤러에 인터페이스하여 사용할 경우에 반드시 제거되어야 한다. 그렇지 않으면 마이크로컨트롤러는 스위치가 한 번 눌렸음에도 불구하고 여러 번(그림 5.19에서는 세 번) 눌린 것으로 오인식하게 된다. 따라서 프로그램에서 스위치를 읽을 때는 충분히 안정해지도록 기다리면서 스위치를 여러 번 읽는 등의 방법을 사용하여 바운싱 현상에 대비해야 한다. 그러나 이러한 스위치 바운스 현상을 제거하기 위해서는 일반적으로 회로적인 방법을 사용한다. 이를 디바운스(debounce) 또는 채터링 제거 회로라고 한다.

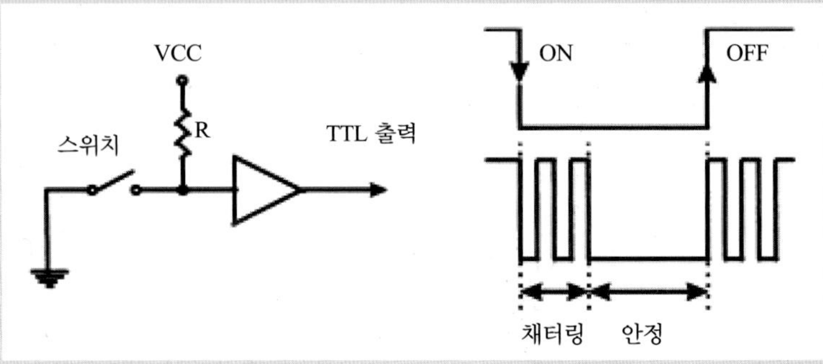

그림 5.18 스위치 입력에서의 바운싱 현상

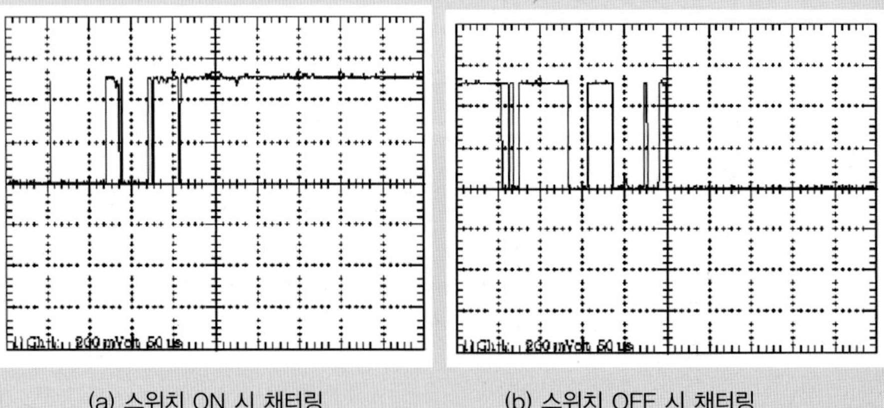

(a) 스위치 ON 시 채터링 (b) 스위치 OFF 시 채터링

그림 5.19 스위치를 ON/OFF할 경우에 발생하는 바운싱 현상

이 책에서 사용하는 키패드 회로에는 그림 5.20에 나타낸 것과 같이 슈미트트리거 IC를 사용하여 채터링을 제거하는 회로를 적용했다.

이 회로의 동작을 이해하기 위해 먼저 스위치가 개방된 상태를 생각해보자. 스위치가 개방되면, 입력 부분의 커패시터는 저항 10kΩ 을 통해 +5V로 충전되어 슈미트트리거의 출력 V_{out}은 0으로 유지될 것이다. 스위치가 닫히면, 입력 부분의 커패시터는 100Ω 전류 제한 저항을 통해 급속하게 0V로 방전되어 출력 V_{out}은 1이 된다. 이때 스위치에서는 바운싱 현상이 발생하며, 커패시터가 다시 +5V로 천천히 반복적으로 충전될 것이고, 다시 0V로 급속하게 방전된다. 여기서 충전 시의 RC 시정수는 10kΩ x 0.47μF = 4.7ms이고, 방전 시의 시정수는 100Ω x 0.47μF = 4.7μs이다.

일단 스위치가 눌리면, 바운스 현상에 의해 입력이 0이 되고 다시 1이 되는데, RC 충전 시정수는 커패시터가 바운스 이전의 높은 전압 레벨(V_{TH+})로 충전될 수 없을 정도로 충분히 크기 때문에 출력 V_{out} = 1로 유지된다.

스위치가 다시 개방되면, 커패시터는 +5V까지 충전된다. 커패시터 전압이 V_{TH+}와 교차할 때 V_{out}은 그림 5.20과 같이 0으로 반전될 것이다. 그 결과 스위치가 한 번 눌릴 경우 비록 스위치에서 바운싱 현상이 발생하더라도 출력에서는 단일 펄스를 얻게 된다.

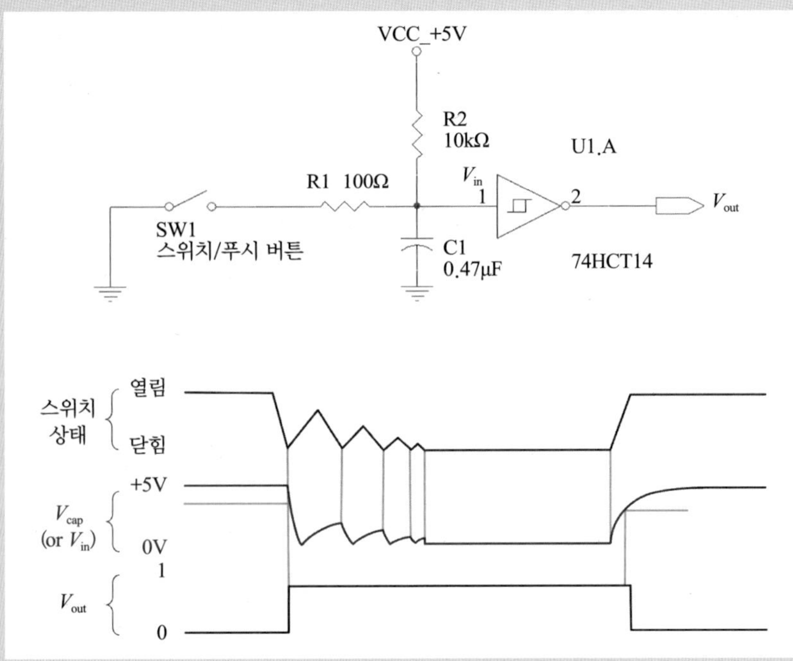

그림 5.20 슈미트트리거를 사용한 디바운싱 회로 동작

예제 5.8 소프트웨어에 의한 스위치의 디바운싱 처리

그림 5.16의 키패드 인터페이스 회로에 연결된 키 정보를 읽어서, 그림 5.13의 4자리 7-세그먼트로 출력하는 프로그램을 작성하라. 이 회로를 간략하게 표현하면 그림 5.21과 같다.

키패드의 정보를 읽을 때는 폴링 방식으로 하고, 이 과정에서 디바운스 처리가 가능하도록 프로그램을 작성한다.

키패드의 정보는 첫 번째 눌렸을 때 최하위 자리에 표시하고, 키가 눌릴 때마다 기존의 키 데이터는 좌측으로 시프트하여 표시하고, 4자리가 모두 표시되면 계속 시프트하여 기존의 표시 데이터는 사라지도록 구현한다.

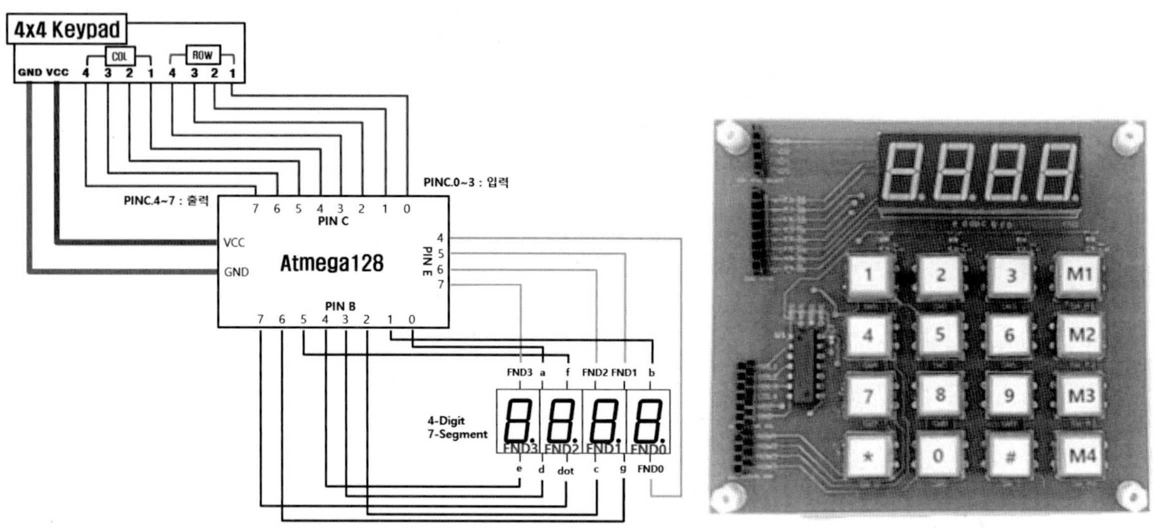

그림 5.21 키패드와 4자리의 7-세그먼트 결선도 및 보드 외형

이 예제는 디바운싱 회로를 사용하여 실제 1회 눌린 스위치 매트릭스의 정보를 정확하게 읽는 프로그램을 작성하는 것이다.

교육용 보드에는 스위치 회로에 1차적으로 그림 5.20의 디바운싱 회로를 추가했다. 이렇게 디바운싱 회로를 추가해도 완벽하게 바운싱 현상이 제거되지 않는다. 예를 들어, 사용자가 빠르게 스위치를 1회 눌렀지만 스위치가 눌렸다가 떨어지는 시간이 마이크로컨트롤러의 처리 속도보다 빠를 수는 없기 때문에 여러 번 눌린 상태로 인지될 수도 있다. 이러한 상황도 일종의 바운싱 현상으로 볼 수 있고, 프로그램 작성 시 이러한 상황에 대한 대비하는 것이 바람직하다.

소프트웨어적으로 바운싱 현상을 제거하기 위해서는 바운싱 현상이 발생하는 시간 동안에 스위치 정보가 바뀌어서 들어올 수가 있으므로 일단 스위치 정보가 읽히면 바운싱이 종료된 후에 스위치 정보를 읽으면 된다. 이를 구현하기 위해서는 간단히 변수와 반환 함수를 이용하면 된다. 그 흐름도를 그림 5.22에 나타내었다.

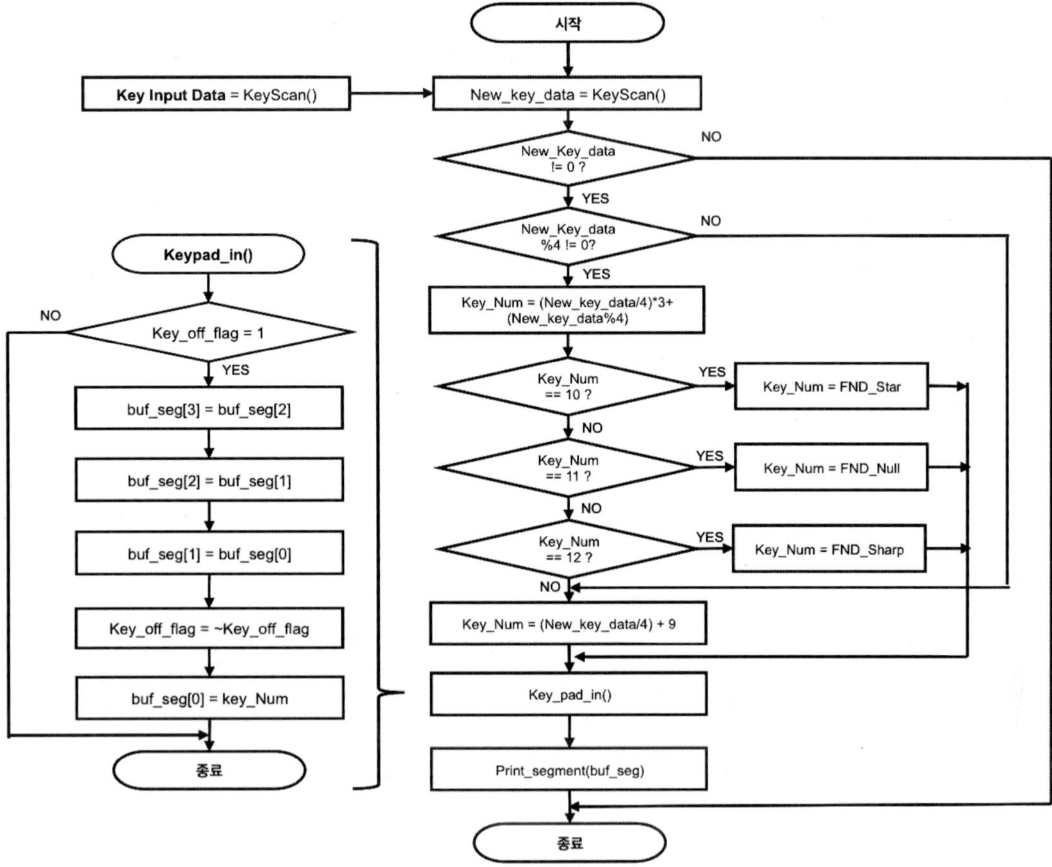

그림 5.22 소프트웨어에 의한 디바운싱 알고리즘

그림 5.22는 앞서 문제를 제기한 스위치 입력 시 연속적인 눌림 현상을 방지하기 위해 Key_pad_in이라는 함수를 만들었다. 해당 함수는 키 입력이 들어오면 1로 세트되는 Key_off_flag와 입력된 키의 값을 나타내는 New_key_data를 입력받는다. FND 출력 변수인 buf_seg의 배열 값을 변경하여 키가 한 번 눌리면 1회만 buf_seg 값을 시프트하고 Key_off_flag의 변수 값을 0으로 반전시킨다. 따라서 지속적인 키 눌림 현상이 발생하더라도 Key_off_flag 변수 값이 0이기 때문에 buf_seg의 배열 시프트 동작이 이뤄지지 않기 때문에 키를 오랫동안 눌렀다 떼도 한 번만 눌린 것으로 인지된다. 해당 코드는 다음과 같다.

```
void Key_pad_in(unsigned char* New_key_data, unsigned char* Key_off_flag)  // 채터링 방지 함수
{
    if(*New_key_data)
    {
        if(*Key_off_flag)                          // 키를 눌렀을 경우
        {
            buf_seg[3] = buf_seg[2];               // 세그먼트 값 시프트  ■□□□ <- □■□□
            buf_seg[2] = buf_seg[1];               // 세그먼트 값 시프트  □■□□ <- □□■□
            buf_seg[1] = buf_seg[0];               // 세그먼트 값 시프트  □□■□ <- □□□■
```

```
            *Key_off_flag = ~*Key_off_flag;   // 키 입력을 한 번만 받기 위한 Key_off_flag 반전
        }
        else;

        buf_seg[0] =  Key_data_trans(*New_key_data); // 누른 키 값을 세그먼트에 표현 □□□■
    }
    else
       *Key_off_flag=0xff;
}
```

이제 키패드의 정보를 읽어 4자리의 7-세그먼트에 순차적으로 표시하는 프로그램을 작성해보자. 키패드는 그림 5.18에 나타낸 것과 같이 16개로 되어 있으며, 이는 숫자 0~9, M1, M2, M3, M4, *, #으로 구성되어 있다. 숫자 0~9는 그대로 숫자를, M1, M2, M3, M4, *, #은 순서대로 a, b, c, d, e, f로 7-세그먼트에 표시한다.

키를 스캔하고 채터링을 방지하는 프로그램은 앞에서 설명한 KeyScan( ) 함수와 Key_pad_in( ) 함수를 사용하고, 4자리의 7-세그먼트에 표시하기 위해 다음과 같이 Print_Segment( ) 함수를 새롭게 만들어 사용한다. 4자리의 7-세그먼트에 표시하는 과정은 KeyScan( ) 함수에서 4자리의 키 데이터를 배열에 저장해놓았으므로 Print_Segment( ) 함수에서는 배열에 저장된 데이터를 동적 구동 방식으로 출력하면 된다.

```
void Print_Segment(unsigned int* seg_value)
{
    PORTE = Port_fnd[0];
    PORTB = Port_char[seg_value[0]];
    delay_ms(1);
    PORTE = Port_fnd[1];
    PORTB = Port_char[seg_value[1]];
    delay_ms(1);
    PORTE = Port_fnd[2];
    PORTB = Port_char[seg_value[2]];
    delay_ms(1);
    PORTE = Port_fnd [3];
    PORTB = Port_char[seg_value[3]];
    delay_ms(1);
}
```

이상에서 설명한 함수를 이용하여 전체 프로그램을 작성하면 다음과 같다.

```
#include <mega128.h>
#include <delay.h>

#define FND_Null    0
#define FND_Star    14
```

```
#define FND_Sharp   15

unsigned int Port_char[] = {0xc0,0xf9,0xa4,0xb0,0x99,0x92,0x82,0xf8,0x80,0x90,0x88,0x83,
                            0xc6,0xa1,0x86,0x8E};  // 0~F의 문자표
unsigned int Port_fnd[] = {0x1f,0x2f,0x4f,0x8f,0x0f};
// FND0 ON, FND1 ON, FND2 ON, FND3 ON, ALL FND OFF
unsigned char key_num=0;
unsigned int buf_seg[4] = {FND_Null,FND_Null,FND_Null,FND_Null};
// bit Key_off_flag=0;

void init_reg(void)
{
    DDRE = 0xf0;  // FND Sel
    DDRB = 0xff;  // FND Data Line

    DDRC = 0xf0;  // 상위 4비트 Row(출력), 하위 4비트 COL(입력)
    PORTC = 0xff; // 포트 초기화
    PORTE = Port_fnd[4]; // ALL FND OFF
}

void Print_Segment(unsigned int* seg_value)
{
    PORTE = Port_fnd[0];
    PORTB = Port_char[seg_value[0]];
    delay_ms(1);

    PORTE = Port_fnd[1];
    PORTB = Port_char[seg_value[1]];
    delay_ms(1);

    PORTE  = Port_fnd[2];
    PORTB =  Port_char[seg_value[2]];
    delay_ms(1);

    PORTE = Port_fnd [3];
    PORTB = Port_char[seg_value[3]];
    delay_ms(1);
}

unsigned char KeyScan(void)    // 4x4 키패드 스캔 함수, 출력 값은 10진수 1~16
{
    // 상위 니블(4비트)을 스위칭(연속적으로 돌아가면서)하면서 출력
    unsigned int key_scan_line = 0xEF;

    // 키 스캔 라인 변경을 위한 반복문 인자, 키 매트릭스 열의 입력 값
    unsigned char key_scan_loop=0, getPinData=0;
```

```
    // 키 스캔 반복문
    for(key_scan_loop=0; key_scan_loop<4; key_scan_loop++)
    {
        // 키 매트릭스의 스캔 라인 설정을 위한 PORTC 출력 값
        PORTC = key_scan_line;
        delay_us(1);

        // 키 매트릭스의 열 값 취득
        // C 포트의 하위 니블(4비트) 값, 74LS14 사용으로 인한 신호 반전
        getPinData = PINC & 0x0F;
        if(getPinData != 0x00)
        {
            switch(getPinData)          // C 포트의 하위 니블(4비트)의 반전된 값
            {
                case 0x01:              // 1110의 반전 입력이 맞으면 현재 count 값에 4를 곱한 후
                                        // 1을 더하고 key_num 변수에 저장
                    key_num = key_scan_loop*4 + 1;
                    break;
                case 0x02:              // 1101의 반전 입력이 맞으면 현재 count 값에 4를 곱한 후
                                        // 2를 더하고 key_num 변수에 저장
                    key_num = key_scan_loop*4 + 2;
                    break;
                case 0x04:              // 1011의 반전 입력이 맞으면 현재 count 값에 4를 곱한 후
                                        // 3을 더하고 key_num 변수에 저장
                    key_num = key_scan_loop*4 + 3;
                    break;
                case 0x08:              // 0111의 반전 입력이 맞으면 현재 count 값에 4를 곱한 후
                                        // 4를 더하고 key_num 변수에 저장
                    key_num = key_scan_loop*4 + 4;
                    break;
            }
            return key_num;
        }
        key_scan_line= (key_scan_line <<1);     // Init_data(0xEF)를 시프트함
        delay_us(1);
    }
}

unsigned char Key_data_trans(unsigned char New_key_data)   // 4x3 키패드로 입력하기 위한 함수
{
    unsigned char key_num=0;

    if(New_key_data%4 != 0)
    {
        key_num = (New_key_data/4)*3+(New_key_data%4);
```

```
        switch(key_num)
        {
            case 10:
                key_num = FND_Star;
                break;
            case 11:
                key_num = FND_Null;
                break;
            case 12:
                key_num = FND_Sharp;
                break;
        }
    }
    else
        key_num = (New_key_data/4)+9;
    return key_num;
}

void Key_pad_in(unsigned char* New_key_data, unsigned char* Key_off_flag) // 채터링 방지 함수
{
    if(*New_key_data)
    {
        if(*Key_off_flag)                       // 키를 눌렀을 경우
        {
            buf_seg[3] = buf_seg[2];            // 세그먼트 값 시프트 ■□□□ <- □■□□
            buf_seg[2] = buf_seg[1];            // 세그먼트 값 시프트 □■□□ <- □□■□
            buf_seg[1] = buf_seg[0];            // 세그먼트 값 시프트 □□■□ <- □□□■
            *Key_off_flag = ~*Key_off_flag;     // 키 입력을 한 번만 받기 위한 Key_off_flag 반전
        }
        else;
        buf_seg[0] = Key_data_trans(*New_key_data); // 누른 키 값을 세그먼트에 표현 □□□■
    }
    else
        *Key_off_flag=0xff;
}

void main(void)
{
    unsigned char Key_off_flag=0;
    unsigned char New_key_data=0;

    init_reg();
    while(1)
    {
        New_key_data = KeyScan();               // 키 스캔 값을 받음
```

```
            Key_pad_in(&New_key_data,&Key_off_flag);
            Print_Segment(buf_seg);
        }
    }
```

5.4.3 부저의 구동

부저는 원하는 주파수로 인가하는 전압을 온/오프하여 소리를 발생시키는 소자이다. 부저의 구동 원리는 원하는 주파수의 주기와 듀티비를 부저에 입력하면 음과 음의 크기가 변하는 것이다. 부저음은 주로 경고음이나 버튼 확인음, 차임벨 등의 소리를 발생시키기 위해 사용된다.

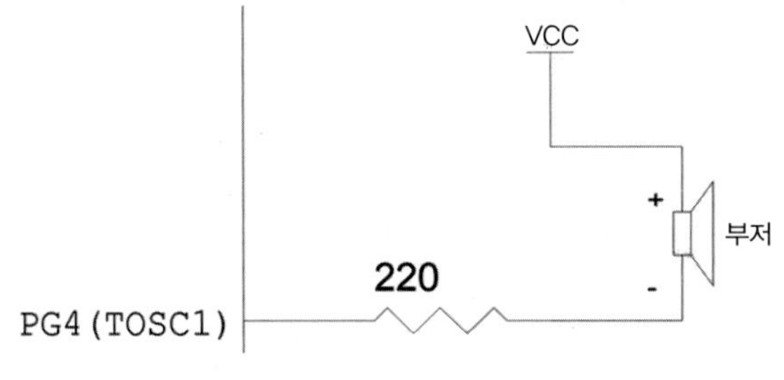

그림 5.23 부저 구동 회로

교육용 보드의 부저는 그림 5.23과 같이 PORTG4에 연결되어 있으며, 그림 5.24에 나타낸 바와 같이 5V 구동용의 마그네틱 센서 방식을 사용하고 있다.

Product Name		3V 능동 부저 [FQ-010]	5V 능동 부저 [FQ-011]	12V 능동 부저 [FQ-012]
Rated Voltage	V	3	5	12
Operating Voltage	V	2~5	4~8	8~15
*Rated Current(MAX)	mA	32	32	32
*Min Sound Output at 10cm	dB	80	85	85
*Resonant Frequency	Hz	2300±300		
Operating Temperature	℃	−20~+45		
Storage Temperature	℃	−30~+60		
Size	mm	12×9.5		
Weight	g	2		

그림 5.24 부저 구동 스펙 및 외형

부저는 회로 내장형과 회로 외장형으로 구분되며, 회로 내장형은 발진 회로가 내장되어 있어 부저에 ON 신호만 입력하면 단음이 출력된다. 외장형은 발진 회로가 내장되지 않고, 단지 마그네틱 센서만 들어 있어 스피커와 동일한 형태로 주파수를 입력하면 각 주파수에 해당하는 사운드가 출력된다. 교육용 보드에서는 회로 외장형 형태를 사용하며 PORTG4에서 구동된다.

부저를 사용하는 방법으로 주 프로그램에서 시간 지연을 이용하여 온/오프를 변경하는 방법과 타이머 인터럽트를 이용하는 방법이 가능하다. 우선 시간 지연을 이용하는 방법에 대해 살펴보자. 타이머 인터럽트를 이용하는 방법은 6장의 인터럽트 후에 설명할 것이다.

부저를 이용하여 버튼 확인음을 발생시키는 프로그램을 작성해보자. 부저를 이용하여 버튼 확인음을 발생시키기 위해서는 다음과 같이 PORTG4에 High와 Low를 출력하고 주파수를 변동시키기 위해 시간 지연 함수를 이용한다.

```
void Beep(void)
{
    // 부저 ON
    PORTG |= 1<<PORTG4;        // 부저 ON, PORTG의 4번 핀 ON(out 1)
    delay_us(200);
    // 부저 OFF
    PORTG &= ~(1<<PORTG4);     // 부저 OFF, PORTG의 4번 핀 OFF(out 0)
    delay_us(200);
}
```

간단하게 부저에 음계를 발생시키는 프로그램을 작성해보자. 옥타브에 따른 음의 주파수는 표 5.4와 같으며, 기본 음계로 표의 4를 선택하여 구동하기로 한다.

표 5.4 음계의 주파수

(단위: Hz)

음계 \ 옥타브	1	2	3	4	5	6	7	8
C(도)	32.7032	65.4064	130.8128	261.6256	523.2511	1046.502	2093.005	4186.009
C#	34.6478	69.2957	138.5913	277.1826	554.3653	1108.731	2217.461	4434.922
D(레)	36.7081	73.4162	146.8324	293.6648	587.3295	1174.659	2349.318	4698.636
D#	38.8909	77.7817	155.5635	311.1270	622.2540	1244.508	2489.016	4978.032
E(미)	41.2034	82.4069	164.8138	329.6276	659.2551	1318.510	2637.020	5274.041
F(파)	43.6535	87.3071	174.6141	349.2282	698.4565	1396.913	2793.826	5587.652
F#	46.2493	92.4986	184.9972	369.9944	739.9888	1479.978	2959.955	5919.911
G(솔)	48.9994	97.9989	195.9977	391.9954	783.9909	1567.982	3135.963	6271.927
G#	51.9130	103.8262	207.6523	415.3047	830.6094	1661.219	3322.438	6644.875
A(라)	55.0000	110.0000	220.0000	440.0000	880.0000	1760.000	3520.000	7040.000
A#	58.2705	116.5409	233.0819	466.1638	932.3275	1864.655	3729.310	7458.620
B(시)	61.7354	123.4708	246.9417	493.8833	987.7666	1975.533	3951.066	7902.133

표 5.4에 나타낸 음계의 주파수를 이용하여 음계를 발생시키기 위해서는 먼저 주파수를 시간으로 환산하고 이를 온/오프시켜야 하므로, 다음과 같이 '도'에서 '시'까지 각 주파수에 대한 시간 테이블로 변환하여 정의한다.

```
// 음계 주파수에 따른 주기(time) 계산, 온-오프로 만들어야 하기 때문에(음계 주기 / 2)
#define    Do        1908   // 262Hz (3817us) 1908us
#define    Re        1700   // 294Hz (3401us) 1701us
#define    Mi        1515   // 330Hz (3030us) 1515us
#define    Fa        1432   // 349Hz (2865us) 1433us
#define    Sol       1275   // 370Hz (2703us) 1351us
#define    La        1136   // 440Hz (2273us) 1136us
#define    Si        1012   // 494Hz (2024us) 1012us
```

만약 도의 음을 출력하려면 262Hz=3817μs이기 때문에 1908μs마다 온/오프를 반복하여 PORTG4에 출력해주면 된다.

이러한 원리를 이용하여 부저음을 발생시키는 함수 void SSound(int time)을 다음과 같이 작성할 수 있다. PORTG4에 온/오프를 주기 위해 myDelay_us(time) 함수를 사용했으며, 이는 〈mega128.h〉에 포함된 μs 단위의 지연 함수 delay_us()를 이용하기 위함이다.

예를 들어, 도의 음을 발생시키기 위해 Do(1908)을 수행하면 delay_us(1)을 1908번 반복하여 1908μs만큼 시간을 지연시킨다.

```
void SSound(int time)
{
    int i, tim;
    tim = 50000/time;              // 음계마다 같은 시간 동안 울리도록 tim 변수 사용
    for(i=0; i<tim; i++)
    {
        PORTG |= 1<<PORTG4;        // 부저 ON, PORTG의 4번 핀 ON(out 1)
        myDelay_us(time);
        PORTG &= ~(1<<PORTG4);     // 부저 OFF, PORTG의 4번 핀 OFF(out 0)
        myDelay_us(time);
    }
}

void myDelay_us(unsigned int delay)
{
    int i;
    for(i=0; i<delay; i++)
    {
        delay_us(1);
    }
}
```

이 함수를 이용하여 PORTD에 연결되어 있는 8개의 스위치를 읽어 도에서 시까지 음계를 발생시키는 프로그램을 작성하면 다음과 같다.

```
#include <mega128.h>
#include <delay.h>

// 음계 주파수에 따른 주기(time) 계산, 온-오프로 만들어야 하기 때문에(음계 주기 / 2)
#define    Do        1908   // 262Hz (3817us) 1908us
#define    Re        1700   // 294Hz (3401us) 1701us
#define    Mi        1515   // 330Hz (3030us) 1515us
#define    Fa        1432   // 349Hz (2865us) 1433us
#define    Sol       1275   // 370Hz (2703us) 1351us
#define    La        1136   // 440Hz (2273us) 1136us
#define    Si        1012   // 494Hz (2024us) 1012us

unsigned char scan_sw(void) // 교육용 보드의 스위치 스캔 함수
{
    unsigned char sw_num=0;
    sw_num = PIND;
    delay_ms(10);

    return sw_num;
}

// 새로운 시간 지연 함수 생성, 기존의 delay_us( ) 함수는 인자로 상수만 받기 때문에
// 새로운 시간 지연 함수 생성
// 음계 시간 La(1136)이 들어오면 delay_us(1)을 1136번 반복하여 시간 생성
void myDelay_us(unsigned int delay)
{
    int i;
    for(i=0; i<delay; i++)
    {
        delay_us(1);
    }
}

// 해당 음계의 주파수를 만들어주는 함수 예) 262Hz=3817us이기 때문에
// 1908us ON, 1908us OFF 동작 반복
void SSound(int time)
{
    int i, tim;
    tim = 50000/time;           // 음계마다 같은 시간 동안 울리도록 tim 변수 사용
    for(i=0; i<tim; i++)
    {
        PORTG |= 1<<PORTG4;     // 부저 ON, PORTG의 4번 핀 ON(out 1)
```

```
        myDelay_us(time);
        PORTG &= ~(1<<PORTG4); // 부저 OFF, PORTG의 4번 핀 OFF(out 0)
        myDelay_us(time);
    }
}

void gen_sound(int sw)          // 입력 스위치에 따른 소리 생성
{
    if(sw == 0xfe)          SSound(Do);
    else if(sw == 0xfd)     SSound(Re);
    else if(sw == 0xfb)     SSound(Mi);
    else if(sw == 0xf7)     SSound(Fa);
    else if(sw == 0xef)     SSound(Sol);
    else if(sw == 0xdf)     SSound(La);
    else if(sw == 0xbf)     SSound(Si);
}

void main(void)
{
    unsigned char sel_sw;

    DDRD = 0x00;                // 스위치로 사용하기 위한 입력 설정
    DDRG |= (1<<4);             // 부저 사용을 위한 출력 설정(PORTG 4번)

    while(1)
    {
        sel_sw = scan_sw();
        gen_sound(sel_sw);
    }
}
```

이상의 방법은 주 프로그램에서 음계의 주파수를 발생시키기 위해 시간 지연 함수를 사용하여 1과 0을 반복해주는 것이다. 프로그램의 문제는 시간 지연 함수를 수행하는 동안 마이크로컨트롤러가 다른 동작을 수행하기가 어렵고, 음계를 발생시키는 동안 인터럽트가 발생하여 인터럽트가 수행되면 주 프로그램에서 시간 지연이 순간적으로 달라져서 주어진 음계의 소리가 나지 않는 경우가 발생한다는 점이다.

이러한 상황을 극복하기 위한 방법은 타이머 인터럽트를 이용하는 것이다. 주 프로그램에서 부저음의 발생을 타이머 인터럽트에 알리고, 타이머 인터럽트에서는 주기적으로(1/2사이클) PORTG4의 상태를 High/Low로 바꿔주는 것이다.

지금까지 마이크로컨트롤러 범용 I/O 포트의 몇 가지 응용 부분을 살펴봤다. 마이크로컨트롤러가 수행하는 일 중에서 주기적으로 반복되는 부분, 즉 키 스캔, 7-세그먼트의 구동, 부저의 발생 등을 함수만으로 제어하면 마이크로컨트롤러를 비효율적으로 사용하는 셈이 된다. 이와 같은 부

분들은 타이머 인터럽트를 사용하는 편이 좀 더 효율적이다. 즉, 주 프로그램에서 플래그를 사용하여 타이머 인터럽트 함수에 알리고 타이머 인터럽트 함수에서는 지시받은 일을 수행하고 나서 플래그를 지우는 방식을 사용하는 것이 바람직하다. 이러한 과정은 인터럽트와 타이머/카운터를 학습하는 과정에서 설명한다.

연습문제

1. 병렬 포트를 범용 입력 포트로 사용할 경우 외부 전위를 정확하게 읽기 위한 과정을 설명하라.

2. 병렬 포트의 읽기 동작에서 PINx의 신호를 읽는 경우와 PORTx를 읽는 경우의 차이점을 설명하라.

3. CodeVision에서 PORTD를 비트 단위로 액세스하기 위한 방법을 설명하라.

4. PORTF |= 1 << PORTF1;의 의미를 설명하라.

5. 예제 5.1의 프로그램에서 LED 점등 패턴을 문자 배열로 선언하고, 이를 배열과 포인터를 이용하여 동일하게 동작하도록 구현하라.

6. 그림 5.5의 회로에서 다이오드의 방향이 반대로 되어 있는 경우의 회로를 그리고, 예제 5.1의 프로그램과 동일하게 동작하도록 프로그램을 작성하라.

7. 예제 5.2의 프로그램을 do~while 문을 이용하여 작성하라.

8. 예제 5.3의 프로그램을 if/else 구조를 이용하여 수정하라.

9. 예제 5.3에서 LED 2개씩을 교대로 점멸하는 프로그램을 완성하라.

10. CodeVision에서 시간 지연 함수로 제공되는 delay_ms()의 소스를 찾아 함수 내부의 구현 내용을 분석하여 제시하라.

11. PORTB에 공통 음극(CC)형의 7-세그먼트 LED를 인터페이스하는 회로를 설계하고, 이를 0~F까지 표시하는 프로그램을 작성하라.

12. 그림 5.5의 회로에서 버튼 스위치의 정보를 읽어 그대로 LED로 출력하는 프로그램을 작성하라.

13. CodeVision에서 시간 지연 함수를 사용하여 버튼 스위치의 정보에 따라 다음의 주기로 모든 LED를 점멸하는 프로그램을 작성하라. 점멸 주기는 버튼 스위치의 값에 따라 10ms씩 증가하도록 구성한다.

14. LED가 약 1초 간격으로 다음과 같이 무한히 구동되는 프로그램을 작성하라(여기서 ●는 꺼짐이고, ○는 켜짐이다).

	PB_3	PB_2	PB_1	PB_0
①	○	●	○	●

	PB_3	PB_2	PB_1	PB_0
②	●	○	●	○

	PB_3	PB_2	PB_1	PB_0
③	○	●	●	○

	PB_3	PB_2	PB_1	PB_0
④	●	○	○	●

	PB_3	PB_2	PB_1	PB_0
⑤	○	○	○	○

	PB_3	PB_2	PB_1	PB_0
⑥	●	●	●	○

15. 키패드를 읽거나 4자리의 7-세그먼트를 표시하기 위해 사용되는 정적 구동 방식과 동적 구동 방식의 차이점을 설명하라.

16. 키패드를 인터페이스하는 과정에서 채터링 현상이 발생한다. 이를 제거하기 위해 D 플립플롭과 RS 플립플롭을 사용하는 방법을 조사하라.

17. 그림 5.21의 회로를 이용하여 키패드로부터 숫자를 입력받아 7-세그먼트에 출력하는 프로그램을 작성하라. 각 자리에 입력되는 키의 정보는 4자리의 7-세그먼트로 출력하면서 좌로 시프트하여 표시되고, 숫자가 4자리의 최대 자리 '9999'를 초과하면 0000으로 초기화하여 다시 입력받도록 한다.

18. 부저에 음을 발생시키기 위한 원리를 간단히 정리하라.

CHAPTER

6

인터럽트의 동작

마이크로컨트롤러의 응용에서 인터럽트는 마치 동시에 두 가지 이상의 일을 수행하는 것과 같은 상황에서 유용하게 쓰인다. 이 장에서는 ATmega128의 인터럽트 사용법을 이해하기 위해 먼저 인터럽트 동작의 개요를 알아보고, ATmega128의 인터럽트 내부 구성 및 레지스터의 기능에 대해 설명한다. ATmega128에 내장된 기능에 따라 인터럽트의 소스는 다양하지만 이 장에서는 외부 인터럽트의 사용법을 자세히 설명하고, 타이머/카운터 또는 직렬 통신 같은 인터럽트 기능에 대해서는 각 해당 기능을 설명하는 부분에서 자세히 다루기로 한다. 따라서 이 장에서는 외부 인터럽트를 제어하기 위한 프로그램 작성법을 살펴보고, 간단한 실험을 통해 일반적인 인터럽트의 동작 방법을 완벽하게 이해할 수 있도록 한다.

6.1 인터럽트 개요

6.1.1 인터럽트의 개념

인터럽트는 마이크로컨트롤러의 응용 시스템을 설계하고 구현하는 데 커다란 역할을 차지한다. 마이크로컨트롤러 시스템에서 인터럽트는 프로그램이 수행되고 있는 동안에 어떤 조건이 발생하여 수행 중인 프로그램을 일시적으로 중지하게 만드는 조건이나 사건의 발생을 말한다. 이러한 인터럽트는 사건에 대해 비동기적으로 반응할 수 있도록 해주며, 다른 프로그램이 수행되는 동안 사건을 처리할 수 있도록 해준다. 따라서 마이크로컨트롤러에서 인터럽트 구동 시스템은 마치 동시에 많은 일을 처리할 수 있는 것처럼 느끼게 한다.

인터럽트에 대한 간단한 개요를 그림 6.1에 나타내었다. 그림 6.1(a)는 인터럽트가 발생하지 않은 프로그램의 수행을 보여주며, 그림 6.1(b)는 때때로 인터럽트가 발생하는 기본 레벨에서의 수행과 인터럽트 레벨에서 수행되는 인터럽트 서비스 루틴(ISR)을 보여준다.

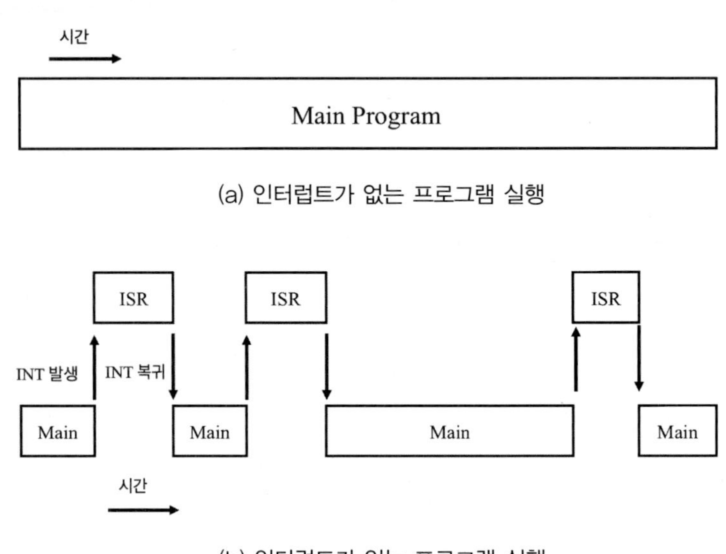

그림 6.1 인터럽트가 있을 때와 없을 때의 프로그램 수행

마이크로컨트롤러가 프로그램을 실행하는 과정을 살펴보면 한 번에 하나의 명령어만을 처리한다. 따라서 인터럽트가 발생하면 마이크로컨트롤러는 현재 수행 중인 프로그램을 일시 중단하고, 인터럽트 처리를 위한 프로그램을 수행한 후에 다시 원래의 프로그램으로 복귀한다. 이와 같은 프로그램의 처리 방식은 함수의 호출 과정과 유사하다. 그러나 인터럽트 구동 시스템에서 인터럽트는 주 프로그램(main program)에서 비동기적으로 발생하는 사건(event)에 반응한다는 것이 일반 함수와의 차이점이다. 즉, 일반 함수는 주 프로그램에서 순차적으로 제어를 하지만, 인터럽트 프로그램은 인터럽트 자체가 언제 발생할지 예측할 수 없으므로 주 프로그램에서 언제 인터럽트가 발생할지는 알 수 없다.

이상과 같이 인터럽트를 처리하는 프로그램을 인터럽트 서비스 루틴(ISR: Interrupt Service Routine) 또는 인터럽트 핸들러(interrupt handler)라 부른다.

인터럽트가 발생할 때 주 프로그램은 일시적으로 수행을 정지하고 ISR로 분기한다. 즉, ISR이 실행되고 연산이 수행된 후에 ISR 프로그램이 종료되면 주 프로그램의 중지된 부분부터 다시 계속된다. 일반적으로 주 프로그램을 기본 레벨에서의 수행, 그리고 ISR을 인터럽트 레벨에서의 수행이라고 한다. 또한 기본 레벨 대신 포그라운드(foreground), 인터럽트 레벨 대신 백그라운드(background)라는 용어를 사용하기도 한다. 이러한 백그라운드라는 이름은 인터럽트 프로그램은 주 프로그램에 비해 숨겨져 있어 수행하는 것이 보이지 않는다는 의미에서 생성됐다.

6.1.2 인터럽트의 종류

인터럽트의 종류는 마이크로컨트롤러에 따라 다르지만, 일반적으로 인터럽트 발생 원인에 의한 분류와 인터럽트가 발생할 경우 마이크로컨트롤러에서 처리하는 방식에 의한 분류로 구분할 수 있다.

◈ 인터럽트 발생 원인에 의한 분류

마이크로컨트롤러의 인터럽트는 마이크로컨트롤러 주변에 부가된 하드웨어에 의해 발생하는 하드웨어 인터럽트, 0으로 나누기(zero-divide), 정의되지 않은 명령의 실행 등과 같이 소프트웨어적으로 이상 동작에 의해 발생하는 소프트웨어 인터럽트로 구분할 수 있다. 하드웨어 인터럽트는 마이크로컨트롤러 내부의 기능에 의해 발생하는 내부 인터럽트와 마이크로컨트롤러 외부에 부가된 소자에 의해 발생하는 외부 인터럽트로 구분할 수 있는데, 마이크로컨트롤러에 다양한 기능이 내장되면서 모든 기능이 하나의 마이크로컨트롤러로 구현되면서 이에 대한 구분도 모호해지고 있다. 그러나 고전적인 의미로 볼 때 모든 부가된 I/O는 CPU 외부에 있는 것으로 간주할 수 있기 때문에 이러한 경우 모두 외부 인터럽트로 생각할 수 있다. 따라서 ATmega128에 내장된 기능에 의한 인터럽트는 모두 하드웨어에 의해 발생하는 외부 인터럽트로 구분해도 무방하다.

◈ 처리 방식에 의한 분류

외부 인터럽트의 처리 방식에 따른 분류는 여러 가지 방법이 있을 수 있으나, 이 책에서는 간단한 임베디드 시스템에서 사용하는 방식에 대해서만 설명하기로 한다. 외부 인터럽트의 처리 방식에 따라 일반적인 인터럽트($\overline{\text{INT}}$)와 차단 불가능 인터럽트($\overline{\text{NMI}}$)로 분류할 수 있다.

일반적인 인터럽트($\overline{\text{INT}}$)는 프로그래머가 인터럽트 요청을 받아들이지 않고 무시할 수 있는 인터럽트(maskable interrupt)를 의미하며, 시간 제약이 있는 프로그램과 같이 우선적으로 처리되어야 하는 경우에 다른 인터럽트의 요청을 허용하지 않을 수 있다. 보통 인터럽트를 허용하는 방법은 인터럽트 마스크 레지스터 또는 인터럽트 허용 레지스터를 사용하여 각각의 인터럽트를 개별적으로 허용하고 이것들을 다시 전체적으로 허용한다. 차단 불가능 인터럽트($\overline{\text{NMI}}$)는 프로그래머에 의해 어떤 방법으로도 인터럽트 요청이 차단될 수 없는 인터럽트(non-maskable interrupt)로서, 전원 이상이나 비상 정지 스위치 등과 같이 시스템에 치명적인 오류를 대비하기 위해 주로 사용된다.

6.1.3 인터럽트 제어 및 처리 절차

인터럽트가 발생하면 마이크로컨트롤러 내부에서는 발생된 인터럽트를 제어하기 위해 인터럽트 벡터 테이블을 참조하여 ISR의 위치를 찾는 방법, 동시에 여러 개의 인터럽트가 발생했을 때 인터럽트의 우선순위를 지정하여 처리하는 방법 등 여러 가지 방법을 구현해놓고 있다.

◈ 벡터형 인터럽트

ATmega128에서는 인터럽트가 발생하면 이에 대한 인터럽트 처리 방법으로 벡터형 인터럽트 구조를 사용하고 있으며, 벡터형 인터럽트 처리 방식은 다시 두 가지로 구분할 수 있다.

첫 번째는 인터럽트를 요청하는 장치가 ISR의 위치를 마이크로컨트롤러에게 전송하는 방식이다. 마이크로컨트롤러는 주변장치에서 전송된 인터럽트 벡터를 이용하여 그 장치에 해당하는 ISR의 시작 주소를 결정한다. 이러한 처리 방식은 모든 주변장치가 1개의 인터럽트 신호선을 공유하는 경우에 대응하는 방법으로, ATmega128은 이 방법을 채택하고 있지 않다.

두 번째는 인터럽트를 요청하는 장치가 각각의 인터럽트 신호 선을 갖고 있어 인터럽트를 요청하면 마이크로컨트롤러는 미리 지정된 인터럽트 벡터를 참조하여 해당 ISR을 찾아가는 방식이다. 이 방법을 사용할 경우에는 인터럽트 처리 응답 시간이 빨라진다. ATmega128은 이 방법을 채택하고 있다.

◈ 인터럽트의 우선순위

인터럽트는 외부 주변 소자에 의해 비동기적으로 발생하므로, 우연히 2개 이상의 주변장치가 동시에 마이크로컨트롤러에게 인터럽트를 요구하는 경우가 발생할 수 있다. 이러한 경우에 마이크로컨트롤러는 이들 인터럽트를 한꺼번에 처리할 수 없으므로 한 번에 하나의 인터럽트를 선택하여 처리하게 되는데, 이를 인터럽트 우선순위라고 한다. 우선순위가 높은 인터럽트가 처리되고 있는 동안 우선순위가 낮은 인터럽트는 대기 상태가 되며, 우선순위가 높은 인터럽트의 처리가 끝난 후에 우선순위가 낮은 인터럽트는 미리 지정된 우선순위에 의해 처리된다.

외부 사건의 중요성에 따라 인터럽트의 우선순위를 변경 지정할 수 있는데, 일반적으로 우선순위는 마이크로컨트롤러 내부에 미리 결정되어 있고, 미리 결정된 인터럽트 우선순위를 변경하기 위해서는 인터럽트 우선순위 지정 레지스터의 내용을 수정하면 된다. 그러나 ATmega128의 경우에는 인터럽트의 우선순위가 벡터 테이블에 의해 고정되어 있어 조정할 수 없다.

◈ 인터럽트의 처리 절차

인터럽트의 처리 과정은 마이크로컨트롤러의 종류에 따라 상당히 다르고 또한 하나의 마이크로컨트롤러에서도 인터럽트의 종류에 따라 처리 과정이 다양하지만, 이 책에서는 ATmega128과 같이 벡터형의 인터럽트를 사용하는 마이크로컨트롤러에서 수행되는 인터럽트 처리 절차에 대해서만 설명한다.

ATmega128의 프로그램 메모리 내부를 살펴보면, 일반적으로 그림 6.2에 나타난 것과 같이 프로그램 메모리의 앞부분에는 인터럽트 벡터 테이블(IVT: Interrupt Vector Table)이 배치되어 있고, 그 다음부터 응용 프로그램과 각각의 인터럽트를 수행하기 위한 인터럽트 서비스 루틴들이 배치된다. 인터럽트 벡터 테이블에는 각 인터럽트에 대해 ISR의 주소로 점프해서 ISR 프로그램을 처리할 수 있도록 점프 명령과 주소가 배치되어 있다.

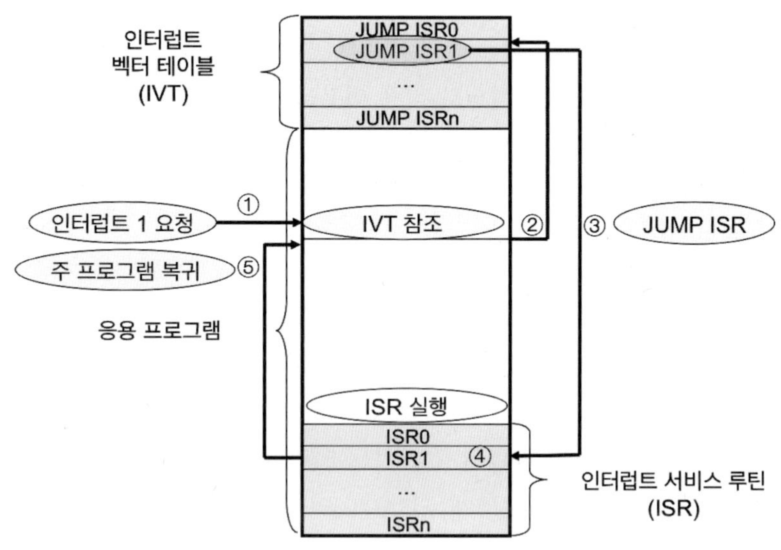

그림 6.2 인터럽트의 처리 절차

이상과 같이 배치된 프로그램에서 응용 프로그램이 수행되는 과정에서 인터럽트가 발생하여 ① 인터럽트를 요청하면 주 프로그램은 실행을 중지하고, ② 해당하는 인터럽트 벡터 테이블을 참조하게 되고, ③ 참조된 벡터 테이블의 인터럽트 서비스 루틴의 주소로 점프하여, ④ 인터럽트 프로그램을 실행한다. ⑤ 인터럽트 프로그램의 실행이 종료되면 다시 응용 프로그램이 정지됐던 다음 주소로 복귀하여 응용 프로그램을 계속 수행하게 된다.

그림 6.2에서 마이크로컨트롤러가 인터럽트 요청(①의 과정)을 받으면 주 프로그램은 ISR이 실행되더라도 프로그램 실행을 계속하기 위해 다음의 과정을 실행하여 메모리(스택)에 PC, 범용 레지스터, 인터럽트 상태 등을 저장(백업)한 이후에 ISR을 실행한다.

1. 현재 명령어의 수행을 끝마친다.
2. 스택에 PC를 저장한다.
3. 현재 인터럽트 상태를 내부적으로 저장한다.
4. 다른 인터럽트가 받아들여지지는 않는다. 즉, 블로킹된다.
5. ISR의 벡터 주소가 PC에 적재된다.
6. ISR이 수행된다.

ISR은 RETI(인터럽트로부터 복귀) 명령어로 끝나게 된다. 이 명령어가 실행되면 위에서 저장한 스택으로부터 PC의 이전 값, 레지스터, 인터럽트 상태의 이전 값을 복원하여, 주 프로그램의 수행이 중단됐던 곳부터 다시 계속 수행하게 된다.

6.2 ATmega128의 인터럽트 구성

ATmega128에는 리셋을 포함하여 총 35가지의 인터럽트 소스가 있다. 이 인터럽트들은 인터럽트 마스크 레지스터를 통해 각각 개별적으로 허용 여부를 설정할 수 있으며, 상태 레지스터 SREG의 글로벌 허가 비트 I를 이용하여 전체적인 허가 여부를 설정할 수 있다.

6.2.1 인터럽트의 종류

ATmega128에는 리셋을 포함하여 총 35종의 인터럽트 소스가 존재하며, 표 6.1에는 ATmega128에 내장되어 있는 인터럽트 소스와 이에 상응하는 인터럽트 벡터 주소를 요약해놓았다. 이 인터럽트들을 다시 구분해보면 외부 핀을 통해 입력되는 외부 인터럽트 8개, 타이머/카운터 0에 관련된 인터럽트 2개, 타이머/카운터 1에 관련된 인터럽트 5개, 타이머/카운터 2에 관련된 인터럽트 2개, 타이머/카운터 3에 관련된 인터럽트 5개, USART0와 USART1에 관련된 인터럽트 각각 3개와 기타 인터럽트 6개이다.

표 6.1 ATmega128의 인터럽트 종류 및 인터럽트 벡터

벡터 번호 (우선순위)	벡터 주소	인터럽트 소스	인터럽트 발생 조건
1	0x0000	RESET	외부 핀, 전원 투입 리셋, 저전압 검출 리셋, 워치독 리셋, JTAG AVR 리셋
2	0x0002	INT0	외부 인터럽트 0
3	0x0004	INT1	외부 인터럽트 1
4	0x0006	INT2	외부 인터럽트 2
5	0x0008	INT3	외부 인터럽트 3
6	0x000A	INT4	외부 인터럽트 4
7	0x000C	INT5	외부 인터럽트 5
8	0x000E	INT6	외부 인터럽트 6
9	0x0010	INT7	외부 인터럽트 7
10	0x0012	TIMER2 COMP	타이머/카운터 2 비교 일치
11	0x0014	TIMER2 OVF	타이머/카운터 2 오버플로우
12	0x0016	TIMER1 CAPT	타이머/카운터 1 입력 캡처
13	0x0018	TIMER1 COMPA	타이머/카운터 1 비교 일치 A

벡터 번호 (우선순위)	벡터 주소	인터럽트 소스	인터럽트 발생 조건
14	0x001A	TIMER1 COMPB	타이머/카운터 1 비교 일치 B
15	0x001C	TIMER1 OVF	타이머/카운터 1 오버플로우
16	0x001E	TIMER0 COMP	타이머/카운터 0 비교 일치
17	0x0020	TIMER0 OVF	타이머/카운터 0 오버플로우
18	0x0022	SPI, STC	SPI 직렬 통신 완료
19	0x0024	USART0, RX	USART0, 수신 완료
20	0x0026	USART0, UDRE	USART0, 데이터 레지스터 비움
21	0x0028	USART0, TX	USART0, 송신 완료
22	0x002A	ADC	ADC 변환 완료
23	0x002C	EE READY	EEPROM 준비
24	0x002E	ANALOG COMP	아날로그 비교기
25	0x0030	TIMER1 COMPC	타이머/카운터 1 비교 일치 C
26	0x0032	TIMER3 CAPT	타이머/카운터 3 입력 캡처
27	0x0034	TIMER3 COMPA	타이머/카운터 3 비교 일치 A
28	0x0036	TIMER3 COMPB	타이머/카운터 3 비교 일치 B
29	0x0038	TIMER3 COMPC	타이머/카운터 3 비교 일치 C
30	0x003A	TIMER3 OVF	타이머/카운터 3 오버플로우
31	0x003C	USART1, RX	USART1, 수신 완료
32	0x003E	USART1, UDRE	USART1, 데이터 레지스터 비움
33	0x0040	USART1, TX	USART1, 송신 완료
34	0x0042	TWI	I2C 통신 인터페이스
35	0x0044	SPM READY	저장 프로그램 메모리 준비

이 인터럽트는 크게 두 가지 형태로 동작한다. 첫 번째 형태는 인터럽트가 발생하면 관련 플래그 비트를 1로 세트하여 트리거시키는 형태이다. 이러한 인터럽트에서는 프로그램 카운터가 실제 인터럽트 벡터로 지정되어, 인터럽트 처리 루틴을 수행하면 해당 플래그는 하드웨어에 의해 자동으로 0으로 클리어된다. 또한 인터럽트 플래그는 해당 비트에 1을 써넣음으로써 0으로 클리어할 수 있다. 이 인터럽트에서는 인터럽트 마스크 레지스터 또는 SREG 레지스터에서 이를 금지 상태로 설정해놓았더라도 인터럽트가 발생하면 해당 인터럽트 플래그가 1로 설정되어 인터럽트 대기 상태로 되며, 나중에 인터럽트가 허가 상태로 설정될 때 해당 인터럽트가 처리된다.

두 번째 형태는 인터럽트 조건이 발생한 동안에만 인터럽트를 트리거하는 형태이다. 이러한 인터럽트는 인터럽트 발생 조건이 사라지면 인터럽트 요청도 없어지므로 나중에 인터럽트가 다시 허용 상태로 되더라도 인터럽트는 요청되지 않는다.

ATmega128의 인터럽트 소스는 우선순위를 갖고 있으며, 이는 고정되어 있어 사용자가 변경할 수는 없으니 유의하기 바란다.

6.2.2 리셋 및 인터럽트 벡터의 배치

ATmega128에서 리셋 및 인터럽트 벡터는 표 6.2에 나타낸 것과 같이 BOOTRST와 IVSEL 비트의 조합에 의해 가변적으로 배치할 수 있다. 여기서 부트 리셋 주소(boot reset address)는 부트 로더 섹션의 크기에 따라 달라지는데, 이는 표 2.21의 부트 섹션의 크기 설정에서 설명한 바와 같이 퓨즈 비트 BOOTSZ1~0 비트에 의해 설정된다. 예를 들어, BOOTSZ1~0 비트들이 모두 0으로 설정되면 부트 크기는 8KB(4096워드)가 되어 부트 리셋 주소는 0xF000이 된다.

그러나 일반적인 ATmega128에서는 BOOTRST 비트가 1로 설정되고 IVSEL은 0으로 설정되어, 리셋 및 인터럽트 벡터 주소는 표 6.2와 같이 된다. 여기서 만약 프로그램이 인터럽트를 사용하지 않으면, 인터럽트 벡터로 지정되어 있는 영역은 사용되지 않고 프로그램 코드 영역으로 사용될 수 있다. 이러한 퓨즈 설정 조건에 따른 인터럽트 벡터의 배치는 응용 프로그램 영역이나 부트 영역이나 똑같이 적용된다.

표 6.2 리셋 및 인터럽트 벡터의 배치

BOOTRST	IVSEL	리셋 벡터 주소	인터럽트 벡터의 시작 주소
1	0	0x0000	0x0000
1	1	0x0000	부트 리셋 주소 + 0x0002
0	0	부트 리셋 주소	0x0002
0	1	부트 리셋 주소	부트 리셋 주소 + 0x0002

인터럽트 벡터를 응용 프로그램 섹션과 부트 로더 섹션 사이에서 이동하기 위해서는 MCU 제어 레지스터(MCUCR: MCU Control Register)의 IVSEL과 IVCE 비트를 사용한다. MCUCR 레지스터의 비트 구성은 그림 6.3과 같다.

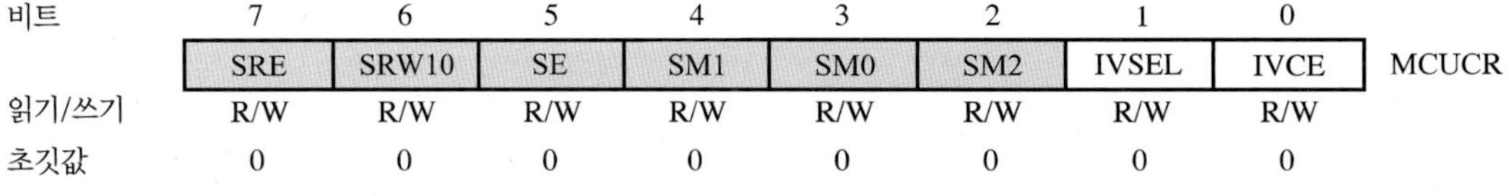

그림 6.3 MCUCR 레지스터의 비트 구성

▶ **비트 1: IVSEL(인터럽트 벡터 선택(Interrupt Vector Select))**

IVSEL 비트를 0으로 설정하면 인터럽트 벡터는 응용 프로그램 섹션인 플래시 메모리의 시작 부분에 위치하게 되고, 1로 설정하면 인터럽트 벡터는 플래시 메모리에서 부트 로더 섹션의 시작 부분에 위치하게 된다. 부트 로더 섹션의 정확한 주소 범위는 퓨즈 비트의 BOOTSZ1~0 비트에 의해 설정된다.

이 인터럽트 벡터 테이블(IVT)의 주소를 변경하는 데 있어 프로그램에 의한 오류를 최대한 막기 위해 다음과 같은 특별한 절차를 필요로 한다.

1. 인터럽트 벡터 변경 허가(IVCE) 비트에 1을 쓴다.
2. 4사이클 이내에 IVCE 비트에는 0을, IVSEL 비트에는 원하는 값을 동시에 쓴다.

이러한 동작을 수행하는 동안에는 모든 인터럽트가 자동적으로 금지되고, 만약 1단계가 수행되고 2단계가 수행되지 않는다면 4사이클 후에 인터럽트는 다시 원상태로 복구된다.

▶ **비트 0: IVCE(인터럽트 벡터 변경 허가(Interrupt Vector Change Enable))**
IVSEL 비트의 변경을 허가하기 위해서는 IVCE 비트가 1로 설정되어 있어야 한다. IVCE 비트는 IVSEL 비트를 1로 설정한 후에 4사이클 내에 하드웨어에 의해 0으로 클리어된다. IVCE 비트에 1을 쓴다는 것은 IVSEL 비트 부분에서 설명한 바와 같이 인터럽트를 불가능하게 한다.

만약 인터럽트 벡터가 부트 로더 섹션에 위치하고 메모리 잠금 비트 BLB02 비트가 0으로 설정되어 있다면 응용 프로그램 섹션이 실행되고 있는 동안에 모든 인터럽트는 금지된다. 반대로 인터럽트 벡터가 응용 프로그램 섹션에 위치하고 메모리 잠금 비트 BLB12 비트가 0으로 설정되어 있다면 부트 로더 섹션이 실행되는 동안에 모든 인터럽트는 금지된다. 자세한 설명은 2장의 메모리 잠금 비트 부분을 참조하기 바란다.

6.3 ATmega128의 외부 인터럽트

6.3.1 외부 인터럽트 개요

ATmega128에는 8개의 외부 인터럽트 입력(INT7~0) 핀이 있다. 외부 인터럽트는 이 핀들을 출력으로 설정하더라도 발생하는데, 이러한 기능을 이용하면 소프트웨어 인터럽트를 발생시키는 방법으로 사용할 수 있다. 그러나 인터럽트는 일반적으로 외부 사건의 발생을 감지하는 것인데, 외부 사건, 즉 인터럽트의 발생을 감지하는 방법으로는 입력 펄스의 에지(상승/하강 에지) 또는 레벨 입력이 가능하다.

이러한 인터럽트 트리거 방법은 외부 인터럽트 제어 레지스터 EICRA(INT3~0)와 EICRB(INT7~4)에 의해 설정된다. 만약 인터럽트가 허가되어 있고 레벨 트리거 방식으로 설정되어 있다면, 해당 핀에 Low 상태가 입력되는 동안에 인터럽트는 발생한다. 외부 인터럽트 7~4가 에지 트리거 방식으로 설정되면, 인터럽트의 발생 여부를 알기 위해 I/O 클록을 필요로 하기 때문에 휴면 모드를 제외한 슬립 모드는 I/O 클록이 정지되어 있으므로 외부 인터럽트 7~4는 슬립 모드 해제의 수단으로 사용될 수 없다. 모든 Low 레벨 인터럽트와 외부 인터럽트 3~0이 하강 또는 상승 에지 트리거 방식으로 설정된 경우에는 인터럽트가 클록에 상관없이 비동기적으로 검출되므로 이러한 형태의 인터럽트는 슬립 모드를 해제하는 수단으로 사용할 수 있다.

레벨 변화 방식으로 사용되는 인터럽트가 전원 차단 모드의 해제 수단으로 사용되는 경우에는 좀 더 긴 인터럽트 신호가 요구되는데, 이것은 MCU가 잡음에 대해 덜 민감하게 해주는 효과가 있다. 레벨 변화 방식의 인터럽트 신호는 워치독 오실레이터에 의해 두 번 샘플링되는데, Low 상태이면 슬립 모드에서 해제된다. 그러나 만약 이와 같이 슬립 모드가 해제되고 나서 기동 시간이 경과하기 전에 이 인터럽트 신호가 사라지면 슬립 모드는 해제되지만 인터럽트는 발생하지 않는다. 슬립 모드를 해제하고 인터럽트가 발생되려면 충분히 긴 시간 동안 인터럽트 신호가 Low 상태로 입력되어야 한다.

6.3.2 외부 인터럽트 레지스터

ATmega128에는 외부 인터럽트를 제어하기 위해 표 6.3에 제시한 4개의 레지스터가 있다. 따라서 이 절에서는 외부 인터럽트를 제어하기 위한 레지스터에 대해 설명한다.

표 6.3 외부 인터럽트 제어용 레지스터

외부 인터럽트 레지스터	설명
EICRA	외부 인터럽트 제어 레지스터 A
EICRB	외부 인터럽트 제어 레지스터 B
EIMSK	외부 인터럽트 마스크 레지스터
EIFR	외부 인터럽트 플래그 레지스터

ATmega128에서 인터럽트를 제어하기 위해서는 우선 인터럽트 제어 레지스터인 EICRA와 EICRB를 사용하여 인터럽트의 트리거 방법을 설정하고, 외부 인터럽트 허가 레지스터(EIMSK: External Interrupt Mask Register)를 사용하여 각 인터럽트를 개별적으로 허가한다. 이렇게 허가한 인터럽트는 SREG 레지스터의 전역적 인터럽트 허가 비트(I)가 1로 설정되어 있어야만 인터럽트 발생이 허가될 수 있다. INT7~0에 대한 트리거 방식과 허가 인터럽트가 결정되면, 외부 인터럽트 핀의 입력에 따라 외부 인터럽트 플래그 레지스터(EIFR: External Interrupt Flag Register)에 인터럽트의 발생 여부가 설정된다.

이제, 이 외부 인터럽트를 제어하는 레지스터에 대해 살펴보자.

◈ 외부 인터럽트 제어 레지스터 A(EICRA)

EICRA(External Interrupt Control Register A)는 외부 인터럽트 0~3까지에 대한 인터럽트 트리거 방식을 결정하는 레지스터로서, 이 비트 구성은 그림 6.4와 같으며 초깃값은 Low 레벨로 정의되어 있다.

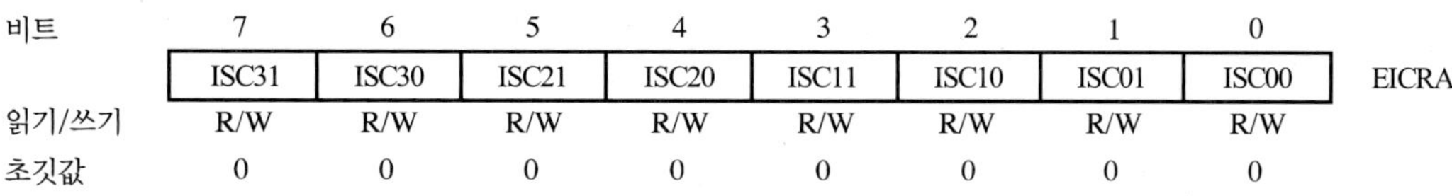

비트	7	6	5	4	3	2	1	0	
	ISC31	ISC30	ISC21	ISC20	ISC11	ISC10	ISC01	ISC00	EICRA
읽기/쓰기	R/W	R/W	R/W	R/W	R/W	R/W	R/W	R/W	
초깃값	0	0	0	0	0	0	0	0	

그림 6.4 외부 인터럽트 제어 레지스터 A의 비트 구성

▶ **비트 7~0: ISC31, ISC30~ISC01, ISC00(인터럽트 감지 제어 비트(External Interrupt 3 ~0 Sense Control Bits))**

외부 인터럽트 0~3까지는 EICRA 레지스터의 설정에 의해 표 6.4에 나타낸 것과 같이 Low 레벨 트리거, 상승 또는 하강 에지 트리거 방식의 세 가지 방식으로 설정될 수 있다. 외부 인터럽트 0~3은 비동기적으로 검출되고, 이 인터럽트 신호의 펄스의 폭(t_{INT})은 최소 50ns 이상이어야 한다. 만약 이보다 짧을 경우에는 인터럽트가 검출되지 않을 수 있다. Low 레벨 인터럽트는 인터럽트를 발생시키기 위한 명령을 완료할 때까지 신호 레벨을 유지해야 하고, 핀의 신호가 Low인 동안 인터럽트 요청을 발생시킨다. ISCn1~0 비트가 변화할 때, 인터럽트가 발생할 수 있다. 따라서 이 비트를 변경할 때는 EIMSK 레지스터의 인터럽트 허가 비트를 먼저 클리어하는 것이 바람직하다. 마지막으로, INTn 인터럽트 플래그는 인터럽트가 다시 허가되기 전에 외부 인터럽트 플래그 레지스터(EIFR)의 인터럽트 플래그(INTFn)에 1을 기록하여 클리어해야 한다.

표 6.4 외부 인터럽트 INT3~0의 트리거 방식 설정

ISCn1	ISCn0	인터럽트 트리거 방식
0	0	INTn 핀이 Low 레벨일 때 인터럽트를 요청한다.
0	1	(reserved)
1	0	INTn 핀의 하강 에지(falling edge)에서 비동기적으로 인터럽트를 요청한다.
1	1	INTn 핀의 상승 에지(rising edge)에서 비동기적으로 인터럽트를 요청한다.

◈ 외부 인터럽트 제어 레지스터 B(EICRB)

EICRB(External Interrupt Control Register B)는 외부 인터럽트 4~7까지에 대한 인터럽트 트리거 방식을 결정하는 레지스터로, 이 레지스터의 비트 구성은 그림 6.5에 자세히 나타나 있다.

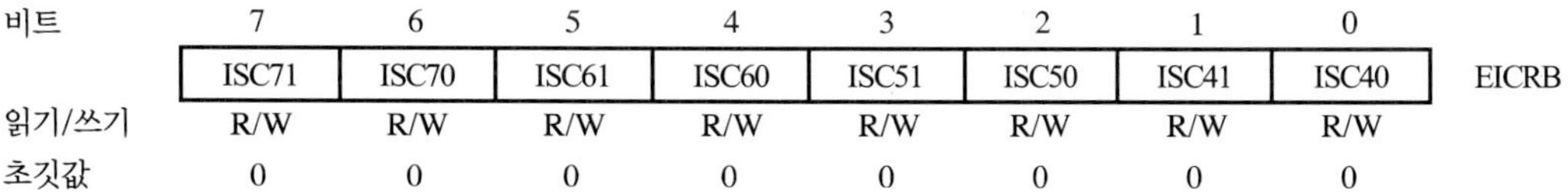

비트	7	6	5	4	3	2	1	0	
	ISC71	ISC70	ISC61	ISC60	ISC51	ISC50	ISC41	ISC40	EICRB
읽기/쓰기	R/W	R/W	R/W	R/W	R/W	R/W	R/W	R/W	
초깃값	0	0	0	0	0	0	0	0	

그림 6.5 외부 인터럽트 제어 레지스터 B의 비트 구성

▶ **비트 7~0: ISC71, ISC70~ISC41, ISC40(인터럽트 감지 제어 비트(External Interrupt 4~7 Sense Control Bits))**

외부 인터럽트 4~7은 EICRB 레지스터의 설정에 의해 표 6.5에 나타낸 것과 같이 Low 레벨 트리거, 상승 또는 하강 에지 트리거 방식의 네 가지 방식으로 설정될 수 있다. 외부 인터럽트 4~7 핀의 값은 에지를 검출하기 전에 샘플링된다. 만약 에지 또는 레벨 인터럽트가 선택되면, 1 클록 주기보다 긴 시간 동안 펄스가 인가되어야만 인터럽트가 발생한다. Low 레벨 인터럽트가 선택된다면, 외부 인터럽트 4~7과 같은 방식으로 핀의 신호를 유지해야 한다.

표 6.5 외부 인터럽트 4~7의 트리거 방식 설정

ISCn1	ISCn0	인터럽트 트리거 방식
0	0	INTn 핀이 Low 레벨일 때 인터럽트를 요청한다.
0	1	INTn 핀의 하강 에지 또는 상승 에지에서 인터럽트를 요청한다.
1	0	INTn 핀의 2개의 샘플 간의 하강 에지에서 인터럽트를 요청한다.
1	1	INTn 핀의 2개의 샘플 간의 상승 에지에서 인터럽트를 요청한다.

◈ 외부 인터럽트 마스크 레지스터(EIMSK)

EIMSK(Externel Interrupt Mask Register)는 외부 인터럽트 0~7을 개별적으로 허가하는 데 사용되는 레지스터로, 이 레지스터의 비트 구성은 그림 6.6에 자세히 나타나 있다.

비트	7	6	5	4	3	2	1	0	
	INT7	INT6	INT5	INT4	INT3	INT2	INT1	INT0	EIMSK
읽기/쓰기	R/W	R/W	R/W	R/W	R/W	R/W	R/W	R/W	
초깃값	0	0	0	0	0	0	0	0	

그림 6.6 외부 인터럽트 마스크 레지스터의 비트 구성

▶ **비트 7~0: INT7~INT0(외부 인터럽트 요청 7~0 허가 비트(External Interrupt Request 7~0 Enable))**

이 비트를 1로 설정하면 인터럽트가 허가되고, 0으로 설정하면 인터럽트는 금지된다. 이렇게 개별적으로 허가된 인터럽트는 SREG 레지스터의 전역 인터럽트 허가 비트 I가 1로 설정되어 있어야만 인터럽트가 실제 허가 상태로 된다.

◈ 외부 인터럽트 플래그 레지스터(EIFR)

EIFR(Externel Interrupt Flag Register)은 INT7~0 핀에 인터럽트 신호가 입력되어 해당 인터럽트가 발생했음을 알려주는 레지스터로, 이 레지스터의 비트 구성은 그림 6.7에 자세히 나타나 있다.

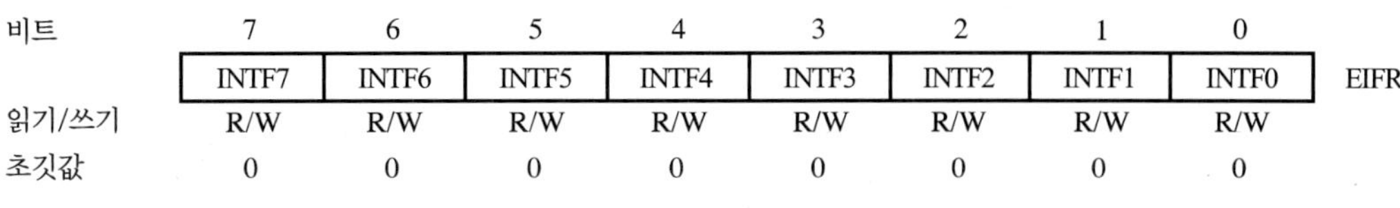

비트	7	6	5	4	3	2	1	0	
	INTF7	INTF6	INTF5	INTF4	INTF3	INTF2	INTF1	INTF0	EIFR
읽기/쓰기	R/W	R/W	R/W	R/W	R/W	R/W	R/W	R/W	
초깃값	0	0	0	0	0	0	0	0	

그림 6.7 외부 인터럽트 플래그 레지스터의 비트 구성

▶ **비트 7~0: INTF7~INTF0(외부 인터럽트 플래그 7~0(External Interrupt Flag 7~0))**

외부 인터럽트 단자(INT7~0)에 인터럽트를 요청하는 신호가 발생하면, INTF7~0 비트는 1로 세트된다. 만약 SREG I(글로벌 인터럽트 허용 비트)가 1로 설정되어 있고 EIMSK 레지스터의 해당 INT 비트가 1로 설정되어 있으면, MCU는 해당하는 인터럽트 벡터로 점프하여 인터럽트 서비스 루틴이 수행되고, 이때 이 플래그 비트는 다시 0으로 클리어된다. 또한 이 인터럽트 플래그는 각각의 해당 비트에 1을 쓰면 0으로 클리어된다. INT7~0의 인터럽트 발생 방법이 레벨 방식으로 설정되어 있으면, 이 플래그는 항상 클리어된다. INT3~0 인터럽트가 금지되어 있는 상태에서 슬립 모드로 들어가면, 이들 핀의 입력 버퍼는 금지되고, 이로 인해 INTF3~0 플래그를 설정하는 내부 신호에 논리 변화를 일으킨다는 점에 유의하기 바란다.

6.4 ATmega128의 인터럽트 처리

ATmega128에서의 인터럽트 처리는 표 6.1에 나타낸 것과 같이 정해진 우선순위에 의해 처리된다. 우선순위는 인터럽트가 동시에 발생했을 때 처리되는 순서를 말하는 것으로, ATmega128에서는 여러 인터럽트가 동시에 발생했을 때 우선순위가 높은 인터럽트가 먼저 처리되는데, 이 우선순위는 변경이 불가능하다. ATmega128에서 인터럽트를 제어하기 위해 확인해야 하는 내용은 다음과 같다.

① 사용할 인터럽트 종류 설정(마스크 레지스터에서 선택)
② 사용할 인터럽트 제어 설정(제어 레지스터에서 선택)
③ 인터럽트 동작 시작 허가(전체 인터럽트 허가 선택(SREG의 I 비트))
④ 인터럽트 발생 여부 확인(플래그 레지스터에서 선택)

이것은 여러분이 인터럽트 처리를 쉽게 이해하기 위한 과정으로, 인터럽트를 사용하기 위해 ATmega128에 반드시 설정해주어야 하는 과정이다.

- ①은 인터럽트 사용에서 있어서 35가지의 인터럽트 중 어떤 인터럽트를 사용할 것인지를 설정하는 과정이다. 이것은 사용하고자 하는 인터럽트의 마스트 레지스터의 해당 비트를 1로 설정함으로써 사용이 가능하다.
- ②는 ①에서 사용할 인터럽트가 정해졌으면, 어떤 방법으로 인터럽트를 발생시킬 것인지를

설정하는 과정이다.

- ③은 전체 인터럽트를 허용하는 의미로도 사용되고, ①에서 설정된 인터럽트의 종류에 맞는 인터럽트가 발생했는지를 각 클록마다 확인하는 동작을 수행하는 인터럽트 동작의 시작 의미로도 사용된다. 따라서 이 과정을 프로그램으로 작성할 때는 ①과 ②의 과정을 모두 수행한 후에 설정하는 것을 권장한다.
- ④는 ①, ②, ③의 과정이 모두 올바르게 설정된 후 인터럽트가 발생했음을 확인하는 방법으로 사용된다. 이것은 사용하고자 하는 인터럽트의 플래그 레지스터의 해당 비트가 1이 되면 ATmega128은 인터럽트가 발생한 것으로 인지하여 ISR을 실행하고, 그렇지 않으면 발생하지 않음을 나타내기 때문에 항상 확인해야 한다.

외부 인터럽트에 대해 예를 들면 다음과 같다.

- ①의 과정은 외부 인터럽트 허가 레지스터(EIMSK: External Interrupt Mask Register)를 사용하여 인터럽트를 개별적으로 선택한다.
- ②의 과정은 인터럽트 제어 레지스터인 EICRA와 EICRB를 사용하여 인터럽트의 제어를 선택한다.
- ③의 과정은 SREG 레지스터의 전체 인터럽트 허가(I) 비트를 1로 설정하여 인터럽트 동작을 허가한다.
- 이렇게 하면 외부 인터럽트는 동작하게 되고, ④의 과정으로 ①의 과정에서 선택된 인터럽트 종류와 ②의 과정에서 선택된 제어 상태에 따라 인터럽트가 발생하면 외부 인터럽트 플래그 레지스터(EIFR: External Interrupt Flag Register)의 해당 비트가 1로 설정되어 ISR을 실행하게 된다.

ISR이 수행되고 있을 때, ATmega128은 자동적으로 전체 인터럽트 허가 비트(SREG의 I 비트)를 클리어하여 모든 인터럽트의 발생을 금지하고 서비스 루틴의 종료와 함께 인터럽트를 허용한다. 따라서 인터럽트가 수행 중에 있으면 우선순위가 더 높은 인터럽트가 발생하더라도 이에 해당하는 인터럽트 처리는 기존에 수행되고 있는 ISR이 종료될 때까지 연기되나, 인터럽트 플래그는 세트된다. 이렇게 인터럽트를 처리하는 동안에 발생한 플래그는 현재 수행 중인 ISR을 종료한 후에 ATmega128에 의해 조사되고, 플래그가 세트된 인터럽트 중 가장 우선순위가 높은 인터럽트를 처리하게 된다.

이상과 같이 ISR이 시작되면 ATmega128은 자동으로 SREG 레지스터의 전체 인터럽트 허가 비트 I를 0으로 클리어하여 모든 인터럽트를 금지 상태로 만들고, ISR이 RETI(인터럽트로부터 복귀) 명령어를 만나 종료되면 이때 SREG의 I 비트는 하드웨어에 의해 자동으로 다시 1로 세트되고 인터럽트는 허가 상태로 자동 복구된다. 따라서 사용자가 ISR이 실행되는 동안에 다른 인터럽트 발생을 허용하려면 SREG의 I 비트를 1로 세트해야 한다.

ATmega128에서 인터럽트 요청이 발생하여 ISR로 들어가는 데는 최소한 4 클록 사이클의 시간이 소요된다. 이 시간 동안에 MCU는 인터럽트 종료 시에 복귀할 PC를 스택에 저장하고, 인터럽트 벡터를 인출하여 ISR로 점프한다. 이때 SREG의 내용은 자동으로 스택에 저장되지 않으므로 SREG의 변경을 막기 위해 인터럽트 처리 과정에서 반드시 저장해주어야 한다. 여기서 SREG 레지스터를 저장하고 복구할 때 주의해야 할 점은 SREG 레스터는 I/O 영역에 위치하고 있기 때문에 SREG 레지스터의 내용을 PUSH나 POP 명령어를 이용하여 직접 스택에 저장할 수 없다는 것이다. 따라서 SREG 레지스터의 내용은 다른 레지스터나 데이터 메모리를 이용하여 저장하거나 복구해야 한다.

만약 여러 사이클에 수행되는 명령어가 실행되고 있는 동안에 인터럽트가 발생한다면 이 명령어가 완료된 후에 인터럽트가 처리되므로 인터럽트 응답 시간은 4 클록 사이클보다 더 길어진다. 또한 슬립 모드에 있을 때 인터럽트가 발생된다면 인터럽트 응답 시간은 4 클록 사이클만큼 추가로 더 길어지며, 슬립 모드에 따라 기동 시간이 추가된다.

ATmega128이 RETI 명령어에 의해 ISR의 실행을 마치고 주 프로그램으로 복귀하는 데도 4 클록 사이클이 소요된다. 이 시간 동안에 PC의 값이 스택으로부터 복구된다.

6.5 CodeVision을 이용한 인터럽트 서비스 루틴의 작성

인터럽트의 서비스는 벡터 주소라는 고유 주소에서 시작된다. 인터럽트가 하드웨어적으로 발생하면 ATmega128 내부에서 현재 수행하고 있는 명령을 종료하고 자동으로 인터럽트 벡터로 찾아가서 해당 주소에 있는 명령어를 실행한다. 즉, 인터럽트 벡터에는 인터럽트 기능을 서비스하기 위한 프로그램이 위치해 있어야 한다.

이러한 인터럽트 서비스 루틴이 호출되기 위해서는 C 언어에서 인터럽트 서비스 루틴이 올바르게 선언되어 있어야 한다. 인터럽트 서비스 루틴의 선언은 다음과 같이 한다.

```
interrupt [n] void int_func_name (void)
```

이렇게 선언하면 CodeVision 컴파일러는 인터럽트 벡터와 목록(entry), 탈출 코드(exit code)를 자동으로 생성해준다. 인터럽트 벡터 주소는 선언부의 `interrupt [n]`에 의해 생성되는데, 여기서 `n`은 인터럽트 벡터 번호로서 2부터 시작하며, 이 벡터 번호에 의해 벡터 주소가 자동 생성된다.

인터럽트가 발생하여 인터럽트 함수가 수행되면 현재 사용 중인 모든 레지스터는 컴파일러에 의해 자동으로 저장되고, 인터럽트 함수가 끝나는 시점(어셈블리 언어의 RETI 명령어)에서 다시 복구된다. ISR은 일단 인터럽트 소스가 초기화되고 전체 인터럽트가 허가되어 있는 상황이면, 언제든지 실행된다.

다음은 타이머 0의 오버플로우 인터럽트에 대한 인터럽트 서비스 루틴의 작성 예이다.

```
// TIMER0 오버플로우 인터럽트가 발생하면 자동 호출
unsigned int interrupt_cnt;
```

```
unsigned char second;
interrupt [17] void timer0_overflow(void)
{
    if (++interrupt_cnt == 4000){ // 4000까지 계수?
        second++;                 // second 변수 증가
        interrupt_cnt = 0;        // interrupt_cnt 초기화
    }
}
```

인터럽트 서비스 루틴에서는 어떠한 함수 인자(argument)도 인터럽트 함수에 정의될 수 없고, 반환 값을 사용할 수도 없다. 즉, 인터럽트 서비스 루틴에서는 어떠한 매개변수도 사용될 수 없다.

또한 마이크로컨트롤러 시스템에서 인터럽트를 사용하려면 6.4절에서 설명한 것처럼 전체 인터럽트 허가 비트(SREG의 I 비트)를 1로 설정해야 한다. 이는 다음과 같이 직접 SREG의 I 비트를 1로 설정하거나, 또는 어셈블리 명령어를 사용할 수도 있다. SREG의 I를 이용하여 전체 인터럽트를 허가하는 과정은 다음과 같다.

```
SREG |= 0x80; // SREG의 7비트를 1로 설정하여 전체 인터럽트를 허가함
```

또한 어셈블리 명령어를 이용하여 인터럽트를 허가하고 금지하려면 명령어는 sei와 cli이며, 인라인 어셈블리를 사용하면 다음과 같다.

```
#asm("sei"); // 전체 인터럽트 허가
#asm("cli"); // 전체 인터럽트 금지
```

이를 C 언어의 전처리기인 #define을 이용하여 다음과 같이 표현할 수 있고, 이 부분 역시 〈mega128.h〉에 포함시키는 것을 권장한다.

```
#define sei() (#asm("sei"))
#define cli() (#asm("cli"))
```

C 언어로 인터럽트 서비스 루틴을 작성할 때 주의할 점은 인터럽트 서비스 루틴에서 처리되는 과정은 아주 단순해야 한다는 것이다. 즉, 인터럽트가 발생하면 이에 해당하는 가장 필수적인 요소만 인터럽트 처리 함수에서 처리하고 나머지는 주 프로그램인 main() 함수에서 처리해야 한다. 만약 인터럽트 함수에서 for 루프나 if/else 문을 사용하여 모든 처리를 하여 인터럽트 서비스 시간이 길어진다면, main() 함수에서 처리해야 하는 일을 충분히 수행할 수 없게 될 것이다. 최악의 경우에는 모든 프로세서의 프로그램 처리 시간을 인터럽트 서비스 루틴이 소비할 수도 있다. 따라서 인터럽트 서비스 루틴은 최대한 시간을 적게 소모하도록 간결하게 작성해야 하고, 대부분의 시간이 주 함수를 처리하는 데 소요될 수 있도록 프로그램을 작성해야 한다는 점을 유념해야 하며, 이는 인터럽트 서비스 루틴을 효율적으로 활용하는 방법이 될 것이다.

참고사항

CodeVision 컴파일러에서는 인터럽트 처리를 위해 다음과 같이 mega128.h 파일 내에 인터럽트 벡터를 정의해놓았다. 따라서 인터럽트 서비스 루틴을 작성하려면 이 파일 내에 있는 함수명을 사용해야 한다.

```
// 인터럽트 벡터 정의
#define EXT_INT0 2
#define EXT_INT1 3
#define EXT_INT2 4
#define EXT_INT3 5
#define EXT_INT4 6
#define EXT_INT5 7
#define EXT_INT6 8
#define EXT_INT7 9

// ... 중간 생략

#define TWI 34
#define SPM_RDY 35
```

따라서 헤더 파일에 정의된 인터럽트 벡터 번호를 이용하여 인터럽트 함수를 선언하면 다음과 같이 된다.

```
interrupt [TIM0_OVF] void timer0_ovf_isr(void)
```

6.6 인터럽트를 이용한 실험

이 장에서는 외부 인터럽트 핀(INT0~INT7)에 인터럽트 요구 신호를 부가하여 이에 대한 외부 인터럽트 서비스 루틴을 작성하는 방법을 학습하고, 나머지 인터럽트 기능에 대해서는 각각의 내장 I/O를 설명하는 부분에서 다루기로 한다.

외부 인터럽트를 다루기 전에 유념해야 하는 사항은 인터럽트의 발생 방법과 이를 포함한 초기화하는 과정이다.

외부 인터럽트를 발생시키는 방법은 레벨과 에지에 의한 두 가지 방법이 있다. 따라서 인터럽트를 사용하기 전에 이에 대한 동작 방법은 미리 설정해놓아야 한다. 일반적으로 인터럽트는 외부 사건에 대한 변화를 감지하여 동작하기 때문에 에지 변화 모드로 설정한다. 그러나 전원이 불안하면 시스템의 동작에 치명적인 영향을 주기 때문에, 전원이 불안한 동안에는 시스템이 아무런 동작도 하지 않도록 할 필요가 있다. 따라서 이러한 경우에는 레벨 변화 모드로 인터럽트를 설정하여 사용하면 효과적일 것이다.

인터럽트를 초기화하는 과정에서는 6.4절에서 인터럽트를 제어하기 위한 과정에서 설명한 것과 같이 ① 인터럽트 종류를 선택하고(EIMSK 설정), ② 인터럽트 제어 방법(EICRA 또는 EICRB)

을 설정한 후에, ③ 전체 인터럽트를 허가(SREG의 I 비트를 1로 세트)해야 한다.

예를 들어, 외부 INT0 핀의 신호가 하강 에지에 의해 인터럽트를 발생시키도록 초기화하면 다음과 같은 절차로 프로그램된다.

```
void Interrupt_init(void)
{
    EIMSK = (1<<INT0);  // ① 인터럽트 종류 선택: 외부 인터럽트 0 허가
    EICRA = (1<<ISC01); // ② 인터럽트 제어 방법 선택 ISC01=1, ISC00=0
                        // (외부 인터럽트 0 하강 에지 트리거)
    sei();              // ③ 인터럽트 동작 시작(전체 인터럽트 허가 선택)
}
```

참고사항

ATmega128에는 8가지의 외부 인터럽트 INT0~INT7이 있다. 이러한 인터럽트를 사용하여 프로그램을 작성하는 데는 레지스터의 사용이 필수적이다. 여기서는 사용자의 학습을 좀 더 편리하게 도와주기 위해 인터럽트 기능과 레지스터에 대해 간단하게 정리했다.

- 외부 INT0~INT3
  - 외부 인터럽트 0~3은 비동기로 검출되고 인터럽트 신호의 펄스폭(tINT)은 최소 50ns 이상이어야 한다.
  - 인터럽트 발생 모드는 EICRA 레지스터의 ISCn0~ISCn1 비트 값('00', '10', '11')의 세 가지 모드로 설정된다.
  - 인터럽트를 사용하기 위해 SREG I 비트와 EMISK의 해당 비트가 1로 설정되어 있어야 한다.
  - 인터럽트 서비스 루틴이 실행되면 인터럽트 플래그 비트는 0으로 자동으로 클리어되고, 프로그램으로 해당 플래그 비트에 1을 쓰면 0으로 클리어된다.
  - 인터럽트 모드의 변경 시 EIMSK 레지스터의 인터럽트 허가 비트를 해지하고 변경해야 돌발적인 인터럽트의 발생을 방지할 수 있다.
- 외부 INT4~INT7
  - 외부 인터럽트 4~7은 동기적으로 동작한다.
  - 인터럽트 발생 모드는 EICRB 레지스터의 ISCn0~ISCn1 비트 값에 의해 네 가지 모드로 설정된다.
  - 인터럽트를 사용하기 위해 SREG I 비트와 EIMSK의 해당 비트가 1로 설정되어 있어야 한다.
  - 1 클록 주기보다 긴 시간 동안 인터럽트 신호가 인가되어야 한다. 이 책의 실험 보드는 14.7456MHz를 사용하기에 약 0.0678μs 이상의 신호가 필요하다.
  - 인터럽트 서비스 루틴이 실행되면 인터럽트 플래그 비트는 0으로 자동으로 클리어되고, 프로그램으로 해당 플래그 비트에 1을 쓰면 0으로 클리어된다.

그림 6.8은 교육용 보드의 PORTB와 PORTD에 연결된 스위치와 LED 회로를 나타낸다. 5장에서는 일반 I/O 실험을 위해 PORTD는 스위치 입력을 받는 동작을 기준으로 실험을 수행했지만, 이 장에서는 외부 인터럽트 실험을 위해 PORTD0~PORTD3은 외부 인터럽트를 발생시키는 용도로 바꿔서 실험을 수행하기로 한다.

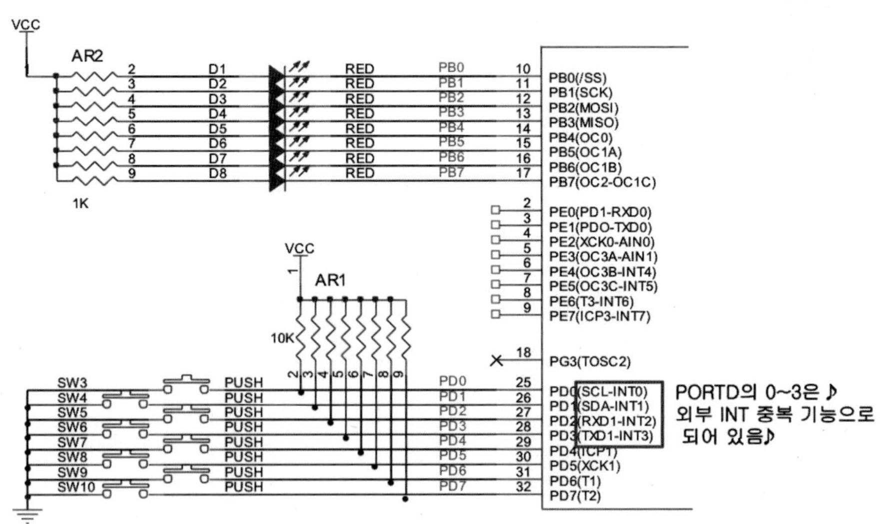

그림 6.8 실험 회로

예제 6.1 폴링 방식의 프로그램과 인터럽트 프로그램의 차이점

그림 6.6의 회로를 참조하여 PORTD0의 스위치 신호를 계수하여 PORTB의 LED에 계수된 값을 출력하는 프로그램을 작성하라(PORTD0은 외부 인터럽트 0(INT0)으로 사용되고 있어 이를 이용한다).

그림 6.9를 보면 PORTB에는 8개의 LED가 연결되어 있고, PORTD에는 8개의 스위치가 연결되어 있다. LED가 ON되기 위해서는 PORTB의 해당 비트에 0의 값을 써야 하고, OFF되기 위해서는 1의 값을 써야 한다. 스위치가 눌리지 않은 상태에서는 PORTD의 해당 비트에서 1의 값을 읽을 수 있고, 눌리면 0의 값을 읽을 수 있으므로 PORTD0의 스위치가 눌리면 PORTD에서는 0b11111110(0xfe)의 값을 읽을 수 있다.

```
#include <mega128.h>
#include <delay.h>

unsigned char count;
unsigned char ReadKey;

void main(void)
```

```
{
    count = 0;              // count 변수의 선언 및 초기화
    DDRB = 0xff;            // 포트 B 출력 설정
    DDRD = 0x00;            // 포트 D 입력 설정

    PORTB = 0x00;           // 포트 B의 LED를 모두 OFF
    while(1)
    {
        ReadKey = PIND;
        if(ReadKey == 0xfe)
        {
            count++;
            delay_ms(500);
        }
        PORTB = ~count;
        if(count >= 255) count = 0;
    }
}
```

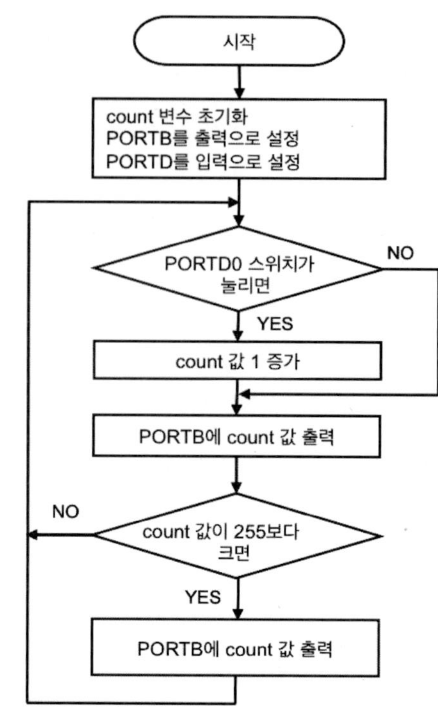

그림 6.9 예제 6.1의 프로그램 흐름도

예제 6.2 외부 인터럽트 0 서비스 루틴의 작성

그림 6.8은 인터럽트를 실험하기 위해 외부 INT0 핀에 스위치를 연결해놓은 회로이다. PORTD0에 연결된 스위치 대신에 INT0 핀에 연결된 스위치의 입력을 계수하여 PORTB의 LED에 출력하는 프로그램을 예제 6.1의 과정과 동일하게 작성하라(PORTD0은 외부 인터럽트 0(INT0)으로 사용되고 있어 이를 이용한다).

이 예제는 예제 6.1의 과정을 외부 인터럽트 0을 사용하여 인터럽트 프로그램의 구조와 편리성을 살펴보기 위한 것이다. 먼저 외부 인터럽트 0을 사용하여 프로그램을 작성하는 과정은 6.4절의 인터럽트 제어 과정에서 설명했듯이 다음과 같은 절차를 따른다.

① 외부 인터럽트 인터럽트 종류를 선택하기 위해 EIMSK의 INT0을 1로 설정한다.

② 외부 인터럽트 0의 제어 방법을 선택하기 위해 EICRA의 ISC01, ISC00 비트에서 동작 모드를 선택해야 한다. 동작 모드 선택은 표 6.4와 그림 6.10에서와 같이 세 가지 상태에서 선택해야 한다.

그리고 포트 B는 LED를 출력하기 위해 DDRB를 출력으로 설정하고, 포트 D는 스위치 입력을 위해 DDRD를 입력으로 설정한다.

③ 인터럽트 동작을 시작(전체 인터럽트 허가)하기 위해 선택을 위해 SREG의 I 비트를 1로 설정한다.

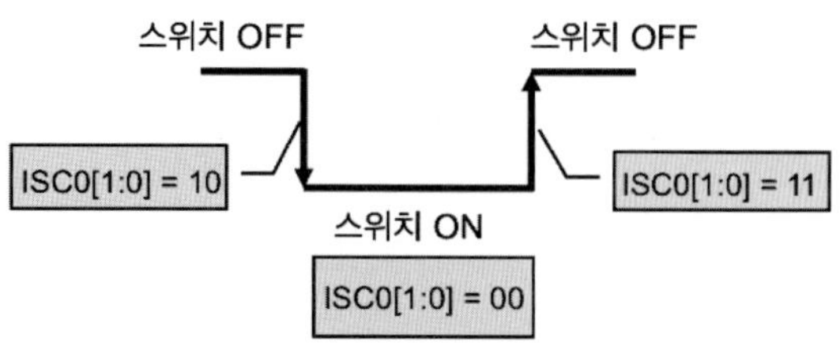

그림 6.10 스위치 조작에 따른 INT0의 신호 변화

이 예제는 INT0 핀에 인가되는 하강 에지 신호에 의해 인터럽트를 발생시키는 것으로, EICRA 레지스터의 ISC01과 ISC00 비트를 '10'으로 설정한다. 즉, EICRA에 0x02의 값을 써야 한다.

프로그램의 동작은 스위치를 누르면 INT0의 신호가 High에서 Low로 내려가는 순간, 즉 하강 에지에서 외부 인터럽트 0이 발생하고, 인터럽트 서비스 루틴에서는 인터럽트 발생 횟수를 계수하고, main 함수에서 계수된 결과를 LED에 출력하면 된다. 여기서 PORTB가 0이 되어야 LED가 ON이 되기 때문에 계수된 값을 반전시켜 PORTB에 대입한다. 이러한 과정을 프로그램으로 작성하면 다음과 같고, 프로그램 흐름도는 그림 6.11에 나타내었다.

```
#include <mega128.h>
#include <delay.h>

unsigned char count;

interrupt [EXT_INT0] void ext_int0_isr(void)
{
    // 외부 인터럽트 발생 횟수를 센다.
    count++;
}

void Interrupt_init(void)
{
    // ① 외부 인터럽트 종류 선택
    EIMSK = 0x01;
    // ② 인터럽트 제어 방법 선택
    // (INT0 하강 에지 트리거)
    EICRA = 0x02;
    // ② 포트 B를 출력으로 선택
    DDRB = 0xff;
    // ② 포트 D를 입력으로 선택
    DDRD = 0x00;
```

```
    // ③ 인터럽트 동작 시작(전체 인터럽트 허가)
    SREG |= 0x80;
}

void main(void)
{
    // 외부 인터럽트 발생 횟수 초기화
    count = 0;
    Interrupt_init();
    while(1){
        // 포트 B에 출력
        PORTB = ~count;
        if(count >= 255) count = 0;
    }
}
```

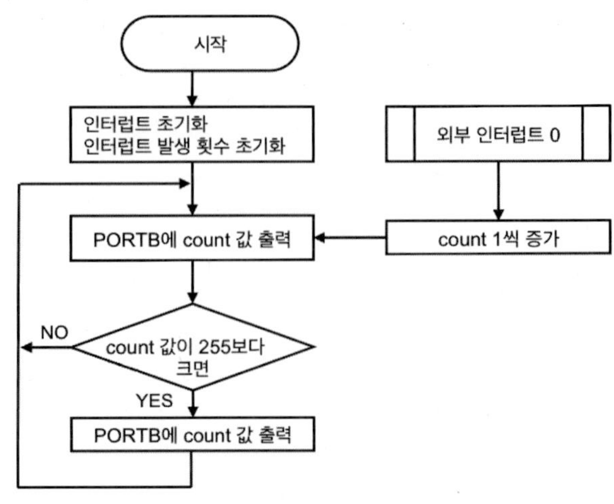

그림 6.11 예제 6.2의 프로그램 흐름도

여기서 예제 6.1과 예제 6.2의 차이점을 살펴보자. 예제 6.1의 경우는 main 함수에서 스위치의 입력 상태를 확인하여 포트 B에 연결된 LED에 출력을 하는데(폴링 동작), 여기서의 문제점은 스위치를 500ms 이상 누르면 count의 값이 자동으로 계속 증가한다는 것이다. 하지만 예제 6.2의 경우에는 스위치를 입력할 때마다 외부 인터럽트 0이 한 번만 동작하기 때문에 count의 값은 더 이상 증가하지 않고 정확한 동작을 한다. 따라서 예제 6.2와 같이 인터럽트를 사용하면 대부분의 마이크로컨트롤러 수행 시간을 주 프로그램에서 처리하고, 비동기적으로 일어나는 사건에 대해서는 사건이 발생할 때마다 처리할 수 있으므로 인터럽트를 사용하는 것이 효율적이다.

예제 6.3 외부 인터럽트 0 서비스 루틴의 작성(인터럽트 발생 모드의 변경)

그림 6.9의 회로에서 INT0 핀에 Low 레벨이 입력되면 PORTB에 연결되어 있는 모든 LED를 켜고, 인터럽트가 해제되면 LED는 OFF 상태를 그대로 유지하는 프로그램을 작성하라.

ATmega128의 인터럽트는 표 6.4와 표 6.5에 나타낸 것과 같이 레벨 변화에 의해 감지되거나, 에지 변화에 의해 발생할 수 있다. 이 예제는 예제 6.2에서 실험한 에지 변화에 의해 인터럽트가 발생하는 것이 아니라, 레벨 변화에 의해 인터럽트가 발생하는 것이다. 레벨 변화에 의한 인터럽트의 발생은 ISC01~ISC00 비트를 '00'으로 설정하면 된다. 즉, EICRA의 값을 0x00으로 설정하면 된다.

그리고 인터럽트 서비스 루틴에서는 인터럽트가 발생할 때마다 LED를 ON하고, main 함수의 무한 루프에서는 LED를 OFF한다. 이 과정을 프로그램으로 작성하면 다음과 같다.

```
#include <mega128.h>
#include <delay.h>
```

```
interrupt [EXT_INT0] void ext_int0_isr(void)
{
    PORTB = 0x00;
}

void Interrupt_init(void)
{
    EIMSK = 0x01;    // ① 외부 인터럽트 종류 선택
    EICRA = 0x00;    // ② 인터럽트 제어 방법 선택(INT0 레벨 변화)
    DDRB = 0xff;     // ② 포트 B를 출력으로 선택
    DDRD = 0x00;     // ② 포트 D를 입력으로 선택
    SREG |= 0x80;    // ③ 인터럽트 동작 시작(전체 인터럽트 허가 선택)
}

void main(void)
{
     Interrupt_init();

     while(1){
        PORTB = 0xFF;
     }
}
```

예제 6.4 외부 인터럽트 0의 활용

실험용 보드에 연결된 LED가 처음에는 예제 6.1의 프로그램처럼 시프트 동작을 수행하고 있다. 이 상황에서 외부 INT0 키가 눌릴 때마다 반대의 순서로 LED를 점등하는 프로그램을 작성하라.

이 문제는 외부 인터럽트가 발생할 때마다, 즉 외부 INT0 키가 눌릴 때마다 PORTB에 연결된 LED의 점등 순서를 바꿔주는 프로그램을 작성하는 것이다. LED 점등의 진행 방향을 바꾸기 위해 변수 Dir을 정의하고 이 변수의 변화에 따라 순서를 바꾸면 된다. 즉, Dir이 0이면 왼쪽으로 이동, Dir이 1이면 오른쪽으로 이동시킨다. LED의 표시 방향은 외부 인터럽트가 발생할 때마다 바꿔주어야 하므로, 인터럽트 서비스 루틴에서는 Dir의 값이 0이면 1로 바꿔주고, 1이면 0으로 바꿔주면 된다.

이 프로그램은 예제 6.2와 같은 INT0의 인터럽트 모드를 사용하여 스위치 눌릴 때마다 Dir 변수의 값을 바꾸면 된다. Dir 변수가 0이면 LED를 왼쪽으로 이동시키고, 1이면 오른쪽으로 이동시킨다. 이 프로그램을 작성하면 다음과 같다.

```
#include <mega128.h>
#include <delay.h>

bit Dir;
unsigned char LED;

interrupt [EXT_INT0] void ext_int0_isr(void)
{
    Dir = ~Dir;
}

void Interrupt_init(void)
{
    EIMSK = 0x01;       // ① 외부 인터럽트 종류 선택
    EICRA = 0x02;       // ② 인터럽트 제어 방법 선택(INT0 레벨 변화)
    DDRB = 0xff;        // ② 포트 B를 출력으로 선택
    DDRD = 0x00;        // ② 포트 D를 입력으로 선택
    SREG |= 0x80;       // ③ 인터럽트 동작 시작(전체 인터럽트 허가 선택)
}

void main(void)
{
    Interrupt_init();
    LED = 0xfe;
    Dir = 0;
    while(1){
        if(Dir) {
            if(LED == 0xff) LED = 0x7f;
            PORTB = LED;
            LED = LED >> 1 | 0x80;
            delay_ms(500);
        }
        else{
            if(LED == 0xff) LED = 0xfe;
            PORTB = LED;
            LED = LED << 1 | 0x01;
            delay_ms(500);
        }
    }
}
```

예제 6.5 엔코더를 이용한 회전 측정

SunFounder사의 로터리 엔코더(TS0194) 모듈을 이용하여 회전 방향과 클록의 수를 측정하여 LED를 출력하는 프로그램을 작성하라. 여기서 엔코더가 왼쪽으로 회전하면 PORTB의 LED를 입력되는 펄스 수만큼 왼쪽으로 시프트시키고, 오른쪽으로 회전하면 PORTB의 LED를 입력되는 펄스 수만큼 오른쪽으로 시프트시킨다.

엔코더는 회전하는 물체의 회전 속도(각속도 등)를 측정하기 위해 사용되는 기기로서, 회전체의 축을 서로 연결하여 돌아가는 방향과 횟수를 측정하여 로봇이나 정보기기의 위치 결정을 위해 널리 사용된다. 엔코더는 그림 6.12에 나타낸 것과 같이 인크리멘털식과 앱솔루트식으로 구분된다. 인크리멘털(incremental) 엔코더는 회전체의 회전량에 비례하는 펄스의 수를 출력하는 방식으로, 외부에 별도의 카운터를 이용하여 출력 펄스 수를 계수해서 회전량을 검출한다. 앱솔루트(absolute) 엔코더는 회전체의 회전 각도를 2^n 코드로 분해하여 절대적인 수치를 코드로 출력하는 방식으로, 출력 코드는 비트 수만큼의 출력 수를 갖고 있어서 이 출력 코드를 직접 읽어들이면 절대 위치를 검출할 수 있다. 여기서 검출 각도의 분해능이 커지면 출력 수가 증가한다.

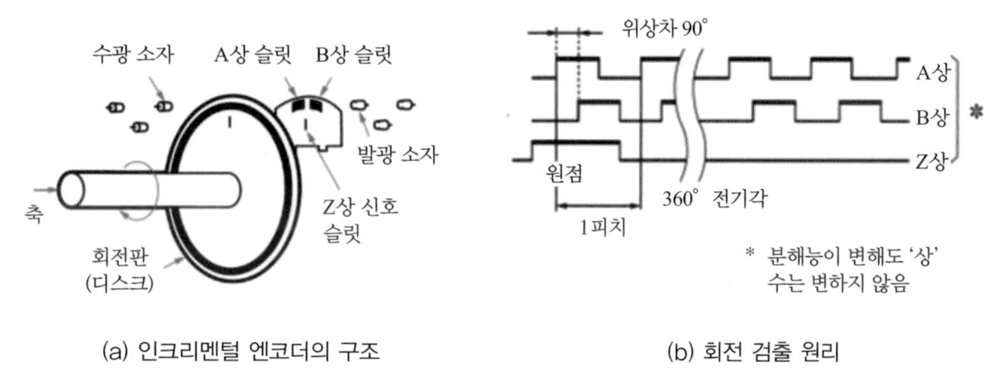

(a) 인크리멘털 엔코더의 구조 (b) 회전 검출 원리

그림 6.12 인크리멘털 엔코더

그림 6.12는 인크리멘털 방식의 엔코더의 구조와 회전 검출 원리를 나타낸다. 축의 회전과 함께 광학 패턴이 그려져 있는 디스크가 회전하면, LED의 빛이 슬릿을 광이 투과하고 차단되는 것을 포토 트랜지스터로 검출하여 회전에 따라 A상, B상, Z상의 펄스가 출력되고, A상과 B상은 90°의 위상차를 나타내는데 이 두 상의 위상차를 이용하여 회전 방향을 검출한다.

그림 6.12는 앱솔루트 방식의 엔코더 구조와 회전 검출 원리를 나타낸다. 축의 회전과 함께 광학 패턴이 그려져 있는 디스크가 회전하면, LED 어레이를 이용하여 슬릿을 통해 빛을 비출 경우 슬릿 원반상에 배치된 위치 검출 패턴을 수광 소자(포토 트랜지스터)가 검출하여 회전에 대한 절대 위치를 검출한다.

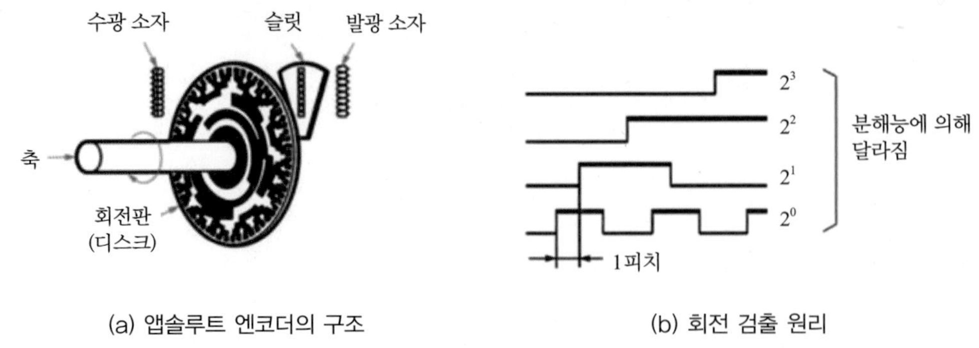

(a) 앱솔루트 엔코더의 구조

(b) 회전 검출 원리

그림 6.13 앱솔루트 엔코더

이번 실습 과정에서는 외부 인터럽트 기능을 이용하여 엔코더의 동작 원리를 학습하고자 한다. 여기서는 SunFounder사의 로터리 엔코더(TS0194) 모듈을 사용하여 실험을 한다. 이것은 인크리멘털 방식으로 회전 속도를 측정하고 빠른 속도 제어를 지원하는 모듈로, 시계 방향과 시계 반대 방향으로 회전시켜 펄스 출력을 계산한다. 표 6.6은 실험에 사용된 로터리 엔코더와 그 사양을 나타낸다.

표 6.6 로터리 엔코더 사양

사진	사양	
	전압	3~5V
	크기	20mm×20mm
	측정 방식	인크리멘털 방식
	신호 선	• VCC: 전원 입력 단자(3~5V) • GND: 전원 접지 단자 • CLK: A상 신호 출력 단자 • DT: B상 신호 출력 단자 • SW: 로터리 엔코더의 스위치 신호

교육용 보드와 로터리 엔코더 모듈과의 인터페이스는 그림 6.14에서 제시했으며, 교육용 보드에 전원(VCC, GND)을 인가하고, CLK 신호는 외부 인터럽트 7을 부가 신호로 사용할 수 있는 PORTE7, DT는 PORTE6, 그리고 SW는 PORTE5에 연결한다. CLK 신호는 엔코더의 A상 신호 나타내고, DT 신호는 B상 신호를 의미하기 때문에, 교육용 보드는 상승 에지에서 외부 인터럽트 7을 이용한다.

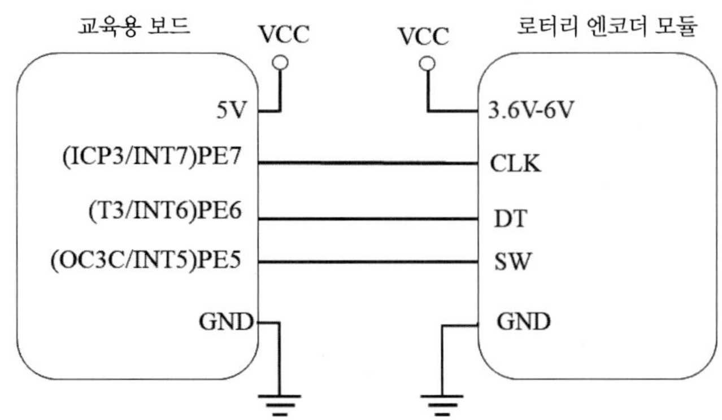

그림 6.14 교육용 보드와 로터리 엔코더 모듈과의 인터페이스

로터리 엔코더의 회전 감지는 그림 6.15에서와 같이 A상과 B상이 서로 90도의 위상 차이를 갖고 있는 점을 이용한다. 그리고 회전 방향은 A상이 상승 에지가 발생했을 때의 B상의 상태 값(0 또는 1)을 읽어서 확인할 수 있다. 즉, 오른쪽 회전일 경우에는 A상의 상승 에지에서 B상의 신호가 1의 값을 나타내고, 왼쪽 회전일 경우에는 A상의 상승 에지에서 B상의 신호가 0의 값을 나타낸다.

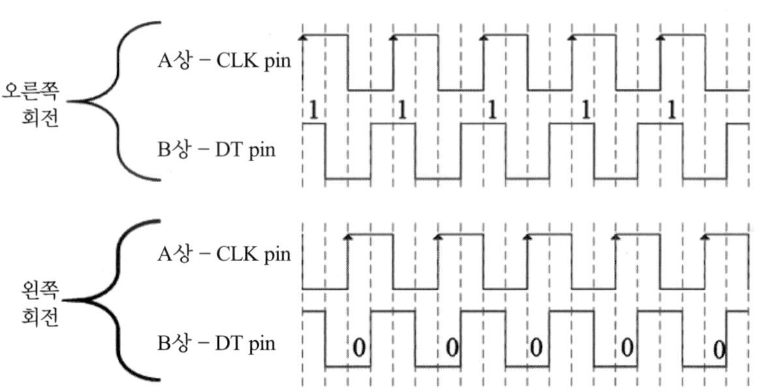

그림 6.15 로터리 엔코더 모듈의 출력 신호 분석

이것을 교육용 보드에 적용하면 상승 에지에서 외부 인터럽트 7이 발생하도록 하고, PORTE6의 값을 읽어서 1이면 오른쪽 회전, 0이면 왼쪽 회전으로 적용하여 오른쪽 회전이면 `Count` 값을 증가시키고, 왼쪽 회전이면 값을 감소시킨다. 그리고 포트 B에 연결된 LED는 시프트 연산의 방향과 반대 방향으로 연결되어 있기 때문에 왼쪽 회전이면 >> 연산자를 사용하고, 오른쪽 회전이면 << 연산자를 이용한다. 이것을 프로그램으로 나타내면 다음과 같다.

```
#include <mega128.h>
#include <delay.h>
```

```
char Count;
unsigned char ReadE;

interrupt [EXT_INT7] void ext_int7_isr(void)
{
    ReadE = PINE;
    if(ReadE & (1<<PORTE6)) Count++;      // 오른쪽 회전
    else Count--;                         // 왼쪽 회전
}

void Interrupt_init(void)
{
    EIMSK |= (1<<INT7);                // ① 외부 인터럽트 종류 선택(외부 인터럽트 7을 선택)
    EICRB = (1<<ISC71)|(1<<ISC70);  // ② 인터럽트 제어 방법 선택(외부 인터럽트 7을 상승 에지에서 감지)
    DDRB = 0xff;                       // ② 포트 B를 출력으로 선택
    DDRE = 0x00;                       // ② 포트 E를 입력으로 선택
    SREG |= 0x80;                      // ③ 인터럽트 동작 시작(전체 인터럽트 허가 선택)
}

void main(void)
{
    char prev_dt=0; // 이전 상태의 값
    unsigned char LED = 0xfe;

    Interrupt_init();
    Count = 0;
    PORTB = 0xff;
    while(1){
        // 이전 상태의 값이 Count 값보다 크면 Count 값이 감소했으므로 왼쪽 회전
        if(prev_dt > Count){
            // Dir = LEFT;
            prev_dt = Count;    // 이전 상태의 값을 현재 상태의 값으로 갱신

            if(LED == 0xff) LED = 0x7f;
            PORTB = LED;
            LED = LED >> 1 | 0x80;  // 교육용 보드의 LED 연결 방향과 SHIFT 방향이 반대임
            delay_ms(1);
        }
        // 이전 상태의 값이 Count 값보다 작으면 Count 값이 증가했으므로 오른쪽 회전
        else if(prev_dt < Count){
            // Dir = RIGHT;
            prev_dt = Count;

            if(LED == 0xff) LED = 0xfe;
```

```
                PORTB = LED;
                LED = LED << 1 | 0x01;  // 교육용 보드의 LED 연결 방향과 SHIFT 방향이 반대임
                delay_ms(1);
            }
            else {  // 회전이 없으면

            }
        }
    }
```

연습문제

1. 인터럽트는 일반적인 인터럽트인 차단 가능 인터럽트와 차단 불가능 인터럽트로 분류할 수 있다. 이에 대해 간단히 설명하고, ATmega128에는 차단 불가능 인터럽트가 구현되어 있는지 답하라.

2. ATmega128의 인터럽트 종류와 인터럽트 벡터 주소에 대해 간단히 설명하라.

3. 일반적인 마이크로컨트롤러에서 인터럽트 메커니즘을 처리하기 위한 블록도를 그리고 설명하라.

4. ATmega128의 인터럽트 처리 과정을 설명하라.

5. 인터럽트 서비스 루틴은 다음과 같은 함수 선언에 의해 가능하다. 여기서 interrupt와 17의 의미는 무엇인가?

```
interrupt [17] void timer0_ovf_isr(void)
```

6. INT0을 제어하기 위해 사용해야 하는 ATmega128의 레지스터는 어떤 것들이 있는지 나열하고, 그 기능을 간단히 설명하라.

7. 그림 6.8의 실험 회로에는 외부 인터럽트 INT0과 INT1에 스위치가 연결되어 있다. INT0의 핀에 변화가 발생했을 때는 예제 6.4의 내용과 같이 동작하고, INT1의 핀에 변화가 발생했을 때는 모든 LED를 점멸하는 과정의 프로그램을 작성하라.

8. 그림 6.8의 회로에서 INT0에 연결된 스위치가 눌리는 횟수에 따라 다음과 같은 동작을 하는 프로그램을 작성하라(단, 스위치의 동작은 무한 반복된다).

첫 번째 눌렸을 때:	PORTB0 → PORTB7의 순서로 LED가 하나씩 점멸
두 번째 눌렸을 때:	PORTB7 → PORTB0의 순서로 LED가 하나씩 점멸
세 번째 눌렸을 때:	PORTB의 8비트에 연결된 모든 LED를 점멸
네 번째 눌렸을 때:	8개의 LED 중 아래 4개, 위 4개의 LED가 교대로 점멸

9. 그림 6.8의 회로에서 INT0에 연결된 스위치가 눌릴 때마다 LED가 왼쪽으로 시프트해서 이동하고, INT7에 연결된 스위치가 눌릴 때마다 LED가 오른쪽으로 시프트해서 이동하는 프로그램을 작성하라(단, 하강 에지에서 인터럽트를 감지하라. ●: LED OFF, ○: LED ON).

인터럽트	LED 상태
INT0(PORTD0)	●●●●●●●○
INT0(PORTD0)	●●●●●●○●
INT0(PORTD0)	●●●●●○●●
INT7(PORTD7)	●●●●●●○●
INT7(PORTD7)	●●●●●●●○

10. 예제 6.5에서 CLK을 하강 에지에서 검출하는 프로그램을 작성하라.

CHAPTER

7

8비트 타이머/카운터의 동작

ATmega128에는 2개의 8비트 타이머/카운터와 2개의 16비트 타이머/카운터가 내장되어 있다. 타이머/카운터는 일반적으로 시간 및 펄스폭의 계측, 외부 사건(event)의 계수, PWM 펄스의 발생과 주기적인 인터럽트 등을 발생시키는 다양한 용도로 사용된다. 특히, ATmega128에 내장된 타이머/카운터에는 다른 일반 마이크로컨트롤러에 비해 PWM 기능이 강화되어 있어, 이는 모터의 속도 제어 및 LED의 밝기 제어 등의 분야에서 많이 활용되고 있다.

따라서 이번 장과 다음 장에서는 ATmega128에 내장된 8비트와 16비트 타이머/카운터의 개요와 이를 효율적으로 사용하기 위한 기본 지식을 알아본다. 이번 장에서는 8비트 타이머/카운터인 타이머/카운터 0과 타이머/카운터 2의 내부 구성과 기능을 자세히 설명하고, 이를 활용하기 위한 프로그램 작성법을 살펴본 다음, 간단한 실험을 통해 동작 방법을 완벽하게 이해할 수 있도록 한다.

8장에서는 16비트 타이머/카운터인 타이머/카운터 1과 타이머/카운터 3에 대해 다루기로 한다.

7.1 타이머/카운터의 개요

7.1.1 일반적인 타이머/카운터

그림 7.1은 간단한 3비트 타이머/카운터의 동작을 나타낸 것으로, 일반적인 타이머/카운터는 그림 7.1에서와 같이 입력 클록을 계수하는 기능을 의미한다. 각 단계는 입력 클록을 2분주하여 동작하는 하나의 D 플립플롭(D-type negative edge-triggered)으로 되어 있으며, D 플립플롭의 출력은 다음 단의 D 입력에 연결되어 있다. 최종적으로 3비트 타이머/카운터의 출력은 플래그 플립플롭에 연결되어 카운터의 상태가 111에서 000으로 변화할 때 플래그 플립플롭(flag flip-flop)이 세트된다. 즉, 3비트 타이머/카운터에서 오버플로우가 발생했음을 알려주게 된다. 그림 7.1(b)의 타이밍도에서 첫 번째 단의 출력(Q_0)은 클록의 $\frac{1}{2}$에서 반전되고 두 번째 단계는 클록의 $\frac{1}{4}$에서 반전되는 것을 볼 수 있다. 계수 값(count value)은 십진수로 표현되어 있어 3개의 플립플롭 상태를 쉽게 볼 수가 있다.

일반적인 타이머/카운터는 클록 펄스를 입력 신호로 받는 연속적인 2분주의 플립플롭으로 구성된다. 클록은 첫 번째 플립플롭에 인가되며 클록 주파수를 2로 나눈다. 첫 번째 플립플롭의 출력은 두 번째 플립플롭의 클록 입력으로 사용되며 또한 2로 나누어진다. 그래서 각 연속적인 단계는

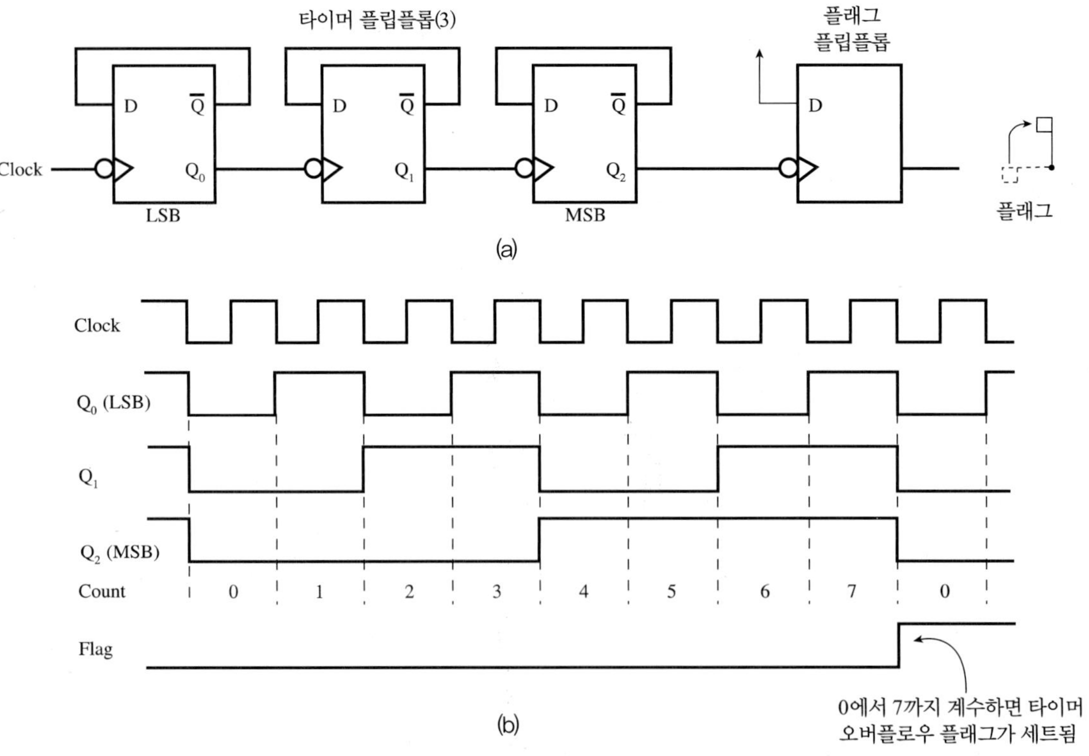

그림 7.1 3비트 타이머/카운터의 동작 예

입력 클록에 대해 2로 나누어지고, n단계로 이루어진 하나의 타이머는 대략 2^n의 입력 클록으로 나누어진다. 마지막 단계의 출력은 오버플로우가 발생했음을 나타내는 것으로 오버플로우 플래그라 하고, 이는 마이크로컨트롤러 응용에서 하드웨어적으로 인터럽트를 발생시키는 조건으로 사용하거나 소프트웨어로 오버플로우 조건을 검사하도록 사용된다. 8비트 타이머는 0x00부터 0xFF까지 계수할 수 있고, 오버플로우 플래그는 계수 값이 0xFF에서 0x00으로 바뀔 때 설정되며, 16비트 타이머는 0x0000부터 0xFFFF까지 계수할 수 있으며, 오버플로우 플래그는 계수 값이 0xFFFF에서 0x0000으로 바뀔 때 설정된다.

이상과 같이 카운터 회로를 개념적으로 설명하면 간단하게 클록이 입력되면 들어오는 클록의 개수를 계수하는 회로라 할 수 있다. 즉, 카운터 회로의 입력은 클록이고, 출력은 클록의 개수로 이해할 수 있으며, 카운터 회로의 동작에 따라서 클록이 1개씩 들어올 때마다 카운터의 값은 1씩 증가한다. 따라서 이 회로를 이용하면 클록의 개수를 계수할 수 있을 뿐만 아니라, 입력되는 클록이 일정 간격으로 입력된다면, 시간도 측정할 수 있기 때문에 타이머 회로라고도 하는 것이다.

일반적으로 MCU에서의 타이머/카운터 응용에서는 그림 7.2와 같이 타이머/카운터 모듈이 MCU 내부 클록을 입력으로 하여 이를 분주(division)하여 사용하면 타이머 모드(timer mode)라 하고, MCU의 외부에서 클록을 입력으로 하여 소스로 사용하면 카운터 모드(counter mode)라고 한다.

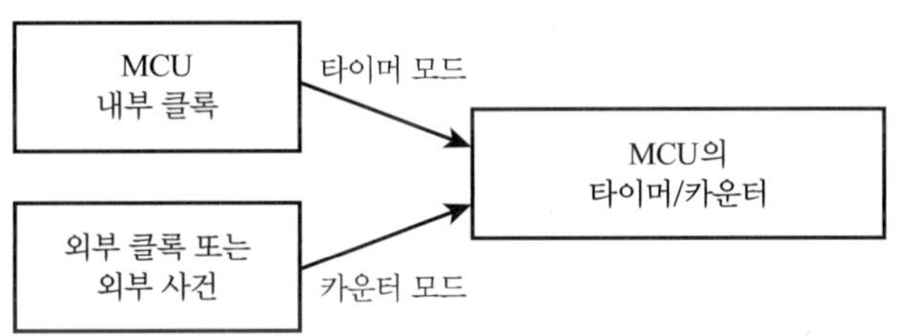

그림 7.2 MCU에서의 타이머/카운터 구분

7.1.2 ATmega128의 타이머/카운터

타이머/카운터는 사실상 모든 제어 응용 분야에서 이용되며, AVR의 타이머/카운터도 예외는 아니다. 특히, ATmega128에는 8비트 타이머/카운터와 16비트 타이머/카운터가 각각 2개씩 내장되어 있으며, 이를 이용하여 (a) 시간 간격을 갖는 펄스의 발생, (b) 외부 사건의 계수, (c) 모터를 제어하기 위한 PWM 펄스의 발생, (d) 외부 입력 펄스폭의 측정 등의 기능을 수행할 수 있다.

일정 시간 간격을 갖는 펄스를 발생시키는 응용 분야에서 타이머 기능은 주기적인 시간 간격으로 오버플로우가 발생되도록 프로그램되고 이 오버플로우가 발생할 때마다 오버플로우 플래그가 설정된다. 이 플래그의 상태가 1이면 출력 포트에 데이터를 보내고, 또는 일정 시간 간격으로 어떠한 일을 수행하는 등의 동작을 동기화하는 데 이용된다. 또한 이러한 타이머의 동작을 활용하여 외부에서 발생되는 펄스의 시간 간격을 계측하기도 하는데, 이는 외부에서 입력되는 펄스보다 작은 간격을 갖는 주기적인 펄스를 만들어 외부에서 입력되는 두 가지 상태(ON/OFF)의 펄스폭에 대한 시간을 측정하는 응용으로 사용되기도 한다.

사건을 계수하는 카운터 기능은 외부 사건의 발생 횟수를 계수하는 데 사용된다. 사건(event)은 어떤 외부적인 자극으로 ATmega128 IC의 핀에서 1(5V) 또는 0(0V) 상태로 공급되며, 이를 계수하여 사건의 발생 횟수 및 사건의 발생 여부를 확인하는 응용 분야에 이용된다.

ATmega128의 특징 중 하나는 타이머/카운터에 비교 모듈(compare unit)을 내장하고 있다는 것이고, 이 모듈을 이용하여 일정 시간 간격을 갖는 주기적인 파형과 PWM(Pulse Width Modulation) 파형 신호를 발생시킨다.

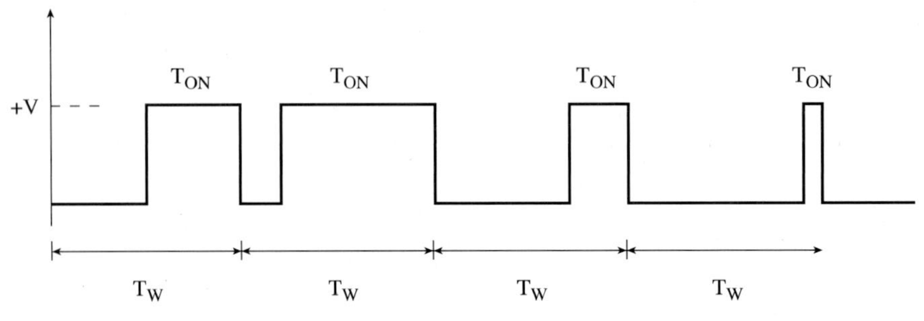

그림 7.3 기본적인 PWM 제어

PWM 신호는 그림 7.3에 나타낸 바와 같이 일정한 주기를 갖는 신호를 T_W 시간 내에 T_{ON}의 시간을 제어하는 것을 의미한다. 즉, T_{ON} 시간의 펄스폭을 넓게 하면 출력되는 평균 전압이 커지고, T_{ON} 시간의 펄스폭을 좁게 하면 평균 전압이 작아져 평균 전압의 크기를 디지털 값으로 제어함으로써 조절하는 방식을 PWM 제어라 한다. 모터의 속도를 변화시키거나, 솔레노이드와 같이 듀티비를 조정하여 구동하는 액추에이터의 제어 분야에 PWM 제어 신호가 이용된다.

참고사항

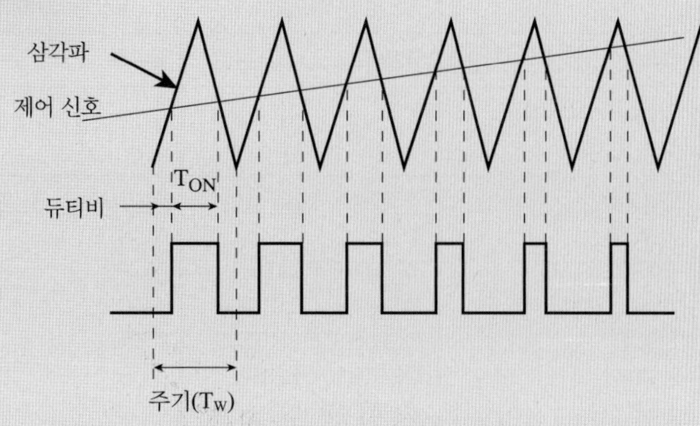

그림 7.4 PWM 신호의 발생 원리

PWM 신호는 그림 7.4와 같이 삼각파 신호와 제어 신호를 이용하여 구현할 수 있다. 즉, 삼각파 신호와 제어 신호를 비교하여 삼각파 신호가 제어 신호보다 작을 경우에는 Low 신호를 출력하고, 제어 신호보다 클 경우에는 High 신호를 출력한다. 물론 출력 신호는 반대로 될 수도 있다. 여기서 T_W는 일정하며, PWM 신호의 반송 주기(carrier period)라 하고, 반송 주파수(carrier frequency)는 $1/T_W$이다.

T_{ON}은 펄스가 ON되는 시간을 말하며, 제어 신호 값의 크기에 비례한다. 여기서 PWM 신호의 주기는 일정하므로 전체 주기 중에 ON되는 시간의 비인 듀티비(duty ratio)를 조절하여 제어 신호로 사용할 수 있게 된다. 즉, 제어 신호의 값에 대한 아날로그 신호를 디지털 신호인 펄스 형태로 바꾸어 디지털 제어 신호로 사용할 수가 있다.

듀티비가 100%인 PWM 신호는 DC 신호가 되고, T_{ON}이 50%(듀비티가 50%)이면, 정해진 시간당 인가되는 신호의 평균값은 DC 신호의 50%가 된다. 즉, 50%의 DC 신호가 인가되는 동일한 효과를 얻을 수 있다. 이러한 PWM 신호의 장점은 ON/OFF 신호만으로 신호를 크기를 조절할 수 있어 간단하게 디지털 제어에 활용될 수 있다는 것이고, DC 모터와 솔레노이드 같은 액추에이터를 제어하는 분야에 쉽게 활용된다.

ATmega128에서 PWM을 발생시키기 위한 기준 신호로 톱니파와 삼각파를 사용할 수 있다. 톱니파를 이용하면 비대칭형의 PWM 신호를 발생시킬 수 있는데, 이를 고속 PWM 모드라 부른다. 삼각파를 이용하면 대칭형의 PWM 신호를 발생시킬 수 있는데, 이를 PC PWM 또는 PFC PWM 모드라 부른다.

ATmega128에는 2개의 8비트의 타이머/카운터와 2개의 16비트 타이머/카운터가 내장되어 있으며, 이 중에서 타이머/카운터 0과 2는 8비트이고, 타이머/카운터 1과 3은 16비트로 동작한다. 표 7.1에 ATmega128 타이머/카운터의 기능과 특징을 요약해뒀다.

8비트 타이머/카운터 0과 2의 모든 기능은 거의 동일하지만, 타이머/카운터 2에는 T2의 카운터 입력 단자가 있고, 타이머/카운터 0에는 T0의 카운터 입력 단자가 없는 대신에 타이머/카운터 OSC 또는 TOSC1의 입력 단자가 있다는 차이점이 있다. 즉, 타이머/카운터 0에는 타이머/카운터 2의 기능에 부가적으로 32.768kHz의 수정 발진자를 사용하는 TOSC1 및 TOSC2 단자를 갖고 있어서 RTC(Real Time Clock)의 기능을 구현할 수 있다는 점과 외부의 클록 입력 단자 T0이 없지만 TOSC1 단자를 통해 타이머/카운터 2의 T2 입력 단자와 동일하게 카운터 클록을 인가하여 사용

표 7.1 ATmega128에 내장된 타이머/카운터의 기능 요약

타이머/카운터	타이머/카운터 0	타이머/카운터 1	타이머/카운터 2	타이머/카운터 3
비트 수	8비트	16비트	8비트	16비트
카운터 입력	타이머/카운터 OSC 또는 TOSC1	T1	T2	T3
관련 레지스터	TCCR0 TCNT0 OCR0 ASSR SFIOR TIMSK TIFR	TCCR1A, TCCR1B, TCCR1C, TCNT1H, TCNT1L, OCR1AH, OCR1AL, OCR1BH, OCR1BL, OCR1CH, OCR1CL, ICR1H, ICR1L, SFIOR, TIMSK, ETIMSK, TIFR, ETIFR	TCCR2 TCNT2 OCR2 SFIOR TIMSK TIFR	TCCR3A, TCCR3B, TCCR3C, TCNT3H, TCNT3L, OCR3AH, OCR3AL, OCR3BH, OCR3BL, OCR3CH, OCR3CL, ICR3H, ICR3L, SFIOR, TIMSK, ETIMSK, TIFR, ETIFR
동작 모드	일반 모드 CTC, 고속 PWM PC PWM	일반 모드 CTC, 고속 PWM PC PWM PFC PWM	일반 모드 CTC, 고속 PWM PC PWM	일반 모드 CTC, 고속 PWM PC PWM PFC PWM
입력 신호	TOSC1, TOSC2	T1, ICP1	T2	T3, ICP3
출력 신호	OC0	OC1A, OC1B	OC2	OC3A, OC3B
인터럽트	오버플로우 출력 비교 일치	오버플로우 출력 비교 일치 A/B 입력 캡처	오버플로우 출력 비교 일치	오버플로우 출력 비교 일치 A/B 입력 캡처
기타	RTC 기능 타이머/카운터는 모두 프리스케일러를 사용	캡처 기능	OC2 단자는 OC1C 단자와 동일한 핀을 사용함	캡처 기능

할 수 있다는 점이 8비트 타이머/카운터 0과 2의 차이점이다. 16비트 타이머/카운터 1과 3의 모든 기능은 동일하다.

또한 ATmega128의 모든 타이머/카운터는 인터럽트 기능을 갖고 있으며, 인터럽트의 종류로는 카운터의 값이 오버플로우되는 경우에 발생하는 오버플로우 인터럽트(overflow interrupt), 카운터의 값과 출력 비교 값을 비교하여 일치하면 발생하는 출력 비교 일치 인터럽트(output compare match interrupt), 입력 신호의 트리거 변화가 발생했을 때 발생하는 입력 캡처 인터럽트(input capture interrupt) 등 세 가지가 있다. 타이머/카운터의 출력 신호는 타이머 0의 경우에는 OC0, 타이머 1의 경우에는 OC1A, OC1B, OC1C, 타이머 2의 경우에는 OC2, 타이머 3의 경우에는 OC3A, OC3B, OC3C의 단자를 통해 출력되고, 타이머/카운터 1과 3에는 외부 트리거 신호에 의해 현재의 카운터 값을 캡처할 수 있는 기능이 있다.

7.2 8비트 타이머/카운터 2의 동작

ATmega128의 8비트 타이머/카운터에는 타이머/카운터 0과 타이머/카운터 2가 있다. 타이머/카운터 0은 표 7.1에 나타낸 것과 같이 타이머/카운터 2에 비해 32.678kHz의 클록 소스로 사용하여 계수할 수 있는 RTC 기능과 비동기 레지스터(ASSR)를 갖고 있어 비동기 동작이 가능하다는 차이가 있을 뿐, 타이머/카운터 0과 타이머/카운터 2의 기능은 동일하다. 따라서 이 책에서는 8비트 타이머/카운터의 기본적인 기능을 갖고 있는 타이머/카운터 2를 먼저 설명하고, 타이머/카운터 0에 부가되어 있는 기능을 위주로 타이머/카운터 0을 설명한다.

참고사항

타이머/카운터의 번호와 레지스터 명칭

타이머/카운터의 레지스터(TCNTn, OCRn, TCCRn) 및 입출력(TOVn, OCn) 명칭은 타이머/카운터의 대표 명칭으로, 8비트 타이머/카운터의 경우에는 n 대신에 0과 2가 사용된다. 즉, 타이머/카운터 2의 경우에는 TCNT2, OCR2, TCCR2, TOV2, OC2로 설명된다.

7.2.1 타이머/카운터 2의 개요

타이머/카운터 2는 PWM 출력을 갖고 있는 8비트 타이머/카운터로서, 프리스케일러를 통해 내부 클록을 입력으로 사용하는 타이머 기능과 외부 클록을 입력으로 사용하는 카운터 기능을 수행한다. ATmega128에 내장된 타이머/카운터 2의 내부 구성은 그림 7.5와 같으며, 특징은 다음과 같다.

- 단일 채널의 카운터
- 특정 값과 비교하여 일치하면 타이머의 계수 값을 자동으로 클리어하는 CTC(Clear Timer on Compare match) 모드
- 글리치(glitch) 없는 PC PWM 모드
- 주파수 발생기
- 외부 사건 카운터
- 10비트 클록 프리스케일러
- 오버플로우(TOV2)와 비교 일치 인터럽트(OCF2) 발생

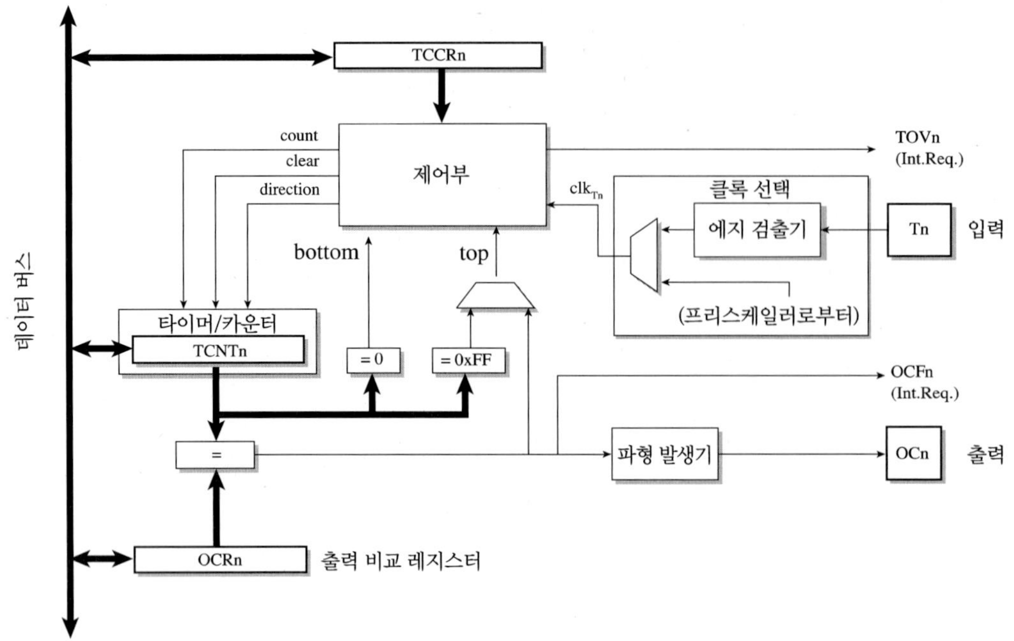

그림 7.5 타이머/카운터 2의 내부 구성도

타이머/카운터 2의 내부 구성은 그림 7.5에 나타낸 바와 같이 타이머/카운터 제어(control logic)와 관련된 레지스터 3개(TCNT2, OCR2, TCCR2), 타이머/카운터의 입력인 T2와 제어의 결과로 출력되는 TOV2 인터럽트 기능과 OC2 출력 기능으로 구성되어 있다.

타이머/카운터 2의 카운터 레지스터(TCNT2)는 clk_{T2} 클록을 0에서 max 값인 0xFF까지 계수하고, 0xFF(max)에서 0x00(bottom)으로 변화할 때 오버플로우 플래그(TOV2)를 세트하여 오버플로우 인터럽트를 발생시킨다. 출력 비교 레지스터(OCR2)는 카운터의 값과 비교하기 위한 값을 저장하는 레지스터로, 출력 비교부에서 카운터 레지스터(TCNT2)와 출력 비교 레지스터(OCR2)를 비교하여 일치하면 OC2 단자에 출력을 하거나 출력 비교 플래그(OCF2)를 세트하여 출력 비교 인터럽트를 발생시킨다. 타이머/카운터 2 제어 레지스터(TCCR2)는 타이머/카운터 2의 동작 모드와 클록 선택부로 입력되는 프리스케일러의 분주비를 설정하는 레지스터이다.

이제 이러한 기능을 기반으로 카운터부와 출력 비교부, 비교 일치 출력부를 중심으로 살펴보기로 하자. 세부 구성을 설명하는 과정에서 다음과 같은 용어가 사용된다.

- bottom: 8비트 타이머/카운터가 가질 수 있는 최솟값(0x00)
- max: 8비트 타이머/카운터가 가질 수 있는 최댓값(0xFF)
- top: 동작 모드에 따라 타이머/카운터가 도달할 수 있는 최댓값으로, max 또는 OCR2 레지스터의 설정 값

◈ 카운터부의 동작

타이머/카운터 2의 클록 입력과 카운터부의 구성은 그림 7.6과 같다. 입력 클록은 T2 핀에 의해 공급되는 외부 클록과 프리스케일러를 통해 공급되는 시스템 클록(내부 클록)에 의해 구동될 수 있으며, 이 2개의 클록 신호는 클록 선택 논리부에서 선택되어 카운터로 입력된다. 즉, 타이머/카운터 2는 클록 선택 논리부로부터 출력되는 clk_{T2}를 입력받아 동작하는 8비트 업/다운 카운터(TCNT2)로 동작하고, 이것이 업 카운터로 동작할 때는 0xFF에서 0x00으로 계수의 값이 천이될 경우 오버플로우 플래그(TOV2)가 1로 세트되어 인터럽트가 발생한다. 또한 이 TCNT2 카운터는 사용되는 동작 모드에 따라 clk_{T2}의 입력에 의해 값이 증가 또는 감소하며, 경우에 따라서는 0x00으로 리셋되기도 한다.

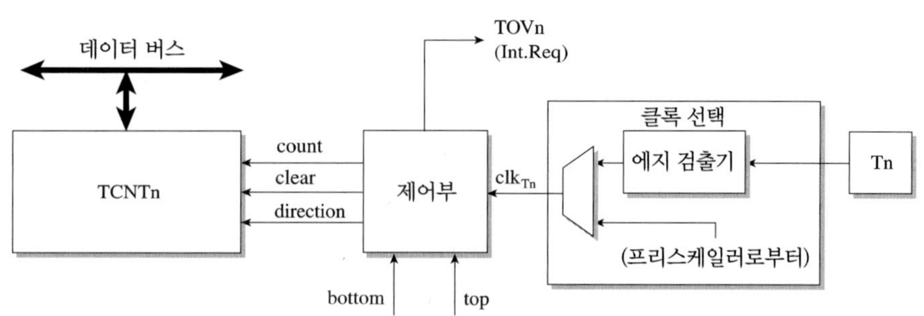

그림 7.6 타이머/카운터 2의 카운터부 구성도

클록의 선택은 타이머/카운터 2 제어 레지스터(TCCR2)의 클록 선택 비트(CS22~CS20)에 의해 시스템 클록 또는 외부 클록으로 결정되고, 파형 발생 모드 비트(WGM21, WGM20)에 의해 카운터의 최댓값과 오버플로우 플래그(TOV2)의 세트 시점이 결정된다.

◈ 출력 비교부의 동작

출력 비교부의 구성은 그림 7.7과 같으며, 그림에 나타낸 것과 같이 타이머/카운터 2 레지스터(TCNT2)의 값과 이중 버퍼 구조를 가진 출력 비교 레지스터 2(OCR2)의 값은 계수 중에 항상 비교된다. 만일 두 레지스터의 비교 결과가 일치(compare match)하면 출력 비교 플래그 2(OCF2: Output Compare Flag 2)를 세트하고, 이 신호에 의해 출력 비교 인터럽트를 요청한다. 또한 이 플래그를 이용하여 외부 핀 OC2 단자에 신호가 출력되도록 설정할 수 있다. 이와 같이 타이머/카운터의 동작 모드를 적절히 설정하고 TCNT2 레지스터와 OCR2 레지스터를 활용하면 OC2 단자에 PWM 펄스를 발생시키거나 가변 주파수의 펄스를 만들어 출력할 수 있게 된다.

그림 7.7에서 파형 발생기는 OC2 단자로 출력되는 파형을 결정하는데, 이는 타이머/카운터 2 제어 레지스터(TCCR2)의 비교 일치 출력 모드 비트(COM21~20)와 파형 발생 모드 비트(WGM21, WGM20)에 의해 결정되고, 이 출력 파형은 top과 bottom 신호를 결합하여 만들어진다.

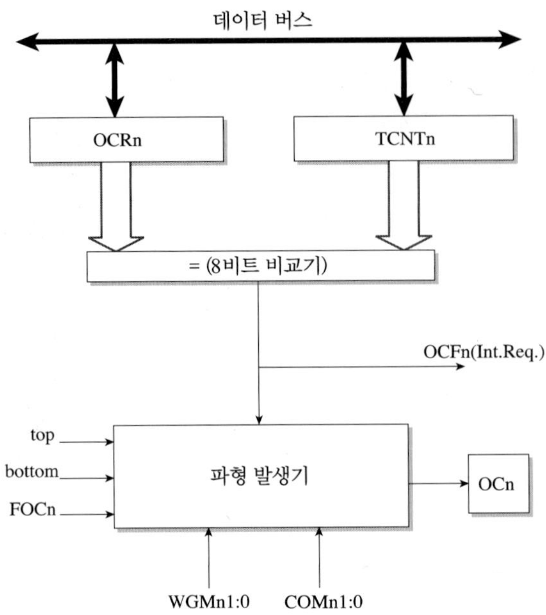

그림 7.7 타이머/카운터 2의 출력 비교부 구성도

출력 비교 레지스터 2(OCR2)는 PWM 동작 모드로 동작할 경우에는 이중 버퍼 구조로 동작하고, 일반 모드나 CTC 모드에서는 이중 버퍼 구조가 해제된다. PWM 모드에서는 이중 버퍼 구조에 의해 OCR2 레지스터의 값이 TCNT2가 top 또는 bottom에 도달했을 때 갱신되므로, 이러한 동기화로 인해 홀수 길이 또는 비대칭의 PWM 펄스가 생성되지 않도록 하여 PWM 펄스에 글리치(glitch)가 발생하는 것을 방지할 수 있게 된다.

출력 비교 레지스터 2(OCR2)를 액세스하는 과정은 약간 복잡해 보이지만, 이는 MCU가 자동으로 처리한다. 즉, 이중 버퍼 구조를 사용하는 모드에서는 OCR2 버퍼 레지스터를 액세스하고, 이중 버퍼 구조가 사용되지 않는 모드에서는 OCR2 레지스터를 직접 액세스한다.

파형 발생기로 입력되는 신호에서의 FOC2는 PWM 파형 발생 모드가 아닌 경우에 사용되며, 타이머/카운터 2 제어 레지스터(TCCR2)의 강제 출력 비교 2(FOC2) 비트를 1로 설정하면 발생하며, 비교기의 결과가 일치했다고 강제로 설정하는 기능을 한다. 이 강제 비교 일치 신호는 출력 비교 플래그 2(OCF2)를 세트하거나 타이머를 재적재 또는 클리어시키지 않고, 비교 일치가 발생한 것처럼 OC2 핀의 신호를 갱신하는 역할을 한다.

◈ 비교 일치 출력부의 동작

타이머/카운터의 비교 일치 출력부의 구성은 그림 7.8과 같이 병렬 I/O 포트와 기능을 겸하고 있다. 그림 7.8의 동작을 이해하기 위해서는 출력 부분에 연결되어 있는 멀티플렉서와 3상태 버퍼의 동작을 살펴봐야 한다. 멀티플렉서는 2:1의 구조를 갖고 있으며, 일반 병렬 I/O 포트 비트와 OC2 단자의 출력이 입력으로 연결되어 있다. 또한 이 멀티플렉서의 선택 신호는 비교 일치 출력 모드 비트(COM21∼COM20)를 OR하여 연결되어 있다. 따라서 멀티플렉서는 선택 신호 COM21∼

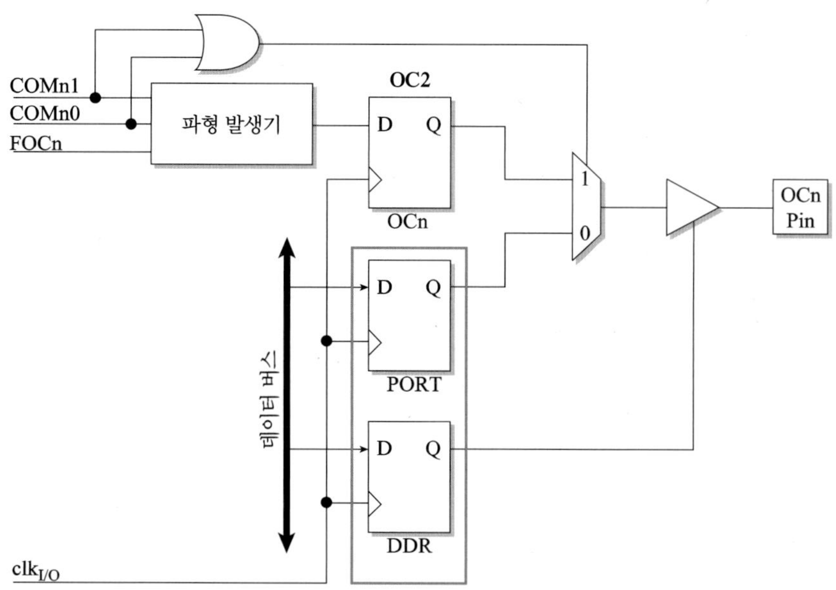

그림 7.8 타이머/카운터 2의 비교 일치 출력부 구성도

COM20 비트가 '00'이면 병렬 I/O 포트 비트가 선택되어 일반 I/O 모드로 동작하고, 선택 신호 COM21~COM20 비트가 '00'이 아닌 상황이면 OC2 단자에 신호가 출력되는 모드로 동작한다. 또한 멀티플렉서를 통과한 신호는 3상태 버퍼를 거쳐 OC2 출력에 연결되어 있으므로, 이 단자를 출력 비교 신호로 사용하기 위해서는 DDRx 레지스터의 해당 비트를 출력 방향으로 설정해야 한다. ATmega128의 OC2 단자는 PORTB의 7번째 비트이다(PORTB.7).

7.2.2 타이머/카운터 2의 레지스터

이상의 타이머/카운터 2 내부 구성 설명 과정에서 살펴본 바와 같이 타이머/카운터 2를 제어하는 데 사용되는 레지스터에는 여러 가지가 있다. 이를 표 7.2에 나타내었다.

표 7.2 타이머/카운터 2 제어용 레지스터

타이머/카운터 2 레지스터	설명
TCCR2	타이머/카운터 2 제어 레지스터
TCNT2	타이머/카운터 2 레지스터
OCR2	출력 비교 레지스터 2
SFIOR	특수 기능 I/O 레지스터
TIMSK	타이머/카운터 인터럽트 마스크 레지스터
TIFR	타이머/카운터 인터럽트 플래그 레지스터

◈ 타이머/카운터 2 제어 레지스터(TCCR2)

TCCR2 레지스터(Timer/Counter Control Register 2)는 타이머/카운터 2의 동작 모드, 프리스케일러의 분주비 설정 등의 기능을 수행하는 레지스터이다. 그림 7.9에 이 레지스터의 비트 구성을 나타냈으며, 각 비트의 기능은 다음과 같다.

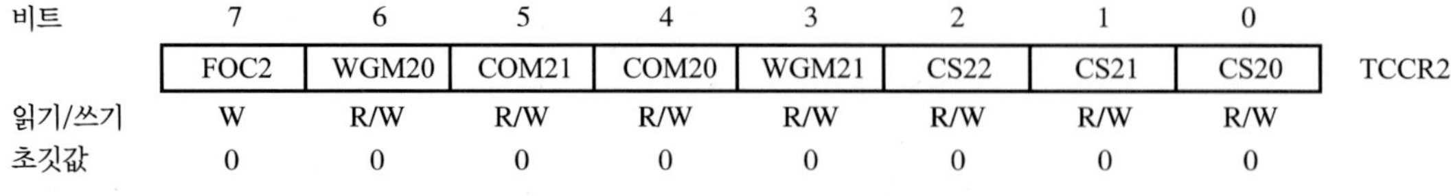

비트	7	6	5	4	3	2	1	0	
	FOC2	WGM20	COM21	COM20	WGM21	CS22	CS21	CS20	TCCR2
읽기/쓰기	W	R/W	R/W	R/W	R/W	R/W	R/W	R/W	
초깃값	0	0	0	0	0	0	0	0	

그림 7.9 TCCR2 레지스터의 비트 구성

▶ 비트 7: FOC2(강제 출력 비교(Force Output Compare))

FOC2 비트는 PWM 모드가 아닌 경우에만 유효하고, PWM 모드로 동작할 경우에는 반드시 0으로 설정되어 있어야 한다. 이 비트에 1을 쓰면 OC2 단자에 강제로 출력 비교가 일치된 것과 같은 출력을 즉시 내보낸다. OC2 출력은 COM21~COM20 비트 값에 따라 변화한다. 이렇게 강제로 만들어진 출력 비교 일치 신호는 OC2 단자에 신호만을 출력할 뿐이며, 해당 인터럽트를 발생시키거나, CTC 모드에서 TCNT2 레지스터를 클리어시키지도 않는다. 여기서 유의할 점은 FOC2 비트는 스트로브 신호로 출력된다는 것과, 특별한 경우가 아니라면 이 비트는 0으로 설정해야 한다는 것이다.

▶ 비트 6, 3: WGM21~WGM20(파형 발생 모드(Waveform Generation Mode))

이 두 비트는 카운터의 계수 순서와 카운터의 최댓값, 파형 발생 형태 등의 카운터 동작 모드를 설정한다. 카운터/타이머 2는 일반 모드, CTC 모드, 고속 PWM 모드, PC PWM 모드라는 네 가지 동작 모드를 지원한다. 이러한 동작 모드는 표 7.3에 요약해뒀으며, 자세한 동작은 '타이머/카운터 2의 동작 모드' 부분을 참조하기 바란다.

표 7.3 WGM21~20 비트에 의한 파형 발생 모드의 설정

모드	WGM21 (CTC2)	WGM20 (PWM2)	동작 모드	최댓값	OCR2 레지스터의 업데이트 시기	TOV2 플래그의 세트 시점
0	0	0	일반	0xFF	설정 즉시	max
1	0	1	PWM, Phase Correct	0xFF	top	bottom
2	1	0	CTC	OCR2	설정 즉시	max
3	1	1	고속 PWM	0xFF	bottom	max

▶ **비트 5, 4: COM21~COM20(비교 일치 출력 모드(Compare Match Output Mode))**

이 두 비트는 OC2 단자의 동작을 설정하는 기능을 담당한다. OC2 단자를 통해 PWM과 같은 출력 신호를 I/O 포트 핀으로 출력하려면 이 두 비트 중 하나 또는 모든 비트가 1로 세트되어 있어야 하며, 해당 병렬 I/O 포트를 입출력 방향 제어 레지스터 DDRx에서 출력 방향으로 미리 설정해야 한다. OC2 핀의 동작은 표 7.3에 제시된 WGM21~WGM20 비트의 설정에 따른 타이머/카운터 2의 동작 모드에 따라 다르게 동작하는데, 이를 요약하면 표 7.4, 표 7.5, 표 7.6과 같다. 표 7.4는 PWM 모드가 아닌 경우, 표 7.5는 고속 PWM 모드, 그리고 표 7.6은 PC(Phase Correct) PWM 모드의 경우에서 OC2 출력의 동작을 나타내고 있다.

표 7.4 PWM 모드가 아닌 경우의 비교 출력 모드

COM21	COM20	OC2 핀의 기능
0	0	범용 I/O 포트로 동작(OC2 출력을 차단)
0	1	비교 일치에서 OC2 출력을 토글
1	0	비교 일치에서 OC2 출력을 0으로 클리어
1	1	비교 일치에서 OC2 출력을 1로 세트

표 7.5 고속 PWM 모드에서의 비교 출력 모드

COM21	COM20	OC2 핀의 기능
0	0	범용 I/O 포트로 동작(OC2 출력을 차단)
0	1	사용하지 않음(reserved)
1	0	비교 일치에서 OC2를 0으로 클리어하고 bottom에서 OC2를 1로 세트함(비반전 비교 출력 모드)
1	1	비교 일치에서 OC2를 1로 세트하고 bottom에서 OC2를 0으로 클리어함(반전 비교 출력 모드)

표 7.6 PC PWM 모드에서의 비교 출력 모드

COM21	COM20	OC2 핀의 기능
0	0	범용 I/O 포트로 동작(OC2 출력을 차단)
0	1	사용하지 않음(reserved)
1	0	상향 카운팅 경우에서는 비교 일치에서 OC2를 0으로 클리어하고 하향 카운팅 경우에서는 비교 일치에서 OC2를 1로 세트함
1	1	상향 카운팅 경우에서는 비교 일치에서 OC2를 1로 세트하고 하향 카운팅 경우에서는 비교 일치에서 OC2를 0으로 클리어함

▶ **비트 2~0: CS22~CS20(클록 선택(Clock Select))**

이 세 비트는 타이머/카운터 2에서 내 · 외부 클록 선택, 내부 클록 동작, 외부 클록의 트리거 신호를 선택하는 기능을 담당한다. 그림 7.10에는 클록 선택부로 입력되는 프리스케일러(prescaler)의 구성을 나타냈으며, 그림을 살펴보면 CS22~CS20 비트들은 프리스케일러를 통해 출력되는 클록을 선택하여 최종적으로 타이머/카운터 2의 소스 클록으로 사용할 수 있도록 선택하는 역할을 담당한다.

표 7.7 타이머/카운터 2에서의 CS22~CS20 비트에 의한 클록 선택

CS22	CS21	CS20	클록 소스의 기능
0	0	0	클록 소스 차단(타이머/카운터 2의 기능이 정지됨)
0	0	1	$clk_{I/O}$
0	1	0	$clk_{I/O}/8$
0	1	1	$clk_{I/O}/64$
1	0	0	$clk_{I/O}/256$
1	0	1	$clk_{I/O}/1024$
1	1	0	T2 핀에 연결된 외부 클록 소스, 클록은 하향 에지에서 동작
1	1	1	T2 핀에 연결된 외부 클록 소스, 클록은 상승 에지에서 동작

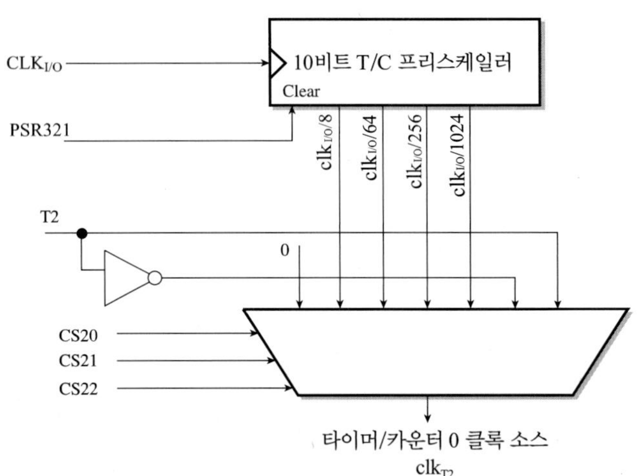

그림 7.10 타이머/카운터 2의 프리스케일러 구성도

◈ 타이머/카운터 2 레지스터(TCNT2)

TCNT2(Timer/Counter Register 2) 레지스터는 그림 7.11에 나타낸 것과 같이 타이머/카운터 2의 8비트 카운터 값을 저장하는 레지스터이다. 이 레지스터는 언제나 읽기 및 쓰기 동작이 가능하지

만, 카운터가 동작하고 있을 동안에 이 값을 수정하면 TCNT2 값과 OCR2 값을 비교하여 출력 신호를 발생시키는 비교 일치 기능에 문제를 일으킬 수도 있으니 조심해야 한다.

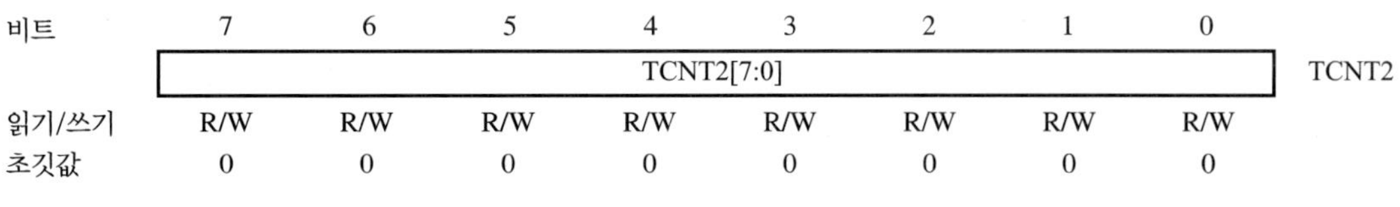

비트	7	6	5	4	3	2	1	0	
	TCNT2[7:0]								TCNT2
읽기/쓰기	R/W	R/W	R/W	R/W	R/W	R/W	R/W	R/W	
초깃값	0	0	0	0	0	0	0	0	

그림 7.11 TCNT2 레지스터

◈ 타이머/카운터 2 출력 비교 레지스터(OCR2)

OCR2(Timer/Counter Output Compare Register 2) 레지스터는 타이머/카운터 레지스터 TCNT2 값과 비교하여 OC2 단자에 출력 신호를 발생시키거나 출력 비교 인터럽트를 발생시키기 위해 8비트의 값을 저장하는 레지스터이며, 이를 그림 7.12에 나타내었다.

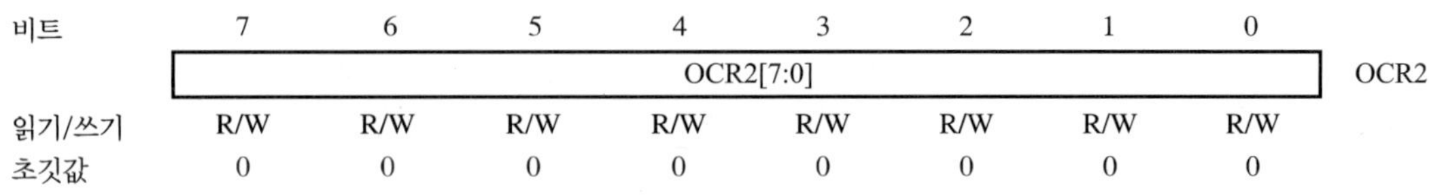

비트	7	6	5	4	3	2	1	0	
	OCR2[7:0]								OCR2
읽기/쓰기	R/W	R/W	R/W	R/W	R/W	R/W	R/W	R/W	
초깃값	0	0	0	0	0	0	0	0	

그림 7.12 OCR2 레지스터

◈ 타이머/카운터 인터럽트 마스크 레지스터(TIMSK)

TIMSK(Timer/Counter Interrupt Mask Register) 레지스터는 타이머/카운터 0과 타이머/카운터 2의 인터럽트 발생 여부를 개별적으로 허용하는 기능을 담당하는 레지스터로서, 이 레지스터의 비트 구성은 그림 7.13과 같다. 여기서 타이머/카운터 2의 인터럽트를 개별적으로 허용하는 기능은 OCIE2와 TOIE2 비트가 담당한다. 나머지 비트 기능은 각각의 타이머/카운터를 설명하는 부분에서 자세히 다루기로 한다.

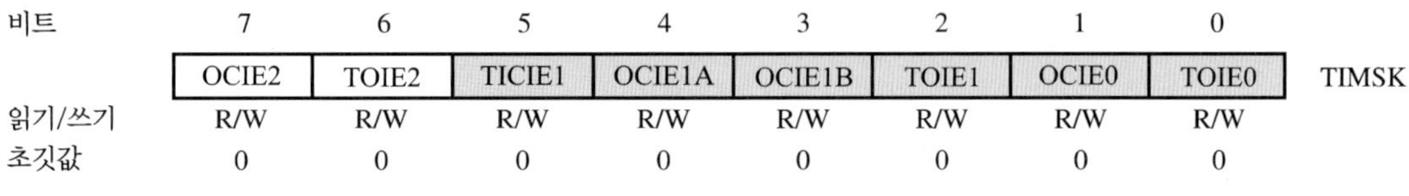

비트	7	6	5	4	3	2	1	0	
	OCIE2	TOIE2	TICIE1	OCIE1A	OCIE1B	TOIE1	OCIE0	TOIE0	TIMSK
읽기/쓰기	R/W	R/W	R/W	R/W	R/W	R/W	R/W	R/W	
초깃값	0	0	0	0	0	0	0	0	

그림 7.13 TIMSK 레지스터의 비트 구성

▶ 비트 7: OCIE2(타이머/카운터 2 출력 비교 인터럽트 허가 비트)

OCIE2(Timer/Counter2 Output Compare Interrupt Enable) 비트가 1이고 상태 레지스터(SREG)의 전체 인터럽트 허가(I) 비트가 1이면, 타이머/카운터 2의 출력 비교 인터럽트가 허용 상태로 된다. 이 상태에서 타이머/카운터 2의 출력 비교 인터럽트가 발생하면 TIFR 레지스터의 OCF2 비트가 1로 설정되어 인터럽트가 발생하고, 이에 해당하는 인터럽트 벡터를 참조하게 된다.

▶ **비트 6: TOIE2(타이머/카운터 2 오버플로우 인터럽트 허가 비트)**

TOIE2(Timer/Counter2 Overflow Interrupt Enable) 비트가 1이고 상태 레지스터(SREG)의 전체 인터럽트 허가(I) 비트가 1이면, 타이머/카운터 2의 오버플로우 인터럽트가 허용된다. 이 상태에서 타이머/카운터 2의 오버플로우 인터럽트가 발생하면 TIFR 레지스터의 TOV2 비트가 1로 설정되어 인터럽트가 발생하고, 이에 해당하는 인터럽트 벡터를 참조하게 된다.

◈ 타이머/카운터 인터럽트 플래그 레지스터(TIFR)

TIFR(Timer/Counter Interrupt Flag Register) 레지스터는 타이머/카운터 2에서 오버플로우, 또는 비교 일치의 상태를 저장하는 레지스터이다. 이 레지스터의 비트 구성은 그림 7.14와 같으며, 여기서 타이머/카운터 2의 인터럽트를 개별적으로 허용하는 기능은 TOV2와 OCF2 비트가 담당한다. 나머지 비트 기능은 각각의 타이머/카운터를 설명하는 부분에서 자세히 다루기로 한다.

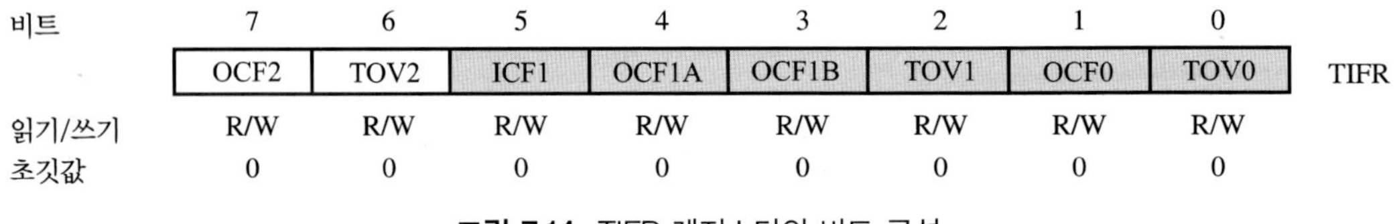

비트	7	6	5	4	3	2	1	0	
	OCF2	TOV2	ICF1	OCF1A	OCF1B	TOV1	OCF0	TOV0	TIFR
읽기/쓰기	R/W	R/W	R/W	R/W	R/W	R/W	R/W	R/W	
초깃값	0	0	0	0	0	0	0	0	

그림 7.14 TIFR 레지스터의 비트 구성

▶ **비트 7: OCF2(출력 비교 플래그 2)**

OCF2(Output Compare Flag 2) 비트는 타이머/카운터 2 레지스터(TCNT2)와 출력 비교 레지스터(OCR2)의 값을 비교하여 같으면 다음 주기에서 이 비트가 1로 세트되면서 타이머/카운터 2 비교 일치 인터럽트가 요청되고, 인터럽트 벡터에 의해 인터럽트가 실행되면 이 비트는 하드웨어에 의해 자동적으로 클리어된다. 또한 OCF2 비트는 TOV2 비트와 마찬가지로 소프트웨어에 의해 클리어될 수 있는데, 이는 OCF2 비트에 1을 써줌으로써 가능하다.

▶ **비트 6: TOV2(타이머/카운터 2 오버플로우 플래그)**

TOV2(Timer/Counter2 Overflow Flag) 비트는 타이머/카운터 2에서 오버플로우가 발생하면 이 비트가 1로 세트되면서 타이머/카운터 2 오버플로우 인터럽트를 요청한다. 인터럽트 벡터에 의해 인터럽트가 실행되면 이 비트는 하드웨어에 의해 자동적으로 클리어된다. 또한 TOV2 비트는 소프트웨어에 의해 클리어될 수 있는데, 이는 TOV2 비트에 1을 써줌으로써 가능하다. PC PWM 모드에서는 타이머/카운터 2가 0x00에서 계수 방향을 바꿀 때 이 비트가 세트된다는 것도 주의할 사항이다.

◈ 특수 기능 I/O 레지스터(SFIOR)

SFIOR(Special Function I/O Register) 레지스터는 타이머/카운터들을 동기화하는 데 관련된 기능을 수행하는 레지스터로서, 타이머/카운터 2의 경우에는 PSR321 비트가 사용되는데 이는 타이머/카운터 0 부분에서 자세히 설명하기로 하고 여기서는 생략한다.

7.2.3 타이머/카운터 2의 동작 모드

타이머/카운터 2의 동작 모드에는 표 7.3에 나타낸 것과 같이 일반 모드, CTC 모드, 고속 PWM 모드, PC PWM 모드의 네 가지 동작 모드가 있다. 이러한 동작 모드는 TCCR2 레지스터의 WGM21~WGM20 비트에 의해 결정되고, 출력 파형의 형태는 COM21~COM20 비트에 의해 출력 신호의 동작이 결정되면서 정해진다. 즉, 파형 발생 모드 비트(WGM21~WGM20)는 타이머/카운터의 동작에 영향을 미치는 반면에, 비교 출력 모드 비트(COM21~COM20)는 계수 순서에는 영향을 주지 않고 PWM 출력을 반전시킬 것인지 아니면 그대로 출력할 것인지를 제어하는 데 활용된다. PWM 모드가 아닌 경우 COM21~20 비트는 비교 일치 시에 출력이 세트되는지, 클리어되는지 또는 토글되는지를 제어하는 데 사용된다.

참고사항

8비트 타이머/카운터 2, 0의 동작 개요

타이머/카운터는 일반적인 일반 모드, CTC 모드, PWM 모드로 동작한다.

◈ 일반 모드

내부의 클록을 계수하는 기능으로, 8비트 타이머/카운터인 경우에는 0~0xFF까지 계수하고, 0xFF에서 0x00으로 오버플로우가 발생하면 이를 오버플로우 플래그를 세트하여 인터럽트를 발생시킨다.

ATmega128에서는 계수를 위한 카운터로는 TCNTn 레지스터를 사용하고 있다. 따라서 일정 시간 간격으로 임의의 동작을 반복시키기 위해서는 오버플로우가 발생할 때마다, 즉 오버플로우 인터럽트가 발생할 때마다 TCNTn에 초깃값을 써놓으면 된다.

◈ CTC(Clear Timer on Compare Match) 모드

비교 값을 내부에 설정해놓고 내부 클록을 계수한 값이 비교 값과 일치할 경우에 계수의 값을 0으로 클리어한다. ATmega128에는 비교 값을 설정하기 위한 OCRn 레지스터가 있어 카운터 레지스터인 TCNTn과 OCRn 레지스터의 값을 비교하여 이 값이 일치할 경우 TCNTn=0으로 클리어되고, OCn 단자를 통해 파형을 출력할 수 있다. 이러한 동작을 반복할 경우에 주기적인 펄스를 만들 수 있다.

◈ PWM 모드

내부에 비교 값을 설정해놓고 내부 클록을 계수한 값이 비교 값과 일치하는 경우에 출력의 변화를 일으키는 원리를 적용하여 PWM 펄스를 발생시킨다. PWM 펄스의 출력은 OCn 출력 단자를 사용한다. ATmega128에서는 PWM 펄스를 발생시키기 위해 TCNTn 레지스터는 0에서 시작하고, TCNTn=OCRn일 때까지 0 또는 1을 OCn에 출력하고, OCRn 값에서 계속 계수를 진행하여 TCNTn 값에서 오버플로우가 발생할 때까지 반전(토글) 파형을 출력한다.

PWM 모드에는 고속 PWM 모드와 Phase Correct PWM 모드가 있다. 이 두 가지 동작 모드는 동일한 방법으로 PWM 펄스를 발생시키지만, 고속 PWM 모드는 단방향 경사의 동작을 하고, Phase Correct PWM 모드는 양방향 경사 동작을 한다는 차이가 있어, Phase Correct PWM 모드에서 발생하는 PWM 주파수는 고속 PWM 모드의 경우에 비해 약 1/2로 낮아진다.

◈ 일반 모드

타이머/카운터 2의 일반 모드(normal mode)는 가장 단순한 동작 모드로, WGM21~WGM20 비트를 '00'으로 설정하면 된다. 이 모드에서는 타이머/카운터 2 레지스터(TCNT2)가 상향 카운터로만 동작하고 계수 동작 중에 카운터의 값은 클리어되지 않으며, 클록 입력에 의해 8비트 카운터의 계수 범위 0x00~0xFF의 값으로 계수 동작을 반복하여 수행한다.

TCNT2의 값 0xFF에서 다음 클록이 입력되면 TCNT2의 값은 0x00이 되고 오버플로우가 발생한다. 이 오버플로우에 의해 TIFR 레지스터의 TOV2 비트는 1로 세트되고 타이머/카운터 2 오버플로우 인터럽트가 발생하며, 인터럽트 서비스 루틴을 수행하면 자동으로 TOV2 비트는 0으로 리셋된다.

일반 모드는 타이머/카운터의 외부 클록을 계수하려는 목적으로 사용하며, 일반 모드를 사용하여 일정한 주기로 인터럽트를 발생시키고자 할 경우에는 인터럽트 서비스 루틴(ISR)에서 TCNT2의 레지스터에 원하는 값을 써넣으면 된다. 또한 일반 모드의 동작에서 출력 비교 인터럽트가 사용될 수는 있으나, CPU가 이를 처리하는 데 너무 많은 시간이 필요하므로 이 모드에서는 출력 비교 인터럽트를 사용하는 것이 바람직하지 않다. 따라서 일반 모드는 타이머/카운터를 외부 클록을 계수하는 목적으로 사용하는 경우가 일반적이다.

◈ CTC 모드

CTC 모드(Clear Timer on Compare Match Mode)는 WGM21~WGM20 비트를 '10'으로 설정하면 된다. 이 모드는 TCNT2의 값이 클록의 입력에 따라 증가하여 OCR2의 값과 같아지면 TCNT2의 값이 0으로 클리어된다. CTC 모드의 동작은 클록 입력에 의해 TCNT2의 값이 항상 0x00~OCR2의 값으로 반복 수행되며, 이러한 과정을 반복할 경우 주기적인 펄스를 만들 수 있게 된다. 이러한 동작 모드를 일반적으로 자동 재적재(auto reload) 모드라 한다. CTC 동작 모드는 일반적으로 주파수 분주의 용도로 사용된다.

CTC 모드에 대한 동작은 그림 7.15의 타이밍도를 보면 쉽게 이해할 수 있다.

① TCNT2 값은 펄스가 입력됨에 따라 OCR2 값과 비교하여 일치할 때까지 증가하고, TCNT2와 OCR2의 값이 일치하면 TCNT2의 값은 0으로 클리어된다.

② 또한 만약 인터럽트가 허가되어 있다면, 카운터의 값이 OCR2의 값과 일치하여 top에서 0x00으로 바뀌는 순간에 TIFR 레지스터의 OCF2가 1로 되면서 출력 비교 인터럽트가 발생한다.

③ 인터럽트 발생 주기를 변경하기 위해서는 인터럽트가 발생할 때마다 인터럽트 서비스 루틴에서 OCR2에 다음의 top 값을 기록해야 한다. 그러나 카운터가 프리스케일러를 사용하지 않거나 작은 프리스케일러 값으로 동작하고 있을 때 top 값을 bottom에 근접한 값으로 변경하는 것은 CTC 모드에는 이중 버퍼링 기능이 없기 때문에 유의해야 한다. OCR2에 기록된 새로운 값이 TCNT2의 현재 값보다 작으면, 카운터는 비교 일치를 발생하지 않게 된다. 이렇게 되면 카운터는 비교 일치가 발생하기 전에 max인 0xFF까지 증가했다가 0x00으로 되는

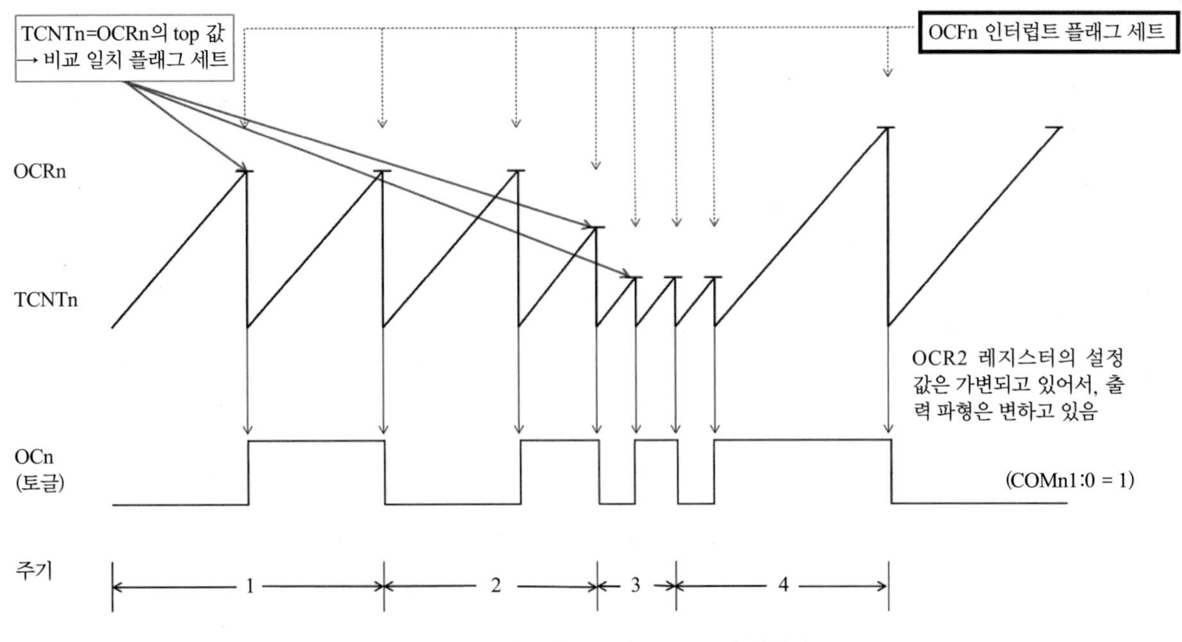

그림 7.15 타이머/카운터 2의 CTC 동작 타이밍도

상황이 발생한다. 따라서 이러한 경우에는 출력 비교 인터럽트가 발생하기 전에 TIFR 레지스터의 TOV2 비트가 1로 되면서 오버플로우 인터럽트가 발생하므로 조심해야 한다.

④ CTC 모드에서 OC2의 출력은 COM21~COM20 비트에 따라 조정할 수 있으며, 그림 7.15에서 출력 파형은 토글 모드로 설정되어 비교 일치 시마다 토글되고 있다. 주기 1과 주기 3을 비교해보면 주기 1에서는 OCR2에 0xFF에 가까운 값을 써놓고, 주기 3에서는 OCR2에 0x00에 가까운 값을 써놓아 주기 1의 주파수는 주기 3에 비해 낮은 주파수의 파형이 출력되고 있음을 알 수 있다.

만약 OC2의 출력을 비교 일치가 발생할 때마다 토글되도록 COM21~COM20 비트를 '01'로 설정했다고 가정하면, OC2 단자에서 출력되는 파형의 출력 주파수는 다음과 같이 계산된다.

$$f_{OC2} = \frac{f_{clk\_I/O}}{2 \cdot N \cdot (1 + OCR2)}$$

여기서 N은 프리스케일러의 분주비로서, 타이머/카운터 2에서는 그림 7.10과 같이 1, 8, 64, 256, 1024 중의 하나를 사용할 수 있으며, OC2의 출력 단자에 파형을 출력하기 위해서는 I/O 포트의 입출력 방향 제어 레지스터(DDRx)를 미리 출력 방향으로 지정해야 한다.

CTC 모드에서 파형의 최대 주파수는 OCR2가 0으로 설정될 때 발생하며, 이때의 주파수는 $f_{OC2} = f_{clk_I/O}/2$로 된다. 여기서 주의할 사항은 CTC 모드에서는 출력 비교 인터럽트가 2번 발생해야만 1주기의 출력 파형을 만들 수 있으므로 인터럽트에 의한 발생 주파수는 이보다 2배 높다는 점이다.

◈ 고속 PWM 모드

고속 PWM 모드(Fast PWM Mode)는 WGM21～WGM20 비트를 '11'로 설정하며, 높은 주파수의 PWM 출력 파형을 발생시키는 데 유용하게 쓰인다. 이 동작 모드에서는 TCNT2의 값이 항상 bottom에서 시작하여 max까지 증가하는 방향으로만 반복하여 수행되며, 이를 단방향 경사 동작(single-slope operation)이라 한다. 고속 PWM 모드에서는 COM21～COM20 비트의 설정에 따라 비반전 비교 출력 모드와 반전 비교 출력 모드로 동작한다.

고속 PWM 모드에서의 출력 파형은 그림 7.16의 타이밍도와 같이 TCNT2 값이 비교 일치 상태와 max 상태일 때를 이용하여 출력 파형이 생성된다. 먼저 COM21～COM20 비트가 '10'으로 설정되어 비반전 모드로 동작하고 있는 파형을 살펴보자.

① TCNT2 값은 펄스의 입력에 따라 bottom에서 max까지 증가하며, 증가하는 과정에서 OCR2의 값과 비교하여 일치하면 OCF2 인터럽트 플래그가 세트되고 OC2의 출력은 0으로 클리어된다.

② 또한 TCNT2 값이 max로 되면, TOV2 인터럽트 플래그는 1로 되면서 타이머/카운터 2 오버플로우 인터럽트가 요청되고, 이때 OC2의 출력은 1로 세트된다.

③ 이때 인터럽트가 허가되어 있으면, 인터럽트 서비스 루틴에서 이 비교 값을 변경하여 PWM 펄스의 폭을 변경할 수 있다.

만약 COM21～COM20 비트가 '11'로 설정되어 반전 출력 비교 모드로 동작할 경우에는 출력 파형은 다음과 같이 변화한다.

④ TCNT2의 값과 OCR2의 값이 일치할 때 $\overline{\text{OC2}}$의 출력은 1로 세트되고, TCNT2 값이 max로 될 때 TOV2 플래그는 1로 되면서 오버플로우 인터럽트가 요청되고, 이때 $\overline{\text{OC2}}$의 출력은

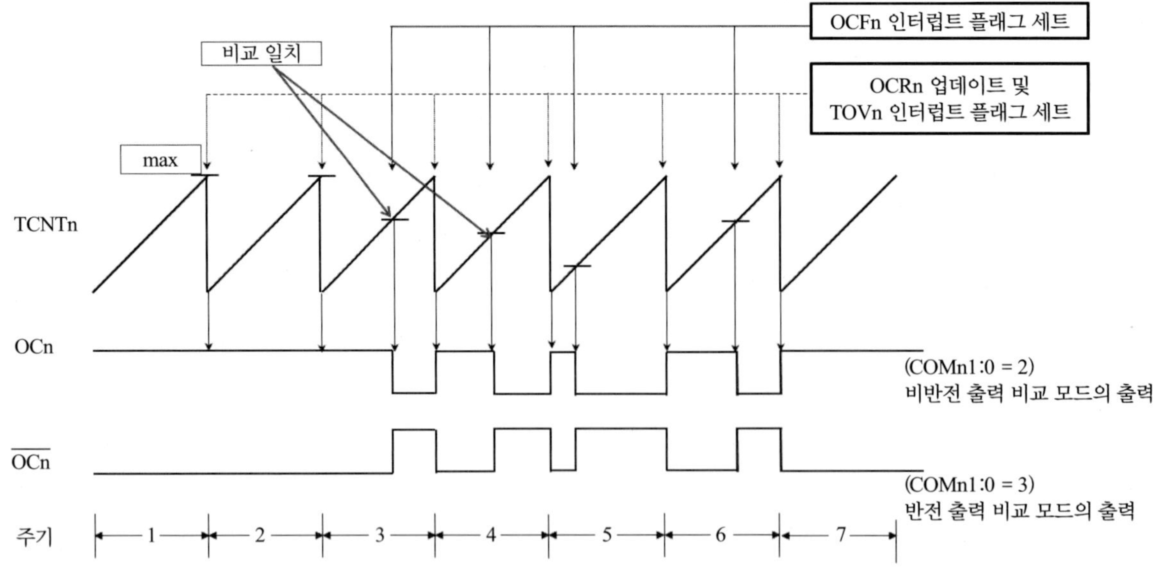

그림 7.16 타이머/카운터 2의 고속 PWM 모드 동작 타이밍도

0으로 클리어된다.

그림 7.16의 주기 1과 2에서는 OCR의 값을 max인 0xFF로 설정하여 OC2의 출력은 1로 계속 출력되고 있음을 나타내고, 주기 3에서 6까지는 OCR의 값을 TOV2 인터럽트 루틴에서 갱신하여 PWM 펄스폭이 변화하고 있음을 나타내고 있다.

여기서 OC2의 출력 단자로 펄스 파형을 출력하기 위해서는 CTC 모드에서와 마찬가지로 I/O 포트(PB7)의 입출력 방향 제어 레지스터를 미리 출력 방향으로 설정해놓아야 한다.

고속 PWM 출력 신호의 주파수는 다음과 같이 결정되며, 이는 다음에 설명하는 PC PWM 모드에 비해 약 2배 정도 높은 주파수를 얻을 수 있다. 여기서 N은 프리스케일러의 분주비로서, 타이머/카운터 2에서는 그림 7.10과 같이 1, 8, 64, 256, 1024 중 하나를 사용할 수 있다.

$$f_{OC2PWM} = \frac{f_{clk\_I/O}}{N \cdot 256}$$

만약 이 모드가 동작하는 과정에서 PWM 출력의 듀티비를 변경하기 위해 OCR2 레지스터에 새로운 값을 쓰게 되는 경우에는 OCR2 레지스터에 이중 버퍼링 기능이 있기 때문에 OCR2 레지스터가 즉시 변경되지 않고, 이 값은 TCNT2 레지스터가 0xFF에서 0x00으로 오버플로우되어 현재의 주기가 끝나는 순간에 갱신된다. 따라서 이 동작 모드에서는 CTC 모드에서와는 달리 안정적으로 동작하게 된다.

PWM 듀티비는 OCR2 레지스터의 값에 의해 결정되는데, OCR2 레지스터의 값을 bottom 값인 0x00으로 설정한 경우 출력 파형은 TCNT2의 값이 0x00으로 되는 1사이클 동안에만 좁은 스파이크로 나타나며(듀티비 1/256), 반대로 OCR2 레지스터의 값을 max 값인 0xFF로 설정한 경우에 출력 파형 OC2는 계속 1로 출력된다(듀티비 100%).

PWM 듀티비를 50%로 설정하기 위해서는 OCR2 값을 계수 과정의 50%가 되는 지점으로 설정하면 된다. TCNT2는 0~255까지 계수가 가능하기 때문에 OCR2의 값은 50%가 되는 지점인 0x7F로 설정하면 된다. 만약 고속 PWM의 동작이 비반전 모드로 동작하고 있는 경우, TCNT2가 0부터 0x7F까지 상승 카운터의 동작을 하고 있는 동안에는 OC2 핀으로 1이 출력되고, 0x80부터 0xFF까지는 0으로 출력되어 듀티비 50%의 출력 파형을 만들 수 있다.

고속 PWM 모드는 높은 주파수 출력을 얻을 수 있으므로, 전력 변환, 정류, DAC(Digital to Analog Conversion) 등의 응용에 많이 활용되고, 특히 전력 변환 응용에서는 물리적으로 외부 소자(코일과 커패시터)의 크기를 줄일 수 있어서 시스템 전체의 비용을 낮출 수 있다는 장점이 있다.

◈ PC PWM 모드

PC PWM 모드(위상 정정 PWM 모드(Phase Correct PWM Mode))는 WGM21~WGM20 비트를 '01'로 설정하며, 높은 분해능의 PWM 출력 파형을 발생시키는 데 유용하게 쓰인다. 이 동작 모드에서는 타이머/카운터 레지스터 TCNT2가 상향 카운터로서 bottom(0x00)에서 max(0xFF)까지 증가했다가 다시 하향 카운터로서 max에서 bottom으로 감소를 하는 동작을 반복하여 수행하며, 이를 양방향 동작(dual-slope operation)이라 한다.

PC PWM 모드의 동작은 그림 7.17의 타이밍도를 보면 쉽게 이해할 수 있다. COM21~COM20 비트가 '10'으로 설정되어 비반전 출력 비교 모드로 동작할 경우를 살펴보자.

① PC PWM 모드에서는 타이머 카운터 2가 상향 모드와 하향 모드의 동작을 반복하고, 이 과정에서 TOV2 인터럽트는 하향 모드의 계수를 끝내는 시점(그림 7.17의 ⓐ), 즉 TCNT2 값이 bottom으로 될 때마다 1로 세트되면서 타이머/카운터 2 오버플로우 인터럽트가 요청된다. 따라서 상향 모드에서 비교할 OCR2의 값은 TOV2 인터럽트 서비스 루틴에서 갱신한다.

② 타이머/카운터 2가 상향 모드로 동작할 경우에는 TCNT2의 값이 OCR2의 값과 일치(그림 7.16의 ⓑ)하면 OCF2 인터럽트 플래그가 세트되고 OC2 출력 신호는 0으로 클리어된다. 이때 타이머/카운터 2 비교 일치 인터럽트 서비스 루틴에서 하향 모드에서 사용할 OCR2의 값을 새로 설정해놓는다.

③ 이렇게 하향 모드에서 비교 대상으로 사용할 OCR2는 MCU에서 TCNT2의 값이 max가 될 때 자동으로 갱신된다.

④ 반대로 하향 모드로 동작할 경우에는 OCR2의 값과 일치하면 OCF2 인터럽트 플래그가 세트되고 OC2 출력 신호는 1로 세트된다.

만약 COM21~COM20 비트가 '11'로 설정되어 반전 출력 비교 모드로 동작할 경우에는 출력 파형이 다음과 같이 변화한다.

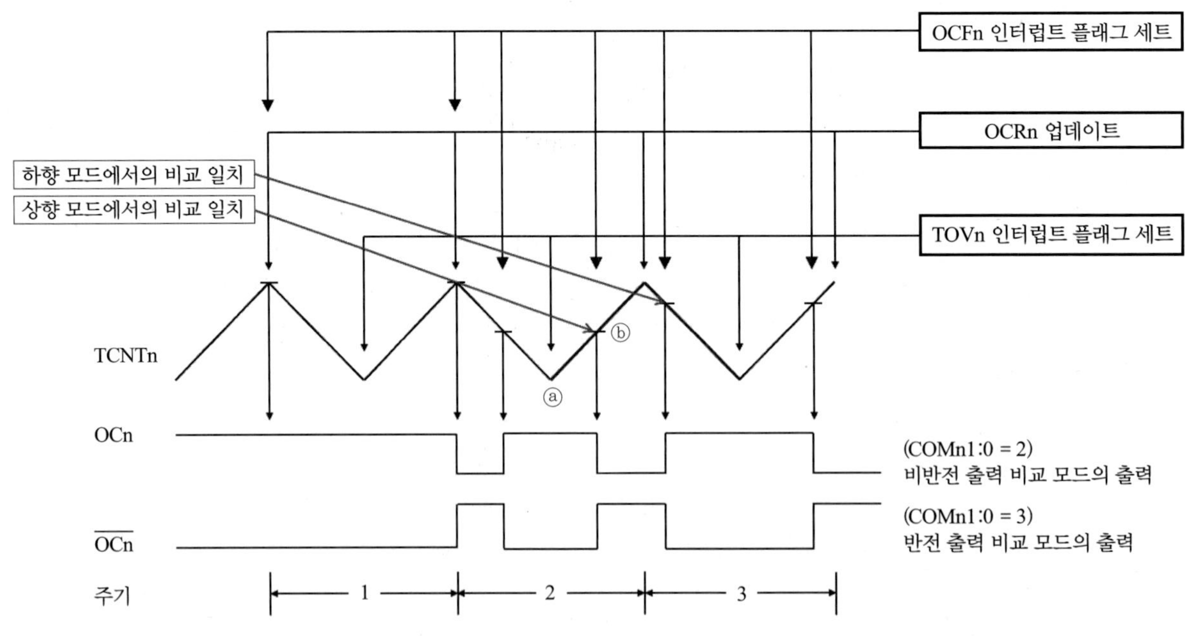

그림 7.17 타이머/카운터 2의 PC PWM 모드 동작 타이밍도

⑤ 타이머/카운터 2가 상향 모드로 동작할 경우에는 TCNT2가 OCR2의 값과 일치하면 OC2 출력 신호는 1로 세트되고, 하향 모드로 동작할 경우에는 OCR2의 값과 일치하면 OC2는 0으로 리셋된다.

그림 7.17의 주기 1에서는 OCR의 값을 max인 0xFF로 설정하여 OC2의 출력은 1로 계속 출력되고 있음을 나타내고, 주기 2에서 3까지는 OCR의 값을 타이머/카운터 2 오버플로우 인터럽트 루틴에서 갱신하여 PWM 펄스폭이 변화하고 있음을 나타내고 있다.

여기서 OC2의 출력 단자로 펄스 파형을 출력하기 위해서는 CTC, 고속 PWM 모드에서와 마찬가지로 I/O 포트(PB7)의 입출력 방향 제어 레지스터를 미리 출력 방향으로 설정해놓아야 한다.

PC PWM 모드에서의 PWM 파형은 카운터가 상향 동작을 하고 있는 과정에서 TCNT2와 OCR2가 비교 일치될 때 OC2 핀을 클리어 또는 세트하고, 다시 하향 동작을 하면 TCNT2와 OCR2가 비교 일치될 때 OC2 핀을 세트 또는 클리어하는 과정으로 발생된다.

이런 과정을 통해 발생하는 PWM 출력 신호의 주파수는 다음과 같이 계산된다.

$$f_{OC2PCPWM} = \frac{f_{clk\_I/O}}{N \cdot 510}$$

여기서 N은 프리스케일러의 분주비로서 1, 8, 64, 256, 1024 중의 하나에 해당한다.

PC PWM 주파수는 TCNT2가 양방향 동작을 수행하고 있기 때문에 고속 PWM 모드의 경우에 비해 약 1/2로 낮게 생성된다. PC PWM 모드의 주파수는 고속 PWM 모드에 비해 1/2로 낮아졌지만, 고속 PWM 모드의 듀티비의 분해능이 2배로 증가하게 되고, 양방향의 PWM 펄스를 대칭적으로 만들 수 있다는 장점으로 갖게 되어 모터 제어 응용에 유용하게 쓰인다.

PC PWM 모드에서는 OCR2에 이중 버퍼링 기능이 있으므로, 만약 카운터의 동작 중에 PWM 출력의 듀티비를 변경하기 위해 OCR2에 새로운 값을 쓸 경우 고속 PWM 모드에서와 마찬가지로 OCR2가 바로 바뀌지 않고 TCNT2가 max(0xFF)로 되었다가 다시 감소하는 순간에 갱신된다.

고속 PWM 모드와 마찬가지로 OCR2의 값을 0x00으로 설정하면 출력 파형은 OC2의 경우는 계속 0으로 출력되고(듀티비 0%), 반대로 OCR2의 값을 0xFF로 설정하면 출력 파형은 OC2의 경우는 계속 1 상태로 출력된다(듀티비 100%).

그림 7.17을 자세히 살펴보면 이 동작 모드에서 특이한 사항이 발생한 것을 볼 수 있는데, 두 번째 주기가 시작되는 부분에서 비교 일치가 발생하지 않았음에도 불구하고 OC2는 1에서 0으로 바뀌었다. 이렇게 OC2가 바뀐 이유는 bottom 주변에서 대칭을 보장하기 위한 것으로서, 이러한 목적으로 비교 일치가 일어나지 않은 경우에도 OC2의 값이 바뀌는 경우가 두 가지 있다.

- OCR2 버퍼의 값이 max에서 다른 값으로 바뀌었을 때: OCR2의 값이 max일 때, OC2의 핀 값은 하향 계수 시의 비교 일치일 때와 동일하다. 그러나 첫 번째 주기에서 OCR2 버퍼가 갱신된 값이 두 번째 주기의 상향 모드의 값으로 바뀌었다면 두 번째 주기의 시작에서 OCR2가 버퍼의 값으로 갱신됐을 것이고, 따라서 그냥 두면 계속 1을 유지하므로 2번 주기의

bottom 근처에서 대칭성이 보장이 되지 않으므로, 대칭성을 보장하기 위해 max에서 OC2의 출력 값은 상향 모드의 결과와 같아야 하므로 OC2가 1에서 0으로 바뀌게 된다.

- 타이머가 OCR2 버퍼에 있는 값보다 큰 값에서 계수를 시작했을 때: 큰 값에서부터 계수를 시작했다면 이번 주기의 비교 일치를 한 번 놓치게 되고 다음번에도 대칭을 보장해야 하므로 OC2가 1에서 0으로 바뀌게 된다.

7.3 8비트 타이머/카운터 0의 동작

타이머/카운터 0은 타이머/카운터 2와 기능이 비슷하지만, 아래의 개요에서 설명하는 바와 같이 약간의 차이가 있다. 따라서 이 절에서는 타이머/카운터 2의 기능 외에 타이머/카운터 0이 갖고 있는 추가 기능에 대해서만 설명하기로 한다.

7.3.1 타이머/카운터 0의 개요

타이머/카운터 0은 타이머/카운터 2의 기능과 동일하며, 차이점은 32.768kHz의 수정 발진자를 사용하여 비동기적으로 동작하는 RTC(Real Time Clock or Counter) 기능이 있다는 점이다. ATmega128에 내장된 타이머/카운터 0의 내부 구성은 그림 7.18과 같으며, 특징은 다음과 같다.

- 단일 채널의 카운터
- 특정 값과 비교하여 일치하면 타이머의 계수 값을 자동으로 클리어하는 CTC(Clear Timer on Compare match) 모드
- 글리치 없는 PC PWM 모드
- 주파수 발생기
- 10비트의 클록 프리스케일러
- 오버플로우, 비교 일치 인터럽트(TOV0, OCF0) 발생
- 32.768kHz의 시계 크리스털을 클록 소스로 사용하여 비동기적으로 계수하는 기능

그림 7.18에 나타난 타이머/카운터 0의 내부 구성을 자세히 살펴보면 그림 7.5에 나타낸 타이머/카운터 2와의 차이점을 발견할 수 있다. 즉, 타이머/카운터 0에는 구성도의 ① 부분에 표시되어 있는 것과 같이 32.768kHz의 수정 발진자를 TOSC1 및 TOSC2 단자에 연결하여 RTC의 기능을 수행할 수 있으며, 외부의 T0 단자가 없는 대신에 TOSC1 단자에 외부 클록을 인가할 수 있도록 되어 있다. 또한 타이머/카운터 2는 내부 I/O 클록($clk_{I/O}$)을 사용하는 타이머에 대해서만 프리스케일러가 동작하는 데 비해 타이머/카운터 0은 내부 I/O 클록과 외부 클록을 사용하는 모든 카운터 동작에서 프리스케일러의 적용을 받으며, 사용할 수 있는 분주비의 종류도 더 많다.

모든 타이머/카운터는 시스템 클록에 의해 동기적으로 동작하지만, 타이머/카운터 0은 외부 크

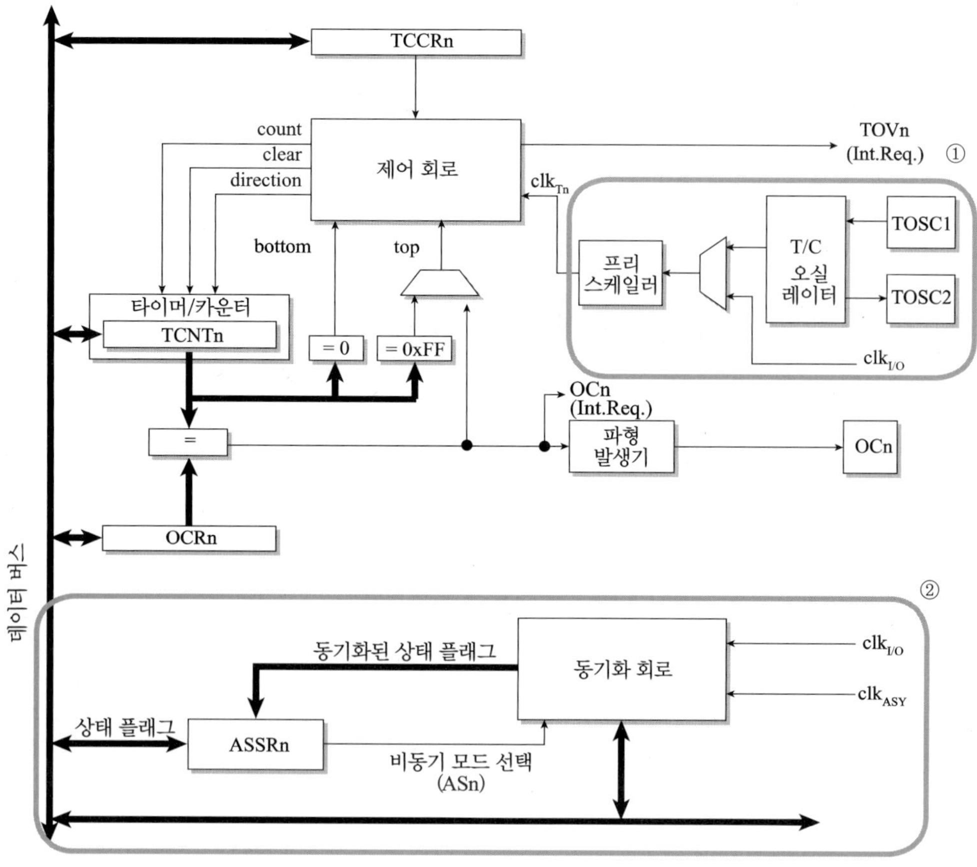

주) 그림에서 n으로 표현된 부분은 타이머/카운터 0에 대한 설명이므로 0으로 변경하여 설명함

그림 7.18 타이머/카운터 0의 내부 구성도

리스털을 사용하여 자체 발진 모드로 사용되며 이는 시스템 클록과 무관해지므로 비동기적으로 동작하게 된다. 따라서 구성도의 ② 부분에 표시되어 있는 것과 같이 비동기적인 부분을 제어하기 위한 동기 회로부가 별도로 내장되어 있다.

타이머/카운터가 동기적으로 동작하는지 비동기적으로 동작하는지는 시스템 클록이 사용되는지 여부로 결정되기 때문에 슬립 모드와 밀접하게 관련이 되므로 중요하다.

7.3.2 타이머/카운터 0과 타이머/카운터 2의 차별성

타이머/카운터 0은 앞에서 설명한 바와 같이 타이머/카운터 부분의 클록 입력 및 프리스케일러 구성(그림 7.18의 ①)과 이를 제어하기 위한 비동기 회로부(그림 7.18의 ②)에 차별성을 갖고 있다. 따라서 이 부분에 대해서만 설명하기로 한다.

먼저 타이머/카운터 부분의 차이점을 살펴보자. 타이머/카운터 2의 클록 입력과 카운터부의 구성은 그림 7.6에 표시했으며, 타이머/카운터 0의 클록 입력과 카운터부의 구성은 그림 7.19에 나타내었다.

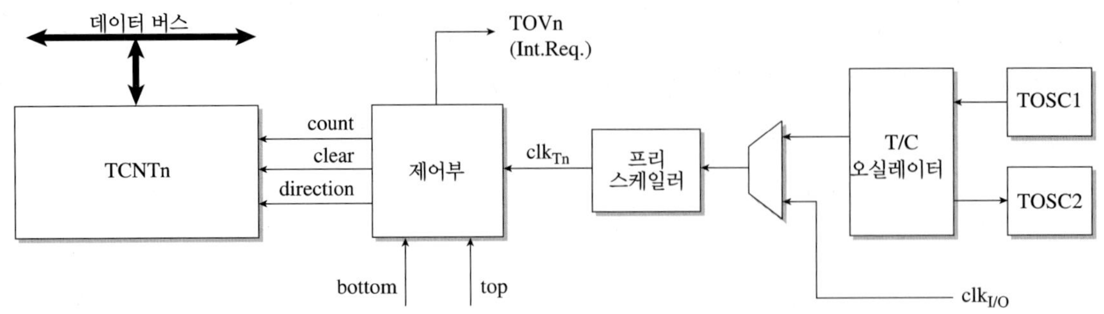

그림 7.19 타이머/카운터 0의 카운터부 구성도

그림 7.6에 나타난 바와 같이 타이머/카운터 2는 외부 클록을 T2 단자로 받아 카운터 동작을 수행하지만, 타이머/카운터 0은 그림 7.19에 나타낸 것과 같이 외부 클록이나 입력 단자 T0이 없는 대신에 TOSC1 및 TOSC2 단자를 갖고 있어서 여기에 수정 발진자를 직접 연결하고 자체적인 발진 회로를 사용한다.

타이머/카운터 2에서 타이머로 동작할 때는 시스템 클록 주파수와 같은 내부 클록 $clk_{I/O}$를 클록 소스로 사용하며, 이것은 프리스케일러에 의해 분주비 1, 8, 64, 256, 1024 중의 하나로 분주되며, 클록 입력을 차단하여 타이머/카운터 2의 기능을 정지시킬 수도 있다. 그러나 카운터로 동작할 때는 외부의 T2 단자에서 입력된 신호를 클록 소스로 사용하며, 프리스케일러를 거치지 않고 직접 카운터에 입력된다.

타이머/카운터 0은 타이머 동작이나 카운터 동작에서 항상 프리스케일러를 사용하며, 카운터로 동작할 때는 비동기 동작의 특징을 갖는다. 즉, 타이머/카운터 0은 물론이고 외부 TOSC1과 TOSC2 단자에 32.768kHz의 수정 발진자를 접속하여 사용하는 카운터의 비동기 동작 모드에서도 프리스케일러가 사용되며, 프리스케일러의 분주비도 1, 8, 32, 64, 128, 256, 1024 중 하나를 사용할 수 있어서 타이머/카운터 2와는 약간 차이가 있다.

7.3.3 타이머/카운터 0의 레지스터

타이머/카운터 0을 제어하기 위한 레지스터는 표 7.8에 나타낸 바와 같이 타이머/카운터 2를 제어하기 위한 레지스터를 비롯하여 비동기 동작을 위해 ASSR 레지스터와 SFIOR 레지스터가 추가되어 있다. 따라서 이 절에서는 타이머/카운터 0과 타이머/카운터 2의 차이점인 프리스케일러에 의한 분주비의 설정 방법과 비동기 동작을 위한 레지스터에 대해 자세히 설명하기로 하고, 나머지 부분은 타이머/카운터 2의 내용과 동일하므로 그 부분을 참조하기 바란다.

표 7.8 타이머/카운터 0 제어용 레지스터

타이머/카운터 0 레지스터	설명
TCCR0	Timer/Counter 0 제어 레지스터
TCNT0	Timer/Counter 0 레지스터
OCR0	출력 비교 레지스터
ASSR	비동기 상태 레지스터
SFIOR	특수 기능 I/O 레지스터
TIMSK	타이머/카운터 인터럽트 마스크 레지스터
TIFR	타이머/카운터 인터럽트 플래그 레지스터

◈ TCCR0 레지스터와 TCCR2 레지스터의 차이점

TCCR0 레지스터는 그림 7.20에 나타냈으며, TCCR0 레지스터와 TCCR2 레지스터의 차이점은 프리스케일러의 적용에 있다. 따라서 비트 2~0의 기능만 약간 차이가 있고 나머지 부분의 내용은 두 타이머/카운터가 동일하다. 타이머/카운터 2에서의 분주비는 표 7.7에 설명한 바와 같이 CS22~20 비트의 설정에 따라 1, 8, 64, 256, 1024 중 하나로 결정된다. 그러나 타이머/카운터 0에서는 CS02~00 비트의 설정에 따라 표 7.9와 같은 분주비를 갖도록 되어 있다. 그림 7.21에는 타이머/카운터 0의 프리스케일러 구성도를 자세히 나타내었다.

비트	7	6	5	4	3	2	1	0	
	FOC0	WGM00	COM01	COM00	WGM01	CS02	CS01	CS00	TCCR0
읽기/쓰기	W	R/W	R/W	R/W	R/W	R/W	R/W	R/W	
초깃값	0	0	0	0	0	0	0	0	

그림 7.20 TCCR0 레지스터의 비트 구성

표 7.9 타이머/카운터 0에서의 CS02~00 비트에 의한 클록 선택

CS02	CS01	CS00	클록 소스의 기능
0	0	0	클록 소스 차단(타이머/카운터 0의 기능이 정지됨)
0	0	1	$clk_{I/O}$
0	1	0	$clk_{I/O}$/8(프리스케일러로부터)
0	1	1	$clk_{I/O}$/32(프리스케일러로부터)
1	0	0	$clk_{I/O}$/64(프리스케일러로부터)
1	0	1	$clk_{I/O}$/128(프리스케일러로부터)
1	1	0	$clk_{I/O}$/256(프리스케일러로부터)
1	1	1	$clk_{I/O}$/1024(프리스케일러로부터)

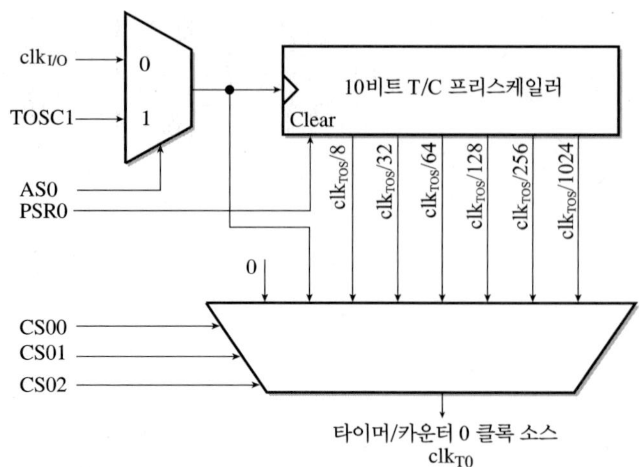

그림 7.21 타이머/카운터 0의 프리스케일러 구성도

◈ 비동기 상태 레지스터(ASSR)

ASSR(Asynchronous Status Register)은 타이머/카운터 0이 외부 클록에 의해 비동기 모드로 동작하는 경우에 관련된 기능을 수행하는 레지스터이다. 그림 7.22에 이 레지스터의 비트 구성을 나타냈으며, 각 비트의 기능은 다음과 같다.

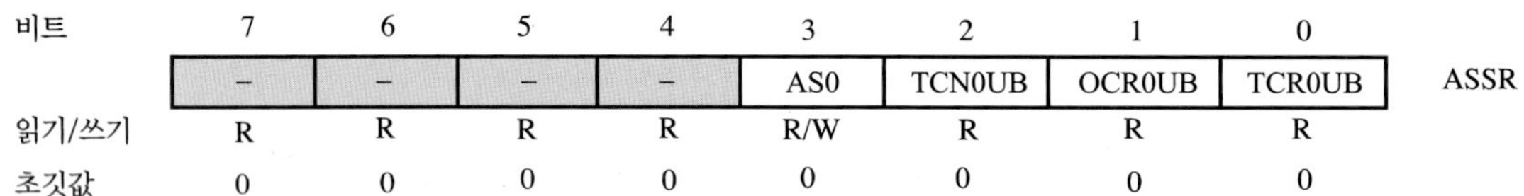

비트	7	6	5	4	3	2	1	0	
	–	–	–	–	AS0	TCN0UB	OCR0UB	TCR0UB	ASSR
읽기/쓰기	R	R	R	R	R/W	R	R	R	
초깃값	0	0	0	0	0	0	0	0	

그림 7.22 ASSR(Asynchronous Status Register) 레지스터의 비트 구성

▶ 비트 3: AS0(비동기 타이머/카운터 0(Asynchronous Timer/Counter0))

AS0 비트는 타이머/카운터 0의 클록 소스를 선택하는 비트로서, 0이면 내부 클록 $clk_{I/O}$가 선택되어 동기 모드로 동작하고, 1이면 외부의 TOSC1 단자에 입력되는 수정 발진자의 클록이 선택되어 비동기 모드인 RTC로 동작한다. AS0의 값을 수정하면 TCNT0, OCR0, TCCR0의 내용에 변화가 일어날 수 있고, 하위 비트인 비지 플래그들이 1인 동안에 TCNT0, OCR0, TCCR0 레지스터의 값을 변경하면 이 레지스터 값에 변화가 일어날 수 있다. 따라서 이상과 같은 변화에 의해 예상하지 않은 인터럽트가 발생할 수 있으니 사용함에 있어 주의를 요한다. 이 레지스터들의 값을 읽으면 TCNT0 레지스터는 실시간 값이지만, OCR0와 TCCR0의 경우에는 임시 레시스터의 값이 읽힌다.

▶ 비트 2: TCN0UB(Timer/Counter0 Update BUSY)

TCN0UB 비트는 타이머/카운터 0이 비동기로 동작하고 있을 때 TCNT0으로 데이터를 쓰는 시점을 알려주기 위한 상태 비트로서, TCNT0에 새로운 값을 쓰면 이 비트가 1로 세트된다. 임시 저장 레지스터로부터 TCNT0으로 옮겨져서 TCNT0의 쓰기가 완료되면, 이 비트는 자동적으로 0이 된다. 따라서 TCNT0에 새로운 데이터를 쓰기 위해서는 이 비트가 0인 상태여야 한다.

▶ **비트 1: OCR0UB(Output Compare Register 0 Update Busy)**
OCR0UB 비트는 타이머/카운터 0이 비동기로 동작하고 있을 때 OCR0으로 데이터를 쓰는 시점을 알려주기 위한 상태 비트로서, OCR0에 새로운 값을 쓰면 이 비트가 1로 세트된다. 임시 레지스터로부터 OCR0에 옮겨져서 OCR0의 쓰기가 완료되면, 이 비트는 자동적으로 0이 된다. TCN0UB에서와 마찬가지로 OCR0에 새로운 데이터를 쓰기 위해서는 이 비트가 0인 상태여야 한다.

▶ **비트 0: TCR0UB(Timer/Counter Control Register 0 Update Busy)**
TCR0UB 비트는 타이머/카운터 0이 비동기로 동작하고 있을 때, TCCR0로 데이터를 쓰는 시점을 알려주기 위한 상태 비트로서, TCCR0에 새로운 값을 쓰면 이 비트가 1로 세트된다. 임시 저장 레지스터로부터 TCCR0에 옮겨져서 TCCR0의 쓰기가 완료되면, 이 비트는 자동적으로 0이 된다.

이상과 같이 타이머/카운터 동작 중에 동기 모드에서 비동기 모드로 전환해야 하는 경우에는 뜻하지 않은 오류가 생길 수 있으므로 다음과 같은 절차로 수행하는 것이 바람직하다.

① TIMSK 레지스터의 OCIE0, TOIE0 비트를 0으로 하여 타이머/카운터 0의 인터럽트를 금지한다.
② ASSR 레지스터의 AS0 비트를 0(내부) 또는 1(외부)로 설정하여 클록 소스를 선택한다.
③ TCNT0, OCR0, TCCR0 레지스터에 새로운 값을 기록한다.
④ 비동기 동작 모드로 전환하기 위해 ASSR 레지스터의 TCN0UB, OCR0UB, TCR0UB 비트가 0이 될 때까지 기다린다.
⑤ TIFR 레지스터의 OCF0 및 TOV0 비트를 0으로 클리어하여 인터럽트가 발생하지 않도록 한다.
⑥ 필요하다면, TIMSK 레지스터의 OCIE0 및 TOIE0 비트를 1로 하여 인터럽트를 허용 상태로 한다.

타이머/카운터 0이 비동기 모드로 동작할 때 인터럽트 플래그의 동기화를 위해서는 1개의 타이머 사이클과 3개의 프로세서 사이클이 추가로 필요하다. 따라서 프로세서가 인터럽트 플래그가 세트되어 TCNT0의 값을 읽는 경우에는 1 이상의 값이 변해 있을 수 있으므로 이를 고려하는 것이 바람직하다. 출력 비교 핀은 타이머 클록에서 변화되고 프로세서 클록에는 동기화되지 않으므로 이도 유의해야 한다.

그리고 비동기 모드에서 슬립 모드를 사용할 경우에는 고려해야 할 사항이 많다. 이에 대한 자세한 내용은 이 책의 설명 범위를 벗어나므로 ATmega128 데이터 매뉴얼을 참조하기 바란다.

◈ 특수 기능 I/O 레지스터(SFIOR)

SFIOR(Special Function I/O Register) 레지스터는 타이머/카운터들을 동기화하기 위한 특수 기능을 수행하는 레지스터로서, 그림 7.23에 나타내었다.

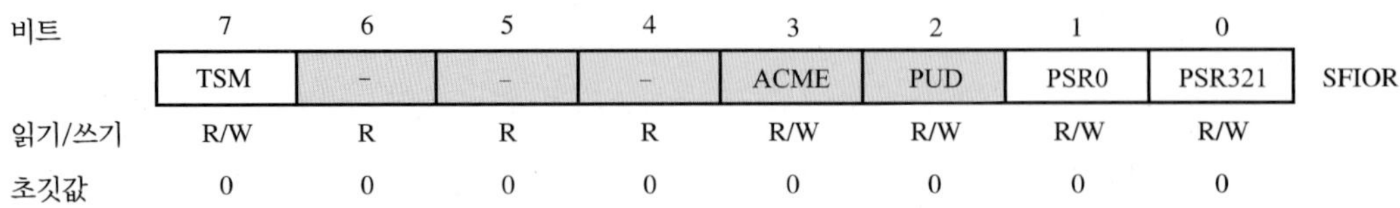

비트	7	6	5	4	3	2	1	0	
	TSM	-	-	-	ACME	PUD	PSR0	PSR321	SFIOR
읽기/쓰기	R/W	R	R	R	R/W	R/W	R/W	R/W	
초깃값	0	0	0	0	0	0	0	0	

그림 7.23 SFIOR 레지스터의 비트 구성

▶ 비트 7: TSM(타이머/카운터 동기 모드(Timer/Counter Synchronization Mode))

TSM 비트는 모든 타이머/카운터를 동기화하는 기능을 수행하며, 임의의 값으로 설정하고 동시에 카운팅할 때 사용한다. 이 비트를 1로 하면, SYNC 모드로 동작하며, PSR0과 PSR321 비트를 1로 설정하면 프리스케일러는 리셋 상태로 유지하여 타이머/카운터를 정지시키고, 모든 타이머/카운터를 똑같은 값으로 설정할 수 있게 해준다. 이 상태에서 TSM 비트를 0으로 리셋하면 PSR0과 PS321 비트는 하드웨어적으로 클리어되며, 타이머/카운터들이 동시에 계수 동작을 시작한다.

▶ 비트 1: PSR0(프리스케일러 리셋 타이머/카운터 0(Prescaler Reset Timer/Counter0))

PSR0 비트는 타이머/카운터 0을 리셋시키는 기능을 하는 비트로서, 이 비트를 1로 설정하면 타이머/카운터 0의 프리스케일러를 리셋시키며 동작 후에 자동적으로 클리어된다. 그러나 타이머/카운터 0이 비동기 모드로 동작하고 있을 때 이 비트를 1로 설정하면 프리스케일러가 리셋될 때까지 1로 유지되며, TSM=1이면 하드웨어에 의해 자동적으로 클리어되지 않는다.

▶ 비트 0: PSR321(프리스케일러 리셋 타이머/카운터 3, 2, 1)

PSR321 비트는 타이머/카운터 3, 2, 1이 공통적으로 사용하고 있는 프리스케일러를 리셋시키며, TSM이 1로 되어 있지 않으면 하드웨어에 의해 즉시 클리어된다.

◈ 타이머/카운터 0 레지스터

TCNT0, OCR0 레지스터는 타이머/카운터 0을 제어하기 위해 사용되는데, 기능은 타이머/카운터 2와 동일하며 다음과 같다.

▶ TCNT0 레지스터

비트	7	6	5	4	3	2	1	0	
	TCNT0[7:0]								TCNT0
읽기/쓰기	R/W	R/W	R/W	R/W	R/W	R/W	R/W	R/W	
초깃값	0	0	0	0	0	0	0	0	

그림 7.24 TCNT0 레지스터

▶ OCR0 레지스터

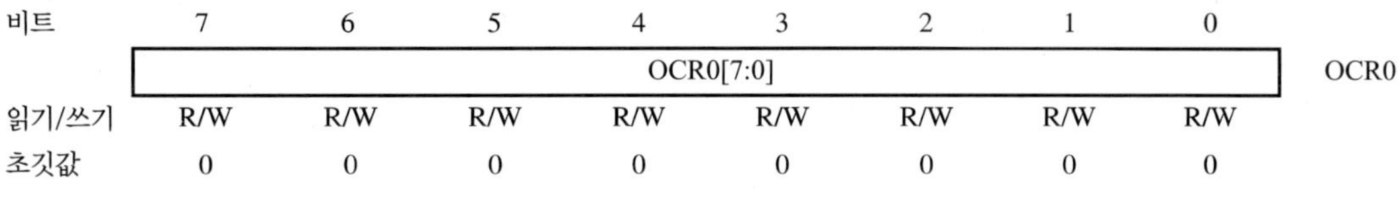

비트	7	6	5	4	3	2	1	0	
	OCR0[7:0]								OCR0
읽기/쓰기	R/W	R/W	R/W	R/W	R/W	R/W	R/W	R/W	
초깃값	0	0	0	0	0	0	0	0	

그림 7.25 OCR0 레지스터

타이머/카운터 0의 인터럽트를 제어하는 기능은 타이머/카운터 2의 인터럽트를 제어하는 레지스터와 동일하며, 비트의 위치만 다르다. 즉, 그림 7.13의 TIMSK 레지스터의 비트 7과 비트 6인 OCIE0과 TOIE0이 인터럽트 발생을 개별적으로 허용하는 비트이며, 그림 7.14의 TIFR 레지스터의 비트 7과 비트 6인 OCF0과 TOV0이 인터럽트 발생 여부를 알려주는 인터럽트 플래그 비트이다. 이 비트들의 동작은 타이머/카운터 2에서 설명한 것과 동일하므로, 타이머/카운터 2 부분을 참조하기 바란다.

7.4 8비트 타이머/카운터 활용 실험

타이머/카운터가 이상의 동작 모드로 정확하게 동작을 하기 위해서는 먼저 프로그램 시작과 함께 초기화되어야 한다. 그러고 나서 프로그램에서 타이머/카운터를 원하는 동작 모드로 동작시키기 위해 제어 레지스터, 카운터 레지스터 또는 출력 비교 레지스터를 제어해야 한다. 이 과정에서 타이머/카운터의 상태는 동작 플래그 비트를 통해 나타나며, 이 플래그를 이용하여 인터럽트를 발생시킬 수 있다. 또한 타이머/카운터가 계수한 내용을 확인하기 위해 레지스터를 읽거나 또는 시간 주기를 조정하기 위해 레지스터의 내용을 수정하는 등의 필요한 동작을 수행하도록 타이머/카운터는 프로그램 내에서 제어되어야 한다.

타이머/카운터를 활용하여 프로그램을 작성하는 과정에서는 다음의 세 가지 방법이 사용될 수 있다.

- 인터럽트 플래그의 발생 여부를 감시하면서 사건이 발생하는 것을 감시하는 경우
- 인터럽트가 발생하면 인터럽트 서비스 루틴(ISR)을 수행하는 경우
- 출력 핀의 상태를 자동으로 변화시키는 경우

이상의 8비트 타이머/카운터의 제어 개념을 상기하면서 다음의 각 동작 모드에 대한 예제를 통해 타이머/카운터의 동작 방법을 학습해보자.

예제 7.1 일반 모드의 활용

PORTB.0상에 타이머/카운터 2를 사용하여 10kHz 구형파를 만드는 프로그램을 작성하라.

일반 모드는 단순히 시스템 클록을 계수하는 모드로서 시스템 클록은 프리스케일러를 통해 입력된다. 이렇게 입력된 클록은 타이머/카운터 레지스터 TCNTn(0 또는 2)에 의해 상향 계수되고, 이 과정에서 0xFF에서 0x00으로 변화되면 오버플로우 플래그인 TOVn이 1이 되어 인터럽트를 요청하게 된다. 인터럽트가 요청되면 ISR 루틴이 수행되면 TOVn은 자동으로 0으로 클리어된다.

이상의 모드로 동작하는 일반 모드에서 일정한 시간 간격을 갖는 구형파를 만들기 위해서는 타이머/카운터로 공급되는 클록의 시간을 고려해야 한다. 이 예제에서는 타이머/카운터 2를 사용하는 것이므로, TCNT2에 대해서만 논하기로 한다.

타이머/카운터 2로 입력되는 클록은 그림 7.10과 같은 프리스케일러를 통해 공급된다. 즉, 타이머/카운터 2로 공급되는 크리스탈 부품의 클록(시스템 클록)이 프리스케일러에 의해 분주되어 입력된다. 이 클록을 이용하여 8비트의 타이머/카운터 2는 0~255(0xff)까지 계수를 하게 된다.

결국 이러한 과정을 거쳐 8비트의 타이머/카운터 2로는 다음과 같이 계산되는 클록이 입력된다.

$$t_{clk} = \frac{N}{f_{clk\_I/O}}$$

여기서 N은 프리스케일러 분주비이고, $f_{clk_I/O}$는 시스템의 내부 클록 주파수이다.

그리고 8비트인 타이머/카운터 2가 가질 수 있는 최대 주기는 다음과 같다.

$$T_{max} = 256 \times t_{clk} = \frac{256 \times N}{f_{clk\_I/O}}$$

책에서 사용하는 시스템 클록은 14.7456MHz를 사용하지만 계산의 편리상 16MHz를 사용하는 것으로 가정한다. 따라서 프리스케일러 분주비에 따른 타이머/카운터 2의 입력 클록과 최대 주기는 표 7.10과 같이 설정된다.

표 7.10 분주비에 따른 타이머/카운터 2의 최대 주기

분주비	1	8	64	256	1024
1 계수 시간(μs)	0.0625	0.5	4	16	64
최대 주기(ms)	16	128	1,024	4,096	16,384

이렇게 공급되는 클록을 가지고, 예제에서 주어진 파형을 발생하는 프로그램을 작성해보자.

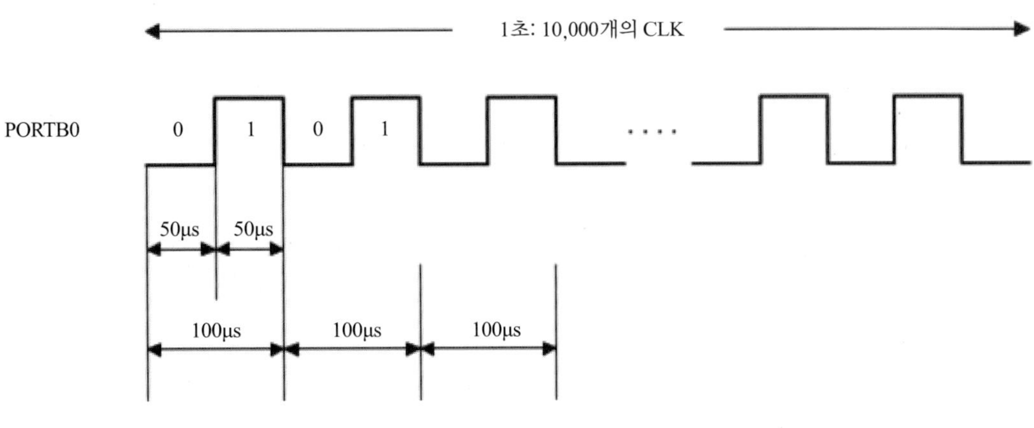

그림 7.26 10kHz의 구형파의 시간

10kHz의 구형파는 그림 7.26과 같이 1/10kHz=100μs의 주기, 즉 1클록의 시간이 100μs의 시간을 가지며, 이러한 주기의 구형파를 만들기 위해서는 펄스의 ON 시간과 OFF 시간이 각각 50μs 여야 한다. 10kHz의 구형파를 만들기 위해서는 매 50μs마다 PORTB0의 신호가 0 → 1, 1 → 0으로 변화해야 하고, 이것은 50μs마다 오버플로우를 발생시켜 PORTB0의 신호를 변경하면 된다. 표 7.10에서 프리스케일러의 분주비를 8로 설정하면, TCNT2의 계수 값이 1 증가하기 위한 시간은 0.5μs이므로 100개의 계수를 하면 50μs가 경과함을 알 수 있다. 이를 위해 TCNT2에 −100을 로드하고 TCNT2의 값이 −1(0xff)에서 0(0x00)이 되면 TOV2가 1이 되어 오버플로우 인터럽트가 발생한다. 오버플로우 ISR에서 PORTB0의 신호를 반전시키고, 다시 TCNT2의 값을 −100으로 저장하면 50μs를 반복적으로 구할 수 있다. −100에 대한 값은 0x9C나 컴파일러에서 자동으로 계산된다.

이상의 내용을 기반으로 하여 타이머/카운터 2를 초기화해야 한다. 타이머/카운티 2 레지스터의 초기화 값은 그림 7.27과 같으며 이 예제는 일반 모드(오버플로우 인터럽트)를 활용하는 것으로서, 6.4절에서 설명한 인터럽트 제어 과정을 적용한다.

① 오버플로우 인터럽트를 선택하기 위해 TIMSK의 TOIE2를 1로 설정한다.

② 일반 모드에서 오버플로우 인터럽트를 사용하여 프로그램을 작성하기 위해 TCCR2와 TCNT2를 사용하고, TCCR2는 다음과 같이 CS21 비트만 1로 설정한다. 또한 TCNT2의 값은 위에서 설명한 바와 같이 −100으로 저장한다. 그리고 PORTB0에 신호를 출력하기 위해 DDRB의 값을 0xff(여기서는 0x01로 해도 무방함)로 설정하여 포트 B를 출력으로 설정한다.

③ 인터럽트 동작을 시작(전체 인터럽트 허가)하기 위해 SREG의 I 비트를 1로 설정한다.

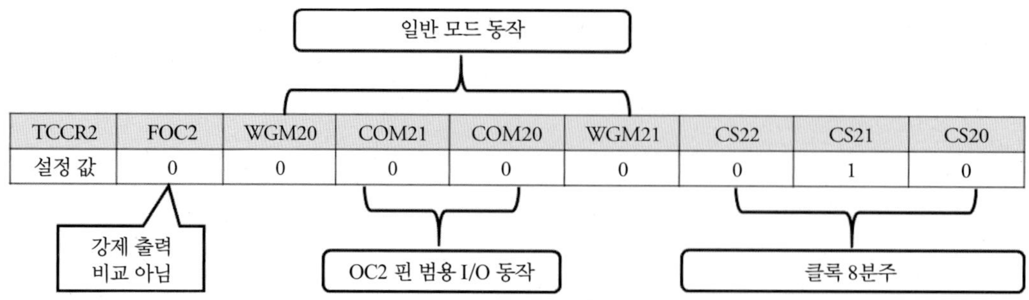

그림 7.27 예제 7.1을 일반 모드로 동작시키기 위한 TCCR2의 설정 값

이 과정의 프로그램은 다음과 같다.

```
void Init_Timer2(void)
{
    TIMSK = (1<<TOIE2); // ① 오버플로우(TOV2) 인터럽트 선택
    TCCR2 = (1<<CS21);  // ② 0b00000010, 일반 모드, 8 분주비 사용
    TCNT2 = -100;       // ② 카운터 값 설정(50μs)
    DDRB = 0xff;        // ② 포트 B를 출력으로 설정
    SREG |= 0x80;       // ③ 인터럽트 동작 시작(전체 인터럽트 허가)
}
```

이상의 초기화 과정에서 비트 제어 코드를 사용하기 위해서는 5장에서 설명한 SFR 레지스터의 비트필드들이 〈mega128.h〉에 미리 정의되어 있어야 함을 기억하기 바란다.

그리고 타이머/카운터 2의 기능을 이용하여 10kHz의 구형파를 만들기 위해서는 두 가지 방법으로 프로그램의 구현이 가능하다. 다음에 제시된 두 가지 방법의 구현 사례를 보면서 어떤 방법이 유용한지 살펴보기 바라며, 이 중에서 방법 1이 일반적으로 사용되는 방법이다.

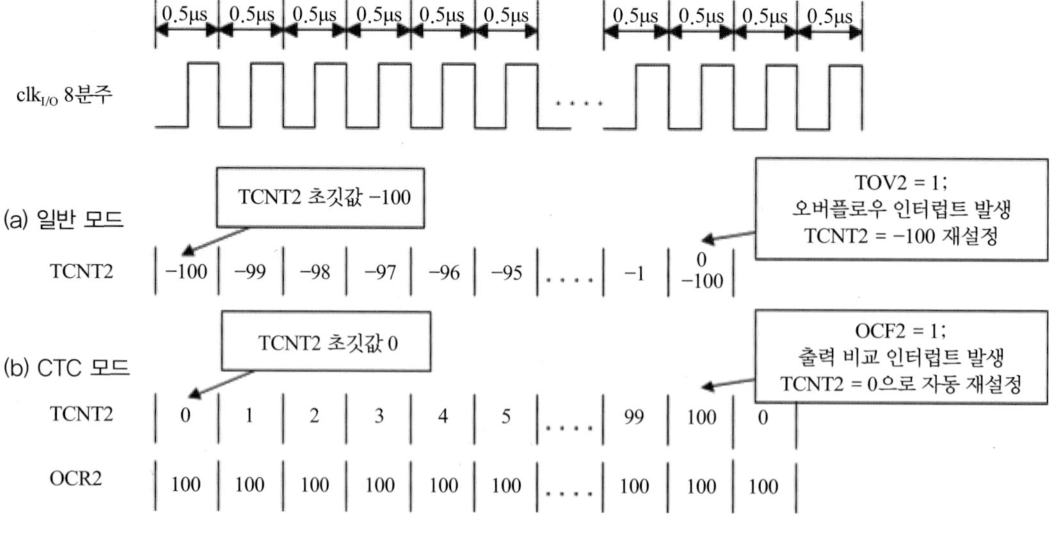

그림 7.28 일반 모드와 CTC 모드의 동작 비교

〈방법 1〉 타이머/카운터 2의 TOV2 인터럽트를 사용하는 경우

그림 7.28은 일반 모드와 CTC 모드의 동작을 비교한 것이다. 그림 7.28(a)는 일반 모드에서 오버플로우 인터럽트를 사용하는 경우를 나타낸다. TCNT2는 프로그램에 의해 초깃값을 설정해주면, 초깃값에서 상향 카운터로 시간이 지남에 따라 자동으로 1씩 증가하고, TOV2 플래그가 발생하면 인터럽트 서비스 루틴이 수행되고, TOV2 플래그도 자동으로 클리어된다. 인터럽트 서비스 루틴에서는 다음 인터럽트 시간을 위해 TCNT2의 값을 재설정해주어야 한다.

```
#include <mega128.h>

void Init_Timer2(void)
{
    TIMSK = (1<<TOIE2);  // ① 오버플로우(TOV2) 인터럽트 선택
    TCCR2 = (1<<CS21);   // ② 0b00000010, 일반 모드, 8 분주비 사용
    TCNT2 = -100;        // ② 카운터 값 설정(50µs)
    DDRB = 0xff;         // ② 포트 B를 출력으로 설정
    SREG |= 0x80;        // ③ 인터럽트 동작 시작(전체 인터럽트 허가)
}

interrupt [TIM2_OVF] void timer2_overflow(void)
{
    TCNT2= -100;         // 카운터 값 재설정(50µs)
    PORTB.0 = ~ PORTB.0; // 50µs
}

void main(void)
{
    Init_Timer2();       // 타이머/카운터 2의 초기화
    PORTB.0=0;           // PORTB.0을 클리어
    while(1);            // 무한 루프
}
```

〈방법 2〉 출력 비교 인터럽트를 사용하는 경우

그림 7.28(b)는 CTC 모드에서 출력 비교 인터럽트를 사용하는 경우를 나타낸다. TCNT2의 값은 0부터 계수를 시작하고, OCR2는 원하는 시간을 설정한다. 출력 비교 인터럽트는 출력 비교 설정 값을 저장하는 OCR2와 시간을 계수하는 TCNT2의 값이 일치하면 OCF2 플래그가 1이 되어 발생한다. 비교 일치가 일어나면 TCNT2의 값은 자동으로 0이 되기 때문에 프로그램에 의한 재설정은 하지 않아도 된다.

이상의 내용을 기반으로 타이머/카운터 2 레지스터의 초기화 값은 그림 7.27과 같이 설정되며, 이 예제는 CTC 모드의 출력 비교 인터럽트를 활용하는 것으로서 6.4절에서 설명한 인터럽트 제어 과정을 적용한다.

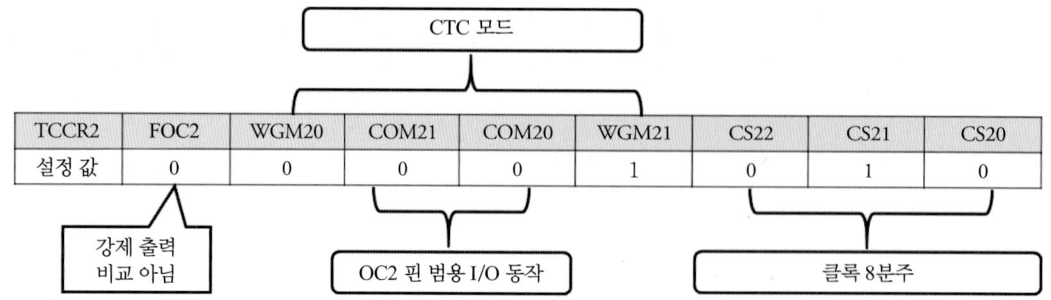

그림 7.29 예제 7.1을 CTC 모드로 동작시키기 위한 TCCR2의 설정 값

① 출력 비교 인터럽트를 선택하기 위해 TIMSK의 OCIE2를 1로 설정한다.

② CTC 모드 제어를 위해 TCCR2와 OCR2를 사용하여 제어한다. TCCR2는 다음과 같이 WGM21과 CS21 비트를 1로 설정한다.

③ 인터럽트 동작을 시작(전체 인터럽트 허가)하기 위해 SREG의 I 비트를 1로 설정한다.

④ OCR2의 값은 100을 저장해 50μs 이후에 TIFR의 OCF2 플래그가 1이 되어 인터럽트가 발생하도록 한다. PORTB0에 신호를 출력하기 위해 DDRB의 값을 0xff(여기서는 0x01로 해도 무방함)로 설정하여 포트 B를 출력으로 설정한다.

이 과정의 프로그램은 다음과 같다.

```
#include <mega128.h>

void Init_Timer2(void)
{
    TIMSK = (1<<OCIE2);               // ① 오버플로우(TOV2) 인터럽트 선택
    TCCR2 = (1<< WGM21)| (1<<CS21);  // ② CTC 모드, 8 분주비 사용
    OCR2 = 100;                       // ② OCR2 값 설정(50μs)
    DDRB = 0xff;                      // ② 포트 B를 출력으로 설정
    SREG |= 0x80;                     // ③ 인터럽트 동작 시작(전체 인터럽트 허가)
}

interrupt [TIM2_COMP] void timer2_out_comp(void)
{
    PORTB.0 = ~ PORTB.0;              // 50μs
}

void main(void)
{
    Init_Timer2();                    // 타이머/카운터 2의 초기화
    PORTB.0=0;                        // PORTB.0을 클리어
    while(1);                         // 무한 루프
}
```

예제 7.2 CTC 모드의 활용

타이머/카운터 2의 CTC 모드를 사용하여 10kHz 구형파를 출력 비교(OC2) 핀으로 출력하는 프로그램을 작성하라.

이 예제는 예제 7.1에서 설명한 〈방법 2〉와 동일하나, PORTB0 핀이 아닌 OC2 핀으로 출력한다는 점만 다르다. 〈방법 2〉에서 OC2 핀을 출력으로 선택하기 위해서는 TCCR2의 COM21, COM20 비트를 '00'이 아닌 '01'로 설정하면 된다. 이것은 표 7.4에서 설명한 바와 같이 비교 일치가 일어나면 OC2 핀을 토글하도록 하는 것이다.

이상의 내용과 예제 7.1의 프로그램을 참조하여 작성한 전체 프로그램은 다음과 같다.

```
#include <mega128.h>

void Init_Timer2(void)
{
    TIMSK = (1<<OCIE2);                           // ① 오버플로우(TOV2) 인터럽트 선택
    TCCR2 = (1<< WGM21)|(1<<CS21)|(1<<COM20);     // ② CTC 모드, 8 분주비 사용, OC2 토글
    OCR2 = 100;                                   // ② OCR2 값 설정(50μs)
    DDRB = 0xff;                                  // ② 포트 B를 출력으로 설정
    SREG |= 0x80;                                 // ③ 인터럽트 동작 시작(전체 인터럽트 허가)
}

interrupt [TIM2_COMP] void timer2_out_comp(void)
{
    #asm("nop");
}

void main(void)
{
    Init_Timer2();                                // 타이머/카운터 2의 초기화

    while(1);                                     // 무한 루프
}
```

위의 프로그램에서 인터럽트 서비스 루틴을 보면 #asm("nop"); 명령어를 사용하고 있다. 이는 아무 동작도 않고 1 명령어 사이클을 허비하는 것으로, MCU가 아무 동작도 하지 않음을 의미한다.

또한 이 예제의 프로그램과 예제 7.1의 〈방법 2〉 프로그램을 비교해보면 일반 모드를 이용하는 것보다 CTC 모드를 이용하여 구형파를 발생시키는 편이 좀 더 용이함을 알 수 있을 것이다.

예제 7.3 CTC 모드의 활용: 소프트웨어 루프의 활용

예제 7.2의 프로그램을 활용하여 1kHz 구형파를 PORTB.0상에 출력하는 프로그램을 작성하라.

1kHz의 구형파를 만들기 위해서는 펄스의 ON 시간과 OFF 시간이 각각 500μs여야 한다. 예제 7.2에서는 프리스케일러를 통해 공급되는 0.5μs의 클록을 사용하고 있으므로, 이를 8비트 레지스터로 계수를 해도 128μs의 펄스를 만드는 것이 최대이다. 따라서 타이머/카운터 레지스터의 비트 수를 늘려 타이머/카운터의 분해능을 늘리든지, 분주비를 8 이상의 값으로 변경하든지, 아니면 소프트웨어 루프를 사용해야 한다.

이 장에서는 8비트 타이머/카운터를 사용하고 있으므로, 이번 예제에서는 인터럽트의 발생 횟수를 계수하여 정확하게 파형을 만드는 방법을 구현해보자.

즉, 예제 7.1에서와 같이 50μs마다 인터럽트가 발생하고, 이 인터럽트의 발생 횟수가 10번이 되었는지 주 프로그램에서 확인하여 PORTB의 0 비트를 토글하면 된다. 이상의 내용과 예제 7.2의 프로그램을 참조하여 프로그램을 작성하면 다음과 같다.

```
#include <mega128.h>

unsigned char c_cnt;

void Init_Timer2(void)
{
    TIMSK = (1<<OCIE2);                // ① 오버플로우(TOV2) 인터럽트 선택
    TCCR2 = (1<< WGM21)| (1<<CS21);  // ② CTC 모드, 8 분주비 사용
    OCR2 = 100;                        // ② OCR2 값 설정(50μs)
    DDRB = 0xff;                       // ② 포트 B를 출력으로 설정
    SREG |= 0x80;                      // ③ 인터럽트 동작 시작(전체 인터럽트 허가)
}

interrupt [TIM2_COMP] void timer2_out_comp(void)
{
    c_cnt++;                           // 50μs마다 c_cnt 값 1씩 증가, 10이 되면 500μs 경과
}

void main(void)
{
    c_cnt = 0;
    Init_Timer2();                     // 타이머/카운터 2의 초기화
    PORTB.0=0;                         // PORTB.0을 클리어
    while(1)                           // 무한 루프
    {
        if(c_cnt == 10)                // 500μs가 경과되었으면
        {
```

```
            PORTB.0 = ~PORTB.0;     // PORTB0을 토글
            c_cnt = 0;              // 500μs가 지났으니 c_cnt 값을 초기화
        }
    }
}
```

예제 7.4 고속 PWM 모드

고속 PWM 모드를 이용하여 OC2 단자에 듀티비가 25%, 50%, 75%인 PWM 신호를 만드는 프로그램을 작성하라. 듀티비의 선택은 PORTD7에 연결된 스위치가 ON되면 75%, PORTD6이 ON되면 50%, PORTD5가 ON되면 25%로 각각 설정되도록 프로그램하라.

다른 마이크로컨트롤러에 비해 AVR에 내장된 타이머/카운터가 주로 활용되는 부분이 PWM 신호를 발생시키는 것이다. PWM 신호를 만드는 방법은 기준 신호의 발생에 따라 대칭형의 신호를 사용하는 경우와 비대칭형의 신호를 사용하는 경우, 두 가지가 있을 수 있다. AVR에서는 대칭형의 신호를 사용하는 방법을 고속 PWM 모드라 하고, 비대칭형의 신호를 사용하는 경우를 PC PWM 또는 PFC PWM 모드라 한다.

타이머/카운터 0과 2는 8비트의 구조를 갖고 있기 때문에 시스템 클록을 256 분주하는 것이 최대가 되므로 높은 스위칭 주파수를 갖는 PWM 신호를 발생시키는 데 사용되고, 타이머/카운터 1과 3은 16비트의 구조를 갖고 있기 때문에 시스템 클록을 65536 분주하는 것이 최대가 되므로 비교적 낮은 스위칭 주파수를 갖는 PWM 신호를 발생시키는 데 사용된다.

이 예제에서는 고속 PWM의 동작 모드의 활용에 대해 살펴보기로 한다. 그림 7.30에 고속 PWM 모드에서의 PWM 신호의 발생 원리를 나타내었다.

고속 PWM 모드에서, 타이머/카운터는 상향 카운터로 동작한다. 상향 카운터는 그림에서와 같이 0x00에서 0xFF까지 증가한다. 이 타이머/카운터 레지스터 TCNT의 값이 출력 비교 레지스터(OCRn)의 내용과 같으면 출력 신호를 토글하여 PWM 신호가 발생한다.

PWM 신호의 주기는 그림 7.30에 나타낸 것과 같이 T_W이고, 듀티비는 다음 식으로 결정된다.

$$\text{듀티비}(\%) = \frac{T_{ON}}{T_W} \times 100(\%)$$

PWM 신호를 다루다 보면, PWM 신호의 주파수와 듀티비의 변경이 자유롭게 이루어져야 한다. 일반적으로 PWM 신호의 기본 주파수를 변경하기 위해서는 타이머/카운터의 클록 주파수나 카운터의 최댓값을 변경한다. 즉, 클록 주파수를 높이거나 카운터의 최댓값을 줄이면 높은 PWM 주파수를 얻을 수 있다.

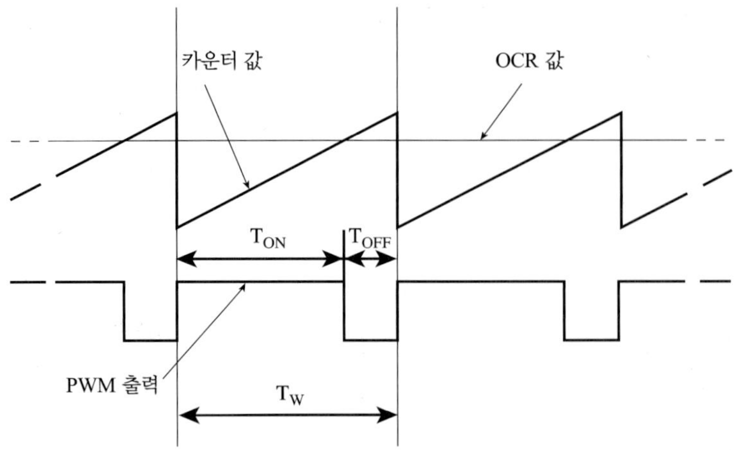

그림 7.30 고속 PWM 모드에서의 PWM 신호 발생 방법

그러나 ATmega128의 타이머/카운터 0과 2에서는 1주기를 결정하는 카운터의 값이 항상 0~255의 범위에서만 동작하므로, 시스템 클록 주파수가 동일한 교육용 보드의 마이크로컨트롤러 환경에서는 PWM 주파수를 변경할 수 있는 방법은 프리스케일러의 분주비를 변경하는 것이 유일하다. 프리스케일러의 분주비가 타이머/카운터 2의 경우에는 표 7.9에 나타낸 것과 같이 1, 8, 32, 64, 128, 256, 1024이고, 타이머/카운터 0의 경우에는 표 7.7에 나타낸 것과 같이 1, 8, 64, 256, 1024이므로, PWM의 주파수의 변경은 상당히 제한을 받게 된다.

또한 듀티비를 변경하기 위해서는 출력 비교 레지스터 OCRn의 값을 변경해야 한다. 즉, 정상 출력이 High인 경우에 대해 OCRn의 값이 커지면 듀티비는 커지게 된다.

간단하게 다시 설명하면, 이상과 같이 주파수가 결정된 상황에서 고속 PWM 모드에서의 PWM 출력은 그림 7.30에 나타낸 것과 같이 TCNTn의 값이 OCRn의 값에 도달할 때 High로 유지되고, 이 점을 지나 TCNTn의 값이 최댓값에 도달할 때까지 Low의 값이 유지되므로, OCRn 값의 위치에 따라 듀티비가 변하게 된다.

이상의 내용을 참고하면서, 이제부터 고속 PWM 모드를 이용하여 OC2 단자에 듀티비가 25%, 50%, 75%인 PWM 신호를 만드는 프로그램을 작성해보자.

초기화 과정에서 앞서 먼저 결정해야 하는 것이 PWM의 기본 주파수이다. 교육용 보드에서 16MHz의 시스템 클록을 사용하고 있으므로, 다음 식에 분주비를 대입하여 가변시킬 수 있는 PWM 주파수를 구해보면 표 7.11과 같이 구할 수 있다. 여기서 N은 분주비를 의미한다.

$$f_{OC0\_FPWM} = \frac{f_{clk\_I/O}}{N \cdot (1 + 255)} = \frac{16 \times 10^6}{N \cdot 256}$$

표 7.11 분주비에 따른 PWM 신호의 주파수 및 주기

분주비	1	8	32*	64	128*	256	1024
주파수(kHz)	62.5	7.81	1.95	0.98	0.49	0.24	0.06
주기(ms)	0.016	0.13	0.51	1.02	2.04	4.17	16.67

주) *는 타이머/카운터 2에는 제공되지 않는 분주비임

이 실험은 단순히 PWM 파형의 발생을 확인하는 것이므로, 예제 7.2 및 예제 7.3에서와 마찬가지로 PWM 신호의 주파수는 프리스케일러의 분주비 8을 사용하여 7.81kHz를 사용하기로 한다.

이를 바탕으로 타이머/카운터 2 레지스터의 초기화 값은 그림 7.27과 같이 설정되며, 이 예제는 타이머/카운터 2를 고속 PWM 모드로 동작시키기 위해 다음과 같이 6.4절에서 설명한 인터럽트 제어 과정을 적용한다.

① 출력 비교 인터럽트를 선택하기 위해 TIMSK의 OCIE2를 1로 설정한다.
② 고속 PWM 모드 제어를 위해 TCCR2와 OCR2를 사용하여 제어한다. TCCR2는 다음과 같이 WGM21, WGM20, COM21, CS21 비트를 1로 설정한다. OCR2는 0으로 초기화하고, OC2(PORTB.7) 핀을 출력으로 설정하기 위해 DDRB 레지스터를 출력으로 설정하고, 포트 D는 스위치 입력을 위해 DDRD를 입력으로 설정한다.
③ 인터럽트 동작을 시작(전체 인터럽트 허가)하기 위해 SREG의 I 비트를 1로 설정한다.

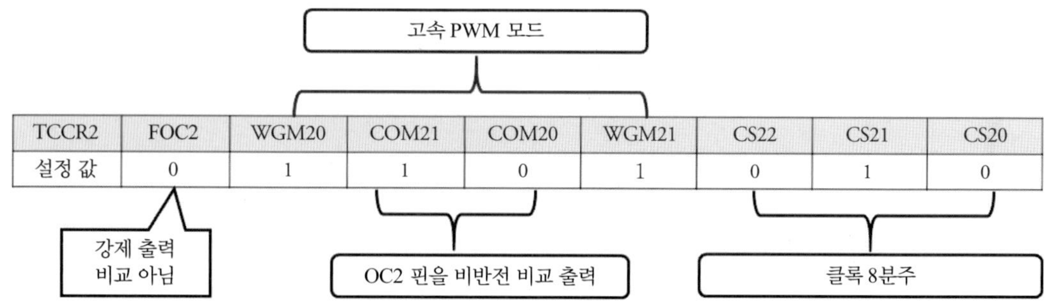

그림 7.31 예제 7.4를 고속 PWM 모드로 동작시키기 위한 TCCR2의 설정 값

이상의 초기화 과정을 거쳐, 이제 듀티비를 변경해야 한다. 듀티비의 선택은 포트 D에 있는 스위치 입력 SW7~5의 상태에 따라 결정된다. 즉, SW7(PORTD7)이 ON되면 듀티비가 75%로 설정되고, SW6(PORTD6)이 ON되면 듀티비가 50%로 설정되고, SW5(PORTD5)가 ON되면 듀티비가 25%로 설정되도록 프로그램을 작성한다.

듀티비는 OCR2 레지스터의 값에 의해 결정되므로, 듀티비가 25%일 때 OCR2의 값은 64(0x40)이고, 50%일 때는 128(0x80)이고, 75%일 때는 192(0xC0)가 된다. 이 값은 다음 식에 의해 결정된다.

$$\text{듀티비}(\%) = \frac{\text{OCRn}}{256} \times 100(\%),\ \text{즉 OCRn의 값} = \frac{256 \times \text{듀티비}}{100}$$

물론, 고속 PWM 모드에서의 해상도는 8비트의 최댓값인 256이 된다.

따라서 이상의 초기 과정과 스위치의 입력에 따라 OCR2의 값을 설정해주는 과정을 프로그램으로 작성하면 다음과 같으며, 스위치의 입력에 따라 OCR2 값을 설정해주는 과정은 switch 문을 이용하여 구성했다.

```
#include <mega128.h>
unsigned char Temp;
void Init_Timer2(void)
{
    TIMSK |= (1<<OCIE2);        // ① 출력 비교 인터럽트 허가
    // ② FAST PWM 모드: WGM20~WGM21: '11',
    //     OC2 핀을 비반전 비교 출력: COM21, COM20: '10'
    //     시스템 클록을 8분주, TCNT2 계수 시작: CS22, CS21, CS20 = '010'
    TCCR2 |= (1<<WGM20 | 1<<WGM21 | 1<<COM21)|(1 << CS21);
    OCR2 = 0x00;           // ② OCR2 레지스터의 값을 0으로 설정
    DDRB = 0xff;           // ② PORTB를 출력으로 설정
    DDRD = 0x00;           // ② PORTD를 입력으로 설정
    SREG |= 0x80;          // ③ 인터럽트 동작 시작(전체 인터럽트 허가)
}

interrupt [TIM2_COMP] void timer2_out_comp(void)
{
    #asm("nop");
}

void main(void)
{
    unsigned char ch;
    Init_Timer2();              // 타이머 2 초기화
    while(1)
    {
        ch = (PIND & 0xF0)>>4; // PORTD 상위 비트의 DIP 스위치 입력이 들어올 경우
        switch(ch)
        {
            case 0x07 :         // PORTB.7 스위치가 ON인 경우 75% 듀티비
                OCR2 = 0xC0;    // OCR2 값을 0xC0으로 설정
                break;
            case 0x0b :         // PORTB.6 스위치가 ON인 경우 50% 듀티비
                OCR2 = 0x80;    // OCR2 값을 0x80으로 설정
                break;
            case 0x0d :         // PORTB.5 스위치가 ON인 경우 25% 듀티비
```

```
                OCR2 = 0x40;    // OCR2 값을 0x40로 설정
                break;
            default: break;
        }
    }
}
```

예제 7.5 PC PWM 모드

PC PWM 모드를 이용하여 OC0 단자에 듀티비가 0%, 20%, 40%, 60%, 80%, 100%로 가변하면서 출력되도록 PWM 신호를 만드는 프로그램을 작성하라. 단, 2초 간격으로 듀티비를 변경하고, PORTB0으로 나타내어라.

이 예제에서는 PC PWM의 동작 모드의 활용에 대해 살펴보기로 한다. PC PWM 모드의 동작은 타이머/카운터의 동작이 고속 PWM 모드의 동작과 차이가 있을 뿐, 나머지는 동일하게 동작한다. PC PWM 모드에서의 타이머/카운터는 상향/하강 카운터로 동작한다. 즉, TCNT0은 0x00에서 0xFF까지 증가하고, 다시 0xFF에서 0x00으로 감소한다. 이 과정에서 카운터가 상향 카운터에서 TCNT0 값과 OCR0 값이 일치하면 OC0 출력 신호는 0으로 클리어하고, 하향 카운터에서 TCNT0 값과 OCR0 값이 일치하면 OC0 출력 신호는 1로 세트된다. 따라서 PC PWM 모드에서의 출력 주파수는 고속 PWM 모드에 비해 1/2로 낮아진다.

또한 듀티비는 고속 PWM 모드에서와 같이 OCR의 값을 조정하는 것에 따라 달라진다.

이상의 내용을 참고로 하여 PC PWM 모드를 이용하여 OC0 단자에 듀티비가 0%, 20%, 40%, 60%, 80%, 100%인 PWM 신호를 만드는 프로그램을 작성해보자.

먼저, 분주비에 따른 PWM 주파수를 결정한다. 교육용 보드에서는 14.7456MHz의 시스템 클록을 사용하고 있지만, 계산의 편리성을 고려하여 16MHz의 시스템 클록을 기반으로 계산한다. 다음 식에 분주비를 대입하여 가변시킬 수 있는 PWM 주파수를 구해보면 표 7.12와 같이 구할 수 있다. 여기서 N은 분주비를 의미한다.

$$f_{OC0PCPWM} = \frac{f_{clk\_I/O}}{N \cdot 510} = \frac{16 \times 10^6}{N \cdot 510}$$

표 7.12 분주비에 따른 PWM 신호의 주파수 및 주기

분주비	1	8	32*	64	128*	256	1024
주파수(kHz)	31.37	3.92	0.98	**0.49**	0.25	0.12	0.03
주기(ms)	0.03	0.26	1.02	2.04	4.00	8.33	32.64

주) *는 타이머/카운터 2에는 제공되지 않는 분주비임

이 실험은 단순히 PWM 파형의 발생을 확인하는 것이므로, 예제 7.4에서와 마찬가지로 PWM 신호의 주파수는 프리스케일러의 분주비 8을 사용하여 3.92kHz를 사용하기로 한다.

이를 바탕으로 이번 예제를 구현하기 위해서는 타이머/카운터 0과 2를 모두 사용하여 타이머/카운터 0은 PC PWM 모드로 동작시키고, 타이머/카운터 2는 CTC 모드를 사용하여 2초 간격으로 듀티비를 조절하기 위한 시간 설정 기능으로 동작시킨다. 먼저 PC PWM 모드를 동작시키기 위해 6.4절에서 설명한 인터럽트 제어 과정을 적용하여 타이머/카운터 0 레지스터의 초기화 값을 그림 7.27과 같이 설정한다.

① 출력 비교 인터럽트를 선택하기 위해 TIMSK의 OCIE0을 1로 설정한다.
② PC PWM 모드 제어를 위해 TCCR0과 OCR0을 사용하여 제어한다. TCCR0은 다음과 같이 COM01, CS01 비트를 1로 해주면 된다. OC0 값은 초깃값 0으로 설정한다.
③ 인터럽트 동작을 시작(전체 인터럽트 허가)하기 위해 SREG의 I 비트를 1로 설정한다.

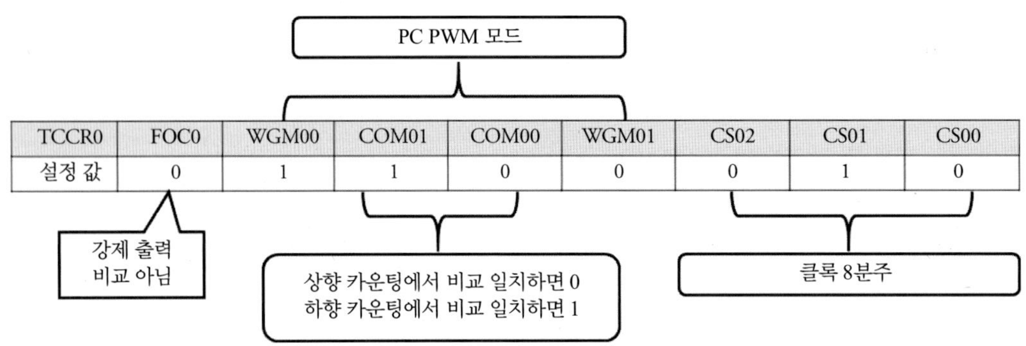

그림 7.32 예제 7.5에서 PC PWM 모드로 동작시키기 위한 TCCR0의 설정 값

또한 CTC 모드를 동작하기 위해 6.4절에서 설명한 인터럽트 제어 과정을 적용하여 타이머/카운터 2 레지스터의 초기화 값을 그림 7.33과 같이 설정한다.

① 출력 비교 인터럽트를 선택하기 위해 TIMSK의 OCIE2를 1로 설정한다.
② CTC 모드 제어를 위해 TCCR2와 OCR2를 사용하여 제어한다. TCCR2는 다음과 같이 WGM21, CS21을 1로 설정한다. OCR2의 값은 100을 저장해 50μs 이후에 TIFR의 OCF2 플래그가 1이 되어 인터럽트가 발생하도록 한다. 그리고 OC0은 PORTB4이고, PORTB0에 2초 간격으로 ON/OFF를 위해 DDRB의 값을 0xff(여기서는 0x11로 해도 무방함)로 설정하여 포트 B를 출력으로 설정한다.
③ 인터럽트 동작을 시작(전체 인터럽트 허가)하기 위해 SREG의 I 비트를 1로 설정한다.

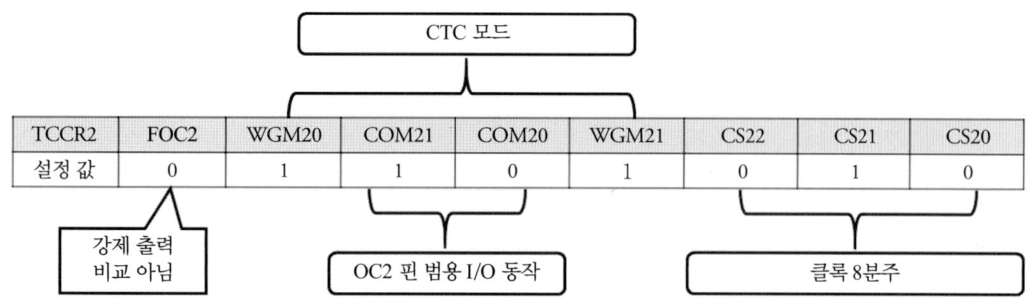

그림 7.33 예제 7.5에서 CTC 모드로 동작시키기 위한 TCCR2의 설정 값

인터럽트 서비스 루틴에서 타이머/카운터 2는 50μs 간격으로 40,0000회의 인터럽트가 발생하면 2초의 시간을 구현할 수 있다. 따라서 타이머/카운터 2의 인터럽트 서비스 루틴이 호출되는 횟수를 카운팅하여 소프트웨어적으로 2초를 측정하고, OCR0의 값을 변경하여 PC PWM의 듀티비를 설정하고, PORTB0 역시 반전시켜 LED를 ON/OFF한다.

PWM 신호의 듀티비는 고속 PWM의 경우와 마찬가지로 결정되고, PWM 주기가 255×2=510개의 계수가 이루어지므로 OCR0 레지스터의 값을 0～255 범위에서 51씩 증가시키면 펄스폭은 51×2씩 증가하므로 듀티비가 20%씩 증가하게 된다. OCR0 레지스터는 이중 버퍼링 구조로 되어 있으므로 OCR0의 값은 프로그램의 아무데서나 변경해도 실제로 각 PWM 주기가 시작되는 순간(TCNT0의 값이 0xFF로 되는 순간)에 이 값이 갱신되므로 PWM 출력 파형에는 글리치가 발생하지 않는다.

전 과정은 다음과 같다.

```
#include <mega128.h>
#include <delay.h>

unsigned char twosecond;                // 2초 경과 횟수 카운팅
unsigned int cnt2;                      // 타이머/카운터 2의 인터럽트 발생 횟수 측정

void Init_Timer0(void)   // 타이머/카운터 0: PC PWM 구동
{
    TIMSK |= 1<<OCIE0;                  // ① 출력 비교 인터럽트 0 허가
    TCCR0 |= (1<<WGM00 | 1<<COM01 | (1 << CS01);  // ② PC PWM 모드, 8분주
    OCR0 = 0x00;                        // ② 듀티비 0%로 설정
}

void Init_Timer2(void)   // 타이머/카운터 2: 2초 설정 및 PC PWM 듀티비 설정
{
    TIMSK |= (1 << OCIE2);              // ① 출력 비교 인터럽트 2 허가
    TCCR2 |= (1 << WGM21) | (1 << CS21); // ② CTC 모드, 8분주
    OCR2 = 100;                         // ② 50μs
}
```

```
interrupt [TIM0_COMP] void timer0_out_comp(void)
{
    #asm("nop");
}

interrupt [TIM2_COMP] void timer2_out_comp(void)
{
    cnt2++;
    if(cnt2 == 40000) // 50µs * 20000 = 1sec   40000 = 2sec;
    {
        cnt2 = 0;
        twosecond++;
        if( (twosecond %2)==0) PORTB |= (1<< PORTB0);
        else PORTB &= ~(1<<PORTB0);
        switch(twosecond)    // 2초마다 다음을 실행
        {
            case 1:
                OCR0 = 0;   // 듀티비 0%
                break;
            case 2:
                OCR0 = 51;  // 듀티비 20%
                break;
            case 3:
                OCR0 = 102; // 듀티비 40%
                break;
            case 4:
                OCR0 = 153; // 듀티비 60%
                break;
            case 5:
                OCR0 = 204; // 듀티비 80%
                break;
            case 6:
                OCR0 = 255; // 듀티비 100%
                break;
            default:
                twosecond=0;
                break;
        }
    }
}

void Init_TimerINT(void)
{
    Init_Timer0();
```

```
    Init_Timer2();
    SREG |= 0x80;              // ③ 인터럽트 동작 시작(전체 인터럽트 허가)
}

void main(void)
{
    cnt2 = 0;
    twosecond=0;
    Init_TimerINT();
    DDRB = 0xff;               // PORTB를 출력으로 사용
    PORTB = 0xff;              // 모든 LED OFF
    while(1);
}
```

참고사항

타이머/카운터의 PWM 출력 신호를 사용하면 V_{CC}와 GND 사이의 전압을 디지털적으로 만들 수 있다. 즉, PWM 출력 펄스를 이용하여 DAC를 구현할 수 있다. 그 기본적인 원리는 그림 7.34를 참조하면 쉽게 이해할 수 있다.

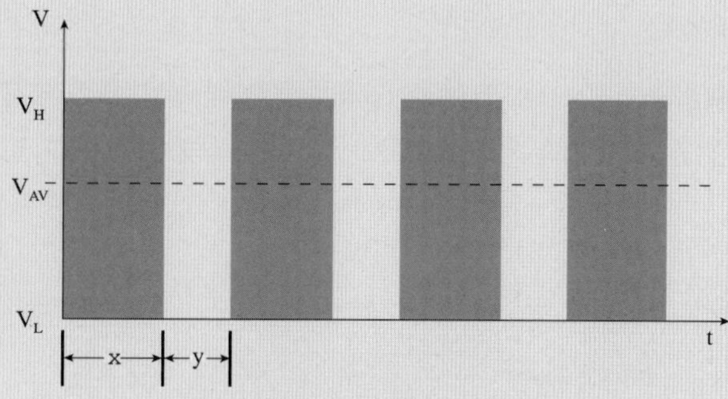

그림 7.34 PWM의 출력 파형

만약 PWM의 출력 파형이 그림 7.34와 같을 경우에 평균 출력 전압 V_{AV}는 다음 식과 같이 된다.

$$V_{AV} = \frac{(V_H \cdot x + V_L \cdot y)}{(x + y)}$$

여기서 PC PWM 모드로 동작하는 경우로 가정하면 x와 y는 다음과 같이 된다. MaxVal은 8비트 타이머/카운터이므로 계수의 최댓값인 256이 된다.

$$x = OCR \cdot 2$$

$$y = (MaxVal - OCR) \cdot 2$$

참고사항

따라서 PC PWM 모드에서의 평균 출력 전압 V_{AV}는 다음 식과 같게 된다.

$$V_{AV} = \frac{(V_H \cdot OCR + V_L \cdot (MaxVal - OCR))}{(MaxVal)}$$

예제 7.6 인터럽트에 의한 스위치 디바운싱 처리

예제 5.8에서 작성한 프로그램을 폴링 방식이 아닌 타이머/카운터 인터럽트를 사용하여 변경하라. 즉, 그림 5.21에 제시한 키패드 인터페이스 회로에 연결된 키 정보를 읽어서, 4자리의 7-세그먼트로 출력하는 과정을 타이머/카운터 인터럽트를 사용하여 채터링을 방지하는 방법으로 프로그램을 작성하라.

이 예제는 이상에서 설명한 디바운싱 회로를 사용하여 실제 스위치 매트릭스의 정보를 정확하게 읽는 프로그램을 작성하는 것이다.

실제 하드웨어적으로 디바운싱 회로를 만들어 스위치를 인터페이스했다 하더라도 완벽하게 바운싱 현상이 제거되지는 않는다. 따라서 프로그램 작성 시에 스위치 바운싱을 제거하는 방법을 구현하여 작성해야 한다.

스위치에서 발생하는 바운싱 현상을 소프트웨어적으로 제거하기 위해서는 바운싱 현상이 발생하는 시간 동안에 스위치 정보가 바뀌어서 들어올 수가 있으므로 일단 스위치 정보가 읽히면 바운싱이 종료된 후에 스위치 정보를 읽으면 된다. 이를 구현하기 위해서는 타이머/카운터 인터럽트

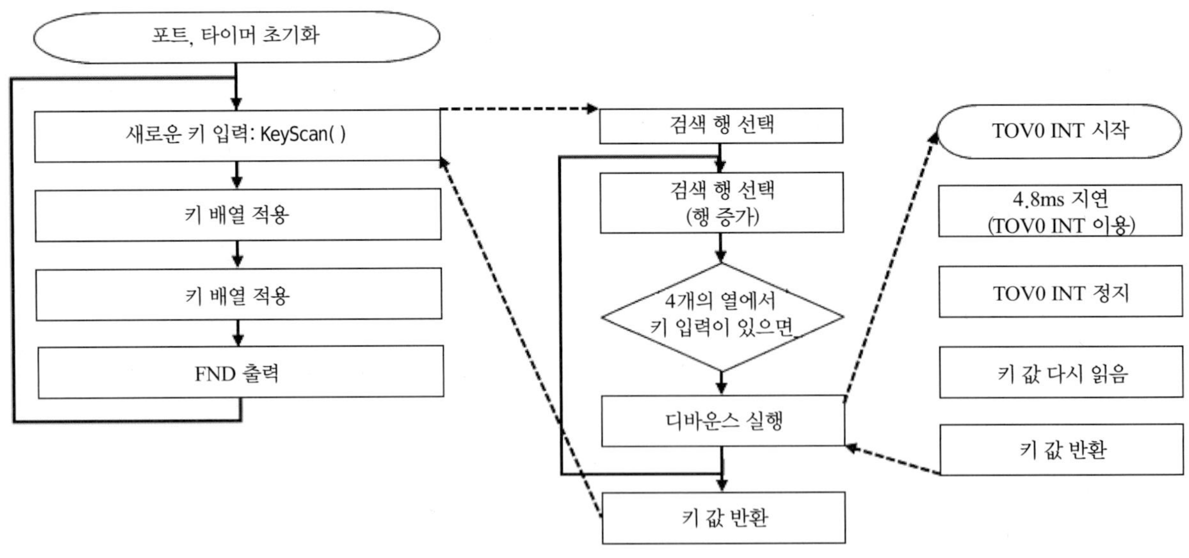

그림 7.35 소프트웨어에 의한 디바운싱 알고리즘

기능을 사용하면 된다. 즉, 인터럽트 루틴에서는 바운싱이 일어나는 동안을 기다려서 이 시간이 종료되면 스위치 정보를 읽으면 된다. 이 프로그램에서는 이 기능을 위해 타이머/카운터 0을 사용했다. 이상의 내용과 예제 5.8을 참조하여 작성된 프로그램은 다음과 같으며, 그 흐름도를 그림 7.35에 나타내었다.

```
#include <mega128.h>
#include <delay.h>

#define FND_Null     17
#define FND_Star     18
#define FND_Sharp    19

#define READ_COL     PINC >> 4;
#define WRITE_ROW    PORTC
#define FND_DIG      PORTE      // FND 자릿수
#define FND_DATA     PORTB      // FND 데이터

// FNT 각 자릿수에 출력할 문자 모양(0, 1, 2, 3, ..., F)
unsigned int FND_char[] = {0xc0,0xf9,0xa4,0xb0,0x99,0x92,0x82,0xd8,0x80,0x90,0x88,0x83,
                           0xc4,0xa1,0x84,0x8e};  // 양극 공통
// FNT 자릿수 정의          1의 자리, 10의 자리,  100의 자리,  1000의 자리, All OFF
unsigned int FND_dig[] ={ 0x1f,    0x2f,      0x4f,       0x8f,    0x0f};

char count;

void Init_Port(void)
{
    DDRE = 0xf0;    // FND 자릿수(1의 자리, 10의 자리, 100의 자리, 1000의 자리)
    DDRB = 0xff;    // FND 데이터 출력(a, b, c, d, ··· g, dp)
    DDRC = 0x0f;    // 상위 4비트 Col(열)(입력), 하위 4비트 Row(행)(출력)

    PORTC = 0x0f;   // 키패드 출력 값 초기화
    FND_DIG = FND_dig[4]; // ALL FND OFF
}

void Init_Timer(void)
{
    TIMSK = (1<< TOIE0);                          // ① 오버플로우(TOV0) 인터럽트 허가
    TCCR0 &= ~((1<<CS02)|(1<<CS01)|(1<<CS00)); // ② 일반 모드, 1024분주(1CLK=64µs)
    TCNT0 = -70;                                  // ② 약 µs=64µs*70≒4.8ms
    SREG |= 0x80;                                 // ③ 인터럽트 동작 시작(전체 인터럽트 허가)
}

interrupt[TIM0_OVF] void timer_ovf0(void)
```

```
{
    count++;
    TCNT0 = -70;
}

unsigned char Debounce(unsigned char row)
{
    TCCR0 = ((1<<CS02)|(1<<CS01)|(1<<CS00)); // TCNT0 계수 시작
    count = 0;
    while(count > 1 );
    TCCR0 &= ~((1<<CS02)|(1<<CS01)|(1<<CS00)); // TCNT0 계수 정지
    WRITE_ROW = row;   // 각 행에 데이터를 출력한다.
    return READ_COL;
}

void Display_Segment(unsigned int* seg_value)
{

    FND_DIG = FND_dig[0];                         // 0의 자리 출력
    FND_DATA = FND_char[seg_value[0]];
    delay_ms(1);

    FND_DIG = FND_dig[1];                         // 10의 자리 출력
    FND_DATA = FND_char[seg_value[1]];
    delay_ms(1);

    FND_DIG  = FND_dig[2];                        // 100의 자리 출력
    FND_DATA =  FND_char[seg_value[2]];
    elay_ms(1);

    FND_DIG = FND_dig [3];                        // 1000의 자리 출력
    FND_DATA = FND_char[seg_value[3]];
    delay_ms(1);
}

unsigned char KeyScan(void)     // 4X4 키패드 스캔 함수, 출력 값은 10진수 1~16
{

    unsigned int KeyScan_Line_Sel = 0xf7;    // Init_data 하위 니블의 출력을 결정
    // 하위 니블(4비트)을 스위칭(연속적으로 돌아가면서)하면서 출력
    unsigned char KeyScan_Sel=0, key_num=0;
    unsigned char Get_Key_Data=0;             // 실제 키 데이터

    // 키 스캔 부분
    //  1  2  3  4
```

```
    //  5  6  7  8
    //  9 10 11 12
    // 13 14 15 16
    for(KeyScan_Sel=0; KeyScan_Sel<4; KeyScan_Sel++)
    {

        WRITE_ROW = KeyScan_Line_Sel;   // 각 행에 데이터를 출력하고
        delay_us(10);
        Get_Key_Data = READ_COL; // 각 열의 데이터 입력을 받아 입력된 키를 찾음

        if(Get_Key_Data != 0x00)
        {
            Get_Key_Data = Debounce(KeyScan_Line_Sel);
            switch(Get_Key_Data)    // C 포트 내용의 상위 니블(4비트)만 받음
            {
                case 0x01:          // 0001이 맞으면 현재 count 값에 4를 곱한 후
                                    // 1을 더하고 key_num 변수에 저장
                    key_num = KeyScan_Sel*4 + 1;
                    break;
                case 0x02:          // 0010이 맞으면 현재 count 값에 4를 곱한 후
                                    // 2를 더하고 key_num 변수에 저장
                    key_num = KeyScan_Sel*4 + 2;
                    break;
                case 0x04:          // 0100이 맞으면 현재 count 값에 4를 곱한 후
                                    // 3을 더하고 key_num 변수에 저장
                    key_num = KeyScan_Sel*4 + 3;
                    break;
                case 0x08:          // 1000이 맞으면 현재 count 값에 4를 곱한 후
                                    // 4를 더하고 key_num 변수에 저장
                    key_num = KeyScan_Sel*4 + 4;
                    break;
                default:
                    key_num = FND_Null;
            }
            return key_num;
        }

        KeyScan_Line_Sel = (KeyScan_Line_Sel>>1); // Init_data를 시프트함. KeyScan_Line 이동
    }

    return key_num;
}

void main(void)
{
```

```
bit Key_off_flag=0;
unsigned char New_key_data=0, key_Num=0, octave_value=4;
unsigned int buf_seg[4] = {FND_Null,FND_Null,FND_Null,FND_Null};

PORTG = 0x10;

Init_Port();
Init_Timer();

while(1)
{

   New_key_data = KeyScan();

   if(New_key_data)
   {
       if(New_key_data%4 != 0)
       {
           // 키 배열 변경
           //  1  2  3  A(10)
           //  4  5  6  B(11)
           //  7  8  9  C(12)
           //  *  0  #  D(14)
           key_Num = (New_key_data/4)*3+(New_key_data%4);

           if(key_Num >= 10)
           {
               switch(key_Num)
               {
                   case 10 :
                       key_Num = FND_Star;
                       break;
                   case 11 :
                       key_Num = 0;
                       break;
                   case 12 :
                       key_Num = FND_Sharp;
                   default :
                       break;
               }
           }
           else;
       }
       else
```

```
                key_Num = (New_key_data/4)+9;

            // FND 출력 순서 적용
            if(Key_off_flag)
            {
                buf_seg[3] = buf_seg[2];
                buf_seg[2] = buf_seg[1];
                buf_seg[1] = buf_seg[0];
                Key_off_flag = ~Key_off_flag;
            }
            buf_seg[0] = key_Num;
        }
        else
            Key_off_flag=1;
        // FND 출력
        Display_Segment(buf_seg);
    }
}
```

예제 7.7 타이머 인터럽트를 이용한 시계 프로그램의 기초

그림 5.13에 제시한 4자리의 7-세그먼트에 초와 분으로 구성된 시계 프로그램을 작성하라.

시계를 만들기 위해 7-세그먼트 4개에 시간을 표시하는 프로그램이다. 이 문제에서는 첫 번째 자리에 1초 단위, 두 번째 자리에는 10초 단위, 세 번째 자리에는 1분 단위, 네 번째 자리에는 10분 단위를 표시하고, 시간 단위는 표시하지 않는다.

또한 정확한 시간을 만들기 위해, 시스템 클록이 14.7456MHz를 사용하기 때문에 1클록의 주기는 $\frac{1}{14.7456\text{MHz}} = 67.8\text{ns}$이다. 여기서 타이머 카운터 0의 일반 모드(오버플로우 인터럽트), 1024 분주를 사용하면 TCNT0에서 1씩 증가할 때마다 69.42μs(67.8ns×1024)의 시간을 계산할 수 있고, 14,405회 계수를 하면 0.9999951초를 계산할 수 있어, 최대한 1초에 가까운 시간을 얻을 수 있다.

이것을 이용하여 프로그램을 하면, 모든 시간을 계수하는 루틴은 339ns마다 타이머 카운터 0의 오버플로우 인터럽트가 발생하도록 하고, 인터럽트가 2881회 발생하면 1초씩 증가하도록 한다. 그리고 주 프로그램에서 7-세그먼트에 표시하는 과정을 수행한다.

```
#include <mega128.h>
#include <delay.h>
```

```
#define FND_DIG      PORTE      // FND 자릿수
#define FND_DATA     PORTB      // FND 데이터

unsigned int count;
unsigned char sec, min;

// FNT 각 자릿수에 출력할 문자 모양(0, 1, 2, 3, ..., F)
unsigned char FND_char[] = {0xc0,0xf9,0xa4,0xb0,0x99,0x92,0x82,0xd8,0x80,0x90,0x88,0x83,
                            0xc4,0xa1,0x84,0x8e};   // 양극 공통

unsigned int FND_dig[] ={0x1f,0x2f,0x4f,0x8f,0x0f};
         // FNT 자릿수 정의 1의 자리, 10의 자리, 100의 자리, 1000의 자리, All OFF

void Init_Port(void)
{
    DDRE = 0xf0;        // FND 열 선택
    DDRB = 0xff;        // FND 데이터
}

void Init_Timer0(void)
{
    TIMSK = (1<<TOIE0);                            // ① 오버플로우(TOV0) 인터럽트 선택
    TCCR0 = (1<<CS02)|(1<<CS01)|(1<<CS00);         // ② 일반 모드, 1024분주비 사용
    TCNT0 = -5;                                    // ② 카운터 값 설정(1clk=694ms)
    SREG |= 0x80;                                  // ③ 인터럽트 동작 시작(전체 인터럽트 허가)
}

interrupt [TIM0_OVF] void timer0_overflow(void)
{
    TCNT0 = -5;             // 카운터 값 재설정(684ms)
    count++;
    if(count == 2881)
    {
        sec++;
        count = 0;
    }
    if(sec == 60) {
        sec = 0;
        min++;
    }
    if(min == 60) min = 0;
}

void FND_Display(unsigned char Min, unsigned char Sec)
{
```

```
    FND_DIG = FND_dig[0];                       // 초의 0의 자리
    FND_DATA = FND_char[Sec%10];
    delay_ms(1);

    FND_DIG = FND_dig[1];                       // 초의 10의 자리
    FND_DATA = FND_char[Sec/10];
    delay_ms(1);

    if(Sec % 2) {
        FND_DIG  = FND_dig[2];                  // 분의 1의 자리
        FND_DATA =  FND_char[Min%10] & 0x7F;
        delay_ms(1);
    }
    else {
        FND_DIG  = FND_dig[2];                  // 분의 1의 자리
        FND_DATA =  FND_char[Min%10];
        delay_ms(1);
    }

    FND_DIG = FND_dig [3];                      // 분의 10의 자리
    FND_DATA = FND_char[Min/10];
    delay_ms(1);
}

void main(void)
{
    count = 0;
    sec = 0;
    min = 0;
    Init_Port();
    Init_Timer0();         // 타이머/카운터 2의 초기화
    while(1)               // 무한 루프
    {
        FND_Display(min, sec);
    }
}
```

예제 7.8 타이머/카운터 인터럽트를 이용한 부저의 음계 출력

그림 5.20의 부저 구동 회로와 포트 D에 연결된 8개의 스위치를 이용하여 키의 위치에 따라 음계를 발생시키는 프로그램을 작성하라. 단, 4옥타브의 음계(도, 레, 미, 파, 솔, 라, 시, 도) 출력을 타이머 카운터 인터럽트를 사용하여 출력하라.

5.4절에서는 부저 구동을 위해 시간 지연 함수를 이용하여 음을 출력했다. 이 예제에서는 ATmega128의 타이머/카운터 기능을 이용하여 음을 출력하는 방법을 설명한다. 원하는 음을 출력하기 위해서는 각 음에 해당하는 주파수를 만들어주면 되는데, 일정 시간마다 인터럽트를 발생시키는 타이머 인터럽트를 이용하여 포트 D0 스위치를 입력하면 (4옥타브) '도', 포트 D1 스위치를 입력하면 '레', 포트 D3 스위치를 입력하면 '미', ..., 포트 D7 스위치를 입력하면 (5옥타브) '도'를 출력할 수 있다.

5.4.3절에서 설명한 바와 같이 부저의 출력에서 4옥타브의 '도'부터 5옥타브 '도'까지 출력하기 위해서는 다음 표와 같은 주파수를 부저에 출력하면 된다.

음계(4옥타브)	도	레	미	파	솔	라	시	도
주파수	261.6256	293.6648	329.6276	349.2282	391.9954	440	493.883	523.2511

이러한 주파수를 출력하기 위해서는 7.2절에서 설명한 CTC 동작 모드를 사용한다. CTC 동작 모드에서의 출력 주파수는 다음과 같이 계산된다.

$$f_{OC0} = \frac{f_{clk\_I/O}}{2 \cdot N \cdot (1 + OCR0)}$$

여기서 f_{OC0}는 출력 주파수를 나타내고, $f_{clk_I/O}$는 시스템 클록 14.7456MHz를 나타내며, N은 분주비, OCR0은 입력되는 OCR0의 값을 나타낸다. OCR0의 값을 최소로 출력할 수 있는 1의 값을 대입하면 f_{OC0}의 값은 230,400Hz를 출력할 수 있고, 이 주파수를 기본으로 하여 타이머 카운터 0의 출력 비교 인터럽트를 32분주로 발생시키고 계수를 하면 위에서 제시한 4옥타브의 주파수와 비슷한 주파수일 때 부저를 출력하면 된다.

즉, 기본 주파수에 대한 계수는 다음 식으로 표현할 수 있다.

$$\text{계수 값} = \frac{f_{clk\_I/O}}{2 \times N \cdot (1 + OCR0) \times f_{OC0}}$$

이 공식을 이용하여 4옥타브의 주파수별 계수 값을 계산하면 다음과 같다. 계수 값은 정수이기 때문에 소수점 값은 무시한다.

음계(4옥타브)	도	레	미	파	솔	라	시	도
주파수	261.6256	293.6648	329.6276	349.2282	391.9954	440	493.883	523.2511
계수 값	440	392	349	329	293	261	233	220

위의 과정을 공식에 대입하는 과정까지 프로그램으로 나타내면 다음과 같다.

```
#include <mega128.h>
#include <delay.h>
#include <math.h>

#define CPU_F                        14745600 // 시스템 클록 주파수
#define Buzzer_Timer_OCR_value       1        // OCR0 대입을 위한 최소 출력 값
#define Prescaler_Divider            32       // 분주 N

// 4옥타브 주파수 정의:              도        레        미        파        솔       라    시   도
float Buzzer_frequency[] ={ 261.6256, 293.6648, 329.628, 349.228, 391.9952, 440, 493.8832,
523.2512 };

unsigned int Buzzer_timer=0, Buzzer_Play_timer=0, Buzzer_timer_count_value=0;
bit Buzzer_Play_flag=0;

void Init_Port(void)
{
    DDRD = 0x00; // 스위치 입력
    DDRG = 0x10; // Buzzer out Pin(부저: 포트G5)
}

void Init_Timer(void)
{
    TIMSK = (1<< OCIE0);
    TCCR0 = ((1<<WGM01) | (1<<CS01) | (1<<CS00)); // CTC 모드, 32분주
    OCR0 = Buzzer_Timer_OCR_value;
    SREG |= 0x80;
}

void Buzzer_Play_decoder(unsigned char scale)
{
    // Buzzer_Freq. to Timer(4.34us) Count_value
    // Count_value = Main_Freq/(2*N*(OCR+1)*Buzzer_Freq)

    float Buzzer_Freq = Buzzer_frequency[scale];
    Buzzer_timer_count_value = (unsigned int)((float)CPU_F
        /(float)(2*Prescaler_Divider*(Buzzer_Timer_OCR_value+1)*Buzzer_Freq));
    Buzzer_Play_flag=1;
```

```
}

void main(void)
{
    unsigned char key_num=0, SW;
    PORTG = 0x10;

    Init_Port();
    Init_Timer();

    while(1)
    {
        SW = PIND;
        if(SW != 0xff)    // 포트 D의 스위치가 눌리면
        {
            if(SW == 0xfe) key_num = 0;      // 포트 D0이 눌리면
            else if(SW == 0xfd) key_num = 1; // 포트 D1이 눌리면
            else if(SW == 0xfb) key_num = 2; // 포트 D2가 눌리면
            else if(SW == 0xf7) key_num = 3; // 포트 D3이 눌리면
            else if(SW == 0xef) key_num = 4; // 포트 D4가 눌리면
            else if(SW == 0xdf) key_num = 5; // 포트 D5가 눌리면
            else if(SW == 0xbf) key_num = 6; // 포트 D6이 눌리면
            else if(SW == 0x7f) key_num = 7; // 포트 D7이 눌리면
            else key_num = 0;
            Buzzer_Play_flag = ~Buzzer_Play_flag;
            Buzzer_Play_decoder(key_num);    // Buzzer_timer_count_value 계산
        }
        else Buzzer_Play_flag = 1;
    }
}

// 4.340278µs(230,400Hz) 간격으로 인터럽트 발생
interrupt[TIM0_COMP] void timer_comp0(void)
{
    if(Buzzer_timer > Buzzer_timer_count_value)
    {
        Buzzer_timer=0;
        PORTG = ~PORTG;
    }
    else
        Buzzer_timer++;
    // 키가 눌려 있는 간격으로 소리 출력 위한 시간 계산
    if(Buzzer_Play_timer > 57600) // 0.25S 간격
    {
        Buzzer_timer_count_value=0;
```

```
        Buzzer_Play_timer=0;
        Buzzer_Play_flag=0;
    }
    if(Buzzer_Play_flag==1)   Buzzer_Play_timer++;
}
```

연습문제

1. AVR 타이머/카운터의 주요 사용 용도를 설명하라.

2. 타이머/카운터 기능에서 타이머와 카운터의 차이점을 설명하라.

3. 타이머/카운터 0과 2의 차이를 설명하라.

4. 타이머/카운터 0과 2를 제어하기 위한 레지스터의 종류를 나열하고, 그 기능을 간단히 설명하라.

5. 타이머/카운터 0과 2를 사용하여 PWM 신호를 만들려고 한다. PWM 신호를 발생시키는 데 사용되는 모드와 각 모드에서 사용되는 레지스터는 무엇인가?

6. 타이머/카운터 0과 2에는 동작 모드가 4개가 있다. 각 모드는 어느 응용에 적합한지 한 가지씩 예를 들어 설명하라.

7. 타이머/카운터 0과 2에서 고속 PWM 모드와 PC PWM 모드의 차이점을 설명하라.

8. 교육용 보드의 포트 B에는 LED가 연결되어 있다. 예제 7.5의 프로그램을 실행하여 듀티비의 변화에 따른 LED의 밝기를 관찰하라.

9. 타이머/카운터를 이용하지 않고, 주파수 100kHz를 발생시켜 PORTB2 핀에 출력하는 프로그램을 작성하라.

10. 예제 7.4와 예제 7.5의 프로그램을 실행하여 오실로스코프로 파형을 관측하고, 이 출력 포트에 LED를 연결한 후에 LED의 밝기를 비교하라.

11. PORTB에 연결되어 있는 모든 LED를 1초마다 토글하는 프로그램을 작성하라. 단, 타이머/카운터 0을 사용하고, 일반 모드와 CTC 모드에 대해 각각 프로그램을 작성하라. 그리고 일반 모드와 CTC 모드의 차이점을 간단히 설명하라.

12. 타이머/카운터 2를 이용하여 0.2ms마다 오버플로우가 발생하게 하여 LED가 다음 그림과 같이 약 1초 간격으로 점등되고, PORTB.3에 연결된 LED가 불이 꺼지면 다시 처음으로 되돌아가서 계속 반복되도록 프로그램을 작성하라.

	PB.0	PB.1	PB.2	PB.3
1초	●	○	○	○
2초	○	●	○	○
3초	○	○	●	○
4초	○	○	○	●

13. 교육용 보드의 PORTB.0~PORTB.3에 연결된 LED0~LED3을 1초에 한 번씩 깜빡이게 하는 프로그램을 작성하라. LED의 점멸 과정은 다음 그림을 참조하라.

	PB.0	PB.1	PB.2	PB.3
1초	●	●	●	●
2초	○	○	○	○
3초	●	●	●	●
4초	○	○	○	○

14. 타이머/카운터 2를 사용하여 1초에서 60초까지 반복하여 계수하는 프로그램을 작성하라. 단, 외부로의 출력은 1초마다 한 번씩 LED를 점멸하는 것으로 한다.

15. 타이머/카운터 인터럽트를 이용하여 사이렌 소리(300~750Hz)를 출력하는 프로그램을 작성하라.

16. 5.8절에서 사용한 7-세그먼트를 이용하여 스톱 워치(stop watch)를 간단히 구현하라.

(1) 4개의 7-세그먼트는 10ms 단위로 숫자를 표현하라.

(2) PORTD.0 스위치는 START 기능

(3) PORTD.1 스위치는 STOP 기능

(4) PORTD.2 스위치는 HOLD 기능

CHAPTER

8

16비트 타이머/카운터의 동작

7장에서는 8비트 타이머/카운터의 동작을 살펴봤다. 이번 장에서는 ATmega128에 내장된 16비트 타이머/카운터인 1과 3에 대해 자세히 살펴보기로 한다. 16비트 타이머/카운터를 사용하면 카운터의 계수 값이 0xFF에서 0xFFFF로 확장되고, 저주파 PWM 신호의 발생도 가능하다. 또한 16비트 타이머/카운터에는 8비트 타이머/카운터에 없는 입력 캡처 기능이 부가되어 있다. 따라서 이 장에서는 16비트 타이머/카운터에 내장된 기능과 8비트 타이머/카운터 기능의 차이점을 알아보고, 16비트 타이머/카운터를 활용하기 위한 프로그램 작성법을 살펴본다. 또한 간단한 실험을 통해 16비트 타이머/카운터의 동작 방법을 완벽하게 이해해본다.

8.1 16비트 타이머/카운터 동작

8.1.1 16비트 타이머/카운터 1, 3의 개요

ATmega128에는 16비트의 타이머/카운터 1과 타이머/카운터 3이 내장되어 있다. 타이머/카운터 1과 3은 각각 3개의 PWM 출력(Fast PWM, Phase Correct PWM, Phase, Frequency Correct PWM) 및 1개의 캡처 기능을 갖는 16비트의 업/다운 카운터로서, 프리스케일러를 통해 내부 클록을 입력

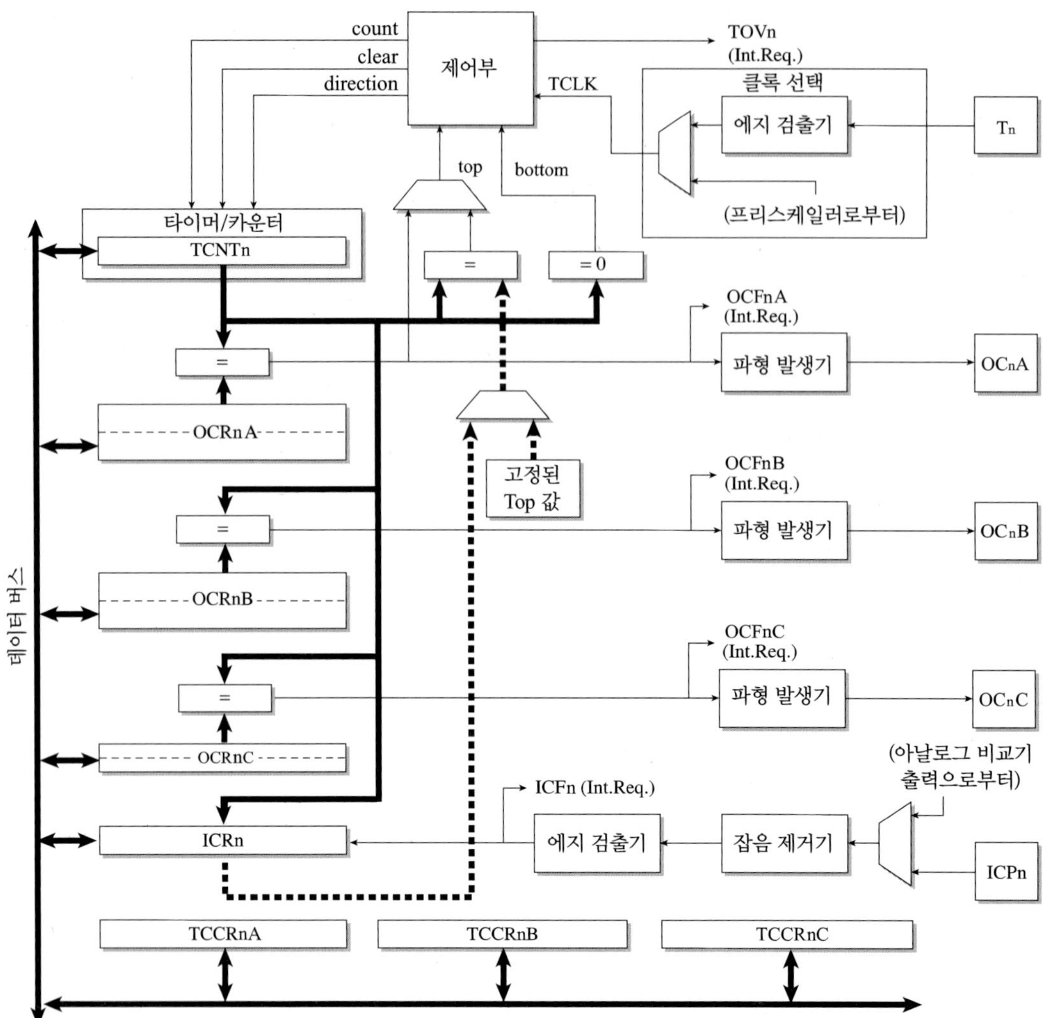

그림 8.1 타이머/카운터 1과 3의 내부 구성도

으로 사용하여 동작하는 타이머 기능과 외부 클록을 입력으로 사용하는 카운터 기능을 수행한다.

ATmega128에 내장된 타이머/카운터 1과 3의 내부 구성은 그림 8.1과 같으며, 그 특징을 요약하면 다음과 같다.

- 16비트 PWM 펄스를 만들 수 있는 2개의 타이머/카운터
- 2개의 독립적인 출력 비교 모드
- 잡음에 강인한 잡음 제거 유닛을 내장하고 있는 1개의 입력 캡처 모드
- 특정 값과 비교하여 일치하면 타이머의 계수 값을 자동으로 클리어하는 CTC(Clear Timer on Compare match) 모드(자동 재적재(auto reload))
- 글리치 없는 PC PWM 모드
- PWM 주기가 변경 가능함

- 주파수 발생기
- 외부 사건 계수 카운터
- 10개의 독립적인 인터럽트 소스(TOV1, OCF1A, OCF1B, OCF1C, ICF1, TOV3, OCF3A, OCF3B, OCF3C, ICF3)

16비트 타이머/카운터 1과 3은 각각 3개의 PWM 출력(OCnA, OCnB, OCnC) 단자, 캡처 기능(ICPn) 입력 단자와 외부 클록 입력 단자(Tn)를 갖고 있으며, 또한 이 타이머/카운터 1과 3은 프리스케일러 통해 내부 클록을 입력으로 하는 타이머 기능과 외부 클록을 입력으로 하는 카운터 기능을 갖고 있다. 내부 레지스터로는 16비트로 구성된 타이머/카운터 레지스터 TCNTn, 출력 비교 레지스터 OCRnA/B/C, 입력 캡처 레지스터 ICRn이 있으며, 8비트의 타이머/카운터 제어 레지스터 TCCRnA/B/C 등이 있다. 여기서 n은 타이머/카운터 1과 3에 해당하는 1 또는 3을 나타낸다.

타이머/카운터 1과 3은 Tn 핀에 의해 공급되는 외부 클록과 프리스케일러를 통해 공급되는 시스템 클록에 의해 구동될 수 있으며, 이 2개의 클록 신호는 클록 선택 논리부를 통해 카운터에 입력되는 클록이 선택된다. 즉, 타이머/카운터 1과 3은 클록 선택 논리부로부터 출력되는 클록 신호 TCLK를 입력받아 동작하며, 이 클록 신호는 16비트 업/다운 카운터 TCNTn에 입력되고, 카운터의 값이 0xFFFF에서 0x0000으로 오버플로우될 때 TOVn이 1로 되면서 각각의 해당 타이머 오버플로우 인터럽트가 발생한다. 16비트 카운터 TCNTn은 입력되는 클록을 계수하기 위한 레지스터이며, OCRnA/B/C 레지스터는 TCNTn 레지스터의 계수 값과 비교하기 위한 값을 저장하고 있는 레지스터이다. TCNTn의 값은 카운터의 동작 중에 항상 출력 비교 레지스터 OCRnA/B/C와 비교되며, 이 값이 같아지면 내부적으로 OCnA/B/C 신호에 의해 출력 비교 인터럽트가 발생하고, 이 신호는 외부 단자 OCnA/B/C를 통해 출력될 수도 있다. 이와 같은 동작 모드를 적절히 설정하고 OCRnA/B/C 레지스터를 활용하면 OCnA/B/C 단자에 16비트의 분해능을 갖는 PWM 출력 신호를 발생시킬 수 있다.

또한 타이머/카운터 1과 3에는 입력 캡처 기능이 있어서, 입력 핀 ICPn에서 트리거 신호가 입력되면 현재의 TCNTn의 값이 각각의 입력 캡처 레지스터 ICRn에 저장되므로, 어떠한 외부 이벤트가 발생하더라도 정확한 값을 계수할 수 있다.

16비트 타이머/카운터 1과 3의 내부 구성은 그림 8.1에 간단하게 표현했지만, 실제 동작을 이해하기 위해서는 세부적인 구성을 살펴봐야 한다. 16비트 타이머/카운터의 내부는 8비트 타이머/카운터에서 갖고 있는 카운터부, 출력 비교부와 비교 일치 출력부 외에 입력 캡처부를 추가하여 구성되어 있다. 세부 구성을 설명하는 과정에서 사용되는 용어는 다음과 같다.

- bottom: 16비트 타이머/카운터가 가질 수 있는 최솟값(0x0000)
- max: 16비트 타이머/카운터가 가질 수 있는 최댓값(0xFFFF)
- top: 동작 모드에 따라 타이머/카운터가 도달할 수 있는 최댓값으로, 동작 모드에 따라 0x00FF, 0x01FF, 0x03FF, OCRnA 또는 ICRn 레지스터에 저장되어 있는 값

또한 레지스터나 신호 이름을 표시할 때 n은 타이머/카운터의 번호를 나타내고, 각 타이머/카운터에는 각각 3개의 PWM 출력을 갖고 있기 때문에 출력 비교부의 채널을 나타낼 때 레지스터나 신호 이름에 x를 첨부하여 표기하며, 이는 A, B 또는 C에 해당한다. 예를 들어 OCRnx 레지스터의 의미는 타이머/카운터의 번호가 대입되어 OCR1x 또는 OCR3x가 될 수 있으며, 또한 각각의 타이머/카운터에는 3 채널의 비교 출력부를 갖고 있기 때문에 최종적으로 타이머/카운터 1의 OCRnx 레지스터는 OCR1A, OC1B, OCR1C의 레지스터를 의미한다.

8.1.2 타이머/카운터 1과 3의 세부 구성 및 동작

◈ 카운터부의 동작

타이머/카운터 1과 3에서 가장 중요한 부분은 16비트 업/다운 카운터부로서 이 부분의 내부 구성도를 그림 8.2에 나타내었다. 그림을 자세히 살펴보면, 타이머/카운터 1과 3은 내부 시스템 클록을 분주하여 클록 소스로 사용하는 타이머 동작과 외부 클록 Tn 단자로부터 받아 사용하는 카운터 동작을 수행할 수 있도록 구성되어 있다. 타이머/카운터가 타이머로 동작할 경우에는 시스템 클록 주파수와 같은 내부 $clk_{I/O}$를 클록 소스로 사용하며, 이는 프리스케일러에 의해 분주되어 그림의 clk_{Tn}으로 카운터 제어부(control logic)로 입력되고, 카운터 제어부에서는 동작 모드에 따라 이를 업/다운 방향으로 계수하거나 클리어하여 16비트의 TCNTn 레지스터로 저장한다. 또한 타이머/카운터가 카운터로 동작할 경우에는 외부의 Tn 단자에서 입력되는 신호를 클록 소스로 사용하며, 이 신호는 프리스케일러를 거치지 않고 직접 에지 검출기에 입력되어 동기를 맞춘 후에 카운터 제어부에 입력된다. 나머지 동작은 타이머와 동일하게 작용한다. 여기서 clk_{Tn}은 CSn2~0 비트의 설정에 의해 내부 클록과 외부 클록 중에서 선택되며, 계수의 순서는 WGMn3~WGMn0 비트의 설정에 의해 결정된다.

카운터 레지스터는 8비트의 상위 카운터 레지스터(TCNTnH)와 하위 카운터 레지스터(TCNTnL)로 구성되어 있다. CPU가 이 16비트 레지스터를 액세스할 때는 동일 시점에서 카운터 값을 액세스해야 한다. 따라서 이를 위해 TCNTnH 레지스터는 CPU에 의해 직접 액세스되는 것이 아니라 그림 8.2에서와 같이 TEMP 레지스터의 내용을 액세스하는 구조로 설계해놓았다. 즉, 동일 시점의 TCNTnH 내용과 TCNTnL 내용을 읽기 위해 미리 TCNTnH의 내용을 TEMP

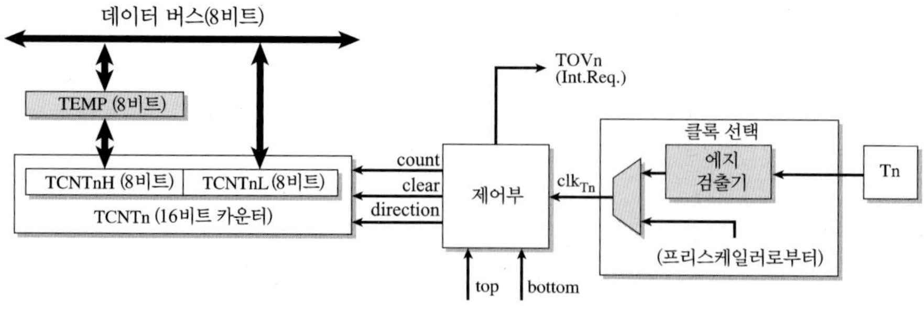

그림 8.2 타이머/카운터 1과 3의 카운터부 내부 구성도

레지스터로 이동시켜놓고 TCNTnL 내용을 읽을 때 이전의 TCNTnH의 내용을 동시에 읽을 수 있도록 고안해놓았다. 따라서 CPU가 8비트 데이터 버스를 통해 1클록 내에 16비트 레지스터인 TCNTn을 액세스하는 것이 가능하다. 카운터가 동작하고 있을 때 TCNTn에 새로운 값을 쓰는 경우에는 의외의 결과가 발생할 수 있으므로 주의해야 한다.

타이머/카운터 오버플로우 플래그(TOVn)는 WGMn3~WGMn0 비트에 의해 동작 모드가 설정되고, 이 플래그에 의해 CPU 인터럽트가 발생한다.

◈ 입력 캡처부의 동작

타이머/카운터에는 외부 사건(external event)을 검출할 수 있고, 사건의 발생 시간을 측정할 수 있도록 입력 캡처 모듈이 포함되어 있다. 입력 캡처 모듈은 입력 핀 ICPn에서 입력되는 트리거 신호에 의해 타이머/카운터 레지스터 TCNTn의 현재 값을 입력 캡처 레지스터 ICRn에 저장하는 기능을 수행한다. 하나 또는 여러 개의 사건에 의해 발생된 외부 신호는 ICPn 핀이나 아날로그 비교기부(타이머/카운터 1)을 통해 인가되며, 이 신호들을 이용하여 외부 사건의 발생 시간을 측정함으로써, 외부 신호의 주파수, 주기 및 듀티 사이클 등의 특성을 파악할 수 있을 뿐만 아니라, 발생한 사건의 이력(log)을 만들 수도 있다. 이상과 같이 입력 캡처 기능을 수행하는 부분의 구성은 그림 8.3에 나타냈으며, 그림에서 짙게 표현되어 있는 부분은 입력 캡처 모듈과 직접적인 관련이 적은 부분이다.

이 입력 캡처 모듈의 동작을 자세히 설명하면 다음과 같다. 먼저, 외부 입력 캡처 단자 ICPn 또는 타이머/카운터 1의 경우에 아날로그 비교기로부터의 출력(ACO: Analog Comparator Output)에서 논리 레벨의 변화가 발생하면 입력 캡처 모듈에는 트리거 입력이 인가된다. 이 트리거 신호는 잡음 제거기와 에지 검출기를 거쳐 신호가 안정화되고, 이 신호에 의해 TCNTn의 16비트 값이 읽혀서 ICRn으로 저장된다. 만약 이 상황에서 TIMSK 레지스터의 TICIEn 플래그가 1로 설정되어

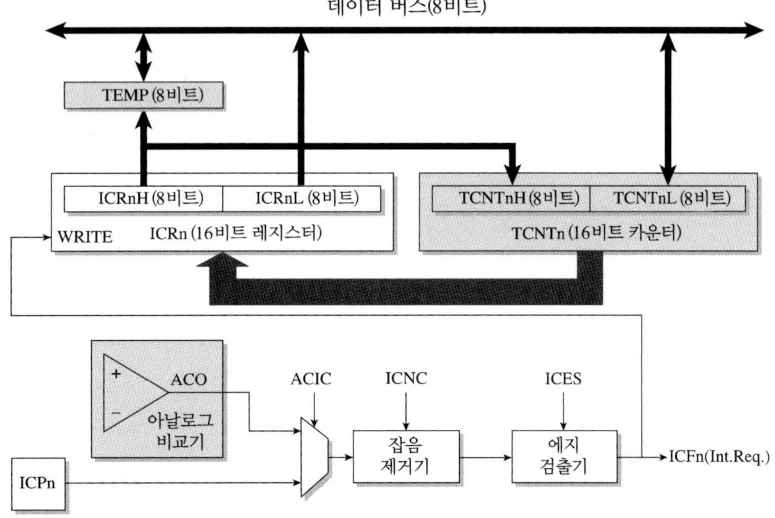

그림 8.3 타이머/카운터 1과 3의 입력 캡처부 내부 구성도

인터럽트가 허가되어 있다면, TIFR 레지스터의 입력 캡처 플래그(ICFn)가 1이 되어 입력 캡처 인터럽트를 발생시킨다. 이 ICFn 플래그는 인터럽트가 실행되면 자동으로 0으로 클리어되며, 해당 I/O 비트를 1로 써넣어도 소프트웨어적으로 클리어된다.

ICRn 레지스터도 TCNTn 레지스터와 마찬가지로 16비트로 구성되어 있기 때문에, 이 레지스터를 읽는 순서는 TCNTn 레지스터와 동일하다. ICRn 레지스터는 카운터의 값이 top으로 정의되어 사용되는 파형 발생 모드에서만 쓰기가 허용되며, 이 경우에 파형 발생 모드 비트(WGMn3~WGMn0)는 top 값을 ICRn 레지스터에 쓰기 전에 설정해야 하며, ICRn 레지스터에 top 값을 쓸 때는 16비트 타이머/카운터에 관련된 16비트 레지스터와 마찬가지로 상위 바이트(ICRnH)부터 먼저 써야 한다. 이상과 같이 ATmega128에 내장된 16비트 레지스터를 읽고 쓰는 과정은 타이머/카운터에 관련된 레지스터뿐만 아니라 모든 I/O 레지스터 또는 확장 I/O 레지스터에 공통적으로 적용되므로 항상 유념해야 한다.

타이머/카운터 1의 입력 캡처 모듈의 입력으로 아날로그 비교기의 출력을 사용하기 위해서는 아날로그 비교기 제어 및 상태 레지스터 ACSR의 ACIC(Analog Comparator Input Capture) 비트를 1로 설정해야 한다. 이러한 입력 캡처 신호는 TCCRnB 레지스터의 TCNCn 비트에 의해 잡음 제거 기능을 갖도록 설정할 수 있으며, ICESn 비트의 설정에 의해 상승 에지나 하강 에지를 선택할 수도 있다.

입력 캡처 모듈을 사용할 경우에는 다음과 같은 경우에 특별한 주의를 기울여야 한다. 첫 번째는 매우 빠른 간격으로 들어오는 사건을 입력 캡처 모듈에서 처리할 경우이다. 만약 ICRn을 읽는 과정에서 현재 발생한 사건의 시간을 읽기도 전에 다음 사건이 발생한다면, ICRn에 저장되어 있던 이전 사건에 대한 시간 기록은 지워진다. 따라서 이러한 상황을 최대한 배제하기 위해, 입력 캡처 인터럽트 서비스 루틴에서는 ICRn 레지스터를 가능한 한 빨리 읽어야 한다. 입력 캡처 인터럽트의 우선순위가 상대적으로 높다고 할지라도 인터럽트 요청 과정에서는 최대한의 인터럽트 반응 시간이 필요하기 때문에 이러한 상황의 발생을 최대한 배제하기 위해서는 이상의 과정이 필수적으로 수행되어야 한다. 또한 top의 값이 동작 중에 변화되는 동작 모드에서 입력 캡처 모듈을 사용하는 것은 바람직하지 않다는 점을 유념해야 한다. 두 번째는 외부 사건의 듀티 사이클을 측정하는 경우이다. 외부 사건의 듀티 사이클을 측정하기 위해서는 캡처 후에 변화되는 트리거 에지의 검출이 필요하다. 에지 변화의 검출은 ICRn 레지스터가 읽힌 후에 가능한 한 빨리 수행되어야 하므로, 에지의 변화를 감지한 후에 ICFn 플래그는 반드시 해당 비트에 1을 써서 소프트웨어적으로 클리어해주어야 한다. 주파수만 측정하는 경우에는 인터럽트가 실행되면 ICFn 플래그가 자동으로 클리어되므로 필요하지 않다.

◈ 출력 비교부의 동작

그림 8.4는 타이머/카운터 1과 3에 내장된 출력 비교부의 구성이다. 16비트 타이머/카운터에는 앞부분에서 설명한 바와 같이 3개의 PWM을 출력할 수 있는 기능이 있어서 출력 비교 레지스터 OCRn은 그림에 3개씩 표현되어 있어야 하나 OCRn의 명칭에 x를 첨부하여 OCRnx로 표기하고

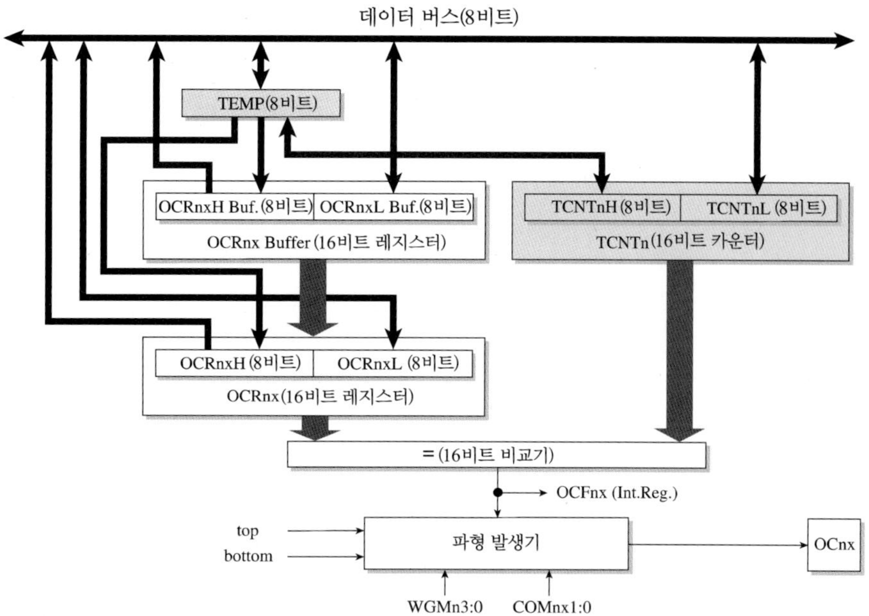

그림 8.4 타이머/카운터 1과 3의 출력 비교부 내부 구성도

있다. 따라서 OCRnx는 16비트 타이머/카운터의 출력 비교 모듈 A, B, C 모두를 의미한다는 사실을 유념하기 바란다.

그림 8.4에서와 같이 출력 비교부에서는 16비트 타이머/카운터가 동작하는 동안에 항상 TCNTn과 출력 비교 레지스터(OCRnx)를 비교하고 있으며, 그 값이 일치하면 다음 클록 사이클에서 출력 비교 플래그(OCFnx)를 1로 세트한다. 여기서 만약 TIFR 레지스터의 OCIEnx가 1로 설정되어 있으면 출력 비교 인터럽트가 발생하고, 인터럽트가 수행되면 OCFnx 플래그는 하드웨어에 의해 자동으로 0으로 클리어된다. 또한 이 플래그는 해당 I/O 비트를 1로 써넣음으로써 소프트웨어적으로 클리어되기도 한다.

파형 발생기에서는 WGMn3~WGMn0 비트와 COMnx1~COMnx0 비트에 따라 동작 모드가 결정되고, 동작 모드에 따라 top 및 bottom 값과 OCRxn 레지스터의 값들을 이용하여 OCnx 단자로 PWM 출력 신호를 포함한 다양한 출력 신호를 발생시킨다.

16비트 타이머/카운터의 OCRnx 레지스터는 그림 8.4에 나타낸 것과 같이 이중 버퍼 구조로 되어 있다. 즉, OCRnx 레지스터는 12개의 PWM 모드 중 하나로 동작할 경우에는 이중 버퍼 구조를 사용하고, 일반이나 CTC 모드에서는 이중 버퍼 구조를 사용하지 않는다. 모든 PWM 모드에서는 이중 버퍼 구조를 사용함으로써 OCRnx 레지스터의 값은 TCNTn이 top이나 bottom에 도달했을 때 갱신되므로, 이러한 동기화로 인해 홀수 길이나 비대칭의 PWM 펄스가 발생하는 것을 막을 수 있어 결과적으로 글리치 없는 PWM 출력 신호를 만들 수 있게 된다.

OCRnx 레지스터를 액세스하는 것은 좀 복잡해 보이지만, 이는 MCU가 자동으로 처리하고 있다. PWM 모드에서는 이중 버퍼 구조를 사용하므로 OCRnx 버퍼 레지스터를 액세스하며, 일반 모드 및 CTC 모드에서는 이중 버퍼 구조를 사용하지 않기 때문에 OCRnx 레지스터를 직접 액세스한다. TCNTn이나 ICRn 레지스터는 타이머/카운터의 동작에 의해 자동으로 갱신되지만, OCRnx(버퍼 또는 실제) 레지스터의 내용은 자동으로 갱신되지 않고, 이 레지스터에 무엇인가를 써야만 바뀌게 된다. OCRnx 레지스터에 데이터를 기록할 경우 상위 바이트는 TEMP 레지스터를 통해 기록되며, 읽을 경우에는 직접 레지스터의 상위 바이트를 직접 읽게 된다. 따라서 OCRnx 레지스터에 데이터를 기록할 경우에는 반드시 상위 바이트(OCRnxH)부터 먼저 쓰고, 하위 바이트는 나중에 써야 한다. OCRnx 레지스터도 16비트 레지스터이므로 다른 16비트 레지스터와 동일한 방법으로 읽고 쓰는 과정을 수행해야 한다.

◈ 비교 일치 출력부의 동작

16비트 타이머/카운터의 비교 일치 출력부 구성은 그림 8.5와 같이 병렬 I/O 포트와 기능을 겸하고 있다. 그림 8.5의 동작을 이해하기 위해서는 출력 부분에 연결되어 있는 멀티플렉서와 3상태 버퍼의 동작을 살펴봐야 한다. 멀티플렉서는 2:1의 구조를 갖고 있으며, 일반 병렬 I/O 포트 비트와 OCnx 레지스터의 출력이 입력으로 연결되어 있다. 또한 이 멀티플렉서의 선택 신호는 비교 일치 출력 모드 비트(COMnx1~COMnx0)를 OR하여 연결되어 있다. 따라서 이 멀티플렉서는 선택 신호 COMnx1~COMnx0 비트가 '00'이면 병렬 I/O 포트 비트가 선택되어 일반 I/O 모드로 동작하고, 선택 신호 COMnx1~COMnx0 비트가 '00'이 아닌 상황이면 OCnx 레지스터의 출력이 선택되어 OCnx 신호가 출력되는 모드로 동작한다. 또한 이렇게 멀티플렉서를 통과한 OCnx 신호는 3상태 버퍼를 거쳐 OCnx 출력 핀에 연결되어 있으므로, 이 단자를 출력 비교 단자

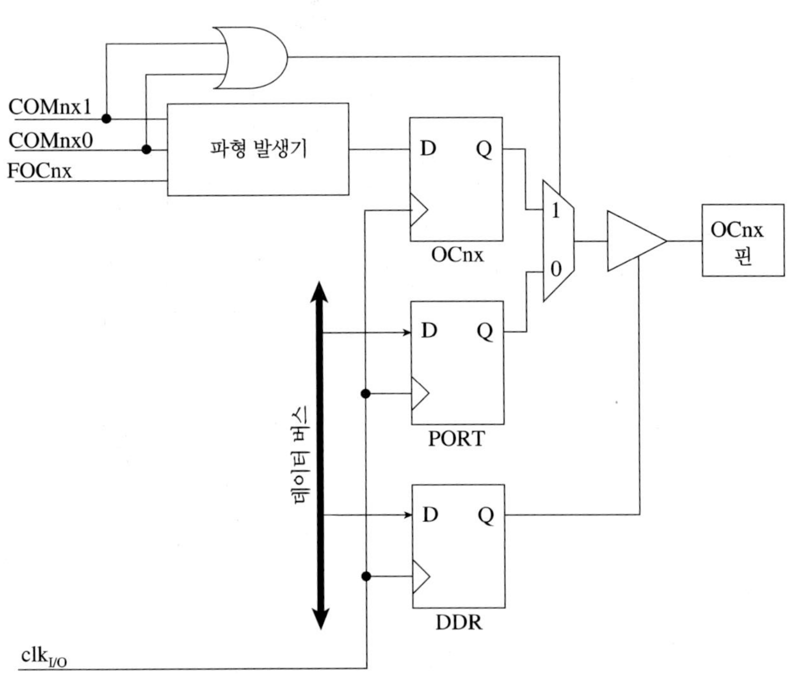

그림 8.5 타이머/카운터 1과 3의 비교 일치 출력 모듈 내부 구성도

(OCnx)로 사용하기 위해서는 해당 포트의 DDRx 레지스터의 해당 비트를 출력 방향으로 설정해 놓아야 한다. 또한 OCnx의 상태를 참조하는 경우에는 출력 핀의 기능이 두 가지 중 하나로 사용되고 있기 때문에 핀의 상태가 아닌 내부의 OCnx 레지스터를 참조해야 한다.

◈ 출력 비교 변조기(OCM1C2)

그림 8.1에는 나타나 있지 않지만 ATmega128의 17번 단자는 그림 8.6에 나타낸 것과 같이 PB7/OC1C/OC2의 세 가지 기능을 겸하고 있는데, 이를 특별하게 출력 비교 변조기라 하고 이 기능은 ATmega103 호환 모드에서는 적용되지 않는다.

이 변조기는 16비트 타이머/카운터 1에서 COM1C1~0 비트로 OC1C 핀에 출력 비교 신호를 내보내도록 설정하거나 타이머/카운터2에서 COM21~0 비트로 OC2 핀에 비교 출력 신호를 내보내도록 설정하면 병렬 I/O 포트 PB7의 신호 기능은 자동적으로 금지 상태가 되도록 동작한다.

이제 출력 비교 변조기의 동작을 살펴보자. 이 출력 비교 변조기단의 구조는 그림 8.7의 회로도와 같다. 이 회로도를 분석해보면, 출력 비교 신호 OC1C와 OC2는 배타적으로 하나만 선택하여 사용하는 것이 아니라 좀 더 다양한 기능을 가지고 동작함을 알 수 있다. 즉, OC1C와 OC2 중 하

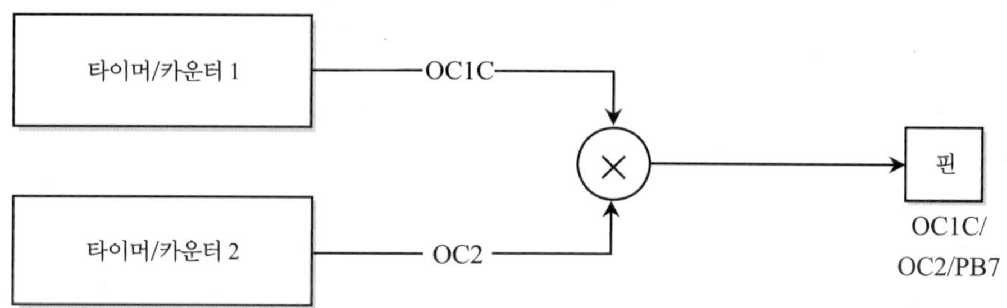

그림 8.6 출력 비교 변조기의 구성도

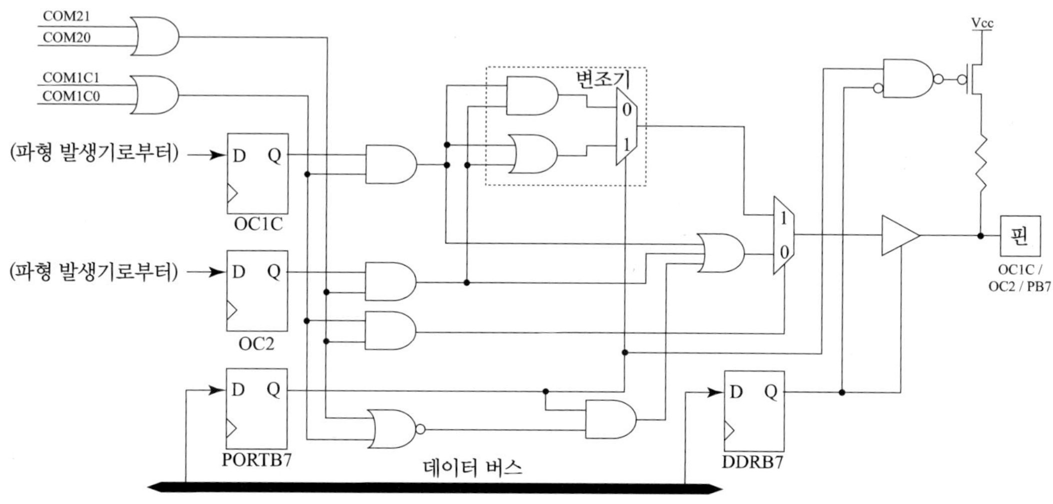

그림 8.7 출력 비교 변조기의 내부 회로도

나만 선택하여 사용할 때는 단순히 하나의 출력 비교 신호를 출력하지만, 이 두 가지 신호를 모두 설정하여 사용하는 경우에는 PB7의 비트 값에 따라 OC1C와 OC2의 출력 신호를 논리적으로 변조하여 AND하거나 OR한 신호를 출력한다.

그림 8.8은 변조의 동작을 나타내는 타이밍도를 나타낸다. 이 타이밍도에서 타이머/카운터 1은 비반전의 고속 PWM 모드로 동작하고, 타이머/카운터 2는 CTC 모드에서 토글 동작을 하고 있다. 이 예에서는 PB7=0이면 OC1C와 OC2의 신호는 AND되어 출력되고, PB7=1이면 OC1C와 OC2의 신호는 OR되어 출력됨을 알 수 있다.

이와 같이 17번 핀을 2채널의 타이머/카운터 출력 비교 신호를 합성 또는 변조하는 기능으로 사용하여, 1개의 채널로는 만들 수 없는 복잡한 구조의 PWM 출력 신호를 만들 수 있다.

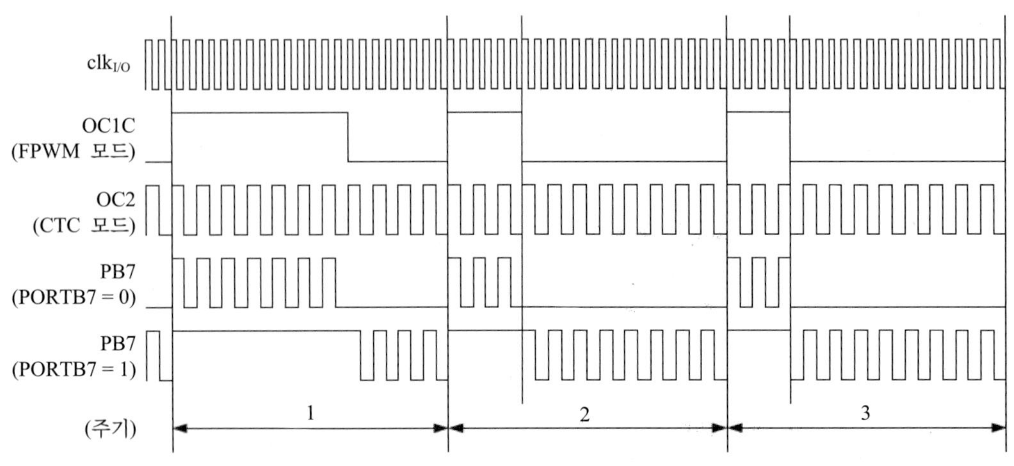

그림 8.8 출력 비교 변조기의 동작 파형 예

8.1.3 타이머/카운터 1과 3의 레지스터

타이머/카운터 1과 3에는 다양한 기능과 동작을 제어하기 위해 여러 가지 제어 레지스터가 있다. 이 레지스터를 표 8.1에 나타냈으며, I/O 영역에 위치하는 레지스터도 있고 확장 I/O 영역에 위치하는 레지스터도 있으므로 사용할 때 주의가 필요하다.

◈ 타이머/카운터 1과 3의 제어 레지스터 A(TCCR1A, TCCR3A)

TCCR1A 및 TCCR3A(Timer/Counter1, 3 Control Register A) 레지스터는 타이머/카운터 1 또는 3의 동작 모드를 설정하고, 출력 비교 단자의 파형 발생 모드를 지정하는 등의 기능을 수행한다. 그림 8.9에 이 레지스터의 비트 구성을 나타냈으며, 각 비트의 기능은 다음과 같다.

표 8.1 타이머/카운터 1과 3에서 사용되는 레지스터

타이머/카운터 1, 3 레지스터	설명
TCCRnA	타이머/카운터 1과 3의 제어 레지스터 A
TCCRnB	타이머/카운터 1과 3의 제어 레지스터 B
TCCRnC	타이머/카운터 1과 3의 제어 레지스터 C
TCNTnH, TCNTnL	타이머/카운터 1과 3의 레지스터
OCRnAH, OCRnAL	타이머/카운터 1과 3의 비교 출력 레지스터 A
OCRnBH, OCRnBL	타이머/카운터 1과 3의 비교 출력 레지스터 B
OCRnCH, OCRnCL	타이머/카운터 1과 3의 비교 출력 레지스터 C
ICRnH, ICRnL	타이머/카운터 1과 3의 입력 캡처 레지스터
SFIOR	특수 기능 I/O 레지스터
TIMSK	타이머/카운터 인터럽트 마스크 레지스터
ETIMSK	타이머/카운터 인터럽트 마스크 확장 레지스터
TIFR	타이머/카운터 인터럽트 플래그 레지스터
ETIFR	타이머/카운터 인터럽트 플래그 확장 레지스터

비트	7	6	5	4	3	2	1	0	
	COM1A1	COM1A0	COM1B1	COM1B0	COM1C1	COM1C0	WGM11	WGM10	TCCR1A
읽기/쓰기	R/W	R/W	R/W	R/W	R/W	R/W	R/W	R/W	
초깃값	0	0	0	0	0	0	0	0	

(a) TCCR1A

비트	7	6	5	4	3	2	1	0	
	COM3A1	COM3A0	COM3B1	COM3B0	COM3C1	COM3C0	WGM31	WGM30	TCCR3A
읽기/쓰기	R/W	R/W	R/W	R/W	R/W	R/W	R/W	R/W	
초깃값	0	0	0	0	0	0	0	0	

(b) TCCR3A

그림 8.9 타이머/카운터 1과 3의 제어 레지스터 A

▶ 비트 7~6: COMnA1~COMnA0(채널 A의 비교 출력 모드),
비트 5~4: COMnB1~COMnB0(채널 B의 비교 출력 모드),
비트 3~2: COMnC1~COMnC0(채널 C의 비교 출력 모드)

COMnA1~COMnA0, COMnB1~COMnB0, COMnC1~COMnC0 비트들은 타이머/카운터 1과 3의 출력 비교 핀 OCnA, OCnB, OCnC의 동작을 제어하는 기능을 담당한다. OCnA, OCnB, OCnC 단자를 통해 PWM과 같은 출력 신호를 I/O 포트 핀으로 출력하려면 이 두 비트 중 하나 또는 모든 비트가 1로 세트되어 있어야 한다. 단, 이 경우에는 해당 병렬 I/O 포트를 입출력 방향 제어 레지스터 DDRx에서 출력 방향으로 미리 설정해놓아야 한다. OCnA,

OCnB, OCnC 핀의 동작은 WGMn3~WGMn0 비트에 따른 타이머/카운터 1과 3의 동작 모드에 따른 TCCRnA 레지스터의 2~7 비트의 설정으로 달라지는데, 이를 요약하면 표 8.2, 표 8.3, 표 8.4와 같다. 표 8.2는 PWM 모드가 아닌 경우, 표 8.3은 고속 PWM 모드, 그리고 표 8.4는 비교 출력 모드, PC PWM 모드와 PFC PWM 모드의 경우에서 OCnA, OCnB, OCnC의 동작을 설명하고 있다.

표 8.2 PWM 모드가 아닌 경우의 비교 출력 모드

COMnA1/ COMnB1/ COMnC1	COMnA0/ COMnB0/ COMnC0	OCnA/OCnB/OCnC 핀의 기능
0	0	범용 I/O 포트로 동작(OCnA/OCnB/OCnC 출력을 차단)
0	1	비교 일치에서 OCnA/OCnB/OCnC 출력을 토글
1	0	비교 일치에서 OCnA/OCnB/OCnC 출력을 0으로 클리어
1	1	비교 일치에서 OCnA/OCnB/OCnC 출력을 1로 세트

표 8.3 고속 PWM 모드에서의 비교 출력 모드

COMnA1/ COMnB1/ COMnC1	COMnA0/ COMnB0/ COMnC0	OCnA/OCnB/OCnC 핀의 기능
0	0	범용 I/O 포트로 동작(OCnA/OCnB/OCnC 출력을 차단)
0	1	모드 15(WGMn3-0:15)의 경우, 비교 일치에서 OCnA 출력을 토글하고 OCnB/OCnC는 출력을 차단함(정상적인 포트 동작) 다른 모드에서는 정상적인 포트로 동작하고, OCnA/OCnB/OCnC는 차단함
1	0	비교 일치에서 OCnA/OCnB/OCnC를 0으로 클리어하고, top에서 OCnA/OCnB/OCnC를 1로 세트함
1	1	비교 일치에서 OCnA/OCnB/OCnC를 1로 세트하고, top에서 OCnA/OCnB/OCnC를 0으로 클리어함

표 8.4 PC PWM과 PFC PWM 모드에서의 비교 출력 모드

COMnA1/ COMnB1/ COMnC1	COMnA0/ COMnB0/ COMnC0	OCnA, OCnB, OCnC 핀의 기능
0	0	범용 I/O 포트로 동작(OCnA/OCnB/OCnC 출력을 차단)
0	1	모드 9 또는 14(WGMn3-0:9 또는 11)의 경우, 비교 일치에서 OCnA 출력을 토글하고 OCnB/OCnC는 출력을 차단함(정상적인 포트 동작) 다른 모드에서는 정상적인 포트로 동작하고, OCnA/OCnB/OCnC는 차단함
1	0	상향 계수의 경우에서는 비교 일치에서 OCnA/OCnB/OCnC를 0으로 클리어하고, 하향 계수의 경우에서는 비교 일치에서 OCnA/OCnB/OCnC를 1로 세트함
1	1	상향 계수의 경우에서는 비교 일치에서 OCnA/OCnB/OCnC를 1로 세트하고, 하향 계수의 경우에서는 비교 일치에서 OCnA/OCnB/OCnC를 0으로 클리어함

▶ **비트 1~0: WGMn1~0(파형 발생 모드)**

TCCRnB 레지스터의 WGMn3~2 비트와 결합하여 타이머/카운터 1과 3의 동작 모드, 즉 카운터의 계수 순서, 최대(top) 카운터의 값과 파형 발생의 형태 등을 결정한다. 카운터/타이머 1과 3은 일반 모드, CTC 모드, 세 가지 형태의 PWM 모드 등 다섯 가지 동작 모드를 지원한다. 이러한 동작 모드를 표 8.5에 요약해뒀다.

표 8.5 WGMn3~0 비트에 의한 파형 발생 모드의 설정

모드	WGMn3	WGMn2 (CTCn)	WGMn1 (PWMn1)	WGMn0 (PWMn0)	동작 모드	top	OCRnx 레지스터의 업데이트 시기	TOVn 플래그의 세트 시점
0	0	0	0	0	일반	0xFFFF	설정 즉시	max
1	0	0	0	1	Phase Correct PWM, 8비트	0x00FF	top	bottom
2	0	0	1	0	Phase Correct PWM, 9비트	0x01FF	top	bottom
3	0	0	1	1	Phase Correct PWM, 10비트	0x03FF	top	bottom
4	0	1	0	0	CTC	OCRnA	설정 즉시	max
5	0	1	0	1	고속 PWM, 8비트	0x00FF	bottom	top
6	0	1	1	0	고속 PWM, 9비트	0x01FF	bottom	top
7	0	1	1	1	고속 PWM, 10비트	0x03FF	bottom	top
8	1	0	0	0	PFC PWM	ICRn	bottom	bottom
9	1	0	0	1	PFC PWM	OCRnA	bottom	bottom
10	1	0	1	0	Phase Correct PWM	ICRn	top	bottom
11	1	0	1	1	Phase Correct PWM	OCRnA	top	bottom
12	1	1	0	0	CTC	ICRn	설정 즉시	max
13	1	1	0	1	사용하지 않음(reserved)	–	–	–
14	1	1	1	0	고속 PWM	ICRn	bottom	top
15	1	1	1	1	고속 PWM	OCRnA	bottom	top

◈ 타이머/카운터 1과 3의 제어 레지스터 B(TCCR1B, TCCR3B)

TCCR1B 및 TCCR3B(Timer/Counter1, 3 Control Register B) 레지스터는 타이머/카운터 1 또는 3의 입력 캡처 기능에 관련된 내용을 설정하거나 프리스케일러의 분주비를 설정하는 등의 기능을 수행한다. 그림 8.10에 이 레지스터의 비트 구성을 나타냈으며, 각 비트의 기능은 다음과 같다.

▶ **비트 7: ICNCn(입력 캡처 잡음 제거 회로)**

ICNCn(Input Capture Noise Canceler) 비트는 입력 캡처 단자(ICPn: Input Capture Pin)로 입력되는 캡처 신호를 위한 잡음 제거 회로(noise canceler)의 동작 여부를 결정한다. ICNCn 비트를 1로 설정하면, 잡음 제거 회로가 작동하여 신호가 필터링되고, 필터링의 동작에는 4개의 연속

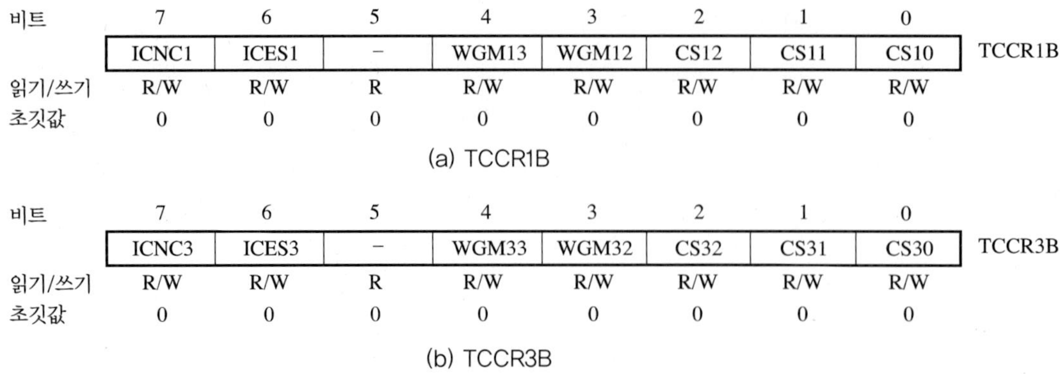

비트	7	6	5	4	3	2	1	0	
	ICNC1	ICES1	–	WGM13	WGM12	CS12	CS11	CS10	TCCR1B
읽기/쓰기	R/W	R/W	R	R/W	R/W	R/W	R/W	R/W	
초깃값	0	0	0	0	0	0	0	0	

(a) TCCR1B

비트	7	6	5	4	3	2	1	0	
	ICNC3	ICES3	–	WGM33	WGM32	CS32	CS31	CS30	TCCR3B
읽기/쓰기	R/W	R/W	R	R/W	R/W	R/W	R/W	R/W	
초깃값	0	0	0	0	0	0	0	0	

(b) TCCR3B

그림 8.10 타이머/카운터 1과 3의 제어 레지스터 B

된 ICPn 입력 신호의 샘플이 필요하므로 시스템 클록의 4주기만큼 지연되어 동작하게 된다.

▶ 비트 6: ICESn(입력 캡처 에지 선택)

ICESn(Input Capture Edge Select) 비트는 입력 캡처 단자 ICPn으로 입력되는 신호의 에지를 선택한다. ICESn 비트를 1로 설정하면 캡처 신호가 상승 에지일 때 캡처가 수행되며, 0으로 설정하면 캡처 신호가 하강 에지일 때 캡처가 수행된다. 이와 같이 캡처 신호가 입력되면 현재의 카운터 값이 캡처 레지스터 ICRn에 저장되며, 동시에 ICFn이 1로 되면서 입력 캡처 인터럽트가 요청된다. ICRn 레지스터의 값이 top으로 사용되는 동작 모드에서는 입력 캡처 기능이 정지된다.

▶ 비트 5: 사용하지 않음(reserved bit)

이 비트는 향후 생산되는 소자를 위해 사용하지 않는 비트이지만, 이들과의 호환성을 유지하기 위해 TCCRnB 레지스터에 값을 쓸 경우에는 0으로 설정해야 한다.

▶ 비트 4~3: WGMn3~WGMn2(파형 발생 모드)

이 비트는 앞에서 설명했듯이 TCCRnA 레지스터의 WGMn1~WGMn0 비트와 결합하여 타이머/카운터 1과 3의 동작 모드를 결정하는 기능을 갖고 있으며, 자세한 사항은 표 8.5를 참조하기 바란다.

▶ 비트 2~0: CSn2~0(클록 선택)

이 3개의 비트는 타이머/카운터 1과 3의 클록 소스 또는 프리스케일러의 분주비를 선택하는 기능을 담당한다. 타이머/카운터 1과 3의 프리스케일러의 구성도는 그림 8.11에 나타냈으며, 이 비트들에 의해 표 9.6과 같은 클록 소스 또는 프리스케일러 분주비가 선택된다. 표 8.6에서 $clk_{I/O}$는 CPU 동작 클록과 동일하다.

표 8.6 CSn2~0 비트에 의한 클록 소스 및 분주비의 선택

CSn2	CSn1	CSn0	클록 소스의 기능
0	0	0	클록 소스 차단(타이머/카운터의 기능이 정지됨)
0	0	1	$clk_{I/O}$
0	1	0	$clk_{I/O}/8$
0	1	1	$clk_{I/O}/64$
1	0	0	$clk_{I/O}/256$
1	0	1	$clk_{I/O}/1024$
1	1	0	Tn 핀에 연결된 외부 클록 소스, 클록은 하향 에지에서 동작
1	1	1	Tn 핀에 연결된 외부 클록 소스, 클록은 상승 에지에서 동작

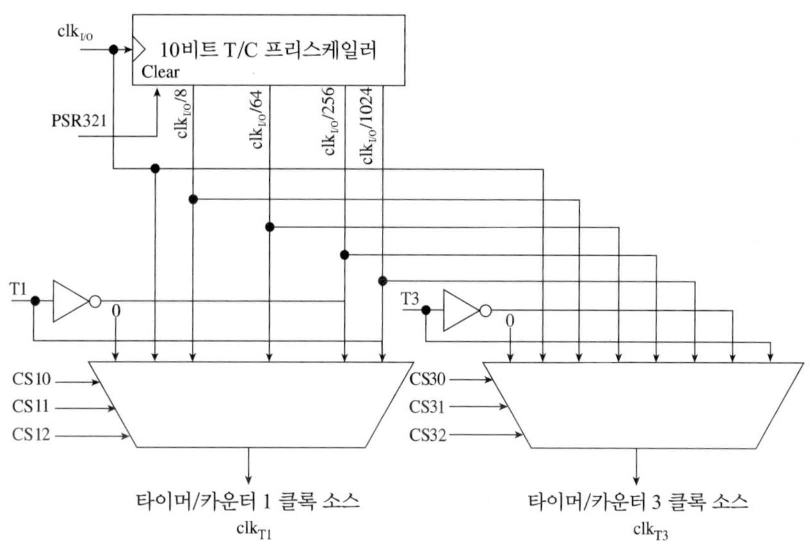

그림 8.11 타이머/카운터 1과 3의 프리스케일러 구성도

◈ 타이머/카운터 1과 3의 제어 레지스터 C(TCCR1C, TCCR3C)

TCCR1C 및 TCCR3C(Timer/Counter1, 3 Control Register C) 레지스터는 타이머/카운터 1과 3의 출력 비교 단자와 관련된 기능을 설정하는 기능을 수행한다. 그림 8.12에 이 레지스터의 비트 구성을 나타냈으며, 각 비트의 기능은 다음과 같다.

▶ 비트 7: FOCnA(채널 A의 강제 출력 비교), 비트 6: FOCnB(채널 B의 강제 출력 비교), 비트 5: FOCnC(채널 C의 강제 출력 비교)

FOCnA/FOCnB/FOCnC 비트는 PWM 모드가 아닌 경우에만 유효하며, 이 비트를 1로 설정하면 즉시 OCnx 단자에 출력 비교가 일치된 것과 같은 신호를 강제로 출력한다. 이 출력 신호는 COMnx1~COMnx0 비트의 설정에 의해 결정된다. 그러나 이렇게 만들어진 출력 비교 일

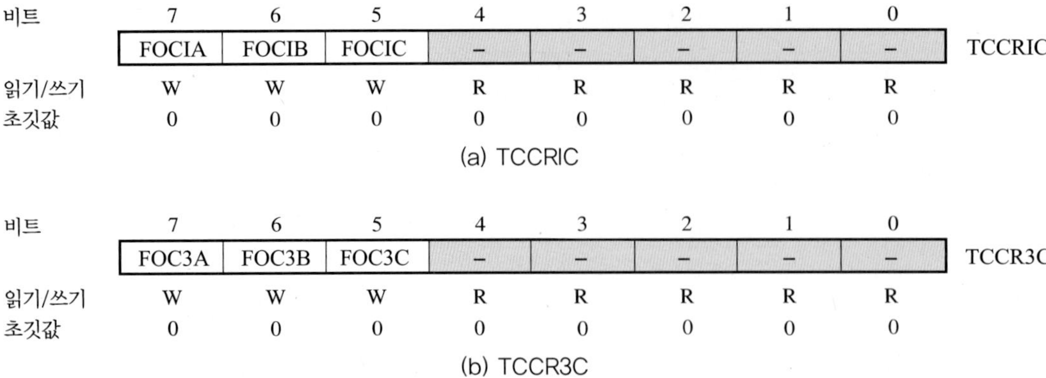

비트	7	6	5	4	3	2	1	0	
	FOCIA	FOCIB	FOCIC	–	–	–	–	–	TCCRIC
읽기/쓰기	W	W	W	R	R	R	R	R	
초깃값	0	0	0	0	0	0	0	0	

(a) TCCRIC

비트	7	6	5	4	3	2	1	0	
	FOC3A	FOC3B	FOC3C	–	–	–	–	–	TCCR3C
읽기/쓰기	W	W	W	R	R	R	R	R	
초깃값	0	0	0	0	0	0	0	0	

(b) TCCR3C

그림 8.12 타이머/카운터 1과 3의 제어 레지스터 C

치 신호는 OCnx 단자에 신호만을 출력할 뿐이며, 해당 인터럽트를 발생시키거나 CTC 모드로 동작하는 경우에도 TCNTn 레지스터를 top에서 0으로 클리어하지도 않는다. 따라서 이 비트는 특별한 경우를 제외하고 반드시 0으로 설정되어야 한다. 또한 FOCnA/FOCnB 비트는 항상 0으로 읽힌다.

▶ **비트 4~0: 사용되지 않음(reserved bit)**

이 비트는 향후 생산되는 소자를 위해 사용하지 않는 비트지만, 이들과의 호환성을 유지하기 위해 TCCRnC 레지스터에 값을 쓸 경우에는 0으로 설정해야 한다.

◈ 타이머/카운터 n 레지스터(TCNT1, TCNT3)

TCNTn(Timer/Counter Register 1, 3) 레지스터는 그림 8.13에 나타낸 것과 같이 타이머/카운터 1과 3의 16비트 카운터 값을 저장하고 있는 레지스터이다. 이 레지스터는 16비트 구조이므로 8비트씩 두 차례로 나누어 액세스해야 하는데, 액세스하는 순서에 유념해야 한다. 즉, 이 레지스터에 데이터를 쓸 경우에는 상위 바이트 TCNTnH를 먼저 액세스하고 하위 바이트 TCNTnL을 나중에 액세스해야 하며, 이 레지스터를 읽을 경우에는 하위 바이트 TCNTnL을 먼저 읽고 상위 바이트 TCNTnH를 나중에 읽어야 한다.

이 레지스터는 언제나 읽기 및 쓰기 동작이 가능하지만 카운터가 동작하고 있을 때 이 값을 수정하면 TCNTn 값과 OCRnx 값을 비교하여 출력 신호를 발생하는 비교 일치 기능에 문제를 야기할 수도 있다.

◈ 타이머/카운터 n 출력 비교 레지스터(OCRnx)

OCRnx(Timer/Counter Output Compare Register 1, 3) 레지스터는 타이머/카운터 레지스터 TCNTn 값과 비교하여 OCnx 단자에 출력 신호를 발생시키기 위한 16비트의 값을 저장하는 레지스터이다. 이 레지스터를 그림 8.14와 그림 8.15에 나타내었다.

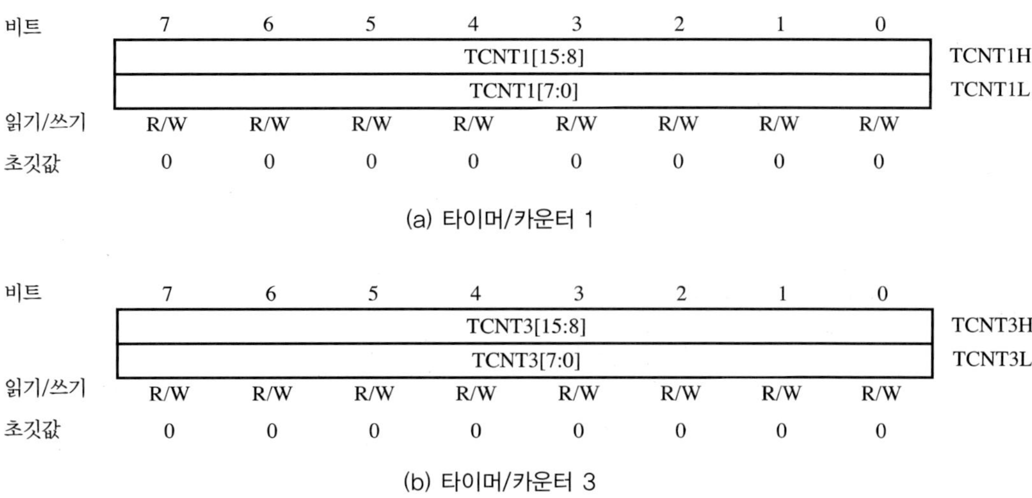

(a) 타이머/카운터 1

(b) 타이머/카운터 3

그림 8.13 타이머/카운터 1, 3 레지스터

OCRnx 레지스터는 모든 PWM 모드에서 이중 버퍼링으로 동작하여 타이머/카운터 레지스터 TCNTn이 top 또는 bottom에 도달했을 때 그 값이 갱신되므로 PWM 출력 신호에 글리치가 발생하는 것을 방지한다. 그러나 일반 CTC 모드에서는 OCRnx 레지스터가 이중 버퍼링으로 동작하지 않는다는 점을 유의해야 한다. 이 밖에 이 레지스터를 액세스하거나 출력을 비교하는 기능에

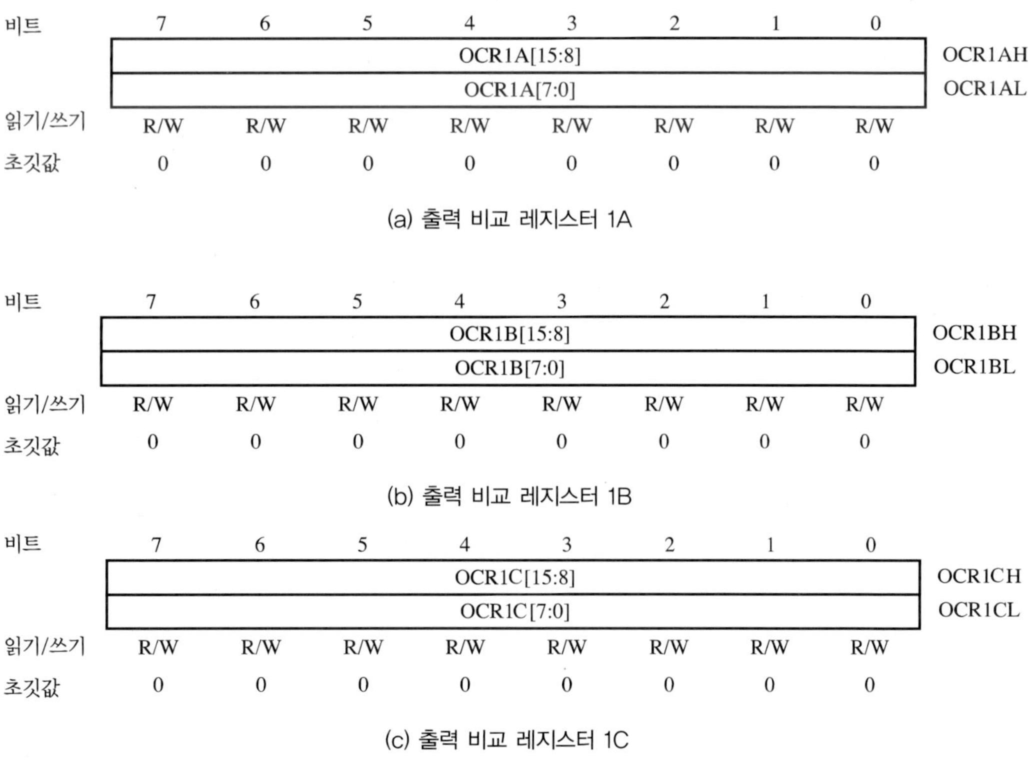

(a) 출력 비교 레지스터 1A

(b) 출력 비교 레지스터 1B

(c) 출력 비교 레지스터 1C

그림 8.14 타이머/카운터 1의 출력 비교 레지스터

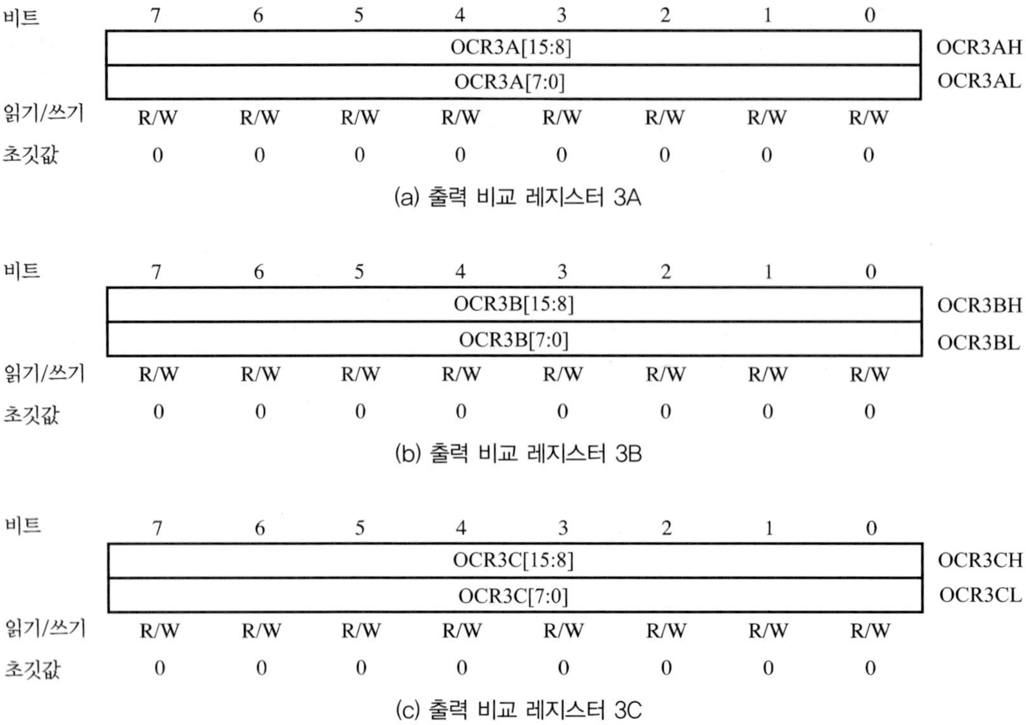

그림 8.15 타이머/카운터 3의 출력 비교 레지스터

대해서는 앞에서 설명한 출력 비교 모듈의 구성 부분을 참조하기 바란다.

◈ 타이머/카운터 n 입력 캡처 레지스터(ICRn)

ICRn(Timer/Counter Input Capture Register 1, 3) 레지스터는 입력 캡처 신호 ICPn 핀(또는 타이머/카운터 1의 경우에는 아날로그 비교기로의 출력 신호도 사용 가능)에 외부 사건이 발생될 때마다 타이머/카운터 레지스터 TCNTn 값을 캡처하여 저장하는 16비트 레지스터이다. 이 레지스터를 그림 8.16에 나타내었다.

이 ICRn 레지스터는 일부의 동작 모드에서 top으로 사용되기도 한다. 이 레지스터를 액세스하거나 입력을 캡처하는 기능에 대해서는 앞에서 설명한 입력 캡처 모듈의 구성 부분을 참조하기 바란다.

◈ 타이머/카운터 인터럽트 마스크 레지스터(TIMSK)

TIMSK(Timer/Counter Interrupt Mask Register) 레지스터는 타이머/카운터 0~2의 인터럽트의 발생 여부를 개별적으로 허가하는 기능을 담당하는 레지스터로서, 이 레지스터의 비트 구성은 그림 7.13에 나타내었다. 여기서 타이머/카운터 1과 관련된 인터럽트를 개별적으로 허가하는 기능은 TICIE1, OCIE1A, OCIE1B, TOIE1 비트가 담당한다. 나머지 비트들은 타이머/카운터 0과 2에 대한 기능이고, 해당 비트들의 기능은 다음과 같다.

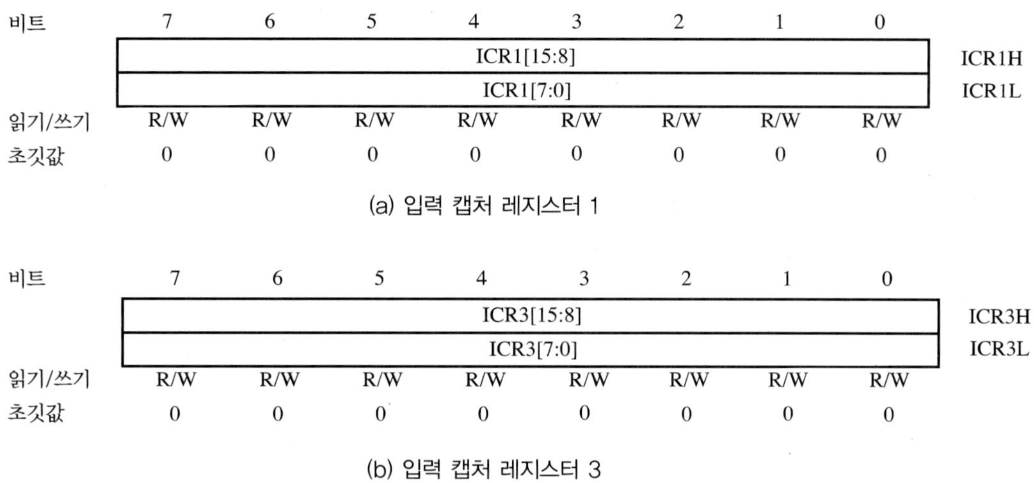

비트	7	6	5	4	3	2	1	0	
	ICR1[15:8]								ICR1H
	ICR1[7:0]								ICR1L
읽기/쓰기	R/W	R/W	R/W	R/W	R/W	R/W	R/W	R/W	
초깃값	0	0	0	0	0	0	0	0	

(a) 입력 캡처 레지스터 1

비트	7	6	5	4	3	2	1	0	
	ICR3[15:8]								ICR3H
	ICR3[7:0]								ICR3L
읽기/쓰기	R/W	R/W	R/W	R/W	R/W	R/W	R/W	R/W	
초깃값	0	0	0	0	0	0	0	0	

(b) 입력 캡처 레지스터 3

그림 8.16 타이머/카운터 3의 출력 비교 레지스터

▶ 비트 5: TICIE1(타이머/카운터 1의 입력 캡처 인터럽트 허가)

TICIE1(Input Capture Interrupt Enable) 비트가 1로 설정되고 상태 레지스터(SREG)의 I 비트가 1로 설정되면 타이머/카운터 1의 입력 캡처 인터럽트가 허가 상태로 된다. 이 상태에서 타이머/카운터 1의 입력 캡처 일치 인터럽트가 발생하면, TIFR 레지스터의 ICF1 플래그가 1로 설정되어 인터럽트가 발생하고, 이에 해당하는 인터럽트 벡터를 참조하게 된다.

▶ 비트 4: OCIE1A(타이머/카운터 1의 출력 비교 A 일치 인터럽트 허가)

OCIE1A(Output Compare A Match Interrupt Enable) 비트가 1로 설정되고 상태 레지스터(SREG)의 I 비트가 1로 설정되면 타이머/카운터 1의 출력 비교 A 일치 인터럽트가 허가 상태로 된다. 이 상태에서 타이머/카운터 1의 출력 비교 A 일치 인터럽트가 발생하면, TIFR 레지스터의 OCF1A 플래그가 1로 설정되어 인터럽트가 발생하고, 이에 해당하는 인터럽트 벡터를 참조하게 된다.

▶ 비트 3: OCIE1B(타이머/카운터 1의 출력 비교 B 일치 인터럽트 허가)

OCIE1B(Output Compare B Match Interrupt Enable) 비트가 1로 설정되고 상태 레지스터(SREG)의 I 비트가 1로 설정되면 타이머/카운터 1의 출력 비교 B 일치 인터럽트가 허가 상태로 된다. 이 상태에서 타이머/카운터 1의 출력 비교 B 일치 인터럽트가 발생하면, TIFR 레지스터의 OCF1B 플래그가 1로 설정되어 인터럽트가 발생하고, 이에 해당하는 인터럽트 벡터를 참조하게 된다.

▶ 비트 2: TOIE1(타이머/카운터 1의 오버플로우 인터럽트 허가)

TOIE1(Timer/Counter1 Overflow Interrupt Enable) 비트가 1로 설정되고 상태 레지스터(SREG)의 I 비트가 1로 설정되면 타이머/카운터 1의 오버플로우 인터럽트가 허가 상태로 된다. 이 상태에서 타이머/카운터 1의 오버플로우 인터럽트가 발생하면, TIFR 레지스터의 TOV1 비트가 1로 설정되어 인터럽트가 발생하고, 이에 해당하는 인터럽트 벡터를 참조하게 된다.

◈ 타이머/카운터 인터럽트 마스크 확장 레지스터(ETIMSK)

ETIMSK(Extended Timer/Counter Interrupt Mask Register) 레지스터는 타이머/카운터 1의 출력 비교 C 일치 허가 인터럽트와 타이머/카운터 3이 발생하는 여러 개의 인터럽트를 개별적으로 허가하는 기능을 담당하는 레지스터이다. 이 레지스터의 비트 구성은 그림 8.17에 나타내었으며, 각 비트의 기능은 다음과 같다.

비트	7	6	5	4	3	2	1	0	
	–	–	TICIE3	OCIE3A	OCIE3B	TOIE3	OCIE3C	OCIE1C	ETIMSK
읽기/쓰기	R	R	R/W	R/W	R/W	R/W	R/W	R/W	
초깃값	0	0	0	0	0	0	0	0	

그림 8.17 ETIMSK 레지스터의 비트 구성

▶ 비트 5: TICIE3(타이머/카운터 3의 입력 캡처 인터럽트 허가)

TICIE3(Input Capture Interrupt Enable) 비트가 1로 설정되고 상태 레지스터(SREG)의 I 비트가 1로 설정되면 타이머/카운터 3의 입력 캡처 인터럽트가 허가 상태로 된다. 이 상태에서 타이머/카운터 3의 입력 캡처 일치 인터럽트가 발생하면, TIFR 레지스터의 ICF3 플래그가 1로 설정되어 인터럽트가 발생하고, 이에 해당하는 인터럽트 벡터를 참조하게 된다.

▶ 비트 4: OCIE3A(타이머/카운터 3의 출력 비교 A 일치 인터럽트 허가)

OCIE3A(Output Compare A Match Interrupt Enable) 비트가 1로 설정되고 상태 레지스터(SREG)의 I 비트가 1로 설정되면 타이머/카운터 3의 출력 비교 A 일치 인터럽트가 허가 상태로 된다. 이 상태에서 타이머/카운터 3의 출력 비교 A 일치 인터럽트가 발생하면, TIFR 레지스터의 OCF3A 플래그가 1로 설정되어 인터럽트가 발생하고, 이에 해당하는 인터럽트 벡터를 참조하게 된다.

▶ 비트 3: OCIE3B(타이머/카운터 3의 출력 비교 B 일치 인터럽트 허가)

OCIE3B(Output Compare B Match Interrupt Enable) 비트가 1로 설정되고 상태 레지스터(SREG)의 I 비트가 1로 설정되면 타이머/카운터 3의 출력 비교 B 일치 인터럽트가 허가 상태로 된다. 이 상태에서 타이머/카운터 3의 출력 비교 B 일치 인터럽트가 발생하면, TIFR 레지스터의 OCF3B 플래그가 1로 설정되어 인터럽트가 발생하고, 이에 해당하는 인터럽트 벡터를 참조하게 된다.

▶ 비트 2: TOIE3(타이머/카운터 3의 오버플로우 인터럽트 허가)

TOIE3(Timer/Counter3 Overflow Interrupt Enable) 비트가 1로 설정되고 상태 레지스터(SREG)

의 I 비트가 1로 설정되면 타이머/카운터 1의 오버플로우 인터럽트가 허가 상태로 된다. 이 상태에서 타이머/카운터 3의 오버플로우 인터럽트가 발생하면, TIFR 레지스터의 TOV3 비트가 1로 설정되어 인터럽트가 발생하고, 이에 해당하는 인터럽트 벡터를 참조하게 된다.

▶ 비트 1: OCIE3C(타이머/카운터 3의 출력 비교 C 일치 인터럽트 허가)

OCIE3C(Output Compare C Match Interrupt Enable) 비트가 1로 설정되고 상태 레지스터(SREG)의 I 비트가 1로 설정되면 타이머/카운터 3의 출력 비교 C 일치 인터럽트가 허가 상태로 된다. 이 상태에서 타이머/카운터 3의 출력 비교 C 일치 인터럽트가 발생하면, TIFR 레지스터의 OCF3C 플래그가 1로 설정되어 인터럽트가 발생하고, 이에 해당하는 인터럽트 벡터를 참조하게 된다.

▶ 비트 0: OCIE1C(타이머/카운터 1의 출력 비교 C 일치 인터럽트 허가)

OCIE1C(Output Compare C Match Interrupt Enable) 비트가 1로 설정되고 상태 레지스터(SREG)의 I 비트가 1로 설정되면 타이머/카운터 1의 출력 비교 C 일치 인터럽트가 허가 상태로 된다. 이 상태에서 타이머/카운터 3의 출력 비교 C 일치 인터럽트가 발생하면, TIFR 레지스터의 OCF1C 플래그가 1로 설정되어 인터럽트가 발생하고, 이에 해당하는 인터럽트 벡터를 참조하게 된다.

◈ 타이머/카운터 인터럽트 플래그 레지스터(TIFR)

TIFR(Timer/Counter Interrupt Flag Register) 레지스터는 타이머/카운터 0~2의 인터럽트가 발생하면 인터럽트 플래그를 저장하는 레지스터로서, 이 레지스터의 비트 구성은 그림 7.13에 나타내었다. 여기서 타이머/카운터 1의 인터럽트를 개별적으로 허가하는 기능은 ICF1, OCF1A, OCF1B와 TOV1 비트가 담당한다. 나머지 비트들은 타이머/카운터 0과 2에 대한 기능이며, 해당 비트들의 기능은 다음과 같다.

▶ 비트 5: ICF1(타이머/카운터 1 입력 캡처 플래그)

ICF1(Input Capture Flag 1) 비트는 타이머/카운터 1의 입력 캡처 신호 또는 아날로그 비교기로부터의 신호에 의해 캡처 동작이 수행될 때 이 비트가 1로 세트되고, 입력 캡처 인터럽트가 요청된다. 또한 ICR1 레지스터가 top으로 사용되는 동작 모드에서는 TCNT1의 값이 top으로 될 때 인터럽트가 발생한다. 인터럽트 벡터에 의해 인터럽트가 실행되면 이 비트는 하드웨어에 의해 자동적으로 0으로 클리어된다.

▶ 비트 4: OCF1A(타이머/카운터 1 출력 비교 A 일치 플래그)

OCF1A(Output Compare A Match Flag) 비트는 타이머/카운터 1의 TCNT1 레지스터와 출력 비교 레지스터 OCR1A의 값을 비교하여 이것이 같으면 다음 주기에서 이 비트가 1로 세트되면서 인터럽트가 요청되고, 인터럽트 벡터에 의해 인터럽트가 실행되면 이 비트는 하드웨어에 의해 자동적으로 클리어된다. 또한 OCF1A 비트는 이 비트에 1을 써줌으로써 소프트웨어에 의해 클리어될 수 있다. OCF1A 플래그는 FOC1A 스트로브에 의해 1로 설정되지 않으므로, 이를 유념해야 한다.

▶ 비트 3: OCF1B(타이머/카운터 1 출력 비교 B 일치 플래그)

OCF1B(Output Compare B Match Flag) 비트는 타이머/카운터 1의 TCNT1 레지스터와 출력 비교 레지스터 OCR1B의 값을 비교하여 이것이 같으면 다음 주기에서 이 비트가 1로 세트되면서 인터럽트가 요청되고, 인터럽트 벡터에 의해 인터럽트가 실행되면 이 비트는 하드웨어에 의해 자동적으로 0으로 클리어된다. 또한 OCF1B 비트는 이 비트에 1을 써줌으로써 소프트웨어에 의해 클리어될 수 있다. OCF1B 플래그는 FOC1B 스트로브에 의해 1로 설정되지 않으므로, 이를 유념해야 한다.

▶ 비트 2: TOV1(타이머/카운터 1 오버플로우 플래그)

TOV1(Timer/Counter1 Overflow Flag) 비트는 WGMn3~WGMn0의 값에 설정에 따라 다르게 동작한다. 일반 모드와 CTC 모드에서는 타이머/카운터 1의 오버플로우가 발생하면 이 플래그가 1로 설정되고, PC PWM 모드에서는 타이머/카운터 1이 0x00에서 계수 방향을 바꿀 때 이 비트가 세트된다. 이 인터럽트가 발생하면, 이에 해당하는 인터럽트 벡터를 참조하게 되고 이 순간에 자동적으로 0으로 클리어된다.

◈ 타이머/카운터 인터럽트 확장 플래그 레지스터(ETIFR)

ETIFR(Extended Timer/Counter Interrupt Flag Register) 레지스터는 타이머/카운터 1의 출력 비교 C 일치 허가 인터럽트와 타이머/카운터 3에서 여러 개의 인터럽트가 발생하면 인터럽트 플래그를 저장하는 레지스터이다. 이 레지스터의 비트 구성은 그림 8.18에 나타냈으며, 각 비트의 기능은 다음과 같다.

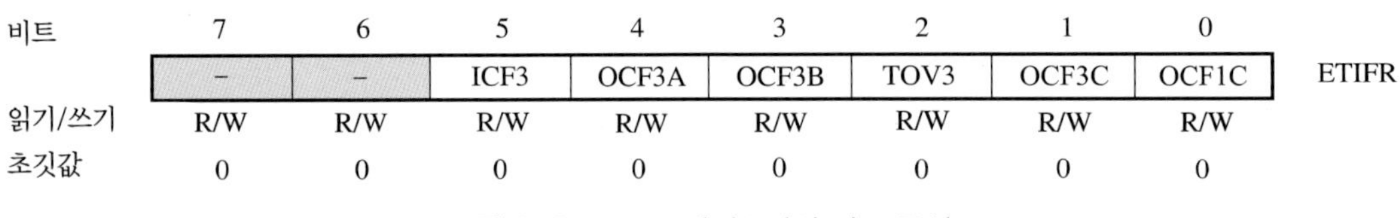

비트	7	6	5	4	3	2	1	0	
	–	–	ICF3	OCF3A	OCF3B	TOV3	OCF3C	OCF1C	ETIFR
읽기/쓰기	R/W	R/W	R/W	R/W	R/W	R/W	R/W	R/W	
초깃값	0	0	0	0	0	0	0	0	

그림 8.18 ETIFR 레지스터의 비트 구성

▶ 비트 5: ICF3(타이머/카운터 3 입력 캡처 플래그)

ICF3(Input Capture Flag 1) 비트는 타이머/카운터 1의 입력 캡처 신호 또는 아날로그 비교기로부터의 신호에 의해 캡처 동작이 수행될 때 이 비트가 1로 세트되고, 입력 캡처 인터럽트가 요청된다. 또한 ICR1 레지스터가 top으로 사용되는 동작 모드에서는 TCNT1의 값이 top으로 될 때 인터럽트가 발생한다. 인터럽트 벡터에 의해 인터럽트가 실행되면 이 비트는 하드웨어에 의해 자동적으로 0으로 클리어된다. 또한 ICF3 비트는 이 비트에 1을 써줌으로써 소프트웨어에 의해 클리어될 수 있다.

▶ 비트 4: OCF3A(타이머/카운터 3 출력 비교 A 일치 플래그)

OCF3A(Output Compare Flag 3) 비트는 타이머/카운터 1의 TCNT3 레지스터와 출력 비교 레지스터 OCR3A의 값을 비교하여 이것이 같으면 다음 주기에서 이 비트가 1로 세트되면서 인터럽트가 요청되고, 인터럽트 벡터에 의해 인터럽트가 실행되면 이 비트는 하드웨어에 의해 자동적으로 클리어된다. 또한 OCF3A 비트는 이 비트에 1을 써줌으로써 소프트웨어에 의해 클리어될 수 있다. OCF1A 플래그는 FOC1A 스트로브에 의해 1로 설정되지 않으므로, 이를 유념해야 한다.

▶ 비트 3: OCF3B(타이머/카운터 3 출력 비교 B 일치 플래그)

OCF3B(Output Compare Flag 3) 비트는 타이머/카운터 1의 TCNT3 레지스터와 출력 비교 레지스터 OCR3B의 값을 비교하여 이것이 같으면 다음 주기에서 이 비트가 1로 세트되면서 인터럽트가 요청되고, 인터럽트 벡터에 의해 인터럽트가 실행되면 이 비트는 하드웨어에 의해 자동적으로 클리어된다. 또한 OCF3B 비트는 이 비트에 1을 써줌으로써 소프트웨어에 의해 클리어될 수 있다. OCF3B 플래그는 FOC3B 스트로브에 의해 1로 설정되지 않으므로, 이를 유념해야 한다.

▶ 비트 2: TOV3(타이머/카운터 3 오버플로우 플래그)

TOV3(Timer/Counter3 Overflow Flag) 비트는 WGMn3～0의 값에 설정에 따라 다르게 동작한다. 일반 모드와 CTC 모드에서는 타이머/카운터 1의 오버플로우가 발생하면 이 플래그가 1로 설정되고, PC PWM 모드에서는 타이머/카운터 1이 0x00에서 계수 방향을 바꿀 때 이 비트가 세트된다. 이 인터럽트가 발생되면, 이에 해당하는 인터럽트 벡터를 참조하게 되고, 이 순간에 자동적으로 0으로 클리어된다. 이외의 다른 동작 모드에서의 TOV3 플래그의 동작은 표 9.5를 참조하기 바란다.

▶ 비트 1: OCF3C(타이머/카운터 3 출력 비교 C 일치 플래그)

OCF3C(Output Compare Flag 3) 비트는 타이머/카운터 1의 TCNT3 레지스터와 출력 비교 레지스터 OCR3C의 값을 비교하여 이것이 같으면 다음 주기에서 이 비트가 1로 세트되면서 인터럽트가 요청되고, 인터럽트 벡터에 의해 인터럽트가 실행되면 이 비트는 하드웨어에 의해 자동적으로 클리어된다. 또한 OCF3C 비트는 이 비트에 1을 써줌으로써 소프트웨어에 의해 클리어될 수 있다. OCF3C 플래그는 FOC3C 스트로브에 의해 1로 설정되지 않으므로, 이를 유념해야 한다.

▶ 비트 0: OCF1C(타이머/카운터 1 출력 비교 C 일치 플래그)

OCF1C(Output Compare Flag 3) 비트는 타이머/카운터 1의 TCNT1 레지스터와 출력 비교 레지스터 OCR1C의 값을 비교하여 이것이 같으면 다음 주기에서 이 비트가 1로 세트되면서 인터럽트가 요청되고, 인터럽트 벡터에 의해 인터럽트가 실행되면 이 비트는 하드웨어에 의해 자동적으로 클리어된다. 또한 OCF1C 비트는 이 비트에 1을 써줌으로써 소프트웨어에 의해 클리어될 수 있다. OCF1C 플래그는 FOC1C 스트로브에 의해 1로 설정되지 않으므로, 이를 유념해야 한다.

◈ 특수 기능 I/O 레지스터(SFIOR)

SFIOR(Special Function I/O Register) 레지스터는 타이머/카운터들을 동기화하는 데 관련된 기능을 수행하는 레지스터이다. 타이머/카운터 1, 3의 경우에는 PSR321 비트가 사용되며, 이는 타이머/카운터 2 부분에서 자세히 설명했으니 그 부분을 참조하기 바란다.

8.1.4 타이머/카운터 1과 3의 동작 모드

타이머/카운터 1과 3의 동작 모드에는 표 8.5에 나타낸 것과 같이 일반 모드, CTC 모드, 고속 PWM 모드, PC PWM 모드, PFC PWM 모드의 다섯 가지 동작 모드가 있다. 이러한 동작 모드는 TCCRnA와 TCCRnB 레지스터의 WGMn3~WGMn0 비트에 의해 결정되고, 출력 파형의 형태는 COMnx1~COMnx0 비트에 의해 출력 신호의 동작이 결정되어, 각각 2개씩의 OCnx 출력 단자에 어떤 파형을 출력하게 될지를 결정할 수 있다. 즉, 파형 발생 모드 비트(WGM0n3~WGMn0 비트)는 타이머/카운터의 동작에 영향을 미치는 반면에, 비교 출력 모드 비트(COMnx1~COMnx0 비트)는 계수 순서에는 영향을 주지 않고 PWM 출력을 반전시킬 것인지 아니면 그대로 출력할 것인지를 제어하는 데 활용된다. 또한 비교 출력 모드 비트(COMnx1~COMnx0 비트)는 PWM 모드가 아닌 경우에는 비교 일치 출력에 세트, 클리어 또는 토글할지를 결정한다.

타이머/카운터 1과 3의 OCRnx 레지스터는 PWM 모드에서는 이중 버퍼로 액세스되어 이 값이 갱신되는 시점을 top 또는 bottom으로 동기화할 수 있지만, 일반 모드나 CTC 모드에서는 이중 버퍼 기능이 없기 때문에 CPU가 이 OCRnx 레지스터를 직접 액세스하므로 예상치 못한 동작이 일어날 가능성이 있으니 주의해야 한다.

동작 모드 중 일반 모드, CTC 모드, 고속 PWM 모드, PC PWM 모드의 동작 원리는 7장에서 설명한 동작 원리와 똑같으며, 차이점은 계수 범위가 16비트로 늘어났으며 이에 따라 일부 동작이 추가된 것뿐이다. 따라서 이 장에서는 8비트 타이머/카운터의 기능에 없는 PFC PWM과 캡처 기능에 대해서만 세부 동작 원리를 설명하기로 하고, 나머지 모드에 대해서는 요약 설명으로 대체하기로 한다.

ATmega128 타이머/카운터의 일반적인 동작은 카운터가 최댓값이 될 때까지 증가하다가 최댓값에서 오버플로우가 되면서 0으로 리셋된다. 이 최댓값은 타이머의 분해능에 의해 결정되며, 8비트 타이머/카운터인 0과 2인 경우에는 타이머 계수 범위가 0~255가 되고, 16비트 타이머/카운터인 1과 3인 경우에는 0~65535가 된다. 이러한 이유로 8비트와 16비트의 타이머/카운터 동작 모드는 약간의 차이가 있다. 이러한 차이점을 비교하면 표 8.7과 같이 요약된다.

표 8.7 ATmega128에서 각 타이머/카운터의 동작 모드 비교

	타이머/카운터 0과 2(8비트)					타이머/카운터 1과 3(16비트)				
	모드 번호	TCNTn 동작	OCRn 업데이트 시점	TOVn 설정	PWM 출력 핀	모드 번호	TCNTn 동작	OCRn 업데이트 시점	TOVn 설정	PWM 출력 핀
일반 모드	0	0x00~ 0xFF	설정 즉시	0xFF → 0x00	OCn	0	0x0000~ 0xFFFF	설정 즉시	0xFFFF → 0x0000	OCnA OCnB
CTC 모드	2	0x00~ OCRn	설정 즉시	0xFF → 0x00 (비교 실패)	OCn	4	0x0000~ OCRnA	설정 즉시	0xFFFF → 0x0000 (비교실패)	OCnB
						12	0x0000~ ICRn	설정 즉시		OCnA OCnB
고속 PWM 모드	3	0x00~ 0xFF	0xFF → 0x00 (이중 버퍼)	0xFF → 0x00	OCn	5	0x0000~ 0x00FF	0x00FF → 0x0000 (이중 버퍼)	0x00FF → 0x0000	OCnA OCnB
						6	0x0000~ 0x01FF	0x01FF → 0x0000 (이중 버퍼)	0x01FF → 0x0000	OCnA OCnB
						7	0x0000~ 0x03FF	0x03FF → 0x0000 (이중 버퍼)	0x03FF → 0x0000	OCnA OCnB
						14	0x0000~ ICRn (ICRn은 설정 즉시 변경됨)	ICRn → 0x0000 (이중 버퍼)	ICRn → 0x0000	OCnA OCnB
						15	0x0000~ OCRnA	OCRnA → 0x0000 (이중 버퍼)	OCRnA → 0x0000	OCnB
PC PWM 모드	1	0x00~ 0xFF~ 0x00	0xFF → 0xFE (이중 버퍼)	0x00 → 0x01	OCn	1	0x0000~ 0x00FF~ 0x0000	0x00FF → 0x00FE (이중 버퍼)	0x0000 → 0x0001	OCnA OCnB
						2	0x0000~ 0x01FF~ 0x0000	0x01FF → 0x01FE (이중 버퍼)	0x0000 → 0x0001	OCnA OCnB
						3	0x0000~ 0x03FF~ 0x0000	0x03FF → 0x03FE (이중 버퍼)	0x0000 → 0x0001	OCnA OCnB
						10	0x0000~ ICRn~ 0x0000 (ICRn은 설정 즉시 변경됨)	ICRn → ICRn-1 (이중 버퍼)	0x0000 → 0x0001	OCnA OCnB
						11	0x0000~ OCRnA~ 0x0000	OCRnA → OCRnA-1 (이중 버퍼)	0x0000 → 0x0001	OCnB
PFC PWM 모드	–	–	–	–	–	8	0x0000~ ICRn~ 0x0000 (ICRn은 설정 즉시 변경됨)	ICRn → ICRn-1 (이중 버퍼)	0x0000 → 0x0001	OCnA OCnB
						9	0x0000~ OCRnA~ 0x0000	OCRnA → OCRnA-1 (이중 버퍼)	0x0000 → 0x0001	OCnB
비고	여기서 n은 타이머/카운터 0 또는 2를 나타냄					여기서 n은 타이머/카운터 1 또는 3을 나타냄				

◈ 일반 모드

일반 모드(Normal Mode)는 카운터가 클록 입력에 의해 최솟값(8비트 0x00 또는 16비트 0x0000)에서 최댓값(8비트 0xFF 또는 16비트 0xFFFF)까지 단순하게 증가하므로 타이머/카운터가 외부에서 입력되는 펄스 수를 계수하는 카운터 동작으로 사용하는 데 적합하다.

◈ CTC 모드

CTC 모드(Clear Timer on Compare Match Mode)는 카운터가 클록 입력에 의해 최솟값(bottom, 8비트의 0x00 및 16비트 0x0000))에서 지정된 설정 값(top, 8비트의 OCRn 레지스터 및 16비트의 OCRn 또는 OCRnA 레지스터)까지 동작하므로 타이머 동작이든 카운터 동작이든 관계없이 입력 주파수를 정수로 분주한 출력 주파수를 얻을 수 있는 분주 기능을 가지며, 이를 인터럽트와 연계하면 원하는 시간 간격으로 주기적인 인터럽트를 발생시키는 데 적합하다. 파형의 주기는 다음과 같다.

$$F_{OCnA} = \frac{f_{clk\_I/O}}{(2 \times N \times (1 + OCRnA)}$$

여기서 N은 분주비(1, 8, 64, 256, 또는 1024)이고, $f_{clk_I/O}$는 시스템의 클록 주파수이다. 파형의 최대 주파수는 $N = 1$, $OCRnA = 0$일 때 $f_{OCn} = F_{clk_I/O}/2$이다.

◈ 고속 PWM 모드

고속 PWM 모드(Fast PWM Mode)는 단순한 톱니파와 비교 데이터를 사용한 PWM 기능으로 생각할 수 있다. 톱니파에 해당하는 기능을 만들기 위해 8비트인 타이머/카운터 0과 2에서는 카운터가 무조건 0x00~0xFF로 반복적으로 증가하여 일정한 PWM 주기를 발생시키며, 16비트인 타이머/카운터 1과 3에서는 카운터가 0x0000~top으로 반복적으로 증가하므로(top은 0x00FF, 0x01FF, 0x03FF, ICRn 또는 OCRnA로 지정) top은 PWM 주기를 결정한다. 따라서 top으로 ICRn 또는 OCRnA 레지스터를 사용하는 모드에서는 PWM 주기를 가변할 수 있다. 이 톱니파와 비교할 데이터로 8비트에서는 OCRn 레지스터를 사용하고, 16비트에서는 OCRnx 레지스터를 사용한다. 고속 PWM 모드는 다른 PWM 모드에 비하여 약 2배의 PWM 스위칭 주파수를 갖도록 할 수 있으므로, '고속'이라는 이름을 붙였다. 대칭적인 동작이 필요 없고 일정한 스위칭 주기에서 듀티비만을 가변하면 되는 단순한 PWM 제어에는 이 모드를 사용하는 것이 적합하다. 파형의 주기는 다음과 같다.

$$f_{OCnxPWM} = \frac{f_{clk\_I/O}}{(N \times (1 + TOP)) + f_{clk\_I/O}/(N \times 256)}$$

여기서 N은 분주비(1, 8, 64, 256, 또는 1024)이고, $f_{clk_I/O}$는 시스템의 클록 주파수이다. 여기서 TOP이 255인 경우 1+TOP은 256으로 계산된다.

◈ PC PWM 모드

PC PWM 모드(Phase Correct PWM Mode)는 톱니파 비교 형태의 단방향 경사(single slope)를 사용하는 고속 PWM 모드와 달리 삼각파 비교 형태의 양방향 경사(dual slope)를 사용하여 PWM 파형을 발생시킨다. 이렇게 하면 PWM 출력 파형이 1주기 내에서 대칭적인 동작을 수행하며, 고속 PWM 모드에 비해 약 1/2로 낮은 스위칭 주파수에서 2배로 높은 분해능의 PWM 출력 신호를 만들 수 있다. 그러나 이 동작 모드에서는 출력 비교 레지스터(8비트의 OCRn 및 16비트의 OCRnx)가 삼각파의 정점(top)에서 갱신되므로 증가 부분에서 적용되는 출력 비교 값과 감소 부분에서 적용되는 출력 비교 값이 다를 경우 이 1주기 동안 비대칭 PWM 출력을 발생시킨다는 단점이 있다. 8비트인 타이머/카운터 0과 2에서 이 동작 모드는 일정한 주기로만 동작한다. 그러나 16비트인 타이머/카운터 1과 3에서 이 동작 모드를 사용할 경우에는 주기를 변화시키는 것이 가능하기는 하지만, 주기를 결정하는 OCRnA 레지스터의 값을 수정하고 나면 1주기 동안 비대칭 PWM 출력 파형을 발생시킨다는 단점이 있다. 따라서 이 동작 모드는 기본적으로 고정된 주파수에서 아주 가끔 듀티비를 가변하는 정도의 PWM 동작에 적합하다. 파형의 주기는 다음과 같다.

$$F_{\text{OCnxPCPWM}} = \frac{f_{\text{clk\_I/O}}}{(2 \times N \times \text{TOP})} = \frac{f_{\text{clk\_I/O}}}{(N \times 256)}$$

여기서 N은 분주비(1, 8, 64, 256, 또는 1024)이고, $f_{\text{clk_I/O}}$는 시스템의 클록 주파수이다. 여기서 TOP이 255인 경우 2×TOP은 510으로 계산된다.

◈ PFC PWM 모드

PFC PWM 모드(Phase and Frequency Correct PWM Mode)는 WGMn3~WGMn0 비트를 '1000(모드 8)', '1001(모드 9)' 중의 하나로 설정하며, 좀 더 높은 분해능의 PWM 출력 파형을 발생시키는 데 유용하게 쓰인다. 이 동작 모드에서는 타이머/카운터 레지스터 TCNTn이 상향 카운터로서 0x0000에서 top까지 증가했다가 다시 top에서 0x0000으로 감소하는 동작을 반복적으로 수행하는 양방향 동작(dual slope operation)을 한다. 여기서 PWM의 주기를 결정하는 top의 값은 표 8.5에 제시한 것과 같이 모드 8에서는 ICRn 레지스터에 의해, 모드 9에서는 OCRnA 레지스터에 의해 설정된다.

PFC PWM 모드에서의 PWM 분해능은 고속 PWM 모드나 PC PWM 모드에서와 마찬가지로 비트에 따라 제시한 식과 같이 동일하게 결정된다.

PFC PWM 모드에 대한 동작은 그림 8.19의 타이밍도를 보면 쉽게 이해할 수 있다. PFC PWM 모드도 PC PWM 모드와 마찬가지로 COMnx1~COMnx0 비트의 설정에 따라 비반전 비교 출력 모드와 반전 비교 출력 모드로 동작하고, top 값은 OCRnA 또는 ICRx 레지스터의 값에 의해 결정된다. 또한 카운터의 동작 또한 상향 모드와 하향 모드로 동작한다.

TCNTn 카운터가 그림과 같이 양방향 동작(dual slope operation)을 하는 과정에서 COMnx1~COMnx0 비트가 '10'으로 설정되어 비반전 출력 비교 모드로 동작할 경우를 살펴보자. 이 동작

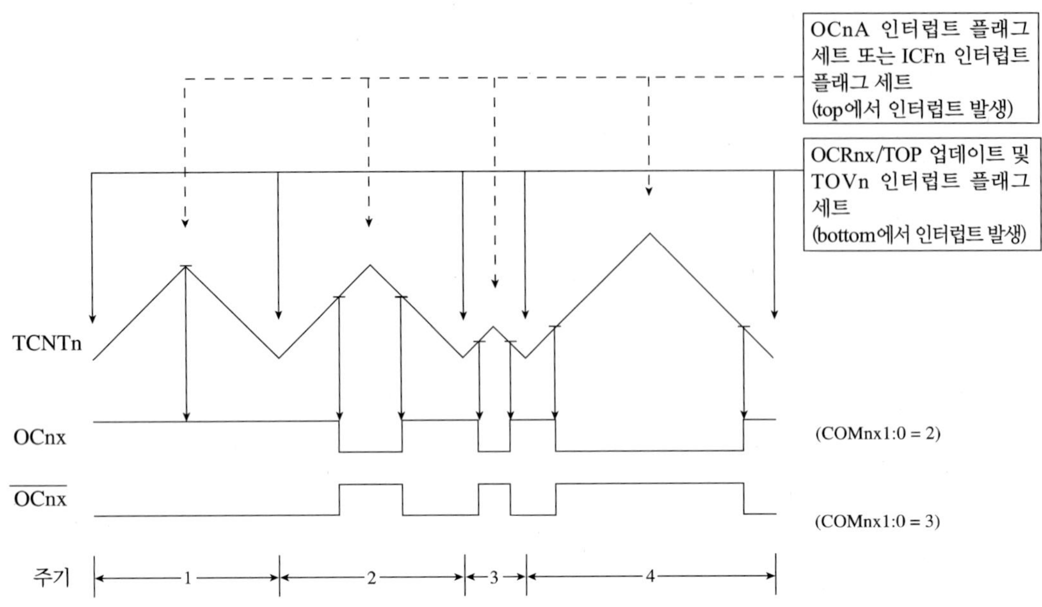

그림 8.19 타이머/카운터 1과 3의 PFC PWM 모드 동작 타이밍도

모드에서의 상향 모드에서는 TCNTn 값은 펄스의 입력에 따라 bottom에서 top까지 증가하며, 증가하는 과정에서 OCRnx의 값과의 비교하여 일치하면 OCnx 인터럽트 플래그가 세트되고 정상적인 OCnx의 출력은 0으로 클리어되며, TCNTn 값이 top으로 될 때 OCFnA 또는 ICFn 플래그는 1로 세트되면서 인터럽트가 요청되고, 이때 OCnx의 출력은 1로 세트된다. 또한 하향 모드에서는 top에서 bottom까지 감소하며, 감소하는 과정에서 OCRnx의 값과의 비교하여 일치하면 OCnx 인터럽트 플래그가 세트되고 정상적인 OCnx의 출력은 1로 세트되고, TCNTn 값이 bottom에서 TOVn 플래그는 1로 되면서 인터럽트가 요청된다. 반전 출력 비교 모드로 동작할 경우에는 OCnx의 출력은 비반전 모드의 경우에서와 반대로 동작한다.

이상과 같이 OCnx 단자로 파형을 출력하기 위해서는 고속 PWM 모드와 동일하게 COMnx1～COMnx0 비트를 미리 지정해놓아야 한다. 이 비트에 '10'을 쓰면 OCnx 단자에는 정상 PWM 신호가 출력되고, '11'을 쓰면 반전된 PWM 신호가 출력된다. 또한 CTC, 고속 PWM 모드에서와 마찬가지로 OCnx 출력 단자에서 파형을 출력하기 위해서는 I/O 포트의 입출력 방향 제어 레지스터를 미리 출력 방향으로 설정해놓아야 한다.

이상의 동작을 보면 PC PWM 동작 모드와 동일하게 동작하는 것처럼 보인다. 그러나 PFC PWM 동작 모드와 PC PWM 동작 모드의 차이점은 출력 비교 레지스터 OCRnx의 값이 OCRnx 버퍼 레지스터의 값으로 갱신되는 시점으로, PC PWM 모드에서는 OCRnx의 값이 top에서 일어나고 PFC PWM 모드에서는 bottom에서 일어난다. 이러한 차이로 인해 PC PWM 동작 모드에서는 top의 값이 바뀌는 시점에서 비대칭이 일어나지만, PFC PWM 모드에서는 대칭적인 출력을 얻을 수 있게 된다.

따라서 PFC PWM 모드의 경우에는 확실한 대칭적인 출력 펄스를 얻을 수 있게 되므로 주파수가 교정되는 효과를 볼 수가 있다.

top 값이 고정되어 있는 경우에는 top 값의 설정용으로 ICRn 레지스터를 사용하는 것이 편리하다. 이렇게 top 값이 고정되어 있을 경우에 ICRn 레지스터를 top 설정용으로 사용하면, OCRnA 레지스터는 OCnA 핀에 PWM 출력을 발생하는 용도로 자유롭게 사용될 수 있다. 그러나 PWM 주파수가 top의 값을 변경하여 변화하는 경우라면, OCRnA 레지스터는 이중 버퍼 기능을 갖고 있기 때문에 이를 top 값 설정용의 레지스터로 사용하는 것이 유리하다.

PFC PWM 모드의 동작은 PC PWM 모드와 동일하게 동작하므로 출력 주파수를 구하는 식도 동일하게 적용되며, 최대 및 최소 주파수 또한 동일하다.

◈ PC PWM 모드와 PFC PWM 모드의 비교

앞에서 설명한 PC PWM 동작 모드와 PFC PWM 동작 모드에서의 카운터 동작은 출력 비교 레지스터 OCRnx가 새로운 값으로 갱신되는 시점을 제외하고는 동일한 동작을 수행한다. PC PWM 모드에서는 카운터의 값이 top과 같아졌을 때 OCRnx 레지스터의 값이 갱신되고, PFC PWM 모드에서는 카운터의 값이 bottom과 같아졌을 때 OCRnx 레지스터의 값이 갱신된다. 이러한 차이로 인해 PWM 신호의 출력 파형은 PC PWM 모드인 경우에는 top의 값이 변경되는 시점에서 비대칭이 발생하고, PFC PWM 모드인 경우에는 대칭적인 출력을 얻을 수 있게 된다. 이 두 가지 모드의 차이점을 표 8.8에 간략하게 표현했다.

표 8.8 PC PWM 모드와 PFC PWM 모드의 비교

	동작 모드 (WGMn3~WGMn0)	top의 값	top의 갱신 시점
PC PWM 모드	WGMn3~0 = 1	0x00ff	고정된 값
	WGMn3~0 = 2	0x01ff	고정된 값
	WGMn3~0 = 3	0x03ff	고정된 값
	WGMn3~0 = 10	ICRn	TCNTn = top 갱신하지 않는 것이 바람직함
PFC PWM 모드	WGMn3~0 = 8	ICRn	TCNTn = bottom 갱신하지 않는 것이 바람직함
	WGMn3~0 = 9	OCRnA	TCNTn = bottom

이상의 동작 모드에서 항상 출력 비교 레지스터 OCRnx와 top으로 사용되는 OCRnA 레지스터는 이중 버퍼링 구조로 되어 있어서 소프트웨어로 이 값을 변경하더라도 이것이 즉시 적용되지 않고 지정된 시점에서 새로운 값으로 갱신된다. 그러나 ICRn 레지스터는 소프트웨어로 이 값을 지정하는 순간 즉시 새로운 값으로 갱신되므로, 이를 top으로 사용하는 동작 모드에서는 1주기 동안 PWM 신호가 올바르게 출력되지 않는 글리치 현상이 발생할 수 있으므로 주의해야 한다.

◈ 입력 캡처 기능

입력 캡처(input capture) 기능은 top 값이 ICRn을 사용하지 않는 WGM13~WGM10 모드 0~7, 9, 11, 15에서 사용 가능하다. 입력 캡처의 원리는 타이머/카운터가 0x0000부터 top 값까지 상승하는 시간에 ICPn의 핀으로 인가되는 입력이 있다면 해당 타이머/카운터의 TCNTn의 현재 값을 ICRn에 복사하는 것으로, 구형파가 입력으로 들어오고 있다고 한다면 구형파의 첫 번째 파형의 입력 시점과 두 번째 파형의 입력 시점을 바탕으로 입력 파형의 주기를 산출하는 것이다. 입력 파형의 캡처 시점은 그림 8.20의 TCCRnB 6번 비트인 ICESn을 1 또는 0으로 설정하여 변경할 수 있다. 1일 경우 상승 에지, 0일 경우 하강 에지이다. 그림 8.20을 보자. 타이머/카운터의 캡처 시점이 상승 에지라고 가정할 경우 구형파의 첫 번째 파형의 상승 구간인 TCNTn의 값 약 9000 부근에서 이뤄지고, 이후 타이머/카운터가 오버플로우를 3회 발생시키고 4번째 카운트 구간에서 다시 캡처 값이 발생된다. 이러한 파형의 주기를 계산하기 위해서는 다음과 같은 방법이 요구된다.

① 첫 번째 캡처 이벤트가 발생할 때 TCNTn의 값을 starting_edge라는 변수에 저장한다.
② 두 번째 캡처 이벤트가 발생할 때 TCNTn의 값을 ending_edge라는 변수에 저장한다.
③ 만약 두 번째 이벤트가 발생하는 시점에 타이머/카운터의 오버플로우가 발생했다면 오버플로우가 발생한 만큼 ending_edge 값에 더해준다.
④ ending_edge − starting_edge를 연산하여 타이머/카운터의 입력 주기만큼 곱해준다.

이와 같은 동작을 수식으로 표현하면 다음과 같다.

측정 주기 = (ending_edge + 오버플로우 횟수 × 타이머/카운터의 top 값 − starting_edge) × 타이머/카운터의 입력 주기

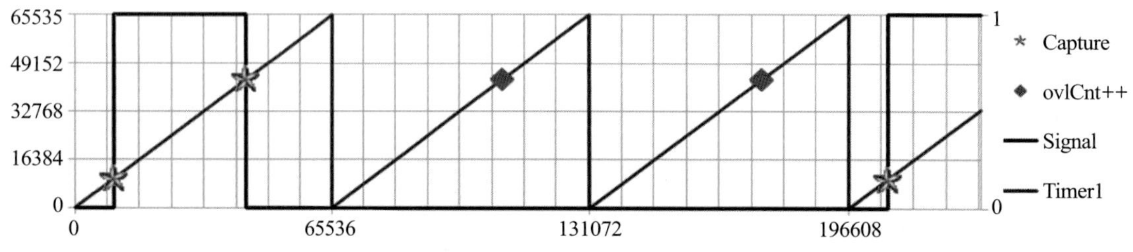

그림 8.20 입력 캡처의 원리

8.1.5 타이머/카운터 1과 3의 동작 모드

타이머/카운터 1과 3은 항상 동기 모드로 동작하며, 타이머 클록 clk_{T1}과 clk_{T3}은 클록 입력 신호가 아니라 $clk_{I/O}$ 클록의 입력 허가 신호로 동작한다.

그림 8.21은 프리스케일러의 분주비가 1인 경우로서, TCNTn의 값이 증가하여 OCFnx가 1이 되고 출력 비교 인터럽트가 발생하기까지의 과정을 나타내고 있다. 여기서 타이머/카운터 레지스

터 TCNTn의 값이 증가하여 출력 비교 레지스터 OCRnx와 같아지면 그다음 사이클에서 OCFnx가 1이 되면서 출력 비교 인터럽트가 발생하는 것을 볼 수 있다.

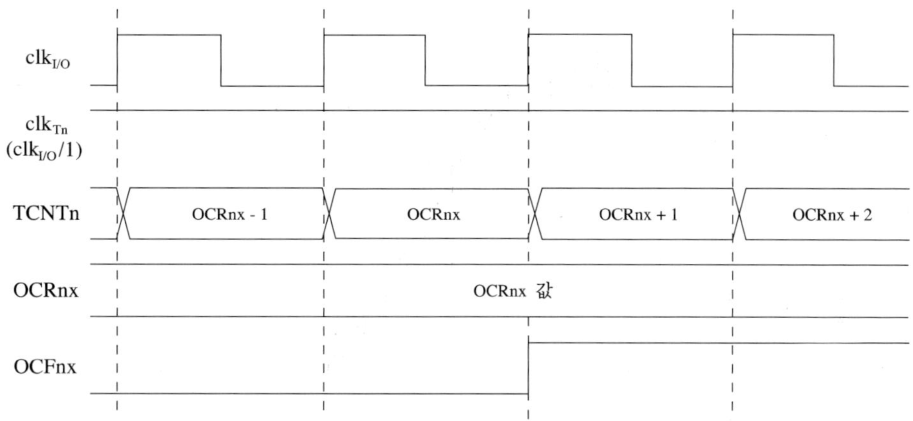

그림 8.21 분주비가 1인 경우, 타이머/카운터 1과 3이 동작하여 OCFnx가 1이 되는 타이밍도

그림 8.22는 프리스케일러의 분주비가 8인 경우로서, 타이머/카운터에 입력되는 $clk_{I/O}$ 클록 신호를 8분주하여 만들어진 clk_{Tn} 신호는 8 클록 주기에 한 번씩 클록 허가 신호로 동작하여 TCNTn의 값이 증가하는 것을 보여주고 있다.

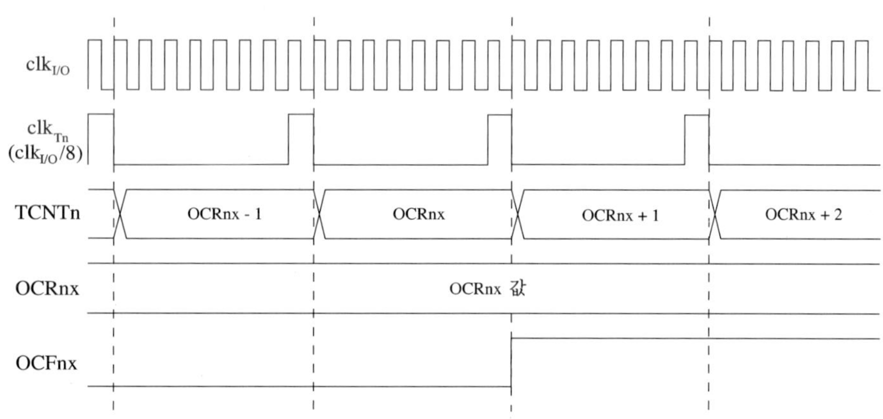

그림 8.22 분주비가 8인 경우, 타이머/카운터 1과 3이 동작하여 OCFnx가 1이 되는 타이밍도

그림 8.23과 그림 8.24는 TCNTn의 값이 증가하여 top 근처에서 동작하는 타이밍도를 나타내었다. 그림 8.23은 프리스케일러의 분주비가 1인 경우로서, CTC 모드나 고속 PWM 모드에서는 TCNTn의 값이 증가하여 top이 되고 나면 bottom으로 바뀌지만, PC PWM 모드나 PFC PWM 모드에서는 top이 된 이후에는 하향 카운터로 동작하여 TCNTn의 값이 감소한다. 고속 PWM 모드에서는 TOVn이 1이 되면서 오버플로우 인터럽트가 발생하며, OCFnA 또는 ICRn 레지스터를

top으로 사용하는 PWM 모드에서는 이때 OCFnA 또는 ICFn이 1로 되면서 해당 인터럽트가 발생한다.

그림 8.24는 프리스케일러의 분주비가 8인 경우로서, 타이머/카운터에 입력되는 $clk_{I/O}$ 클록 신호를 8분주하여 만들어진 clk_{Tn} 신호는 8 클록 주기에 한 번씩 클록 허가 신호로 동작하여 TCNTn의 값이 증가하는 것을 보여주고 있다.

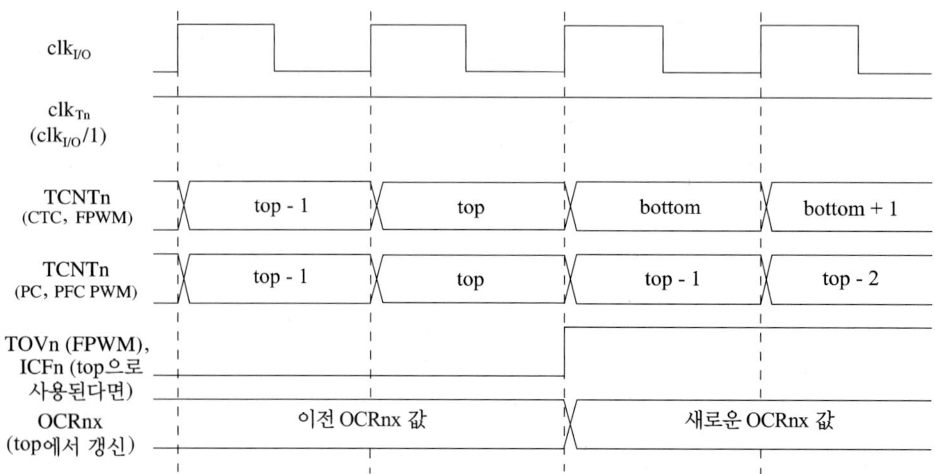

그림 8.23 분주비가 1인 경우, 타이머/카운터 1과 3이 top 근처에서 동작하는 타이밍도

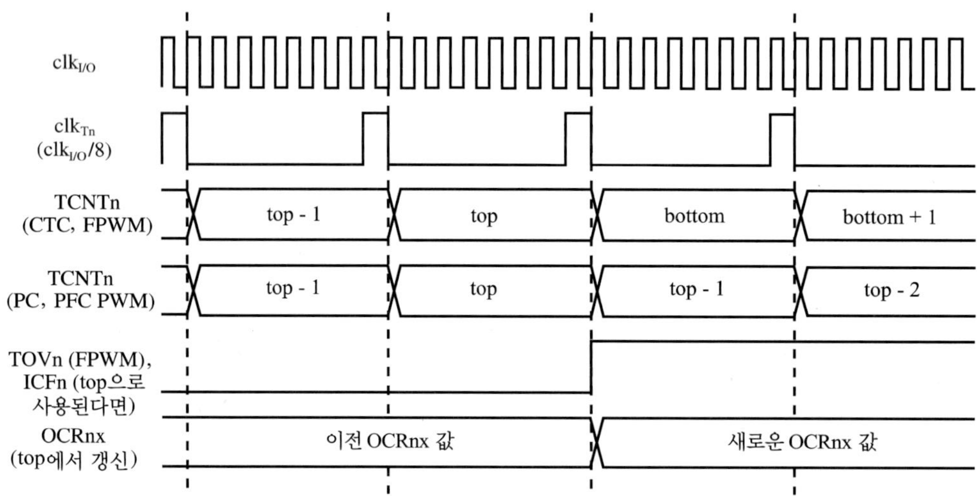

그림 8.24 분주비가 8인 경우, 타이머/카운터 1과 3이 top 근처에서 동작하는 타이밍도

8.2 16비트 타이머/카운터의 액세스

16비트 타이머/카운터의 레지스터 중 TCNTn, OCRnA/B, ICRn은 16비트로 구성되어 있고, 이를 8비트 마이크로컨트롤러인 ATmega128에서 액세스하기 위해서는 바이트 단위로 두 번 액세스해야 한다. 그러나 16비트 레지스터를 시차를 두고 상위 바이트와 하위 바이트를 액세스할 경우에 하위 바이트의 데이터에서 상위 바이트로 오버플로우가 발생하는 것과 같이 데이터가 변하는 경우가 발생할 수 있기 때문에 ATmega128에는 그림 8.2와 그림 8.4에 제시한 것과 같이 TCNTn, OCRnA/B, ICRn에는 상위 바이트에 임시 레지스터(TEMP register)를 두어 임시 레지스터의 값과 하위 바이트가 동시에 처리될 수 있도록 특별히 고안해놓았다. 이렇게 고안된 16비트 레지스터를 액세스하는 과정은 다음과 같다.

이들 16비트 레지스터를 읽을 때는 반드시 먼저 하위 바이트를 읽고, 이를 읽는 과정에서 CPU는 상위 바이트를 임시 레지스터에 저장한다. 이어서 상위 바이트를 읽으면 임시 레지스터에 저장되어 있던 값이 읽히게 된다. 또한 이들 16비트 레지스터에 데이터를 기록할 때는 반드시 먼저 상위 바이트를 쓰고, 이때 쓰인 데이터는 임시 레지스터에 저장되고, 이어서 하위 바이트를 쓰면 이 하위 바이트와 임시 레지스터에 있던 상위 바이트가 동시에 16비트 레지스터에 저장된다.

따라서 프로그램에서 이들 16비트 레지스터를 읽기 위해서는 반드시 하위 바이트를 먼저 액세스해야 하고, 쓰기 위해서는 반드시 상위 바이트를 먼저 액세스해야 한다.

이러한 과정은 ATmega128에 있는 16비트 레지스터에 공통으로 적용된다. 이상과 같이 16비트 레지스터를 액세스하기 위해서는 다음과 같이 바이트 단위로 두 번 액세스하는 것이 바람직하다.

```
OCR1AH = 0x00; // 데이터를 쓸 때는 상위 바이트를 먼저 액세스하고
OCR1AL = 0x12; // 하위 바이트를 나중에 액세스한다.

int temp, counter;
temp = (OCR1AL & 0x00ff); // 데이터를 읽을 때는 먼저 하위 바이트를 액세스하고
counter = OCR1AH<<8;      // 나중에 상위 바이트를 액세스한 후에
counter = counter | temp; // 이 두 변수를 OR하여 16비트 변수로 저장한다.
```

참고사항

ATmega128에서 16비트 레지스터를 읽기 위해서는 바이트 단위로 액세스해야 한다. 이것은 mega128.h의 sfr 선언에 바이트로 선언되어 있기 때문이다. 하지만 16비트를 직접 액세스할 수도 있다. 위에서 설명한 OCR1A 레지스터는 16비트 레지스터로, OCR1AH와 OCR1AL로 나뉘어 있고 mega128.h에 다음과 같이 선언되어 있다.

```
sfrb OCR1AL=0x2a;
sfrb OCR1AH=0x2b;
sfrw OCR1A=0x2a;  // 16비트 액세스
```

바이트 단위로 액세스하기 위해 OCR1AL, OCR1AH 레지스터는 sfrb 키워드로 선언되어 있고, 워드(16비트)로 액세스하기 위해 OCR1A 레지스터는 sfrw 키워드로 선언되어 있다. 위에서 설명한 과정을 워드 단위로 액세스하면 다음과 같이 할 수 있다.

```
OCR1A = 0x0012;    // 워드(16)비트 단위로 직접 쓴다.

int counter;
OCR1A = counter;  // 워드(16)비트 단위로 직접 읽는다.
```

mega128.h에는 ADCW, EEAR, ICR1, OCR1B, OCR1A, TCNT1과 같이 직접 주소로 지정된 6개의 레지스터만 워드 단위로 액세스하게 선언되어 있지만, 간접 주소로 지정된 레지스터들도 워드 단위로 액세스가 가능하다. 하지만 간접 주소로 지정된 레지스터를 워드 단위로 액세스하기 위해서는 mega128.h 파일에 다음과 같이 선언되어야 한다.

```
#define OCR1CL (*(unsigned char *) 0x78)     // mega128.h에 선언되어 있음
#define OCR1CH (*(unsigned char *) 0x79)     // mega128.h에 선언되어 있음

#define OCR1C (*(unsigned int *) 0x78)       // OCR1C 레지스터를 워드 단위로 액세스
```

위의 선언에서와 같이 OCR1CL과 OCR1CH 레지스터는 unsigned char 단위로 선언되어 있지만, mega128.h 파일에 OCR1C 레지스터를 unsigned int로 선언하면 워드 단위로 액세스가 가능하다.

이러한 방법을 이용하여 바이트 단위 ICR3, OCR3C, OCR3B, OCR3A, TCNT3, UBRR1 레지스터를 워드 단위로 변경할 수도 있다.

8.3 16비트 타이머/카운터의 활용 실험

16비트 타이머/카운터의 사용 방법은 8비트 타이머/카운터의 사용 방법과 거의 비슷하다. 그러나 16비트 타이머/카운터는 8비트 타이머/카운터에 비해 본문에서 설명한 것과 같이 타이머/카운터의 분해능이 16비트로 확장된 것, PWM 발생 모드에서 PFC 모드가 추가된 것과 입력 캡처 기능이 추가된 것이 커다란 차이점이다.

따라서 이 실험 과정에서는 7장에서 소개한 대부분의 예제를 그대로 16비트로 확장하여 구현해보고, 입력 캡처 기능을 추가로 구현해보기로 한다. 따라서 프로그램을 작성하는 과정은 7장의 내용을 많이 참조하여 실험에 임하기 바란다.

예제 8.1 일반 모드의 활용

PORTB.0에 타이머/카운터 1을 사용하여 10kHz 구형파를 만드는 프로그램을 작성하라.

16비트 타이머/카운터의 일반 모드는 8비트 타이머/카운터와 마찬가지로 단순히 시스템 클록을 계수하는 모드로서 시스템 클록은 프리스케일러를 통해 입력된다. 이렇게 입력된 클록은 타이머/카운터 레지스터 TCNTnH와 TCNTnL(1 또는 3)에 의해 상향 계수되고, 이 과정에서 최댓값인 0xFFFF가 되면 오버플로우 플래그인 TOVn이 발생하여 인터럽트를 요청하게 된다. 이렇게 발생된 TOVn 플래그는 인터럽트가 발생하여 ISR 루틴이 수행되면 자동으로 클리어된다.

이상의 모드로 동작하는 일반 모드에서 일정한 시간 간격을 갖는 구형파를 만들기 위해서는 타이머/카운터로 공급되는 클록을 고려해야 한다. 이 예제에서는 타이머/카운터 1을 사용하는 것이므로, TCNT1H, TCNT1L에 대해서만 논하기로 한다.

타이머/카운터 1로 입력되는 클록은 프리스케일러를 통해 공급된다. 즉, 타이머/카운터 1로 공급되는 클록은 시스템 클록이 프리스케일러에 의해 분주되어 입력된다. 이 클록을 이용하여 16비트의 타이머/카운터 1은 0~65,535까지 계수를 하게 된다.

결국 이러한 과정을 거쳐 16비트의 타이머/카운터 1로는 다음과 같이 계산되는 클록이 입력되며, 이는 8비트 타이머/카운터의 입력 클록 계산식과 같다.

$$t_{clk} = \frac{N}{f_{clk\_IO}}$$

여기서 N은 프리스케일러 분주비이고, $f_{clk_I/O}$는 시스템의 내부 클록 주파수이다. 그리고 16비트 타이머/카운터 1이 가질 수 있는 최대 주기는 다음과 같다.

$$T_{MAX} = 65{,}535 \times t_{clk} = \frac{65{,}535 \times N}{f_{clk\_IO}}$$

8비트 타이머/카운터 예제 설명에서는 계산의 편리상 16MHz를 시스템 클록으로 가정했지만 16비트 타이머/카운터 1의 예제 설명에는 실제 사용하는 시스템 클록인 14.7456MHz를 사용하는 것으로 가정한다. 따라서 프리스케일러 분주비에 따른 타이머/카운터 1의 입력 주기와 최대 주기는 표 8.9와 같이 설명된다.

표 8.9 분주비에 따른 타이머/카운터 1의 입력 주기 및 최대 주기

분주비	1	8	64	256	1024
입력 주기(μs)	0.0678	0.5424	4.3402	17.3611	69.4444
최대 주기(s)	4.4432	35.546	284.43	1,137.75	4,554.03

8비트 타이머/카운터의 일반 모드에서 설명했듯이 10kHz의 구형파는 1/10kHz=100μs의 주기를 갖고 있으며, 이러한 주기의 구형파를 만들기 위해서는 펄스의 ON 시간과 OFF 시간이 각각 50μs여야 한다. 이 예제 설명에서는 8분주를 사용하여 설명하기로 한다. 10kHz의 구형파를 만들기 위해서는 50μs마다 오버플로우가 발생해야 하므로, 분주비가 8일 때의 입력 주기인 0.5424μs가 92번 입력되어야 50μs가 되는 것을 확인할 수 있다. 따라서 50μs마다 오버플로우가 발생하게 하기 위해서는 TCNT1H와 TCNT1L에 각각 0xFF, 0x24를 저장하고, TCNT1의 값이 모두 0xFFFF에서 0x0000으로 오버플로우가 발생하면 다시 TCNT1H와 TCNT1L에 각각 0xFF, 0x24를 저장한다.

이상의 내용을 기반으로 하여 타이머/카운터 1을 초기화해야 한다. 8비트 타이머/카운터 2에서 일반 모드를 활용할 경우, TCCR2 레지스터의 WGM20~WGM21 비트를 '00'으로 설정하는 것에 반해 16비트 타이머/카운터 1에서 일반 모드를 활용한 경우에는 TCCR1A와 TCCR1B의 WGM13~WGM10을 모두 0으로 초기화해주어야 한다. 그림 8.25는 8비트 타이머/카운터 2와 16비트 타이머/카운터 1에서의 일반 모드 설정 시 레지스터의 차이점을 간략히 나타냈으며, 8비트 타이머/카운터와 16비트 타이머/카운터의 전체적인 비교는 표 8.7에 상세히 설명되어 있으니 참고하기 바란다.

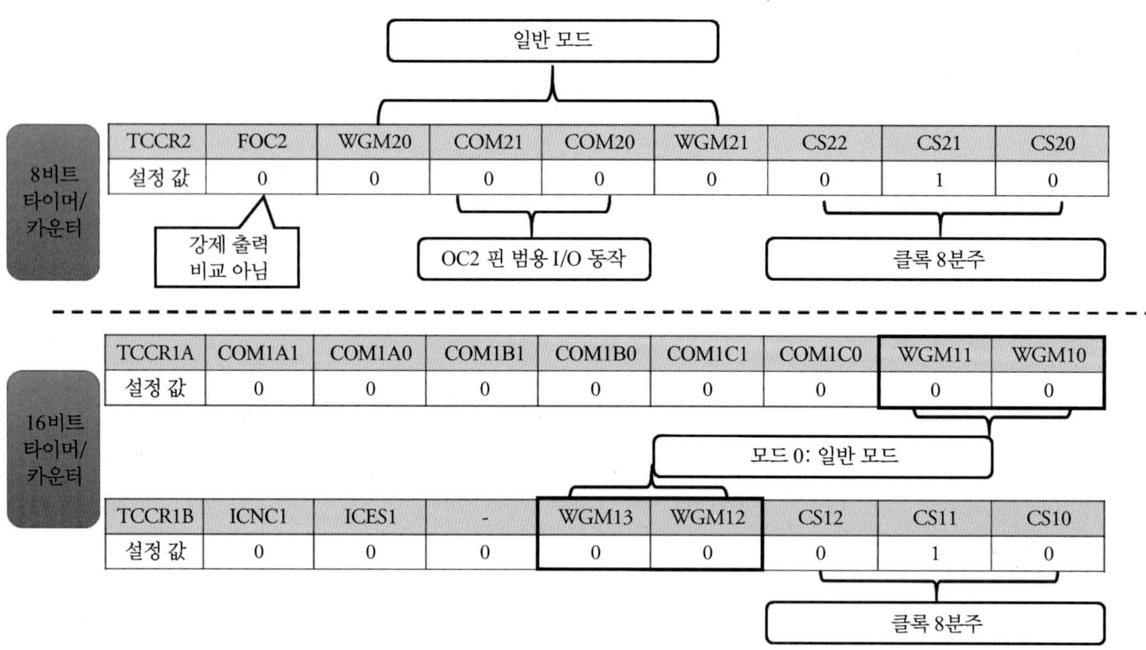

그림 8.25 8비트, 16비트 타이머/카운터의 일반 모드 TCCR 레지스터 비교

또한 오버플로우(TOV1)가 발생할 때마다 타이머/카운터 1의 오버플로우 인터럽트를 사용해야 하므로 TIFR 레지스터의 TOV1 비트와 TIMSK 레지스터의 TOIE1 비트를 각각 1로 세트해야 한다.

이상의 내용을 기반으로 하여 타이머 카운터 1을 초기화해야 한다. 이 예제는 6.4절에서 설명한 인터럽트 제어 과정을 적용한다.

① 오버플로우 인터럽트를 선택하기 위해 TIMSK 레지스터의 TOIE1을 1로 설정한다.
② 일반 모드에서 오버플로우 인터럽트를 사용하기 위해 TCCR1A와 TCCR1B, TCNT1H, TCNT1L을 사용한다. TCCR1A는 초깃값에서 변경이 없기 때문에 설정하지 않고, TCCR1B에서 8 분주비 선택을 위해 CS11 비트를 1로 설정한다. 92번의 계수를 위해 TCNT1H에는 0xff, TCNT1L에는 0xa4의 값을 설정한다. 마지막으로, PORTB0에 신호를 출력하기 위해 DDRB의 값을 0xff(여기서는 0x01로 해도 무방함)로 설정하여 포트 B를 출력으로 설정한다.
③ 인터럽트 동작을 시작(전체 인터럽트 허가)하기 위해 SREG의 I 비트를 1로 설정한다.

```
void Init_Timer1(void)
{
    TIMSK = (1<<TOIE1);    // ① 타이머 1 오버플로우 인터럽트 허가
    TCCR1B = (1<<CS11);    // ② 일반 모드, 8 분주비 사용
    TCNT1H = 0xff;         // ② 카운터 값 설정(50µs), 카운터 값=0xffa4
    TCNT1L = 0xa4;
    DDRB = 0xff;           // ② 포트 B를 출력으로 설정
    SREG |= 0x80;          // ③ 인터럽트 동작 시작(전체 인터럽트 허가)
}
```

8비트 타이머/카운터 2의 일반 모드 예제와 같이 16비트 타이머/카운터 1의 기능을 이용하여 10kHz의 구형파를 만들기 위해 두 가지 방법으로 프로그램의 구현이 가능하다.

〈방법 1〉 타이머/카운터 1의 TOV1 인터럽트를 사용하는 경우

오버플로우 인터럽트를 사용하는 경우에는 8비트 타이머/카운터와 마찬가지로 TOV1 플래그가 발생하면 자동으로 인터럽트 서비스 루틴이 수행되고, TOV1 플래그도 자동으로 클리어된다.

```
#include <mega128.h>

void Init_Timer1(void)
{
    TIMSK = (1<<TOIE1);    // ① 타이머 1 오버플로우 인터럽트 허가
    TCCR1B = (1<<CS11);    // ② 일반 모드, 8 분주비 사용
    TCNT1H = 0xff;         // ② 카운터 값 설정(50µs), 카운터 값=0xffa4
    TCNT1L = 0xa4;
    DDRB = 0xff;           // ② 포트 B를 출력으로 설정
    SREG |= 0x80;          // ③ 인터럽트 동작 시작(전체 인터럽트 허가)
}

interrupt [TIM1_OVF] void timer1_ovf()
```

```
{
    TCNT1H=0xff;            // 카운터 값 재설정(50μs)
    TCNT1L=0xa4;            // TCNT1 = 0xffa4;로 사용해도 무방함

    PORTB.0 =~ PORTB.0; // 펄스 파형 반전(구형파 생성)
}

void main( )
{
    Init_Timer1( );    // 타이머/카운터 1의 초기화
    PORTB.0=0;         // PORTB.0을 클리어
    while(1);          // 무한 루프
}
```

〈방법 2〉 출력 비교 인터럽트를 사용하는 경우

16비트 타이머/카운터 1에서도 출력 비교 모드를 사용할 수 있다. 출력 비교 인터럽트는 출력 비교 레지스터는 원하는 시간을 설정하고, 타이머/카운터 레지스터(TCNTnH와 TCNTnL)가 0부터 계수를 시작하여 일치할 때 비교 일치 플래그가 1로 되어 발생한다. 비교 일치가 일어나면 TCNTnH와 TCNTnL의 값은 자동으로 0이 되기 때문에 프로그램에 의한 재설정은 하지 않아도 된다.

여기서 출력 비교 레지스터 OCRnAH, OCRnAL과 비교 일치가 일어나면 비교 일치 플래그 OCFnA 플래그가 1로 되고, OCRnBH, OCRnBL 레지스터와 비교 일치가 일어나면 OCFnB 플래그가 1로 되고, OCRnCH, OCRnCL 레지스터와 비교 일치가 일어나면 OCFnC 플래그가 1로 된다.

출력 비교 인터럽트를 활용하는 것은 6.4절에서 설명한 인터럽트 제어 과정을 적용한다.

① 출력 비교 인터럽트 허가를 선택하기 위해 TIMSK 레지스터의 OCIE1A를 1로 설정한다.

② CTC 모드 제어를 위해 TCCR1A, TCCR1B, OCR1AH, OCR1AL을 사용한다. TCCR1A와 TCCR1B는 그림 8.26에서와 같이 CTC 모드와 8분주 선택을 위해 WGM13~WGM10 비트를 '0100'으로 설정하고(표 8.5 참조), CS12~CS10 비트를 '010'으로 설정한다. 즉, TCCR1B에서 WGM12 비트와 CS11 비트를 1로 설정한다. 92번의 계수를 위해 OCR1AH와 OCR1AL은 92의 값을 입력한다. 마지막으로, PORTB0에 신호를 출력하기 위해 DDRB의 값을 0xff(여기서는 0x01로 해도 무방함)로 설정하여 포트 B를 출력으로 설정한다.

③ 인터럽트 동작을 시작(전체 인터럽트 허가)하기 위해 SREG의 I 비트를 1로 설정한다.

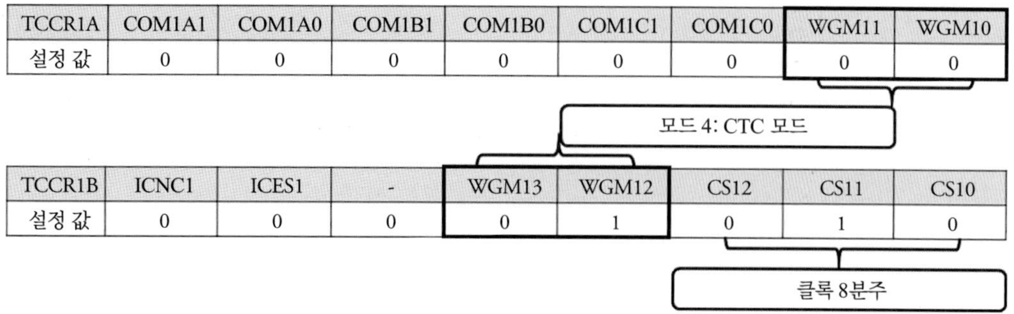

TCCR1A	COM1A1	COM1A0	COM1B1	COM1B0	COM1C1	COM1C0	WGM11	WGM10
설정 값	0	0	0	0	0	0	0	0

TCCR1B	ICNC1	ICES1	-	WGM13	WGM12	CS12	CS11	CS10
설정 값	0	0	0	0	1	0	1	0

그림 8.26 16비트 타이머/카운터의 CTC 모드 TCCR 레지스터 설정

이 과정의 프로그램은 다음과 같다.

```
#include <mega128.h>

void Init_Timer1(void)
{
    TIMSK =(1<<OCIE1A);              // ① 타이머 카운터 1의 출력 비교 일치 인터럽트 허가
    TCCR1B |=(1<<WGM12)|(1<<CS11); // ② 모드 4(CTC), 8분주 선택
    OCR1AH=0x00;                     // ② OCR1=92
    OCR1AL=0x5c;
    DDRB=0xff;                       // ② 포트 B를 출력으로 설정
    SREG |=0x80;                     // ③ 인터럽트 동작 시작(전체 인터럽트 허가)
}

interrupt [TIM1_COMPA] void timer1_compa( )
{
    PORTB.0=~PORTB.0;      // 0번 핀 출력 반전
}

void main(void)
{

    Init_Timer1( );        // 타이머/카운터 1의 초기화

    PORTB.0=0;             // PORTB.0을 클리어

    while(1);              // 무한 루프
}
```

예제 8.2 CTC 모드의 활용 1

타이머/카운터 1의 CTC 모드를 사용하여 10kHz 구형파를 출력 비교(OC1A) 핀으로 출력하는 프로그램을 작성하라.

이 예제는 예제 8.1에서 설명한 〈방법 2〉와 동일하나, PORTB.0 핀이 아닌 OC1A 핀으로 출력한다는 점만 다르다. 〈방법 2〉에서 OC1A 핀을 출력으로 선택하기 위해서는 TCCR1A 레지스터의 COM1A1, COM1A0 비트를 '01'로 설정한다. 이것은 표 8.2에서 설명한 바와 같이 비교 일치가 일어나면 OC1A 핀(PORTB5의 부가 기능)을 토글하도록 하는 것이다.

이상의 내용과 예제 8.1의 프로그램을 참조하여 작성한 전체 프로그램은 다음과 같다.

```
#include <mega128.h>

void Init_Timer1()
{
    TIMSK =(1<<OCIE1A);                 // ① 타이머 카운터 1의 출력 비교 일치 인터럽트 허가
    TCCR1A |= (1<< COM1A0);             // ② 출력 비교 일치에서 OC1A를 토글
    TCCR1B |=(1<<WGM12)|(1<<CS11);      // ② 모드 4(CTC), 8분주 선택
    OCR1AH=0x00;                        // ② OCR1=92
    OCR1AL=0x5c;
    DDRB=0xff;                          // ② 포트 B를 출력으로 설정
    SREG |=0x80;                        // ③ 인터럽트 동작 시작(전체 인터럽트 허가)
}

interrupt [TIM1_COMPA] void timer1_compa()
{
    #asm ("nop");
}

void main()
{
    Init_Timer1();   // 타이머/카운터 1의 초기화
    while(1);        // 무한 루프
}
```

예제 8.3 CTC 모드의 활용 2

예제 8.2의 프로그램을 활용하여 1kHz 구형파를 PORTB.0상에 출력하는 프로그램을 작성하라.

1kHz의 구형파를 만들기 위해서는 펄스의 ON 시간과 OFF 시간이 각각 500μs여야 한다. 예제 8.1에서는 8비트 타이머/카운터를 사용했기 때문에 인터럽트와 소프트웨어 카운트를 사용하여 500μs를 계수했지만, 이 예제에서는 16비트 타이머/카운터를 사용하기 때문에 출력 비교 레지스터인 OCR1A에 이 값을 직접 쓰면 간단하게 프로그램을 구현할 수 있다.

예제 8.1에서 50μs의 주기를 만들기 위해 입력 클록을 92번 받을 때 인터럽트가 발생하게 했으므로, 500μs의 주기를 만들기 위해서는 입력 클록을 920번 받았을 때 인터럽트를 발생시켜 PORTB.0을 토글하도록 하면 된다. 따라서 OCR1AH=0x03, OCR1AL=0x98로 설정하면 되고, 이렇게 설정하여 발생하는 인터럽트 주기마다 PORTB.0을 토글하면 된다.

여기서 PORTB.0에 1kHz의 펄스를 출력하기 위해서는 이 포트 핀을 출력으로 사용하기 위해 다음과 같이 미리 설정해놓아야 한다.

```
DDRB.0 = 1;
```

이상의 내용과 예제 8.1의 프로그램을 참조하여 프로그램을 작성하면 다음과 같다.

```
#include <mega128.h>
#define sei() #asm("sei")
#define cli() #asm("cli")

interrupt [TIM1_COMPA] void timer1_compa_isr(void)
{
    PORTB.0 = ~PORTB.0;
}

void Init_Timer1(void)
{
    TIMSK =(1<<OCIE1A);            // ① 타이머 카운터 1의 출력 비교 일치 인터럽트 허가
    TCCR1B |=(1<<WGM12)|(1<<CS11);    // ② 모드 4(CTC), 8분주 선택
    OCR1AH=0x03;                   // ② OCR1=920
    OCR1AL=0x98;
    DDRB.0=1;                      // ② 포트 B의 0 비트를 출력으로 설정
    sei();                         // ③ 인터럽트 동작 시작(전체 인터럽트 허가) (SREG |= 0x80;)
}

void main(void)
{
    Init_Timer1();
```

```
    while(1);
}
```

이 프로그램의 초기화 과정을 살펴보면 sei() 함수가 사용되는 것을 볼 수 있다. 이 함수는 상태 레지스터 SREG의 I 비트를 1로 세트하여 전체 인터럽트를 사용할 수 있도록 하는 함수로, 예제 소스에서와 같이 미리 선언을 해도 되고 〈mega128.h〉 파일에 미리 선언해놓으면 편리하게 사용할 수 있다.

```
#define sei() #asm("sei")    // 앞에서는 SREG |= 0x80;을 사용했음
#define cli() #asm("cli")    // 전체 인터럽트 사용 금지
```

예제 8.4 고속 PWM 모드의 활용

타이머/카운터 1의 8비트 고속 PWM 모드를 이용하여 OC1A 단자에 듀티비가 25%, 50%, 75%인 PWM 신호를 만드는 프로그램을 작성하라. 듀티비 선택은 PORTD에 연결되어 있는 스위치 입력에 의해 결정되는데, PORTD.7이 ON되면 25%, PORTD.6이 ON되면 50%, PORTD.5가 ON되면 75%, PORTD.4가 ON되면 100%로 각각 설정되도록 프로그램한다.

16비트 타이머/카운터 1의 고속 PWM 모드의 동작은 8비트 타이머/카운터 2의 동작원리와 같다. 다만 8비트 타이머/카운터 2에서는 카운터가 무조건 0x00~0xFF로 반복적으로 증가하여 일정한 PWM 주기를 발생시키는 반면, 16비트 타이머/카운터 1에서는 카운터가 0x00~top으로 반복적으로 증가하므로(top은 0x00FF, 0x01FF, 0x03FF, ICR1 또는 OCR1A로 지정) top은 PWM 주기를 결정한다. 따라서 top으로 ICR1 또는 OCR1A 레지스터를 사용하는 모드에서는 PWM 주기를 가변할 수 있다. 8비트 타이머/카운터 2의 고속 PWM 모드를 설정하기 위해서는 TCCR2 레지스터의 'WGM21~WGM20'을 '11'로 설정하고, 16비트 타이머/카운터 1의 고속 PWM 모드를 설정하기 위해서는 top(0x00FF, 0x01FF, 0x03FF, ICR1, OCR1A) 값에 따라 TCCR1B 레지스터의 WGM13, WGM12 비트와 TCCR1A 레지스터의 WGM11, WGM10 비트를 각각 '0101', '0110', '0111', '1110', '1111'로 설정하면 된다. 이 예제에서는 8비트 고속 PWM 모드를 사용하기 때문에 '0101'로 설정한다.

앞서 설명했듯이 타이머/카운터 1의 고속 PWM 모드의 동작은 TCNT1의 값이 0x0000에서 시작하여 top까지 증가하는 모드이고, 문제에서 주어진 8비트 동작 모드의 경우에는 top의 값은 0xFF가 된다. 이 과정에서 타이머/카운터 레지스터 TCNT1의 값이 출력 비교 레지스터(OCRnA)의 내용과 같으면 출력 신호를 토글하여 PWM 신호가 발생한다.

8비트 타이머/카운터 2의 고속 PWM에서 비교 출력의 개수는 'OC2' 하나이지만 16비트 타이머/카운터 1의 고속 PWM에서의 비교 출력은 'OC1A', 'OC1B', 'OC1C'로 3개까지 가능하며, 그림 8.27과 표 7.5는 8비트 타이머/카운터 2와 16비트 타이머/카운터 1의 고속 PWM 모드에서의 비교 출력 모드 TCCR 레지스터의 해당 비트와 차이점을 나타낸다. 8비트 타이머/카운터와 16비트 타이머/카운터의 전체적인 비교는 표 8.7에 상세히 설명되어 있으니 참고하기 바란다.

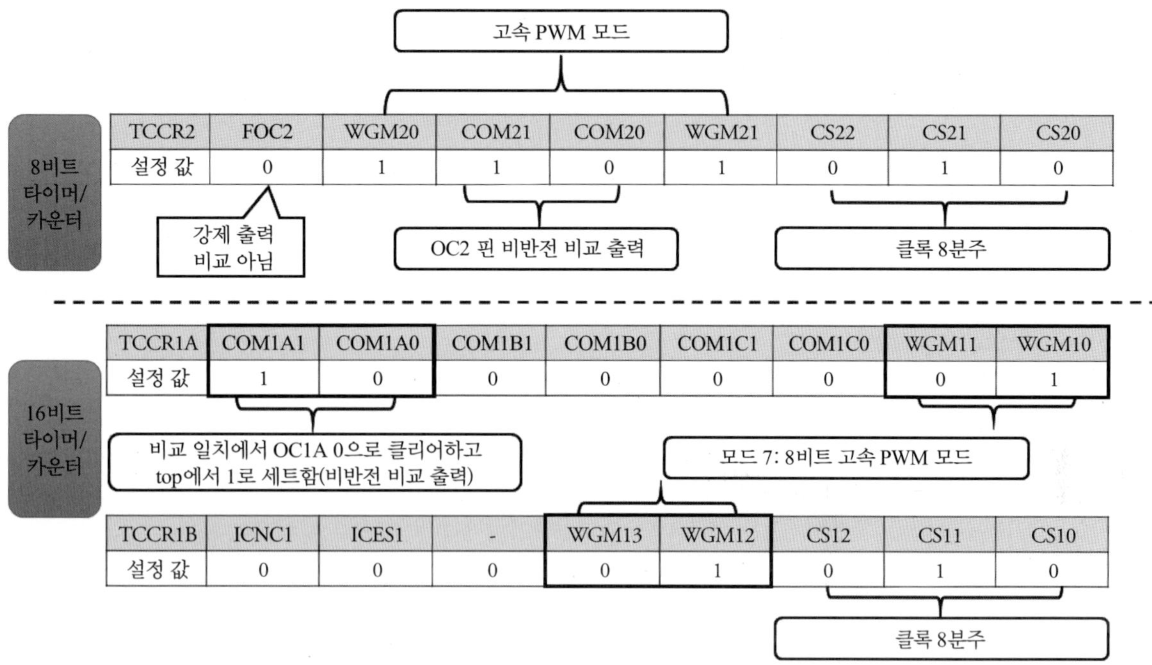

그림 8.27 8비트 타이머/카운터와 16비트 타이머/카운터에서의 고속 PWM 비교

타이머/카운터 1이 이상과 같이 8비트 고속 PWM 모드로 동작하기 위해서는 6.4절에서 설명한 인터럽트 제어 과정을 적용한다.

① 출력 비교 인터럽트를 선택하기 위해 TIMSK의 OCIE1A를 1로 설정한다.

② 8비트 고속 PWM 제어를 위해 TCCR1A, TCCR1B, OCR1AH, OCR1AL을 사용한다. TCCR1A와 TCCR1B는 그림 8.27에서와 같이 8비트 고속 PWM 모드 선택, 비반전 비교 출력, 클록 8분주를 선택하고, OCR1AL과 OCR1AL은 초깃값으로 최댓값 0x00ff를 설정한다. 마지막으로, OC1A(PORTB5의 부가 신호)를 출력하기 위해 DDRB의 값을 0xff(여기서는 0x020으로 해도 무방함)로 설정하여 포트 B를 출력으로 설정한다.

③ 인터럽트 동작을 시작(전체 인터럽트 허가)하기 위해 SREG의 I 비트를 1로 설정한다.

메인 함수에서 듀티비 변화는 OCR1AH와 OCR1AL 레지스터의 값에 의해 결정되고, 듀티비에 따른 각 레지스터의 값은 표 8.10과 같다.

표 8.10 OCR1AH와 OCR1AL 레지스터의 값에 따른 듀티비 변화

듀티비(%)	OCR1AH	OCR1AL
25	0x00	0x40
50	0x00	0x80
75	0x00	0xC0
100	0x00	0XFF

이상과 같은 과정을 고려하여 전체 프로그램은 다음과 같이 작성할 수 있다.

```
#include <mega128.h>

void Init_Timer1()
{
    TIMSK =(1<<OCIE1A);                       // ① 타이머 카운터 1의 출력 비교 일치 인터럽트 허가
    TCCR1A |= (1<< COM1A1) | (1<<WGM10); // ② OC1A를 비반전 비교 출력
    TCCR1B |=(1<<WGM12)|(1<<CS11);       // ② 모드 4(CTC), 8분주 선택
    OCR1AH=0x00;                              // ② 출력 비교 레지스터를 최댓값으로 설정(초깃값)
    OCR1AL=0xff;
    DDRB=0xff;                                // ② 포트 B를 출력으로 설정
    SREG |=0x80;                              // ③ 인터럽트 동작 시작(전체 인터럽트 허가)
}

interrupt [TIM1_COMPA] void timer1_FastPWM_OC1A_out()
{
    #asm ("nop");
}

void main()
{
    unsigned char ch;
    Init_Timer1();

    while(1)
    {
        ch = PIND;
        switch (ch)
        {
            case 0x7f:                        // PD7을 눌렀을 때: 듀티비 25%
                OCR1AH=0;
                OCR1AL=0x40;                  // 64
                break;

            case 0xbf:                        // PD6을 눌렀을 때: 듀티비 50%
```

```
            OCR1AH=0;
            OCR1AL=0x80;              // 128
            break;

        case 0xdf:                    // PD5를 눌렀을 때: 듀티비 75%
            OCR1AH=0;
            OCR1AL=0xc0;              // 192
            break;

        case 0xef:                    // PD4를 눌렀을 때: 듀티비 100%
            OCR1AH=0;
            OCR1AL=0xff;
            break;

        default:
        break;
      }
    }
}
```

예제 8.5 PC PWM 모드

PC PWM 모드를 이용하여 OC1B 단자 출력을 4ms 주기로 듀티비가 0%, 20%, 40%, 60%, 80%, 100%로 가변하면서 출력되도록 PWM 신호를 만드는 프로그램을 작성하라(단, 듀티비가 변경되는 시간은 2초 간격으로 조정).

16비트 타이머/카운터 1의 PC PWM 모드의 동작은 8비트 타이머/카운터 2의 PC PWM 동작원리와 같다. 다만, 8비트 타이머/카운터 2에서는 TNCT의 값이 무조건 bottom(0x00)~max(0xFF)까지 증가했다가 다시 하향 카운터로서 max에서 bottom으로 감소하는 반면, 16비트 타이머/카운터 1의 PC PWM 모드에서는 TCNT의 값이 bottm(0x0000)~top까지 증가했다가 감소한다. 여기서 PWM 주기를 결정하는 top의 값은 동작 모드에 따라 0x00FF, 0x01FF, 0x03FF, ICR1, OCR1A로 지정된다. 8비트 타이머/카운터 2의 PC PWM 모드를 설정하기 위해서는 TCCR2 레지스터의 WGM21~WGM20을 '01'로 설정하고 16비트 타이머/카운터 1의 PC PWM 모드를 설정하기 위해서는 top(0x00FF, 0x01FF, 0x03FF, ICR1 또는 OCR1A) 값에 따라 TCCR1B 레지스터의 WGM13, WGM12 비트와 TCCR1A 레지스터의 WGM11, WGM10 비트를 각각 '0001', '0010', '0011', '1010', '1011'로 설정하면 된다. 이 예제에서는 모드 10의 PC PWM을 사용하기 때문에 '1010'으로 설정한다.

추가적으로 카운터의 값이 top과 같아졌을 때 OCR1 레지스터의 값이 갱신되는 16비트 PC

PWM 모드와 다르게, 카운터의 값이 bottom과 같아졌을 때 ICR1 혹은 OCR1A 레지스터의 값이 갱신되는 PFC PWM 모드가 있으며, PFC PWM 모드의 top 값은 모드에 따라 ICR1, OCR1A가 된다.

앞서 설명했듯이 16비트 타이머/카운터인 TCNT1은 상향/하향 카운터로 동작한다. 즉, 카운터의 값은 0x0000에서 top까지 증가하고, 다시 top에서 0x0000으로 감소한다. 이 과정에서 카운터가 상향 카운터로 동작할 경우에는 타이머/카운터 레지스터 TCNT1의 값이 출력 비교 레지스터 OCR1B의 값과 일치하면 OC1B 출력 신호는 0으로 클리어되고, 반대로 하향 카운터로 동작할 경우에는 OCR1B의 값과 일치하면 OC1B 출력 신호는 1로 세트된다. 따라서 PC PWM 모드에서의 출력 주파수는 고속 PWM 모드에 비해 1/2로 낮아진다.

이상의 내용을 참고로 하여 PC PWM 모드를 이용하여 OC1B 단자에 듀티비가 0%, 20%, 40%, 60%, 80%, 100%인 PWM 신호를 만드는 프로그램을 작성해보자. 이 프로그램의 작성 방법은 PC PWM 모드를 사용하여 OC1B 핀에 4ms 주기로 PWM 출력을 얻는 과정과 2초의 시간 간격으로 PWM 파형을 가변시키기 위한 과정으로 볼 수 있다.

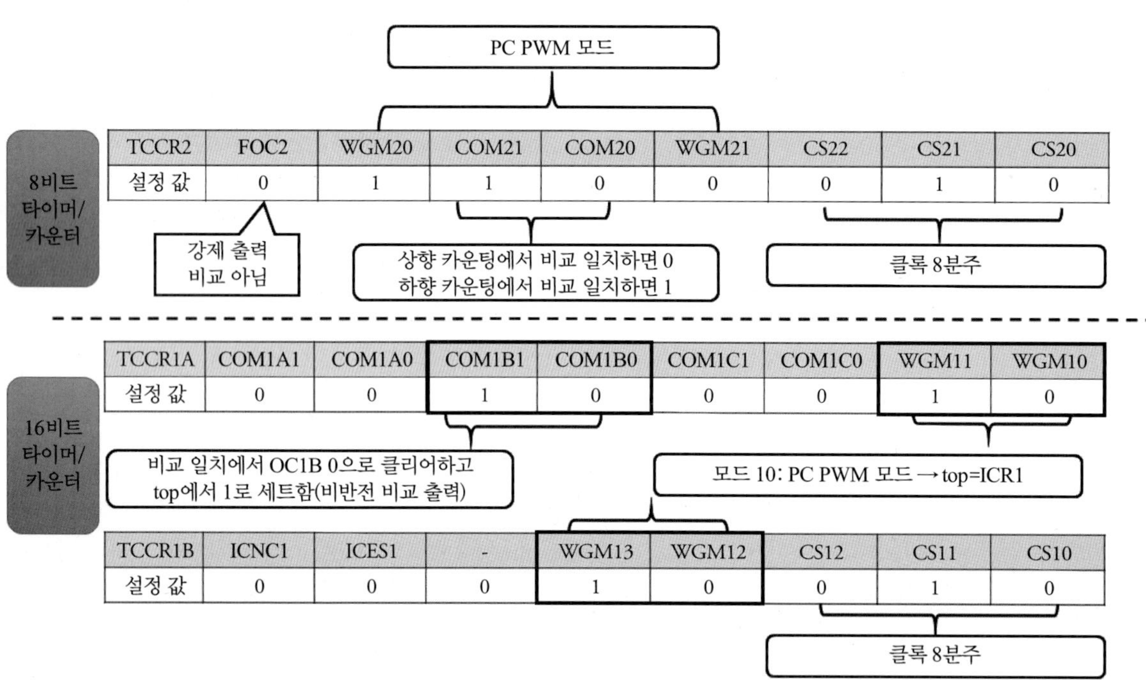

그림 8.28 8비트 타이머/카운터와 16비트 타이머/카운터에서의 PC PWM 비교

타이머/카운터 1의 PC PWM 모드로 동작하여 OC1B 단자에 4ms 주기의 PWM 출력을 만들기 위한 과정은 타이머/카운터 1의 출력 비교 B 인터럽트(TIM1_COMB)를 이용하고, 2초 간격으로 PWM의 파형을 가변시키는 과정은 타이머/카운터 1의 출력 비교 A 인터럽트(TIM1_COMA)를 이용한다. 이것은 그림 8.28에서와 같이 타이머/카운터 1과 관련된 레지스터를 초기화해야 하고,

6.4절에서 설명한 인터럽트 제어 과정을 적용한다.

① 출력 비교 A와 출력 비교 B 인터럽트를 선택하기 위해 TIMSK의 OCIE1B와 OCIE1A를 1로 설정한다.

② CTC 모드 제어를 위해 TCCR1A, TCCR1B를 사용한다. TCCR1A와 TCCR1B는 COM1B를 비반전 비교 출력으로 선택하고, COM1A는 일반 I/O 모드로 설정한다. 그리고 모드 10의 top을 ICR1의 설정 값으로 하는 PC PWM 모드를 선택하고, 8분주를 선택한다.

- 4ms 주기의 PWM 출력을 위해 ICR1의 값에 3687로 설정한다.
- 2ms 주기로 타이머/인터럽트 1 출력 비교 A 인터럽트 발생을 위해 OCR1A 레지스터에 1843(3687/2)을 설정한다.
- 마지막으로, OC1B(PORTB6의 부가 신호)를 출력하기 위해 DDRB의 값을 0xff(여기서는 0x040으로 해도 무방함)로 설정하여 포트 B를 출력으로 설정한다.

③ 인터럽트 동작을 시작(전체 인터럽트 허가)하기 위해 SREG의 I 비트를 1로 설정한다.

②의 과정에서 4ms 주기의 PWM 출력을 위해 그림 8.29에서와 같이 2ms마다 타이머/카운터 1 출력 비교 B 인터럽트가 발생하도록 하여 TCNT1의 top의 값이 2ms가 되는 3687 값으로 설정한다. 즉, ICR1의 값을 3687로 입력한다. 이렇게 하면 상향 카운트일 때 발생하는 출력 비교 B 인터럽트에서는 OC1B를 0으로 클리어하고, 하향 카운트일 때 발생하는 출력 비교 B 인터럽트는 0C1B를 1로 세트하여 4ms의 주기의 PWM 파형을 만든다. 또한 출력 비교 A 인터럽트는 top 값의 중간 값으로 하여 상향 카운트일 때 출력 비교 A 인터럽트가 발생하고, 하향 카운트일 때 출력 비

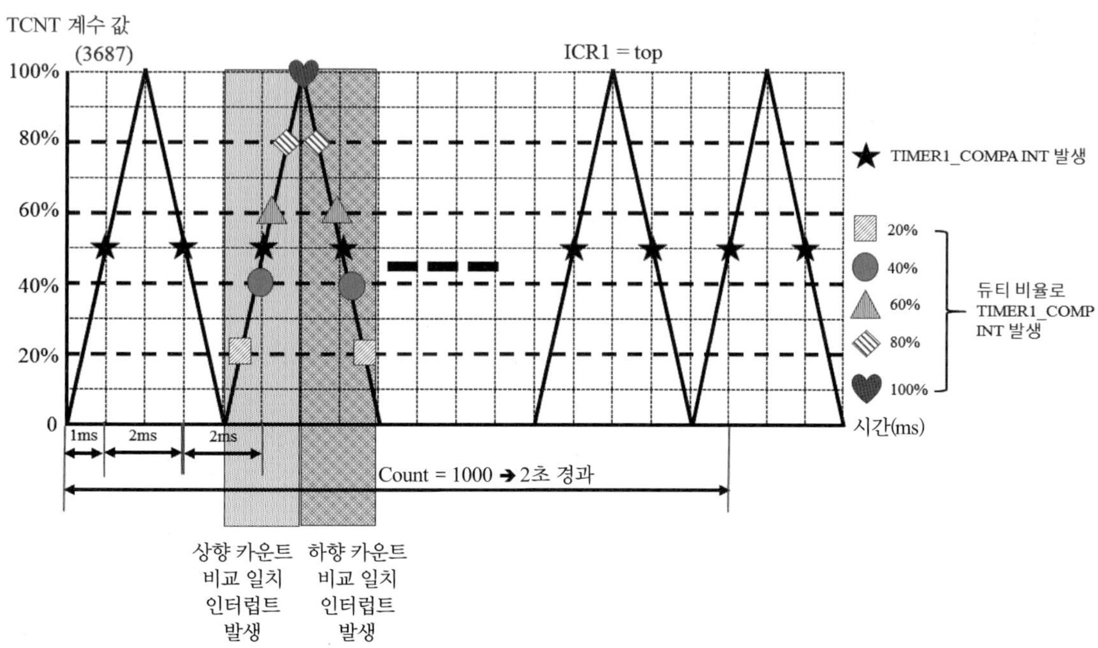

그림 8.29 PC PWM 모드의 동작 과정

교 A 인터럽트가 발생하도록 하여 2ms 간격으로 출력 비교 A 인터럽트가 발생한다. 그리고 출력 비교 A 인터럽트가 1000회 발생하면 2초의 시간이 경과한 것이다. 2초가 경과하면 타이머/카운터 1 출력 비교 B의 듀티비를 설정한다. 즉, 2초가 경과할 때마다 듀티비를 top 값의 20%, 40%, 60, 80%, 100% 값을 OCR1B 레지스터에 설정한다.

이상과 같은 과정을 프로그램으로 나타내면 다음과 같다.

```
#include <mega128.h>
#include <delay.h>

// 0.5424μs * 3688 = 2000μs = 2ms
#define TWO_ms  3687
// 0.5424μs * 3688/2 = 1000μs = 1ms
#define ONE_ms  3687/2

unsigned int count;
unsigned char selduty;

void Init_Timer1()
{
    TIMSK =(1<<OCIE1A)|(1<<OCIE1B);      // ① 타이머 카운터 1의 출력 비교 일치 인터럽트 허가
    TCCR1A |= (1<< COM1B1) |(1<<WGM11); // ② OC1B를 비반전 비교 출력
    TCCR1B |=(1<<WGM13)|(1<<CS11);       // ② 모드 10(PCPWM, top=ICR1 설정 값), 8분주 선택
    OCR1A = ONE_ms;                      // ② 2m 주기 설정을 위해 OCR1A 설정
    ICR1 = TWO_ms;                       // ② 2m 주기 설정을 위해 ICR1 설정
    DDRB=0xff;                           // ② 포트 B를 출력으로 설정
    SREG |=0x80;                         // ③ 인터럽트 동작 시작(전체 인터럽트 허가)
}

interrupt [TIM1_COMPB] void timer1_PCPWM_OC1B_out(void)
{
    #asm("nop");
}

// 2m 간격으로 인터럽트 발생
interrupt [TIM1_COMPA] void timer1_COMPA(void)
{
    PORTB.0 = ~PORTB.0;                  // 2ms 간격으로 인터럽트 발생(테스트용)
    count++;
    if(count==1000)                      // 2초 경과
    {
        PORTB.1 = ~PORTB.1;              // 2초 간격으로 ON/OFF 테스트용
        count=0;
        selduty++;                       // 2초가 경과할 때마다 듀티비 설정 증가
        switch(selduty)
```

```
        {
            case 1:                     // 듀티비 0%
                OCR1B = 0;
                break;

            case 2:
                OCR1B = (int)(TWO_ms * 0.2);
                break;

            case 3:
                OCR1B = (int)(TWO_ms * 0.4);
                break;

            case 4:
                OCR1B = (int)(TWO_ms * 0.6);
                break;

            case 5:
                OCR1B = (int)(TWO_ms * 0.8);
                break;

            case 6:
                OCR1B = TWO_ms;
                break;

            default:
                selduty=0;
                break;
        }
    }
}

void main()
{
    selduty=0;
    count=0;
    Init_Timer1();
    while(1);
}
```

예제 8.6 PFC PWM 모드에서 파형 만들기

PFC PWM 모드를 이용하여 2초 간격으로 OC1A 단자에 20→40→60→80→100ms 주기의 PWM 신호를 만드는 프로그램을 작성하라(단, 듀티비는 50%로 하라).

PFC PWM 모드는 출력 비교 레지스터 OCRnx가 새로운 값으로 갱신되는 시점만 다를 뿐, PC PWM 모드와 동일한 동작을 수행한다. 타이머/카운터 1의 PFC PWM 모드를 이용하여 OC1A(PORTB.5) 단자에 주기가 20→40→60→80→100ms로 변경되는 PWM 신호를 만드는 프로그램을 작성해보자.

예제 8.5에서는 고정된 주기에 듀티비 변경을 통해 PWM 파형을 발생시켰지만, 이번 예제에서는 주기를 변경해야 한다. 주기의 변경은 TCNT1의 값이 상향 카운트로 top까지 증가하는 시간을 증가시켜야 한다. 즉, top의 값이 2초 간격으로 증가해야 한다. 이를 위해 모드 8의 PCF PWM을 사용한다. 이것은 ICR1의 설정 값이 top이 되므로, 2초가 경과했을 때마다 ICR1의 값을 증가시키면 주기를 변경할 수 있다.

이 예제의 최대 주기는 100ms이므로 타이머/카운터 1의 출력 비교 인터럽트가 50ms 간격으로 발생하고, OC1A 단자를 비반전 비교 출력을 하면 된다. 50ms 간격으로 인터럽트를 발생시키기 위해서는 타이머/카운터 1의 분주비를 64(1 계수 시간은 4.3402μs(표 8.9 참조))로 하고, top의 값이 11,520이 되면 50ms가 경과하게 된다. 따라서 타이머/카운터 1의 모드 8의 PCF PWM을 이용하여 100ms의 주기를 각기 위해서는 ICR1의 값을 11520으로 설정하면 된다. 그리고 80ms는 11520의 0.8배, 60ms는 0.6배, 40ms는 0.4배, 마지막으로 20ms는 0.2배의 값을 가지면 된다.

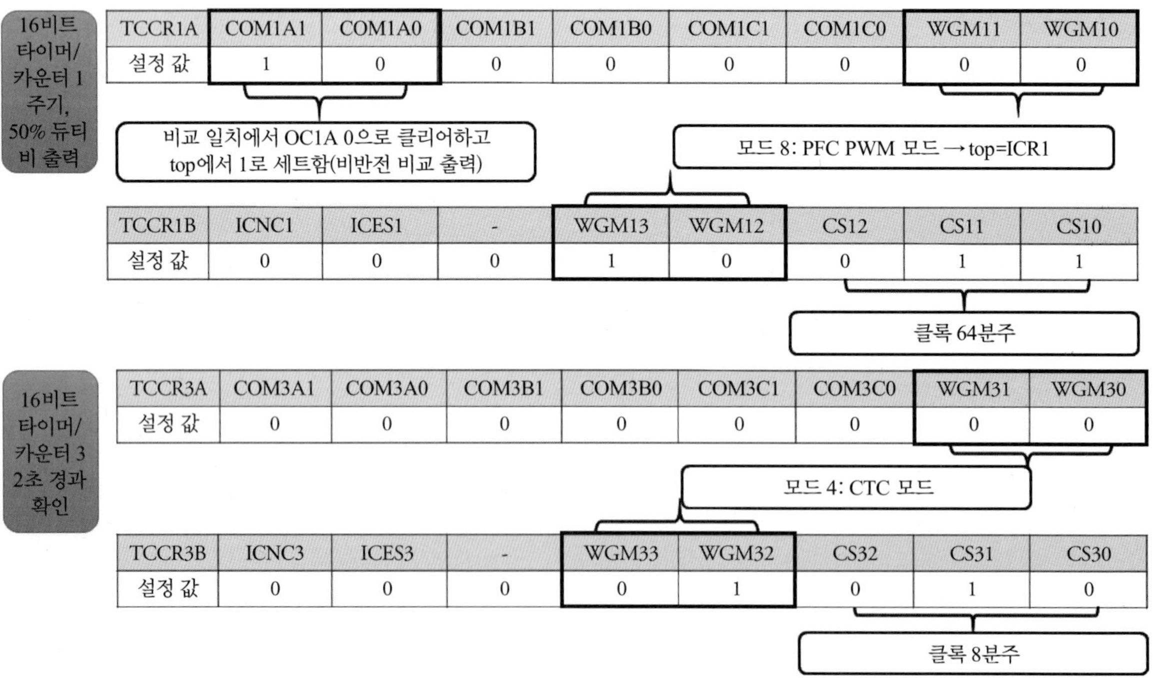

그림 8.30 타이머/카운터 1 및 타이머/카운터 3 설정

그리고 2초의 시간 경과를 확인하기 위해 예제 8.1의 〈방법 2〉에서 다루었던 CTC 모드를 활용하여 50μs마다 타이머/카운터 3의 출력 비교 인터럽트를 발생시켜 40,000회가 되면 2초가 경과하고, ICR1을 변경하여 주기를 변경하고, OCR1A의 값을 변경하여 변경된 주기 값에 50% 듀티비를 적용한다.

이것은 그림 8.30에서와 같이 타이머/카운터 1과 타이머/카운터 3에 관련된 레지스터를 초기화해야 하고, 6.4절에서 설명한 인터럽트 제어 과정을 적용한다. 먼저 타이머/카운터 1에 대한 설정은 다음과 같다.

① 출력 비교 A와 출력 비교 B 인터럽트를 선택하기 위해 TIMSK의 OCIE1A를 1로 설정한다.

② CTC 모드 제어를 위해 TCCR1A, TCCR1B를 사용한다. TCCR1A와 TCCR1B는 COM1A를 비반전 비교 출력으로 선택하고, 모드 8의 top을 ICR1의 설정 값으로 하는 PFC PWM 모드를 선택하고, 64분주를 선택한다.

- 100ms 주기의 PWM 출력을 위해 ICR1의 값에 0x2d00으로 설정한다.
- 10ms 주기로 타이머/인터럽트 1 출력 비교 A 인터럽트 발생을 위해 OCR1A 레지스터에 0x1680(0x2d00/2)을 설정한다.
- 마지막으로, OC1A(PORTB.5의 부가 신호)를 출력하기 위해 DDRB의 값을 0xff(여기서는 0x020으로 해도 무방함)로 설정하여 포트 B를 출력으로 설정한다.

③ 인터럽트 동작을 시작(전체 인터럽트 허가)하기 위해 SREG의 I 비트를 1로 설정한다.

다음으로 타이머/카운터 2에 대한 설정은 다음과 같다.

① 출력 비교 인터럽트 허가를 선택하기 위해 ETIMSK 레지스터의 OCIE3A를 1로 설정한다.

② CTC 모드 제어를 위해 TCCR3A, TCCR3B, OCR1AH, OCR1AL을 사용한다. TCCR3A와 TCCR3B는 그림 8.30에서와 같이 CTC 모드와 8분주를 선택한다.

③ 인터럽트 동작을 시작(전체 인터럽트 허가)하기 위해 SREG의 I 비트를 1로 설정한다.

이상과 같은 과정을 프로그램으로 나타내면 다음과 같다.

```
#include <mega128.h>
#include <delay.h>

unsigned int count;
unsigned char selduty;

void Init_Timer1()
{
    TIMSK =(1<<OCIE1A);          // ① 타이머 카운터 1의 출력 비교 일치 인터럽트 허가
    TCCR1A |= (1<< COM1A1);      // ② OC1B를 비반전 비교 출력
    // ② 모드 8(PFC PWM - top=ICR1 설정 값), 64분주 선택
    TCCR1B |=(1<<WGM13)|(1<<CS11)|(1<<CS10);
```

```
    OCR1A = 0x2D00/2;             // ② 듀티비를 50% 적용(초기 설정)
    ICR1 = 0x2D00;                // ② 100ms 주기 설정(초기 설정)
    DDRB=0xff;                    // ② 포트 B를 출력으로 설정
}

void Init_Timer3(void)
{
    ETIMSK = (1<<OCIE3A);              // ① 타이머 카운터 3의 출력 비교 일치 인터럽트 허가
    TCCR3B |= (1<<WGM32) | (1<<CS31); // ② CTC 모드와 8분주 선택

    OCR3AH = 0x00;                     // ② 50μs 설정
    OCR3AL = 0x5c;                     // ② 50μs 설정
    SREG |=0x80;                       // ③ 인터럽트 동작 시작(전체 인터럽트 허가)
}

interrupt [TIM3_COMPA] void timer3_coma(void)
{
    PORTB.0 = ~PORTB.0;           // 50μs 간격으로 인터럽트 발생(테스트용)
    count++;
    if(count==40000)              // 2초 경과
    {
        PORTB.1 = ~PORTB.1;       // 2초 간격으로 ON/OFF 테스트용
        count=0;
        selduty++;                // 2초가 경과할 때마다 주기 비율 설정 증가
        switch(selduty)
        {
            case 1:                                // 주기 20
                ICR1 = (int)(0x2D00 * 0.2);        // 주기 20ms 설정
                OCR1A = (int)((0x2D00 * 0.2)/2); // 주기에 따른 듀티비 50% 적용
                break;

            case 2:                                // 주기 40
                ICR1 = (int)(0x2D00 * 0.4);        // 주기 40ms 설정
                OCR1A = (int)((0x2D00 * 0.4)/2); // 주기에 따른 듀티비 50% 적용
                break;

            case 3:                                // 주기 60
                ICR1 = (int)(0x2D00 * 0.6);        // 주기 60ms 설정
                OCR1A = (int)((0x2D00 * 0.6)/2); // 주기에 따른 듀티비 50% 적용
                break;

            case 4:                                // 주기 80
                ICR1 = (int)(0x2D00 * 0.8);        // 주기 80ms 설정
                OCR1A = (int)((0x2D00 * 0.8)/2); // 주기에 따른 듀티비 50% 적용
                break;
```

```
            case 5:                            // 주기 100
                ICR1 = 0x2D00;                 // 주기 100ms 설정
                OCR1A = (int)((0x2D00 * 1)/2); // 주기에 따른 듀티비 50% 적용
                break;

            default:
                selduty=0;
                break;
        }
    }
}

interrupt [TIM1_COMPA] void timer1_COMPA(void)
{
    #asm("nop");
}

void main()
{
    selduty=0;
    count=0;
    Init_Timer1();
    Init_Timer3();
    while(1);
}
```

예제 8.7 16비트 타이머/카운터의 입력 캡처 기능 확인

ICP1(PORTD4)에 TTL 레벨의 구형파를 입력할 수 있도록 파형 발생기를 연결해놓았다고 가정하자. 이 포트로 입력되는 펄스의 주기를 계산하여 FND에 표기하고, PORTC.6에 외부 파형의 한 주기마다 토글되는 구형파를 만드는 프로그램을 작성하라. 구형파의 캡처는 상승 에지에서 수행한다(이때 외부 파형의 최소 단위는 10ms라 가정하고 입력 파형의 범위는 100~990ms라고 가정한다. 또한 FND는 0.□□s의 형태로 입력 파형 주기(단위: ms)의 100의 자리와 10의 자리를 표기한다).

ATmega128에는 펄스 신호의 주파수를 측정하기 용이하도록 16비트 타이머/카운터에서 입력 캡처 기능을 제공하고 있다. 입력 캡처 기능은 입력 파형의 상승 에지 또는 하강 에지에서 인터럽트가 발생하는 형태이다. 따라서 입력 파형의 주기를 산출하기 위해서는 그림 8.31과 같이 ICP1 입력 단자로 입력되는 펄스에 상승 에지가 발생하면 TIM1_CAPT 인터럽트가 발생되어 현재의 TCNT1 값을 ICR1로 복사한다. 이후 두 번째 상승 에지가 입력되면 앞서 수행된 인터럽트 처리 형태가 동일하게 수행된다.

따라서 구형파의 주기를 구하는 방법은 첫 번째 입력 캡처 인터럽트가 발생하면 ICR1 레지스터의 값을 읽어서 기억하고, 다음 인터럽트가 발생했을 때 새로 갱신된 ICR1 레지스터의 값을 읽어 이전 값과의 차이를 이용하여 주파수를 구하는 것이다(ICR1은 16비트 데이터를 갖고 있기 때문에 실제적인 레지스터는 ICR1H와 ICR1L로 구분된다. 따라서 이를 읽는 방법은 다음과 같이 처리된다.

```
unsigned int ICR1_value = (ICR1H << 8) | ICR1L;)
```

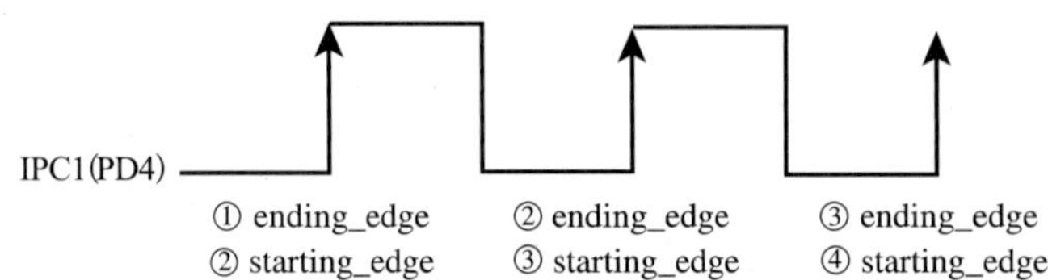

그림 8.31 입력 캡처 주기 계산

그림 8.31과 같이 구형파가 ICP1 단자로 입력될 때, ②의 starting_edge에서 입력 캡처 인터럽트가 발생하면 ICR1H와 ICR1L 레지스터의 값을 읽어 저장하고, ②의 eding_edge에서 입력 캡처 인터럽트가 발생하면 ICR1H와 ICR1L 레지스터의 값을 읽어 저장한 후에 이 두 값의 차이를 구하면 구형파의 주기를 계산할 수 있다. 만일 구형파의 주기가 65535클록보다 큰 경우에는 주기 측정의 한계를 갖기 때문에 타이머/카운터의 오버플로우를 계수하여 이 오버플로우 발생 횟수에 65536배를 하여 더해주면 주기를 쉽게 구할 수 있다.

이상과 같이 계측된 두 값의 차를 이용하여 주기를 계산하는 과정은 다음의 입력 캡처 인터럽트 함수의 내용과 같다.

```
interrupt[TIM1_CAPT] void timer1_capt_isr(void)
{
    ending_edge = (ICR1H<<8) | ICR1L;    // 상승 에지 순간의 ICR1 값 읽기

    clocks = (unsigned int) ending_edge + ((unsigned int) ov_count * 65536)
        -(unsigned int) starting_edge;
        // 입력된 구형파의 한 주기 동안의 클록 수를 계산 Period = (unsigned int)(clocks*0.069);
        // 입력된 구형파의 한 주기 계산

    ov_count = 0;
    starting_edge = ending_edge;          // 시작 에지로 사용하기 위해 저장
    PORTC.6 = ~PORTC.6;                   // 주기 확인을 위한 외부 핀 토글
}
```

이상의 clocks를 구하는 과정에서 ov_count * 65536을 하는 이유는 주기를 측정하는 과정에서 오버플로우가 몇 번이나 발생했는지를 타이머/카운터 1 오버플로우 인터럽트 함수에서 측정하는 것이고, 이 clocks 변수는 ov_count가 이 연산으로 인해 16비트 이상의 값을 나타내므로 unsigned int

형으로 선언되어 있어야 한다. 입력 캡처 인터럽트는 입력된 구형파의 매 시작과 끝의 상승 에지에서 시작되므로 인터럽트가 발생할 때마다 외부 핀을 토글해준다면 입력된 구형파의 주기마다 토글되는 구형파를 만들 수 있다.

만약 시스템 주파수가 14.7456MHz이고 타이머/카운터의 프리스케일러가 1024 분주비를 사용한다면, 타이머/카운터로 공급되는 클록은 1/14.7456MHz×1024로 주기는 약 0.069ms가 된다. 따라서 clocks 변수의 값이 약 14,500일 경우 주기는 약 1s가 된다.

이상의 과정을 참조하여 이 예제의 프로그램을 완성하면 다음과 같다. FND 출력 관련 내용은 6장에서 학습했으므로 생략하며, 이해가 부족하다고 생각되면 6장을 다시 살펴보기 바란다.

```
#include <mega128.h>
#include <delay.h>

unsigned int Font_Num[]
={0xc0,0xf9,0xa4,0xb0,0x99,0x92,0x82,0xf8,0x80,0x90,0x92,0x40};
unsigned char Buf[2];                         // 세그먼트에 띄울 주기 값을 배열에 저장
unsigned int starting_edge=0, ending_edge=0; // 구형파 주기 계산을 위한 변수
unsigned int clocks;                          // 입력된 구형파의 한 주기 동안의 클록 수
unsigned int Period;                          // 입력된 구형파의 한 주기
unsigned int ov_count=0;                      // 타이머 1의 오버플로우를 계수하기 위한 카운터

void Timer1_Init()
{
    // 입력 캡처 인터럽트, 타이머 오버플로우 인터럽트 허가
    TIMSK|=(1<<TICIE1)|(1<<TOIE1);
    // 입력 캡처 허가, 1024분주
    TCCR1A=0x00;
    TCCR1B=(1<<ICES1)|(1<<CS12)|(1<<CS10);
    DDRD.4 = 0;
    DDRC.6 = 1;
    SREG|= 0x80;              // 인터럽트 동작 시작(전체 인터럽트 허가)
}

void Seg_Init()
{
    SREG|= 0x80;
    TIMSK|=(1<<TICIE1)|(1<<TOIE1);
    // 입력 캡처 인터럽트, 타이머 오버플로우 인터럽트 허가
    TCCR1A=0x00;
    TCCR1B=(1<<ICES1)|(1<<CS12)|(1<<CS10);
    // 입력 캡처 허가, 1024분주
    DDRB = 0xFF;
    DDRE=0xFE;
}
```

```
interrupt[TIM1_OVF] void timer1_ovf_isr()
{
    ++ov_count;
}

void segment(unsigned char buf[])
{
    PORTE.7=1; PORTB = Font_Num[11];     delay_ms(5); PORTE.7=0;
    PORTE.6=1; PORTB = Font_Num[buf[0]]; delay_ms(5); PORTE.6=0;
    PORTE.5=1; PORTB = Font_Num[buf[1]]; delay_ms(5); PORTE.5=0;
    PORTE.4=1; PORTB = Font_Num[10];     delay_ms(5); PORTE.4=0;
}

interrupt[TIM1_CAPT] void timer1_capt_isr(void)
{
    ending_edge = (ICR1H<<8) | ICR1L;   // 상승 에지 순간의 ICR1 값 읽기

    clocks = (unsigned int) ending_edge + ((unsigned int) ov_count * 65532)
        -(unsigned int) starting_edge;
        // 입력된 구형파의 한 주기 동안의 클록 수를 계산 Period = (unsigned int)(clocks*0.069);
        // 입력된 구형파의 한 주기 계산

    ov_count = 0;
    starting_edge = ending_edge;        // 시작 에지로 사용하기 위해 저장
    PORTC.6 = ~PORTC.6;                 // 주기 확인을 위한 외부 핀 토글
}

void main()
{
    Timer1_Init();
    Seg_Init();

    while(1)
    {
        Buf[0]=(Period/100);            // ms 10의 자리 검출
        Buf[1]=(Period%100)/10;         // ms 1의 자리 검출
        segment(Buf);
    }
}
```

구현된 프로그램이 정상적으로 동작하는지 확인하기 위해 그림 8.32와 같이 입력된 구형파와 이를 계측하여 한 주기 동안 토글되는 구형파 출력을 오실로스코프로 확인했다. 그림 8.32의 첫 파형은 입력된 구형파이며 주기는 약 620ms이다. 두 번째 파형은 교육용 ATmega128에서 생성한

구형파로 주기가 약 1.2s, 즉 620ms의 두 배가 됨이 확인되어 해당 코드의 정상적인 동작을 검증했다.

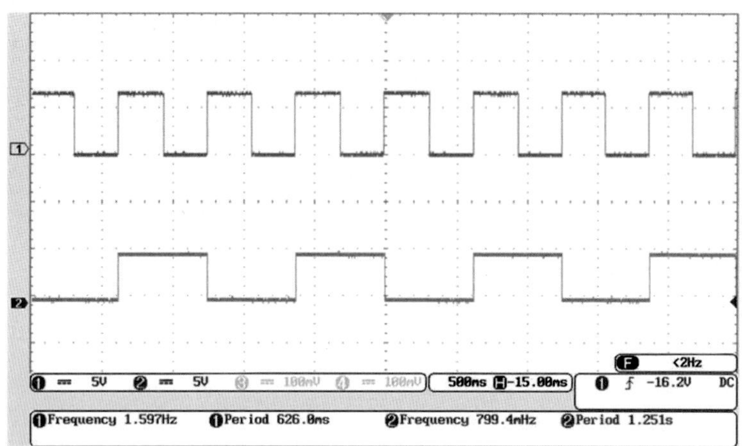

그림 8.32 입력된 구형파와 생성된 구형파를 오실로스코프로 계측한 결과

연습문제

1. AVR에 내장된 8비트 타이머와 16비트 타이머의 차이점을 다음 항목에 대해 간단하게 답하라.
   (1) 분해능
   (2) PWM 신호의 발생
   (3) 16비트 타이머/카운터에 부가된 주요 기능

2. 타이머/카운터 1과 3의 차이를 설명하라.

3. 타이머/카운터 1과 3을 제어하기 위한 레지스터의 종류를 나열하고, 그 기능을 간단히 설명하라.

4. 타이머/카운터 1과 3을 사용하여 PWM 신호를 만들려고 한다. PWM 신호를 발생시키기 위해 사용되는 모드와 각 모드에서 사용되는 레지스터는 무엇인가?

5. 타이머/카운터 1에는 동작 모드가 4개가 있다. 각 모드는 어떤 응용에 적합한지 한 가지씩 예를 들어 설명하라.

6. 타이머/카운터 1과 3에서 고속 PWM 모드, PC PWM 모드, PFC PWM 모드의 차이점을 설명하라.

7. 예제 8.2에서는 CTC 모드를 사용하여 1kHz 구형파를 출력하는 프로그램을 작성했다. 이를 활용하여 PWM 주기가 20%, 40%, 60%, 80%, 100%로 변경되는 코드로 수정하라.

8. 예제 8.4에서는 PWM 파형을 만들기 위해 top 값의 설정 모드를 8비트로 사용했다. 이를 OCR1A나 ICR1을 사용하는 방법으로 프로그램을 수정하라.

9. 예제 8.4에서는 듀티비가 25%일 때 OCR1AL이 0x40, 50%일 때 0x80, 75%일 때 0xc0, 100%일 때 0xff, 이렇게 구해진 과정을 설명하라.

10. 예제 8.6에서는 2초의 시간 발생을 위해 타이머/카운터 3의 CTC 모드를 이용했다. 이를 타이머/카운터 3의 일반 모드를 사용하여 100ms 주기를 발생시킬 수 있도록 프로그램을 수정하라.

11. 타이머/카운터 3을 사용하여 PORTB에 연결되어 있는 모든 LED를 1초마다 토글하는 프로그램을 작성하라. 이 프로그램을 작성하면서 느끼는 8비트 타이머/카운터와 16비트 타이머/카운터의 차이점을 간단하게 설명하라.

12. 예제 8.7을 활용하여 간이용 오실로스코프를 작성해보라. TIM/DIV를 100ms, 10ms, 1ms별로 정의하고, 이는 외부 인터럽트 INT0~INT2를 활용하여 작성하라.

CHAPTER

9

문자 표시용 LCD 표시장치의 제어

마이크로컨트롤러를 활용한 시스템에서는 여러 가지 데이터를 표시하기 위해 LCD(Liquid Crystal Display) 표시장치를 대부분 사용하고 있다. 이 LCD 표시장치는 모듈 형태로 시판되고 있는데, 이 모듈은 표시장치부와 제어부가 하나로 되어 있어 일반 사용자가 사용하기에 편리한 구조로 되어 있다.

LCD 표시장치는 일반 문자 표시용과 그래픽 표시용의 두 가지 종류로 구분된다. 일반 문자 표시용 LCD는 제어부 내에 글꼴을 갖고 있어서 영문자나 숫자를 쉽게 표시할 수 있으며, 그래픽 표시용 LCD는 일반 문자 표시용 LCD가 가진 기능에 그래픽 또는 한글의 구현이 가능하도록 구현해놓았으나, 일반 문자 표시용 LCD보다 사용하기에 어려운 점이 있다.

따라서 이 장에서는 실험의 용이성을 고려하여 문자 표시용 LCD에 대해 설명하고, 문자 표시의 다양성을 활용하여 향후 AVR의 실험 과정에서 일반 표시장치로서 활용하기로 한다.

9.1 LCD 모듈의 구조

일반적으로 많이 사용되는 문자 표시용 LCD 모듈로는 16문자/2라인, 14문자/4라인, 20문자/4라인 등이 있다. 이 LCD의 외형을 그림 9.1에 나타내었다. 이 중에서 16문자/2라인 LCD 모듈

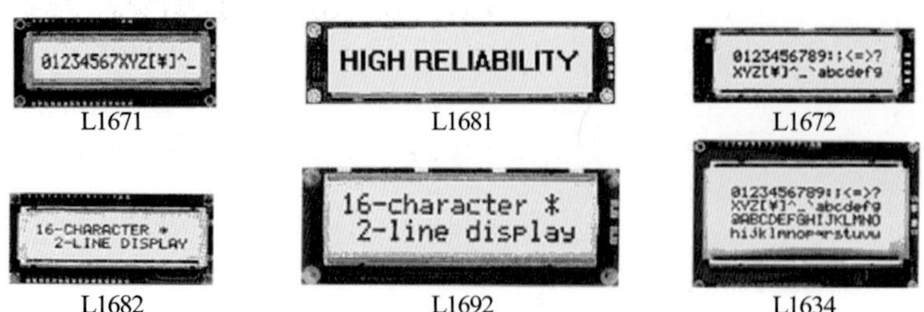

그림 9.1 LCD 모듈의 종류

이 가장 보편적으로 사용된다. 이 표시장치를 구동하기 위한 제어 소자로는 히다찌(HITACH)의 HD44780U가 사용된다. 따라서 이 장에서는 HD44780을 사용하는 캐릭터 타입의 LCD 모듈을 중심으로 설명할 것이다.

LCD 모듈은 그림 9.2에 나타낸 바와 같이 LCD 제어기(HD44780)와 LCD에 문자를 표시하기 위해 열, 행을 구동하는 LCD 드라이버(HD44100)로 구성되어 있다. 이 모듈의 특징은 다음과 같다.

- 4비트, 8비트의 마이크로컨트롤러와 인터페이스 가능
- 5×8도트, 5×10도트의 디스플레이 가능
- 80×8비트의 DDRAM(Display Data RAM, 최대 80문자까지)
- 240문자 폰트를 내장하고 있는 CGROM(Character Generator ROM)
- 64×8비트의 문자를 만들 수 있는 CGRAM(Character Generator RAM)
- +5V 단일 전원 사용

LCD를 구동할 경우에는 제어기와 드라이버 중 제어기의 구동 방법만 알면 되므로, 이 장에서는 LCD 모듈에서 가장 많이 사용되는 HD44780 컨트롤러의 구동 방법을 알아보고자 한다.

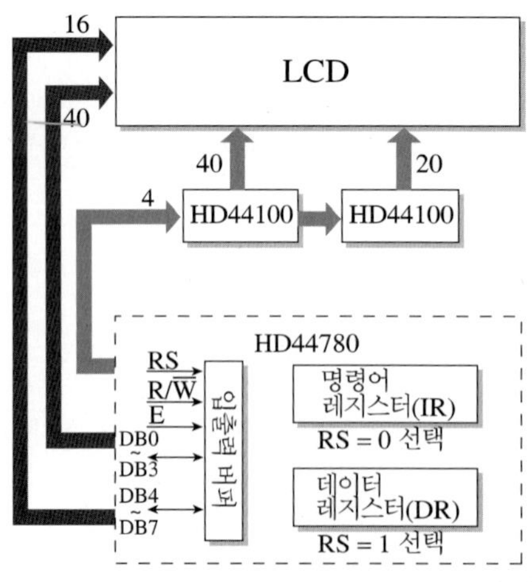

그림 9.2 LCD 모듈의 종류

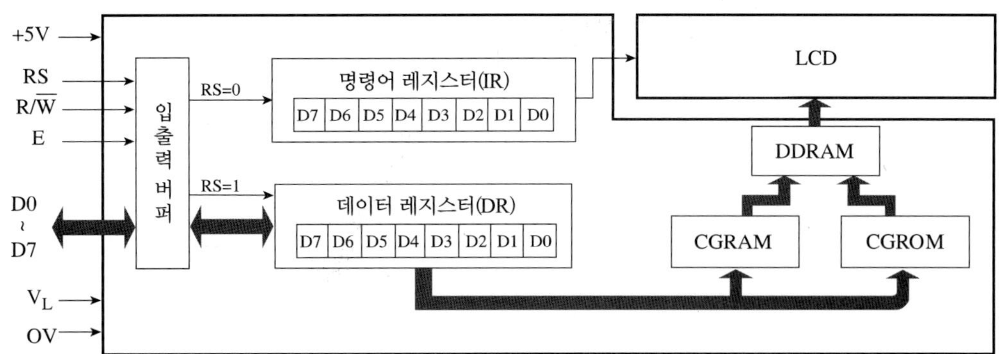

그림 9.3 LCD 제어기의 내부 구조

그림 9.3에는 LCD 제어기인 HD44780의 내부 구조를 나타내었다. 여기서 명령어 레지스터(IR)는 LCD 모듈의 환경을 어떻게 사용할 것인가를 설정하는 데 이용되는 레지스터이고, 데이터 레지스터(DR)는 LCD 모듈에 문자를 나타내기 위한 데이터 값을 기록하는 레지스터이다. 또한 마이크로컨트롤러와 인터페이스를 위해 입출력 버퍼와 특징에서 설명한 세 종류의 메모리를 내장하고 있다.

9.2 LCD 모듈의 단자 기능

LCD 모듈은 그림 9.2에서 설명했듯이 LCD와 LCD 제어기를 포함하고 있고, 총 14 핀 또는 16 핀으로 구성되어 있으며, 16 핀의 경우에는 뒤에서 설명하는 표준 14 핀 외에 백라이트 구동을 위한 전원 단자가 2 핀 추가되어 있다. 표준 14 핀의 LCD 모듈의 단자의 사양을 표 9.1에 자세히 나타내었다.

1번 단자와 2번 단자는 LCD 모듈의 구동 전원을 인가하는 단자이고, 3번 단자는 LCD 표시장치의 밝기를 조절하기 위한 단자이다. 그리고 나머지 단자들은 마이크로컨트롤러와 인터페이스를 위해 사용되는 단자로서 4, 5, 6번 단자는 LCD를 제어하기 위한 제어 신호이며, 나머지 7~14번 단자까지는 데이터 버스이다. LCD 모듈은 4비트 또는 8비트로 마이크로컨트롤러와 인터페이스될 수 있는데, 만일 4비트 제어 방식으로 인터페이스될 경우에는 LCD 모듈의 11~14번 단자까지만 데이터 버스로 이용된다. 이제 각 핀에 대해 자세히 알아보자.

① RS(Register Select, 4번 단자)

입력 단자로서 LCD 모듈의 명령어 또는 데이터 레지스터를 선택하는 신호이다.

- '0'이면 명령어 레지스터를 선택(IR 선택)한다.
- '1'이면 데이터 레지스터를 선택(DR 선택)한다.

표 9.1 LCD 모듈 핀 사양

<table>
<tr><th>핀 번호</th><th>기호</th><th>레벨</th><th colspan="2">기능</th></tr>
<tr><td>1</td><td>V_{SS}</td><td>–</td><td colspan="2">0V</td></tr>
<tr><td>2</td><td>V_{DD}</td><td>–</td><td colspan="2">+5V</td></tr>
<tr><td>3</td><td>V_L</td><td>–</td><td colspan="2">LCD 밝기 조정(가변 저항)</td></tr>
<tr><td>4</td><td>RS</td><td>H/L</td><td colspan="2">L: 명령어 입력(IR 선택)
H: 데이터 입력(DR 선택)</td></tr>
<tr><td>5</td><td>R/$\overline{W}$</td><td>H/L</td><td colspan="2">L: 쓰기(CPU → LCD 모듈)
H: 읽기(CPU ← LCD 모듈)</td></tr>
<tr><td>6</td><td>E</td><td>H</td><td colspan="2">LCD 모듈의 허가 신호</td></tr>
<tr><td>7</td><td>DB0</td><td>H/L</td><td rowspan="4">4비트 데이터 버스 이용 시
사용 불가</td><td rowspan="8">8비트 데이터 버스 이용 시
모두 사용</td></tr>
<tr><td>8</td><td>DB1</td><td>H/L</td></tr>
<tr><td>9</td><td>DB2</td><td>H/L</td></tr>
<tr><td>10</td><td>DB3</td><td>H/L</td></tr>
<tr><td>11</td><td>DB4</td><td>H/L</td><td rowspan="4">4비트 데이터 버스 이용 시
사용 가능</td></tr>
<tr><td>12</td><td>DB5</td><td>H/L</td></tr>
<tr><td>13</td><td>DB6</td><td>H/L</td></tr>
<tr><td>14</td><td>DB7</td><td>H/L</td></tr>
</table>

② R/$\overline{W}$(읽기/쓰기 단자, 5번 단자)

입력 단자로서 LCD 모듈에 데이터 또는 명령어를 읽고, 쓸 때 사용되는 신호이다.

- '0'이면 쓰기 동작으로서 CPU에서 LCD 모듈로 데이터를 쓴다.
- '1'이면 읽기 동작으로서 LCD 모듈에서 CPU로 데이터를 읽는다.

③ E(Enable, 6번 단자)

입력 단자로서 LCD 모듈을 선택하는 신호이다. 신호가 활성화(여기서는 High 입력)로 되어 있으면, 마이크로컨트롤러와 LCD 모듈 사이에 데이터 교환이 이루어진다. 즉, 이 단자에 '1'이 입력되는 동안에 데이터 또는 명령어 레지스터의 쓰기/읽기가 가능해진다.

- '0'인 상태에서는 LCD 모듈과 데이터 교환이 불가능하다.
- '1'인 상태이면 LCD 모듈과 데이터 교환이 가능하다.

④ D0~D7(Data bus, 7~14번 단자)

마이크로컨트롤러와 LCD 모듈 사이에 데이터를 주고받기 위한 데이터 버스이다. 만약 4비트로 사용할 경우에는 D4~D7만 이용해야 한다.

첫 부분에서도 설명했지만, 이와 같은 제어 신호(①~③)와 데이터 버스 단자(④)를 이용하여 마이크로컨트롤러와의 인터페이스가 가능하다. 마이크로컨트롤러와 인터페이스를 할 경우에는 그림 9.4와 그림 9.5에 제시한 읽기/쓰기 타이밍을 고려해야 하며, 이때의 시간 특성을 표 9.2에 나타내었다.

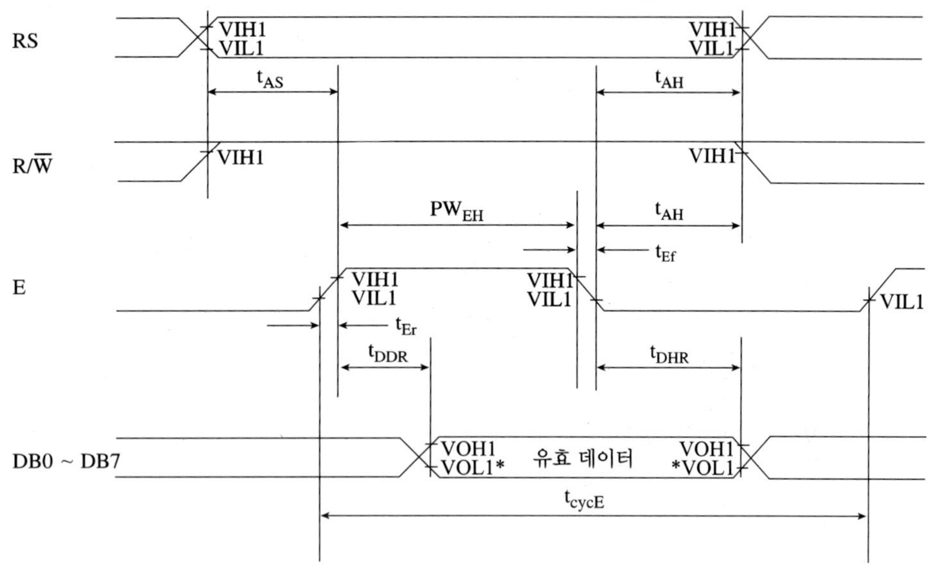

그림 9.4 읽기 동작 타이밍도

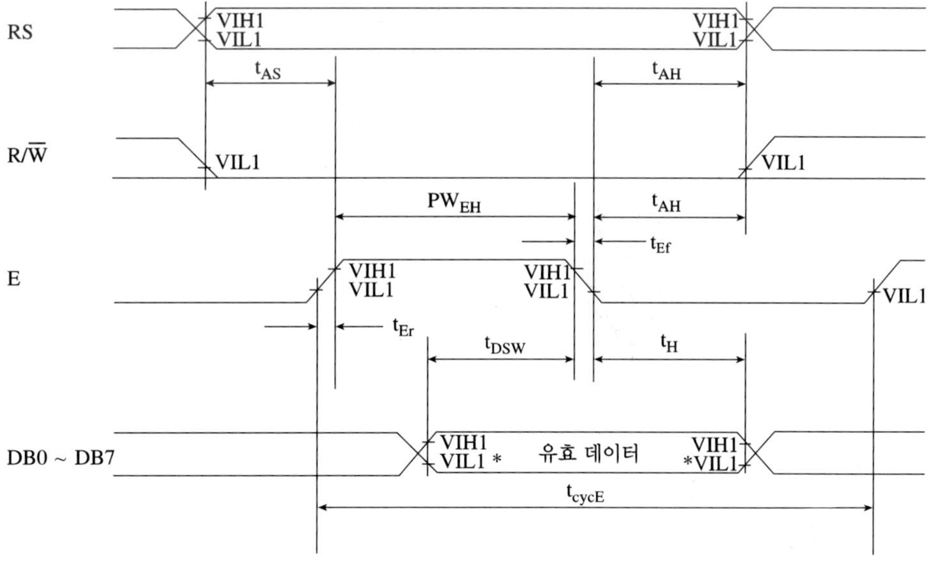

그림 9.5 쓰기 동작 타이밍도

표 9.2 타이밍 특성

항목	기호	허용치		단위	비고
		최소	최대		
Enable Cycle Time	t_{cycE}	1000	–	ns	쓰기/읽기 동작
Enable Pulse Width	PW_{EH}	450	–	ns	쓰기/읽기 동작
Enable Rise/Fall Time	t_{Er}, t_{Ef}	–	25	ns	쓰기/읽기 동작
Address Setup Time	t_{AS}	140	–	ns	쓰기/읽기 동작
Address Hold Time	t_{AH}	10	–	ns	쓰기/읽기 동작
Data Setup Time	t_{DSW}	195	–	ns	쓰기 동작
Data Hold Time	t_{H}	10	–	ns	쓰기 동작
Data Delay Time	t_{DDR}	–	320	ns	읽기 동작
Data Hold Time	t_{DHR}	20	–	ns	읽기 동작

⑤ V_{DD}(전원 +5V, 2번 단자)

LCD 모듈을 구동하기 위해 전원을 인가하는 단자로서 V_{CC}를 연결한다.

⑥ V_{SS}(전원 GND, 1번 단자)

LCD 모듈의 전원을 인가하는 단자로서 GND를 연결한다.

⑦ V_L(화면 밝기 조정용 단자, 3번 단자)

LCD의 밝기를 조절하는 단자로서, V_L 단자에 그림 9.6(a)와 같이 10KΩ의 가변 저항에 연결하여 가변 저항의 저항 값을 조절하면 LCD의 밝기가 조절된다. 그러나 밝기를 조절하고 싶지 않다면 그림 9.6(b)와 같이 GND 단자에 연결하거나 V_{CC} 단자에 연결하면 된다.

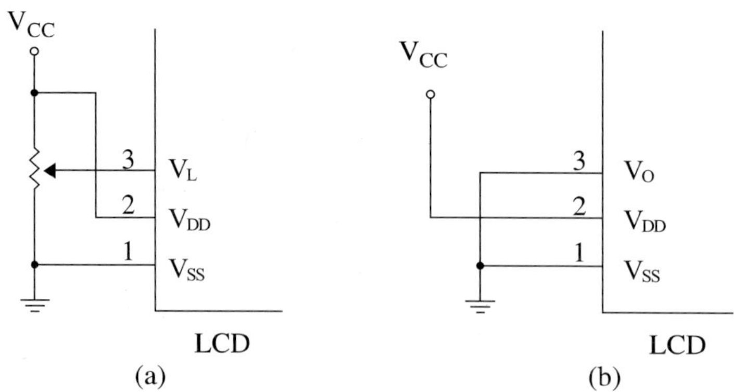

그림 9.6 LCD 모듈의 V_L 단자 접속 방법

9.3 LCD 컨트롤러의 기능

LCD 컨트롤러의 내부는 그림 9.3에 나타낸 것과 같이 LCD를 제어하는 데 사용되는 명령어/상태 레지스터와, 문자를 표시하기 위해 사용되는 DDRAM(Data Display RAM), CGRAM(Character Generator RAM), CGROM(Character Generator ROM)으로 구성되어 있다.

9.3.1 레지스터

LCD 컨트롤러(HD44780)에는 8비트의 명령어 레지스터(IR)와 데이터 레지스터(DR)가 존재한다. 이 레지스터들은 LCD 모듈의 4번 단자인 RS 단자의 신호에 의해 선택된다.

◈ IR(명령어 레지스터)

LCD 모듈을 제어하기 위한 명령어를 보관하고 있는 레지스터로서, 다음과 같은 기능을 수행한다.

- LCD 화면 클리어, 커서 시프트, 문자 표시 ON/OFF 등 LCD의 제어에 필요한 명령어를 저장한다.
- 표시 데이터 RAM(DDRAM)의 위치 주소와 문자 발생기 RAM(CGRAM)의 위치를 지정하기 위한 주소 정보를 저장한다.

◈ DR(데이터 레지스터)

화면에 표시할 데이터 또는 새로운 글꼴에 대한 데이터를 임시로 저장하는 레지스터로서, 다음과 같은 기능을 수행한다.

- DR 레지스터에 데이터를 쓰면, LCD의 내부적인 동작에 따라 IR에 의해 지정된 DDRAM 또는 CGRAM의 주소로 데이터가 전달된다.
- DR 레지스터의 데이터를 읽으면, IR에 의해 지정된 DDRAM 또는 CGRAM 주소의 데이터가 마이크로컨트롤러로 전달된다.

9.3.2 비지 플래그

비지 플래그(BF: Busy Flag)는 연속적으로 LCD 모듈에 제어 명령어가 입력될 때 LCD 모듈이 현재 명령어를 처리할 수 있는가를 나타내는 상태 표시 플래그로서 RS=0, R/$\overline{W}$=1일 때 출력되며, 이때 BF 플래그는 데이터 버스의 DB7로 출력된다. 다음과 같이 동작한다.

- BF=0: LCD 모듈로 다음 명령어를 쓸 수 있다.
- BF=1: LCD 컨트롤러(HD44780U)는 현재 IR로 입력된 명령어를 처리하고 있는 상태로서, 다음 제어 명령어를 쓸 수 없는 상태이다.

9.3.3 주소 카운터

주소 카운터(AC: Address Counter)는 DDRAM과 CGRAM의 주소를 지정하는 데 사용된다. 즉, 이 주소는 데이터를 읽기/쓰기 위한 DDRAM과 CGRAM의 주소를 나타낸다. 주소 카운터의 값은 IR 레지스터에 기록되며, 주소 정보는 IR 레지스터에서 내부의 주소 카운터로 자동으로 전송되어 해당 주소 카운터의 값으로 설정된다. 여기서 DDRAM 또는 CGRAM의 선택은 LCD 명령어에 의해 결정되고, DDRAM 또는 CGRAM에 데이터를 써넣으면 주소 카운터는 모드에 따라서 자동으로 1씩 증가하거나 감소한다.

표 9.3 레지스터 선택

RS	R/$\overline{W}$	동작
0	0	IR을 선택하여 제어 명령어 쓰기(디스플레이 클리어 등)
0	1	DB7로부터 비지 플래그를 읽기/주소 카운터의 내용을 DB0~DB6으로부터 읽기
1	0	DR을 선택하여 데이터 값을 쓰기(DR에서 DDRAM 또는 CGRAM으로)
1	1	DR을 선택하여 데이터 값을 읽기(DDRAM 또는 CGRAM에서 DR로)

9.3.4 표시 데이터 RAM

DDRAM(Display Data RAM)은 화면에 표시할 8비트의 문자를 저장하는 곳으로, 용량은 80×8비트 또는 80문자의 용량을 갖고 있다. 화면에 표시되지 않는 영역의 RAM은 일반적인 데이터 저장용 메모리로 사용될 수 있다. DDRAM의 주소는 16진수로 주소 카운터(AC: Address Counter)에 설정된다.

문자를 표시하기 위한 DDRAM의 주소를 그림 9.7에 표시했으며, 1행과 2행의 주소는 연속되지 않는다는 점에 유의해야 한다.

이 책에서 사용하는 LCD는 16문자×2라인을 사용하고 있으므로, 1행(라인)의 주소는 0x00~0x0F까지 표시되고 2행(라인)의 주소는 0x40~0x4F까지로 표시된다.

1	2	3	4	5	6	7	8	9	10	11	12	13	14	15	16	···	39	40	←문자 위치
00	01	02	03	04	05	06	07	08	09	0A	0B	0C	0D	0E	0F	···	26	27	←1행 DDRAM 주소
40	41	42	43	44	45	46	47	48	49	4A	4B	4C	4D	4E	4F	···	66	67	←2행 DDRAM 주소

그림 9.7 DDRAM의 주소와 LCD 표시장치의 관계

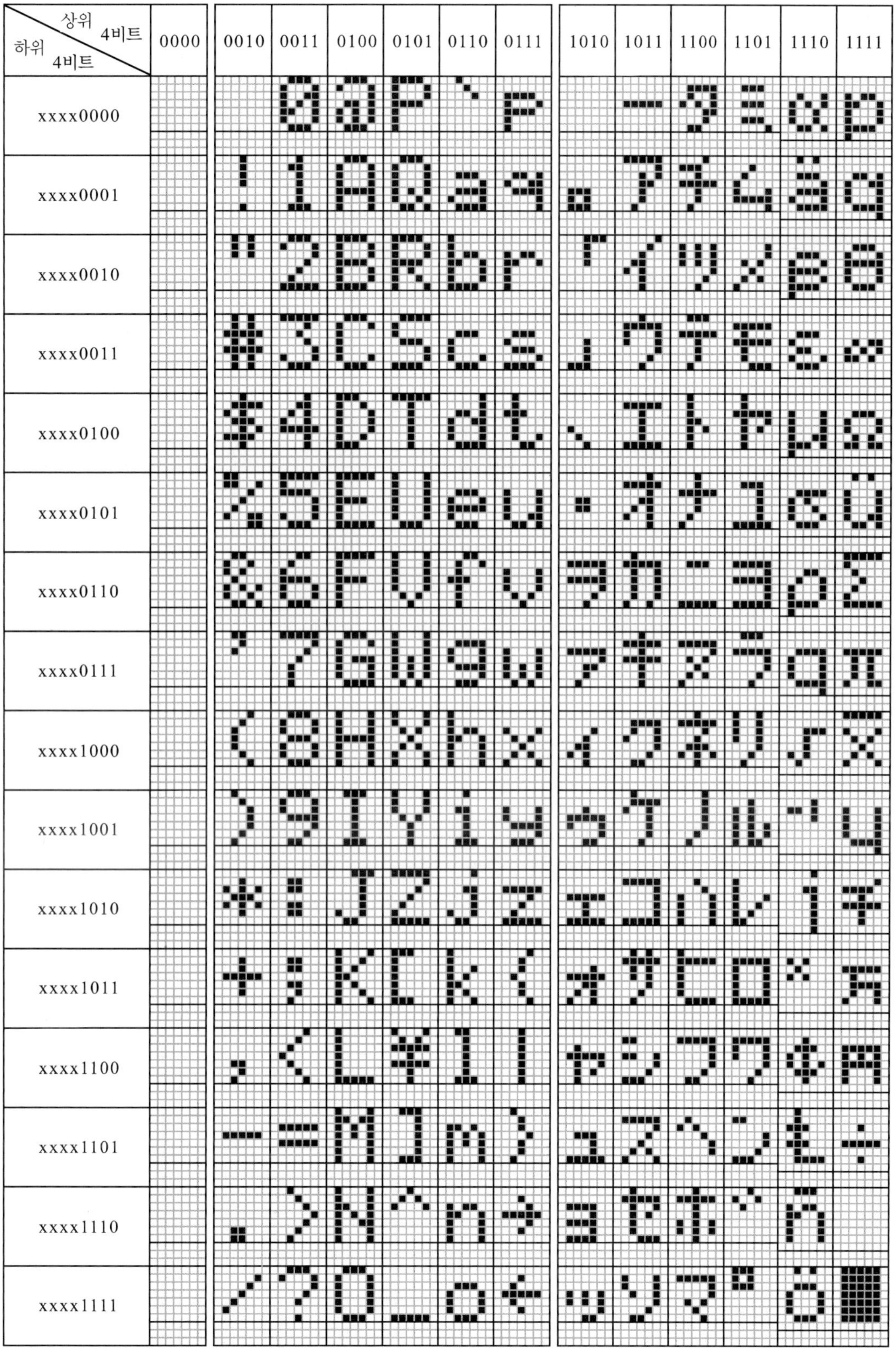

하위 4비트 \ 상위 4비트	0000	0010	0011	0100	0101	0110	0111	1010	1011	1100	1101	1110	1111
xxxx0000			0	@	P	`	p		ー	タ	ミ	α	p
xxxx0001		!	1	A	Q	a	q	。	ア	チ	ム	ä	q
xxxx0010		"	2	B	R	b	r	「	イ	ツ	メ	β	θ
xxxx0011		#	3	C	S	c	s	」	ウ	テ	モ	ε	∞
xxxx0100		$	4	D	T	d	t	、	エ	ト	ヤ	μ	Ω
xxxx0101		%	5	E	U	e	u	・	オ	ナ	ユ	σ	ü
xxxx0110		&	6	F	V	f	v	ヲ	カ	ニ	ヨ	ρ	Σ
xxxx0111		'	7	G	W	g	w	ァ	キ	ヌ	ラ	g	π
xxxx1000		(	8	H	X	h	x	ィ	ク	ネ	リ	√	x̄
xxxx1001		)	9	I	Y	i	y	ゥ	ケ	ノ	ル	⁻¹	y
xxxx1010		*	:	J	Z	j	z	ェ	コ	ハ	レ	j	千
xxxx1011		+	;	K	[	k	{	ォ	サ	ヒ	ロ	ˣ	万
xxxx1100		,	<	L	¥	l	|	ャ	シ	フ	ワ	¢	円
xxxx1101		-	=	M	]	m	}	ュ	ス	ヘ	ン	£	÷
xxxx1110		.	>	N	^	n	→	ョ	セ	ホ	゛	ñ	
xxxx1111		/	?	O	_	o	←	ッ	ソ	マ	゜	ö	█

그림 9.8 CGROM의 내용

9.3.5 문자 발생기 ROM

문자 발생기 ROM(CGROM: Character Generator ROM)은 그림 9.8에 나타낸 것과 같이 8비트 문자 패턴을 저장하고 있는 메모리로서, 208개의 5×8도트 혹은 32개의 5×10도트 문자 패턴을 저장하고 있다.

문자 코드 0x31에서 0xFF까지는 ASCII 코드와 일치한다. 따라서 이 CGROM에 있는 문자를 화면에 표시하려면 C 언어에서 문자로 표현된 데이터를 LCD에 직접 출력하면 된다. 이 과정은 뒤의 예제를 통해 쉽게 이해할 수 있을 것이다.

9.3.6 문자 발생기 RAM

문자 발생기 RAM(CGRAM: Character Generator RAM)은 사용자가 프로그램에 의해 원하는 문자 패턴을 만들고자 할 때 사용하는 RAM 영역이다. 5×8도트의 문자 패턴을 만들 경우에는 최대 8종류의 패턴을 만들 수 있고, 5×10도트의 경우는 4종류의 문자 패턴을 만들 수 있다.

새로운 문자를 만들기 위해서는 CGRAM에 들어갈 비트 패턴을 설계한다. 설계된 비트 패턴은 CGRAM 주소로 지정되어 저장되는데, CGRAM 주소는 그림 9.9에서 나타나 있듯이 6비트를 사용하고 있고 5×8도트인 경우에 한 문자당 8바이트를 사용하고 있으므로 전체 문자의 개수는 8개로 제한된다. 이렇게 CGRAM에 새롭게 설계되어 저장된 문자는 문자 코드의 비트 4~7이 0일 때 선택된다. 그리고 3번 비트는 무효 비트이다. 한 예로 그림 9.9에 설계된 'R' 문자는 CG 패턴 내의 주소 0b000000~0b000111에 저장된다. 이렇게 저장되어 있는 8개의 문자 코드는 0x00 또는 0x07에 의해 선택된다. 이는 CGRAM으로의 데이터 쓰기/읽기 명령어와 함께 사용된다.

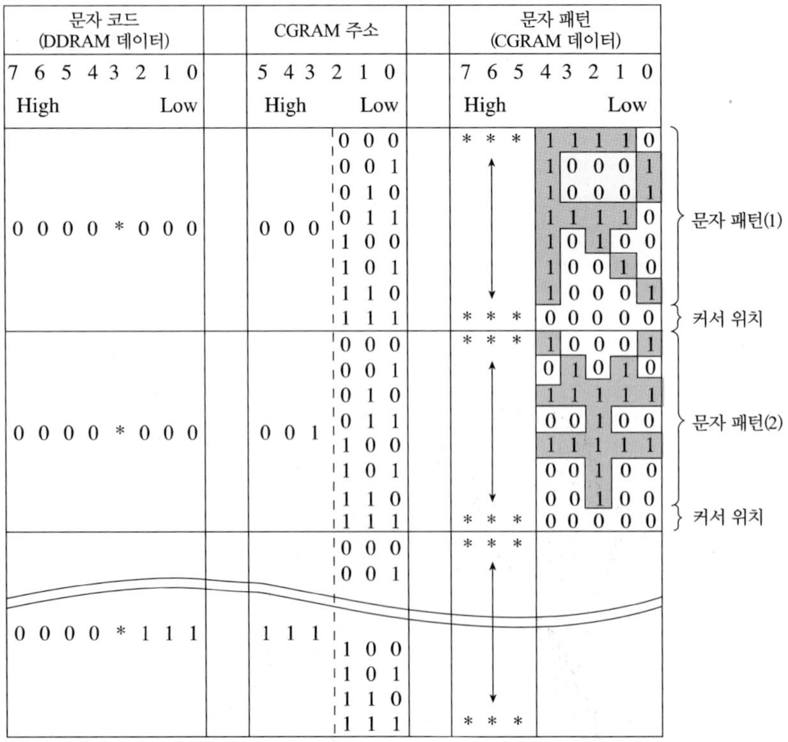

문자 코드 (DDRAM 데이터)	CGRAM 주소		문자 패턴 (CGRAM 데이터)		
7 6 5 4 3 2 1 0	5 4 3	2 1 0	7 6 5	4 3 2 1 0	
High Low	High	Low	High	Low	
0 0 0 0 * 0 0 0	0 0 0	0 0 0	* * *	1 1 1 1 0	문자 패턴(1)
		0 0 1		1 0 0 0 1	
		0 1 0		1 0 0 0 1	
		0 1 1		1 1 1 1 0	
		1 0 0		1 0 1 0 0	
		1 0 1		1 0 0 1 0	
		1 1 0		1 0 0 0 1	
		1 1 1	* * *	0 0 0 0 0	커서 위치
0 0 0 0 * 0 0 0	0 0 1	0 0 0	* * *	1 0 0 0 1	문자 패턴(2)
		0 0 1		0 1 0 1 0	
		0 1 0		1 1 1 1 1	
		0 1 1		0 0 1 0 0	
		1 0 0		1 1 1 1 1	
		1 0 1		0 0 1 0 0	
		1 1 0		0 0 1 0 0	
		1 1 1	* * *	0 0 0 0 0	커서 위치
0 0 0 0 * 1 1 1	1 1 1	0 0 0	* * *		
		0 0 1			
		1 0 0			
		1 0 1			
		1 1 0			
		1 1 1	* * *		

그림 9.9 5×8도트 문자의 CGRAM 주소와 문자 코드, 문자 패턴의 관계

9.4 LCD 컨트롤러의 명령어

이 절에서는 LCD를 제어하는 데 가장 중요한 부분인 명령어 레지스터의 제어 방법을 알아보기로 한다. 명령어란 RS 단자에 Low('0') 신호가 인가될 때 선택되는 명령어 레지스터(IR)에 들어가는 값으로서, 'LCD를 어떻게 사용할 것인가?', 즉 'LCD의 화면을 클리어하거나, 몇 비트로 인터페이스할 것인가?' 등등의 모든 제어 부분을 설정하는 데 필요하다. LCD 제어에 사용되는 명령어를 표 9.4에 요약해놓았으며, 각 명령어의 자세한 사용법을 알아보자.

표 9.4 LCD 컨트롤러의 명령어 요약

명령어	코드										기능	실행 시간
	RS	R/$\overline{W}$	DB_7	DB_6	DB_5	DB_4	DB_3	DB_2	DB_1	DB_0		
화면 클리어	0	0	0	0	0	0	0	0	0	1	화면을 클리어하고, 커서가 홈 위치인 0 주소로 돌아간다.	1.64ms
커서 홈	0	0	0	0	0	0	0	0	1	×	커서를 홈 위치로 돌아가게 한다. 또한 시프트되어 표시된 것도 되돌아가게 된다. DDRAM의 내용은 변하지 않는다.	1.64ms
엔트리 모드 세트	0	0	0	0	0	0	0	1	I/D	S	데이터를 쓰거나 읽기를 수행할 때의 동작 모드를 결정한다. 즉, 커서의 진행 방향과 화면을 자동으로 시프트할 것인지를 결정한다.	40μs
화면 표시 ON/OFF	0	0	0	0	0	0	1	D	C	B	화면 표시 ON/OFF(D), 커서 ON/OFF(C), 커서 위치에 있는 문자의 블링크 기능(B)을 설정한다.	40μs
커서/표시 시프트	0	0	0	0	0	1	S/C	R/L	×		화면 표시 내용은 변경하지 않고, 커서와 화면의 이동과 시프트 동작을 설정한다.	40μs
기능 설정	0	0	0	0	1	DL	N	F	×	×	LCD의 인터페이스 데이터 길이(DL), 표시 라인 수(N), 문자 폰트(F) 등을 설정한다.	40μs
CGRAM 주소 설정	0	0	0	1	A_{CC}						CGRAM의 주소를 설정한다. 이후 전송되는 데이터는 CGRAM의 데이터이다.	40μs
DDRAM 주소 설정	0	0	1	A_{DD}							DDRAM의 주소를 설정한다. 이후 전송되는 데이터는 DDRAM의 데이터이다.	40μs
BF/주소 설정	0	1	BF	AC							LCD 모듈의 동작 여부와 현재 설정된 주소의 내용을 알기 위해 BF 및 AC의 내용을 읽는다. CGRAM, DDRAM 양쪽 모두 사용할 수 있다.	0μs
CGRAM, DDRAM으로 데이터 써넣기	1	0	써넣을 데이터								DDRAM 또는 CGRAM에 데이터를 써넣는다.	40μs
CGRAM, DDRAM에서 데이터 읽기	1	1	읽을 데이터								DDRAM 또는 CGRAM에서 데이터를 읽는다.	40μs

〈약자의 의미〉

A_{CG}: CGRAM 주소	I/D=1: 증가(+1) I/D=0: 감소(−1)	D=1: 화면 ON D=0: 화면 OFF	R/L=1: 우 시프트 R/L=0: 좌 시프트	DL=1: 8비트 DL=0: 4비트
A_{DD}: DDRAM 주소				
AC: 주소 카운터	S=1: 표시 시프트 ON S=0: 표시 시프트 OFF	C=1: 커서 ON C=0: 커서 OFF	S/C=1: 화면 이동 S/C=0: 커서 이동	N=1: 2행 N=0: 1행
	BF=1: 내부 동작 중 BF=0: 명령 쓰기 가능	B=1: 블링크 ON B=0: 블링크 OFF		F=1: 4×10도트 F=0: 5×7도트

9.4.1 화면 클리어

화면 클리어(clear display) 명령어는 LCD의 전체 화면 표시를 클리어한 후, 커서는 홈 위치로 돌아가게 한다. 즉, DDRAM의 모든 주소의 내용을 공백 문자인 '20H'로 써서 화면 전체를 클리어하고, 주소 카운터(AC)를 00으로 하여 커서를 홈 위치로 한다. 화면 클리어 명령어를 실행한 후에는 엔트리 모드의 I/D 비트가 1로 되어 커서 위치가 자동으로 증가하는 모드로 설정되고, 엔트리 모드의 S는 변하지 않는다. 이 명령은 다음 표와 같이 IR 레지스터의 DB0 비트를 1로 설정하면 된다.

RS	R/$\overline{W}$
0	0

DB7	DB6	DB5	DB4	DB3	DB2	DB1	DB0
0	0	0	0	0	0	0	1

9.4.2 커서 홈

커서 홈(cursor home) 명령어는 커서의 위치를 홈에 위치시킨다. DDRAM의 내용은 변경하지 않고 주소 카운터(AC)를 00H로 하여 커서만 홈 위치로 보낸다. 이 명령은 다음 표와 같이 IR 레지스터의 DB1 비트를 1로 설정하면 된다.

RS	R/$\overline{W}$
0	0

DB7	DB6	DB5	DB4	DB3	DB2	DB1	DB0
0	0	0	0	0	0	1	*

9.4.3 엔트리 모드 세트

엔트리 모드 세트(entry mode set) 명령어는 마이크로컨트롤러가 LCD 모듈에 데이터 쓰기/읽기를 수행할 경우 DDRAM 주소, 즉 커서의 위치를 오른쪽으로 증가시킬 것인가 또는 왼쪽으로 감소시킬 것인가를 결정하는 기능을 수행하며, 또한 화면을 시프트할 것인지 아닌지를 결정하는 기능을 수행한다. 이 명령은 다음 표와 같이 IR 레지스터의 DB2 비트를 1로 설정하면 되고, DB1과 DB0의 비트의 내용에 따라 다음과 같은 동작을 수행한다.

RS	R/$\overline{W}$
0	0

DB7	DB6	DB5	DB4	DB3	DB2	DB1	DB0
0	0	0	0	0	1	I/D	S

- I/D: 문자 코드를 DDRAM에 쓰거나 또는 읽을 때, DDRAM의 주소를 자동으로 +1 증가시키거나 −1 감소시킨다. CGRAM에 데이터를 쓰거나 읽을 때도 마찬가지다.
  - I/D=1이면 주소를 +1 하고, 커서 또는 블링크 위치가 우측으로 이동한다.
  - I/D=0이면 주소를 −1 하고, 커서 또는 블링크 위치가 좌측으로 이동한다.
- S: S=1이면, DDRAM의 내용을 화면에 표시한 후에 화면 전체를 I/D 비트의 설정된 값에 따

라 좌/우로 이동시킨다. 커서 위치는 변하지 않고, 화면만 이동된다.

- ○ S=1, I/D=1이면, 좌로 시프트한다.
- ○ S=1, I/D=0이면, 우로 시프트한다.
- ○ S=0이면, 화면은 시프트되지 않는다.

9.4.4 화면 표시 ON/OFF

화면 표시 ON/OFF(display ON/OFF control) 명령어는 화면의 ON/OFF, 커서의 ON/OFF, 커서 위치에 있는 문자의 점멸 같은 기능을 설정한다. 커서의 ON/OFF 및 점멸 위치는 주소 카운터(AC)에 의해 지정되어 있는 DDRAM의 주소로 설정된다. 이 명령은 아래 표와 같이 IR 레지스터의 DB3 비트를 1로 설정하면 되고, DB2~DB0의 비트의 내용에 따라 다음과 같은 동작을 수행한다.

RS	R/$\overline{W}$
0	0

DB7	DB6	DB5	DB4	DB3	DB2	DB1	DB0
0	0	0	0	1	D	C	B

- ● D: 화면 표시를 할 것인지를 결정한다.
  - ○ D=1이면, 화면은 ON된다.
  - ○ D=0이면, 화면은 OFF된다.
  - ○ D=0으로 해서 표시를 OFF한 경우에도 DDRAM에 표시 데이터는 남아 있기 때문에 D=1로 변경하면 다시 표시된다.
- ● C: 커서를 화면에 표시할 것인지를 결정한다.
  - ○ C=1이면, 커서가 표시된다.
  - ○ C=0이면, 커서는 표시되지 않는다.
  - ○ 커서는 그림 9.10과 같이 5×7도트 매트릭스 문자 폰트의 경우에 8번째 라인에 표시되고, 5×10도트의 경우에 11번째 라인에 표시된다.
- ● B: 커서의 위치에 있는 문자를 점멸(blinking)할지를 결정한다.
  - ○ B=1이면, 커서 위치에 해당하는 문자를 점멸한다.
  - ○ B=0이면, 점멸하지 않는다.
  - ○ 커서와 점멸 기능은 그림 9.10과 같이 동시에 설정될 수도 있다.

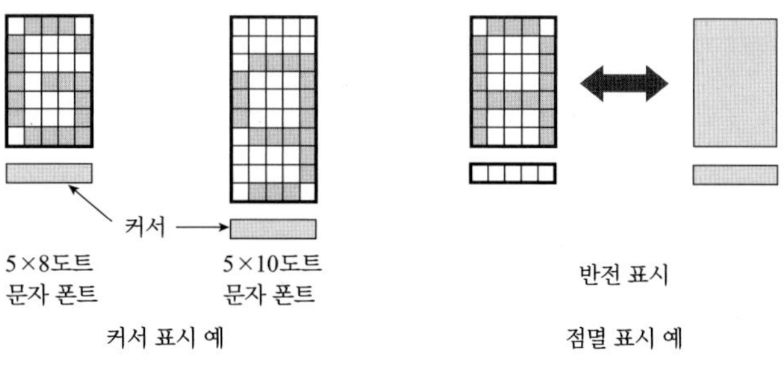

그림 9.10 커서와 점멸

9.4.5 커서 또는 표시 시프트

커서 또는 표시 시프트(cursor or display shift) 명령어는 DDRAM의 내용을 변경하지 않은 상태에서 커서를 움직이게 하고, 문자가 표시되는 부분을 시프트하기 위한 명령어이다. 이 기능은 표시 상태를 찾거나 정정하는 데 사용되기도 한다. 2행을 표시하는 LCD인 경우, 커서는 1행에서 40문자를 초과하면 2행으로 자동으로 이동된다. 시프트 기능의 경우에는 1행과 2행의 표시가 동시에 이루어지며, 각 라인에 해당되는 문자만 시프트되고, 열 간의 이동은 되지 않는다.

RS	R/$\overline{W}$
0	0

DB7	DB6	DB5	DB4	DB3	DB2	DB1	DB0
0	0	0	1	S/C	R/L	*	*

이 명령은 IR 레지스터의 DB4 비트를 1로 설정하면 되고, DB3~DB0비트의 내용에 따라 표 9.5와 같은 동작을 수행한다.

표 9.5 커서 또는 시프트 명령어의 기능

S/C	R/L	동작
0	0	커서 위치를 좌로 이동한다(AC를 −1 한다).
0	1	커서 위치를 우로 이동한다(AC를 +1 한다).
1	0	표시 화면 전체를 좌로 이동한다. 커서는 화면의 움직임에 따라 같이 움직인다.
1	1	표시 화면 전체를 우로 이동한다. 커서는 화면의 움직임에 따라 같이 움직인다.

9.4.6 기능 설정

기능 설정(function set) 명령어는 LCD를 사용하기에 앞서 선행되어야 하는 명령어로, LCD를 어떠한 구성으로 사용할지를 결정하는 기능을 수행한다. 이 명령어가 설정하는 기능은 몇 비트로 인터페이스할 것인지를 결정하는 데이터 라인(DL), 문자를 표시하는 총 라인의 수(N), 문자 폰트를 나타내기 위한 폰트(F)로 구성되어 있다. 이 명령은 아래 표와 같이 IR 레지스터의 DB5 비트를 1로 설정하면 되고, DB4~DB2 비트의 내용에 따라 다음과 같은 동작을 수행한다.

RS	R/$\overline{W}$
0	0

DB7	DB6	DB5	DB4	DB3	DB2	DB1	DB0
0	0	1	DL	N	F	*	*

- DL: 인터페이스 길이를 설정한다.
  - DL=1이면, 데이터 길이는 8비트(DB7~DB0 사용)로 설정된다.
  - DL=0이면, 데이터 길이는 4비트(DB7~DB4 사용)로 설정된다. 이 경우에는 두 번에 나누

어 데이터를 전송해야 하는데, 먼저 상위 4비트를 전송한 다음 하위 4비트를 전송한다.

- N과 F는 화면 표시 라인 수와 문자 폰트를 설정하는 기능을 수행하며, 표 9.6과 같다.

표 9.6 기능 설정 명령어의 세부 기능

NF	표시 라인 수	문자 폰트	듀티비	형명
00	1	5×7도트	1/8	–
01	1	5×10도트	1/11	M24111, L4041
1*	2	5×7도트	1/16	M1641, M1632, L2012, L2432, M4032, L4042, M4024

9.4.7 CGRAM 주소 설정

이 명령어는 CGRAM의 주소를 설정하는 데 이용된다. 주소를 설정한 후에 송수신하는 데이터는 CGRAM의 데이터이다. CGRAM의 주소는 DB~DB0의 6비트까지 설정 가능하다. CGRAM은 사용자 문자를 만드는 데 사용되는 영역이다. CGRAM에 새로운 문자를 만들고자 할 경우에는 먼저 이 명령어를 이용하여 주소를 지정하고, 사용자 문자 폰트의 데이터를 CGRAM에 입력하면 된다. 이 명령은 아래 표와 같이 IR 레지스터의 DB6 비트를 1로 설정하면 되고, AAAAAA로 되어 있는 부분은 CGRAM의 주소로서 AC로 전달된다.

RS	R/$\overline{W}$
0	0

DB7	DB6	DB5	DB4	DB3	DB2	DB1	DB0
0	1	A	A	A	A	A	A

9.4.8 DDRAM 주소 설정

이 명령어는 DDRAM의 주소를 설정하는 데 이용된다. 주소를 설정한 후에 송수신하는 데이터는 DDRAM의 데이터이다. DDRAM의 주소는 DB6~DB0의 7비트까지 설정 가능하며, 표시되는 라인의 주소는 N의 값에 따라 결정된다. 즉, N=0이면 1개의 라인만을 갖고 있는 LCD를 의미하며 주소는 0x00~0x4F까지로 설정되고, N=1이면 2개의 라인을 갖고 있는 LCD를 의미한다. 첫 번째 라인의 주소는 0x00~0x27까지로 설정되고, 두 번째 라인의 주소는 0x40~0x67까지로 설정된다. 이 명령은 아래 표와 같이 IR 레지스터의 DB7 비트를 1로 설정하면 되고, AAAAAAA로 되어 있는 부분은 DDRAM의 주소로서 AC로 전달된다.

RS	R/$\overline{W}$
0	0

DB7	DB6	DB5	DB4	DB3	DB2	DB1	DB0
1	A	A	A	A	A	A	A

9.4.9 비지 플래그 / 주소 읽기

이전에 받은 명령어에 의해 모듈이 내부 동작 중인지를 알기 위해 BF 신호를 읽는 명령어이다. BF=1이면 내부 동작 중임을 나타내고, BF=0이 될 때까지 다음 명령어를 받을 수 없다. 따라서 BF=0을 확인하고 나서 다음 명령어를 쓸 수 있다. 이 명령어는 위에서 설명한 것과는 달리 IR 레지스터를 읽는 것으로 이 레지스터를 읽으면 아래 표와 같이 DB7은 비지 플래그의 상태를 나타내고, DB0~DB6은 현재 주소 카운터의 값을 나타낸다. AC는 CGRAM과 DDRAM에 대해 모두 사용 가능하지만, 어느 RAM을 읽는지는 이 명령어 이전에 어느 RAM의 주소가 설정됐는지에 따라 결정된다.

RS	R/$\overline{W}$
0	0

DB7	DB6	DB5	DB4	DB3	DB2	DB1	DB0
BF	A	A	A	A	A	A	A

9.4.1절에서 9.4.9절까지의 명령어는 IR 레지스터의 쓰기와 읽기에 관한 것이었기 때문에, RS=0이고 R/$\overline{W}$ 신호에 따라 명령어를 쓰는 것인지 아니면 상태를 읽는 것인지가 결정된다. 다음의 9.4.10절과 9.4.11절의 명령어는 LCD 모듈에 문자를 표시하거나 새로운 문자를 만들기 위해 DR 레지스터에 데이터를 쓰고 읽는 것에 관한 명령어로 RS=1이고, R/$\overline{W}$ 신호는 DR 레지스터에 데이터를 쓸 것인지 아니면 레지스터의 데이터를 읽을 것인지를 결정한다.

9.4.10 CGRAM과 DDRAM으로 데이터를 쓰기

이 명령어는 CGRAM 또는 DDRAM으로 데이터를 기록하기 위한 명령어로, DDDDDDDD라는 문자를 AC가 지정하고 있는 주소에 기록한다. CGRAM 또는 DDRAM의 선택은 이전에 수행된 명령어, 즉 IR 레지스터에 지정된 명령어에 따라 이루어진다. 데이터를 데이터 레지스터에 기록한 후에 주소는 자동으로 엔트리 모드의 설정에 따라 자동으로 1씩 증가하거나 감소한다.

RS	R/$\overline{W}$
1	0

DB7	DB6	DB5	DB4	DB3	DB2	DB1	DB0
D	D	D	D	D	D	D	D

9.4.11 CGRAM과 DDRAM으로부터 데이터를 읽기

이 명령어는 CGRAM 또는 DDRAM으로 데이터를 읽기 위한 명령어로, AC가 지정하고 있는 주소의 내용을 DDDDDDDD로 전달한다. CGRAM 또는 DDRAM의 선택은 이전에 수행된 명령어, 즉 IR 레지스터에 지정된 명령어에 따라 이루어진다. 만약 데이터 레지스터의 내용을 읽기 전에 IR 레지스터에 의해 CGRAM 또는 DDRAM이 선택되어 있지 않다면, 첫 번째 읽기 동작은 무효가 된다. 데이터 레지스터로부터 데이터를 읽은 후에 주소는 엔트리 모드의 설정에 따라 자동으로 1씩 증가하거나 감소한다.

RS	R/$\overline{W}$	DB7	DB6	DB5	DB4	DB3	DB2	DB1	DB0
1	1	D	D	D	D	D	D	D	D

9.5 LCD 인터페이스와 구동 프로그램

이 절에서는 LCD의 하드웨어 구성과 LCD에 문자를 나타내는 것에 대해 프로그램을 작성하면서 살펴보도록 한다. 여기서 작성되는 프로그램은 LCD 모듈을 사용하는 데 핵심적인 기능을 수행하는 함수들로서 LCD 응용 프로그램을 작성할 때 유용하게 쓸 수 있다.

9.5.1 LCD의 인터페이스 및 기본 구동 함수

LCD의 인터페이스는 앞에서 설명했듯이 LCD 각 핀의 기능에 따라서 하드웨어를 구성할 수 있다. 그림 9.11은 ATmega128과 LCD 모듈과의 인터페이스 회로를 나타낸다.

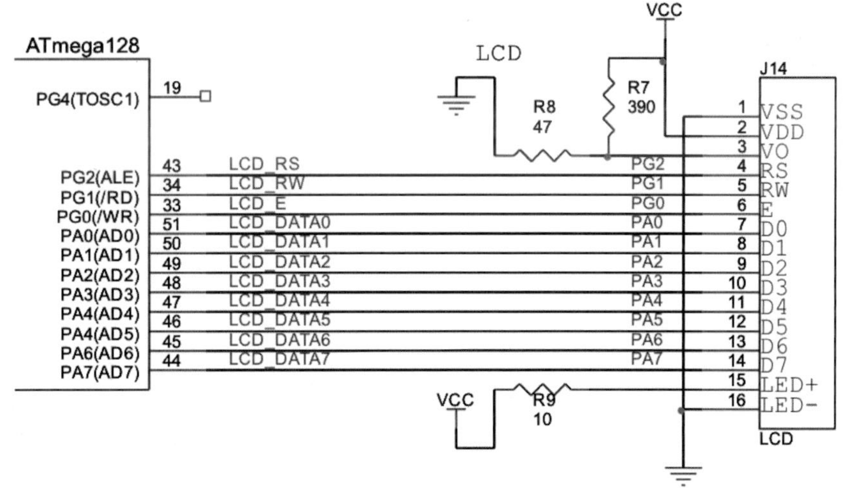

그림 9.11 LCD 인터페이스 회로

이 회로를 살펴보면 LCD 모듈의 데이터 신호 선(D0~D7)은 ATmega128의 PORTA.0부터 PORTA.7의 데이터 버스에 일대일 대응하도록 연결하여 ATmega128의 데이터 버스가 LCD 모듈의 데이터 버스에 연결되도록 한다. 그리고 LCD 모듈의 RS(4번) 단자는 명령어 레지스터인지 데이터 레지스터인지를 구분하는 단자로서 ATmega128의 PORTG2 핀과 연결되어 있으며, R/$\overline{W}$ 단자는 PORTG1 핀에 연결되어 0인 경우에는 쓰기 동작이 되고 1인 경우에는 읽기 동작이 된다. 마지막으로, LCD의 6번 단자(E)는 LCD 모듈의 사용을 허가하는 단자로서 PORTG.0 핀에 연결되어 있다.

LCD 모듈을 마이크로컨트롤러와 인터페이스할 때는 일반적으로 주소 버스와 데이터 버스를 사용하여 인터페이스를 하지만, 이 책에서는 ATmega128의 I/O 포트를 이용하여 LCD 모듈을 인터페이스했다. 이렇게 인터페이스를 했을 경우에는 그림 9.4와 그림 9.5에 제시된 타이밍 순서에 의해 LCD 모듈의 읽기/쓰기를 수행해야 한다.

LCD의 읽기/쓰기 동작은 IR 레지스터와 DR 레지스터를 통해 이루어질 수 있는데, I/O 포트를 통해 LCD 모듈이 인터페이스되어 있기 때문에 I/O 포트의 입출력을 바꾸어가면서 읽기/쓰기를 수행한다는 것은 무리가 있다. 따라서 이 책에서는 IR/DR 레지스터에 데이터를 쓰는 과정만을 사용하기로 한다. 그러나 여기서 문제가 되는 것은 비지 플래그의 처리이다. 비지 플래그는 LCD 모듈에서 명령어의 수행 여부를 나타내는 플래그로서, IR 레지스터에 새로운 명령어를 쓰려면 반드시 검사를 해야 한다. 하지만 다행스럽게도 명령어를 처리하는 시간이 표 9.4에 나타나 있으므로 이 시간만큼 충분히 지연하여 다음 명령어를 쓰면 될 것으로 생각된다.

따라서 LCD 모듈을 제어하는 데 가장 기본적으로 수행되어야 하는 기능은 다음과 같이 세 가지로 분류할 수 있다.

- 명령어 레지스터(IR)에 명령어 쓰기
- 데이터 레지스터(DR)에 데이터 쓰기
- 명령어 처리 시간을 고려한 시간 지연

먼저 그림 9.5의 LCD 모듈 쓰기 타이밍을 고려하여 명령어 레지스터(IR)에 명령어 쓰기 함수와 데이터 레지스터(DR)에 데이터 쓰기 함수를 구현하자. 함수의 역할은 함수에 필요한 데이터를 호출 함수로부터 받아 정해진 기능을 수행하고 다시 호출 함수로 전달하는 것이다. 따라서 함수를 작성할 때는 함수가 수행해야 하는 기능과 입출력 인자를 잘 정의해야 한다.

참고사항

C 언어의 변수 타입 지정에는 일반적인 레지스터와 같이 1바이트 변수 크기인 char 형과 2바이트 변수 크기인 int 형이 있다. 프로그램을 작성할 때 많은 변수를 선언하는 경우, 변수의 크기를 편하게 사용하기 위해 C 언어의 예약어인 typedef를 사용한다. 예를 들면, 다음과 같다.

```
typedef Byte unsigned char;
typedef Word unsigned int;
```

이렇게 선언한 후에 부호 없는 1바이트 크기의 변수 ch와 부호 없는 2바이트 크기의 변수 temp를 선언하면 다음과 같다.

```
Byte ch;        // unsigned char ch;와 같은 의미
Word temp;      // unsigned int temp;와 같은 의미
```

이 장에서는 이러한 방식을 이용하여 변수를 선언하겠다.

◈ 신호 제어 선 정의

LCD 모듈의 명령어 레지스터와 데이터 레지스터에 명령어와 데이터를 쓰기 위해 사용되는 신호 제어 선 정의는 다음과 같다.

```
#define LCD_WDATAPORTA        // LCD 데이터 버스 정의(데이터 쓰기)
#define LCD_WINST  PORTA      // LCD 데이터 버스 정의(명령어 쓰기)
#define LCD_RDATA  PINA       // LCD 데이터 버스 정의(데이터 읽기)

#define LCD_CTRLPORTG         // LCD 제어 신호 정의
#define LCD_EN0               // Enable 신호
#define LCD_RW1               // 읽기(1)/쓰기(0)
#define LCD_RS2               // 데이터(1)/명령어(0)
```

◈ 명령어 레지스터에 명령어 쓰기 함수

표 9.4에는 LCD 모듈에서 사용되는 여러 가지 명령어가 제시되어 있다. 이 기능을 수행할 함수는 전달되는 명령어를 입력받아 수행하고, 수행된 결과는 함수를 호출하는 함수에 반환할 필요가 없다. 따라서 함수의 형태를 다음과 같이 선정한다.

```
void LCD_Comm(unsigned char command)
```

명령어를 기록하는 절차는 그림 9.5의 쓰기 타이밍 순서를 고려하면 다음 표와 같이 된다.

신호 / 순서	RS(PORTG.2)	R/$\overline{W}$(PORTG.1)	E(PORTG.0)	데이터 버스 (PORTA)
①	0	0	0	명령어 REG. 선택
②	0	0	1	명령어 쓰기
③	0	0	0	

이상의 순서를 고려하여 `LCD_Comm(unsigned char command)` 함수를 작성하면 다음과 같다.

```
void LCD_Comm(unsigned char command)
{
    LCD_CTRL &= ~(1 << LCD_RS);        // RS=R/W̄=0으로 명령어 쓰기 사이클
    LCD_CTRL &= ~(1 << LCD_RW);
    LCD_CTRL |=  (1 << LCD_EN);        // LCD Enable
    delay_us(50);                      // 시간 지연
    LCD_WINST = command;               // 명령어 쓰기
    delay_us(50);                      // 시간 지연
    LCD_CTRL &= ~(1 << LCD_EN);        // LCD Disable
}
```

◈ 데이터 레지스터에 데이터 쓰기 함수

이 함수는 바이트 단위로 DDRAM 또는 CGRAM에 데이터를 쓰는 함수로서, 사용되는 여러 가지 명령어가 제시되어 있다. 이 기능을 수행할 함수는 전달되는 데이터를 입력받아 DR 레지스터에 기록하는 과정을 수행하고, 수행된 결과는 함수를 호출하는 함수에 반환할 필요가 없다. 따라서 함수의 형태를 다음과 같이 선정한다.

```
void LCD_Data(unsigned char ch)
```

데이터를 기록하는 절차는 그림 9.5의 쓰기 타이밍 순서를 고려하면 다음 표와 같이 된다.

신호 / 순서	RS(PORTG.2)	R/$\overline{W}$(PORTG.1)	E(PORTG.0)	데이터 버스 (PORTA)
①	1	0	0	데이터 REG. 선택
②	1	0	1	데이터 쓰기
③	1	0	0	

이상의 순서를 고려하여 LCD_Data(unsigned char ch) 함수를 작성하면 다음과 같다.

```
void LCD_Data(unsigned char ch)
{
    LCD_CTRL |=  (1 << LCD_RS);         // RS=1, R/W=0으로 데이터 쓰기 사이클
    LCD_CTRL &= ~(1 << LCD_RW);
    LCD_CTRL |=  (1 << LCD_EN);         // LCD Enable
    delay_us(50);                       // 시간 지연
    LCD_WDATA = ch;                     // 데이터 출력
    delay_us(50);                       // 시간 지연
    LCD_CTRL &= ~(1 << LCD_EN);         // LCD Disable
}
```

◈ LCD 시간 지연 함수

LCD에 사용되는 시간 지연 함수는 표 9.4에 나타난 것처럼 명령어에 따라 40μs 정도를 기다리는 경우와 1.64ms 정도를 기다려야 하는 경우로 나뉜다. 즉, 명령어를 IR 레지스터에 쓰고 나면 40μs 또는 1.64ms를 기다린 후에 다음 명령어를 쓸 수 있게 되고, CGRAM 또는 DDRAM에 데이터를 쓰고 나면 40μs를 기다린 후에 다음 명령어를 쓸 수 있게 된다. 따라서 LCD 시간 지연 함수는 CodeVisionAVR에서 제공되는 시간 지연 라이브러리 함수인 μs 단위의 delay_us( ) 함수나 ms 단위의 delay_ms( ) 함수를 사용한다. 명령어 데이터를 쓰기 위한 지연 시간은 40μs 또는 1.64ms이나, 이 예제 프로그램에서는 2ms의 시간 지연을 주는 것으로 통일했다.

```
void LCD_Delay(unsigned char ms)
{
    delay_ms(ms);
}
```

이와 같은 시간 지연 함수는 명령어의 처리 시간에 따라 적절한 시간을 설정하여 사용하면 된다.

9.5.2 LCD 초기화 과정

LCD에 문자를 표시하기 위해서는 우선 LCD를 초기화해야 한다. LCD를 초기화한 후에 설정된 모드에 따라 문자를 표시할 수 있게 된다.

LCD 초기화 과정은 그림 9.12에 나타내었다. 각 과정을 자세히 살펴보자.

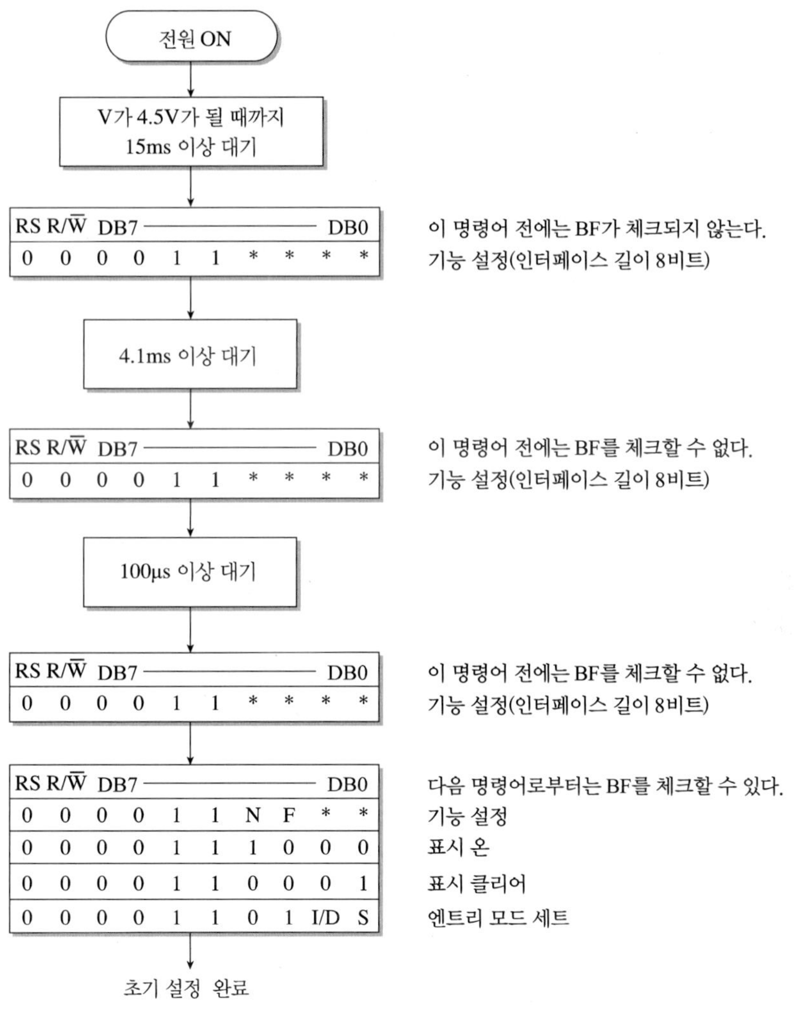

그림 9.12 LCD 초기화를 위한 흐름도

◈ 기능 설정

LCD 모듈의 초기화 설정에 관련된 기능으로, 사용하려는 LCD의 인터페이스 방식과 도트의 구성을 설정하기 위해 사용된다. 여기서 사용되는 설정 값은 데이터 라인을 8비트로 인터페이스하고, 2라인 디스플레이, 5×7도트 문자 폰트를 사용하도록 값을 지정한다. 이상과 같이 설정된 값(0x38)을 IR 레지스터에 연속하여 3회 정도 쓰고, 명령어를 쓰는 과정에서 명령어가 처리되는 시간을 위해 시간 지연 함수를 사용한다.

```
LCD_Comm(0x38);          // LCD 모드 정의(2라인 5*7도트)
LCD_Delay(4);            // 4ms 지연
LCD_Comm(0x38);          // LCD 모드 정의(2라인 5*7도트)
LCD_Delay(4);            // 4ms 지연
LCD_Comm(0x38);          // LCD 모드 정의(2라인 5*7도트)
LCD_Delay(4);            // 4ms 지연
```

◈ 화면 ON/OFF 제어

문자 표시를 ON/OFF하는 기능(D), 커서를 ON/OFF하는 기능(C), 표시 문자를 깜박거리게 하는 기능(B) 등을 설정한다. 초기화 과정에서는 다음과 같이 쓴다.

```
LCD_Comm(0x0e);          // 모든 기능을 ON한다.
LCD_Delay(2);            // 2ms 지연
```

◈ 화면 클리어

화면을 클리어한다. 이 명령어에 의해 커서는 홈 위치로 돌아간다. 초기화 과정에서는 다음과 같이 쓴다.

```
LCD_Comm(0x01);          // LCD Clear
LCD_Delay(2);            // 2ms 지연
```

◈ 엔트리 모드 세트

커서의 진행 방향을 I/D 비트로 설정하고, 표시된 문자를 시프트할 것인지를 S 비트로 설정한다. 초기화 과정에서는 다음과 같이 쓴다.

```
LCD_Comm(0x06);          // LCD Clear
LCD_Delay(2);            // 2ms 지연
```

이 값으로 설정되면 커서는 문자가 쓰여짐에 따라 오른쪽으로 이동하게 된다. 이 과정을 정리하여 초기화 과정을 프로그램으로 작성하면 다음과 같다. 초기화 과정에서 PORTA와 PORTG의 3비트는 출력으로 사용해야 하므로 이 포트들을 출력 포트로 지정했다.

```
void LCD_PORT_Init(void)
{
    DDRA = 0xFF;                // PORTA를 출력으로 지정
    DDRG = 0x0F;                // PORTC의 하위 4비트를 출력으로 지정
}
void LCD_Init(void)
{
    LCD_PORT_Init();
    LCD_Comm(0x38);             // LCD 모드 정의(2라인 5*7도트)
    LCD_Delay(4);               // 4ms 지연
    LCD_Comm(0x38);             // LCD 모드 정의(2라인 5*7도트)
    LCD_Delay(4);               // 4ms 지연
    LCD_Comm(0x38);             // LCD 모드 정의(2라인 5*7도트)
    LCD_Delay(4);               // 4ms 지연
    LCD_Comm(0x0e);             // 화면 표시 ON/OFF
    LCD_Delay(2);               // 2ms 지연
    LCD_Comm(0x01);             // LCD Clear
    LCD_Delay(30);              // 30ms 지연
    LCD_Comm(0x06);             // Cursor Entry Mode Set
    LCD_Delay(2);               // 2ms 지연
}
```

9.5.3 그 밖의 LCD 모듈 구동 함수

LCD 모듈을 제어하기 위한 그 밖의 기능은 다음과 같다.

- 커서 홈(cursor home)
- 커서 디스플레이 시프트(cursor display shift)
- 표시 위치 설정(display position set)

◈ 커서 홈

커서를 화면의 처음 위치로 보내고자 할 때 사용하는 함수로서, LCD_Cursor_Home()이라는 함수를 이용하면 된다.

```
void LCD_Cursor_Home(void)
{
    LCD_Comm(0x02);      // 커서 홈
    LCD_Delay(2);        // 2ms 지연
}
```

◈ 디스플레이 시프트

LCD에 표시된 문자를 왼쪽으로 1 또는 오른쪽으로 1 시프트하기 위해 LCD_Display_Shift (unsigned char p) 함수를 이용한다. 표시된 문자 전체를 오른쪽으로 이동시키려면 LCD_Display_Shift(RIGHT), 왼쪽으로 이동시키려면 LCD_Display_Shift(LEFT)라고 정의하면 된다. 또한 커서만 왼쪽, 오른쪽으

로 이동시키려면 Cursor_Shift(LCD_Shift p) 함수를 이용한다. 사용법은 LCD_Display_Shift(unsigned char p) 함수와 같다.

```
#define RIGHT 1
#define LEFT 0

void LCD_Display_Shift(unsigned char p) // 디스플레이 시프트(5)
{
    // 표시 화면 전체를 오른쪽으로 이동, 커서도 함께 이동
    if(p == RIGHT) {
        LCD_Comm(0x1C);
        LCD_Delay(1);
    }
    // 표시 화면 전체를 왼쪽으로 이동, 커서도 함께 이동
    else if(p == LEFT) {
        LCD_Comm(0x18);
        LCD_Delay(1);
    }
}

void LCD_Cursor_Shift(unsigned char p)
{
    if(p == RIGHT) {
        LCD_Comm(0x14);
        LCD_Delay(1);
    }
    else if(p == LEFT) {
        LCD_Comm(0x10);
        LCD_Delay(1);
    }
}
```

◈ 표시 위치 설정

좌표의 개념으로 원하는 부분에 커서의 위치와 디스플레이의 위치를 설정하여 문자를 표현하기 위한 부분이다. 표시 위치와 DDRAM 주소 간의 관계를 생각하면 이를 쉽게 구현할 수 있다. 함수는 void LCD_Pos(unsigned char x, unsigned char y)이며, 사용 예로 LCD_Pos(0,2)를 선택하면 커서는 첫 번째 라인의 세 번째에 위치하게 된다. 함수는 다음과 같다.

```
void LCD_Pos(unsigned char x, unsigned char y)
// LCD 위치 설정, x와 y는 행과 열을 의미한다.
{
    LCD_Comm(0x80|(x*0x40+y));            // x = 가로행(0, 1), y = 세로열(0-15)
}
```

9.5.4 LCD 구동 프로그램

정해진 위치에 문자를 표시하기 위해서는 먼저 명령어 레지스터에 DDRAM 주소 설정 명령어를 이용하여 위치를 설정하고, 표시하고자 하는 문자를 문자 발생기 ROM에서 호출하여 데이터 레지스터에 쓰면 된다. 이 과정을 명심하고, 정의된 LCD 구동에 관련된 함수들을 이용하여 LCD에 원하는 문자를 표시해보자. 예로, "LCD Test...."라는 문자가 첫 번째 라인의 첫 번째 위치에 표시되도록 해보자.

먼저 LCD를 초기화 과정에서 설명한 것과 같이 초기화했다고 가정하자. 초기화 과정에서 커서는 문자를 LCD에 쓰면 오른쪽으로 하나씩 시프트되도록 초기화되어 있다.

이 책에서는 LCD에 문자를 표시하기 위해 다음과 같이 하나의 문자를 LCD에 표시하는 함수와 여러 문자로 구성된 문자열을 이용하여 LCD에 표시하는 함수를 정의하여 사용하기로 하자.

- void LCD_Char(unsigned char ch) // 하나의 문자를 LCD에 표시하는 함수
- void LCD_Str(unsigned char *str) // 문자열을 LCD에 표시하는 함수

◈ void LCD_Char(unsigned char ch)

문자를 LCD 화면에 표시하려면 원하는 DDRAM에 데이터를 출력해야 하는데, 이 함수는 데이터 레지스터에 데이터 쓰기 함수인 LCD_Data(unsigned char ch)를 사용하여 다음과 같이 만든다.

```
void LCD_Char(unsigned char ch)    // 한 문자 출력
{
    LCD_Delay(1);                  // 명령어를 쓰기 전에 일정 시간 지연(busy 플래그 확인 대용)
    LCD_Data(ch);                  // DDRAM으로 데이터 전달
}
```

이 함수를 이용하여 LCD 화면에 문자를 표시할 때는 그림 9.8의 ASCII 표 내용이 그대로 출력된다. 즉, LCD에 'L'을 표시하고자 한다면 LCD_Char('L')이나 LCD_Char(0x4c)라고 하면 된다.

◈ void LCD_Str(unsigned char *str)

이 함수는 문자열을 str 포인터를 통해 받고, 포인터가 가리키는 문자열이 끝날 때까지 출력하는 함수로서 다음과 같이 작성된다.

```
void LCD_Str(unsigned char *str)   // 문자열 출력
{
    while(*str != 0) {
        LCD_Char(*str);
        str++;
    }
}
```

이 함수에서 주의할 사항은 C 언어에서 문자열은 다음과 같이 배열로 처리될 경우 문자열의 마지

막 요소는 NULL 문자('\0')로 끝난다는 점이다. 따라서 문자열을 LCD에 표시하는 함수에서는 문자열의 끝을 확인하여 문자열이 끝날 때까지 출력하는 기능을 구현해야 한다.

L	C	D		T	e	s	t	.	.	'\0'			

이 함수를 이용하여 LCD 화면에 "LCD Test.."와 같은 문자열을 표시하고자 할 경우에는 LCD_Str("LCD Test..")라고 사용하면 된다.

이상의 함수들을 사용하여 문자열을 LCD에 표시하는 프로그램을 완성하면 다음과 같다.

```
#include <delay.h>
#include <mega128.h>

#define LCD_WDATA    PORTA          // LCD 데이터 포트 정의
#define LCD_WINST    PORTA

#define LCD_CTRL  PORTG             // LCD 제어 포트 정의
#define LCD_EN    0
#define LCD_RW    1
#define LCD_RS    2

void LCD_PORT_Init(void)
{
    DDRA = 0xFF;                    // PORTA를 출력으로
    DDRG = 0x0F;                    // PORTG의 하위 4비트를 출력으로
}

void LCD_Data(unsigned char ch)
{
    LCD_CTRL |=  (1 << LCD_RS);     // RS=1, R/W=0으로 데이터 쓰기 사이클
    LCD_CTRL &= ~(1 << LCD_RW);
    LCD_CTRL |=  (1 << LCD_EN);     // LCD Enable
    delay_us(50);                   // 시간 지연
    LCD_WDATA = ch;                 // 데이터 출력
    delay_us(50);                   // 시간 지연
    LCD_CTRL &= ~(1 << LCD_EN);     // LCD Disable
}

void LCD_Comm(unsigned char ch)
{
    LCD_CTRL &= ~(1 << LCD_RS);     // RS=0으로 명령어 쓰기 사이클
    LCD_CTRL &= ~(1 << LCD_RW);
    LCD_CTRL |=  (1 << LCD_EN);     // LCD Enable
    delay_us(50);                   // 시간 지연
    LCD_WINST = ch;                 // 명령어 쓰기
```

```
    delay_us(50);                    // 시간 지연
    LCD_CTRL &= ~(1 << LCD_EN);     // LCD Disable
}

void LCD_Delay(unsigned char ms)
{
    delay_ms(ms);
}

void LCD_Char(unsigned char c)      // 한 문자 출력
{
    LCD_Data(c);
    delay_ms(1);
}

void LCD_Str(unsigned char *str)   // 문자열 출력
{
    while(*str != 0) {
        LCD_Char(*str);
        str++;
    }
}

void  LCD_Pos(unsigned char x, unsigned char y) // LCD 위치 설정, x와 y는 행과 열을 의미함
{
    LCD_Comm(0x80|(x*0x40+y));                  // x = 가로행(0, 1), y = 세로열(0-15)
}

void LCD_Clear(void)                // 화면 클리어(1)
{
    LCD_Comm(0x01);
    LCD_Delay(2);
}

void LCD_Init(void)                 // LCD 초기화
{
    LCD_PORT_Init();                // LCD 출력 포트 설정

    LCD_Comm(0x38);                 // DDRAM, 데이터 8비트 사용, LCD 2열로 사용(6)
    LCD_Delay(4);                   // 4ms 지연
    LCD_Comm(0x38);                 // DDRAM, 데이터 8비트 사용, LCD 2열로 사용(6)
    LCD_Delay(4);                   // 4ms 지연
    LCD_Comm(0x38);                 // DDRAM, 데이터 8비트 사용, LCD 2열로 사용(6)
    LCD_Delay(4);                   // 4ms 지연
    LCD_Comm(0x0e);                 // 화면 표시 ON/OFF
    LCD_Delay(2);                   // 2ms 지연
    LCD_Comm(0x06);                 // 주소+1, 커서를 우측으로 이동(3)
```

```
    LCD_Delay(2);                // 2ms 지연
    LCD_Clear();                 // LCD 화면 클리어
}

void main(void)
{
    unsigned char str[] = "LCD Test..";

    LCD_Init();                  // LCD 초기화
    LCD_Pos(0,0);                // LCD 위치 첫 번째 라인의 첫 번째 위치 지정
    LCD_Str(str);                // 문자열 str을 LCD 출력
    while(1);
}
```

이와 같은 방법으로 "LCD Test.." 문자를 표시하고 난 후에 줄을 바꾸어서 두 번째 라인의 첫 번째부터 "Micom World"라고 표시해보자. 우선 다음 줄로 자리를 바꿔야 하는데, 앞에서 설명했던 LCD_Pos( ) 함수를 사용하여 LCD_Pos(1,0)과 같이 지정한다.

이를 사용하면 DDRAM으로 데이터 0xC0의 값을 쓰고, 이는 DDRAM에 데이터를 쓰는 명령어인 0x80과 DDRAM의 주소를 0x40으로 설정하여 쓰는 것이다. 이렇게 되면 두 번째 라인의 첫 번째 위치를 가리키게 되고 두 번째 라인에 커서가 나타난다. 그 관계는 표 9.7과 같다. 여기서 라인(행)은 x, 위치(열)는 y로 표기했다.

표 9.7 LCD 화면의 주소와 Disp_Pos( ) 함수의 관계

(x=0, y=0) 0x00	(x=0, y=1) 0x01	(x=0, y=2) 0x02	(x=0, y=3) 0x03	(x=0, y=4) 0x04	(x=0, y=5) 0x05	...	(x=0,y=15) 0x0F
(x=1, y=0) 0x40	(x=1, y=1) 0x41	(x=1, y=2) 0x42	(x=1, y=3) 0x43	(x=1, y=4) 0x44	(x=1, y=5) 0x45	...	(x=1,y=15) 0x4F

이상의 문자열 표시 과정을 추가하여 main( ) 함수를 작성하면 다음과 같다.

```
void main(void)
{
    unsigned char str[] = "LCD Test..";
    unsigned char str1[] = "Micom World";

    LCD_Init();        // LCD 초기화

    LCD_Pos(0,0);      // 라인 1(첫 번째 행) 지정, 문자열의 위치 1
    LCD_Str(str);      // 문자열 str을 LCD 출력
    LCD_Pos(1,0);      // 라인 2(두 번째 행) 지정, 문자열의 위치 1
    LCD_Str(str1);
    while(1);
}
```

프로그램의 수행 결과는 LCD에 다음과 같이 표시된다.

L	C	D		T	e	s	t	.	.						
M	i	c	o	m		W	o	r	l	d					

참고사항

앞서 살펴본 LCD 제어 프로그램을 보면 간단하게 2라인의 문자열을 표시하기 위해 LCD 제어 함수, 문자 또는 문자열 표시 함수 등을 포함하는 과정이 주 프로그램보다 훨씬 길게 작성된다. 이러한 과정은 다른 예제 프로그램을 작성하는 데도 마찬가지로 적용될 것이다. 따라서 LCD에 관련된 헤더 파일과 LCD 제어에 사용되는 함수를 다른 파일에 작성해놓고, 헤더 파일은 프로그램에 포함시키고 소스 파일은 컴파일 과정에서 포함하여 컴파일하면 주 프로그램을 작성하기가 매우 편리해질 것이다.

따라서 이 예제를 실습하기에 앞서 lcd.h와 lcd.c 파일을 작성하는 것이 바람직하다. 헤더 파일을 작성할 때는 다음과 같이 외부에서 호출하는 함수의 선언을 포함시킨다.

```
/****************************************************************************/
/************************        lcd.h  ***************************************/
/****************************************************************************/

#include <mega128.h>
#include <delay.h>

#define LCD_WDATA PORTA         // LCD 데이터 버스 정의(데이터 쓰기)
#define LCD_WINST PORTA         // LCD 데이터 버스 정의(명령어 쓰기)
#define LCD_RDATA PINA          // LCD 데이터 버스 정의(데이터 읽기)

#define LCD_CTRL   PORTG        // LCD 제어 신호 정의
#define LCD_EN  0               // Enable 신호
#define LCD_RW  1               // 읽기(1)/쓰기(0)
#define LCD_RS  2               // 데이터(1)/명령어(0)
#define RIGHT   1               // 커서 및 화면 이동 오른쪽 방향 지정
#define LEFT    0               // 커서 및 화면 이동 왼쪽 방향 지정

void LCD_Data(unsigned char ch);
void LCD_Comm(unsigned char command);
void LCD_Delay(unsigned char ms);
void LCD_Char(unsigned char ch);
void LCD_Str(unsigned char *str);
void LCD_Pos(unsigned char x, unsigned char y);
void LCD_Clear(void);
void LCD_PORT_Init(void);
void LCD_Init(void);
void LCD_Display_Shift(unsigned char p);
```

```
void LCD_Cursor_Shift(unsigned char p);
void LCD_Cursor_Home(void);
```

소스 프로그램을 작성할 때는 외부에서 사용되어야 하는 함수가 헤더 파일에 선언되어 있으므로 이를 포함시키고, 함수를 작성할 때는 함수의 기능 및 입출력 관계를 주석문에 상세히 기록하여 함수의 사용법을 알 수 있도록 한다. 즉, lcd.c 파일에는 위 예의 설명에서 사용한 lcd 제어 관련 함수를 작성해놓으면 된다.

이렇게 lcd.h와 lcd.c가 작성되면 그림 9.13과 같이 컴파일러 환경에서 lcd.c 파일을 프로젝트에 포함하여 컴파일해야 하고, 프로그램에서는 LCD 제어 함수를 사용하기 위해 lcd.h를 포함해야 한다. 그러나 이 책에서는 LCD 제어를 위한 소스 파일을 프로젝트에 추가해야 하는 번거로움을 개선하기 위해 제어 함수의 원형 및 선언을 lcd.h에 했으며, 이후 프로그램에서는 LCD 제어를 위한 함수 선언이 포함된 lcd.h 파일을 이용한다.

```
/***********************************/
/******** lcd.c *******************/
/***********************************/
#include "lcd.h"
void Port_Init(void)
{..
}
void LCD_Data(unsigned char ch)
{..
}
```

그 밖의 함수를 모두 작성한다.

```
/***********************************/
/****** lcd.c 프로그램의 끝 *******/
/**********************************/
```

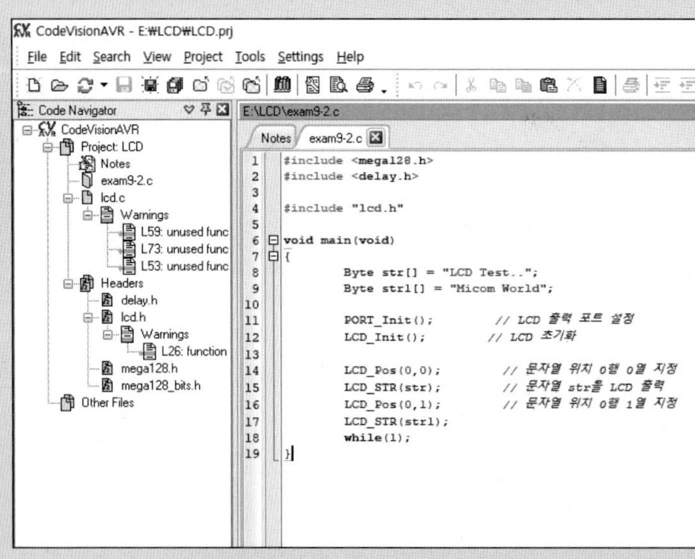

그림 9.13 컴파일러의 환경 설정

9.6 LCD 제어 실험

앞서 작성한 LCD 구동 함수를 이용하여 다양한 예제를 통해 문자 표시용 LCD의 동작을 확인해 보자.

예제 9.1 문자의 이동

영문자 "ATmega128", "AVR LCD Test"라는 문자열을 표시한 후 오른쪽으로 다시 처음 자리에 문자를 출력하는 프로그램을 작성하라. 화면의 표시는 그림 9.14를 참조하고, 프로그램은 LCD_STR( ) 함수를 이용하여 작성하라.

A	T	m	e	g	a	1	2	8							
A	V	R		L	C	D		T	e	s	t				

	A	T	m	e	g	a	1	2	8						
	A	V	R		L	C	D		T	e	s	t			

		A	T	m	e	g	a	1	2	8					
		A	V	R		L	C	D		T	e	s	t		

			A	T	m	e	g	a	1	2	8				
			A	V	R		L	C	D		T	e	s	t	

				A	T	m	e	g	a	1	2	8			
				A	V	R		L	C	D		T	e	s	t

반복

그림 9.14 예제 9.1의 출력 화면

프로그램을 작성하기 위해서는 우선 LCD 제어기를 초기화하고 다음과 같이 LCD에 문자를 출력한다.

A	T	m	e	g	a	1	2	8							
A	V	R		L	C	D		T	e	s	t				

출력된 문자를 우로 시프트하기 위해 커서 위치를 증가시킨다. 그리고 이 위치에서 문자열을 출력한다. 여기서 사용하고 있는 LCD는 16×2이므로 16번을 실행하고, 커서의 위치를 홈으로 위치시켜 문자열을 출력한다. 프로그램의 흐름도를 그림 9.15에 나타내었고, 프로그램 소스는 다음과 같다.

```
#include <mega128.h>
#include <delay.h>

#include "lcd.h"

void main(void)
{
    unsigned char str[] = "ATmega 128";
    unsigned char str1[] = "AVR LCD Test";

    unsigned char i;

    LCD_Init();       // LCD 초기화

    LCD_Pos(0,0);     // 라인 1(첫 번째 행) 지정, 문자열의 위치 1
    LCD_Str(str);
    LCD_Pos(1,0);     // 라인 2(두 번째 행) 지정, 문자열의 위치 1
    LCD_Str(str1);

    while(1){
        for(i=0;i<16;i++)
        {
            LCD_Display_Shift(RIGHT);
            delay_ms(500);
        }
        Cursor_Home();
    }
}
```

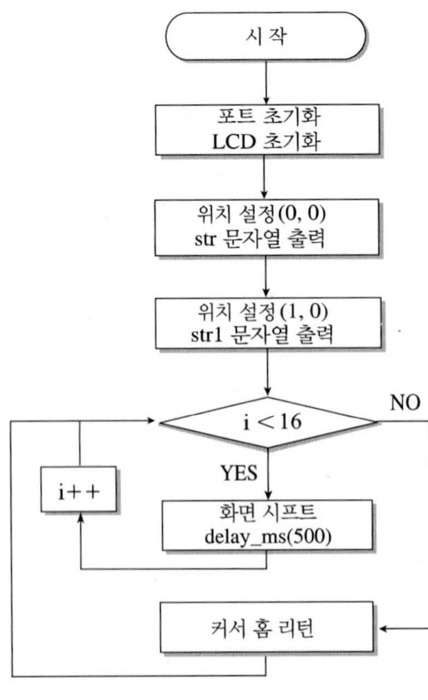

그림 9.15 예제 9.1의 흐름도

예제 9.2 시간 경과에 따른 문자 표시

"Current Time"을 첫 번째 라인에 표시한 후, 두 번째 라인에는 AM/PM 시, 분, 초(초기 시작 12:00:00)를 출력하는 프로그램을 작성하라.

초기 시작	C	u	r	r	e	n	t		T	i	m	e				
	A	M		1	2	:	0	0	:	0	0					
1초 경과	C	u	r	r	e	n	t		T	i	m	e				
	A	M		1	2	:	0	0	:	0	1					
2초 경과	C	u	r	r	e	n	t		T	i	m	e				
	A	M		1	2	:	0	0	:	0	2					
1분 경과	C	u	r	r	e	n	t		T	i	m	e				
	A	M		1	2	:	0	1	:	0	0					

이 프로그램은 타이머/카운터 0의 시간 계수 기능을 이용하여 시계 프로그램을 작성하고 이를 LCD 화면에 출력하는 것이다. 시계 프로그램을 구현하는 것의 기본은 1초 단위의 카운터를 만드는 것으로, 예제 7.7에서 작성한 과정을 참조하여 1초를 만들어 활용하기로 한다. 1초 계수를 위한 초의 변수(sec)를 만들고 이를 증가시켜 60초가 되면 분의 변수(min)를 증가시킨다. 분의 변수가 60이 되면, 시의 변수(hour)를 증가시킨다. 시의 출력에서 12시 이내면 'AM hour 데이터'를 출력하고, 13시 이후부터는 'PM (hour-12) 데이터'를 출력하면 된다.

LCD에 두 번째 문자열 출력에서 현재 시각의 변화는 초기 문자열 출력 후 시, 분, 초의 출력 위치만 변경하면 된다. 두 번째 문자열 출력에서 시(hour)에 관련된 위치는 (1, 0)이고, 분(min)에 관련된 위치는 (1, 6)이며, 초(sec)에 관련된 위치는 (1, 9)이다. 이것은 LCD_Pos 함수를 사용하여 출력하면 된다. 그리고 시의 변수(hour), 분의 변수(min), 초의 변수(sec) 값을 LCD에 출력하기 위한 ASCII 코드의 문자로 표현하기 위해 각 변수에 '0'의 값을 더해 출력하면 된다. 이상의 내용을 프로그램으로 작성하면 다음과 같다.

```
#include <mega128.h>
#include <delay.h>

#include "lcd.h"        // lcd.h 파일이 있는 위치 지정

unsigned char Temp;
unsigned int cnt;
unsigned char sec, min, hour;
```

```
// 50µs 간격으로 인터럽트 발생
void Init_Timer0(void)
{
    TIMSK = (1<<OCIE0);                     // ① 출력 비교 인터럽트 허가
    TCCR0 |= (1 << WGM01) | (1<<CS01);  // ② TCCR0 레지스터 CTC 모드 설정
    OCR0 = 100;                             // ② 50µs마다 출력 비교를 한다.
    SREG |= 0x80;                           // ③ 인터럽트 동작 시작(전체 인터럽트 허가 선택)
}

// 50µs마다 인터럽트 비교 일치 인터럽트가 발생
interrupt [TIM0_COMP] void timer0_out_comp(void)
{
    cnt++;                                  // 인터럽트 횟수 증가
    // 50µs의 인터럽트를 20000번 계수시키면 1초에 가까운 시간이 만들어진다.
    if(cnt == 20000)                        // 50µs * 20000 = 1sec
    {
        cnt = 0;
        sec++;
        if(sec >= 60) {
            min++; sec = 0;
        }
        if(min >= 60) {
            hour++; min = 0;
        }
        if(hour>=24) hour = 0;
    }
}

void main(void)
{
    unsigned char str[] = "Current Time";
    unsigned char str1[] = "AM 12:00:00";
    unsigned char AM[] = "AM ";
    unsigned char PM[] = "PM ";
    Temp = 0;
    cnt = 0;
    sec = min = 0;
    hour = 12;

    Init_Timer0();                          // Timer 초기화

    LCD_Init();                             // LCD 초기화

    LCD_Pos(0,0);                           // 라인 1(첫 번째 행) 지정, 문자열의 위치 1
```

```
    LCD_Str(str);                    // 문자열 str을 LCD 출력
    LCD_Pos(1,0);                    // 라인 2(두 번째 행) 지정, 문자열의 위치 1
    LCD_Str(str1);                   // 문자열 str을 LCD 출력

    while(1) {
        if(hour > 12) {
            LCD_Pos(1,0);
            LCD_Str(PM);
            LCD_Char(((hour-12)/10)+'0');
            LCD_Char(((hour-12)%10)+'0');
        }
        else {
            LCD_Pos(1,0);
            LCD_Str(AM);
            LCD_Char((hour/10)+'0');
            LCD_Char((hour%10)+'0');
        }
        LCD_Pos(1,6);
        LCD_Char((min/10)+'0');
        LCD_Char((min%10)+'0');
        LCD_Pos(1,9);
        LCD_Char((sec/10)+'0');
        LCD_Char((sec%10)+'0');
    }
}
```

예제 9.3 스위치 상태에 따른 문자 표시

PORTD에 연결되어 있는 스위치 4개의 상태에 따라 다음의 네 가지 형태로 LCD에 출력하는 프로그램을 작성하라.

PORTD.0 ON	P	U	S	H		A	r	r	o	w		K	e	y		
	S	t	a	t	e		:		L	E	F	T				
PORTD.1 ON	P	U	S	H		A	r	r	o	w		K	e	y		
	S	t	a	t	e		:		R	I	G	H	T			
PORTD.2 ON	P	U	S	H		A	r	r	o	w		K	e	y		
	S	t	a	t	e		:		U	P						
PORTD.3 ON	P	U	S	H		A	r	r	o	w		K	e	y		
	S	t	a	t	e		:		D	O	W	N				

이 프로그램은 예제 5.3의 프로그램에서 설명한 switch 구문을 이용하여 스위치의 상태를 읽고, 스위치의 상태에 따라 LEFT, RIGHT, UP, DOWN을 주어진 위치에 표시하면 된다. 전체 프로그램은 다음과 같다.

```
#include <mega128.h>
#include <delay.h>
#include "lcd.h"    // lcd.h 파일이 있는 위치 지정

void Switch_Verify(void)
{
    unsigned char Left[]  = "LEFT ";
    unsigned char Right[] = "RIGHT";
    unsigned char Up[]    = "UP   ";
    unsigned char Down[]  = "DOWN ";
    unsigned char sw;

    sw = (0x0f & PIND);
    switch(sw){
        case 0x0e : {LCD_Str(Left); break;}
        case 0x0d : {LCD_Str(Right); break;}
        case 0x0b : {LCD_Str(Up); break;}
        case 0x07 : {LCD_Str(Down); break;}
        default :   break;
    }
}

void main(void)
{
    unsigned char str1[]     = "PUSH Arrow Key";
    unsigned char str2[]     = "State : KeyIn";

    DDRD = 0x00;     // 스위치 입력 설정

    LCD_Init();      // LCD 초기화
    LCD_Pos(0,0);    // LCD의 위치 1, 라인 1 지정
    LCD_Str(str1);   // 문자열 str을 LCD 출력
    LCD_Pos(1,0);    // LCD의 위치 1, 라인 2 지정
    LCD_Str(str2);   // 문자열 str을 LCD 출력

    while(1)
    {
        LCD_Pos(1, 8);
        Switch_Verify();
    }
}
```

예제 9.4 한글 문자 표시

'김치'라는 한글을 LCD에 표시하는 프로그램을 작성하라.

CGROM에 없는 문자를 만들어 LCD에 표시하는 문제이다. 내부 CGROM에 없는 문자를 만들어 표시하기 위해서는 CGRAM을 이용해야 한다.

CGRAM에 문자를 만들어 저장하는 방법은 그림 9.9에서 자세히 설명했으므로 이를 참조하기 바란다.

그림 9.16에서 CGRAM의 주소 비트 0~2는 문자 패턴의 라인 위치를 나타낸다. 문자는 5×7을 사용하므로 8번째 라인은 커서 위치를 나타낸다. 이 예제에서는 커서를 사용하지 않으므로 5×8 비트 패턴을 사용한다.

문자 패턴의 열 위치는 CGRAM 데이터 비트 0~4에 해당한다. CGRAM 데이터 비트 5~7은 표시에 사용되지 않기 때문에 일반 데이터 RAM으로 사용될 수 있다. CGRAM 문자 패턴은 문자 코드 비트 4~7이 0일 때 선택된다. '김'이라는 문자는 문자 코드 0에 해당되고, '치'라는 문자는 문자 코드 1에 해당한다.

그럼 예제에서 주어진 문자를 CGRAM에 설계하여 써넣는 과정을 살펴보자. 먼저 문자를 설계하여 배열에 저장한다. 문자의 설계는 그림 9.16에 나타낸 바와 같이 각 라인마다 CGRAM 데이터 비트 0~4를 사용하여 이루어진다. 이 과정이 끝나면 문자를 CGRAM 주소에 세트하고, 첫 번째 '김'은 주소 0에, '치'는 주소 1에 써넣는다. 이는 다음과 같다.

문자 코드	CGRAM 주소				문자 패턴 데이터								
7 6 5 4 3 2 1 0	5 4 3	2	1	0	7	6	5	4	3	2	1	0	
0 0 0 0 * 0 0 0	0 0 0	0	0	0	*	*	*	1	1	1		1	
		0	0	1	*	*	*			1		1	
		0	1	0	*	*	*			1		1	문자 패턴의 예
		0	1	1	*	*	*	1	1			1	'김'
		1	0	0	*	*	*						
		1	0	1	*	*	*	1	1	1	1	1	
		1	1	0	*	*	*	1				1	
		1	1	1	*	*	*	1	1	1	1	1	커서 위치
0 0 0 0 * 0 0 1	0 0 1	0	0	0	*	*	*					1	
		0	0	1	*	*	*		1			1	
		0	1	0	*	*	*	1	1	1		1	문자 패턴의 예
		0	1	1	*	*	*		1			1	'치'
		1	0	0	*	*	*	1		1		1	
		1	0	1	*	*	*	1		1		1	
		1	1	0	*	*	*	1		1		1	
		1	1	1	*	*	*	1		1		1	커서 위치

그림 9.16 설계된 문자 패턴과 CGRAM 사용법

이렇게 CGRAM에 쓰여진 문자는 CG 패턴상에서 호출되어야 하므로 다음과 같이 호출하면 LCD의 정해진 위치에 표시된다.

```
LCD_Pos(0,0);                // LCD의 위치 1, 라인 1 지정
LCD_Delay(1)
// 데이터 레지스터에 CG 패턴 0x00을 써넣는다. 즉, '김'이라는 문자를 표시한다.
LCD_Data(0x00);
// 데이터 레지스터에 CG 패턴 0x01을 써넣는다. 즉, '치'라는 문자를 표시한다.
LCD_Data(0x01);
```

이렇게 문자를 새롭게 설계하여 쓰는 것은 8개의 문자까지 가능해진다. 전체 프로그램은 다음과 같다.

```
// LCD English & Hangul Display Program
// Hangul kim chi display program

#include <mega128.h>
#include <delay.h>

#include "lcd.h"             // lcd.h 파일이 있는 위치 지정

void CGRAM_Set()
{
    int i;
    unsigned char kim[] = {0x1d, 0x05, 0x05, 0x00, 0x1f, 0x11, 0x11, 0x1f};
    unsigned char chi[] = {0x01, 0x09, 0x1d, 0x09, 0x15, 0x15, 0x15, 0x15};

    // CGRAM 사용(DB6 = set) 주소 설정: CGRAM 0번지(0bx1000xxx)
    LCD_Delay(1);

    LCD_Comm(0x40);          // CGRAM 주소 설정
    LCD_Delay(1);

    for(i=0; i<8; i++)
    {
        LCD_Data(kim[i]);    // '김' 문자를 CGRAM에 쓴다.
        LCD_Delay(1);
    }

    // CGRAM 사용(DB6 = set) 주소 설정: CGRAM 1번지(0bx1001xxx)
    LCD_Comm(0x48);          // CCGRAM 주소 설정
    LCD_Delay(1);

    for(i=0; i<8; i++)
    {
```

```
        LCD_Data(chi[i]);     // '치' 문자를 CGRAM에 쓴다.
        LCD_Delay(1);
    }
}

void main(void)
{
    LCD_Init();               // LCD 초기화
    CGRAM_Set();
    LCD_Pos(0,0);             // LCD의 위치 1, 라인 1 지정
    LCD_Delay(1)
    // 데이터 레지스터에 CG 패턴 0x00을 써넣는다. 즉, '김'이라는 문자를 표시한다.
    LCD_Data(0x00);
    // 데이터 레지스터에 CG 패턴 0x01을 써넣는다. 즉, '치'라는 문자를 표시한다.
    LCD_Data(0x01);
    while(1);
}
```

연습문제

1. LCD 모듈 내의 문자 발생기 ROM과 문자 발생기 RAM의 용도를 설명하라.

2. LCD 모듈에 영문자를 쓰기 위한 제어 과정을 정리, 요약하라.

3. LCD 모듈과 LED 표시장치의 장단점을 비교하라.

4. CPU가 LCD 모듈에 명령 또는 데이터를 액세스할 때 주의해야 하는 사항은 무엇이며, 소프트웨어에서는 어떻게 대처해야 하는지 설명하라.

5. LCD 모듈의 초기화 과정을 설명하라.

6. LCD 모듈에 ASCII 코드 0을 전 화면에 표시하고, 다음에 1을 전 화면에 표시하고, 마지막으로 9까지 전 화면에 표시한 다음, 다시 이 과정을 반복하는 프로그램을 작성하라.

7. 자신의 영문 이름을 LCD의 첫 번째 줄에 문자열로 표시한 후 왼쪽으로 시프트한 다음 다시 처음 자리에 문자를 출력하는 프로그램을 작성하라.

8. 자신의 영문 이름을 LCD의 두 번째 줄에 문자열로 표시한 후 왼쪽으로 시프트한 다음 다시 처음 자리에 문자를 출력하는 프로그램을 작성하라.

9. 연습문제 7번과 8번의 과정을 반복 수행하는 프로그램을 작성하라.

10. 네 자릿수의 일반 정수와 이에 해당하는 16진수 값을 LCD에 표시하는 프로그램을 작성하라.

I	N	T	.	:	3	4	5	6							
H	E	X	.	:	0	D	8	O							

11. ATmega128 교육용 보드에 연결된 스위치(SW0~SW3)를 누르면 각각에 대해 다음과 같이 미리 지정된 메시지를 LCD의 화면에 출력하는 프로그램을 작성하라. 이때 한글은 출력하지 않고 숫자 및 영문자만 표시한다.

SW1이 눌렸을 경우: 〈학번: xxxxxxx〉
SW2가 눌렸을 경우: 〈소속: Electronics Eng.〉
SW3이 눌렸을 경우: 〈이름: Lee Eung Hyuk〉
SW4가 눌렸을 경우: 〈LAB: Robotics LAB〉

12. 한글 '가나다라마바사아'를 LCD에 표시하는 프로그램을 작성하라.

13. 그래픽 LCD 모듈의 사양을 조사하고, 문자 표시용 LCD 모듈과의 차이점을 조사하라.

CHAPTER

10

직렬 통신 포트의 동작

직렬 통신은 컴퓨터와 컴퓨터 간 또는 컴퓨터와 주변장치 간에 데이터를 전송할 때 하나의 통신 선을 통해 한 비트(bit)씩 순차적으로 보내는 통신 방식을 말한다. 대표적인 직렬 통신 인터페이스로는 RS-232C가 있으며, 컴퓨터와 모뎀 간의 전송 등에 사용됐으나, 근래에는 컴퓨터와 전자장치 간의 전송 등에 많이 활용된다. 또한 RS232C 통신 방식을 이용하여 직렬 통신을 하기 위해 고안된 소자를 USART(Universal Synchronous and Asynchronous Serial Receiver and Transmitter)라고 하며, ATmega128에는 2개의 직렬 통신 채널이 내장되어 있다.

따라서 이 장에서는 직렬 통신 기법을 이해하기 위해 RS232C의 규격을 먼저 살펴보고, 이를 바탕으로 ATmega128에 내장된 직렬 통신 포트(USART)의 구조 및 기능을 설명한다. 마지막으로, PC와 교육용 보드 간에 직렬 통신 프로그램을 작성하는 방법을 설명하여, 직렬로 인터페이스되는 외부 기기와의 통신 방법을 완벽하게 이해할 수 있도록 한다.

10.1 직렬 통신(RS232C)의 개요

직렬 통신은 전송 방식에 따라 동기식과 비동기식으로 구분된다. 동기식 통신 방식은 기준 클록에 동기를 맞추어 데이터를 순차적으로 전송하는 방식을 말하며, 이에 비해 비동기식 통신 방식은 동기 클록 없이 데이터의 전송 속도를 서로 정하여 데이터를 순차적으로 전송하는 방식을 말한다. 동기식 전송 방식은 높은 전송 속도를 요하는 곳에서 사용되나, 송수신 기기 간에 동기를 맞추어야 하기 때문에 비동기식에 비해 제어가 어렵고, 비동기식 전송 방식은 송수신 기기 간에 동기를 맞출 필요는 없지만 동기식 전송 방식에 비해 전송 속도가 낮다.

비동기 전송 방식은 현재 PC나 주변기기 간의 통신에 많이 사용되고 있으며, 이의 통신 규격을 RS232C라 한다. RS232C 인터페이스는 직렬 통신 방식을 규정하는 권고안으로서 CCITT의 권고에 따라 미국의 EIA(Electronic Industries Association)에 의해 규격화됐으며, 정확하게는 EIA-RS232-C 규격이라고 불린다. RS232C는 원래 그림 10.1과 같이 모뎀 선로를 사용하는 환경에서 DTE(Data Terminal Equipment, 데이터 단말장치)와 DCE(Data Communication Equipment, 데이터 통신 장치) 사이의 인터페이스에 관한 표준 규격으로 시작됐다.

RS232C 규격은 전기적인 특성, 기계적인 특성(커넥터 사양), 인터페이스 등으로 규정되어 있어 현재 통신장치의 입/출력 인터페이스로서 널리 사용되고 있다.

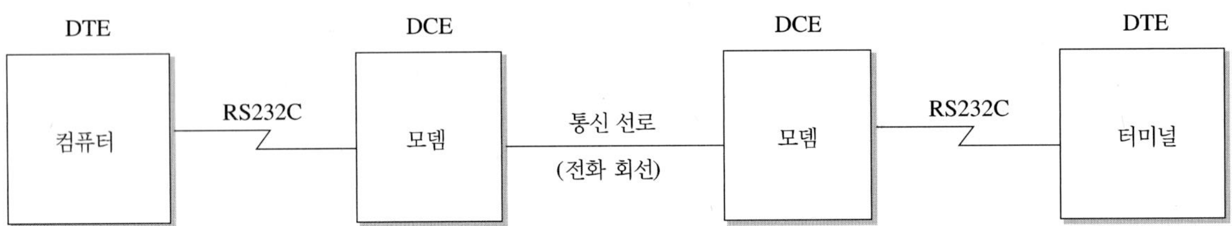

그림 10.1 모뎀을 이용한 컴퓨터와 터미널의 접속

10.1.1 RS232C 신호 및 기능

RS232C 규격에서는 데이터 전송을 위해 표 10.1과 같은 신호를 정의하고 있다. 이들 신호 선에 대한 정의는 다음과 같다.

표 10.1 RS232C에서 사용되는 신호 선(25 핀 커넥터 기준)

핀 번호	명칭	신호 방향 DTE-DCE	기호
1	보안용 접지(Frame Ground)	—	FG
2	송신 데이터(Transmitted Data)	→	TxD
3	수신 데이터(Receive Data)	←	RxD
4	송신 요구(Request to Send)	→	$\overline{\text{RTS}}$
5	송신 허가(Clear to Send)	←	$\overline{\text{CTS}}$
6	통신기기 세트 준비(Data Set Ready)	←	$\overline{\text{DSR}}$
7	신호용 접지(Signal Ground)	—	SG
8	캐리어 검출(Data Carrier Detect)	←	$\overline{\text{DCD}}$
20	데이터 단말 준비(Data Terminal Ready)	→	$\overline{\text{DTR}}$
22	Ring Indicator	←	$\overline{\text{RI}}$

- FG: 기기에 연결되는 접지선
- TxD: DTE에서 DCE로의 출력 직렬 데이터의 송신선
- RxD: DCE에서 DTE로의 입력 직렬 데이터의 수신선
- $\overline{\text{RTS}}$: DCE의 송신 기능을 제어하는 신호. 이 신호를 ON 상태로 하면 DCE는 캐리어(송신 데이터를 송신 회선으로 보내는 반송파)를 회선으로 출력한다. DCE로 데이터를 송신하는 중에는 이 $\overline{\text{RTS}}$가 반드시 ON 상태로 되어 있어야 한다.
- $\overline{\text{CTS}}$: DCE가 데이터를 송신할 수 있는 상태임을 알리는 신호. 이 신호 선은 $\overline{\text{RTS}}$ 신호에 의해 동작되며, 회선으로 출력된 캐리어가 안정되면 ON된다.
- $\overline{\text{DTR}}$: DTE가 준비 상태로 되어 있음을 DCE에게 알리는 신호. 이 신호를 ON 상태로 하면 모뎀이 회선과 접속을 하고, OFF 상태로 하면 모뎀은 회선과 단절된다.
- $\overline{\text{DSR}}$: DCE가 동작 가능 상태로 되어 있다는 것을 알리는 신호. $\overline{\text{DTR}}$로 동작시켜서 모뎀이 회선과 접속을 하면 이 신호는 ON 상태로 된다.
- $\overline{\text{DCD}}$: 모뎀이 상대편 모뎀과 전화선 등을 통해 접속이 완료됐을 때, 상대편 모뎀이 캐리어 신호를 보내오며 이 신호를 검출했음을 DTE에게 알려주는 신호 선이다.
- $\overline{\text{RI}}$: 상대편 모뎀이 통신을 하기 위해 먼저 전화를 걸어오면 전화벨이 울리게 되는데, 이때 이 신호를 모뎀이 인식하여 DTE에게 알려주는 신호 선이다.

10.1.2 전기적 규격 및 사용 커넥터

멀리 떨어져 있는 장치까지 일반 디지털 논리로 데이터를 정확하게 전송하는 것은 전압 강하와 잡음 때문에 쉽지 않다. 따라서 RS232C에서는 어느 정도의 전압 강하가 발생하더라도 어느 정도의 거리는 안전하게 신호를 전송할 수 있도록 각 신호 간의 전압차를 늘려서 규정했다. '1'의 값으로 +12V를, '0'의 값으로 −12V를 사용하여 신호 간의 전압차를 24V로 만들었다. 이와 같이 신호 간의 전압차를 늘렸을 때 약 15m 내의 거리에서 115200bps까지의 속도로 전송이 가능하다.

RS232C의 전기적인 규격에서는 데이터 선이 −3V 이하일 때 논리 '1'(마크 상태), +3V 이상일 때 논리 '0'(스페이스 상태)이 된다. 또 데이터를 전송하지 않을 때는 마크 상태가 되도록 규정되어 있다. 데이터 전송 신호의 예를 그림 10.2에 나타내었다.

D-SUB 커넥터는 RS232C 규격이 만들어질 당시에는 25 핀의 D-SUB 커넥터를 사용했으나 사용하지 않는 핀이 많고 부피가 커서 9 핀의 D-SUB 커넥터를 표준으로 추가하여, 현재에는 9 핀의 D-SUB 커넥터가 보편적으로 사용되고 있다. 9 핀과 25 핀 D-SUB 커넥터의 신호 대응은 그림 10.3과 같다.

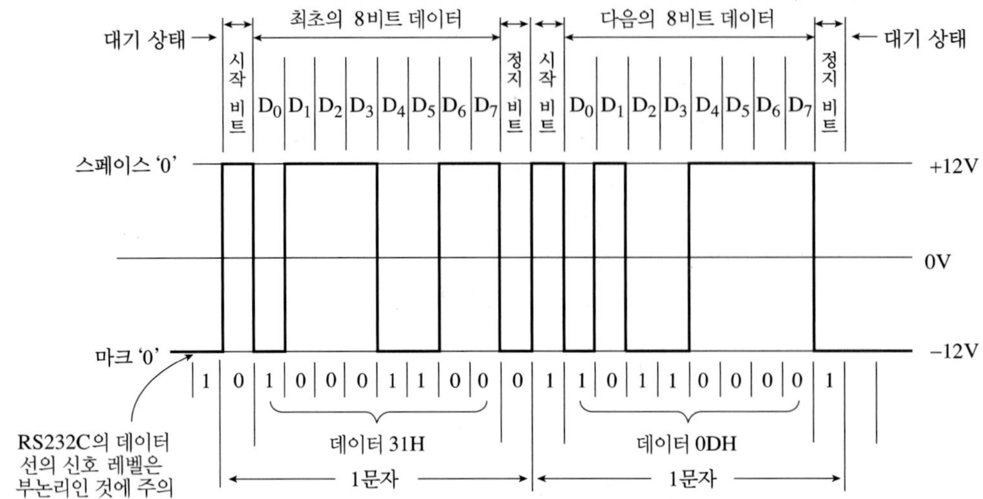

그림 10.2 RS232C의 전송 신호 예

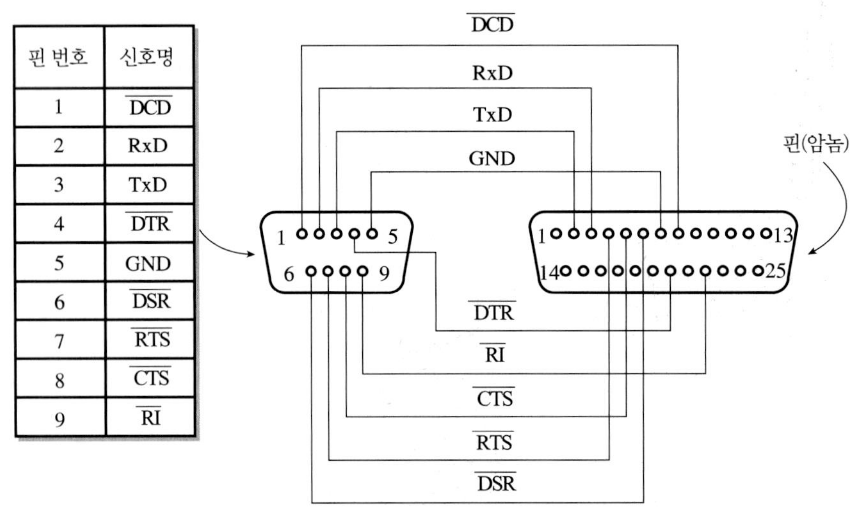

핀 번호	신호명
1	$\overline{\text{DCD}}$
2	RxD
3	TxD
4	$\overline{\text{DTR}}$
5	GND
6	$\overline{\text{DSR}}$
7	$\overline{\text{RTS}}$
8	$\overline{\text{CTS}}$
9	$\overline{\text{RI}}$

그림 10.3 9 핀과 25 핀 커넥터의 신호 대응 관계

10.1.3 RS232C의 데이터 전송 방식

RS232C 규격에서는 데이터를 비동기식으로 송수신하는 방법을 규정하고 있다. 전송 데이터의 형식은 그림 10.2에 나타낸 바와 같이 한 바이트의 데이터를 송신하는 데 있어 송신 데이터의 앞뒤에 시작 비트와 정지 비트를 부가하여 한 문자의 동기를 잡는다. 보통 시작 비트와 정지 비트는 1비트를 사용한다. 그러나 정지 비트는 1.5비트와 2비트를 사용하는 경우도 있다.

전송되는 문자의 비트는 7비트 또는 8비트가 사용될 수 있고, RS232에서 사용되는 문자는 ASCII 코드로 정의하고 있다. 또한 데이터 전송 시 오류 발생을 검사하기 위해 패리티(parity)를 부가하는 경우도 있다. 패리티는 데이터 바이트 뒤에 부가된다. 따라서 문자를 송수신하기 위해서는 송신 측과 수신 측의 시작 비트, 데이터 비트, 패리티 비트, 정지 비트 등의 형식을 일치시켜서 사용해야 한다.

마지막으로, 송신 측과 수신 측에서 데이터를 정확하게 송수신하기 위해서는 통신 속도를 맞추어야 한다. 통신 속도는 보 레이트(baud rate)로 정의된다. 이는 초당 전송 비트를 의미하며, 약어로 bps(bit per sec)라 한다. 데이터의 전송 속도는 송수신에 필요한 프로그램의 실행 속도와 통신 케이블 등의 통신 매체의 특성에 따라 크게 좌우된다. 일반적으로 보 레이트는 2400, 4800, 9600, 19200, 38400, 57600, 115200, 230400bps 중의 하나를 사용한다.

10.1.4 컴퓨터와의 신호 연결

RS232C를 이용한 통신장치 간의 접속 방법에는 널 모뎀 방식, 하드웨어적인 핸드셰이크 접속 방식이 있다. 이 책에서는 보편적으로 사용되고 있는 널 모뎀 방식에 대해서만 다룬다. 그림 10.4는 널 모뎀의 접속 예를 나타낸다. 널 모뎀 방식은 서로 다른 두 기기 사이에 송신 데이터는 수신 데이터로 연결하고, 수신 데이터는 송신 데이터로 연결하고, 두 기기 사이에는 신호용 접지만 연결한 것을 말한다.

신호명	핀 번호	핀 번호	신호명
송신 데이터	②	②	송신 데이터
수신 데이터	③	③	수신 데이터
신호용 접지	⑦	⑦	신호용 접지

그림 10.4 널 모뎀의 접속 예

10.1.5 인터페이스 IC

TTL 신호를 EIA 레벨(RS232C 레벨)로 변환하기 위한 방법으로 예전에는 라인 드라이버(SN75188, MC1488)와 라인 리시버(SN75189, MC1489)를 각각 사용해왔으나, 현재는 MAXIM 사에서 출시된 MAX232가 주로 사용되고 있다. MAX232의 장점은 RS232C 신호를 송수신하는 데 하나의 IC만을 사용하며, 기존의 라인 드라이버와 라인 리시버는 ±12V 전원을 사용하는 데 비해 MAX232는 +5V 전원만을 사용한다는 점이다. MAX232의 핀 구조 및 내부 구성은 그림 10.5(a)에 나타내었으며, 그림 10.5(b)에는 실제 인터페이스 회로를 나타내었다.

요즘 PC에서 USB를 이용한 직렬 통신이 보편화되면서, RS232 통신 또한 USB로 대체되어 가고 있다. 이를 위해 TTL 신호를 USB 프로토콜을 내장하여 간편하게 RS232 통신을 할 수 있도록 하나의 칩으로 구현한 'USB to serial UART interface' IC인 FT232가 출시되고 있다. 그림 10.6(a)에는 FT232RL의 외부 핀 및 내부 구성을 나타내었으며, 그림 10.5(b)에는 교육용 보드에서 PC와 통신할 수 있도록 설계된 회로를 나타내었다.

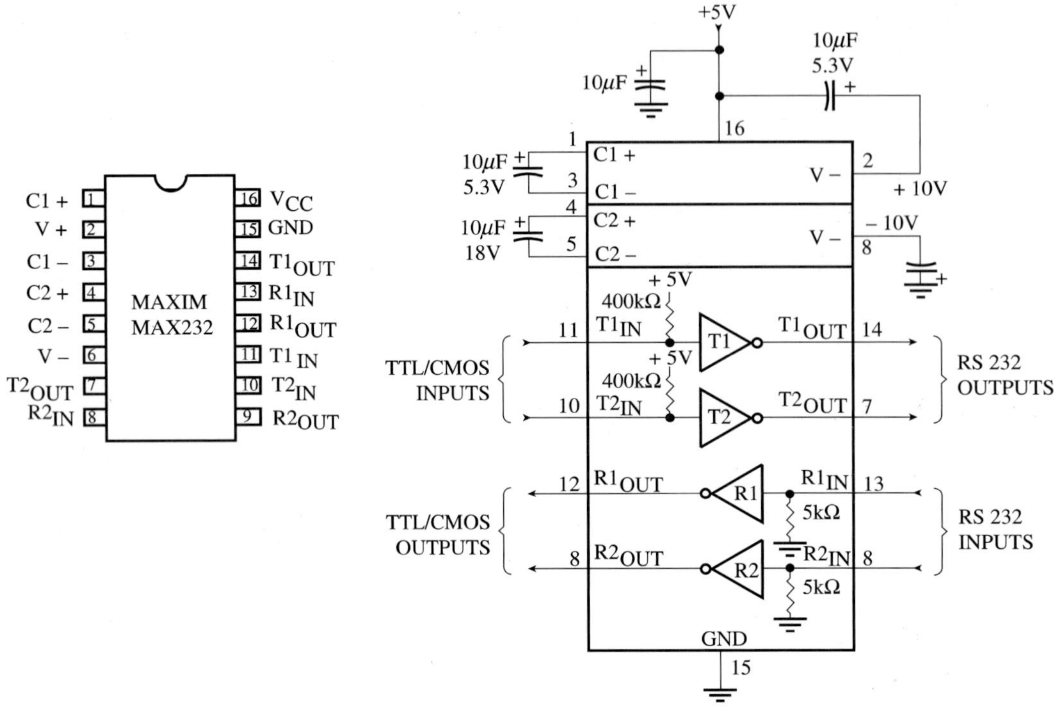

(a) MAX232 외부 핀 및 내부 구조

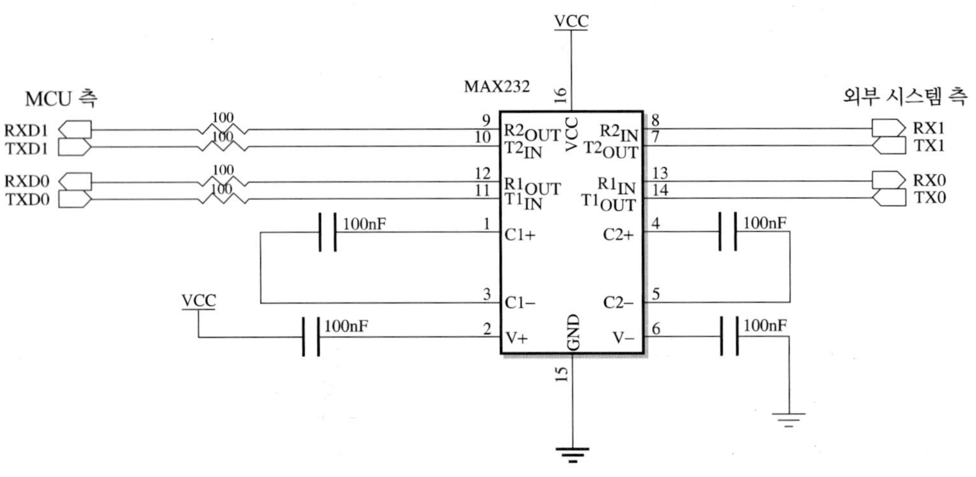

(b) MAX232를 사용한 인터페이스 회로의 예

그림 10.5 MAX232를 사용한 RS232C 인터페이스

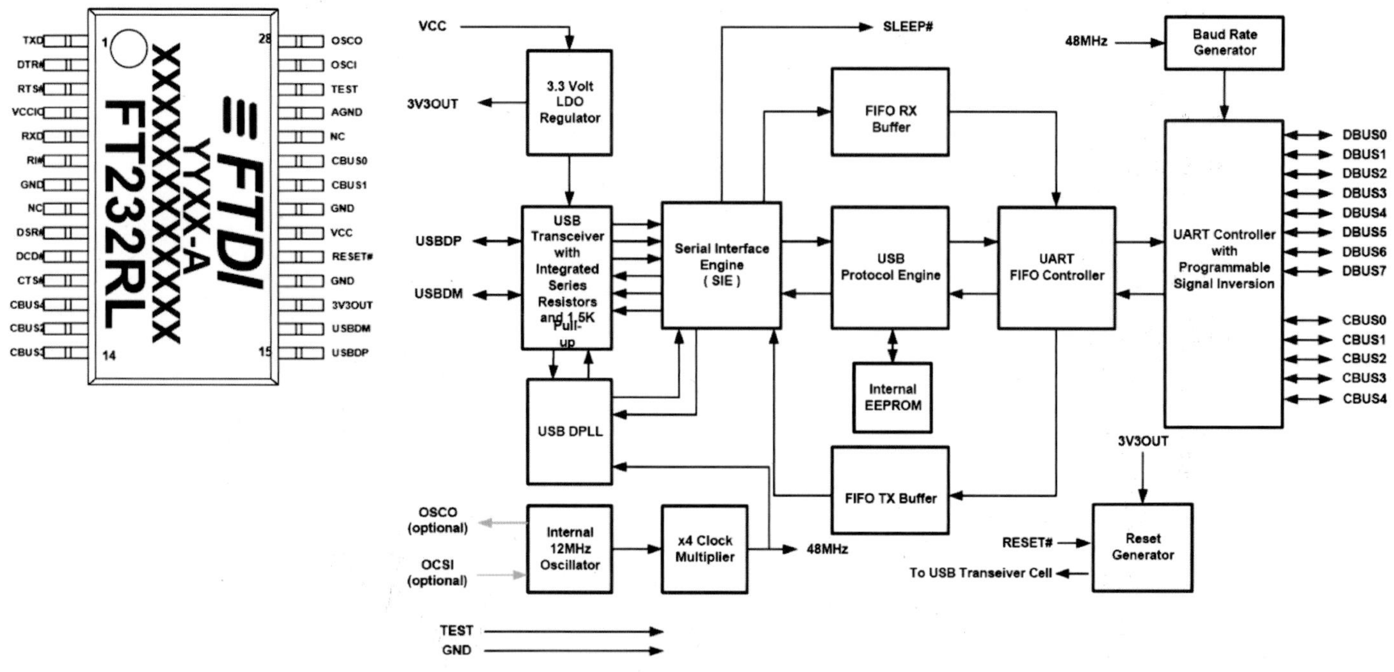

(a) FT232의 외부 핀 및 내부 구조

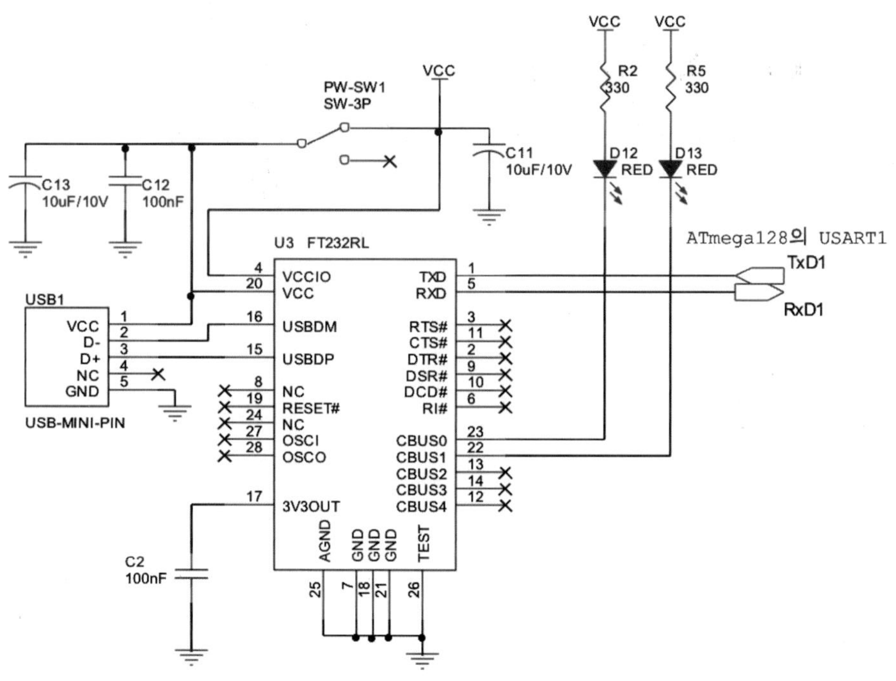

(b) FT232를 사용한 인터페이스 회로의 예

그림 10.6 FT232를 사용한 RS232C 인터페이스

이상과 같이 별도의 소자를 이용하여 RS232C 인터페이스 회로를 구현하여 사용할 수 있으나, 간단하게 신호를 5V에서 RS23C 규격에 맞는 수준으로 변환하면 되므로 그림 10.7에 제시되는 회로와 같이 간단하게 TR을 이용하여 인터페이스 회로를 구현할 수도 있다. 이 방법은 TR을 사용하여 간단하게 구현할 수 있으므로 저가의 보드를 구현할 때 주로 사용된다.

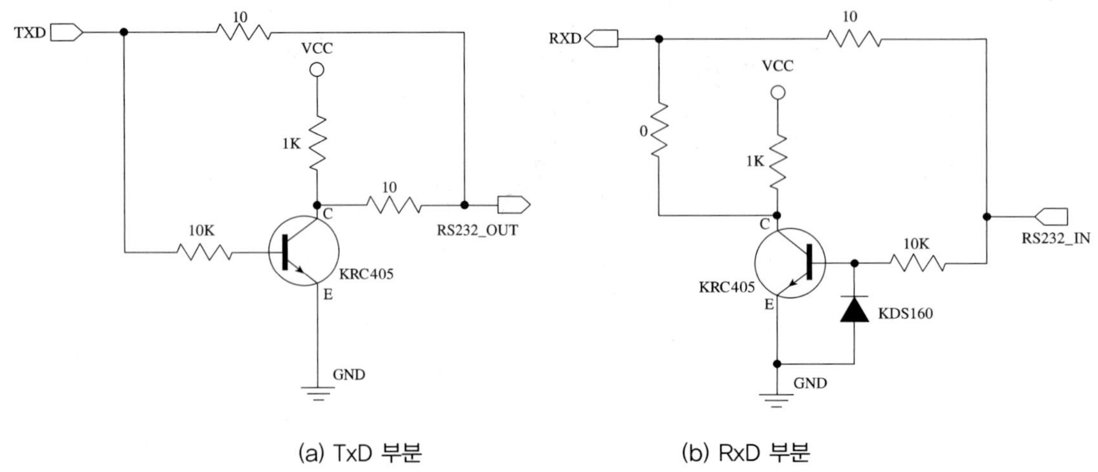

(a) TxD 부분 (b) RxD 부분

그림 10.7 TR을 이용한 RS232C 인터페이스 회로

10.1.6 그 밖의 직렬 통신 방식

RS232C는 신호 전송을 전압에 의존하고 있어서 15m의 전송 거리와 낮은 전송 속도라는 문제가 있으므로 장거리 고속 전송 시 잡음에 대한 대책이 있어야 한다. 신호 선 접지를 사용할지라도 공통 모드 잡음은 피할 수 없기 때문에 전송 거리를 늘리기 위해 여러 가지 방법이 고안되었다. RS422와 RS485는 이에 관련된 규격이다. 또한 특히 다중 프로세서 시스템에서는 RS485 버스 방식을 사용해야 한다. 표 10.2에 RS232C, RS422, RS485의 특성을 비교해놓았다.

표 10.2 RS232C, RS422, RS485의 특성 비교

특성	RS232C	RS422	RS485
동작 모드	single end	differential	differential
접속 가능 대수	1:1 통신	1:N(N=10) 통신	N:N(N=32) 통신 멀티드롭 통신 방식
최대 선로 길이	15[m]	1.2[km]	1.2[km]
최대 전송 속도	$2x10^4$[bps]	10^6[bps]	10^6[bps]
드라이버 출력 전압	±5V~±15V	±2V~±6V	±1.5V~±6V
리시버 입력 전압 데이터 '1'(마크) 데이터 '0'(스페이스)	±3V~±25V −3V~−25V +3V~+25V	±0.2V~±6V V_A-V_B=−0.2V~−6V V_A-V_B=+0.2V~+V	±0.2V~±6V V_A-V_B=−0.2V~−6V V_A-V_B=+0.2V~+V
최소 수신 전압	1.5[V](절댓값)	100[mV](차동값)	100[mV](차동값)

10.2 ATmega128 직렬 포트의 개요

10.2.1 USART의 특징

ATmega128에는 컴퓨터나 다른 주변기기와의 데이터 통신을 위해 2개의 직렬 통신 포트(USART: Universal Synchronous and Asynchronous Receiver and Transmitter) USART0과 USART1이 있다. 따라서 이 장에서는 대표하여 USARTn으로 표기하여 설명한다. 여기서 n이 0이면 USART0이고, 1이면 USART1을 의미한다.

이 2개의 직렬 포트는 동기 및 비동기 전송 모드에서 모두 전이중(양방향) 통신이 가능하고, 하나의 마스터 프로세서가 여러 개의 슬레이브 프로세서를 제어할 수 있는 다중 프로세서 통신 모드를 지원하고 있다. ATmega128의 USARTn 통신 특징은 다음과 같이 요약할 수 있다.

- 송수신을 동시에 할 수 있는 전이중 방식의 통신 모드를 지원한다.
- 비동기식 또는 동기식의 통신 모드를 지원한다.
- 동기식으로 동작하는 마스터 또는 슬레이브 모드를 지원한다.
- 고분해능의 보 레이트 발진기를 내장하고 있다.
- 다양한 직렬 통신 프레임을 지원한다(5~9비트의 데이터 비트와 1~2비트의 정지 비트 제공).
- 오류 정정을 위해 짝수 또는 홀수 패리티 발생/검사 기능을 하드웨어로 지원한다.
- 데이터 오버런/프레임 오류 검출 기능을 내장하고 있다.
- 데이터의 신뢰성 향상을 위해 시작 비트 검출과 디지털 저대역 필터 등과 같은 잡음 제거 기능을 내장하고 있다.
- 송신 완료, 송신 데이터 준비 완료, 수신 완료라는 세 가지 인터럽트를 지원한다.
- 다중 프로세서 통신 모드를 지원한다.
- 비동기 2배속 통신 모드를 지원한다.

USARTn의 동작은 10.1절에서 설명했듯이 크게 동기식과 비동기식으로 구분되는데, 이것은 어떤 클록을 사용할 것인가의 문제이다. ATmega128의 USARTn이 비동기식으로 동작하는 경우에는 송수신 모두 시스템 클록에 의해 전송 속도가 결정된다. 하지만 동기식으로 동작하는 경우에는 마스터와 슬레이브 모드로 동작하게 되는데, 마스터로 동작하는 경우에는 내부 클록을 사용하지만, 슬레이브로 동작할 경우에는 XCKn 단자로 입력되는 외부 클록 신호에 의해 전송 속도가 결정된다.

USARTn의 동작을 위해 외부 핀으로 RXDn, TXDn과 XCKn이 제공되며, USART0은 PD2, PD3, PD5 포트의 중복 기능 핀으로, USART1은 PE0, PE1, PE2 포트의 중복 핀으로 제공된다.

10.2.2 USART의 내부 구조

그림 10.8에는 ATmega128에 내장하고 있는 USART 직렬 통신 포트의 내부 구성도를 나타내었으며, 여기서 n은 USART의 채널 번호인 0과 1을 의미하고, 굵은 글씨체로 되어 있는 부분은 MCU가 액세스 가능한 I/O 레지스터와 외부의 포트로 나와 있는 I/O 핀을 의미한다.

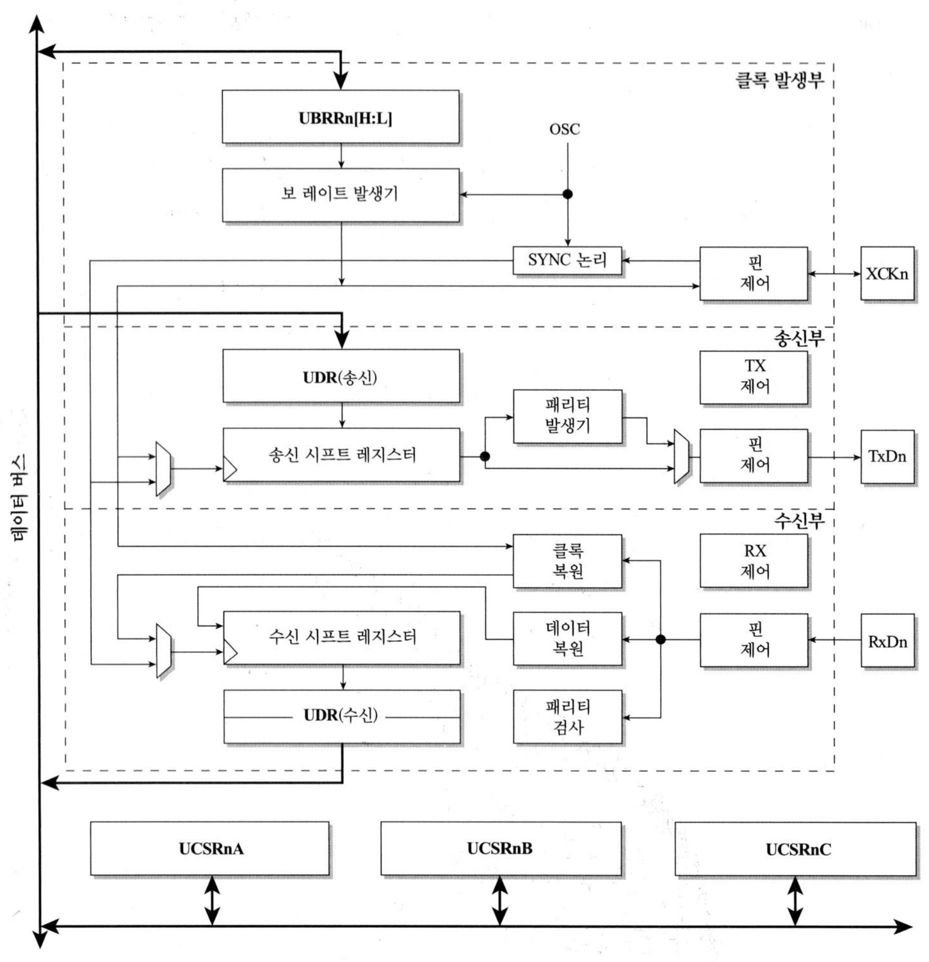

그림 10.8 ATmega128에 내장된 직렬 통신 포트의 내부 구성도

ATmega128의 직렬 통신 포트 USART0과 USART1은 그림 10.8에 표시한 것처럼 각각 클록 발생부(clock generator), 송신부(transmitter)와 수신부(receiver)로 구성되어 있다. 클록 발생부는 동기식 모드의 동작을 위해 외부 클록과 동기를 맞추는 논리부와 비동기식의 통신 속도를 결정하는 보레이트 발생기로 구성되어 있다. 송신부는 하나의 송신 버퍼, 송신 시프트 레지스터, 패리티 발생기와 여러 종류의 직렬 통신용 프레임을 지원하기 위한 제어부로 구성되어 있다. 또한 수신부는 클록과 데이터 복원 등의 기능 때문에 USARTn의 내부 구조 중에서 가장 복잡한 구조로 되어 있다. 수신부의 구성은 송신부와 마찬가지로 수신 버퍼, 수신 시프트 레지스터, 패리티 검사기와 수신부를 제어하기 위한 제어부로 구성되어 있으며, 비동기 통신을 위한 데이터 복원부가 부가적으

로 구성되어 있다. 여기서 수신 버퍼는 송신 버퍼와 달리 데이터의 안전한 수신을 위해 이중 버퍼 구조를 갖고 있다. 또한 수신부에서는 수신되는 프레임에서 데이터 오류를 검사하기 위해 프레임 오류, 데이터 오버런 오류, 패리티 오류 등의 검사 기능을 포함하고 있다.

10.2.3 클록 발생부

클록 발생부는 송신/수신에 사용되는 클록을 만드는 회로부로서 그림 10.9와 같은 구조로 되어 있으며, 비동기 일반 모드, 비동기 2배속 모드, 동기 마스터 모드와 동기 슬레이브 모드에서 필요한 클록을 만든다.

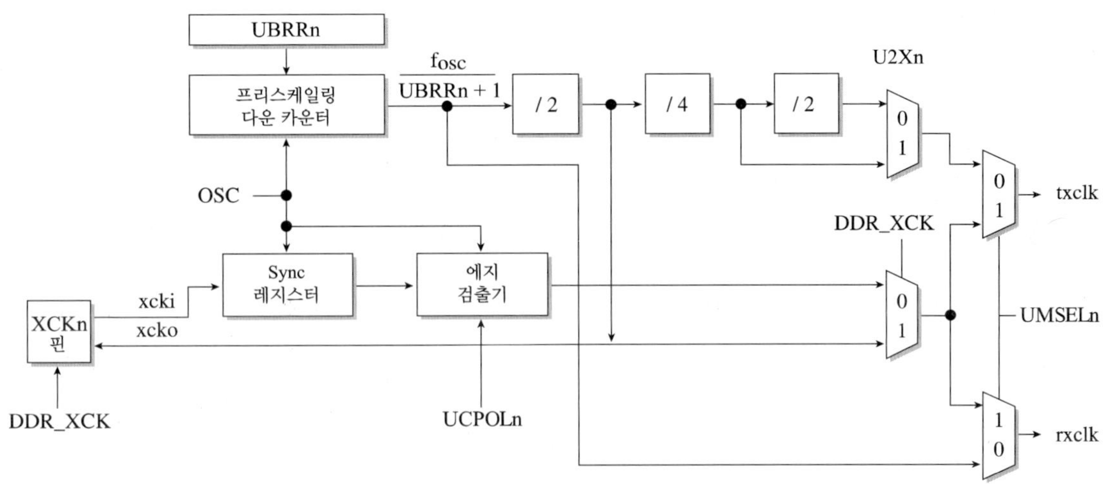

그림 10.9 클록 발생부의 내부 구조도

그림 10.9를 자세히 살펴보면, 그림의 윗부분은 비동기 통신용 클록을 발생시키는 회로부이고, 아랫부분은 동기 통신용 클록을 발생시키는 회로부이며, 이것의 선택은 USARTn 제어 및 상태 레지스터 C(UCSRnC)의 UMSELn 비트 설정에 의해 이루어진다.

- 비동기 모드: UMSELn 비트를 0으로 설정하면 비동기 모드로 동작하며, 비동기 모드에서는 내부 시스템 클록(그림의 OSC)을 기본으로 보 레이트 클록을 생성하며, UCSRnA 레지스터의 U2Xn 비트에 따라 2배속 모드로 동작한다. 즉, U2Xn 비트가 0이면 일반 모드로 동작하고, 1이면 2배속 모드로 동작한다.
- 동기 모드: UMSELn 비트를 1로 설정하면 동기 모드로 동작하며, 동기 모드에서는 XCKn 단자의 클록을 기본으로 동기 클록이 발생한다. 동기 모드는 위에서 설명한 바와 같이 마스터 모드와 슬레이브 모드로 구분되는데, 이 모드는 XCKn을 담당하고 있는 DDR 레지스터 비트(DDR_XCkn)의 설정에 의해 결정된다. 마스터 모드는 이 단자를 통해 동기 클록을 외부의 슬레이브로 보내야 하므로 DDRX_XCKn을 출력 방향인 1로 설정해야 하고, 슬레이브 모드는 이 단자를 통해 동기 클록을 외부로부터 받아야 하므로 DDRX_XCKn을 0으로 설정한다.

ATmega128의 XCK0은 PE2 포트 핀이고, XCK1은 PD5 포트 핀이으로, 동기 모드일 때만 클록 소스 핀으로 사용할 수 있다. 그림 10.9에서 비동기 클록인 txclk와 rxclk는 USARTn의 내부 동작에 사용되고, xcki는 XCKn 핀으로 입력되는 동기 클록이고, xcko는 XCKn 핀으로 출력되는 동기 클록이다.

10.2.4 전송 데이터 형식

직렬 통신에서 한 문자를 전송하기 위한 전송 형식은 10.1절에서 설명한 것과 같이 문자의 데이터 비트, 문자의 동기를 맞추기 위한 시작과 정지 비트, 전송 시의 오류를 검사하기 위한 패리티 비트로 구성되어 있다. USARTn에서는 다음과 같은 비트들을 조합하여 다양한 형식으로 송수신 문자를 결정할 수 있다.

- 1 시작 비트
- 5, 6, 7, 8 또는 9 데이터 비트
- 1 패리티 비트(No, 짝수, 홀수)
- 1 또는 2 정지 비트

데이터의 전송 형식은 그림 10.10에 나타낸 것과 같이 하나의 프레임으로 구성되는데, 시작 비트로 시작하여 데이터 비트는 최소 5비트에서 최대 9비트까지 사용할 수 있고 마지막에 정지 비트로 끝나게 된다. 만약 패리티 비트를 사용할 경우에는 정지 비트 앞에 사용된다.

St : 시작 비트, L 상태
(n) : 데이터 비트(0~8)
P : 패리티 비트(짝수 또는 홀수 패리티)
Sp : 정지 비트, H 상태
IDLE : RxD 또는 TxD의 전송 선에서 데이터의 비전송 상태, H 상태

그림 10.10 직렬 데이터의 전송 형식

데이터의 전송 형식에서 패리티 비트는 다음과 같이 모든 데이터 비트의 EX-OR을 취하여 얻어진다.

$$P_{\text{even}} = d_{n-1} \oplus \cdots \oplus d_3 \oplus d_2 \oplus d_1 \oplus 0$$
$$P_{\text{old}} = d_{n-1} \oplus \cdots \oplus d_3 \oplus d_2 \oplus d_1 \oplus 1$$

여기서 P_{even}은 짝수 패리티를 사용할 경우의 패리티 비트이고, P_{old}는 홀수 패리티를 사용할 경우의 패리티 비트이다.

10.3 직렬 포트 제어용 레지스터

그림 10.8에서 살펴본 바와 같이 ATmega128의 USARTn을 제어하기 위해서는 표 10.3에 나타낸 레지스터를 이용한다.

표 10.3 USARTn 제어용 레지스터

USARTn 제어용 레지스터	설명
UDRn	USART 입출력 데이터 레지스터
UCSRnA	USART 제어 및 상태 레지스터 A
UCSRnB	USART 제어 및 상태 레지스터 B
UCSRnC	USART 제어 및 상태 레지스터 C
UBRRnH/L	USART 보 레이트 레지스터

10.3.1 USARTn 입출력 데이터 레지스터(UDRn)

UDRn(USART I/O Data Register) 레지스터는 USARTn의 송수신 데이터 버퍼의 기능을 수행하는 레지스터로서, 그림 10.11에 나타내었다. UDRn 레지스터는 USARTn 송신 버퍼 레지스터와 수신 버퍼 레지스터의 역할을 하고 있으며, 동일한 I/O 주소에 위치한다. 그러나 하드웨어적으로는 서로 별개의 레지스터인 TXBn(Transmit Buffer Register)과 RXBn(Receive Buffer Register) 레지스터로 구현되어 있어, 송신할 데이터를 UDRn 레지스터에 쓰면 TXBn 레지스터에 저장되고, 수신된 데이터를 UDRn으로 읽으면 RXBn 레지스터의 내용이 읽힌다.

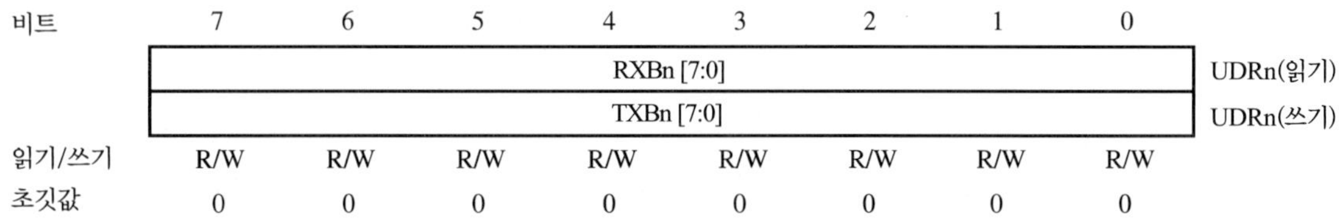

그림 10.11 USARTn 입출력 레지스터(UDRn)의 구성

전송 데이터 문자는 일반적으로 8비트가 사용되나, 5~7비트로 설정하여 사용하면 송신의 경우에는 사용하지 않는 상위 비트들은 무시되고, 수신의 경우에는 상위 비트들은 수신부에서 0으로 처리된다.

송신 버퍼는 UCSRnA 레지스터의 UDREn 플래그가 1로 설정됐을 경우에만 쓰기가 가능하며, UDREn 플래그가 0으로 되어 있는 경우에는 UDRn 레지스터에 송신할 데이터를 쓰더라도 무시된다. UDRn 레지스터의 송신 버퍼에 데이터를 쓰면, 이 데이터는 자동적으로 시프트 레지스터로 이동되어 TXDn 핀을 통해 직렬로 전송된다. 수신 버퍼는 2단계의 FIFO로 구성(이중 버퍼 구조)

되어 있기 때문에, 이 수신 버퍼가 읽힐 때마다 이 FIFO의 상태는 변화하게 된다. 따라서 수신 버퍼의 데이터를 처리할 때는 읽기-수정-쓰기(read-modify-write) 명령어를 사용하지 않는 것이 바람직하다. 즉, 항상 FIFO를 액세스하여 데이터를 읽고, 이 데이터를 분석하는 과정으로 프로그램을 작성하는 것이 바람직하다.

10.3.2 USARTn 제어 및 상태 레지스터 A(UCSRnA)

UCSRnA(USARTn Control and Status Register A) 레지스터는 USARTn의 송수신 동작을 제어하거나 송수신 상태를 저장하는 기능을 수행하는 레지스터이다. 그림 10.12에 레지스터의 비트 구성을 나타내었으며, 비트별 기능은 다음과 같다.

비트	7	6	5	4	3	2	1	0	
	RXCn	TXCn	UDREn	FEn	DORn	UPEn	U2Xn	MPCMn	UCSRnA
읽기/쓰기	R	R/W	R	R	R	R	R/W	R/W	
초깃값	0	0	1	0	0	0	0	0	

그림 10.12 USARTn 제어 및 상태 레지스터 A의 비트 구성

▶ 비트 7: RXCn(USARTn 수신 완료(USARTn Receive Complete))

RXCn 비트는 데이터의 수신이 완료되어 버퍼에 문자가 들어와 있으면 1로 세트되고, 수신 버퍼에 수신된 문자 없으면 0으로 클리어된다. 또한 이것은 수신 완료 인터럽트(receive complete interrupt)를 발생시키는 데 사용될 수도 있다. 이는 UCSRnB 레지스터의 RXCIEn 비트를 참조하기 바란다.

▶ 비트 6: TXCn(USARTn 송신 완료(USARTn Transmit Complete))

TXCn 비트는 송신 시프트 레지스터에 있는 문자가 모두 송신되어 UDRn 레지스터의 송신 버퍼가 비어 있는 상태가 되면 1로 세트된다. 이 TXCn 플래그는 송신 완료 인터럽트(transmit complete interrupt)가 실행되거나 이 비트에 1을 쓰면 0으로 클리어된다. 또한 TXCn 플래그는 송신 완료 인터럽트를 발생시키는 데 사용될 수도 있다. 이는 UCSRnB 레지스터의 TXCIEn 비트를 참조하기 바란다.

▶ 비트 5: UDREn(USARTn 데이터 레지스터 준비 완료(USARTn Data Register Empty))

UDREn 비트는 송신 버퍼(UDRn)에 새로운 데이터를 쓸 준비가 되어 있음을 알리는 상태 플래그로서, 1로 세트되면 송신 버퍼가 비어 있어서 송신 데이터를 송신 버퍼에 쓸 준비가 되어 있음을 나타낸다. UDREn 플래그는 데이터 레지스터 준비 완료 인터럽트를 발생시킬 수 있다. 이는 UCSRnB 레지스터의 UDRIEn 비트를 참조하기 바란다. UDREn 비트는 MCU가 리셋된 후에는 송신기의 준비 상태를 나타내기 위해 1로 세트된다.

▶ **비트 4: FEn(프레임 오류(Frame Error))**

FEn 비트는 UDRn의 수신 버퍼에 현재 수신된 데이터를 수신하는 동안에 프레임 오류가 발생했음을 나타내는 상태 플래그이다. 프레임 오류는 수신 문자의 첫 번째 정지 비트가 0으로 검출되면 발생한다. 이 플래그는 수신 버퍼 UDRn을 읽을 때까지 유효하며, UCSRnA 레지스터에 쓰기를 실행하면 항상 0으로 클리어된다.

▶ **비트 3: DORn(데이터 오버런 오류(Data OverRun Error))**

DORn 비트는 데이터를 수신할 경우에 오버런 오류가 발생했음을 나타내는 상태 플래그이다. 오버런 오류는 수신 버퍼에 현재 읽지 않은 수신 문자가 2개 들어와 있는 상태에서 수신 시프트 레지스터에 새로운 문자가 들어와 3번째 문자의 시작 비트가 검출되면 발생한다. 이 플래그는 수신 버퍼 UDRn을 읽을 때까지 유효하며, UCSRnA 레지스터에 쓰기를 실행하면 0으로 클리어된다.

▶ **비트 2: UPEn(USARTn 패리티 오류(USARTn Parity Error))**

UPEn 비트는 수신 버퍼에 데이터를 수신하는 동안에 패리티 오류가 발생했음을 나타내는 상태 플래그이다. 패리티 오류는 UCSRnC 레지스터의 UPMn1 비트를 1로 설정하여 패리티를 검사하도록 설정한 경우에만 발생한다. 이 플래그는 수신 버퍼 UDRn을 읽을 때까지 유효하며, UCSRnA 레지스터에 쓰기를 실행하면 항상 0으로 클리어된다.

▶ **비트 1: U2Xn(2배속 전송 속도 설정(Double the USARTn Transmission Speed))**

U2Xn 비트는 비동기 모드에서만 유효하며, U2Xn이 1이면 USARTn의 클록 분주비를 16에서 8로 낮추어 전송 속도를 2배로 높이는 기능을 담당한다.

▶ **비트 0: MPCMn(다중 프로세서 통신 모드(Multi-processor Communication Mode))**

MPCMn 비트는 USARTn의 동작 모드를 다중 프로세서 모드로 설정하는 기능을 담당한다. MPCMn 비트가 1로 설정되어 있으면, USARTn 수신부를 통해 들어온 수신 데이터가 주소 정보를 포함하지 않은 경우에는 모두 무시되고, 송신부는 이 비트의 값에 따라 영향을 받지 않는다. 다중 프로세서 통신 모드에 대한 자세한 설명은 10.5절을 참조하기 바란다.

10.3.3 USARTn 제어 및 상태 레지스터 B(UCSRnB)

UCSRnB(USARTn Control and Status Register B) 레지스터는 USARTn의 송수신 동작을 제어하거나, 전송 데이터를 9비트로 설정한 경우에 전송 데이터의 9번째 비트를 저장하는 기능을 수행하는 레지스터다. 그림 10.13에 레지스터의 비트 구성을 나타내었으며, 비트별 기능은 다음과 같다.

비트	7	6	5	4	3	2	1	0	
	RXCIEn	TXCIEn	UDRIEn	RXENn	TXENn	UCSZn2	RXB8n	TXB8n	UCSRnB
읽기/쓰기	R/W	R/W	R/W	R/W	R/W	R/W	R	R/W	
초깃값	0	0	0	0	0	0	0	0	

그림 10.13 USARTn 제어 및 상태 레지스터 B의 비트 구성

▶ 비트 7: RXCIEn(USARTn 수신 완료 인터럽트 허가(USARTn RX Complete Interrupt Enable))

RXCIEn 비트는 수신 완료 인터럽트를 개별적으로 허가하는 비트이다. 이 비트와 SREG 레지스터의 I 비트가 1로 설정된 경우에, 하나의 문자가 수신되어 UCSRnA 레지스터의 RXCn 비트가 1로 설정되면 수신 완료 인터럽트가 발생한다.

▶ 비트 6: TXCIEn(USARTn 송신 완료 인터럽트 허가(USARTn TX Complete Interrupt Enable))

TXCIEn 비트는 송신 완료 인터럽트를 개별적으로 허가하는 비트이다. 이 비트와 SREG 레지스터의 I 비트가 1로 설정된 경우에, 송신 시프트 레지스터가 비어 UCSRnA 레지스터의 TXCn 비트가 1로 설정되면 송신 완료 인터럽트가 발생한다.

▶ 비트 5: UDRIEn(USARTn 데이터 레지스터 준비 완료 인터럽트 허가(USARTn TX Complete Interrupt Enable))

UDRIEn 비트는 송신 데이터 레지스터 준비 완료 인터럽트를 개별적으로 허가하는 비트이다. 이 비트와 SREG 레지스터의 I 비트가 1로 설정된 경우에, 송신 버퍼가 비어 UCSRnA 레지스터의 UDREn 비트가 1로 설정되면 데이터 레지스터 준비 완료 인터럽트가 발생한다.

▶ 비트 4: RXENn(수신 허가(Receiver Enable))

RXENn 비트는 USARTn의 수신부 사용을 허가하도록 설정하는 기능을 한다. 이 비트를 1로 설정함으로써 RxDn 핀이 병렬 I/O 포트가 아니라 직렬 데이터 수신 단자로서 동작하게 되며, 오류 플래그 FEn, DORn, UPEn의 동작이 유효해진다.

▶ 비트 3: TXENn(송신 허가(Transmitter Enable))

TXENn 비트는 USARTn의 송신부 사용을 허가하도록 설정하는 기능을 한다. 이 비트를 1로 설정함으로써 TxDn 핀이 병렬 I/O 포트가 아니라 직렬 데이터 송신 단자로서 동작하게 되며, 이 비트를 0으로 설정하더라도 송신 시프트 레지스터에 전송 중인 데이터의 전송이 완료될 때까지는 유효하지 않게 된다.

▶ 비트 2: UCSZn2(문자 길이(Character Size))

UCSZn2 비트는 UCSRnC 레지스터의 UCSZn1, UCSZn0 비트와 함께 전송 문자의 데이터 비트수를 설정하는 데 사용된다.

▶ **비트 1: RXB8n(수신 데이터 비트 8(Receive Data Bit 8))**

RXB8n 비트는 전송 문자가 9비트로 설정된 경우에 수신된 문자의 9번째 비트를 저장하는 데 사용되며, 반드시 UDRn 레지스터보다 먼저 읽혀야 한다.

▶ **비트 0: TXB8n(수신 데이터 비트 8(Transmit Data Bit 8))**

TXB8n 비트는 전송 문자가 9비트로 설정된 경우에 송신할 문자의 9번째 비트를 저장하는 데 사용되며, 반드시 UDRn 레지스터보다 먼저 써져야 한다.

10.3.4 USARTn 제어 및 상태 레지스터 C(UCSRnC)

UCSRnC(USARTn Control and Status Register C) 레지스터는 USARTn의 동작 모드 및 전송 제어 기능을 설정하는 레지스터이다. 그림 10.14에 레지스터의 비트 구성을 나타내었으며, 비트별 기능은 다음과 같다.

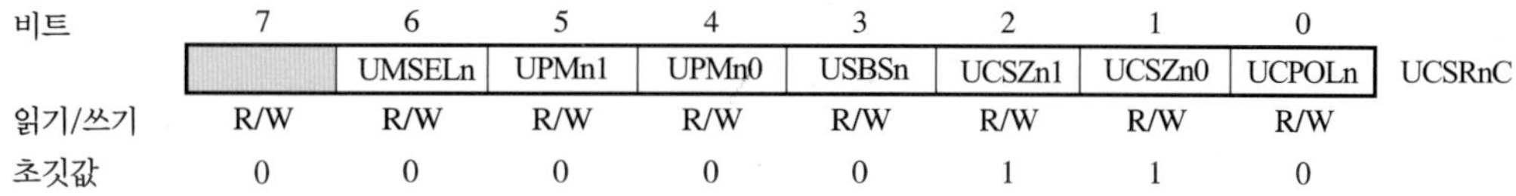

그림 10.14 USARTn 제어 및 상태 레지스터 C의 비트 구성

▶ **비트 7: 사용하지 않음**

이 비트는 장래에 다른 용도로 사용하기 위해 예약되어 있는 비트로서, 다른 소자와의 호환성을 유지하기 위해 UCSRnC 레지스터에 데이터를 쓸 때 0으로 기록해야 한다.

▶ **비트 6: UMSELn(모드 선택(Mode Select))**

이 비트는 USARTn의 동작 모드를 비동기 모드와 동기 모드 중의 하나로 설정하는 기능을 담당한다. 모드의 선택은 표 10.4와 같다.

표 10.4 USARTn의 모드 선택

UMSELn	모드
0	비동기 모드
1	동기 모드

▶ **비트 5, 4: UPMn1, UPMn0(패리티 모드(Parity Mode))**

이 비트들은 패리티 발생과 검사 형태를 설정하는 기능을 담당하고, 패리티 모드의 설정 방법은 표 10.5와 같다. 패리티 사용이 설정되면, 송신부에서는 하드웨어에 의해 자동으로 패리티를 계산하여 전송하고 수신부에서는 수신된 패리티 비트와 계산한 패리티 비트를 비교하여 일치하지 않으면 UCSRnA 레지스터의 UPEn 비트를 1로 설정하여 패리티 오류를 알려준다.

표 10.5 USARTn의 패리티 모드 선택

UPMn1	UPMn0	모드
0	0	패리티 기능을 사용하지 않음
1	1	사용하지 않음(reserved)
1	0	짝수 패리티 모드
1	1	홀수 패리티 모드

▶ **비트 3: USBSn(정지 비트 선택(Stop Bit Select))**

이 비트는 데이터 프레임에서 정지 비트의 수를 결정하는 기능을 담당하고, 비트의 설정 값에 따른 정지 비트의 수는 표 10.6과 같다.

표 10.6 USARTn의 정지 비트 선택

USBSn	정지 비트 수
0	1비트
1	2비트

▶ **비트 2, 1: UCSZn1, UCSZn0(문자 길이(Character Size))**

이 비트들은 UCSRnB의 UCSZn2 비트와 함께 전송 문자의 데이터 비트 수를 설정하는 데 사용된다. 이 비트들의 설정 값에 따른 문자의 비트 수는 표 10.7과 같다. 여기서 중점적으로 확인해야 할 사항은 UCSRnB의 UCSZn2와 UCSRnC의 UCSZn1, UCSZn0의 초깃값이 '011'로 8비트의 문자 길이를 나타내고 있다는 것이다.

표 10.7 USARTn의 전송 문자 비트 수 설정

레지스터 이름	UCSRnB	UCSRnC		
비트 이름	UCSZn2	UCSZn1	UCSZn0	전송 문자의 길이
설정 값	0	0	0	5비트
	0	0	1	6비트
	0	1	0	7비트
	0	1	1	8비트
	1	0	0	사용하지 않음(reserved)
	1	0	1	사용하지 않음(reserved)
	1	1	0	사용하지 않음(reserved)
	1	1	1	9비트

▶ 비트 0: UCPOLn(클록 극성(Clock Polarity))

이 비트는 동기 전송 모드에서만 유효한 것으로, 비동기 모드로 사용할 경우에는 0으로 설정한다. 동기 모드에서 이 비트는 동기 클록에 대해 데이터 출력의 변화 시점과 데이터 입력의 샘플링 시점을 결정하는 기능을 담당하는데, 표 10.8에 동작 비트 설정에 따른 클록의 극성 선택 방법을 나타내었다. 이 비트의 설정에 따른 동작 타이밍도는 그림 10.15에 자세히 나타내었다.

표 10.8 UCPOLn 비트의 설정에 따른 클록의 극성 선택

UCPOLn	전송 데이터의 출력 변화 시점 (TxDn 핀의 출력)	수신 데이터의 샘플링 시점 (RxDn 핀의 출력)
0	XCKn의 상승 에지	XCKn의 하강 에지
1	XCKn의 하강 에지	XCKn의 상승 에지

그림 10.15를 자세히 살펴보면, UCPOLn 비트를 1로 설정하면 XCKn 클록의 하강 에지에서 송신 데이터를 출력하고 상승 에지에서 수신 데이터를 샘플링한다. 또한 UCPOLn 비트를 0으로 설정하면 XCKn 클록의 상승 에지에서 송신 데이터를 출력하고 하강 에지에서 수신 데이터를 샘플링한다.

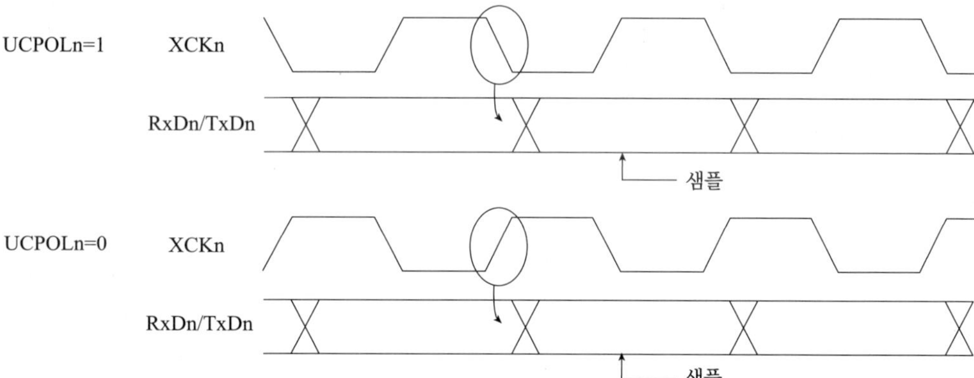

그림 10.15 동기 모드에서 XCKn 클록의 동작 타이밍도

10.3.5 USARTn 보 레이트 레지스터(UBRRnL/H)

UBRRnL/H(USARTn Baud Rate Register L/H) 레지스터는 16비트 중에서 12비트만 보 레이트 발생용으로 사용되고, USARTn 포트의 송수신 속도를 설정하는 기능을 수행한다. 이 레지스터의 구성을 그림 10.16에 나타내었다.

비트	15	14	13	12	11	10	9	8	
	–	–	–	–	UBRRn[11:8]				UBRRnH
	UBRRn[7:0]								UBRRnL
	7	6	5	4	3	2	1	0	
읽기/쓰기	R	R	R	R	R/W	R/W	R/W	R/W	
	R/W	R/W	R/W	R/W	R/W	R/W	R/W	R/W	
초깃값	0	0	0	0	0	0	0	0	
	0	0	0	0	0	0	0	0	

그림 10.16 USARTn 보 레이트 레지스터의 비트 구성

▶ **비트 15~12: 사용하지 않음**

이 비트들은 사용되지 않으나, 다른 소자들과의 호환성을 유지하기 위해 UBRRnH 레지스터에 값을 쓸 때 0으로 써야 한다.

▶ **비트 11~0: UBRRn11~0(보 레이트 선택 레지스터(Baud Rate Select Register))**

이 12비트는 클록의 분주비로 작용하여 USARTn의 보 레이트를 결정한다. 이 레지스터는 16비트이기 때문에 값을 쓸 경우에는 상위 바이트인 UBRRnH를 먼저 쓰고, 하위 바이트인 UBRRnL을 나중에 써야 한다.

USARTn의 전송 속도를 결정하기 위해 보 레이트를 계산하는 공식과 원하는 보 레이트를 설정하기 위해 UBBRn 레지스터의 값을 구하는 방법은 각 동작 모드별로 표 10.9와 같이 요약할 수 있다. 여기서 전송 속도를 나타내는 BAUD의 단위는 bps(bits per second)이며, UBRRn은 12비트만 사용하므로 0~4095 범위의 값을 가질 수 있다.

표 10.9 USARTn의 보 레이트 설정을 위한 공식

동작 모드	보 레이트를 결정하는 공식	UBRRn 레지스터의 값을 결정하는 공식
비동기 일반 모드 (U2Xn=0)	$BAUD = \frac{f_{OSC}}{16(UBRR + 1)}$	$UBRR = \frac{f_{OSC}}{16 \times BAUD} - 1$
비동기 2배속 모드 (U2Xn=1)	$BAUD = \frac{f_{OSC}}{8(UBRR + 1)}$	$UBRR = \frac{f_{OSC}}{8 \times BAUD} - 1$
동기 마스터 모드	$BAUD = \frac{f_{OSC}}{2(UBRR + 1)}$	$UBRR = \frac{f_{OSC}}{2 \times BAUD} - 1$

ATmega128을 구동할 수 있는 최대 시스템 클록은 16MHz이다. 이 클록을 사용하여 각 동작 모드별로 보 레이트를 발생시키기 위해 사용하는 UBRRn 레지스터의 설정 값은 표 10.10에 나타내었다. 이 표에서는 UBRRn 레지스터의 값을 설정함에 따라 표준 보 레이트와 실제로 동작하는 전송 속도와의 오차를 다음 식에 의해 계산한 결과를 제시했는데, 230.4Kbps에서 1Mbps인 경우를 제외한 모든 전송 속도에서 오차 범위가 5% 이내이다. 일반적으로 이러한 5%의 전송 오차는 비동기식 통신의 경우에 허용된다. 8MHz의 경우도, 마찬가지로 57.6~115.2Kbps의 전송 속도에서

이 오차 범위를 넘고 있음을 알 수 있다. 반면에 14.7456MHz의 시스템 클록을 사용할 경우에는 230.4Kbps 이하의 전송 속도에서 오차가 발생하지 않음을 알 수 있다. 따라서 정확한 데이터의 전송을 보장하기 위해서는 보 레이트 발생을 위한 클록을 16MHz 또는 8MHz 클록을 사용하는 대신에 14.7456MHz의 클록을 사용하는 것이 바람직하다. 따라서 교육용 보드에서는 직렬 통신에서 속도에 따른 오차를 줄이기 위해 14.7456MHz의 시스템 클록을 사용하고 있다.

$$\mathrm{ERROR}[\%] = \left(\frac{\mathrm{BaudRate}_{\mathrm{ClosestMatch}}}{\mathrm{BaudRate}} - 1\right) \times 100\%$$

표 10.10 보 레이트에 따른 UBBR 레지스터의 설정 예

전송 속도 (bps)	f_{osc} = 16MHz				f_{osc} = 8MHz				f_{osc} = 14.7456MHz			
	비동기 일반 모드 (U2X=0)		비동기 2배속 모드 (U2X=1)		비동기 일반 모드 (U2X=0)		비동기 2배속 모드 (U2X=1)		비동기 일반 모드 (U2X=0)		비동기 2배속 모드 (U2X=1)	
	UBBR	오차(%)	UBBR	오차(%)	UBBR	오차(%)	UBBR	오차(%)	UBBR	오차(%)	UBBR	오차(%)
2400	416	−0.1	832	0.0	207	0.2	416	−0.1	383	0.0	767	0.0
4800	207	0.2	416	−0.1	103	0.2	207	0.2	191	0.0	383	0.0
9600	103	0.2	207	0.2	51	0.2	103	0.2	95	0.0	191	0.0
14,400	68	0.2	138	−0.1	34	−0.8	68	0.6	63	0.0	127	0.0
19,200	51	0.2	103	0.2	25	0.2	51	0.2	47	0.0	95	0.0
28,800	34	−0.8	68	0.6	16	2.1	34	−0.8	31	0.0	63	0.0
38,400	25	0.2	51	0.2	12	0.2	25	0.2	23	0.0	47	0.0
57,600	16	2.1	34	−0.8	8	−3.5	16	2.1	15	0.0	31	0.0
76,800	12	0.2	25	0.2	6	−7.0	12	0.2	11	0.0	23	0.0
115,200	8	−3.5	16	2.1	3	8.5	8	−3.5	7	0.0	15	0.0
230,400	3	8.5	8	−3.5	1	8.5	3	8.5	3	0.0	7	0.0
250,000	3	0.0	7	0.0	1	0.0	3	0.0	3	−7.8	6	5.3
500,000	1	0.0	3	0.0	0	0.0	1	0.0	1	−7.8	3	−7.8
1M	0	0.0	1	0.0	−	−	0	0.0	0	−7.8	1	−7.8
최댓값	1Mbps		2Mbps		0.5Mbps		1Mbps		921.6kbps		1.8432kbps	

10.4 USARTn의 동작

ATmega128에서 USARTn의 동작 모드는 앞에서도 설명한 바와 같이 비동기 모드와 동기 모드로 구분되고, 비동기 모드는 일반 모드와 2배속 모드로 구분된다. 이상의 동작 모드 외에 다중 프로

세서 간의 통신을 지원하기 위한 다중 프로세서 통신 모드가 별도로 존재한다. 따라서 이 절에서는 USARTn의 동기 모드와 비동기 모드의 동작에 대해 살펴보고, 다음 절에서는 다중 프로세서 통신 모드에 대해 살펴보기로 한다.

동기 모드와 비동기 모드는 UCSRnA의 UMSELn의 설정에 의해 구분되며, 이는 이를 구동하는 클록 소스에만 차이가 있고 나머지 동작은 동일하게 작용한다. 따라서 USARTn의 동작은 데이터 송신부와 데이터 수신부에 대해 자세히 알면 모든 것을 이해할 수 있다.

10.4.1 데이터 송신부

USARTn에서 데이터의 전송은 UCSRnB의 TXENn(전송 허가)이 1로 설정되어 있을 때 가능하다. TXENn이 1로 설정되면, I/O 포트는 USARTn의 송신 포트인 TxDn 핀으로 동작하게 된다. 데이터를 송신하기 위해서는 USARTn의 동작 모드, 보 레이트, 전송 데이터의 프레임 형식 등이 미리 설정되어 있어야 한다. 동기식 모드인 경우 XCKn 핀의 클록은 송신 클록으로 사용된다.

◈ 8비트 데이터의 전송

데이터의 전송은 전송되는 문자 데이터를 UDRn에 기록하면 되고, 이 레지스터에 쓰여진 데이터는 송신 버퍼로 전달되며, 이 버퍼의 내용은 시프트 레지스터가 새로운 프레임의 데이터를 전송할 준비가 되어 있을 때 시프트 레지스터로 전달된다. 시프트 레지스터에는 이 레지스터에 아무런 데이터가 없거나 이전 프레임의 정지 비트가 송신된 이후에 새로운 데이터가 기록된다. 이렇게 시프트 레지스터로 전달된 새로운 데이터는 전송 모드의 설정에 따라 직렬 포트를 통해 외부로 전송된다. 동기 모드의 경우에는 XCKn의 클록에 동기를 맞추어 전송되고, 비동기 모드의 경우에는 U2Xn 비트와 보 레이트 레지스터에 의해 미리 설정된 통신 속도에 맞추어 전송된다.

◈ 9비트 데이터의 전송

UCSRnB의 UCSZn2와 UCSRnC의 UCSZn1과 UCSZn0의 설정이 7로 되어 있어, 9비트의 문자를 전송하는 경우에는 다음과 같은 순서로 데이터를 해당 레지스터에 써야 한다.

① 9번째의 문자를 UCSRnB의 TXB8n에 기록
② 전송 문자의 하위 바이트를 UDRn에 기록

이상과 같은 순서로 데이터가 전송 버퍼에 기록되면, 하위 8비트의 데이터와 9번째 비트가 순서대로 직렬 포트를 통해 외부로 전송된다.

9번째 데이터 비트는 주로 다중 프로세서 통신 모드에서 주소 프레임을 알리기 위해 사용되고, 동기 전송 모드에서 또 다른 동기화 프로토콜을 위해 사용된다.

참고사항

USARTn의 인터럽트

ATmega128의 USARTn 인터럽트는 세 종류가 있으며, 인터럽트 서비스 루틴의 이름은 인터럽트 벡터에서 다음과 같이 정의되어 있다.

- USARTn_RXC: 수신 완료 인터럽트
- USARTn_DRE: 데이터 준비 완료 인터럽트
- USARTn_TXC: 송신 완료 인터럽트

USARTn의 데이터 송수신 과정은 폴링 방식과 인터럽트 기동(interrupt-driven) 방식으로 수행되고, 폴링 방식을 사용할 경우에는 이에 해당하는 플래그를 검사하여 메인 프로그램에서 데이터를 송수신하면 된다. 그러나 이는 MCU 사용에 있어 비효율적이다. 인터럽트 기동 방식은 데이터가 송수신될 때마다 메인 프로그램이 아닌 인터럽트 서비스 루틴에서 데이터를 데이터 레지스터에 쓰면 된다. 따라서 폴링 방식과 인터럽트 기동 방식이 효율적이며, 이 책에서는 인터럽트 기동 방식을 활용하여 설명한다.

◈ 송신 플래그와 인터럽트

USARTn 송신부에서는 데이터 전송을 위해 UCSRnA의 UDREn(데이터 레지스터 준비 완료)과 TXCn(송신 완료)이 사용된다. 이 2개의 플래그는 인터럽트를 발생시키는 데 사용될 수 있다.

UDREn은 송신 버퍼가 새로운 데이터를 받아들일 준비가 되어 있는지를 나타낸다. 이 비트가 1이면 송신 버퍼가 비어 있음을 나타내고, 0이면 송신 데이터의 내용이 아직 시프트 레지스터로 전달되지 않아 버퍼에 송신할 데이터가 남아 있는 상태를 나타낸다.

전체 인터럽트가 허가되어 있는 상황에서 UCSRnB의 UDRIEn(데이터 레지스터 준비 완료 인터럽트 허가) 비트가 1로 설정되어 있으면, 송신 버퍼가 비어서 UDREn 비트가 1로 설정되어 있는 동안에는 USARTn_DRE 인터럽트가 실행된다. 이 UDREn은 UDRn에 송신 데이터를 쓰면 클리어된다.

만약 인터럽트를 사용하여 데이터를 전송하려고 할 경우, USARTn_DRE 인터럽트 서비스 루틴에서는 반드시 UDREn을 클리어하기 위해 새로운 데이터를 쓰거나 USARTn_DRE 인터럽트를 금지시켜야 한다. 그렇지 않으면 새로운 인터럽트는 한 번만 발생하고, 더 이상의 인터럽트는 발생하지 않게 된다.

UCSRnA의 TXCn은 송신 시프트 레지스터에 있는 데이터가 모두 전송되어 송신 버퍼에 아무 데이터도 남아 있지 않은 상태일 때 1로 세트된다. TXCn은 USARTn_TXC(송신 완료) 인터럽트가 실행되면 자동으로 0으로 클리어되거나 또는 이 비트에 1을 쓰면 클리어된다.

전체 인터럽트가 허가되어 있고 UCSRnB의 TXCIEn(송신 완료 인터럽트 허가)이 1로 설정되어 있을 경우, 송신 시프트 레지스터가 비어 UCSRnA의 TXCn이 1로 설정되면 USARTn_TXC 인터럽트가 실행된다. 인터럽트 루틴이 수행되면 TXCn 플래그는 자동으로 클리어된다.

◈ 패리티 발생기

UCSRnC의 UPMn1이 1로 설정되면, USARTn 송신부에서는 문자를 송신할 때 패리티 비트를 자동으로 계산하여 문자 데이터의 마지막 비트와 정지 비트 사이에 패리티 비트를 부가한다.

◈ 송신부의 금지

UCSRnB의 TXENn 비트를 0으로 설정하면, 현재 전송 중인 데이터를 제외하고 더 이상 데이터를 TxDn 핀을 통해 송신할 수 없게 된다.

10.4.2 데이터 수신부

USARTn에서 데이터의 수신은 UCSRnB의 RXENn(수신 허가)이 1로 설정되어 있을 때 가능하다. RXENn이 1로 설정되면, I/O 포트는 USARTn의 수신 포트인 RxDn 핀으로 동작하게 된다. 데이터를 수신하기 위해서는 송신부의 설정에서 설명한 바와 같은 내용을 미리 설정해야 한다. 동기식 모드인 경우 XCKn 핀의 클록은 송신 클록으로 사용된다.

◈ 8비트 데이터의 수신

수신부에서는 유효한 시작 비트를 검출하면 데이터를 수신하기 시작한다. 시작 비트 이후의 모든 데이터는 보 레이트 클록 또는 XCKn 클록에 의해 샘플링되고, 프레임의 정지 비트가 수신될 때까지 수신 시프트 레지스터로 자동으로 이동된다. 이 과정에서 두 번째 정지 비트는 수신부에 의해 무시된다. 첫 번째 정지 비트가 수신됐을 때, 수신 시프트 레지스터에 수신된 데이터는 수신 버퍼로 이동된다. 이때 수신 버퍼의 내용은 UDRn을 통해 읽을 수 있다.

◈ 9비트 데이터의 수신

UCSRnB의 UCSZn2와 UCSRnC의 UCSZn1과 UCSZn0의 설정을 7로 하면, 9비트로 송수신을 하게 된다. 9비트의 문자를 수신하는 경우에는 다음과 같은 순서로 해당 레지스터로부터 데이터를 읽어야 한다.

① 9번째의 문자인 UCSRnB의 RXB8n을 읽음
② 전송 문자의 하위 바이트를 UDRn으로부터 읽음

이 규칙은 FEn, DORn, UPEn 상태 플래그를 읽는 과정에서도 마찬가지로 적용된다. 일단 UCSRnA로부터 상태 플래그를 읽고 UDRn을 읽는다.

◈ 수신 완료 플래그와 인터럽트

USARTn 수신부에서는 데이터 수신의 상태를 알려주기 위해 UCSRnA의 RXCn(수신 완료)을 사용한다. 이 플래그는 수신 버퍼에 현재 읽히지 않은 데이터가 있는지를 알려주는 기능을 하며, 수신 버퍼에 읽히지 않은 데이터가 있으면 1로 세트되고, 수신 버퍼가 비어 있으면 0이 된다. 만약 RXENn(수신 허가)이 0으로 설정되면 수신 버퍼는 동작하지 않고 RXCn은 0이 된다.

전체 인터럽트가 허가되어 있는 상황에서 UCSRnB의 RXCIEn(수신 완료 인터럽트 허가)이 1로 설정되면, 수신 버퍼에 데이터가 들어와 있어서 RXCn 비트가 1로 설정되어 있는 동안에는 USARTn_RXC(수신 완료) 인터럽트가 발생한다. USARTn_RXC 인터럽트 서비스 루틴에서는 RXCn을 클리어하기 위해 반드시 UDRn으로부터 데이터를 읽어야 한다. 그렇지 않으면 새로운 인터럽트는 한 번만 발생하고, 더 이상의 인터럽트는 발생하지 않게 된다.

◈ 수신 오류 플래그

USARTn 수신부에서는 데이터를 수신하면 프레임 오류(FEn), 데이터 오버런(DORn), 패리티 오류(PEn)라는 세 가지 오류를 검출하고, 이 오류의 상태를 UCSRnA에 저장한다. 이 오류 플래그들은 현재 수신 버퍼에 들어온 데이터 프레임에 대해 유효한 것이기 때문에, UDRn(수신 버퍼)을 읽기 전에 반드시 UCSRnA를 읽어 오류를 검사해야 하며, 이 오류 플래그들은 단순히 데이터를 수신할 때의 상태 정보일 뿐 인터럽트를 발생시키지 않으며, 소프트웨어에 의해 변경도 불가능하다.

UCSRnA의 FEn(프레임 오류)은 수신 버퍼에 있는 데이터의 첫 번째 정지 비트의 상태를 나타내는 것으로, 정지 비트가 정확하게 수신되어 1이 되면 FEn은 0이 되고, 정지 비트에 오류가 있어 0으로 수신되면 FEn은 1이 된다. 이 상태 플래그는 동기화 오류나 통신 프로토콜에서의 규칙 위반 등의 오류를 검출하는 데 사용된다. 이 프레임 오류는 첫 번째 정지 비트를 제외한 모든 정지 비트를 무시하여 검출되기 때문에 UCSRnC의 USBSn(정지 비트 선택 비트) 설정 값에 영향을 받지 않는다.

UCSRnA의 DORn(데이터 오버런)은 수신 버퍼가 가득 찬 상태에서 새로운 데이터가 또 들어와 데이터에 손실이 일어났을 때 발생하는 오류로서, 수신 버퍼에 2문자의 데이터가 들어와서 버퍼가 가득 차 있고, 새로운 문자 데이터가 수신 시프트 레지스터에서 기다리고 있는 상황에서 새로운 시작 비트가 검출됐을 때 이 플래그는 1이 된다. 이 플래그는 최종적으로 읽은 데이터 프레임과 다음에 읽을 데이터 프레임 사이에서 직렬 데이터의 손실이 하나 또는 2개 이상 발생했을 때 1로 세트되며, 수신된 프레임의 데이터가 직렬 레지스터에서 수신 버퍼로 정상적으로 전송되면 0으로 클리어된다.

UCSRnA의 UPEn(패리티 오류)은 수신부에서 데이터를 수신했을 때 수신 버퍼의 다음 프레임에 패리티 오류가 있는 경우에 발생하는 플래그로서, 패리티 발생의 원리는 11.1절의 내용을 참조하기 바란다. 이 UPEn은 UCSRnC의 UPMn1(패리티 모드)이 1로 설정되어 패리티 검사가 허가되어 있는 경우에만 하드웨어에 의해 자동으로 생성되며, UPMn1이 0으로 설정되어 패리티 검사가 금지되어 있는 경우에는 항상 0으로 읽힌다.

◈ 패리티 검사기

패리티 검사기는 UCSRnC의 UPMn1(패리티 모드)이 1로 설정되어 있을 때 동작하며, 홀수 패리티인지 짝수 패리티인지의 결정은 UCSRnC의 UPMn0에 의해 결정된다. UPMn1이 1로 설정되어 있으면 패리티 검사기에서는 현재 입력되는 데이터 비트들의 패리티를 계산하고, 직렬 프레임으로부터 입력된 패리티 비트와 비교한다. 이렇게 비교된 결과는 수신된 데이터, 정지 비트와 함께 수신 버퍼에 저장된다. UCSRnA의 UPEn(패리티 오류)은 프레임에 패리티 오류가 있는지 검사할 수 있도록 프로그램에 의해 읽힐 수 있다. 또한 이 비트는 수신 버퍼로부터 읽히는 다음 문자가 패리티 오류를 갖고 있을 때 생성되며, 수신 버퍼를 읽을 때까지 유효해진다.

◈ 수신부의 금지

UCSRnB의 RXENn(수신 허가)을 0으로 설정하면, 송신부와는 달리 현재 수신 중인 데이터를 포함하여 RxDn 핀을 통해 들어오는 모든 수신 데이터는 손실된다. 즉, 수신부가 금지되어 있으면 RxDn 포트는 직렬 통신의 수신부로 동작하지 않는다.

10.5 다중 프로세서 통신

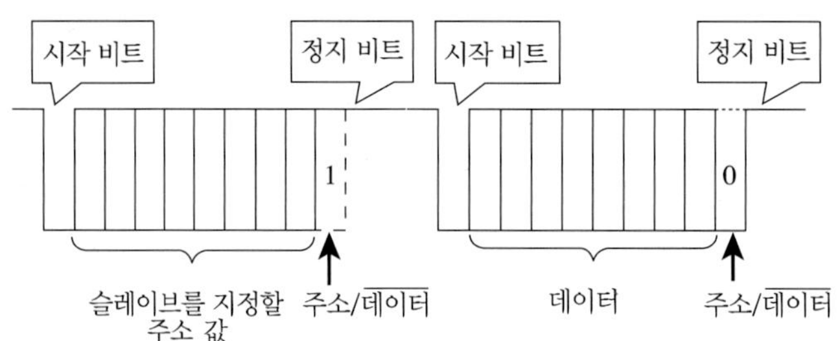

그림 10.17 다중 프로세서 통신 제어 프로토콜

다중 프로세서 통신 모드는 1개의 마스터 프로세서가 여러 개의 슬레이브 프로세서에게 특정한 주소를 전송함으로써 1개의 슬레이브만을 지정하여 데이터를 전송하는 동작 모드이다. 이를 위해 송신 측에서는 하나의 문자를 9비트로 구성하는 프레임으로 설정해야 하며, 슬레이브로 동작하는 수신 측 또한 9비트의 프레임을 사용하도록 설정해야 한다.

다중 프로세서 통신 모드의 통신은 UCSRnA의 MPCMn(다중 프로세서 통신 모드)을 1로 설정함으로써 동작이 가능해지고, 마스터는 8개의 데이터 비트와 UCSRnB의 TXB8을 조합하여 9비트의 데이터를 송신하고, 슬레이브에서는 8개의 데이터 비트와 UCSRnB의 RXB8n을 조합하여 9비트의 데이터를 수신한다. 데이터를 송수신할 때 사용하는 9번째 비트는 UCSRnB의 TXB8n과 RXB8n을 이용한다.

따라서 다중 프로세서 통신 모드로 동작하는 경우의 데이터는 그림 10.19에 나타낸 것과 같이 주소 프레임과 데이터 프레임으로 구분하여 전송되며, 주소 프레임의 경우에는 9번째 비트를 1로 설정하고, 데이터 프레임의 경우에는 9번째 비트를 0으로 설정한다.

그림 10.18과 같이 1개의 마스터 프로세서와 여러 개의 슬레이브 프로세서가 다중 프로세서 통신을 하는 경우의 통신 프로토콜은 다음과 같은 절차로 이루어지며, 표 10.11에 요약하여 제시했다.

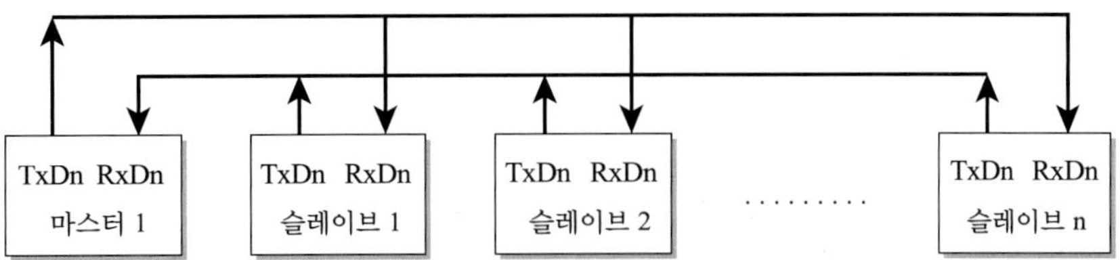

그림 10.18 다중 프로세서 통신 제어 시스템 구성

① 모든 슬레이브 프로세서는 UCSRnA의 MPCMn을 1로 하고, 마스터 프로세서가 주소 프레임을 송신하는 것을 기다린다.

② 마스터 프로세서는 UCSRnB의 TXB8n을 1로 해서 9번째 비트가 1인 주소 프레임을 송신한다.

③ 모든 슬레이브 프로세서는 주소 프레임을 수신하면 인터럽트를 발생시켜 수신된 데이터가 자신을 지정한 주소 프레임인지를 판별한다.

④ 지정된 슬레이브 프로세서는 UCSRnA의 MPCMn을 0으로 하고, 마스터 프로세서에서 송신되는 데이터를 기다린다. 지정되지 않은 슬레이브 프로세서는 UCSRnA의 MPCMn을 1로 유지한다.

⑤ 마스터 프로세서는 UCSRnB의 TXB8n을 0으로 해서 9번째 비트가 0인 데이터 프레임을 송신한다.

⑥ 지정된 슬레이브 프로세서는 UCSRnA의 MPCMn이 0으로 되어 있기 때문에 마스터 프로세서에서 송신된 데이터로 전부 수신할 수 있다. 그러나 지정되지 않은 슬레이브 프로세서는 UCSRnA의 MPCMn이 1로 되어 있기 때문에 주소 프레임 정보의 이하 데이터는 모두 무시하고, 다음의 주소 프레임을 기다린다.

표 10.11 그림 10.18의 다중 프로세서 통신 제어 시스템 구성에서의 통신 절차 예

	마스터	슬레이브 1	슬레이브 2	슬레이브 n
1	TXB8n=1로 세트한다.	MPCMn=1로 세트한다.	MPCMn=1로 세트한다.	MPCMn=1로 세트한다.
2	주소 발생(TXB8n=1)	인터럽트 발생	인터럽트 발생	인터럽트 발생
3		주소 프레임 판정="NO"	주소 프레임 판정="YES"	주소 프레임 판정="NO"
4	TXB8n=0으로 리셋한다.		MPCMn=0으로 세트한다.	
5	데이터 송신(TXB8n=0)	무시	데이터 수신	무시
6	데이터 통신 완료		MPCMn=1로 세트한다.	
7		주소 발생에 따른 인터럽트 대기	주소 발생에 따른 인터럽트 대기	주소 발생에 따른 인터럽트 대기
8	필요에 따라 주소 발생 (TXB8n=1)	인터럽트 발생	인터럽트 발생	인터럽트 발생

⑦ 지정된 슬레이브 프로세서에서는 통신이 전부 완료되는 시점에서 UCSRnA의 MPCMn을 1로 해서 다음의 주소 프레임을 기다린다.

참고사항

교육용 보드에서의 USARTn 핀 사용

ATmega128의 USART0은 PE0과 PE1 핀을 사용하고 있고, USART1은 PD2와 PD3 핀을 사용하고 있으며, 교육용 보드에서 USART0은 D-SUB 커넥터에 연결되어 있고, USART1은 USB 포트를 통해 PC 통신할 수 있도록 FT232R IC(USB to serial UART interface)를 사용하고 있다.

이 책에서는 USART1 채널을 통해 작성한 프로그램을 다운로드하고, PC와의 데이터 전송에 관한 실습이 진행된다. 따라서 앞으로 USART1을 사용하여 모든 프로그램을 설명한다.

또한 USART1 채널을 통해 실습하는 동안에는 PD2와 PD3의 중복 기능으로 되어 있는 외부 인터럽트 기능을 사용하지 못한다는 점을 유의하기 바란다.

10.6 USART의 초기화 및 액세스

ATmega128과 외부 시스템 간의 직렬 통신을 위해서는 먼저 RS232C 통신 규격에서 정의하고 있는 통신 속도, 패리티 사용 여부, 통신 비트 수, 정지 비트 등의 통신 프로토콜을 쌍방에서 맞추어야 하고, 송수신이 가능하도록 초기화 과정을 수행해야 한다. 또한 초기화 과정이 완료되면 송수신 플래그나 인터럽트 플래그 등을 사용하여 문자를 하나씩 송수신하는 방법을 사용해야 한다. 따라서 이 절에서는 이와 같은 과정을 수행하기 위한 프로그램 작성법을 간단하게 학습해본다.

10.6.1 보 레이트를 비롯한 통신 모드의 설정

외부 시스템과 직렬 통신을 사용할 경우에는 일반적으로 비동기 모드를 사용한다. 따라서 비동기 통신 모드를 사용한다는 가정하에 통신의 속도를 설정해보자. ATmega128은 앞서 설명한 바와 같이 2채널의 USART를 내장하고 있으며, 이전 절까지는 2개의 채널을 공통적으로 설명하기 위해 레지스터를 설명할 때 채널을 구분하지 않고 설명을 했다. 지금부터는 각 채널을 설정하여 실제 실험할 수 있도록 설명해야 하므로, 레지스터 이름에 채널 번호를 넣어 설명을 하니 주의 깊게 살펴보면서 학습하기 바란다. 이 절에서는 USART1에 대해서만 설명하고 있으니, USART0을 사용하고자 할 경우에는 1로 표기되어 있는 부분을 0으로 바꾸어 사용하면 된다.

먼저 비동기 모드에서 통신 속도는 보편적으로 115,200bps가 사용된다. 따라서 ATmega128의 USRAT1의 통신 속도를 115,200bps로 설정하기 위해 다음과 같은 과정을 수행하면 된다.

① 비동기 통신 모드를 선택하기 위해 UCSR1C의 UMSEL1(모드 선택)을 0으로 클리어한다.

② 115,200bps를 설정하기 위해 표 10.12를 참고하면 UCSR1A의 U2X1을 0으로 설정하여 비

동기 일반 속도(1배속)를 선택할 경우 UBRR1H는 0x00, UBRR1L은 0x07로 설정하고, UCSR1A의 U2X1을 1로 설정하여 비동기 2배속을 선택할 경우 UBRR1H는 0x00, UBRR1L은 15(0x0f)로 설정한다.

이상의 과정은 다음과 같이 프로그램할 수 있다.

비동기 2배속	비동기 1배속	
UCSR1C &= ~(1 << URSEL1);	UCSR1C &= ~(1 << URSEL1);	// 비동기 통신 모드 선택(공통)
UCSR1A |= (1 << U2X1);	UCSR1A &= ~(1 << U2X1);	// 비동기 2배속 / 일반 선택
UBRR1H = 0x00;	UBRR1H = 0x00;	// UBRR1H 값 설정
UBRR1L = 0x0f;	UBRR1L = 0x07;	// UBRR1L 값 설정

이상의 초기화 과정에서 유의할 점은, 16비트 레지스터에 데이터를 기록하기 위해서는 상위 바이트를 먼저 쓰고 하위 바이트를 나중에 써야 한다는 것이다.

또한 초기화 과정에서는 통신 속도 외에 문자의 전송 형식을 미리 결정해야 한다. 문자의 전송 형식은 문자의 길이, 패리티 사용 여부, 오류의 검출 여부이다. 대부분의 문자의 전송 형식은 8비트의 문자, No 패리티, 1비트의 정지 비트를 사용하기 때문에 이 책에서도 이 형식을 따르겠다.

따라서 8비트 문자, No 패리티, 1 정지 비트를 사용하기 위해서는 다음의 과정을 거친다.

① 8비트 문자를 선택하기 위해서는 표 10.9에서와 같이 UCSR1B의 UCSZ12, UCSR1C의 UCSZ11, UCSZ10의 값을 '011'이 되도록 설정한다.

② No 패리티를 선택하기 위해서는 표 10.7에서와 같이 UCS1C의 UPM11, UPM10의 값이 '00'이 되도록 설정한다.

③ 1 정지 비트를 선택하기 위해서는 표 10.8에서와 같이 UCS1C의 USBS1 값을 '0'이 되도록 설정한다.

이상의 과정은 다음과 같이 프로그램할 수 있다.

```
UCSR1B &= ~(1<<UCSZ12);                    // ① 8비트 문자 선택
UCSR1C |= ((1 << UCSZ11) | (1<<UCSZ10)); // ① 8비트 문자 선택
UCSR1C &= ~((1<<UPM11) | (1<<UPM10));    // ② No 패리티 선택
UCSR1C &= ~(1<<USBS1);                     // ③ 1 정지 비트 선택
```

여기서 설명의 편리성을 위해 UCSR1C 레지스터에는 세 번 비트 설정을 했지만, 다음과 같이 UCSR1C의 레지스터를 간단하게 설정할 수 있다.

```
UCSR1B &= ~(1<< UCSZ12);                   // UCSZ12=0(8비트 문자열 선택)
UCSR1C |= (3<<UCSZ10);
// UPM11~UPM00=10, USBS1=0, UCSZ11~UCSZ10=11
```

10.6.2 송수신 허가

USART1을 이용하여 송수신을 하기 위해서는 UCSR1B의 TXEN1(송신 허가)과 RXEN1(수신 허가)을 1로 설정해야 한다. 즉, 문자를 수신하고자 할 경우에는 RXEN1을 1로 설정하고, 문자를 송신하고자 할 경우에는 TXEN1을 1로 설정해야 한다. 보통 USART1을 초기화할 경우에는 대부분 RXEN1과 TXEN1 비트를 1로 설정하여 데이터를 송수신할 수 있도록 설정해놓는다. 이것은 다음과 같다.

```
UCSR1B = (1<<RXEN1) | (1<<TXEN1);      // RXEN1=1(수신 허가), TXEN1=1(송신 허가)
```

위의 과정은 인터럽트를 사용하지 않고 폴링으로 직렬 통신을 사용하기 위해서는 유용하나, 일반적으로는 인터럽트를 사용한다. 인터럽트를 사용하기 위해서는 초기화 과정에서 데이터 송수신을 위해 송수신을 허가하고, 수신 준비와 송신 준비용의 인터럽트를 허가해놓는다. 이것은 UCSR1B의 RXCIE1(수신 인터럽트 허가)을 1로 설정하고, UCSR1B의 UDRIE1(데이터 레지스터 준비 인터럽트 완료 인터럽트 허가)을 1로 설정하여, 다음과 같이 설정한다.

```
UCSR1B = (1<<RXCIE1) | (1<<UDRIE1) | (1<<RXEN1) | (1<<TXEN1);
```

10.6.3 데이터의 송수신

USART1에서 데이터를 송수신하기 위해서는 위에서 설명한 바와 같이 폴링으로 데이터를 송수신하는 방법과 인터럽트를 이용하는 방법이 있다.

폴링 방법으로 데이터를 송수신하는 방법은 다음과 같이 UCSR1A의 UDRE1(데이터 레지스터 준비 완료)과 UCSR1A의 RXC1(수신 완료)을 검사하여 이 비트가 1이 되면 데이터를 송수신하는 것이다.

```
unsigned char ch;
while (!(UCSR1A & (1<<UDRE1)));  // USART1의 UDRE1이 1이 될 때까지 기다림
UDR1 = ch;                       // 문자를 전송함. 그리고 문자를 전송한 후에는
                                 // UDRE1이 자동으로 클리어됨

while (!(UCSR1A & (1 << RXC1))); // USART1의 RXC1이 1이 될 때까지 기다림
ch = UDR1;                       // 문자를 수신함. 그리고 문자를 수신한 후에는
                                 // RXC1이 자동으로 클리어됨
```

다음으로 인터럽트를 사용하여 데이터를 송수신하기 위해 6.4절에서 설명한 인터럽트 제어 과정을 적용하면 아래와 같다.

① 인터럽트의 종류 선택을 위해 별도의 마스크 레지스터를 설정하는 것이 아니라, 직렬 통신은 포트이기 때문에 UDRn, UCSRnA, UCSRnB, UCSRnC, UBRRnH, UBRRnL에서 n의 값

을 0으로 하면 USART0, 1로 하면 직렬 통신 USART1을 선택하는 것이다.

② 인터럽트 제어 선택을 위해 위에서 설명한 송신 허가, 수신 허가, 수신 인터럽트 허가, 데이터 레지스터 준비 완료 인터럽트 허가를 선택한다. 즉, UCSR1B의 TXEN1(송신 허가), RXEN1(수신 허가), RXCIE1(수신 인터럽트 허가), UDRIE1(데이터 레지스터 준비 인터럽트 완료)을 1로 설정한다. 그리고 115,200bps의 보 레이트 설정을 위해 UBRR1H를 0x00, UBRR1L을 0x07의 값으로 설정한다.

③ 인터럽트 동작을 시작(전체 인터럽트 허가)하기 위해 SREG의 I 비트를 1로 설정한다.

④ 인터럽트 발생 여부 확인을 위해 위의 데이터 송수신에서 설명한 USART1의 UDRE1이 1로 설정되면 USART1_DRE(데이터 레지스터 준비 완료 1) 인터럽트가 발생하고, USART1의 RXC1이 1로 설정되면 USART0_RXC(수신 완료 1) 인터럽트가 발생한다.

```
// ① RXCIE1=1(수신 인터럽트 설정), UDRIE1=1(데이터 레지스터 준비 인터럽트 설정),
//    RXEN1=1(수신 허가), TXEN1 = 1(송신 허가)
UCSR1B = (1<<RXCIE1) | (1<<UDRIE1) | (1<<RXEN1) | (1 <<TXEN1);
UBRR1H = 0x00; // ② 115200bps 보 레이트 설정
UBRR1L = 0x07; // ② 115200bps 보 레이트 설정
SREG |= 0x80;  // ③ 인터럽트 동작 시작(전체 인터럽트 허가)
```

이렇게 설정한 후 UCSR1A의 RXC1이 1로 설정되면 USART1_RXC(수신 완료) 인터럽트가 발생하고, UCSR1A의 UDRE1이 1로 설정되면 USART1_DRE(데이터 레지스터 준비 완료) 인터럽트가 발생한다. 각각의 인터럽트 서비스 루틴은 다음과 같다.

```
// 인터럽트 루틴에서의 데이터 수신 방법
interrupt [USART1_RXC] void usart1_receive(void)
{
    ch = UDR1;
}

// 인터럽트 루틴에서의 데이터 송신 방법
interrupt [USART1_DRE] void usart1_transmit(void)
{
    UDR1 = ch;
}
```

10.6.4 9번째 데이터 비트의 처리

9비트 데이터 전송을 위해서는 UCSR1B의 UCSZ21을 1로 설정한다. 9비트의 데이터를 수신하는 경우에는 UDR1을 1부터 8번째 비트로 사용하고 UCSR1B의 RXB81을 9번째 비트로 사용하고, 송신의 경우에는 UDR1을 1부터 8번째 비트로 사용하고 UCSR1B의 TXB81을 9번째 비트로 사용

한다. 9번째 비트는 다중 프로세서 통신을 할 경우에 중요한 역할을 하므로 이에 관련된 사항은 10.5절의 내용을 자세히 살펴보기 바란다. 여기서는 9번째 비트를 이용하여 송수신하는 경우에 프로그램을 작성하는 방법에 대해서만 알아보기로 한다.

9번째 데이터 비트를 사용하여 문자를 전송할 때는 데이터를 UDR1로 쓰기 전에 UCSR1B 레지스터의 TXB81 비트를 먼저 설정한다. 이 과정은 다음과 같다.

```
// USART1의 UDRE1이 1이 될 때까지 기다림
while (!(UCSR1A & (1<<UDRE1)));

// 9번째 비트를 TXB1에 저장
if (ch & 0x0100) UCSR1B |= (1<<TXB81);

// 1부터 8번째 비트를 UDR1에 저장
UDR1 = ch;
```

9번째 데이터 비트를 사용하여 문자를 수신할 때는 UDR1을 읽기 전에 UCSR1B의 RXB81을 먼저 읽어야 한다. 이러한 과정은 UCSR1A 레지스터에 있는 FE1, DOR1 또는 UPE1의 수신 상태 플래그를 읽을 때도 마찬가지로 적용된다. 이는 UDR1을 읽을 때 수신 버퍼 FIFO의 내용이 변경될 가능성이 있기 때문이다. 이 과정은 다음과 같다.

```
// USART1의 RXC1이 1이 될 때까지 기다림
while(!(UCSR1A & (1<<RXC1)));

// 9번째 비트를 먼저 읽은 다음 1부터 8번째 비트를 읽음
status = UCSR1A;
resh = ( UCSR1B & (1<<RXB81) ) >> 1; // 9번째 비트 읽음
resl = UDR1;// 1부터 8번째 비트 읽음
// 오류가 발생하면 오류 처리
if (status & ((1<<FE1) | (1<<DOR1) | (1<<UPE1)) )
{
    ...
}
// 9번째 비트를 추출하고 9비트의 데이터 쓰기
ch_rec9 = (resh<<8) | resl; // ch_rec9 변수는 unsigned int로 미리 선언되어 있어야 함
```

10.7 USARTn 활용 실험

이상의 USARTn 송수신 동작의 개념을 상기하면서 다양한 예제를 통해 USARTn의 동작을 확인해보자.

예제 10.1 직렬 포트의 초기화

동작 속도가 115,200 보 레이트이며, 8비트 문자, No 패리티, 1 정지 비트의 문자 전송 형식을 갖고, 비동기식으로 동작하도록 USART1을 초기화하는 프로그램을 작성하라.

USART1의 초기화를 위해서는 본문에서 설명한 것과 같이 통신 모드를 설정하기 위해 UCSR1A, UCSR1B, UCSR1C의 상태 및 제어 레지스터와 통신 속도를 결정하기 위해 UBRR1H, UBRR1L 레지스터를 초기화해야 한다. 이번 예제의 방식으로 초기화하기 위한 이 레지스터들의 값을 다음 표에 요약해뒀다.

비트	7	6	5	4	3	2	1	0
UCSR1A	RXC1	TXC1	UDRE1	FE1	DOR1	UPE1	U2X1	MPCM1
	수신 완료	송신 완료	UDR 준비 완료	프레임 오류	데이터 오버런 오류	패리티 오류	2배속 전송	다중 프로세서 모드
초깃값	0	0	1	0	0	0	0	0
설정 값	0	0	1	0	0	0	0	0
UCSR1B	RXCIE1	TXCIE1	UDRIE1	RXEN1	TXEN1	UCSZ12	RXB81	TXB81
기능	수신 INT 허가	송신 완료 INT 허가	UDR 준비 완료 INT 허가	수신 허가	송신 허가	문자 길이 선택 2	수신 데이터 비트 8	송신 데이터 비트 8
초깃값	0	0	0	0	0	0	0	0
설정 값	1	0	1	1	1	0	0	0
UCSR1C	–	UMSEL1	UPM11	UPM10	USBS1	UCSZ11	UCSZ10	UCPOL1
기능	예약 비트	동기/비동기 모드 선택	패리티 설정 1	패리티 설정 0	정지 비트 선택	문자 길이 선택 1	문자 길이 선택 0	클록 극성
초깃값	0	0	0	0	0	1	1	0
설정 값	0	0	0	0	0	1	1	0
UBRR1H	–	–	–	–	UBRR1[11:8]			
기능	예약 비트	예약 비트	예약 비트	예약 비트	속도 선택 11	속도 선택 10	속도 선택 09	속도 선택 08
초깃값	0	0	0	0	0	0	0	0
설정 값	0	0	0	0	0	0	0	0
UBRR1L	UBRR1[7:0]							
기능	속도 선택 07	속도 선택 06	속도 선택 05	속도 선택 04	속도 선택 03	속도 선택 02	속도 선택 01	속도 선택 00
초깃값	0	0	0	0	0	0	0	0
설정 값	0	0	0	0	0	1	1	1

UCSR1A는 UDRE1을 1로 설정하여 데이터 송신을 가능하게 하고, U2X1을 0으로 하여 1배속 일반 속도로 설정한다.

UCSR1B는 RXCIE1을 1로 설정하여 데이터가 수신되면 수신 완료 인터럽트를 발생시키고, UDRIE1을 1로 설정하여 데이터 레지스터 비움 인터럽트를 발생시키고, RXEN1을 1로 설정하여 데이터 수신이 가능하게 하고, TXEN1을 1로 하여 데이터 송신이 가능하게 하고, 마지막으로 UCSZ12를 0으로 하여 UCSR1C의 UCSZ11, UCSZ10과 조합하여 8비트 데이터를 설정한다.

UCSR1C는 UMSEL1을 0으로 하여 비동기 통신 모드로 설정하고, UPM11, UMP10을 '00'으로 하여 No 패리티로 설정하고, UCSZ11, UCSZ10을 '11'로 하여 UCSR1B의 UCSZ12와 조합하여 8비트 데이터를 설정한다.

그리고 UBRR1H와 UBRR1L을 0x00, 0x07로 설정하여 115200bps의 보 레이트로 설정한다.

앞의 표에서 ATmega128의 초깃값과 설정 값을 비교해보면, UCSR1A와 UCSR1C는 동일하고 UCSR1B와 UBRR1H, UBRR1L의 데이터만 다름을 알 수 있다. 즉, 8비트 데이터, No 패리티, 1 정지 비트를 사용하기 위해서는 수신 인터럽트 허가, 데이터 레지스터 준비 완료 인터럽트 허가, 수신 허가, 송신 허가와 보 레이트 설정만 해주면 된다.

이제 폴링 방식으로 직렬 통신을 하기 위한 초기화 과정의 프로그램을 작성해보자. 이 프로그램은 다음과 같다.

```
void Init_USART1(void)
{
    UCSR1A = 0x00;                    // 1배속 전송 모드
    UCSR1B = (1<<RXEN1) | (1<<TXEN1); // 수신 허가, 송신 허가
    // 비동기 통신, 짝수 패리티, 1 정지 비트, 8 데이터 비트 설정
    UCSR1C = (1<<UCSZ11) | (1<<UCSZ10);
    UBRR1H = 0x00;
    UBRR1L = 0x07;                    // 115200bps 보 레이트 설정
}
```

다음으로 인터럽트 구동 방식은 5장에서 설명한 바와 같이 전체 인터럽트를 허가하고, 제어를 위해 UCSR1B에 수신 인터럽트 허가, 데이터 레지스터 준비 완료 인터럽트 허가, 수신 허가, 송신 허가를 1로 설정해주고, 115,200bps의 보 레이트만 설정해주면 된다.

```
void Init_USART1_IntCon(void)
{
    UCSR1A = 0x00;                    // 1배속 전송 모드
    // ① RXCIE1=1(수신 인터럽트 허가), UDRIE1=1(데이터 레지스터 준비 인터럽트 허가),
    //    RXEN1=1(수신 허가), TXEN1 = 1(송신 허가)
    UCSR1B = (1<<RXCIE1) | (1<<UDRIE1) | (1<<RXEN1) | (1 <<TXEN1);
    // 비동기 통신, 짝수 패리티, 1 정지 비트, 8 데이터 비트 설정
    UCSR1C = (1<<UCSZ11) | (1<<UCSZ10);
    UBRR1H = 0x00;                    // ② 115200bps 보 레이트 설정
```

```
    UBRR1L = 0x07;                  // ② 115200bps 보 레이트 설정
    SREG |= 0x80;                   // ③ 인터럽트 동작 시작(전체 인터럽트 허가)
}
```

예제 10.2 출력 문자 서브루틴

USART1 포트를 통해 8비트의 ASCII 문자를 송수신하기 위한 putch_USART1()과 getch_USART1() 함수를 작성하라.

예제 10.1을 통해 USART1을 초기화했다. 이번 예제는 USART1 통신 포트를 통해 외부에 연결된 마이크로컨트롤러 시스템이나 PC와의 데이터 송수신 과정의 함수를 작성하는 것이다.

문자를 외부의 시스템에 출력하는 함수는 putch_USART1( )이며, 이 함수는 다음과 같다.

```
void putch_USART1(char data)
{
    while (!(UCSR1A & (1<<UDRE1))); // 전송 인터럽트가 걸릴 때까지 while 문 반복
    UDR1 = data;                    // 데이터 값을 UDR1에 넣는다(=전송).
}
```

putch_USART1( ) 함수는 USART1 통신 포트를 통해 단순히 한 문자를 보내기 위한 함수이고, 그 자체로서는 아무 의미가 없다. 한 문자나 문자열을 전송하기 위한 방법은 다음과 같다.

```
putch_USART1('a');                  // 문자 'a'를 출력하는 방법
```

이 함수를 이용하여 문자열을 송신하기 위한 과정을 살펴보자. 문자열을 송신하기 위해서는 송신하고자 하는 문자열이 메모리 내에 지정되어 있어야 한다. 이 문자열을 차례대로 송신하는 절차는 다음과 같이 구현된다.

```
char array[] = "Serial Comm Test\r\n";
char i;
for(i = 0; array[i] != 0x00; i++) putch_USART1(array[i]);
```

이 문자열에 \r\n이 포함되어 있는데 \r은 〈CR〉을 의미하고, \n은 〈LF〉를 의미한다. for 루프문의 != 0x00은 문자열 마지막에 NULL 문자, 즉 ASCII 문자 0이 들어 있기 때문에 이를 검사하여 문자열의 끝을 찾기 위함이다.

문자를 외부의 시스템으로부터 입력하는 함수는 getch_USART1( )이며, 한 문자를 수신하여 이 함수를 호출한 부분으로 수신한 문자를 전송해준다. 이 함수는 다음과 같다.

```
unsigned char getch_USART1(void)
{
    while (!(UCSR1A & (1 << RXC1)));
    return UDR1;
}
```

예제 10.3 문자열을 출력하는 프로그램

putch_USART1() 함수를 이용하여 USART1 통신 포트로 정해진 문자열을 송신하는 프로그램을 작성하라.

예제 10.2에서 구현한 putch_USART1()은 한 문자를 외부 시스템으로 송신하는 함수이다. 이번 예제에서는 이를 이용하여 정해진 문자열을 송신할 수 있는 함수를 작성한다.

```
void puts_USART1(char *str)     // 문자열 출력 루틴
{
    while( *str != 0) {         // 문자의 마지막에는 '\0'이 들어가 있으므로
    putch_USART1(*str);         // '\0'이 나올 때까지 출력한다.
        str++;
    }
}
```

이 함수를 이용하여 “Serial Comm. Test”라는 문자열을 전송하는 프로그램은 다음과 같이 간단하게 구현할 수 있다.

```
void main(void)
{
    char array[] = "Serial Comm Test\r\n";
    Init_USART1();
    while(1)
    {
        puts_USART1(array);
        delay_ms(300);
    }
}
```

예제 10.4 입력 문자 에코백 시험

교육용 보드와 PC를 USART1 통신 포트를 사용하여 연결한 후에 다음과 같은 과정을 수행하는 프로그램을 작성하라. 단, 전송 모드는 8비트 문자, No 패리티, 1 정지 비트를 사용한다.

- PC에서 키보드로 입력된 영문자를 교육용 보드로 전송하고
- 교육용 보드에서는 수신된 문자를 다시 PC로 재전송하여
- PC에서 수신된 문자는 CRT 화면에 표시된다.
- 이 프로그램을 작성할 때, 전송 모드는 8비트 문자, No 패리티, 1 정지 비트를 사용하고, 눌린 문자와 에코백되는 문자를 처리하는 과정은 폴링 방식을 사용하라.

이 프로그램은 예제 10.2, 10.2, 10.3에서 설명한 내용을 종합하면 쉽게 구현할 수 있으니 독자들이 분석해보기 바란다. 작성된 프로그램은 다음과 같다.

```
#include <mega128.h>

void putch_USART1(char data)
{
    while (!(UCSR1A & (1<<UDRE1)));
    UDR1 = data;
}

unsigned char getch_USART1(void)
{
    while (!(UCSR1A & (1<<RXC1)));
    return UDR1;
}

void Init_USART1(void)
{
    UCSR1B |= ((1<<RXEN1) | (1 <<TXEN1));
    UBRR1H = 0x00;                    // 115,200 보 레이트 설정
    UBRR1L = 7;                       // UBRR1H/L 레지스터에 7을 기록
}

void main(void)
{
    Init_USART1();

    while(1)
    {
        putch_USART1(getch_USART1()); // 입력된 문자를 그대로 출력함
    }
}
```

예제 10.5 문자열 전송 프로그램

"Welcome to AVR Worlds"라는 문자열과 "AVR ATmega128 USART Test"라는 문자열을 PC로 전송하여 화면에 표시하는 프로그램을 작성하라. 단, 문자열의 송신 방법은 USART1 송신 인터럽트를 사용한다.

이 예제는 USART1의 송신 인터럽트를 사용하여 문자열을 전송하는 프로그램을 작성하는 것이다. 따라서 USART1을 초기화하는 과정에서는 인터럽트를 사용하기 위해 SREG의 I 비트를 허가하고, UCSR1B의 RXCIE1(수신 인터럽트 허가), UDRIE1(데이터 레지스터 준비 인터럽트 허가)을 1로 설정한다.

인터럽트 서비스 루틴에서는 인터럽트가 발생할 때마다 지정된 문자열을 증가시켜가면서 1바이트씩 송신을 하고, 문자열의 끝(0x00)을 만나면 현재 진행 중인 문자열의 전송을 끝내고 다음 문자열의 전송을 시작한다.

인터럽트를 이용하는 프로그램과 예제 10.2와 같이 폴링을 이용하는 프로그램을 비교해보면, 인터럽트 방식의 프로그램을 사용할 경우에는 UCSR1A의 RXC1 플래그가 세트될 때까지 MCU가 기다려야 하는 과정이 필요 없기 때문에, 메인 프로그램에서는 다른 작업을 수행할 수 있음을 알 수 있다.

따라서 USART 포트를 통해 문자를 송수신하는 과정의 프로그램을 작성할 때는 인터럽트 구동 방식을 사용하는 것이 효율적이다. 작성된 프로그램은 다음과 같다.

```
#include <mega128.h>

bit count;
char *ptr;
char E_Welcom[]="Welcome to AVR Worlds";
char H_Welcom[]="AVR ATmega128 USART Test";

// 인터럽트 루틴에서의 데이터 송신 방법
interrupt [USART1_DRE] void usart1_transmit(void)
{
    UDR1 = *ptr;
    ptr++;
    if(*ptr == 0) {
        if(count == 0) ptr= E_Welcom;
        else { ptr= H_Welcom; }
        count = ~count;
    }
}

void Init_USART1_IntCon(void)
{
```

```
    // ① RXCIE1=1(수신 인터럽트 허가), UDRIE1=1(데이터 레지스터 준비 인터럽트 허가),
    //    RXEN1=1(수신 허가), TXEN1 = 1(송신 허가)
    UCSR1A = 0x00;
    UCSR1B = (1<<UDRIE1) | (1 <<TXEN1); // 송신 허가 및 인터럽트 허가

    UBRR1H = 0x00;                         // ② 115200bps 보 레이트 설정
    UBRR1L = 0x07;                         // ② 115200bps 보 레이트 설정
    SREG |= 0x80;                          // ③ 인터럽트 동작 시작(전체 인터럽트 허가)
}

void main(void)
{
    Init_USART1_IntCon( );
    ptr = E_Welcom;
    count = 1;
    while(1);
}
```

예제 10.6

교육용 보드에서 USART1 송신 인터럽트를 사용하여 ASCII 코드 값(0x20~0x7F까지의 코드 값)을 전송하여 PC 모니터에 ASCII 코드 값을 표시하는 프로그램을 작성하라. 통신 속도는 115200bps로 한다.

이 예제는 예제 10.4를 이용하면 쉽게 작성할 수 있다. 즉, 송신 인터럽트 루틴에서 ASCII 문자를 출력하는 과정을 작성하면 된다. 이 과정은 다음과 같다.

```
// 인터럽트 루틴에서의 데이터 송신 방법
interrupt [USART1_DRE] void usart1_transmit(void)
{
    UDR1 = ch;
    ch++;
    if(ch>=0x80) ch=0x20;
}
```

나머지 프로그램은 독자들이 예제 10.5를 참조하여 작성하기 바란다.

예제 10.7

PC에서 키보드로 입력되는 영문자를 USART1 수신 인터럽트로 받아 교육용 보드의 LCD에 표시하는 프로그램을 작성하라. 한 문장의 끝은 Enter 키로 구분하고, 통신 속도는 115200bps로 한다.

이 예제는 예제 10.3과 LCD 부분의 예제 프로그램을 이용하면 쉽게 작성할 수 있으니, 독자들이 직접 분석해보기 바란다. 작성된 프로그램은 다음과 같다.

```
#include <mega128.h>
#include <delay.h>

#include "lcd.h"                // LCD 사용을 위해 lcd 헤더 파일을 포함
#define MAXLEN  16
#define ENTER   '\n'            // Enter 키는 \r\n으로 입력됨. 마지막 \n으로 정의

unsigned char key, ch, pos;
unsigned char str[MAXLEN];      // 수신된 문자를 저장하기 위한 공간

// 인터럽트 루틴에서의 데이터 수신
interrupt [USART1_RXC] void usart1_receive(void)
{
    str[ch] = UDR1;
    if(str[ch] == ENTER) {
        str[ch]=' ';            // 마지막 수신 문자 \n을 스페이스로 설정
        ch = 0;
        key = 1;
        pos = ~pos;             // Enter 키가 들어올 때마다 LCD 라인 변경
    }
    else ch++;                  // ENTER 키가 아닌 다른 문자 키이면
    delay_ms(10);

}

void Init_USART1_IntCon(void)
{
    // ① RXCIE1=1(수신 인터럽트 허가), RXEN1=1(수신 허가), TXEN1 = 1(송신 허가)
    UCSR1B = (1<<RXCIE1)| (1<<RXEN1) | (1 <<TXEN1);
    UBRR1H = 0x00;              // ② 115200bps 보 레이트 설정
    UBRR1L = 0x07;              // ② 115200bps 보 레이트 설정
    SREG |= 0x80;               // ③ 인터럽트 동작 시작(전체 인터럽트 허가)
}

void main(void)
{
    unsigned char i;
```

```
    LCD_Init();                // LCD 초기화
    Init_USART1_IntCon();

    pos = 1;
    ch = 0;                    // 문자 배열의 위치
    key = 0;                   // ENTER 키 입력되지 않음(0), 입력됨(1)

    while(1){
        if(key == 1) {
            LCD_Cursor_Home();
            LCD_Pos(pos, 0); // LCD에 위치 지정
            LCD_Str(str);    // 입력된 문자열 출력
            for(i=0; i < MAXLEN; i++) str[i] = 0; // 문자열 초기
            key = 0;
        }
    }
}
```

예제 10.8

교육용 보드에 블루투스 모듈을 인터페이스하고 PC에서 입력받은 문자를 스마트 폰으로 전송하는 프로그램을 작성하라. 데이터 전송은 9600bps, 8비트 문자, No 패리티, 1 정지 비트를 사용한다.

실험 절차는 다음과 같은 순서로 진행된다.

① PC에서 키보드로 입력된 영문자를 USART1의 통신 포트를 통해 교육용 보드로 전송한다.
② 교육용 보드에서 수신된 문자는 USART0의 통신 포트를 통해 블루투스 모듈로 전송한다.
③ 블루투스 모듈을 통해 스마트 폰으로 데이터를 전송한다.
④ PC에서 문자 수신 과정은 위의 과정과 반대로 동작한다.

교육용 보드와 스마트 폰 간의 통신을 위해 블루투스 통신 모듈을 교육용 보드와 연결하여 실험해보기로 하자. 블루투스 통신은 2.4GHz 대역에서 1Mbps~3Mbps 대역으로 마스터-슬레이브 형태로 최대 7대까지 동시 접속이 가능한 무선 통신 방식이다. 이것은 마스터와 슬레이브의 정보가 일치하면 상호 연결(페어링(pairing))이 일어난 이후부터 데이터 전송이 가능해진다. 블루투스 모듈에서 마스터와 슬레이브에 대한 동작 설정은 PC와 블루투스 모듈 간에 별도의 프로그램을 사용할 수도 있고 직렬 통신을 이용하여 'AT+명령어'를 설정해줌으로써 변경이 가능하다. 'AT+명령어'에 관련된 내용은 여기서 다루지 않는다.

일반적으로 많이 사용되는 블루투스 모듈은 그림 10.19의 블루투스 모듈 사양에서와 같이 펌테스사의 FB155BC와 아두이노 호환용으로 사용되는 HC-06 모듈이다. 이것들은 기본적으로 슬레

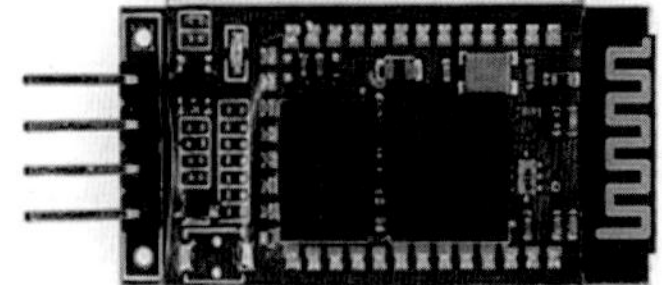

모듈명	FB155BC	HC-06
ROLE	SLAVE	SLAVE
핀 코드	BTWIN	1234
통신 사양	9600bps, 8비트 데이터, No 패리티, 1 정지 비트	9600bps, 8비트 데이터, No 패리티, 1 정지 비트
동작 전압	3.3V	3.6~6V

그림 10.19 일반적인 블루투스 모듈 사양

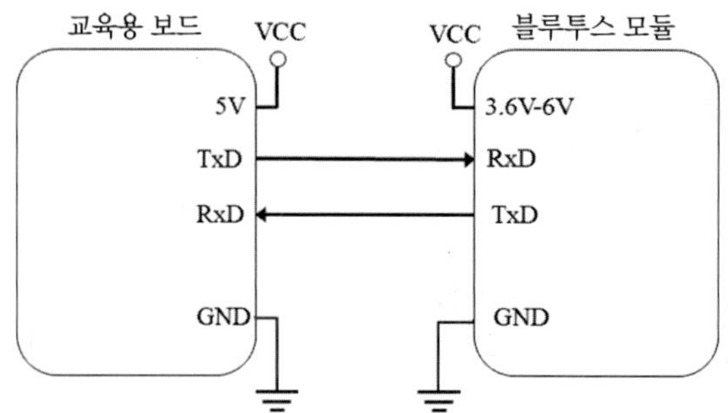

그림 10.20 교육용 보드와 블루투스 모듈과의 인터페이스

이브로 동작하도록 되어 있으며, 직렬 통신 신호(RxD, TxD)를 받아서 무선으로 데이터를 전송하는 기능을 한다. 이번 실험에서는 HC-06 모듈을 사용하기로 한다.

교육용 보드와 블루투스 모듈 간의 인터페이스는 그림 10.20과 같이 송신 데이터는 수신 데이터로 연결하고, 수신 데이터는 송신 데이터로 연결하고, 두 기기 간의 전원(VCC, GND) 신호만 연결하면 된다. HC-06의 경우 동작 전원이 3.6~6V이기 때문에 교육용 보드의 전원을 연결하면 된다. 이 실험에서는 교육용 보드의 USART0 포트를 사용하여 인터페이스한다. 즉, 교육용 보드 PORTE0 핀의 부가 기능인 RXD0 신호를 HC-06의 TxD 핀으로 연결하고, PORTE1 핀의 부가 기능인 TXD0 신호를 HC-06의 RxD 핀으로 연결한다.

이 예제는 교육용 보드에 블루투스 모듈을 인터페이스하여 스마트 폰과의 데이터 송수신을 실험하기 위한 과정으로 그림 10.21과 같이 교육용 보드는 PC와 연결되어 PC로부터 전송되어 오는 문자 데이터를 수신하고, 이를 그대로 블루투스 모듈을 통해 전송한다. 따라서 이 예제에서는 2개

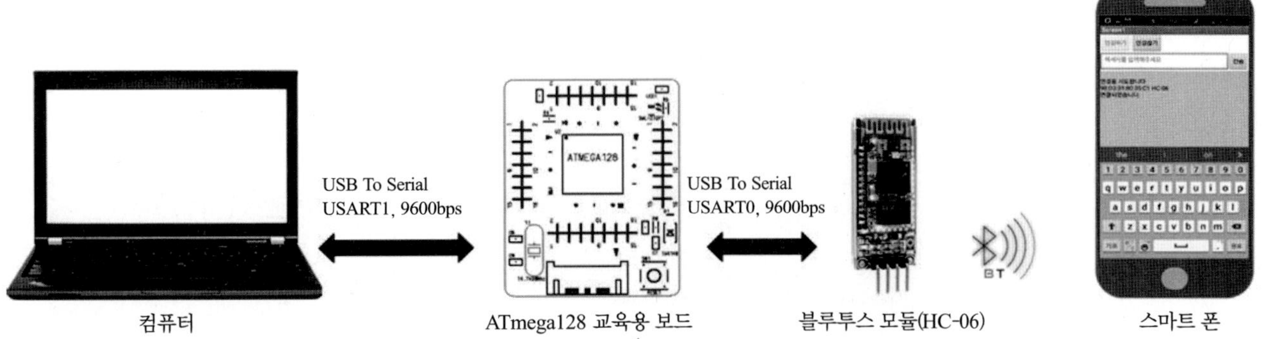

그림 10.21 교육용 보드와 스마트 폰 간의 통신 시험을 위한 실험 환경

의 USART 통신 포트를 사용해야 한다.

그림 10.21에 제시된 바와 같이 PC와 교육용 보드 간의 통신을 위해 USART1을 사용하고, 교육용 보드와 블루투스 모듈 간의 통신을 위해 USART0을 사용한다. PC에서의 문자 전송은 교육용 보드에서 수신하기 위해 USART1 수신 완료 인터럽트를 사용하고, 하나의 문자가 수신된 다음에 송신이 이루어져야 하기 때문에 USART0 송신 완료 인터럽트를 사용하여 스마트 폰으로 전송한다. 스마트 폰에서의 문자 전송은 교육용 보드에서 수신하기 위해 USART0 수신 완료 인터럽트를 사용하고, 여기서 수신된 문자는 다시 USART1 송신 완료 인터럽트를 사용하여 PC로 전송한다.

스마트 폰 응용 프로그램은 이 책에서는 다루지 않으므로 출판사 홈페이지의 BTTest.apk 파일을 스마트 폰에 설치하여 테스트하면 된다.

스마트 폰 응용 프로그램과 PC 응용 프로그램 실험 과정은 그림 10.22에 제시된 것과 같은 과정을 통해 실험할 수 있다. 실험에 앞서 스마트 폰에서 블루투스를 활성화해야 하고, 블루투스 모듈인 HC-06 모듈을 등록해야 한다.

먼저 블루투스 모듈과 스마트 폰 간의 페어링 과정을 알아보자. 그림 10.22(a)는 BTTest 프로그램을 실행한 화면이다. 여기에서 **연결하기**를 선택하면 그림 10.22(b)와 같이 등록된 블루투스 모듈을 선택하는 화면으로 전환된다. 블루투스 모듈 선택에서 연결하고자 하는 모듈이 HC-06이기 때문에 **98:D3:31:80:35:C1 HC-06**을 선택하면 스마트 폰과 블루투스 모듈 간의 페어링이 일어난다. 참고로 블루투스 모듈 선택의 98:D3:31:80:35:C1은 실험에 사용된 HC-06 모듈의 맥 주소를 나타내기 때문에 실험하는 모듈마다 다르다. 최종 페어링이 일어나면 그림 10.22(c)에서와 같이 '연결되었습니다'라는 문자를 확인할 수 있다.

다음으로 PC에서 스마트 폰으로 문자열을 전송하는 과정을 살펴보자. PC에서 문자열을 보내기 위해서는 '하이퍼터미널'이나 상용 직렬 전송 프로그램을 이용하여 통신 형식(9600bps, 8비트 데이터, No 패리티, 1 정지 비트)을 맞춘 후 그림 10.22(d)와 같이 'USART to Bluetooth Test'라는 문자열을 전송하면, 그림 10.22(e)와 같이 블루투스에서 문자열을 확인할 수 있다. 반대로 PC에서의 문자열 수신은 그림 10.22(f)와 같이 스마트 폰에서 'ATmega128' 문자열을 입력하고 **전송** 버튼을 클릭하면 그림 10.22(d)와 같이 문자열을 확인할 수 있다.

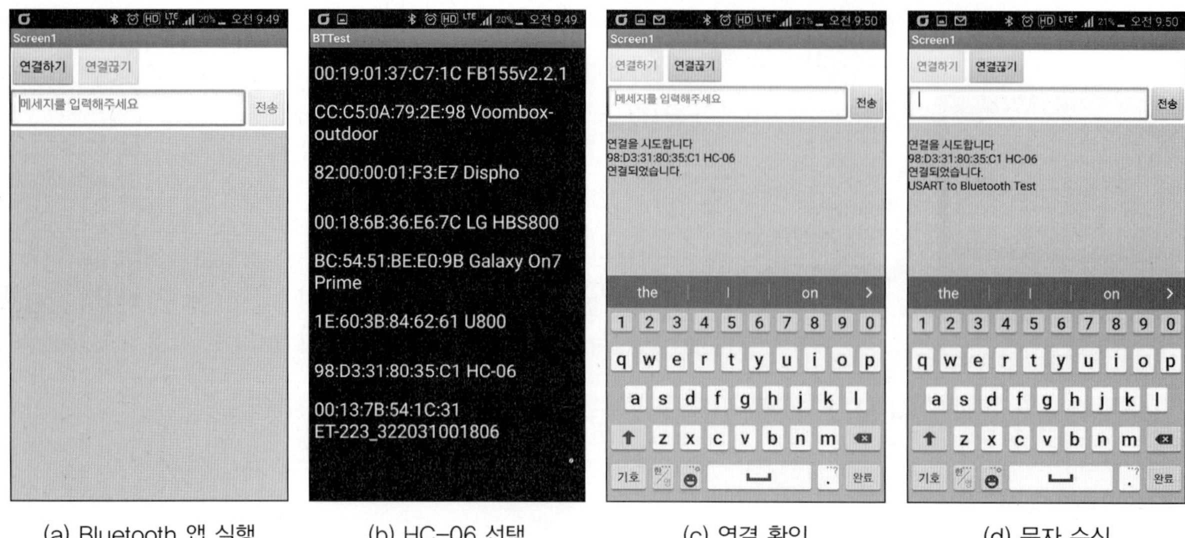

(a) Bluetooth 앱 실행 (b) HC−06 선택 (c) 연결 확인 (d) 문자 수신

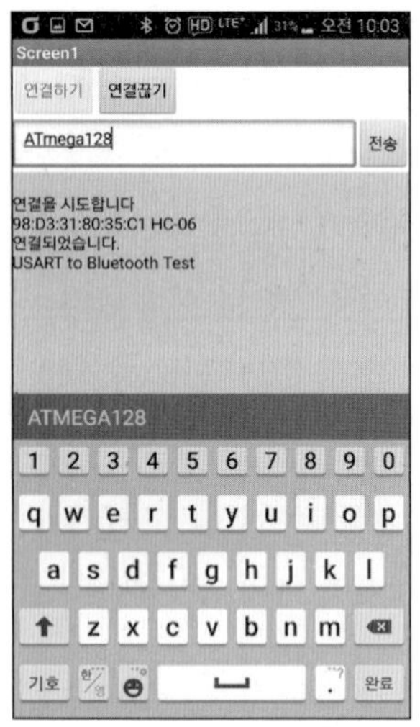

(e) 문자 송신

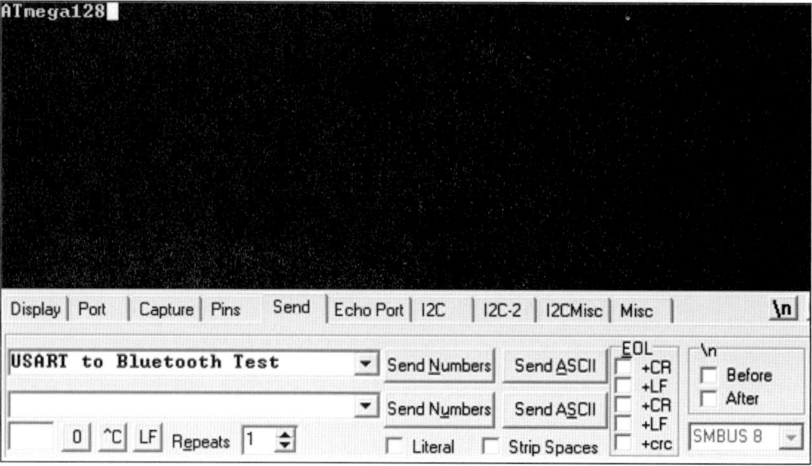

(f) PC에서 문자 수신 확인

그림 10.22 스마트 폰 응용 프로그램과 PC 터미널 프로그램에서의 데이터 송수신

이상의 과정을 위한 교육용 보드에서의 프로그램은 다음과 같다.

```
#include <mega128.h>
#include <delay.h>

unsigned char Udata, Bdata;
void Init_USART_IntCon(void)
{
    // PC와 교육용 보드 간의 통신을 위한 설정
    // ① RXCIE1=1(수신 인터럽트 허가), TXCIE1=1(송신 인터럽트 허가),
    //    RXEN1=1(수신 허가), TXEN1 = 1(송신 허가)
    UCSR1A &= ~(1<<UDRE1);
```

```
    UCSR1B = (1<<RXCIE1) | (1<<TXCIE1)| (1<<RXEN1) | (1 <<TXEN1);
    UBRR1H = 0x00;           // ② 9600bps 보 레이트 설정
    UBRR1L = 95;             // ② UBBR1H/L 레지스터에 95를 기록
    // 블루투스 모듈(HC-06)과 교육용 보드 간의 통신을 위한 설정
    // ① RXCIE0=1(수신 인터럽트 허가), TXCIE0=1(송신 인터럽트 허가)
    //    RXEN0=1(수신 허가), TXEN0 = 1(송신 허가)
    UCSR0A &= ~(1<<UDRE0);//
    UCSR0B = (1<<RXCIE0) | (1<<TXCIE0)| (1<<RXEN0) | (1 <<TXEN0);
    UBRR0H = 0x00;           // ② 9600 보 레이트 설정
    UBRR0L = 95;             // ② UBBR1H/L 레지스터에 95를 기록

    SREG |= 0x80;            // ③ 인터럽트 동작 시작(전체 인터럽트 허가)
}

interrupt [USART1_RXC] void usart1_receive(void)
{
    Udata = UDR1;            // PC에서 문자 수신
}

interrupt [USART0_RXC] void usart0_receive(void)
{
    Bdata = UDR0;            // 블루투스 모듈에서 문자 수신
}

// 인터럽트가 실행이 되어야 UCSE0A의 TXC0 플래그가 0으로 클리어됨
interrupt [USART0_TXC] void usart0_tx_isr(void)
{
}

// 인터럽트가 실행이 되어야 UCSE1A의 TXC1 플래그가 0으로 클리어됨
interrupt [USART1_TXC] void usart1_tx_isr(void)
{
}

void SendData0(char data)
{
    UCSR0A |= (1<<TXC0);     // UCSE0A의 TXC0을 1로 하여 송신 인터럽트를 발생시키고
    UDR0 = data;             // 문자 송신
}

void SendData1(char data)
{
    UCSR1A |= (1<<TXC1);     // UCSE0A의 TXC0을 1로 하여 송신 인터럽트를 발생시키고
    UDR1 = data;             // 문자 송신
}
```

```
void main(void)
{
    Udata = 0;              // PC에서 전송된 문자
    Bdata = 0;              // 블루투스에서 전송된 문자
    Init_USART( );
    while(1)
    {
        if(Udata != 0) {      // PC에서 수신된 문자가 있으면
            SendData0(Udata); // 블루투스로 문자를 전송
            Udata = 0;
        }
        if(Bdata != 0){       // 블루투스에서 수신된 문자가 있으면
            SendData1(Bdata); // PC로 문자를 전송
            Bdata = 0;
        }
    }
}
```

연습문제

1. 교육용 보드와 PC 간 직렬 통신을 하기 위한 케이블 구성도를 그려라.

2. RS232 통신 방식과 RS422 통신 방식을 비교 설명하라.

3. 직렬 통신 방식을 이용하여 문자를 송수신할 때 프로그램 작성 과정에서는 인터럽트를 사용하는 방식과 폴링 방식을 사용할 수 있다. 각 방식의 장단점을 비교하라.

4. 교육용 보드에서 PC로부터 문자들을 입력받아, 소문자를 대문자로 변환한 후에 다시 이를 PC로 전송하여 이를 PC 모니터로 표시하는 프로그램을 작성하라.

5. 교육용 보드에서 PC로부터 문자들을 입력받아, ASCII 코드의 제어 문자(0x00에서 0x1F, 0x07F)를 점(.)으로 치환하여 PC 모니터에 표시하는 프로그램을 작성하라.

6. ATmega128 교육용 보드에 연결된 스위치(SW1~SW4)를 누르면 각각에 대해 미리 지정된 메시지가 전송되어 PC 화면에 출력되는 프로그램을 작성하라.

   Mseeage 1: 학교명

   Meassge 2: 소속

   Meassge 3: 학번

   Meassge 4: 이름

7. PC의 화면에 ASCII 문자(20H에서 7EH)를 계속해서 전송하는 프로그램을 작성하라.

8. 키보드에서 입력되는 XOFF, XON 코드를 이용하여 스크린 출력을 잠시 중단하거나 재개할 수 있도록 연습문제 7번의 프로그램을 수정하라. 입력되는 다른 모든 코드는 모두 무시하라(힌트: XOFF=CONTROL-S=13H, XON=CONTROL-Q=11H의 제어 코드를 사용한다).

9. 예제 10.5에서 통신 속도를 57600bps로 하여 전송하는 프로그램을 작성하라.

10. 예제 10.8에서 HC-06 모듈을 사용하지 않고 FB155BC 모듈을 사용하기 위한 회로도를 작성하고, 응용 프로그램을 작성하라.

CHAPTER

11

SPI 활용

ATmega128에는 비동기식의 직렬 통신 포트(USART)와, 동기식의 직렬 통신 기법을 이용한 SPI 및 TWI 통신 포트를 지원한다. USART는 일반적으로 10장에서 설명한 바와 같이 2개의 시스템 또는 보드 간에 통신을 하는 데 활용되며, SPI와 TWI는 보드 내(on-board)의 고속 통신용으로 활용된다. 이 장에서는 동기식 직렬 통신 포트의 하나인 SPI(Serial Peripheral Interface)의 규격과 ATmega128에 내장되어 있는 SPI의 내부 구조를 살펴보고, 실제 활용을 위해 EEPROM과 관성 센서(IMU: Inertial Measurement Unit) 등과 같은 외부 소자를 인터페이스하고 제어하는 방법을 살펴보기로 한다.

11.1 SPI 통신 기법

10장에서 학습한 비동기식의 USART 직렬 통신 기법은 두 장치 간에 1바이트의 데이터를 송수신하기 위해 통신 속도(baudrate)를 미리 설정해두고, 1바이트 데이터의 시작과 끝에 시작 비트와 정지 비트를 부가하여 통신하는 방식이다. 여기서 '비동기'란 통신을 하는 2개의 장치 간에 같은 클록을 공유하지 않는다는 의미로, 속도만 미리 맞춰놓으면 어떤 기기와도 통신이 가능하다.

반면에 동기식의 직렬 통신 기법은 두 장치 간에 일정한 클록 신호에 맞추어서 데이터를 송수신하는 방식으로, I^2C와 SPI(Serial Peripheral Interface) 통신 방식이 대표적이다. 이 방식에서는 그림 11.1에 나타낸 바와 같이 클록 라인으로 들어오는 상승 에지(rising edge) 또는 하강 에지(falling edge) 신호에 동기를 맞추어 데이터를 인식한다.

따라서 동기식 통신 방법은 비동기식 통신처럼 두 장치 간의 데이터 전송을 위해 통신 속도(보레이트)와 클록을 동일하게 유지해야 하는 과정 없이, 클록에 동기를 맞추어 데이터를 송수신하므로 간단히 시프트 레지스터(shift register)로 구현할 수 있다.

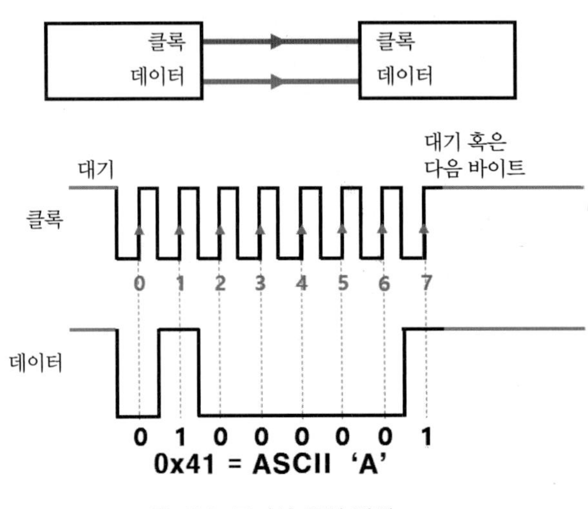

그림 11.1 동기식 통신 방법

SPI는 모토로라사에서 MCU와 주변 소자와의 인터페이스를 위해 개발한 4선식의 외부 버스 규격으로, 주로 MCU와 A/D 변환기 또는 EEPROM 같은 주변 소자와의 인터페이스에 활용된다. SPI 통신 기법은 그림 11.2에 나타낸 바와 같이 SCLK, MOSI, MISO, $\overline{SS}$라는 4개의 신호 선을 이용하여 데이터 송수신이 가능하도록 만들어진 고속의 동기식 직렬 통신 방식이다. 이 방식의 전송 속도는 주변 소자의 성능에 따라 다르지만, 20Mbps 이상의 전송 속도를 가질 수 있다. 따라서 높은 주파수 샘플링이 요구되는 ADC나 DAC 같은 응용 분야에 많이 활용되고 있다.

SPI 통신은 그림 11.2(a)에 나타낸 바와 같이 마스터-슬레이브 개념으로 동작하고, 마스터는 클록을 발생시켜 슬레이브와의 동기식 통신을 주도한다. 이러한 동작으로 인해 마스터는 오직 하나만 가능하며, 한 번 설정되면 변하지 않는다. 마스터와 연결되어 있는 소자를 슬레이브라 한다. 마스터-슬레이브 간의 통신은 그림 11.2(b)와 같이 1:n 통신이 가능하여 다수의 슬레이브 장치를 연결할 수 있다. 이러한 구조로 인해 SPI 통신 방식을 SPI 버스라고도 부르며, SPI 통신에 사용되는 신호 선은 4개로 그 기능은 표 11.1과 같다.

SPI는 하나의 마스터(single master)에 의한 통신 프로토콜이며, 이는 하나의 중심적인 소자, 즉 마스터의 주도로 모든 슬레이브와 통신한다는 뜻이다. SPI에서는 마스터가 슬레이브로 데이터를 보내거나 데이터를 요청받았을 때, 해당 슬레이브의 $\overline{SS}$ 신호 선을 Low로 하고, 마스터의 클록을

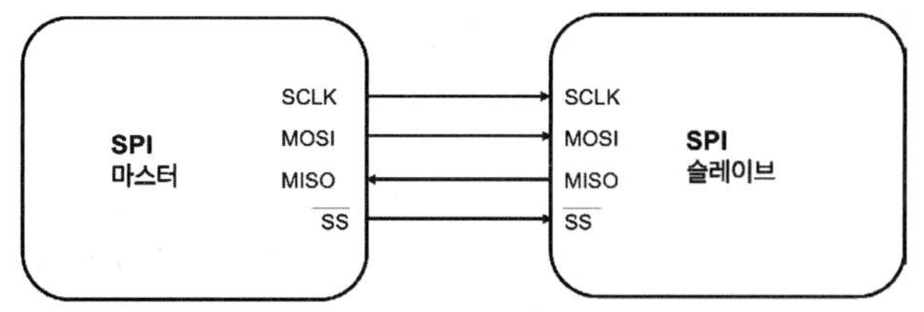

(a) 1:1 통신

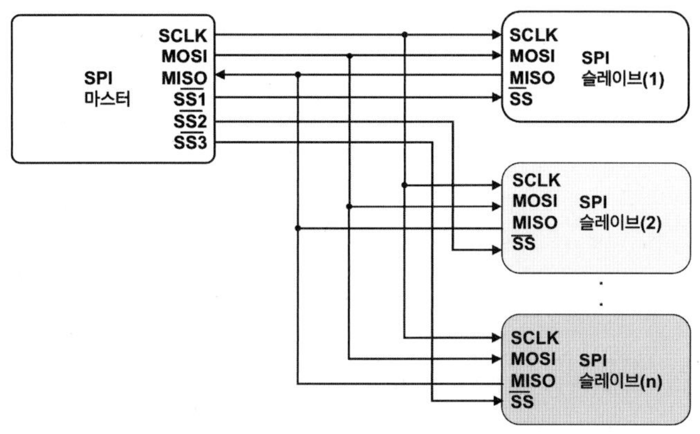

(b) 1:n 통신

그림 11.2 SPI 통신(버스) 개념도

표 11.1 SPI 통신에서의 신호 선

신호명	설명
SCLK	마스터와 슬레이브 간의 동기 클록 신호로 마스터에서 발생함
MOSI	마스터로부터 슬레이브로 전송되는 데이터 선(Master Out Slave In)
MISO	슬레이브로부터 마스터로 전송되는 데이터 선(Master In Slave Out)
$\overline{SS}$	각 슬레이브에 대한 선택 신호로 마스터에 의해 선택됨

슬레이브와 공유한다. 이때 마스터는 SCLK 선의 신호를 샘플링하면서 MOSI 선을 통해 정보를 전송하고, 슬레이브로부터의 데이터 수신은 SCLK 선의 신호를 샘플링하면서는 MISO 선을 통해 이루어진다. 이러한 과정의 프로토콜은 그림 11.3에 나타내었으며, MOSI와 MISO의 데이터 비트는 SCLK의 하강 에지에서 토글되고, SCLK의 상승 에지에서 샘플링된다. 이 과정에서 SCLK의 에지는 SPI 모드에 따라 데이터를 토글하거나 데이터를 샘플링하는 용도로 사용된다.

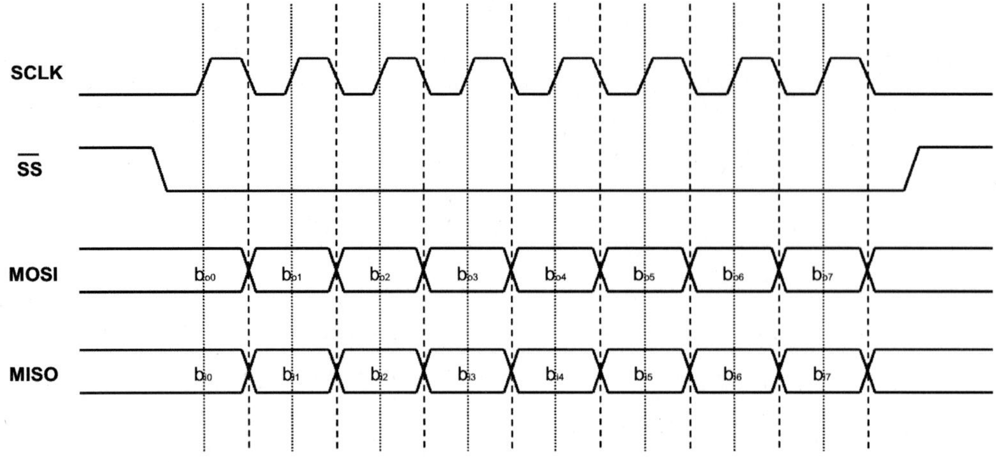

그림 11.3 SPI의 데이터 전송 프로토콜

11.2 ATmega128의 SPI 구조

앞 절의 기본적인 개념을 바탕으로, ATmega128에 내장되어 있는 SPI의 내부 구조를 살펴보고 활용 방안을 고찰해보자.

11.2.1 SPI 개요

SPI(Serial Peripheral Interface)는 ATmega128 MCU와 주변 소자 또는 다른 AVR 소자 간에 고속으로 데이터를 전송할 수 있는 기능을 수행한다. ATmega128의 SPI 특징은 다음과 같다.

- 전이중(full-duplex)의 3선(three-wire) 동기식 데이터 통신 모드
- 마스터 또는 슬레이브 동작
- 'LSB first' 또는 'MSB first'의 데이터 전송
- 7가지의 전송 속도 제공
- 전송 완료 인터럽트 플래그 제공
- 쓰기 충돌 방지를 위한 플래그 제공
- 휴면 모드로부터의 해제(wake-up) 기능 제공
- 2배속(CK/2)의 마스터 SPI 모드 지원

그림 11.4는 ATmega128에 내장되어 있는 SPI의 구성도이다. SPI는 그림 11.4에 나타낸 바와 같이 SPCR(SPI Control Register), SPSR(SPI Status Register), SPDR(SPI Data Register), 송수신 버퍼와 클록 발생기의 동작에 의해 제어된다. 여기서 송수신 버퍼는 송신 시 단일 버퍼로 동작하고, 수신 시 이중 버퍼로 동작한다. 따라서 송신의 경우에는 시프트 동작이 완료되기 전까지 송신할 데이터를 SPI 데이터 레지스터로 쓸 수 없다. 이와는 달리 수신의 경우에는 다음 데이터가 시프트 레지스

터를 통해 입력되고 있는 동안에 반드시 SPI 데이터 레지스터로부터 데이터를 읽어야 한다. 그렇지 않으면 첫 번째 수신 데이터를 잃어버리게 된다.

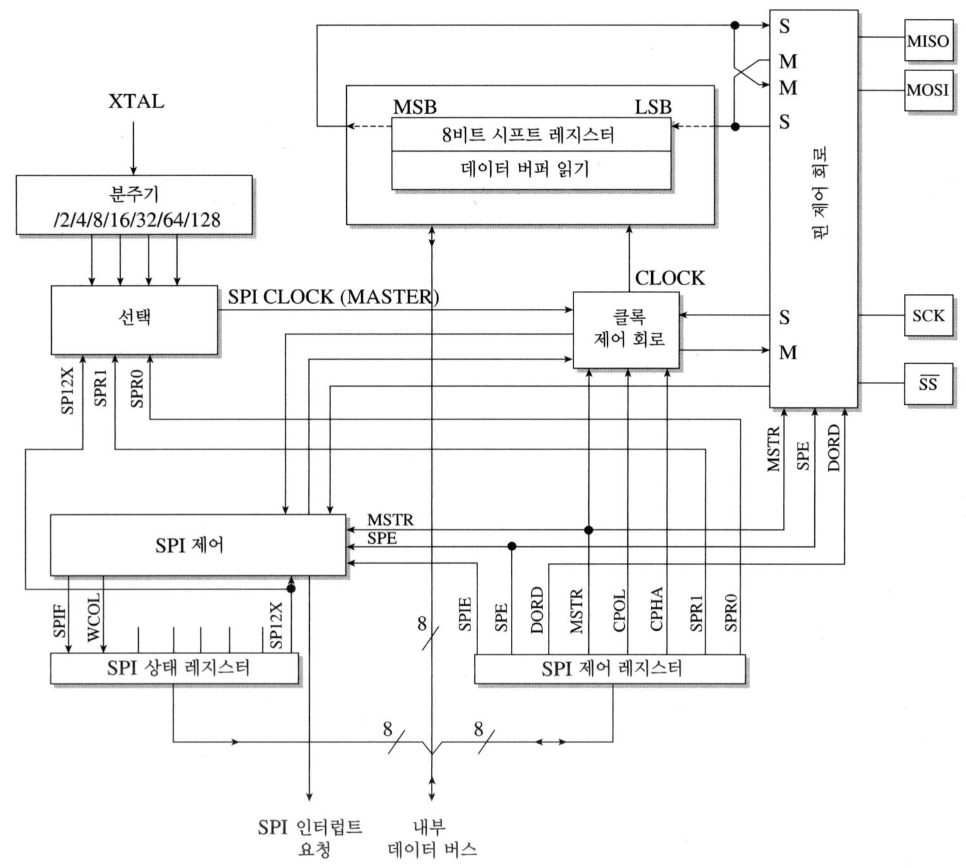

그림 11.4 SPI 직렬 통신 모듈의 내부 구성도

SPI의 입출력 신호는 그림 11.4의 핀 제어 논리부에 제시된 것과 같이 MOSI, MISO, SCK, $\overline{\text{SS}}$ 라는 4개의 신호 선이 사용된다. 이는 모두 PORTB의 하위 니블의 핀에 구현되어 있어서, 마스터/슬레이브 동작에 따라 표 11.2에 제시한 것과 같이 PORTB의 하위 니블 입출력 방향을 설정해야 한다. 여기서 SPI 클록 신호 SCK는 동기식 통신을 위해 항상 마스터 측에서 슬레이브 측으로 공급된다.

표 11.2 SPI 핀의 입출력 방향

SPI 핀	마스터 모드 경우의 방향	슬레이브 모드 경우의 방향
MOSI(PB2)	출력(사용자 설정)	입력
MISO(PB3)	입력	출력(사용자 설정)
SCK(PB1)	출력(사용자 설정)	입력
$\overline{SS}$(PB0)	출력(사용자 설정)	입력

11.2.2 SPI 동작

일반적으로 SPI는 1개의 마스터와 1개의 슬레이브 사이에서 데이터 전송을 위해 사용되는데, 마스터와 슬레이브 사이의 신호 선은 그림 11.5와 같이 연결된다.

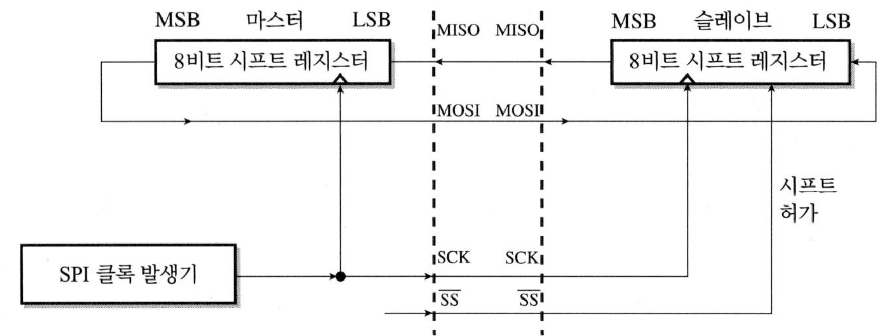

그림 11.5 SPI 통신 방식에서의 마스터와 슬레이브 연결

SPI 데이터 전송은 그림 11.5에 제시한 것과 같이 2개의 시프트 레지스터와 마스터 클록으로 구성된다. 마스터가 슬레이브에게 데이터를 송신하려면, 먼저 마스터가 지정하려는 슬레이브에게 $\overline{SS}$를 Low로 출력하여 통신할 슬레이브를 선택한다. 그러고 나서 마스터는 클록 신호를 발생시켜 SCK 단자로 출력하며, 시프트 레지스터에 데이터를 준비하여 MOSI(Master Output Slave Input) 단자로 출력한다. 동시에 슬레이브에서는 MISO(Master Input Slave Output) 단자를 통해 데이터를 입력받는다. 데이터 패킷의 전송이 완료되면 마스터는 다시 $\overline{SS}$ 신호를 H로 출력하여 슬레이브의 동작을 정지시킨다.

◈ 마스터 모드의 동작

SPCR 레지스터의 MSTR 비트를 1로 설정하면, SPI는 마스터 모드로 동작한다. 이 모드로 동작할 경우에는 표 11.1의 마스터 동작의 경우와 같이 MISO 핀은 입력, MOSI, SCK, $\overline{SS}$ 핀은 출력으로 DDRB의 하위 4비트를 설정한다. 즉, DDRB3~DDRB0=0111로 설정한다. 마스터 모드의 동작 과정은 다음과 같다.

① 마스터는 $\overline{SS}$ 신호를 Low 상태로 출력하여 통신할 슬레이브를 지정한다.
② 마스터에서 SPDR 레지스터에 전송할 1바이트의 데이터를 기록한다.
③ SPDR 레지스터에 데이터가 기록되면 데이터 송신이 시작된다. 이때 SPI는 클록을 자동으로 발생시키고 하드웨어적으로 이 데이터를 한 비트씩 시프트시켜 슬레이브로 전송하고, 슬레이브는 MISO 핀을 통해 데이터를 입력받는다.
④ 1바이트의 전송이 끝나면 클록이 정지되고 전송 종료 플래그(SPIF)는 1로 된다. 만약 SPCR 레지스터의 인터럽트 허가(SPIE) 비트가 1로 설정되어 있으면 인터럽트가 요청된다. 이후 다음 전송할 데이터가 SPDR 레지스터에 쓰이면 계속 데이터의 전송이 이루어진다.
⑤ 모든 데이터의 전송이 끝나고, $\overline{SS}$ 신호에 High를 출력하면 패킷 전송이 종료된다. 이 상황에서 마지막으로 들어온 데이터는 버퍼 레지스터에 그냥 남아 있게 된다.

◈ 슬레이브 모드의 동작

SPCR 레지스터의 MSTR 비트를 0으로 설정하면, SPI는 슬레이브 모드로 동작한다. MOSI, SCK, $\overline{SS}$ 핀은 모두 입력으로, MISO 핀은 출력으로 DDRB의 하위 4비트를 설정한다. 즉, DDRB3~DDRB0=1000으로 설정한다. 슬레이브의 동작은 마스터에서 $\overline{SS}$ 신호가 Low 상태로 입력될 때만 SPI가 슬레이브로 동작하게 되고 MISO 단자는 출력 단자로 동작하게 된다. 슬레이브 모드의 동작은 다음과 같다.

① $\overline{SS}$ 단자가 High인 상태가 유지되는 동안에는 MISO 단자는 3상태로 되어 휴면 상태를 유지한다.
② 이 상태에서 SPDR 레지스터에 데이터를 쓰면, SPDR로 전송된 데이터는 대기 상태로 버퍼에 남아 있다가 $\overline{SS}$ 신호가 Low 상태로 되면 입력 클록(SCK)과 동기를 맞추어 시프트 동작을 시작하여 마스터로 전송된다. 이상과 같이 슬레이브는 스스로 데이터를 보낼 수가 없고, 마스터 자신이 원할 때만 데이터를 마스터로 보낼 수 있게 된다.
③ 1바이트의 전송이 끝나면 클록이 정지되고 전송 종료 플래그(SPIF)는 1로 된다. 만약 SPCR 레지스터의 인터럽트 허가(SPIE) 비트가 1로 설정되어 있으면 인터럽트가 요청된다. 슬레이브는 새로 입력되는 데이터를 읽기 전까지 SPDR로 보내져야 하는 데이터를 유지하게 된다. 이 상황에서 마지막으로 들어온 데이터는 버퍼 레지스터에 남아 있게 된다.
④ 슬레이브 모드에서 $\overline{SS}$ 신호가 High 상태로 입력되면 모든 SPI 신호는 3상태 또는 입력 상태로 되면서 데이터 송수신은 정지된다.

11.2.3 SPI 제어용 레지스터

ATmega128의 SPI 통신 모듈을 제어하는 데는 표 11.3에 나타낸 바와 같이 SPCR(SPI Control Register), SPSR(SPI Status Register), SPDR(SPI Data Register)이라는 3개의 레지스터가 사용된다.

표 11.3 SPI 제어용 레지스터

타이머/카운터 0 레지스터	설명
SPCR	SPI 제어 레지스터
SPSR	SPI 상태 레지스터
SPDR	SPI 데이터 레지스터

◈ SPI 제어 레지스터(SPCR)

SPCR(SPI Control Register) 레지스터는 SPI의 전반적인 동작을 제어하는 레지스터이다. 그림 11.6에 비트 구성을 나타내었으며, 비트별 기능은 다음과 같다.

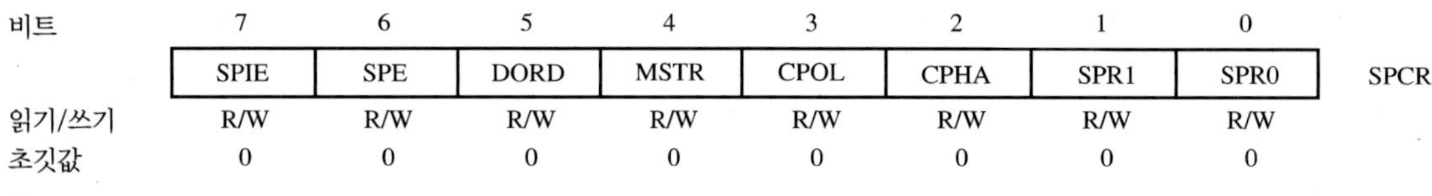

그림 11.6 SPI 제어 레지스터의 비트 구성

▶ 비트 7: SPIE(SPI 인터럽트 허가(SPI Interrupt Enable))

SPIE 비트는 상태 레지스터(SREG)의 I 비트가 1로 설정되어 있는 상황에서 SPIF 비트가 1이 되면서 인터럽트가 발생하는 것을 개별적으로 허가하는 데 사용된다.

▶ 비트 6: SPE(SPI 허가(SPI Enable))

SPE 비트는 SPI가 동작하도록 허가하는 데 사용되며, SPI 직렬 통신 모듈을 사용하려면 반드시 이 비트는 1로 설정되어야 한다.

▶ 비트 5: DORD(데이터 순서(Data Order))

DORD 비트는 SPI가 데이터를 직렬로 전송하는 순서를 결정하는 용도로 사용되며, 이 비트를 1로 설정하면 LSB부터 데이터를 전송하고, 0으로 설정하면 MSB부터 데이터를 전송한다.

▶ 비트 4: MSTR(마스터/슬레이브 선택(Master/Slave Select))

MSTR 비트는 SPI 모듈의 동작을 마스터 또는 슬레이브로 선택하는 용도로 사용되며, 이 비트를 1로 설정하면 마스터 모드로 동작하고, 0으로 설정하면 슬레이브 모드로 동작한다. 만약 MSTR을 1로 설정하여 SPI가 마스터로 설정되어 있더라도, $\overline{SS}$ 단자가 입력으로 설정되어 Low 상태로 구동된다면 MSTR 비트는 자동으로 클리어되면서 슬레이브 모드로 되고 SPSR 레지스터의 SPIF가 1로 되어 인터럽트가 발생한다. 따라서 마스터 모드로 다시 사용하기 위해서는 MSTR 비트를 1로 재설정해주어야 한다.

▶ 비트 3: CPOL(클록 극성(Clock Polarity))

CPOL 비트는 대기 상태일 때 클록 SCK의 극성을 설정해주는 비트로서, 이 비트를 1로 설정하면 데이터 전송이 되지 않을 때 SCK 신호는 High 상태로 있으며, 0으로 설정하면 데이터 전송이 되지 않을 때 SCK 신호는 Low 상태로 유지된다. 이 비트의 설정에 따른 SCK 클록 신호의 극성은 표 11.4와 같이 설정된다.

표 11.4 CPOL에 의한 SCK의 신호 극성

CPOL	리딩(leading) 에지의 경우	트레일링(trailing) 에지의 경우
0	상승 에지	하강 에지
1	하강 에지	상승 에지

▶ 비트 2: CPHA(클록 위상(Clock Phase))

CPHA 비트는 표 11.5과 같이 데이터 샘플링 동작이 수행되는 SCK의 위상을 결정하는 비트로서, 이 비트를 0으로 설정하면 SCK 클록 신호에 의한 데이터 샘플링이 리딩 에지에서 수행되고, 1로 설정하면 트레일링 에지에서 동작한다.

표 11.5 CPHA에 의한 SCK의 데이터 샘플링 시점의 결정

CPHA	리딩 에지의 경우	트레일링 에지의 경우
0	샘플링	(데이터 준비)
1	(데이터 준비)	샘플링

▶ 비트 1, 0: SPR1, SPR0(SPI 클록 속도 선택(SPI Clock Rate Select 1 or 0))

SPR1, SPR0 비트는 SPI가 마스터로 동작할 때의 클록 속도를 결정하는 비트로서, 이 비트들의 설정에 의해 표 11.6과 같이 클록 속도가 결정된다. 이 비트는 슬레이브에 아무런 영향도 미치지 않으며, SPSR 레지스터의 SPI2X 비트가 1로 된 경우에 주파수가 2배로 증가되어 2배속 모드가 된다.

표 11.6 SCK 클록 신호의 주파수 설정

SPI2X	SPR1	SPR0	SCK 클록 신호의 주파수
0	0	0	$f_{osc}/4$
0	0	1	$f_{osc}/16$
0	1	0	$f_{osc}/64$
0	1	1	$f_{osc}/128$
1	0	0	$f_{osc}/2$
1	0	1	$f_{osc}/8$
1	1	0	$f_{osc}/32$
1	1	1	$f_{osc}/64$

◈ SPI 상태 레지스터(SPSR)

SPSR(SPI Status Register) 레지스터는 SPI의 동작 상태를 나타내거나 SCK 클록 신호의 주파수를 설정하는 기능을 수행한다. 그림 11.7에 비트 구성을 나타내었으며, 비트별 기능은 다음과 같다.

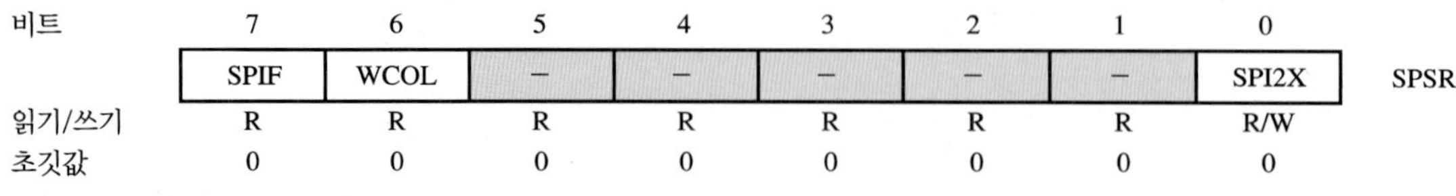

비트	7	6	5	4	3	2	1	0	
	SPIF	WCOL	–	–	–	–	–	SPI2X	SPSR
읽기/쓰기	R	R	R	R	R	R	R	R/W	
초깃값	0	0	0	0	0	0	0	0	

그림 11.7 SPI 상태 레지스터의 비트 구성

▶ **비트 7: SPIF(SPI 인터럽트 플래그(SPI Interrupt Flag))**

SPIF 비트는 SPI 전송이 완료되면 1로 세트된다. 만약 이 상황에서 상태 레지스터(SREG)의 I 비트와 SPCR 레지스터의 SPIE 비트가 1로 설정되어 있으면 인터럽트가 발생한다. 또한 만약 SPI를 마스터로 설정하고 $\overline{SS}$ 단자가 입력으로 설정되어 Low 상태로 구동된다면, MSTR 비트는 자동으로 클리어되면서 슬레이브 모드로 되고 SPSR 레지스터의 SPIF가 1로 되어 인터럽트가 발생한다. 인터럽트가 실행되면 이 비트는 자동으로 클리어되고, 사용자 프로그램에서 SPSR 레지스터를 읽고 나서 SPDR 레지스터를 액세스하는 경우에도 이 비트는 클리어된다.

▶ **비트 6: WCOL(쓰기 충돌 플래그(Write Collision Flag))**

SPI가 데이터를 전송하는 동안에 SPDR 레지스터에 데이터를 쓰려고 하면 WCOL 비트가 1로 세트된다. 사용자 프로그램에서 SPSR을 읽고 나서 SPDR을 액세스하면 SPIF와 WCOL 비트는 클리어된다.

▶ **비트 0: SPI2X(SPI 2배속 비트(SPI Double Speed Bit))**

SPI2X 비트는 SPI가 마스터 모드에서 동작할 때 SCK 클록의 주파수를 2배로 설정하는 기능을 담당하며, 마스터 모드에서 이 비트가 1로 설정되어 있으면 SCK의 클록 주파수가 최대 fosc/2까지 사용될 수 있다. 그러나 슬레이브로 사용될 경우에는 안정된 동작을 위해 최대 fosc/4 이하로 사용하는 것이 바람직하다.

◈ SPI 데이터 레지스터(SPDR)

SPDR(SPI Data Register) 레지스터는 SPI가 송신할 데이터를 저장하거나 수신한 데이터를 저장하는 레지스터로서, 그림 11.8에 레지스터의 구성을 나타내었다. 이 레지스터에 데이터를 쓰면 바로 데이터의 전송이 시작되고, 레지스터를 읽으면 시프트 레지스터 수신 버퍼의 데이터가 SPDR로 들어오게 된다.

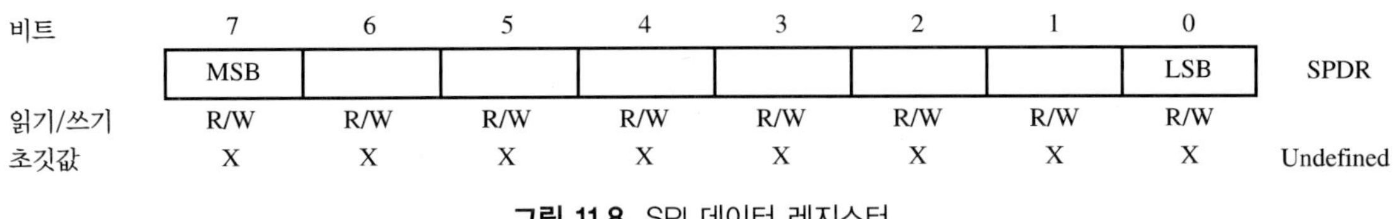

그림 11.8 SPI 데이터 레지스터

11.2.4 데이터 모드 및 송수신 동작

전송되는 직렬 데이터는 표 11.7에 나타낸 바와 같이 SCK의 극성과 위상의 조합에 따라 네 가지 모드로 동작한다. 즉, SPI에서의 동작 모드는 CPHA와 CPOL 비트에 의해 0~3으로 동작한다.

예를 들어 모드 0에서는 SCK 클록의 상승 에지에서 샘플링하여 데이터를 읽고, 하강 에지에서는 데이터 준비 상태가 된다. 또한 모드 3에서는 SCK 클록의 하강 에지에서 샘플링하여 데이터를 읽고, 상승 에지에서는 데이터 준비 상태가 된다. 이러한 데이터의 샘플링 시점과 클록과의 관계를 그림 11.9에 나타내었다.

표 11.7 CPOL과 CPHA 비트에 의한 SCK 클록의 동작 모드

CPOL	CPHA	리딩 에지에서	트레일링 에지에서	SPI 모드
0	0	샘플링(상승)	데이터 준비(하강)	0
0	1	데이터 준비(상승)	샘플링(하강)	1
1	0	샘플링(하강)	데이터 준비(상승)	2
1	1	데이터 준비(하강)	샘플링(상승)	3

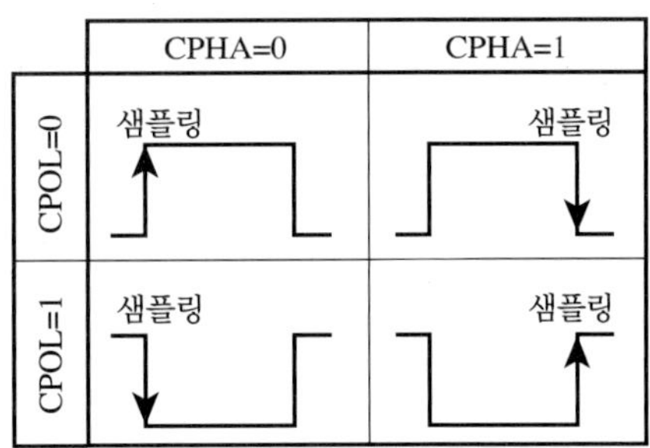

그림 11.9 SCK 클록에 따른 동작 모드

그림 11.10은 SPI 모듈의 송수신 동작 타이밍도를 나타낸다. 그림에서 주의 깊게 살펴봐야 하는 사항은 데이터 비트가 시프트되어 출력되는 동안에 데이터 신호를 안정적으로 샘플링하기 위해 SCK 클록의 어떠한 에지 신호에 동기를 취하는가이다. 그림 11.10을 보면 데이터의 전송과 샘플링은 서로 반대의 에지에서 이루어지고 있음을 알 수 있다. 예를 들어 하강 에지에 동기를 맞추어 데이터의 샘플링이 이루어지면 상승 에지에 동기를 맞추어 데이터가 출력되고, 반대로 상승 에지

에 동기를 맞추어 샘플링이 이루어지면 하강 에지에 동기를 맞추어 데이터가 출력된다.

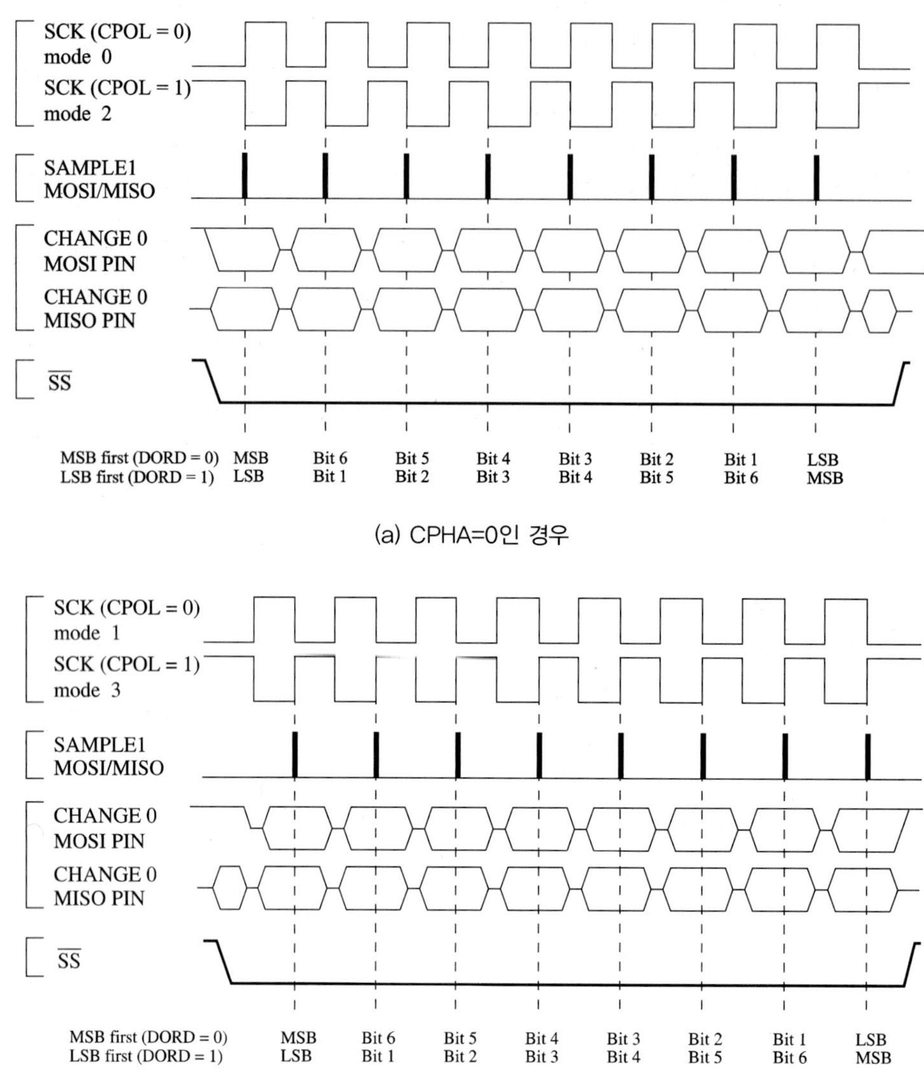

(b) CPHA=1인 경우

그림 11.10 SPI 모듈의 송수신 동작 타이밍도

11.2.5 $\overline{\text{SS}}$ 핀의 기능

슬레이브 선택($\overline{\text{SS}}$) 핀은 SPI 구성에서 중요한 역할을 한다. 원래 이 핀의 신호는 마스터로 동작할 경우에 출력으로 설정되어 있어야 하고, 슬레이브로 동작할 경우에는 입력으로 설정되어 있어야 한다. 그러나 마스터 또는 슬레이브 동작 시 유의할 사항이 몇 가지 존재한다.

◈ 슬레이브 모드

SPI가 슬레이브 모드로 동작하도록 구성되어 있으면, $\overline{SS}$ 핀은 항상 입력으로 동작한다. $\overline{SS}$가 Low 상태일 때 SPI는 활성화되며, 사용자에 의해 출력으로 설정되었다면 MISO는 출력으로 동작하고 그 밖의 핀들은 입력으로 동작한다.

$\overline{SS}$ 신호가 High 상태로 바뀌면 사용자에 의해 출력으로 설정할 수 있는 MISO 핀을 제외한 모든 핀들은 입력으로 동작하고, SPI는 활성화되지 않게 되어 입력되는 모든 데이터는 무시된다. 일단 $\overline{SS}$ 신호가 High 상태로 되면 SPI는 리셋된다는 점을 유의해야 한다.

◈ 마스터 모드

SPI가 마스터 모드로 동작하도록 구성되어 있으면, 사용자는 $\overline{SS}$ 핀의 방향을 결정할 수 있다.

- 만약 $\overline{SS}$ 핀이 출력으로 구성되어 있으면, 이 핀은 SPI 마스터 동작에 영향을 주지 않고 SPI 슬레이브의 $\overline{SS}$ 핀을 구동하는 일반 출력 핀으로 동작한다.
- 만약 $\overline{SS}$ 핀이 입력으로 구성되어 있으면, 마스터 모드의 동작을 보장하기 위해 $\overline{SS}$ 핀의 신호는 반드시 High를 유지해야 한다. 만약 $\overline{SS}$ 핀이 입력으로 정의되어 마스터 상태로 되어 있는 상태에서 $\overline{SS}$ 핀이 주변 소자에 의해 Low 상태로 변하면 SPI 시스템은 다른 마스터가 데이터를 보내는 것으로 상황을 해석한다. 따라서 이러한 버스 충돌을 피하기 위해 SPI 시스템은 다음과 같은 동작을 수행하게 된다.
  - ○ SPCR 레지스터의 MSTR 비트는 클리어되고, SPI는 슬레이브로 된다. 슬레이브로 변경되면서 MOSI와 SCK 핀은 입력으로 변경된다.
  - ○ SPSR 레지스터의 SPIF 플래그는 1로 세트된다. 만약 상태 레지스터(SREG)의 I 비트와 SPI 인터럽트 허가 비트가 1로 설정되어 인터럽트가 허가되어 있다면, 인터럽트가 발생되어 인터럽트 루틴이 수행된다.

따라서 마스터 모드에서 인터럽트 구동 방식으로 SPI 전송이 이루어지고 $\overline{SS}$가 Low로 되었을 경우에, 인터럽트 서비스 루틴에서 항상 MSTR 비트가 세트되어 있는지 검사해야 한다. 만약 MSTR 비트가 슬레이브 선택에 의해 0으로 되었다면, 이 비트는 SPI 마스터 모드를 재진입하기 위해 사용자에 의해 1로 세트되어야 한다.

마스터 모드 또는 슬레이브 모드에서의 $\overline{SS}$ 핀의 동작을 표 11.8에 요약해놓았다. 표 11.8에 나타낸 것과 같이 슬레이브 모드에서 $\overline{SS}$ 핀은 항상 입력 핀으로 작용한다. 이 핀이 Low 상태로 되면 소자의 SPI는 활성화되고, High 상태로 되면 슬레이브 동작이 해제된다. $\overline{SS}$ 핀이 High가 되면 SPI 슬레이브는 즉시 송수신 회로부를 리셋하여 시프트 레지스터에 있는 데이터까지도 버리게 되므로, 이 핀은 마스터 클록 발생기와 슬레이브 비트 카운터 사이에서 패킷/바이트 단위의 동기를 맞추기 위한 방법으로 유용하게 쓸 수 있다.

표 11.8 $\overline{SS}$ 핀의 동작 기능

모드	$\overline{SS}$ 구성	핀 상태	동작 설명
슬레이브	항상 입력	High	슬레이브 해제
		Low	슬레이브 활성화
마스터	입력	High	마스터 활성화
		Low	마스터 해제, 슬레이브 모드로 전환
	출력	High	마스터 활성화
		Low	

11.2.6 다중 슬레이브 시스템

일반적으로 SPI 통신을 사용하는 시스템은 그림 11.11에 나타낸 것과 같이 하나의 마스터와 여러 개의 슬레이브로 구성되고, 마스터 모드로 사용되는 시스템은 일반 I/O 핀을 각 슬레이브의 선택 신호로 사용한다. 이렇게 SS 핀을 이용하여 각 슬레이브가 선택된 후에는 마스터와 슬레이브가 1:1로 통신을 수행하게 된다. ATmega128에 연결되는 SPI의 슬레이브는 슬레이브 선택 신호로 사용할 수 있는 I/O 핀의 숫자에 의해 제한되고, 슬레이브의 수가 증가하면 슬레이브 선택 신호도 증가하므로 회로의 복잡도도 증가한다. 슬레이브의 수가 많은 시스템에서는 SPI 통신 방식이 적합하지 않을 수도 있다.

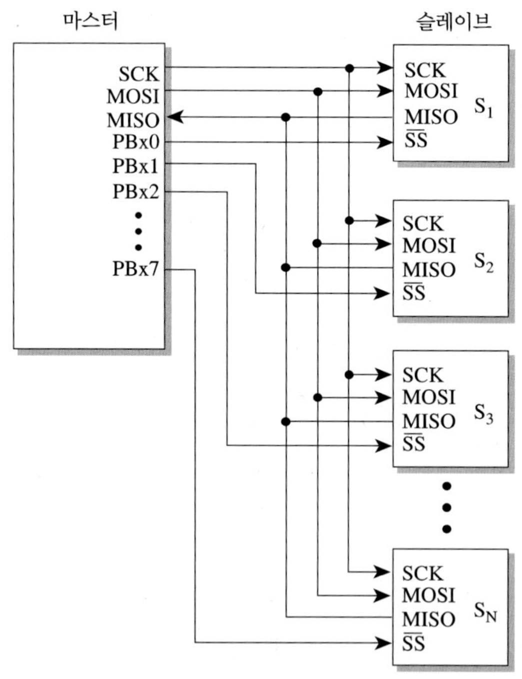

그림 11.11 SPI 직렬 통신의 다중 슬레이브 시스템 구성도

11.3 SPI의 초기화 및 구동

이제 ATmega128의 SPI를 구동하기 위한 프로그램 작성 방법을 학습해보자. SPI 동작을 위해 먼저 클록 및 동작 모드를 설정해야 하고, 이를 기반으로 SPI를 마스터와 슬레이브로 설정하여 구동해야 한다. 먼저 동작 모드에 따른 초기화 과정을 살펴보기로 하자.

SPI는 폴링 모드와 인터럽트 모드로 사용할 수 있으며, 각각 마스터와 슬레이브로 동작할 수 있다. 따라서 폴링 모드에서의 마스터와 슬레이브 모드로 동작할 수 있도록 초기화하는 과정과 인터럽트 모드에서의 마스터와 슬레이브 모드로 동작할 수 있도록 초기화하는 과정을 설명한다.

이 책에서는 SPI 동작을 다음과 같이 모드 0에서 동작한다고 가정하고 설명한다.

① 데이터의 전송 순서(DORD): MSB 우선 전송

② 모드의 선택(CPOL과 CPHA): SCK 클록에 의한 동작 모드는 0으로 선택(표 11.7 참조)

③ 동작 속도의 설정(SPI2X, SPR1, SPR0)

- 폴링 모드: 클록의 속도를 $f_{osc}/4$로 설정(인터럽트 모드에 비해 고속으로 동작)
- 인터럽트 모드: 클록의 속도를 $f_{osc}/128$로 설정

따라서 폴링 모드와 인터럽트 모드로 설정하기 위한 SPCR과 SPSR 레지스터의 값은 다음과 같고, 최종적으로 SPI 모드로 동작시키기 위해 SPCR 레지스터의 SPE 비트를 1로 세트한다.

	7	6	5	4	3	2	1	0
SPCR	SPIE	SPE	DORD	MSTR	CPOL	CPHA	SPR1	SPR0
폴링 모드	x	1	0	x	0	0	0	0
인터럽트 모드	1	1	0	x	0	0	1	1

	7	6	5	4	3	2	1	0
SPSR	SPIF	WCOL						SPI2X
폴링 모드	x	x						0
인터럽트 모드	x	x						0

폴링 모드에서의 초기화 과정은 다음과 같다.

```
SPCR = (1<<SPE);      // fosc/4 클록 모드
SPSR = 0x00;          // SPI2X=0, 1배속
```

또한 인터럽트 모드에서는 클록의 속도만 $f_{osc}/128$로 설정하면 되므로 다음과 같이 초기화할 수 있다.

```
SPCR = (1<<SPE) | (3<<SPR0); // fosc/16 클록 모드
SPSR = 0x00;                 // SPI2X=0, 1배속
```

이상의 초기화 과정에서는 SPI가 마스터와 슬레이브로 동작할 것인지는 결정되지 않았다. 마스터와 슬레이브 모드의 동작은 MSTR 비트에 의해 결정된다. MSTR 비트를 1로 설정하면 마스터 모드로 동작되므로 초기화 과정에서 OR시키면 될 것이다.

◈ 폴링 모드에서의 초기화 및 데이터 송수신 과정

마스터 모드로 동작하기 위해서는 SPCR의 MSTR 비트를 이용하여 마스터로 설정하기 전에 $\overline{SS}$ 핀을 비롯한 모든 SPI 동작 핀을 마스터 동작을 고려하여 다음과 같이 입출력 방향을 설정한다.

```
DDRB = 0xF7;
// PB0(SS):Out, PB1(SCK):Out, PB2(MOSI):Out, PB3(MISO):In
```

$\overline{SS}$ 핀이 입력으로 설정된 상태에서 $\overline{SS}$ 핀에 Low가 인가되면, SPI 모드를 허가하는 순간 슬레이브 모드로 전환되기 때문에 마스터로 설정하기 전에 반드시 미리 입출력 방향을 설정해야 한다.

그리고 슬레이브 모드로 동작할 때는 $\overline{SS}$ 핀을 반드시 Low로 설정해야 한다. SPI의 폴링 모드는 일반적으로 마스터와 슬레이브 간의 통신을 가장 빠르게 할 수 있는 방법으로 사용된다.

그림 11.12에는 폴링 모드를 사용하여 마스터를 초기화하는 과정을 나타내었다. 초기화 과정에서는 폴링 모드로 동작시키기 위해 SPI 인터럽트 플래그(SPIF)를 클리어하는 과정을 반드시 수행한다. SPIF는 인터럽트가 실행되면 자동으로 클리어되지만, 초기화 과정에서는 SPDR 레지스터의 SPIF 비트에 0을 쓰면 된다.

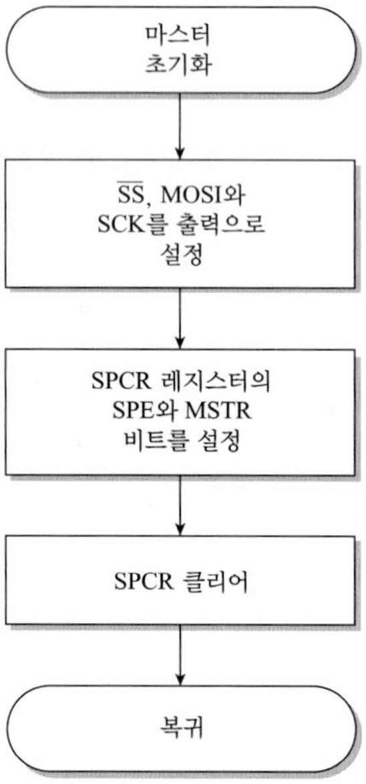

마스터 초기화

$\overline{SS}$, MOSI와 SCK를 출력으로 설정

SPCR 레지스터의 SPE와 MSTR 비트를 설정

SPCR 클리어

복귀

```
// 폴링 모드를 사용한 마스터 초기화 과정
void Init_SPI_Master(void)
{
    // PB0(SS):Out, PB1(SCK):Out, PB2(MOSI):Out, PB3(MISO):In
    DDRB =0xF7;
    // Master Mode
    // Data Order : MSB First
    // Leading(샘플링, 상승) Trailing(데이터 준비, 하강) 3.6864MHz
    SPCR=(1<<SPE)|(1<<MSTR));
    SPSR=0x00;    // SPIF 클리어, SPI2X=0
}
```

그림 11.12 폴링 모드에서의 마스터 초기화 과정

그림 11.13은 마스터 모드에서 문자를 전송하는 과정을 나타낸다. 하나의 문자를 전송하기 위해 SPSR의 SPIF 플래그를 검사하여 이 플래그가 설정될 때까지 기다린다. 이는 하나의 문자가 전송되는 과정은 SPDR에 데이터를 쓰면 이 레지스터의 데이터가 시프트 레지스터를 통해 전송되고, 이 과정이 완료되면 SPIF 인터럽트 플래그가 세트되기 때문이다.

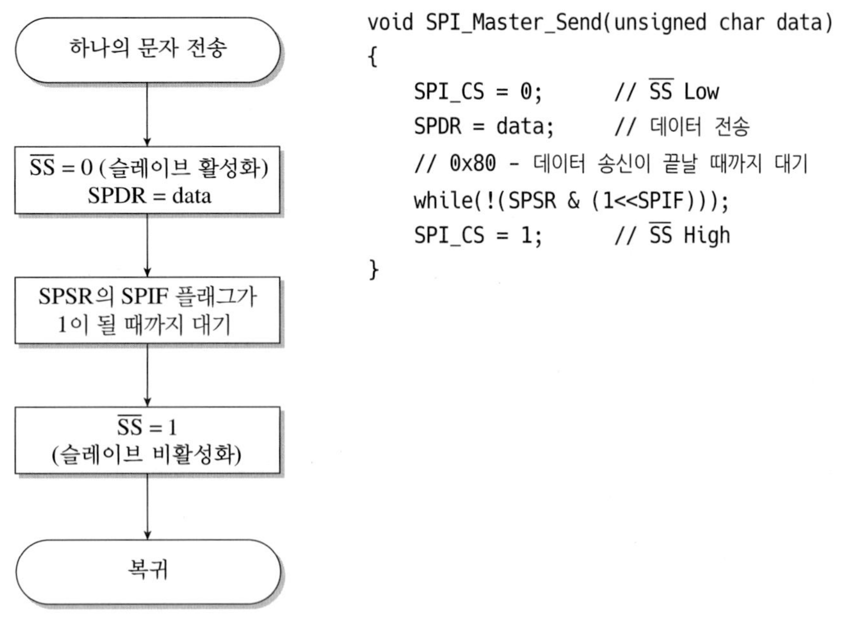

그림 11.13 폴링 모드에서의 마스터 데이터 송신 과정

ATmega128을 슬레이브 모드로 동작시키기 위한 레지스터의 초기화 과정은 마스터와 마찬가지로 SPI 모드의 동작 모드를 설정하고 MISO 핀만을 출력으로 설정하면 된다. 이렇게 설정하면 나머지 핀은 자동으로 입력으로 설정된다. 또한 슬레이브 모드의 동작을 위해 MSTR 비트를 0으로 설정한다. 슬레이브 모드로 동작할 경우에는 마스터 클록에 의해 동기 전송이 이루어지기 때문에 클록 선택 비트 SPR0과 SPR1의 상태와 무관해진다. 그림 11.14에는 폴링 모드를 사용한 슬레이브 초기화 과정을 나타내었다.

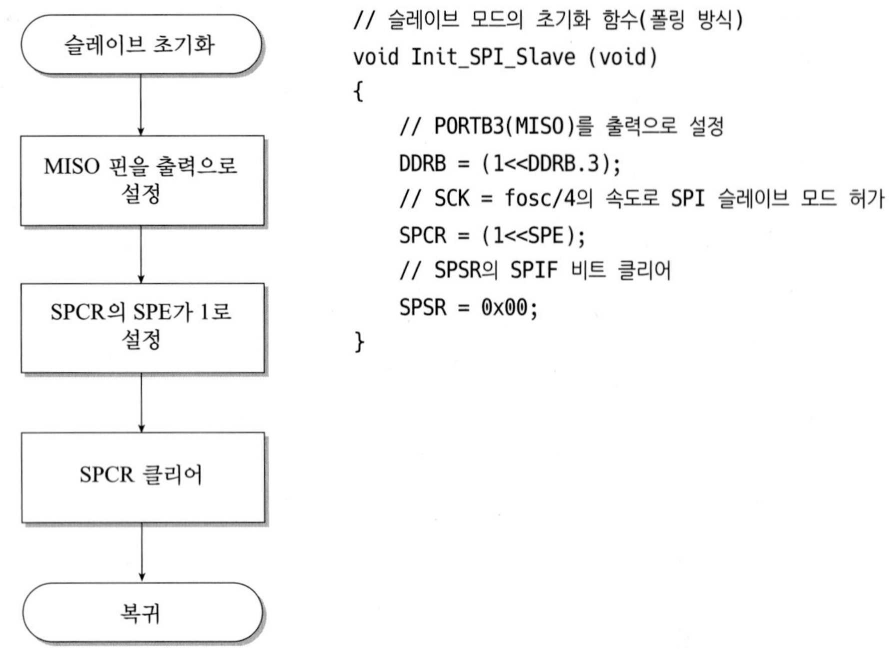

그림 11.14 폴링 모드에서의 슬레이브 초기화 과정

폴링 모드에서 데이터를 수신하는 과정은 다음과 같이 SPSR 레지스터의 SPIF 플래그가 설정될 때까지 기다렸다가 이 플래그가 세트되면 SPDR 레지스터를 읽으면 된다. 프로그램은 다음과 같다.

```
unsigned char SPI_Rec_Char;    // SPI 수신을 위한 변수 설정

// 문자가 수신될 때까지 대기
while (!(SPSR & (1<<SPIF)));
SPI_Rec_Char = SPDR;
```

◈ 인터럽트 모드에서의 초기화 및 데이터 송수신 과정

인터럽트 구동 방식을 이용하여 SPI를 동작시킬 경우에는 SCK 클록을 64 또는 128로 분주하여 사용하는 것이 보편적이다. 인터럽트 구동 방식으로 데이터를 송수신하면 마이크로컨트롤러는 데이터를 송수신하기 위해 데이터의 송수신 완료를 기다리는 대신에 다른 작업을 수행할 수 있다는 장점을 갖게 된다. 즉, 마스터 모드에서는 데이터를 송신하고자 할 때 인터럽트 루틴에서 데이터를 송신하면 된다.

슬레이브 모드에서는 언제 통신이 시작되는지 알 수 없지만, 인터럽트 모드를 통해 데이터를 수신하면 인터럽트가 발생하여 인터럽트 서비스를 수행하기 때문에 시간 지연 없이 데이터를 처리하게 되어 쓰기 충돌 오류를 방지할 수 있어서 매우 유용하게 쓰인다.

마스터 모드에서의 초기화 과정은 폴링 모드와 비슷하며, SPI 인터럽트를 사용하기 위해 SPCR

레지스터의 SPIE 비트를 1로 미리 설정해야 한다. 프로그램은 다음과 같다.

```
// 마스터 모드의 초기화 함수(인터럽트 구동)
void Init_SPI_Master_IntContr(void)
{
    // PB0(SS):Out, PB1(SCK):Out, PB2(MOSI):Out, PB3(MISO):In
    DDRB =0xF7;
    // SCK = fosc/128의 속도로 SPI 마스터 모드와 SPI 인터럽트 허가
    SPCR  = (1<<SPIE)|(1<<SPE)|(1<<MSTR)|(3<<SPR0);
    // SPSR의 SPIF 비트 클리어
    SPSR = 0x00;
    SREG |= 0x80;           // 전체 인터럽트 허가
}
```

인터럽트 방식을 이용하여 데이터를 송신할 경우에는 인터럽트가 발생할 때마다 하나의 문자를 전송하고, 주 프로그램에서는 아무 동작도 하지 않는다. 여기서 주의할 사항은 SPI 모드에서 인터럽트는 SPDR 레지스터에 있는 문자가 전송 완료되어 데이터 버퍼가 비었을 때 발생한다는 것이다. 따라서 SPI 인터럽트를 발생시키기 위해서는 먼저 주 프로그램에서 문자를 SPDR 레지스터에 기록해야 하며, 문자가 전송 완료된 후에 비로소 SPI 인터럽트가 발생한다.

이러한 점을 고려하여 특정 문자열("AVR communicating via the SPI")의 데이터를 인터럽트 구동 방식에 의해 송신하는 과정의 프로그램을 작성해보자. 특정의 문자열을 전송하기 위해서는 먼저 문자열의 주소를 포인터로 지정하고, 이 포인터의 첫 번째 문자를 먼저 주 프로그램에서 SPDR 레지스터에 기록한다. SDPR로 기록된 문자는 SPI 포트를 통해 송신되고, 송신이 완료되면 SPIF 인터럽트가 발생하여 두 번째 문자부터는 인터럽트 서비스 루틴에서 송신할 수 있게 된다. 이렇게 SPIF 인터럽트가 발생할 때마다 데이터를 전송하고 문자열의 전송이 끝나면 이를 주 프로그램에 알려줄 수 있도록 플래그를 세트해주면, 주 프로그램에서 이를 검사하여 전송이 완료되면 문자 전송 작업을 중지하게 한다. 이상과 같이 특정 문자열을 전송하는 과정의 흐름도와 프로그램을 그림 11.15에 나타내었다. 프로그램에서 ClearToSend 비트는 전송 중인 문자열이 종료됐음을 나타내기 위해 사용했으며, 이 플래그가 1이면 문자열의 종료를 나타낸다.

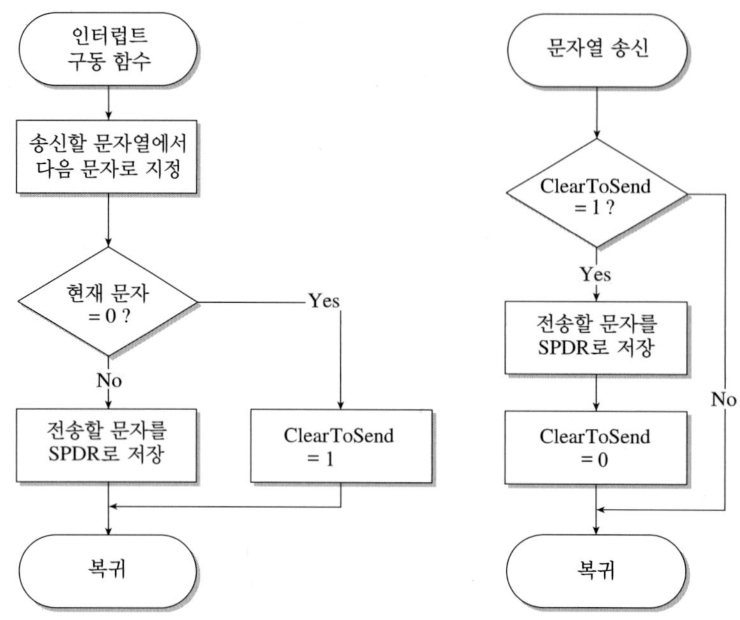


```
char *TextString = "AVR communicating via the SPI"+0x00;
char *PtrToStrChar;                 // 송신 문자열을 가리키는 포인터
char ClearToSend = 1;               // 문자열 전송 완료 비트

// 마스터 모드의 인터럽트 서비스 함수(인터럽트 구동 방식)
Interrupt [SPI_STC] void spi_master_isr(void)
{
    PtrToStrChar++;                 // 송신 문자열에서 다음 문자로 지정
    if (*PtrToStrChar != 0)         // 송신 문자가 모두 전송되었는가?
    {
        SPDR  = *PtrToStrChar;      // 아니면 문자 전송
    }
    else ClearToSend = 1;
    // 마지막 문자가 전송되었으면 다음 문자열 전송을 가능 상태로 설정
}

// 마스터 모드에서 문자열 전송 함수(인터럽트 구동 방식)
void SPI_Master_Send_IntContr(void)
{
    if (ClearToSend == 1){          // 문자열 전송이 가능한 상태이면 다음 과정 수행
        PtrToStrChar  = TextString; // 전송할 문자열을 PtrToStrChar 포인터로 지정
        // 지정된 전송 문자열의 첫 번째 문자를 전송하여 인터럽트 발생이 가능하도록 함
        SPDR = *PtrToStrChar;
        // 문자열의 전송이 시작되었음을 알리기 위해 ClearToSend=0으로 설정
        ClearToSend = 0;
    }
}
```

그림 11.15 인터럽트 모드에서의 마스터 데이터 송신 과정

슬레이브 모드에서는 마스터가 언제 새로운 데이터를 전송하게 될지 전혀 알 수 없기 때문에 인터럽트를 사용하는 것이 매우 유용하다. 이에 대한 초기화 과정은 폴링 모드와 비슷하며, SPI 인터럽트를 사용하기 위해 SPCR 레지스터의 SPIE 비트를 1로 미리 설정해야 한다. 프로그램은 다음과 같다.

```
// 슬레이브 모드의 초기화 함수(인터럽트 구동)
void Init_SPI_Slave_IntContr (void)
{
    char IOReg;
    // PORTB3(MISO) 비트를 출력으로 설정
    DDRB = (1<<DDRB.3);
    // SCK = fosc/128의 속도로 SPI 슬레이브 모드 허가
    SPCR = (1<<SPIE) | (1<<SPE) | (3<<SPR0);
    SPSR = 0x00;
    SREG |= 0x80;              // 전체 인터럽트 허가
}
```

인터럽트를 사용하여 문자를 수신하는 과정은 폴링 모드에서 설명한 과정과 같으며, 오류가 발생하면 주 프로그램에서 이에 상응하는 프로그램을 작성하면 된다. 여기서는 인터럽트 서비스 루틴의 내용만 작성했다.

```
interrupt [SPI_STC] void spi_slave_isr(void)
{
    SPI_Rec_Char = SPDR;
}
```

11.4 SPI의 활용 실험

이 절에서는 SPI 통신 포트의 활용을 위해 먼저 2개의 AVR 간 마스터-슬레이브 통신 방식을 간단하게 구현해보고, 심화 과정으로 Atmel사에서 출시되는 AT93C 계열의 EEPROM, 16비트 I/O 확장기 MCP23S17과 TDK InvenSense사에서 출시되는 IMU 센서인 MPU-9250 등의 인터페이스를 통해 SPI 직렬 통신 기법의 활용 방법을 자세히 알아보기로 한다.

예제 11.1 2개의 ATmega128 간 마스터-슬레이브 통신

SPI의 마스터-슬레이브 간 통신 실험을 위해 그림 11.16과 같이 실험 환경을 구축하고, PC에서 입력한 ASCII 문자를 슬레이브 교육용 보드에 연결된 LCD에 표시하는 프로그램을 작성하라.

이 예제는 2개의 ATmega128 교육용 보드를 사용하여 마스터-슬레이브 통신을 실험하기 위한 과정이다. 그림 11.16과 같이 마스터는 PC와 연결되어 PC로부터 전송되어오는 키보드 문자 데이터를 수신하고, 이를 그대로 슬레이브로 전송한다. 슬레이브는 마스터로부터 전송되어온 문자 데이터를 수신하여 LCD의 정해진 위치에 표시한다. 따라서 이 예제에서는 마스터 부분의 프로그램과 슬레이브 부분의 프로그램을 각각 작성해야 한다. 여기서 주의할 사항은 마스터와 슬레이브 보드를 연결할 때 SPI 통신에 사용되는 4선 이외에 전원 선인 GND를 서로 연결해야 한다는 점이다. 이는 보드 간의 통신을 위해서는 반드시 전원의 기준 레벨을 맞추어야 하기 때문이다.

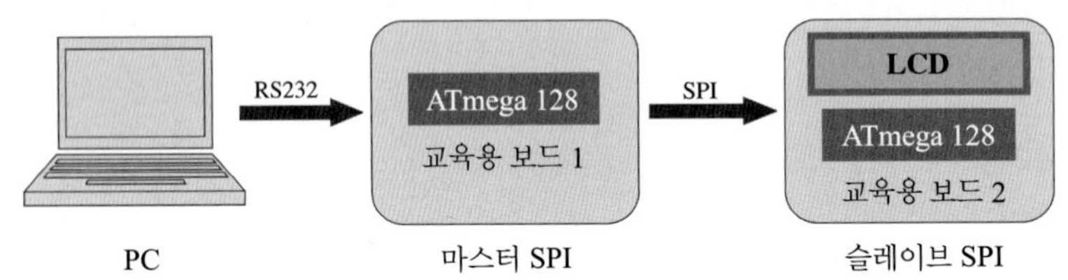

그림 11.16 SPI 직렬 통신 시험을 위한 마스터-슬레이브 실험 환경

[마스터]

마스터부에서는 PC와의 통신을 위해 직렬 통신 포트를 이용하고 슬레이브와의 통신을 위해 SPI 직렬 통신 모드를 사용한다. 통신 규격은 각각 다음과 같다.

- PC와의 통신 프로토콜은 115200 보 레이트, No 패리티, 8 문자, 1 정지 비트 모드로 설정하고 수신되는 문자는 주 프로그램에서 폴링하면서 수신한다.
- SPI 직렬 통신을 위해 표 11.5의 모드 0과 통신 속도를 $f_{osc}/4$ 모드로 설정하고 폴링 모드로 문자를 전송한다.

[슬레이브]

슬레이브부에서는 SPI 직렬 통신을 위해 마스터와 동일한 통신 규격을 사용할 수 있도록 설정하고, 마스터에서 송신되어 오는 문자를 폴링 모드를 이용하여 수신한다. 이렇게 수신된 문자를 LCD의 정해진 위치에 표시한다. 이때 수신되는 문자가 〈CR〉이면 라인을 바꾸어 첫 번째 행에 표시하도록 한다.

이상의 마스터부와 슬레이브부의 기능을 프로그램으로 작성하면 각각 다음과 같다.

```
*******************************************************************************
**** 마스터부의 프로그램                                                    ****
*******************************************************************************
#include <mega128.h>

#define SPI_CS  PORTB.0
```

```
void Init_USART1(void)
{
    UCSR1A = 0x00;
    UCSR1B = (1<<RXEN1);          // 0x10 - RX Enable
    UCSR1C = (1<<UCSZ11) | (1<<UCSZ10);
    // 0x06 - 비동기, 패리티 없음, 8비트 모드
    UBRR1H = 0x00;
    UBRR1L = 0x07;                // 보 레이트 115200bps
}

unsigned char getch_USART1(void)
{
    while(!(UCSR1A & (1<<RXC1)));
    return UDR1;
}

void Init_SPI_Master(void)
{
    PORTB = 0x00;
    DDRB = 0xF7;   // PB0(SS):Out, PB1(SCK):Out, PB2(MOSI):Out, PB3(MISO):In
    // Master Mode
    // Data Order : MSB First
    // 모드 3, Leading(데이터 준비, 하강) Trailing(샘플링, 상승), 3.6864MHz
    SPCR = (1<<SPE) | (1<<MSTR) | (1<<CPOL) | (1<<CPHA);
    SPSR = 0x00;
}

void SPI_Master_Send(unsigned char data)
{
    SPI_CS = 0;
    SPDR = data;                  // 데이터 전송
    while(!(SPSR & (1<<SPIF))); // 0x80 - 데이터 송신이 끝날 때까지 대기
    SPI_CS = 1;
}

void main(void)
{
    unsigned char data;

    Init_USART1();
    Init_SPI_Master();

    while(1)
    {
        data = getch_USART1();
        PORTB.7 = ~PORTB.7;
```

```
        SPI_Master_Send(data);
    }
}

**********************************************************************************
**** 슬레이브부의 프로그램                                                     ****
**********************************************************************************
#include <mega128.h>
#include "lcd.h"

unsigned char SPI_Str[16];
unsigned char count, SPI_flag;

interrupt [SPI_STC] void spi_slave_isr(void)
{
    if(count > 15) count = 0;
    if(SPDR == 0x0D)
    {
        SPI_flag = 1;
        SPI_Str[count]=0;
        count = 0;
    }
    else if(SPDR == 0x0A)
    {
        #asm("NOP");
    }
    else
    {
        SPI_Str[count] = SPDR;
        count++;
    }
}

void Init_SPI_Slave(void)
{
    PORTB = 0x00;
    DDRB = 0xF8;    // PB0(SS):In, PB1(SCK):In, PB2(MOSI):In, PB3(MISO):Out
    // Slave Mode
    // Data Order : MSB First
    // 모드 3, Leading(데이터 준비, 하강)  Trailing(샘플링, 상승), 3.6864MHz
    SPCR = (1<<SPIE) | (1<<SPE) | (1<<CPOL) | (1<<CPHA);
    SPSR = 0x00;
}

unsigned char getch_SPI(void)
{
```

```
    while(!(SPSR &(1<<SPIF)));
    return SPDR;
}

void main(void)
{
    unsigned char line = 1;  // LCD 라인 선택 변수(line)
    unsigned char i = 0;
    count = 0;
    SPI_flag = 0;
    LCD_Init();              // LCD 초기화
    Init_SPI_Slave();        // SPI를 슬레이브로 초기화

    SREG |= 0x80;       // 전체 인터럽트 허가

    while(1)
    {
        if(SPI_flag)
        {
            if(line == 1) { line = 0; LCD_Clear(); }
            else line = 1;
            LCD_Pos(line,0);
            LCD_Str(SPI_Str);
            for(i =0; i< 30; i++) SPI_Str[i] = 0;
            SPI_flag = 0;
        }
    }
}
```

예제 11.2 AT93C46의 인터페이스

ATmega128 보드에 직렬 EEPROM인 AT93C46을 그림 11.17에 제시된 회로도와 같이 연결하고 읽기/쓰기를 검증하는 프로그램을 작성하라. 이를 위해 다음과 같은 과정을 수행하라.

(1) AT93C46의 핀 기능을 조사하라.

(2) AT93C46을 사용하기 위한 명령어를 조사하라.

(3) (2)에 제시된 명령어를 실제 활용하기 위한 프로그램을 작성하라. 이 프로그램 작성을 위해 AT93C46 동작 타이밍도에 대한 이해가 필요하므로 이와 관련하여 설명을 부가하라.

(4) (3)에서 작성한 명령어를 사용하여 AT93C46의 모든 주소에 0x55와 0xAA를 읽기/쓰기를 수행하여 EEPROM의 모든 주소가 정상적으로 동작하는지 확인하라.

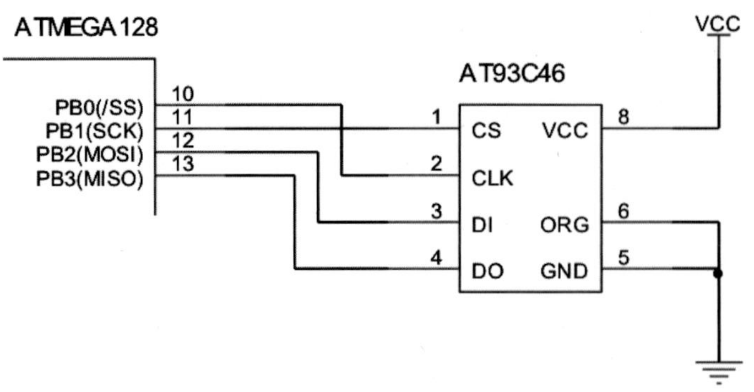

그림 11.17 ATmega128과 AT93C46의 인터페이스 회로도

(1) AT93C46의 핀 기능

AT93C46은 전기적으로 지우고 쓸 수 있는 EEPROM으로, SPI 직렬 통신 방식으로 액세스되는 256×8비트 또는 128×16비트 구조이며 그림 11.18에 나타낸 것과 같이 8 핀으로 구성되어 있다. 4개의 신호 CS, SK, DI, DO는 SPI 통신을 위한 것이며, ORG=0이면 256×8비트 구조로 동작하고 ORG=1이면 128×16비트 구조로 동작한다. 이 실험에서 사용하는 회로는 그림 11.17에 나타낸 바와 같이 ORG=0으로 설정하여 256×8비트 방식을 사용하며, 표 11.9에는 AT93C46 EEPROM의 핀 구성을 간략하게 나타내었다.

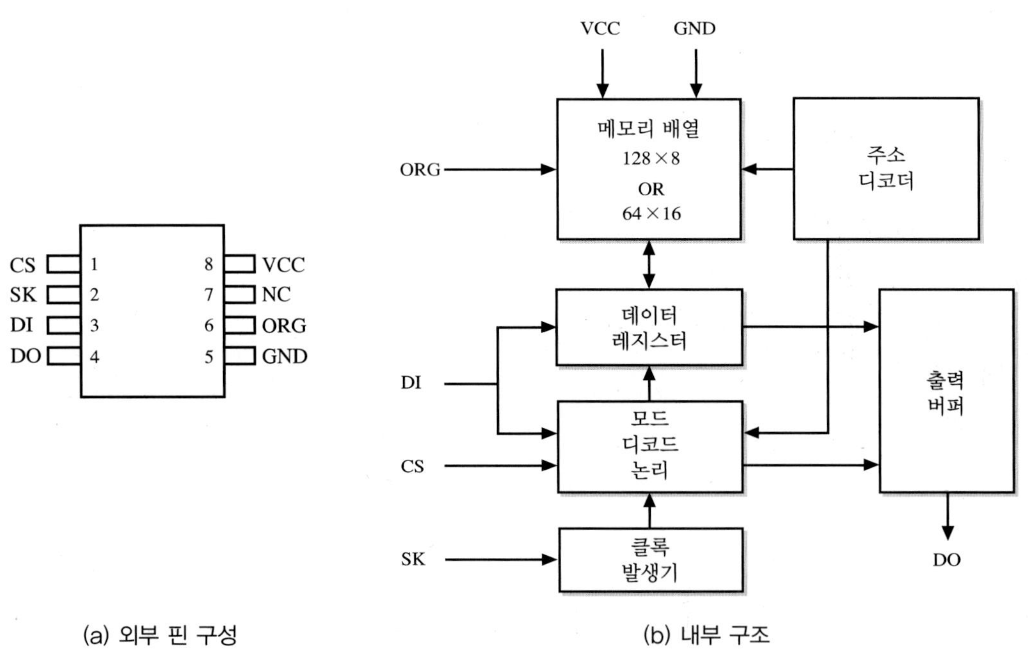

그림 11.18 AT93C46의 외부 및 내부 구성

표 11.9 AT93C46의 핀 기능

핀 이름	기능
CS	칩 선택 신호
SK	직렬 데이터 클록
DI	직렬 데이터 입력
DO	직렬 데이터 출력
GND	접지 단자
VCC	전원 단자
NC	사용하지 않음
ORG	내부 구성 선택 신호

(2) AT93C46의 명령어

AT93C46을 8비트 워드 방식으로 사용할 때의 명령어는 표 11.10에 나타낸 것과 같이 7개의 명령어로 구성되어 있다.

표 11.10 AT93C46을 256×8비트로 사용할 경우의 명령어

명령어	시작 비트	명령 코드	주소	데이터	설명
ERASE	1	11	A6~A0		메모리 주소 A6~A0의 내용을 삭제
READ	1	10	A6~A0		메모리 주소 A6~A0의 내용을 읽기
WRITE	1	01	A6~A0	D7~D0	메모리 주소 A6~A0에 지정된 값을 기록
EWEN	1	00	11XXXXX		메모리 쓰기 동작으로 허용 상태로 설정
ERAL	1	00	10XXXXX		모든 주소의 내용을 한 번에 삭제
WRAL	1	00	01XXXXX	D7~D0	모든 주소에 동일하게 지정된 내용을 기록
EWDS	1	00	00XXXXX		메모리 쓰기 동작을 금지 상태로 설정

- ERASE: ERASE는 특정 주소의 모든 비트를 논리 1로 프로그램하는 명령어이다. 일단 ERASE 명령어와 주소가 해독되면 self-timed 삭제 사이클이 시작된다. 이 명령어의 타이밍은 그림 11.19와 같다.

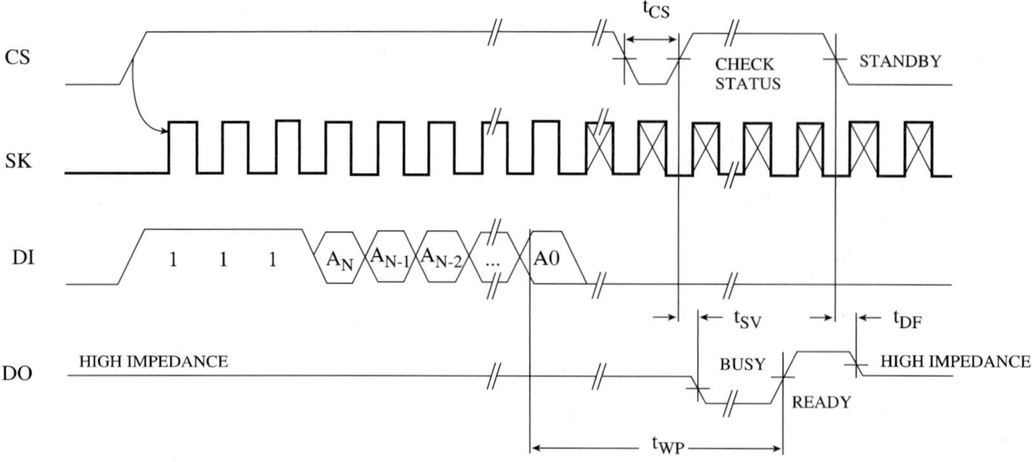

그림 11.19 ERASE 명령어의 타이밍도

- READ: READ 명령어는 읽고자 하는 메모리의 주소를 포함하고 있으며, 명령어 코드와 주소가 해독된 후에 선택된 메모리 위치의 데이터가 DO 핀으로 출력된다. 출력 데이터는 직렬 클록 SK의 상승 에지에 동기를 맞추어 출력한다. 여기서 8비트 또는 16비트의 데이터를 출력하기에 앞서 더미 비트가 출력됨에 유의해야 한다. 이 명령어의 타이밍은 그림 11.20과 같다.

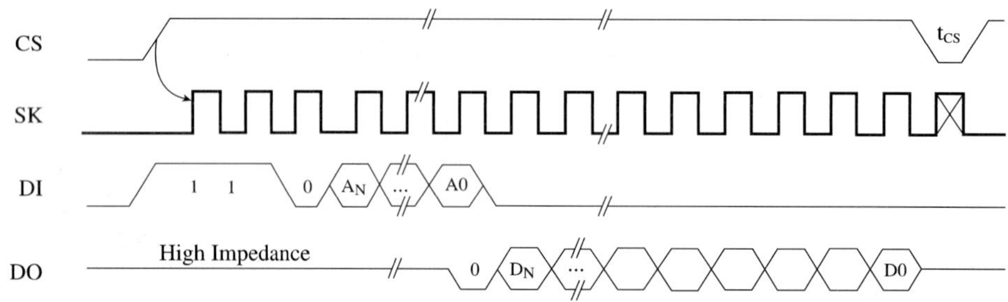

그림 11.20 READ 명령어의 타이밍도

- WRITE: WRITE 명령어는 특정 주소에 기록할 8비트 또는 16비트의 데이터를 포함하고 있으며, 직렬 입력 DI 핀으로 마지막 비트가 도착한 후에 self-timed 쓰기 사이클(t_{WP}=일반적으로 3ms)이 시작된다. 만약 CS 핀이 최소 250ns(t_{CS}) 동안 Low로 유지된 후에 High로 되면, DO 핀에는 이 부분에서 Ready/Busy 상태를 출력하게 된다. DO 핀에서 논리 0은 프로그램이 진행되고 있음을 나타내고, 논리 1은 주어진 주소에 명령어가 포함된 데이터가 기록되어 다음 명령어를 받아들일 수 있음을 나타낸다. Ready/Busy 상태는 self-timed 쓰기 사이클이 종료된 후에 CS 신호가 High로 된다면 유효하지 않게 된다. 이 명령어의 타이밍은 그림 11.21과 같다.

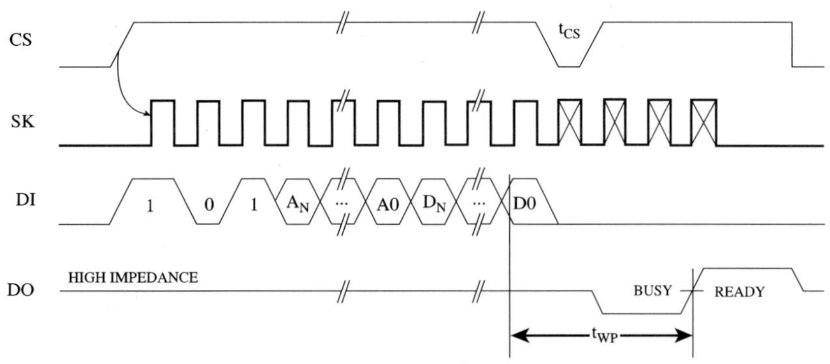

그림 11.21 WRITE 명령어의 타이밍도

- EWEN: EWEN(Erase/Write Enable) 명령어는 프로그래밍 명령어가 수행되기 전에 반드시 수행되어야 한다. 일단 EWEN 상태가 되면 EWDS 명령어가 실행되거나 전원이 제거되기까지 프로그래밍 가능 상태로 유지된다. 이 명령어의 타이밍은 그림 11.22와 같다.

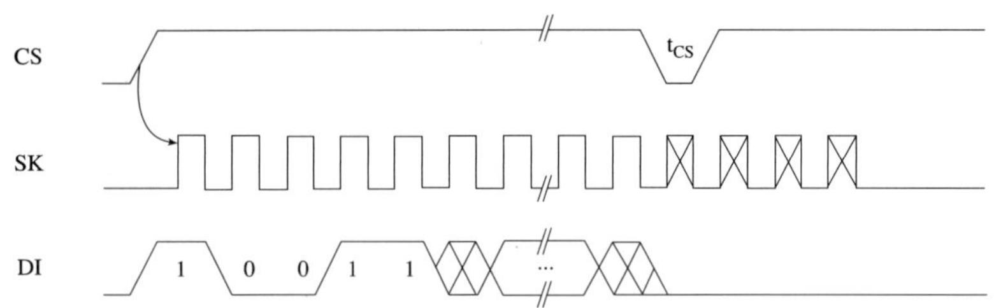

그림 11.22 EWEN 명령어의 타이밍도

- ERAL: ERAL(Erase All)은 메모리의 모든 비트를 논리 1로 프로그램하는 명령어로, 주로 테스트 목적으로 사용된다. 또한 ERAL 명령어는 V_{CC}가 5V인 경우에만 가능하다.
- WRAL: WRAL(Write All)은 메모리 전체를 명령에서 지정한 데이터로 프로그램하는 명령어로, ERAL과 마찬가지로 V_{CC}가 5V인 경우에만 가능하다.
- EWDS: EWDS(Erase/Write Disable)는 모든 프로그래밍 명령어를 불가능하게 하는 명령어로, 프로그래밍 명령어가 끝난 후에 반드시 실행되어야 한다. 이 명령어의 타이밍은 그림 11.23과 같다.

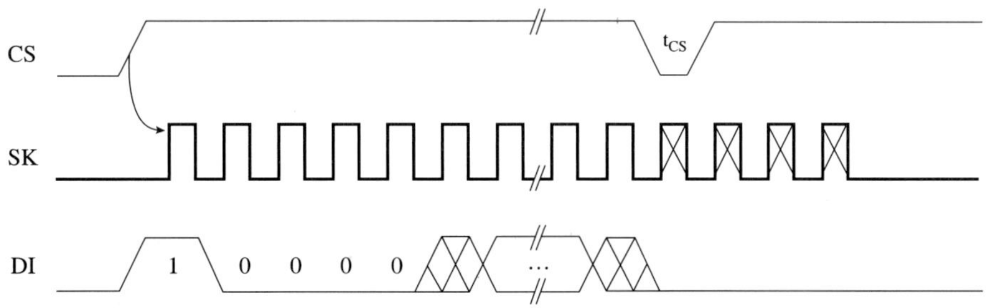

그림 11.23 EWDS 명령어의 타이밍도

이상의 명령어에서 READ 명령어는 EWEN과 EWDS 명령어에 상관없이 아무 때나 실행할 수 있다는 것도 유의해야 한다.

(3) EEPROM 활용을 위한 명령어 함수의 구현

실제로 (4)번 문제를 구현하기 위해서는 EWEN, EWDS, WRITE, READ 명령어에 대한 함수 구현 방법을 알아야 한다.

직렬 EEPROM인 AT93C46을 액세스하기 위한 명령어는 그림 11.19에서 그림 11.23에 나타낸 것과 같이 CS 신호를 먼저 Low에서 High로 변화시키고, DI 핀에 시작 비트인 1과 명령어 코드 2비트를 연속하여 입력한 후에, 이 명령어에 관련된 주소와 데이터를 연속하여 입력한다. 이는 EEPROM에 주소별로 쓰기 동작이 가능하며, WRITE 명령어를 사용하기 전에 특별히 ERASE 명령어를 사용할 필요가 없음을 의미한다.

EEPROM을 액세스하는 동작 타이밍을 그림 11.24에 나타내었으며, 표 11.11에는 AC 특성을 나타내었다. AT93C46을 5V 전원에서 사용할 때 클록 신호 SK의 최대 사용 가능 주파수는 2MHz이며, EEPROM의 하나의 주소에 데이터를 기록하는 데 소요되는 시간(t_{WP})은 일반적으로 3ms임을 알 수 있다.

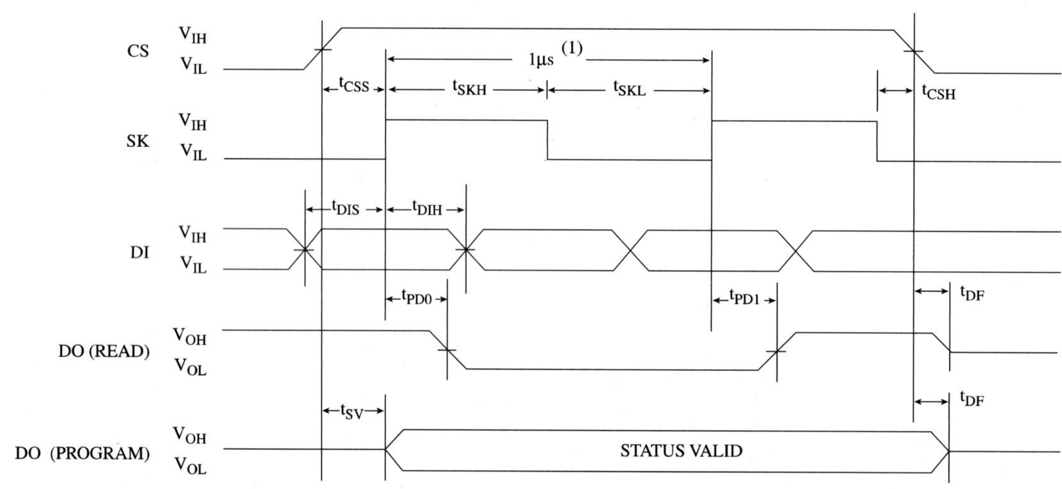

그림 11.24 AT93C46의 동작 타이밍도

ATmega128에서 SPI 통신으로 AT93C46에 데이터를 액세스하기 위한 명령어를 전송할 때는 다음과 같은 주의가 필요하다.

- SPI 통신 모드를 이용하는 경우, 8비트의 단위로만 데이터를 전송해야 한다. 그러나 실제 AT93C46에 관련된 명령어는 8비트 단위로 구성되어 있지 않기 때문에 AT93C46에 명령어를 올바르게 전송하기 위해서는 그림 11.25와 같은 2바이트의 명령어 프레임을 준비해야 한다. AT93C46에서 전송되는 명령어는 항상 첫 번째 비트가 시작 비트인 1로 되어야 하므로

표 11.11 AT93C46의 AC 특성

기호	매개변수	시험 조건		최소	일반	최대	단위
f_{SK}	SK Clock Frequency	$4.5V \le V_{CC} \le 5.5V$ $2.7V \le V_{CC} \le 5.5V$ $1.8V \le V_{CC} \le 5.5V$		0 0 0		2 1 0.25	MHz
t_{SKH}	SK High Time	$4.5V \le V_{CC} \le 5.5V$ $2.7V \le V_{CC} \le 5.5V$ $1.8V \le V_{CC} \le 5.5V$		250 250 1000			ns
t_{SKL}	SK Low Time	$4.5V \le V_{CC} \le 5.5V$ $2.7V \le V_{CC} \le 5.5V$ $1.8V \le V_{CC} \le 5.5V$		250 250 1000			ns
t_{CS}	Minimum CS Low Time	$4.5V \le V_{CC} \le 5.5V$ $2.7V \le V_{CC} \le 5.5V$ $1.8V \le V_{CC} \le 5.5V$		250 250 1000			ns
t_{CSS}	CS Setup Time	Relative to SK	$4.5V \le V_{CC} \le 5.5V$ $2.7V \le V_{CC} \le 5.5V$ $1.8V \le V_{CC} \le 5.5V$	50 50 200			ns
t_{DIS}	DI Setup Time	Relative to SK	$4.5V \le V_{CC} \le 5.5V$ $2.7V \le V_{CC} \le 5.5V$ $1.8V \le V_{CC} \le 5.5V$	100 100 400			ns
t_{CSH}	CS Hold Time			0			
t_{DIH}	DI Hold Time	Relative to SK	$4.5V \le V_{CC} \le 5.5V$ $2.7V \le V_{CC} \le 5.5V$ $1.8V \le V_{CC} \le 5.5V$				ns
t_{PD1}	Output Delay to "1"	AC test	$4.5V \le V_{CC} \le 5.5V$ $2.7V \le V_{CC} \le 5.5V$ $1.8V \le V_{CC} \le 5.5V$			250 250 1000	ns
t_{PD0}	Output Delay to "0"	AC Test	$4.5V \le V_{CC} \le 5.5V$ $2.7V \le V_{CC} \le 5.5V$ $1.8V \le V_{CC} \le 5.5V$			250 250 1000	ns
t_{SV}	CS to Status Valild	AC Test	$4.5V \le V_{CC} \le 5.5V$ $2.7V \le V_{CC} \le 5.5V$ $1.8V \le V_{CC} \le 5.5V$			250 250 1000	ns
t_{DF}	CS to DO in High Impedance	AC Test $CS = V_{IL}$	$4.5V \le V_{CC} \le 5.5V$ $2.7V \le V_{CC} \le 5.5V$ $1.8V \le V_{CC} \le 5.5V$			100 150 400	ns
t_{WP}	Write Cycle Time					5	ms
			$1.8V \le V_{CC} \le 5.5V$	0.1	3		ms
Endurance*	5.0V, 25℃			1M			Write Cylce

* 이 매개변수는 특성에 의해 보장됨

일정 명령어 프레임을 형성하기 위해 시작 비트 앞에 필요한 수만큼 0으로 비트를 채워놓는다는 것이다. 여기서 X로 표시된 비트들은 'Don't care'로서 실제는 0으로 처리한다.

- AT93C46은 1K비트의 영역, 즉 0x00~0x7F 영역을 가지므로 주소는 7비트가 사용된다. 그러나 7비트 크기의 데이터형은 없으므로 1바이트 크기의 데이터형을 사용하고 남는 1비트는 주의하여 처리해야 한다.
- AT93C46의 주소를 지정하여 데이터를 읽으려면 그 데이터는 그림 11.26과 같이 0을 선두로 하여 8비트가 읽힌다. 따라서 이 데이터를 처리하려면 두 바이트를 읽어서 비트 시프트 동작을 통해 실제 8비트 데이터를 추출해야 한다.

이상의 과정을 유의하면서 실제 네 가지 명령어에 대해 함수를 구현해보자.

- `AT93C46_EWEN()` 함수: 이 함수는 AT93C46에 데이터를 쓰거나 지울 수 있도록 하는 명령어로, 전송할 명령어는 그림 11.25에 나타난 것처럼 10011XXXXX이다. 명령어를 쓰는 과정은 그림 11.22의 AT93C46 동작 타이밍도의 순서에 준해 작성하면 된다. 즉, 이 과정은

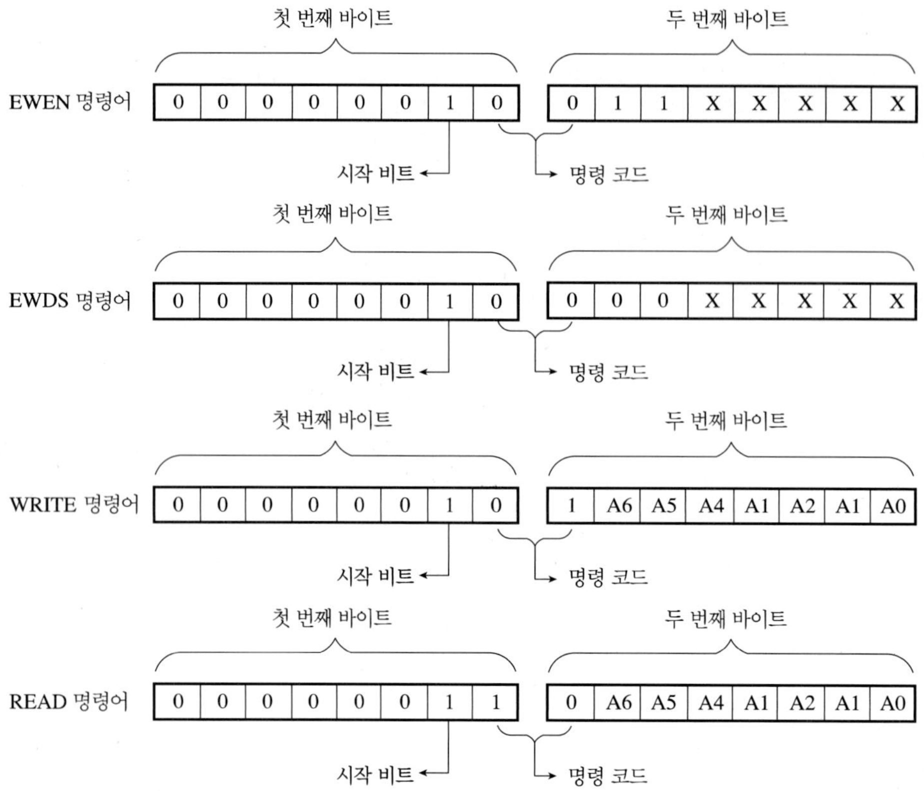

그림 11.25 SPI 통신에 의한 AT93C46의 명령어 전송 프레임

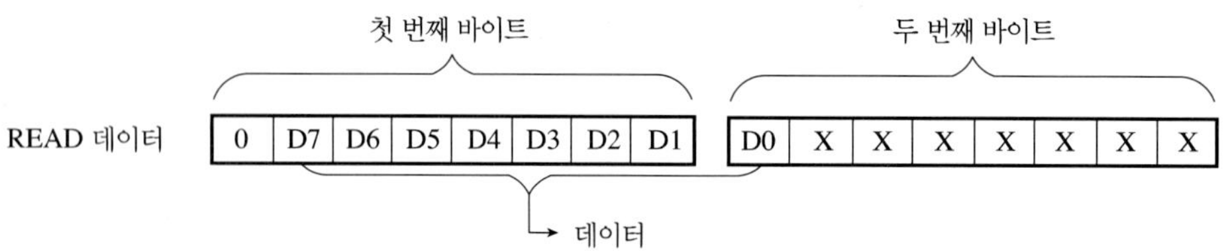

그림 11.26 SPI 통신에 의한 AT93C46 데이터의 읽기 프레임

CS(PORTB4)에 1을 먼저 쓰고, 전송할 데이터를 SPIF 플래그가 세트될 때까지 기다렸다가 SPDR 레지스터에 쓴다. 여기서 2바이트의 데이터는 그림 11.25에 제시된 순서대로 데이터를 쓰면 된다. 데이터 쓰기가 종료되면 다시 CS(PORTB4)에 0을 쓰면 함수의 작성은 완성된다. 작성된 AT93C46_EWEN( ) 함수는 다음과 같다.

```
#define SPI_CS PORTB.0
***************************************************************************
**** AT93C46_EWEN( ) : Write Enable                                    ****
**** 10011XXXXX(10비트)의 신호를 출력해주는 명령어                          ****
**** 명령어가 10비트이므로 상위 6비트는 0으로 채워서 2바이트 정보를 송신        ****
***************************************************************************
```

```
void AT93C46_EWEN(void)
{
    SPI_CS=1;                   // Enable AT93C46
    SPDR = 0x02;                // 00000010
    while(!(SPSR & (1<<SPIF))); // 데이터 송신이 끝날 때까지 대기
    SPDR = 0x60;                // 01100000
    while(!(SPSR & (1<<SPIF))); // 데이터 송신이 끝날 때까지 대기
    SPI_CS=0;                   // Disable AT93C46
}
```

- AT93C46_EWDS( ) 함수: 이 함수는 AT93C46에 데이터를 쓰는 것을 금지하는 명령어로, 전송할 명령어는 그림 11.25에 나타난 것처럼 10000XXXXX이다. 이 명령어를 쓰는 과정은 AT93C46_EWEN( ) 함수를 작성하는 과정과 동일하다.

```
*****************************************************************************
**** AT93C46_EWDS( ): Write Disable                                      ****
**** 10000XXXXX(10비트)의 신호를 출력해주는 명령어                          ****
**** 명령어가 10비트이므로 상위 6비트는 0으로 채워서 2바이트 정보를 송신        ****
*****************************************************************************
void AT93C46_EWDS(void)
{
    SPI_CS=1;                   // Enable AT93C46
    SPDR = 0x02;                // 00000010
    while(!(SPSR & (1<<SPIF))); // 데이터 송신이 끝날 때까지 대기
    SPDR = 0x00;                // 00000000
    while(!(SPSR & (1<<SPIF))); // 데이터 송신이 끝날 때까지 대기
    SPI_CS=0;                   // Disable AT93C46
}
```

- AT93C46_WRITE( ) 함수: 이 함수는 AT93C46 내의 지정된 주소에 데이터를 쓰는 명령어로, 전송할 명령어는 그림 11.25에 나타난 것처럼 101AAAAAAA이다. 이렇게 주소가 지정되면 다음 바이트는 지정된 주소에 저장될 데이터를 전송하면 된다. 즉, AT93C46에 데이터를 쓰기 위해 전송할 명령어는 101 + 주소(7비트) + 데이터(8비트)이다. 따라서 첫 번째 바이트는 0x02를 전송하고 두 번째 바이트는 '1' + 주소(7비트)를 전송한다. 마지막 세 번째 바이트에는 기록할 데이터 0xXX를 전송하면 된다. 이 함수를 호출하기 위해서는 AT93C46의 주소와 주소에 저장할 데이터를 인수로 사용해야 한다. 명령어를 쓰는 과정은 AT93C46_EWEN( ), AT93C46_EWDS( ) 함수를 작성하는 과정과 동일하다.

```
*****************************************************************************
**** AT93C46_WRITE( ) : Write Data                                       ****
**** 101AAAAAAA(10비트) + Data(8비트)의 신호를 출력해주는 명령어             ****
*****************************************************************************
```

```
void AT93C46_WRITE(unsigned char addr, unsigned char data)
{
    SPI_CS=1;                       // Enable AT93C46
    // 명령어 및 주소(101 + A6~A0)
    SPDR = 0x02;                    // 00000010
    while(!(SPSR & (1<<SPIF))); // 데이터 송신이 끝날 때까지 대기
    SPDR = addr | 0x80;             // '1' + address(7비트)
    while(!(SPSR & (1<<SPIF))); // 데이터 송신이 끝날 때까지 대기
    SPDR = data;                    // 데이터 쓰기
    while(!(SPSR & (1<<SPIF)));
    SPI_CS=0;                       // Disable AT93C46
    delay_ms(3);
}
```

- AT93C46_READ( ) 함수: 이 함수는 AT93C46 내에 지정된 주소의 데이터를 읽는 명령어로, 전송할 명령어는 그림 11.25에 나타난 것처럼 110AAAAAAA이다. 이 명령어와 함께 더미 데이터 1바이트를 전송하면 주소가 지정되고, 지정된 주소의 데이터는 그림 11.25에 나타낸 형식으로 AT93C46의 DO 핀을 통해 출력된다. 즉, AT93C46에서 데이터를 읽기 위해 전송할 명령어는 110 + 주소(7비트) + 데이터(8비트)이다. 따라서 첫 번째 바이트는 0x03을 전송하고 두 번째 바이트는 '0' + 주소(7비트)를 전송한다. 마지막으로, 세 번째 바이트에는 더미 데이터인 0x00을 전송하면 된다. 함수를 호출할 때는 읽고자 하는 AT93C46의 주소가 필요하고, 함수의 처리 결과는 AT93C46에 저장되어 있는 데이터이다. 따라서 함수의 입출력 인수가 모두 필요하다. 명령어를 쓰는 과정은 AT93C46_EWEN( ), AT93C46_EWDS( ), AT93C46_WRITE( ) 함수를 작성하는 과정과 동일하다.

```
*****************************************************************************
**** AT93C46_READ( ) : Read Data                                         ****
**** 110AAAAAAA(10비트) + 0x00(더미 데이터)의 신호를 출력해주는 명령어       ****
*****************************************************************************
unsigned char AT93C46_READ(unsigned char addr)
{
    unsigned char high_data, low_data;
    SPI_CS=1;                       // Enable AT93C46
    // 명령어 및 주소(110 + A6~A0)
    SPDR = 0x03;                    // 00000011
    while(!(SPSR & (1<<SPIF)));
    SPDR = addr & 0x7F ;            // '0' + 주소(7비트)
    while(!(SPSR & (1<<SPIF)));
    SPDR = 0x00;                    // 더미
    while(!(SPSR & (1<<SPIF)));
```

```
    // 데이터 수신 과정으로 데이터는 2바이트로 읽히며, 읽히는 데이터는 그림 11.26과 같다.
    // 읽는 과정은 먼저 상위 바이트를 읽어 high_data로 저장하고, SPDR에 더미를 출력한다.
    // 하위 바이트를 읽어 low_data로 저장한다.
    // 이렇게 수신된 high_data에서 상위 7비트를 취하고 low_data에서 하위 1비트를 취하여
    // 1바이트의 변수로 정리하여 함수 인자로 반환한다.

    high_data=SPDR;              // 상위 7비트 읽기
    SPDR=0x00;                   // 더미
    while(!(SPSR & (1<<SPIF)));
    low_data=SPDR;               // 하위 1비트 읽기
    SPI_CS=0;                    // Disable AT93C46
    return (high_data<<1) + (low_data>>7);
}
```

(4) 0x55와 0xAA를 읽기/쓰기를 수행하여 LCD로 확인하는 main 함수의 구현

일반적으로 메모리 내부의 모든 비트를 검사하기 위해서는 모든 비트에 0 또는 1을 쓰고 읽어봐야 한다. 이를 위해 이 예제에서는 메모리 검사 문자로 0x55와 0xAA를 설정했다. 이 메모리 검사 문자를 AT93C46에 쓰고 읽어서 오류를 판정하는 프로그램의 흐름도를 그림 11.27에 나타내었으며, 프로그램으로 작성하면 다음과 같다.

```
#include <mega128.h>
#include <delay.h>
#include <stdio.h>
#include <string.h>
#include "lcd.h"

#define SPI_CS PORTB.0              // AT93C46 칩 선택

bit ClearToSend;
char *TextString;
char *PtrToStrChar;

unsigned char count = 0, spi_data;

void AT93C46_EWEN(void)             // 10011XXXXX
{
    SPI_CS=1;                       // Enable AT93C46
    SPDR = 0x02;                    // 00000010
    while(!(SPSR & (1<<SPIF)));     // 데이터 송신이 끝날 때까지 대기
    SPDR = 0x60;                    // 01100000
    while(!(SPSR & (1<<SPIF)));     // 데이터 송신이 끝날 때까지 대기
    SPI_CS=0;                       // Disable AT93C46
}
```

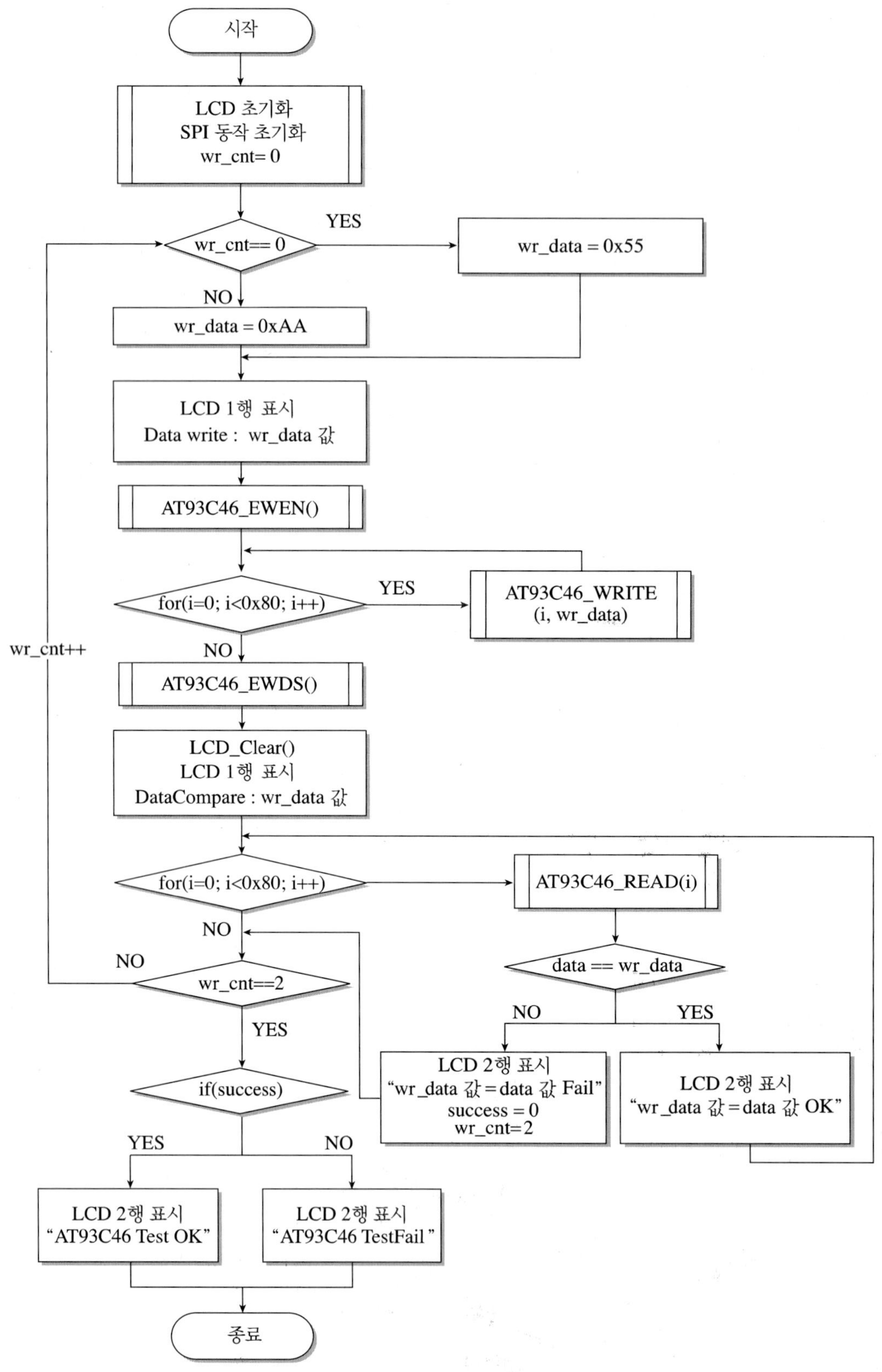

그림 11.27 AT93C46 비트 패턴 시험의 프로그램 흐름도

```
void AT93C46_EWDS(void)                // 10000XXXXX
{
    SPI_CS=1;                          // Enable AT93C46
    SPDR = 0x02;                       // 00000010
    while(!(SPSR & (1<<SPIF)));        // 데이터 송신이 끝날 때까지 대기
    SPDR = 0x00;                       // 00000000
    while(!(SPSR & (1<<SPIF)));        // 데이터 송신이 끝날 때까지 대기
    SPI_CS=0;                          // Disable AT93C46
}

unsigned char AT93C46_READ(unsigned char addr)
{
    unsigned char high_data, low_data;

    SPI_CS=1;                          // Enable AT93C46
                                       // 명령 및 주소(110 + A6~A0)
    SPDR = 0x03;                       // 00000011
    while(!(SPSR & (1<<SPIF)));        // 데이터 송신이 끝날 때까지 대기
    SPDR = addr & 0x7F ;               // '0' + 주소(7비트)
    while(!(SPSR & (1<<SPIF)));        // 데이터 송신이 끝날 때까지 대기
    SPDR = 0x00;                       // 더미
    while(!(SPSR & (1<<SPIF)));        // 데이터 송신이 끝날 때까지 대기
    high_data=SPDR;                    // 상위 7비트 읽기
    SPDR=0x00;                         // 더미
    while(!(SPSR & (1<<SPIF)));
    low_data=SPDR;                     // 하위 1비트 읽기
    SPI_CS=0;                          // Disable AT93C46
    return ( high_data<<1 ) + ( low_data>>7);
}

void AT93C46_WRITE(unsigned char addr, unsigned char data)
{
    SPI_CS = 1;                        // Enable AT93C46
    // 명령어 및 주소(101 + A6~A0)
    SPDR = 0x02;                       // 00000010
    while(!(SPSR & (1<<SPIF)));        // 데이터 송신이 끝날 때까지 대기
    SPDR = addr | 0x80;                // '1' + 주소(7비트)
    while(!(SPSR & (1<<SPIF)));        // 데이터 송신이 끝날 때까지 대기
    SPDR = data;                       // 데이터 쓰기
    while(!(SPSR & (1<<SPIF)));        // 데이터 송신이 끝날 때까지 대기
    SPI_CS = 0;                        // Disable AT93C46
    delay_ms(3);
}

void Init_SPI_Master(void)
```

```
{
    PORTB=0x00;
    DDRB =0xF7;   // PB4(SS):Out, PB2(MOSI):Out, PB3(MISO):In, PB1(SCK):Out
    // Master Mode
    // Data Order : MSB First
    // Leading(데이터 준비, 하강)  Trailing(샘플링, 상승), 3.6864MHz
    SPCR=(1<<SPE)|(1<<MSTR)|(1<<CPOL)|(1<<CPHA);
    SPSR=0x00;
}

void main(void)
{
    unsigned char i=0;
    unsigned char lcd_buffer[16];   // LCD에 출력할 내용을 저장하기 위한 버퍼
    unsigned char data;             // 읽어올 데이터
    unsigned char wr_data;          // 저장할 데이터
    unsigned char wr_cnt=0;         // 데이터 저장 횟수 카운트
    unsigned char success=1;        // 데이터를 비교하여 부정확할 경우 0으로 클리어

    LCD_Init();                     // LCD 초기화
    Init_SPI_Master();              // SPI 마스터 모드 초기화

    while(wr_cnt<2)
    {
        if(wr_cnt==0) wr_data = 0x55;
        else wr_data = 0xAA;

        sprintf(lcd_buffer, "Data Write 0x%x", wr_data);
        LCD_Pos(0,0);
        LCD_Str(lcd_buffer);

        AT93C46_EWEN();     // Write Enable 후에 0x00-0x7F의 영역에 0x55 또는 0xAA를 저장

        for(i=0 ; i<0x80 ; i++)
        {
            AT93C46_WRITE(i, wr_data);
        }
        delay_ms(1000);

        AT93C46_EWDS();     // Write Disable

        LCD_Clear();        // LCD Clear

        sprintf(lcd_buffer,"DataCompare 0x%x", wr_data);
        LCD_Pos(0,0);
```

```
        LCD_Str(lcd_buffer);

        success=1;
        for(i=0 ; i<0x80 ; i++)
        {
            data = AT93C46_READ(i);     // i 주소에 저장되어 있는 데이터를 읽는다.
            LCD_Pos(1,0);
            // 쓰기에 사용된 데이터와 AT93C46에 저장되어 있는 데이터를 비교한다.
            if(data==wr_data)
            {
                sprintf(lcd_buffer,"0x%x=0x%x OK     ", i, data);
                LCD_Str(lcd_buffer);
            }
            else
            {
                sprintf(lcd_buffer,"0x%x=0x%x Fail     ", i, data);
                LCD_Str(lcd_buffer);
                success=0;
                wr_cnt = 2;
                break;
                // 데이터가 일치하지 않으면 success를 클리어하여 실패를 나타낸다.
            }
            delay_ms(30);
        }
        LCD_Clear();                    // LCD Clear

        delay_ms(100);
        wr_cnt++;
    }

    if(success)
    {
        sprintf(lcd_buffer,"AT93C46 Test OK");
        LCD_Pos(0,0);
        LCD_Str(lcd_buffer);
    }
    else
    {
        sprintf(lcd_buffer,"AT93C46 TestFail");
        LCD_Pos(0,0);
        LCD_Str(lcd_buffer);
    }

    while(1);
}
```

예제 11.3 SPI 통신의 응용(I/O 확장)

ATmega128 보드에 16비트 I/O 확장기 MCP23S17을 그림 11.28에 제시된 회로도와 같이 연결하고 A 포트로 입력되는 데이터를 B 포트로 출력하는 프로그램을 작성하라. 이를 위해 다음과 같은 과정을 수행하라.

(1) MCP23S17을 사용하기 위해 IC의 핀 기능 및 구조를 조사하라.
(2) MCP23S17의 MCU 인터페이스와 내부 레지스터 구조에 대해 간단히 기술하라.
(3) MCP23S17 확장기의 입출력을 위한 초기 설정 및 입출력 함수를 작성하라.
(4) MCP23S17의 A 포트를 입력, B 포트를 출력으로 설정하고, A 포트를 읽어 B 포트로 출력하고, 출력의 상태를 LCD에 출력한다. 이 과정에서 GPIOA에 입력되는 데이터 중 하위 니블(0~3비트)은 반전, 상위 니블(4~7비트)은 비반전으로 입력받아 B 포트로 출력한다.

	I	N			=		0	x	X	X					
	O	U	T		=		0	x	X	X					

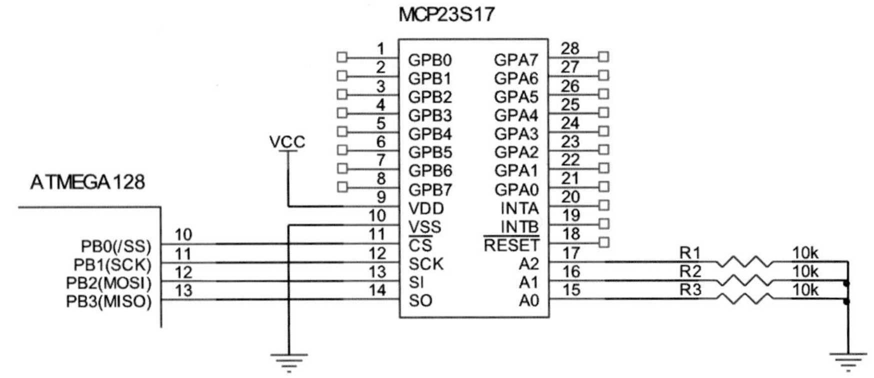

그림 11.28 ATmega128과 MCP23S17의 인터페이스 회로도

ATmega128을 이용하여 스위치 입력, 전광판과 같은 LED 도트 매트릭스, 키보드 매트릭스와 같은 다양한 입출력을 처리하다 보면, 범용 I/O가 부족한 경우가 발생한다. 이러한 경우 I/O의 확장이 필요한데, 이를 해결하기 위해 ATmega128에서는 2장에서 설명한 바와 같이 메모리 확장을 통해 병렬 I/O를 필요한 만큼 증설하여 사용한다. 그러나 이러한 확장 방식을 사용하기 위해서는 범용 I/O 포트를 주소 버스와 데이터 버스로 사용해야 하고, H/W 인터페이스 과정도 복잡하기 때문에 바람직하지 않다.

이러한 문제를 해결하기 위해 일부 반도체 제조사에서는 TWI와 SPI 통신 등을 이용한 I/O 확장 IC를 출시하고 있다. 이 책에서는 Microchips사에서 출시한 직렬 통신 기능을 갖는 16비트

I/O 확장기인 MCP23x17의 활용 방법을 학습하고자 한다. MCP23x17은 16비트의 I/O 확장기로 직렬 통신 방식에 따라 두 가지 모델이 출시되고 있으며, SPI 방식은 MCP23S17이고, I^2C 방식은 MCP23017이다.

(1) MCP23S17의 핀 기능 및 구조

MCP23S17은 Microchips사에서 I/O 확장을 목적으로 만든 28핀 IC이며, 각 핀의 구성은 그림 11.29와 같다. MCP23S17 IC의 각 핀 기능은 표 11.12와 같다. MCP23S17의 대표적인 특징은 16비트 원격 양방향 I/O 포트이며, 최대 10MHz로 동작하는 고속 SPI 인터페이스가 가능하다는 점이다. MCP23017은 100Hz, 400Hz, 1.7MHz로 동작하는 고속 I^2C 인터페이스 IC이다. 또한 버스상에서 8개의 디바이스를 허용할 수 있는 3개의 하드웨어 주소 핀, 독립 혹은 연계 동작의 설정이 가능한 인터럽트 출력 핀이 있다.

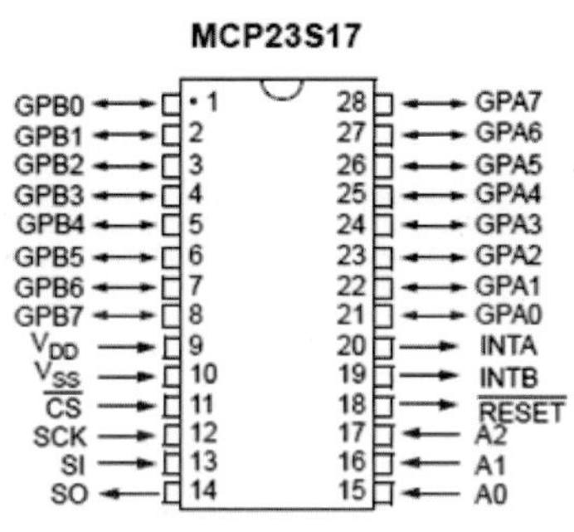

그림 11.29 MCP23S17의 핀 구성

◈ MCP23S17 구조

MCP23S17의 내부 구조는 그림 11.30과 같다. 그림 11.30(a)는 MCP23S17에 내장된 SPI 인터페이스부로 $\overline{CS}$, SCK, SI, SO 신호 선이 사용되고, (b)는 MCP23017에 내장된 I^2C 인터페이스부로 SCL와 SDA 신호 선이 사용된다. 이 두 IC는 통신 방식 외의 사양은 동일하며, 모두 8비트로 구성된 2개의 포트(A, B)를 가지고 각각 입력 또는 출력으로 사용될 수 있다. 입력으로 사용 시 인터럽트 감지 및 출력 기능(INTA, INTB)의 사용이 가능하다. 이 외에 IC의 초기화를 위한 외부 리셋 핀(RESET)과 장치의 확장을 위해 외부 주소 선(A0:A2)을 제공하며, 이 3개의 비트를 통해 총 8개의 디바이스를 동일 버스에 연결하여 사용이 가능하다.

표 11.12 MCP23S17의 핀 기능

핀 이름	기능
GPB0~GPB7	양방향 입출력 핀
V_{DD}	전원
V_{SS}	접지
NC/$\overline{CS}$	NC(MCP23017)/칩 선택(MCP23S17)
SCK	직렬 클록 입력
SDA/SI	직렬 데이터 입출력(MCP23017)/직렬 데이터 입력(MCP23S17)
NC/SO	NC(MCP23017)/직렬 데이터 출력(MCP23S17)
A0~A3	하드웨어 주소 핀
$\overline{RESET}$	하드웨어 리셋
INTB	B 포트 인터럽트 출력
INTA	A 포트 인터럽트 출력
GPA0~GPA7	양방향 입출력 핀
EP	노출된 열적 패드. V_{SS}에 연결하거나 연결하지 않고 남겨둠

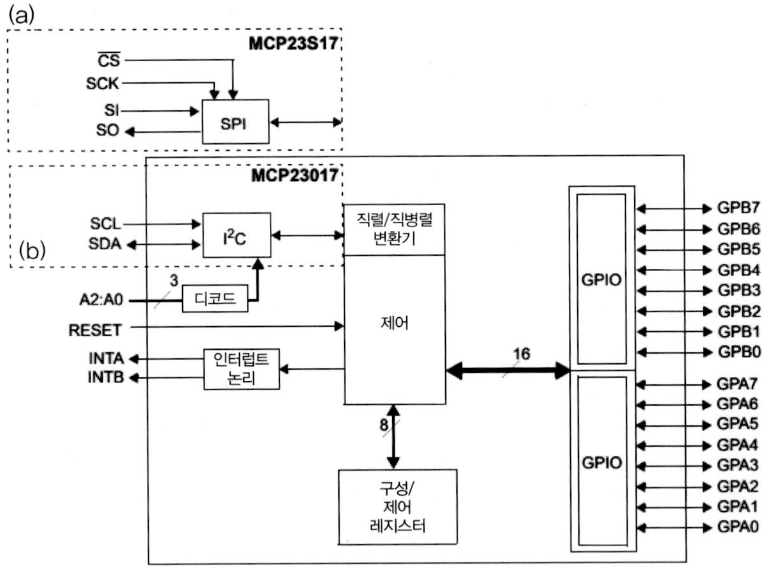

그림 11.30 MCP23x17의 내부 블록도

(2) MCP23S17의 MCU 인터페이스와 내부 레지스터 구조

◈ 신호 선 및 MCU 인터페이스

MCP23S17의 신호 선으로는 SPI 통신을 위한 4개의 신호 선($\overline{\text{CS}}$, SCK, SI, SO)과 IC 주소 지정을 위한 A2:A0, IC의 초기화를 위한 RESET, 인터럽트 출력(INTA, INTB), 8핀의 GPIO(GPA, GPB) 등이 있다.

- $\overline{\text{CS}}$, SCK, SI, SO 신호 선: ATmega128의 $\overline{\text{SS}}$, SCK, MOSI. MISO에 각각 연결한다.
- A2:A0 신호 선: 주소 지정 핀으로 풀업(pull-up) 및 풀다운(pull-down) 저항을 연결해야 한다.
- RESET: 액티브 Low 입력으로 정상 상태에서는 High 상태를 유지해야 한다.
- INTA, INTB: IO 포트 A와 B의 인터럽트 출력으로, 액티브 High 또는 액티브 Low로 구동이 가능하고 오픈 드레인으로 출력된다.

◈ SPI 인터페이스

- SPI 쓰기 동작: $\overline{\text{CS}}$를 Low로 하면 시작되고, 그림 11.31의 SPI 제어 바이트에 쓰기 명령어를 전송한 후에, 주소와 최소 1바이트의 데이터가 전송된다.
- SPI 읽기 동작: $\overline{\text{CS}}$를 Low로 하면 시작되고, 그림 11.31의 SPI 제어 바이트에 읽기 명령어를 전송한 후에, 주소와 최소 1바이트의 데이터가 수신된다.

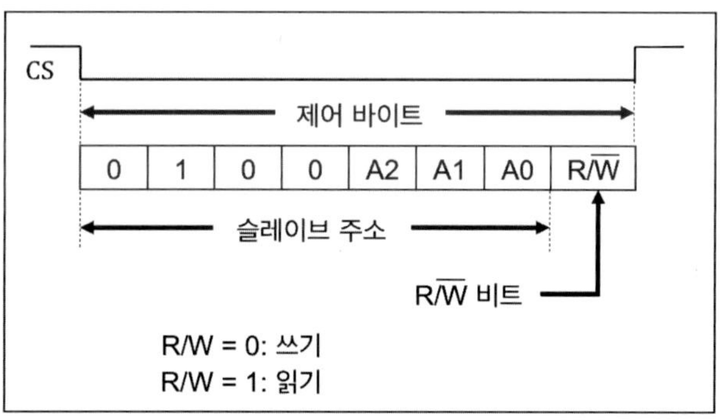

그림 11.31 SPI 제어 바이트 형식

◈ SPI의 주소 지정 방법

MCP23S17의 기본 주소(device opcode)는 그림 11.31에 나타낸 바와 같이 0x40이며, A2:A0 핀의 입력에 따라 0x40, 0x42, 0x44, 0x46, 0x48, 0x4A, 0x4C, 0x4E로 사용 가능하여, 여러 개의 MCP23S17이 사용될 경우 주소로 사용된다.

◈ MCP23S17의 내부 레지스터

MCP23S17의 내부 레지스터는 22개로 구성되어 있으며, 동작 모드(IOCON.BANK)에 따라 표 11.13과 같은 주소를 갖는다.

표 11.13 MCP23S17의 내부 레지스터

Address IOCON.BANK = 0	Access to:
00h	IODIRA
01h	IODIRB
02h	IPOLA
03h	IPOLB
04h	GPINTENA
05h	GPINTENB
06h	DEFVALA
07h	DEFVALB
08h	INTCONA
09h	INTCONB
0Ah	IOCON
0Bh	IOCON
0Ch	GPPUA
0Dh	GPPUB
0Eh	INTFA
0Fh	INTFB
10h	INTCAPA
11h	INTCAPB
12h	GPIOA
13h	GPIOB
14h	OLATA
15h	OLATB

Address IOCON.BANK = 1	Access to:	의미
00h	IODIRA	입출력 방향 레지스터
01h	IPOLA	입력 극성 레지스터
02h	GPINTENA	핀 변화 인터럽트 설정
03h	DEFVALA	인터럽트 기준 값 설정 레지스터
04h	INTCONA	핀 변화 인터럽트 제어 레지스터
05h	IOCON	IO 확장기 설정 레지스터
06h	GPPUA	GPIO 풀업 설정 레지스터
07h	INTFA	인터럽트 플래그 레지스터
08h	INTCAPA	인터럽트 캡처 레지스터
09h	GPIOA	GPIO 입력 및 출력 레지스터
0Ah	OLATA	출력 래치 레지스터
10h	IODIRB	입출력 방향 레지스터
11h	IPOLB	입력 극성 레지스터
12h	GPINTENB	핀 변화 인터럽트 설정
13h	DEFVALB	인터럽트 기준 값 설정 레지스터
14h	INTCONB	핀 변화 인터럽트 제어 레지스터
15h	IOCON	IO 확장기 설정 레지스터
16h	GPPUB	GPIO 풀업 설정 레지스터
17h	INTFB	인터럽트 플래그 레지스터
18h	INTCAPB	인터럽트 캡처 레지스터
19h	GPIOB	GPIO 입력 및 출력 레지스터
1Ah	OLATB	출력 래치 레지스터

MCP23S17은 2개의 레지스터 주소 형태를 가지며, 이는 포트를 독립적으로 사용할 것인지 또는 연계하여 사용할 것인지에 따라 달라진다. BANK=0인 경우 A 포트와 B 포트의 레지스터는 순차적으로 혼합되어 있어 A, B 포트를 하나의 16비트로 사용하기 적합하고, BANK=1인 경우 A 포트와 B 포트의 관련 레지스터가 분리되어 있어 A, B 포트를 독립적으로 사용하기에 적합하다.

이 레지스터들은 그림 11.32와 같이 디바이스 OP 코드 바이트의 뒤에 연속하여 지정된다.

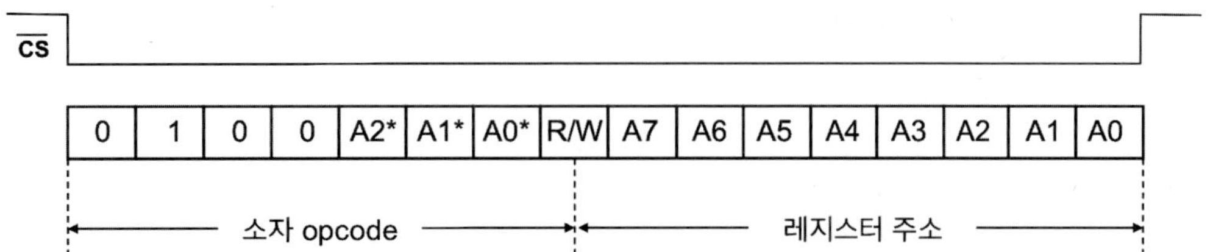

그림 11.32 SPI 레지스터 주소의 지정 방법

◈ GPIO 포트

- GPIO 모듈은 범용의 16비트 폭을 갖는 양방향 포트로, 기능적으로 2개의 8비트로 분리된다.
- GPIO 모듈은 내부 풀업을 갖는 데이터 포트(GPIOn)와 출력 래치(OLATn)를 갖고 있다.
- 따라서 포트의 상태는 GPIOn 레지스터를 읽으면 되고, 포트로 출력하기 위해서는 OLATn 레지스터에 쓰면 된다.

◈ 레지스터의 기능 설명

MCP23S17의 내부 레지스터는 A, B 포트를 제어하기 위해 각각 10개의 레지스터가 사용되고, IOCON 레지스터는 A와 B 포트를 공유한다. 이 실험에서는 GPIO의 입력과 출력에 대해 다루기 때문에, 이의 제어를 위한 주요 레지스터에서 대해 설명한다.

▶ IODIR(I/O DIRECTION REGISTER)

포트의 입출력 방향을 제어하는 레지스터로, 해당 비트가 1일 경우 입력으로, 0일 경우 출력으로 설정된다, 초깃값은 0b11111111로 모두 입력으로 설정되어 있다.

IODIR: I/O DIRECTION REGISTER (ADDR 0x00)

R/W-1	R/W-1	R/W-1	R/W-1	R/W-1	R/W-1	R/W-1	R/W-1
IO7	IO6	IO5	IO4	IO3	IO2	IO1	IO0
비트 7							비트 0

▶ IPOL(INPUT POLARITY PORT REGISTER)

포트의 입력 극성을 제어하는 레지스터로, 해당 비트가 0일 경우 GPIO 핀의 상태를 GPIO 레지스터에 그대로 전달하며, 1로 설정된 경우 논리를 반전시켜 GPIO 레지스터에 전달한다. 초깃값은 0b00000000으로 모두 비반전으로 설정되어 있다.

IPOL: INPUT POLARITY PORT REGISTER (ADDR 0x01)

R/W-0	R/W-0	R/W-0	R/W-0	R/W-0	R/W-0	R/W-0	R/W-0
IP7	IP6	IP5	IP4	IP3	IP2	IP1	IP0
비트 7							비트 0

▶ GPINTEN(INTERRUPY-ON-CHANGE PINS) 레지스터(ADDR 0x02)

각 핀의 핀 변화에 대한 인터럽트를 제어하기 위한 레지스터로, 이 비트가 활성화되면 해당 핀에 핀-변화-인터럽트를 활성화한다. 만약 핀-변화-인터럽트를 활성화하고자 한다면 DEFVAL과 INTCON 레지스터가 활성화되어 있어야 한다,

▶ DEFVAL(DEFAULT VALUE REGISTER, ADDR 0x03)

인터럽트 발생 기준 값을 설정하는 레지스터로, GPINTEN과 INTCON의 해당 비트가 활성화되어 있을 경우 DEFVAL 레지스터와 GPIO 입력 값이 다르면 인터럽트가 발생한다,

▶ INTCON(INTERRUPT-ON-CHANGE CONTROL REGISTER, ADDR 0x04)

인터럽트 발생 조건을 설정하는 레지스터로, 해당 비트가 1로 설정되어 있을 경우 DEFVAL의 값과 비교하여 인터럽트를 발생시키며, 0으로 설정되어 있을 경우 이전 IO 값과 비교하여 인터럽트를 발생시킨다.

▶ IOCON(I/O EXTENDER CONFIGURATION REGISTER)

IO 확장기 설정 레지스터로, 각 비트의 의미는 다음과 같다.

IOCON: I/O EXPANDER CONFIGURATION REGISTER (ADDR 0x05)

R/W-0	R/W-0	R/W-0	R/W-0	R/W-0	R/W-0	R/W-0	U-0
BANK	MIRROR	SEQOP	DISSLW	HAEN	ODR	INTPOL	—
비트 7							비트 0

- BANK: 뱅크 선택 비트로 주소의 형태를 변경함
- MIRROR: 인터럽트 핀인 INTA와 INTB를 내부적으로 연결해주는 비트
- SEQOP: 주소를 액세스할 때 주소를 자동으로 증가시키기 위한 설정 비트
- DISSLW: I^2C 통신 시 슬루율(slew rate)을 조정하기 위한 비트
- HAEN: MCP23S17에만 해당하는 비트로, 외부 주소 지정 핀(A0:2)의 활성화 여부를 설정하는 비트
- ODR: INT의 출력 방식을 설정하는 비트로, 레벨 출력과 오픈 드레인 방식 중 하나를 선택함
- INTPOL: 인터럽트 발생 시 출력 극성을 설정하는 비트

▶ GPPU(GPIO PULL-UP RESISTER REGISTER, ADDR 0x06)

내부 풀업 저항의 활성화 여부를 결정하는 레지스터로, 해당 비트가 1일 경우 활성화된다.

▶ INTF(INTERRUPT FLAG REGISTER, ADDR 0x07)

인터럽트 발생 플래그를 저장하는 레지스터로, 인터럽트 발생 시 해당 비트가 1로 설정되며 읽

기만 가능하다.

▶ INTCAP(INTERRUPT CAPTURED VALUE FOR PORT REGISTER, ADDR 0x08)
인터럽트가 발생하는 순간 GPIO 입력 정보를 저장하는 레지스터로, 인터럽트 발생 시에만 레지스터의 값이 갱신된다. 이 레지스터는 읽기만 가능하다.

▶ GPIO(GENERAL PURPOSE I/O PORT REGISTER, ADDR 0x09)
데이터의 입력/출력 값을 갖는 레지스터로, 출력으로 설정 시 레지스터에 값을 쓰면 그 값이 출력되며, 입력으로 설정 시 입력되는 정보를 갖게 된다.

R/W-0	R/W-0	R/W-0	R/W-0	R/W-0	R/W-0	R/W-0	R/W-0
GP7	GP6	GP5	GP4	GP3	GP2	GP1	GP0
비트 7							비트 0

▶ OLAT(OUTPUT LATCH REGISTER, ADDR 0x0A)
데이터의 출력 래치에 대한 액세스를 지원하는 레지스터로, 이 레지스터를 읽거나 쓸 경우 출력 래치에 대한 정보를 읽거나 쓸 수 있다.

R/W-0	R/W-0	R/W-0	R/W-0	R/W-0	R/W-0	R/W-0	R/W-0
OL7	OL6	OL5	OL4	OL3	OL2	OL1	OL0
비트 7							비트 0

(3) MCP23S17 확장기의 입출력을 위한 초기 설정 및 입출력 함수의 작성

◈ SPI 동작 타이밍을 고려한 초기화 함수 작성
MCP23S17을 이용하기 위해서는 먼저 SPI를 초기화해야 한다. 그림 11.33은 MCP23S17의 입출력 타미밍도를 나타낸다. 여기서 참고해야 하는 사항은 SCK의 상승 에지에서 데이터를 샘플링하고 하강 에지에서 데이터를 준비한다는 점과, 데이터는 MSB 먼저 출력되어야 한다는 점이다.
따라서 SPI 제어 레지스터인 SPCR은 다음의 내용으로 설정한다.

① 데이터의 전송 순서(DORD): MSB 우선 전송
② 모드의 선택(CPOL과 CPHA): SCK 클록에 의한 동작 모드는 0으로 선택(표 11.7 참조)
③ 동작 속도의 설정(SPI2X, SPR1, SPR0): 클록의 속도를 f_{osc}/128로 설정

	7	6	5	4	3	2	1	0
SPCR	SPIE	SPE	DORD	MSTR	CPOL	CPHA	SPR1	SPR0
폴링 모드	x	1	0	x	0	0	1	1

SPI 입력 타이밍

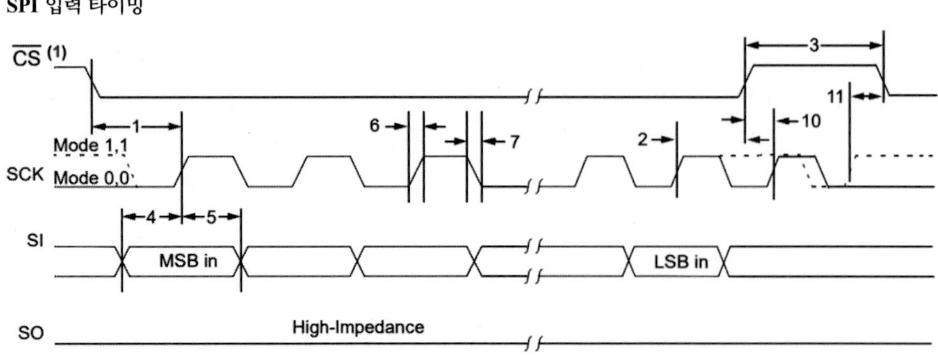

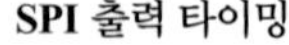

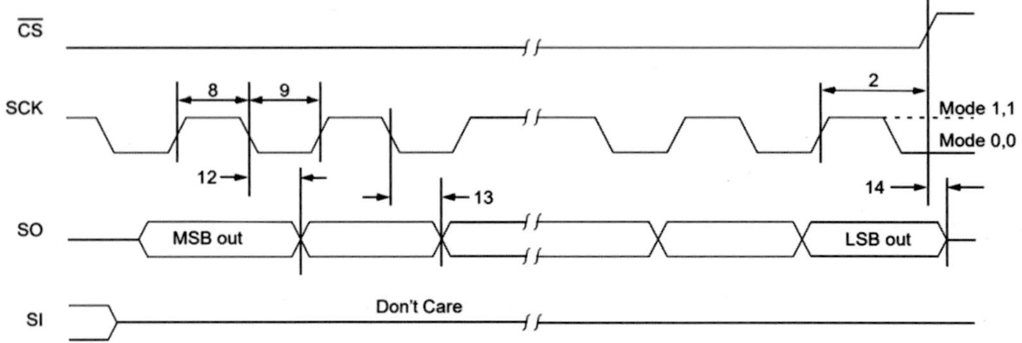

그림 11.33 MCP23S17의 SPI 입출력 타이밍도

이러한 내용을 바탕으로 MCP23S17을 초기화하는 함수는 다음과 같이 작성할 수 있다.

```
/**   MCP23017과의 통신을 위한 SPI 초기화 함수  */
void MCP23017_SPI_Init()
{
    DDRB = 0x07; // SS(PB0), SCK(PB1), MOSI(PB2) 출력 설정 / MISO(PB3) 입력 설정
    SPCR = (1<<SPE)|(1<<MSTR)|(0<<CPOL)|(0<<CPHA)| (3<<SPR0);
        // SPI 활성화, 마스터 모드, 클록상 설정, 클록 128분주 설정
    SPI_CS=1;     // 장비 선택 선을 대기('H') 상태로 설정
}
```

MCP23S17과 데이터를 송수신하기 위해서는 그림 11.31과 그림 11.32의 과정을 결합하여 그림 11.34와 같은 순서로 송수신해야 한다. 첫 번째 바이트는 소자의 Opcode로 주소를 의미하고, 두 번째 바이트는 레지스터 주소(register address)로 MCP23S17 내의 레지스터 주소를 의미하며, 세 번째 바이트는 레지스터의 데이터(register data)로 해당 레지스터에 읽고/쓰는 값을 의미한다.

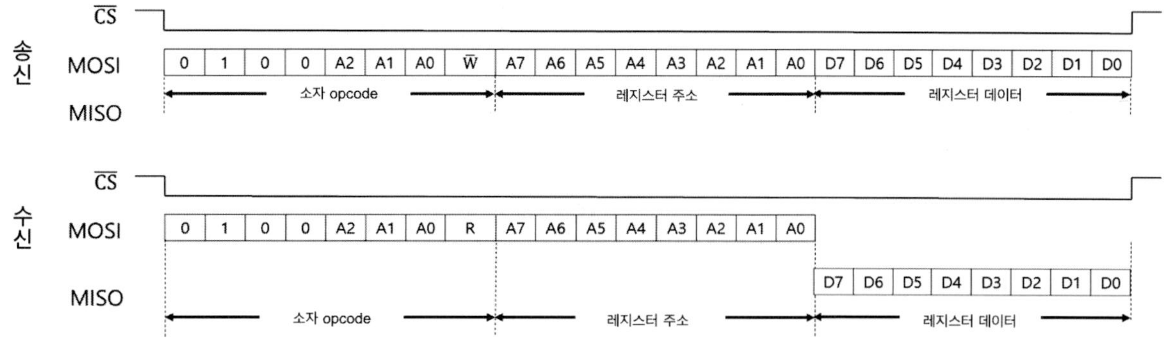

그림 11.34 MCP23S17 송수신 순서

위의 순서에 따라 레지스터의 주소(BANK=0인 경우) 정의, SPI 초기화 함수, 바이트 단위의 SPI 읽기 함수, 바이트 단위의 SPI 쓰기 함수를 다음과 같이 프로그램으로 구현할 수 있다.

◈ MCP23S17 제어를 위한 프로그램 코드

```
#include <mega128.h>
#include <delay.h>
#include <stdio.h>
#include "lcd.h"

// MCP23S17의 장치 선택을 위한 CS 핀 설정
#define SPI_CS PORTB.0

// MCP23x17의 기본 장비 주소 정의
#define MCP23x17ADDR (unsigned char)0x40

// IOCON.BANK==0(GPIOA, GPIOB를 각각 정의)
enum MCP23x17_REG_ADDRESS{
    IODIRA = 0x00,
    IODIRB = 0x01,
    IPOLA = 0x02,
    IPOLB = 0x03,
    GPINTENA = 0x04,
    GPINTENB = 0x05,
    DEFVALA = 0x06,
    DEFVALB = 0x07,
    INTCONA = 0x08,
    INTCONB = 0x09,
    IOCONA = 0x0a,
    IOCONB = 0x0b,
    GPPUA = 0x0c,
    GPPUB = 0x0d,
    INTFA = 0x0e,
```

```
    INTFB = 0x0f,
    INTCAPA = 0x10,
    INTCAPB = 0x11,
    MCP_GPIOA = 0x12,
    MCP_GPIOB = 0x13,
    OLATA = 0x14,
    OLATB = 0x15,
};

/**  MCP23S17과의 통신을 위한 SPI 초기화 함수    */
void MCP23S17_SPI_Init()
{
    DDRB = 0x07;  // SS(PB0), SCK(PB1), MOSI(PB2) 출력 설정 / MISO(PB3) 입력 설정
    SPCR = (1<<SPE)|(1<<MSTR)|(0<<CPOL)|(0<<CPHA)| (3<<SPR0);
                  // SPI 활성화, 마스터 모드, 클록상 설정, 클록 128분주 설정
    SPI_CS=1;     // 장비 선택 선을 대기('H') 상태로 설정
}

/**
  * @brief  SPI를 통한 데이터 쓰기 함수
  * @param  devAddress: SPI를 통한 데이터 쓰기 대상 장치 주소
  * @param  regAddress: SPI를 통한 데이터 쓰기 레지스터 주소
  * @param  data: SPI를 통한 데이터 쓰기 레지스터 값
  */
void MCP23S17_SPI_Write(char devAddress, char regAddress, char data)
{
    SPI_CS=0;                      // 슬레이브 장치 선택
    SPDR=devAddress;               // 장비 주소 전달
    while(!(SPSR&(1<<SPIF)));      // 송신 완료 대기
    SPDR=regAddress;               // 레지스터 주소 전달
    while(!(SPSR&(1<<SPIF)));      // 송신 완료 대기
    SPDR=data;                     // 데이터 전달
    while(!(SPSR&(1<<SPIF)));      // 송신 완료 대기
    SPI_CS=1;                      // 슬레이브 장치 선택 해제
}

/**
  * @brief  SPI를 통한 데이터 read 함수
  * @param devAddress: SPI를 통한 데이터 읽기 대상 장치 주소
  * @param regAddress: SPI를 통한 데이터 읽기 대상 레지스터 주소
  * @retval SPI를 통해 읽어진 1바이트 데이터
  */
unsigned char MCP23S17_SPI_Read(char devAddress, char regAddress)
{
    unsigned char data;
```

```
    SPI_CS=0;                       // 슬레이브 장치 선택
    SPDR=devAddress | 0x01;         // 장비 주소 전달(읽기)
    while(!(SPSR&(1<<SPIF)));       // 송신 완료 대기
    SPDR=regAddress;                // 레지스터 주소 전달
    while(!(SPSR&(1<<SPIF)));       // 송신 완료 대기
    SPDR=0x00;                      // 데이터 수신 위한 더미 송신
    while(!(SPSR&(1<<SPIF)));       // 송신 완료 대기
    data=SPDR;                      // MISO로 입력된 데이터 획득
    SPI_CS=1;                       // 슬레이브 장치 선택 해제

    return data;                    // 수신된 데이터 반환
}
```

(4) MCP23S17의 입출력 프로그래밍

이상의 함수를 이용하여 주어진 문제에 대한 프로그램을 작성한다. 프로그램의 동작은 MCP23S17의 A 포트를 입력, B 포트를 출력으로 설정하고, A 포트를 읽어 B 포트로 출력하고, B 포트의 출력 상태를 LCD에 출력하는 것이다. 이 과정에서 GPIOA에 입력되는 데이터 중 하위 니블(0~3비트)은 반전, 상위 니블(4~7비트)은 비반전으로 입력받아 B 포트로 출력한다.

이를 위해 MCP23S17의 입력 및 출력 포트를 다음과 같이 설정한다.

GPIOA3:GPIOA0	반전 입력
GPIOA7:GPIOA4	비반전 입력
GPIOB7:GPIOB0	GPIOB 입력 출력

이러한 상태로 레지스터를 초기화해야 하는데, 이 값은 다음과 같다.

IODIRA	0b1111 1111 (GPIOA 전체 입력 설정)
IODIRB	0b0000 0000 (GPIOB 전체 출력 설정)
IPOLA	0b0000 1111 (하위 4비트 극성 반전)

이상의 내용으로 MCP23S17을 초기화하는 함수로 MCP23S17_Init()를 작성했으며, 위에서 작성한 MCP23S17_SPI_Init() 함수와 MCP23S17_SPI_Write() 함수를 이용하고, LCD 함수를 이용하면 포트 A의 상태를 LCD와 포트 B로 표시하는 프로그램은 다음과 같은 흐름으로 작성할 수 있다. 이 프로그램은 전체 프로그램이 아니므로, 전체 프로그램을 작성하여 동작을 확인해보기 바란다.

```
/*** @brief  MCP23S17 입출력 초기화 함수     */
void MCP23S17_Init(void)
```

```
{
    MCP23S17_SPI_Write(MCP23x17ADDR, IODIRA, 0xFF);    // A: 모두 입력 설정
    MCP23S17_SPI_Write(MCP23x17ADDR, IODIRB, 0x00);    // B: 모두 출력 설정
    MCP23S17_SPI_Write(MCP23x17ADDR, IPOLA, 0x0F);     // A: 하위 4비트 극성 반전
}

/*** @brief  MCP23S17의 A 포트 데이터를 읽어 B 포트에 출력하는 함수     */
void main()
{
    char msg[40] = {0,};
    unsigned char Val;

    // SPI 및 MCP23S17 초기화
    MCP23S17_SPI_Init();
    MCP23S17_Init();

    // LCD 출력을 위한 포트 초기화 및 LCD 초기화
    LCD_Init();

    while(1)
    {
        // MCP23S17의 A 포트에 입력되는 값을 읽어 Val 변수에 저장
        Val=MCP23S17_SPI_Read(MCP23x17ADDR, MCP_GPIOA);

        sprintf(msg," IN  = 0x%02x     ", Val);
        LCD_Pos(0,0);
        LCD_Str(msg);

        // MCP23S17의 B 포트에 Val 변수에 저장된 값을 출력
        MCP23S17_SPI_Write(MCP23x17ADDR, MCP_GPIOB, Val);

        sprintf(msg," OUT = 0x%02x     ", Val);
        LCD_Pos(1,0);
        LCD_Str(msg);

        delay_ms(100);
    }
}
```

예제 11.4 SPI 통신의 응용(IMU 센서)

ATmega128 보드에 IMU 센서 MPU9250을 그림 11.35에 제시된 회로도와 같이 연결하고, 센서 값을 읽어 LCD에 출력하는 프로그램을 작성하라. 이를 위해 다음과 같은 과정을 수행하라.

(1) MPU9250을 사용하기 위해 IC의 핀 기능 및 구조를 조사하라.

(2) MPU9250의 MCU 인터페이스와 내부 레지스터 구조에 대해 간단히 기술하라.

(3) MPU9250의 초기화 및 입출력 함수를 작성하라.

(4) 센서 값을 출력으로 하는 프로그램을 작성하여 스위치 입력 조건에 맞추어 다음과 같이 LCD에 출력하라. 이때 x, y, z는 각각의 축을 의미하며, 소문자는 단위 변환 전의 데이터(raw data), 대문자는 단위 변환된 데이터(g, dps 단위)의 값을 의미한다. 각 센서의 정보는 PORTD에 연결되어 있는 스위치의 상태에 따라 다음과 같이 동작한다.

- PD0 핀이 Low, PD1 핀이 High일 때: 가속도 데이터

A		x	x	x	x		y	y	y	y		z	z	z	z
A		X	X	X	X		Y	Y	Y	Y		Z	Z	Z	Z

- PD0 핀이 High, PD1 핀이 Low일 때: 각속도 데이터

G		x	x	x	x		y	y	y	y		z	z	z	z
G		X	X	X	X		Y	Y	Y	Y		Z	Z	Z	Z

- 나머지 경우: 가속도, 각속도

A		x	x	x	x		y	y	y	y		z	z	z	z
G		X	X	X	X		Y	Y	Y	Y		Z	Z	Z	Z

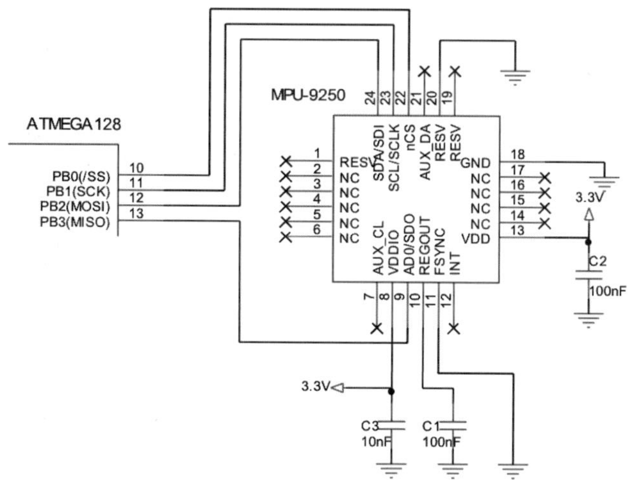

그림 11.35 ATmega128과 MPU9250의 인터페이스 회로도

(1) MPU9250 IC의 핀 기능 및 구조

MPU9250은 스마트폰, 태블릿, 3D 원격 제어, 착용 가능 센서 등에서 활용하기 위해 InvenSense 사에서 출시한 9축의 동작 추적용 소자(motion tracking device)로, 3축 가속도, 3축 자이로 센서와 3축 지자기 센서를 모두 포함하고 있는 디지털 동작 프로세서(digital motion processor)이다. 따라서 MPU9250을 이용하여 3차원 공간에서 가속도, 각속도, 주위의 지자기를 모두 측정할 수 있다. MPU9250은 I^2C(Inter Integrated Circuit)와 SPI 인터페이스에 의해 MCU와 데이터 송수신이 가능하고, 내부에 전원 레귤레이터를 내장하고 있어 3.3~5V 전원을 모두 사용할 수 있다.

◈ MPU9250의 특징

① 3축 자이로스코프
- 센서 값 입력 범위를 ±250, ±500, ±1000, ±2000°/sec 단위로 조정 가능하고 16비트 ADC를 내장하고 있다.

② 3축 가속도 센서
- ±2g, ±4g, ±8g, ±16g 단위로 조정이 가능하고 16비트 ADC를 내장하고 있다.

③ 3축 지자기 센서
- 3축 실리콘 모놀리식 홀 효과 센서
- 13비트로 값을 출력하며, 각 축은 0.3μT의 분해능을 가지며, 측정은 ±4800μT까지 가능하다.

④ 실행 시간 바이어스 및 나침반 보정을 위한 내장형 알고리즘, 디지털 출력 온도 센서, 400kHz Fast-Mode I^2C 또는 최대 1MHz SPI 직렬 호스트 인터페이스를 포함하고 있다.

◈ MPU9250의 핀 구조 및 기능

MPU9250은 24 핀 IC로 QFP 패키지로 출시되고 있으며, 각 핀의 구성은 그림 11.36(a)와 같다. MPU9250 센서를 사용하여 가속도, 각속도, 지자기의 세 축에 대한 값을 얻고자 할 때는 MPU 보드의 방향성을 맞추는 것이 중요하다. 가속도, 각속도의 방향은 그림 11.36(b), 지자기의 방향은 그림 11.36(c)와 같이 사용해야 한다.

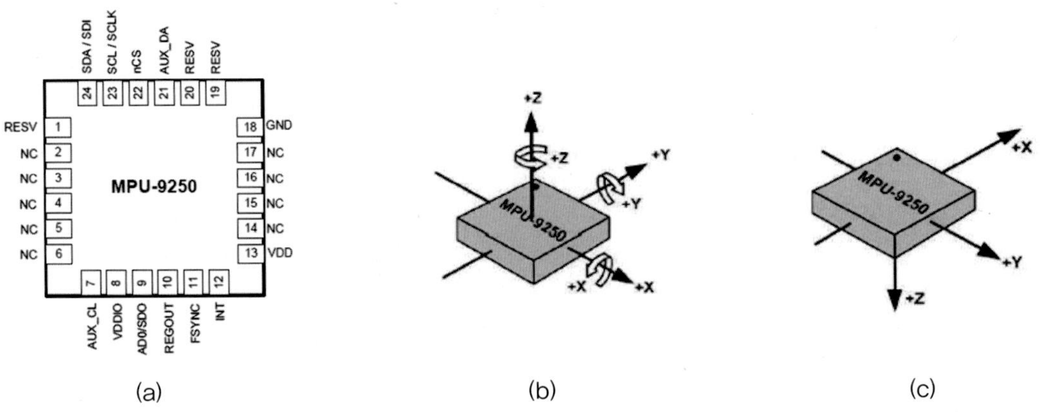

(a) (b) (c)

그림 11.36 MPU9250의 핀 구성 및 방향

이 핀의 기능을 표 11.14에 간단히 요약해놓았다. MPU9250 센서는 SPI를 통해 ATmega128과 인터페이스하여 동작하며, 정확한 동작을 위해 그림 11.35에 나타낸 바와 같이 저항, 커패시터 등의 수동 소자 값을 정확하게 선정해야 한다. 저항 및 커패시터의 선정에 관한 사항은 MPU9250 센서의 데이터 시트를 참조하기 바란다.

표 11.14 MPU9250의 핀 기능

핀 이름	기능
RESV	예약. VDDIO에 연결
AUX_CL	I^2C 마스터 직렬 클록(외부 센서에 연결)
VDDIO	디지털 I/O 공급 전압
AD0/SD0	I^2C 슬레이브 주소 최하위 비트(AD0); SPI 직렬 데이터 출력(SDO)
REGOUT	레귤레이터 필터 커패시터 연결
FSYNC	프레임 동기 디지털 입력, 미사용 시 GND에 연결
INT	인터럽트 디지털 출력(토템폴 또는 오픈 드레인)
VDD	전원 공급 전압과 디지털 I/O 공급 전압
GND	전원 접지
RESV	예약. 연결하지 않음
RESV	예약. GND에 연결
AUX_DA	I^2C 마스터 시리얼 데이터(외부 센서에 연결)
nCS	칩 선택(SPI 모드 0)
SCL/SCLK	I^2C 직렬 클록(SCL); SPI 직렬 클록(SCLK)
SDA/SDI	I^2C 직렬 데이터(SDA); SPI 직렬 데이터 입력(SDI)
NC	내부적으로 연결되지 않음

◈ MPU9250의 구조

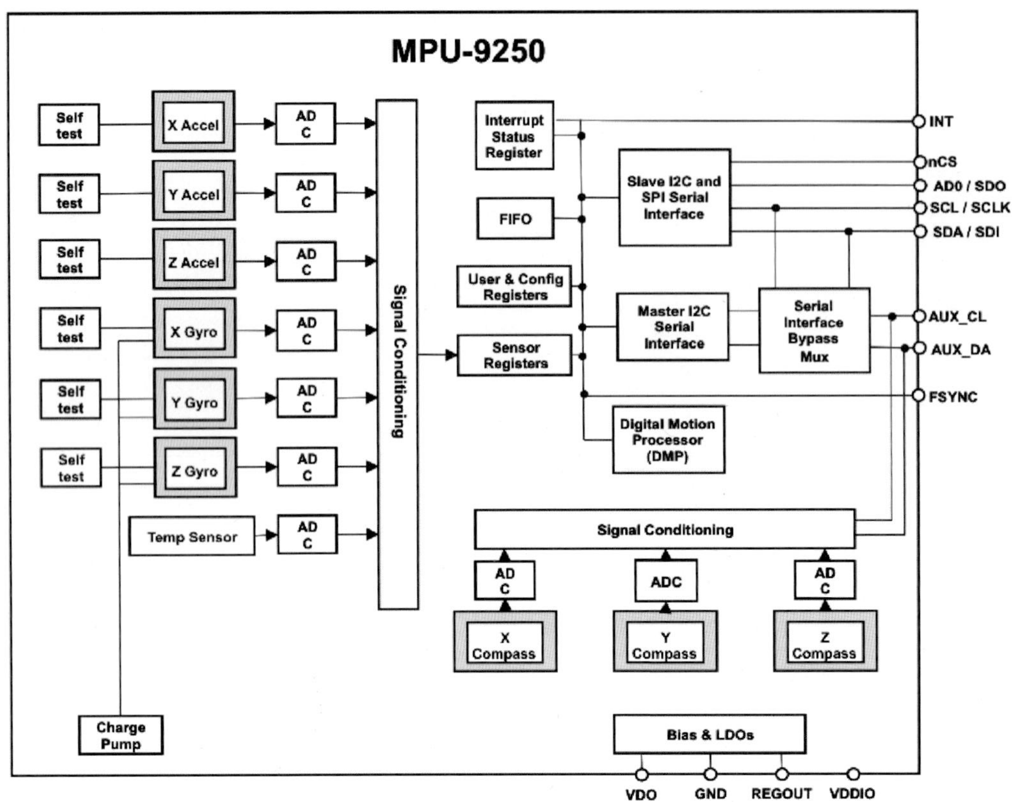

그림 11.37 MPU9250의 내부 블록도

MPU9250 내부 블록도는 그림 11.37과 같으며, MPU9250의 주요 블록은 다음과 같다.

- 16비트 ADC와 신호 조절을 갖는 3축 MEMS형 각속도 센서
- 16비트 ADC와 신호 조절을 갖는 3축 MEMS형 가속도 센서
- 16비트 ADC와 신호 조절을 갖는 3축 MEMS형 지자기 센서
- 디지털 동작 프로세서(DMP) 엔진
- 기본적인 I^2C와 SPI 직렬 통신 인터페이스
- 서드파티(3rd party) 센서를 위한 보조적인 I^2C 직렬 인터페이스
- 클록
- 센서 데이터 레지스터
- FIFO
- 인터럽트
- 디지털-출력 온도 센서
- 각속도계, 가속도계와 지자계 self-test

- 버스와 LDO
- 차지 펌프(charge pump)

MPU9250의 내부는 그림에서 알 수 있듯이 가속도와 각속도를 담당하는 부분과 지자기(compass)를 담당하는 부분으로 구성되어 있다. 특히, 지자기 센서는 AUX_CL, AUX_DA로 따로 연결되어 있다. 그러므로 지자기 센서를 사용할 경우 MPU9250의 내부 I^{2}C 마스터 기능을 이용하거나 AUX_CL, AUX_DA 핀을 SCL, SDA 핀과 연결하여 사용해야 한다. 그 외에 온도 센서를 포함하고 있다.

(2) MPU9250의 MCU 인터페이스와 내부 레지스터 구조

◈ 신호 선 및 MCU 인터페이스

MPU9250의 신호 선으로는 SPI 통신을 위한 nCS, SCLK, SDI, SDO가 있으며, 외부의 추가 센서 부착을 위한 AUX_DA, AUX_CL, 내부 인터럽트 조건에 따라 논리 신호를 출력하는 INT, 프레임 동기를 맞추기 위한 FSYNC 선으로 구성된다.

- nCS, SCLK, SDI, SDI 신호 선: ATmega128의 $\overline{SS}$, SCK, MOSI, MISO에 각각 연결한다.
- AUX_DA, AUX_CL 신호 선: MPU9250 외부에 I^{2}C로 접근 가능한 센서와 EEPROM을 추가하기 위해 사용하는 단자로, 사용하지 않을 때는 개방 상태를 유지한다.
- INT: 인터럽트 출력 핀으로 푸시풀 출력 및 오픈 드레인으로 출력 가능하다.
- FSYNC: 프레임 동기화 핀으로 사용하지 않을 경우 GND로 연결한다.

◈ MPU9250 내부 레지스터

MPU9250의 내부 레지스터는 100개로 구성되어 있으며, MPU9250의 동작 설정을 위한 레지스터와 측정된 가속도, 각속도 데이터를 갖는 레지스터, 이 외에 I^{2}C 마스터 동작을 통한 추가 센서 인터페이스 기능을 위한 레지스터 등으로 구성되어 있다. 표 11.15에는 MPU9250의 전체 레지스터 중 가속도와 각속도를 측정하기 위한 레지스터를 나타낸다.

표 11.15 MPU9250의 내부 레지스터 일부

주소 (Hex)	주소 (Dec.)	레지스터 이름	직렬 I/F	비트 7	비트 6	비트 5	비트 4	비트 3	비트 2	비트 1	비트 0
18	27	GYRO_CONFIG	R/W	XGYRO_Cten	YGYRO_Cten	ZGYRO_Cten	GYRO_FS_SEL[1:0]		–	FCHOICE_B [1:0]	
1C	28	ACCEL_CONFIG	R/W	ax_st_en	ay_st_en	az_st_en	ACCEL_FS_SEL[1:0]		–		
1D	29	ACCEL_CONFIG2	R/W					ACCEL_FCHOICE_B		A_DLPF_CFG	
3B	59	ACCEL_XOUT_H	R	ACCEL_XOUT_H [15:8]							

주소 (Hex)	주소 (Dec.)	레지스터 이름	직렬 I/F	비트 7	비트 6	비트 5	비트 4	비트 3	비트 2	비트 1	비트 0
3C	60	ACCEL_XOUT_L	R	ACCEL_XOUT_L [7:0]							
3D	61	ACCEL_YOUT_H	R	ACCEL_YOUT_H [15:8]							
3E	62	ACCEL_XOUT_L	R	ACCEL_YOUT_L [7:0]							
3F	63	ACCEL_ZOUT_H	R	ACCEL_ZOUT_H [15:8]							
40	64	ACCEL_ZOUT_L	R	ACCEL_ZOUT_L [7:0]							
41	65	TEMP_OUT_H	R	TEMP_OUT_H [15:8]							
42	66	TEMP_OUT_L	R	TEMP_OUT_L [7:0]							
43	67	GYRO_XOUT_H	R	GYRO_XOUT_H [15:8]							
44	68	GYRO_XOUT_L	R	GYRO_XOUT_L [7:0]							
45	69	GYRO_YOUT_H	R	GYRO_YOUT_H [15:8]							
46	70	GYRO_YOUT_L	R	GYRO_YOUT_L [7:0]							
47	71	GYRO_ZOUT_H	R	GYRO_ZOUT_H [15:8]							
48	72	GYRO_ZOUT_L	R	GYRO_ZOUT_L [7:0]							
68	104	SIGNAL_PATH_ REST	R/W	–	–	–	–	–	GYRO_ RST	ACCEL_ RST	TEMP_RST
69	105	MOT_DETECT_ CTRL	R/W	ACCEL_ INTEL_EN	ACCEL_ INTEL_ MODE	–		–		–	
6A	106	USER_CTRL	R/W	–	FIFO_EN	I²C_MST_ EN	I²C_IF_DIS	–	FIFO_RST	I²C_MST_ RST	SIG_ COND_ RST
6B	107	PWR_MGMT_1	R/W	H_RESET	SLEEP	CYCLE	GYRO_ STANDBY	PD_PTAT	CLKSEL [2:0]		
6C	108	PWR_MGMT_2	R/W	–		DIS_XA	DIS_YA	DIS_ZA	DIS_XG	DIS_YG	DIS_ZG

◈ 레지스터의 기능 설명

MPU9250의 동작 설정 및 측정 데이터에 관한 주요 레지스터는 다음과 같다.

▶ GYRO_CONFIG(주소: 0x1B)

각속도 센서의 설정을 위한 레지스터로, 각 비트의 의미는 다음과 같다.

- XGYRO_Cten(비트 7): X축 각속도 센서의 자가진단 기능 활성화
- YGYRO_Cten(비트 6): Y축 각속도 센서의 자가진단 기능 활성화
- ZGYRO_Cten(비트 5): Z축 각속도 센서의 자가진단 기능 활성화
- GYRO_FS_SEL[1:0](비트 4, 3): 각속도 센서의 최대 스케일 선택
  00: +250dps, 01: +500dps, 10: +1000dps, 11: +2000dps

- reserved(비트 2): 예약 영역으로, 사용하지 않음
- Fchoice_b[1:0](비트 0, 1): DLPF(=Digital Low Pass Filter) 설정을 위한 비트로, 사용하지 않을 경우 '00'으로 설정한다.

▶ ACCEL_CONFIG(주소: 0x1C)

가속도 센서의 설정을 위한 레지스터로, 각 비트의 의미는 다음과 같다.

- ax_st_en(비트 7): X축 가속도 센서의 자가진단 기능 활성화
- ay_st_en(비트 6): Y축 가속도 센서의 자가진단 기능 활성화
- az_st_en(비트 5): Z축 가속도 센서의 자가진단 기능 활성화
- ACCEL_FS_SEL[1:0](비트 4, 3): 가속도 센서의 최대 스케일 선택
  00: ±2g, 01: ±4g, 10: ±8g, 11: ±16g
- reserved(비트 2, 0): 예약 영역으로, 사용하지 않음

▶ ACCEL_CONFIG_2(주소: 0x1D)

가속도 센서의 나머지 설정을 위한 레지스터로, 각 비트의 의미는 다음과 같다.

- reserved(비트 7~4): 예약 영역으로, 사용하지 않음
- accel_fchoice_b(비트 3): DLPF 사용을 위한 설정 비트로, 사용하지 않을 경우 '0'으로 설정한다.
- A_DLPFCFG(비트 2~0): DLPF 사용을 위한 설정 비트로, accel_fchoice_b가 '0'일 경우 무시된다.

▶ ACCEL_XOUT_H, ACCEL_XOUT_L, ACCEL_YOUT_H, ACCEL_YOUT_L, ACCEL_ ZOUT_H, ACCEL_ZOUT_L(주소: 0x3B~0x40)

측정된 가속도 정보를 갖는 레지스터로, 측정된 가속도 정보를 얻고자 할 때 사용된다. 그러나 이 레지스터에 저장된 값은 가속도의 표준 단위(g)가 아닌 원시 데이터(raw data) 형태로 출력되어 변환 과정이 필요하다. 변환 식은 다음과 같다.

$$g = \frac{\text{ACCEL\_OUT}}{\text{Accelerometer SSF}}$$

여기서 g는 표준 단위로 변환된 가속도의 양을 나타내며, ACCEL_OUT은 측정된 가속도 정보의 원시 데이터이다. Accelerometer SSF(Sensitivity Scale Factor)는 측정 민감도를 의미하며 GYRO_CONFIG의 AFS_SEL에 의해 결정된다. AFS_SEL에 따른 SSF는 표 11.16과 같다.

표 11.16 AFS_SEL에 따른 Full-Scale Range 및 Sensitivity Scale Factor

매개변수	조건	최소	일반	최대	단위
Full-Scale Range	AFS_SEL=0		±2		g
	AFS_SEL=1		±4		g
	AFS_SEL=2		±8		g
	AFS_SEL=3		±16		g
Sensitivity Scale Factor	AFS_SEL=0		16,384		LSB/g
	AFS_SEL=1		8,192		LSB/g
	AFS_SEL=2		4,096		LSB/g
	AFS_SEL=3		2,048		LSB/g

▶ GYRO_XOUT_H, GYRO_XOUT_L, GYRO_YOUT_H, GYRO_YOUT_L, GYRO_ZOUT_H, GYRO_ZOUT_L(주소: 0x43~0x48)

측정된 각속도 정보를 갖는 레지스터로, 측정된 각속도 정보를 얻고자 할 때 사용된다. 그러나 이 레지스터에 저장된 값은 각속도의 표준 단위(DPS: degree per second)가 아닌 원시 데이터 형태로 출력되므로 변환 과정이 필요하다. 변환 식은 다음과 같다.

$$DPS = \frac{GYRO\_OUT}{Gyroscope\ SSF}$$

여기서 DPS는 표준 단위로 변환된 각속도의 양을 나타내며, GYRO_OUT은 측정된 각속도 정보의 원시 데이터이다. Gyroscope SSF(Sensitivity Scale Factor)는 측정 민감도를 의미하며 ACCEL_CONFIG의 FS_SEL에 의해 결정된다. FS_SEL에 따른 SSF는 표 11.17과 같다.

표 11.17 FS_SEL에 따른 Full-Scale Range 및 Sensitivity Scale Factor

매개변수	조건	최소	일반	최대	단위
Full-Scale Range	FS_SEL=0		±250		°/s
	FS_SEL=1		±500		°/s
	FS_SEL=2		±1000		°/s
	FS_SEL=3		±2000		°/s
Sensitivity Scale Factor	FS_SEL=0		131		LSB/(°/s)
	FS_SEL=1		65.5		LSB/(°/s)
	FS_SEL=2		32.8		LSB/(°/s)
	FS_SEL=3		16.4		LSB/(°/s)

▶ SIGNAL_PATH_RESET(주소: 0x68)

MPU9250에 내장된 센서의 디지털 경로 초기화 설정을 위한 레지스터로, 각 비트의 의미는 다음과 같다(단, 센서 레지스터의 값은 초기화되지 않는다).

- reserved(비트 7~3): 예약 영역으로, 사용하지 않음
- GYRO_RST(비트 2): 각속도 센서의 디지털 신호 경로를 초기화한다.
- ACCEL_RST(비트 1): 가속도 센서의 디지털 신호 경로를 초기화한다.
- TEMP_RST(비트 0): 온도 센서의 디지털 신호 경로를 초기화한다.

▶ USER_CTRL(주소: 0x6A)

MPU9250에 내장된 센서의 디지털 경로 초기화 설정을 위한 레지스터로, 각 비트의 의미는 다음과 같다(단, 센서 레지스터에 있는 값은 초기화되지 않는다).

- reserved(비트 7): 예약 영역으로, 사용하지 않음
- FIFO_EN(비트 6): FIFO 동작의 활성화 여부를 설정할 수 있으며, 비트가 '1'일 경우 활성화된다.
- I^2C_MST_EN(비트 5): MPU9250 외부 AUX_DA, AUX_CL을 이용한 I^2C 인터페이스에서 마스터 모듈로 활성화하기 위해 사용하며, 비트가 '1'일 경우 활성화, 비트가 '0'일 경우 비활성화한다.
- I^2C_IF_DIS(비트 4): I^2C 인터페이스를 비활성화하는 비트로, '1'일 경우 슬레이브로 동작하는 I^2C 기능을 비활성화한다.
- reserved(비트 3): 예약 영역으로, 사용하지 않음
- FIFO_RST(비트 2): FIFO 모듈의 리셋을 위한 비트로, '1'일 경우 모듈의 리셋을 수행하며 리셋 후 자동으로 클리어된다.
- I^2C_MST_RST(비트 1): I^2C 마스터 모듈의 리셋을 위한 비트로, '1'일 경우 모듈의 리셋을 수행하며 리셋 후 자동으로 클리어된다.
- SIG_COND_RST(비트 0): 각속도, 가속도, 온도 센서의 디지털 경로 초기화를 수행하는 비트로, 이 비트가 '1'일 경우 센서 레지스터의 값은 초기화된다.

▶ PWR_MGMT_1(주소: 0x6B)

MPU9250의 전원 관리를 위한 레지스터로, 각 비트의 의미는 다음과 같다.

- H_RESET(비트 7): 내부 레지스터의 리셋 및 기본 설정으로 복원하는 역할을 수행하며, 리셋 후 자동으로 클리어된다.
- SLEEP(비트 6): 슬립 모드 진입을 위한 비트로, '1'일 경우 슬립 모드로 진입된다.
- CYCLE(비트 5): 이 비트가 '1'로 설정되고 SLEEP과 STANDBY 비트가 '0'으로 되어 있을 경우, LP_ACCEL_ODR 레지스터에 의한 비율에 따라 이 힘은 슬립과 한 번의 샘플을 취

하는 동작을 반복한다.

- GYRO_STANDBY(비트 4): 이 비트가 '1'로 설정되면 각속도 센서의 구동과 PLL 회로는 활성화되지만 측정 경로는 비활성화된다. 이것은 저전력 모드에서 각속도 센서를 빠르게 활성화할 수 있게 한다.
- PD_PTAT(비트 3): 내부의 절대온도 비례(PTAT: Proportional to Absolute Temperature) 전압 발생기와 PTAT ADC 전원을 켜고 끄기 위한 비트로, '1'일 경우 끄는 동작을 수행한다.
- CLKSEL(비트 2~0): 클록 공급원 선택을 위한 비트로, 값에 따라 다음과 같이 동작한다.
  - 0, 6: 내부 20MHz 오실레이터 사용
  - 1~5: PLL이 준비되면 선택 가능한 클록 소스를 사용하며, 그렇지 않으면 내부 오실레이터를 사용한다.
  - 7: 클록을 멈추고, 타이밍 생성기를 리셋 상태로 유지한다.

▶ SPWR_MGMT_2(주소: 0x6C)

이 레지스터는 MPU9250 내 각 센서장치의 전원 공급을 설정하는 레지스터로, 각 비트의 의미는 다음과 같다.

- reserved(비트 7~6): 예약 영역으로, 사용하지 않음
- DISABLE_XA(비트 5): X축 가속도계의 전원 관리를 위한 비트. '0'일 경우 전원을 공급한다.
- DISABLE_YA(비트 4): Y축 가속도계의 전원 관리를 위한 비트. '0'일 경우 전원을 공급한다.
- DISABLE_ZA(비트 3): Z축 가속도계의 전원 관리를 위한 비트. '0'일 경우 전원을 공급한다.
- DISABLE_XG(비트 2): X축 각속도계의 전원 관리를 위한 비트. '0'일 경우 전원을 공급한다.
- DISABLE_YG(비트 1): Y축 각속도계의 전원 관리를 위한 비트. '0'일 경우 전원을 공급한다.
- DISABLE_ZG(비트 0): Z축 각속도계의 전원 관리를 위한 비트. '0'일 경우 전원을 공급한다.

(3) MPU9250의 초기화 및 입출력 함수의 작성

MPU9250을 사용하기 위해서는 먼저 ATmega128의 SPI를 초기화해야 한다. 그림 11.38은 MPU9250의 입출력 타미밍도를 나타낸다. 여기서 참고해야 하는 사항은 SCK의 상승 에지에서 데이터를 샘플링하고 하강 에지에서 데이터를 준비한다는 점과, 데이터는 MSB 먼저 출력되어야

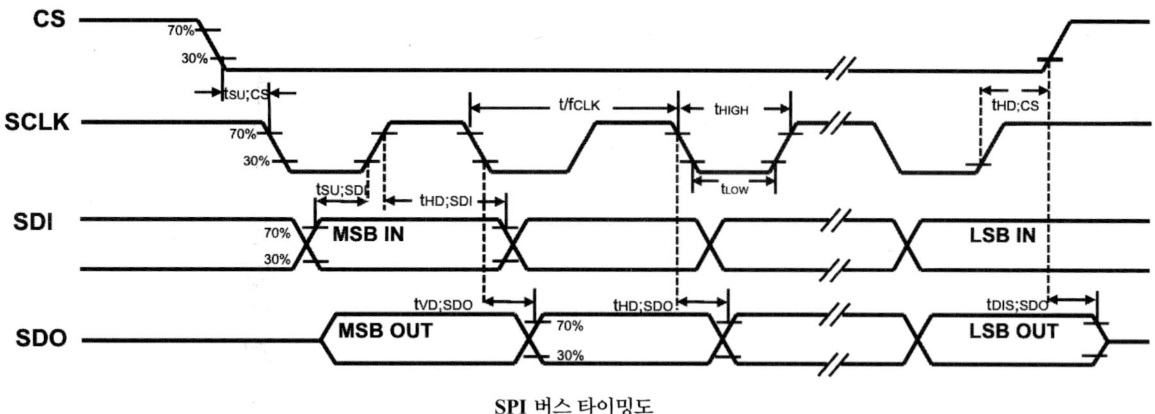

그림 11.38 MPU9250의 SPI 입출력 타이밍도

한다는 점이다. 따라서 SPI 제어 레지스터인 SPCR은 다음의 내용으로 설정한다.

① 데이터의 전송 순서(DORD): MSB 우선 전송

② 모드의 선택(CPOL과 CPHA): SCK 클록에 의한 동작 모드는 0으로 선택(표 11.7 참조)

③ 동작 속도의 설정(SPI2X, SPR1, SPR0): 클록의 속도를 f_{osc}/64로 설정

	7	6	5	4	3	2	1	0
SPCR	SPIE	SPE	DORD	MSTR	CPOL	CPHA	SPR1	SPR0
폴링 모드	x	1	0	x	0	0	1	1

이러한 내용을 바탕으로 MPU9250을 초기화하는 함수는 다음과 같이 작성할 수 있다.

```
/*** @brief  MPU9250과의 통신을 위한 SPI 초기화 함수   */
void MPU9250_SPI_init(void)
{
    DDRB = 0x07;  // SS(PB0), SCK(PB1), MOSI(PB2) 출력 설정 /  MISO(PB3) 입력 설정
    SPCR=(1<<SPE)|(1<<MSTR)|(0<<CPOL)|(0<<CPHA)|(2<<SPR0);
        // SPI 활성화, 마스터 모드, 클록상 설정, 클록 64분주 설정
    SPI_CS=1;     // 장비 선택 선을 대기('H') 상태로 설정
}
```

MPU9250과 데이터를 송수신하기 위해서는 그림 11.39의 송수신 순서를 따라야 한다. SPI의 읽기 쓰기 과정은 16개 이상의 클록(2 또는 그 이상의 데이터)으로 완료되며, 첫 번째 바이트는 레지스터 주소(register address)로 MPU9250 내의 레지스터 주소를 의미하고, 두 번째 바이트는 레지스터의 데이터(register data)로 해당 레지스터에 읽고/쓰는 값을 의미한다.

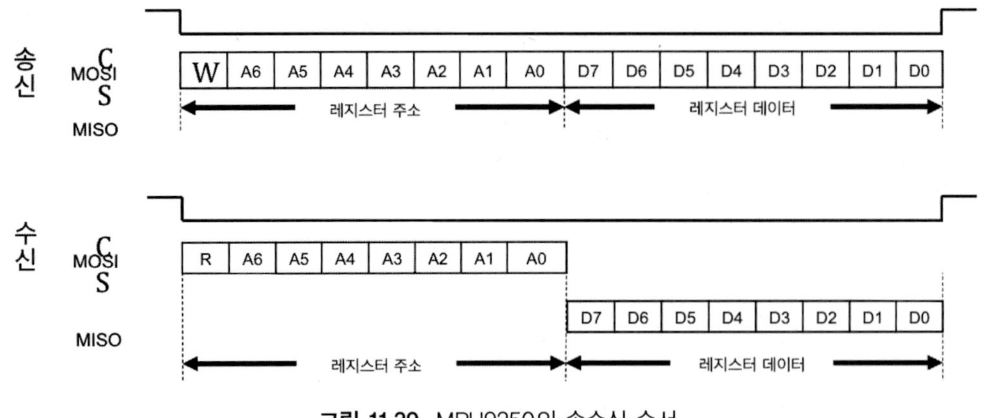

그림 11.39 MPU9250의 송수신 순서

위의 순서에 따라 프로그램을 구현하면 다음과 같으며, 여기에는 레지스터의 주소 정의, SPI 초기화 함수, 바이트 단위의 SPI 읽기 함수, 바이트 단위의 SPI 쓰기 함수를 정의하여 작성했다. 바이트 단위의 SPI 쓰기 함수와 바이트 단위의 SPI 읽기 함수는 그림 11.39의 송수신 순서대로 레지스터 주소를 보내고 레지스터 데이터를 보내도록 프로그램했다.

이 예제를 수행하기 위해서는 가속도와 각속도 값을 레지스터로부터 읽어야 한다. 이는 다음의 함수를 정의하여 구현했다.

```
void Get_Accel(int *prAx,int *prAy,int *prAz)
void Get_Gyro(int *prGx, int *prGy, int *prGz)
```

가속도 및 각속도 출력은 16비트 값이므로, 이 함수에서는 가속도와 자이로 센서의 결과 값을 저장하고 있는 각각 3축의 16비트 데이터를 읽는다. 그러나 이 레지스터는 8비트로 구현되어 있어 먼저 상위 바이트 값을 읽어 좌측으로 8비트 이동시킨 후, 하위 바이트를 읽어 비트별 OR 연산하여 16비트 값으로 변환하여 저장한다.

◈ MPU9250 제어를 위한 통신 프로그램 코드, 소자 선택선 및 레지스터 주소 정의

```
#include <mega128.h>
#include <stdio.h>
#include <delay.h>
#include "lcd.h"

// MPU9250의 장치 선택을 위한 CS 핀 설정
#define SPI_CS PORTB.0

// MPU9250 내부 레지스터 주소
enum MPU9250_REG_ADDRESS{
    GYRO_CONFIG = 0x1B,
    ACCEL_CONFIG = 0x1C,
    ACCEL_CONFIG_2 = 0x1D,
```

```
    A_XOUT_H = 0x3b,
    A_XOUT_L = 0x3c,
    A_YOUT_H = 0x3d,
    A_YOUT_L = 0x3e,
    A_ZOUT_H = 0x3f,
    A_ZOUT_L = 0x40,
    G_XOUT_H = 0x43,
    G_XOUT_L = 0x44,
    G_YOUT_H = 0x45,
    G_YOUT_L = 0x46,
    G_ZOUT_H = 0x47,
    G_ZOUT_L = 0x48,
    SIGNAL_PATH_RESET = 0x68,
    USER_CTRL = 0x6A,
    PWR_MGMT_1 = 0x6B,
    PWR_MGMT_2 = 0x6C,
};

/*** @brief  MPU9250과의 통신을 위한 SPI 초기화 함수   */
void MPU9250_SPI_init(void)
{
    DDRB = 0x07;  // SS(PB0), SCK(PB1), MOSI(PB2) 출력 설정 /  MISO(PB3) 입력 설정
    SPCR=(1<<SPE)|(1<<MSTR)|(0<<CPOL)|(0<<CPHA)|(2<<SPR0);
        // SPI 활성화, 마스터 모드, 클록상 설정, 클록 64분주 설정
    SPI_CS=1;      // 장비 선택 선을 대기('H') 상태로 설정
}

/**
  * @brief  SPI를 통한 데이터 쓰기 함수
  * @param  regAddress: SPI를 통한 데이터 쓰기 레지스터 주소
  * @param  data: SPI를 통한 데이터 쓰기 레지스터 값
  */
void MPU9250_SPI_Write(char regAddress, char data)    // MPU 값 설정 시 이용
{
    SPI_CS=0;                     // 슬레이브 장치 선택
    SPDR=regAddress;              // 레지스터 주소 전달
    while(!(SPSR&(1<<SPIF)));     // 송신 완료 대기
    SPDR=data;                    // 데이터 전달
    while(!(SPSR&(1<<SPIF)));     // 송신 완료 대기
    SPI_CS=1;                     // 슬레이브 장치 선택 해제
}

/**
  * @brief  SPI를 통한 데이터 read 함수
  * @param regAddress: SPI를 통한 데이터 읽기 대상 레지스터 주소
```

```
  * @retval SPI를 통해 읽어진 1바이트 데이터
  */
unsigned char MPU9250_SPI_Read(char regAddress)
{
    unsigned char data;
    SPI_CS=0;                    // 슬레이브 장치 선택
    SPDR=regAddress|0x80;        // 레지스터 주소 전달(읽기)
    while(!(SPSR&(1<<SPIF)));    // 송신 완료 대기
    SPDR=0x00;                   // 데이터 수신 위한 더미 송신
    while(!(SPSR&(1<<SPIF)));    // 송신 완료 대기
    data=SPDR;                   // MISO로 입력된 데이터 획득
    SPI_CS=1;                    // 슬레이브 장치 선택 해제
    return data;                 // 수신된 데이터 반환
}

/**
  * @brief  가속도 읽기 함수
  * @param prAx: x축 가속도 값을 저장할 변수의 참조 값
  * @param prAy: y축 가속도 값을 저장할 변수의 참조 값
  * @param prAz: z축 가속도 값을 저장할 변수의 참조 값
  */
void Get_Accel(int *prAx,int *prAy,int *prAz)
{
    unsigned char dat[6];

    dat[0] = MPU9250_SPI_Read(A_XOUT_H); // 가속도 xH
    dat[1] = MPU9250_SPI_Read(A_XOUT_L); // 가속도 xL
    dat[2] = MPU9250_SPI_Read(A_YOUT_H); // y
    dat[3] = MPU9250_SPI_Read(A_YOUT_L);
    dat[4] = MPU9250_SPI_Read(A_ZOUT_H); // z
    dat[5] = MPU9250_SPI_Read(A_ZOUT_L);

    *prAx = dat[0]<<8|dat[1];
    *prAy = dat[2]<<8|dat[3];
    *prAz = dat[4]<<8|dat[5];
}

/**
  * @brief  각가속도 읽기 함수
  * @param prAx: x축 각속도 값을 저장할 변수의 참조 값
  * @param prAy: y축 각속도 값을 저장할 변수의 참조 값
  * @param prAz: z축 각속도 값을 저장할 변수의 참조 값
  */
void Get_Gyro(int *prGx, int *prGy, int *prGz)
{
```

```
    unsigned char dat[6];

    dat[0] = MPU9250_SPI_Read(G_XOUT_H); // 각속도 xH
    dat[1] = MPU9250_SPI_Read(G_XOUT_L); // 각속도 xL
    dat[2] = MPU9250_SPI_Read(G_YOUT_H); // y
    dat[3] = MPU9250_SPI_Read(G_YOUT_L);
    dat[4] = MPU9250_SPI_Read(G_ZOUT_H); // z
    dat[5] = MPU9250_SPI_Read(G_ZOUT_L);

    *prGx = dat[0]<<8|dat[1];
    *prGy = dat[2]<<8|dat[3];
    *prGz = dat[4]<<8|dat[5];
}
```

◈ MPU9250 제어를 위한 초기화 프로그램

앞에서 작성한 MPU9250 통신 프로그램 코드를 이용하여 센서를 초기화하기 위한 과정은 그림 11.40의 순서도와 같다.

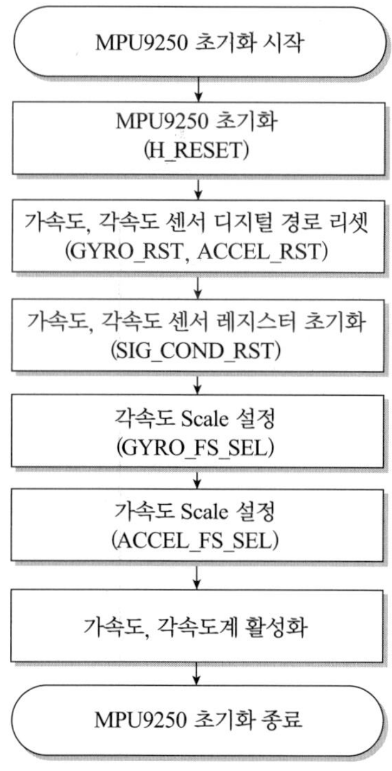

그림 11.40 MPU9250 초기화 과정

이에 따른 초기화 함수의 프로그램 코드는 다음과 같다. 각 명령어의 첫 번째 인자인 `regAddress`는 표 11.15의 내부 레지스터 이름을 참조하기 바란다.

```
/*** @brief  MPU9250 초기화 함수     */
void MPU9250_Init(void)
{
    MPU9250_SPI_Write(PWR_MGMT_1, 0x80);       // 초기 리셋 수행(H_RESET)
    MPU9250_SPI_Write(SIGNAL_PATH_RESET, 0x06);
    // 가속도 각속도 센서 리셋(GYRO_RST, ACCEL_RST)
    MPU9250_SPI_Write(USER_CTRL, 0x01);
    // 가속도 각속도 센서 레지스터 초기화(SIG_COND_RST)
    MPU9250_SPI_Write(GYRO_CONFIG, 0x00);      // 각속도 Scale(GYRO_FS_SEL=0) 초기화
    MPU9250_SPI_Write(ACCEL_CONFIG, 0x00);     // 가속도 Scale(ACCEL_FS_SEL=0) 초기화
    MPU9250_SPI_Write(PWR_MGMT_2, 0x00);       // 가속도 자이로 허가
}
```

(4) MPU9250의 센서 값을 LCD에 출력으로 하는 프로그램

MPU9250 센서 값을 LCD에 출력하기 위한 프로그램을 구현하려면 앞에서 작성한 통신 프로그램 코드를 이용해야 한다. 프로그램은 그림 11.41의 순서도와 같이 작성할 수 있다.

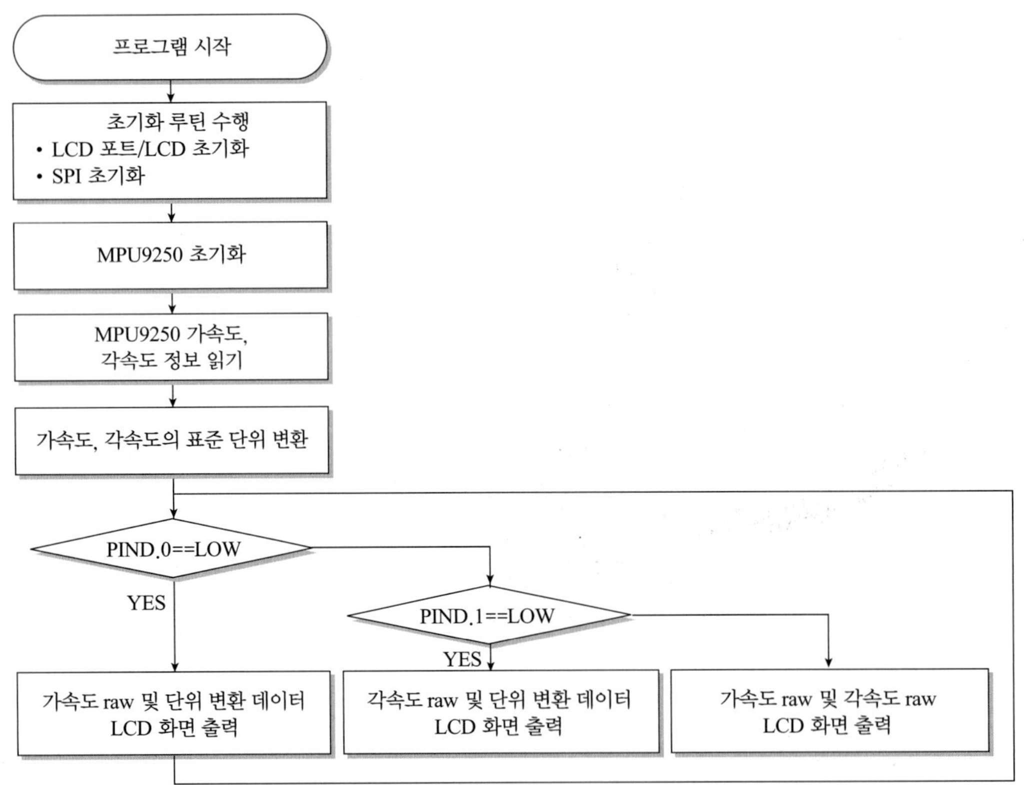

그림 11.41 MPU9250 가속도, 각속도 정보를 LCD 화면에 출력하는 프로그램 순서도

그림 11.41에 따라 센서 데이터를 읽고, 표준 단위(g 단위)로 변환하여 LCD에 출력하는 프로그

램은 다음과 같이 작성할 수 있다. 표준 단위로 변환하여 데이터를 LCD 화면에 표시하기 위해서는 앞에서 설명한 변환 수식을 사용해야 한다. 가속도의 경우는 원시 데이터를 Accelerometer SSF 값으로 나누어주어야 한다. 이 예제에서는 AFS_SEL=0이므로 표 11.16을 참고하면 16384 값이 사용되어야 한다. 마찬가지로 각속도의 경우는 원시 데이터를 Gyroscope SSF 값으로 나누어주어야 한다. FS_SEL=0이므로 표 11.17을 참고하면 131 값이 사용되어야 한다.

```
/**
  * @brief  MPU9250 측정 값->가속도(g 단위) 변환 함수
  * @param pAx : x축 가속도 값을 g 단위로 저장하여 저장할 변수의 참조 값
  * @param pAy : y축 가속도 값을 g 단위로 저장하여 저장할 변수의 참조 값
  * @param pAz : z축 가속도 값을 g 단위로 저장하여 저장할 변수의 참조 값
  * @param rAx : 관성 센서로 측정된 x축 가속도의 측정 값
  * @param rAy : 관성 센서로 측정된 y축 가속도의 측정 값
  * @param rAz : 관성 센서로 측정된 z축 가속도의 측정 값
  */
void Conv_Value_Acc(
    float *pAx, float *pAy, float *pAz, int rAx, int rAy, int rAz)
{
    // AFS_SEL=0인 경우 16,384 LSB/g
    *pAx=(float)rAx/16384;     // 가속도 g 단위 변환
    *pAy=(float)rAy/16384;     // 가속도 g 단위 변환
    *pAz=(float)rAz/16384;     // 가속도 g 단위 변환
}

/**
  * @brief  MPU9250 측정 값->각가속도(DPS: degree per second) 변환 함수
  * @param pAx : x축 각속도 값을 DPG 단위로 저장하여 저장할 변수의 참조 값
  * @param pAy : y축 각속도 값을 DPG 단위로 저장하여 저장할 변수의 참조 값
  * @param pAz : z축 각속도 값을 DPG 단위로 저장하여 저장할 변수의 참조 값
  * @param rAx : 관성 센서로 측정된 x축 각속도의 측정 값
  * @param rAy : 관성 센서로 측정된 y축 각속도의 측정 값
  * @param rAz : 관성 센서로 측정된 z축 각속도의 측정 값
  */
void Conv_Value_Gyro(float *pGx, float *pGy, float *pGz, int rGx, int rGy, int rGz)
{
    // FS_SEL=0인 경우 131 LSB/(degree per second)
    *pGx=(float)rGx/131;          // 각가속도 변환
    *pGy=(float)rGy/131;          // 각가속도 변환
    *pGz=(float)rGz/131;          // 각가속도 변환
}

/**
  * @brief  MPU9250의 가속도, 가속도를 읽어 LCD에 출력하는 프로그램
  */
```

```
void main(void)
{
    // MPU9250으로부터 읽은 센서 값(=원시 데이터) 저장을 위한 변수 선언
    int rax=0, ray=0, raz=0;
    int rgx=0, rgy=0, rgz=0;

    // 기준 단위(G, DPS) 변환된 데이터 저장을 위한 변수 선언
    float ax=0, ay=0, az=0;
    float gx=0, gy=0, gz=0;

    // LCD 표기를 위한 문자열 선언
    char msg[40] = {0,};

    MPU9250_SPI_init();         // SPI 통신 초기화(통신 속도 및 극성 설정)
    MPU9250_Init();             // MPU9250 동작 활성화

    LCD_Init();                 // LCD 초기화

    while(1)
    {
        // MPU9250으로부터 가속도, 각속도 원시 데이터 수신
        Get_Accel(&rax, &ray, &raz);
        Get_Gyro(&rgx, &rgy, &rgz);

        // 수신된 원시 데이터를 기준 단위로 변환 및 저장
        Conv_Value_Acc(&ax, &ay, &az, rax, ray, raz);
        Conv_Value_Gyro(&gx, &gy, &gz, rgx, rgy, rgz);

        // 스위치 입력에 따른 값 표기
        if(!(PIND.0)) )
        {
            // 가속도 원시 데이터 및 기준 단위(G) 변환 값 출력
            // 관성 센서에서 얻어진 가속도 측정 값(G 단위 변환 전) LCD 출력
            sprintf(msg,"A %+03d %+03d %+03d    ", rax, ray, raz);
            LCD_Pos(0,0);
            LCD_Str(msg);

            // G 단위로 변환된 가속도 정보 LCD에 출력
            sprintf(msg,"A %+.1f %+.1f %+.1f     ", ax, ay, az);
            LCD_Pos(1,0);
            LCD_Str(msg);
        }
        else if(!(PIND.1))
        {  // 각속도 원시 데이터 및 기준 단위(DPS) 변환 값 출력
            // 관성 센서에서 얻어진 각속도 측정 값(DPS 단위 변환 전) LCD 출력
```

```
            sprintf(msg,"G %+03d %+03d %+03d   ", rgx, rgy, rgz);
            LCD_Pos(0,0);
            LCD_Str(msg);

            // DPS 단위로 변환된 가속도 정보 LCD에 출력
            sprintf(msg,"G %+.1f %+.1f %+.1f    ", gx, gy, gz);
            LCD_Pos(1,0);
            LCD_Str(msg);
        } else {  // 가속도, 각속도 원시 데이터 출력
            // 관성 센서에서 얻어진 가속도 측정 값(G 단위 변환 전) LCD 출력
            sprintf(msg,"A %+03d %+03d %+03d   ", rax, ray, raz);
            LCD_Pos(0,0);
            LCD_Str(msg);

            // 관성 센서에서 얻어진 각속도 측정 값(DPS 단위 변환 전) LCD 출력
            sprintf(msg,"G %+03d %+03d %+03d   ", rgx, rgy, rgz);
            LCD_Pos(1,0);
            LCD_Str(msg);
        }
        delay_ms(500);
    }
}
```

연습문제

1. AVR에는 SPI 통신 포트 외에 TWI 통신 포트도 있다. 이 두 가지 통신 방식의 차이점과 장단점을 비교하라.

2. 일반적으로는 마이크로컨트롤러에 주변 소자를 인터페이스하는 방법으로 데이터 버스를 이용한다. 이 방식과 SPI 모드를 이용하는 경우의 장점을 논하라. 또한 SPI 통신 모드를 이용하는 주변 소자를 다섯 가지 정도만 조사하라(아날로그 디바이스사 또는 필립스 등).

3. SPI 통신 모드에 사용되는 신호 선을 정의하고 간단하게 설명하라.

4. SPI 통신 모드를 활용하여 프로그램을 작성하는 방법으로 인터럽트 구동 방식과 폴링 방식이 있다. 20MHz의 고속 통신을 할 경우에는 어떤 방식을 이용하는 것이 바람직한가? 그 이유를 설명하라.

5. 예제 11.1의 프로그램은 인터럽트 구동 방식을 사용하지 않고 작성되어 있다. 예제 11.1의 마스터 프로그램을 SPI 인터럽트 구동 방식으로 작성하여 동작을 확인하라.

6. 예제 11.2의 프로그램은 인터럽트 구동 방식을 사용하지 않고 작성되어 있다. 예제 11.2의 프로그램을 SPI 인터럽트 구동 방식으로 작성하여 동작을 확인하라.

7. 예제 11.3의 16비트 I/O 확장기와 예제 11.4의 관성 센서(IMU)를 멀티 슬레이브 시스템으로 구성하고 관성 센서를 전 · 후 · 좌 · 우 네 방향으로 움직임에 따라 I/O 확장기의 GPIOB에 연결된 LED에 방향을 표시하는 프로그램을 작성하라. GPIOB의 LED의 방향 설정은 다음 그림과 같다.

방향	전	후	좌	우
LED 번호	1	2	3	4

CHAPTER

12

TWI 활용

ATmega128은 동기식 직렬 통신 방식의 SPI와 TWI 통신 포트를 지원한다. SPI는 보드 내(on-board) IC 간의 데이터의 송수신을 위해 4개의 신호 선을 사용하나, TWI는 2개의 신호 선을 사용한다. 마이크로컨트롤러에서 직렬 통신을 위해 2와이어 또는 3와이어 인터페이스 방식이 사용하나 ATmega128에는 2와이어 방식의 인터페이스가 구현되어 있다. 마이크로컨트롤러에서는 이러한 인터페이스를 통해 여러 개의 소자를 연결하여 제어하기 때문에 이를 버스 인터페이스라고 한다.

11장에서 살펴본 바와 같이 SPI 버스를 사용하여 하나의 마스터를 단일 슬레이브에 연결하기 위해서는 4개의 신호 선이 필요하며, 슬레이브가 추가될 때마다 마스터에는 칩 선택 I/O 핀이 슬레이브 개수만큼 더 필요해진다. 이러한 상황은 버스 구조상 바람직하지 않다. 반면에 이 장에서 학습하는 TWI 버스는 2개의 신호 선만을 이용하여 여러 개의 소자를 연결할 수 있으므로, SPI에 비해 비교 우위를 갖는다. 그러나 SPI는 고속의 전이중 방식(동시 전송 및 수신)으로 구현되어 있고, 클록 속도가 10MHz 이상에서 데이터 송수신이 가능하여 TWI에 비해 고속의 성능을 갖는다.

이 장에서는 동기식 직렬 통신 포트의 하나인 TWI의 규격과 ATmega128에 내장되어 있는 TWI의 내부 구조를 살펴보고, 실제 활용을 위해 TWI를 적용하여 출시되고 있는 EEPROM과 확장 I/O, 초음파 센서 등과 같은 외부 소자를 인터페이스하고 제어하는 방법을 살펴보기로 한다.

12.1 TWI 통신 기법

TWI(Two-wire Serial Interface)는 필립스사에서 보드 내의 IC 간 데이터 전송을 위해 제안한 2선식(two-wire) 직렬 인터페이스 표준으로, I^2C 버스(Inter Integrated Circuit bus)라고도 불린다. 이 통신 기법은 1980년 초반에 MCU를 주변 칩과 쉽게 연결할 수 있는 방법을 제공하기 위해 개발된 것으로, MCU와 EEPROM, 온도 센서 등과 같은 IC 소자들을 인터페이스하기 위해 널리 사용되고 있다.

버스는 물리적으로 2개의 선과 접지로 구성되고, TWI에서의 2개의 선은 양방향 신호 선으로 직렬 클록(SCL), 직렬 데이터(SDA)로 구성된다. TWI는 그림 12.1에 나타낸 것과 같이 다중 마스터 시스템을 지원하여 둘 이상의 마스터가 버스상의 모든 장치와 통신할 수 있는 구조로 되어 있다는 점이 SPI와 다르다.

TWI의 통신 속도는 일반적으로 100~400kHz 범위의 저속으로 수행되고, TWI 직렬 버스를 구성할 때는 외부에 풀업 저항을 연결하여 128개의 주변 소자 또는 서로 다른 시스템을 연결할 수 있다. 이때 버스에 연결되어 있는 소자(IC)에는 고유한 주소가 있어 이를 인식하여 버스 구조로 연결되며, 이러한 구조는 간단하고 강건할 뿐만 아니라 저가로 통신 시스템을 구현할 수 있다는 장점이 있다.

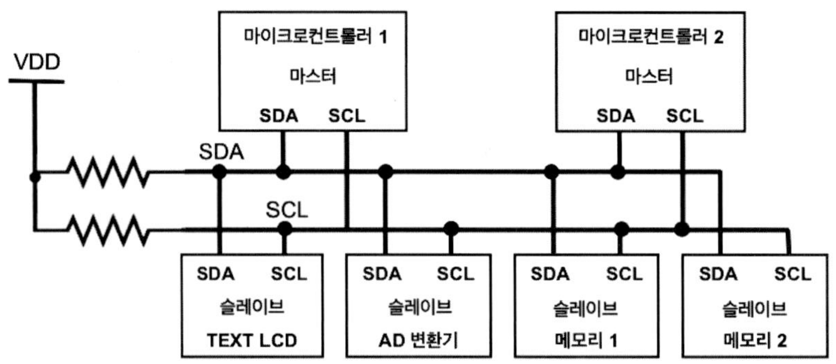

그림 12.1 TWI의 다중 마스터 시스템의 예

12.1.1 TWI 하드웨어

◈ TWI 신호

TWI 버스는 SCL과 SDA 두 신호로 구성된다. SCL은 클록 신호이고 SDA는 데이터 신호이다. 클록 신호는 항상 버스 마스터에 의해 생성된다. 일부 슬레이브 장치는 많은 데이터를 전송해야 하는 마스터를 지연시키거나 데이터를 준비하기 위해 더 많은 시간이 필요할 수 있어서 클록의 속도를 늦추는 경우가 있으며, 이를 '클록 스트레칭(clock stretching)'이라 한다.

TWI 버스 드라이버는 그림 12.2에 나타낸 것과 같이 UART 또는 SPI와 달리 오픈 드레인(open drain)으로 구성되어 있어, 신호 선에는 풀업 저항을 연결해야 하고, 이로 인해 여러 개의 신호를 결합하여 사용하더라도 버스 경합(bus contention)이 발생하지 않는다.

여기서 풀업 저항은 버스의 장치에 따라 약간씩 다르지만 보통 4.7kΩ 정도를 연결한다. 이 저항의 크기는 선의 길이가 2~3m일 경우 적합하지만, 길이가 길어지거나 슬레이브 장치가 많아지는 경우에는 낮은 값의 저항으로 조절할 필요가 있다.

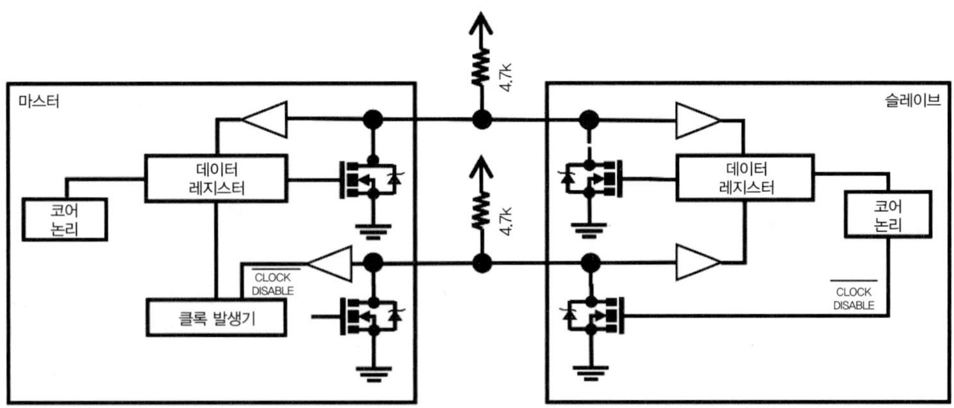

그림 12.2 TWI의 버스 드라이버 구조

◈ TWI 신호 레벨

TWI의 신호 레벨은 5V로 정의되어 있으나, 버스상에 연결되어 있는 소자가 정확하게 5V로 구동되지 않기 때문에 TWI는 서로 다른 I/O 전압을 갖고 있는 소자를 연결할 때도 유연하게 연결할 수 있다.

즉, 일반적으로 하나의 장치가 다른 장치보다 높은 전압을 사용하는 시스템에서 레벨 시프터(level shifter)를 사용하지 않고 TWI를 통해 두 장치를 연결하는 것이 가능하다. 이러한 과정은 두 전압 중에 낮은 쪽으로 풀업 저항을 연결하면 된다. 이러한 응용은 2개의 시스템 전압 중 낮은 전압이 높은 전압 시스템의 하이 레벨(high-level) 입력 전압을 초과하는 경우에 가능하다. 예를 들면, MCU 사용 전압이 5V인 경우에 3.3V로 구동되는 센서 시스템을 버스를 통해 레벨 시프터를 사용하지 않고 연결할 수도 있다.

12.1.2 TWI 프로토콜

TWI를 통한 통신 방식은 UART 또는 SPI의 통신 방식보다 복잡하다. 버스상에 연결된 소자가 유효한 TWI 통신으로 인식하여 신호를 주고받기 위해서는 그림 12.3에 나타낸 것과 같이 특정 프로토콜을 준수해야 한다.

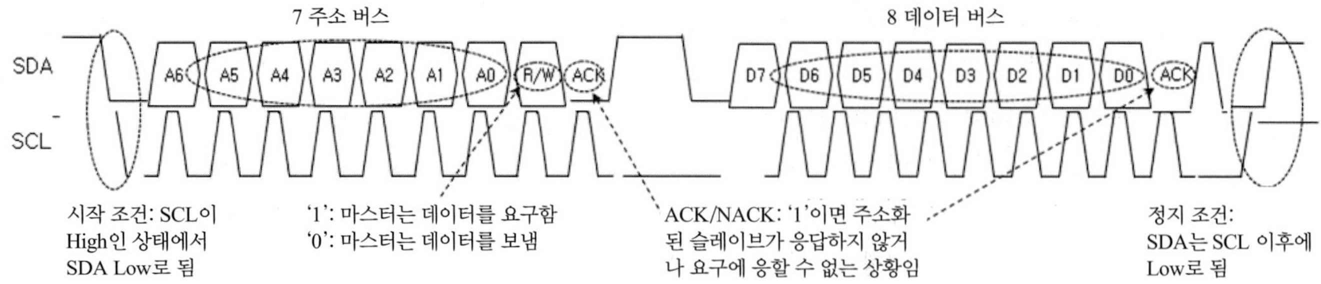

그림 12.3 TWI 프로토콜

TWI에서의 신호 전달은 주소와 데이터 패킷으로 나누어 전송된다. 주소 패킷은 마스터가 슬레이브를 지정하기 위한 주소를 포함하고 있다. 데이터 패킷은 하나 또는 여러 개의 데이터로 구성될 수 있으며, 마스터와 슬레이브 간에 송수신하는 8비트의 데이터이다.

그림 12.4는 TWI 버스에서의 1비트 데이터 전송 형식을 나타낸 것으로, 데이터(SDA) 신호 선은 클록(SCL) 신호 선의 펄스에 동기화되어 전달된다. 즉, SDA 신호는 SCL 신호가 Low에서 High로 전이될 때(하나의 펄스가 발생될 때) 전송된다. 따라서 데이터는 클록의 Low 상태를 유지하고 있는 상태에서 변경이 가능하다. 이러한 데이터 전송은 데이터 전송이 시작될 때와 끝날 때를 제외하고 모두 동일하다.

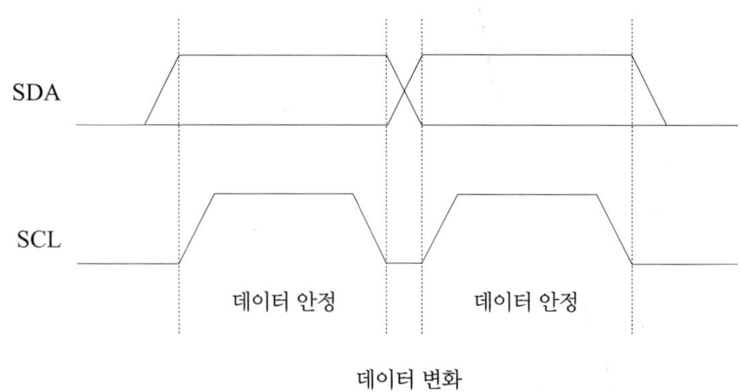

그림 12.4 1비트의 데이터 전송 형식

그림 12.3에 나타낸 바와 같이 TWI에서의 데이터 송수신은 START 조건, 주소 패킷(address packet), 데이터 패킷(data packet), STOP 조건으로 구성되며, START 조건일 때 데이터 전송이 초기화되고 STOP 조건일 때 종료된다. 데이터는 START 조건과 STOP 조건 사이에 전송되며, 이때를 TWI 버스의 BUSY 상태라고 한다.

◈ START 조건

주소 패킷을 시작하기 위해 마스터 장치는 SCL이 High인 상태에서 SDA를 Low로 전이시킨다. 이로 인해 슬레이브 장치는 마스터에서 데이터를 전송하려는 의도를 파악한다. 만약 2개의 마스터

장치가 동시에 버스를 사용하려 할 경우에는, SDA를 먼저 Low로 하는 마스터가 버스의 소유권을 얻게 되어 버스를 제어하게 된다. 버스의 제어권을 다른 마스터에게 넘기지 않고 계속해서 데이터 송수신을 하고자 할 경우에는, REPEATED START(반복적인 시작) 조건을 사용하여 버스의 제어권을 유지한다.

◈ 주소 패킷

주소 패킷은 통신을 시작하기 위한 첫 번째 순서로 출력되고, 슬레이브의 주소를 포함하고 있으며 9비트로 구성된다. 7비트 주소의 경우에, 주소는 MSB 먼저 클록에 동기되어 7비트가 출력되고, 이어 출력되는 R/$\overline{W}$ 비트에 의해 쓰기와 읽기가 결정된다. R/$\overline{W}$의 비트는 읽기일 때는 1이고, 쓰기일 때는 0이다.

패킷의 9번째 비트는 확인 비트(NACK/ACK)로, 모든 패킷(데이터 또는 주소)에 포함되어 있다. 패킷의 처음 8비트가 전송되면 주소 선정이 된 슬레이브는 BUSY 상태에 있으면 SDA를 High로 해서 NACK 신호를 보내고, 정상적으로 수신이 되면 SDA를 Low로 해서 ACK 신호를 보낸다. 수신장치가 9번째 클록 펄스 전에 SDA 신호 선에 Low를 출력하지 못하면, 수신장치는 데이터를 수신하지 않았거나 메시지를 해석하지 못한 경우로 추론하고, 마스터는 이에 따라 시스템을 정지시키거나 시스템의 진행 여부를 결정해야 한다.

◈ 데이터 패킷

데이터 패킷은 슬레이브로 전달되는 8비트의 데이터와 1비트의 확인 비트를 포함하여 9비트로 구성되며, 주소 패킷이 전송된 후에 데이터 전송이 시작된다. 마스터는 계속 일정한 간격으로 클록 펄스를 생성하며, 이에 동기를 맞추어 마스터 또는 슬레이브는 R/$\overline{W}$ 비트의 정보에 따라 SDA에 데이터를 출력한다. 데이터 패킷의 수는 사용자에 의해 결정되며, 대부분의 슬레이브 장치는 내부 레지스터를 자동으로 증가시켜 읽기와 쓰기를 계속 진행한다.

◈ STOP 조건

모든 데이터 패킷이 전송되면 마스터는 STOP 조건을 발생시킨다. STOP 조건은 SCL이 Low에서 High로 전이가 일어난 후에 High로 유지된 상태에서 SDA를 Low에서 High로 전이하는 것을 의미한다. 정상적인 데이터 쓰기 작업을 하고 있는 동안에, 오류 STOP 조건을 방지하기 위해 SDA는 SCL이 High인 상태에서 변경되지 않아야 한다.

◈ REPEATED START 조건

때로는 마스터가 버스상에서 다른 마스터의 간섭을 받지 않고 한 번에 여러 메시지를 송수신할 수 있는 전략이 필요하다. 이러한 상황에 대응하기 위해 REPEATED START 조건이 정의됐다.

REPEATED START 조건은 그림 12.5에 나타낸 것과 같이 SCL이 Low인 동안에 SDA가 High로 전이된 후에, SCL이 High인 동안에 SDA가 다시 Low로 전이되는 조건을 의미한다. 이렇게 하면 버스에 STOP 조건이 발생하지 않기 때문에, 이전 통신 과정은 종료되지 않고 현재의 마스터는 계속 버스를 제어하게 된다.

이렇게 되면 마스터는 다음 메시지를 전송할 수 있으며, 새로운 메시지의 구조는 주소 패킷과 데이터 패킷으로 구성된 기존의 다른 메시지와 동일하다. 마스터는 이러한 과정을 통해 몇 번이고 REPEATED START를 수행할 수 있으며, 마스터는 버스상에 STOP 조건이 출력되기 전까지 버스의 통제권을 유지하게 된다.

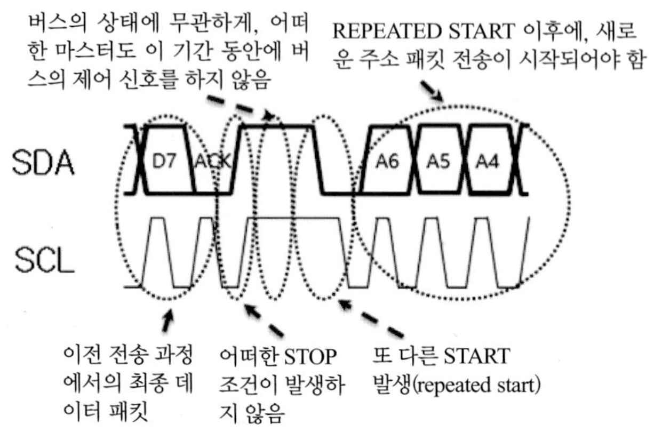

그림 12.5 REPEATED START 조건의 동작

◈ 클록 스트레칭

때때로 마스터에서 슬레이브로 데이터를 전송할 때 마스터에서는 슬레이브에서 요구하는 속도로 데이터를 제공해야 하는데, 가끔 슬레이브의 능력을 초과하여 데이터를 전송하는 경우가 발생하기도 한다. 즉, 슬레이브에서 마스터로 전송해야 하는 데이터가 준비되지 않았거나 슬레이브에서 이전 동작에 대한 수행 과정이 완료되지 않아 정상적인 데이터를 회신하지 못하는 경우가 발생한다. 이러한 경우는 슬레이브가 A/D 변환기인 경우에 A/D 변환이 완료되지 않아 정상적인 변환값이 준비되지 않았거나, 슬레이브가 EEPROM인 경우에 메모리에 쓰기 동작이 아직 완료되지 않은 상황에서 마스터가 또 다른 요청을 하는 상황을 예로 들 수 있다.

이러한 경우에 슬레이브 장치는 '클록 스트레칭'이라는 상황을 실행한다. 그림 12.6은 이러한 클록 스트레칭 상황을 나타낸다. 일반적으로 마스터-슬레이브 동작에서 모든 클록은 마스터 장치에 의해 발생되며, 슬레이브는 마스터 클록 펄스에 동기를 맞추어 버스를 통해 데이터를 주고받는다. 데이터 전송 과정 중 어느 시점에서든지, 마스터가 데이터 전송을 해제한 후에 지정한 슬레이브는 SCL 신호 선을 Low 상태로 유지할 수 있다. 이러한 경우 슬레이브는 마스터에서 요청한 작업을 수행하고 있는 것으로, 마스터는 추가 클록 펄스나 데이터 전송을 중지해야 한다.

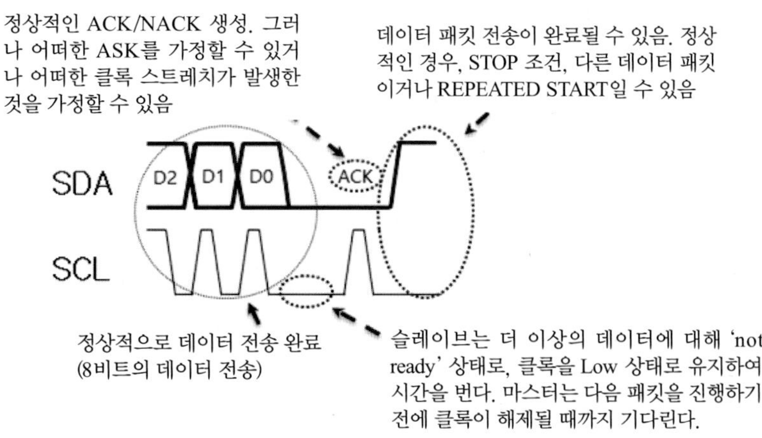

그림 12.6 클록 스트레칭 상황에서의 클록 발생

12.1.3 데이터 송신 및 수신 형식

TWI 직렬 통신에서 마스터가 슬레이브에게 데이터를 송신하거나 반대로 마스터가 슬레이브로부터 데이터를 수신하는 형식은 그림 12.7에 나타낸 것과 같이 규칙을 따른다.

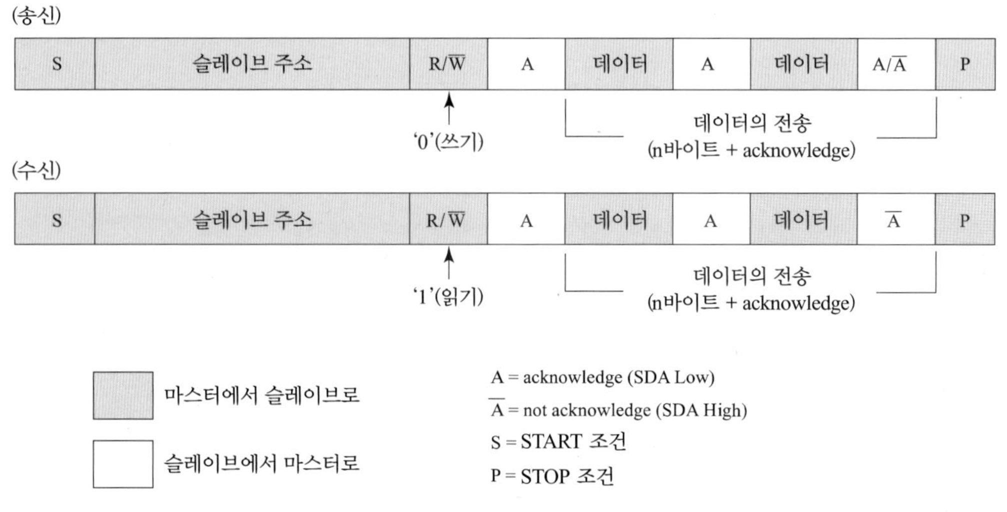

그림 12.7 송신 및 수신 데이터 형식

마스터가 슬레이브에게 데이터를 송신할 때는 먼저 마스터가 7비트의 슬레이브 주소를 보내고 이어서 송신(write)을 의미하는 Low 상태의 1비트를 보내며, 이에 대해 지정된 주소를 갖고 있는 슬레이브는 1비트의 Low 상태인 ACK로 응답한다. 이렇게 마스터와 슬레이브가 연결되면 마스터는 n바이트의 데이터를 연속으로 송신할 수 있으며, 매 바이트를 송신할 때마다 해당 슬레이브로부터 확인 비트(ACK/NACK)로 응답을 받는다.

마스터가 슬레이브로부터 데이터를 수신할 때는 먼저 마스터가 7비트의 슬레이브 주소를 보내고 이어서 수신(read)을 의미하는 High 상태의 1비트를 보내며, 이에 대해 지정된 주소를 갖고 있는 슬레이브는 확인 비트(ACK/NACK)를 Low로 응답한다. 이렇게 마스터와 슬레이브가 연결되면 슬레이브는 마스터에게 n바이트의 데이터를 연속으로 송신한다. 데이터를 연속적으로 수신하는 과정에서 마스터는 매 바이트를 수신할 때마다 확인 비트(ACK/NACK)로 응답한다.

이와 같이 마스터가 슬레이브에게 데이터를 송신할 때는 마스터가 송신 측, 슬레이브는 수신 측이 되고, 반대로 마스터가 슬레이브로부터 데이터를 수신할 때는 마스터가 수신 측, 슬레이브가 송신 측이 되지만, 클록 신호 SCL이나 START, STOP 조건은 항상 마스터가 발생시킨다. 즉, 항상 TWI에서는 마스터가 버스의 제어권을 갖고 있다. 이러한 과정의 동작 파형은 그림 12.8에 나타내었다.

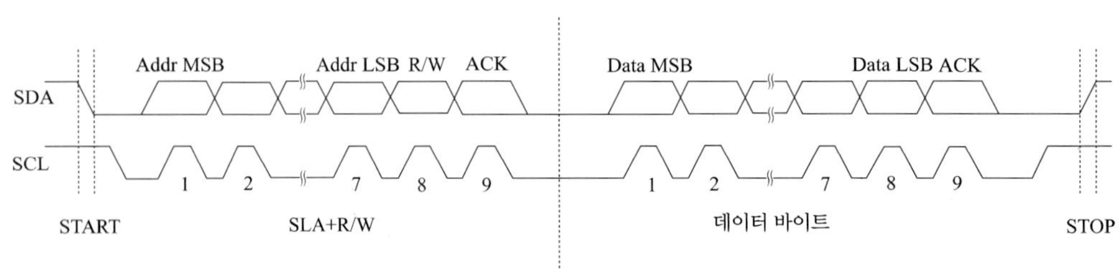

그림 12.8 TWI 버스에서의 송수신 패킷 구성

그림 12.8을 살펴보면 TWI 버스에서의 데이터 송수신 동작은 주소 패킷(address packet)과 데이터 패킷(data packet)으로 나누어진다. 주소 패킷은 9비트로 구성되는데, 마스터가 슬레이브에게 데이터를 송신하는 경우를 SLA+$\overline{\text{W}}$ 패킷이라 하고, 마스터가 슬레이브로부터 데이터를 수신하는 경우를 SLA+R 패킷이라 한다. 이러한 송수신 패킷을 통칭하여 SLA+R/$\overline{\text{W}}$ 패킷이라 부른다.

데이터 송수신 과정에서 주소 패킷이나 데이터 패킷을 송수신할 때, 슬레이브의 응답 상태를 확인하는 확인 비트(ACK/NACK)는 위에서 설명한 대로 정상적인 경우에는 Low로 되지만, 슬레이브가 동작(busy) 상태이거나 다른 이유로 마스터 요청에 서비스할 수 없는 상태라면 High(NACK) 상태를 나타낸다. 이러한 경우에는 마스터가 STOP 조건을 전송하거나, REPEATED START로 초기화하여 새로운 데이터 전송을 보내야 한다.

슬레이브 주소 설정은 사용자가 임의로 설정할 수 있지만, 0000 000b의 주소는 전체 슬레이브 호출(general call)을 의미하고, 1111 xxxb는 향후 사용될 목적으로 예약되어 있는 주소이다. 전체 슬레이브 호출은 시스템에서 슬레이브들에게 동일한 데이터를 전달할 때 사용된다. 이것이 호출되면, 모든 슬레이브는 ACK 사이클에서 SDA 신호 선은 Low로 응답해야 한다.

12.1.4 멀티 마스터 버스 시스템에서 중재와 동기화

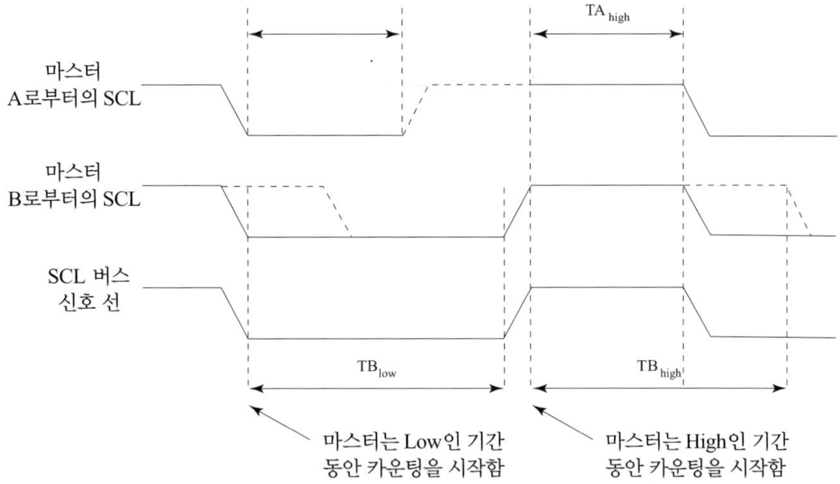

그림 12.9 멀티 마스터 사이에서 SCL 동기화

TWI 프로토콜은 버스로 동작하도록 설계되어 있으며, 하나의 마스터로만 동작하지 않고 여러 개의 마스터로 동작하는 것을 허용한다. 다음은 멀티 마스터 시스템을 사용할 경우에 고려할 사항이다.

- 데이터 패킷의 전송은 매 순간에 하나의 마스터에 의해서만 가능하므로, 제어권을 갖지 않은 다른 마스터들은 버스 권한(selection process)을 잃었을 때 데이터 전송이 금지된다. 여기서 버스 권한을 제어하는 방법을 중재(arbitration)라고 한다. 버스 권한을 잃은 마스터는 슬레이브 모드로 전환하여 자신에게 주소가 할당됐는지를 검사해야 한다. 만일 여러 개의 마스터들이 동시에 데이터 전송을 시작하면, 슬레이브들은 데이터를 수신할 수 없다. 따라서 멀티 마스터 시스템에서는 데이터 전송 과정 중에 충돌이 일어나지 않도록 고려해야 한다.
- 마스터들은 서로 다른 SCL 클록 주파수를 사용한다. 이 방법은 모든 마스터로부터 전송 진행을 엄격히 진행하기 위해 여러 클록을 동기화하는 방법이다. 이것은 중재 과정을 용이하게 한다.

이러한 과정에서 발생하는 문제는 버스의 신호 선을 라인의 wired-AND로 연결하면 쉽게 해결된다. 모든 마스터로부터 SCL 신호는 wired-AND되고, 결합된 SCL 신호는 가장 짧은 High 신호 시간을 갖는 마스터가 되고, 가장 긴 Low 신호 시간을 갖는 마스터가 된다.

중재(arbitration)는 SDA 신호 선에 데이터가 출력된 후에 모든 마스터가 이를 모니터링함으로써 수행된다. SDA 신호 선의 데이터를 읽은 후, 읽은 값이 마스터가 출력으로 보낸 값과 일치하지 않았을 때를 중재권 상실(lose arbitration)이라고 한다. 그림 12.10에서와 같이 마스터 A는 SDA 신호를 High로 출력했을 때 중재권 상실이 된다. 중재권을 상실한 마스터는 바로 슬레이브 모드로 전환되어야 하고 중재권을 가진 마스터로부터 주소 설정이 됐는지를 확인해야 한다. 그러나 중재권을 상실한 마스터는 전송 중인 데이터 또는 주소 패킷을 모두 전송할 때까지 클록 신호를 만들 수 있다. 중재는 하나의 마스터가 남을 때까지 계속된다.

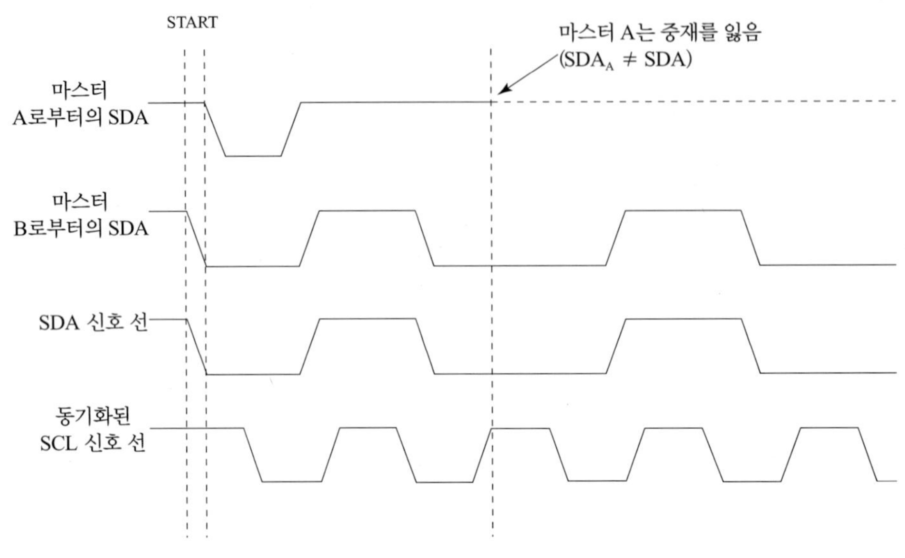

그림 12.10 두 마스터 사이에서의 중재

다음의 경우에는 중재를 허용하지 않는다.

- REPEADTED START 조건과 데이터 비트
- STOP 조건과 데이터 비트
- REPEATED START와 STOP 조건

따라서 프로그램을 작성할 때는 이러한 허용되지 않는 중재 조건이 발생하지 않도록 주의해야 하고, 이는 멀티 마스터 시스템에서 모든 데이터 전송은 주소 패킷(SLA+R/W)과 데이터 패킷으로 구성된 것을 사용한다는 뜻이다. 모든 데이터 전송 과정에서는 동일한 데이터 패킷의 수를 포함해야 하고, 그렇지 않으면 중재의 결과는 미정의 상태로 빠지게 된다.

12.2 ATmega128의 TWI 구조

이제 12.1절에 설명한 TWI의 기본적인 개념을 바탕으로 ATmega128에 내장되어 있는 TWI의 내부 구조를 살펴보고, 활용 방안을 고찰해보자.

12.2.1 TWI 포트의 개요

ATmega128은 주변 소자 또는 다른 시스템과의 통신을 위해 직렬 데이터 전송 기능인 TWI를 내장하고 있으며, 그 특징은 다음과 같다.

- SDA, SCL 2개의 신호 선으로 간단하지만 강력하고 유연성 있는 양방향 직렬 통신 구현
- 마스터 또는 슬레이브로 동작 가능
- 송신기 또는 수신기로 동작 가능
- 7개 비트 주소 공간으로 최대 128개의 슬레이브 연결 가능
- 멀티 마스터 중재 기능 지원
- 최대 400kHz의 데이터 전송 속도
- 슬루 레이트(slew-rate) 출력 드라이버
- TWI 버스에서 발생하는 스파이크를 제거하기 위해 잡음 제거 회로 내장
- 일반 호출 기능을 사용하여 모든 영역의 슬레이브 주소를 프로그램할 수 있음
- TWI 신호 선의 주소 인식 기능으로 슬립 모드 해제 가능

그림 12.11은 ATmega128에 내장되어 있는 TWI의 구성도이다. TWI 동작을 위해 외부 핀으로 클록(SCL)과 데이터(SDA)로 구성된 2개의 신호 선이 배치되어 있고, 이를 이용하여 TWI 프로토콜을 수행하기 위해 버스 인터페이스 유닛(Bus Interface Unit), 주소 일치 유닛(Address Match Unit), 제어 유닛(Control Unit), 비트 레이트 생성기(Bit Rate Generator)로 구성되어 있다. 또한 2개의 신호 선(SCL과 SDA)에는 출력 신호 선에 TWI 사양을 만족시키기 위한 슬루 레이트 제어기(slew-rate control)와 입력 신호 선에 50ns 이하의 스파이크를 제거하기 위한 스파이크 필터(spike filter)가 내장되어 있다.

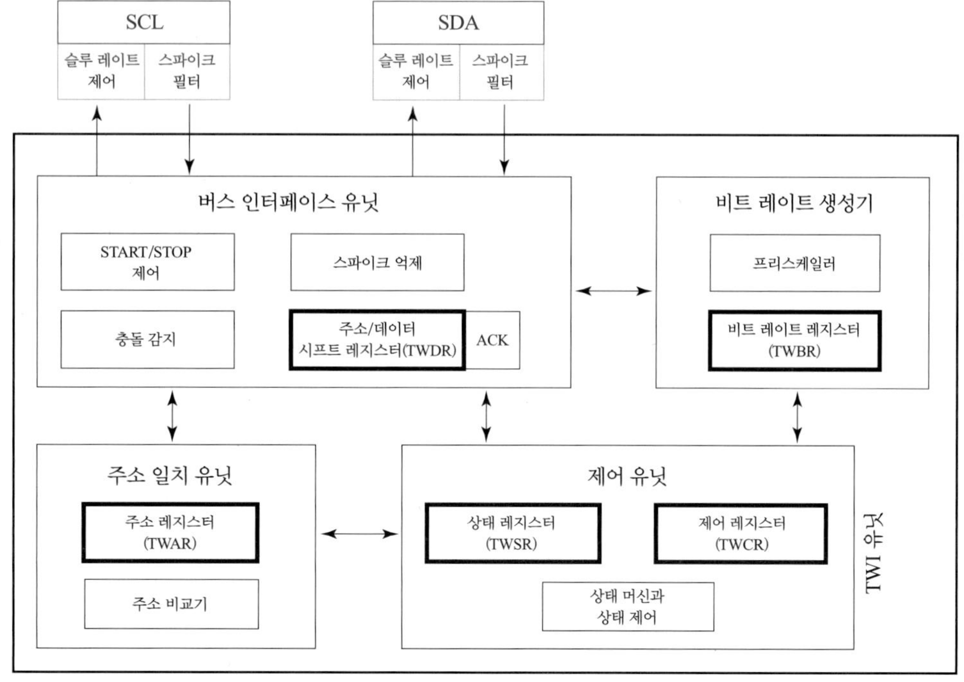

그림 12.11 TWI 모듈의 내부 구성도

◈ 버스 인터페이스 유닛

버스 인터페이스 유닛은 TWDR(TWI Data and Address Shift Register) 레지스터, (N)ACK 레지스터, START/STOP 제어기와 중재 검출기(Arbitration detection) 등의 하드웨어로 구성된다. TWDR 레지스터는 주소나 데이터를 바이트 단위로 전송하거나 수신하는 기능을 수행한다. (N)ACK 레지스터는 응용 소프트웨어에서 직접 접근할 수 없지만, 수신 모드일 때 TWCR 레지스터 중재에 의해 설정되거나 클리어될 수 있고, 송신 모드일 때 (N)ACK 비트의 값은 TWSR 레지스터의 값에 의해 결정된다. START/STOP 제어기는 START, REPEATED START 그리고 STOP 조건의 감지와 생성에 응답하는 기능을 수행한다. 이 기능에 의해 슬레이브 MCU가 슬립 모드에 빠져 있다고 하더라도 START와 STOP 조건을 감지할 수 있게 된다. TWI가 마스터에 의해 초기화되면 중재 검출기 하드웨어는 여러 개의 마스터가 하나의 슬레이브에 동시에 접근하는 것과 같은 충돌을 방지하고 버스의 제어권 중재를 결정하기 위해 모니터링한다. TWI가 중재에 실패할 경우 제어 유닛에게 알려지고, 적절한 상태 코드가 생성되어 다음에 올바른 동작이 수행할 수 있도록 한다.

◈ 주소 일치 유닛

주소 일치 유닛은 수신된 주소 바이트가 TWAR 레지스터에 설정된 7비트 주소와 일치하는지 검사한다. TWAR 레지스터에서 TWGCE 비트가 1로 세트되면, 수신된 주소와 TWAR 레지스터에 설정된 레지스터를 비교한다. 주소가 일치하면 적절한 동작을 수행하기 위해 제어 유닛에게 알린다.

◈ 제어 유닛

제어 유닛은 TWI 버스와 TWCR 레지스터에서 설정된 값에 따라 동작한다. 이것은 TWI 버스에 어떠한 사건(event)이 발생하면, TWCR 레지스터의 TWINT 플래그를 1로 설정하여 사건의 발생을 알린 후, 다음 클록 사이클에서 TWSR 레지스터의 상태 코드는 갱신된다.

TWINT 플래그가 세트되면, SCL 신호 선은 Low를 유지한다. TWI 플래그는 다음 상황이 발생하면 설정된다.

- TWI가 START/REPEATED START 조건 전송을 완료한 경우
- TWI가 주소 패킷(SLA+R 또는 SLA+W) 전송을 완료한 경우
- TWI가 주소 바이트를 전송한 후
- TWI가 중재 실패 후
- TWI가 슬레이브로서 주소 비교 일치 또는 전체 슬레이브 호출(general call) 수신 후
- TWI가 하나의 데이터 바이트를 수신한 후
- TWI가 슬레이브로서 STOP 또는 REPEATED START를 수신한 후
- 잘못된 START 또는 STOP 조건으로 버스 오류가 발생했을 때

◈ 비트 레이트 생성기

비트 레이트 생성기는 마스터 모드에서 SCL 클록의 주파수를 결정한다. SCL 클록 주파수는 TWBR 레지스터와 TWSR 레지스터의 프리스케일러 비트(TWPS1, TWPS0)에 의해 결정된다. 슬레이브 동작은 마스터의 SCL 클록에 의해 동작하므로, 비트 레이트 또는 프리스케일러 설정과 무관하나, 슬레이브의 시스템 클록(CPU 클록)은 SCL 클록의 주파수보다 16배 이상으로 동작해야 한다. SCL 주파수는 다음 식에 의해 결정된다.

$$\text{SCL 주파수} = \frac{\text{CPU 클록 주파수}}{16 + 2(\text{TWBR}) \times 4^{\text{TWPS}}}$$

여기서

TWBR = TWBR 레지스터의 값
TWPS = TWSR 레지스터에서 프리스케일러 비트(TWPS1, TWPS0)의 값

시스템 클록과 TWBR 레지스터 설정 값에 따른 SCL의 주파수는 표 12.1에 예시했다.

표 12.1 시스템 클록과 TWBR 레지스터 설정 값에 따른 SCL 주파수

시스템 클록[MHz]	TWBR	TWPS	SCL 주파수[kHz]
16	12	0	400
16	72	0	100
14.4	10	0	400
14.4	64	0	100
12	10	0	~133
12	52	0	100
8	10	0	~222
8	32	0	100
4	12	0	100
3.6	10	0	100
2	10	0	~55
1	10	0	~28

12.2.2 ATmega128의 TWI 제어용 레지스터

ATmega128의 TWI 모듈을 제어하기 위한 레지스터는 표 12.2에 나타낸 바와 같이 TWBR(TWI Bit Rate Register), TWCR(TWI Control Register), TWSR(TWI Status Register), TWDR(TWI Data Register), TWAR(TWI(Slave) Address Register)이다.

표 12.2 TWI 제어용 레지스터

TWI 제어용 레지스터	설명
TWBR	TWI 비트 레이트 레지스터
TWCR	TWI 제어 레지스터
TWSR	TWI 상태 레지스터
TWDR	TWI 데이터 레지스터
TWAR	TWI 주소 레지스터

◈ TWI 비트 레이트 레지스터(TWBR)

TWBR(TWI Bit Rate Register)은 클록의 주파수를 발생하기 위해 사용되는 레지스터로서, 그림 12.12에 비트 구성을 나타내었으며 비트별 기능은 다음과 같다.

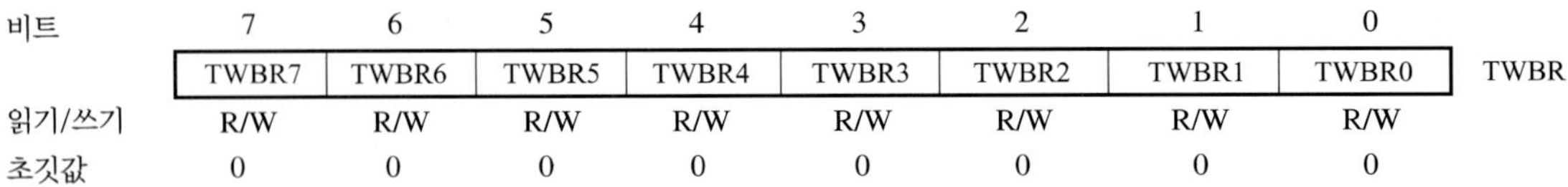

비트	7	6	5	4	3	2	1	0	
	TWBR7	TWBR6	TWBR5	TWBR4	TWBR3	TWBR2	TWBR1	TWBR0	TWBR
읽기/쓰기	R/W	R/W	R/W	R/W	R/W	R/W	R/W	R/W	
초깃값	0	0	0	0	0	0	0	0	

그림 12.12 TWI 비트 레이트 레지스터의 구성

▶ **비트 7~0: TWBR7~0(TWI 비트 레이트 레지스터(TWI Bit Rate Register))**

TWBR은 TWI 클록의 주파수를 결정하는 비트 레이트 레지스터로서, 마스터 모드에서 SCL 클록의 주파수에 대한 분주비를 결정한다. 클록 주파수는 비트 레이트 생성기에서 설명한 부분을 참고하기 바란다.

◈ TWI 제어 레지스터(TWCR)

TWCR(TWI Control Register)은 TWI 직렬 통신의 전반적인 동작을 제어하는 레지스터이다. TWIE에 의해 TWI가 허가되어 동작하기 시작하면, 마스터는 START 조건을 발생시키고, 수신기의 ACK/NACK 신호를 발생시키고, STOP 조건을 발생시키고, TWDR에 데이터를 쓰는 동안에 버스를 정지 상태로 만드는 동작을 자동으로 수행한다. 또한 레지스터에 데이터를 쓸 수 없는 상황에서 TWDR에 데이터를 시도하는 한다면, 쓰기 충돌(write collision) 상황을 알려준다. 이러한 동작을 수행하는 TWCR 레지스터의 비트 구성은 그림 12.13에 나타내었으며, 비트별 기능은 다음과 같다.

비트	7	6	5	4	3	2	1	0	
	TWINT	TWEA	TWSTA	TWSTO	TWWC	TWEN	–	TWIE	TWCR
읽기/쓰기	R/W	R/W	R/W	R/W	R	R/W	R	R/W	
초깃값	0	0	0	0	0	0	0	0	

그림 12.13 TWI 제어 레지스터의 비트 구성

▶ 비트 7: TWINT(TWI 인터럽트 플래그(TWI Interrupt Flag))

TWINT 비트는 TWI 전송이 완료되면 하드웨어에 의해 자동으로 1이 되고, TWI 인트럽트가 발생했음을 알려준다. SREG 레지스터에 I 비트와 TWCR 레지스터의 TWINT 비트가 설정됐으면, MCU는 TWI 인터럽트 벡터를 참조하여 인터럽트 루틴을 수행한다. TWINT 플래그가 설정되어 있는 동안, SCL 클록 신호는 Low로 계속 유지된다. TWINT 인터럽트 플래그는 인터럽트 루틴이 실행되더라도 0으로 클리어되지 않기 때문에 소프트웨어에 의해 이 비트에 1로 써서 TWINT를 클리어해야 한다. 여기서 유의할 점은 이 플래그를 클리어하기 전에 모든 TWI 레지스터(TWAR, TWSR, TWDR 레지스터)를 읽고/쓰는 과정을 먼저 수행해야 한다는 것이다.

▶ 비트 6: TWEA(TWI 허가 확인 비트(TWI Enable Acknowledge Bit))

TWEA 비트는 ACK 신호의 생성을 제어하는 기능을 수행한다. TWEA 비트가 1로 세트되고 TWI 버스에서 다음의 조건을 만난다면 ACK를 생성한다.

- 슬레이브 모드에서 자기 주소를 수신한 경우
- TWAR의 TWGCE 비트가 1로 되어 있고, 전체 슬레이브 호출이 수신될 경우
- 마스터 수신 모든 또는 슬레이브 수신 모드에서 1바이트의 데이터를 수신한 경우

TWEA 비트가 0으로 클리어되면 디바이스는 TWI 직렬 버스에서 연결이 종료된 것으로 인식하고, 다시 TWI 버스에 연결하여 주소 인식을 하기 위해서는 TWEA 비트를 다시 1로 써야 한다.

▶ 비트 5: TWSTA(TWI START 조건 비트(TWI START Condition Bit))

TWSTA 비트를 1로 설정하면 TWI 직렬 버스에서 마스터로서 동작한다. 이 비트가 1로 설정되면 TWI 버스가 마스터로서 동작하여 TWI는 버스가 사용 가능한 상태인지 체크하고, 가능한 상태이면 START 조건을 출력한다. 그러나 버스 사용이 가능한 상태가 아니면 STOP 조건이 검출될 때까지 기다렸다가 버스 사용이 가능해지면 START 조건을 출력한다. START 조건이 전송되면 프로그램에 의해 다시 0으로 클리어되어야 한다.

▶ 비트 4: TWSTO(TWI STOP 상태 비트(TWI STOP Condition Bit))

TWSTO 비트는 마스터 모드에서 1로 설정하면 TWI 직렬 버스에 STOP 조건을 출력하고, TWI 버스에서 STOP 조건이 실행될 때 TWSTO 비트는 자동으로 클리어된다. 슬레이브 모드에서는 TWI 버스가 에러 상태일 때 TWSTO 비트를 1로 쓰면 에러 상태가 해제되어 SCL과 SDA 신호 선을 High 임피던트 상태로 만들어 초기 상태로 복구된다.

▶ 비트 3: TWWC(TWI 쓰기 충돌 클래그(TWI Write Collision Flag))

TWWC 비트는 TWINT 비트가 0일 때, TWDR 레지스터에 데이터 쓰기를 시도하면 1이 된

다. 이 플래그는 TWINT 비트가 1일 때, TWDR 레지스터에 데이터를 쓰면 0이 된다.

▶ **비트 2: TWEN(TWI 허가 비트(TWI Enable Bit))**

TWEN 비트는 TWI 직렬 통신을 가능하게 하는 비트로, TWEN 비트가 1로 설정되면, TWI는 I/O 핀에 있는 신호 선을 SCL, SDA 신호 선으로 사용하게 해주고, 슬루 레이트 제어기와 스파이크 필터가 동작한다. 이 비트가 0이 되면 TWI 통신은 중지되어, 모든 TWI 전송은 끝난다.

▶ **비트 0: TWIE(TWI 인터럽트 인에이블(TWI Interrupt Enable))**

TWIE 비트는 TWI 인터럽트의 사용을 허가하는 비트로, SREG 레지스터의 I 비트가 1이고 TWIE 비트가 1로 되면 TWINT 플래그가 1로 되면서 TWI 인터럽트를 요청한다.

◈ TWI 상태 레지스터(TWSR)

TWSR은 TWI의 동작 상태를 내거나 전송 속도를 결정하는 레지스터로서, 그림 12.14에 비트 구성을 나타내었으며 비트별 기능은 다음과 같다.

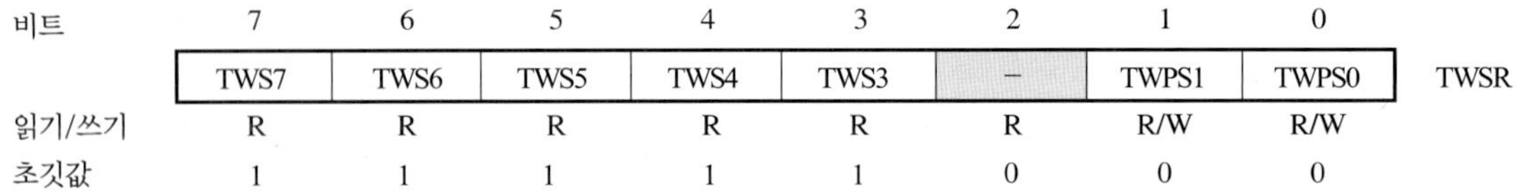

비트	7	6	5	4	3	2	1	0	
	TWS7	TWS6	TWS5	TWS4	TWS3	–	TWPS1	TWPS0	TWSR
읽기/쓰기	R	R	R	R	R	R	R/W	R/W	
초깃값	1	1	1	1	1	0	0	0	

그림 12.14 TWI 상태 레지스터의 비트 구성

▶ **비트 7~3: TWS7~3(TWI 상태(TWI Status))**

TWS 비트는 TWI 논리 상태와 TWI 직렬 버스의 상태를 나타낸다. 이 비트들은 TWI 동작 모드에 따라 다른 상태 코드 값을 나타내서, TWI의 현재 상태를 확인할 수 있다. 따라서 다음에 나오는 TWI 동작 모드에 따른 상태 코드 값을 참고하기 바란다.

▶ **비트 1, 0: TWPS0, TWPS1(TWI 프리스케일러 비트(TWI Prescaler Bits))**

TWPS 비트는 TWI 마스터 모드에서 통신 속도를 결정하는 데 사용하는 비트로, 읽고 쓰기가 가능하다. 이 비트의 설정에 따라 표 12.3과 같은 프리스케일러의 값이 설정된다. 이 비트의 설정에 따라 비트 전송 속도가 계산되는데, 이는 비트 레이트 생성기 부분을 참조하기 바란다.

표 12.3 TWI 비트 레이트 프리스케일러

TWPS1	TWPS0	프리스케일러 값
0	0	1
0	1	4
1	0	16
1	1	64

◈ TWI 데이터 레지스터(TWDR)

송신 모드에서 TWI 데이터 레지스터(TWI Data Register)는 다음에 전송할 데이터를 저장하고 있으며, 수신 모드에서 TWI 데이터 레지스터는 마지막으로 수신된 데이터를 나타낸다. 데이터 레지스터로는 TWI 버스의 SDA 신호 선으로 한 비트씩 시프트되는 동안에는 데이터를 쓸 수 없으며, 전송이 완료된 상태에서 데이터 레지스터로 데이터 쓰기가 가능하다. 즉, TWI 인터럽트 플래그(TWINT)가 하드웨어에 의해 설정됐을 때 데이터 레지스터 데이터 쓰는 것이 허가된다.

데이터가 TWDR에 기록되면 TWI 버스의 SDA 신호 선에 의해 MSB가 먼저 한 비트씩 시프트되어 전송되고, TWI 인터럽트 플래그(TWINT)는 하드웨어에 의해 전송이 완료된 후에 발생하기 때문에 TWDR의 데이터 값은 TWINT가 세트되는 동안 유지되고 있다. 데이터가 시프트되어 출력되는 동안에도 데이터는 버스를 통해 연속적으로 시프트 입력된다. TWDR 레지스터는 TWI 인터럽트에 의해 슬립 모드로부터 깨어나는 것을 제외하고 버스에서 마지막 바이트를 항상 유지한다. 이 경우에 TWDR 레지스터의 값은 미정의 상태이다. ACK 비트는 TWI 로직에 의해 자동으로 제어되기 때문에 MCU는 직접 ACK 비트를 액세스할 수 없다.

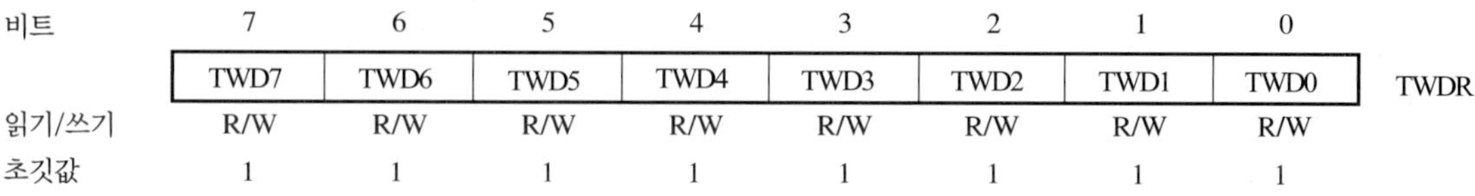

비트	7	6	5	4	3	2	1	0	
	TWD7	TWD6	TWD5	TWD4	TWD3	TWD2	TWD1	TWD0	TWDR
읽기/쓰기	R/W	R/W	R/W	R/W	R/W	R/W	R/W	R/W	
초깃값	1	1	1	1	1	1	1	1	

그림 12.15 TWI 데이터 레지스터의 비트 구성

▶ **비트 7~0: TWD7~0(TWI 데이터 레지스터(TWI Data Register))**

TWD7~0비트는 다음에 전송할 데이터를 나타내고, TWI 직렬 통신 버스에서 마지막에 수신된 데이터 바이트를 나타낸다.

◈ TWI(슬레이브) 주소 레지스터(TWAR)

TWAR 레지스터(TWI(Slave) Address Register)는 슬레이브 모드에서 동작하는 것으로 마스터에 의해 지정된 7비트 슬레이브 주소(MSB로부터 7비트)를 나타내고, 나머지 1비트(LSB)는 전체 슬레이브 호출(generall call)을 하기 위해 사용된다. 멀티 마스터 시스템에서, TWAR 레지스터는 다른 마스터에 의해 주소가 설정된 슬레이브와 같이 마스터에서 설정되어야만 한다.

비트	7	6	5	4	3	2	1	0	
	TWA6	TWA5	TWA4	TWA3	TWA2	TWA1	TWA0	TWGCE	TWAR
읽기/쓰기	R/W	R/W	R/W	R/W	R/W	R/W	R/W	R/W	
초깃값	1	1	1	1	1	1	1	0	

그림 12.16 TWI(슬레이브) 주소 레지스터의 비트 구성

▶ **비트 7~1: TWA6~0(TWI(슬레이브) 주소 레지스터(TWA(Slave) Address Register))**

TWA6~0비트는 TWI 유닛의 슬레이브 주소를 나타낸다.

▶ **비트 0: TWGCE(TWI 전체 슬레이브 호출 인식 가능 비트(TWI General Call Recognition Enable Bit))**

TWGCE 비트가 1로 설정되면, TWI 직렬 버스에서 전체 슬레이브 호출을 할 때 이를 인식하게 된다.

12.2.3 ATmega128 TWI 직렬 포트의 동작

ATmega128의 TWI는 바이트 단위의 인터럽트 기반으로 동작한다. 인터럽트는 START 조건의 송신 또는 바이트의 수신과 같은 각각의 동작이 끝날 때마다 발생하며, 인터럽트 서비스 루틴에서는 다음의 동작을 정하여 수행할 수 있다. TWI는 이러한 인터럽트를 기반으로 동작하기 때문에 응용 프로그램에서는 TWI 포트를 통해 바이트 전송을 하는 과정에도 다른 동작을 수행할 수 있게 된다. 인터럽트의 발생은 TWCR 레지스터의 TWI 인터럽트 가능(TWIE) 비트와 전역 인터럽트 허가 비트(SREG)가 설정되어 있을 때 TWINT 플래그가 1로 설정되면서 인터럽트 요청이 발생한다. 그러나 TWI 인터럽트 가능(TWIE) 비트가 0으로 설정된 경우에는 인터럽트가 발생하지 않기 때문에 응용 프로그램은 TWI 버스에서의 동작을 감지하지 위해 TWINT 플래그를 폴링 방식으로 처리해야 한다.

TWINT 플래그가 1로 설정되면, TWI는 동작을 끝내고, 응용 프로그램의 응답을 기다린다. 이 경우, TWI 상태 레지스터(TWSR)는 TWI 버스의 현재 상태를 나타낸다. 따라서 응용 프로그램에서는 이 상태 레지스터의 내용에 따라 TWCR과 TWDR 레지스터에 값을 변경하여 다음 TWI 버스 사이클에서의 동작을 결정하게 된다. 그림 12.17은 마스터가 슬레이브에게 1바이트의 데이터를 전송할 때, 응용 프로그램에서 단계별로 처리해야 하는 사항을 TWI 하드웨어와 연계하여 설명하고 있다.

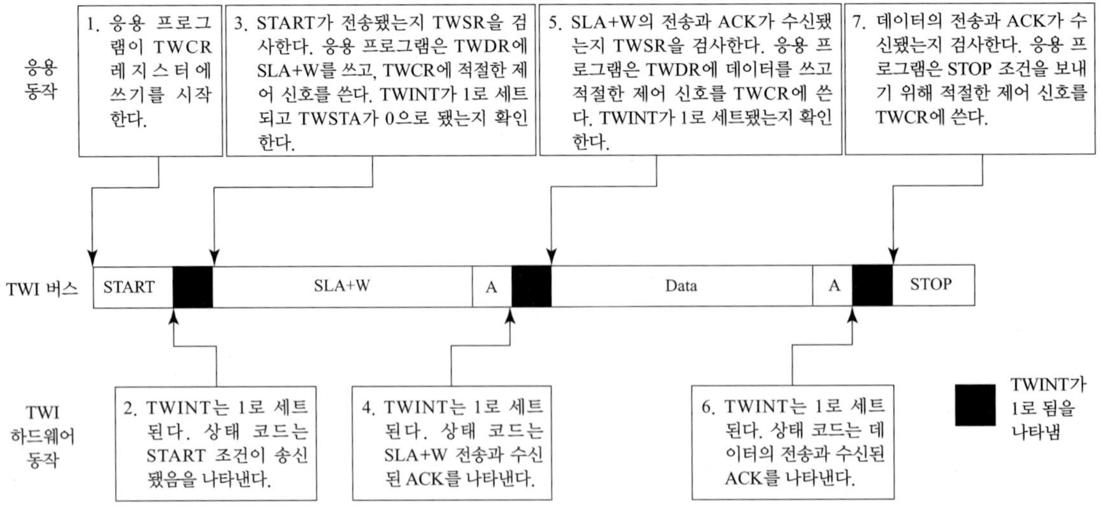

그림 12.17 TWI 데이터 전송을 위한 기본 동작 인터페이스

① TWI 전송에서 첫 번째 과정은 START 조건을 전송하는 것이다. 이것은 TWI 하드웨어가 START 조건을 전송하도록 TWCR 레지스터를 초기화하는 것으로 수행된다. 그러나 TWINT 플래그가 1로 설정되어 있으면 어떤 동작도 시작되지 않으므로, START 조건이 전송되려면 반드시 TWINT 플래그 비트에 1을 써서 이를 0으로 클리어한다.

② START 조건이 전송되면, TWCR 레지스터의 TWINT 플래그가 1로 되면서 TWSR 레지스터에 START 조건이 성공적으로 전송됐다는 상태가 표시된다.

③ 응용 프로그램의 인터럽트 서비스 루틴에서는 START 조건이 성공적으로 전송됐음을 확인하기 위해 TWSR 레지스터의 값을 확인해야 한다. 만약 TWSR 레지스터가 다른 상태의 값을 나타낸다면, 응용 프로그램에서는 오류 처리 루틴을 호출하는 등의 조치를 해야 한다. 만약 정상적인 상태의 값이 설정된다면, 응용 프로그램에서는 TWDR 레지스터에 SLA+W를 기록한다. TWDR 레지스터는 주소와 데이터에 모두 사용한다는 점에 유의한다. TWDR 레지스터에 원하는 SLA+W를 기록한 후에, 현재의 TWDR 레지스터에 있는 SLA+W를 전송하는 것을 TWI 하드웨어에게 지시하기 위해 TWCR 레지스터에 특정 값을 기록한다. 여기서 TWCR에 기록된 특정 값은 뒷부분에서 다시 논한다. 그렇지만 TWINT 비트는 기록된 값으로 유지되고 있다는 점이 중요하다. TWINT에 1을 쓰면 플래그는 0으로 클리어된다. TWCR의 TWINT 비트가 설정되어 있는 동안 TWI는 아무 동작도 시작하지 않게 된다. 응용 프로그램에서 TWINT 비트가 클리어됨과 동시에, TWI는 주소 패킷의 전송을 시작하게 된다.

④ 주소 패킷(SLA+W)의 전송이 완료되면, TWCR 레지스터의 TWINT 플래그는 1로 설정되고, TWSR 레지스터는 주소 패킷이 성공적으로 전송됐다는 상태 코드로 갱신된다. 또한 상태 코드는 슬레이브가 이 주소 패킷에 대해 확인 신호로 응답했는지 여부를 나타낸다.

⑤ 응용 프로그램에서는 주소 패킷이 성공적으로 전송됐는지와 ACK 비트의 값이 예상한 것과 같은지를 확인하기 위해 TWSR 레지스터의 확인해야 한다. 만약 TWSR 레지스터가 다른 상태의 값을 나타내면, 응용 프로그램에서는 오류 처리 루틴을 호출하는 등의 조치를 취해야 한다. 만약 성공적으로 전송됐으면, 응용 프로그램에서는 TWDR 레지스터에 데이터 패킷을 기록하고, 현재 전송할 데이터 패킷이 TWDR 레지스터에 있음을 나타내기 위해 TWCR 레지스터에 특정 값을 기록한다. 여기서 TWCR에 기록된 특정의 값은 뒷부분에서 다시 논한다. 그렇지만 TWINT 비트는 기록된 값으로 유지되고 있다는 점이 중요하다. TWINT에 1을 쓰면 플래그는 클리어된다. TWCR의 TWINT 비트가 설정되어 있는 동안 TWI는 아무 동작도 시작하지 않게 된다. 응용 프로그램에서 TWINT 비트가 클리어됨과 동시에, TWI는 데이터 패킷의 전송을 시작하게 된다.

⑥ 데이터 패킷의 전송이 완료되면, TWCR 레지스터의 TWINT 플래그는 1로 설정되고, TWSR 레지스터는 주소 패킷이 성공적으로 전송됐다는 상태 코드로 갱신된다. 또한 상태 코드는 슬레이브가 이 주소 패킷에 대하여 확인 신호로 응답했는지 여부를 나타낸다.

⑦ 응용 프로그램에서는 주소 패킷이 성공적으로 전송됐는지와 ACK 비트의 값이 예상한 것과

같은지를 확인하기 위해 TWSR 레지스터를 확인해야 한다. TWSR 레지스터가 다른 상태의 값을 나타내면, 응용 프로그램에서는 오류 처리 루틴을 호출하는 등의 조치를 취해야 한다. 만약 성공적으로 전송됐으면, 응용 프로그램에서는 STOP 조건을 전송하기 위해 TWCR 레지스터에 TWI 하드웨어에게 지시하는 특정 값을 기록해야 한다. 여기서 TWCR에 기록된 특정 값은 뒷부분에서 다시 논한다. 그렇지만 TWNT 비트는 기록된 값으로 유지되고 있다는 점이 중요하다. TWINT에 1을 쓰면 플래그는 클리어된다. TWCR의 TWINT 비트가 설정되어 있는 동안 TWI는 아무 동작도 시작하지 않는다. 응용 프로그램에서 TWINT 비트가 클리어됨과 동시에, TWI는 STOP 조건을 시작한다. TWINT는 STOP 조건이 전송된 후에도 1로 설정되지 않는다는 점에 유의하기 바란다.

이상의 과정을 통해 TWI 직렬 통신의 기본적인 동작 절차와 원리를 설명했는데, 이를 간단하게 요약하면 다음과 같다.

[TWI의 데이터 전송 동작 순서 요약]

① MCU에서 START 조건 전송

② MCU는 모드가 읽기 또는 쓰기인지와 함께 접속하고자 하는 슬레이브 장치의 주소를 전송

③ 각 슬레이브 장치들은 수신된 주소와 고유 주소 값을 비교한 후 맞지 않을 경우 버스가 STOP 조건에 의해 풀려날 때까지 대기

④ 주소 값이 맞을 경우 칩은 ACK 신호로 응답

⑤ MCU는 ACK 신호 수신 후 DATA의 전송과 수신을 시작

⑥ MCU는 전송이 완료되면 STOP 조건을 송신

⑦ STOP 조건을 수신한 슬레이브 장치들은 다시 수신 대기 모드로 들어감

[동작에 있어서 데이터 처리 방법]

- TWI의 동작이 완료되고 예상되는 응답이 완료되면, TWINT 플래그는 1로 설정된다. SCL 신호 선은 TWINT가 클리어될 때까지 Low를 유지한다.
- TWINT 플래그가 1로 설정될 때, 사용자는 다음 TWI 버스 사이클에 대한 동작을 할 수 있도록 모든 TWI 레지스터를 갱신해야 한다. 예를 들어, TWDR 레지스터에는 다음 버스 사이클에 데이터를 전송하기 위한 데이터로 기록되어야 한다.
- TWI 레지스터가 갱신되고 다른 응용 프로그램이 완료된 후에, TWCR 레지스터에 새로운 설정 데이터를 쓴다. TWCR 레지스터에 설정 데이터를 쓸 때, TWINT 비트는 1로 설정되어야 한다. TWINT 플래그에 1을 기록하여 플래그를 0으로 클리어한다. TWI는 TWCR에 설정된 값에 따라 다시 동작한다.

표 12.4는 이상의 과정을 C 언어로 구현한 것이다. 소스 코드에서 사용되고 있는 여러 가지 선언문은 미리 헤더 파일에 정의해놓았다고 가정한다.

표 12.4 TWI 데이터 전송을 위한 기본 동작 프로그램

<table>
<tr><th></th><th>C 언어 소스</th><th>설명</th></tr>
<tr><td>1</td><td>TWCR = (1<<TWINT)|(1<<TWSTA)|(1<<TWEN);</td><td>START 조건 전송</td></tr>
<tr><td>2</td><td>while(!(TWCR&(1<<TWINT));</td><td>TWINT 플래그가 설정될 때까지 대기
이는 START 조건이 전송됨을 나타냄</td></tr>
<tr><td rowspan="2">3</td><td>if((TWSR&0xF8) != START) ERROR();</td><td>TWI 상태 레지스터의 값을 검사
프리스케일러 비트를 마스크하여 TWS7~TSW3비트만을 사용
START 조건 검사, 아니면 오류 처리</td></tr>
<tr><td>TWDR = SLA_W;
TWCR = (1<<TWINT) | (1<<TWEN);</td><td>TWDR 레지스터에 SLA_W를 기록
주소 전송을 위해 TWCR 레지스터의 TWINT 비트를 클리어함</td></tr>
<tr><td>4</td><td>while(!(TWCR & (1<<TWINT)));</td><td>TWINT 플래그가 설정될 때까지 대기
SLA+W가 전송됐음을 나타내고, ACK/NACK를 수신함</td></tr>
<tr><td rowspan="2">5</td><td>if((TWSR & 0xF8) != MT_SLA_ACK) ERROR();</td><td>TWI 상태 레지스터의 값을 검사
프리스케일러 비트를 마스크
MT_SLA_ACK 상태 검사, 아니면 오류 처리</td></tr>
<tr><td>TWDR = DATA;
TWCR = (1<<TWINT) | (1<<TWEN);</td><td>TWDR 레지스터에 DATA를 기록
데이터 전송을 위해 TWCR 레지스터의 TWINT 비트를 클리어함</td></tr>
<tr><td>6</td><td>while(!(TWCR & (1<<TWINT)));</td><td>TWINT 플래그가 설정될 때까지 대기
데이터가 전송됐음을 나타내고, ACK/NACK를 수신함</td></tr>
<tr><td rowspan="2">7</td><td>if((TWSR & 0xF8) != MT_DATA_ACK) ERROR();</td><td>TWI 상태 레지스터 값을 검사
프리스케일러 비트를 마스크
MT_DATA_ACK 상태 검사, 아니면 오류 처리</td></tr>
<tr><td>TWCR = (1 << TWINT) | (1<<TWEN) |
(1<<TWSTO);</td><td>STOP 조건을 전송</td></tr>
</table>

12.2.4 전송 모드

ATmega128의 TWI 직렬 통신 동작에는 마스터 송신(MT: Master Transmitter), 마스터 수신(MR: Master Receiver), 슬레이브 송신(ST: Slave Transmitter), 슬레이브 수신(SR: Slave Receiver)이라는 네 가지 종류가 있다. 각 동작 모드의 설명에서 사용되는 약어를 요약하면 다음과 같다.

- S: START 조건
- Rs: REPEATED START 조건
- R: 읽기 비트(SDA 신호 선이 High)
- W: 쓰기 비트(SDA 신호 선이 Low)
- A: ACK 응답 비트(SDA 신호 선이 Low)
- $\overline{A}$: NACK 응답 비트(SDA 신호 선이 High)
- Data: 8비트 데이터 바이트
- P: STOP 조건

- SLA: 슬레이브 주소

또한 동작 모드를 설명하는 그림 12.19, 그림 12.21, 그림 12.23, 그림 12.25에서 원으로 표현되어 있는 부분은 TWINT의 플래그가 설정됐음을 나타내고, 원 안의 값은 이 상태에서 TWSR 레지스터의 프리스케일러 비트가 0으로 마스크된 상태 코드 값을 의미한다. 응용 프로그램에서는 이 상태의 조건에 따라 프로그램 동작을 계속하거나 TWI 전송을 완료해야 한다. TWI 전송은 TWINT 플래그가 소프트웨어에 의해 클리어될 때까지 유지된다.

TWINT 플래그가 1로 설정되면, TWSR의 상태 코드에 따라 적절한 동작을 수행해야 하는데, 이에 대한 응용 프로그램에서의 요구사항과 여러 동작은 표 12.5~표 12.8에 자세히 설명한다.

◈ 마스터 송신 모드

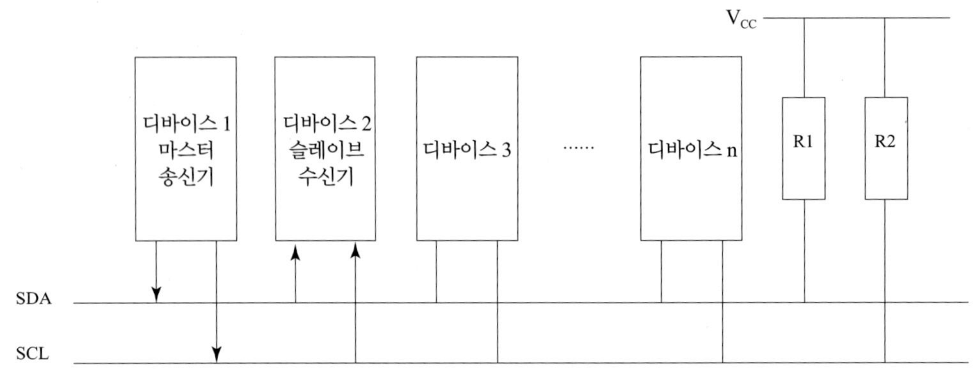

그림 12.18 마스터 송신 모드에서 데이터 전송

마스터 송신 보드(MT Mode)는 그림 12.18에 나타낸 구조와 같이, 마스터는 송신 측으로 동작하고 슬레이브는 수신 측으로 동작하여 1바이트 또는 여러 바이트의 데이터를 마스터로부터 슬레이브로 송신하는 모드이다. 마스터 모드를 실행하기 위해서는 먼저 START 조건이 전송되어야 하고, 이어서 전송되는 주소 패킷의 형식에 의해 마스터 송신 모드 또는 마스터 수신 모드가 결정된다. 만약 SLA+W가 전송되면 마스터 송신(MT) 모드가 실행되고, SLA+R이 전송되면 마스터 수신(MR) 모드가 실행된다. 여기서 설명하는 모든 상태 코드의 값은 프리스케일러 비트를 0으로 마스크한 상태를 나타냄을 주의하기 바란다. 마스터 송신 모드의 동작 과정은 그림 12.19와 같으며, 이를 설명하면 다음과 같다.

① START 조건 전송

TWCR 레지스터에 다음과 같은 값을 설정하여 START 조건을 전송한다(TWCR=0xa4).

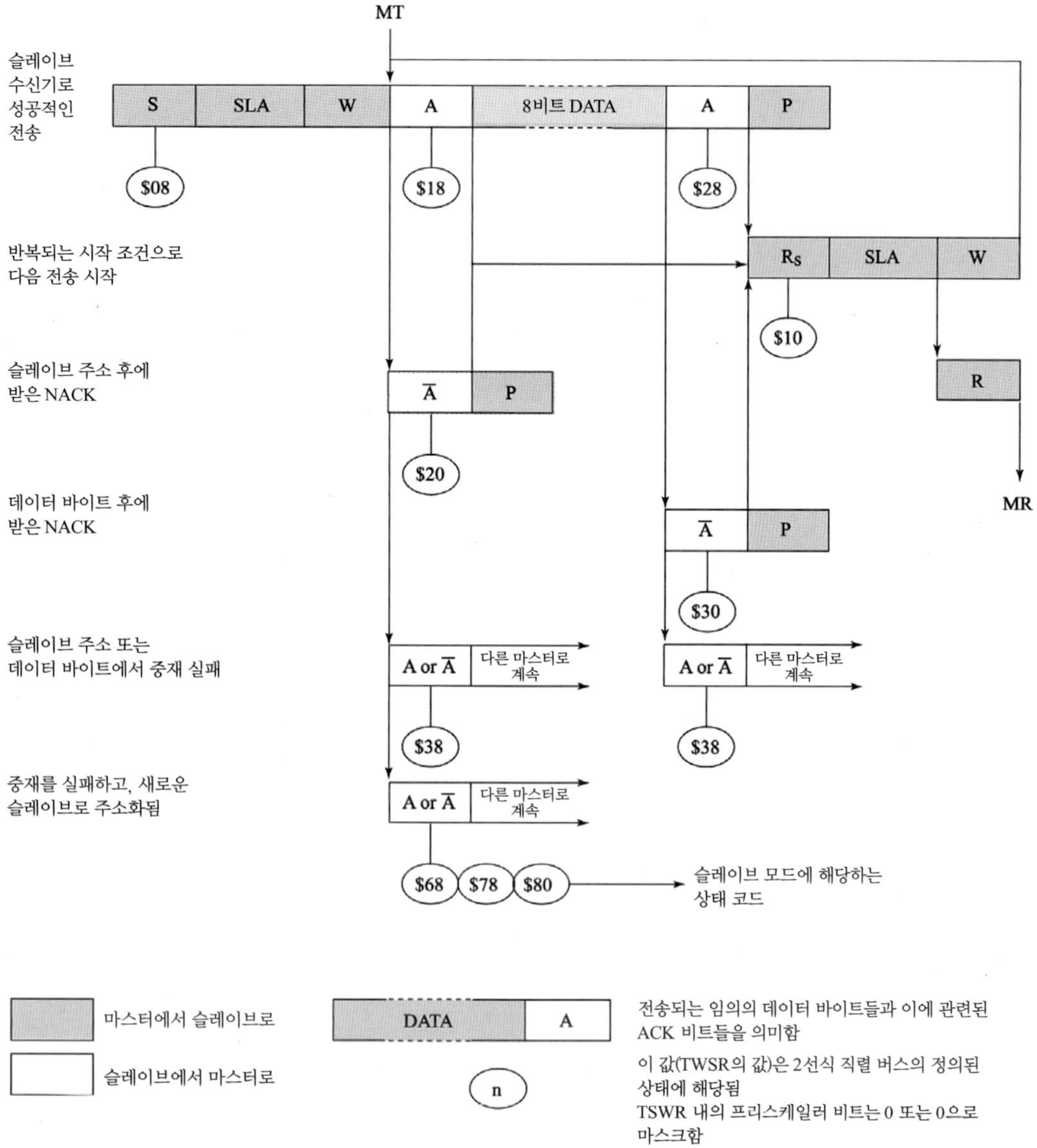

그림 12.19 마스터 송신 모드의 단계별 동작

TWCR	TWINT	TWEA	TWSTA	TWSTO	TWWC	TWEN	-	TWIE
값	1	x	0	1	x	1	0	x

여기서 TWEN 비트는 TWI 인터페이스를 위해 반드시 1로 설정되어야 하고, TWSTA는 START 조건을 전송하기 위해, TWINT는 TWINT 플래그를 클리어하기 위해 1로 설정되어야 한다. 이렇게 설정한 후 마스터는 버스를 사용할 수 있는 상태가 되면 START 조건을 전송한다. START 조건이 전송되면 TWINT 플래그는 하드웨어에 의해 1로 세트되고, TWSR 레지스터의 상태 코드는 0x08로 된다(표 12.5 참조).

② 슬레이브 주소 패킷 전송

마스터 송신 모드로 동작하기 위해 TWDR 레지스터에 SLA+W를 저장하고, 전송을 위해 TWINT 비트를 클리어한다. 이 동작은 TWCR 레지스터에 다음과 같은 값을 설정하여 전송하면 된다(TWCR=0x84).

TWCR	TWINT	TWEA	TWSTA	TWSTO	TWWC	TWEN	-	TWIE
값	1	x	0	0	x	1	0	x

이 SLA+W의 전송이 완료되면, 슬레이브로부터 확인 비트(ACK/NACK)가 수신된다. 이때 TWCR 레지스터의 TWINT는 다시 1로 설정되면서 TWSR 레지스터의 상태 코드는 0x18, 0x20, 0x38 중 하나로 된다. 만약 확인 비트가 수신되면 상태 코드는 0x18이 되고, 확인 비트가 수신되지 않으면 상태 코드는 0x20이 된다. 이러한 동작에 대한 각각의 상태 코드는 표 12.5에 자세히 설명했다.

③ 데이터 패킷 전송

SLA+W의 전송이 완료되면 데이터 패킷을 전송한다. 데이터 패킷의 전송은 TWDR 레지스터에 전송할 데이터 바이트를 저장하고 TWCR 레지스터에 다음과 같은 값을 설정하여 전송하면 된다(TWCR=0x84).

TWCR	TWINT	TWEA	TWSTA	TWSTO	TWWC	TWEN	-	TWIE
값	1	x	0	0	x	1	0	x

TWDR 레지스터는 TWINT가 1일 때 쓸 수 있다. 만약 TWINT가 1이 아닌 경우에는 TWDR 레지스터의 액세스는 무시되어 TWCR 레지스터의 쓰기 충돌(TWWC) 비트는 1로 설정된다. TWDR 레지스터가 갱신된 후에, 데이터 전송을 연속으로 하기 위해 TWINT 비트를 1로 설정하여 클리어하면 된다. 이 데이터 바이트의 전송이 완료되고 슬레이브로부터 확인 비트가 수신되면 TWCR 레지스터의 TWINT는 다시 1로 설정되면서 TWSR 레지스터의 상태 코드는 0x28로 되고, 확인 비트가 수신되지 않으면 상태 코드는 0x30으로 된다.

④ STOP 조건 전송

송신할 바이트가 여러 개인 경우에는 ③번 과정을 반복하여 수행한다. 모든 데이터의 전송이 완료되면 STOP 조건을 송신해야 하는데, 이는 TWCR 레지스터에 다음과 같은 값을 설정하여 전송하면 된다(TWCR=0x94).

TWCR	TWINT	TWEA	TWSTA	TWSTO	TWWC	TWEN	-	TWIE
값	1	x	0	1	x	1	0	x

표 12.5 마스터 송신 모드에서의 상태 코드

상태 코드 (TWSR) 프리스케일러 비트 0	TWI 직렬 버스와 하드웨어 상태	응용 프로그램 응답					TWI 하드웨어에 의해 취해지는 다음 동작
		To/From TWDR	To TWCR				
			STA	STO	TWINT	TWEA	
0x08	START 조건 전송	SLA+W 저장	0	0	1	X	SLA+W가 전송된다. ACK 또는 NACK가 수신된다.
0x18	REPEATED START 조건 전송	SLA+W 저장 또는	0	0	1	X	SLA+W가 전송된다. ACK 또는 NACK가 수신된다.
		SLA+R 저장	0	0	1	X	SLA+R이 전송된다. ACK 또는 NACK가 수신된다.
0x20	SLA+W 전송; ACK 수신	데이터 바이트 기록 또는	0	0	1	X	데이터 바이트가 전송되고 ACK 또는 NACK가 수신된다.
		아무런 TWDR 동작이 없음 또는	1	0	1	X	REPEATED START가 전송된다.
		아무런 TWDR 동작이 없음 또는	0	1	1	X	STOP 조건이 전송되고, TWSTO 플래그는 리셋된다.
		아무런 TWDR 동작이 없음	1	1	1	X	START 조건 뒤에 STOP 조건이 전송되고, TWSTO 플래그는 리셋된다.
0x28	SLA+W 전송; NACK 수신	데이터 바이트 기록 또는	0	0	1	X	데이터 바이트가 전송되고 ACK 또는 NACK가 수신된다.
		아무런 TWDR 동작이 없음 또는	1	0	1	X	REPEATED START가 전송된다.
		아무런 TWDR 동작이 없음 또는	0	1	1	X	STOP 조건이 전송되고, TWSTO 플래그는 리셋된다.
		아무런 TWDR 동작이 없음	1	1	1	X	START 조건 뒤에 STOP 조건이 전송되고, TWSTO 플래그는 리셋된다.
0x30	데이터 바이트 전송; NACK 수신	데이터 바이트 기록 또는	0	0	1	X	데이터 바이트가 전송되고 ACK 또는 NACK가 수신된다.
		아무런 TWDR 동작이 없음 또는	1	0	1	X	REPEATED START가 전송된다.
		아무런 TWDR 동작이 없음 또는	0	1	1	X	STOP 조건이 전송되고, TWSTO 플래그는 리셋된다.
		아무런 TWDR 동작이 없음	1	1	1	X	START 조건 뒤에 STOP 조건이 전송되고, TWSTO 플래그는 리셋된다.
0x38	SLA+W 또는 데이터 바이트 전송에서 중재 실패	아무런 TWDR 동작이 없음 또는	0	0	1	X	TWI 직렬 버스가 연결되지 않고, 지정된 슬레이브 모드로 들어가지 않는다.
		아무런 TWDR 동작이 없음	1	0	1	X	버스가 프리 상태일 때, START 조건이 전송된다.

⑤ 반복적인 START 조건 전송

송신할 바이트가 여러 개인 경우에는 ③번 과정을 반복하여 수행한다. 단, 슬레이브를 변경하려면 START 조건 대신에 REPEATED START 조건을 사용하여 ①~③번 과정을 반복하며, 이때의 상태 코드는 0x08이 아니라 0x10이 된다. REPEATED START 조건을 송신하기 위해서는 TWCR 레지스터에 다음과 같은 값을 설정하여 전송하면 된다(TWCR=0xa4).

TWCR	TWINT	TWEA	TWSTA	TWSTO	TWWC	TWEN	-	TWIE
값	1	x	0	1	x	1	0	x

◈ 마스터 수신 모드

마스터 수신 모드(MR Mode)는 그림 12.20과 같이 마스터가 수신 측으로 동작하고 슬레이브가 송신 측으로 동작하여 1바이트 또는 여러 바이트의 데이터를 슬레이브로부터 수신하는 동작을 하는 모드이다. 마스터 수신 모드는 START 조건에 이어서 출력되는 SLA+R 주소 패킷에 의해 결정된다. 마스터 수신 모드의 동작 과정은 그림 12.21과 같으며, 이를 설명하면 다음과 같다.

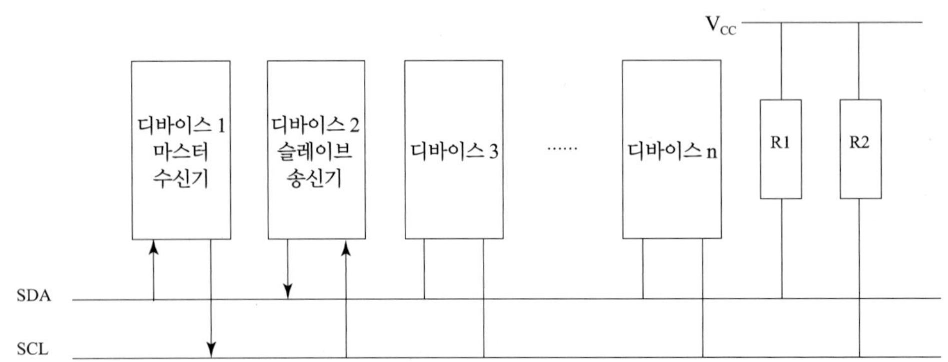

그림 12.20 마스터 수신 모드에서 데이터 전송

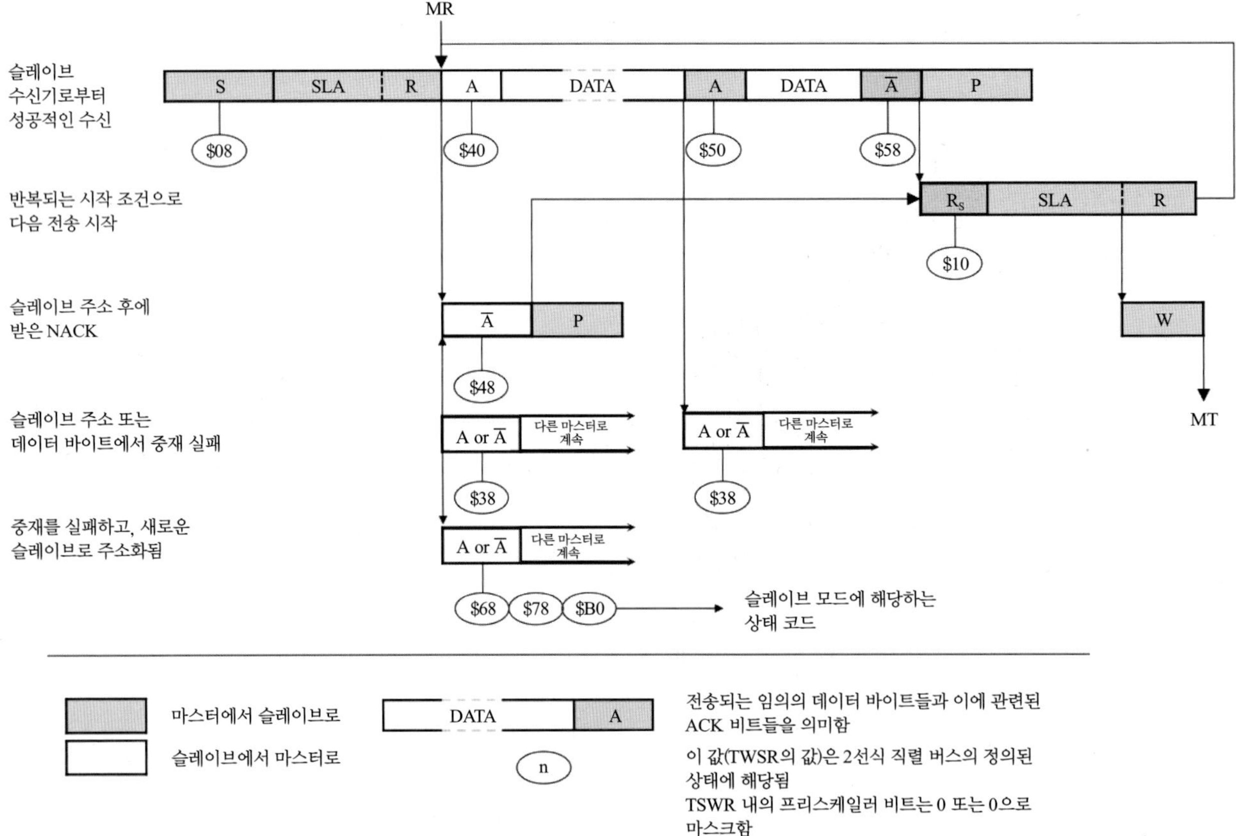

그림 12.21 마스터 수신 모드의 단계별 동작

① START 조건 전송

TWCR 레지스터에 다음과 같은 값을 설정하여 START 조건을 전송한다. 이 부분의 동작에 대한 설명은 MT 모드와 동일하다(TWCR=0xa4).

TWCR	TWINT	TWEA	TWSTA	TWSTO	TWWC	TWEN	-	TWIE
값	1	x	1	0	x	1	0	x

② 슬레이브 주소 패킷 전송

마스터 수신 모드로 동작하기 위해 TWDR 레지스터에 SLA+R을 저장하고, 전송을 위해 TWINT 플래그를 1로 설정하여 클리어한다. 이 동작은 TWCR 레지스터에 다음과 같은 값을 설정하여 전송하면 된다(TWCR=0x84).

TWCR	TWINT	TWEA	TWSTA	TWSTO	TWWC	TWEN	-	TWIE
값	1	x	0	0	x	1	0	x

SLA+R의 전송이 완료되면, 슬레이브로부터 확인 비트(ACK/NACK)가 수신된다. 이때 TWCR 레지스터의 TWINT는 다시 1로 설정되면서 TWSR 레지스터의 상태 코드는 0x40 또는 0x48 중 하나로 된다. 만약 확인 비트가 수신되면 상태 코드는 0x40으로 되고, 확인 비트가 수신되지 않으면 상태 코드는 0x48로 된다. 각 상태 코드에 대한 적절한 동작에 대해서는 표 12.6에 자세히 설명했다.

③ 데이터 패킷 수신

SLA+R의 전송이 완료된 경우에 마스터는 다시 TWCR 레지스터에 다음과 같은 값을 설정하여 전송하고 데이터 수신 대기 상태로 들어간다(TWCR=0x84).

TWCR	TWINT	TWEA	TWSTA	TWSTO	TWWC	TWEN	-	TWIE
값	1	x	0	0	x	1	0	x

마스터 수신 모드에서는 SLA+R의 전송 완료를 인식하고, 데이터 수신 확인 후 확인 비트(ACK/NACK)로 응답한다. 이때 TWCR 레지스터의 TWEA 비트를 0으로 설정해놓은 상태라면, 마스터가 데이터를 수신하고 나서 확인 비트를 출력하지 않으므로 TWCR 레지스터의 TWINT 비트가 1로 설정되면서 상태 코드가 0x58로 되며, TWEA 비트를 1로 설정해놓은 상태라면 마스터가 데이터를 수신하고 나서 확인 비트를 출력하므로 TWINT 비트가 1로 설정되면서 상태 코드가 0x50으로 된다. 데이터의 수신은 TWINT 플래그가 하드웨어에 의해 1로 설정됐을 때, TWDR 레지스터를 읽으면 된다. 이러한 데이터 수신 과정은 마지막 데이터가 수신될 때까지 반복된다. 마지막 데이터가 수신된 후에, 마스터 수신기는 마지막 데이터가 수신

표 12.6 마스터 수신 모드에서 상태 코드

상태 코드 (TWSR) 프리스케일러 비트 0	TWI 직렬 버스와 하드웨어 상태	응용 프로그램 응답					TWI 하드웨어에 의해 취해지는 다음 동작
		To/From TWDR	To TWCR				
			STA	STO	TWINT	TWEA	
0x08	START 조건 전송	SLA+W 저장	0	0	1	X	SLA+W가 전송된다. ACK 또는 NACK가 수신된다.
0x10	REPEATED START 조건 전송	SLA+R 저장 또는 SLA+W 저장	0 0	0 0	1 1	X X	SLA+R이 전송된다. ACK 또는 NACK가 수신된다.
0x38	SLA+R 또는 NACK 비트에서 중재 실패	아무런 TWDR 동작이 없음 또는 아무런 TWDR 동작이 없음	0 1	0 0	1 1	X X	TWI 직렬 버스가 연결되지 않고, 지정된 슬레이브 모드로 들어가지 않는다. 버스가 프리 상태로 될 때, START 조건이 전송된다.
0x40	SLA+R 전송; ACK 수신	아무런 TWDR 동작이 없음 또는 아무런 TWDR 동작이 없음	0 0	0 0	1 1	0 1	데이터 바이트가 수신되고 NACK가 반환된다. 데이터 바이트가 수신되고 ACK가 반환된다.
0x48	SLA+R 전송; NACK 수신	아무런 TWDR 동작이 없음 또는 아무런 TWDR 동작이 없음 또는 아무런 TWDR 동작이 없음	1 0 1	0 1 1	1 1 1	X X X	REPEATED START가 전송된다. STOP 조건이 전송되고 TWSTO 플래그는 리셋된다. START 조건에 이어 STOP 조건이 전송되고, TWSTO 플래그는 리셋된다.
0x50	데이터 바이트 수신; NACK 반환	데이터 바이트 읽음 또는 데이터 바이트 읽음	0 0	0 0	1 1	0 1	데이터 바이트가 수신되고 NACK가 반환된다. 데이터 바이트가 수신되고 ACK가 반환된다.
0x58	데이터 바이트 수신; NACK 반환	데이터 바이트 읽음 또는 데이터 바이트 읽음 또는 데이터 바이트 읽음	1 0 1	0 1 1	1 1 1	X X X	REPEATED START가 전송된다. STOP 조건이 전송되고 TWSTO 플래그는 리셋된다. START 조건에 이어 STOP 조건이 전송되고, TWSTO 플래그는 리셋된다.

된 후에 슬레이브 수신기에게 ACK/NACK 상태를 알려준다.

④ STOP 또는 REPEATED START 조건 전송

데이터의 전송은 STOP 또는 REPEATED START 조건이 전송되면 종료된다. REPEATED START 조건이 전송되면(상태 코드 0x10), TWI는 같은 슬레이브를 다시 액세스할 수 있거나 STOP 조건을 전송하지 않고도 새로운 슬레이브를 액세스할 수 있다.

REPEATED START 조건은 TWCR 레지스터에 0xa4, STOP 조건은 TWCR에 0x94를 전송한다.

◈ 슬레이브 수신 모드

그림 12.22와 같이 슬레이브 수신 모드(SR Mode)는 여러 데이터가 송신기로부터 수신되는 경우를

의미한다. 슬레이브 수신 모드의 동작 과정은 그림 12.23과 같으며, 이를 설명하면 다음과 같다.

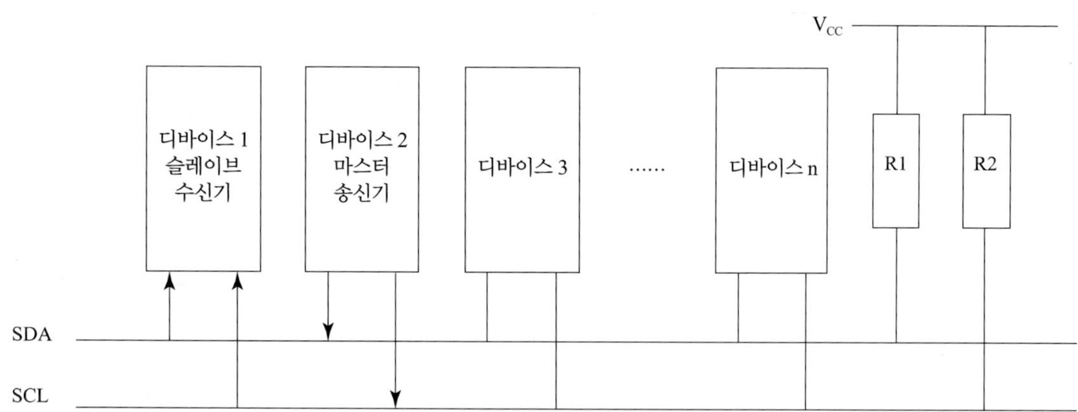

그림 12.22 슬레이브 수신 모드에서 데이터 전송

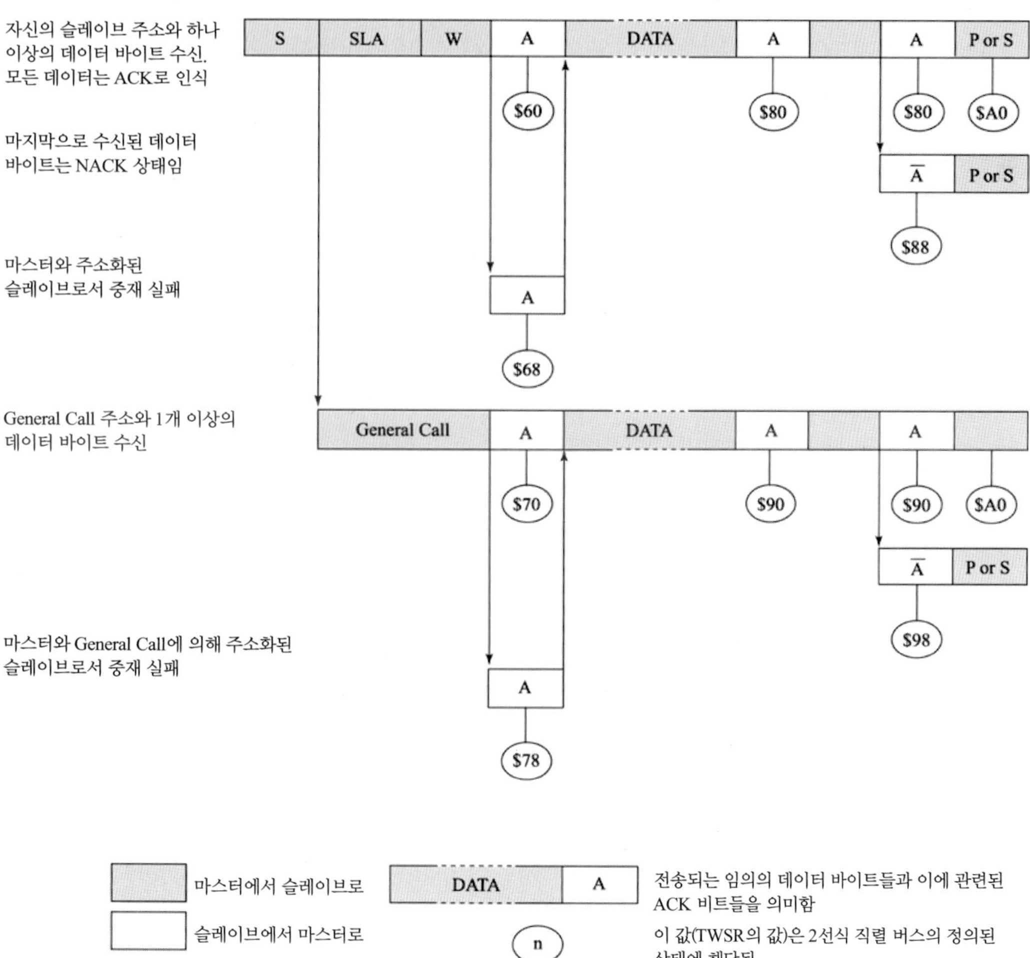

그림 12.23 슬레이브 수신 모드의 단계별 동작

① 슬레이브 초기화

슬레이브 수신 모드로 초기화하기 위해 TWAR과 TWCR 레지스터에 다음과 같이 초기화한다. 먼저 TWAR에는 슬레이브 수신기의 주소를 기록한다(TWAR=Adds).

TWAR 레지스터의 상위 7비트는 슬레이브 자신의 주소이고, 슬레이브는 마스터가 호출할 때 자신의 주소와 일치하면 응답한다. 또한 마스터가 전체 슬레이브를 호출하기 위해 7비트 슬레이브 주소 0000000을 전송할 때 TWGCE 비트가 1이면 응답하고, TWGCE 비트가 0이면 무시한다.

TWAR	TWA6	TWA5	TWA4	TWA3	TWA2	TWA1	TWA0	TWGCE
값	디바이스의 슬레이브 주소							

TWCR 레지스터는 TWI 통신을 허용하기 위해 TWEN을 1로 설정하고, 자신을 호출하거나 전체 슬레이브 호출에 대응하기 위해 TWEA를 1로 설정한다. 또한 TWSTA와 TWSTO 비트는 반드시 0으로 설정한다. 이를 위해 TWCR 레지스터에 다음 값을 설정하여 전송한다(TWCR=0x44).

TWCR	TWINT	TWEA	TWSTA	TWSTO	TWWC	TWEN	-	TWIE
값	0	1	0	0	0	1	0	x

② 슬레이브 주소 패킷 수신

TWAR과 TWCR 레지스터가 초기화되면, 슬레이브는 자신의 주소가 호출되고 데이터 방향 비트가 설정될 때까지 기다린다. 데이터 방향 비트가 0(쓰기: SLA+$\overline{W}$)이면 TWI는 SR 모드로 동작하게 되고, 데이터 방향 비트가 1(읽기: SLA+R)이면 ST 모드로 동작하게 된다.

자신의 슬레이브 주소와 쓰기(SLA+W)가 수신되면, TWINT 플래그는 1로 세트되고 TWSR 레지스터를 통해 유효한 상태 코드를 읽을 수 있게 된다. 여기서 상태 코드는 적절한 응용 프로그램의 동작을 위해 사용되는데, 각 상태 코드에 대한 TWI 동작은 표 12.7에 자세히 설명했다. TWI가 마스터 모드에서 동작하는 동안 중재에 실패했을 때 진입될 수 있다. 이 상황의 상태 코드는 0x68, 0x78이다.

③ 데이터 패킷 수신

SLA+$\overline{W}$ 수신이 완료되면 TWCR에 0xc4를 써서 수신 대기 상태로 진입한다. 이 과정에서 데이터를 수신하면 ACK로 응답하고 상태 코드는 0x80이 된다.

④ STOP 또는 REPEATED START 조건 수신

수신 데이터가 여러 개일 경우에는 위의 과정이 반복되며, TWCR에 0xc4를 써서 상태 코드가

표 12.7 슬레이브 수신 모드에서 상태 코드

상태 코드 (TWSR) 프리스케일러 비트 0	TWI 직렬 버스와 하드웨어 상태	응용 프로그램 응답					TWI 하드웨어에 의해 취해지는 다음 동작
		To/From TWDR	To TWCR				
			STA	STO	TWINT	TWEA	
$60	자신의 SLA+W 수신, ACK 반환	아무런 TWDR 동작이 없음 또는	X	0	1	0	데이터 바이트는 수신되고 NACK는 반환
		아무런 TWDR 동작이 없음	X	0	1	1	데이터 바이트는 수신되고 ACK는 반환
$68	마스터로서 SLA+R/W 중재 실패, 자신의 SLA+W는 수신, ACK 반환	아무런 TWDR 동작이 없음 또는	X	0	1	0	데이터 바이트는 수신되고 NACK는 반환
		아무런 TWDR 동작이 없음	X	0	1	1	데이터 바이트는 수신되고 ACK는 반환
$70	General Call 주소 수신, ACK는 반환	아무런 TWDR 동작이 없음 또는	X	0	1	0	데이터 바이트는 수신되고 NACK는 반환
		아무런 TWDR 동작이 없음	X	0	1	1	데이터 바이트는 수신되고 ACK는 반환
$78	마스터로서 SLA+R/W 중재 실패, General Call 주소 수신, ACK는 반환	아무런 TWDR 동작이 없음 또는	X	0	1	0	데이터 바이트는 수신되고 NACK는 반환
		아무런 TWDR 동작이 없음	X	0	1	1	데이터 바이트는 수신되고 ACK는 반환
$80	자신의 SLA+W로 이전 수소를 호출, 데이터 수신, ACK는 반환	데이터 바이트 읽음 또는	X	0	1	0	데이터 바이트는 수신되고 NACK는 반환
		데이터 바이트 읽음	X	1	1	1	데이터 바이트는 수신되고 ACK는 반환
$88	자신의 SLA+W로 이전 수소를 호출, 데이터 수신, NACK 반환	데이터 바이트 읽음 또는	0	0	1	0	주소가 할당되지 않은 슬레이브 모드로 전환 자신의 SLA 또는 GCA가 인식되지 않음
		데이터 바이트 읽음 또는	0	0	1	1	주소가 할당되지 않은 슬레이브 모드로 전환 자신의 SLA 인식 TWGCE=1인 경우 GCA가 인식
		데이터 바이트 읽음 또는	1	0	1	0	주소가 할당되지 않은 슬레이브 모드로 전환 SLA 또는 GCA가 인식되지 않음 버스 제어권이 자유로울 때 START 조건 전송
		데이터 바이트 읽음	1	0	1	1	주소가 할당되지 않은 슬레이브 모드로 전환 자신의 SLA 인식 TWGCE=1인 경우 GCA가 인식 버스 제어권이 자유로울 때 START 조건 전송
$90	General Call로 이전 주소 호출, 데이터 수신, ACK 반환	데이터 바이트 읽음 또는	X	0	1	0	데이터 바이트는 수신되고 NACK 반환
		데이터 바이트 읽음	X	0	1	1	데이터 바이트는 수신되고 ACK는 반환
$98	General Call로 이전 주소 호출, 데이터 수신, NACK는 반환	데이터 바이트 읽음 또는	0	0	1	0	주소가 할당되지 않은 슬레이브 모드로 전환 자신의 SLA 또는 GCA가 인식되지 않음
		데이터 바이트 읽음 또는	0	0	1	1	주소가 할당되지 않은 슬레이브 모드로 전환 자신의 SLA 인식 TWGCE=1인 경우 GCA가 인식
		데이터 바이트 읽음 또는	1	0	1	0	주소가 할당되지 않은 슬레이브 모드로 전환 SLA 또는 GCA가 인식되지 않음 버스 제어권이 자유로울 때 START 조건 전송
		데이터 바이트 읽음	1	0	1	1	주소가 할당되지 않은 슬레이브 모드로 전환 자신의 SLA 인식 TWGCE=1인 경우 GCA가 인식 버스 제어권이 자유로울 때 START 조건 전송

표 12.7 슬레이브 수신 모드에서 상태 코드(계속)

상태 코드 (TWSR) 프리스케일러 비트 0	TWI 직렬 버스와 하드웨어 상태	응용 프로그램 응답					TWI 하드웨어에 의해 취해지는 다음 동작
		To/From TWDR	To TWCR				
			STA	STO	TWINT	TWEA	
$A0	슬레이브로 지정 되어 있는 동안 STOP 조건 또는 REPEATED START 조건 수신	동작 없음	0	0	1	0	주소가 할당되지 않은 슬레이브 모드로 전환 자신의 SLA 또는 GCA가 인식되지 않음
			0	0	1	1	주소가 할당되지 않은 슬레이브 모드로 전환 자신의 SLA 인식 TWGCE=1인 경우 GCA가 인식
			1	0	1	0	주소가 할당되지 않은 슬레이브 모드로 전환 SLA 또는 GCA가 인식되지 않음 버스 제어권이 자유로울 때 START 조건 전송
			1	0	1	1	주소가 할당되지 않은 슬레이브 모드로 전환 자신의 SLA 인식 TWGCE=1인 경우 GCA가 인식 버스 제어권이 자유로울 때 START 조건 전송

0xa0이면 STOP 조건 또는 REPEATED START 조건이 수신된 것으로 판단하고 데이터 수신 과정이 종료된다.

데이터 전송 중에 TWEA 비트가 리셋되면, TWI는 데이터 수신 후에 SDA 신호 선에 NACK를 보내서, 슬레이브가 더 이상 데이터를 수신하지 못함을 알린다. TWEA 비트가 0으로 되어 있는 동안에 TWI는 슬레이브 자신의 주소를 인식하지 못하지만, TWI 직렬 버스에 의해 이 주소를 계속 모니터링하고 있고, TWEA 비트가 1로 되면 임의의 시간에 다시 주소 인식 과정을 수행할 수 있다. 따라서 이러한 과정을 통해 TWEA 비트가 TWI 직렬 버스로부터 임시로 TWI를 분리하는 데 활용될 수 있다.

휴면 모드를 제외한 모든 슬립 모드에서는 TWI 통신에 필요한 클록을 비롯하여 모든 시스템 클록의 동작이 정지된다. 그렇지만 이 상태에서도 TWI 통신의 SCL 클록은 마스터로부터 공급되기 때문에 TWEA 비트가 1로 설정되면, 자신의 슬레이브 주소나 전체 호출 주소를 인식할 수 있다. 호출을 인식하면 슬립 모드로부터 깨어나고 TWINT 플래그가 0으로 클리어될 때까지 TWI는 SCL 클록 신호 선을 Low로 유지한다. 슬립 모드에서 깨어난 후 AVR은 시스템 클록에 의해 정상 동작을 한다. 그러나 AVR의 초기화 시간이 길다면 SCL 신호 선은 다른 데이터 전송을 차단하여 오랜 시간 동안 Low로 유지된다는 점을 유의해야 하고, 슬립 모드로부터 깨어날 때 TWDR 레지스터의 내용은 TWI 버스상에 있는 마지막 바이트는 반영하지 않는다.

◈ 슬레이브 송신 모드

그림 12.24와 같이 슬레이브 송신 모드(ST Mode)는 여러 데이터가 마스터 수신기로부터 전송되

는 경우를 의미한다. 슬레이브 송신 모드의 동작 과정은 그림 12.25와 같으며, 이를 설명하면 다음과 같다.

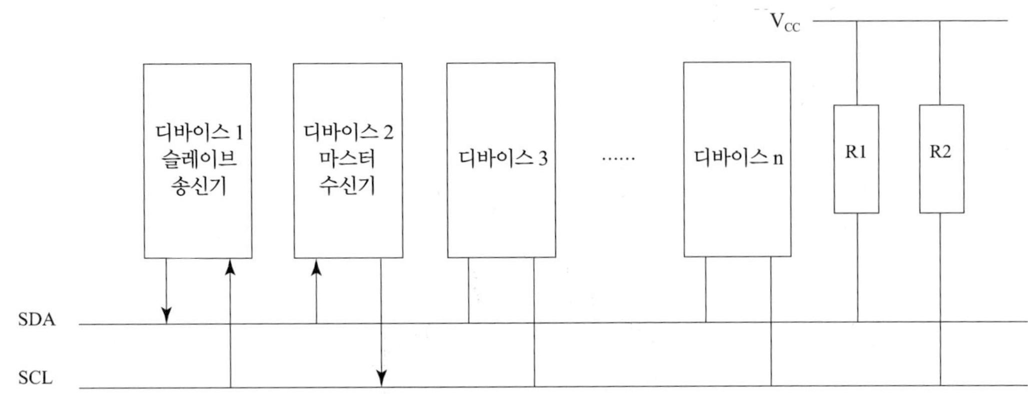

그림 12.24 슬레이브 송신 모드에서 데이터 전송

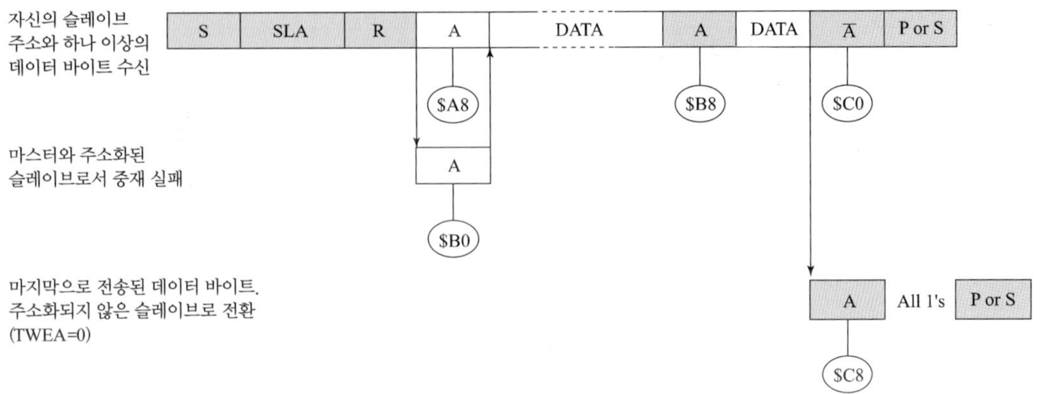

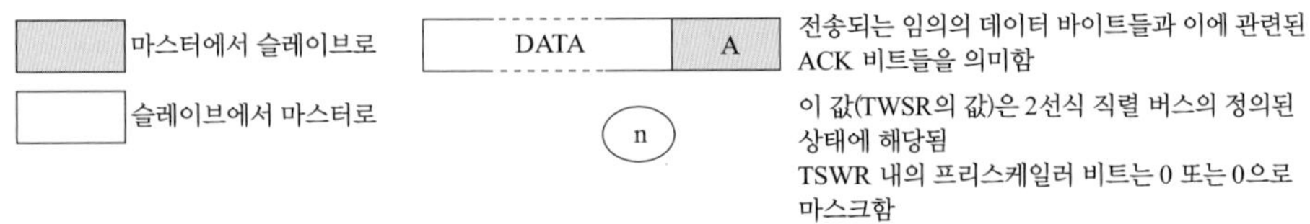

그림 12.25 슬레이브 송신 모드의 단계별 동작

① 슬레이브 초기화

슬레이브 송신 모드에서의 초기화 과정은 슬레이브 수신 모드와 동일하다.

② 슬레이브 주소 패킷 수신

TWAR과 TWCR 레지스터가 초기화되면, 슬레이브는 자신의 주소가 호출되고, 데이터 방향 비트가 설정될 때까지 기다린다. ST 모드로 동작하고 있기 때문에 방향 비트가 읽기

(SLA+R=1)로 들어오면, TWINT 플래그는 1로 세트되고 TWSR 레지스터의 상태 코드는 0xa8이 된다. ST 모드에서의 상태 코드가 유효하게 입력되면 표 12.8에 나타낸 바와 같이 각 상황별로 동작한다. 슬레이브 송신 모드는 마스터 모드에서 TWI가 중재에 실패했을 때도 실행되고, 이때의 상태 코드는 0xB0이다.

표 12.8 슬레이브 송신 모드에서 상태 코드

상태 코드 (TWSR) 프리스케일러 비트 0	TWI 직렬 버스와 하드웨어 상태	응용 프로그램 응답					TWI 하드웨어에 의해 취해지는 다음 동작
		To/From TWDR	To TWCR				
			STA	STO	TWINT	TWEA	
$A8	자신의 SLA+R 수신, ACK 반환	데이터 바이트 적재 또는	X	0	1	0	데이터 바이트는 수신되고 NACK는 반환
		데이터 바이트 적재	X	0	1	1	데이터 바이트는 수신되고 ACK는 반환
$B0	마스터로서 SLA+R/W 중재 실패, 자신의 SLA+R 수신, ACK는 반환	데이터 바이트 적재 또는	X	0	1	0	데이터 바이트는 수신되고 NACK는 반환
		데이터 바이트 적재	X	0	1	1	데이터 바이트는 수신되고 ACK는 반환
$B8	TWDR의 데이터 바이트 전송, ACK 수신	데이터 바이트 적재 또는	X	0	1	0	데이터 바이트는 수신되고 NACK는 반환
		데이터 바이트 적재	X	0	1	1	데이터 바이트는 수신되고 ACK는 반환
$C0	TWDR의 데이터 바이트 전송, NACK 수신	아무런 TWDR 동작이 없음 또는	0	0	1	0	주소가 할당되지 않은 슬레이브 모드로 전환 자신의 SLA 또는 GCA가 인식되지 않음
		아무런 TWDR 동작이 없음 또는	0	0	1	1	주소가 할당되지 않은 슬레이브 모드로 전환 자신의 SLA 인식 TWGCE=1인 경우 GCA가 인식
		아무런 TWDR 동작이 없음 또는	1	0	1	0	주소가 할당되지 않은 슬레이브 모드로 전환 SLA 또는 GCA가 인식되지 않음 버스 제어권이 자유로울 때 START 조건 전송
		아무런 TWDR 동작이 없음	1	0	1	1	주소가 할당되지 않은 슬레이브 모드로 전환 자신의 SLA 인식 TWGCE=1인 경우 GCA가 인식 버스 제어권이 자유로울 때 START 조건 전송
$C8	TWDR의 마지막 데이터 바이트 전송 (TWEN=0), ACK 수신	아무런 TWDR 동작이 없음 또는	0	0	1	0	주소가 할당되지 않은 슬레이브 모드로 전환 자신의 SLA 또는 GCA가 인식되지 않음
		아무런 TWDR 동작이 없음 또는	0	0	1	1	주소가 할당되지 않은 슬레이브 모드로 전환 자신의 SLA 인식 TWGCE=1인 경우 GCA가 인식
		아무런 TWDR 동작이 없음 또는	1	0	1	0	주소가 할당되지 않은 슬레이브 모드로 전환 SLA 또는 GCA가 인식되지 않음 버스 제어권이 자유로울 때 START 조건 전송
		아무런 TWDR 동작이 없음	1	0	1	1	주소가 할당되지 않은 슬레이브 모드로 전환 자신의 SLA 인식 TWGCE=1인 경우 GCA가 인식 버스 제어권이 자유로울 때 START 조건 전송

③ 데이터 패킷 송신

TWEA 비트가 전송 중에 0으로 리셋되면, TWI는 전송의 마지막 바이트를 전송한다. 마스터 수신기가 마지막 바이트를 전송한 후에 NACK 또는 ACK를 전송하는 것에 따라 상태 코드는 0xC0 또는 0xC8이 된다. 또한 슬레이브가 마지막 바이트를 전송했더라도 ACK를 보내 추가 바이트를 요구하면 상태 코드는 0xC8이 된다.

TWEA 비트가 0으로 되어 있는 동안에 TWI는 슬레이브 자신의 주소를 인식하지 못하지만, TWI 직렬 버스를 계속 모니터링하다가, TWEA 비트가 1로 설정되면 다시 슬레이브 주소를 인식하게 된다.

슬립 모드에서의 동작도 위에서 설명한 슬레이브 수신 모드의 동작과 동일하니 참고하기 바란다.

◈ 기타 상태 코드

표 12.9에 나타낸 2개의 상태 코드는 정의된 TWI 상태에 상응하지 않는다. 상태 코드 0xF8은 TWINT 플래그가 세트되지 않아 관련 정보를 사용할 수 없다는 의미로, 서로 다른 상태 사이 또는 TWI가 직렬 전송에 관여하지 않을 때 발생한다.

상태 코드 0x00은 TWI 직렬 버스 전송 중에 버스 오류가 발생했음을 나타낸다. START 또는 STOP 조건이 프레임 형식(format frame)에서 잘못된 위치에 발생할 때 버스 에러가 발생한다. 여기서 잘못된 위치라는 것은 주소 바이트, 데이터 바이트 또는 ACK 비트가 순서대로 나와야 하는데 이러한 과정에 오류가 있음을 의미한다. 버스 오류가 발생하면 TWINT는 1로 세트된다. 버스 오류를 복구하기 위해 TWSTO 플래그는 1로 세트되어야 하고 TWINT 플래그에 1을 써서 클리어되어야 한다. 이로 인해 주소화되지 않은 슬레이브 모드로 진입하고 TWSTO 플래그를 클리어한다(TWCR 레지스터의 다른 비트는 영향을 받지 않음). SDA와 SCL 신호 선의 상태는 해제되고, STOP 조건은 전송되지 않는다.

표 12.9 그 밖의 상태 코드

상태 코드 (TWSR) 프리스케일러 비트 0	TWI 직렬 버스와 하드웨어 상태	응용 프로그램 응답					TWI 하드웨어에 의해 취해지는 다음 동작
		To/From TWDR	To TWCR				
			STA	STO	TWINT	TWEA	
0xF8	유효한 상태 정보가 없고, TWINT=0	아무런 TWDR 동작이 없음	아무런 TWDR 동작이 없음				대기 또는 현재 전송을 진행
0x00	적합하지 않은 START 또는 STOP 조건 때문에 버스 오류 발생	아무런 TWDR 동작이 없음	0	1	1	X	단지 내부 하드웨어가 영향을 받음. STOP 조건이 버스에 전송되지 않음. 이 모든 경우에 버스는 해제되고, TWSTO 비트는 클리어됨

◈ TWI 모드의 혼합

TWI는 특정 동작을 수행하기 위해 각각의 모드를 조합하여 사용하는 경우가 발생한다. 예를 들어 직렬 EEPROM으로부터 데이터를 읽는 과정은 마스터 송신과 마스터 수신 모드를 혼합하여 이루어지며, 이 과정은 다음과 같다.

① 전송 초기화(START 조건 전송)
② 읽을 EEPROM의 주소를 출력(마스터 송신 모드)
③ EEPROM으로부터 읽기 동작 수행(마스터 수신 모드)
④ 전송 종료(STOP 조건 전송)

EEPROM의 데이터를 읽는 과정은 마스터로부터 슬레이브 또는 슬레이브로부터 마스터로의 전송을 반복하여 처리된다. 마스터는 MT 모드에서 어느 위치의 데이터를 읽을지를 슬레이브에게 지시해야 한다. 그 후에 데이터는 MR 모드를 사용해서 슬레이브로부터 데이터를 읽는다. 따라서 전송 방향은 변경되면서 마스터는 버스의 제어권을 유지해야 한다.

마스터는 이러한 과정을 수행하면서 버스의 제어권을 유지해야 하며, 이는 자동적으로 수행되어야 한다. 멀티 마스터 시스템에서 이러한 과정이 지켜지지 않는다면 ②번과 ③번 과정에서 EEPROM의 데이터 포인터가 변경되어 잘못된 위치에서 데이터를 읽을 수 있다. 따라서 이상과 같이 전송 방향의 변환은 주소 바이트를 전송하고 데이터를 수신하는 과정에서 REPEATED START 조건을 전송함으로써 이루어진다. REPEATED START 후에, 마스터는 버스의 소유권을 유지해야 한다. 이 과정은 그림 12.26에 자세히 나타내었다.

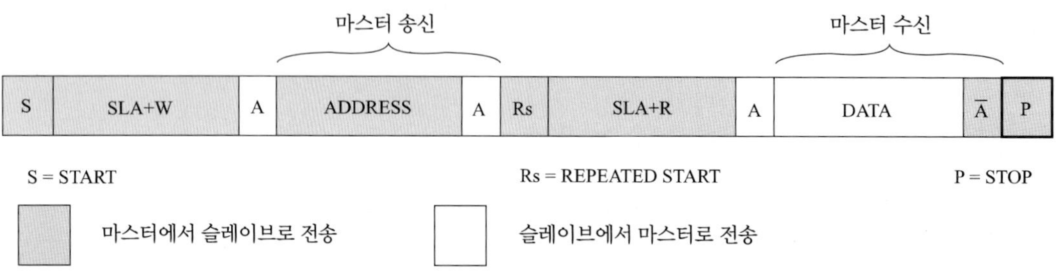

그림 12.26 직렬 EEPROM과 통신하기 위한 TWI 모드의 혼합

12.3 TWI 모듈의 초기화 및 구동

이제 ATmega128의 TWI를 구동하기 위한 프로그램을 작성하는 방법을 학습해보자. TWI 동작을 위해 먼저 클록의 분주비를 설정하여 동작 속도를 설정하고, TWI 버스를 통해 데이터를 송수신하는 과정을 살펴봐야 한다. 따라서 마스터의 송수신 과정과 슬레이브의 송수신 과정을 학습한다.

◈ TWI의 동작 속도 결정

TWI의 동작 속도는 약 400kHz로 설정하기 위해 표 12.1의 시스템 클록과 TWBR 레지스터 설정값을 참조하여 TWBR 레지스터의 값을 10으로 설정하거나, SCL 클록의 주파수는 다음 수식에 따라 TWBR과 TWSR 레지스터의 값을 결정할 수 있다.

$$\text{SCL 주파수} = \frac{\text{CPU 클록 주파수}}{16 + 2(\text{TWBR}) \times 4^{\text{TWPS}}} = \frac{14.7456 \times 10^6}{16 + 2(10) \times 4^0} = 409.6\text{kHz}$$

초기화 프로그램은 다음과 같다.

```
void TWI_Init(void)  // TWI 초기화
{
    TWBR = 10;        // TWI SCL 주기: 약 400kHz 설정
    TWSR = 0x00;
}
```

◈ 마스터 송신 프로그램

마스터에서 송신하는 과정은 그림 12.19에 나타낸 순서대로 진행되어야 한다. 이를 요약하면 그림 12.27과 같다.

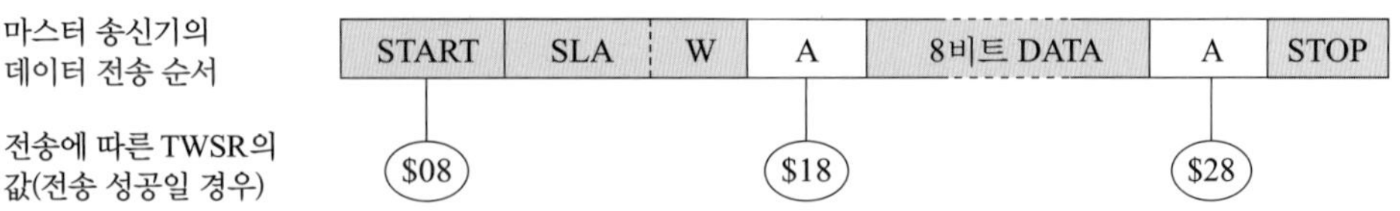

그림 12.27 마스터 모드에서의 송신 과정

이 과정을 프로그램으로 구현하면 다음과 같다.

```
// 상태 코드 값의 정의
#define TWI_START 0x08
#define MT_SLA_ACK 0x18
#define MT_DATA_ACK 0x28

void TWI_Master_Write(unsigned char Data, unsigned char Add)
{
    TWCR = ((1<<TWINT) | (1<<TWSTA) | (1<<TWEN));     // START 신호 보내기
    while (( (TWCR&(1<<TWINT))==0x00)|| ((TWSR&0xf8)!=TWI_START));
    // START 신호 보내졌는지 확인(0x08)
    TWDR = Add<<1;                      // SLA + W 패킷(슬레이브 주소 + Write 비트(Low))
    TWCR = ((1<<TWINT) | (1<<TWEN)); // SLA + W 패킷 보내기
    while (((TWCR & (1<<TWINT))==0x00)|| ((TWSR&0xf8)!=MT_SLA_ACK));
    // SLA + W 패킷 잘 받았는지 ACK 확인
```

```
    TWDR = Data;                                  // 데이터 송신
    TWCR = ((1<<TWINT) | (1<< TWEN));
    while (((TWCR & (1<<TWINT))==0x00)|| ((TWSR&0xf8)!=MT_DATA_ACK));
    // 데이터 패킷 ACK 잘 받았는지 확인
    TWCR = ((1<<TWINT) |(1<<TWSTO) | (1<<TWEN)); // 정지 신호 보내기
}
```

◈ 슬레이브 수신 프로그램

슬레이브에서 데이터를 수신하는 과정은 그림 12.23에 나타낸 순서대로 진행되어야 한다. 이를 요약하면 그림 12.28과 같다.

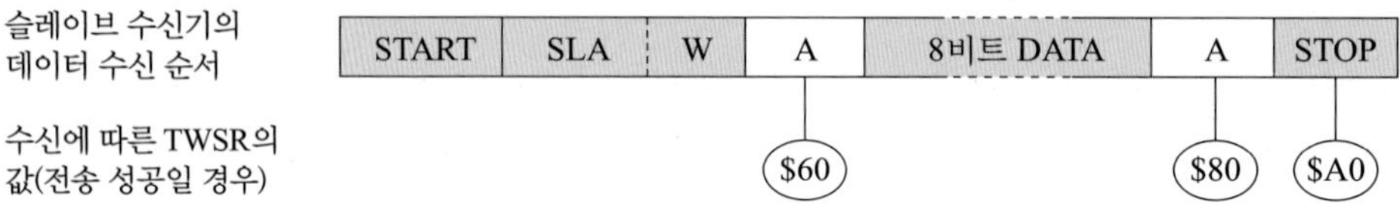

그림 12.28 슬레이브 모드에서의 데이터 수신 과정

이 과정을 프로그램으로 구현하면 다음과 같다.

```
// 상태 코드 값의 정의
#define SR_ADD_ACK 0x60
#define SR_DATA_ACK 0x80
#define SR_STOP 0xa0

unsigned char TWI_Slave_Read(unsigned char Add)
{
    unsigned char Data;

    TWAR = Add<<1;      // 슬레이브 주소 입력 – 슬레이브 모드로 변환
    TWCR = ((1<<TWINT)|(1<<TWEA) |(1<<TWEN));     // ACK 생성 모드 활성화
    while ((TWCR & (1<<TWINT))==0x00 ||(((TWSR&0xf8))!=SR_ADD_ACK));
    // SLA + W 패킷 수신 대기
    TWCR = ((1<<TWINT)|(1<<TWEA)|(1<<TWEN));      // ACK 생성 모드 활성화
    while((TWCR & (1<<TWINT))==0x00 ||(((TWSR&0xf8))!=SR_DATA_ACK));
    // 데이터 패킷 수신 대기

    Data = TWDR;                                  // 데이터 읽기
    TWCR = ((1<<TWINT)|(1<<TWEA)|(1<<TWEN));

    while ((TWCR & (1<<TWINT))==0x00 ||(((TWSR&0xf8))!=SR_STOP));
    // 정지 신호 수신 대기
    TWCR = ((1<<TWINT)|(1<<TWEA)|(1<<TWEN));
    return Data;                                  // 읽은 데이터 반환
}
```

12.4 TWI 모듈의 활용 실험

ATmega128의 TWI 직렬 통신은 이 장 앞부분에서도 언급한 바와 같이 MCU와 EEPROM이나 고속의 ADC 또는 DAC 같은 주변 소자(IC) 간에 데이터를 송수신하는 용도로 많이 쓰인다.

이 절에서는 TWI 통신 포트의 활용을 위해 먼저 2개의 AVR 간의 마스터-슬레이브 통신 방식을 간단하게 구현해보고, 심화 과정으로 Atmel사에서 출시되는 AT93C 계열의 EEPROM, 초음파 센서와 컬러 센서 등의 인터페이스를 통해 TWI 직렬 통신 기법의 활용 방법을 자세히 알아보기로 한다.

이 절에서 활용 실험에 사용하는 소자의 데이터 시트를 찾아보면 I^2C 인터페이스 또는 I^2C 버스라는 용어를 사용하여 설명하고 있다. 따라서 이 절의 외부 소자 인터페이스 사례에서는 TWI라는 용어보다는 I^2C라는 용어를 사용하기로 한다.

예제 12.1 TWI 통신을 이용한 2개의 ATmega128 간 마스터-슬레이브 통신

그림 12.29에 제시된 마스터 송신 모드의 경우와 같이 TWI 직렬 통신 시험을 위해 실험 환경을 구축하고, 마스터와 슬레이브 장치를 각각 PC에 USART1을 이용하여 연결한다. 이후 마스터는 PC로부터 수신되는 문자를 슬레이브에 I^2C 방식으로 문자를 전송하고, 슬레이브는 I^2C로 수신된 문자를 LCD와 USART를 통한 PC 화면에 출력하는 프로그램을 작성하라.

실험 환경 구축 과정에서 마스터와 슬레이브 보드 간의 연결은 TWI 통신에 사용되는 2선 이외에 전원 선인 GND를 추가로 연결한다.

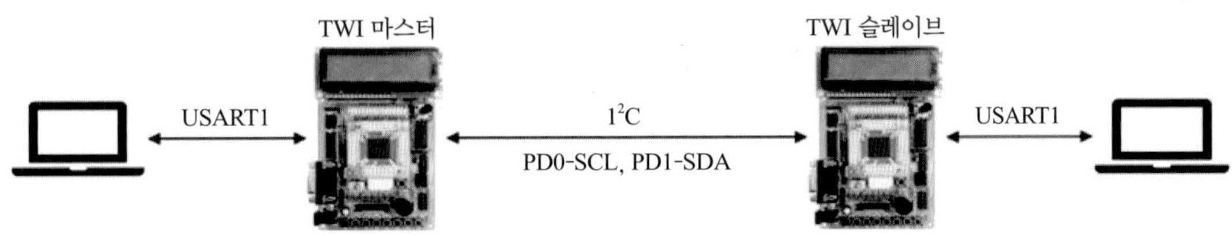

그림 12.29 I^2C 시험을 위한 마스터, 슬레이브 실험 환경

[마스터]

마스터에서는 슬레이브에 전송하기 위한 데이터를 PC로부터 수신받고, 슬레이브와의 I^2C 직렬 통신을 위해 슬레이브 주소를 0x01로 설정하여 슬레이브에 값을 전달한다. 이때 I^2C 직렬 통신을 위해서는 I^2C의 통신 클록 주파수를 설정해야 한다. 클록 속도는 'TWI의 동작 속도 결정' 절에 나오는 계산식을 참고하여 값을 도출한다(이 책의 시스템 클록은 14.7456MHz를 사용하기에 TWBR의 값을 10으로 설정하여 약 400kHz의 클록 주기를 생성한다). PC 모니터링을 위한 USART1은 115200 보 레이트, No 패리티, 8비트, 1 정지 비트 모드로 설정한다. 마스터 프로그램의 흐름도는 그림 12.30과 같으며, 프로그램으로 작성하면 다음과 같다.

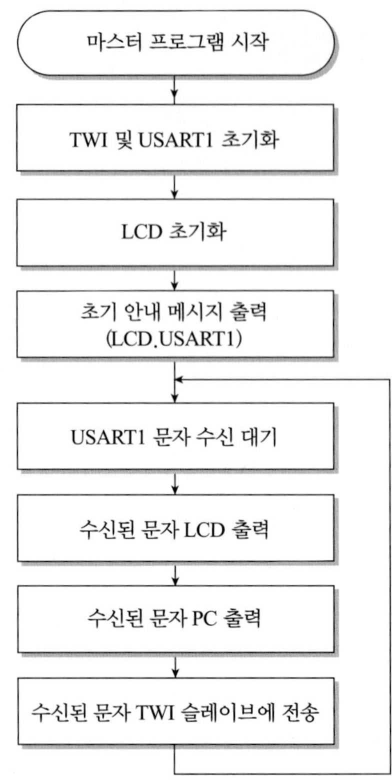

그림 12.30 TWI(I^2C) 마스터 프로그램 동작 흐름

```
/**********************************************************************/
/**** 마스터 프로그램                                               ****/
/**********************************************************************/
#include <mega128.h>
#include <delay.h>
#include <stdio.h>
#include "lcd.h"

// 상태 코드의 정의
#define TWI_START 0x08
#define MT_SLA_ACK 0x18
#define MT_DATA_ACK 0x28

// 슬레이브 장치 주소
#define SLAVE_ADDR0x01

/**
  * @brief  USART1 통신을 위한 초기화 함수(115200, 8비트, 1 정지 비트)
*/
void Init_USART1(void)
{
    UCSR1B = (1 << RXEN1) | (1 << TXEN1); // 수신 허용, 송신 허용
```

```
    UCSR1C = (1 <<UCSZ11) | (1<<UCSZ10);  // 데이터 크기 8비트

    UBRR1H = 0x00;
    UBRR1L = 0x07;                        // 보 레이트 115200bps
}

 /**
  * @brief  USART1을 통한 1바이트 수신 함수
  * @retval 수신된 데이터 값
  */
char getc_USART1(void)
{
    while (!(UCSR1A & (1<<RXC1)));
    return UDR1;
}

/**
 * @brief  USART1을 통한 1바이트 송신 함수
 * @param  data: 전송할 문자
 */
void putc_USART1(char data)
{
    while (!(UCSR1A & (1<<UDRE1)));
    UDR1 = data;
}

/**
 * @brief  USART1을 통해 문자열을 전송하는 함수
 * @param  *data: 전송할 문자열 참조 값
 */

void puts_USART1(char *data)
{
    while ( *data != 0)
    {
        putc_USART1(*data);
        data++;
    }
}

/**
  * @brief  I2C 통신 초기화 함수(400kHz)
  */
void TWI_Init(void)
{
```

```
    TWBR = 12;                                    // TWI SCL 주기: 약 400kHz 설정
    TWSR = 0x00;
}

/**
  * @brief  I2C를 통한 마스터 모드 데이터 쓰기 함수
  * @param  devAddress: I2C를 통한 데이터 쓰기 대상 장치 주소
  * @param  data: I2C를 통해 전송할 데이터 값
  */
void TWI_Master_Write(char devAddress, char data)
{
    TWCR = ((1<<TWINT) | (1<<TWSTA) | (1<<TWEN)); // TWI 시작
    while (((TWCR&(1<<TWINT))==0x00) || ((TWSR&0xf8)!=TWI_START));
    // TWINT 클리어될 동안

    TWDR = devAddress<<1;                         // 슬레이브 주소
    TWCR = ((1<<TWINT) | (1<<TWEN));
    while (((TWCR & (1<<TWINT))==0x00) || ((TWSR&0xf8)!=MT_SLA_ACK));
    // TWINT 클리어될 동안

    TWDR = data;                                  // 데이터 송신
    TWCR = ( (1<<TWINT) | (1<< TWEN));
    while (((TWCR & (1<<TWINT))==0x00)||((TWSR&0xf8)!=MT_DATA_ACK));
    // TWINT 클리어될 동안
    TWCR = ((1<<TWINT) | (1<<TWSTO) | (1<<TWEN)); // 정지
}

void main(void)
{
    unsigned char msg[50] ;
    unsigned char recByte;
    TWI_Init();                                   // 통신 속도 400k
    Init_USART1();

    LCD_Init();                                   // LCD 초기화

   // 초기 안내 메시지 출력
    puts_USART1("Master mode\r\n");
    LCD_Pos(0,0);
    LCD_Str("Master Mode");

    while(1)
    {
        recByte = getc_USART1();                  // USART1을 통해 1바이트 데이터 수신
        sprintf(msg,"REC:%c",recByte);            // LCD 출력을 위한 문자열 생성
```

```
        LCD_Pos(1,0);
        LCD_Str(msg);                              // 수신된 데이터 LCD 출력
        puts_USART1(msg);                          // 수신된 데이터 PC로 전송
        puts_USART1("\r\n");
        TWI_Master_Write(SLAVE_ADDR, recByte);     // 슬레이브 장치에 데이터 전송
    }
}
```

[슬레이브]

슬레이브에서는 I^2C를 통해 전송되어온 데이터를 수신하기 위해 TWI 모듈의 주소를 0x01로 설정하고 마스터와 동일한 전송 속도를 400kHz의 클록 주기로 설정하여 초기화한 후, I^2C의 데이터를 수신 대기한다. 또한 마스터의 동작과 동일하게 PC와 LCD로 수신된 데이터를 표시하기 위해 USART1 통신 모듈의 초기화와 LCD를 초기화한다. 여기서 USART1 통신 모듈은 115200 보 레이트, No 패리티, 8비트, 1 정지 비트 모드로 설정한다. 이상의 초기화를 통해 슬레이브의 동작은 그림 12.31과 같이 동작하며, 프로그램을 작성하면 다음과 같다.

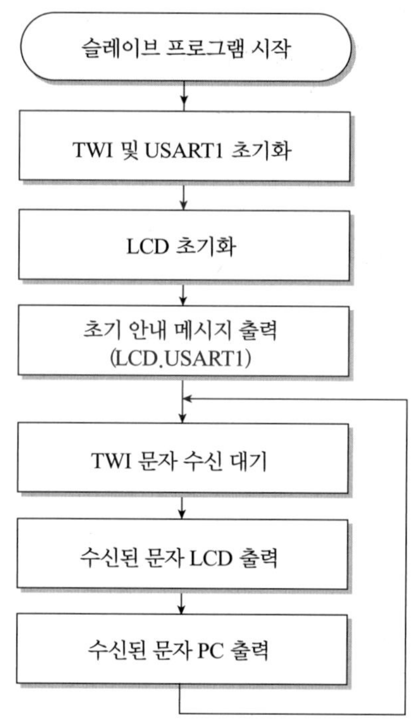

그림 12.31 TWI(I^2C) 슬레이브 프로그램 동작 흐름

```
/***********************************************************************/
/****  슬레이브 프로그램                                            ****/
/***********************************************************************/
#include <mega128.h>
#include <delay.h>
```

```
#include <stdio.h>
#include "lcd.h"

// 상태 코드의 정의
#define SR_ADD_ACK 0x60
#define SR_DATA_ACK 0x80
#define SR_STOP 0xa0

// 슬레이브 장치 주소
#define SLAVE_ADDR0x01

/**
 * @brief  USART1 통신 위한 초기화 함수(115200, 8비트, 1 정지 비트)
 */
void Init_USART1(void)
{
    UCSR1B = (1 << RXEN1) | (1 << TXEN1) ;      // 수신 허용, 송신 허용
    UCSR1C = (1 <<UCSZ11) | (1<<UCSZ10);        // 데이터 크기 8비트

    UBRR1H = 0x00;
    UBRR1L = 0x07;                              // 보 레이트 115200bps
}

/**
  * @brief  USART1을 통한 1바이트 수신 함수
  * @retval 수신된 데이터 값
  */
char getc_USART1(void)
{
    while (!(UCSR1A & (1<<RXC1)));
    return UDR1;
}

/**
 * @brief  USART1을 통한 1바이트 송신 함수
 * @param  data: 전송할 문자
 */
void putc_USART1(char data)
{
    while (!(UCSR1A & (1<<UDRE1)));
    UDR1 = data;
}

/**
 * @brief  USART1을 통해 문자열을 전송하는 함수
```

```
 * @param  *data: 전송할 문자열 참조 값
 */
void puts_USART1(char *data)
{
    while ( *data != 0)
    {
        putc_USART1(*data);
        data++;
    }
}

/**
  * @brief  I2C 통신 초기화 함수, 슬레이브 모드이기에 속도 설정 안 함
*/
void TWI_Init(void)
{
    TWSR = 0x00;
}

 /**
  * @brief  I2C를 통한 슬레이브 모드 데이터 읽기 함수
  * @param  devAddress: I2C를 통해 수신 대기할 슬레이브 주소
  * @retval 읽은 데이터 값
  */
unsigned char TWI_Slave_Read(unsigned char devAddress)
{
    unsigned char Data;
    TWAR = devAddress<<1;                // 수신 대기할 슬레이브 주소 설정
    TWCR = ((1<<TWINT)|(1<<TWEA) | (1<<TWEN));
    while((TWCR & (1<<TWINT))==0x00 || (((TWSR&0xf8))!=SR_ADD_ACK));
    // TWINT 클리어될 동안

    TWCR = ( (1<<TWINT)|(1<<TWEA) | (1<<TWEN));
    while( (TWCR & (1<<TWINT))==0x00 || (((TWSR&0xf8))!=SR_DATA_ACK));
    // TWINT 클리어될 동안

    Data = TWDR;                     // 데이터 읽기
    TWCR = ( (1<<TWINT)|(1<<TWEA)|(1<<TWEN));
    while (( TWCR & (1<<TWINT))==0x00 || (((TWSR&0xf8))!=SR_STOP));
    // TWINT 클리어될 동안
    TWCR = ((1<<TWINT)|(1<<TWEA)|(1<<TWEN));
    return Data;                  // 읽은 데이터 반환
}

void main(void)
```

```
{
    unsigned char msg[50] ;
    unsigned char Temp = '0';
    Init_USART1();
    TWI_Init();                 // 통신 속도 400k

    LCD_Init();                 // LCD 초기화

    // 초기 안내 메시지 출력
    puts_USART1("Slave mode\r\n");
    LCD_Pos(0,0);
    LCD_Str("Slave Mode");

    while(1)
    {
        Temp = TWI_Slave_Read(SLAVE_ADDR); // 마스터에서 보내는 데이터 읽어오기
        sprintf(msg,"REC:%c",Temp);        // LCD 출력 및 PC 전송을 위한 문자열 생성
        LCD_Pos(1,0);
        LCD_Str(msg);                      // 읽은 데이터 LCD 출력
        puts_USART1(msg);                  // 읽은 데이터 PC로 전송
        puts_USART1("\r\n");
    }
}
```

예제 12.2 ATmega128 마스터와 다중 슬레이브 통신

ATmega128 보드를 마스터로 설정하고, 2선식 EEPROM인 24C02와 I/O 확장기인 MCP23017을 다중 슬레이브로 하여 I^2C 버스 인터페이스로 통신하는 시스템을 그림 12.32의 회로와 같이 구축한다. 구축된 회로의 동작을 확인하기 위해 다음과 같은 과정을 수행하라.

(1) AT24C02 핀의 기능을 조사하라.
(2) AT24C02를 사용하기 위한 읽기/쓰기 동작을 설명하라.
(3) AT24C02의 초기화 및 구동 함수를 작성하라.
(4) MCP20S17의 I^2C 인터페이스를 위한 기능 및 구조를 설명하라.
(5) MCP23017 확장기의 입출력을 위한 초기 설정 및 입출력 함수를 작성하라.
(6) 응용 프로그램: MCP20S17의 GPIOA0~3번 포트에는 스위치를 연결하고, GPIOB0~3번 포트에는 LED를 연결한다. EEPROM에는 다음 표와 같이 AT24C02의 주소 0x00부터 0x03에 미리 설정해놓고 GPIOA 포트의 상태에 따라 EEPROM의 데이터를 읽어 GPIOB 포트에 출력하는 프로그램을 작성하라.

AT24C02의 저장 데이터

주소	값
0x00	0x01
0x01	0x02
0x02	0x04
0x03	0x08

사용자 버튼 입력에 따른 LED 출력

버튼 입력	24C02 읽기	LED 출력
	주소	
GPIOA 비트 0	0x00	24C02 읽은 데이터 출력
GPIOA 비트 1	0x01	
GPIOA 비트 2	0x02	
GPIOA 비트 3	0x03	

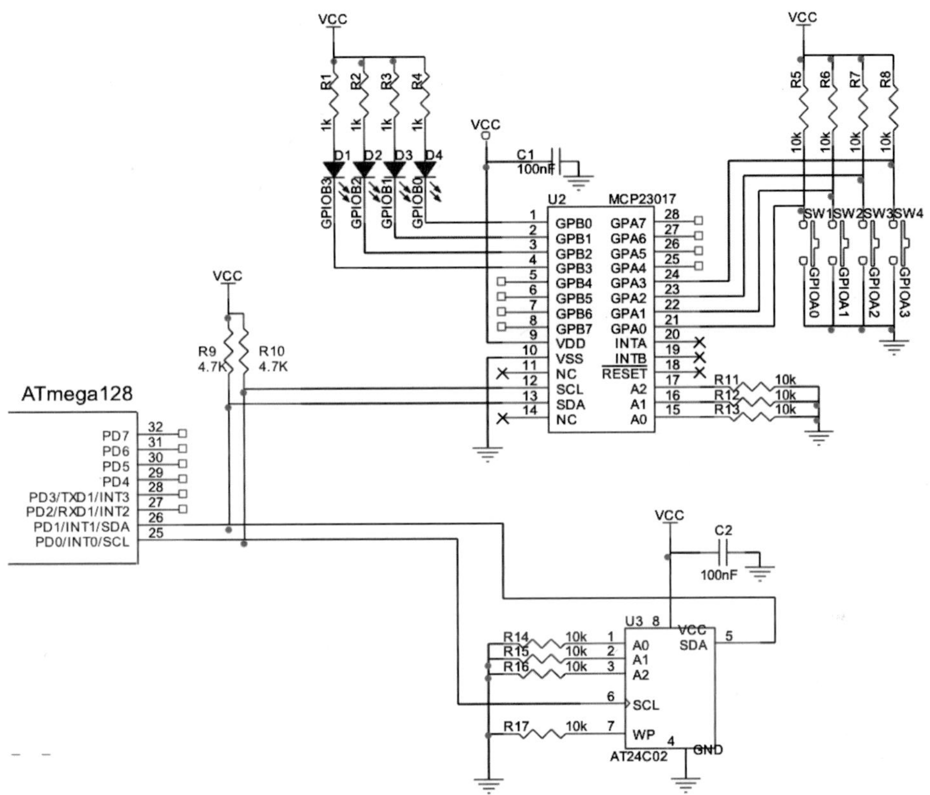

그림 12.32 예제 실험을 위한 MCP23017과 AT24C02의 인터페이스 회로

(1) AT24C02의 핀의 기능

AT24C01B/02B/04B/08B는 1024/2048/4098/8192비트의 크기(바이트 단위는 128/256/512/1024이다)를 갖는 직렬 EEPROM이다. 8핀의 PDIP, SOIC, TSSOP 패키지로 되어 있으며, 2선식 직렬 인터페이스(TWI)를 사용하여 인터페이스할 수 있다. 각 핀의 구성과 기능을 간략하게 나타내면 그림 12.33과 같으며, 각 핀의 기능은 표 12.10에 나타내었다.

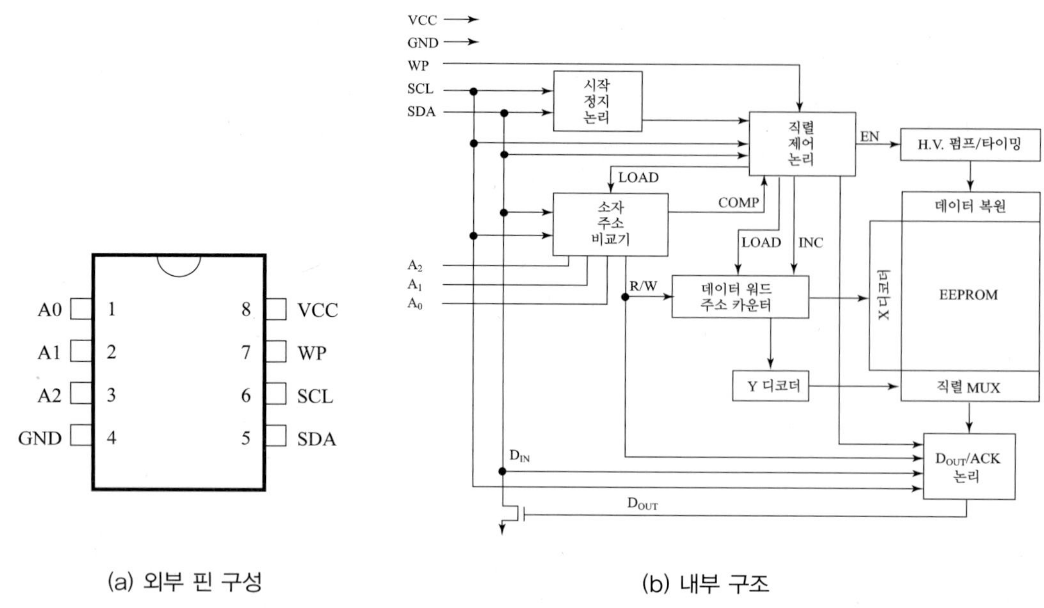

(a) 외부 핀 구성 (b) 내부 구조

그림 12.33 AT24C02의 외부 및 내부 구성

표 12.10 AT24C02의 핀 기능

핀 이름	기능
A0~A2	주소 입력
SDA	직렬 데이터
SCL	직렬 클록 입력
WP	쓰기 방지
NC	연결 안 함

(2) AT24C02의 동작

◈ 디바이스의 주소

EEPROM을 I^2C 버스에 연결하여 데이터를 읽고 쓰기 위해 MCU는 EEPROM에 접근하기 위한 주소를 알아야 한다. MCU가 EEPROM의 주소를 인식하기 위한 데이터 버스의 폭은 8비트이므로, 그림 12.34에 나타낸 바와 같이 EEPROM의 주소도 8비트로 구성된다. AT24C 계열의 EEPROM의 주소는 이 계열의 직렬 EEPROM임을 나타내기 위해 상위 4비트에 1010으로 구성되고, 하위 4비트에서 상위 3비트는 1K/2K EEPROM에서 A2, A1, A0 단자의 값으로 전체 소자 주소를 구성한다. 4K EEPROM은 A2, A1 단자의 값으로 전체 소자의 주소를 나타내고, 다음 1비트는 메모리 페이지 주소 비트(P0)로 사용되고, A0 핀은 사용하지 않는다. 8K EEPROM은 A2 단자의 값으로 전체 소자의 주소를 나타내고, 다음 2비트는 메모리 페이지 주소(P1, P2)들로 사용되며, A1, A0 핀은 사용하지 않는다.

8비트 중 최하위 비트(LSB)는 슬레이브 소자의 동작(읽기/쓰기)을 선택한다. 읽기 동작이면 1의 값을 갖고, 쓰기 동작이면 0의 값을 갖는다. EEPROM은 수신된 소자의 주소와 비교하여 일치하면 0을 출력한다. 하지만 주소가 일치하지 않으면 EEPROM은 대기 상태(standby state)가 된다.

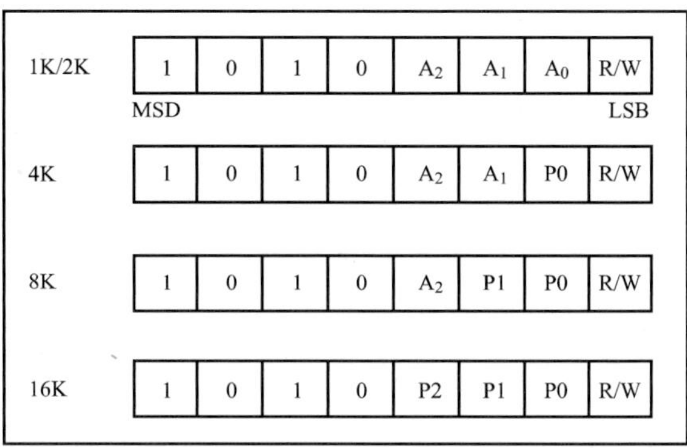

그림 12.34 디바이스 소자의 주소 표기

◈ 쓰기 동작

AT24C 계열의 쓰기 동작(write operation)은 바이트 단위와 페이지 단위로 쓰는 것이 가능하다.

- 바이트 단위로 쓰기: 바이트 쓰기 동작은 그림 12.35와 같이 첫 번째 바이트는 디바이스의 주소이고, 두 번째 바이트는 EEPROM에 데이터를 기록할 주소이며, 세 번째 바이트는 해당 주소에 기록할 데이터이다. 첫 번째 디바이스의 주소를 쓰기 위해 처음 바이트의 전송에는 시작 비트가 부가되고, 주소가 부가되고, 마지막 비트에는 바이트 쓰기에 대한 $R/\overline{W}$ 비트에 0이 부가되어 전송되면 EEPROM은 응답 신호(ACK)를 출력한다. 다음으로 소자 내의 워드 주소와 데이터가 MCU로부터 전송되면 각 바이트마다 EEPROM은 확인 신호로 ACK(0)를 출력하고, 마지막 데이터를 전송하면서 STOP 조건이 같이 전송되어 쓰기 과정을 마무리한다. 이때 EEPROM은 실제 비휘발성 메모리에 대한 쓰기 사이클(t_{WR})에 진입하며 이는 5ms 정도가 소요된다. 실제 메모리에 데이터를 쓰는 시간 동안에는 모든 입력이 불가능하고, EEPROM은 쓰기가 끝날 때까지 응답하지 않는다.

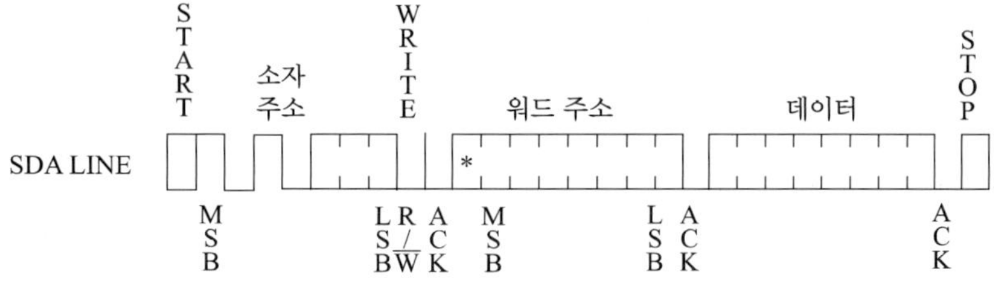

그림 12.35 바이트 쓰기 동작

- 페이지 단위로 쓰기: 1K/2K 크기를 갖는 EEPROM은 8바이트의 페이지 단위로 데이터를 쓸 수 있고, 4K/8K/16K를 갖는 EEPROM은 16바이트 단위로 페이지 쓰기(PAGE WRITE)를 할 수 있다. 그림 12.36은 페이지 쓰기 동작의 동작 순서도를 나타낸 것이다. 페이지 쓰기는 초기에는 바이트 쓰기와 같다. 그러나 마이크로컨트롤러는 처음 데이터(DATA)를 쓴 후에 STOP 조건을 전송하지 않는다. 대신에 EERPOM은 처음 데이터를 수신에 대한 ACK 신호를 보낸 후에, 마이크로컨트롤러는 7개(1K/2K) 또는 15개(1K/2K)의 데이터를 추가로 전송한다. EEPROM은 하나의 데이터를 수신한 후에는 0(ACK)으로 응답한다. 모든 데이터가 전송한 마이크로컨트롤러는 STOP 조건을 보내 페이지 쓰기 과정을 끝낸다. 데이터 워드 주소 하위 3비트(1K/2K) 또는 4비트(4K/8K/16K)는 각 데이터를 수신한 다음에 내부적으로 증가한다. 내부적으로 증가한 워드 주소가 페이지 끝에 도달하면, 다음 바이트는 같은 페이지의 시작 위치에 놓인다. 8개(1K/2K) 또는 16개(4K/8K/16K)의 데이터가 EERPOM에 전송되면 데이터 워드는 롤오버(roll over)되어 이전 데이터 주소에 덮어쓰기가 된다. 즉, 데이터 쓰기가 페이지 끝에 도달하면, 상위 주소를 증가시켜 다음 데이터를 써야 한다.

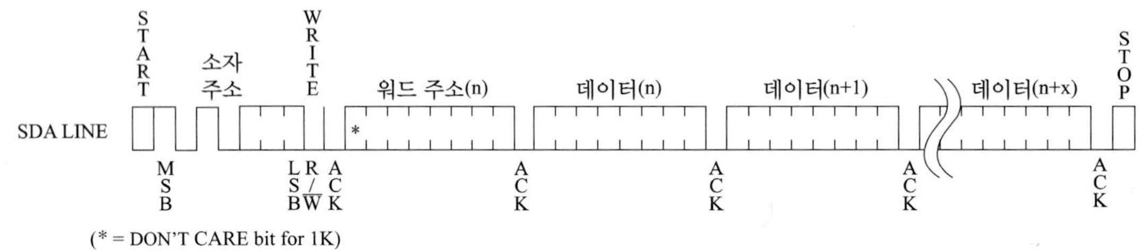

그림 12.36 페이지 쓰기 동작

◈ 읽기 동작

AT24C 계열의 읽기 동작(read operation)은 현재 주소 읽기, 임의의 주소 읽기, 순차적 읽기라는 세 가지 동작이 가능하다. 읽기 동작은 디바이스의 주소 전송에서 데이터를 읽는 과정이 진행되므로, R/$\overline{W}$ 비트를 1로 하는 것을 제외하면 쓰기 동작과 동일한 과정으로 진행된다.

- 현재의 주소 읽기(current address read): 현재 주소 읽기 동작은 그림 12.37과 같은 순서로 이루어진다. 내부 데이터 워드 주소 카운터는 마지막에 읽기 또는 쓰기 동작 과정에서 액세스된 주소를 하나 증가한 상태로 유지된다. 이 주소는 전원이 유지되는 동안 유효하다. 읽기 과정에서 주소의 롤오버는 마지막 메모리 페이지의 마지막 바이트에서 첫 번째 페이지의 첫 번째 바이트로 넘어갈 때 발생한다. 쓰기 과정에서 주소의 롤오버는 현재 페이지의 마지막 바이트에서 같은 페이지의 첫 번째 바이트로 넘어갈 때 발생한다.

  디바이스 주소와 함께 R/$\overline{W}$ 비트를 1로 선택하여 EEPROM에 전송하면 EEPROM은 응답신호 0(ACK)으로 응답하고, 이어서 현재 주소의 데이터 워드가 EEPROM으로부터 순차적으로 출력된다. 이 상황에서 마이크로컨트롤러는 R/$\overline{W}$의 상태 비트를 출력하지 않고 STOP 비트를 출력한다.

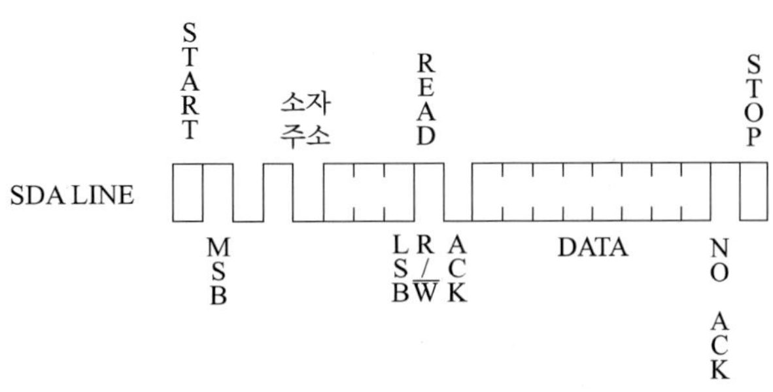

그림 12.37 현재 주소 읽기 동작

- 임의의 주소 읽기(random read): 임의의 주소에 대한 읽기 동작은 그림 12.38과 같은 순서로 이루어진다. 임의의 주소 읽기 과정에는 데이터 워드 주소를 쓰기 위해 더미(dummy) 쓰기 과정이 필요하다. 디바이스 주소와 메모리 주소가 보내지고 EEPROM이 응답 신호를 보내면, 마이크로컨트롤러는 또 다른 START 조건을 보낸다. 마이크로컨트롤러는 R/$\overline{W}$ 비트를 1로 하는 디바이스 주소 바이트를 보내서 현재 주소에 대한 데이터를 읽는다. EEPROM은 디바이스 주소에 대한 확인 신호를 보내고 데이터 워드를 출력하고, 마이크로컨트롤러는 응답 신호로 0을 출력하지 않고 STOP 조건을 출력한다.

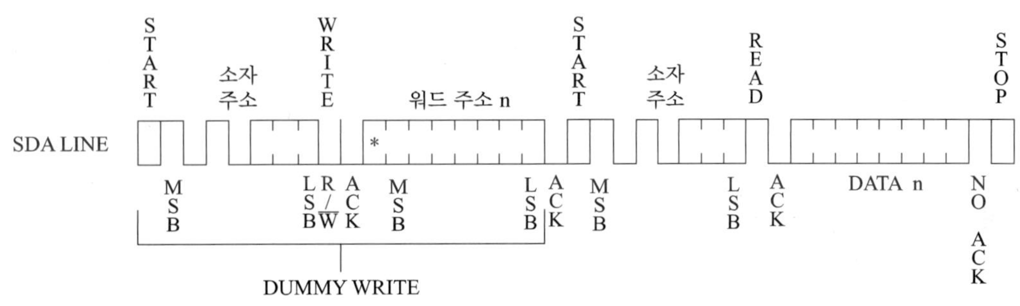

그림 12.38 임의의 주소 읽기

- 연속 주소로 읽기(sequential read): 연속 주소로 읽기 동작은 그림 12.39와 같은 순서로 이루어진다. 연속 주소 읽기 과정은 현재 주소 읽기 또는 임의의 주소 읽기로 시작한다. 마이크로컨트롤러는 디바이스 주소에 대한 데이터를 수신하고 응답 신호를 보낸다. EEPROM은 응답 신호를 받으면 메모리 주소를 연속해서 증가시키면서 연속적으로 데이터를 직렬로 출력한다. 메모리 주소가 페이지의 끝에 도달하면, 메모리 주소는 롤오버되고 연속 읽기는 계속된다. 연속 주소 읽기는 마이크로컨트롤러가 응답 신호를 0으로 출력하지 않고 STOP 조건

을 출력하면 종료된다.

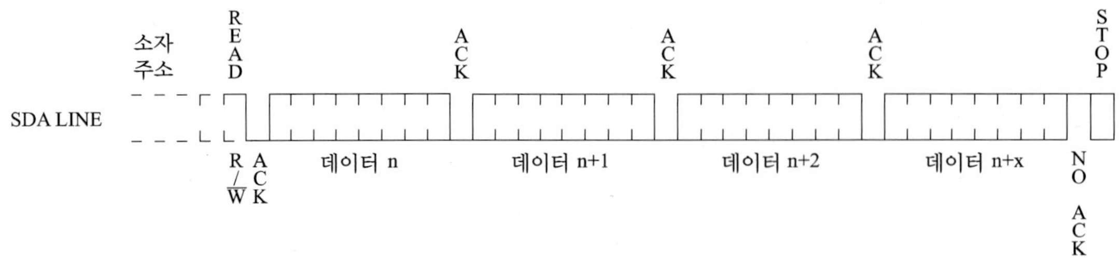

그림 12.39 연속 주소로 읽기

(3) AT24C02의 초기화 및 구동 함수의 작성

◈ TWI 초기화

TWBR과 TWSR 레지스터의 초기 설정 값은 12.3절에서 설명한 것과 같이 설정한다.

```
/**
* @ brief AT24C02 및 MCP23017과 동일한 방법으로 사용할 예정
  @ ATmega128에서의 I2C 초기화 함수
  */
void TWI_Init(void)
{
    TWBR = 10; // 400kHz I2C 클록 주파수
    TWSR = 0x00;
}
```

◈ AT24C02의 쓰기 함수 작성

AT24C02의 주소를 그림 12.34를 참조하여 '1010 000'으로 설정하고, 쓰기 함수이므로 $R/\overline{W}$=0으로 하여 슬레이브 주소로 설정하고, 그림 12.35의 쓰기 동작 순서를 참조하면 쓰기 과정을 수행할 수 있다. 이를 위한 프로그램은 다음과 같이 작성할 수 있으며, 이때 다수의 EEPROM이 연결될 수 있음을 고려하여 장비의 주소를 '1010 000'으로 고정하지 않고, 장비의 주소를 매개변수로 전달받아 함수를 작성했다.

```
/**
  * @brief  I2C를 통한 24C02 데이터 쓰기 함수
  * @param  devAddress: I2C를 통한 24C02 데이터 쓰기 대상 장치 주소
  * @param  regAddress: I2C를 통한 24C02 데이터 쓰기 레지스터 주소
  * @param  data: I2C를 통한 24C02 데이터 값
  */
void AT24C02_I2C_Write(char devAddress, char regAddress, char data)
{
```

```
    TWCR=((1<<TWINT)|(1<<TWSTA)|(1<<TWEN)); // 시작
    while(!(TWCR&(1<<TWINT)));              // TWINT가 클리어될 동안 대기

    TWDR=devAddress;                        // 슬레이브 주소 전송
    TWCR=((1<<TWINT)|(1<<TWEN));
    while(!(TWCR&(1<<TWINT)));

    TWDR=regAddress;                        // 레지스터 주소 전송
    TWCR=((1<<TWINT)|(1<<TWEN));
    while(!(TWCR&(1<<TWINT)));

    TWDR=data;                              // 데이터 전송
    TWCR=((1<<TWINT)|(1<<TWEN));
    while(!(TWCR&(1<<TWINT)));

    TWCR=((1<<TWINT)|(1<<TWSTO)|(1<<TWEN)); // 정지
}
```

◈ AT24C02의 특정 주소를 읽기 위한 함수의 작성

AT24C02를 지정하기 위해 쓰기 함수의 작성과 동일한 방법으로 '1010 000'으로 설정하고, $R/\overline{W}$=0으로 하여 슬레이브 주소로 설정한 후에 읽고자 하는 EEPROM의 워드 주소를 출력한다. 지정된 슬레이브인 EEPROM의 특정 주소의 데이터를 읽을 때는 '1010 000'으로 설정하고, $R/\overline{W}$=1로 한 후 TWDR 레지스터의 내용을 읽는다. 이러한 과정은 그림 12.38의 임의의 주소 읽기 과정의 순서를 참조하여 작성하면 다음과 같다. 이때 다수의 EEPROM이 연결될 수 있음을 고려하여 장비의 주소를 '1010 000'으로 고정하지 않고, 장비의 주소를 매개변수로 전달받아 함수를 작성했다.

```
/**
  * @brief  I2C를 통한 24C02 데이터 read 함수
  * @param devAddress: I2C를 통한 24C02 데이터 읽기 대상 장치 주소
  * @param regAddress: I2C를 통한 24C02 데이터 읽기 대상 레지스터 주소
  * @retval I2C를 통해 읽은 1바이트 24C02 데이터
  */
unsigned char AT24C02_I2C_RRead(char devAddress, unsigned char regAddress)
{
    unsigned int Data;
    TWCR=((1<<TWINT)|(1<<TWEN)|(1<<TWSTA)); // 시작
    while(!(TWCR&(1<<TWINT)));

    TWDR=devAddress&(~0x01);                // 디바이스 주소 쓰기
    TWCR=((1<<TWINT)|(1<<TWEN));
    while(!(TWCR&(1<<TWINT)));

    TWDR=regAddress;                        // 레지스터 주소 전송
```

```
    TWCR=((1<<TWINT)|(1<<TWEN));
    while(!(TWCR&(1<<TWINT)));

    TWCR=((1<<TWINT)|(1<<TWEN)|(1<<TWSTA)); // START 재전송
    while(!(TWCR&(1<<TWINT)));

    TWDR=devAddress|0x01;                    // 읽기로 변환
    TWCR=((1<<TWINT)|(1<<TWEN));
    while(!(TWCR&(1<<TWINT)));

    TWCR=((1<<TWINT)|(1<<TWEN));
    while(!(TWCR&(1<<TWINT)));
    Data=TWDR;

    TWCR=((1<<TWINT)|(1<<TWEN)|(1<<TWSTO));
    return Data;
}
```

(4) MCP20S17을 사용하기 위한 IC의 핀 기능 및 구조

Microchip사에서 I/O 확장을 위해 출시되고 있는 MCP23x17은 16비트의 I/O 확장기로 인터페이스 방식에 따라 MCP23S17(SPI용)과 MCP23017(I^2C용)이 있다. 이 IC는 핀 기능 및 구조는 동일하고 동작 방식만 다르다. 이 실험에서는 I^2C용의 MCP23017을 사용한다.

MCP23S17의 대표적인 특징으로는 16비트 원격 양방향 I/O 포트이며, 최대 10MHz로 동작하는 고속 SPI 인터페이스가 가능하다. 또한 동일한 I^2C 버스상에서 8개의 디바이스를 허용할 수 있는 3개의 하드웨어 주소 핀(A0~A2), 독립 또는 연계 동작의 설정이 가능한 인터럽트 출력 핀이 있다. 핀 구성과 핀의 기능은 11장의 내용을 참조하기 바란다.

◈ MCP230S17의 구조

MCP23017의 내부 구조는 그림 12.40과 같다. 내부 구성을 살펴보면 SPI 부분에서 설명한 그림 11.31과 동일하지만, MCP230S17은 I^2C 인터페이스 방식을 사용하므로 SCL과 SDA 신호 선을 사용한다.

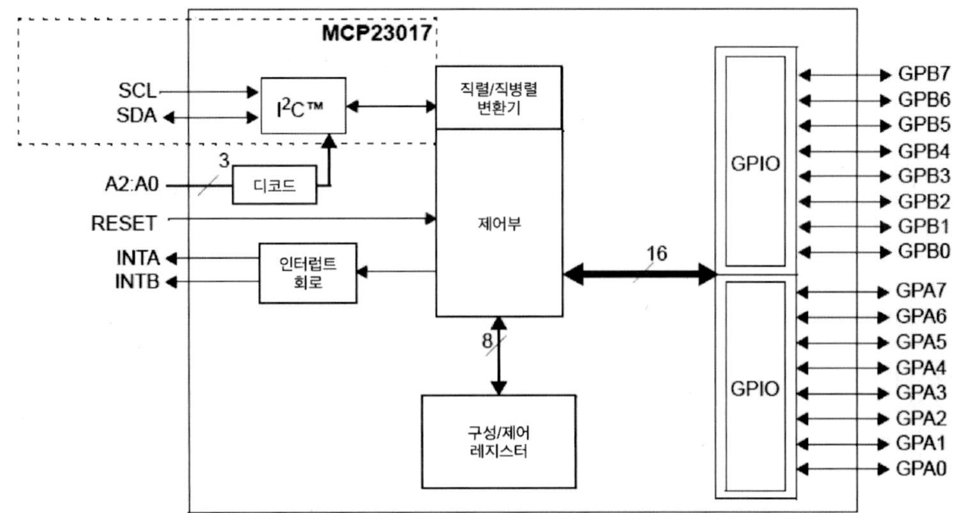

그림 12.40 MCP23017의 내부 블록도

◈ 신호 선 및 MCU 인터페이스

MCP23017의 신호 선으로는 I^2C 통신을 위한 SDA와 SCL 신호 선을 기반으로 MCP23S17과 공통적으로 사용하고 있는 그 밖의 핀들(A0:A2, RESET, INTA, INTB, GPIOA, GPIOB)로 구성된다. 이 신호들에 대해서는 MCP23S17에서 자세하게 설명했으므로 여기서는 생략한다. I^2C를 이용하여 MCP20S17에 접근하기 위해서는 장비의 기본 주소(device opcode)가 필요하다. MCP20S17의 기본 주소는 0x40이며, A0:A2 핀 입력에 따라 0x40, 0x42, 0x44, 0x46, 0x48, 0x4A, 0x4C, 0x4E로 사용 가능하다.

◈ MCP23017의 내부 레지스터

MCP23017 내부 레지스터의 구성 및 각 비트의 의미는 MCP23S17과 동일하므로 여기서는 별도로 설명하지 않는다.

(5) MCP23017 확장기의 입출력을 위한 초기 설정 및 입출력 함수의 작성

◈ MCP23017 주소 레지스터의 설정 프로토콜

그림 12.41은 I^2C 인터페이스로 MCP23017의 주소 레지스터를 액세스하는 프로토콜이다. MCP23017의 슬레이브 주소를 설정하기 위해서는 그림 12.41에 나타난 바와 같이 S(=START) 조건 다음과 함께 슬레이브 주소를 전송한다. 첫 번째 바이트의 상위 7비트는 슬레이브 주소이고, 마지막 1비트는 R/$\overline{W}$ 비트이다. 여기서 슬레이브 주소 7비트에서 MCP23017은 상위 4비트를 0100으로 설정해야 하고, 나머지 3비트는 하드웨어에 연결된 주소와 일치하는 값을 넣어주어야 한다. 또한 마지막 R/$\overline{W}$ 비트는 0이면 쓰기 동작을 의미하고, 1이면 읽기 동작을 의미한다.

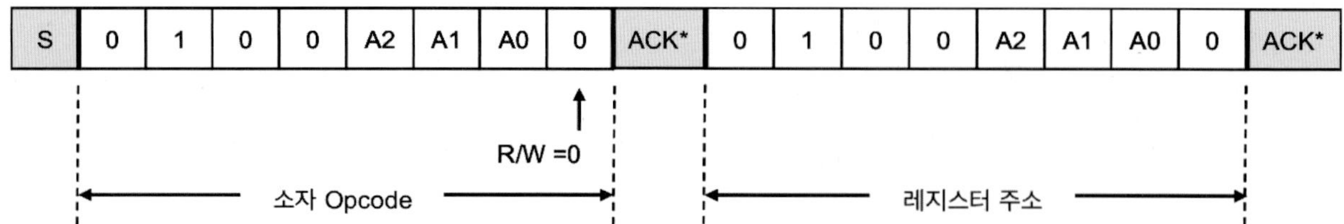

그림 12.41 MCP23017의 Opcode 구조 및 주소 레지스터 액세스 프로토콜

◈ I²C 인터페이스를 통한 쓰기/읽기 동작

- I²C 쓰기 동작: 그림 12.42는 I²C 인터페이스를 통해 쓰기 동작 과정을 나타내며, 제어 바이트와 레지스터 주소로 구성되어 있다. 쓰기 동작 과정은 마스터로부터 8비트의 데이터가 전송되면 MCP23017로부터 확인 비트(ACK)가 전달된다. 쓰기 동작 과정은 마스터에서 정지 비트(P)나 재시작 비트(SR)를 전송하는 것에 의해 종료된다. 데이터는 매 데이터 전송 과정 후에 MCP23017에 기록되며, 데이터 전송 과정 중에 정지 비트(P)나 재시작 비트(SR)가 발생하면 데이터는 MCP23017에 기록되지 않는다. '바이트 쓰기'와 '순차적인 쓰기' 과정은 MCP23017에 지원된다. 만약 순차적인 모드가 설정되어 있으면(IOCON, SEQOP=0, 기본 설정), MCP23017은 순차적으로 주소를 증가시킨다.

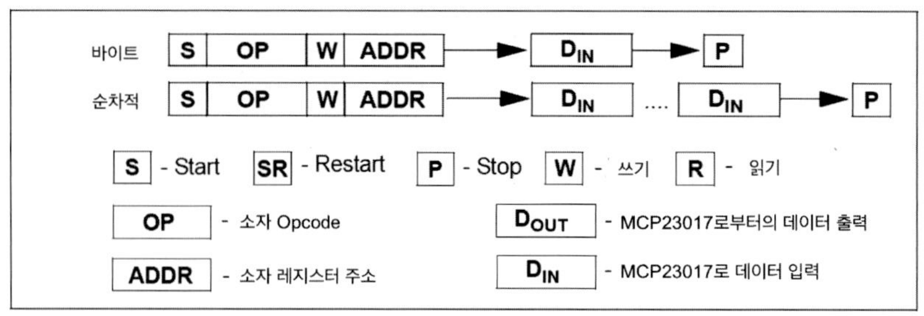

그림 12.42 바이트 쓰기와 순차적으로 쓰기의 순서

- I²C 읽기 동작: 그림 12.43은 I²C 인터페이스를 통해 읽기 동작 과정을 나타낸다. 첫 번째 바이는 제어 바이트로 여기에는 시작 비트, 확인 비트와 R/$\overline{W}$ 비트(=1)가 포함된다. 이렇게 마스터에서 주소를 전송하면 MCP23017은 주소 레지스터에 포함된 데이터를 전송한다. 이 과정은 마스터에서 정지 비트(P)나 재시작 비트(SR)를 전송하는 것으로 종료된다.

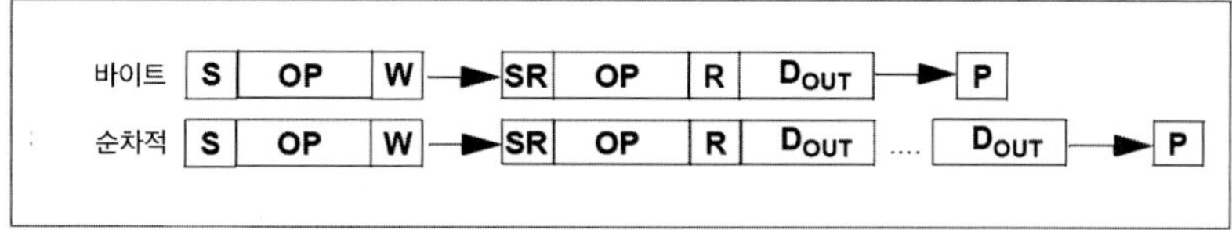

그림 12.43 바이트 읽기와 순차적으로 읽기의 순서

위의 순서에 따라 바이트 단위의 I²C 읽기 함수와 쓰기 함수를 작성하면 다음과 같다.

```
/**
  * @brief  I2C를 통한 데이터 쓰기 함수
  * @param  devAddress: I2C를 통한 데이터 쓰기 대상 장치 주소
  * @param  regAddress: I2C를 통한 데이터 쓰기 레지스터 주소
  * @param  data: I2C를 통한 데이터 쓰기 레지스터 값
  */
void MCP23017_I2C_Write(char devAddress, char regAddress, char data)
{
    TWCR=((1<<TWINT)|(1<<TWSTA)|(1<<TWEN)); // 시작
    while(!(TWCR&(1<<TWINT)));              // TWINT가 클리어될 동안 대기

    TWDR=devAddress;                        // 슬레이브 주소 전송
    TWCR=((1<<TWINT)|(1<<TWEN));
    while(!(TWCR&(1<<TWINT)));

    TWDR=regAddress;                        // 레지스터 주소 전송
    TWCR=((1<<TWINT)|(1<<TWEN));
    while(!(TWCR&(1<<TWINT)));

    TWDR=data;                              // 데이터 전송
    TWCR=((1<<TWINT)|(1<<TWEN));
    while(!(TWCR&(1<<TWINT)));

    TWCR=((1<<TWINT)|(1<<TWSTO)|(1<<TWEN)); // 정지
}

/**
  * @brief  I2C를 통한 데이터 read 함수
  * @param devAddress: I2C를 통한 데이터 읽기 대상 장치 주소
  * @param regAddress: I2C를 통한 데이터 읽기 대상 레지스터 주소
  * @retval I2C를 통해 읽어진 1바이트 데이터
  */
unsigned char MCP23017_I2C_Read(char devAddress, char regAddress)
{
    unsigned int Data;
    TWCR=((1<<TWINT)|(1<<TWEN)|(1<<TWSTA)); // 시작
```

```
    while(!(TWCR&(1<<TWINT)));

    TWDR=devAddress&(~0x01);                  // 디바이스 주소 쓰기
    TWCR=((1<<TWINT)|(1<<TWEN));
    while(!(TWCR&(1<<TWINT)));

    TWDR=regAddress;                          // 레지스터 주소 전송
    TWCR=((1<<TWINT)|(1<<TWEN));
    while(!(TWCR&(1<<TWINT)));

    TWCR=((1<<TWINT)|(1<<TWEN)|(1<<TWSTA)); // START 재전송
    while(!(TWCR&(1<<TWINT)));

    TWDR=devAddress|0x01;                     // 읽기로 변환
    TWCR=((1<<TWINT)|(1<<TWEN));
    while(!(TWCR&(1<<TWINT)));
    TWCR=((1<<TWINT)|(1<<TWEN));
    while(!(TWCR&(1<<TWINT)));
    Data=TWDR;

    TWCR=((1<<TWINT)|(1<<TWEN)|(1<<TWSTO));
    return Data;
}
```

◈ MCP23017의 입출력 설정을 위한 초기화 함수

MCP23017의 입력 및 출력 제어를 위해서는 각 포트의 입출력 방향을 결정해야 한다. 이는 IODIRA, IODIRB를 통해 제어 가능하며, 해당 비트가 1일 경우 입력인 점을 고려하여 레지스터에 값을 설정하면 된다. 이 예제에서는 GPIOA 0~3번 비트는 입력, GPIOB 0~3번 비트는 출력으로 설정하기 위해 다음과 같이 GPIOB의 0~3 출력으로, GPIOA의 0~3 외 나머지 핀은 입력으로 초기화 함수를 구현하면 다음과 같다.

```
/**
  * @brief  MCP23017 입출력 초기화 함수
  */
void MCP23017_Init()
{
    MCP23017_I2C_Write(MCP23x17ADDR,IODIRA,0xFF);    // A(0~3): 모두 입력 설정
    MCP23017_I2C_Write(MCP23x17ADDR,IODIRB,0xF0);    // B(0~3): 모두 출력 설정
}
```

(6) 응용 프로그램

문제에서 주어진 GPIOA 포트의 상태에 따라 EEPROM의 데이터를 읽어 GPIOB 포트에 출력하는 프로그램은 MCP23017의 입출력 함수와 AT24C02의 입출력 함수를 이용하여 스위치 입력에 따라 정해진 위치의 EEPROM 데이터를 읽고, 이를 I/O 확장기에 출력하는 전체 프로그램의 흐름은 그림 12.44와 같으며, 이를 프로그램으로 구현하면 다음과 같다.

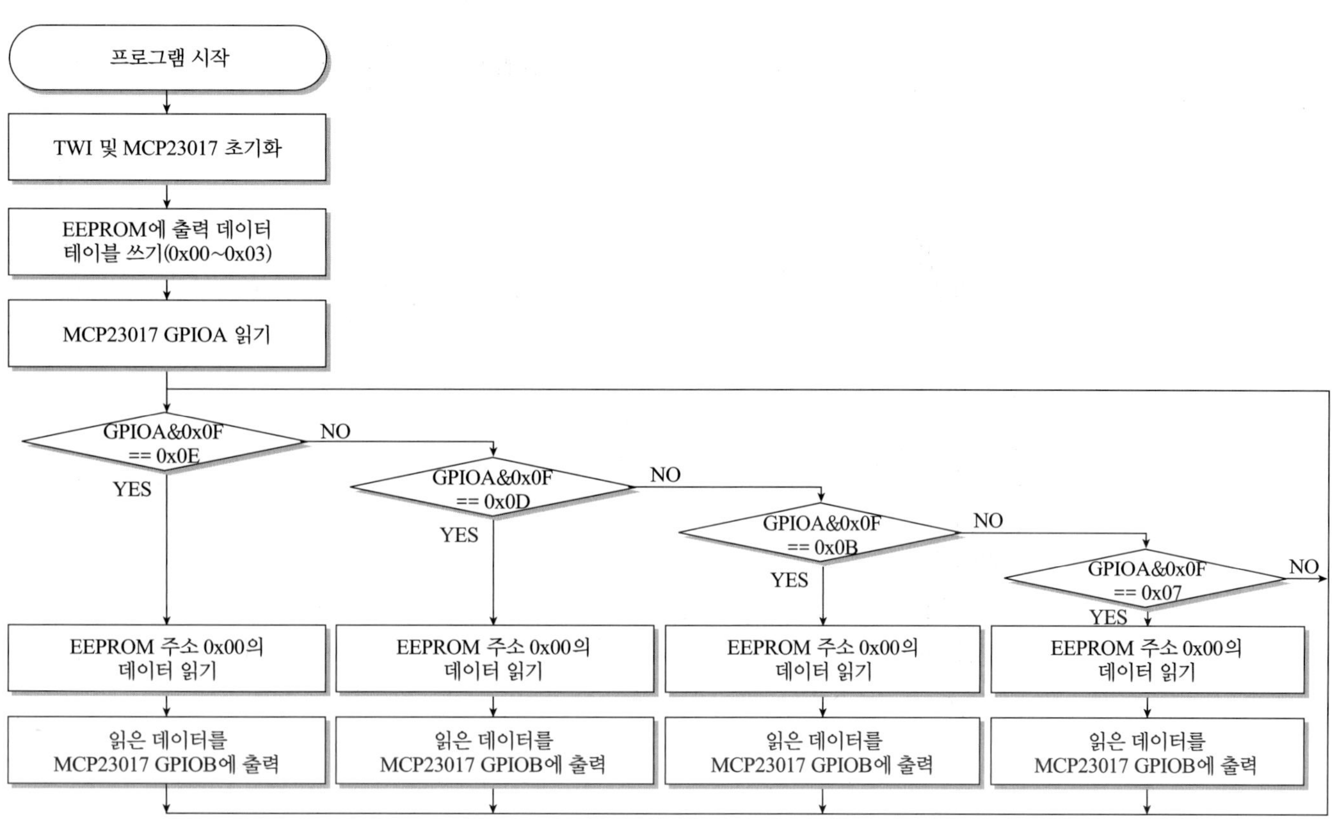

그림 12.44 전체 프로그램의 흐름도

```
#include <mega128.h>
#include <delay.h>

// MCP23017의 기본 장비 주소 정의
#define MCP23017ADDR (unsigned char)0x40

// AT24C02의 기본 장비 주소 정의
#define AT24C02ADDR (unsigned char)0xA0

//IOCON.BANK==0(GPIOA, B를 각각 정의)
enum MCP23x17_REG_ADDRESS{
    IODIRA = 0x00,
```

```
    IODIRB = 0x01,
    IPOLA = 0x02,
    IPOLB = 0x03,
    GPINTENA = 0x04,
    GPINTENB = 0x05,
    DEFVALA = 0x06,
    DEFVALB = 0x07,
    INTCONA = 0x08,
    INTCONB = 0x09,
    IOCONA = 0x0a,
    IOCONB = 0x0b,
    GPPUA = 0x0c,
    GPPUB = 0x0d,
    INTFA = 0x0e,
    INTFB = 0x0f,
    INTCAPA = 0x10,
    INTCAPB = 0x11,
    MCP_GPIOA =0x12,
    MCP_GPIOB =0x13,
    OLATA = 0x14,
    OLATB = 0x15,
};

/**
  * @brief  MCP23017과의 통신을 위한 I2C 초기화 함수
*/
void TWI_Init(void)
{
    TWBR = 10; // 100kHz I2C 클록 주파수
    TWSR = 0x00;
}

/**
  * @brief  I2C를 통한 데이터 쓰기 함수
  * @param  devAddress: I2C를 통한 데이터 쓰기 대상 장치 주소
  * @param  regAddress: I2C를 통한 데이터 쓰기 레지스터 주소
  * @param  data: I2C를 통한 데이터 쓰기 레지스터 값
  */
void MCP23017_I2C_Write(char devAddress, char regAddress, char data)
{
    TWCR=((1<<TWINT)|(1<<TWSTA)|(1<<TWEN)); // 시작
    while(!(TWCR&(1<<TWINT)));              // TWINT가 클리어될 동안 대기

    TWDR=devAddress;                        // 슬레이브 주소 전송
    TWCR=((1<<TWINT)|(1<<TWEN));
```

```
    while(!(TWCR&(1<<TWINT)));

    TWDR=regAddress;                        // 레지스터 주소 전송
    TWCR=((1<<TWINT)|(1<<TWEN));
    while(!(TWCR&(1<<TWINT)));

    TWDR=data;                              // 데이터 전송
    TWCR=((1<<TWINT)|(1<<TWEN));
    while(!(TWCR&(1<<TWINT)));

    TWCR=((1<<TWINT)|(1<<TWSTO)|(1<<TWEN)); // 정지
}

/**
  * @brief  I2C를 통한 데이터 read 함수
  * @param devAddress: I2C를 통한 데이터 읽기 대상 장치 주소
  * @param regAddress: I2C를 통한 데이터 읽기 대상 레지스터 주소
  * @retval I2C를 통해 읽은 1바이트 데이터
  */
unsigned char MCP23017_I2C_Read(char devAddress, char regAddress)
{
    unsigned int Data;
    TWCR=((1<<TWINT)|(1<<TWEN)|(1<<TWSTA)); // 시작
    while(!(TWCR&(1<<TWINT)));

    TWDR=devAddress&(~0x01);                // 디바이스 주소 쓰기
    TWCR=((1<<TWINT)|(1<<TWEN));
    while(!(TWCR&(1<<TWINT)));

    TWDR=regAddress;                        // 레지스터 주소 전송
    TWCR=((1<<TWINT)|(1<<TWEN));
    while(!(TWCR&(1<<TWINT)));

    TWCR=((1<<TWINT)|(1<<TWEN)|(1<<TWSTA)); // START 재전송
    while(!(TWCR&(1<<TWINT)));

    TWDR=devAddress|0x01;                   // 읽기로 변환
    TWCR=((1<<TWINT)|(1<<TWEN));
    while(!(TWCR&(1<<TWINT)));

    TWCR=((1<<TWINT)|(1<<TWEN));
    while(!(TWCR&(1<<TWINT)));
    Data=TWDR;

    TWCR=((1<<TWINT)|(1<<TWEN)|(1<<TWSTO));
```

```
    return Data;
}

/**
  * @brief  I2C를 통한 24C02 데이터 쓰기 함수
  * @param  devAddress: I2C를 통한 24C02 데이터 쓰기 대상 장치 주소
  * @param  regAddress: I2C를 통한 24C02 데이터 쓰기 레지스터 주소
  * @param  data: I2C를 통한 24C02 데이터 값
***/
void AT24C02_I2C_Write(char devAddress, char regAddress, char data)
{
    TWCR=((1<<TWINT)|(1<<TWSTA)|(1<<TWEN)); // 시작
    while(!(TWCR&(1<<TWINT)));              // TWINT가 클리어될 동안 대기

    TWDR=devAddress;                        // 슬레이브 주소 전송
    TWCR=((1<<TWINT)|(1<<TWEN));
    while(!(TWCR&(1<<TWINT)));

    TWDR=regAddress;                        // 레지스터 주소 전송
    TWCR=((1<<TWINT)|(1<<TWEN));
    while(!(TWCR&(1<<TWINT)));

    TWDR=data;                              // 데이터 전송
    TWCR=((1<<TWINT)|(1<<TWEN));
    while(!(TWCR&(1<<TWINT)));

    TWCR=((1<<TWINT)|(1<<TWSTO)|(1<<TWEN)); // 정지
}

/**
  * @brief  I2C를 통한 24C02 데이터 read 함수
  * @param devAddress: I2C를 통한 24C02 데이터 읽기 대상 장치 주소
  * @param regAddress: I2C를 통한 24C02 데이터 읽기 대상 레지스터 주소
  * @retval I2C를 통해 읽은 1바이트 24C02 데이터
  */
unsigned char AT24C02_I2C_Read(char devAddress, unsigned char regAddress)
{
    unsigned int Data;
    TWCR=((1<<TWINT)|(1<<TWEN)|(1<<TWSTA)); // 시작
    while(!(TWCR&(1<<TWINT)));

    TWDR=devAddress&(~0x01);                // 디바이스 주소 쓰기
    TWCR=((1<<TWINT)|(1<<TWEN));
    while(!(TWCR&(1<<TWINT)));
```

```
    TWDR=regAddress;                          // 레지스터 주소 전송
    TWCR=((1<<TWINT)|(1<<TWEN));
    while(!(TWCR&(1<<TWINT)));

    TWCR=((1<<TWINT)|(1<<TWEN)|(1<<TWSTA)); // START 재전송
    while(!(TWCR&(1<<TWINT)));

    TWDR=devAddress|0x01;                     // 읽기로 변환
    TWCR=((1<<TWINT)|(1<<TWEN));
    while(!(TWCR&(1<<TWINT)));

    TWCR=((1<<TWINT)|(1<<TWEN));
    while(!(TWCR&(1<<TWINT)));
    Data=TWDR;

    TWCR=((1<<TWINT)|(1<<TWEN)|(1<<TWSTO));
    return Data;
}

/**
  * @brief  MCP23017 입출력 초기화 함수
  */
void MCP23017_Init()
{
    MCP23017_I2C_Write(MCP23017ADDR,IODIRA,0xFF);    // A: 모두 입력 설정
    MCP23017_I2C_Write(MCP23017ADDR,IODIRB,0x00);    // B: 모두 출력 설정
}

/**
  * @brief  MCP23017의 A 포트 데이터를 읽어 B 포트에 출력하는 함수
  */
void main()
{
    unsigned char data_EEPROM = 0;
    unsigned char data_IO_Input = 0;

    int i=0;

    TWI_Init();
    MCP23017_Init();     // MCP23017 IO 초기화

    for(i=0 ; i<4 ; i++)
    {
        AT24C02_I2C_Write(AT24C02ADDR, 0x01<<i, i);
        delay_ms(10);
```

```
    }

    while(1)
    {
        // MCP23017의 A 포트에 입력되는 값을 읽어 IO_InputData 변수에 저장
        data_IO_Input = MCP23017_I2C_Read(MCP23017ADDR, MCP_GPIOA);
        data_IO_Input = ~data_IO_Input;

        switch(data_IO_Input & 0x0F)
        {
            case 0x01:
                data_EEPROM = AT24C02_I2C_Read(AT24C02ADDR, 0x00);
                MCP23017_I2C_Write(MCP23017ADDR, MCP_GPIOB,data_EEPROM);
                delay_ms(10);
                break;
            case 0x02:
                data_EEPROM = AT24C02_I2C_Read(AT24C02ADDR, 0x01);
                MCP23017_I2C_Write(MCP23017ADDR, MCP_GPIOB,data_EEPROM);
                delay_ms(10);
                break;
            case 0x04:
                data_EEPROM = AT24C02_I2C_Read(AT24C02ADDR,0x02);
                MCP23017_I2C_Write(MCP23017ADDR, MCP_GPIOB,data_EEPROM);
                delay_ms(10);
                break;
            case 0x08:
                data_EEPROM = AT24C02_I2C_Read(AT24C02ADDR, 0x03);
                MCP23017_I2C_Write(MCP23017ADDR, MCP_GPIOB, data_EEPROM);
                delay_ms(10);
                break;
        }
    }
}
```

예제 12.3 초음파 센서를 이용한 거리 측정

장애물과의 거리를 측정하기 위해 주로 초음파 센서가 사용된다. ATmega128 보드에 I^2C(TWI) 버스 인터페이스가 가능한 SRF02를 인터페이스하여 장애물과의 거리를 측정하는 프로그램을 작성하라. 이를 위해 이번 예제에서는 다음과 같은 과정을 수행하라.

(1) 초음파 센서를 이용한 거리 측정의 원리와 시중에 출시되고 있는 초음파 센서의 인터페이스 방식을 조사하라.

(2) SRF02를 사용하기 위해 모듈의 사양 및 거리 측정 방법, I^2C 인터페이스를 위한 내부 레지스터 구조에 대해 간단히 기술하라.
(3) SRF02와 데이터를 송수신하는 프로그램을 작성하라.
(4) 장애물과의 거리 데이터를 LCD 화면에 표시하는 프로그램을 작성하라.

M	e	a	s	u	r	e	d		D	i	s	t	.	=	
										x	x	x		c	m

(1) 초음파 센서를 이용한 거리 측정의 원리

◈ 초음파의 개요

사람이 청취할 수 있는 음파의 범위는 약 20Hz~20kHz이고, 이를 가청 주파수라 한다. 초음파는 가청 주파수 범위 밖의 높은 주파수의 음파를 의미한다. 이렇게 높은 주파수를 가진 음파는 낮은 주파수의 음파보다도 에너지가 많아서 더 멀리까지 전달되며, 감쇠가 더 적은 물리적 성질을 갖고 있어 물체의 유무나 물체까지의 거리를 측정하는 계측기 센서로 사용된다.

공기 중의 음파 속도는 15℃에서 초당 약 340m/s이며, 일반적으로 초음파의 전송 속도는 온도에 따라 식 (12.1)과 같이 변화하므로, 상온에서는 이에 대한 보정이 필요하다.

$$v = 331.4 + 0.607T \tag{12.1}$$

여기서 T는 온도 ℃를 나타낸다.

◈ 초음파 센서의 종류

초음파를 발생시키고 이를 검출하는 방식은 전자유도 현상, 자왜 현상, 압전 현상에 의한 진동 효과를 이용한다. 현재 많이 이용되고 있는 초음파 센서는 압전 효과를 이용한 압전 진동자를 사용하여, 두 매의 압전 소자를 맞붙여 양쪽에 걸리는 전압이 매번 바뀜에 따라 한쪽이 늘어나면 다른 쪽이 줄어드는 방식으로 해서 진동시켜 초음파를 발생시키고(송신기), 역으로 음압이 가해지면 기전력을 발생시켜 초음파를 감지한다(수신기), 이러한 용도로 사용되는 초음파 센서의 공진 주파수는 주로 23~25kHz 또는 40~45kHz 정도가 사용된다.

검출 방식에는 송수신기를 배치하는 방식에 따라 반사형, 대향형(서로 마주보게 배치)이 있으며, 반사형은 분리형과 일체형으로 구분된다. 각각의 특징은 표 12.11과 같이 요약할 수 있다.

표 12.11 초음파 센서의 검출 방식에 따른 비교

송수신기의 배치에 따른 방식	용도	특징
대향형 T → R	리모컨 응용 또는 물체의 감지	• 수신 감도 설정이 비교적 자유로움 • 송수신 회로를 별도로 배치해야 하므로, 거리 측정 장치에 부적당함
반사형(일체) T ⇄	물체의 감지 또는 거리 측정	• 송수신 센서가 분리되지 않고 하나의 센서로 이루어지기 때문에 송수신 전환 회로가 필요함 • 파형을 송수신을 분리하여 처리해야 하므로, 이에 대한 시간이 필요하여 독립형에 비해 근거리 측정이 어려움
반사형(분리) T → R ←	물체의 감지 또는 거리 측정	• T에서 R로 직접 파형이 입력되는 현상에 대한 대책이 필요함 • 송신기와 수신기를 각각 전용으로 사용하여 효율이 좋음 • 일체형에 비해 근거리 측정이 가능함

☞ T: 송신기, R: 수신기

그림 12.45는 현재 출시되고 있는 초음파 센서로, 그림 12.45(a)는 분리형, 그림 12.45(b)는 일체형 형태이다.

(a) 송/수신 분리용 초음파 센서

(b) 송/수신 일체용 초음파 센서

그림 12.45 초음파 센서의 형태 I

또한 초음파 센서는 그림 12.46(a)에 나타낸 것과 같이 개방형으로 개발되어 사용되어왔으나, 옥외에서 사용할 때 비에 의한 물방울, 오염물질, 먼지의 부작용 같은 문제 때문에 그림 12.46(b)와 같이 밀폐형 초음파 센서가 개발되어 현재는 자동차 범퍼에 내장한 거리계 등에 사용되고 있다.

(a) 개방형 초음파 센서

(b) 밀폐용 초음파 센서

그림 12.46 초음파 센서의 형태 II

◈ 초음파 센서를 이용한 거리 측정 원리

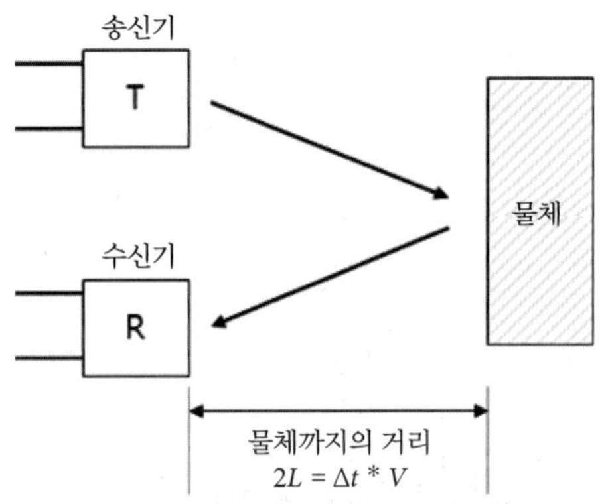

그림 12.47 초음파 센서를 이용한 거리 측정 원리

초음파 센서로부터 대상 물체까지의 거리를 측정하는 원리는 그림 12.47에 나타낸 바와 같이 초음파의 왕복 전달 시간을 측정하여 실제 거리를 산출한다. 이를 ToF(Time of Flight) 거리 측정법이라 한다. 이 방법은 초음파 펄스를 발사하여 그 초음파가 물체에서 반사 또는 산란하여 되돌아오기까지의 시간을 측정함으로써, 이 시간을 이용하여 물체와의 거리를 구한다.

일반적으로 Δt초 동안 발신된 주파수가 물체에 부딪혀 다시 수신되기까지의 거리(d)는 식 (12.2)를 이용하여 검출할 수 있다.

$$v = \frac{V \times \Delta t \times \cos\theta}{2} \tag{12.2}$$

여기서 θ는 송수신기와 물체 간 대향각의 반을 나타내고, 정확한 거리 측정을 위해서는 이를 고려해야 한다. 그러나 일반적인 응용에서는 송수신기의 거리가 매우 가깝게 배치되어 있으므로, θ는 0으로 하여 이를 무시하여 거리를 측정한다.

그리고 음파의 속도 V는 식 (12.1)에 나타낸 바와 같이 331.4 + 0.607T(m/s)이고, T는 공기 중의 온도이다.

이러한 ToF 방식으로 거리를 측정할 때는 여러 요인에 의해 측정 오류가 발생한다. 이렇게 발생하는 측정 오류를 보상하기 위한 방법은 여러 연구자가 연구해오고 있다.

- 온도에 따른 전파 속도의 변화 → 온도 보상 연구
- 반사파의 정확한 시간을 측정하는 데 있어 불확실성 → 거리 분해능 향상 등의 연구
- 타이밍 회로에서의 부정확성 → 회로 보상 연구
- 반사체 표면에 따른 상호작용(반사체의 재질과 형상에 따른 반사 또는 굴절) → crosstalk 제거 등의 연구

그림 12.48은 반사형 초음파 센서(40kHz 초음파 센서)를 이용하여 거리를 측정하는 원리를 도식화하여 보여준다.

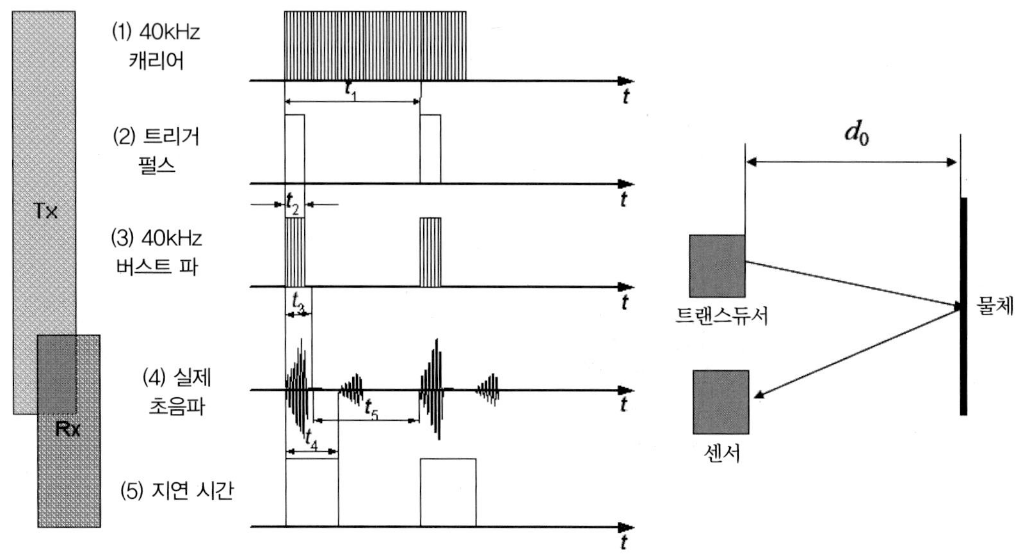

그림 12.48 반사형 초음파 센서를 이용한 거리 측정의 방법(예시)

참고사항

거리 환산의 예

초음파 센서 송신부(trigger pulse)에서 일정한 시간 간격을 두고 짧은 초음파 펄스를 방사하고, 대상물에 부딪혀 돌아온 에코 신호(echo)를 수신부에서 받아, 그 시간차를 거리로 산출한다.

만약 1cm를 이동하는 데 걸리는 시간을 구해보면 다음과 같이 구할 수 있다.

$$t = \frac{2 * L(\text{물체와의 거리, m})}{V(\text{음속, m/s})}$$

따라서 $t = 2 * 0.01/340 = 58.824\mu s$로, 초음파가 1cm를 이동하는 데 걸리는 시간은 약 29μs가 걸리며, 물체와의 거리는 다음과 같이 구할 수 있다.

거리(cm) = duration(왕복에 걸린 시간)/29/2(왕복)

여기서 음속은 $V = 331.5 + 0.6T$이고, T는 온도(°C)이므로, 실내 온도를 25°C라고 가정하면 음속 V = 340m/s로 계산되어 초음파가 1cm의 거리를 왕복하는 데 걸리는 시간은

$$t = \frac{2 \times 0.01}{340} = 58.24^{-6}$$

으로 계산된다. 따라서 초음파가 1cm의 거리를 왕복하는 데 걸리는 시간은 58.824μs가 된다.

(2) SRF02의 구조 분석 및 I²C 인터페이스를 위한 내부 구조

◈ SRF 계열

표 12.12는 현재 출시되고 있는 센서와 특징을 정리한 것이다. SRF 초음파 센서는 영국의 Devantech사에서 개발한 것으로, 다양한 용도로 사용되고 있어 그 제품군도 다양하다. 이는 송수신기 일체형 또는 분리형의 구조 및 인터페이스 방식, 측정 거리 등에 따라 다양하게 출시되고 있다.

이 예제에서는 송수신기 일체형 구조를 갖고 있으며, 측정 거리가 16cm~6m 정도이고, I²C 버스 인터페이스가 가능한 SRF02를 사용하기로 한다.

표 12.12 SRF 계열의 초음파 센서

이름	형태	특징
SRF01	송수신 일체형	공급 전원: 3.3~12V 측정 거리: 18cm~600cm 공진 주파수: 40kHz 인터페이스 방식: UART
SRF02	송수신 일체형	공급 전원: 5V 측정 거리: 16cm~6m 공진 주파수: 40kHz 인터페이스 방식: I²C 버스 또는 UART
SRF04	송수신 분리형	공급 전원: 5V 측정 거리: 3cm~3m 공진 주파수: 40kHz 인터페이스 방식: TTL 레벨(시간에 비례하는 펄스폭을 출력)
SRF05	송수신 분리형	공급 전원: 5V 측정 거리: 1cm~4m 공진 주파수: 40kHz 인터페이스 방식: TTL 레벨(시간에 비례하는 펄스폭을 출력)
SRF06	송수신 분리형	공급 전원: 4~20mA current loop 측정 거리: 2cm~4m 공진 주파수: 40kHz

표 12.12 SRF 계열의 초음파 센서(계속)

이름	형태	특징
SRF08	송수신 분리형	공급 전원: 5V 측정 거리: 3cm~6m 공진 주파수: 40kHz 인터페이스 방식: I^2C 다중 장애물 검출 기능이 있음
SRF10	송수신 분리형	공급 전원: 5V 측정 거리: 3cm~6m 공진 주파수: 40kHz 인터페이스 방식: I^2C
SRF235	송수신 일체형	공급 전원: 5V 측정 거리: 10cm~1.2m 공진 주파수: 235kHz 인터페이스 방식: I^2C 초음파의 지향성이 개선되어 15°임
SRF485/ SRF485WPR	송수신 일체형 (개방형 또는 밀폐형)	공급 전원: 4~14V(정격 12V, 10mA) 측정 거리: 30cm~500cm 공진 주파수: 40kHz 인터페이스 방식: RS485, 127개 연결 가능

◈ SRF02 모듈의 제원

그림 12.49는 이 실험에서 사용하는 SRF02의 외형과 핀 구성을 나타낸다. SRF02는 송수신 일체형 트랜스듀서의 구조를 갖고 있는 초음파 거리 측정기로, 장애물과의 측정 가능한 거리는 15cm~6m이다. 측정된 장애물과의 거리는 UART 혹은 I^2C 통신을 통해 확인 가능하다. UART의 출력 형식은 TTL 레벨로 신호가 인터페이스되며, 통신 형식은 9600 보 레이트, 1 시작 비트, 2 정지 비트, No 패리티 형식이고, 각기 다른 주소 할당을 통해 16개의 SRF02 모듈을 사용할 수 있도록 설계되어 있다.

(a) SRF02의 외형

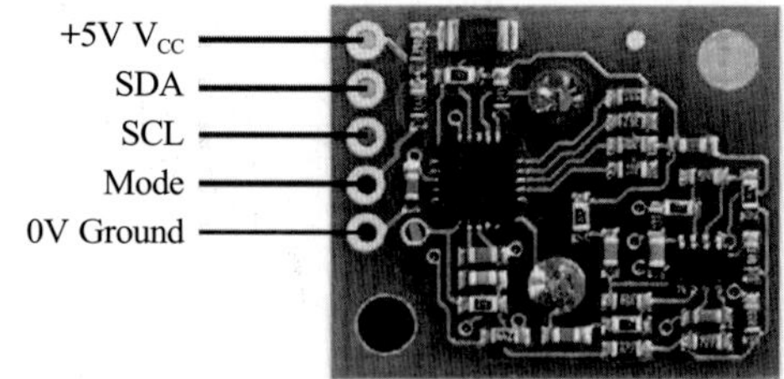

(b) SRF02의 보드 및 핀

그림 12.49 SRF02의 보드

① 신호 선 및 MCU 인터페이스

SRF02의 신호 선은 그림 12.49(b)와 같이 5 핀으로 구성되어 있다. 이는 I²C 통신을 위한 SDA 및 SCL 핀과, 통신 모드의 선택이 가능한 모드 핀으로 구성되어 있다. 모드(Mode) 핀은 SRF02의 동작 모드를 결정하는 핀으로 I²C로 동작시키기 위해서는 개방 혹은 V_{CC}와 풀업 저항을 통해 연결해야 하며, UART로 동작 시에는 GND와 연결해야 한다.

SRF02의 제어 방법은 24xx 계열의 EEPROM과 같고, 단지 장치의 주소와, 제어를 위한 레지스터의 주소만 다르다. SRF02 장치의 주소는 출하 시 0xE0으로 설정되어 있으나, 16개의 SRF02를 연결할 때는 각각의 주소를 0xE0, 0xE2, 0xE4, 0xE6, 0xE8, 0xEA, 0xEC, 0xEE, 0xF0, 0xF2, 0xF4, 0xF6, 0xF8, 0xFA, 0xFC 또는 0xFE로 변경하여 사용해야 한다.

- SDA와 SCL: I²C 버스상에서 +5V로 풀업 저항(1.8kΩ)으로 연결한다. 일반적으로 마스터 쪽에 저항을 배치한다.
- Mode: 내부 풀업 저항에 연결되어 있으므로, I²C로 제어하기 위해 개방해놓는다.
- SRF02는 I²C 버스에서 항상 슬레이브로 동작한다.

② SRF02의 내부 레지스터

Location 0은 읽기/쓰기가 가능하고, 이 위치를 읽으면 초음파 센서(SRF02)의 Software Revision이 전송이 된다. Location 0은 쓰기가 가능한 명령어 레지스터로, 거리 측정 세션을 기동하는 데 사용된다. 거리 측정은 65ms 동안 지속되어, 거리 측정이 이루어지고 있는 동안에는 I²C 버스에 응답하지 않는다.

- Location 1은 실제로는 쓰이지 않는 명령어로, 0x80이라는 데이터가 전송된다.
- Location 2, 3은 최근 측정한 거리 데이터 값으로, `unsigned` 형태의 16비트 값으로 표시된다.
  - Location 2는 상위 바이트이고, Location 3은 하위 바이트이다.
  - 이 값은 사용하는 명령어에 따라 ToF 시간을 인치, 미터, 또는 μs 단위로 나타낸다.
  - 이 값이 0이면 장애물이 검출되지 않았음을 의미한다.
  - 이전에 측정한 거리 측정 값이 사라지지 않고 정확하게 얻기 위해서는 65ms보다 빨리 초음파 센서를 기동하지 않아야 한다.
- Location 4, 5는 측정 가능한 최소 거리 값으로, `unsigned` 형태의 16 비트 값으로 표시된다.
  - Location 4는 상위 바이트이고, Location 5는 하위 바이트이다.

③ SRF02의 명령어

SRF02의 명령어는 표 12.13에 나타낸 것과 같이 총 11개로 구성되어 있고, Location 0에 접근하여 이 명령어 레지스터에 명령어를 기록하면 이에 준하는 동작을 수행한다.

- 0x50~0x52는 실제 거리 측정을 요구하는 명령어로, 이 명령어의 결과는 인치, 센티미터,

μs 단위로 나타난다. 이 명령어를 수행하면 실제로 버스트가 전송된다.

- 0x56~0x58은 0x50~0x52와 같은 명령어이지만 버스트가 전송되지 않는다. 이 명령어는 다른 소나에 의해 버스트 신호가 송신된 경우에 사용되며, 무송신 명령어 수신 후 버스트 파형이 수신된 시간을 기준으로 거리를 산출하여 반환한다. 이때 외부 버스트는 0x50~0x52, 0x5C의 명령어로 송신해야 한다.
- 0x5C는 40kHz의 버스트를 전송하는 명령어이다. 이 버스트를 이용하면 측정은 일어나지 않는다.
- 0x60은 Autotune Restart 명령어로, power up과 같은 기능을 수행한다.
- 0xA0~0xAA는 I^2C의 주소를 변경하는 데 사용되는 명령어로, 초음파 센서의 주소를 변경하기 위해 사용된다.
- 0xA0(첫 번째 순서), 0xAA(두 번째 순서), 0xA5(세 번째 순서) 순서를 의미한다.
  - 이때 사용 가능한 주소는 0xE0, 0xE2, 0xE4, 0xE6, 0xE8, 0xEA, 0xEC, 0xEE 또는 0xF0, 0xF2, 0xF4, 0xF6, 0xF8, 0xFA, 0xFC, 0xFE이다. 초기 초음파 센서의 주소는 0xE0이다.

표 12.13 명령어와 동작

명령어		동작
10진	16진	
80	0x50	실제 거리 측정 모드(결과는 인치)
81	0x51	실제 거리 측정 모드(결과는 미터)
82	0x52	실제 거리 측정 모드(결과는 μs)
…	…	
86	0x56	무송신(fake) 거리 측정 모드(결과는 인치)
87	0x57	무송신(fake) 거리 측정 모드(결과는 미터)
88	0x58	무송신(fake) 거리 측정 모드(결과는 μs)
…	…	
92	0x5C	8사이클의 40kHz 버스트 신호를 전송(거리 측정은 발생하지 않음)
…	…	
96	0x60	power up과 같은 Autotune Restart를 실행(이 명령어는 무시할 수 있음)
…	…	
160	0xA0	I^2C 버스 주소를 변경하기 위한 첫 번째 순서
165	0xAA	I^2C 버스 주소를 변경하기 위한 두 번째 순서
170	0xA5	I^2C 버스 주소를 변경하기 위한 세 번째 순서

④ 거리 측정

다음과 같은 순서로 거리 측정을 한다.

- 명령어 레지스터에 상기 명령어 중 하나를 쓴다.
- 거리 측정에 필요한 시간을 기다린다.
- 결과를 읽는다.

에코 버퍼는 거리 측정이 시작되면 클리어된다. 거리 측정은 66ms 동안 지속되어, 이 시간이 지난 후에 Location 2와 3을 읽을 수 있다.

⑤ I²C 버스 주소의 변경

SRF02는 16개까지 I²C 버스에 연결이 가능하다. 따라서 여러 개의 초음파 센서를 버스상에 연결하기 위해서는 원래 설정되어 출하되는 주소 0xE0을 변경하여 사용해야 한다. 예로, 2개의 초음파 센서를 사용하기 위해서는 새롭게 추가되는 SRF02의 주소를 변경하여 I²C 버스에 연결해야 한다. 예를 들어, 추가되는 초음파 센서의 주소를 0xE0에서 0xF2로 변경하기 위해서는 다음의 순서대로 명령어를 써야 한다. 즉, 0xE0에 0xA0, 0xAA, 0xA5, 0xF2를 순서대로 쓴다.

⑥ AutoTune

SRF02는 어떠한 조정도 필요 없이 직접 사용이 가능하다. 초음파 센서의 링잉(ringing) 현상 때문에 근접 거리를 측정하는 데 제한이 발생한다. SRF02를 사용하여 측정 가능한 근접 거리는 11~16cm까지이지만, 측정이 되지 않는 이유는 여러 가지 이유로 인한 링잉 현상 때문이므로, 이 경우에는 자동 조정(autotune) 기능을 사용하여 보정할 수 있다. 이 과정은 명령어 96을 명령어 레지스터에 쓰면 되지만, 단지 SRF02를 테스트하는 과정에 사용된다.

(3) SRF02를 이용한 거리 장애물과의 거리 측정 프로그램

◈ 거리 측정 순서

SRF02를 이용하여 거리를 측정하기 위해서는 그림 12.50과 같이 I²C 통신을 위해 I²C 초기화를 수행하고, SRF02의 측정 완료 시간까지 대기한 다음, 측정된 데이터를 읽는 순서로 진행한다. 이때 측정에 소요되는 시간은 최대 66ms 정도이므로 최소 66ms의 시간을 대기한 후 측정된 거리를 읽어야 한다.

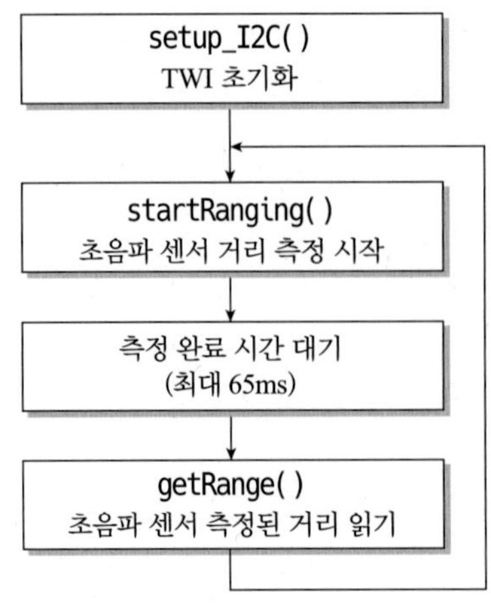

그림 12.50 거리 측정 순서

◈ 명령어 전송 프로그램

초음파 센서(SRF02)로 거리를 측정하기 위해서는 그림 12.50에 설명한 대로 먼저 초음파 센서에 측정 시작 명령어를 송신하고, 그 결과로 측정 거리를 읽는 과정을 수행해야 한다.

이러한 과정을 수행하기 위해 명령어 레지스터에 명령어를 전송하는 프로그램은 그림 12.51과 같은 순서로 송신한다. 즉, 먼저 I^2C를 시작 상태로 설정하고, 이후 SRF02의 장치 주소, 데이터를 쓰고자 하는 레지스터의 주소, 쓰고자 하는 값을 순차적으로 I^2C를 통해 전송한 후 I^2C를 종료한다. 이러한 과정을 거쳐 명령어를 전송하면 SRF02는 거리 측정을 위한 초음파 펄스를 발사하여 거리 측정을 시작한다. 이때 측정에 필요한 소요 시간은 최대 66ms이므로, 이 소요 시간 이상의 대기 시간을 두고 대기 후 측정 값을 읽어야 하며, 대기 시간이 이보다 짧을 경우에는 센서의 데이터를 신뢰하기 어려우므로 이를 보장해야 한다.

위에서 서술한 명령어 전송 프로그램의 통신 과정을 도식화하면 그림 12.51과 같다.

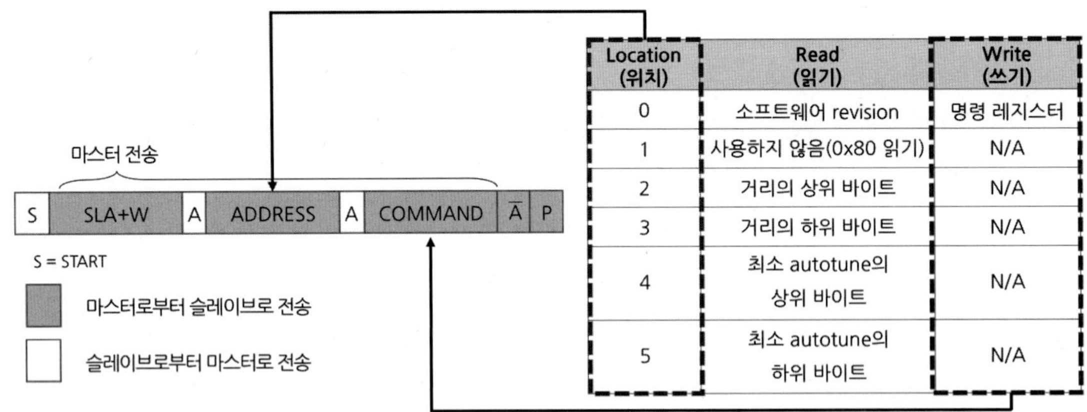

Location (위치)	Read (읽기)	Write (쓰기)
0	소프트웨어 revision	명령 레지스터
1	사용하지 않음(0x80 읽기)	N/A
2	거리의 상위 바이트	N/A
3	거리의 하위 바이트	N/A
4	최소 autotune의 상위 바이트	N/A
5	최소 autotune의 하위 바이트	N/A

그림 12.51 SRF02로 명령어를 쓰는 과정

여기서 SLA+W는 SRF02의 주소를 지정하여 전송하는 과정이고, ADDRESS는 명령어 레지스터의 주소이며, COMMAND는 SRF02의 명령어 레지스터 중 하나를 나타낸다. 이를 프로그램 코드로 구현하기 위해서는 기존 24xx 시리즈의 EEPROM과 유사하게 구현할 수 있으나, 보드에 장착되지 않고 외부에 유선으로 연결되는 장착 특성을 고려했을 때 전송 선로에서 이상이 있을 시 기존의 I²C 송신 완료 및 인터럽트 비트 활성화 대기 루틴의 경우 무한 대기 상태(time-out)에 빠지는 문제에 대한 대응책이 필요하다. 이의 예방을 위해 이 예제에서는 표 12.14에 제시한 바와 같이 인터럽트 대기 상태에서 대기 시간을 계수하여 허용 값 이상의 시간이 소요될 경우 함수를 종료하여 무한 대기 상태에 빠지지 않도록 했다.

표 12.14 I²C 인터럽트 비트 활성화 대기 함수 변경

구분	코드
기존	`while(!(TWCR & (1<<TWINT)));`
변경	`while(!(TWCR & (1<<TWINT))){if(srf02_ErrCnt++ > SRF02_ERR_MAX_CNT){ return 0; } };`

이를 고려한 프로그램 코드를 작성하면 다음과 같다.

```
/**
  * @brief  I2C를 통한 데이터 쓰기 함수
  * @param  address: I2C를 통한 데이터 쓰기 대상 장치 주소
  * @param  reg: I2C를 통한 데이터 쓰기 레지스터 주소
  * @param  data: I2C를 통한 데이터 쓰기 레지스터 값
  * @retval 송신 성공 여부(0: 실패, 1: 성공)
  */
#define SRF02_ERR_MAX_CNT 2000

int SRF02_I2C_Write(char address, char reg, char data)
{
    unsigned int srf02_ErrCnt = 0;

    // I2C 시작 비트 전송
    TWCR = (1<<TWINT) | (1<<TWSTA) | (1<<TWEN);
    // 통신 시작 대기
    while(!(TWCR & (1<<TWINT) )){if(srf02_ErrCnt++ > SRF02_ERR_MAX_CNT){ return 0; } };

    // I2C 장비 주소 송신을 위한 적재 및 전송 시작
    TWDR = address; // SLA + W
    TWCR = (1<<TWINT) | (1<<TWEN);
    // 송신 완료 대기
    while(!(TWCR & (1<<TWINT))){if(srf02_ErrCnt++ > SRF02_ERR_MAX_CNT){ return 0; } };

    // 레지스터 위치 송신을 위한 적재 및 전송 시작
    TWDR = reg;
```

```
    TWCR = (1<<TWINT) | (1<<TWEN);
    // 송신 완료 대기
    while(!(TWCR & (1<<TWINT))){if(srf02_ErrCnt++ > SRF02_ERR_MAX_CNT){ return 0; } };

    // 명령 송신을 위한 적재 및 전송 시작
    TWDR = data;
    TWCR = (1<<TWINT) | (1<<TWEN);
    // 송신 완료 대기
    while(!(TWCR &  (1<<TWINT))){if(srf02_ErrCnt++ > SRF02_ERR_MAX_CNT){ return 0; } };

    // I2C 종료 비트 전송
    TWCR = (1<<TWINT) | (1<<TWSTO) | (1<<TWEN);// stop bit
    return 1;
}
```

◈ 데이터 수신 프로그램

거리 측정에 필요한 시간이 지나면 SRF02에서 측정된 거리 값을 수신하는 과정이 필요하다. 이를 위한 과정의 프로그램은 그림 12.52에 나타낸 바와 같이 먼저 I^2C를 시작 상태로 설정하고, 이후 SRF02의 장치 주소, 데이터를 쓰고자 하는 레지스터의 주소를 전송하고, 반복적인 조건을 전송하여 다시 패킷의 시작을 알리고, 읽고자 하는 장비의 주소를 전달한 뒤 데이터 수신을 위한 더미 클록을 전달한 다음에 SRF02에서 수신된 데이터를 읽는 순서로 이루어진다.

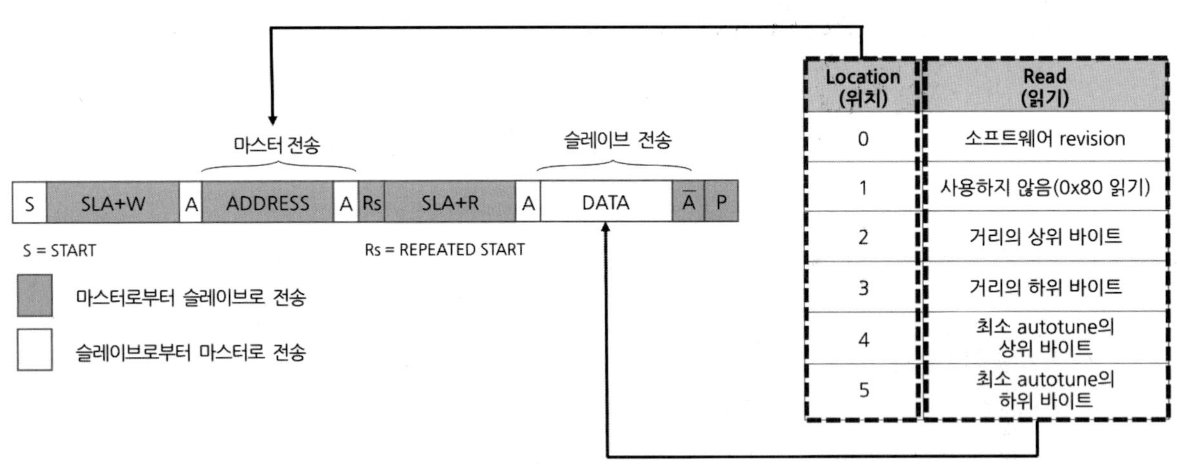

그림 12.52 SRF02로부터의 처리 결과를 읽는 과정

여기서 SLA+W는 SRF02의 주소를 전송하는 과정, ADDRESS는 명령어 레지스터의 주소, Rs는 REPEATED START, SLA+R은 SRF02의 읽기 대상 레지스터의 주소를 전송하는 과정이고, DATA는 SRF02에서 처리된 결과의 데이터를 의미한다. 이를 프로그램으로 작성하면 다음과 같다.

```
/**
  * @brief  I2C를 통한 데이터 read 함수
  * @param address: I2C를 통한 데이터 읽기 대상 장치 주소
  * @param reg: I2C를 통한 데이터 읽기 대상 레지스터 주소
  * @retval I2C를 통해 읽어진 1바이트 데이터
  */
unsigned char SRF02_I2C_Read(char address, char reg)
{
    char read_data = 0;
    unsigned int srf02_ErrCnt = 0;

    // I2C 시작 비트 전송
    TWCR = 0xA4;//TWCR = (1<<TWINT) | (1<<TWSTA) | (1<<TWEN);
    // 통신 시작 대기
    while(!(TWCR & 0x80)){if(srf02_ErrCnt++>SRF02_ERR_MAX_CNT){ return 0; } };

    // I2C 장비 주소(SLA+W) 송신을 위한 적재 및 전송 시작
    TWDR = address;      // SLA + W
    TWCR = 0x84;         // TWCR = (1<<TWINT) | (1<<TWEN);
    // 송신 완료 대기
    while(!(TWCR & 0x80)){if(srf02_ErrCnt++>SRF02_ERR_MAX_CNT){ return 0; } };

    // 레지스터 위치 송신을 위한 적재 및 전송 시작
    TWDR = reg;
    TWCR = (1<<TWINT) | (1<<TWEN);
    // 송신 완료 대기
    while(!(TWCR & 0x80)){if(srf02_ErrCnt++>SRF02_ERR_MAX_CNT){ return 0; } };

    // I2C 재시작을 위한 시작 비트 전송
    TWCR = (1<<TWINT) | (1<<TWSTA) | (1<<TWEN);
    // wait for confirmation of transmit
    while(!(TWCR & 0x80)){if(srf02_ErrCnt++>SRF02_ERR_MAX_CNT){ return 0; } };

    // I2C 장비 주소(SLA+R) 송신을 위한 적재 및 전송 시작
    TWDR = address +1; // SLA + R
    TWCR = (1<<TWINT) | (1<<TWEA) | (1<<TWEN);
    // 송신 완료 대기
    while(!(TWCR & 0x80)){if(srf02_ErrCnt++>SRF02_ERR_MAX_CNT){ return 0; } };

    // 데이터 수신을 위한 클록 전송
    TWCR = (1<<TWINT) | (1<<TWEN);
    // 수신 완료 대기
    while(!(TWCR & 0x80)){if(srf02_ErrCnt++>SRF02_ERR_MAX_CNT){ return 0; } };
    // 수신된 데이터 반환을 위해 변수 저장
    read_data = TWDR;
```

```
    // I2C 종료 비트 전송
    TWCR = (1<<TWINT) | (1<<TWSTO) | (1<<TWEN);

    // 수신된 데이터 반환
    return read_data;
}
```

◈ I^2C 초기화, 거리 측정 명령어 및 거리 읽기 명령어 처리

I^2C를 통한 SRF02와의 통신을 위해서는 I^2C를 초기화해야 한다. 이를 위한 초기화 함수는 다음과 같다.

```
/**
  * @brief  초음파 센서와의 통신을 위한 TWI 초기화 함수
  */
void I2C_Init(void)
{
    TWBR = 0x40;       // 100kHz I2C 클록 주파수
}
```

SRF02의 측정 시작을 위해서는 측정 시작 명령어를 전달해야 한다. 이때 요구되는 거리 데이터의 형태(인치 단위, 센티미터 단위, ToF 시간)에 따라 다음의 명령어 값을 0번 위치(명령어 레지스터)에 써야 한다. 다음 프로그램은 SRF02에 cm 단위의 거리 측정을 요청하는 프로그램이다.

```
#define SRF02_Return_inch          80
#define SRF02_Return_Cm            81
#define SRF02_Return_microSecond   82

#define COM_REG      0

/**
  * @brief  초음파 센서의 측정 시작을 설정하는 함수
  * @param  addr: 측정된 거리를 얻고자 하는 초음파 센서의 ID
  */
void startRanging(char addr)
{
    // cm 단위로 측정 요청
    SRF02_I2C_Write(addr, COM_REG, SRF02_Return_Cm);
}
```

SRF02에서 측정된 정보는 16비트 정보이므로, 측정 정보를 얻기 위해서는 8비트 내부 레지스터인 Location2와 Location3의 데이터를 읽어 합하는 과정이 필요하다. 이를 함수로 구현하면 다음과 같다.

```
/**
  * @brief  측정된 거리를 읽어오는 함수
  * @param  addr: 측정된 거리를 얻고자 하는 초음파 센서의 장비 주소
  * @retval 초음파 센서의 측정된 거리
  */
unsigned int getRange(char addr)
{
    unsigned int x;
    // 거리 데이터를 상위, 하위 순서로 읽기
    x  = SRF02_I2C_Read(addr, 2) << 8;   // Location2에서 상위 바이트 읽기
    x += SRF02_I2C_Read(addr, 3);        // Location3에서 하위 바이트 읽기

    return (x);
}
```

◈ SRF02 주소 변경 프로그램

SRF02는 단일 I^2C 버스를 이용하여 센서들의 정보 수집이 가능하다. 이를 위해 각 센서 장치는 각각 인식을 위해 장비 주소를 달리 설정해야 한다. 이를 위해 SRF02는 장비 주소 변경을 위해 I^2C 버스를 이용한 방법이 제공된다.

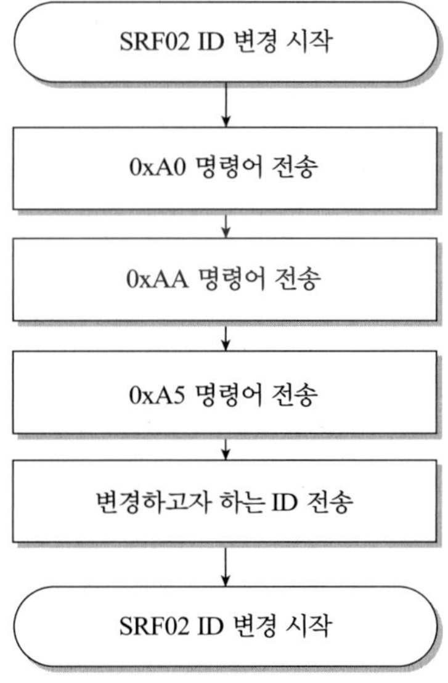

그림 12.53 SRF02 디바이스의 주소 변경 프로그램의 흐름도

초음파 센서 고유의 주소를 변경하기 위해서는 그림 12.53의 절차대로 먼저 특정 명령어(0xA0, 0xAA, 0xA5)를 순차적으로 전송하고, 변경하고자 하는 목표 초음파 디바이스의 주소를 전송한다. 이를 프로그램으로 작성하면 다음과 같다.

```
/**
 * @brief  초음파 센서의 ID를 변경하는 함수
 * @param  ori: 변경하고자 하는 초음파 센서 기존 장치 주소
 * @param  des: 변경하고자 하는 초음파 센서 신규 장치 주소
 */
void change_Sonar_Addr(unsigned char ori, unsigned char des)
{
    // 주소는 아래의 16개만 허용됨
    switch(des)
    {
        case 0xE0:
        case 0xE2:
        case 0xE4:
        case 0xE6:
        case 0xE8:
        case 0xEA:
        case 0xEC:
        case 0xEE:
        case 0xF0:
        case 0xF2:
        case 0xF4:
        case 0xF6:
        case 0xF8:
        case 0xFA:
        case 0xFC:
        case 0xFE:
            // ID 변경 시퀀스에 따라 기존 센서에 변경 명령어를 전송
            SRF02_I2C_Write(ori, COM_REG, SRF02_1st_Sequence_change);
            SRF02_I2C_Write(ori, COM_REG, SRF02_2nd_Sequence_change);
            SRF02_I2C_Write(ori, COM_REG, SRF02_3rd_Sequence_change);

            // ID 변경 시퀀스에 따라 신규 ID 전날
            SRF02_I2C_Write(ori, COM_REG, des);
            break;
    }
}
```

◈ SRF02 구동을 위한 공통 사용 프로그램

위에서 설명한 초음파 센서 SRF02를 구동하기 위한 공통 사용 프로그램을 정리하면 다음과 같다.

```
#include <mega128.h>
#include <stdio.h>
#include <delay.h>
#include "lcd.h"
```

```
#define COM_REG      0

#define SRF02_Return_inch          80
#define SRF02_Return_Cm            81
#define SRF02_Return_microSecond   82

#define SRF02_1st_Sequence_change  160
#define SRF02_2nd_Sequence_change  170
#define SRF02_3rd_Sequence_change  165

#define SRF02_ERR_CNT_MAX         2000

/**
  * @brief  초음파 센서와의 통신을 위한 I2C 초기화 함수
  */
void I2C_Init(void)
{
    TWBR = 0x40; // 100kHz I2C 클록 주파수
}

/**
  * @brief  I2C를 통한 데이터 쓰기 함수
  * @param  address: I2C를 통한 데이터 쓰기 대상 장치 주소
  * @param  reg: I2C를 통한 데이터 쓰기 레지스터 주소
  * @param  data: I2C를 통한 데이터 쓰기 레지스터 값
  * @retval 송신 성공 여부(0: 실패, 1: 성공)
  */
int SRF02_I2C_Write(char address, char reg, char data)
{
    unsigned int srf02_ErrCnt = 0;

    // I2C 시작 비트 전송
    TWCR = (1<<TWINT) | (1<<TWSTA) | (1<<TWEN);
    // 통신 시작 대기
    while(!(TWCR & (1<<TWINT) )){if(srf02_ErrCnt++ > SRF02_ERR_CNT_MAX){ return 0; } };

    // I2C 장비 주소 송신을 위한 적재 및 전송 시작
    TWDR = address;     //  SLA + W
    TWCR = (1<<TWINT) | (1<<TWEN);
    // 송신 완료 대기
    while(!(TWCR & (1<<TWINT))){if(srf02_ErrCnt++ > SRF02_ERR_CNT_MAX){ return 0; } };

    // 레지스터 위치 송신을 위한 적재 및 전송 시작
    TWDR = reg;
    TWCR = (1<<TWINT) | (1<<TWEN);
```

```
    // 송신 완료 대기
    while(!(TWCR & (1<<TWINT))){if(srf02_ErrCnt++ > SRF02_ERR_CNT_MAX){ return 0; } };

    // 명령 송신을 위한 적재 및 전송 시작
    TWDR = data;
    TWCR = (1<<TWINT) | (1<<TWEN);
    // 송신 완료 대기
    while(!(TWCR &  (1<<TWINT))){if(srf02_ErrCnt++ > SRF02_ERR_CNT_MAX){ return 0; } };

    // I2C 종료 비트 전송
    TWCR = (1<<TWINT) | (1<<TWSTO) | (1<<TWEN);     // 정지 비트
    return 1;
}

/**
  * @brief  I2C를 통한 데이터 read 함수
  * @param address: I2C를 통한 데이터 읽기 대상 장치 주소
  * @param reg: I2C를 통한 데이터 읽기 대상 레지스터 주소
  * @retval I2C를 통해 읽은 1바이트 데이터
  */
unsigned char SRF02_I2C_Read(char address, char reg)
{
    char read_data = 0;
    unsigned int srf02_ErrCnt = 0;

    // I2C 시작 비트 전송
    TWCR = (1<<TWINT) | (1<<TWSTA) | (1<<TWEN);
    // 통신 시작 대기
    while(!(TWCR & (1<<TWINT))){if(srf02_ErrCnt++ > SRF02_ERR_CNT_MAX){ return 0; } };

    // I2C 장비 주소(SLA+W) 송신을 위한 적재 및 전송 시작
    TWDR = address;      //  SLA + W
    TWCR = (1<<TWINT) | (1<<TWEN);
    // 송신 완료 대기
    while(!(TWCR & (1<<TWINT))){if(srf02_ErrCnt++ > SRF02_ERR_CNT_MAX){ return 0; } };

    // 레지스터 위치 송신을 위한 적재 및 전송 시작
    TWDR = reg;
    TWCR = (1<<TWINT) | (1<<TWEN);
    // 송신 완료 대기
    while(!(TWCR & (1<<TWINT))){if(srf02_ErrCnt++ > SRF02_ERR_CNT_MAX){ return 0; } };

    // I2C 재시작을 위한 시작 비트 전송
    TWCR = (1<<TWINT) | (1<<TWSTA) | (1<<TWEN);
    // wait for confirmation of transmit
```

```
    while(!(TWCR & (1<<TWINT))){if(srf02_ErrCnt++ > SRF02_ERR_CNT_MAX){ return 0; } };

    // I2C 장비 주소(SLA+R) 송신을 위한 적재 및 전송 시작
    TWDR = address +1; // SLA + R
    TWCR = (1<<TWINT) | (1<<TWEA) | (1<<TWEN);
    // 송신 완료 대기
    while(!(TWCR & (1<<TWINT))){if(srf02_ErrCnt++ > SRF02_ERR_CNT_MAX){ return 0; } };

    // 데이터 수신을 위한 클록 전송
    TWCR = (1<<TWINT) | (1<<TWEN);
    // 수신 완료 대기
    while(!(TWCR & (1<<TWINT))){if(srf02_ErrCnt++ > SRF02_ERR_CNT_MAX){ return 0; } };
    // 수신된 데이터 반환을 위해 변수 저장
    read_data = TWDR;

    // I2C 종료 비트 전송
    TWCR = (1<<TWINT) | (1<<TWSTO) | (1<<TWEN);

    // 수신된 데이터 반환
    return read_data;
}

/**
  * @brief  초음파 센서의 측정 시작을 설정하는 함수
  * @param  addr: 측정된 거리를 얻고자 하는 초음파 센서의 장치 주소
  */
void startRanging(char addr)
{
    // cm 단위로 측정 요청
    SRF02_I2C_Write(addr, COM_Reg, SRF02_Return_Cm);
}

/**
  * @brief  측정된 거리를 읽어오는 함수
  * @param  addr: 측정된 거리를 얻고자 하는 초음파 센서의 ID
  * @retval 초음파 센서의 측정된 거리
  */
unsigned int getRange(char addr)
{
    unsigned int x;
    // 거리 데이터를 상위, 하위 순서로 읽기
    x = SRF02_I2C_Read(addr,2) << 8;          // Location2에서 상위 바이트 읽기
    x += SRF02_I2C_Read(addr,3);              // Location3에서 하위 바이트 읽기
    return (x);
}
```

```
/**
  * @brief  초음파 센서의 장치 주소를 변경하는 함수
  * @param  ori: 변경하고자 하는 초음파 센서 기존 장치 주소
  * @param  des: 변경하고자 하는 초음파 센서 신규 장치 주소
  */
void change_Sonar_Addr(unsigned char ori, unsigned char des)
{
    // 주소는 아래의 16개만 허용됨
    switch(des)
    {
        case 0xE0:
        case 0xE2:
        case 0xE4:
        case 0xE6:
        case 0xE8:
        case 0xEA:
        case 0xEC:
        case 0xEE:
        case 0xF0:
        case 0xF2:
        case 0xF4:
        case 0xF6:
        case 0xF8:
        case 0xFA:
        case 0xFC:
        case 0xFE:
            // ID 변경 시퀀스에 따라 기존 센서에 변경 명령어를 전송
            SRF02_I2C_Write(ori, COM_REG, SRF02_1st_Sequence_change);
            SRF02_I2C_Write(ori, COM_REG SRF02_2nd_Sequence_change);
            SRF02_I2C_Write(ori, COM_REG, SRF02_3rd_Sequence_change);

            // ID 변경 시퀀스에 따라 신규 ID 전달
            SRF02_I2C_Write(ori, COM_REG, des);
            break;
    }
}
```

◈ SRF02 거리 측정 및 LCD 출력 프로그램

공용 프로그램을 이용하여 SRF02 센서(장비 주소 0xE0)의 거리를 읽어 LCD에 출력하는 프로그램은 그림 12.54의 흐름으로 동작하며, 프로그램으로 작성하면 다음과 같다. 제시된 프로그램은 SRF02 사용을 위한 공통 프로그램을 제외한 메인 함수와 인터럽트 함수만을 작성했으니 참고하기 바란다.

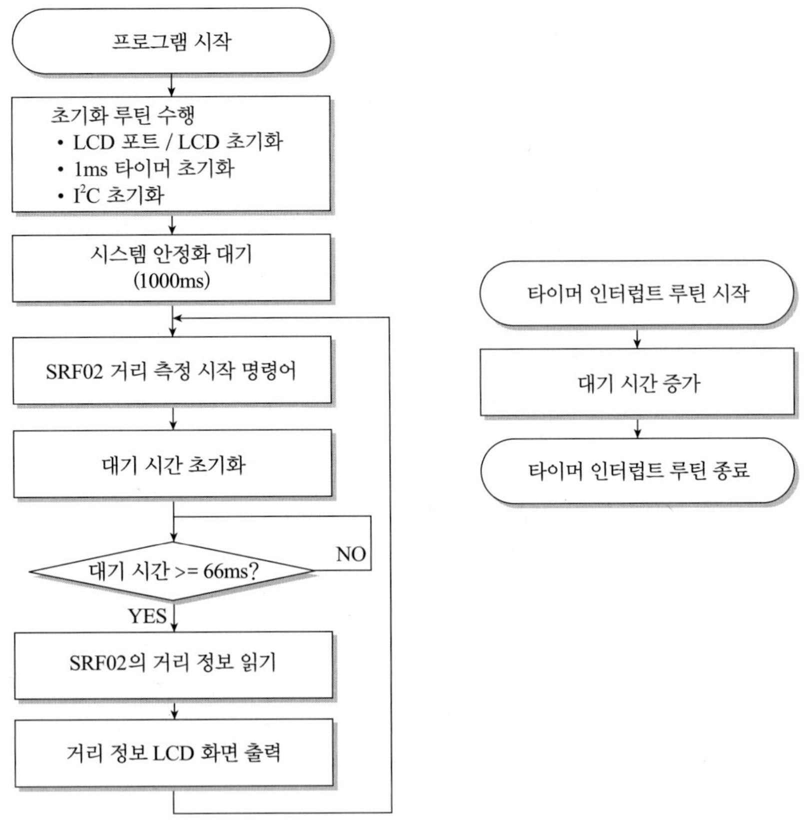

그림 12.54 SRF02의 거리 측정 및 LCD 화면 출력 순서도

```
unsigned char ti_Cnt_1ms; // 1ms 단위 시간 계수 위한 전역 변수 선언

/**
  * @brief  1ms 계수를 위한 타이머 설정
            약 1ms(@ 14.7456MHz)
  */
void Timer0_Init(){
    TCCR0 = (1<<WGM01)|(1<<CS00)|(1<<CS01)|(1<<CS02); // CTC 모드, 1024분주
    TCNT0 = 0x00;
    OCR0  = 14; // 14.7456MHz / 1024분주 / 14단계 = 1.028kHz
    TIMSK = (1<<OCIE0); // 비교 일치 인터럽트 허가
}

/**
  * @brief  타이머 0 비교 일치 인터럽트
  */
interrupt[TIM0_COMP] void timer0_comp(void)
{
    ti_Cnt_1ms++;
}
```

```
/**
  * @brief  1개의 SRF02 거리 정보를 LCD에 출력하는 주 프로그램
  */
void main(void)
{
    char Sonar_addr = 0xE0;         // 측정하고자 하는 장치 주소
    unsigned int Sonar_range;       // 측정 거리를 저장할 변수
    char Message[40];               // LCD 화면에 문자열 출력을 위한 문자열 변수

    LCD_Init();                     // LCD 초기화

    Timer0_Init();                  // 1ms 계수 위한 타이머 초기화
    I2C_Init();                     // I2C 통신 초기화(보 레이트 설정)

    delay_ms(1000);                 // SRF02 전원 안정화 시간 대기

    SREG|=0x80;                     // 타이머 인터럽트 활성화를 위한 전역 인터럽트 활성화

    startRanging(Sonar_addr);       // 초음파 센서 거리 측정 시작 명령어

    ti_Cnt_1ms = 0;                 // 측정 시간 대기를 위한 변수 초기화

    while(1)
    {
        // 대기 시간이 66ms 이상일 경우
        if(ti_Cnt_1ms > 66)
        {
            // 초음파 센서 거리 측정 데이터 얻기
            Sonar_range = getRange(Sonar_addr);

            // 측정된 거리 LCD 화면에 출력
            LCD_Pos(0,0);
            LCD_Str("Measured Dist.= ");

            sprintf(Message, "%03d cm",Sonar_range);
            LCD_Pos(1,10);
            LCD_Str(Message);

            // 초음파 센서 거리 측정 시작 명령어
            startRanging(Sonar_addr);

            // 대기 시간 초기화
            ti_Cnt_1ms = 0;
        }
```

```
    }
}
```

◈ 여러 개의 SRFO2 거리 측정 및 LCD 출력 프로그램

여러 개의 SRF02를 이용하여 각각의 거리 정보를 얻기 위해서는 먼저 사용하고자 하는 SRF02의 주소(장비의 주소)를 변경하여 저장해야 한다. 이 과정에서는 3개의 SRF02를 사용하기 위해 각 초음파 센서의 주소를 공통 사용 프로그램의 change_Sonar_Addr( ) 함수를 이용하여 미리 변경해놓아야 한다.

이러한 과정을 통해 사용하고자 하는 3개의 SRF02의 주소를 변경한 후에 각 센서에서 측정 거리 데이터를 읽어 LCD에 출력하는 프로그램은 그림 12.55의 순서대로 진행되며, 프로그램으로 작성하면 다음과 같다.

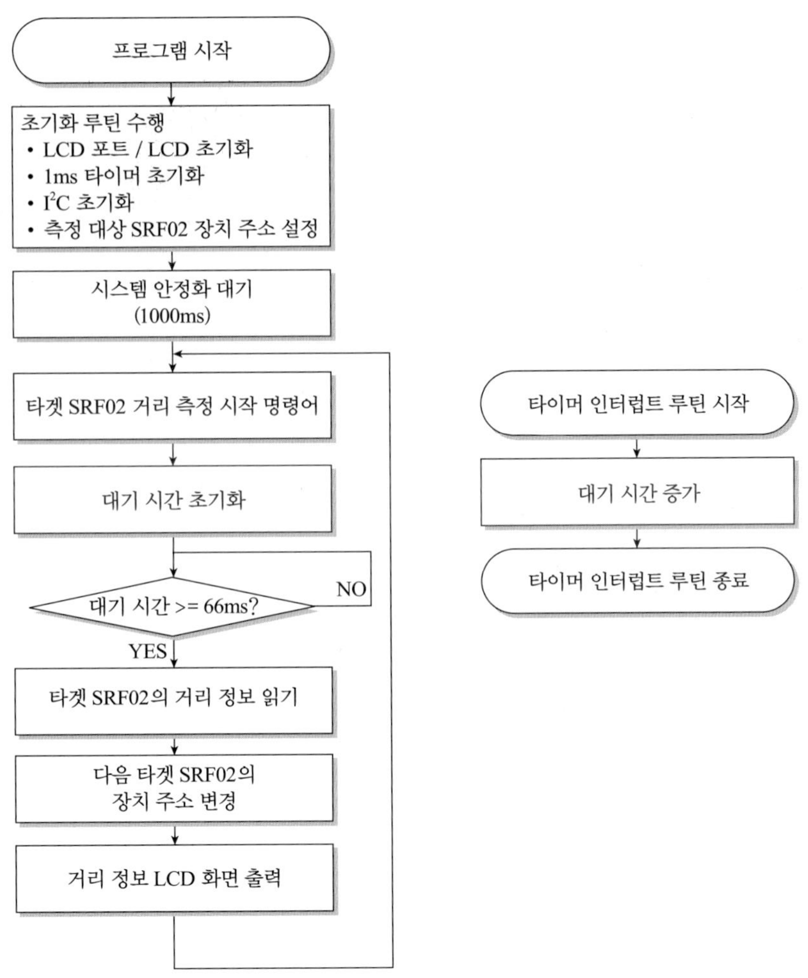

그림 12.55 여러 개의 SRF02 거리 측정 및 LCD 화면 출력 순서도

```
/**
  * @brief  3개의 SRF02 거리 정보를 LCD에 출력하는 주 프로그램
  */
void main(void)
{
    char Target_SRF02_Address;      // 측정하고자 하는 장치 주소
    unsigned int Sonar_range[3];    // 각 센서별 측정된 거리를 저장할 변수 배열
    char Message[40];               // LCD 화면에 문자열 출력을 위한 문자열 변수

    LCD_Init();                     // LCD 초기화

    Timer0_Init();                  // 1ms 계수 위한 타이머 초기화
    I2C_Init();                     // I2C 통신 초기화(보 레이트 설정)

    delay_ms(1000);                 // SRF02 전원 안정화 시간 대기

    SREG|=0x80;                     // 타이머 인터럽트 활성화 위한 전역 인터럽트 활성화

    Target_SRF02_Address = 0xE0;        // 측정 대상 장치 주소 설정

    startRanging(Target_SRF02_Address); // 초음파 센서 거리 측정 시작 명령어

    ti_Cnt_1ms  = 0;                // 측정 시간 대기를 위한 변수 초기화

    while(1)
    {
        if(ti_Cnt_1ms  > 66)
        {
            switch(Target_SRF02_Address)
            {
                case 0xE0:
                    // 초음파 센서 거리 측정 데이터 얻기
                    Sonar_range[0] = getRange(Target_SRF02_Address);
                    // 측정된 거리를 읽은 후, 다음 센서의 측정을 위한 Sonar_addr 변경
                    Target_SRF02_Address = 0xE2;
                    break;
                case 0xE2:
                    // 초음파 센서 거리 측정 데이터 얻기
                    Sonar_range[1] = getRange(Target_SRF02_Address);
                    // 측정된 거리를 읽은 후, 다음 센서의 측정을 위한 Sonar_addr 변경
                    Target_SRF02_Address = 0xE4;
                    break;
                case 0xE4:
                    // 초음파 센서 거리 측정 데이터 얻기
                    Sonar_range[2] = getRange(Target_SRF02_Address);
```

```
                // 측정된 거리를 읽은 후, 다음 센서의 측정을 위한 Sonar_addr 변경
                Target_SRF02_Address = 0xE0;
                break;
            }

            // 측정된 거리 LCD 화면에 출력
            LCD_Pos(0,0);
            LCD_Str("dis0 dis1 dis2");

            sprintf(Message, "%4d %4d %4d", Sonar_range[0], Sonar_range[1], Sonar_range[2]);
            LCD_Pos(1,0);
            LCD_Str(Message);

            // 초음파 센서 거리 측정 시작 명령
            startRanging(Target_SRF02_Address);

            // 대기 시간 초기화
            ti_Cnt_1ms = 0;
        }
    }
}
```

연습문제

1. TWI 통신과 USART 통신을 비교하여 장단점을 설명하라.

2. TWI 통신에 사용되는 신호 선을 정의하고 간단하게 설명한 다음, 풀업 저항을 달아서 사용하는 이유를 설명하라.

3. TWI 통신 프로토콜에서 시작(START), REPEATED START과 STOP 조건에 대해 간단히 설명하라.

4. TWI 통신 프로토콜에서 주소 패킷과 데이터 패킷에 대해 설명하라.

5. TWI 통신에 사용되는 레지스터와 기능에 대해 설명하라.

6. TWI 통신의 동작 모드 네 가지의 차이점에 대해 설명하라.

7. 이 책에서 시스템 클록은 14.7456MHz를 사용하고 있다. TWI SCA 신호 선의 정확한 주파수를 계산하는 과정을 설명하고, TWBR을 10, TWPS를 0으로 설정하는 이유를 설명하라.

8. 예제 12.2의 동작을 응용하여 다음 프로그램을 작성하라.
   (1) MCP23017의 GPIOA.1에 연결된 버튼 스위치가 1초 동안 눌린 횟수를 LCD에 출력하는 프로그램을 작성하라.
   (2) (1)에서 눌린 횟수를 AT24C02의 주소 0x00에 저장하는 프로그램을 작성하라.
   (3) (2)에서 저장된 AT24C02의 주소 0x00을 읽어 USART 통신 포트를 통해 PC에서 확인하는 프로그램을 작성하라.

9. 예제 12.2의 동작을 응용하여 다음 프로그램을 작성하라.

(1) MCP23017에 GPIOA에 연결된 버튼 스위치를 입력받아 AT24C02의 주소 0x00에 저장하는 프로그램을 작성하라(GPIOA0 버튼 = 0, GPIOA1 버튼 = 1, GPIOA2 버튼 = 2, GPIOA3 버튼 = 3).

(2) 교육용 보드의 전원을 OFF한 후 다시 전원을 인가한 다음 AT24C02의 주소 0x00을 읽어 다음을 실행하는 프로그램을 작성하라.

AT24C02의 주소 0x00	교육용 보드의 실행
0x00	교육용 보드의 ATmega128 포트 B에 연결된 LED를 1초 간격으로 전체 ON/OFF
0x01	교육용 보드의 ATmega128 포트 B에 연결된 LED를 2초 간격으로 전체 ON/OFF
0x02	교육용 보드의 ATmega128 포트 B에 연결된 LED를 3초 간격으로 전체 ON/OFF
0x03	교육용 보드의 ATmega128 포트 B에 연결된 LED를 4초 간격으로 전체 ON/OFF
그 외의 값	교육용 보드의 ATmega128 포트 B에 연결된 LED를 0.5초 간격으로 전체 ON/OFF

10. 초음파 센서의 거리 데이터를 μs 단위로 읽어서 이를 거리로 환산한 다음 LCD에 표시하는 프로그램을 작성하여, 예제 13.3에서 작성한 프로그램의 결과와 비교하라.

11. 초음파 센서 모듈을 3개 연결하여 마스터-슬레이브 시스템을 구축하고, 각 센서로부터 측정되는 거리를 LCD에 표시하는 프로그램을 작성하라.

CHAPTER

13

ATmega128의 기타 내장 기능의 활용

12장까지는 ATmega128에 내장되어 있는 주요 핵심 기능인 I/O 포트, 인터럽트, 타이머/카운터, 직렬 통신 등의 기능을 제어 및 활용하는 방법을 예제를 통해 자세히 알아봤다. 이번 장에서는 이 기능 외에 A/D 변환기, 아날로그 비교기와 EEPROM을 활용하는 방법과 워치독 타이머와 휴면 모드를 제어하는 방법을 예제를 통해 자세히 설명하여 ATmega128에 내장된 모든 기능을 완벽하게 이해할 수 있도록 할 것이다.

13.1 아날로그-디지털 변환기의 활용

13.1.1 아날로그-디지털 변환의 개요

아날로그/디지털 변환기(ADC: Analog/Digital Converter)는 아날로그 신호를 디지털 신호로 변환하는 장치로서, 다양한 분야에서 디지털 신호 처리를 위해 사용된다. A/D 변환기는 주로 신호의 크기 변화와 감지 정도를 의미하는 분해능과 신호의 시간 간격을 의미하는 샘플링 주파수의 두 가지 성능에 의해 아날로그 신호를 디지털 신호로 변환하는 장치이다. 이렇게 변환된 신호는 그림 13.1에 나타낸 것과 같이 마이크로컨트롤러에 입력되어 신호 처리 과정을 거쳐 여러 가지 응용에

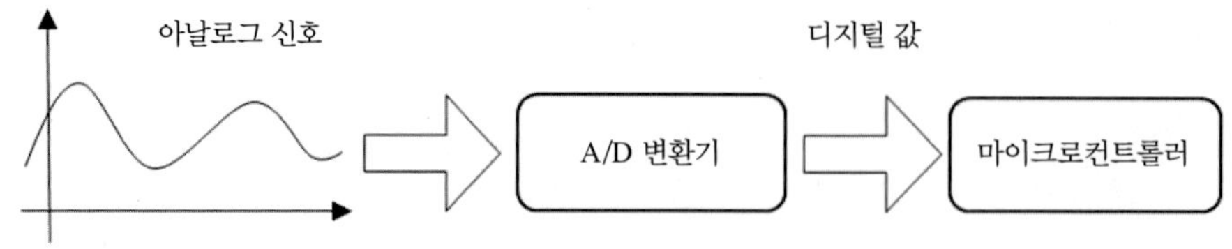

그림 13.1 A/D 변환기의 역할

활용할 수 있다.

A/D 변환기의 동작은 샘플앤홀드(S/H: Sample-and-Hold) 동작을 기본으로 한다. 여기서 아날로그 신호의 샘플링은 그림 13.2에 나타낸 바와 같이 일정한 주기로 아날로그 신호를 매 순간의 입력 파형 크기의 연속적인 임펄스 신호, 즉 순간적인 이산 값으로 받아들이는 동작이다. 이 과정에서 파형을 좀 더 정교하게 처리하기 위해서는 더 많은 샘플링이 요구된다.

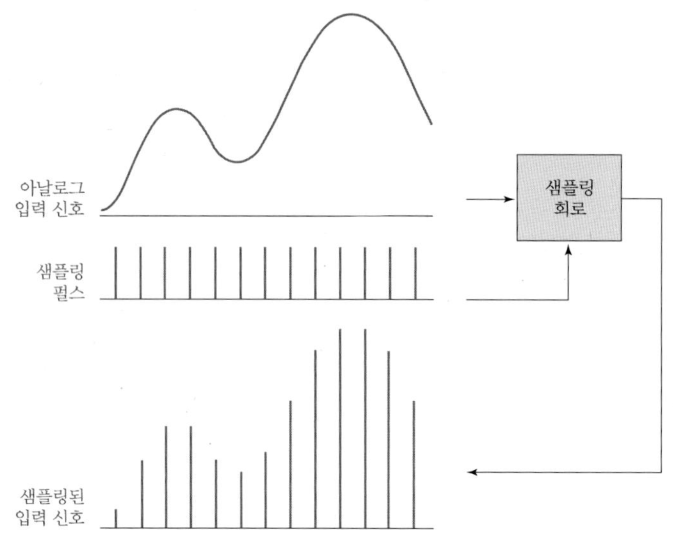

그림 13.2 아날로그 신호의 샘플링 과정

샘플링한 값은 다음 샘플링이 일어날 때까지 일정하게 유지되어야 한다. 이는 A/D 변환기가 샘플링된 값을 처리할 시간을 확보하기 위함이다. 아날로그 신호가 샘플앤홀드 동작을 수행하고 나면 그림 13.3과 같이 아날로그 입력 파형을 근사화한 계단 형태의 파형이 만들어진다.

이렇게 샘플앤홀드의 동작을 거친 신호는 A/D 변환기로 입력되어 양자화와 부호화(코딩) 과정을 거친다. 즉, 아날로그-디지털 변환기에서는 샘플앤홀드 회로의 출력을 일련의 2진 코드로 변환한다. 그림 13.4는 이러한 ADC의 기본 기능인 부호화 과정을 거친 디지털 파형의 출력을 나타내고 있다. 그림에서 샘플링 간격은 점선으로 표시했으며, 2진 코드와 비트 수는 임의로 정하여 도시했다.

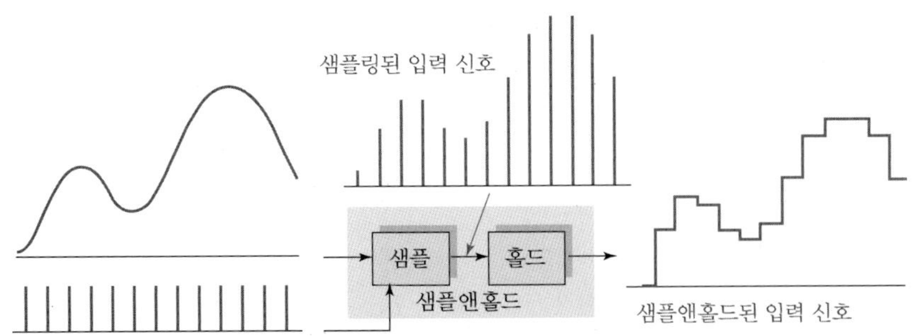

그림 13.3 샘플앤홀드의 동작

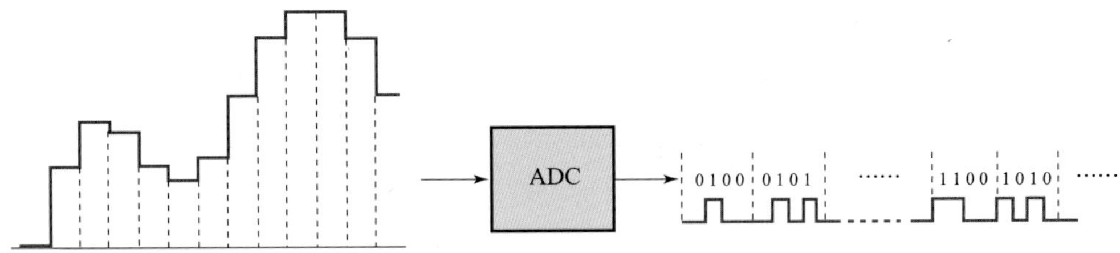

그림 13.4 ADC를 통한 부호화 출력

◈ A/D 변환 과정

그림 13.5는 아날로그 신호를 '샘플링→양자화→부호화'하여, 디지털 신호로 변환하는 일련의 단계를 나타낸다.

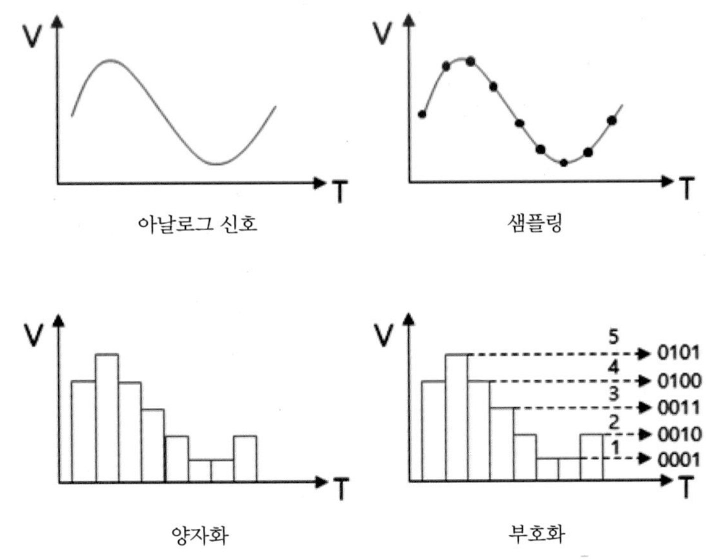

그림 13.5 A/D 변환 과정

① 샘플링

샘플링(sampling)은 연속 신호를 시간 축 방향에서 일정 간격(표본화 주파수)으로 표본을 추출하여 이산 신호로 바꾸는 과정으로, 연속된 아날로그 신호의 진폭의 값을 이산적인 주기(샘플링 주기: T_S)로 추출하고, 샘플링 주기의 역수를 샘플링 주파수라 한다.

$$f_S = \frac{1}{T_S}$$

여기서 샘플링 주파수(sampling frequency)는 A/D 변환을 위해 원래의 아날로그 신호를 1초 동안 몇 번 샘플링하는가를 나타낸다.

원래의 아날로그 신호를 재생하려면 A/D 변환하는 주파수는 일정 기준 이상이어야 한다. 이를 나이퀴스트 주파수(Nyquist frequency)라 하고, 최소 샘플링 주파수의 의미를 갖는다. 즉, 나이퀴스트 주파수는 표본화 정리(sampling theory)에 따라 원래의 정보를 재생할 수 있도록 신호가 갖는 최고 주파수(f_m)의 두 배가 되는 샘플링 주파수(f_s)를 의미한다.

$$f_s = 2f_m, \qquad T_s = \frac{1}{2f_m}$$

② 양자화

양자화(quantization)는 샘플링된 진폭의 값을 특정 대표 값으로 바꾸는 과정을 의미한다. 즉, 아날로그 신호를 시간 축에 대해 연속적인 신호의 크기(amplitude)를 한정된 정수 값(integer)이나 이산적인 기호(discrete symbol) 집합의 원소들로 근사화하는 과정을 의미한다. 만약 2진수를 사용하는 디지털 시스템에서 양자화에 총 n비트를 사용할 경우 2^n가지의 서로 다른 숫자나 기호의 표현이 가능하기 때문에 많은 비트 수를 이용하여 양자화를 할수록 더 세밀한 근사화가 가능하다. 양자화를 통해 구별할 수 있는 최소한의 아날로그 신호 크기의 간격을 분해능(resolution)이라고 한다. 즉, 분해능은 어느 범위 내의 아날로그 입력 크기를 몇 비트의 디지털 값으로 변환하는가를 나타내는 척도이고, 다음 식과 같이 디지털 출력의 1비트에 대응하는 아날로그 입력의 변화량을 의미한다.

$$Q = \frac{\text{FSR}}{2^n} \quad (Q\text{: 한 비트의 크기, FSR: 아날로그 입력의 Full-Scale Range})$$

③ 부호화

부호화(coding)는 신호 처리가 용이한 디지털 코드(2진 코드(binary code)) 형태로 변환하는 과정을 의미하고, 양자화된 값에 비트를 할당하여 아날로그 값을 2진 코드로 변환하는 과정을 의미한다.

이상의 A/D 변환 과정에서 살펴본 바와 같이 ADC는 양자화와 부호화 과정을 통해 아날로그 신호의 샘플 값들을 2진 코드로 변환한다. 2진 코드의 비트 수를 증가시킬수록 샘플링된 파형을 좀 더 정밀하게 표현할 수 있다. A/D 변환의 특징을 정의할 때는 양자화와 부호화 외에 변환 시간과 정밀도를 논하기도 한다.

④ 변환 시간

변환 시간(conversion time)은 ADC가 변환을 시작한 후에 유효한 출력의 데이터를 제공하기까지 일정 시간이 필요한데 이것을 변환 시간(t_C)이라 한다. ADC 변환이 진행 중인 동안에 입력 전압이 변화하면 불확실성의 결과를 나타내게 되어 출력의 결과를 예측할 수 없게 된다. 최대 입력에 대한 ADC 변환의 정확도는 이러한 불확실성이 변환기의 분해능 이하로 유지될 때만 실현된다. 따라서 변환 시간 t_C를 갖는 n비트 변환기에서 최대 변환 시간의 관계는 다음과 같이 표현된다.

$$\left(\frac{dv}{dt}\right)_{max} \leqq \frac{FSR}{2^n}$$

즉, 변환 시간은 단위 시간당 A/D 변환의 횟수를 의미하며, 분해능을 높게 할수록 A/D 변환의 변환율은 증가한다.

⑤ 정밀도

정밀도는 A/D 변환 과정에서 발생하는 오차로 LSB 또는 % 단위로 표현된다. 여기서 LSB는 비트의 최소 자릿수를 의미한다. A/D 변환 과정에서 발생하는 오차는 양자화 오차(quantizaing error), 선형화 오차(linearity error), 오프셋 오차(offset error), 이득 오차(gain error) 등이 있다. 이는 뒤에서 자세히 설명한다.

◈ A/D 변환기의 구분

A/D 변환기를 구분할 때 분해능과 변환 시간이 중요한 요소로 작용한다. 분해능(resolution)은 아날로그 신호를 몇 비트의 데이터로 변환하는가의 척도이고, 변환 시간은 A/D 변환을 시작하여 변환이 종료될 때까지 소요되는 시간을 나타낸다.

A/D 변환기는 다음과 같이 여러 가지 요소에 의해 구분될 수 있다.

- 해상도 또는 분해능
  - 저 해상도 수준 ADC: 6비트 이하의 양자화 비트 수를 갖는 ADC
  - 중 해상도 수준 ADC: 7, 8, 9비트 정도의 양자화 비트 수를 갖는 ADC
  - 고 해상도 수준 ADC: 10비트 이상의 양자화 비트 수를 갖는 ADC

- 변환 시간
  - 저속형 = 수 ms 이상
  - 중속형 = 수 μs ~ 수십 μs
  - 고속형 = 수 μs 이하

- 입력 전압 범위
  - 단극성형(0 ~ +전압), 양극성형(−전압 ~ +전압)

- 출력 형태
  - 병렬 출력형, 직렬 출력형, 주파수 출력형 등

- 입력 채널 수
  - 단일 채널, 멀티 채널(2, 4, 8, 16 등)

◈ A/D 변환기의 구현 방법

현재 A/D 변환기를 구현하는 방식으로는 플래시(동시성) A/D 변환기, 이중 경사 A/D 변환기, 연속 근사 A/D 변환기와 시그마-델타 A/D 변환기 등이 있으나, 일반적으로 연속 근사 A/D 변환기가 많이 사용되며, ATmega128은 이 방식으로 구현되어 있다.

연속 근사(successive-approximation) 방식은 A/D 변환 방식 중 가장 널리 사용된다. 플래시 방식보다는 느리나 이중 경사 방법보다는 변환 시간이 훨씬 짧다. 이 방법은 아날로그 입력 값에 관계없이 변환 시간이 항상 일정하다는 특징이 있다. 그림 13.6은 4비트 연속 근사 ADC의 기본적인 구성도로서 DAC(D/A 변환기), 연속 근사 레지스터(SAR), 비교기로 구성되어 있다. 기본적인 동작은 다음과 같다.

1. DAC의 입력 비트를 최상위 비트(MSB)부터 하나씩 1로 만든다.
2. 각 비트가 1로 될 때마다 비교기는 아날로그 입력 전압과 DAC의 출력 전압을 비교한다.
3. DAC의 출력이 아날로그 입력보다 크면, 비교기의 출력이 Low가 되어 레지스터 내의 비트를 리셋한다. DAC의 출력이 아날로그 입력보다 작으면, 비트 1은 레지스터에 남게 된다.
4. 이러한 과정이 MSB부터 시작하여 LSB까지 수행되면 변환 사이클이 완료된다.

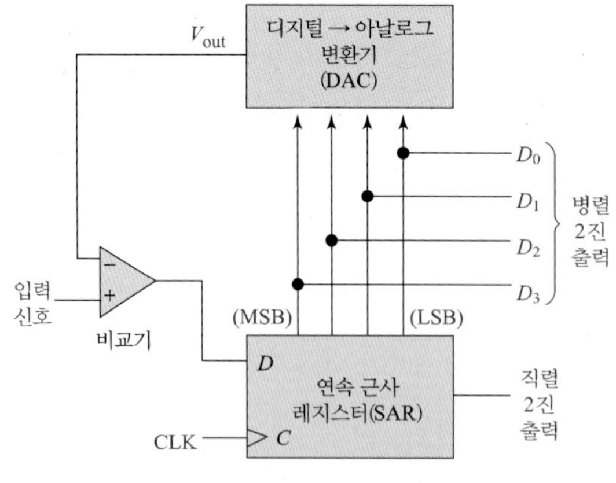

그림 13.6 연속 근사 ADC

연속 근사 ADC의 동작을 좀 더 명확히 이해하기 위해 4비트 변환의 예를 들어 설명해보자. 그림 13.7은 일정한 아날로그 입력 전압(이 경우 5.1V)에 대한 변환 과정을 단계적으로 보여주고 있다. DAC는 다음과 같은 출력 특성을 갖고 있다고 가정하자. 2^3비트(MSB)에 대해 V_{out} = 8V, 2^2비트에 대해 V_{out} = 4V, 2^1비트에 대해 V_{out} = 2V, 2^0비트(LSB)에 대해 V_{out} = 1.

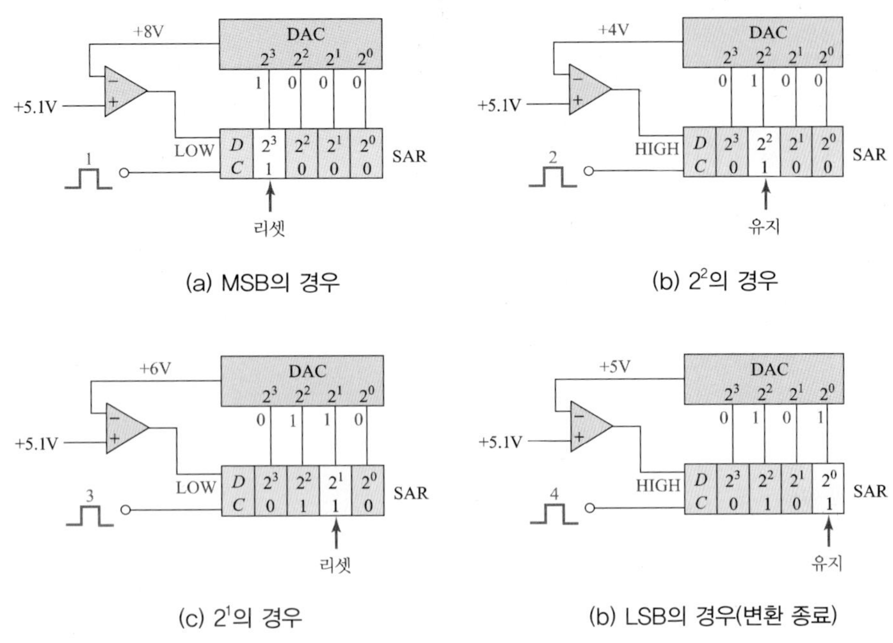

(a) MSB의 경우

(b) 2^2의 경우

(c) 2^1의 경우

(b) LSB의 경우(변환 종료)

그림 13.7 연속 근사 변환 과정의 예

그림 13.7(a)는 변환 사이클의 첫 번째 단계로서 MSB=1인 경우이다. DAC의 출력은 8V이며, 아날로그 입력 5.1V보다 크기 때문에 비교기 출력은 LOW가 된다. 따라서 SAR의 MSB는 0으로 리셋된다. 그림 13.7(b)는 변환 사이클의 두 번째 단계로 2^2비트가 1인 경우이다. DAC의 출력은 4V이며, 아날로그 입력 5.1V보다 작기 때문에 비교기 출력이 HIGH가 된다. 따라서 이 비트는 SAR에 그대로 유지된다. 그림 13.7(c)는 변환 사이클의 세 번째 단계로 2^1비트가 1인 경우이다. 2^2비트 입력과 2^1비트 입력이 모두 1이므로 DAC의 출력은 4V+2V=6V이다. 이 값은 아날로그 입력값보다 크므로 비교기 출력이 LOW가 되고 SAR의 세 번째 비트는 0으로 리셋된다. 그림 13.7(d)는 변환 사이클의 네 번째, 즉 마지막 단계로서 2^0비트가 1인 경우이다. 2^2비트 입력과 2^0비트 입력이 모두 1이므로 DAC의 출력은 4V+1V=5V이며 이 비트는 SAR에 그대로 유지된다. 이 시점에서 4비트 변환 사이클은 종료되며 레지스터의 2진 코드는 5.1V 아날로그 입력의 2진 근삿값인 0101_2가 된다. 또 다른 변환 사이클이 시작되면 같은 과정이 반복된다. SAR은 각 사이클의 시작 단계에서 클리어된다.

이제 ATmega128에 내장되어 있는 ADC의 내부 구조 및 활용 방안을 살펴보자.

13.1.2 ATmega128의 A/D 변환기 개요

ATmega128에는 8채널(ADC0~ADC7)의 아날로그 신호 입력이 가능한 10비트 A/D 변환기가 있으며, 이것은 측정 전압을 10비트=2^{10}=1024로 분해할 수 있는 성능을 나타내며, 수치로 표현되는 범위는 0~1023이다. 0~2.5V의 전압을 측정하면 최소 2.5V/1024=0.0024V의 단위로 측정할 수 있다. ATmega128에 내장된 A/D 변환기의 특징은 다음과 같다.

- 10비트 분해능
- 0.5 LSB의 적분형 비선형성
- ±2 LSB의 절대 정밀도
- 13~260μs의 변환 시간
- 초당 76,900 샘플링까지 가능(최대 분해능에서는 15ksps 가능)
- 8개의 멀티플렉스된 단극성 입력 채널
- 7개의 차동 입력 채널
- 10배와 200배의 선택적 이득을 갖는 2개의 차동 입력 채널
- ADC의 결과 값에 대한 좌우측 보정 기능
- 0~VCC까지의 ADC 입력 전압 범위
- 기준 전압으로 내부의 2.56V와 외부의 2.0V~AVCC를 선택할 수 있음
- 프리 러닝 또는 단일 변환 모드
- ADC 변환 완료 시에 인터럽트 발생
- 슬립 모드 잡음 제거기

ATmega128에 내장된 A/D 변환기의 구조는 그림 13.8과 같다. 8채널의 아날로그 입력은 외부 포트 F를 통해 입력되며, 이렇게 입력된 8채널의 아날로그 입력은 아날로그 멀티플렉서에 의해 하나만 선택된다. 선택된 아날로그 입력 신호는 A/D 변환기의 제어 로직부에 입력되기 전에 샘플/홀드(sample and hold) 회로를 통해 입력되어 A/D 변환이 수행되고 있는 동안 A/D 변환기에 입력되는 전압이 일정하게 유지될 수 있도록 한다.

포트 F로부터 입력되는 8개의 입력은 단극성 입력과 차동 입력의 두 종류 입력을 처리할 수 있다. 단극성 입력에 대한 A/D 변환은 8개의 단극성(single ended) 입력 채널인 ADC0~ADC7 중 하나를 선택하여 A/D 변환을 수행하며, 이 경우에는 0V(GND)를 기준으로 A/D 변환을 한다. 차동 입력에 대한 A/D 변환은 아날로그 입력을 (+)전압과 (−)전압으로 입력받아서 두 전압의 차이에 대해 A/D 변환을 수행하는 것으로, ATmega128에서는 1개의 (−)전압 단자(ADC1)를 기준으로 나머지 7개의 입력 채널을 차동 입력의 (+)전압 단자로 설정하여 사용이 가능하다. 차동 입력으로 사용하는 경우에, 2개의 차동 입력(ADC1, ADC0와 ADC3, ADC2)은 내부 증폭기(게인 증폭기(gain amplifier))에 연결되어 있어서 0dB(1배), 20dB(10배), 46dB(200배)의 이득을 선택하여 A/D 변환기에 연결할 수 있다. 전압 이득이 1배, 10배인 경우의 분해능은 8비트이고, 200배인 경우의

분해능은 7비트가 된다.

이러한 8개의 ADC0~ADC7 입력은 MUX 입력으로 인가되며 MUX 디코더에 의해 선택되어 A/D 변환이 이루어진다. MUX 입력으로는 밴드갭 기준(bandgap reference) 전압을 입력받을 수 있으며 밴드갭 기준 전압은 온도에 독립적인 기준 전압으로, 약 1.23V의 전압을 발생시켜 ADC의 기준 전압을 확인하거나 ADC 값을 조정(calibration)하기 위해 사용한다.

ATmega128의 A/D 변환기는 좀 더 안정적이고 정확한 A/D 변환 동작을 위해 아날로그 회로 전용의 전원 단자 AVCC와 AREF 단자를 갖고 있다. AVCC 전압은 아날로그 회로의 안정적인 동작을 위해 전원 전압에 비해 VCC±0.3V 이내로 공급되어야 한다. AREF 단자는 A/D 변환에 필요한 기준 전압을 제공하기 위한 단자로서, A/D 변환 과정에는 마이크로컨트롤러 내부의 기준 전압 2.56V나 외부 AREF 단자에서 공급되는 전압을 선택하여 사용할 수 있다. 이때 외부에서 인가하는 기준 전압 AREF는 아날로그 전원 전압 AVCC 및 VCC를 초과할 수 없다.

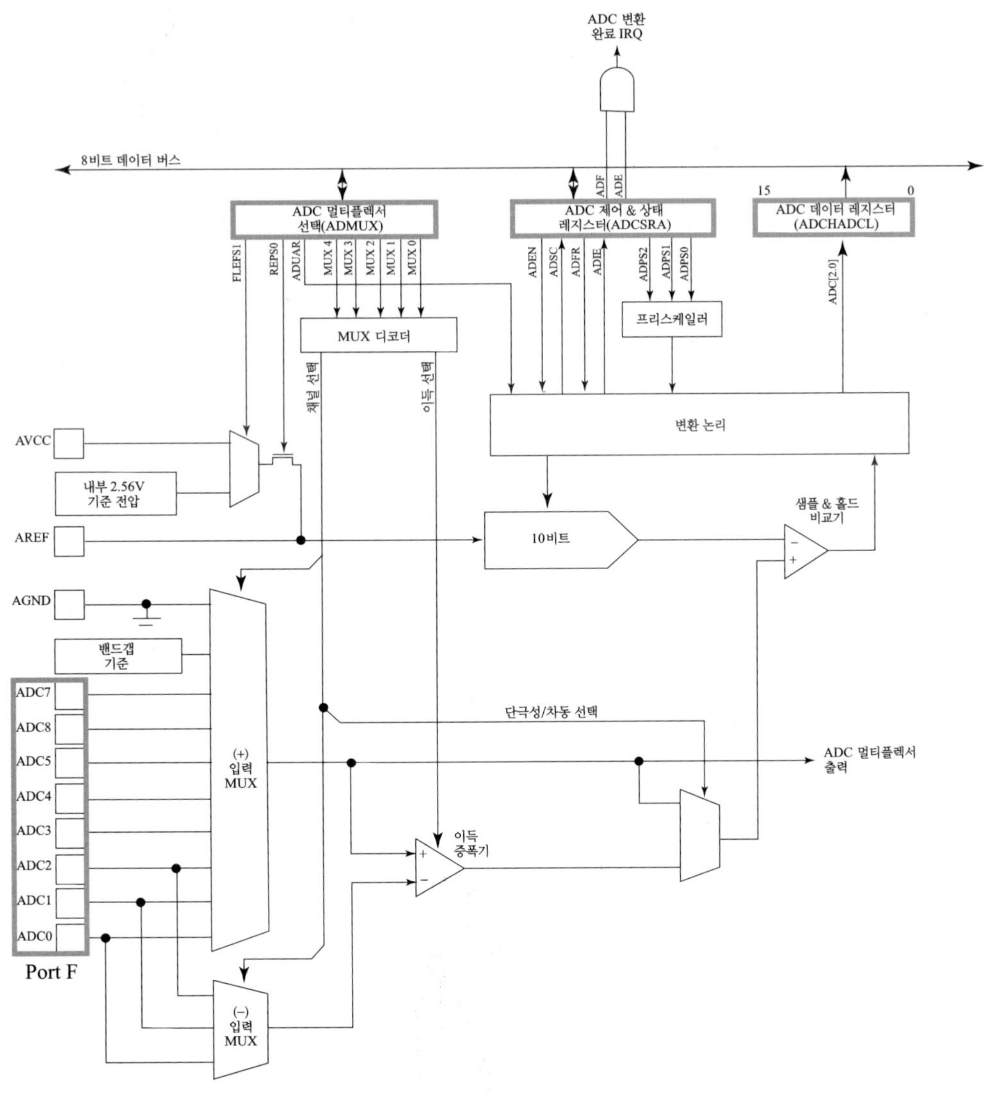

그림 13.8 A/D 변환기의 내부 구성도

13.1.3 A/D 변환기의 동작

ATmega128의 A/D 변환기 동작은 그림 13.8의 내부 구성을 보면 내부 레지스터 3개의 제어 기능에 의해 이루어진다. 여기서는 A/D 변환에서 가장 중요한 클록 선택을 포함한 기본적인 동작과 이에 따른 동작 타이밍도를 살펴보고, A/D 변환의 결과 값을 해석하는 방법, 발생 오차와 잡음 제거 방법에 대해 간략하게 소개한다.

◈ A/D 변환기의 동작

① A/D 변환기의 입력 선택

ADC는 연속 근사 방식을 이용하여 아날로그 입력 전압을 10비트의 디지털 값으로 변환한다. A/D 변환 값은 최소 0V(GND)에서 최대 AREF 단자에 대해 −1 LSB한 값을 나타낸다. 이때 기준 전압은 ADMUX 레지스터의 REFS1~REFS0비트에 의해 AVCC 또는 내부 2.56V 기준 전압으로 선택이 가능하다. 이렇게 기준 전압이 설정되면 AREF 핀에 외부 커패시터를 연결하여 A/D 변환 과정에 발생하는 잡음 성능을 개선할 수 있다.

아날로그 입력 채널 및 차동 게인 등의 기능 설정은 ADMUX 레지스터의 MUX4~MUX0 비트에 의해 선택된다. 차동 입력을 사용할 경우에는 선택된 입력 채널 사이의 값을 차동 게인 증폭기에서 증폭하고, 단극성 입력의 경우 게인 증폭기는 바이패스되어 A/D 변환기에 입력된다.

② A/D 변환기의 제어

이렇게 선택된 입력은 ADC 제어 및 상태 레지스터(ADCSRA)에 의해 제어된다. A/D 변환기는 ADC 허가 비트(ADCE)에 의해 활성화된다. 입력 채널 선택은 ADEN 비트가 1로 설정될 때까지 적용되지 않는다. ADEN이 0으로 클리어되면 전력 소모가 발생하지 않기 때문에 ADC 슬립 모드로 들어가기 전에 ADEN 비트를 0으로 해놓아야 한다.

③ A/D 변환기의 출력

A/D 변환의 출력 값은 10비트로 ADC 데이터 레지스터(ADCH, ADCL)에 저장되며, 오른쪽 비트에 정렬되어 표시된다. 10비트의 데이터 값 저장 형식은 ADMUX 레지스터의 ADLAR 비트에 의해 변경이 가능하다.

④ A/D 변환 인터럽트

변환이 완료되면 변환 결과가 저장되는 데이터 레지스터가 업데이트되면서 A/D 변환 완료 인터럽트(ADC conversion complete interrupt)가 요청되며, ADCSRA 레지스터의 ADIF 플래그가 1로 설정된다. A/D 변환기는 ADCH와 ADCL 레지스터의 값을 읽는 동안에 데이터 레지스터의 액세스는 금지되어, 이 상황에서 인터럽트가 발생할 경우 모든 데이터는 손실된다.

⑤ A/D 변환의 시작

A/D 변환 모드에는 단일 변환 모드(single conversion mode)와 프리 러닝 모드(free running mode)가 있다.

- 단일 변환 모드의 동작: A/D 변환은 ADCSRA 레지스터의 ADSC(ADC 시작 변환) 비트를 1로 하면 시작된다. 이 비트는 변환이 진행 중인 동안에는 1로 유지되며, 변환이 끝나면 하드웨어에 의해 클리어된다. 변환이 진행 중인 동안에 다른 채널이 선택되면, A/D 변환기의 채널을 전환하기 전에 현재 진행 중인 A/D 변환을 종료한다.
- 프리 러닝 모드의 동작: A/D 변환기가 ADC 데이터 레지스터를 지속적으로 샘플링하고 업데이트한다. 이 모드의 동작은 ADCSRA의 ADFR 비트를 1로 설정하면 되고, 변환을 시작을 위해 단일 변환 모드에서와 마찬가지로 ADCSRA 레지스터의 ADSC(ADC 시작 변환) 비트를 1로 해야 한다. 이 모드에서는 ADIF 플래그에 관계없이 A/D 변환은 연속적으로 수행된다.

◈ 클록의 선택 및 동작 타이밍

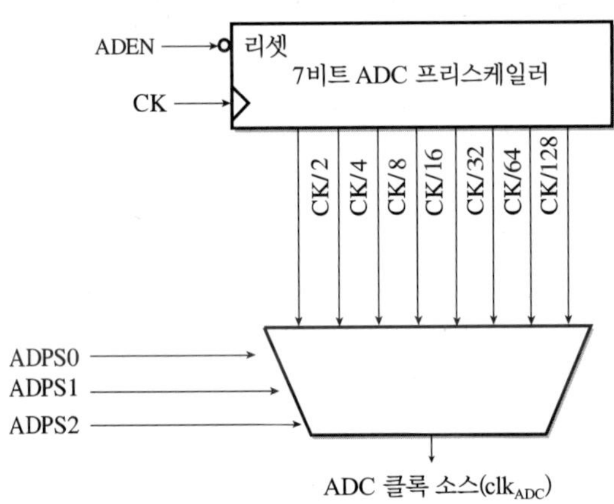

그림 13.9 A/D 변환기로 공급되는 클록 프리스케일러의 구성

ATmega128에 내장된 A/D 변환기에는 그림 13.9에 나타낸 프리스케일러가 내장되어 있어 A/D 변환기의 클록(clk_{ADC})을 발생시킨다. 10비트의 분해능으로 동작하기 위해서는 ADC의 클록을 50~200kHz 범위에서 발생시켜야 하고, 10비트보다 낮은 분해능으로 동작할 때는 200kHz보다 높게 발생시킬 수도 있다. 시스템 클록이 16MHz으로 동작하면, 최소한 80분주 이상을 해야 200kHz 이하로 A/D 변환기의 동작 클록이 설정된다. 이 프리스케일러의 분주비는 ADCSRA 레지스터의 ADSP2~0비트에 의해 2, 4, 8, 16, 32, 64, 128 중의 한 가지로 선택된다. 이 프리스케일러는 ADCSRA 레지스터의 ADEN 비트가 1로 설정되어 있을 때만 동작한다.

ATmega128이 A/D 변환을 수행할 때는 표 13.1에 나타낸 바와 같이 일정한 클록 주기가 소요된다. 즉, ADCSRA 레지스터의 ADEN 비트를 1로 설정하고 나서 최초의 변환까지는 아날로그 회로를 초기화하는 데 필요한 시간인 25 클록(clk_{ADC}) 주기가 소요된다. 이후의 변환 과정에는 단극성의 경우 13사이클(1.5 클록 주기의 샘플/홀드 시간 포함)이 소요되고, 차동 변환의 경우는 내부 동기를 취하는 과정이 필요하기 때문에, 상황에 따라서 단극성 변환의 경우보다 1클록이 더 걸릴 수도 있다.

표 13.1 A/D 변환기의 변환 시간

조건	샘플/홀드 시간(사이클)	A/D 변환 시간(사이클)
ADEN=1 설정 후 최초 변환	13.5	25
그 이후의 일반적인 A/D 변환과 단극성	1.5	13
그 이후의 일반적인 A/D 변환과 차동	1.5~2.5	13~14

A/D 변환기의 동작은 위에서 설명한 바와 같이 단일 변환 모드와 프리 러닝 모드로 동작한다. 그림 13.10은 A/D 변환기가 단일 변환 모드로 동작할 때의 타이밍도를 나타낸다. ADCSRA 레지스터의 ADEN 비트를 1로 설정하거나, ADEN 비트와 ADSC 비트를 동시에 1로 설정하면 첫 번째 clk_{ADC} 클록의 상승 에지에서 A/D 변환이 시작된다. 첫 번째 변환 과정은 그림 13.10(a)와 같이 13.5개 클록의 샘플/홀드 시간을 포함하여 총 25개 클록 주기가 소요된다. 변환이 완료되면 A/D 변환의 값은 ADCH와 ADCL 레지스터에 저장되면서, ADIF가 1로 설정되어 A/D 변환 완료 인터럽트가 요청되고, ADSC 비트는 자동으로 클리어된다. 마이크로컨트롤러가 이 A/D 변환의 결과를 읽어들인 후에 다시 A/D 변환을 수행하려면 ADSC 비트를 1로 설정하면 된다.

최초의 변환 이후에는 그림 13.10(b)와 같이 A/D 변환 과정은 1.5 클록 주기의 샘플/홀드 시간을 포함하여 총 13개의 클록 주기가 소요된다.

프리 러닝 모드의 동작은 그림 13.11에 나타낸 바와 같이 최초에 ADSC 비트를 1로 설정하면 자동적으로 반복하여 A/D 변환을 수행한다. 이 모드에서는 그림에 나타낸 것과 같이 13 클록 주기에 A/D 변환이 완료되며, 변환된 값은 A/D 변환기 데이터 레지스터에 저장되면서 즉시 자동으로 다음의 A/D 변환을 수행한다. 따라서 이 동작 모드를 사용하는 경우에는 마이크로컨트롤러는 A/D 변환기 데이터 레지스터로부터 가장 최근에 A/D 변환한 값을 읽어들이게 된다.

◈ 채널의 변경 및 기준 전압의 선택 방법

A/D 변환기는 모든 동작 모드에서 A/D 변환을 시작할 때마다 ADMUX 레지스터에 설정되어 있는 기준 전압 선택 비트(REFS1~0)와 아날로그 채널 선택 비트(MUX4~0)를 갱신하여 가장 최근에 설정된 기준 전압과 아날로그 입력 채널에 의해 동작한다. 따라서 사용자가 이 값들을 새로 변경하려면 A/D 변환을 시작하기 전에 수행하는 것이 원칙이며, 기준 전압을 변경한 후에는 A/D 변환을 시작하기 전에 적어도 125μs 이상 기다려야 한다. 또한 차동 입력 모드에서 아날로그 신호

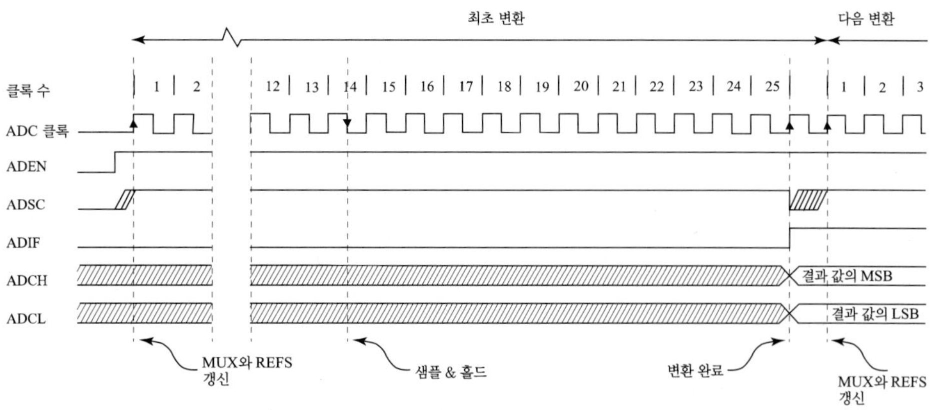

(a) ADEN=1 설정 후 최초의 변환 과정 타이밍도

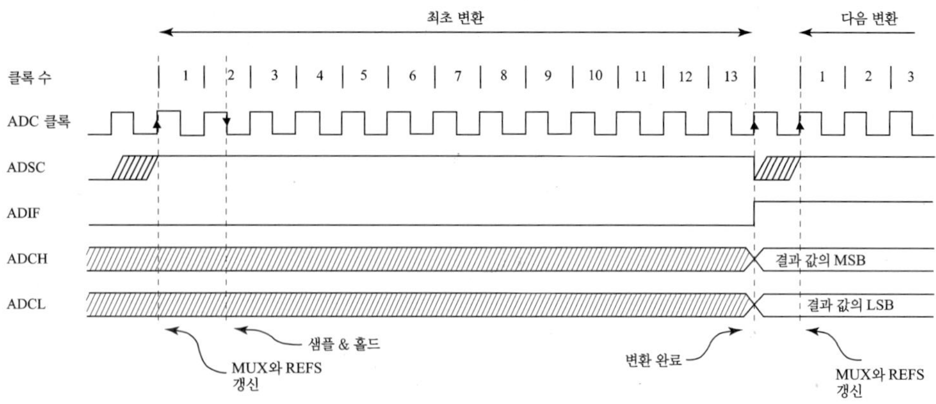

(b) 그 이후의 일반적인 변환 과정 타이밍도

그림 13.10 단일 변환 모드에서의 타이밍도

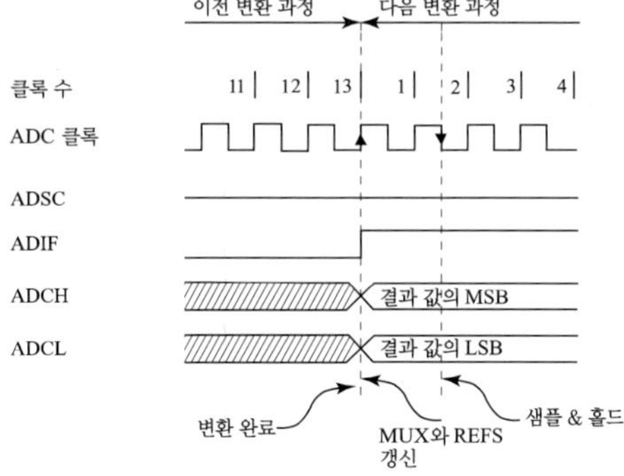

그림 13.11 프리 러닝 모드에서의 동작 타이밍도

의 이득을 처리하는 부분의 동작이 안정되는 데 좀 더 많은 시간이 필요하므로 안정된 A/D 변환 값을 얻기 위해서는 최소한 125μs 이상 기다린 후에 데이터 값을 읽어와야 한다. 즉, 사용자가 이 값들을 새로 변경한 후에는 A/D 변환을 시작하기 전에 충분한 시간을 기다리는 것이 바람직하다.

◈ A/D 변환의 결과

A/D 변환의 결과는 ADC 데이터 레지스터(ADCH와 ADCL)에 저장된다. 단극성 입력의 경우에 A/D 변환 결과는 다음과 같이 표현된다.

$$\text{ADCH: ADCL} = \frac{V_{IN}}{V_{REF}} \times 1024$$

여기서 V_{IN}은 멀티플렉서로 선택된 단극성 아날로그 입력 전압이고, V_{REF}는 선택된 기준 전압이다. 이 A/D 변환의 결과는 10비트 양의 정수로 표현되어 0(0x0000)~1023(0x03FF) 범위를 가지며, 0x0000은 아날로그 입력 전압이 0V임을 나타내고, 0x03FF는 V_{REF}의 값을 의미한다.

또한 차동 채널의 경우에 A/D 변환 결과는 다음과 같이 표현된다.

$$\text{ADCH: ADCL} = \frac{V_{POS} - V_{NEG}}{V_{REF}} \times \text{GAIN} \times 512$$

여기서 V_{POS}는 멀티플렉서로 선택된 자동 아날로그 입력의 양의 단자 전압이고, V_{NEG}는 음의 전압 전압이다. 또한 GAIN은 아날로그 전압의 이득으로 1, 10, 200 중의 하나이다. 이 A/D 변환의 결과는 10비트 2의 보수로 표현되어 −512(0x200)~512(0x01FF) 범위를 가지며, 0x0000은 차동 입력 전압이 0V임을 나타내고, 0x01FF는 V_{REF}보다 1 LSB만큼 낮은 값을 의미하며, 0x0200은 차동 입력 전압이 $-V_{REF}$임을 의미한다. 이 변환 값의 관계를 그림 13.12에 나타내었다.

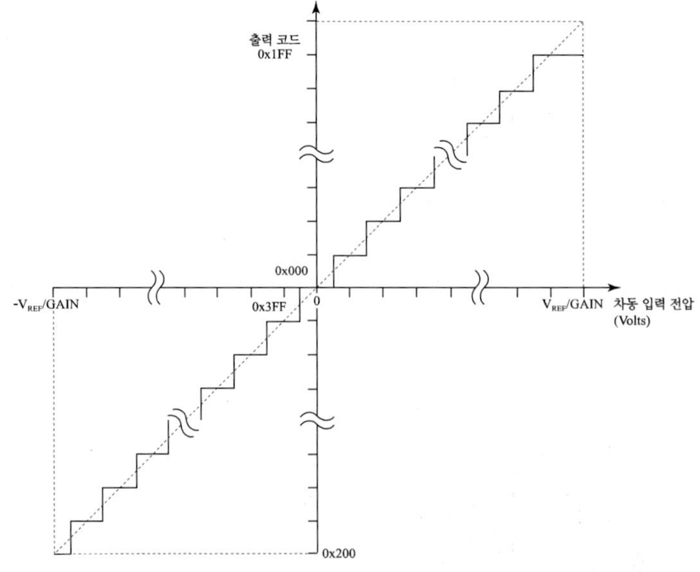

그림 13.12 차동 입력의 경우 아날로그 전압과 A/D 변환 값의 관계

◈ A/D 변환 오차

n비트 분해능을 갖는 A/D 변환기가 GND~V_{REF} 범위의 단극성 아날로그 입력 신호를 변환한다면 디지털 값은 0~2^{n-1} 범위로 나타난다. 이 경우 A/D 변환기에서는 여러 가지 원인에 의해 오차가 발생할 수 있다. 이때 발생하는 오차는 그림 13.13에 나타낸 것과 같이 5종류가 대표적이다. 이를 요약하면 다음과 같다.

- 오프셋 오차: 그림 13.13(a)에 나타낸 것처럼 A/D 변환 결과가 이상적인 디지털 값에서 일정한 양만큼 벗어나 있는 양을 의미하며, 이는 디지털 값이 최솟값인 0일 때의 아날로그 값으로 표현한다. 이는 변환된 디지털 값에서 일정 값을 빼거나 더함으로써 소프트웨어에 의해 쉽게 보정될 수 있다.
- 이득 오차: 그림 13.13(b)에 나타낸 것처럼 A/D 변환 결과가 이상적인 값에서 일정한 비율만큼 벗어나 있는 양을 의미하며, 이는 디지털 값이 최대인 경우의 아날로그 입력과 최대 아날로그 입력인 V_{REF} 값의 차이로 표현한다. 이는 변환된 디지털 값에서 일정 값을 곱하거나 나눔으로써 소프트웨어에 의해 쉽게 보정될 수 있다.
- 비선형 오차: 그림 13.13(c)에 나타낸 것처럼 오프셋 오차나 이득 오차를 보상한 후에 디지털 값이 이상적인 값에서 가장 크게 벗어나는 양으로 정의한다. 이러한 오차는 A/D 변환기의

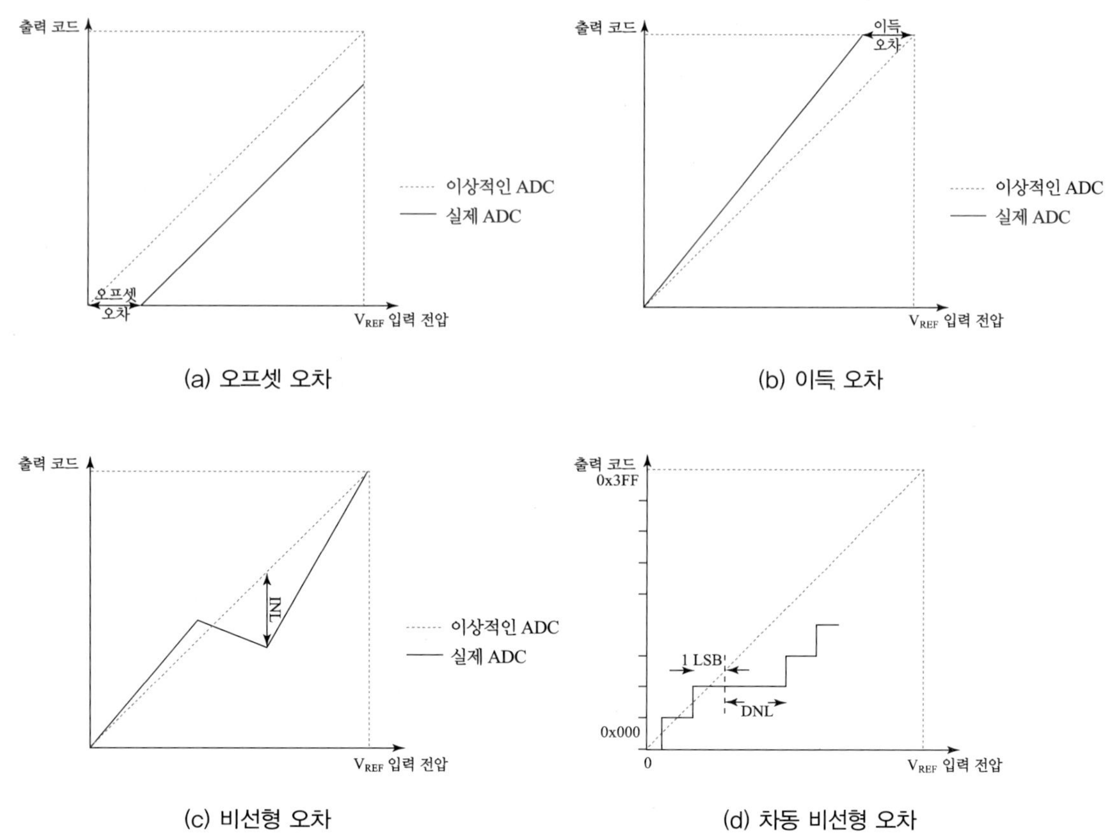

그림 13.13 A/D 변환기의 변환 오차

사용자는 보정하기 어렵다.

- 차동 비선형 오차: 그림 13.13(d)에 나타낸 것처럼 1비트의 변화를 발생하는 아날로그 값이 이상적인 경우에서 가장 크게 벗어나는 양으로 정의한다. 이러한 오차는 A/D 변환기의 사용자는 보정하기 어렵다.

◈ 잡음 제거 방법

ATmega128의 A/D 변환기는 디지털 회로의 영향을 받지 않고 잡음에 대해 좀 더 안정적인 동작을 수행할 수 있도록 디지털 전원과 별도로 아날로그 회로 전원 입력 단자(AVCC)와 기준 전원 입력 단자(AREF)를 갖고 있다. 그럼에도 불구하고 A/D 변환기는 잡음에 영향을 많이 받기 때문에 다음과 같이 여러 가지 주의가 필요하다.

① A/D 변환기의 아날로그 입력 신호 선은 가능한 한 짧게 연결하고, 가능하면 GND 패턴을 신호 선의 양쪽에 배선하는 것이 바람직하다.

② AVCC 단자에는 디지털 전원 VCC를 그림 13.14와 같이 LC 전원 필터로 안정화시켜 인가하는 것이 바람직하다.

③ 만약 A/D 포트가 I/O 포트로 사용되고 있다면, A/D 변환이 수행되고 있는 동안에는 논리 상태를 스위칭하지 않는 편이 좋다.

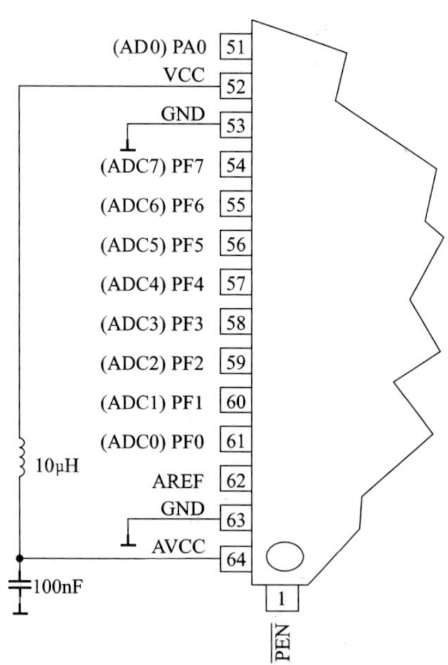

그림 13.14 A/D 변환기의 아날로그 전원 처리

13.1.4 A/D 변환기 제어용 레지스터

그림 13.8의 A/D 변환기 내부 구성을 살펴보면 A/D 변환기의 동작은 A/D 변환기 멀티플렉서 선택 레지스터(ADMUX), A/D 변환기 제어 및 상태 레지스터(ADCSRA), A/D 변환기 데이터 레지스터(ADCH, ADCL)에 의해 수행된다. 이에 대해 자세히 살펴보자.

◈ ADMUX 레지스터(ADMUX)

ADMUX(ADC Multiplexer selection) 레지스터는 A/D 변환기의 아날로그 입력 채널을 선택하는 기능, 기준 전압의 선택과 변환 결과 레지스터의 데이터 저장 형식을 지정하는 기능을 수행한다. 비트 구성은 그림 13.15와 같으며, 각 비트의 기능은 다음과 같다.

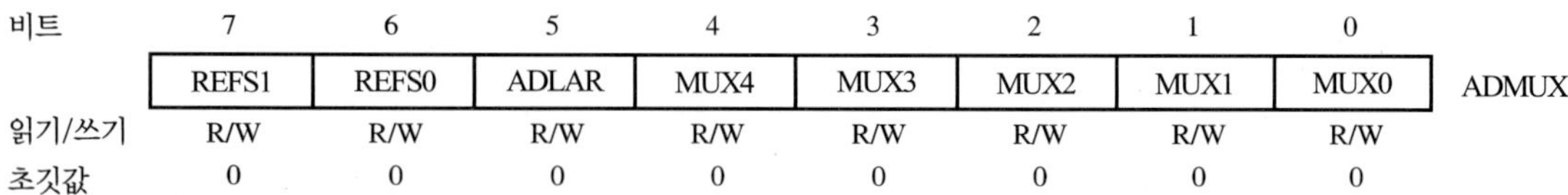

그림 13.15 A/D 변환기 멀티플렉서 선택 레지스터의 비트 구성

▶ 비트 7, 6: REFS0, 1(기준 전압 선택 비트(Reference Selection Bits))

이 두 비트는 A/D 변환기의 기준 전압을 선택하는 비트이며, 비트 설정에 따른 사항은 표 13.2에 나타내었다. 변환 도중에 이 비트 값이 변하면 현재 진행하고 있는 변환이 종료되고 난 후에 변경된 기준 전압이 적용되어 변환된다.

표 13.2 A/D 변환기 기준 전압의 선택

REFS1	REFS0	기준 전압
0	0	외부의 AREF 단자, V_{REF}는 OFF
0	1	AVCC 전압, AREF 핀에 외부 커패시터를 연결
1	0	(reserved)
1	1	내부의 기준 전압 2.56V를 사용, AREF 핀에 커패시터 연결

※ 이 책에서 사용하는 보드는 AREF 단자에 개방되어 있으나, 기준 전압은 REFS=01로 선택하여 사용함

▶ 비트 5: ADLAR(ADC 좌측 보정 결과(ADC Left Adjust Result))

이 비트는 A/D 변환의 결과를 16비트 ADC 데이터 레지스터에 저장할 때의 형식을 지정한다.

- ADLAR=1: 변환된 10비트 데이터가 좌측부터 저장된다(그림 13.17 참조).
- ADLAR=0: 변환된 10비트 데이터가 우측부터 저장된다.

▶ **비트 4~0: MUX0~4(Analog Channel and Gain Selection Bit)**

이 비트들은 ADC의 아날로그 입력 채널을 설정하는 기능을 수행하는 비트로, 비트의 설정에 따라 표 13.3과 같이 아날로그 입력 채널이 선택된다. 아날로그 입력은 크게 8가지의 단극성 입력과 22가지의 차동 입력으로 구분되고, 차동 입력은 크게 다음과 같이 네 가지로 구분된다.

- ADC0~ADC1 단자 사이의 차동 입력(이득 10 또는 200)
- ADC3~ADC2 단자 사이의 차동 입력(이득 10 또는 200)
- ADC1 단자를 기준으로 한 8가지의 차동 입력
- ADC2 단자를 기준으로 한 6가지의 차동 입력

표 13.3 A/D 변환기 입력 채널 및 이득의 선택

MUX4~0	단극성 입력	차동 입력		
		(+) 단자	(−) 단자	이득
00000	ADC0	N/A		
00001	ADC1			
00010	ADC2			
00011	ADC3			
00100	ADC4			
00101	ADC5			
00110	ADC6			
00111	ADC7			
01000		ADC0	ADC0	10x
01001		ADC1	ADC0	10x
01010	N/A	ADC0	ADC0	200x
01011		ADC1	ADC0	200x
01100		ADC2	ADC2	10x
01101		ADC3	ADC2	10x
01110		ADC2	ADC2	200x
01111		ADC3	ADC2	200x
10000		ADC0	ADC1	1x
10001		ADC1	ADC1	1x
10010		ADC2	ADC1	1x
10011		ADC3	ADC1	1x
10100		ADC4	ADC1	1x
10101		ADC5	ADC1	1x

표 13.3 A/D 변환기 입력 채널 및 이득의 선택(계속)

MUX4~0	단극성 입력	차동 입력		
		(+) 단자	(–) 단자	이득
10110		ADC6	ADC1	1x
10111		ADC7	ADC1	1x
11000		ADC0	ADC2	1x
11001		ADC1	ADC2	1x
11010		ADC2	ADC2	1x
11011		ADC3	ADC2	1x
11100		ADC4	ADC2	1x
11101		ADC5	ADC2	1x
11110	1.23V(V_{BG})	N/A		
11111	0V(GND)			

◈ A/D 제어 및 상태 레지스터 A(ADCSRA)

ADCSRA(ADC Control and Status Register A) 레지스터는 A/D 변환기의 여러 가지 동작들을 설정하거나 동작 상태를 표시하는 기능을 수행한다. 비트 구성은 그림 13.16과 같으며, 각 비트의 기능은 다음과 같다.

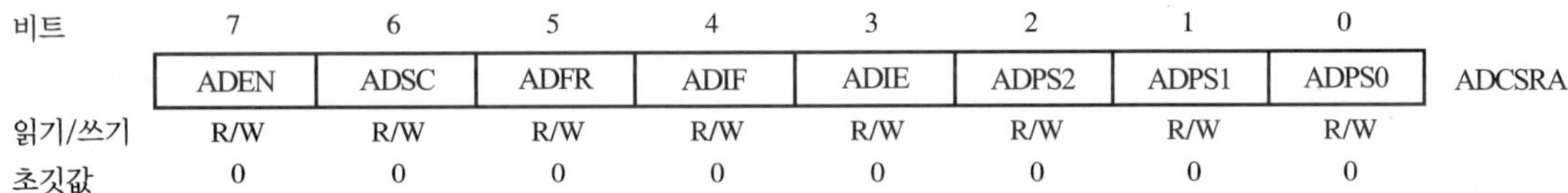

비트	7	6	5	4	3	2	1	0	
	ADEN	ADSC	ADFR	ADIF	ADIE	ADPS2	ADPS1	ADPS0	ADCSRA
읽기/쓰기	R/W	R/W	R/W	R/W	R/W	R/W	R/W	R/W	
초깃값	0	0	0	0	0	0	0	0	

그림 13.16 A/D 변환기의 제어 및 상태 레지스터 A의 비트 구성

▶ 비트 7: ADEN(ADC 허가(ADC Enable))

이 비트는 ADC의 동작을 허가하거나 금지하는 기능을 수행한다. ADEN을 1로 설정하면 A/D 변환기의 모든 동작이 허가되고, 0으로 설정하면 A/D 변환기의 모든 동작이 금지된다. 변환 중에 A/D 변환기의 동작이 금지되면 현재 수행 중인 변환을 종료한 후 동작이 중지된다.

▶ 비트 6: ADSC(ADC 변환 시작(ADC Start Conversion))

단일 변환 모드에서는 이 비트를 1로 설정하면 A/D 변환기의 변환이 시작되고, 프리 러닝 모드에서는 이 비트를 1로 설정하면 첫 번째 변환이 개시되며 그다음부터는 자동으로 변환이 반복된다. ADSC 비트가 1로 설정된 후 첫 번째 변환에는 A/D 변환기의 초기화로 인해 25주기의 clk_{ADC} 클록 주기가 소요되고, 그다음부터는 13개의 클록이 소요된다. ADSC 비트는 A/D 변환 중에는 1로 읽히고, 변환이 완료되면 자동으로 0으로 클리어된다.

▶ 비트 5: ADFR(ADC 프리 러닝 선택(Free Running Select))

이 비트를 1로 설정하면 A/D 변환기는 프리 러닝 모드에서 동작한다. 이 모드에서는 A/D 변환기는 데이터의 샘플링, 변환, 그리고 데이터 레지스터의 갱신 등을 반복하여 수행한다. 이 비트를 0으로 클리어하면 프리 러닝 모드는 종료된다.

▶ 비트 4: ADIF(ADC 인터럽트 플래그(ADC Interrupt Flag))

이 비트는 A/D 변환의 종료를 알려주는 비트로서, A/D 변환이 종료되고 데이터 레지스터가 갱신되면 이 비트가 1로 세트된다. 이때 ADIE=1이고 SREG의 I=1로 설정되어 있으면, A/D 변환 완료 인터럽트(ADC Conversion Complete Interrupt)가 발생되고, 인터럽트 벡터에 의해 인터럽트가 실행되면 ADIF 비트는 자동으로 0으로 클리어된다. 또한 ADIF 비트는 ADIF 비트에 1을 써줌으로써 소프트웨어에 의해 클리어된다.

▶ 비트 3: ADIE(ADC 인터럽트 허가(ADC Interrupt Enable))

ADIE 비트가 1로 설정되고, 상태 레지스터(SREG)의 I 비트가 1로 설정되면 A/D 변환 완료 인터럽트(ADC Conversion Complete Interrupt)가 허용 상태로 된다.

▶ 비트 2~0: ADPS2~0(ADC 프리스케일러 선택 비트(ADC Prescaler Select Bits))

이 비트들은 A/D 변환기로 입력되는 클록의 분주비를 선택하는 기능을 수행하며, 비트의 설정에 따라 표 13.4와 같이 클록의 분주비가 선택된다. A/D 변환을 수행하는 데는 일정한 수의 클록 주기가 소요되므로 시스템 클록을 분주하는 비의 선택에 따라 A/D 변환 시간은 달라진다.

표 13.4 A/D 변환기 클록의 분주비 선택

ADPS2	ADPS1	ADPS0	분주비
0	0	0	2
0	0	1	2
0	1	0	4
0	1	1	8
1	0	0	16
1	0	1	32
1	1	0	64
1	1	1	128

◈ ADC 데이터 레지스터(ADCH, ADCL)

ADCH 및 ADCL(ADC Data Register) 레지스터는 A/D 변환기의 변환된 결과를 저장하는 레지스터로서, 단극성 입력을 사용할 경우에는 A/D 변환의 결과가 10비트의 양의 정수로 표현되어 0~1023의 범위를 갖지만, 차동 입력을 사용할 경우에는 A/D 변환의 결과가 10비트 2의 보수로 표현되어 −512~+511의 범위를 갖는다.

이 16비트 레지스터에서 A/D 변환의 결과를 읽을 때는 AVR의 16비트 레지스터를 액세스하는 방법에 따라 반드시 하위 바이트 ADCL을 먼저 읽고 나서 상위 바이트인 ADCH를 읽어야 한다.

A/D 변환이 수행되고 나면 10비트의 변환 결과가 이 레지스터에 저장되는데, 그림 13.17과 같이 ADMUX 레지스터의 ADLAR 비트의 설정에 따라 두 가지 형태로 저장된다. 즉, ADMUX 비트가 1로 설정되어 있으면 그림 13.17(a)와 같이 데이터가 우측으로 정렬되어 저장되고, ADMUX 비트가 0으로 설정되어 있으면 그림 13.17(b)와 같이 데이터가 좌측으로 정렬되어 저장된다. 여기서 ADC9~0의 10개 비트는 A/D 변환의 결과를 나타낸다.

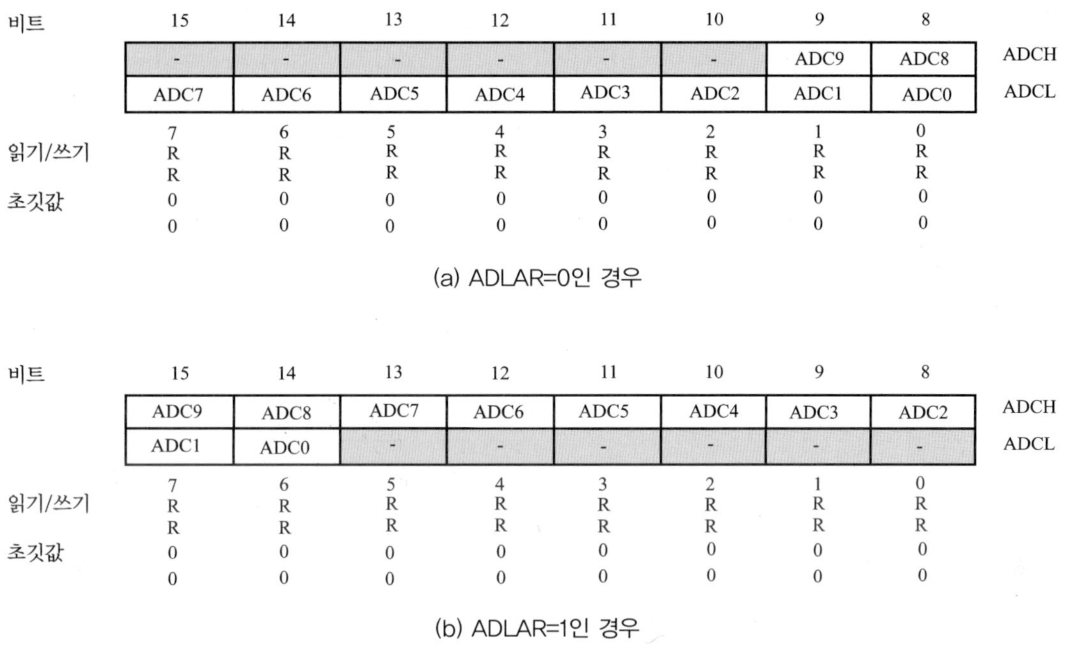

비트	15	14	13	12	11	10	9	8	
	-	-	-	-	-	-	ADC9	ADC8	ADCH
	ADC7	ADC6	ADC5	ADC4	ADC3	ADC2	ADC1	ADC0	ADCL
	7	6	5	4	3	2	1	0	
읽기/쓰기	R	R	R	R	R	R	R	R	
	R	R	R	R	R	R	R	R	
초깃값	0	0	0	0	0	0	0	0	
	0	0	0	0	0	0	0	0	

(a) ADLAR=0인 경우

비트	15	14	13	12	11	10	9	8	
	ADC9	ADC8	ADC7	ADC6	ADC5	ADC4	ADC3	ADC2	ADCH
	ADC1	ADC0	-	-	-	-	-	-	ADCL
	7	6	5	4	3	2	1	0	
읽기/쓰기	R	R	R	R	R	R	R	R	
	R	R	R	R	R	R	R	R	
초깃값	0	0	0	0	0	0	0	0	
	0	0	0	0	0	0	0	0	

(b) ADLAR=1인 경우

그림 13.17 ADLAR 비트에 따른 A/D 변환기 데이터 레지스터에서의 데이터 정렬

13.1.5 A/D 변환기 제어용 프로그램의 작성

A/D 변환기로부터 데이터를 읽기 위해서는 초기화를 하고, ADC 데이터 레지스터(ADHC와 ADHL)를 읽으면 된다. 이러한 과정을 수행하기 위해 먼저 A/D 변환기를 사용 목적에 맞추어 ADMUX와 ADCSRA 레지스터의 초기화 값을 결정해야 한다.

먼저 아날로그 입력을 처리하기 위한 채널 선택, 전압 값의 범위, 기준 전압의 인가 방법과 데이터 정렬 방식을 결정한다. 초기화 과정을 설명하기 위해 예제 13.1에 제시한 것과 같이 ADC0 채널에 20kΩ의 가변 저항을 연결하고, 기준 전압(V_{REF})을 내부 기준 전압인 2.56V로 설정한 경우를 예를 들어 설명한다. 이러한 상황에서 ATmega128의 A/D 변환기를 사용하기 위해서는 내장된 2개의 레지스터인 ADMUX 레지스터와 ADCSRA 레지스터를 이용하여 초기화해야 한다.

① ADMUX 레지스터는 아날로그 입력 채널을 단극성의 ADC0 사용, 외부 AVCC 기준 전압 선택과 변환 결과는 LSB 기준 정렬 방식 선택을 목적으로 다음과 같이 설정한다.

비트 위치	7	6	5	4	3	2	1	0
ADMUX	REF1	REF0	ADLAR	MUX4	MUX3	MUX2	MUX1	MUX0
설정 값	0	1	0	0	0	0	0	0

```
ADMUX = (1<<REFS0) | (0<<ADLAR) | (0<<MUX0) ;
        // REFS1~0=11, ADLAR=0, MUX4~0='00000'
```

이렇게 설정하면, ADC0으로는 0(GND)~2.5V(V_{REF})의 전압이 인가되고, A/D 변환 값은 LSB 기준으로 ADCH와 ADLC 레지스터에는 0(0x0000)~1023(0x03FF)의 값 범위로 입력된다.

② ADCSRA 레지스터는 A/D 변환기의 동작을 제어하기 위한 레지스터로, A/D 변환기의 허가, ADC 변환의 시작, ADC 프리 러닝 동작, ADC 스케일러의 분주비 결정 등을 수행한다. 이 예에서는 ADC0의 입력 데이터를 얻기 위해 ADCSRA 레지스터는 프리 러닝 모드의 동작과 8분주비로 선택할 수 있도록 다음과 같이 설정한다.

비트 위치	7	6	5	4	3	2	1	0
ADCSRA	ADEN	ADSC	ADFR	ADIF	ADIE	ADPS2	ADPS1	ADPS0
설정 값	1	1	1	0	0	0	1	1

```
ADCSRA = (1<<ADEN) | (1<<ADSC) | (1<<ADFRSC) | (3<<ADPS0);
         // ADEN=1, ADSC=1, ADFR=1, ADPS = 3
```

이를 초기화 함수로 작성하면 다음과 같다. 여기서 ADMUX 레지스터의 기준 전압 선택 비트는 A/D 변환기를 사용할 때마다 변경될 수 있고, 가독성을 위해 의미별로 정의하여 사용하고자 기준 전압 선택 형태를 선택하여 사용할 수 있도록 정의해놓았다.

```
#define ADC_VREF_TYPE 0x00       // A/D 변환기 사용 기준 전압  REFS 설정
#define ADC_AVCC_TYPE 0x40       // A/D 변환기 사용 기준 전압  AVCC 설정
#define ADC_RES_TYPE  0x80       // A/D 변환기 사용 기준 전압  RES 설정
#define ADC_2_56_TYPE  0xC0      // A/D 변환기 사용 기준 전압  2.56 설정

void ADC_Init(void)
```

```
// 프리 러닝 모드로의 초기화
{
    ADCSRA  = 0x00;     // ADC 설정을 위한 비활성화

    ADMUX   = ADC_AVCC_TYPE | (0<ADLAR) | (0<<MUX0);
              // REFS = 1, ADLAR=0, MUX=0(ADC0 선택)
    ADCSRA  = (1<<ADEN) | (1<<ADFR) | (3<<ADPS0);
        // 1<<ADEN  : AD 변환 활성화
        // 1<<ADFR  : 프리 러닝 모드 활성화
        // 3<<ADPS0 : AC 변환 분주비 설정(8 분주비)
        // ADSC 비트는 실제 활용에서 ADC를 읽을 때 설정하여 변환한 후 데이터를 읽기 위해
        // 초기화 과정에서는 설정하지 않음
}
```

이제 ADC 레지스터를 읽는 함수를 작성해보자. ADC 값을 읽는 함수는 ATmega128에 내장된 모든 채널의 데이터를 읽는 표준 함수로 사용하기 위해 함수의 입력 변수로 ADC 채널을 인자로 받도록 작성한다. 이 과정에서 ADIF 플래그를 검사하여 A/D 변환이 완료된 후에 데이터의 A/D 변환 값을 읽는다. ADC 레지스터를 읽는 과정은 바이트 단위로 읽거나 워드 단위로 읽을 수 있다.

바이트 단위로 읽을 때는 다음과 같이 하위 바이트를 먼저 읽고 상위 바이트를 순서대로 읽는다.

```
unsigned int ADC_Data;  // ADC 변수의 설정(16비트 데이터)

ADC_Data = ADCL;          // 하위 바이트 읽기
ADC_Data |= ADCH<<8;      // 상위 바이트 읽기
```

워드 단위로 읽을 수도 있는데, 이는 mega128.h 파일에 다음과 같이 선언되어 있어 가능하다.

```
sfrw  ADCW=4;              // 16비트 액세스

unsigned int ADC_Data=0; // 변수를 초기화하여 설정
ADC_Data = ADCW;           // 워드로 읽기
```

이상의 과정을 이용하여 A/D 변환 결과를 읽는 함수는 다음과 같이 작성할 수 있다.

```
/**
  * @brief  ADC 채널을 단일 입력 채널로 읽는 함수
  * @param  adc_input: ADC 하고자 하는 채널의 번호
  * @retval AD 변환 값(0~1023)
  */
unsigned int Read_ADC_Data(unsigned char adc_input)
{
    unsigned int ADC_Data = 0;
```

```
    // AD 변환 채널 설정
    ADMUX &=~(0x1f);                    // 입력 채널 선택을 위해 MUX 입력을 마스크하여 클리어함
                                        // 상위 3비트 기존 값 유지
    ADMUX |= (adc_input & 0x07);        // ADC의 단일 입력만 처리하기 위해 MUX의 하위 3비트만 사용

    ADCSRA |= (1<<ADSC) ;               // AD 변환 시작

    while(!(ADCSRA & (1 << ADIF)));     // AD 변환 종료 대기

    ADC_Data  = ADCL;
    ADC_Data |= ADCH<<8;

    return ADC_Data;
}
```

이상의 초기화 함수 ADC_Init()와 단일 채널의 A/D 변환 값을 읽는 함수 Read_ADC_Data()를 이용하여 예제를 통해 A/D 변환기를 구동해보자.

13.1.6 아날로그-디지털 변환기의 활용 실험

예제 13.1 전압 변화의 측정

그림 13.18(a)에 나타낸 것과 같이 ADC0 채널에 20kΩ의 가변 저항을 연결하고, 가변 저항으로부터 측정되는 저항의 값을 A/D 변환하여 LCD에 그림 13.18(b)의 표시 형식으로 출력하는 프로그램을 작성하라.

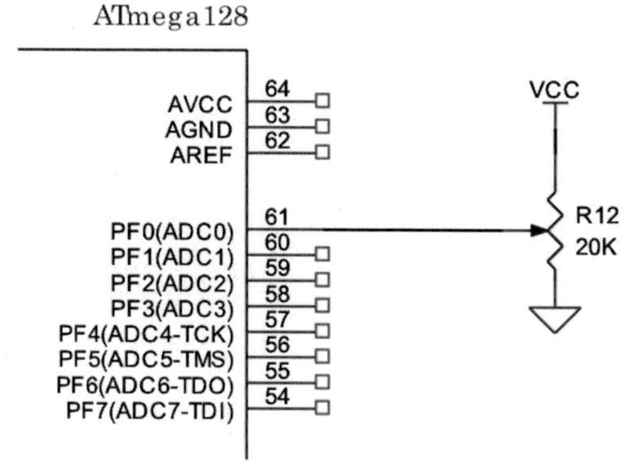

(a) 실험 회로도

R	a	w	D	a	t	a	:			x	x	x	x		
R	.	V	a	l	u	e	:			x	x	x	x	m	V

(b) LCD 표시 형식

그림 13.18 실험 회로도 및 LCD 표시 형식

ADC 데이터 레지스터에는 가변 저항의 값에 따라 A/D 변환 결과에서 설명한 바와 같은 값이 저장된다. 이렇게 읽힌 디지털 값으로 LCD에 전압 값을 표시하기 위해서는 다음과 같은 식을 이용하여 전압 값으로 변환해야 한다.

$$\text{전압} = ((\text{float})\text{ADCW} * V_{REF})/1024);$$

여기서 ADCW는 ADC의 결과 값을 나타내며, V_{REF}는 ADC 기준 전압을 나타낸다. 예를 들어, ADC 기준 전압을 5V로 했을 때 ADCW의 값이 512일 경우 전압은 2.5V로 나타낼 수 있다. 이상의 과정을 프로그램으로 작성하면 다음과 같으며, 이 프로그램의 전체 흐름도와 LCD에 A/D 결과를 표시하기 위한 흐름도를 그림 13.19에 나타내었다.

```
#include <mega128.h>
#include <stdio.h>
#include <delay.h>
#include "lcd.h"

#define ADC_VREF_TYPE 0x00   // A/D 변환기 사용 기준 전압, AREF 단자 사용, 내부 VREF 끄기 설정
#define ADC_AVCC_TYPE 0x40   // A/D 변환기 사용 기준 전압, AVcc 단자와 ARerf에 연결된 커패시터 사용
#define ADC_RES_TYPE  0x80   // A/D 변환기 사용 기준 전압, reserved
#define ADC_2_56_TYPE 0xC0   // A/D 변환기 사용 기준 전압, 내부 2.56V와 AREF에 연결된 커패시터 사용
/**
  * @brief  ADC 초기화 함수
  */
void ADC_Init(void)
{
    ADCSRA = 0x00;          // ADC 설정을 위한 비활성화

    ADMUX = ADC_AVCC_TYPE | (0<ADLAR) | (0<<MUX0);
            // REFS1~0='11', ADLAR=0, MUX=0(ADC0 선택)
    ADCSRA  = (1<<ADEN) | (3<<ADPS0)| (1<<ADFR);
        // 1<<ADEN  : AD 변환 활성화
        // 1<<ADFR  : 프리 러닝 모드 활성화
        // 3<<ADPS0 : AC 변환 분주비 설정(8분주 선택)
}

/**
  * @brief  ADC 결과를 읽어오는 함수
  * @param  adc_input: ADC 하고자 하는 채널의 번호
  * @retval AD 변환 값(0~1023)
  */
unsigned int Read_ADC_Data(unsigned char adc_input)   // ADC 읽어들이기
{
    unsigned int ADC_Data = 0;
```

```
    // AD 변환 채널 설정
    ADMUX &= ~(0x1F);
    ADMUX |= (adc_input & 0x07);

    ADCSRA |= (1<<ADSC) ;            // AD 변환 시작

    while(!(ADCSRA & (1 << ADIF)));  // AD 변환 종료 대기

    ADC_Data  = ADCL;
    ADC_Data  |= ADCH<<8;

    return ADC_Data;
}

/**
  * @brief  ADC 결과를 읽어 LCD에 값을 표기하는 주 프로그램, LCD 표시 과정은 LCD 함수를 이용함
  */

void main(void)
{
    int adcRaw =0;           // ADC 데이터 저장용
    float adcVoltage =0;     // ADC 데이터를 전압으로 변환한 데이터 저장용
    char Message[40];        // LCD 화면에 문자열 출력을 위한 문자열 변수

    ADC_Init();              // ADC 초기화
    LCD_Init();              // LCD 초기화

    LCD_Pos(0,0);
    LCD_Str("RawData:");
    // 16x2 LCD의 0번째 행, 0번째 열부터 RawData가 표시된다.

    LCD_Pos(1,0);
    LCD_Str("R.Value:");
    // 16x2 LCD의 1번째 행, 0번째 열부터 R.Value가 표시된다.

    while(1)
    {
        adcRaw     = Read_ADC_Data(0);                         // ADC 0번 채널 변환 요청
        adcVoltage = ( (((float)adcRaw * 5000) /1024));     // 전압으로 변환, VREF=5000mV

        // AD 변환 데이터 출력
        sprintf(Message,"RawData:  %04d  ", adcRaw);
        LCD_Pos(0,0);
        LCD_Str(Message);
```

```
        // AD 변환 데이터를 이용한 전압 출력
        sprintf(Message,"R.Value:  %04dmV", (int)adcVoltage);
        LCD_Pos(1,0);
        LCD_Str(Message);

        delay_ms(100);
    }
}
```

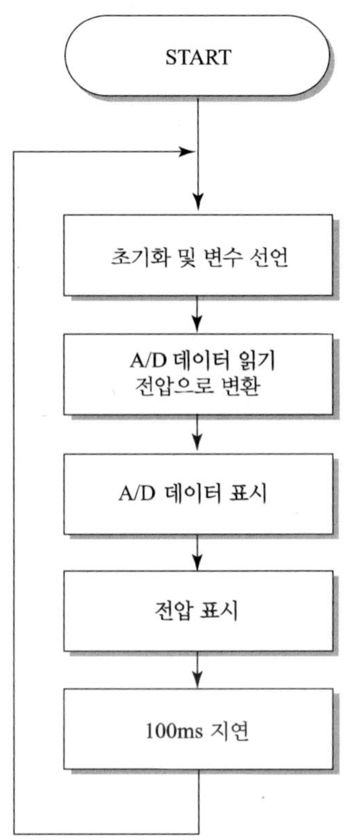

그림 13.19 예제 13.1의 전체 프로그램 흐름도

예제 13.2 LM35를 이용한 온도 측정

그림 13.20(a)와 같이 ADC3 채널에 LM35 온도 센서를 연결하고, 온도 센서에 출력되는 온도에 대한 전압 값을 A/D 변환하여 LCD에 그림 13.20(b)의 표시 형식으로 출력하는 프로그램을 작성하라.

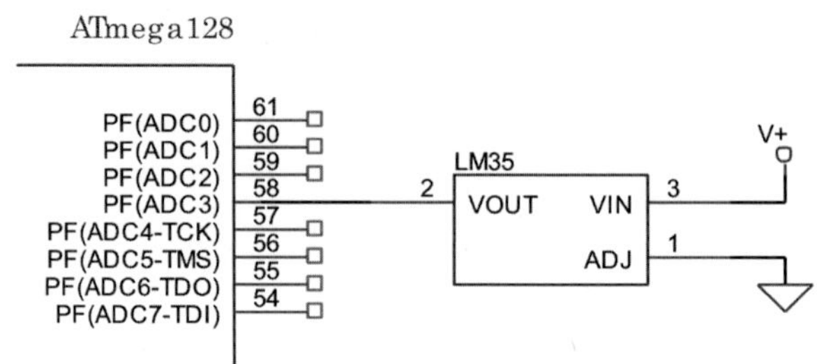

(a) 실험 회로도

R	a	w	D	a	t	a	:					x	x	x	x
T	e	m	p	(	d	e	g	)	:		x	x	.	x	x

(b) LCD 표시 형식

그림 13.20 실험 회로도 및 LCD 표시 형식

LM35는 전압 출력형 온도 센서로, 그림 13.21에는 LM35의 외형 및 특성을 나타내었다. LM35의 출력은 낮은 출력 임피던스와 선형적인 출력을 나타내고, 출력 전압은 섭씨 온도에 선형적으로 비례하는 특징을 갖고 있다. 또한 출력되는 온도의 값은 상온에서 ±1/4℃의 정확도를 나타내고 −55℃~150℃의 온도 범위 내에서 ±3/4℃의 정확도를 나타낸다. 따라서 별도의 회로 보정 없이 사용 가능하다는 장점이 있다.

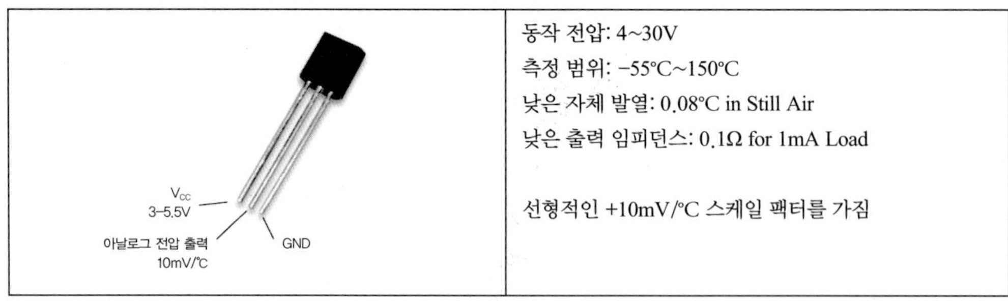

그림 13.21 LM35의 외형 및 특성

LM35는 상온에서 그림 13.22(a)와 같은 회로를 사용하여 온도 측정을 할 수 있으며, −55℃~150℃의 온도 범위에서는 그림 13.22(b)의 회로를 사용하여 온도 측정이 가능하다.

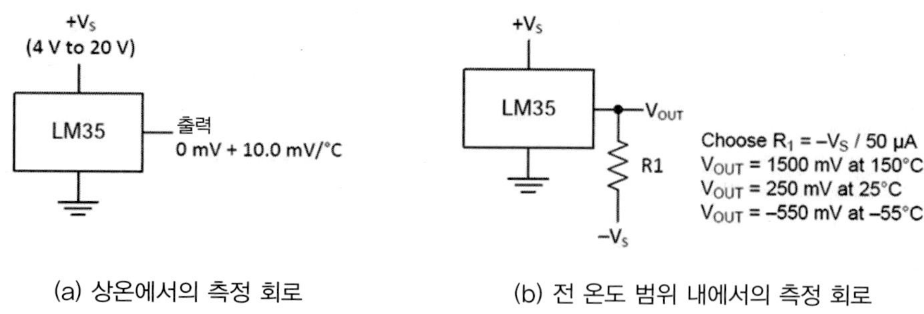

(a) 상온에서의 측정 회로 (b) 전 온도 범위 내에서의 측정 회로

그림 13.22 온도 측정 회로

이 예제에서는 상온에서의 온도 측정을 위해 그림 13.22(a)의 회로를 이용하기로 한다. 이렇게 회로를 구성하면 온도는 1℃에 10mV씩 변화한다.

LM35의 아날로그 출력은 직접적으로 온도에 비례하고, 다음 식과 같이 표현된다.

$$V_{OUT} = 10mV/℃ \times T$$

여기서 V_{OUT}은 LM35의 출력 전압이고, T는 ℃이다.

이러한 관계를 이용하여 LM35의 출력을 ATmega128의 ADC3 채널에 연결하여 일반 단극성 모드(AVCC 5V 기준)를 사용해 측정할 경우에는 A/D 변환기의 분해능은 10비트이므로 A/D 변환 출력은 1스텝당 4.88mV를 나타내게 된다. 따라서 1℃ 단위로 출력하기 위해서는 전압을 10배 정도 증폭하여 입력할 필요가 있다. 따라서 이 예제에서는 이러한 점을 고려하여 ADC의 차동 입력 모드를 이용하고, ×10 증폭 모드를 이용하여 실험을 진행한다.

이러한 설정은 ADMUX 레지스터의 MUX 비트의 설정에 의해 가능하며, A/D 변환기 입력 채널 및 이득 선택 기능에서 10배의 증폭률과 ADC2를 (−)단자로, ADC3를 (+)단자로 선택하기 위해 MUX는 '01101'로 설정한다. 이렇게 하면 ADC2를 GND와 접지하여 ADC3의 신호를 GND 기준으로 10배 증폭할 수 있게 된다.

이상의 과정을 통해 A/D 변환의 결과를 읽어 온도로 변환하여 표시하기 위해서는 다음의 과정을 수행해야 한다.

① 전압으로의 변환

전압으로의 변환 식은 차동 채널의 A/D 변환 공식을 활용하여, 이를 수식으로 재정리하면 다음과 같다.

전압 = ((float)ADCW * V_{REF})/512);

이때 ADCW는 ADC의 결과 값을 나타내며, V_{REF}는 ADC 기준 전압을 나타낸다.

② 온도로의 변환

이러한 과정을 통해 측정된 전압은 다음의 LM35 온도와 전압과의 관계식을 이용하여 변환한다.

Degree Celsius(°C) = Voltage/10;

여기서 10은 LM35의 온도 스케일 팩터(scale factor, 10mV/°)를 의미한다.

이러한 설정을 적용하기 위한 A/D 변환기를 초기화하고, ADC3 채널의 A/D 변환 결과를 읽는 함수를 약간 수정하면 전체 프로그램의 흐름은 그림 13.23과 같이 정리할 수 있으며, 전체 프로그램은 다음과 같이 작성할 수 있다. 여기서 ADC3은 차동 입력을 처리하기 때문에 A/D 변환의 결과를 읽는 함수는 Read_ADC_Data_Diff()로 변경하여 처리했으니 유의하기 바란다.

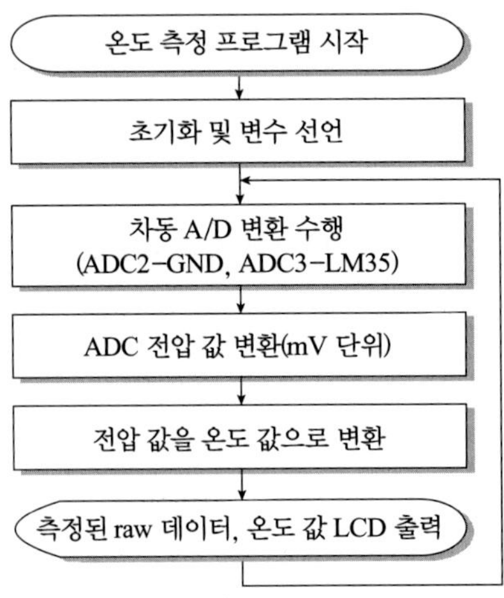

그림 13.23 예제 13.2의 전체 프로그램 및 LCD 표시 함수의 흐름도

```
#include <mega128.h>
#include <delay.h>
#include <stdio.h>
#include "lcd.h"

#define ADC_VREF_TYPE 0x00  // A/D 변환기 사용 기준 전압, AREF 단자 사용, 내부 VREF 끄기 설정
#define ADC_AVCC_TYPE 0x40  // A/D 변환기 사용 기준 전압, AVcc 단자와 ARRE에 연결된 커패시터 사용
#define ADC_RES_TYPE  0x80  // A/D 변환기 사용 기준 전압, reserved
#define ADC_2_56_TYPE 0xC0  // A/D 변환기 사용 기준 전압, 내부 2.56V와 AREF에 연결된 커패시터 사용
/**
  * @brief  ADC 초기화 함수
  */
void ADC_Init(void)
{
```

```
    ADCSRA  = 0x00;         // ADC 설정을 위한 비활성화

    ADMUX   = ADC_AVCC_TYPE | (0<ADLAR) | (0<<MUX0);
    // REFS1~0='11', ADLAR=0, MUX=0(ADC0 선택)
    ADCSRA  = (1<<ADEN) | (3<<ADPS0)| (1<<ADFR);
        // 1<<ADEN  : AD 변환 활성화
        // 1<<ADFR  : 프리 러닝 모드 활성화
        // 3<<ADPS0 : AC 변환 분주비 설정(8분주)
}

/**
  * @brief  Differential ADC 결과를 읽어오는 함수
  * @param  adc_input: ADC 하고자 하는 채널의 번호(8~0x1F)
  * @retval AD 변환 값(0~1023)
  */
unsigned int Read_ADC_Data_Diff(unsigned char adc_mux)
{
    unsigned int ADC_Data = 0;

    if(adc_mux < 8)
        return 0xFFFF;                  // 양극 신호가 아닌 단극 MUX 입력 시 종료

    // AD 변환 채널 설정
    ADMUX   &= ~(0x1F);
    ADMUX |= (adc_mux & 0x1F);

    ADCSRA |= (1<<ADSC);                // AD 변환 시작

    while(!(ADCSRA & (1 << ADIF)));     // AD 변환 종료 대기

    ADC_Data  = ADCL;
    ADC_Data  |= ADCH<<8;

    return ADC_Data;
}

void main()
{
    int adcRaw =0;                  // ADC 데이터 저장용
    float adcmilliVoltage =0;       // ADC 데이터를 전압으로 변환한 데이터 저장용
    float Celsius = 0;              // 계산된 온도 저장용

    // LCD 표기 위한 문자열 선언
    char Message[40] = {0,};
```

```
    ADC_Init();             // ADC 초기화
    LCD_Init();             // LCD 초기화

    while(1)
    {
        adcRaw     = Read_ADC_Data_Diff(0b1101);    // MUX: 01101 변환 요청
                                                    // ADC3: Positive Differential Input
                                                    // ADC2: Negative Differential Input
                                                    // 10x GAIN
        adcmilliVoltage = ( (( (float)adcRaw * 5000) /512) / 10);
                                // 전압으로 변환, VREF = 5000mV, 10배 증폭비, 차동 계측 고려
        Celsius = adcmilliVoltage  / 10;
                                // Celsius = milliVoltage / Sensor gain(= mv/'C = 10)

        // AD 변환 데이터 출력
        sprintf(Message,"RawData:    %04d ",adcRaw);
        LCD_Pos(0,0);
        LCD_Str(Message);

        // AD 변환 데이터를 이용한 온도 출력
        sprintf(Message,"Temp(deg): %2.2f ",Celsius);
        LCD_Pos(1,0);
        LCD_Str(Message);

        delay_ms(100);
    }
}
```

예제 13.3 FSR 압력 센서를 사용한 압력의 측정

그림 13.24(a)의 FSR 압력 센서를 ADC1 채널에 연결하고, 측정된 압력의 값을 전압과 힘으로 변환하여 LCD에 그림 13.24(b)와 같은 형식으로 표시하는 프로그램을 작성하라. 이를 위해 다음의 절차대로 수행한다.

(1) FSR 센서의 규격을 조사한다.
(2) FSR 센서와 ADC1 채널에 연결하는 회로를 설계한다.
(3) FSR의 저항 변화 특성표를 이용하여 압력 측정을 측정하는 관계식을 구한다.
(4) 이를 측정하여 LCD에 표시하는 과정의 프로그램을 작성한다.

크기	20"×24"(51×61cm)/최소 = 0.2"×0.2"(0.5×0.5cm)	
두께	0.008 "0.050"(0.20~1.25mm)	
힘 민감도 범위	최대 10kg을 100g 단위로 측정 가능	
압력 감도 범위	150psi(< 0.1kg/cm2 to > 10kg/cm2)	
장치 활성화 시간	1~2ms(mechanical)	
사용 시간	10000000 actuations	
온도 범위	−30°C~+70°C	
민감도 소음/진동	크게 영향받음	〈센서 외관〉

(a) FSR 센서의 형태 및 규격

A	D	C	:	x	x	x	x			x	.	x	x		v
F	O	R	C	E	:					x	x	x	x		g

(b) LCD 표시 형식

그림 13.24 실험 회로도 및 LCD 표시 형식

◈ FSR 센서 개요

포스 센싱 레지스터(FSR: Force Sensing Resistor)는 그림 13.25와 같이 3층의 구조를 가지고 있으며 폴리머 필름(polymer thick film) 표면에 압력이 인가되면 저항이 감소하는 현상을 이용하여 압력을 측정하는 데 사용되는 센서이다.

FSR 센서는 사람이 누르는 힘을 이용하여 전자 디바이스 터치를 응용하고자 세밀하게 제어하는 과정에 활용되고 있으며, 적용 분야는 게임 제어기, 음악기기, 의료기기 제어, 원격 제어, 산업용 제어장치의 HMI(Human Man Interface) 및 자동차 패널 등으로 확장되고 있다. 이러한 압력 측정을 위한 센서는 로드셀 또는 스트레인게이지 등이 있으나, 이는 정밀한 측정을 하기 위한 용도로 많이 활용되고 있으며, 변위량이 작아 높은 배율의 증폭을 필요로 하고, 이를 적용한 시스템이 고가라는 단점이 있다. 이에 비해 FSR은 정확성이 떨어지고 비선형성 측면에서 문제는 있지만, 압력 측정을 하여 활용하는 유사한 센서들에 비해 압력에 대한 출력 신호의 가변율이 커서 활용이 용이하고, 저가라는 장점이 있다. 따라서 성능이 약간 떨어지기는 하지만 사용이 용이하여 정밀 제어가 요구되지 않는 전자장치의 응용 과정에 사용하기 적합하다.

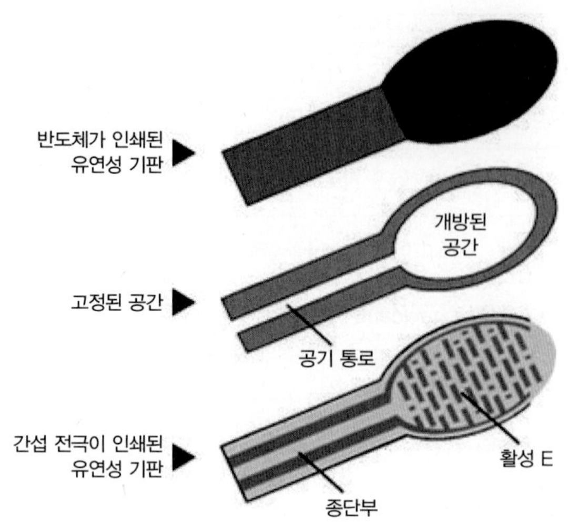

그림 13.25 FSR 센서의 구성

◈ 실습에 사용하는 FSR 센서 규격

이 책에서는 InterLink사의 FSR 센서를 사용했으며 센서의 명칭은 FSR® 402이다. 센서의 세부 스펙은 http://www.interlinkelectronics.com에 자세히 설명되어 있다. InterLink사에서 설명한 세부 스펙의 중요한 사항은 표 13.5와 같으며, 힘에 따른 저항 특성은 그림 13.26과 같다.

표 13.5 FSR 센서 사양

최소 동작 힘	0.1뉴턴(=0.01kg · f)
힘 민감도 범위	0.1~10.0²뉴턴(=0.01~10.197kg · f)
힘 반복성	±2%(single part)~±6%(single part)
크기	지름 18.28mm
두께	0.20~1.25mm
대기 저항 값	> 10MΩ
히스테리시스	+10%
온도 범위	−30°C~+70°C
사용 시간	10000000 actuations

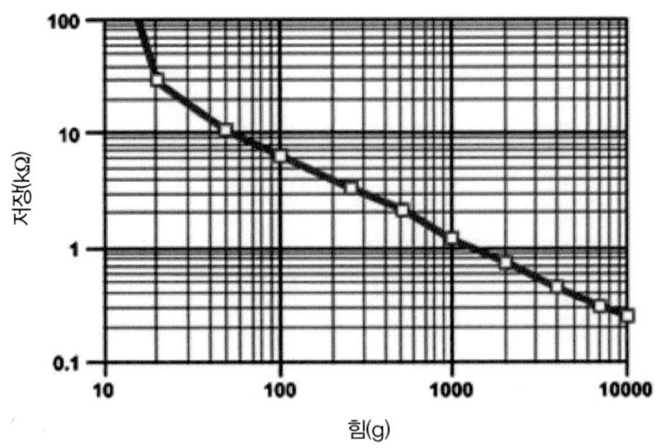

그림 13.26 FSR의 힘과 저항 간의 관계

◈ 센서 인터페이스 회로 설계

FSR은 인가된 힘을 이에 대응하는 저항으로 변환해주는 소자로서, FSR402로 인가되는 힘은 그림 13.26에 제시한 힘의 특성 그래프와 같이 저항 값으로 변환되어 출력된다. 이러한 저항의 변화를 A/D 변환기로 입력하기 위해서는 전압으로 변환해야 한다. 이를 위한 회로는 그림 13.27(a)의 OP-AMP를 사용하면 간단하게 FSR의 출력 저항이 전압 값으로 변환된다.

따라서 힘에 대한 전압의 값은 다음 식과 같이 전압 분배기의 원리에 의해 검출된다.

$$V_{OUT} = \frac{R_M V^+}{(R_M + R_{FSR})}$$

이렇게 회로를 구성하면 출력 전압은 힘이 증가함에 따라 증가하고, 만약 R_{FSR}과 R_M이 바뀌면 힘이 증가함에 따라 출력의 변화는 감소한다.

힘의 변화를 측정하기 위한 저항(R_M)의 값은 측정하고자 하는 힘의 감도 범위를 최대화하고 전류를 제한하는 것에 따라 선택된다. 측정 회로의 임피던스 변화에 따라 전압 분배기는 OP-AMP에 의해 달라질 수 있다. 그림 13.27(b)는 그림 13.27(a)의 회로에서 다양한 R_M 값에 따른 FSR에 인가되는 힘과 출력 전압(V_{OUT}) 간의 관계를 나타낸다. 그림 13.27(a)의 회로에서 V^+ 단자에는 5V를 사용하고, 그림 13.27(b)는 이 경우의 특성 커브를 나타낸다.

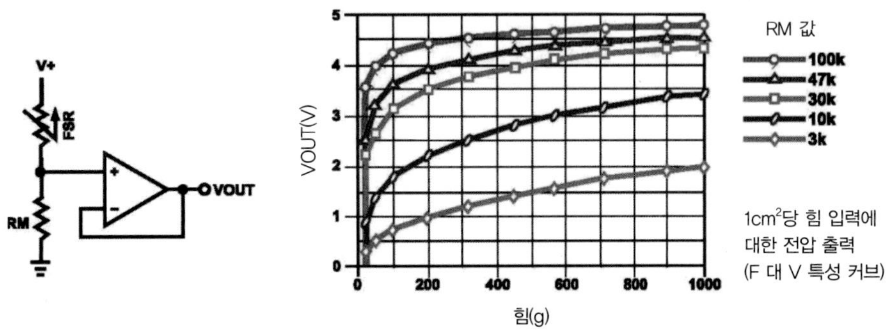

(a) 힘 측정을 위한 전압 변환 회로

(b) R_M에 따른 전압의 출력 특성 커브

그림 13.27 압력 측정을 위한 전압 분배기 및 특성 커브

이상의 과정을 적용하여 FSR402를 ATmega128의 ADC1 채널에 인터페이스하는 회로는 그림 13.28과 같다.

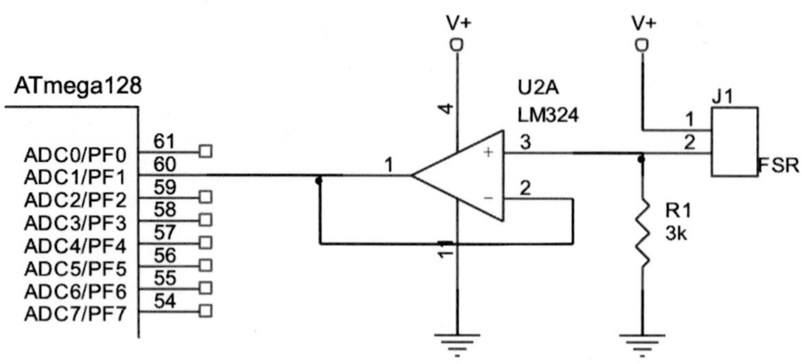

그림 13.28 실험 회로

이를 측정하기 위한 전압 측정 회로는 예제 13.1의 과정을 활용하여 그림 13.28과 같이 설계했다. 설계된 회로를 보면 R_M(GND와 연결) 값의 결정이 중요한데, 이는 그림 13.24(a)의 압력 변화에 따른 유효한 전압 출력을 고려하여 결정해야 한다. 이 저항 값은 넓은 힘 범위에서 힘에 따른 전압 출력 변화가 비교적 선형적으로 나타나야 하므로 그림 13.27(b)의 그래프 중에서 비교적 선형적인 변화를 나타내고 있는 3KΩ을 선택하기로 한다.

◈ 압력 센서 감지 기법

그림 13.28과 같이 설계한 회로로 측정된 전압을 힘으로 변환하기 위해서는 전압 값을 이용하여 저항 값을 계산하고, 이후 측정된 저항 값을 이용하여 힘 값을 산출해야 한다. 이 과정에서 전압 값을 이용한 저항 값 계산식은 다음과 같이 나타낼 수 있다.

$$R_{FSR} = ((\text{float } R_M \times V_{CC})/V_{OUT} - R_M)$$

여기서 R_{FSR}은 FSR의 저항 값을 나타내며, R_M은 GND와 연결된 고정 저항 값, V_{CC}는 FSR에 인가된 전압 값, V_{OUT}은 회로에서 출력된 전압을 각각 의미한다.

위의 식을 통해 전압 값을 산출한 뒤 이를 힘 값으로 변환하기 위해서는 먼저 힘-저항 곡선 그림을 참조하여 수식을 도출해야 한다. 이를 위해 그림 13.26의 그래프를 참조하여 100~4,000g의 샘플 데이터를 추출했다. 샘플 데이터는 그래프에 표기되어 있는 점들을 이용했으며, 이 값들을 정리하면 표 13.6과 같다.

표 13.6 FSR 샘플 데이터

힘(g)	kΩ
100	6
250	3.5
500	2
1000	1.2
2000	0.7
4000	0.42

위의 샘플 데이터를 참조하여 그래프를 재도식화하면 그림 13.29(a)와 같이 비선형 함수인 지수 함수의 형태를 보인다. 이러한 함수는 비선형적인 특성을 보이며 높은 차수의 복잡한 커브 피팅(curve fitting) 함수가 필요하다는 문제가 있다. 이러한 이유로 이 예제에서는 저항 값을 컨덕턴스 값으로 변환하여 힘-컨덕턴스 그래프를 사용하여 분석하고자 한다. 이때 힘-컨덕턴스 그래프와 2차 커브 피팅 함수를 그림 13.29(b)에 나타내었다.

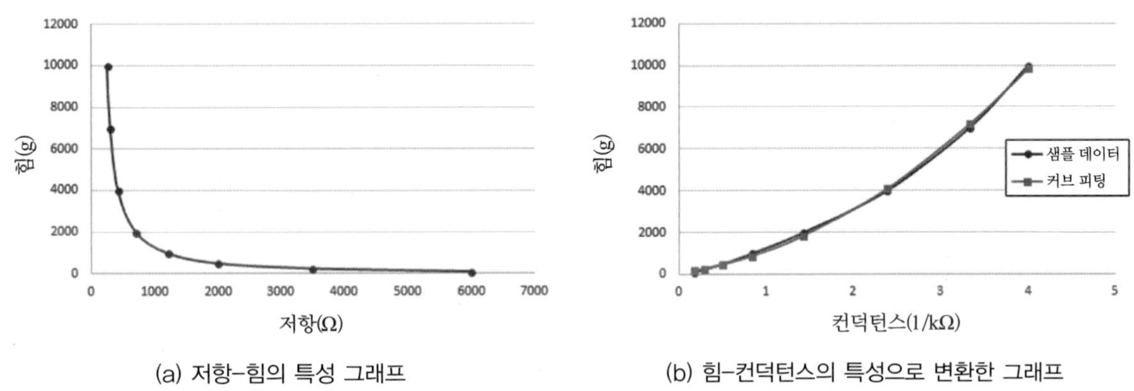

(a) 저항-힘의 특성 그래프

(b) 힘-컨덕턴스의 특성으로 변환한 그래프

그림 13.29 FSR 센서의 힘 특성

여기서 커브 피팅을 위해서는 마이크로소프트 엑셀의 추세선 기능을 활용했다. 그림 13.27(b)에 적용된 커브 피팅 함수는 다음 식으로 표현된다.

$$\begin{aligned} F_{FSR} &= 470.74 \times C_{FSR}^{\ 2} + 559.72 \times C_{FSR} + 90.751 \\ &= 470.74 \times (1/R_{FSR})^2 + 559.72 \times (1/R_{FSR}) + 90.751 \end{aligned}$$

여기서 F_{FSR}은 FSR에 인가되는 힘으로 단위는 g이고, C_{FSR}은 인가되는 힘에 대한 컨덕턴스 값으로 단위는 1/kΩ이며, R_{FSR}은 인가되는 힘에 대한 저항 값으로 단위는 kΩ이다.

◈ 프로그램

이상의 과정을 통해 출력되는 전압 값 V_{OUT}을 측정하고, 이를 위의 수식을 적용하여 저항 값(R_{FSR})을 구하여 LCD에 표시하는 전체 프로그램의 흐름은 그림 13.30과 같이 정리할 수 있으며, 전체 프로그램은 다음과 같이 작성할 수 있다.

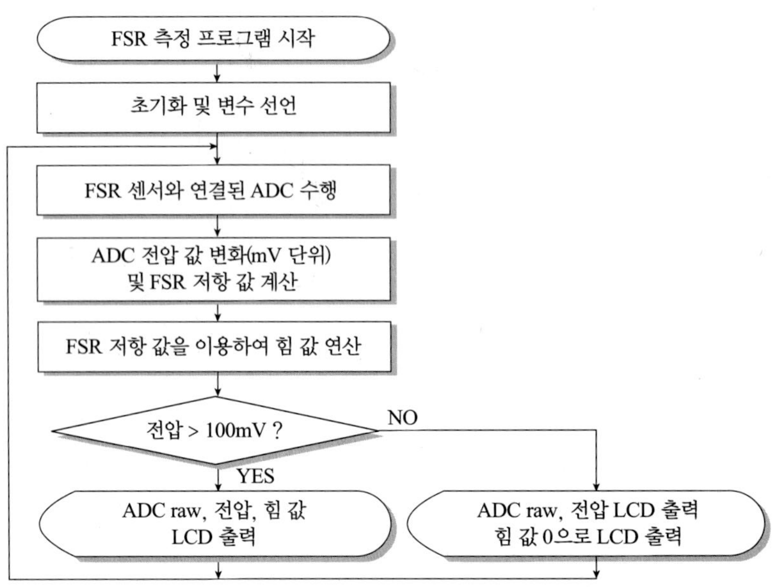

그림 13.30 전체 프로그램의 흐름도

```
#include <mega128.h>
#include <delay.h>
#include <stdio.h>
#include <math.h>
#include "lcd.h"

#define ADC_VREF_TYPE 0x00  // A/D 변환기 사용 기준 전압, AREF 단자 사용, 내부 VREF 끄기 설정
#define ADC_AVCC_TYPE 0x40  // A/D 변환기 사용 기준 전압, AVcc 단자와 ARRE에 연결된 커패시터 사용
#define ADC_RES_TYPE  0x80  // A/D 변환기 사용 기준 전압, reserved
#define ADC_2_56_TYPE 0xC0  // A/D 변환기 사용 기준 전압, 내부 2.56V와 AREF에 연결된 커패시터 사용

/**
  * @brief  ADC 초기화 함수
  */
void ADC_Init(void)
{
    ADCSRA  = 0x00;         // ADC 설정을 위한 비활성화

    ADMUX   = ADC_AVCC_TYPE | (0<ADLAR) | (0<<MUX0);
    // REFS1~0='11', ADLAR=0, MUX=0(ADC0 선택)
```

```
    ADCSRA  = (1<<ADEN) | (3<<ADPS0)| (1<<ADFR);
    // 1<<ADEN  : AD 변환 활성화
    // 1<<ADFR  : 프리 러닝 모드 활성화
    // 3<<ADPS0 : AC 변환 분주비 설정(x분주)
}

/**
  * @brief  ADC 결과를 읽어오는 함수
  * @param  adc_input: ADC 하고자 하는 채널의 번호
  * @retval AD 변환 값(0~1023)
  */
unsigned int Read_ADC_Data(unsigned char adc_input)   // ADC 읽어들이기
{
    unsigned int ADC_Data = 0;

    // AD 변환 채널 설정
    ADMUX    &= ~(0x1F);
    ADMUX    |= (adc_input & 0x07);

    ADCSRA   |= (1<<ADSC) ;              // AD 변환 시작

    while(!(ADCSRA & (1 << ADIF)));      // AD 변환 종료 대기

    ADC_Data  = ADCL;
    ADC_Data  |= ADCH<<8;

    return ADC_Data;
}

/**
  * @brief  ADC1에 연결된 압력 센서의 힘 정보를 LCD에 출력하는 함수
  */
void main(void)
{
    const float R_m = 250;       // 하단 저항 값(옴 단위)
    int adcRaw =0;               // ADC 데이터 저장용
    float adcmilliVoltage =0;    // ADC 데이터를 전압으로 변환한 데이터 저장용
    float R_FSR;
    float R_FSR_COND;
    float forceg =0;

    // LCD 표기 위한 문자열 선언
    char Message[40] = {0,};

    ADC_Init();              // ADC 초기화
```

```
    LCD_Init();              // LCD 초기화

    while(1)
    {
        adcRaw          = Read_ADC_Data(1);                    // ADC 1번 채널 변환 요청
        adcmilliVoltage = ( (((float)adcRaw * 5000) /1024));   // 전압으로 변환, VREF=5000mV
        // FSR의 저항 값을 계산
        R_FSR = (((float)R_m * 5000)/adcmilliVoltage) - R_m;

        // k 단위의 FSR 저항 값을 컨덕턴스 값으로 변환
        R_FSR_COND = 1/(R_FSR/1000);
        // 컨덕턴스 값을 이용하여 힘 값을 계산
        forceg = 470.74*pow(R_FSR_COND,2) + 559.72 *R_FSR_COND + 90.751;

        // ADC raw 값과 전압 값을 LCD에 출력
        sprintf(Message,"ADC:%04d  %1.2f V",adcRaw,adcmilliVoltage/1000);
        LCD_Pos(0,0);
        LCD_Str(Message);

        if(adcmilliVoltage > 0.1) // 최소 입력 전압(0.1V) 이상일 때(= 압력 센서에 힘이 감지됐을 때)
        {
            // 계산된 힘 값을 LCD에 출력
            sprintf(Message,"FORCE:    %04d g",(int)forceg);
            LCD_Pos(1,0);
            LCD_Str(Message);

        }else{                    // 최소 입력 전압(0.1V) 이하일 때(= 압력 센서에 힘이 감지되지 않을 때)

            // 힘이 감지되지 않았기에 0으로 표기함
            sprintf(Message,"FORCE:    0000 g");
            LCD_Pos(1,0);
            LCD_Str(Message);
        }
        delay_ms(100);
    }
}
```

13.2 아날로그 비교기의 활용

직류에서부터 저주파 신호의 크기를 비교하여 그에 따른 신호를 디지털 회로에 전달하기 위해 사용되는 회로를 비교기(comparator)라 한다. 비교기는 2개의 입력 신호를 서로 비교하여 출력 신호

를 결정하는 회로이다. 비교기는 그림 13.31에 나타낸 것과 같이 (a) 비반전 비교기와 (b) 반전 비교기로 구성되는데, 동작은 다음과 같다.

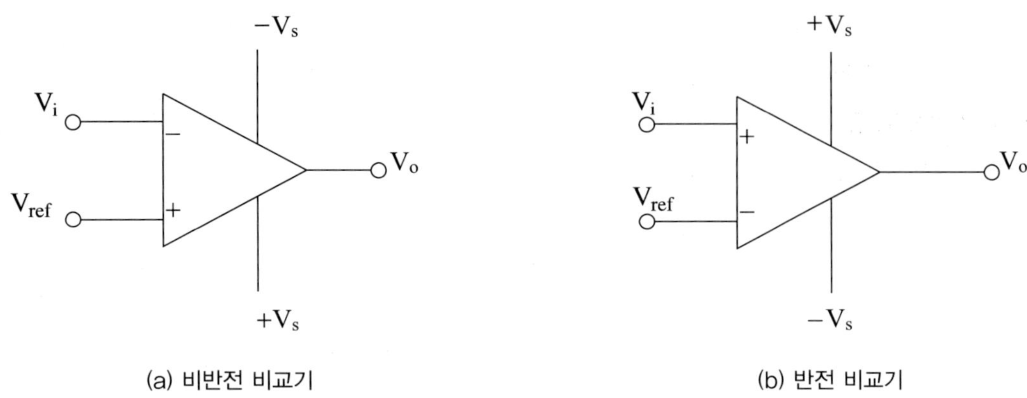

그림 13.31 아날로그 비교기의 동작 원리

그림 13.31(a)는 비반전 비교기를 나타낸 것으로 입력 신호는 (−)입력 단자로 입력되고, 입력 전압을 비교하기 위한 기준 전압은 (+)단자로 입력된다. 이렇게 입력된 신호는 기준 전압과 비교하여 기준 전압보다 크면 V_o는 $+V_s$가 되고, 기준 전압보다 작으면 V_o는 $-V_s$가 된다. 즉, 출력 전압은 다음과 같이 간단하게 설명된다.

> $V_i > V_{ref}$이면, 출력 전압(V_o)은 양(+)의 전압인 $+V_s$와 같아지고,
> $V_i < V_{ref}$이면, 출력 전압(V_o)은 음(−)의 전압인 $-V_s$와 같아진다.

그림 13.31(b)는 반전 비교기를 나타낸 것으로 입력 신호는 (+) 입력 단자로 입력되고, 입력 전압을 비교하기 위한 기준 전압은 (−)단자로 입력된다. 출력 전압은 비반전 비교기와 반대로 동작한다.

그러나 비교기는 마이크로프로세서에서 활용될 경우에는 일반적으로 그림 13.32에서와 같이 단일 전원으로 구동되며, $V_{in} > V_{ref}$이면 출력 전압(V_o)은 V_{CC}와 같아지고, $V_{in} < V_{ref}$이면 출력 전압(V_o)은 0V가 된다.

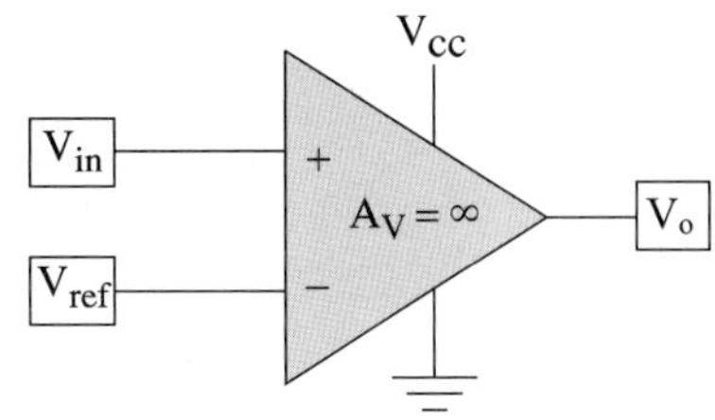

그림 13.32 단일 전원 구동에 의한 비교기 구성

13.2.1 ATmega128의 아날로그 비교기 구조

ATmega128에 내장된 아날로그 비교기의 내부 구성은 그림 13.33에 나타낸 바와 같이 아날로그 비교기 입력부와 비교의 결과를 처리하는 인터럽트 선택부로 구성되어 있다. ATmega128의 아날로그 비교기는 (+) 극성의 입력 단자 AIN0과 (−) 극성 단자 AIN1의 입력 전압을 비교하여 만약 AIN0 단자의 전압이 높으면 ACO가 1로 되고, AIN1 단자의 전압이 높으면 아날로그 비교의 출력 ACO가 0으로 동작한다. 또한 아날로그 비교기의 (+) 극성으로 입력되는 입력은 AIN0 단자로 입력되는 전압과 내부의 기준 전압 V_{BG}(bandgap reference voltage, 1.23V)의 두 가지 중 하나를 선택할 수 있다. 아날로그 비교기의 출력 ACO 신호는 인터럽트 선택기를 거쳐 비교기 인터럽트를 동작 모드에 따라 발생시킬 수 있고, 타이머/카운터 1의 입력 캡처 기능을 트리거할 수 있다.

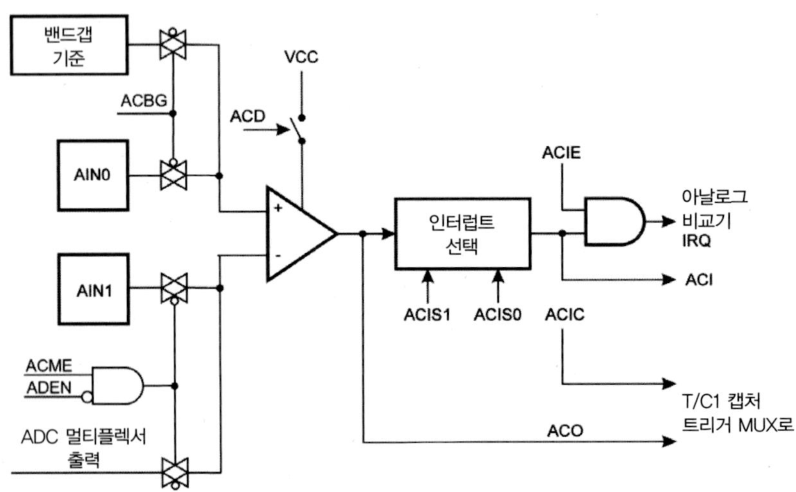

그림 13.33 아날로그 비교기의 내부 구성도

13.2.2 아날로그 비교기의 제어 레지스터

아날로그 비교기를 동작시키기 위한 레지스터로는 아날로그 비교기 제어 및 상태 레지스터 (ACSR: Analog Comparator Control and Status Register)와 특수 기능 I/O 레지스터의 일부 기능이 사용된다. 아날로그 비교기 제어 및 상태 레지스터는 아날로그 비교기의 기능을 설정하거나 동작 상태를 나타내는 레지스터로서, 그림 13.34에 비트 구성을 나타내었으며 비트별 의미는 다음과 같다.

비트	7	6	5	4	3	2	1	0	
	ACD	ACBG	ACO	ACI	ACIE	ACIC	ACIS1	ACIS0	ACSR
읽기/쓰기	R/W	R/W	R	R/W	R/W	R/W	R/W	R/W	
초깃값	0	0	N/A	0	0	0	0	0	

그림 13.34 아날로그 비교기 제어 및 상태 레지스터의 비트 구성

▶ 비트 7: ACD(아날로그 비교기 금지(Analog Comparator Disable))

ACD 비트는 아날로그 비교기의 동작을 금지시키는 용도로 사용된다. 이 비트를 1로 설정하면 아날로그 비교기로 공급되는 전원이 차단되어 소비 전력을 감소시킬 수 있다. 이 비트는 휴면 모드 또는 전원 차단 모드로 동작시켜 전력 소모를 줄이고자 할 때 아무 때라도 1로 설정할 수 있다. ACD 비트를 변경하면 아날로그 비교기 인터럽트가 발생될 수 있으므로 이를 방지하려면 이 비트 값을 변경하기 전에 미리 ACIE 비트를 반드시 클리어해두어야 한다.

▶ 비트 6: ACBG(아날로그 비교기 밴드갭 선택(Analog Comparator Bandgap Select))

ACBG 비트는 아날로그 비교기의 (+) 입력 단자에 입력되는 전압을 선택하는 용도로 사용된다. 이 비트를 1로 설정하면 비교기의 (+) 입력 단자에는 내부 기준 전압 1.23V가 인가되고, 0으로 설정하면 외부의 AIN0 단자로 입력되는 전압이 인가된다.

▶ 비트 5: ACO(아날로그 비교기 출력(Analog Comparator Output))

ACO 비트는 아날로그 비교기의 출력 값으로서 클록과 동기되어 발생한다. 클록과 동기되기 위해 1~2클록의 지연 시간이 발생하며, 이 값은 내부의 인터럽트 인터페이스부로 전달되어 인터럽트를 발생시키거나 타이머/카운터 1의 입력 캡처 트리거 신호로 사용된다.

▶ 비트 4: ACI(아날로그 비교기 인터럽트 플래그(Analog Comparator Interrupt Flag))

ACI 비트는 비교기의 인터럽트 발생에 대한 상태를 나타내는 비트이다. 이 비트는 비교기 출력이 ACIS1과 ACIS0 비트에 의해 설정된 인터럽트 모드를 트리거할 때 자동으로 하드웨어에 의해 발생한다. ACIE 비트와 SREG 상태 레지스터의 I 비트가 모두 1로 설정되어 있는 경우에는 인터럽트 루틴이 실행되고, 인터럽트의 실행에 의해 이 비트는 자동으로 클리어된다. 또한 이 ACI 비트에 1을 쓰면 0으로 클리어된다.

▶ 비트 3: ACIE(아날로그 비교기 인터럽트 허가(Analog Comparator Interrupt Enable))

ACIE 비트는 아날로그 비교기의 인터럽트의 발생을 개별적으로 허가하는 비트이다. 이 비트가 1로 설정되면 인터럽트가 발생되며, 이 비트를 0으로 설정하면 인터럽트는 금지된다.

▶ 비트 2: ACIC(아날로그 비교기 입력 캡처 허가(Analog Comparator Input Capture Enable))

ACIC 비트는 아날로그 비교기의 출력이 타이머/카운터 1의 입력 캡처 트리거 신호로 사용되도록 설정하는 비트이다. 이 비트가 1로 설정되면 ACO 신호는 타이머/카운터 1의 입력 캡처 신호로 이용되며, 0으로 설정되면 ACO 신호는 원래의 목적으로 사용된다. ACO 신호가 타이머/카운터 1의 입력 캡처 인터럽트를 발생시키기 위해서는 TIMSK 레지스터의 TICIE1 비트가 1로 설정되어 있어야 한다.

▶ **비트 1, 0: ACIS1, ACIS0(아날로그 비교기 인터럽트 모드 선택(Analog Comparator Interrupt Mode Select))**

ACIS1, ACIS0 비트는 아날로그 비교기의 출력이 인터럽트를 발생하는 방법을 결정하는 데 사용되는 비트로서, 아날로그 비교기의 인터럽트 발생 모드는 표 13.7에 나타낸 것이 네 가지로 동작한다. ACIS1, ACIS0 비트의 설정을 변경하는 경우에는 아날로그 비교기의 인터럽트가 발생할 수 있으니 이 비트들을 변경하기 전에 미리 ACIE 비트를 0으로 설정하여 인터럽트를 금지시켜야 한다.

표 13.7 아날로그 비교기의 인터럽트 모드 설정

ACIS1	ACIS0	인터럽트 발생 모드
0	0	출력이 토글될 때 비교기 인터럽트 발생
0	1	사용하지 않음
1	0	ACO 출력의 하강 에지에서 비교기 인터럽트 발생
1	1	ACO 출력의 상승 에지에서 비교기 인터럽트 발생

비트	7	6	5	4	3	2	1	0	
	TSM	-	-	-	ACME	PUD	PSR0	PSR321	SFIOR
읽기/쓰기	R/W	R	R	R	R/W	R/W	R/W	R/W	
초깃값	0	0	0	0	0	0	0	0	

그림 13.35 SFIOR 레지스터의 ACME 비트

그림 13.35와 같이 SFIOR 레지스터의 세 번째 비트인 ACME(아날로그 비교기 멀티플렉스 허가) 비트는 아날로그 비교기의 입력 신호를 설정하는 데 사용된다. 이 비트의 설정에 따라 아날로그 비교기의 (−) 입력에 A/D 변환기의 입력 신호(ADC0~ADC7) 중의 하나를 선택할 수 있다. A/D 변환기의 입력 신호(ADC0~ADC7) 선택은 ADC 멀티플렉서의 설정에 의해 결정된다.

아날로그 비교기의 (−) 입력 단자의 선택은 SFIOR 레지스터의 ACME 비트와 A/D 변환기의 제어 상태 레지스터(ADCSRA)의 ADEN 비트와 MUX 선택 비트에 의해 표 13.8과 같이 선택된다.

- ACME=1, ADEN=0: 아날로그 비교기의 (−) 입력으로 ADC0~ADC7 중 하나를 선택
- ACME=0 또는 1, ADEN=1: 아날로그 비교기의 (−) 입력으로 AIN1을 선택

표 13.8 아날로그 비교기의 (-) 극성 선택 입력

ACME	ADEN	MUX2~0	아날로그 비교기의 (-) 입력
0	x	xxx	AIN1
1	1	xxx	AIN1
1	0	000	ADC0
1	0	001	ADC1
1	0	010	ADC2
1	0	011	ADC3
1	0	100	ADC4
1	0	101	ADC5
1	0	110	ADC6
1	0	111	ADC7

13.2.3 아날로그 비교기의 활용 실험

예제 13.4 아날로그 비교기 활용(폴링 방식)

AIN1의 입력 전압과 내부 비교 전압을 비교하여 AIN1이 내부 비교 전압보다 크면 PORTB에 연결된 LED를 켜고, 작으면 LED를 끄는 프로그램을 폴링 방식으로 작성하라.

아날로그 비교기의 출력은 ACO 비트와 ACI 비트를 통해 검사가 가능하다. 먼저 ACO의 변화를 상승 에지에서 폴링 방식으로 검사하는 프로그램을 작성해보자. 여기서 ACO의 변화를 검사하기 위해서는 AIN1로 입력되는 전압의 변화가 최소한 5사이클 이상 지속되어야 함을 주의해야 한다.

ACO의 변화를 검출하는 과정은 그림 13.36과 같으며, 이를 요약하면 다음과 같다.

- 출력이 High이면 출력이 Low로 될 때까지 기다린다.
- 출력이 High로 되돌아갈 때까지 기다린다.

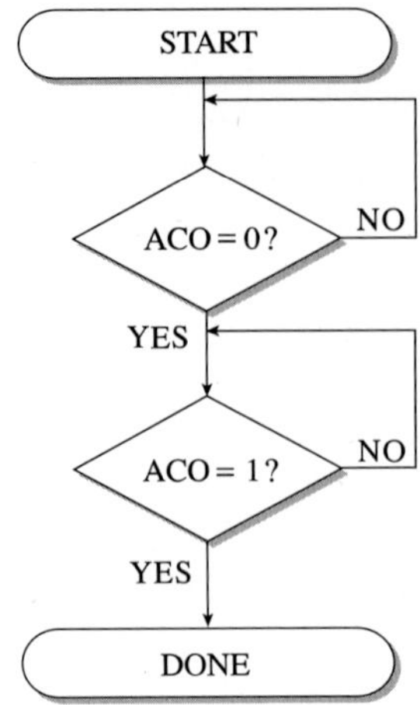


```
#include <mega128.h>

void Comparator_Init(void)
{   ACSR=(1<<ACBG);             // 0X40 비교기 (+)단자에 1.23V 인가
}

void Init_Ports(void)
{
    DDRB = 0xff;      // 출력으로 설정
    PORTB = 0xff;     // LED OFF
}

void main(void)
{
    Init_Ports();
    Comparator_Init();  // 초기화

    while(1)
    {
        while(!(ACSR&(1<<ACO))); // ACO=0(AIN1 > 1.23V)이 될 때까지 대기
        PORTB =0x00;             // LED ON
        while(!(ACSR&(1<<ACO))); // ACO=1(AIN1 < 1.23V)이 될 때까지 대기
        PORTB = 0x0F             // LED OFF
    }
}
```

그림 13.36 폴링 방식에 의한 ACO의 검출 흐름도 및 프로그램

두 번째 방법으로 ACI 변화를 상승 에지에서 폴링 방식으로 검사하는 프로그램을 작성해보자. ACI 비트는 아날로그 비교기 인터럽트 허가 비트이지만, 인터럽트가 허가되어 있지 않은 상황이라도 ACSR 레지스터의 ACIS1과 ACIS0 비트의 설정에 따라 인터럽트 플래그는 변화를 나타낸다. 따라서 ACIS1과 ACIS0 비트를 각각 1로 설정하면 ACI의 상승 에지에서 플래그 비트가 변화를 나타내게 된다.

ACI의 변화를 검출하기 위해서는 먼저 ACIS1과 ACIS0 비트를 1로 설정한다. 그러고 나서 ACI를 검출하는 과정은 그림 13.37과 같으며, 이를 요약하면 다음과 같다.

- ACI 비트에 1을 기록함으로써 ACI를 클리어한다.
- ACI가 High가 될 때까지 기다린다.

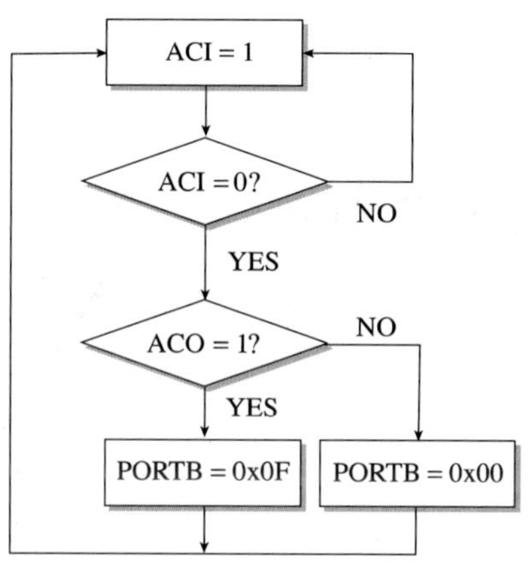


```
#include <mega128.h>

void Comparator_Init(void)
{
     // 비교기 (+)단자에 1.23V인가
     // ACO의 출력이 토글될 때 비교기 인터럽트 플래그 발생
     ACSR=(1<<ACBG);          // 0X40 비교기 (+)단자에 1.23V 인가
}

void Init_Ports(void)
{
    DDRB = 0xff;      // 출력으로 설정
    PORTB = 0xff;     // LED OFF
}

void main(void)
{
     Init_Ports();
     Comparator_Init();
```

```
        while(1)
        {
            ACSR |= (1<<ACI);          // ACI에 1을 써서 클리어시킨다.

            while(!(ACSR&(1<<ACI))); // ACI의 출력이 토글될 때까지 대기

            if(ACSR&0x20)
                // AIN1의 입력이 내부 전압보다 작으면 LED OFF
                PORTB = 0x0f;
            else
                // AIN1의 입력이 내부 전압보다 크면 LED ON
                PORTB = 0x00;
         }
    }
```

그림 13.37 폴링 방식에 의한 ACI의 검출 흐름도 및 프로그램

예제 13.5 아날로그 비교기 활용(인터럽트 방식)

AIN1의 입력 전압과 내부 비교 전압을 비교하여 AIN1이 내부 비교 전압보다 크면 PORTB에 연결된 LED를 켜고, 작으면 LED를 끄는 프로그램을 인터럽트 방식으로 작성하라.

ACI 인터럽트가 발생하는 조건은 ACIS1과 ACIS0 비트의 설정에 따라 결정되므로 여기서는 인터럽트 토글 모드를 활용하여 사용하기로 한다. 이를 구현하기 위한 절차는 다음과 같다.

- ACIS1과 ACIS0 비트를 클리어한다. 인터럽트 플래그는 클리어되어 있어야 한다. 만약 어떤 이유로 이 비트들이 클리어되어 있지 않다면, MCU는 인터럽트가 허가되어 있을 때 인터럽트 루틴을 즉시 수행을 하게 될 것이다. 따라서 ACIS1과 ACIS0 비트를 클리어해야 한다.
- 전체 인터럽트 허가 비트를 설정한다.
- ACSR 레지스터의 ACIE 비트를 1로 설정하여 아날로그 비교기 인터럽트를 허가한다.

이상의 과정을 프로그램으로 작성하면 다음과 같다.

```
#include <mega128.h>

// 아날로그 비교기 인터럽트 서비스 루틴
interrupt [ANA_COMP] void ana_comp_isr(void)
{
    if(ACSR&0x20) // AIN1의 입력이 내부 전압보다 작으면 LED OFF
```

```
        PORTB.1=1;
    else     // AIN1의 입력이 내부 전압보다 크면 LED ON
        PORTB.1=0;
}

void Comparator_Init(void)
{
    ACSR=(1<<ACBG)|(1<<ACIE); // 비교기 (+)단자에 1.23V 인가, 아날로그 인터럽트 플래그 클리어
    ACSR |= (1<<ACIC);        // 아날로그 비교기 인터럽트 허가
    SREG |= 0x80;             // 전체 인터럽트 허가
}

void Init_Ports(void)
{
    DDRB = 0xff;              // LED 초기화
    PORTB = 0xff;             // LED OFF
}

void main(void)
{
    Init_Ports();
    Comparator_Init();
    while(1);
}
```

13.3 EEPROM의 활용

EEPROM은 전원이 제거되어도 저장된 데이터가 보존되는 비휘발성 메모리로, 시스템에 반드시 필요한 상수나 변수들의 현재 값을 기록하기 위해 사용되며, ATmega128은 4K바이트의 EEPROM 메모리를 제공하고 있다. 이 EEPROM의 영역은 프로그램 메모리, 데이터 메모리와는 별도의 주소 공간을 사용하고 있으며, 이 EEPROM에 데이터를 쓰고 읽기 위해서는 I/O 레지스터의 주소를 이용한다. EEPROM을 액세스하는 과정은 매우 번거로운 부분이지만, 제어 전용의 시스템을 구축할 경우에 유용하게 활용되고 있다. ATmega128의 EEPROM은 내용을 읽을 때는 횟수에 제한이 없으나 쓰기/지우기는 100,000번까지 보장된다.

ATmega128의 EEPROM의 개요에 대해서는 2장에서 간단히 설명했지만, 이번 장에서는 레지스터의 구성을 자세히 설명하고 이를 이용하여 EEPROM을 액세스하는 과정을 자세히 살펴보기로 한다.

13.3.1 ATmega128의 EEPROM 액세스

EEPROM을 액세스하는 과정은 읽기와 쓰기 과정으로, EEPROM에 데이터를 쓰는 경우에는 표 13.16에 제시한 것과 같이 충분한 시간이 필요하다. 즉, EEPROM에 1바이트의 데이터를 쓰기 위해서는 표 13.9에 제시된 시간 동안 충분히 쓰기 과정을 진행해야 한다. 이와 같이 충분히 데이터 쓰기 시간을 제공하기 위해서는 프로그램에서 자기 시간 조정(selftiming) 함수를 작성하여 현재 데이터의 쓰기 과정이 종료됐는지 검사해야 한다. 또한 EEPROM에 데이터가 쓰이면 MCU는 다음 명령어를 실행하기 전에 2 클록 사이클 동안 정지 상태가 된다. 따라서 EEPROM에 데이터를 쓰는 프로그램을 작성할 때는 이와 같은 이유로 인해 특별한 프로그래밍 과정이 필요하다. 이는 EEPROM의 제어 레지스터 EEWE 비트 부분에서 자세히 설명할 것이다.

EEPROM의 데이터를 읽을 때는 시간적인 제약을 받지 않지만, EEPROM의 데이터를 읽으면 MCU는 다음 명령어를 실행하기 전에 4 클록 사이클 동안 정지된다. EEPROM을 읽는 과정은 EEPROM의 제어 레지스터 EERE 비트 부분에서 자세히 설명할 것이다.

또한 EEPROM을 액세스할 때는 주의해야 할 사항이 있다. 첫째, MCU에 공급되는 전원 전압이 낮아지면 클록 주파수에 약간의 변동이 발생하여 액세스 시간에 약간의 변화가 일어날 수 있다. 둘째, EEPROM에 데이터를 쓰는 과정에서 MCU가 슬립 모드로 들어갈 경우에는 슬립 모드가 완벽하게 동작하지 않을 가능성이 있다.

첫 번째 경우는 다음과 같이 설명할 수 있다. 즉, MCU와 EEPROM으로 공급되는 전원이 외부 요인에 의해 MCU나 EEPROM이 동작하기에 낮은 전압으로 되면, EEPROM의 데이터가 보존되지 않거나 변화가 일어날 수 있다. 이러한 상황은 EEPROM에 데이터를 쓰기 위한 전압이 쓰기가 보장되는 최소 전압보다 작은 경우와 공급 전압이 너무 낮아서 MCU가 명령어를 제대로 수행할 수 없는 경우이다. 이상과 같이 EEPROM의 데이터 오류를 막기 위해 다음과 같은 과정이 설계에 반영되어야 한다.

즉, 전원이 충분히 공급되지 않는 경우에는 내부의 저전압 검출 기능인 BOD 기능을 사용함으로써 MCU의 리셋이 동작할 수 있도록 조치한다. 만약 이 BOD 전압이 필요한 검출 전압과 일치하지 않는다면, 외부의 리셋 회로에 이에 대응하는 보호 회로를 추가로 설계해야 한다.

두 번째 경우는 EEPROM에 데이터 쓰기를 수행하고 있는 동안에 전원 차단(power-down) 슬립 모드로 들어가는 경우로, 이와 같은 상황이 발생하면 EEPROM의 쓰기 동작은 계속 진행되어 메모리 액세스 시간이 경과하기 전에 완료된다. 그렇지만 쓰기 동작이 완료되고 난 후에도 오실레이터는 계속 동작하여 MCU는 전원 차단 모드로 완전하게 들어가지 못하게 된다. 따라서 전원 차단 모드로 들어가기 전에는 반드시 EEPROM의 쓰기 동작이 완료됐는지 확인하는 것이 바람직하다.

13.3.2 EEPROM 제어 레지스터

EEPROM의 데이터를 1바이트씩 액세스하기 위해서는 EEPROM 주소 레지스터(EEAR), EEPROM 데이터 레지스터(EEDR), EEPROM 제어 레지스터(EECR)가 사용된다.

◈ EEPROM 주소 레지스터(EEAR)

EEAR(EEPROM Address Register H/L) 레지스터는 그림 13.38에 나타낸 바와 같이 4KB의 EEPROM의 주소를 가리키기 위해 12비트의 공간(EEARH + EEARL)을 사용한다.

비트	15	14	13	12	11	10	9	8	
	-	-	-	-	EEAR11	EEAR10	EEAR9	EEAR8	EEARH
	EEAR7	EEAR6	EEAR5	EEAR4	EEAR3	EEAR2	EEAR1	EEAR0	EEARL
	7	6	5	4	3	2	1	0	
읽기/쓰기	R	R	R	R	RW	RW	RW	RW	
	RW	RW	RW	RW	RW	RW	RW	RW	
초깃값	0	0	0	0	X	X	X	X	
	X	X	X	X	X	X	X	X	

그림 13.38 EEPROM의 주소 레지스터(EEAR)

◈ EEPROM 데이터 레지스터(EEDR)

EEDR(EEPROM Data Register) 레지스터는 EEPROM에 데이터를 액세스하기 위한 레지스터로, 그림 13.39에 이 레지스터를 나타내었다. EEPROM에 데이터를 쓰기 위해서는 EEAR에 먼저 주소를 지정하고 이 EEDR에 데이터를 쓰면 되고, EEPROM으로부터 데이터를 읽기 위해서는 EEAR에 주소를 지정하여 이 EEDR을 읽으면 된다.

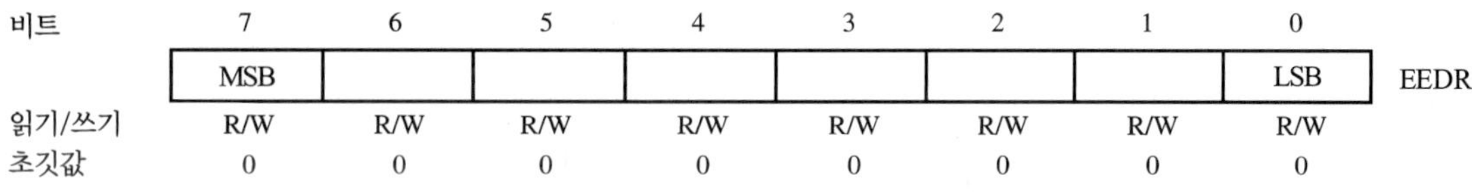

비트	7	6	5	4	3	2	1	0	
	MSB							LSB	EEDR
읽기/쓰기	R/W	R/W	R/W	R/W	R/W	R/W	R/W	R/W	
초깃값	0	0	0	0	0	0	0	0	

그림 13.39 EEPROM의 데이터 레지스터(EEDR)

◈ EEPROM 제어 레지스터(EECR)

EECR(EEPROM Control Register)은 EEPROM의 쓰기/읽기를 제어하기 위한 레지스터로, 그림 13.40에 이 레지스터를 나타내었으며 비트별 기능은 다음과 같다.

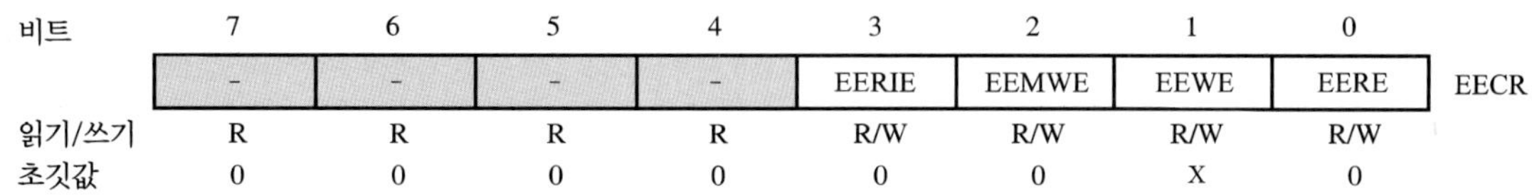

비트	7	6	5	4	3	2	1	0	
	-	-	-	-	EERIE	EEMWE	EEWE	EERE	EECR
읽기/쓰기	R	R	R	R	R/W	R/W	R/W	R/W	
초깃값	0	0	0	0	0	0	X	0	

그림 13.40 EEPROM의 제어 레지스터(EECR)

▶ **비트 3: EERIE(EEPROM 준비 인터럽트 허가(EEPROM Ready Interrupt Enable))**

SREG 레지스터의 I 비트가 1로 설정되어 있는 상황에서 EERIE 비트가 1이면 EEPROM 준비 인터럽트가 허가되고 인터럽트가 발생하며, EERIE 비트가 0이면 인터럽트는 발생하지 않는다. EEPROM 준비 인터럽트는 EEWE가 0일 때 요구된다.

▶ 비트 2: EEMWE(EEPROM 마스터 쓰기 허가(EEPROM Master Write Enable))

EEMWE 비트는 EEWE 비트를 1로 설정하여 EEPROM에 데이터를 쓸 것인지를 결정하는 비트이다. EEMWE가 1로 설정된 후 4사이클 내에 EEWE가 1이 되면 선택된 EEPROM 주소에 데이터를 쓰고, EEMWE가 0인 경우에는 EEWE의 설정에 상관없이 데이터의 쓰기는 이루어지지 않는다. EEMWE 비트가 소프트웨어에 의해 1로 설정된 후에 4사이클이 지나면 EEMWE 비트는 하드웨어에 의해 자동으로 0으로 클리어된다.

▶ 비트 1: EEWE(EEPROM 쓰기 허가(EEPROM Write Enable))

EEWE 신호인 EEWE 비트는 EEPROM에 데이터를 쓰기 위한 스트로브 신호이다. EEPROM에 데이터를 쓰기 위해 주소와 데이터가 미리 레지스터에 준비되어 있다면, 이 비트에 1을 씀으로써 EEPROM에 데이터를 쓰게 되고, 그렇지 않으면 데이터는 EEPROM에 써지지 않는다. EEPROM에 데이터를 쓰기 위해서는 다음과 같은 절차를 준수해야 한다(여기서 단계 ③과 ④는 쓰기 절차에서 필수는 아니다).

① EEWE가 0이 될 때까지 기다린다.
② SPMCR 레지스터의 SPMEN 비트가 0이 될 때까지 기다린다.
③ EEPROM의 주소를 EEAR에 쓴다(선택사항).
④ EEPROM 데이터를 EEDR에 쓴다(선택사항).
⑤ EECR의 EEWE 비트에 1을 쓰고, 1이 되어 있는 동안에 EEMWE 비트를 1로 쓴다.
⑥ EEMWE 비트를 1로 설정하고 나서 4사이클 이내에 다시 EEWE 비트를 0으로 쓴다.

EEPROM은 플래시 메모리에 데이터를 쓰고 있는 동안에는 프로그램될 수 없다. 따라서 EEPROM에 새로운 데이터를 쓰기 위해서는 사용자 프로그램으로 플래시 메모리의 프로그래밍 종료 여부를 반드시 검사해야 한다. 단계 ②의 경우는 EEPROM의 쓰기가 부트로더에 의해 수행될 때만 의미가 있다. 따라서 플래시 메모리가 MCU에 의해 갱신되지 않는다면, 단계 ②의 과정은 프로그래밍 절차에서 삭제될 수 있다.

단계 ⑤와 ⑥을 수행하고 있는 동안에 인터럽트가 발생하면 EEPROM 마스터 쓰기 허가(EEMWE) 비트가 시간 초과 상황이 발생할 것이므로, EEPROM에 데이터를 쓰는 것은 실패로 된다. 만약 EEPROM을 액세스하는 과정의 인터럽트 루틴이 수행되고 있는 동안에 다른 EEPROM을 액세스하는 인터럽트가 요구된다면, EEAR과 EEDR 레지스터의 내용은 수정될 것이기 때문에 EEPROM을 액세스 과정에서 실패가 발생할 것이다. 따라서 이상의 문제를 피하기 위해 EEPROM을 액세스하는 동안에는 SREG의 I 비트를 0으로 하여 전체 인터럽트를 금지해놓는 것이 바람직하다.

EEPROM에 데이터를 쓰는 과정에서 시간 초과의 상황이 발생하면, EEWE 비트는 하드웨어에 의해 자동으로 클리어된다. 따라서 사용자 프로그램에서는 다음 바이트를 EEPROM에 쓰기 위해 이 비트가 1인지 0인지를 검사해야 하고, 0이 될 때까지 기다려야 한다. EEWE가 1이 되어버리면, CPU는 다음 명령어가 수행되기 전에 2사이클 동안 정지 상태가 된다.

▶ **비트 0: EERE(EEPROM 읽기 허가(EEPROM Read Enable))**

EERE 비트는 EEPROM의 데이터를 읽기 위한 스트로브 신호이다. EEAR 레지스터에 읽고자 하는 데이터의 주소를 미리 준비해놓고, EERE 비트를 1로 설정하여 EEPROM의 읽기를 시작한다. EEPROM을 읽는 과정은 한 사이클 동안에 일어나며, 데이터는 즉시 읽힌다. EEPROM의 데이터가 읽히면, 다음 명령어가 수행되기 전에 CPU는 4사이클 동안 정지 상태가 된다. 만약 EEPROM에 데이터를 쓰고 있는 중이라면, EEPROM을 읽거나 EEAR 레지스터를 변경하는 것은 불가능하다. 따라서 사용자 프로그램에서는 EEPROM의 데이터를 읽기 전에 EEWE 비트가 1인지 0인지를 검사해야 한다.

보정된 오실레이터는 EEPROM을 액세스하는 시간을 조정하기 위해 사용된다. 표 13.9에는 CPU가 EEPROM을 프로그래밍하는 데 필요한 시간을 정리해놓았다. 이 표의 데이터는 1MHz의 클록을 사용했을 때의 데이터이고, CKSEL 퓨즈의 설정과는 무관하다.

표 13.9 EEPROM 프로그래밍 시간

기호	보정된 RC 오실레이터 사이클의 수	전형적인 프로그래밍 시간
EEPROM 쓰기(CPU로부터)	8848	8.5ms

13.3.3 EEPROM의 액세스 함수 작성

EEPROM을 액세스하는 과정은 EEPROM의 지정된 주소에 1바이트의 데이터를 쓰는 과정과 EEPROM의 지정된 주소에서 1바이트의 데이터를 읽는 과정으로 나누어 생각할 수 있다. EEPROM에 데이터를 쓰는 함수를 `EEPROM_Write( )`라 정의하고, EEPROM의 데이터를 읽는 함수를 `EEPROM_Read( )`라고 정의하여 그 작성법을 알아보자.

◈ EEPROM_Write: EEPROM에 데이터를 쓰는 함수

이 함수의 기능은 EEPROM에 데이터를 저장할 주소를 선택하고, 선택된 주소에 1바이트의 데이터를 쓰는 것이다. 따라서 이 함수는 2바이트의 주소 변수와 1바이트의 데이터 변수를 입력받아 처리를 해야 한다. 이들 변수명은 다음과 같다.

- `EE_Data`: EEPROM에 쓸 데이터(1바이트)
- `EE_Addr`: EEPROM의 주소(16비트)

이렇게 EEPROM의 주소와 데이터가 결정되면, 그림 13.41에 제시한 순서대로 주소와 데이터를 EEPROM에 쓰면 된다. 이 과정에서 유의할 점은 EEPROM에 데이터를 기록할 때는 전체 인터럽트를 금지시키고, 쓰기 과정이 끝나면 전체 인터럽트를 허가한다는 것이다.

```
****************************************************************************
**** EEPROM_Write(): EEPROM에 데이터를 쓰는 함수                            ****
****************************************************************************
void EEPROM_Write(unsigned int EE_Addr, unsigned char EE_Data)
{
    while(EECR&(1<<EEWE));
    EEAR = EE_addr;
    EEDR = EE_data;                          // EEDR <- EE_Data
    cli();                                   // Global Interrupt Disable
    EECR |= (1 << EEMWE);                    // SET EEMWE
    EECR |= (1 << EEWE);                     // SET EEWE
    sei();                                   // Global Interrupt Enable
}
```

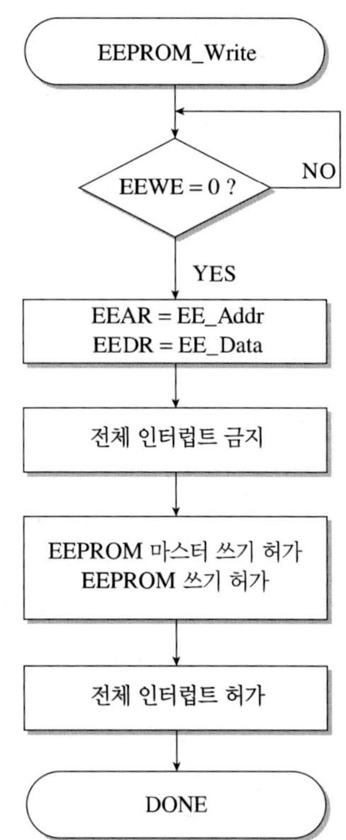

그림 13.41 EEPROM_Write 함수의 흐름도

◈ EEPROM_Read: EEPROM의 데이터를 읽는 함수

이 함수의 기능은 EEPROM에 데이터를 읽고자 하는 주소를 선택하고, 선택된 주소에 1바이트의 데이터를 읽는 것이다. 따라서 이 함수는 2바이트의 주소 변수를 함수의 입력 인수로 사용하고,

읽은 1바이트의 데이터를 출력 인수로 사용한다. 이들 변수명은 다음과 같다.

- EE_Addr: EEPROM의 주소(입력 인수)
- E_Data: EEPROM으로부터 읽을 데이터(출력 인수)

이 함수의 흐름도는 그림 13.42와 같으며, 함수를 구현하면 다음과 같다.

```
******************************************************************************
**** EEPROM_Read(): EEPROM의 데이터를 읽는 함수                           ****
******************************************************************************
unsigned char EEPROM_Read(unsigned int EE_addr)
{
    while(EECR&(1<<EEWE));
    EEAR = EE_addr;
    EECR |= (1 <<EERE);              // SET EERE
    return EEDR;                     // Return Read Value
}
```

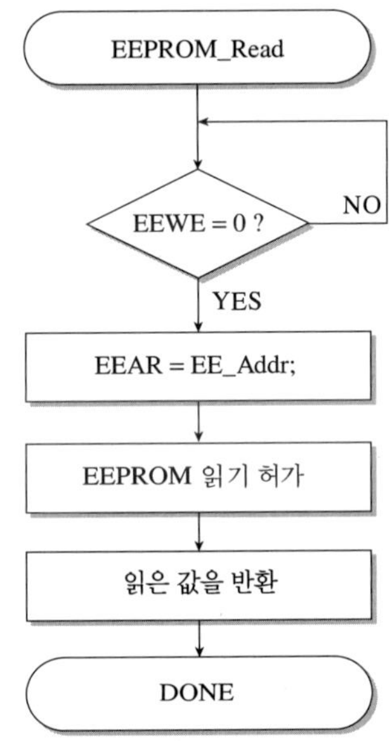

그림 13.42 EEPROM_Read 함수의 흐름도

EEPROM_Read() 함수는 EEPROM_Write() 함수와는 달리 1바이트의 데이터를 읽는 과정에서 인터럽트를 금지시키지 않는다. 이는 EEPROM에 데이터를 쓰는 과정에서는 쓰기 시간이 오래 소요되지만, EEPROM의 데이터를 읽는 과정에서는 즉시 읽을 수 있기 때문이다.

13.3.4 EEPROM의 활용 실험

예제 13.6 문자열 쓰기 I

EEPROM의 특정 주소에 문자열 "HELLO AVR!!!"을 쓰고, 이를 읽어 LCD로 표시하는 프로그램을 작성하라.

지금까지 EEPROM에 한 바이트씩 데이터를 쓰고 읽는 과정을 살펴봤다. 이상의 함수를 이용하여 이제 EEPROM 문자열을 쓰고/읽는 과정을 예제를 통해 살펴보자.

EEPROM의 연속적인 데이터 액세스를 위해 EEPROM의 특정 주소에 데이터를 연속적으로 쓰는 함수는 EEPROM_Write_Seq( )로 정의하고, EEPROM의 특정 주소의 데이터를 연속적으로 읽는 함수는 EEPROM_Read_Seq( )로 정의하여 사용하기로 한다.

◈ EEPROM_Write_Seq: EEPROM에 연속적으로 데이터를 쓰는 루틴

EEPROM의 특정 주소에 데이터를 연속적으로 쓰기 위해서는 함수의 입력 인자로 EEPROM의 주소와 기록해야 할 문자열의 주소가 필요하다. 따라서 이 함수는 16비트의 EEPROM 주소인 EE_addr 변수와 문자열을 지정하고 있는 *EE_data 포인터 변수를 입력 인자로 사용하고, EEPROM에 1바이트의 데이터를 기록하는 EEPROM_Write( ) 함수를 사용하여 문자열이 끝날 때까지 쓰는 과정을 구현하면 되므로, 이 함수는 다음과 같이 구현될 수 있다.

```
#include <string.h>
unsigned char EE_data[]="HELLO AVR!!!";                // 특정 주소에 쓰이는 문자열
void EEPROM_Write_Seq(unsigned int EE_addr, unsigned char *EE_data)
{
    unsigned char i=0;
    for(i=0 ; *EE_data != 0; i++)// *EE_data가 문자열 끝을 만날 때까지
    {
        EEPROM_Write(EE_addr+i,*EE_data);
        // EE_addr+i번째 주소에 i번째 문자를 EEPROM_Write( ) 함수를 이용하여 EEPROM에 쓴다.
        EE_data++;
    }
    // 문자열이 끝났음을 나타내기 위해 EEPROM의 다음 주소에 '\0'을 쓴다.
    EEPROM_Write(EE_addr+i,'\0');
}
```

이 함수를 살펴보면 문자열의 길이를 알아내기 위해 strlen 함수를 사용하고 있다. 이 strlen 함수는 string.h 파일에 정의되어 있기 때문에 string.h 헤더 파일을 프로그램에 반드시 추가하여 사용해야 한다. 이 함수의 흐름도는 그림 13.43에 나타내었다.

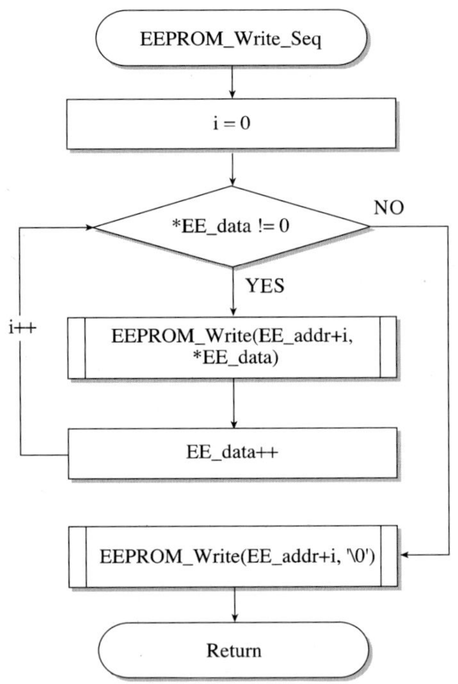

그림 13.43 EEPROM_Write_Seq 함수의 흐름도

◈ EEPROM_Read_Seq: EEPROM의 데이터를 연속적으로 읽는 루틴

EEPROM의 특정 주소에 있는 데이터를 연속적으로 읽기 위해서는 함수의 입력 인자로 EEPROM의 주소가 필요하고, 출력 인자로는 EEPROM에서 읽은 데이터 열을 반환하기 위한 포인터가 필요하다. 따라서 이 함수는 16비트의 EEPROM 주소인 `EE_addr`을 입력 인자로 사용하고, 읽은 문자열을 저장하고 있는 `EE_data` 배열의 첫 번째 주소를 출력 인자로 사용한다. 또한 이 함수는 EEPROM에 1바이트의 데이터를 읽는 `EEPROM_Read( )` 함수를 사용하여 읽은 문자가 `NULL`일 때까지 읽는 과정을 반복하면 된다.

이 함수의 작성에서 유의해야 하는 것은 읽고자 하는 문자열의 끝을 알아내는 것이다. 이를 위해 `EEPROM_Write_Seq( )`에서는 연속된 데이터를 쓰고 나서 다음번 주소에 미리 '\0'을 기록해놓았다. 따라서 EEPROM에 있는 문자열을 읽기 위해서는 배열의 끝인 '\0'을 확인하여 이것이 확인될 때까지 문자를 읽어 배열 변수(`data[ ]`)에 저장하면 된다. 이 `EEPROM_Read_Seq( )` 함수에서 주목할 점은 이 함수의 반환 값은 연속된 데이터들이 저장되어 있는 배열 변수인 `EE_data[ ]`의 주소라는 것이다.

`EEPROM_Read_Seq( )` 함수의 흐름도는 그림 13.44와 같으며, 함수를 구현하면 다음과 같다.

```
unsigned char *EEPROM_Read_Seq(unsigned int EE_addr)
{
    unsigned char EE_data[16];
    unsigned char i=0;
```

```
    do
    {
        EE_data[i]=EEPROM_Read(EE_addr+i);
        i++;
    } while(EE_data[i-1]!='\0');
    EE_data[i]='\0';
    return EE_data;
}
```

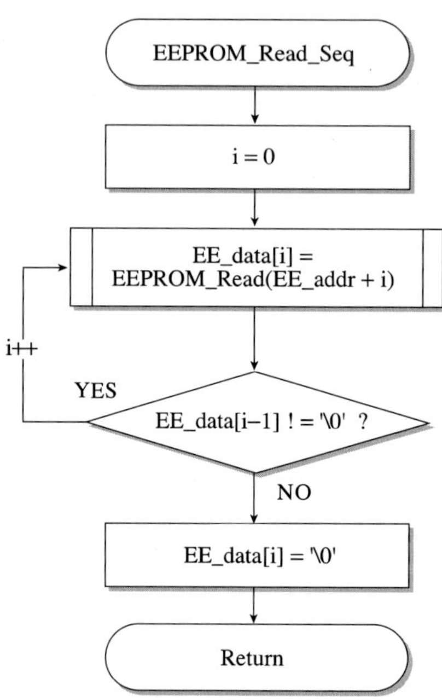

그림 13.44 EEPROM_Read_Seq 함수의 흐름도

이제 두 함수를 사용하여 EEPROM의 특정 주소에 문자열을 쓰고, 이를 다시 읽어 LCD에 표시하는 프로그램을 작성하자.

먼저 특정 주소에 정해진 문자열을 쓰기 위해서는 `EEPROM_Write_Seq` 함수를 EEPROM의 주소와 문자열의 주소를 지정하여 호출한다. 이 예제에서는 EEPROM의 주소 0x00에 "HELLO AVR!!!"이라는 문자열을 쓰도록 구현했다. 이렇게 쓰인 문자열을 다시 EEPROM으로부터 읽기 위해서는 `EEPROM_Read_Seq` 함수를 EEPROM의 주소 0x00을 지정하여 호출하여 반환되는 값을 `buf`라는 배열에 저장하고, 저장된 문자를 LCD에 출력하도록 한다. 이상의 과정을 프로그램으로 작성하면 다음과 같다.

```
#include <mega128.h>
#include <string.h>
#include "lcd.h"

unsigned char EEPROM_Read(unsigned int EE_addr)
```

```
{
    while(EECR&(1<<EEWE));
    EEAR = EE_addr;
    EECR |= (1 <<EERE);           // SET EERE
    return EEDR;                  // Return Read Value
}

void EEPROM_Write(unsigned int EE_addr, unsigned char EE_data)
{
    while(EECR&(1<<EEWE));
    EEAR = EE_addr;
    EEDR = EE_data;                       // EEDR <- EE_Data
    cli();                                // Global Interrupt Disable
    EECR |= (1 << EEMWE);                 // SET EEMWE
    EECR |= (1 << EEWE);                  // SET EEWE
    sei();                                // Global Interrupt Enable
}

void EEPROM_Write_Seq(unsigned int EE_addr, unsigned char *EE_data)
{
    unsigned char i=0;
    for(i=0 ; *EE_data != 0; i++)    // *EE_data가 문자열 끝을 만날 때까지
    {
        EEPROM_Write(EE_addr+i,*EE_data);
        // EE_addr+i번째 주소에 i번째 문자를 EEPROM_Write( ) 함수를 이용하여 EEPROM에 쓴다.
        EE_data++;
    }
    // 문자열이 끝났음을 나타내기 위해 EEPROM의 다음 주소에 '\0'을 쓴다.
    EEPROM_Write(EE_addr+i,'\0');
}

unsigned char *EEPROM_Read_Seq(unsigned int EE_addr)
{
    unsigned char EE_data[16];
    unsigned char i=0;
    do
    {
        EE_data[i]=EEPROM_Read(EE_addr+i);
        i++;
    }while(EE_data[i-1]!='\0');
    EE_data[i]='\0';
    return EE_data;
}

void main(void)
```

```
{
    unsigned char wt[]="WT: ";
    unsigned char rd[] = "RD: ";
    unsigned char EE_data[]="HELLO AVR!!!";
    unsigned char *buf;

    LCD_Init();

    EEPROM_Write_Seq(0x00,EE_data);     // EEPROM에 데이터 쓰기
    LCD_Pos(0,0);
    LCD_Str(wt);                        // 안내 메시지
    LCD_Str(EE_data);                   // 안내 메시지
    buf = EEPROM_Read_Seq(0x00);        // EEPROM에서 데이터 읽기
    LCD_Pos(1,0);
    LCD_Str(rd);
    LCD_Str(buf);                       // EEPROM에서 읽어온 데이터 LCD에 출력
    while(1);
}
```

예제 13.7 문자열 쓰기 II

EEPROM의 특정 주소에 문자열 "HELLO KPU!!!"를 쓰고, 이를 USART0 포트를 이용하여 PC로 전송하여 확인하는 프로그램을 작성하라.

예제 13.4에서 EEPROM에 문자열 "HELLO AVR"을 쓰고, 문자 LCD를 통해 확인했다. 예제 13.5는 문자 LCD가 아닌 시리얼 통신으로 PC에서 확인하는 프로그램을 작성하는 것이므로, 이는 예제 13.4와 10장의 USART 활용 실험 부분을 참조하면 쉽게 작성할 수 있을 것이다. 이 프로그램은 독자들이 완성해보기 바라며, 예제 구현을 위한 주 프로그램은 다음과 같다.

```
void main(void)
{
    Byte data[]="HELLO AVR!!!";
    Byte *buf;
    Init_Serial();
    EEPROM_Write_Seq(0x00,data);        // EEPROM에 데이터 쓰기
    buf = EEPROM_Read_Seq(0x00);        // EEPROM에서 데이터 읽기

    // EEPROM으로부터 읽어온 데이터 시리얼로 전송
    while(*buf != 0)
    {
```

```
        putch_USART0(*buf);
        buf++;
    }
}
```

13.4 워치독 타이머 및 슬립 모드

ATmega128은 MCU의 전원 관리와 이상 감지를 위해 슬립 모드와 워치독 타이머 기능을 제공하고 있다. 이 절에서는 그 내부 구조와 활용 방법을 간단히 학습하고자 한다.

13.4.1 워치독 타이머

워치독 타이머는 MCU를 사용하는 시스템이 어떠한 원인에 의해 무한 루프에 빠지거나 비정상적인 동작을 하면 자동으로 시스템을 리셋시켜 다시 정상적인 MCU 동작이 이루어지도록 하는 기능을 말하고, 여기에 무한 루트 상황과 비정상적인 상황을 모니터링하는 데 사용되는 타이머를 워치독 타이머라 한다.

즉, 워치독 타이머는 설정된 타임아웃 주기 이전에 소프트웨어 명령어로 그 값을 주기적으로 클리어해주지 않으면 MCU를 강제로 리셋시켜 시스템이 정상적인 동작으로 동작하고 있는지를 감시하고 지속적인 오동작을 방지하기 위해 마이크로컨트롤러에서 자주 사용되는 신뢰성 향상 기법이다. 이러한 워치독 타이머(WDT: WatchDog Timer) 기능을 사용하면 소프트웨어 오작동을 막을 수 있기 때문에 자동차 분야와 자동화 시스템 분야에서 안정성 및 보안 확보를 위해 많이 사용된다.

워치독 타이머의 기본적인 동작 원리는 다음과 같이 설명할 수 있다. 먼저 타이머의 구성은 리셋이 가능한 타이머로 구성되어 있고, 이 타이머의 출력은 오버플로우로서 정해진 시간이 초과할 경우에 발생한다. 이러한 형태의 타이머 구성을 워치독 타이머라 하며, 워치독 타이머가 정상적으로 동작할 경우에는 정해진 시간(시스템의 오류라고 생각되는 시간의 2~3배 정도의 시간으로 설정함)을 주기로 워치독 타이머는 계속 초기화되고, 이렇게 정해진 시간을 초과할 경우에 오버플로우가 발생하여 MCU를 리셋하게 된다. 따라서 MCU가 정상적으로 동작되기 위해서는 반드시 MCU를 주기적으로 리셋해주어야 한다. 이러한 워치독 타이머의 동작 개념을 그림 13.45에 자세히 표현했다.

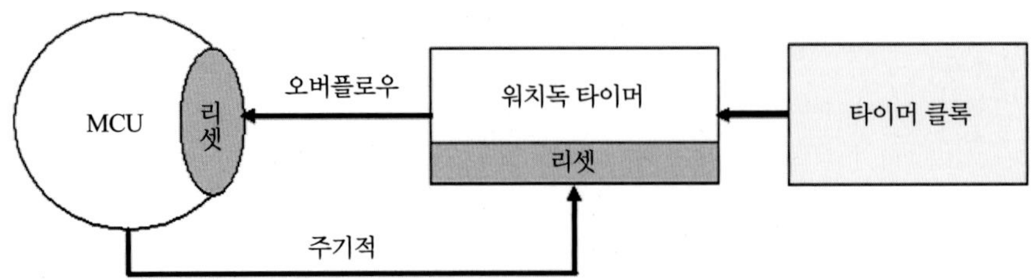

그림 13.45 워치독 타이머의 동작 원리

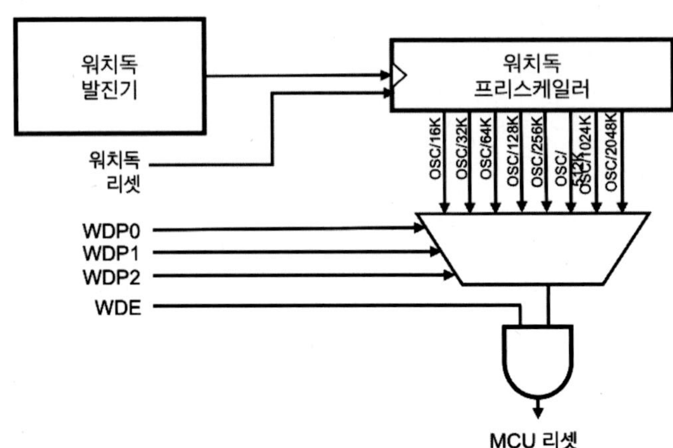

그림 13.46 ATmega128의 워치독 타이머

ATmega128의 워치독 타이머 내부 구성은 그림 13.46에 나타내었다. 워치독 타이머는 칩에 내장된 오실레이터로부터 만들어진 1MHz의 클록을 사용하며, 사용자가 WDTCR 레지스터의 비트를 설정하여 워치독 프리스케일러의 분주비 8가지 중 하나로 클록 사이클 주기를 선택하면, 표 13.10에 제시한 오버플로우 시간이 지난 후에 MCU는 리셋된다.

즉, 워치독 타이머는 워치독 리셋 명령어인 WDR 명령어를 실행하거나 MCU가 리셋되면 0으로 초기화되거나 워치독 타이머에서 오버플로우가 발생하면 MCU를 리셋시켜 MCU는 초기 상태로 기동된다.

워치독 타이머를 제어하는 데 사용되는 레지스터는 워치독 타이머 제어 레지스터(WDTCR: Watchdog Timer Control Register)로서 그림 13.47에 나타내었으며, 비트들의 정의는 다음과 같다.

비트	7	6	5	4	3	2	1	0	
	-	-	-	WDCE	WDE	WDP2	WDP1	WDP0	WDTCR
읽기/쓰기	R	R	R	R/W	R/W	R/W	R/W	R/W	
초깃값	0	0	0	0	0	0	0	0	

그림 13.47 워치독 타이머 레지스터의 비트 구성

▶ 비트 4: WDCE(워치독 변경 허가 비트(Watchdog Change Enable))

이 비트는 워치독 동작의 변경을 허가하는 비트로, WDCE 비트를 변경하여 워치독의 동작을 변경하고자 할 때는 WDE 비트가 1로 설정되어 있어야 한다. 즉, WDCE 비트가 1이면 워치독 타이머의 프리스케일러의 값을 변경하거나 워치독 타이머를 클리어할 수 있다. WDCE 비트가 1로 써지면, 이 비트는 4 클록 사이클 후에 자동으로 0으로 클리어된다. 프리스케일러의 값을 변경하고자 할 경우에는 안전 레벨 1과 2의 조건에 따라 변경하는 절차를 준수해야 한다.

▶ 비트 3: WDE(워치독 허가 비트(Watchdog Enable))

이 비트는 워치독 기능의 사용 여부를 결정한다. WDE 비트가 1이면 워치독 타이머가 동작하고, WDE 비트가 0이면 워치독 타이머는 동작하지 않는다. 여기서 유의할 사항은 WDE 비트는 WDCE 비트가 1일 때만 0으로 클리어될 수 있다는 점이다. 동작 중인 워치독 타이머의 동작을 해제하기 위해서는 반드시 다음의 절차를 따라야 한다.

① WDCE와 WDE 비트를 동시에 1로 설정한다. 워치독 타이머의 동작을 해제하기 전에 이 비트가 1로 설정되어 있더라도 반드시 WDE는 다시 1로 설정해야 한다.
② 4 클록 사이클 이내에 WDE에 0을 설정한다.

안전 레벨 2에서는 이상의 동작으로 워치독 타이머의 동작을 해제하는 것은 불가능하다.

▶ 비트 2~0: WDP2~WDP0(워치독 타이머 프리스케일러 비트(Watchdog Timer Prescaler))

이 비트들은 워치독 타이머가 허가되어 있는 경우에, 워치독 타이머의 프리스케일러 값을 결정한다. 표 13.10에는 이 비트들의 선택에 따른 워치독 타이머의 프리스케일러 설정 비율과 이에 대한 오버플로우 발생 시간을 나타내었다. 또한 전원 전압의 크기에 따라서 내부 오실레이터의 발진에 약간의 차이가 발생하므로 5V일 때와 3.3V일 때, 같은 프리스케일러의 값을 설정하더라도 타임아웃 간격에는 차이가 있음을 유의해야 한다. 일반적으로 전원 전압이 낮은 경우 오실레이터의 발진 주파수가 느려진다.

표 13.10 워치독 타이머의 프리스케일러 값에 따른 오버플로우 발생 시간

WDP2	WDP1	WDP0	워치독 분주비	V_{CC}=3V에서의 타임아웃	V_{CC}=5V에서의 타임아웃
0	0	0	16K(16,384)	14.8ms	14.0ms
0	0	1	32K(32,768)	29.6ms	28.1ms
0	1	0	64K(65,536)	59.1ms	56.2ms
0	1	1	128(131,072)	0.12s	0.11s
1	0	0	256K(262,144)	0.24s	0.22s
1	0	1	512K(524,288)	0.47s	0.45s
1	1	0	1,024K(1,048,576)	0.95s	0.9s
1	1	1	2,048K(2,097,152)	1.9s	1.8s

MCU가 정상적으로 동작하고 있는 동안에 워치독 타이머의 동작이 해제되거나 프리스케일러의 값이 바뀌어서 워치독 타이머의 타임아웃 주기가 바뀌는 것을 방지하기 위해 표 13.11에 설명된 것과 같이 확장 퓨즈 바이트의 WDTON 퓨즈 비트 설정에 따라 두 가지의 안전 레벨을 선택할 수 있다.

표 13.11 WDTON 퓨즈 비트의 설정에 의한 WDT의 구성

WDTON	안전 레벨	WDT 초기 상태	워치독 해제 방법	타임아웃 변경 방법
1	1	금지	지정된 처리 순서	지정된 처리 순서
0	2	허용	항상 허용	지정된 처리 순서

ATmega128에서의 안전 레벨은 원래 0~2의 레벨이 있으나, WDTON 비트에 따라서는 2개의 안전 레벨로 구분되며, 안전 레벨에 따라 워치독 타이머의 동작을 변경하는 절차가 약간 다르다. 따라서 안전 레벨의 설정에 따라 다음과 같이 별도의 절차를 수행하여 WDTCR 레지스터의 내용을 변경해야 한다.

- 안전 레벨 1: 워치독 타이머는 초기에 동작이 멈추어 있다. 이 상황에서 워치독 타이머의 동작을 허용하고, 오버플로우 간격을 변경하는 데 아무런 제약이 없으므로, WDT만 1로 설정하면 된다. 그러나 워치독 타이머의 동작을 해제하거나 타임아웃 주기를 변경하기 위해서는 다음의 절차를 준수해야 한다.
  ① WDCE와 WDE 비트를 동시에 1로 설정한다. 이전의 WDE 비트 값에 상관없이 WDE 비트를 1로 설정해야 한다.
  ② 4 클록 사이클 이내에 WDCE를 0, WDE와 원하는 WDP 비트의 값을 동시에 설정한다.

- 안전 레벨 2: 워치독 타이머는 초기부터 동작하고 있으며, WDE 비트는 항상 1로 읽힌다. 워치독 타이머의 동작 해제는 항상 허용되며, 워치독 타이머의 타임아웃 주기를 변경하기 위해서는 다음의 절차를 준수해야 한다.
  ① WDCE와 WDE 비트를 동시에 1로 설정한다. WDE가 항상 1로 설정되어 있더라도 다시 한번 1로 설정한다.
  ② 4 클록 사이클 이내에 WDCE를 0으로, WDP 비트를 원하는 값으로 설정한다. 이때 WDE 값은 무관하다.

WDTON 비트를 0으로 설정한 것이며, 워치독 타이머는 초기에 기본적으로 금지되어 있다. 이 모드에서는 워치독 타이머의 동작을 금지시킬 수 없으며, 오버플로우 간격을 변경하고자 할 때는 앞에서 설명한 순서를 따라야 한다.

이제 이상의 이론적 고찰을 바탕으로 워치독 타이머의 활용 방법을 학습해보자. 워치독 타이머

의 동작은 그림 13.47에 제시한 WDTCR 레지스터를 설정해야 한다. 워치독 타이머의 타임아웃을 1.8초로 설정하여 MCU의 동작 이상을 감지하는 과정을 살펴보자. 오버플로우 발생 시간은 표 13.10을 참조하여 WDP 값을 '111'로 선정한다. 이 책에서는 V_{CC}로 5V를 사용하고 있다. 다음의 프로그램은 이상의 워치독 타이머를 설정한 과정으로 주 프로그램이 시작되기 전에 프로그램되어야 한다.

```
WDTCR = 0x00;      // WDTCR=0으로 초기화
// 전원을 공급하면 초깃값이 0x00이 되지만, 안정적인 동작을 위해 0으로 초기화
asm("wdr");        // 워치독 타이머 리셋
WDTCR = 0x18;      // 워치독 타이머 허가
//WDTCR = (1<<WDCE)|(1<<WDE);  워치독 타이머 인에이블
WDTCR = 0x0f;
//WDTCR =  (1<<WDE)|(1<<WDP2)|(1<<WDP1)|(1<<WDP0); 타임아웃 설정(1.8s)
```

이상의 워치독 타이머 허가 방법을 사용하여 다음 예제를 작성해보자.

예제 13.8 워치독 타이머

가상의 고장 진단 시스템에서 고장 진단 확인을 PORTB.4의 입력 스위치로 하고, 고장 진단 프로그램이 완료되면 시스템을 리셋하는 프로그램을 작성하라. 단, 일반적인 동작은 PORTB의 하위 4비트의 ON/OFF로 확인하고, 고장 진단 동작은 PORTB의 하위 4비트의 상위/하위 2비트씩 ON/OFF로 확인하도록 하라.

이러한 과정을 흐름도로 표현하면 그림 13.48과 같다. 여기서 일반 프로그램 동작은 PORTB의 하위 4비트를 ON/OFF하고, 고장 진단 판단을 하기 위해 PORTB.4의 핀을 읽어 1이면 고장 진단 프로그램을 작동시킨다. 고장 진단 프로그램은 PORTB의 하위 4비트 중 상위/하위 2비트씩 ON/OFF하도록 동작하고, 고장 진단이 완료됨을 판단하기 위해 PORTB.4의 핀을 읽어 0이면 시스템을 리셋하여 일반 프로그램이 동작하도록 한다.

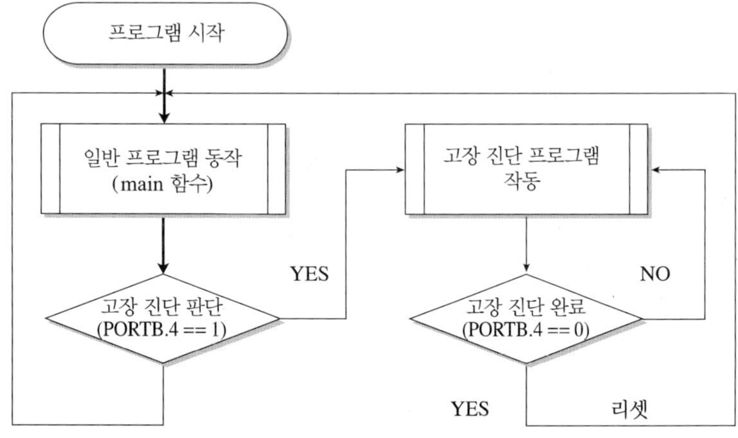

그림 13.48 예제 13.8의 프로그램 흐름도

이 예제는 PORTB의 LED를 ON/OFF할 뿐만 아니라 상태를 LCD로 출력하도록 했다. 일반 프로그램 동작은 main 함수에서 동작하며, 고장 진단 프로그램 작동은 SystemCheck 함수에서 동작한다. 각 함수에서 고장 진단 판단과 고장 진단 완료를 확인하기 위해 PORTB.4의 핀을 check 변수로 입력받아 처리하도록 한다.

고장 진단 프로그램이 작동을 한 후, 고장 진단 완료가 판단이 되면 워치독 타이머를 구동을 하여 시스템을 리셋하도록 했다. 이상의 과정을 프로그램으로 작성하면 다음과 같다.

```
#include <mega128.h>
#include <delay.h>
#include "lcd.h"

bit check;

void Init_Ports(void)
{
    DDRB = 0x0f;     // 상위 니블을 입력, 하위 니블 포트를 출력으로 설정
    PORTB = 0x0f;    // 하위 니블에 1을 출력
}

void WDC_Enable(void)
{
    WDTCR |= (1<<WDCE) | (1<<WDE);     // 워치독 타이머 인에이블
}

void WDC_Init(void)
{
    // 타임아웃 설정(2s)
    WDTCR = (1<<WDCE)|(1<<WDP2)|(1<<WDP1)|(1<<WDP0);
}
void SystemCheck()
{
    char str[] = "System Checking";
    char reset[] = "System Reset";
    while(1)
    {
        LCD_Pos(0,0);    LCD_Str(str);     // LCD에 System Check 출력
        check = PINB.4;
        if(check) {                        // 고장 진단이 완료됐으면
            LCD_Clear();
            LCD_Pos(0,0);LCD_Str(reset);   // LCD에 System Reset 출력
            delay_ms(1000);
            WDC_Enable(); // 워치독 구동
            while(1);
            return;
```

```
        }
        PORTB = 0x03;    delay_ms(100);  // PORTB의 하위 4비트 중 상위/하위
        PORTB = 0x0C;    delay_ms(100);  // 2비트 ON/OFF
    }
}

void main(void)
{
    char str[] = "Normal OP...";
    LCD_Init();
    WDC_Init();

    while(1)
    {
        LCD_Pos(0,0);   LCD_Str(str);          // LCD에 Normal OP 출력
        PORTB = 0x0F;           delay_ms(500); // PORTB의 하위 포트 ON/OFF
        PORTB = 0x00;           delay_ms(500);
        check = PINB.4;
        if(!check)SystemCheck();
    }
}
```

13.4.2 슬립 모드의 제어

ATmega128에서는 효율적인 전원 관리를 위해 슬립 모드를 제공한다. 슬립 모드(sleep mode)는 마이크로컨트롤러의 내부에 사용하지 않는 내장 모듈의 동작을 정지시켜 소비 전력을 절감하기 위해 사용되는 동작으로, ATmega128은 응용에 따라 다양한 전력 소모의 형태를 결정할 수 있도록 6가지의 슬립 모드를 지원한다. ATmega128에 내장되어 있는 슬립 모드로는 휴면(idle), ADC 잡음 저감(ADC noise reduction), 전원 차단(power-down), 전원 절약(power-save), 대기(standby), 확장 대기(extended standby)의 6가지 슬립 모드가 있으며, 슬립 모드를 사용하기 위해서는 MCUCR 레지스터(그림 2.23 참조)의 SE 비트가 1로 설정되고, SLEEP 명령어가 수행되어야 한다. 6가지의 슬립 모드는 SM2~SM0 비트의 설정에 따라 표 13.12와 같이 결정된다.

표 13.12 슬립 모드의 선택

SM2	SM1	SM0	슬립 모드
0	0	0	휴면
0	0	1	ADC 잡음 저감
0	1	0	전원 차단
0	1	1	전원 절약
1	0	0	사용하지 않음(reserved)
1	0	1	사용하지 않음(reserved)
1	1	0	대기[1)]
1	1	1	확장 대기[1)]

1) 대기 모드와 확장 대기 모드의 경우에는 외부 수정 발진기 또는 공진기를 사용할 때 가능함

슬립 모드에서 사용되는 MCU 제어 레지스터의 비트에 대해서는 앞에서 설명하지 않았으므로 간단하게 설명하면 다음과 같다.

▶ MCUCR의 비트 5(SE): 슬립 허가 비트
이 비트는 슬립 명령어가 실행될 때, MCU가 슬립 모드로 들어가기 위해서는 1로 설정되어 있어야 한다. 슬립 모드로부터 해제되면 0으로 클리어된다.

▶ MCUCR의 비트 2(SM2): 슬립 모드 선택 비트 2

▶ MCUCR의 비트 4(SM1): 슬립 모드 선택 비트 1

▶ EMCCR의 비트 3(SM0): 슬립 모드 선택 비트 0

이상의 비트들은 표 2.31과 같이 슬립 모드를 선택하는 데 사용된다.

MCU가 슬립 모드에 있을 때 허용된 인터럽트가 발생되면, 슬립 모드로부터 해제된다. 이때 MCU는 기동 시간에 4 클록 사이클이 더 경과한 후에 슬립 모드로부터 해제되어 동작을 시작하게 되는데, 먼저 인터럽트 서비스 루틴이 실행되고 SLEEP 명령어의 바로 뒤에 이어지는 명령어로 복귀하게 된다. 모든 레지스터 파일과 SRAM의 내용은 슬립 모드에 들어갔다가 복귀된 후에도 변경되지 않고 그대로 유지된다. 만약 슬립 모드에서 리셋이 발생하면 슬립 모드가 해제되고 정상적인 리셋 동작이 수행된다.

표 13.13에는 ATmega128에서 사용되는 6개의 슬립 모드 동작에 대해 MCU가 슬립 모드로 들어갔을 때, 각 슬립 모드별로 동작하는 클록의 상태와 슬립 모드로부터 해제되기 위한 방법이 요약되어 있다. 이를 참고로 하여 각 모드별 동작에 대해 알아보자.

표 13.13 6가지 슬립 모드별로 동작되는 클록과 슬립 모드 해제 방법의 요약

슬립 모드	동작되는 클록					오실레이터		슬립 모드로부터의 해제 방법					
	clk_{CPU}	clk_{FLASH}	$clk_{I/O}$	clk_{ADC}	clk_{ASY}	메인 클록 허가	타이머 OSC 허가	INT7 ~ INT0	TWI 주소 일치	타이머 0	SPM/ EEPROM Ready	ADC	기타 I/O
휴면			x	x	x	x	x[2]	x	x	x	x	x	x
ADC 잡음 저감				x	x	x	x[2]	x[3]	x	x	x	x	
전원 차단								x[3]	x				
전원 절약					x[2]		x[2]	x[3]	x	x[2]			
대기[1]						x		x[3]	x				
확장 대기[1]					x[2]	x	x[2]	x[3]	x	x[2]			

1) 외부 수정 발진기 또는 공진기가 클록 소스로 선택된 경우
2) ASSR 레지스터의 AS 비트가 1로 설정된 경우
3) 단지 INT3~0 또는 INT7~4가 레벨 인터럽트로 동작할 경우

◈ 휴면 모드

SM2~SM0 비트가 '000'으로 설정되어 있고, SLEEP 명령어가 수행되면 MCU는 슬립 모드로 들어간다. 이 모드에서는 MCU의 동작은 정지되고, SPI, USART, 아날로그 비교기, TWI, 타이머/카운터, 워치독과 인터럽트 등의 모든 주변장치가 정상 동작을 한다. 즉, 슬립 모드에서는 기본적으로 clk_{CPU}와 clk_{FLASH}는 정지되고, 나머지 모든 클록은 정상적으로 동작한다.

휴면 모드는 외부 인터럽트, 타이머/카운터 오버플로우 인터럽트, USART 송신 완료 인터럽트 등에 의해 해제될 수 있다. 아날로그 비교기 인터럽트에 의해 휴면 모드가 해제될 필요가 없는 경우에는 전체 소모 전력을 줄이기 위해 아날로그 비교기의 전원을 차단할 수 있는데, 이는 아날로그 비교기 제어 및 상태 레지스터(ACSR)의 ACD 비트를 1로 설정하면 된다. 이렇게 함으로써 휴면 모드에서 전력 소모를 줄일 수 있다.

◈ ADC 잡음 저감 모드

SM2~SM0 비트가 '001'로 설정되어 있고, SLEEP 명령어가 수행되면 MCU는 ADC 잡음 저감(ADC noise reduction) 모드로 들어간다. 이 모드에서는 MCU의 동작이 정지되고, ADC, 외부 인터럽트, TWI, 타이머/카운터 0, 워치독 타이어 등이 허가되어 있다면 이 주변장치들은 정상 동작을 한다. 즉, 이 모드에서는 기본적으로 $clk_{I/O}$, clk_{CPU}, clk_{FLASH}는 정지되고, 나머지 모든 클록은 정상적으로 동작한다.

이 모드는 ADC가 정밀한 동작을 하기 위해 잡음의 영향을 덜 받도록 고안된 모드이고, 만약 ADC가 허가되어 있다면 이 모드로 들어갈 때 ADC 변환이 자동으로 시작된다. ADC 잡음 저감 모드에서는 ADC 변환 완료 인터럽트와는 별개로 외부 리셋, 워치독 리셋, BOD 리셋, TWI 주소 일치 인터럽트, 타이머/카운터 0 인터럽트, SPM/EEPROM 준비 인터럽트, INT7~4의 외부 레벨

인터럽트, INT3~0의 외부 인터럽트에 의해 해제될 수 있다.

◈ 전원 차단 모드

SM2~SM0 비트가 '010'으로 설정되어 있고, SLEEP 명령어가 수행되면 MCU는 전원 차단(power-down) 모드로 들어간다. 이 모드에서는 기본적으로 모든 클록을 정지시켜 동기식 모듈의 동작은 정지되며, 오직 비동기식 모듈의 동작만 허용되는 모드이다. 즉, 이 모드에서는 외부 오실레이터가 정지되어 MCU의 동기식 모듈의 동작은 정지되지만 외부 인터럽트, TWI 통신, 워치독 등은 계속해서 동작한다. 전원 차단 모드에서는 외부 리셋, 워치독 리셋, 브라운 아웃 검출 리셋, TWI 주소 일치 인터럽트, INT7~4의 외부 레벨 인터럽트, INT3~0의 외부 인터럽트에 의해 해제될 수 있다.

이 모드에서 해제될 때는 클록 발진 회로가 충분히 안정한 상태로 돌아가서 동작을 해야 하므로, 충분한 기동 시간이 필요하다. 이에 대한 사항은 클록 소스 부분을 참조하기 바란다.

◈ 전원 절약 모드

SM2~SM0 비트가 '011'로 설정되어 있고, SLEEP 명령어가 수행되면 MCU는 전원 절약(power-save) 모드로 들어간다. 이 모드는 다음의 한 가지 사항을 제외하고는 전원 차단 모드의 동작과 동일하다. 즉, 전원 절약 모드의 경우에는 기본적으로 clk_{ASY} 클록을 제외한 모든 클록을 정지시키고 MCU가 비동기 모듈에 의해 동작할 경우에 사용되며, 이 경우 타이머/카운터 0의 클록은 TOSC1 단자로 입력되는 외부 오실레이터에 비동기적으로 동작한다. 이 모드의 동작은 다음과 같다.

타이머/카운터 0이 비동기 모드 상태 레지스터(ASSR)의 AS0 비트가 1로 설정되어 비동기적으로 동작하면, MCU는 슬립 모드에 있게 되더라도 타이머/카운터 0은 계속 동작하고 있게 된다. 이러한 상황에서 SREG의 전체 인터럽트 허가 비트가 1로 설정되어 있고, 타이머/카운터 인터럽트 마스크(TIMSK) 레지스터의 타이머/카운터 0 인터럽트 허가 비트가 1로 설정되어 있으면 MCU는 타이머/카운터 0의 타이머 오버플로우 또는 출력 비교 이벤트 발생에 의해 슬립 모드에서 해제된다.

만약 ASSR 레지스터의 AS0 비트가 0로 설정되어 타이머/카운터 0이 비동기적으로 동작하지 않고 I/O 클록($clk_{I/O}$)에 의해 동작하고 있는 경우에는 전원 절약 모드 대신에 전원 차단 모드를 사용하는 것이 바람직하다. 왜냐하면 전원 절약 모드에서 해제된 후에는 비동기 타이머 레지스터의 내용이 미정의 상태로 되기 때문이다.

타이머/카운터 0의 비동기 동작에 대해서는 타이머/카운터를 설명하는 부분을 참조하기 바란다.

◈ 대기 모드

SM2~SM0 비트가 '110'으로 설정되어 있고, 외부 수정 발진기 또는 세라믹 공진기가 선택된 상황에서 SLEEP 명령어가 수행되면 MCU는 대기(standby) 모드로 들어간다. 이 모드는 오실레이터가 동작하고 있는 것을 제외하고 전원 차단 모드와 같다. 대기 모드에서는 오실레이터가 동작하고 있으므로 슬립 모드에서 깨어날 때 오실레이터의 안정화 시간이 필요 없기 때문에 MCU는 6 클록 사이클 내에 해제된다.

◈ 확장 대기 모드

SM2~SM0 비트가 '111'로 설정되어 있고, 외부 수정 발진기 또는 세라믹 공진기가 선택된 상황에서 SLEEP 명령어가 수행되면 MCU는 확장 대기(extended standby) 모드로 들어간다. 이 모드는 오실레이터가 동작하고 있는 것을 제외하고 전원 절약 모드와 같다. 대기 모드에서는 오실레이터가 동작하고 있으므로 슬립 모드에서 깨어날 때 오실레이터의 안정화 시간이 필요 없기 때문에 MCU는 6 클록 사이클 내에 해제된다.

◈ 최소의 전력 소모를 위한 고려

일반적으로 AVR의 슬립 모드를 사용할 경우에는 가능한 한 최소의 디바이스만 동작하도록 설정되어야 한다. 특히 AVR의 전력 소모를 최소화하기 위해서는 다음과 같은 여러 가지 모듈이 특별 고려 대상이 되고, 이 기능 중 필요하지 않은 기능은 모두 배제시키는 것이 바람직하다.

- A/D 변환기: A/D 변환기가 허가되어 있다면, A/D 변환기는 모든 슬립 모드에서 허가된다. 전력을 절감하기 위해 A/D 변환기는 어떠한 슬립 모드에 들어가기 전에 금지되어 있어야 한다. A/D 변환기가 꺼진 후에 다시 켜졌을 때, 다음 차례의 변환 과정으로 확장될 수 있다. 자세한 동작은 A/D 변환기 부분을 참조하기 바란다.
- 아날로그 비교기: 휴면 모드로 들어갈 때 이 모듈의 동작이 필요하지 않다면 이 기능을 금지해야 한다. 다른 슬립 모드의 경우에는 자동적으로 동작이 금지된다.
- 브라운 아웃 검출: 브라운 아웃 검출 기능이 필요하지 않은 경우에는 이 모듈을 꺼놓는 것이 바람직하다. 브라운 아웃 검출 기능이 BODLEVEL 퓨즈 비트에 의해 허가되어 있는 경우에는 모든 슬립 모드가 동작을 하게 되어 전력을 소모하게 된다.
- 내부 전압 기준: 이 기능은 아날로그 비교기의 브라운 아웃 검출 기능으로 필요할 경우에는 허가를 해놓는다. 만약 이 모듈의 동작이 금지되어 있다면, 내부 전압 기준 모듈은 금지되어 전력을 소모하지 않게 된다.
- 워치독 타이머: 워치독 타이머 기능이 필요하지 않은 경우에는 이 모듈을 꺼놓는 것이 바람직하다. 워치독 타이머 기능의 동작이 허가되어 있는 경우에는 모든 슬립 모드가 동작을 하게 되어 전력을 소모하게 된다.
- 포트 핀: 슬립 모드로 들어갈 때 모든 포트 핀은 최소의 전력을 소모하도록 구성되어 있다. 즉, 모든 핀이 저항 부하를 구동하지 않도록 구성된다는 것이다. I/O 클록($clk_{I/O}$)이 정지되어 있는 슬립 모드의 경우에는 소자의 입력 버퍼는 금지시켜 입력 로직에 불필요한 전력 소모를 줄이도록 한다. 그러나 슬립 모드로부터 해제되기 위해 입력 로직이 필요하다면, 이 핀의 동작은 허가되어 있어야 한다.
- JTAG 인터페이스 및 내장 디버그 시스템: OCDEN 퓨즈 비트의 설정으로 내장 디버그 모드

로 동작하고 있는 상태에서 MCU가 전원 차단 및 전원 절약 모드로 들어간 경우에는 시스템의 메인 클록은 동작하고 있다. 이러한 상태의 슬립 모드 상태에서는 전류의 소모가 많아지므로, 다음과 같은 세 가지 방법으로 이 상황을 극복할 수 있다.

- OCDEN 퓨즈 비트를 0으로 설정함
- JTAAGEB 퓨즈 비트를 0으로 설정함
- MCUCSR 레지스터의 JTD 비트를 1로 설정함

이상의 모듈에 대해 전력을 최소로 소모하기 위한 전략을 간략하게 설명했지만, 좀 더 자세한 동작 개념을 이해하기 위해서는 각 모듈을 설명하는 부분에서 자세히 다루고 있으니 해당 부분을 참조하기 바란다.

이제 이상의 이론적 고찰을 바탕으로 다음의 예제를 통해 슬립 모드 활용에 대해 살펴보자.

예제 13.9 SLEEP 휴면 모드

전원이 인가되는 동시에 SLEEP의 휴면 모드로 들어가게 한 다음 외부 인터럽트 0이 발생하면 휴면 모드가 해제되어 PORTB에 연결된 LED를 ON/OFF하는 프로그램을 작성하라.

이 예제는 휴면 모드로 설정하고 외부 인터럽트 신호에 의해 슬립 모드를 해제하기 위한 프로그램이다.

이 예제의 완성을 위해 먼저 외부 인터럽트 0을 활성화하는 인터럽트 초기화 함수를 작성한다. 프로그램의 순서는 다음과 같다. 슬립 모드를 활성화하고, 슬립 모드를 깨우기 위한 방법으로 외부 인터럽트의 신호가 Low 레벨에서 동작되도록 한다. 마지막으로, 외부 인터럽트를 활성화한다.

```
void Init_Interrupt(void)        // 외부 인터럽트 0이 레벨 인터럽트일 경우 슬립 모드 해제 가능
{
    MCUCR = (1<<SE)|(1<<ISC01);
    // 0x22  SE-1 슬립 모드 활성, Low 레벨 외부 인터럽트
    GICR = (1<<INT0);            // 외부 인터럽트 0 활성화
    sei();                       // 전체 인터럽트 활성화 sei()
}
```

휴면 모드를 동작하기 위한 방법은 두 가지가 있다. 하나는 MCU의 각 레지스터를 설정하는 방법이고, 이는 아래 idle_2 함수와 같다. 다른 방법은 CodeVision에서 제공해주는 함수를 사용하는 방법이 있는데, 이것은 sleep.h 파일의 idle 함수를 실행하는 것이다. 이 책에서는 idle 함수를 사용하지 않고 MCU의 레지스터를 직접 제어하는 방법을 사용한다.

idle_2 함수에서 MCU의 레지스터 설정은 SLEEP의 휴면 모드로 지정한 후 sleep 명령어를 사용하여 휴면 모드로 들어가게 한다.

```
void idle_2(void)
{
    // SE를 set한 이후에 SLEEP 명령어를 수행해야만 한다.
    MCUCR |= (1 <<SE);
    // SM2~SM0 비트가 '000'으로 설정되어 있고, SLEEP 명령어가 수행되면 휴면 모드의 sleep
    MCUCR &= ~(1 << SM2);     // SN2 = 0;
    MCUCR &= ~(1 << SM1);     // SM1=0;
    MCUCR &= ~(1 << SM0);     // SM0=0;
    #asm("sleep");            // SLEEP 명령어
}
```

주 프로그램이 실행되기 전에 위에서 설명한 두 함수를 실행한다면, 전원이 인가되고 바로 휴면 모드로 들어가게 될 것이다. 그러면 휴면 모드를 깨우기 위해 외부 인터럽트 신호가 발생하기를 기다리게 된다. 휴면 모드에서 외부 인터럽트 신호가 발생한다면 MCUCR의 SE를 0으로 써서 슬립 모드를 해제하면 된다. 외부 인터럽트 0 서비스 루틴 함수를 다음과 같이 작성한다.

```
interrupt [EXT_INT0] void ext_int0_isr(void)
{
    MCUCR &= ~(1<<SE);        // MCUCR_SE disable(mark) SE-슬립 모드를 해제한다(MCUCR=0xdf).
}
```

여기서 주 프로그램은 포트 B에 연결된 LED를 ON/OFF한다. 이상의 과정을 정리하여 예제의 프로그램을 완성하면 다음과 같으며, 이 프로그램을 수행하면 아무 동작도 일어나지 않다가 외부 인터럽트 신호가 발생하면 그때 휴면 모드에서 해제되어 LED는 ON/OFF를 반복한다. 프로그램에서 휴면 모드 동작을 위해 사용하는 idle_2 함수를 사용하지 않고 주석으로 처리해놓은 idle 함수를 사용해도 같은 동작을 하는 것을 확인할 수 있을 것이다.

```
#include <mega128.h>
#include <delay.h>
#include <sleep.h>
#include "lcd.h"

interrupt [EXT_INT0] void ext_int0_isr(void)
{
    MCUCR &= ~(1<<SE);
    // MCUCR_SE disable(mark) SE-슬립 모드를 해제한다(MCUCR=0xdf).
}

void Init_Interrupt(void)    // 외부 인터럽트 0이 레벨 인터럽트일 경우 슬립 모드 해제 가능
{
    MCUCR = (1<<SE);         // SE-1 슬립 모드 활성
    EICRA = (1 << ISC01);    // 하강 에지 외부 인터럽트
    EIMSK = (1<<INT0);       // 외부 인터럽트 0 활성화
```

```
    SREG |= 0x80;              // 전체 인터럽트 활성화 sei()
}

void Init_Ports(void)
{
    DDRB = 0xFF;
    PORTB = 0xFF;              // B 포트 초기화
}

void idle_2(void)
{
    // SE를 set한 이후에 SLEEP 명령어를 수행해야만 한다
    MCUCR |= (1<<SE);
    // SM2-SM0 비트가 '000'으로 설정되어 있고, SLEEP 명령어가 수행되면 휴면 모드의 sleep
    MCUCR &= ~(1 << SM2);     // SN2 = 0;
    MCUCR &= ~(1 << SM1);     // SM1=0;
    MCUCR &= ~(1 << SM0);     // SM0=0;
    #asm("sleep");             // SLEEP 명령어
}

void main(void)
{
    char str[]  = "Normal Op";
    char str1[] = "Sleep OP.";

    Init_Ports();
    LCD_Init();
    Init_Interrupt();
    delay_ms(500);
    LCD_Clear();
    LCD_Pos(0,0);
    LCD_Str(str1);
    idle_2();
    // idle();

    while(1){
        LCD_Pos(0,0);
        LCD_Str(str);
        PORTB=0x00; delay_ms(500);
        PORTB=0x0F; delay_ms(500);
    }
}
```

13.5 RTC(Real-Time Clock) 기능

ATmega128의 타이머/카운트 0은 타이머/카운트 2와는 달리 32.768kHz의 시계 발진기에 접속할 수 있는 TOSC1 및 TOSC2 단자를 갖고 있어서 간단하게 실시간 RTC의 기능을 구현할 수 있다. 외부 단자에 연결하는 주파수 32.768kHz는 주기가 약 0.01초로 분주비 64, 128, 256을 사용하면 쉽게 정확한 1초의 타이머를 만들 수 있다는 장점이 있다. 타이머/카운터 0의 외부 단자에 32.768kHz 오실레이터를 연결하여 사용하면 타이머/카운터 0은 비동기로 동작하고, 이 RTC 기능을 동작시키기 위해 ASSR 레지스터의 AS0 비트를 1로 설정해주면 TOSC1 단자에 연결된 클록이 선택된다. RTC 기능을 사용하기 위한 회로는 그림 13.49와 같다.

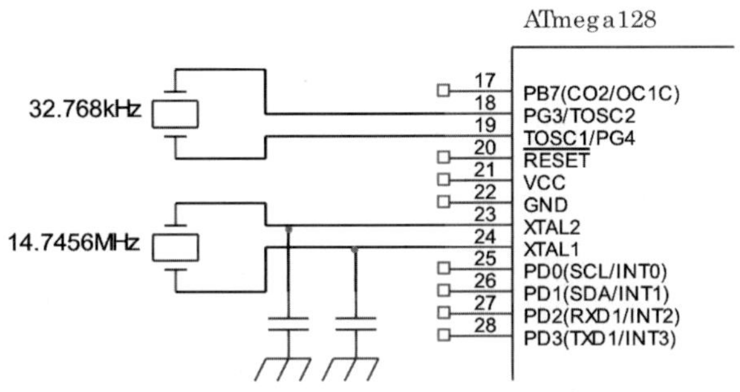

그림 13.49 RTC 기능을 사용하기 위한 회로도

예제 13.10 RTC를 사용하여 1초 타이머 만들기

RTC 기능을 이용하여 1초 타이머를 만들고, 이를 계수하여 1초 간격으로 계수되는 과정을 LCD에 다음과 같이 표시하는 프로그램을 작성하라. 단, 9999초까지 가능하다.

C	o	u	n	t	e	r	:		1	1	2	8	s	e	c
R	.	V	a	l	u	e	:								

이 예제에 대한 프로그램은 다음과 같다. 그리 어렵지 않으니 독자들이 분석하여 이해해보기 바란다.

```
#include <mega128.h>
#include "lcd.h"

int Count = 0;
```

```
void LCD_Decimal(short Data)
{
    unsigned char Decimal[4];
      Decimal[3]='0'+Data/1000;    // 1000의 자리 ASCII 값으로 저장
      Data=Data%1000;              // Data 변수의 나머지 값 저장
      Decimal[2]='0'+Data/100;     // 100의 자리 ASCII 값으로 저장
      Data=Data%100;               // Data 변수의 나머지 값 저장
      Decimal[1]='0'+Data/10;      // 10의 자리 ASCII 값으로 저장
      Data=Data%10;                // Data 변수의 나머지 값 저장
      Decimal[0]='0'+Data/1;       // 1의 자리 ASCII 값으로 저장

    LCD_Pos(0,9);
    LCD_Char(Decimal[3]);    // 1000의 자리 출력
    LCD_Pos(0,10);
    LCD_Char(Decimal[2]);    // 100의 자리 출력
    LCD_Pos(0,11);
    LCD_Char(Decimal[1]);    // 10의 자리 출력
    LCD_Pos(0,12);
    LCD_Char(Decimal[0]);    // 1의 자리 출력
}

void timer0_init(void)
{
    // CS02 = 1, CS01 = 1, CS00 = 0, 프리스케일러 256
    TCCR0=0x06;
    TCNT0=0x80;
    // TOIE0 = 1, 타이머/카운터 0 인에이블
    TIMSK=0x01;
    // AS0 = 1, 외부 클록 사용
    ASSR=0x08;
}

interrupt [TIM0_OVF] void timer0_ovf_isr(void)
{
    Count++;    // 1s마다 Count 증가
    TCNT0=0x80;
}

void main(void)
{
    timer0_init();    // 타이머/카운트 0 초기화
    LCD_Init();       // LCD 초기화

    LCD_Pos(0,0);
    LCD_Str("Counter:     sec");
```

```
    LCD_Pos(1,0);
    LCD_Str("R.Value:");

    SREG |= 0x80;     // 전체 인터럽트 허용

    Count=0;

    while(1)
    {
        LCD_Decimal(Count); // Count 값 디스플레이
    }
}
```

예제 13.11 RTC를 사용하여 정해진 시간에 알람 발생시키기

예제 13.8과 같이 RTC 기능을 이용하여 1초 타이머를 만들고, 이를 계수하여 정해진 시간에 부저로 알람을 발생시키는 프로그램을 작성하라. 시간의 설정과 시작 스위치는 PORTD에 연결된 SW0, SW1, SW2를 사용한다. 즉, 스위치 SW0(PORTD.0)과 SW1(PORTD.1)은 시간 증가와 감소를 설정하며, SW2(PORTD.2)는 시작을 하는 스위치로 한다.

T	i	m	e	S	e	t	:				1	m	i	n	
C	o	u	n	t	e	r	:			6	0	s	e	c	

이 예제는 I/O 부분의 스위치 입력 부분과 예제 13.10을 이해하면 쉽게 작성할 수 있으므로 독자들이 분석하여 이해해보기 바란다.

```
#include <mega128.h>
#include <delay.h>
#include "lcd.h"

#define SEI()#asm("sei")     // 전체 인터럽트 허용
#define CLI()#asm("cli")     // 전체 인터럽트 금지

int Count = 0;

void LCD_Decimal(short Data)
{
```

```
    unsigned char Decimal[3];
    Decimal[2]='0'+Data/100;     // 100의 자리 ASCII 값으로 저장
    Data=Data%100;               // Data 변수의 나머지 값 저장
    Decimal[1]='0'+Data/10;      // 10의 자리 ASCII 값으로 저장
    Data=Data%10;                // Data 변수의 나머지 값 저장
    Decimal[0]='0'+Data/1;       // 1의 자리 ASCII 값으로 저장

    LCD_Pos(1,10);
    LCD_Char(Decimal[2]);        // 100의 자리 출력
    LCD_Pos(1,11);
    LCD_Char(Decimal[1]);        // 10의 자리 출력
    LCD_Pos(1,12);
    LCD_Char(Decimal[0]);        // 1의 자리 출력
}

void Init_Ports(void)
{
    DDRD=0x07;
    // 알람 스위치 설정 SW0(PORTD.0), SW1(PORTD.1) = 시간 설정, SW2(PORTD.2) = 시작
    DDRG=0x10; // 버저 출력 설정 PORTG.4
}

void timer0_init(void)
{
    TCCR0=0x06;    // CS02 = 1, CS01 = 1, CS00 = 0, 프리스케일러 256
    TCNT0=0x80;    // 128
    TIMSK=0x01;    // TOIE0 = 1, 타이머/카운터 0 인에이블
    ASSR=0x08;     // AS0 = 1, 외부 클록 사용
}

interrupt [TIM0_OVF] void timer0_ovf_isr(void)
{
    Count++;       // 1s마다 Count 증가
    TCNT0=0x80;
}
```

연습문제

1. ATmega128에 내장된 A/D 변환기의 특징을 설명하라.

2. ATmega128의 A/D 변환기는 단일 입력과 차동 입력으로 동작한다. 그 차이점을 간단하게 설명하라.

3. ATmega128에 내장된 A/D 변환기는 10비트의 분해능을 갖고 있다. 만약 이보다 더 정밀한 분해능으로 A/D 변환을 해야 할 경우를 대비하여 고분해능의 A/D 변환기를 직렬 및 병렬 통신 인터페이스 방식으로 구분하여 세 가지 정도를 조사하라.

4. MCU를 사용하여 아날로그 신호를 처리할 경우에는 외부 잡음과 내부 잡음에 취약하다는 단점이 있다. 따라서 그러한 잡음을 해결할 수 있는 H/W 및 S/W 필터를 설명하라.

5. 아날로그 비교기의 사용 용도와 ATmega128 아날로그 비교기의 동작을 간단히 설명하라.

6. EEPROM의 주요 레지스터 EEAR, EEDR, EECR에 대해 설명하라.

7. ATmega128에는 내부 4KB EEPROM과 128KB 플래시 메모리가 내장되어 있다. 플래시 메모리는 프로그램을 다운로드하여 사용자가 원하는 동작을 수행하는 목적 외에 EEPROM처럼 사용하지 않는 부분에 데이터를 저장 또는 읽어들일 수 있다. 이때 EEPROM과 플래시 메모리의 가장 큰 특징 한 가지를 설명하라.

8. 워치독 타이머를 정의하고, 사용 용도를 설명하라.

9. 워치독 및 슬립 모드의 레지스터인 WDTCH에 대해 설명하라.

10. 슬립 모드의 용도와 ATmega128에 내장되어 있는 기능을 나열하라.

11. RTC를 사용하기 위한 ASSR 레지스터의 기능을 설명하라. 또한 0.05초를 계수하기 위해 다음과 같이 타이머/카운터 0을 초기화했다. 그 기능을 설명하라.

```
TCCR0 = 0x    ;  // TCCR0 비트:
TCNT0 = 0x    ;  // TCNT0 비트:
TIMSK = 0x    ;  // TIMSK 비트:
ASSR  = 0x    ;  // ASSR 비트:
```

12. 예제 13.2와 예제 13.4의 동작을 응용하여, 온도의 변화를 감지하여 허용 상승 온도보다 높은 온도일 경우 알람을 울리는 프로그램을 다음의 조건에 따라 작성하라.

(1) LCD에 현재의 온도, 허용 상승 온도를 표시하라.
(2) PD0에 연결된 스위치를 누르면 허용 상승 온도가 1 증가한다.
(3) PD1에 연결된 스위치를 누르면 허용 상승 온도가 1 감소한다.
(4) PD2에 연결된 스위치를 누르면 허용 상승 온도의 설정 값이 EEPROM에 저장된다.
(5) 온도가 증가하여 허용 상승 온도보다 높을 경우 부저를 통한 알람을 수행하라.

찾아보기

E

F

I

L

M

O

P

R

S

AVR ATmega 128
마이크로컨트롤러 활용

발행일 | 2019년 2월 11일 1쇄 발행

지은이 | 이응혁, 한영환, 장문석, 엄수홍
발행인 | 최규학
발행처 | 도서출판 ITC
디자인 | 차인선
편 집 | 김경희

등록번호 | 제8-399호
등록일자 | 2003년 4월 15일
주소 | 경기도 파주시 신촌2로 38
전자우편 | itc@itcpub.co.kr
전화 | (031)955-4353
팩스 | (031)955-4355

ISBN | 978-89-6351-057-6

값 35,000원

www.itcpub.co.kr